منطق العنف
في الحروب الأهلية

منطق العنف

في الحروب الأهلية

ستاثيس كاليفاس

ترجمة: عبيدة عامر

دار جامعة حمد بن خليفة للنشر
HAMAD BIN KHALIFA UNIVERSITY PRESS

دار جامعة حمد بن خليفة للنشر
صندوق بريد 5825
الدوحة، دولة قطر

www.hbkupress.com

© Stathis N. Kalyvas 2006
This translation of *The Logic of Violence in Civil War* is published by arrangements with Cambridge University Press.

جميع الحقوق محفوظة.

لا يجوز استخدام أو إعادة طباعة أي جزء من هذا الكتاب بأي طريقة دون الحصول
على الموافقة الخطية من الناشر باستثناء حالة الاقتباسات المختصرة التي تتجسد
في الدراسات النقدية أو المراجعات.

إن الآراء الواردة في هذا الكتاب لاتعبر بالضرورة عن رأي دار جامعة حمد بن خليفة للنشر.

الطبعة العربية الأولى عام 2021
دار جامعة حمد بن خليفة للنشر

الترقيم الدولي: 9789927155659

تمت الطباعة في الدوحة-قطر

مكتبة قطر الوطنية بيانات الفهرسة – أثناء – النشر (فان)

كاليفاس، ستاثيس، 1964- مؤلف.

[Logic of violence in civil war]. Arabic

منطق العنف في الحروب الأهلية / ستاثيس كاليفاس ؛ ترجمة عبيدة عامر. – الطبعة العربية الأولى. - الدوحة، دولة قطر : دار جامعة حمد بن خليفة للنشر، 2021.

صفحة ؛ سم

تدمك: 978-992-715-565-9

ترجمة لكتاب: The logic of violence in civil war.

1. العنف السياسي. 2. الحرب الأهلية. أ. عامر، عبيدة، مترجم. ب. العنوان.

JC328.6 .K34125 2021

303.64 – dc23

202 128323920

إلى أنجليكا.

قد تثير بعض القضايا التي يضمها هذا الكتاب دهشة القارئ، لأنه لم يألف بعد دراسة الظواهر الاجتماعية بطريقة علمية إلا إلفًا قليلًا، ومع ذلك فإذا وجد علم لدراسة المجتمعات فإنه من الضروري ألا يتوقع المرء أن تكون مهمة هذا العلم قاصرة على مجرد ترديد الأفكار غير الممحصة التي يتوارثها الناس بصدد هذه الظواهر، وإنما يجب أن يرينا هذا العلم الأمور الاجتماعية على نحو مخالف لما تبدو عليه للعامة، وذلك لأن كل علم من العلوم يهدف إلى الكشف عن بعض الحقائق، وكل حقيقة مكتشفة تتعارض، إلى حد كبير أو قليل، مع الآراء التي يتناقلها الناس بصددها.

إميل دوركايم، قواعد المنهج في علم الاجتماع

لا يمكن لأي شخص أعمل فكره في شؤون التاريخ والسياسة أن يبقى غافلًا عن الدور العظيم الذي لعبه العنف، دائمًا، في شؤون البشر. ومن هنا، سيبدو لنا، للوهلة الأولى، مفاجئًا ما نلاحظه من أن العنف نادرًا ما كان موضع تحليل أو دراسة خاصة.

حنة أرندت، في العنف

لا يتحقق الجديد بمجرد حشو بسيط للقديم.

ميشيل ويلبيك، الجزيئات الأولية

المحتويات

قائمة الجداول والأشكال 11

شكر وتقدير 13

مقدمة........................ 17

1.1. أربعة ألغاز 17

2.1. الأهداف 22

3.1. خارطة الطريق........................ 25

4.1. ملاحظة حول تاريخ المشروع........................ 36

الفصل الأول: المفاهيم 39

1.1. الحرب الأهلية 39

2.1. العنف........................ 43

3.1. ظروف الدراسة 49

4.1. الخلاصة 60

الفصل الثاني: العلل 61

1.2. الجنون و«الاتفاقية البيضاء» 62

2.2. انحياز التحزب 65

3.2. الانحياز السياسي 69

4.2. الانحياز المديني 70

5.2. انحياز الاختيار 84

6.2. انحياز التجميع المفرط ومشاكل البيانات 84

7.2. الخلاصة 88

الفصل الثالث: البربرية........................ 91

1.3. البربرية والحرب الأهلية 91

2.3. الانهيار........................ 95

7

3.3. الاعتداء	105
3.4. الاستقطاب	108
3.5. تكنولوجيا الحرب	111
3.6. التقييم	116
3.7. الخلاصة	137

الفصل الرابع: نظرية للحرب غير النظامية (1) التعاون ... 139

4.1. السيادة في الحرب الأهلية	139
4.2. مشكلة التعريف	141
4.3. الدعم	145
4.4. أشكال التعاون والانشقاق	163
4.5. الإطار المؤسساتي للتعاون	165
4.6. الخلاصة	169

الفصل الخامس: نظرية للحرب غير النظامية (2) السيطرة ... 171

5.1. توزع التعاون	171
5.2. البقاء	177
5.3. كيف تشكل السيطرة التعاون	179
5.4. المسارات السببية من السيطرة إلى التعاون	187
5.5. توزيع السيطرة	199
5.6. قيود على الخيارات العسكرية	207
5.7. العنف والتمييز	211
5.8. الخلاصة	217

الفصل السادس: منطق للعنف العشوائي ... 219

6.1. حدوث العنف العشوائي	220
6.2. المعلومات والعنف العشوائي	222
6.3. الردع والعنف العشوائي	224
6.4. التأثيرات العسكرية للعنف العشوائي	225
6.5. لماذا يقع العنف العشوائي؟	238
6.6. تفسير اللغز	247

| 253 | 7.6. الخلاصة |

الفصل السابع: نظرية للعنف الانتقائي 255

256	1.7. المعلومات
260	2.7. التبليغ
266	3.7. التبليغ في الحروب الأهلية العرقية
268	4.7. هل العنف الانتقائي ممكن؟
281	5.7. اقتصاد سياسي للتبليغ
286	6.7. نموذج للعنف الانتقائي في الحروب الأهلية
301	7.7. المحاذير
304	8.7. الخلاصة

الفصل الثامن: التجارب التطبيقية (1) الدليل المقارن 305

305	1.8. قياس السيطرة
308	2.8. كيف تتحول السيطرة
315	3.8. السيطرة الكاملة (المناطق 1 و5)
321	4.8. غياب السيطرة (المناطق 1 و5)
324	5.8. التنازع (المناطق 2 و3 و4)
350	6.8. الخلاصة

الفصل التاسع: التجارب التطبيقية (2) الدليل المقارن الجزئي 353

354	1.9. تصميم البحث
356	2.9. الحرب الأهلية اليونانية
357	3.9. أرغوليذا: خلفية سياسية واجتماعية واقتصادية
363	4.9. الحرب الأهلية في أرغوليذا
378	5.9. بعد نهاية الاحتلال
380	6.9. العنف: إحصاءات وصفية
391	7.9. السيطرة: إحصاءات وصفية
395	8.9. الدليل الكمي
409	9.9. الدليل النوعي
421	10.9. عودة إلى مانيسي وجيربسي

9.11. التنبؤات الخاطئة 425
9.12. تكرار التجربة: ألموبيا 435
9.13. اختبارات من خارج العينة في اليونان 441
9.14. الخلاصة 459

الفصل العاشر: الحميمية 461
10.1. العنف الحميم 464
10.2. لماذا التبليغ؟: علم اجتماع للتبليغ 469
10.3. مدى التبليغ الكيدي 479
10.4. الوجه المظلم لرأس المال الاجتماعي: الأساس الاجتماعي للتبليغ الكيدي 489
10.5. تباين الظروف المؤسساتية للتبليغ 499
10.6. الخلاصة 505

الفصل الحادي عشر: الانقسام والفاعلية 507
11.1. المركز والهامش 509
11.2. من يستخدم من؟ [Kto Kovo?]: محل الفاعلية 524
11.3. التحالف 531
11.4. الخلاصة 539

الخلاصة 541

الملحق أ: مصادر البيانات 547

الملحق ب: بروتوكولات الترميز 573

الملحق ج: خط زماني للصراعات 589

المصادر والمراجع 593

قائمة الجداول والأشكال

الجداول

الجدول 1.1. تصنيف للعنف السياسي الجماعي 57
الجدول 1.4. أنواع الانشقاق 164
الجدول 1.9. القرى: بيانات وصفية 360
الجدول 3.9. العنف الانتقائي (عدد القتلى) 383
الجدول 4.9. العنف العشوائي (عدد القتلى) 383
الجدول 5.9. العرضة للصراع وعنف الحرب الأهلية 388
الجدول 6.9. متوسط درجات السيطرة (تجميعة القرى/ الفترة الزمنية) ... 391
الجدول 7.9. التحولات في السيطرة 393
الجدول 8.9. تردد العنف (عدد القرى العنيفة لكل فترة زمنية): تحليلات انحدار لوجستية 405
الجدول 9.9. شدة العنف (عدد القرى العنيفة لكل فترة زمنية): تحليلات انحدار مربعات صغرى عادية 406
الجدول 10.9. تصنيف للقرى اليونانية 443
الجدول 11.9. إحصاءات وصفية 443
الجدول أ.1. المقابلات 551
الجدول ب.1. القرى المضمنة في دراسة أرغوليذا 574
الجدول ب.2. التجميعات البيئية 576
الجدول ب.3. المتغيرات المستقلة 577
الجدول ب.4. القرى التي درست عبر اليونان 578

الأشكال

الشكل 6.1. سلوك المدنيين بوصفه عملية من العنف العشوائي والحماية 248
الشكل 7.1. المكاسب والخسائر المتوقعة من التعاون مع (أو الانشقاق لصالح) السلطات 289
الشكل 7.2. المكاسب والخسائر المتوقعة من التعاون مع (أو الانشقاق لصالح) المتمردين 290
الشكل 7.3. الانشقاق كاقتران للسيطرة 291
الشكل 7.4. استراتيجيات توازنات الأفراد 295
الشكل 7.5. توازنات التبليغ (بحسابات الأفراد فقط) 295

الشكل 7.6. توازنات التبليغ (بحسابات الأفراد فقط) 296
الشكل 7.7. الأنماط المتوقعة للعنف الانتقائي، والانشقاق، والتبليغ 299
الشكل 1.9. اليونان وأرغوليذا 358
الشكل 9.4. التوزيع المكاني للعنف العشوائي، سبتمبر/ أيلول 1943- سبتمبر/ أيلول 1944 382
الشكل 9.3. التوزيع المكاني للعنف الانتقائي، سبتمبر/ أيلول 1943- سبتمبر/ أيلول 1944 382
الشكل 9.5. العنف الانتقائي بحسب الفاعل والموقع الجغرافي 385
الشكل 9.6. العنف الانتقائي بحسب الفاعل والموقع (بعد التطبيع) 385
الشكل 9.7. التباين الزماني للعنف بحسب الفاعل والنوع 389
الشكل 9.8. وتيرة وكثافة عنف السلطات العشوائي 390
الشكل 9.9. توزيع السيطرة عبر أرغوليذا (القرى - الفترة الزمنية) 392
الشكل 9.10. العنف الانتقائي بحسب منطقة السيطرة والفاعل 395
الشكل 9.11. توزيع العنف الانتقائي عبر مناطق السيطرة 396
الشكل 9.12. التوزيع النسبي للعنف الانتقائي عبر مناطق السيطرة 397
الشكل 9.13. العنف المتوقع مقابل الملاحظ (م= المتمردون، س= السلطات) 398
الشكل 9.14. عدم العنف المتوقع مقابل الملاحظ (م= المتمردون، س= السلطات) 399
الشكل 9.15. العنف والسيطرة، سبتمبر/ أيلول 1943- 15 مايو/ أيار 1944 (ز1)، أرغوليذا، اليونان 400
الشكل 9.16. العنف والسيطرة، 15 مايو/ أيار 1944- 30 يونيو/ حزيران 1944 (ز2)، أرغوليذا، اليونان 401
الشكل 9.17. العنف والسيطرة، 1 يوليو/ تموز 1944- 1 أغسطس/ آب 1944 (ز3)، أرغوليذا، اليونان 402
الشكل 9.18. العنف والسيطرة، 1 أغسطس/ آب 1944- 1 سبتمبر/ أيلول 1944 (ز4)، أرغوليذا، اليونان 403
الشكل 9.19. نوع القرية والارتفاع 444
الشكل أ.1. أشخاص أجريت معهم مقابلات من: ثيريوبيترا، ألموبيا؛ تسيريا، ميسينيا؛ بروسيمني، أرغوليذا. 550

شكر وتقدير

هذا الكتاب ناتج لاضطراب غير متوقع. عام 1997، أبلغتني «وكالة المعلومات الأمريكية» أن علي قضاء عامين في اليونان بسبب إجراء خاص بالتأشيرة. في ذلك الوقت كنت أدرس في «جامعة نيويورك» ولم أكن مرحبًا بهذا الاحتمال، إلا أن إقامتي الإجبارية في اليونان أدت لعمل ميداني استكشافي حثني في النهاية على تحويل كل أجندتي البحثي باتجاه دراسة الحرب الأهلية والعنف. إنني مدين لروجر بيترسن لمناقشته معي هذا الموضوع المذهل توًا قبل مغادرتي إلى اليونان، ولآدم برزيورسكي لدعمي بحماسته، ما بدا حينها مغامرة بحثية مستبعدة.

حالما أصبحت في اليونان؛ اعتمدت على شبكة من الأصدقاء لصِلاتي الأولى. يانيس أبوستولوبولوس، وديميترا هادجيانجيلاكي، وكوستاس هيلوتيس، وفانجيلس كومبوتس كانوا مفيدين للغاية. تاسولا فيرفينيوتي كانت أساسية بإقناعي أن المقابلات ممكنة وقيمة، بعكس النصيحة المعاكسة التي تلقيتها من عدة مؤرخين محترفين في اليونان. صديقي نيكوس آرجيروبولس كان مساعدًا وداعمًا، كعادته. جورج مافروغورداتوس جمع بين التشجيع والنقد بحكمة. إنني لا أستطيع أن أشكر مارينا تسولوتشا بما يكفي، فقد ساعدتني، لسنوات، بالتنقيب بثروات «الأرشيف التاريخي لأرغوليذا». إنني أشكر كذلك هـ. ف. ماير وج. ث. مافروجورداتوس لمشاركتهم بعض المواد الأرشيفية التي جمعوها، و«مؤسسة الشرق الأقصى» لاسترجاعها وإتاحتها **التنظيم الاجتماعي للقرى في اليونان**.

أشخاص أكثر مما يمكنني ذكره هنا استمعوا لمحاججاتي بشكل رسمي وغير رسمي، ودعوني لندوات وورشات عمل قدمت بها أبحاثي، وقرأوا أعمالي، وقدموا تعليقاتهم لي. أريد أن أذكر بعضهم فقط: لارس- إريك كيديرمان، وكانشان شاندرا، وجيم فيرون، ومانوليس جالينيانوس، ودييغو جامبيتا، ومايكل هيشتر، وماكارتان هامفريس، ومات كوتشر، وديفيد لايتين، ونيكوس مارانتزيديس، ونيكولاي مارينوف، وجون رويمر، ونيكولاس سامبانيس، وإيجانسيو سانشيت خوينشا، وجونا شولاوفير-وول، وستيفن شيوفيلت، وجيم فريلاند،

وإليزابيث وود. أما م. أرجونا فكانت مفيدة تحديدًا بالمرحلة الأخيرة، كما كان ساندي هندرسون وآبي ستيل، اللذان ساعدا بتحرير المخطوطة. أربعة مراجعين غير معروفين قدموا مراجعات قيمة. مارجريت ليفي دعم المشروع من مراحله الأولى، كما فعل ليو باتيمان. إنني أشكرهم جميعًا.

لقد بدأت المشروع في «جامعة نيويورك»، وبدأت الكتابة بينما كنت في «جامعة شيكاغو»، وأتممته في جامعة «ييل». هذه المؤسسات الثلاثة قدمت لي بيئة معرفية ومهنية ممتازة. «معهد الجامعة الأوروبية» و«معهد جوان مارش» استضافوني بأوقات فارقة، متيحين لي انطلاقة كبيرة، ولذلك أنا مدين جدًا لدانيل فيردير وخوسيه ماريا مارافال. «مؤسسة هـ. ف. جوجنهايم» مولت بحثي في شمال اليونان، وجزء منه مضمن هنا. بفضل كريسوستوموس مانتزافينوس وكريستوف إنجل، كنت قادرًا على إتمام المخطوطة بالبيئة الرائعة لـ«معهد ماكس بلانك لأبحاث المنافع العامة» في مدينة بون. إنني ممتن للغاية لإيان شابيرو و«مركز ييل للدراسات المحلية والدولية» لدعمهم إصدار الكتاب.

لقد كنت محظوظًا بتضميني أجزاء من هذا الكتاب في مناقشات الدراسات العليا التي قدمتها في شيكاغو وجوان مارش وييل. طلابي أخذوا عملي بصرامة، وأعادوني مرارًا لأصلح المشاكل التي رأوها، وهذا ينم عن جودة مراجعاتهم ومساهمتهم في المشروع النهائي.

للمساعدة البحثية الفارقة، أود أن أشكر إيوانيس إيفرجينس، وإيوانا كاراريجا، وبانايوتا كولياتسي، وهاريس ميلوناس، وناسوس روسياس، وسيباستيان صايغ، وأندورماتشي تسوماكا، وجيون يو. ستيف سيترون-بوتسي صمم الخرائط. أقر بإذن استخدام المواد في الفصل السادس والحادي عشر، اللذين ظهرت نسخ أسبق منهما باسم: «معضلة الإرهاب في الحروب الأهلية»، **مجلة الأخلاقيات** ("The Paradox of Terrorism in Civil War," *Journal of Ethics* 8:1 (2004): 97–138)، و«أنطولوجيا 'العنف السياسي': الفعل والهوية في الحروب الأهلية»، **توجهات حول السياسات** ("The Ontology of 'Political Violence': Action and Identity in Civil Wars," *Perspectives on Politics* 1:3 (2003): 475–94).

لقد اكتسبت العديد من الأصدقاء ضمن أولئك الذين قابلتهم، لكنني مدين بشكل خاص لعائلات كاليمنيو، وسكينوتشوريتيس، ويناكو لحفاوتهم وصداقتهم الدافئة. في الوقت نفسه، إنني مدين بشكر كبير لكل من فتح بابه لي في اليونان. كان العديد بداية متشككًا، لكنهم أصبحوا أكثر ودية مع سير المحادثات، وحدثوني بعاطفة وشغف وذكاء

كبير حول حياتهم وأفكارهم ومعاناتهم وآمالهم. لقد كانت هذه تجربة غيرت حياتي. هذا الكتاب يقدم القليل جدًا من العدالة لذكراهم الغنية والمفحمة بشكل لا ينسى. إنني أعمل على كتاب آخر سيكون معتمدًا بشكل أساسي على قصصهم، وعلى القصص التي استعدتها من الأرشيف.

إنني لم أكن لأستطيع تنفيذ البحث بدون الدعم المادي والمعنوي لوالدي، نيكوس ومارجاريتا كاليفاس، الممتن لهما بقلبي، مرة أخرى. هذا الكتاب مهدًى لأنجليكي لوفي، التي كانت معي طيلة المشروع، من الفكرة للنهاية. ولن أقول المزيد، لأنها تعلم.

مقدمة

لقد هلك المذنِب، عدا أنه لم يبق سواه حيًا الآن.

لوكان، الحرب الأهلية

كل شيء منتظم، رغم استثنائيته. كل شيء رتيب، رغم فظاعته.

مدام دي ستايل، تأملات حول الأحداث الرئيسية للثورة الفرنسية

1.1. أربعة ألغاز

وسط التلال المطلّة على منطقة أرغوليذا السهلية في شبه جزيرة بيلوبونيز اليونانية، وتحديدًا على الجانب الشرقي من سهل أرجوس وعلى بعد بضعة أميال فقط عن مواقع: تيرنز، وموكناي، وأرجوس الأثرية الشهيرة؛ تقع القريتان التوأم: مانيسي وجيربسي (تُعرف الآن باسم ميديا)، المتشاركتان اقتصاديًا وسياسيًا وثقافيًا، وهو ما كان واضحًا في أربعينيات القرن الماضي بجالية محافظة متجانسة دينيًا وعرقيًا ذات أصول ألبانية بالدرجة الرئيسية، تمارس زراعة الكفاف بالدرجة الرئيسية في مزارع عائلية صغيرة ذات مساحات متقاربة. وسع سكان هاتين القريتين شبكات تبادلية مشتركة وكان الزواج بين القريتين شائعًا، وهو ما تؤكده العديد من أسماء العائلات المشتركة. أثناء الغزو الألماني لليونان، واجهوا خيارات وتحديات متشابهة، فقد انضم العديد من رجال القريتين لمنظمات المقاومة وعانت كلتا القريتين من انتقام الألمان. إلا أن هناك اختلافًا جوهريًا في تاريخهما. في أغسطس/ آب من عام 1944، وقعت مجزرة وحشية بحق خمس عائلات قروية، بينهم شيوخ وأطفال، في قرية جيربسي، ومع أن العصابات المسلحة هي التي قامت بعملية القتل، إلا أن الجيران، وحتى أقارب الضحايا، شاركوا بالتخطيط. على العكس تمامًا، نجت قرية مانيسي المجاورة من عنف من هذا النوع، رغم أن العصابات نفسها جاءت لمانيسي باحثة عن ضحايا، إلا أن سكانها نجحوا بالتصدي لهم. لماذا؟ كيف كان سكان جيربسي قادرين على إلحاق عنف كهذا بحق جيرانهم؟ وكيف كان سكان مانيسي، الذين يشابهون سكان جيريسي، كما يبدو، بكل الجوانب الظاهرة، قادرين على تجنب هذا العنف؟

الروايات الميكروتاريخية [التاريخية على المستوى الجزئي] والأنثروبولوجية للحروب الأهلية مليئة بهذه الثنائيات من القرى، حيث يضربها العنف بطريقة تبدو منافية للمنطق. قرية «لوس أوليفوس» جنوب إسبانيا خسرت ثمانية وثلاثين رجلًا في الحرب الأهلية عام 1936، كانوا، بغالبيتهم، مؤيدين للاشتراكيين، لم يقتلوا في ميدان المعركة، بل على يد الفلانخيين [أي المنتسبين لـ: الكتائب الإسبانية لجمعيات الهجوم الوطني النقابي] اليمينيين الذين وجدوهم بعد تلقي معلومات من جيرانهم. قرب هذه القرية، تقع قرية «لوس مارينس» المشابهة سياسيًا واجتماعيًا، والتي لم تتعرض لأي حالة قتل (Collier 1987:163). لم تتدمر أي منطقة في إدارة توليما الكولومبية أثناء الحرب الأهلية، المعروفة باسم «لا فيلونسيا» (La Violencia) [أي العنف، باللغة الإسبانية]، أكثر من **بلدية** روفيرا، بينما استطاعت **بلدية** دولوريس، الواقعة في الإدارة نفسها والمشابهة بكونها جبلية ومنقسمة سياسيًا، تجنب العنف (Henderson 1985:144-5). جواتيمالا واجهت مستويات هائلة من العنف في بداية الثمانينيات، فقد مُحيت مئات القرى وقتل آلاف الأشخاص في مجازر ارتكبها الجيش، إلا أن الأنثروبولوجية كاي وارين (Warren 1998:92) تفاجأت بأن قرية سان أندريه، ميدان بحثها، تجنبت بطريقة ما المجازر التي وقعت في بلدات أخرى مشابهة، في لغز واجهه الأنثروبولوجي الآخر، جون واتانيب (Watanabe 1992:182) أثناء بحثه الميداني: «رغم غزو الجيش؛ تقريبًا لم يمت أي أحد في تشيمبال، بعكس كل البلدات المحيطة... وسواء بالتنظيم الجماعي، أو بمواقف شجاعة فردية، أو حتى بالتدخل الإلهي؛ لقد نجت تشيمبال». تلاحظ ليندا جرين (Green 1995:114) أن «أحد أبرز سمات الحملة العسكرية المعروفة باسم 'الأرض المحروقة' [في جواتيمالا] هي أن القرى المتجاورة تفاوتت بمصائرها، فبينما تدمر إحداها؛ قد تُترك الأخرى دون مساس». جوناثان سبينسر (Spencer 2000) كان متفاجئًا بشكل شبيه لاكتشافه أن القرية التي درسها في سريلانكا تجنبت أسوأ أشكل العنف «بمعجزة»، رغم أن العديد من القرى المجاورة لم تستطع. قرية بوكوس ذات الإثنية الألبانية في كوسوفو واجهت عنفًا صربيًا، بعكس جارتها الألبانية كذلك نوفو سيلو (Gall 1999)، تمامًا مثلما تلقت قرية بريميكاني الشيشانية نيران العنف الروسي، بعكس جارتها تسينتورا- يورت (Gordon 1999b). يستذكر أحد مقاتلي «الجيش الجمهوري الإيرلندي» في شمال إيرلندا (Collins 1999:98) أن «الجيش الجمهوري الإيرلندي محا تقريبًا كل فندق في [مدينة] نيوري، ورغم أن [مدينة] وارينبوينت كانت على بعد عشرة دقائق بالسيارة، إلا أنها كان يمكن أن تكون ببلد آخر تمامًا، غير مكدرة

بالحرب التي كانت تجري حولها». التفاوت في العنف تم رصده من قبل العديد من الطلاب في صراع شمال إيرلندا (Smyth and Fay 2000:133; O'Leary and McGarry 1993:9)[1].

هذا التفاوت أشكل على الباحثين، إذ يكتب واتانيب (1992:x) حول الغياب النسبي للعنف عن ميدان بحثه في جواتيمالا قائلًا: «سبب حصول هذا ليس له أي جواب بسيط». وجود التفاوت بحد ذاته تم الاستشهاد به كدليل، بأسوأ الأحوال، على الاستحالة المطلقة لإدراك العنف (Kann 2000:401)، وبأحسن الأحوال على عدم القدرة على تجاوز الافتراضات المكتشفة[2]. ولكن، ورغم وضوح القضية، كان هناك محاولات قليلة نحو تفسير منهجي لتفاوت العنف، في قضية أشكلت على أكثر من عالم (مثل: Klinkhammer 1997:29; Gettay and Manning 1993:17)[3].

هذا يقودنا للغز ثانٍ، أعمّ: وحشية الحرب الأهلية المستمرة والمشار لها كثيرًا. عام 1589، ألبيريكو جينتيلي لاحظ أن «الحافز الأكبر للقسوة [في الحرب] هو العصيان».

---

(1) بينيني ومولتون (Benini and Moulton 2004) ورون (Ron 2000a)، ومويار (Moyar 1997:307) يشيرون لتفاوت مشابه في أفغانستان ويوغسلافيا وفيتنام، على التوالي. أثناء إجراء شهادات إثنوغرافية للحروب الأهلية في موزمبيق وليبيريا، تفاجأ كل من جيفراي (Geffray 1990)، ونوردستروم (Nordstrom 1997)، وإليس (Ellis 1992)، وفنيجان (Finnegan 1992) باكتشافهم واحات من السلام في قلب أكثر أشكال العنف تطرفًا. كان هناك ملاحظات شبيهة حول أشكال أخرى من العنف السياسي. القتل الجماعي في إندونيسيا (1965-66) «كان مبعثرًا زمانيًا ومكانيًا، ومهما كان ما نعرفه عن مجزرة فهو بالكاد يعطي لمحة عن البقية» (Cribb 1990:23). أعمال الشغب بين الهندوس والمسلمين في الهند أظهرت تفاوتًا ملحوظًا كذلك (Wilkinson 2004; Varshney 2002)، كما هو «عهد الإرهاب» في الثورة الفرنسية، حيث «واجهت مناطق محددة نار الإرهاب بينما تجنبتها أخرى دون أي أذى تقريبًا». (Greer 1935:40).

(2) بالتفكير في أسباب تفاوت العنف، يشير كل من وارن (Warren 1998:100)، وفيولا (Viola 1993:97)، وواتانيب (Watanabe 1992:183)، وهندرسون (Henderson 1985:142-3) إلى عوامل، مثل العزلة النسبية للمنطقة، واستراتيجية المسؤولين والمتمردين، والفصائلية والصراع المحليين، والتكتيكات المحلية لمقاومة العنف، والقيادة المحلية بشكل عام.

(3) المحاولات المنهجية لتحليل التفاوت بالعنف سمة راهنة، فهي تتضمن، مع آخرين: جرير (Greer 1935)، فيما يرجح أن تكون المحاولة الأولى لدراسة قمع الدولة منهجيا؛ فالنتينو وآخرون (.Valentino et al 2004)، وداونز (Downes 2004)، حول استهداف المدنيين كضحايا في الحروب؛ ويلكينسون (Wilkinson 2004) وفارشني (Varshney 2002) وبيترسون (Petersen 2002) حول أعمال الشغب العرقية؛ ستراوس (Straus 2004) وفيرويمب (Verwimp 2003) وفاين (Fein 1979) حول الإبادات الجماعية؛ ج. واينشتاين (J. Weinstein 2003) وإيكانديا (Echandía 1999) حول الحروب الأهلية.

(in Parker 1994:44). مونتين (*Essais* 2:23) حاجج بأن «الحرب الخارجية فوضى سياسية أقل قسوة بكثير من الحرب الأهلية»، بينما أشار آدم سميث (Smith 1982:155)، إلى أن «العداوة بين الفرقاء، سواء أكانوا مدنيين أو إكليركيين، تظل أكثر حدّة من الدول المتعادية، وسلوكها تجاه بعضها يظل غالبًا أكثر فظاعة». لماذا تكون الحروب الأهلية عنيفة جدًا، أو ينظر لها على أنها كذلك؟

اللغز الثالث هو التالي: تقريبًا، كل شهادة ماكروتاريخية [تاريخية على المستوى الكليّ] للحرب الأهلية تشير إلى أهمية الولاءات الشعبية القائمة مسبقًا لنتيجة الحرب، إلا أن كل شهادة ميكروتاريخية تقريبًا تشير إلى مجموعة من الميكانيزمات المتشكلة بذاتها، تعمل على إنتاج الولاءات والهويات من الحرب، أو تحولها جذريًا. خذ مثلًا النتائج التي وجدتها لين هورتن حول ديناميات الولاء أثناء الحرب الأهلية النيكاراجوية من بحثها في محافظة كويلالي، حيث تقدم الكثير من الأدلة حول ارتباط الولاء السياسي بالجغرافيا، وتظهر كيف أن الأخيرة كانت هي التي تشكل الأولى، إذ اعتمد «الكونتراز» [أعضاء تنظيمات «الكونترا»] على ضعف جهاز دولة «الجبهة الساندينية للتحرير الوطني» [المعروفة باسم ساندينيستا]، في مناطق الأطراف لتوليد تعاون شعبي معهم. أولًا، بدأ «الكونتراز» باستفزاز موالي «ساندينيستا»، بإجبارهم على التخلي عن مزارعهم والبحث عن ملجأ ببلدة كويلالي. كنتيجة لذلك، قرر بعض الفلاحين التخلي عن منظمات ومشاريع ساندينيستا. وكما يقول أحد الفلاحين: «إذا تصرفت جيدًا، لن يكون لديك مشاكل [مع الكونتراز]»، بينما يقول آخر: «عشنا هنا قريبين جدا من هؤلاء الناس [الكونتراز]. ربما شعرنا بداخلنا بغير ذلك، ولكننا لم نستطع التعبير عنه. لقد تخلت عنا الجبهة الساندينية». تشير هورتن إلى أنه لو استطاعت الجبهة الساندينية الحفاظ على تواجد عسكري وسياسي في المنطقة، لكان الولاء السياسي لمعظم الفلاحين مختلفًا. على النقيض، في بلدة كويلالي، حيث ظل حكم ساندينيستا فعالًا، «كانت المعارضة المدنية السياسية ضد ساندينيستا تُقمع أثناء سنوات الحرب». تحاجج هورتن أن هذا الصمت كان ذريعة عملية أكثر من كونه خيارًا سياسيًا. وفي الحقيقة، عندما انتهت الحرب، «عمت موجة معاكسة مضادة لساندينيستا بلدة كويلالي، حيث عبر العديد من السكان عن المظالم التي لم يكونوا يرغبون أو كانوا خائفين من إظهارها علانية في الثمانينيات»[1].

(1) Horton (1998: 71, 129–30, 219, 205, 221–2, 264).

إسبانيا تحت الغزو النابليوني خلال أعوام (1808-1814) تقدم مثالًا آخر على هذا اللغز. لورنس تون (Tone 1994:57) وجد أن حرب العصابات ضد نابليون في إسبانيا لم تقع في معاقل ثورة صيف عام 1808 (في بلدات مثل مدريد وفالنسيا)، بل في المنطقة الخلفية والمعزولة بمحافظة نبرة، أحد أهدأ محافظات إسبانيا أثناء تلك الثورة. باستخدام بيانات مفصلة حول جمع الضرائب ومشاركة المتمردين في 116 بلدة وقرية في نبرة، يشير تون إلى علاقة سببية طردية بين الموقع الجغرافي (القرب من البلدات والطرق الرئيسية) وفعالية الفرنسيين بفرض الضرائب، وعلاقة سببية عكسية بين فعالية فرض الضرائب (التي كانت ستولد مظالم كبيرة) والمشاركة الشعبية في التمرد. فبعكس ما قد يتوقع الشخص؛ حيث كان الفرنسيون قادرون على فرض الضرائب، ومن ثم تحقيق مظلمة للسكان؛ لم يواجهوا تمردًا. على العكس، كلما كانت المنطقة نائية، كلما كان فرض الضرائب من الغِوار أكثر نجاحًا، وكلما زادت احتمالية انضمام الرجال للتمرد. بالفعل، لقد جاءت الغالبية الساحقة من المتمردين من «**المونتانا**» [Montaña]: «لقد عاشوا في قرى وبلدات صغيرة لم يستطع الفرنسيون احتلالها بشكل دائم». يترك الباحث تون شكًا قليلًا بأسباب ذلك، فسكان البلدات الذين ظُلموا بشدة ظلوا صامتين رغم الابتزاز لأن «التواجد الفرنسي الدائم في أماكن كهذه جعل من الصعب على الشباب الانضمام للتمرد». حتى القرى التي استطاعت تقديم بعض الشباب للتمرد لم تصبح مواقع لنزاع عصابات مسلح. بشكل مشابه، تعاون رجال الدين في جليقية مع الفرنسيين في المدن، لكنهم فضلوا المقاومة في الريف [1]. هذه الأمثلة تشير، بعكس الانطباع السائد، إلى أن الولاءات قد تكون ذاتية التشكل، وأن السيطرة العسكرية في منطقة محلية قد تؤدي لتعاون شعبي.

بالعلاقة مع سؤال أصول الولاءات، هناك لغز أخير: الانفصال الملاحظ بين الأسباب الكلية للحرب والأنماط الجزئية للعنف. خذ فلسطين في نهاية الثلاثينيات، حيث قام عصيان ضد البريطانيين، عرف باسم **الثورة الفلسطينية**، وتم وصفه بأنه انتفاضة وطنية للفلسطينيين ضد الاستعمار البريطاني. في دراسته الرائعة، وجد [بروفيسور الأنثروبولوجيا] تيد سويدينبرج (Swedenburg 2005) أن البنية العسكرية للثوار عكست، بدل أن تتجاوز، الانقسامات القائمة بين الفلسطينيين، فلأن الفصائل المسلحة كانت قائمة على العوائل

(1) Tone (1994:160–1, 171, 161, 149, 13).

الصغرى أو الكبرى؛ ولد حشدها كل أنواع الانقسامات في نزاعات جديدة، محولًا الثورة ضد البريطانيين إلى حرب أهلية بين الفلسطينيين. المجموعات القروية المتنافسة حاولت استغلال الفصائل المتمردة الأخرى لأهدافها الشخصية، وكل مجموعة كانت، من حين لآخر، تضم عضوًا بمجموعة عائلة أخرى بأنه عميل لتحرض شيخ القبيلة المتمرد الذي ينتسب له على معاقبة تلك المجموعة. أثناء تلك النزاعات، انتهى الأمر بعدد معتبر من الفلسطينيين بالتعاون مع البريطانيين والقتال ضد أبناء جلدتهم. فبدلًا من كونه قائمًا على أهداف أيديولوجية أو برامجية؛ كان هذا التعاون مُحَفَّزًا «بأسباب محلية وعائلية جدًا»، بما فيها الانتقام. في الروايات التي جمعها سويدنبرج؛ كان البريطانيون ينظر لهم عادة على أنهم عرضيون في القصة كلها، مجرد «أدوات» لتسوية العداوات المحلية، فأولئك الذين قابلهم من عملاء البريطانيين كانوا يصفون أنفسهم بأنهم تلاعبوا وحتى كانوا أكثر دهاء وحيلة من مسؤوليهم المفترضين. باختصار، الوصف السائد لهذا الصراع بأنه قائم على انقسام أساسي (البريطانيون ضد الفلسطينيين) وقضية سياسية مركزية (الوطنية) مضلل جزئيًا من حيث حوافز وهويات العديد من المشاركين وديناميات العنف.

في صيغة أخرى، الحالات المقتبسة عادة لانقسامات مجموعة ما (مثل الاستقطاب الأيديولوجي أو الاجتماعي أو الاستقطاب العرقي) لا تستطيع عادة أن تصف الديناميات الفعلية للعنف، فاللعبة المسجلة ليست اللعبة على الأرض. خذ بعين الاعتبار مجددًا منطقة أرغوليذا في جنوب اليونان، والتي كانت منطقة متجانسة بشكل واضح، بلا انقسامات عميقة، إلا أنها شهدت حربًا أهلية طاحنة أدت لمقتل ما يقارب اثنين بالمئة من السكان الريفيين. لماذا قد يواجه مكان يفتقد لكل الشروط التي يفترض أنها تسبب صراعًا أهليًا مأساة كهذه؟ غياب الانقسامات العميقة المتزامن مع وجود عنف جماعي يجبرنا على إعادة التفكير بالمساعي التي تُرجع العنف الجماعي لهذه الانقسامات وإلى أن نسأل ما إذا كان العنف حقًا هو الناتج المباشر للانقسامات العميقة، حتى عندما وحيثما توجد هذه الانقسامات.

2.1. الأهداف

هذا الكتاب مفهومي ووضعي، نظري وتجريبي، في الوقت نفسه. من الصعب تقليل أهمية وضع مفهوم واضح لمجموعة قضايا عالية الارتباك. إميل دوركايم (Durkheim 1938:14-22) أشار إلى أنه ما دام الفكر والتأمل يسبقان العلوم؛ فإن الظواهر المادية والاجتماعية تُمثّل

وتُفهم بمفاهيم «عامية» فجّة التركيب؛ بما يسميها فرانسيس بيكون **المعاني المبتذلة** (notiones vulgares) أو **المعاني غير الممحصة** (praenotiones). أشار دوركايم إلى أن هذه المفاهيم توظف بشكل حر بثقة كبيرة، وكأنها مُطابقة لأشياء معروفة جيدًا ومعرّفة بدقة، في حين أنها لا توقظ بداخلنا «سوى بعض المعاني الغامضة التي تتألف من خليط من الخواطر المضطربة والآراء الشائعة والأهواء. وإنا لنسخر في عصرنا الحاضر عن غرابة التفكير الذي كان يغلب على أطباء القرون الوسطى حين كانوا يؤلفون بين المعاني الأربعة، أي بين كل من معنى الحار والبارد والرطب واليابس، ومع ذلك فإننا نغفل عن الانتباه إلى هذا الأمر، وهو أننا ما زلنا نستخدم نفس هذا التفكير في دراسة بعض الظواهر التي تعد أقل الظواهر قبولًا له، وذلك لأنها معقدة إلى أكبر حد». نعم، عندما يتعلق الأمر بـ«العنف السياسي»، تميل مصطلحات الممارسة الرائجة الآن لأن تفرض نفسها على أنها مصطلحات تحليل (Brubaker and Laitin 1998). إن التحرر من «قواعد التفكير التقليدي، القواعد التي تنقلب مستبدة قاهرة في نهاية الأمر بسبب شدة ألفتها» (Durkheim 1938:32)، يتطلب تحديدًا واضحًا لمقولات مفهومية أساسية ولظروف مدى المحاججة، المشروع النظري بامتياز.

الحرب الأهلية تُعرَّف بأنها **اقتتال مسلح ضمن حدود كيان، معترف به وذي سيادة، بين أطراف كانت تخضع لسلطة مشتركة عند اندلاع الأعمال العدائية**. داخل الحرب الأهلية نفسها، تركيزي يقع على العنف المرتكب عمدًا ضد غير المقاتلين. هذا النوع من العنف ظاهرة ظلت خارج حدود البحث بسبب تعقيدها المفهومي وغموضها التجريبي. باستخدام كلمات [المؤرخ الفرنسي] أنطون دي باك الموفّقة (De Baecque 2002:851)، فهدفي هو جلب المنطق لظروف يُستخدم بها بأقصى شكل ممكن. من وجهة نظر منهجية، فإنني أظهر أهمية البحث المنهجي على المستوى الجزئي (ميكرو). عادة، يُهمشّ الدليل المستنبط على المستوى الجزئي بوصفه غير مرتبط أو فوضوي للغاية، ومن الشائع بين المؤرخين أن «المحلي» يجب تكامله مع «العمومي» (كما في: Pred 1990:15)، إلا أن الجهود لفعل ذلك نادرًا ما تظهر شيئًا يتجاوز حدود حالة الدراسة. هنا، أظهر طريقة محتملة لتحقيق هذا التكامل.

إنني أبدأ بتشخيص مبسط ومجرّد للعنف بالحروب الأهلية، لكنه يقف على أسس مفهومية محددة جيدًا. وأفصل تحليليًا بين **عنف الحرب الأهلية** عن الحرب الأهلية، كما أُظهر أن العنف في الحروب الأهلية يظهر بعض العناصر الأساسية بشكل متكرر، رغم

اختلاف أشكاله وتنوع أهدافه الموجه لها عبر الزمان والمكان. وبدلًا من طرح هذه الفكرة فقط، أعيد، بشكل متماسك، تحويل الملاحظات التي تظهر على سطح عشرات الشهادات الوصفية إلى مفاهيم، وأظهر أن ما تبدو أنها قصص عشوائية هي أقرب لأن تكون جوانب متعددة للظاهرة نفسها. المكون الوضعي لهذا الكتاب يتكون من جزأين: نظرية للحرب غير النظامية ونظرية ميكرو- تأسيسية للعنف (ذات شقين مترابطين: عشوائي، وانتقائي). وبعكس الأعمال السابقة؛ تشدد النظرية على الخاصية **المشتركة** للعنف في الحروب الأهلية، والذي يستلزم تفاعلًا بين الفاعلين على المستويين المركزي والمحلي، وبين المقاتلين وغير المقاتلين. هذا التفاعل يعتمد على متطلبات الحرب غير النظامية، ومنطق المعلومات غير المتناظرة (asymmetric information)، والديناميات المحلية للفرقاء. بذلك، تختلف النظرية عن الشهادات الموجودة للعنف، والتي تشدد على الدوافع والديناميات على المستوى الكليّ، وتتركز على بنى الانقسام القائمة والمتخطية، وتشخّص العنف بأنه: «مستهتر»، أو «عشوائي»، أو «الأنسب» من وجهة نظر المستخدمين.

من هذه النظرية؛ أحدد نموذجًا للعنف الانتقائي يتسق مع التشخيص النظري، حيث يؤدي التفاعل بين الفاعلين، العاملين على مستويات مختلفة، إلى إنتاج عنف بطريقة منهجية ومتوقعة. هذه الممارسة تؤدي لتنبؤات تجريبية غير متوقعة حول التباين المكاني للعنف على المستوى الجزئي، والتي أخضعها لاختبار تجريبي باستخدام بيانات جمعتها في اليونان. الاختبار التجريبي يؤكد القدرة التفسيرية للنظرية في إطار محدود، بينما تشير الأدلة من طيف واسع من الحروب الأهلية إلى وجاهة أوسع للنظرية. وبالطبع، تبقى الصلاحية العامة للنظرية بانتظار المزيد من الاختبار التجريبي.

أخيرًا، أبحث بجانبين ضمنيين للنظرية، أولًا بآليات العنف «الحميم»، ثم كيف يمكن أن تساعدنا صيغ العنف المحددة على تعزيز فهمنا لتشكل الانقسامات. أي، كيف ولأي درجة تتحول الانقسامات على المستوى الوطني أو «الرئيس» لانقسامات على المستوى المحلي.

بالعموم؛ ينطلق هذا الكتاب من دراسات تبحث العنف بطريقة معيارية (Sorel 1921)، أو عبر التأويل أو التأمل الهرمونطيقي (مثلًا: Sofsky 1998; Keane 1996; Héritier 1996; Arendt 1973; 1970; Friedrich 1972)، كما ينطلق من دراسات تعتمد على تحليل بيانات استقرائي (مثل: Harff 2003)، ولا تجازف بالبحث وراء المستوى الكلّي (مثل: Valentino, Huth, and Balch-Lindsay 2004)، أو تعتمد فقط على شهادات ثانوية (مثل:

(Downes 2004; Valentino 2004)، وفاعل واحد فقط، سواء أكان الدولة أم الثوار (مثل: J. Weinstein 2003).

هذا الكتاب خطوة أولى. يمكن جمع بيانات أكثر وأفضل لإتاحة اختبارات تجريبية أوسع. يمكن تهذيب وتوسيع النظرية بشكل أكبر. الحروب الأهلية وعنفها ظاهرة عالية التعقيد يمكن تناولها فقط عبر بحوث مستمرة. في هذا الكتاب، أحصر تركيزي على العنف القتلي القهري في الحروب الأهلية غير النظامية. التركيز على نوع محدد من العنف يمثل خطًّ أساسٍ؛ فالهدف هو رؤية حجم ما يمكن تفسيره بناء على المحددات المفروضة. النتيجة هي أن النظرية جيدة للغاية ولها تضمينات لممارسات العنف غير القهرية، وللعنف الذي لا يصل للقتل (مثل: الاعتقال والتعذيب والنزوح)، ولأنواع أخرى من الحروب الأهلية. ومع ذلك، ما زالت الحاجة قائمة لمزيد من الأبحاث لتطعم النظرية بتلك الجوانب التي لم تستدخل بها بعد.

التأمل بالحروب الأهلية بدأ بالتزامن مع كتابة التاريخ، ولكننا استطعنا مؤخرًا فقط استخدام أدوات العلوم الاجتماعية في أبحاثنا. هذا الكتاب سيكون قد حقق هدفه إذا نجح بتأسيس قاعدة ينطلق منها برنامج بحثي متواصل.

3.1. خارطة الطريق

الحروب، وعنفها، تظهر تباينًا ضخمًا، عبر وداخل الأوطان والزمان. فشكل وكثافة العنف المستخدم في مراحل مختلفة من الصراع بين «الحمر» و«البيض» أثناء الحرب الأهلية الروسية، أو بين فصائل الصرب والمسلمين والكروات في البوسنة، أو بين المجموعات المتصارعة في ليبيريا يتباين بشكل واضح. إرنستو «تشي» جيفارا (Guevara 1998:75-6) لخص هذا التباين بحجة قوية، قائلًا: «في كل مكان، يعمل أعداء الشعب تبعا للظروف النوعية من تاريخية واجتماعية واقتصادية، على نحو يزداد أو يقل إجرامًا، وإن كانت طرائق القمع العامة متماثلة على الدوام. ثمة أماكن لا يستثير فيها فرار الرجل إلى منطقة الغوار [العصابات]، مخلفًا أسرته في البيت، رد فعل كبير. بيد أن هذا الفرار كاف في أماكن أخرى لمصادرة أرزاقها وإحراقها والتسبب بقتل الأسرة كلها».

خذ إيرلندا الشمالية مثلًا. رغم أن السلطات البريطانية مارست انتهاكات حقوقية، بما فيها التعذيب، إلا أنهم «لم يمارسوا قمعًا قاسيًا وبلا هوادة على السكان الذين يدعمون التمرد

علانية أو ضمنيًا، بالطريقة التي واجهها المسلمون الجزائريون، والفلاحون الأفغان، والكرد العراقيون، والمسلمون الكشميريون، والمسلمون والمسيحيون الفلسطينيون، والسود الجنوب أفريقيون، والتاميل السريلانكيون، والفلاحون الفيتنام» (O'Leary & McGarry 1993:19)، كما قيل لرجل من الجيش الجمهوري الإيرلندي بعد اعتقاله على يد قوات الأمن: «لو كانت هذه بيروت، لكنا أخذناك للباحة وأطلقنا النار عليك وحسب» (Collins 1999:188). في الوقت نفسه، «سعى الجيش الجمهوري الإيرلندي لتجنب أي عمليات قد تُصبغ بصبغة طائفية، إذ يمكن أن يُعتبر شرطي على أنه هدف مشروع، لكن عائلته البروتستانتية غير المقاتلة لا يمكن أن تعتبر كذلك» (Collins 1999:295). باختصار، كان هناك تحفظ متبادل واضح في إيرلندا الشمالية (Toolis 1997:21)، بعكس العديد من الصراعات الأهلية الأخرى.

مصادر هذا التباين عالية التعقيد. كارل فون كلاوزفيتز (Clausewitz 1976:609-10) أوضح أن ممارسة الحرب تحددها طبيعة المجتمعات، مثلما تحددها «أزمنتها وظروفها السائدة». يمكن قول الشيء نفسه على الحروب الأهلية، التي يبدو عنفها معقدًا ومتعدد المعاني بطريقة مربكة (Apter 1997; Nordstrom 1997). التباين العابر للأوطان في مستويات وأنواع وممارسات العنف في الحرب قد يتأثر بعوامل تتضمن التشكيل المحدد للفاعلين السياسيين وأيديولوجيتهم السياسية (J. L. Anderson 2004; Heer and Naumann 2000; Degregori 1998; Bartov 1992; Furet 1981:51)[1]، وبنيتهم التنظيمية وقاعدتهم الاجتماعية الأساسية وثقافتهم العسكرية (Gumz 2001; T. Anderson 1999; Livanios 1999; Mazower 1992)، ومواردهم (J. Weinstein 2003)، وقيادتهم واستراتيجيتهم الوطنية والمحلية (Shepherd 2002; Schulte 2000)، ونوع التحديات التي يواجهونها والدعم الذي يتلقونه من أطراف خارجية، والمعايير الدولية السائدة (Ron 2000a)، ومستوى التقنية العسكرية المتاحة، وعوامل أخرى مثل الجغرافيا والمناخ. إضافة لذلك، هذه العوامل قد تتقارب لتنتج ديناميات متجانسة فارقة، إذ ينتشر العنف ويقلد الفرقاء، عادة، بعضهم البعض. [بروفيسورة التاريخ] إيزابيل هل (Hull 2004:1-2) لخصت التعقيد المطبق لهذه القضية بالإشارة إلى بعض محددات العنف في الحرب: «مدة الحرب، وعدد الدول المتقاتلة، والجمود التقني

(1) ولكن لاحظ أن الأيدولوجيات المتشابهة قد ترتبط بأنواع مختلفة من العنف. العنف الشيوعي كان مركزيًا وبيروقراطيًا في الحروب الأهلية الروسية واليونانية (Werth 1998; Kalyvas 2000)، ولكنه كان غير مركزي و«أناركيًا» في الحروب الأهلية الفنلندية والإسبانية (Alapuro 2002; Juliá 2000).

الذي تسببت به قوة الأسلحة الدفاعية، والقدرات العلمية والصناعية (التي خلقت مزيدًا ومزيدًا من الأسلحة الفتاكة)، والقيادة السيئة ('حمير يقودون أسودًا' [بحسب العبارة السائدة بين جيش المشاة البريطاني في الحرب العالمية الأولى])، والقوة التصعيدية لإدراك العامّة الواسع للحرب (والذي كان يعني أن الجنود ظلوا يأتون والمدنيين يضغطون لتحقيق النصر رغم التضحيات). العديد من هذه العوامل كان له تأثير متبادل، فقد كانت تقوي بعضها بعضا وتتفاعل مع الوقت».

التباين نفسه يمكن ملاحظته بالنظر للمصطلحات الثقافية التي يتم التعبير من خلالها عن العنف. الفاعلون السياسيون يعتمدون على طيف واسع من مخزونات ونماذج العنف الثقافية (J.-C. Martin 1998; Richards 1996; Zulaika 1988). الخيالات تجمح، والاحتمالات تبدو لانهائية. [المؤرخ الإغريقي الشهير] ثوسيديديس أشار إلى أنه أثناء الحرب الأهلية في كوركيرا «كان هناك موت بكل شكل وهيئة» و«صعد كل شكل من الشر». (*History of the Peloponnesian War* 3.81, 3.83). رئيس العصابة النيكاراجوي في العشرينيات، بيدرو آلتاميرانو، حصل على كثير من سمعته السيئة من استخدامه المتكرر لـ«تقطيع الصدرية»، حيث كان «يقطع رؤوس الضحايا، ثم يقطع أيديهم من الكتف، ويشق أمعاءهم، لتصبح جثثهم كأنها صدرية» (Schroeder 2000:40). المتمردون في سيراليون اعتمدوا على البتر، المتمردون الجزائريون على قطع الحلوق، الجنود الجواتيماليون على تشويه الوجوه والتمثيل بالجثث، أفراد المليشيات الفلبينيون على قطع الرؤوس و«إراقة الدم كمصاصي الدماء»، متمردو «جيش الولايات الكونفيدرالية» في ميزوري الأمريكية على سلخ فروة الرأس، وهكذا. لذلك، فظهور أدبيات واسعة حول التوثيق المفصل لهذا التباين ليس مفاجئًا.

بناء على المحددات النظرية والتجريبية، يظل تحديد واختبار النماذج العابرة للبلدان تحديًا، وربما، سابقًا لأوانه، إلا أن هذه المحددات لا تجيز التخلي عن مهمة فهم ديناميات العنف بطريقة منهجية، كما اقتُرح عدة مرات (مثل: David 1997:575).

هناك طريق بديل يتمثل باستراتيجية استنتاجية تهدف لإنتاج فرضيات قابلة للاختبار حول التباين التجريبي. هذه الاستراتيجية يمكن الرجوع بها وصولًا لجهود ثوسيديديس بتحديد نموذج عام للحرب الأهلية، بدلًا من تصنيف تباينات لا تنتهي (Price 2001: 12-14). رغم أن الحروب الأهلية وعنفها تتباين بشكل كبير، إلا أن ملاحظات جوهرية من مراقبين

وممارسين وباحثين تحدد بدقة عناصر متكررة، مما يشير إلى منطق ضمني [1]. الصحفي الأمريكي بيتر آرنيت، الذي غطى الحروب الأهلية في فيتنام وأفغانستان، أخبر زميلًا سوفييتيًا، قائلًا له: «وأنا أسافر حول أفغانستان، أتذكر دائمًا الحرب الفيتنامية... لقد غطيت فيتنام لعشر سنوات، وتناظراتها مع أفغانستان كانت واضحة». (Borovik 1991:67). الأنثروبولوجيون أشاروا لتشابهات «خارقة» عابرة للثقافات في ممارسات العنف السياسي (Sluka 2000:9; Zur 1994:13; Nordstrom 1992:262). كما يشير أحدهم: «المعنى الأساسي نفسه للممارسات والصور العنيفة سيمارسه، على الأرجح، أناس ينتسبون لأفكار ثقافية مختلفة جدًا» (Riches 1986:25). [بروفيسورة الأنثروبولوجيا] كارولين نوردستروم (Nordstrom 1997:89)، التي أجرت بحوثًا في مواقع حروب أهلية مختلفة، وجدت أنه، ورغم التباين المحلي الواضح «مواضيع الخوف والأمل - مهما كان تمثلها مختلفًا من مجتمع محلي لمجتمع محلي آخر - تظهر تشابهات تسمح بإدراك عابر الزمان والمكان، والقرية والثقافة». وجود منطق ضمني لم يفت الممارسين كذلك. رغم أن تشي جيفارا (Guevara: 1998:75-6) أشار إلى تباين واسع في ممارسات العنف، إلا أنه استدرك بأن «الطرق العامة للقمع هي دائمًا نفسها»، في حكم شاركه به بعض القادة العسكريين البريطانيين المشاركين في مكافحة التمرد، مثل الجنرال جورج إرسكين، الذي نقل لكينيا طرقًا استخدمت في فلسطين (D. Anderson 2005:200)، وجوليان باجيت، الذي يستذكر: «عام 1965 وجدت نفسي في عدن في تعيين عسكري معني مباشرة بالتخطيط لإجراءات، مدنية وعسكرية، يجب اتخاذها لهزيمة المتمردين ثم العمل في تلك المناطق. المشاكل التي برزت كانت متباينة ومعقدة بشكل واضح، لكنها نادرًا ما كانت جديدة، فقد ظهرت جميعًا في وقت سابق ببعض الأزمات السابقة، مثل فلسطين أو كينيا أو قبرص أو مالايا، وقد كان أكثر ما يساعد هو دراسة هذه التجارب السابقة والتعلم منها» (Paget 1967:11).

من المنطقي إذن أن نأخذ على محمل الجد ادعاء يوجين والتر (Walter 1969: vii) بأنه، ورغم أن العنف «يبرز في سياقات فريدة، وفي كل حالة يُعبر عنه ويُفهم بمصطلحات محلية، ويتكيف مع قيم محددة، ويخدم احتياجات نظام سلطة محدد؛ إلا أنه عملية عالمية

---

(1) مثلًا:

Toolis (1997:76); Riches (1986:25); E. Walter (1969:vii); Jones and Molnar (1966:37); Clutterbuck (1966:177).

تتشكل من عناصر متكررة وينتظم بأنظمة ذات سمات بنيوية منتظمة». بالامتداد نفسه، وبشكل أكثر عمومية، هذا الكتاب يتشارك فكرة وجود «بنية عميقة للصراع الإنساني مقنعة بتباين ثقافي ملحوظ» (Gould 2003:101). التحديات هي تحديد هذه «البنية العميقة» بمصطلحات عامة بما يكفي لتتكيف مع التحليل المناسب دون الوقوع بفخ التوسيع الأقصى والتمدد المفهومي (Sartori 1970).

للوصول لهذه الغاية، أعتمد على استراتيجيتين. أولًا: أربط بين التخمينات النظرية المجردة وتمثلاتها عالية التحديد من طيف واسع من السياقات التجريبية، لأظهر معقولية هذه التخمينات. وعبر الكتاب، هناك حوار ثابت بين التجربة والنظرية. أعتمد على أفضل التحليلات الدقيقة لحالات معينة لأشير إلى أن الآليات تتكرر، ولو اختلفت السياقات. يُنسى عادة أن بناء النظرية يجب أن يؤسس ببديهيات معقولة، والأمثلة من طيف واسع مقارن تساهم بإظهار مصداقية كل جزئية في هذا الصرح النظري، ولكن ليس في صلاحية النظرية، كما هو واضح، والتي يمكن تحقيقها فقط عبر اختبار دقيق. ثانيًا، أتبنى استراتيجية تفكيك. إنني أحدد ثلاثة مستويات من التحليل، بالانتقال من الكلي (الماكرو) إلى الجزئي (ميكرو). المستوى الأول يركز على التفاعلات بين الفاعلين السياسيين (الدولة وغير الدولة) موحدي التكوين، والثاني يتعامل مع التفاعل بين الفاعلين السياسيين والمجتمعات السكانية التي يحكمونها، والمستوى الثالث يركز على التفاعلات بين المجموعات الصغيرة والأفراد. معظم الأبحاث حول العنف السياسي والتمردات والثورات والحروب الأهلية تميل إما لخلط هذه المستويات الثلاثة، أو بالتركيز على أحدها فقط، وعادة ما يكون الأول.

المستوى الأول (أو الكلي) هو مجال النخب والأيديولوجيات والسياسات الكبرى، حيث يقبع بشكل أساسي البحث بالتاريخ وعلم الاجتماع التاريخي والاستراتيجية العسكرية ودراسات المناطق والسياسات المقارنة والعلاقات الدولية. العنف عادة ما يكون مجرد عرض جانبي في هذه الدراسة، باعتباره منتجًا طبيعيًا للحرب. دراسات المستوى الكلي تتشارك بعنصر أساسي، فهي عادة ما تفترض فاعلين موحدي التكوين. النخب والمجتمعات السكانية يُدمجون ويُصهرون معًا. على سبيل المثال، الإشارات سواء لـ«جيش تحرير كوسوفو» أو «الألبان العرقيين» في سياق صراع كوسوفو تنطبق عادة على جسم يضم، لا على التعيين، سواء نخب الألبان العرقيين، والمقاتلين الألبان العرقيين، والسكان الألبان العرقيين بالكلية. الافتراض هو أن النخب تحدد بشكل تلقائي وموحد مسار تصرفات مجموعة ما، وأن هذه

المجموعة متناغمة وتتصرف على أنها كذلك. هذا الاختصار قد يكون ضروريًا عند سرد قصة حرب أهلية محددة أو للتأمل على **المدى الطويل** (grande durée) لكنه إشكالي عند تطوير نظرية حول العنف.

افتراض مجموعات سياسية متماسكة ومحددة سياسية بسمات واضحة يفشل بالتوافق مع التعقيد والسيولة والالتباس التي يواجهها الشخص على الأرض. فكرة أنه لا يمكن دائمًا تكويم الفاعلين السياسيين القابعين في القمة مع الأفراد القابعين في القاع طرحها البحث العسكري التطبيقي (بما في ذلك توجهات التمردات ومكافحة التمردات)، إضافة للدراسات الميكروسوسيولوجية [علم الاجتماع الجزئي، أي المعني بالمجتمعات المحلية الصغيرة] والأنثروبولوجية للحروب الأهلية. باختصار، العنف يُستخدم عادة لضبط المجموعات داخليًا وتحقيق «التداخل» المرجو الكلي (الذي نادرًا ما يوصل إليه) بين قادة وتنظيمات بعينها، من ناحية، وبين المجتمعات السكانية التي تضمها من ناحية أخرى. افتراض الدعم غير المحدود والحازم من السكان للفاعل السياسي الذي يدّعي تمثيلهم يتناقض مع الحقيقة الصارخة والمنتشرة للتجنيد الإجباري في الحروب الأهلية، والتي تُخاض عادة بجيوش من المجندين الإلزاميين (بما في ذلك، بأشد حالاتها تطرفًا، الأطفال المخطوفون)، والانشقاق عن هذه الجيوش يمكن أن يكون واسع الانتشار. هذا ينطبق على الحروب الأهلية «الكلاسيكية» الكبرى (مثل الحروب الأهلية الأمريكية، أو الروسية، أو الإسبانية، أو الصينية)، والحروب الأهلية العرقية (مثل الحرب الأهلية في سريلانكا)، والتمردات الريفية الصغرى (كما في تمرد الكاشين في بورما) (Argenti-Pillen 2003; Tucker 2001; Werth 1998; Ranzato 1994). بوضوح، العلاقة بين الفاعلين السياسيين والمجتمعات السكانية التي تضمها يجب النظر لها بإشكالية بدل أخذها كمسلمة، مما يأخذنا لتحديد محتوى المستوى الثاني (أو المتوسط [meso]). هذا التحليل يتطلب شهادات نظرية وتجريبية للحروب الأهلية تنظر لها كعمليات، بما في ذلك ممارستها **على أنها** حروب، في مشروع صعب بسبب ندرة المعلومات الأساسية حول جوانب قتال المعارك في العديد من الحروب الأهلية (Harkavy and Neuman 2001). إن دراسة العمليات العسكرية تنتمي للأدبيات الموجهة للسياسات، والتي ظلت خارج إطار العلوم الاجتماعية الشائعة، وهي معنية بشكل أساسي بمهمات «عملية» (مثلًا:

كيف تهزم التمردات). كنتيجة، ديناميات الحروب الأهلية، رغم فهمها العام، نادرا ما كانت موقع تمحيص تحليلي من الباحثين الاجتماعيين [1].

ولكن حتى على المستوى المتوسط، هناك شيء مهم مفقود: ديناميات التفاعل الداخلية في المجتمع. فالأفراد يُعاملون على أنهم يشكلون كيانًا يجب «الفوز» به من الفاعلين السياسيين، لكن ذلك الكيان يظل غير متمايز وموحدًا. إلا أن الدليل التجريبي يقترح عادة أن المجتمعات السكنية (بما فيها المجموعات العرقية) مقسمة داخليًا إلى عائلات وقبائل ومجتمعات محلية أو فصائل أخرى متنافسة (Tilly 1964:173; Yang 1945:241). فهم سلوك الأفراد بالعلاقة مع الفاعلين السياسيين يتطلب معرفة الديناميات داخل وبين المجموعات الصغيرة، في حقيقة فهمها الفاعلون السياسيين جيدًا، حتى إن بعضهم استدعى أنثروبولوجيين ليدعموهم بهذه المعرفة (Lacoste-Dujardin 1997; Wakin 1992). لذلك، تنبع الحاجة للتركيز على مستوى ثالث (أو جزئي) -وهو غالبًا مساحة بحث الدراسات الأنثروبولوجية والميكروتاريخية، والأدب، والروايات- والتي تفتح الصندوق الأسود لديناميات التفاعل الداخلية في المجتمع وسلوك الأفراد. وكما سأظهر، فهذا التركيز يحمل داخله بعض المضامين النظرية الأخرى.

التحدي النظري والمنهجي المركزي، الضمني على طول الكتاب، هو التكامل لهذه المستويات الثلاثة. إنني أبدأ بتركيز مفهومي (وهما الفصلان الأول والثاني)، بمراجعة بضعة علل تكررت عند دراسة العنف والحرب الأهلية، ومحاججًا باستقلالية تحليلية للعنف، بمناقشة ثلاثة تفريقات مهمة: بين العنف والصراع العنيف، وبين العنف كناتج وكعملية، وبين العنف في الحرب والسلم. أحدد مدى الكتاب، وأوضح سلسلة من المشاكل التي تجتاح دراسة العنف، وأشير لحلول.

الفصل الثالث مخصص لإخلاء الأرضية النظرية. هناك سمتان اثنتان تبعدان الحروب الأهلية عن الحروب بين الدول، بما يتعلق بالعنف: البربرية والحميمية. العديد من (وإن لم تكن كل) الحروب الأهلية فظيعة أو بربرية، في سمة تجسدت باستهداف المدنيين غير المتناسب، كما أن هذا العنف عادة ما يكون أكثر حميمية، بمعنى أنه يقع عادة حيث يكون هناك ماض من القرب والتفاعل السلمي بين الضحايا وقاتليهم، حتى على المستوى الفردي.

---

(1) يظل عمل Leites and Wolf (1970) أكثر الأعمال إثارة للإعجاب حتى الآن.

أعيد التأسيس وأحدد وأقارن أربعة محاججات عامة تربط الحرب الأهلية بالبربرية، مستلهمة من تقاليد نظرية مختلفة: الرواية الهوبزية [نسبة للفيلسوف الإنجليزي توماس هوبز] التي تعتبر العنف ناتجًا جانبيًا لـ **الأناركية**، واعتبار العنف استجابة لـ **الاعتداء** المعياري، والنظرية الشميتية [نسبة للمنظر السياسي الألماني كارل شميت] للعنف كنتيجة لـ **الاستقطاب** الأيديولوجي، والرواية المؤسساتية للعنف كانعكاس للتحديات المرتبطة بـ**تقنية حرب** محددة، وهي الحرب غير النظامية. رغم أن كل تقليد من هذه التقاليد له مزاياه، إلا أنني أختار الأخير على أنه الأساس النظري الواعد والذي أبني عليه لأوسع نظرية للعنف في الحروب الأهلية.

بناء على ذلك، الفصلان الرابع والخامس يضعان نظرية للحرب غير النظامية، محددة بعمليتي تقطيع وتشظية السيادة المتوائمتين؛ حيث تقسم الأراضي إلى مناطق يتحكم بها الفرقاء بشكل احتكاري (التقطيع) ومناطق تتداخل بها سيادة الفاعلين (التشظية). نوع السيادة أو **السيطرة** الذي يهيمن في منطقة محددة يؤثر على نوع الاستراتيجيات التي يمارسها فاعلون سياسيون. الفاعلون السياسيون يحاولون تشكيل دعم شعبي (أو تعاون) وكبح التعاون مع خصومهم (أو الانشقاق). كلما نضج الصراع، ستزداد احتمالية أن تشكل السيطرة التعاون لأن الفاعلين السياسيين الذين يتمتعون بسيطرة كبيرة على الأرض يمكن أن يحموا المدنيين الذين يعيشون في تلك الأرض، سواء من خصومهم أو من أنفسهم، بمنح المدنيين الساعين للبقاء أحياء دافعًا قويًا للتعاون معهم، بغض النظر عن توجهاتهم الحقيقة أو الأولية. بهذه الطريقة، التعاون ينمو بشكل كبير مع السيطرة، وبالطبع، فإن معدلات عالية من التعاون التي ولدتها السيطرة في نقطة معينة من الزمن من المتوقع أن تعززها مستقبلًا. مثلًا، يسعى مسؤولو الدولة للسيطرة على المدن، حتى إن كانت المعاقل الاجتماعية أو الدينية أو العرقية لخصومهم، بينما تكون معاقل المتمردين في المناطق الريفية النائية، حتى وإن كانت المجتمعات الريفية غير مرحبة بهم. على المدى الطويل، تتجاوز الموارد العسكرية، بشكل عام، الدعم السياسي والاجتماعي السابق للحرب بتوليد السيطرة، إلا أن هذه الموارد الضرورية لفرض السيطرة تترنح، وعادة، تنتهي. فلا يبقى أمام الفرقاء خيار سوى استخدام العنف كطريقة لتشكيل التعاون. استخدام العنف محدد بطبيعة السيادة التي يمارسها كل فاعل سياسي ويجب أن يكون، بشكل عام، انتقائيًا لا عشوائيًا. الفصل السادس يناقش منطق العنف العشوائي، بما في ذلك مفارقة استخدامه حتى عندما يبدو ذا نتيجة عكسية.

في الفصل السابع، أستخدم نظرية الحرب غير النظامية كأساس لنظرية للعنف الانتقائي. توسيع سيطرة الفاعلين السياسيين على الأرض بالشكل الأقصى خاضع للميزان العسكري المحلي للقوة، فالسيطرة على الأرض في سياق الحرب غير النظامية يتطلب التعاون الحصري مع الأفراد المدنيين الذين، بدورهم، يوسعون بالشكل الأقصى منافع متنوعة خاضعة لمحددات البقاء أحياء. فبغض النظر عن ولاءاتهم (وكل ما مثلها)، معظم الناس يفضلون التعاون مع الفاعل السياسي الذي يضمن لهم بقاءهم بدل الانشقاق ومساعدة الطرف المنافس. ولكن، يبقى التعاون أكثر إشكالية في المناطق ذات السيادة المتشظية، حيث يحضر كلا الطرفين. فبسبب أهميته بتعزيز السيطرة، تكون قيمة العنف الانتقائي تحديدًا عالية للغاية، إلا أنه يتطلب معلومات خاصة، موزعة بشكل لا تناظري بين الفاعلين السياسيين والمدنيين، فالأخيرون فقط يعرفون من هم المنشقون، ولديهم الخيار أن يبلغوا عنهم أو لا. بصيغة أخرى، العنف الانتقالي هو نتيجة التعاملات بين الفاعلين السياسيين والأفراد، فهو يُنتَج بشكل مشترك من كليهما.

النظرية تربط بين المستويين المتوسط والجزئي وتتوقع احتمالية العنف كوظيفة للسيطرة. من ناحية، الفاعلون السياسيون لا يحتاجون لممارسة العنف في الأماكن التي يتمتعون بها بدرجات عالية من السيطرة، ولا يستطيعون استخدام العنف الانتقائي حيث لا يملكون سيطرة بأي شكل، فلعدم وصولهم للمعلومات، قد يستخدمون عنفًا عشوائيًا، لكنه سيكون ذا نتائج عكسية. بدلًا من ذلك، يريدون استخدام العنف الانتقائي في مناطق النزاع، حيث يملكون سيطرة غير مكتملة. على الجانب الآخر، الأفراد يريدون التبليغ عن خصومهم فقط عندما يكون فعل ذلك آمنًا لهم، وهذا يكون عندما لا يملك ضحاياهم تواصلًا مع الفاعل السياسي الخصم، ويغيب، بذلك، خيار **التبليغ المضاد**. بالمقابل، هذا الخيار مرتبط بالسيطرة، فكلما ارتفعت درجة سيطرة فاعل ما، انخفض تواجد الخصم، وبذلك انخفض خيار التبليغ المضاد. التوقع هو أن العنف غالبًا سيقع عندما يكون فاعل ما مهيمنًا تقريبًا، لا عندما يكون هذا الفاعل مسيطرًا تمامًا أو يتنازعه أحد على السيطرة. بكلمات أخرى، العنف أكثر احتمالية عندما يكون عرض وطلب المعلومات متكافئًا بين حاجة التنظيم وتقديم الأفراد. خارج هذه المساحة، يكون العنف أقل احتمالية؛ فإما أن يطلب الفاعلون السياسيون معلومات لكن الأفراد سيفشلون بتقديمها (أو ينقضون تحويلها إلى عنف)، أو قد يقدم الأفراد معلومات لكن الفاعلين السياسيين لن يتحركوا بناء عليها لأنهم يعلمون أن

الانشقاق مستبعد. باختصار، التوقع، رغم مفارقته، هو أن الفاعلين السياسيين الاستراتيجيين لن يستعملوا العنف حيث يحتاجونه بالقدر الأكبر (في أكثر المناطق نزاعًا)، وبشكل مشابه؛ سيفشل الأفراد الاستراتيجيون بالتخلص من أعدائهم حيث يرغبون بالقدر الأكبر بالتبليغ عنهم (بالمناطق التي يسيطر عليها فاعل واحد بشكل كامل).

الاختبار التجريبي يتطلب تحديد متغيرات تضع بشكل فعال قيودًا على فضاء العنف. هناك متغيران أساسيان: احتمالية «انشقاق» الأفراد للطرف المقابل يجب أن تكون عالية بما يكفي للفاعلين السياسيين ليلجأوا لاستخدام العنف، واحتمالية التبليغ المضاد، أو العقوبة التي تواجه الأفراد الذين يبلغون، يجب أن تكون منخفضة بما يكفي ليستطيعوا التبليغ عن جيرانهم. إلا أنه، ولدرجة ذات مغزى؛ الانشقاقات وغالب عمليات التبليغ تميل لأن تكون عمليات «غير مرئية». لحسن الحظ؛ إجرائية (operationalization) هذه المتغيرات تستغل سمة جوهرية بالسيطرة، وهي العلاقة السببية العكسية بين الانشقاق والتبليغ؛ فكلما ارتفعت درجة السيطرة، قلت احتمالية الانشقاق (لأن مخاطر الضبط ستكون عالية كذلك)، وزادت احتمالية التبليغ عن الخصوم (لأن مخاطر العقوبة منخفضة). أقارن بين توقعات النظرية مع البيانات المقارنة المروية (الفصل الثامن) وأختبر الفرضيات مع بيانات من دراسة ميكرو-مقارَنة أجريتها في اليونان (الفصل التاسع). الدليل ليس مثاليًا، لكن الدليل المثالي لا يوجد لمشاكل مثل تلك التي يتناولها الكتاب، إلا أنه ملهم جدًا ويشكل خطوة مهمة باتجاه الاختبارات المنهجية والمقارنة. أستخدم كذلك التوقعات الخاطئة للنظرية كأداة للإمساك بالآليات العارضة أثناء العمل، فلأن النظرية تستخدم خط أساس منطقي؛ قد يكون فشلها بالتوقع طريقة للإمساك بعمل العوامل غير الأداتية، مثل المعايير الأخلاقية والعواطف. أخيرًا، أجري سلسلة من الاختبارات خارج العينة عبر اليونان، بما في ذلك تكرارها في منطقة مقسمة عرقيًا في البلاد، واختبار التضمينات الإضافية باستخدام بيانات 136 قرية جمعتها من التواريخ المحلية والشهادات الإثنوغرافية والدراسات الزراعية والأوراق البحثية والمقابلات.

الفصلان الأخيران يبحثان بنتيجتين ضمنيتين للنظرية. فالفصل العاشر يتوجه إلى العنف «الحميم» الذي يمثل خاصية بالحروب الأهلية. رغم أن نظرية العنف الانتقائي مناسبة لحاجة الفاعلين السياسيين للمعلومات وتتوقع **أين** سيبلغ الأفراد إلا أنه يبقى غامضًا **لماذا** قد يرغب الأفراد بالتبليغ استجابة للحاجة المعلومات. أحاجج بأن التبليغ يشكل أساسًا جزئيًا للعنف الحميم، وبذلك، للحرب الأهلية. الأفراد لديهم حوافز قوية لاستغلال عدم التناظر

المعلوماتي للحرب الأهلية لتلبية كل أنواع المكاسب، بما في ذلك تسوية الحسابات مع الأعداء الشخصيين والمحليين. ورغم أن التبليغ لا يجب أن يكون انتهازيًا؛ إلا أنني أقدم تفسيرًا لماذا قد يكون، غالبًا كذلك، تفسيرًا يأخذ بعين الاعتبار يومية النزاعات التي تدعم هذا التبليغ. أشير كذلك إلى جانب الخطر الأخلاقي للتبليغ، فبينما «يستغل» الفاعلون السياسيون المدنيين لجمع المعلومات والانتصار بالحرب؛ «يستغل» المدنيون الفاعلين السياسيين لتسوية صراعاتهم الخاصة. بمعنى آخر، قد يحول المدنيون بشكل فعال الفاعلين السياسيين إلى «قاتلين مأجورين» لهم، في نمط قريب مما وصفه [المؤرخ وعالم الاجتماع] جان جروس (Gross 1988: 118-9) بدراسته لأوكرانيا الغربية بأنها «خصخصة للسلطة». هذا الجانب من الحرب الأهلية، المتضمن بشكل مباشر بمنطق العنف المشترك يقلب نظريات الاستقطاب رأسا على عقب؛ فبدلًا من تسييس الاستقطاب في الحياة الخاصة، تخصخص الحرب الأهلية عادة السياسة، وبقدر ما تعكس الطبيعة الحميمة للعنف بالحروب الأهلية الصراعات المحلية والنزاعات الشخصية؛ بقدر ما يمكن اعتبار هذه الطبيعة الوجه الأسود لرأس المال الاجتماعي. من منظور أكثر عمومية، هذه الفكرة تقترح أن الحروب الأهلية دموية لا لأن الناس عنيفون بالأصل، بل لأنهم ليسوا كذلك؛ فمعظمهم محظور عنهم احتمالية ممارسة العنف، ولذلك لن يمارسوه، ما لم يتول أحد عنهم التفاصيل الدموية بينما يوفر لهم الحماية. بذلك، الحروب الأهلية عنيفة على الأقل جزئيًا لأنها تقدم فرصًا للعنف غير المباشر.

الفصل الأخير يبحث بالنتيجة الضمنية لفهمنا لفكرة الانقسام وتشير إلى حل لمشكلة الانفصال الكلي- الجزئي (الماكرو- الميكرو). الصلة بين الفاعلين في المركز والتصرف على الأرض تختزل عادة بمفهوم الانقسام، والذي يتضمن تفضيلات مشتركة بين الفاعلين المركزيين والمحليين. هذا الكتاب يقدم آلية مختلفة لترجمة الانقسامات على المستوى الوطني ضمن المستوى المحلي، آلية تتسق مع الانفصال الملاحظ بين المركز والطرف، وهي آلية التحالف التي تستلزم تبادلًا للمعلومات بين الفاعلين المحليين وفوق المحليين، يقدم به فوق المحليين القوة العسكرية للمحليين، لينتصروا في الصراعات المحلية، وبالمقابل؛ يقدم المحليون للمركزيين الموارد المحلية التي تساعدهم على خوض الحروب. بهذا، يرتبط عدد لا يحصى من الصراعات المحلية بالصراع الأكبر الذي يتجاوزها للحرب الأهلية، أي بـ«الانقسام الرئيس» (Master cleavage). بالنظر من هذه الزاوية، تمثل الحرب الأهلية، بجوهرها، عملية للتكامل وبناء الدولة.

4.1. ملاحظة حول تاريخ المشروع

بدأت بفكرة مبهمة حول البحث بعملية الاستقطاب على المستوى الميكرو. في الحقيقة، كانت نيتي الرئيسية هي تعقب العملية التي تصبح بها الهويات السياسية راديكالية وتؤدي للعنف. بداية عام 1997، أجريت أول مقابلاتي البحثية في أثينا (المقابلة الأولى حصلت في 27 كانون الثاني/ يناير 1997). وبينما أعمل على مشاريع أخرى، كنت قادرًا على إجراء المزيد من المقابلات في اليونان (صيف 1997)، وأصبحت أكثر ارتباكًا، ولكن بتصورين أساسيين: أولًا: الديناميات المحلية كانت ذات أهمية جوهرية، وثانيًا: بدا بشكل أقل أن العنف نتيجة صراع الهويات السياسية والانقسامات النافذة، بينما زادت فكرة أنه سبب لها. المزيد من القراءة والتفكير قادني للانتقال إلى متغير تابع (Dependent Variable) جديد: العنف.

في أيلول/ سبتمبر 1997 ذهبت إلى فلورنسا الإيطالية، حيث قضيت تسعة شهور في معهد الجامعة الأوروبية، ضمن زمالة «جان مونيت». كانت النقمة الأولية لهذه الزمالة هي أنها أجبرتني على مقاطعة عملي الميداني الوليد، إلا أنها تحولت لنعمة إذ كنت قادرًا على القراءة بتوسع وإبعاد نفسي عن الميدان بينما أستفيد من الأفكار التي حصلت عليها من عملي البحثي الميداني. ورغم أنني كنت قادرًا على إجراء بعض البحث الإضافي أثناء بضعة زيارات إلى اليونان، استخدمت وقتي في اليونان لتشكيل السؤال البحثي الجوهري للمشروع: تباين العنف على المستوى المحلي. توسعت بتصميم البحث، واخترت منطقة أرغوليذا كميداني البحثي، وقرأت بشكل موسع، نظريًا وتجريبيًا. العمل النظري الذي قمت به خلال أعوام 1997-98 وجد أول تطبيقاته التجريبية في مقالة نشرت بمجلة **العقلانية والمجتمع** (Rationality and Society) عام 1999: «وحشي وبلا مغزى؟ منطق المجازر في الجزائر». خلال تلك الفترة، توصلت للفرضيات الأساسية حول التباين المكاني والزماني للعنف.

ورغم أن أفكاري من العمل الذي قمت به أساسًا في اليونان أثرت قراءاتي وتفكيري، إلا أنني لم أجمع أي بيانات حول العنف. بصيف عام 1998، عدت إلى اليونان وبدأت بإجراء بحث ممنهج في أرغوليذا. ما زلت أذكر شعوري بالإثارة عند اكتشافي أن الأنماط التجريبية التي اكتشفتها تتسق مع توقعاتي النظرية. أجريت معظم بحثي في أرغوليذا خلال الفترة بين صيفي أعوام 1998 و1999، وبعده أصبحت قادرًا على البحث في الأرشيفين اليوناني والبريطاني. عدت إلى جامعة نيويورك عام 2000، وأجريت عملا ميدانيًا إضافيًا في منطقة ألموبيا شمال اليونان في صيف عام 2000.

لكن العمل بالكاد اكتمل، ورغم أن الأجزاء الجوهرية للنظرية والبيانات كانت بمكانها، إلا أنني قضيت قدرًا جوهريًا من الوقت أصفي وأوضح النظرية، وأفرغ المقابلات، وأنظف وأقارن البيانات، وأمر على مئات الصفحات من المواد الأرشيفية والمذكرات والتواريخ المحلية. بدأت بالعمل على المخطوطة بعد انتقالي إلى شيكاغو مطلع عام 2001. مرت المخطوطة ببضعة تحولات، فقد كان التحدي الأساسي هو الدمج غير المعتاد لمواد تجاوزت سمة التقديم التقليدية في العلوم السياسية، حيث يقدم فصل «النظرية»، ثم الفصول «التجريبية». شعرت أنني وصلت إلى التوازن المطلوب عام 2004، بعد أن انتقلت إلى ييل. تمت مراجعة هذا الكتاب أثناء صيف عام 2004، وتم إتمام الملاحظات في أيار/ مايو 2005. باختصار، لقد كانت رحلة طويلة، لكنها استحقت العناء.

الفصل الأول
المفاهيم

ليس من المجدي، بل سيكون حتى ضد المصلحة، أن يزيح الإنسان نظره عن أخذ المسألة بعين الاعتبار لأن فظاعة عناصرها تثير الاشمئزاز.

كارل فون كلاوزفيتز، **عن الحرب**

لفهم الأحياء، وجدت أنه من الضروري البدء بـ[فهم] الأموات.

سلمان رشدي، **ابتسامة اليغور**

1.1. الحرب الأهلية

جذبت الحرب الأهلية اهتمامًا معتبرًا من فروع متنوعة، وإن كان أقل بشكل ملحوظ عن الحرب بين الدول. ركزت أدبيات مهمة علانية أو ضمنًا (مثل دراسات الثورات أو التمردات أو الصراع العرقي) على جوانب متعددة بها، منها: الاندلاع (Fearon and Laitin 2003; Collier et al. 2003; Sambanis and Elbadawi 2002; Gurr 1980)، والتسوية (B. Walter 1997)، والقواعد الاجتماعية (Wickham-Crowley 1992; Skocpol 1979)، والناتج (Leites and Wolf 1970)، والتبعات السياسية والاجتماعية (Sambanis 2000)، وعمليات إعادة البناء والمصالحة وعدالة ما بعد الحرب (Bass 2000; Nino 1996). هناك طفرة وقعت مؤخرًا بدراسات الحرب الأهلية، غذاها الانتقال العالمي من الصراعات بين الدول إلى الصراعات داخل الدول، فمن بين 118 نزاع مسلح وقعت ما بين 1989 و2004؛ سبعة منها فقط كانت حروبًا بين الدول (Harbom and Wallensteen 2005).

إلا أنه وحتى عهد قريب؛ حظيت الحرب الأهلية باستقلالية مفهومية قليلة (Ranzato 1994)، إذ ما زال المصطلح يستخدم على يد محللين ومراقبين بطرق متعددة، غالبًا ما تكون متناقضة. فبينما استخدمه المؤرخون لوصف أحداث تاريخية منفصلة، إلا أنهم تحفظوا بشكل عام عن تحليل الحرب الأهلية كظاهرة تتجاوز حالات محددة. في

علم الاجتماع التاريخي والعلوم السياسية؛ كانت الحروب الأهلية حتى وقت قريب مصنفة ضمن ظواهر اعتبرت ضمنيًا أكثر أهمية، مثل الثورات أو تمردات الفلاحين أو الصراعات العرقية. في اللغة المحكية، «الحرب الأهلية» (بعكس «الثورة») هي مصطلح يحمل شكلًا من الانقسام العنيف، يستخدم عادة كتعبير عن صراع حاد أو وحشية منتشرة.

الحرب الأهلية عادة ترفض أن تتحدث باسمها. هناك الكثير من الكنايات لها، فقد يسمع الشخص كلمات مثل «المشاكل»، أو «الأزمة»، أو «الحالة»، أو ببساطة «العنف». إن الحرب الأهلية موضع لتنازع دلالي حقيقي. استخدام المصطلح نفسه هو جزء من الصراع بحد ذاته، مانحًا الشرعية أو نافيًا إياها (أو مساواة الحالة) لأطراف النزاع. الحرب الأهلية الأمريكية كانت تسمى «حرب العصيان» و«الثورة الأمريكية الثانية»، بحسب الطرف المفضل. أثناء الحرب، يلجأ المتمردون كثيرًا للمصطلح بحثًا عن الشرعية، بينما ينكره المسؤولون الرسميون الذين يسمون خصومهم بـ«الأشرار» أو قطاع الطرق أو المجرمين أو المخربين أو الإرهابيين، ويصفون الحرب بأنها قطع طريق أو إرهاب أو تخريب أو أي مصطلحات قريبة أخرى[1]. في الحقيقة، إن رفض المصطلح شائع لدى كل الأنظمة الرسمية، أكانت يسارية أم يمينية، سلطوية أم ديمقراطية (مثلًا: Horton 1998:11; Pavone 1994). بعد نهاية الحرب الأهلية؛ يتم تبني المصطلح من المسحوقين سعيًا لخلاص سياسي واحتواء، ويتم إنكاره من المنتصرين الذين يسعون للإقصاء الدائم للخاسرين من المجال السياسي، أو حتى الوطني (Bobbio 1992). التأثير الممتد لهذا النزاع الدلالي أثر على البحث في المصطلح، إذ يميل تعريف الحرب الأهلية، حتى وقت قريب على الأقل، بالاستناد على ناتج الحرب (Price 2001: 33-4).

الحرب الأهلية معرفة هنا بأنها **اقتتال مسلح ضمن حدود كيان، معترف به وذي سيادة، بين أطراف كانت تخضع لسلطة مشتركة عند اندلاع الأعمال العدائية**. هذا التعريف هو نسخة أوسع وأكثر تبسيطًا من تعريفات موجودة (Samabnis 2004)، فهو لا يبحث في الأسباب والأهداف والدوافع. «الحرب الداخلية» أكثر دقة، لكن الحرب الأهلية حتى الآن هي

---

(1) سلطات الاحتلال الألماني في الاتحاد السوفييتي أوضحت هذه النقطة علانية عام 1942: «لأسباب سيكولوجية»، مصطلح «النصير» سيستبدل بـ«قاطع الطريق»، وبذلك، فعمليات مكافحة الأنصار سميت «حرب مكافحة قطاع الطرق»، والمناطق التي يشتبه بتواجد الأنصار بها كانت تسمى مناطق «ملوثة بمجموعات قطاع الطرق». (in Heer 2000:113).

المصطلح الشائع. «الاقتتال المسلح» (بما يتضمن درجة من التنظيم على الجانبين والعنف بدرجة محددة) يلبي أهدافًا سياسية عند مواجهة السلطة القائمة، حتى وإن كان يلبي أهدافًا إضافية أخرى (الفصل 11).

الفكرة الأساسية هي التقسيم المادي العنيف للكيان ذي السيادة إلى معسكرات مسلحة متخاصمة. هذا يتضمن انقسامًا عمليًا **للأرض**. عند اندلاع الحرب؛ يكون الفرقاء خاضعين لسلطة أو جهة سيادية مشتركة (De Lupis 1987:3; C.Schmitt 1976). بعد عام 1648، هذا يشير بشكل متزايد لسلطة الدولة ولكن قبل شيوع سيادة الدول الحديثة؛ كانت الحروب الأهلية تقع بين كيانات توصف بأنها ذات سيادة أو «شبه سيادة»، بدءًا من الإمبراطوريات وصولًا إلى الدول؛ المدن والمجموعات ذات القربى [1]. وفي الواقع، فقد استخدم المؤرخون مفهوم الحرب الأهلية كمقولة تحليلية لحقبة ما قبل عام 1648 (مثلًا: Porter 1994).

تم خوض الحروب الأهلية لأسباب من كل الأنواع، من «الاختلافات العقدية والمشاحنات الفكرية» (Hobbes, *Leviathan*, appendix 2:30)، إلى الاختلافات في الانتماء (عرقيًا ودينيًا بشكل رئيسي)، وإلى حيازة السلطة بشكلها المجرد (Collier and Hoeffler 1999). قد تكون أطراف النزاعات موحدة أو مقسمة، معترفًا بها دوليًا أو معزولة ومغمورة، مدعومة من أطراف خارجية أو تعتمد على الموارد المحلية، تسعى للسيطرة على الدولة أو لتقسيمها. ولكن، يمكن وصف تلك الصراعات المشكِّلة للحروب الأهلية بأنها تلك المرتبطة بالتحطيم الفعال لاحتكار العنف باستخدام المواجهة الداخلية المسلحة. النزاع المسلح على السيادة يستلزم ادعاءات متنافية بالسيادة مما ينتج حالة من **السيادة المزدوجة أو المقسمة** (Tilly 1978:191; Trotsky 1965:224)، المفهوم الذي يمكن إرجاعه وصولًا إلى [الفيلسوف اليوناني] أفلاطون، الذي فكر بالحرب المحلية أو «الشقاق الحزبي» بأنها الحرب التي تبرز عندما «يصبح حكم [مدينة] أمرًا متنازعًا حوله» (*Republic* 521a)، و[القاضي الهولندي] غروتيوس (II, 18:2) الذي أشار لحالات «يُقسم بها الشعب إلى أجزاء متساوية

---

(1) يتحدث كارل شميت (C. Schmitt 1976:32) عن «مجموعات منظمة»، وبوبيو (in Ranzato 1944:xxvi) عن «كيانات أوتاركية [أي مكتفية ذاتيًا]». حتى عندما كانت السيادة مقطعة وغير مركزية ومتداخلة (مثلًا: في أوروبا العصور الوسطى)؛ كانت هناك كيانات ذات اختصاص قضائي معترف بها، وأمراء كانوا «شخصيات عامة ذات أفضلية» (in Hale 1971:8). مفاهيم «سلطان» و«لورد» كانت تصف شبه السيادة في العصور الوسطى. (Davies 2003).

تقريبًا، بحيث يصبح مشكوكًا فيه أي الطرفين يملك السيادة». السيادة المنقسمة اعتبرت أمرًا غير طبيعي (Rousseau, *Social Contract* II, 2:3) وبكلمات رجل فيتنامي: «لا يمكن أن يكون هناك شمسان، ولا يمكن أن يكون هناك ملكان لبلد واحد» (in Eliott 2003:749).

العضوية المشتركة لكيان ذي سيادة من جميع أطراف النزاع، لحظة اندلاع الحرب، هي أمر جوهري (Bouthoul 1970:447). يذكرنا [المؤرخ العسكري الأمريكي] جون شاي (Shy 1976:183) بأن «الثورة الأمريكية كانت حربًا أهلية، لأنه بالتناسب مع السكان؛ فقد كان عدد الأمريكيين الذين شاركوا بقتال ضد الأمريكيين أثناء الثورة الأمريكية، مساويًا لعدد أولئك الذين قاتلوا أثناء الحرب الأهلية الأمريكية». العضوية تُفهم هنا بأنها انعكاس للواجبات الأساسية، لا المواطنة، ولا تتطلب تصورًا ذاتيًا للانتماء.

التأمل بالحرب الأهلية مرتبط بتقليدين فكريين متشابكين. فمن ناحية، مفاهيم **الشقاق** [stasis] والخلاف العام والانقسام شغلت بال الكتاب في الكيانات الصغيرة ذات السيادة، مثل الدول- المدن؛ ومن ناحية أخرى، مفاهيم التحريض والعصيان مالت للبروز أكثر في الكيانات الأكبر ذات السيادة، مثل الإمبراطوريات.

اليونانيون القدماء افترضوا صلة بديهية بين **الشقاق** (*stasis*) و**الدولة-المدينة** (*polis*)، وفهموا مفهوم **الشقاق** بأنه «**دولة-مدينة** مقسمة داخليًا» (Price 2001:31). ثوسيديديس (3.69–85) وأفلاطون (*Republic* 470c–b) وأرسطو (*Politics* V:v-xii) وضعوا تفريقًا واضحًا بين **الشقاق** والحرب الخارجية [1]. الحرب الأهلية أصبحت النمط المهيمن للحروب في نهاية الإمبراطورية الرومانية (Brent Shaw 2001) وأصبحت حالة ثابتة في أوروبا من ذلك الحين؛ إذ تضمنت هذه الحروب نزاعات تحزبية من النوع الذي وقع في الجمهوريات الإيطالية في القرون الوسطى، كما توثق كتابات مارسيليوس من بادوا، وميكافيللي، وآخرين، إضافة للحروب التي ألبت العرش ضد كيانات اعتبارية متنوعة أخرى، مثل الملّاك، والمجموعات الدينية، والمدن. غروتيوس (*On the Law of War and Peace* II, 19:4) وضع تفريقًا واضحًا بين الحروب الأهلية و«الخارجية»، بينما هوبز (*Leviathan* 13:8) حاجج بأن السلطة ذات السيادة تبرز (وتُبرّر) تحديدًا لتدرأ الحرب الأهلية، فالبشر في حالة حرب ما لم يكن هناك

---

(1) بل كان هناك فرق أكثر براعة كذلك: **الخلاف** (*diaphorá*) كان المصطلح المستخدم ليصف الشخص الحرب الأهلية في **دولته-المدينة**، بينما كانت الحروب الأهلية في **الدول-المدن** المجاورة توصف بأنها **شقاق** (Price 2001:35).

«سلطة مشتركة تفرض عليهم جميعا مهابتها»، وهي نقطة أشار لها غروتيوس كذلك (I, 4:2). إن وضع القيود على حق مقاومة سلطة قانونية برره غروتيوس وغيره من الكتاب بناء على تبعات هذا الحق، أي الحرب الأهلية.

بهذا التعريف، معظم الثورات وانتفاضات الفلاحين المطولة والتمردات «الثورية» أو العرقية والانتفاضات المعادية للاستعمار وحروب المقاومة ضد المحتلين الأجانب هي حروب أهلية (Malefakis 1996:18; C. Friedrich 1972:37). وعلى الجانب الآخر، فالمظاهرات العنيفة وأعمال الشغب والجرائم وقطع الطرق بمستويات منخفضة، والتي تترك جميعها السيادة دون مساس تقريبًا، مستثناة من هذا التصنيف [1].

2.1. العنف

رغم أنه قد يكون مفهومًا بديهيًا؛ العنف حقل أنغام مفاهيمي؛ فبكونه ظاهرة اجتماعية متعددة الوجوه، يمكن تعريفه بشكل واسع وطريقة تتجاوز العنف المادي (Nordstrom and Martin 1992:8. يفرق البعض بين العنف الذي يحفظ النظام الاجتماعي (العنف «الوظيفي بشكل ممنهج»)، والعنف الذي يدمره (العنف «المختل وظيفيًا») (C. Friedrich 1972; Sorel 1921)، بينما يعامل البعض القمع الاجتماعي والاقتصادي (أو حتى التنافس) على أنه عنف «وظيفي»(Braud 1999; Galtung 1975; Ellul 1969:86). أخيرًا، يعتقد البعض أن مدى السلوكيات الاجتماعية التي ترقى لتكون عنفًا واسع جدًا لدرجة أنه يتضمن أي سلوك ينتج عنه معاناة عقلية (Bourdieu 1977:191). هذا الكتاب يضيق مفهوم العنف لبعده المادي فقط.

---

(1) العديد من دراسات الاحتلال والتمردات المعادية للاستعمار تؤكد على بعد الحرب الأهلية بها (مثلًا: D. Anderson 2005; Bouaziz and Mahé 2004; Pavone 1994; Shy 1976). الحروب الأهلية مختلفة عن الانقلابات عندما يتم تجاوز عتبة محددة، تستلزم عمليات عسكرية كبيرة. التمردات واسعة النطاق ذات القواعد الريفية المهيمنة لا يجب خلطها مع فرع الأحداث الموصوف بـ«انتفاضات الفلاحين»، التي تضم انتفاضات الفلاحين العفوية، وثوراتهم، وثورات الجياع، وغيرها. هذه العمليات غير المنضبطة ولا المستقرة ولا المركزية والأناركية (Tilly 1978) ليست مستدامة بما يكفي لتتحدى سلطة الدولة بشكل فعال. ما لم يوجهها منظمون ماهرون، فثورات الفلاحين يتم قمعها عادة (Marks 1984:240). انتفاضات الفلاحين تتحول لحروب أهلية (وربما ثورات اجتماعية) عندما تحفزها وتقودها التنظيمات (DeNardo 1985; B. Moore 1966:479). الظواهر الواقعة على حدود التصنيف، مثل الثورة الثقافية الصينية، يمكن اعتبارها حروبًا أهلية (L. White 1989:308).

في المستوى الأساسي جدًا؛ العنف هو تسليط الأذى بشكل متعمد على الناس. هنا أضيق تركيزي بشكل أكبر على العنف ليكون ضد غير المقاتلين أو المدنيين. هذا تصنيف ضبابي ومتنازع عليه في معظم الحروب الأهلية، وهو موقع نزاع فلسفي وقانوني لا ينتهي. (Nabulsi 1999; Walzer 1997). لأنني مهتم بالديناميات داخل المجتمع؛ ولهدف الكتاب؛ فإنني أعتبر المدنيين هم كل أولئك الذين ليسوا أعضاء يعملون بدوام كامل في تنظيم مسلح، مما يتضمن كل أنواع الذين يعملون بشكل جزئي والعملاء [1]. الضحايا غير المدنيون في الحروب الأهلية ليسوا دائمًا نتيجة للعنف؛ فالمجاعة والأوبئة يمكن أن تكون مميتة بشكل كبير كذلك. ضحايا العنف يمكن أن يكونوا غير متعمدين كذلك، بما يسمى بـ «الأضرار الجانبية». في هذا الكتاب، أتعامل مع القتل العنيف والمتعمد للمدنيين.

العنف المادي المتعمد والمباشر يأخذ أشكالًا عديدة؛ بما فيه النهب، والسرقة، والتخريب، والحرق المتعمد، والتهجير القسري، والخطف، وأخذ الرهائن، والاعتقال، والضرب، والتعذيب، والتشويه، والاغتصاب، وانتهاك الجثث. رغم أنني أشير لأشكال متنوعة من العنف؛ فتركيزي الرئيسي على الموت العنيف أو القتل. وكما قيل توًا، فالقتل لا يستنفد مدى العنف، لكنه شكل واضح يمكن قياسه بشكل عقلاني أكثر من غيره (Spierenburg 1996:63; Buoye 1990:255)، ولذلك يستخدم كمؤشر رئيسي للعنف في الدراسات الكمية (مثل: Poole 1995; Greer 1935). إضافة لذلك، هناك إجماع عام على أن القتل سلوك شاطح، فهو «طريقة إفناء مباشرة ولحظية وواضحة لا يمكن التراجع عنها» (Straus 2000:7)، وبذلك فالموت هو «العنف المطلق» (Sofsky 1998:53).

1.2.1. العنف، الصراع، الحرب

العنف يُعامل عادة على أنه رديف لمفاهيم متقاربة لكنها متباينة مثل «الصراع» أو «الثورة» أو «الحرب». بذلك؛ معظم المراجع، مثلًا، لـ «العنف العرقي» تشير إلى الصراع العرقي أو الحرب العرقية بدلا من العنف الفعلي الذي يحصل داخل الصراع. ولكن، الصراعات والحروب والثورات ظواهر لا يمكن اختزالها ببساطة بأنها عنف واسع النطاق. وعلى العكس؛ فالعنف، كما أشارت حنة أرندت (Arendt 1970:19)، هو «ظاهرة بذاتها» لا يجب مساواتها مع الظواهر المتقاربة. [الكاتب الأمريكي] ديفيد هورويتز (Horowitz 2001:475)

---

(1) أفصل كيف أصنف غير المقاتلين في «الملحق ب».

يرد صدى أرندت حين يشير إلى أن «هناك سببًا جيدًا لمعاملة الصراع والعنف بشكل منفصل». بشكل واضح، الحرب «تسبب» العنف، ولكن قدرًا معتبرًا من العنف في الحروب الأهلية يفتقد للقدرات العسكرية التقليدية ولا يقع في الميدان، بل ربما يكون هناك علاقة عكسية بين كم العنف، كما يُقاس بحجم القوات وتطور الأسلحة المستخدمة، وحجم العنف (Harkavy and Neuman 2001:230). إضافة لذلك؛ المناطق التي تدخل بالصراع نفسه يمكن أن تظهر تباينًا كبيرًا بالعنف. لذلك، يجب فصل العنف تحليليًا عن الحرب، كما في التفريق العريق بين *jus ad bellum* (**حق خوض الحرب**) و *jus in bello* (**قوانين الحرب**).

هذا الكتاب يضع العنف في قلب التحليل. التفريق التحليلي بين **الحرب الأهلية** و**العنف في الحرب الأهلية** هو فرضية الكتاب ونتيجته الكبرى. أسباب العنف في الحروب الأهلية لا يمكن تضمينها تحت أسباب الحروب الأهلية، ولذلك فنظرية للحرب الأهلية لا يمكن أن تكون نظرية للعنف في الحرب الأهلية، والعكس صحيح [1]. في الوقت نفسه، نظرية العنف المقدمة هنا متوافقة مع أفكار مختلفة حول اندلاع الحرب الأهلية، فهي لا تهتم ما إن كانت الحرب الأهلية قد اندلعت بسبب مظالم جماعية أم فرص جماعية. ببساطة؛ الحرب الأهلية على الأرجح ستفتح صندوق باندورا العنف.

2.2.1. العنف كنتيجة والعنف كعملية

ملاحظة أن العنف السياسي يميل لأن يكون نتيجة أفعال مجموعات صغيرة جدًا من الناس (Mueller 2004; Valentino 2000:21–5) أدى إلى انطباع بأن معظم الناس غير مشاركين (Valentino 2000:2)؛ فهم في أفضل الأحوال عامّة غير واعين، وفي أسوئها مشاهدون سلبيون. وبالشكل نفسه، فملاحظة أن القاتلين عادة ما ينتزعون المشاعر الإنسانية عن ضحاياهم (مثلًا: Toolis 1997:126) أدت لاستدامة فكرة أن العنف في الحروب الأهلية غير شخصي. وبغض النظر عن دقتها التجريبية؛ فهذه الانطباعات لا تفرق بين العنف **كنتيجة** والعنف **كعملية**.

رغم أن العلماء السياسيين والمؤرخين يميلون لأن يضمنوا العنف تحت فئة الصراع العنيف؛ فالعديد من الأنثروبولوجيين وناشطي المنظمات غير الحكومية والصحفيين يميلون

(1) ولذلك، فمن غير الصحيح اختبار نظريات اندلاع الحروب الأهلية باستخدام مؤشر للعنف، مثل أعداد القتلى، على أنه المتغير التابع.

لأن يعتبروا العنف نتيجة، لا عملية، واضعين إياه عمليًا، بالغالب، «في صندوق أسود» (مثلًا: Appadurai 1996). التركيز هنا على حالات العنف، بدلًا من السلوكيات والآليات غير العنيفة المعقدة، غير المرئية غالبًا، والتي تسبق هذه الحالات وتلحقها. وصف سلوكيات راهنة جدًا من العنف عادة ما يرافقه إحالات لحوادث تاريخية قديمة، دون الإشارة إلى الفترة التي بينهما. فمثل التوصيفات التقليدية للتناحر في البلقان؛ العديد من أوصاف الحروب الأهلية لا تبذل جهدًا «بربط حلقة بالأخرى. كل حالة تعامل بشكل معزول زمانيًا ومكانيًا. كما لا يحاول هؤلاء الكتاب تفسير عدم التناسب الذي يسم ما يبدو ظاهريًا بأنه العلاقة بين السبب والنتيجة» (Black-Michaud 1975:34). إضافة لذلك، يُقدم القليل من المعلومات، إن قدمت، عن تواريخ الضحايا وحياتهم قبل حلول العنف (Binford 1996:5). فكرة كهذه تفترض (بل وتنشر) عالمًا ثنائي التفرع يعيش به الضحايا والمجرمون وحسب، مع التصور الخاطئ بأن الضحية والذنب لا يمكن أن يجتمعا، إذ إن الضحايا لا يمكن أن يكونوا مذنبين. إيفون جرينير (Grenier 1999:2) يصور الأدبيات حول التمردات في أمريكا اللاتينية على أنها «عالم يسكنه النساء والأطفال والشيوخ»، في فكرة قيلت كذلك حول حروب أهلية أخرى (Cenarro 2002:67; Brovkin 1994:5). ما يتم تجاوزه عادة هو «منطقة رمادية» كبيرة يسكنها أولئك الذين يتشاركون بعملية العنف بطرق مختلفة، بدون أن يكونوا متورطين بشكل مباشر بناتجه، إما كمذنبين أو كضحايا. أحد نتائج ذلك هي أن الخط بين المذنبين والضحايا يصبح ضبابيًا، إذ إن ضحايا الأمس قد يتحولون لمذنبي الغد والعكس بالعكس (Joshi 2003:xiii; Chang 1992:498). النساء والأطفال، الذين يظهرون عادة كضحايا، عادة ما يكون مشتركين نشطين وراغبين بكل أنواع النشاطات، بما في ذلك القتال. (Peterson 2000:112). تزفيتان تودوروف (Todorov 1996:xvi-xvii) يتحدث كيف أجبرته دراسة عن كتب لمجزرة وقعت في بلدة سان أماند مونتروند الفرنسية، في صيف عام 1944، على اكتشاف التسلسل المفقود للأحداث ومراجعة فهمه للمجزرة:

«شيئًا فشيئًا، أدركت أن المجزرة محل الدراسة لم تقع في ذلك المكان والزمان بلا سبب، بل كانت نتيجة لسلسلة من أحداث لا تقل درامية عنها، وقعت سابقًا في ذلك الصيف. بعد وقت قصير، لم أكتفِ بقراءة الأعمال القليلة التي روت الفصول المتنوعة في هذه القصة. بمساعدة صديق من المنطقة؛ قررت البحث المباشر وتوجيه أسئلة للمعاصرين والشهود المتنوعين لتلك الحوادث. مررت على بعض المخطوطات غير المنشورة. قرأت كل من الصحافة اليومية والأسبوعية لتلك الفترة، وقضيت

أيامًا أفكك الخيوط حول الملفات المغبرة في الأرشيفات المحلية والوطنية. لم أستطع أن أبعد نفسي عن القصة.... بالقراءة عن [مصير الفاعلين الرئيسيين] أصبحت على قناعة، عند الحديث عن هذه الفترة، أنه من اللازم تجاوز كل من سير «المنتصرين» (الملائمة للاحتفالات الوطنية) والصورة المعاكسة التي تقدمها من خلال التشويه الممنهج، وهو ما يمكن قوله كذلك عن «المهزومين». بدلًا من عالم أبيض وأسود فقط؛ اكتشفت سلسلة من المواقف المتمايزة، والأفعال المنفصلة، التي يتطلب كل منها تقييمًا منفصلًا».

دراسة العنف كعملية دينامية يسمح باستقصاء تسلسل القرارات والأحداث التي تتداخل لتنتج العنف، إضافة لدراسة الفاعلين الآخرين غير الظاهرين المساهمين بهذه العملية وتشكيلها جوهريًا.

3.2.1. العنف في السلم والحرب

مثلما تميل دراسات الحروب الأهلية لتجاوز العنف؛ تميل دراسات «العنف السياسي»، المفهوم العريض وغير الدقيق الذي يغطي كل شيء من المظاهرات الطلابية إلى الإبادة الجماعية، إلى فك ارتباط بالحرب الأهلية. هذا المجال البحثي يتقاطع عادة مع الأبحاث عن «الحركات الاجتماعية»، وتحديدًا دراسات «سياسات النزاع»، المصطلح الذي يتضمن كذلك ظاهرة تتفاوت من النشاط الجمعي غير العنيف إلى العنف المتفرق (Tarrow 1994). هذا العمل يميل لمعاملة العنف «لا كامتداد غير إشكالي لعمليات الحركات الاجتماعية الاعتيادية، ولا العكس بالعكس؛ كنتيجة مختلفة للتنافس أو التراجع ضمن الحركات الاجتماعية» (Seideman 2001:2).

الخلط بين العنف في سياق نشاط نزاعي مع عنف الحرب الأهلية يشير إلى فشل بمعرفة أن الحرب والسلم مختلفان جذريًا، ويحفزان ويقيدان العنف بطرق مختلفة للغاية. وبالطبع، فهذان السياقان يتشاركان بالعديد من الديناميات (Tilly 2003)، ولكن؛ الطريقة التي تفعل بها هذه الآليات، وتأثيراتها، متباينة. وبأوضح شكل ممكن، فتشكيل القناعات السياسية والتعبير عنها مختلف جوهريًا بأوقات السلم عنه في أوقات الحرب. فعلى الأقل؛ المجازفة أعلى بكثير في زمن الحرب.

اختلاف العنف في السلم والعنف في الحرب هو اختلاف بالدرجة بشكل واضح. أعداد القتلى في كل الحوادث المسجلة وحملات التظاهر لا قيمة لها عند مقارنتها بأعداد

القتلى في كل التمردات الموثقة (Gurr 1986:52). حتى الإرهاب يتضمن عنفًا بدرجة أقل بكثير من الحرب الأهلية (Guelke 1995). سريلانكا، البلد سيئ الحظ الذي واجه كلًا من أعمال شغب في السلم وحرب أهلية، شهد خسائر أكثر بكثير نتيجة الحرب.

الأهم هو أن الاختلاف بين العنف في السلم والعنف في الحرب هو اختلاف بالنوع. كما يذكرنا [البروفيسور] فلاديمير بروفكين (Brovkin 1994:419) عن روسيا: «الحرب الأهلية جعلت ذلك الذي لا يمكن التفكير به روتينيًا.... لقد استبدلت سياسات الحرب بالسياسات الاعتيادية». تشكل الحرب الخيارات وتختار الفاعلين بطرق مختلفة بشكل جذري عن السلم، حتى بشكله العنيف. كما يستذكر متمرد يوناني قديم: «المواجهة المسلحة ليست كإضراب [عمال]. يمكن أن تهزم بالإضراب مرة ومرتين وثلاثة وتبقى حيًا، لكنك عندما تدخل في عصيان مسلح فأنت تراهن بكل ما لديك» (Papakonstantinou 1986 1:583). الفعل النزاعي يمثل تحديًا للحكومة القائمة في سياق سمته المميزة هي احتكار، لا نزاع عليه، للعنف على يد الدولة. على النقيض، فالسمة المعرفة للحرب الأهلية هي غياب احتكار كهذا. الفعل النزاعي في الظروف الديمقراطية مختلف بسببه عن التمرد؛ فبينما تنضج السياسات النزاعية في ظل وجود فرص سياسية؛ يكون التمرد أكثر احتمالية في ظل غياب هذه الفرص (Goodwin 1999)؛ ففي المجتمعات غير المتجانسة عرقيًا، على الأقل، ديناميات أعمال الشغب والمظاهرات هي النقيض التام لديناميات المترد (Bates 1999). وبعكس الحروب الأهلية، فأعمال الشغب تميل لأن تكون ظاهرة مدنية على الأغلب (Varshney 2001:224; C. Friedrich 1972:70)، ولا تواجه أعمالًا انتقامية كبيرة (Horowitz 2001:224)، وتتأثر بشكل واسع بالحوافز المؤسساتية (الانتخابية غالبًا) (Wilkinson 2004)، ويسهلها الاختفاء ضمن الحشود؛ إذ إن نسبة المشاركين مقابل الضحايا متعاكسة في أعمال الشغب والحروب الأهلية: في الشغب تكون المشاركة عامة والضحايا قلة سيئة الحظ، بينما في الحروب الأهلية تشارك قلة بشكل مباشر بجعل البقية من سيئي الحظ ضحايا. في سريلانكا، تراجعت أعمال الشغب العرقية بل واختفت تقريبًا بعد أن بدأت الحرب الأهلية، ولم يكن هناك أعمال شغب في مدينة بنجاب الهندية أثناء تمرد السيخ خلال أعوام 1984-1989 (Horowitz 2001:482-485). [البروفيسور] أشوتش فارشني (Varshney 2002:11) محق إذا بمحاججته أن نظرية للحروب الأهلية يجب أن تكون «متمايزة تحليليًا» عن نظرية لأعمال الشغب. هذا صحيح، حتى عندما تحصل أعمال الشغب والمذابح المنظمة في سياق الحرب

(Petersen 2002). يمكن مقارنة هذه الحالة مع تقاطع إبادة جماعية مع حرب، فرغم أن الاثنتين دائمًا ما تتقاطعان في غالب الأحيان؛ دراسة كل ظاهرة منهما مختلف عادة.

3.1. ظروف الدراسة

دراسة المفاهيم المتاح للعنف السياسي كغرض للبحث تتفاوت بناء على المعايير المستخدمة: حجم العنف (قتل جماعي، جرائم جماعية، مذابح) (Verwimp 2003; Valentino 2004; S´emelin 2000; Levene 1999)، أو نوعه وآلياته (أعمال شغب، مذابح منظمة، أعمال انتقامية) (Wilkinson 2004; Varshney 2002; Geyer 2000)، أو دوافع المرتكبين (Straus 2000; Fein 1993)، أو السياق الاجتماعي والتاريخي المحدد لحادثة معينة (Browning 1998). لذلك، فترسيم حدود دقيق لظروف الدراسة أمر ضروري. تقاطع سمتين أساسيتين للعنف يحدد مجال التحليل في هذا الكتاب: أهداف العنف، وإنتاج العنف.

1.3.1 أهداف العنف

الفاعلون السياسيون يستخدمون العنف لتحقيق أهداف متعددة ومتقاطعة وأحيانًا متناقضة. الأدبيات المتنوعة تفصل أكثر من عشرين استخدامًا للعنف، بما فيها التخويف، والقضاء على الروح المعنوية، والاستقطاب، والظهور، ودفع العامة للتطرف، والشهرة، ورفع الروح المعنوية للمجموعة، وتعزيز أو إضعاف السيطرة، وحشد القوات والموارد، والتمويل، والقضاء على القوى المعادية، والمعاقبة على التعاون مع العدو، واستفزاز الإجراءات المضادة والقمع (Hovil and Werker 2005; Schmid 1983:97–9, Mallin 1966:59, Molnar 1965:169). إضافة لذلك، قد يستخدم العنف دون هدف حاضر بالذهن، وقد تنتج الحرب عنفًا مستقلًا بشكل كامل عن نوايا الفاعلين الأساسيين ويتمظهر كناتج جانبي لسلوكهم، مثل النهب أو أشكال معينة من الانتقام. هذه الوفرة من الأهداف المتباينة يمكن أن تشل التحليل.

من الضروري بداية معالجة قضية العنف الذي لا يحقق مقصدًا عمليًا. وصف هذا العنف بأنه تعبيري عندما يُحصر استخدامه على «مكافآت ترضية محددة جدًا بإلحاق الألم بالعدو، أو تدمير رمز مكروه» (Rule 1988:190). العنف التعبيري، الموصوف عادة بالشاذ

أو العدمي، يجتمع عادة مع العنف «الطائفي» أو المرتبط بـ«الهوية»، أي العنف الموجه ضد أشخاص بناء على هويتهم فقط. هذا الفهم للعنف يهيمن على الروايات الشائعة التي تؤكد على جنون العنف (مثلًا: Rosenberg 1991)، وهو حاضر بالعديد من الأعمال البحثية التي تؤكد على سمة العنف الاستطرادية والرمزية والطقوسية وغير الوظيفية بشكل عام [1]. تأويلات العنف بالحافز التعبيري يمكن إيجادها كذلك في شهادات الضحايا: «لقد قتلونا لأجل القتل وحسب، ككلاب مسعورة تلاحق فريستها» (في Tarnopolsky 1999:52).

حوافز الأفراد للعنف يمكن أن تكون، وغالبًا ما تكون، تعبيرية (Petersen 2002; Horowitz 2001:123). المأساة اليونانية كنز دفين للعنف التعبيري، حيث كان *orgē* (الغضب)، أو *eris* (الخلاف)، أو *pthonos* (الحسد) هو الذي يدفع للأفعال العنيفة (Bernard 1999). بحوث الدراسات الإجرامية تعترف بأهمية الحوافز التعبيرية، لأن جزءًا كبيرًا من من عمليات القتل العرضي (Nonpredatory murders) ليست متعمدة أو مدفوعة بحوافز وظيفية تربط الغايات بالوسائل، وتُمارس عادة بلا مبالاة بالعواقب (J. Katz 1988). العديد من أوصاف العنف في الحرب الأهلية تخلو بوضوح من أية أهمية عملية وتتلاءم مع القالب التعبيري بشكل ممتاز. خذ على سبيل المثال هذه الشهادات المتوازية من الحربين الإسبانية واللبنانية:

> «لاحقًا، أطلقوا النار على ساتورنينو مع ستة وثلاثين شخصًا آخر ثأرًا لمقتل ابن أحد أفراد الحرس المدني الذي قتل على الجبهة.... عندما سمع الأب بأخبار مقتل ابنه، ذهب إلى سجن تورو وبدأ يقول: 'هذا وهذا وهذا!' بدون أن يعرف من كانوا. قتل ثلاثة وستون شخصًا» (Sender Barayón 1989:162–3).

> «إننا متوجهون مباشرة إلى المسلخ.... لقد كان يبعد بضعة شوارع وراء منزلنا. أنت تعرف ذلك المستودع الفارغ هناك. هناك كان الحلبي، الجزار المسلم الذي خُطف ابنه، يجمع المسيحيين المارونيين. لقد أراد أن يثأر له، يا له من رجل! يفضل أن نبتعد عن تلك المنطقة» (Tabbara 1979:64–5).

ولكن التأكيد المبالغ به على الدافع التعبيري قد يتسبب بإشكالات. بشكل عام، من الصعب للغاية الكشف، بدرجة مقبولة من الدقة، عن دوافع الأفراد للسلوكيات العنيفة (Tilly 1975:512). استقراء الدافع من السلوك فكرة سيئة، مثل استبدال الدليل بتصنيفات محفزة سياسيًا، كما في حالة «جريمة الكراهية»؛ فمشكلة المساواة بالملاحظة شائعة لأن سلوكًا معينًا قد يكون متسقًا مع عدة حوافز. إضافة لذلك، الحوافز تخضع عادة لإعادة

---

(1) مثل Zemon Davis (1973); Crouzet (1990); Geyer (2000:201); Mahmood (2000:74–81).

تأويل (استراتيجي أو غير واعٍ بذاته) وتبرير بأثر رجعي من الأفراد. حتى عندما تُكتشف بشكل كامل؛ يظهر أن النوايا مختلطة أو حتى متناقضة. مثلًا، دوافع العنف لدى الأفراد قد تجمع الكراهية (بأشكال مختلفة)، أو ضغط الأقران (Browning 19)، أو الطاعة (Milgram 1974)، أو الشرف، أو الطقوس، أو المتخيلات الجمعية (Nahoum-Grappe 1996; Zemon Davis 1973)، أو الطمع (Paul and Demarest 1988)، أو الانتقام (Frijda 1994)، أو الدوافع الساديّة، وهي قد تنتج كذلك عن شرب الكحول (Tishkov 2004:139; G. Jones 1989:124)، أو استخدام المخدرات (Aussaresses 2001; Peters and Richards 1998). خلط الأشياء هو أثر انحياز التطابق، أي ميل المراقبين لاستنتاج مواقف ثابتة للأفراد بناء على سلوكيات يمكن تفسيرها بحسب الحالة التي وقعت بها (Gilbert and Malone 1995).

بشكل واضح، هذه المشاكل تنطبق على كل أنواع الحوافز، سواء الوظيفية أم غير الوظيفية منها. ولكن، العديد من المراقبين أكثر ميلًا للانحياز تجاه التأويلات التي تؤكد على الحوافز التعبيرية. مثلا، بينما تعجل بضعة مراقبين بربط العنف بين قبيلتي «دياكاس» و«مادوريس» في كاليماناتان الغربية بإندونيسيا بطقس تجديد جمع الرؤوس؛ لاحظ آخرون أن العنف كان مستخدمًا بشكل استراتيجي في مسار الحرب (Peluso and Harwell 2001). خذ ملاحظة ماريو فارجاس لوسا التالية (Llosa 1994:428): لقد كنت أكتب مسودة الخطاب.... [عندما] وصلت أخبار اغتيال زعيمنا في أياتوشكو: جوليان هواماني.... لقد كانت هذه الجريمة مثلًا جيدًا على لامنطقية وقسوة الاستراتيجية الإرهابية الغبية، إذ إنها لم تكن موجهة لتعاقب على أي عنف أو استغلال أو انتهاك قام به جوليان هواماني المتواضع للغاية، وغير المعني بالسياسة سابقًا، وإنما فقط لتخيف بهذه الجريمة أولئك الذين اعتقدوا أن الانتخابات يمكن أن تغير الأشياء في البيرو». بطريقة مضللة، لكنها واسعة الانتشار جدًا؛ فات فارجاس لوكا الطبيعة العملية الواضحة لهذه الجريمة، والتي اعترف بها شخصيًا، ليصفها بأنها سلوك غير منطقي.

سينيكا لاحظ أنه «لا يسفك أحد الدم بقصد سفك الدم، وبأي مقياس؛ فقلة قليلة فقط من تفعل ذلك» (في Grotius II, 22:2). إن الدوافع التعبيرية قد تكون أقل انتشارًا عما هو مفترض. يظهر أن الأشخاص المشاركين بإنتاج العنف السياسي يفتقدون لتلك السمات الشخصية «المتطرفة» الأقرب لأن تكون مرتبطة بالعنف التعبيري. عدد من الدراسات حول مرتكبي العنف فشلت بإيجاد سمات مختلة (Kakar 1996; Della Porta 1995)، بينما

أشار آخرون إلى أن تحويل العنف لطقس يخدم أهدافًا عملية عادة (;Richards 1996:xx
.(Schroeder 1996:432

التأكيد على العنف التعبيري قد يكون نتيجة لالتباس مزدوج، بين الحوافز الفردية والجمعية، وبين الشهادات الوصفية والسببية. المحاججات حول الجوانب التعبيرية والرمزية للعنف تدعي معالجة دوافع الفاعلين الجمعيين (مثلًا، لماذا هاجمت قبيلة الهوتو قبيلة التوتسي)، بينما تصف بالحقيقة الطريقة التي مارس بها بعض الأفراد فقط للعنف (مثلًا، كيف هاجم بعض أفراد الهوتو أفرادًا من التوتسي). مثلًا، عند مناقشة حوادث أكل لحوم البشر التي وقعت في الحرب الأهلية الليبيرية؛ يشير [المؤرخ] ستيفن إيليس (Ellis 1995:193) إلى أن «ملاحظة أنه كان هناك عنصر 'طقوسي' بهذا النوع من العنف لا يتضمن أن المليشيات تقاتل بشكل أساسي كشكل من السلوك الطقوسي». إنجي برينكمان (Brinkman 2000:2, 14) تشير أولًا إلى أن أولئك الذين قابلتهم، اللاجئون الأنغوليون في ناميبيا، كانوا يفسرون عنف الحرب الأهلية بأنه عبثي وبلا معنى، «فقد اعتبروه خارج حدود الإدراك»؛ ومع ذلك، تقول لاحقًا إنهم أنفسهم كانوا واعين بشكل واضح إلى أن هذه الممارسات كانت تستخدم لتغرس خوفًا مخدرًا وتعجيزيًا، فقد قيل لها: «إنهم يمارسونه ليخيفوا الناس». بشكل مماثل؛ العنف في موزمبيق كان ساديًا وعززه استخدام المخدرات، ولكن كان هناك دليل جوهري أنه كان «منسقًا ومنهجيًا بدلًا من كونه عفويًا» (Vincent 1994:87).

في الحقيقة، دوافع الأفراد وحدها يُستبعد أن تؤدي لعنف واسع النطاق على مدة طويلة. سياسة الانتقام النازية عبر أوروبا المحتلة تطورت مركزيًا رغم أنها كانت تمارس على يد ضباط صغار شبه مارقين وساديين بشكل علني (Heer 2000; Mazower 1993). إن من المحتمل وضع غطاء من السلوك الوظيفي على السلوك التعبيري بإيعاز السلوك الاستراتيجي للقادة، والسلوك التعبيري للأتباع (May 1991:253; Coleman 1990:483). وبعكس أعمال الشغب؛ فالحروب الأهلية سياقات تضع ثقلًا معتبرًا على التنظيم، مما يعزز تأويلات العنف كسلوك وظيفي عملي.

يمكن أن يستخدم العنف ليرهب مجموعة أو ليتحكم بها (Sémelin 2000; E. Walter 1969:14). هذا الكتاب يركز على النوع الأخير، المعروف بالعنف القهري. رغم أن الطرق المستخدمة لتحقيق الخضوع والتدمير المادي قد تتشابه، إلا أن الهدفين مختلفين. أحد طرق التفريق بينهما هي سؤال ما إن كان أحد الفاعلين السياسيين على الأقل ينوي حكم مجموعة

السكان الذين يستهدفهم بالعنف، والمؤشر التجريبي لهذه النية هو ما إن كانت أهداف العنف تملك خيار الاستسلام. في العديد من الحروب الأهلية، برامج العفو تشجع على الانشقاق عن المتمردين وتترك أو حتى تكافئ المدنيين الذين ينشقون ويتعاونون معهم، بينما في المجازر الجماعية لا يمنع استسلام الضحايا قتلهم، بل يعجله (Fein 1993:21). القريب تحليليًا من التدمير المادي هو التهجير الجماعي، المعروف أحيانًا باسم «التطهير العرقي».

عندما يستخدم العنف بشكل رئيسي للتحكم بمجموعة من السكان فهو يصبح مصدرًا لا ناتجًا (Gambetta 1993:2). هذا النوع من العنف يتضمن تفريقًا تحليليًا بين الضحايا، وبين أهداف العنف (E. Walter 1969:9). إذا عذّب شخص ما طفلة ليجبرها على كشف مكان شخص آخر، فهي ضحية وهدف عنف معًا. ولكن، إذا تم تعذيب الطفلة نفسها لإجبار والدها على كشف مكان شخص ثالث لا تعرف الطفلة عنه شيئًا، فإن والدها هو الهدف رغم أن الطفلة هي التي تتعرض للعنف، والوالد يمكنه أن يخضع أو يرفض الخضوع، بينما لا تستطيع الطفلة أن تفعل أيًا منهما (O. O'Neill 1991:172-173). باختصار، هدف العنف هو تشكيل سلوك جمهور مستهدف عبر تغيير القيمة المتوقعة من سلوكيات محددة. بكلمات أخرى، يؤدي العنف وظيفة اتصالية ذات بعد ردعي واضح، يتسق مع وصف الحرب الأهلية بكونها أزمنة خوف وعصور رعب (Senaratne 1997:145). كما يقول [المنظر الماركسي] ليون تروتسكي (Trotsky 1961:88): «الثورة...تقتل أفرادًا وتخيف ألوفا»، في فكرة عبرت عنها الحكمة الصينية «اقتل واحدًا وأرعب عشرة آلاف آخرين». ماو تسي تونج دعا «لضربات قاصمة للخونة والعملاء الذين يضعفون الجيش والشعب» (in Heilbrunn 1967:145) وتشي جيفارا (1998:91) برر «الهجمات على الأشخاص» لمنع تسريب المعلومات. بالصياغة الموفقة [للكاتب الأمريكي المختص بسيكولوجيا القتل] ديف جروسمان، فإن «أحد المكاسب الصارخة والواضحة للوحشية هي أنها تُرعب الناس. الوحشية والرعب الخام لأولئك الذين يَقتلون ويعتدون تدفع الناس ليهربوا ويختبئوا ويدافعوا عن أنفسهم بشكل واهن، وعادة ما يستجيب ضحاياهم بسلبية خرساء». ولكن، لاحظ أن العنف القهري ليس ضخمًا بالضرورة. بالحقيقة، الإرهاب الناجح يتضمن مستويات منخفضة من العنف، إذ إن العنف «خارج مسار التوازن». يفشل القهر إذا كان مجرد تدمير لذلك الذي يسعى لإخضاعه. العنف القهري قد يكون استراتيجيًا وتكتيكيًا في الوقت نفسه. فاستهداف شخص ما لإنهاء خطر محدد (مثل تسريب المعلومات) تكتيكي، لكن استخدام هذه الممارسة من

العنف لمنع الآخرين من سلوك مشابه هو تصرف استراتيجي. متمردو الثورة المضادة في فرنسا وجهوا عنفهم تجاه الأشخاص المتهمين بإيصال المعلومات للجنود الجمهوريين عن تحركاتهم، ثم تركوا جثثهم ومثّلوا بها قرب البلدات التي يسيطر عليها الجمهوريون وعلقوا لافتة على رقبة كل واحد منهم، تحمل اسمه وأسماء ضحاياه الذين انتقموا لأجلهم، وبذلك سعوا «لتقديم مثال لمنع سلوكيات مشابهة» (Dupuy 1997:161). مارتين لاتسيس (Martyn Latsis)، القائد الشيوعي أثناء الحرب الأهلية الروسية، أكد على أن «الشخص لا يجب فقط أن يدمر قوى العدو، بل يظهر كذلك أن كل من يرفع السيف ضد الطبقة الحاكمة سيُقتل بالسيف» (Werth 1998:85). في كولومبيا، الإعدامات الجماعية للعملاء المشبوهين كانت هي النمط العام: «أحد القتلة المختصين ينطلق، ليلًا أو نهارًا، وينهي أية احتمالية للعمالة ويغلق القضية تمامًا، كما يرسل رسالة واضحة للمجتمع المحلي أن المجموعة المسلحة لن تتسامح مع نشاطات كهذه» (Fichtl 2004:5). خذ بعين الاعتبار هذا الوصف التالي لأحد اغتيالات «الجيش الجمهوري الإيرلندي»: أصبح فلود متواطئًا عسكريًا مع 'شرطة أولستر الملكية' و[لذا] كان عليه أن يموت ليحمي الجيش الجمهوري الإيرلندي ويردع أولئك الذين يرغبون أن يصبحوا عملاء» (Toolis 1997:202). بصيغة أخرى؛ العنف القهري يميل لأن يكون ذا أثر رجعي لأنه يسعى لإسقاط العقاب على فعل قد حصل مسبقًا، وذا نظرة مستقبلية لأنه يهدف لردع أي سلوك مشابه من أي شخص آخر [1].

حتى القراءة السريعة للروايات الوصفية إلى السمة الاستراتيجية المنتشرة للعنف في سياقات الحرب الأهلية. انظر للأمثلة التالية. فلاح زيمبابوي فسر قتل عميل للحكومة على يد العصابات بقوله إنهم «أرادوا أن يظهروا [للحشود] أنهم يستطيعون فعل أي شيء ويزرعوا الخوف لكيلا يكرر أحد هذا الخطأ» (Kriger 1992:156). في البيرو، «منذ البداية، وحتى بدون بنية تحتية لآلة الحرب؛ سعى حزب 'الدرب المضيء' [الحزب الشيوعي في البيرو] لإرعاب وشل حركة المعارضة بنشر الخوف عبر إظهار قوة غاشمة دمرت العدو» (Del Pino 1998:168). [الكاتب الأمريكي] جيفري ريس (Race 1973:135) تم إخباره أن «الفيت كونغ [الجبهة الوطنية لتحرير فيتنام الجنوبية] تستخدم الإرهاب لتزرع الخوف. في أحد القرى الصغيرة، كانوا يختارون شخصين يقولون إنهم يتعاونون مع الأمريكيين ويطلقون الرصاص

---

(1) بالتأكيد، هذا المنطق جزء من نظام العدالة في كل مكان.

عليهما ليضعوا مثالًا.... وبعد أن يقتلوا بضعة أشخاص؛ القرية كلها كانت تشعر بالخوف والفيت كونغ يمكن أن تجبرهم على التعاون». عميل بريطاني في اليونان الواقعة تحت الاحتلال الألماني عام 1944 أكد على الجانب نفسه ليصف العنف المستخدم من المقاتلين: «لقد كانوا معلمين لسيكولوجيا 'الوحشية النموذجية' [المستخدمة لتصبح نموذجًا].... يبدو أنهم كانوا مختصين بانتقاء الرجل الذي كان سيدفع موته أو اختفاؤه منطقة كاملة للاستمرار بالدعم القسري لقضيتهم إلى حد ما»[1].

كل من المرتكبين والضحايا يعترف بالسمة الردعية للعنف. هذا المقطع التالي، المأخوذ من مذكرات رجل جزائري، مقطع ذو دلالة: «نوفمبر/ تشرين الثاني، 1956: في كل مرة يُعدم بها خائن أو من يوصف بالخائن، يجتاح الكرب أولئك الباقين الأحياء. لم يعد أحد متأكدًا من أي شيء. الناس خائفون حقًا، خائفون من الجنود وخائفون من الخارجين عن القانون» (Fearoun 2000:155). أحد كتابات الليبراليين النيكاراجويين من عام 1928 عن عنف المحافظين أشارت إلى أن «كل الجنح المذكورة تم ارتكابها على يد عصابات المحافظين، وذلك لزرع الخوف داخل الليبراليين بحسب الرأي العام». [بروفيسور التاريخ] مايكل شرويدر (Schroeder 2000:38) الذي يقتبس هذا النيكاراجوي وصل لنتيجة مفادها أن «الهدف الجوهري لكل المجموعات السياسية» كان زرع الرعب (*para infundir terror*). هذا البعد يتسق أيضًا مع طرق القتل التي كانت تصل لأن تكون تعبيرية أحيانًا، مثل ترك الجثث في المساحات العامة أو حشو فم الضحية بالأوراق النقدية للتحذير من قبول الأموال من الخصوم (Dalrymple 1997:123; Crozier 1960:163). بتر الأطراف يؤدي الغرض نفسه غالبًا، فهو «مثال حي» (Leites and Wolf 1970:106). في سيراليون، «قطع أيدي وأصابع القرويين كان ينقش، في الفضاء المفتوح وفي أعضاء سكان القرية، مجموعة من الرسائل السياسية بشكل متماسك أكثر بكثير ما إن تم بثها عبر الراديو» (Richards 1996:6). في الحقيقة، حوادث الرعب وما يبدو أنه عنف عبثي تعكس عادة حسابات استراتيجية. باول ريتشاردز (Richards 1996:181)، الأنثروبولوجي الذي درس الحرب الأهلية في سيراليون، يحاجج بأن تحليلًا كهذا يشرح «أنماط ما يبدو أنه العنف العبثي الممارس على يد 'الجبهة الثورية المتحدة'».

---

(1) "Report by Cpl Buhayar," PRO, HS 5/698. انظر أيضًا: Toolis (1997:81) عن إيرلندا الشمالية، و Senaratne (1997:121) عن سريلانكا، و Kheng (1983:180) عن مالايا، و Ortiz Sarmeinto (1990:190) عن كولومبيا.

[الصحفي الأمريكي] ويليام فينيجان (Finnegan 1992:58) يحاجج بشكل مماثل بأن العديد من المجازر التي قام بها المتمردون في موزمبيق (والتي كانت تفسر على أنها بلا مبرر من قبل بعض المراقبين قليلي الاطلاع) كانت تهدف لإيصال رسائل محددة للسكان المحليين.

رغم أن المنطق الضمني للعنف القهري متشابه عبر السياقات المختلفة، إلا أنه يتفاوت بناءً على الأهداف والثقافات المحلية. يمكن أن يكون الأهداف شخصيات محلية بارزة أو أشخاصًا ضعيفين وهامشيين، وكثافة استهدافهم تتباين بشكل واسع. لص صغير المستوى من إيرلندا الشمالية يستذكر كيف أن تحديه لطلب «الجيش الجمهوري الإيرلندي» منه أن يغادر البلاد أدت إلى الاعتداء عليه (in Smyth and Fay 2000:124): «بذلك، كان 'الجيش الجمهوري الإيرلندي' يلومني ويقول إن هذا كان خطئي لأنني لو كنت أقف بوجهم فلم يكن ليتجرأ أحد على ذلك. لم يقف أحد بوجههم قبلي».

باختصار، رغم أن العنف في الحروب الأهلية يقوم بعدة مهمات، إلا أن الاستخدام الوظيفي للعنف القهري لفرض الخضوع يشكل جانبًا مركزيًا للظاهرة. ليس هذا للقول إن هذا الجانب هو الوحيد، ولكن، نظرًا للمستوى الحالي من التطور النظري، فمن المنطقي التركيز عليه.

2.3.1 إنتاج العنف

يمكن أن ينتج العنف بشكل أحادي (على يد فاعل واحد، غالبًا هو الدولة) أو بشكل ثنائي أو متعدد (على يد اثنين أو أكثر من الفاعلين المتنافسين). الفرق الأساسي بين الظروف الأحادية والمتعددة هو أن التفاعل الاستراتيجي أكثر أهمية في الحالة الأخيرة. عندما يملك السكان خيار الانضمام أو مساعدة الفاعلين المتنافسين، فإن رد فعلهم على العنف يجب أخذه بعين الاعتبار لأن له تأثيرًا على ناتج الصراع. لأن سكان قرية «دوك لاب» (Duc Lap) في فيتنام الجنوبية تمت إساءة معاملتهم من جنود الحكومة المعينين لحمايتهم؛ رحبوا بـ«الفيت كونغ» الذين «أزاحوا [الجنود] من طريقهم» (Ellsberg 2003:131). وكما قال رجل موزمبيقي (in Nordstrom 1997:9)، «أنت تعلم، أحيانًا عندما يكون هناك قوة واحدة، يمكن أن تفعل ما تريد. عندما يكون هناك مشاكل مع هذا، يبدؤون بممارسة سلطتهم ويجبرون الناس على فعل أشياء لا يريدون فعلها، واستخدام العنف ضد الناس بالطريقة التي يريدون.

عندما يكون هناك قوتان، يملك الناس الخيار. كل قوة عليها أن تكون أكثر مسؤولية. يمكن أن يقول الناس: «لا يمكنك أن تعاملنا هكذا، فهناك آخرون يمكن أن يحمونا».

الجدول 1.1. تصنيف للعنف السياسي الجماعي

	أهداف العنف: الفاعل السياسي يسعى لحكم السكان المستهدفين	
إنتاج العنف	**نعم**	**لا**
أحادي	إرهاب الدولة	الإبادة الجماعية والتهجير
ثنائي (أو متعدد)	عنف الحرب الأهلية	الإبادة المتبادلة

تقاطع أهداف وإنتاج العنف ينتج أربعة أنواع مثالية للعنف السياسي الجماعي: إرهاب الدولة، والإبادة الجماعية والتهجير، وعنف الحرب الأهلية، ونوعًا لا يملك مصطلحًا، لكن يمكن تسميته بـ«الإبادة المتبادلة» (الجدول1.1) هذه التصنيفات ليست لتشمل الطيف الكامل للتباين الواقعي، بل لتقدم طريقة مفيدة لتحديد ظروف الدراسة ومجالها [1].

(1) يمكن أن يكون إرهاب الدولة شبه-متعدد الأطراف على يد أجهزة دول متنافسة، كما أن أهداف الإخضاع والإبادة قد تتواجد معًا في الإبادة الواعية لمجموعة لإرعاب الآخرين، وحملات مكافحة التمرد التي تبدأ بهدف إعادة فرض سيطرة الحكومة على مناطق سيطرة المتمردين قد تنحدر لتصبح عنف إبادة جماعية، والحكومات، مثل المجلس العسكري بالأرجنتين، قد تبرر قمعها بادعاء أنها تخوض حربًا أهلية. على سبيل المثال، [المؤرخ الفرنسي] جان لويس مارجولين (Margolin 1999) يحاجج أن هدف الحكومة الإندونيسية من قتل آلاف الشيوعيين كان التخويف لا الإبادة، بينما يختلف معه [بروفيسور العلوم السياسية] تيد جور (Gurr 1986:47). مارتا دياز بالارت وروجاز فريند (Díaz-Balart and Rojas Friend 1997:15) يصفان العنف الذي مارسه «الوطنيون» بالحرب الأهلية الإسبانية وبأنه كان موجهًا ليحقق كلًا من غايتي التخويف و«غالبًا» الإبادة. بشكل مشابه، جابريل رانزاتو (Ranzato 1988) يظهر أن اضطهاد رجال الدين الكاثوليك على يد «الجمهوريين» أثناء الحرب نفسها يكشف عن نية لإخافة «الوطنيين» ذوي الأغلبية الكاثوليكية لإجبارهم على الخضوع، ورغبة في إخافة الكهنة قدر المستطاع، ببساطة لأنهم كانوا كهنة. «الإرهاب الأبيض» في «الحرب الأهلية الروسية» تضمن عنفًا موجهًا لإبادة اليهود، (Figes 1996)، بينما كان «العنف الأحمر» يسعى لإبادة «آخر رجل» من مجموعات محددة، مثل القوزاق (Brovkin 1994:103). الاحتلال النازي لبولندا كان يهدف لكل من تخويف النخب البولندية واستغلال الحشود والسيطرة عليها (Jan Gross 1979:76). ومع ذلك، فمن الممكن استخدام هذا التصنيف لتوزيع عمليات مختلفة تقع في الزمان والمكان نفسه: النازيون استخدموا طرقًا مختلفة ضد المقاتلين واليهود في أوكرانيا، ورغم أن كلًا من التوتسي والهوتو قتلوا في رواندا؛ أخذ العنف ضد المجموعتين أنماطًا متباينة (Verwimp 2003).

القهر موجود بالتعريفات القياسية لـ **إرهاب الدولة** (Mitchell et al. 1986:5). كما قال أحد المحققين الإسبان عام 1578: «يجب أن نتذكر أن الهدف الرئيسي من المحاكمة والإعدام ليس إنقاذ روح المتهم، وإنما تحقيق الخير العام وإخافة الآخرين» (in Kamen 1998:174)[1]. السمة الرئيسية لإرهاب الدولة هي أنها تمارس ضد مجموعة من السكان يفتقدون بدائل منظمة أخرى، وهذا قد يؤدي للسمة الاعتباطية التي تأخذها أحيانًا. الكاتبة الصينية الأصل جانج تشانج (Chang 1992:218) تصف كيف أنتجت الحملة «المعادية لليمين» (Anti-Rightist)، على يد ماو تسي تونج، تصنيفات من «اليمينيين» استخدمت باللغة اليومية، مثل «اليمينيين بالقرعة» (الأشخاص الذين يسحبون القرعة ليقرروا من يجب أن يوصف بأنه يميني)، و«يمينيي التواليت» (الأشخاص الذين وجدوا أنفسهم متهمين بأنهم يمينيون أثناء غيابهم بعد أن لم يستطيعوا التحمل عن عدم الذهاب إلى التواليت أثناء الاجتماعات الطويلة»، واليمينيين «الذين يملكون السم لكنهم لم يستخدموه بعد» (أولئك الذين تم اعتبارهم يمينيين بدون أن يقولوا أي شيء ضد أي أحد». [بروفيسور العلوم السياسية] آدم بريزورسكي (Przeworski 1991:47) يقتبس نكتة سوفييتية: «ثلاثة رجال جالسون في جولاج [أي معسكرات الأعمال الإجبارية]. سأل الأول الثاني: لماذا أنت هنا؟ فأجابه: لقد كنت ضد كارل راديك، وأنت: لقد كنت مع كارل راديك. فالتفتوا إلى الرجل الثالث الذي كسر صمته قائلًا: أنا راديك» [2].

---

(1) [المؤرخ البريطاني] هينري كامين (Kamen 1998:174) يضيف أن: «قدوم المحققين إلى بلدة ما، بالأساس، كان مصممًا لنشر الخوف.... النشاط العام لـ'المكتب المقدس' كان مبنيًا على فرضية، شائعة في كل الأنظمة الأمنية، هي أن الخوف هو أفضل رادع».

(2) حنة أرندت (Arendt 1973:305) حاججت بأنه في الوقت الذي ينتهي فيه «الإرهاب الطغياني» حالما يشلّ الأفراد، و«الإرهاب الثوري» ينتهي حال تدمير المعارضة؛ يبدأ «الإرهاب التوليتاري [الشمولي] فقط عندما تدمر المعارضة. في هذه الحالة، «الإرهاب ليس وسيلة لتحقيق غاية، بل هو جوهر الحكومة». العنف في الديكتاتوريات التوليتارية يمكن أن يُوجه لا ضد الأعداء المفترضين للنظام، وإنما ضد أناس بريئين تمامًا (Gillespie 1995:244)، أو حتى ضد الأصدقاء والمؤيدين (Arendt 1970:55). ماري ماكولي (McAuley 1992:50) تصف الإرهاب الستاليني بأنه نظام اعتباطي بالكامل، من المستحيل فيه معرفة كيفية تجنب الاعتقال، حيث إن أشد الداعمين للنظام يمكن أن يُعتقلوا، وأقلهم تعاطفًا يُتركون، في فترة استذكرتها الكاتبة الروسية إيليا إيهرينبرج بقولها: «لم يكن مصير الرجال مثل لعبة الشطرنج، بل مثل اليانصيب» (in Schmid 1983:175). في بيئات متطرفة كهذه، يمكن أن يصبح العنف هدفًا بحد ذاته. مثلًا، مع نهاية عام 1977؛ أحد أشد مراكز الاعتقال سوءًا للجيش الأرجنتيني، الذي وجد أن الدعم «الطبيعي» من «المخربين» كان ينفد، كان يستدعي مدراء المصانع ليستقصي ما إن كان لديهم أي «متسببين في المشاكل» (Gillespie 1995:244).

الإبادة الجماعية واعية ومع سبق إصرار وترصد ومخططة بشكل مركزي، وهي تهدف للإبادة لا للقهر. في قلبها تقع «إبادة مقصودة لجماعة» (Straus 2000:2). من هذا المنظور، الإبادة الجماعية ليست مجرد استمرار للقمع الشديد عبر وسائل أخرى، وليست مجرد قتل جماعي، بل ظاهرة ذات نوع مختلف تماما (Straus 2000; Chalk and Jonassohn 1990). التهجير الدائم والمقصود والعنيف للسكان، الذي عادة ما يكون بحثًا عن مساحات نقية («التطهير العرقي») مدفوعًا كذلك بمنطق الإبادة الجماعية، رغم أن الإبادة هنا مكانية أكثر من كونها مادية (Synder 2003)[1].

الإبادة المتبادلة نوع من العنف يظهر في السياقات بين الدول أو داخل الدولة نفسها، حيث لا يسعى أي من الفاعلين السياسيين لحكم السكان المستهدفين بالعنف. بمعنى آخر، الفاعلون السياسيون لديهم نوايا متناظرة لإبادة «القواعد المدنية» لبعضهم البعض. هذه النية تتضمن عادة تهجيرًا جماعيًا، وعادة ما يكون هذا النوع من العنف مرتبطًا بظروف انهيار الدولة ونوع الحرب التي أسميها «المتناظرة غير التقليدية» (الفصل الرابع). أمثلة ذلك تضم حرب البلقان (1912- 1913)، وحرب البارتيزان [حرب الأنصار، أي المقاتلين غير النظاميين] بين البولنديين والأوكرانيين أثناء الحرب العالمية الثانية، وتقسيم الهند، والحرب الصربية-الكرواتية. بشكل عام، بكل حال، يميل العنف الإبادي إلى أن يكون أحادي الطرف لا متعدد الأطراف. وفي الحقيقة، فالطبيعة الأحادية للإبادة الجماعية تبدو أنها حالة قياسية تجريبية، لتكون جزءًا من تعريفات عديدة (مثلًا: Chalk and Jonassohn 1990:23)[2].

هذا الكتاب يركز على التصنيف الأخير: **عنف الحرب الأهلية**. بعكس قمع الدولة والإبادة الجماعية، إنه ليس أحادي الجانب، فهو ناتج على الأقل من فاعلين سياسيين

---

(1) الحركات الجماعية يجب أن يتم تفريقها عن التهجير الجماعي، من حيث أنها الناتج الفرعي غير المقصود للحرب أو الناتج المؤقت المقصود (كما في «التهجير القسري»). احتمالية عودة الشخص لمنزله عند نهاية الحرب تمثل اختبارًا للتفريق بين التهجير الجماعي والحركات الجماعية. الانتقال الجماعي غير المرتبط بالنزاع المسلح قضية مختلفة بوضوح، فهناك ما بين 40 إلى 80 مليون شخص انتقلوا حول العالم نتيجة بناء السدود (Rajagopal 2001).

(2) التفريق بين عنف الحرب الأهلية و«الإبادة المتبادلة» لا يتقاطع مع التفريق بين الحروب الأهلية العرقية وغير العرقية. في غالبية الحروب الأهلية العرقية، أحد الأطراف على الأقل (المتمردون غالبًا) يسعى للسيطرة على الشعب الذي يشكل الأساس العرقي لخصمه. الإبادة المتبادلة تبدو أنها نوع فرعي من الحروب الأهلية العرقية أو «الأيديولوجية» (Kalyvas 2002).

اثنين يتمتعان باحتكار جزئي و/ أو متقاطع للعنف. وبعكس إنتاج العنف الأحادي، يملك الأفراد المستهدفون عادة احتمالية نقل دعمهم ومواردهم بين الأطراف المتنافسة، وهذا يكون محتملًا لأن طرفًا واحدًا على الأقل يسعى للسيطرة على السكان بدلًا من إبادتهم أو تهجيرهم. هذه السمة تحول العنف إلى عملية ذات تبعات استراتيجية واضحة. أولًا: الفاعلون السياسيون عليهم توقع استراتيجية خصومهم وتأثيرات عنفهم المحتمل على المدنيين. ثانيًا، العنف هنا ليس إرهاب الدولة مضروبًا باثنين؛ فبينما يكون العنف الممارس من جانب واحد تعبيرًا مباشرًا، إلى درجة ما، عن نوايا الفاعل الذي يقوم بها؛ يعكس العنف في الحروب الأهلية التفاعل الاستراتيجي ما بين فاعلين اثنين على الأقل حاضرين في الوقت نفسه على الأرض نفسها.

4.1. الخلاصة

لقد أوضح هذا الفصل المساحة المفاهيمية. لقد قدمت تعريفات عملية لكل من الحرب الأهلية والعنف، وناقشت معاييرهما، ووضعت مجموعة من التفريقات المفاهيمية الأساسية، وحددت مجال ظروف التحليل. الظاهرة محل الدراسة هنا هي العنف المادي المقصود ضد غير المقاتلين، والتي تأخذ شكل القتل، في سياق يكون به أكثر من فاعل يسعون للسيطرة على السكان. المجموعة الفرعية المحددة التي أدرسها هي العنف القهري، والمستخدم لتحصيل خضوع السكان، وهو نوع من العنف يسعى لأن يكون استراتيجيًا.

الفصل الثاني
العلل

الموتى بريئون، القاتل وحشي، السياسات المحيطة مجنونة أو مفقودة.
بيتر جورفيتش، نود إبلاغك أننا سنقتل غدًا مع عائلاتنا: قصص من رواندا

على بعد عشرين ألف ميل، وبعد أربعة أيام، قرأ [المسؤولان الأمريكيان] كرولاك وميندنال تقارير متناقضة بكل ما تعنيه الكلمة [عن الحالة في فيتنام] أثناء اجتماع لمجلس الأمن القومي في البيت الأبيض. سألهم الرئيس كينيدي: «لقد زرتما البلد نفسها، صحيح؟». قال كرولاك: «أستطيع أن أفسر ذلك سيدي الرئيس. لقد زار السيد ميندنال المدن، وأنا زرت الريف، حيث كانت الحرب».

نايل شيهان، كذبة ساطعة

أحد الافتراضات الإرشادية في هذا الكتاب هي أنه رغم وجود قدر كبير من الاهتمام الأكاديمي والشعبي بالعنف والحروب الأهلية والتفاصيل الشنيعة والمأساوية المرتبطة بها؛ لم يُدرَك العنف بالحروب الأهلية بشكل جيد. الأدبيات الموجودة حول الموضوع تعاني عددًا من العلل التي ظهرت نتيجة طريقة وضع العنف في إطار مفاهيمي، والانحيازات التي تحصل إما من الباحثين أنفسهم أو من اللوجستيات المرتبطة بدراسة الحرب الأهلية. تحديدًا، دراسة العنف في الحروب الأهلية يجب أن تتجاوز على الأقل خللًا واحدًا بالإطار المفاهيمي، سنسميه هنا بـ«الجنون»، وخمسة انحيازات شائعة: انحياز التحزب (أخذ طرف ما)، والانحياز السياسي (مساواة الحرب مع السلام)، والانحياز المديني (عدم النظر للعمليات من أسفل لأعلى)، وانحياز الاختيار (بالتغاضي عن اللاعنف)، وانحياز التجميع المفرط (العمل على مستوى عالٍ جدًا من التجريد). في القسم التالي، سأحدد هذه العلل، وأصف تأثيراتها، وأقدم حلًا لها.

1.2. الجنون و«الاتفاقية البيضاء»

الروايات السائدة حول العنف السياسي تميل لأن تنقسم نحو قطبين اثنين. الأول، غني وصفيًا ودرامي للغاية، مرتبط بالنظر للعنف على أنه علة غير منطقية ورجعية، بينما ينظر الآخر إليه على أنه ناتج أهداف وظيفية ضيقة، بطريقة عادة ما تكون لحشو الكلام. كلاهما غي وافٍ ومضلل.

«هذا الكتاب عن الشر». هكذا يبدأ الكاتب بيل بيركيلي (Berkeley 2001:5) كتابه المثير حول الحروب الأهلية الأفريقية، بطريقة ترسل إشارة قوية للقارئ، إشارة تؤكد على الانحراف والعلة العميقة. إن التصورات السائدة للعنف السياسي الجماعي تؤكد عادة وبشكل مكرر على نزعات ثقافية وعشوائية شاذة، ولاعقلانية أناركية، فالعنف مشتق من معنى يتجاوز غايته ومتساوٍ مع الجنون. لا عجب إذًا أن ابتهالات جوزيف كونراد (Joseph Conrad) في كتابه **قلب الظلام** (*Heart of Darkness*) متداولة كثيرًا (مثلًا: Ignatieff 1998:5). لأن العنف مرادف لـ«العلة الاجتماعية»، تظهر المجازات الطبية: العنف «وباء صعب التوقع»، ويأتي على شكل اضطرابات وتشنجات ونوبات [1]. هذا الفهم ليس مقتصرًا على الوصف الصحفي أو الثقافة الشائعة، بل يمكن إيجاده ضمن أكثر النخب اطلاعًا: إبراهام لينكولن حاجج بأن السلام يمكن أن يأتي لهذا البلد الممزق بالحرب لأن «الرجال الخيرين عليهم العودة إلى رشدهم» (Fellman 1989:85)، بينما اعتقد الوسطاء الدوليون أن كل ما عليهم فعله لإيقاف الحرب بالبوسنة «هو إقناع المتحاربين بحماقة الحرب» (Silber and Little 1997:159). بشكل ما، هذا الفهم للعنف هو النسخة المعاصرة والعلمانية للتصورات التاريخية التي تنظر للحرب كجزء من خطة إلهية لعقاب المخطئين (Hale 1971:8).

الأوصاف المتكررة للحرب التي تؤكد على جوانبها الشاذة تستبدل العاطفة بالتحليل السياسي المتماسك. أكثر الأجهزة الخطابية استخدامًا من العديد من الباحثين والمراقبين هي الرهبة والإنكار [2]، مما يؤدي بأحد نتائجه إلى تفكك «الانعكاسية» [النظرية الاجتماعية

---

(1) Greenberg (2001:A8); Spencer (1992:264); Leiden and Schmitt (1968:30–1); Feldman (1964:111). بأشكال مختلفة، فهم العنف اليوم يتوازى مع تفسير الصراع في الستينيات، والذي أكد كذلك على عوامل مثل عدم المنطقية والعلّة (Coser 1956).

(2) «كيف كانت كل هذه القسوة، كل هذا الموت، ممكنًا؟» تسأل جوليا (Juliá 1999:11) في الفصل الافتتاحي لمجلدها التجميعي الراهن عن الحرب الأهلية الإسبانية.

التي تعني، باختصار، المرجعية والاستقلالية الذاتية]. بتكرار الفهم التقليدي لقطع الطرق؛ العديد من ممارسات التحليل الثقافي تنضم للخطاب العام المعاصر حول الإرهاب باستبدال الكرب والتخمين والفساد الأخلاقي بالتحليل النظري والتجريبي المنظم والصارم. بربط «التقوى بالعلة» (Loyd 2001:4)، يُعاد إنتاج «قصص الإعلام العاطفية والقوالب الجاهزة الخرافية القديمة والشعور الحارق بالغيظ الأخلاقي» (Zulaika and Douglass 1996:ix).

هيمنة هذا الوضع ليست مفاجأة: العنف درامي بطبيعته، فهو «مصدر دائم للإدهاش» (Cribb 1990:14). هناك توجهان إضافيان يدعمان ذلك. الأول هو التعاطف مع ضحايا العنف. منظمات حقوق الإنسان، المصدر الأول للروايات المفصلة لعنف الحروب الأهلية، تسعى لأن تنتج خطابًا وصفيًا من صناعة الضحية «ملوثًا» بخطاب معياري من الإدانة. هذا جيد من وجهة نظر معيارية، لكنه يمكن أن يكون قاتلًا من الناحية النظرية، لأن الإدانة تحل خلسة مكان التفسير [1]. التوجه الثاني هو التباس أعراض العنف على أنها تفسيرات له، وبذلك إحلال التأثيرات محل الأسباب. كما أشار دوركايم (Durkheim 1938:110)، فإنه من المغالطة تفسير الظواهر الاجتماعية من خلال تجليها في وعي الأفراد، بدلًا من الرجوع إلى الحقائق الاجتماعية التي تسبقها. مثلًا، ملاحظة أن الحرب الأهلية تتسبب بجعل المدنيين ضحايا أو تجردهم من إنسانيتهم تتيح المجال عادة لمحاججات دائرية تفترض أن الرغبة بجعل المدنيين ضحايا أو تجريدهم من إنسانيتهم هو سبب الحرب الأهلية (مثلًا: Onishi 1999; Prins 1999). نتيجة ذلك هو الاستعداد للتنظير عن التعقيد المتأصل بالعنف إلى عجز عنصري عن تفسيره [2]. وكما هو متوقع، سيؤدي هذا لـ«دروس» تافهة، ما لم تكن مضللة تمامًا، عن أهمية التسامح ولا أخلاقية الكراهية تحت عنوان «لا إنسانية البشري تجاه البشري» (Novick 1999:258-259).

---

(1) خذ مثلًا وصف كريستوفر براوننج (Browning 1998:2017) لدانيل جولدهاجن (Goldhagen 1996): ادعاءاته كانت «متجذرة في التأثير العاطفي لسرديته بدلًا من المقارنة الفعلية. إنه يقدم الكثير من الأوصاف العنيفة والمثيرة لقسوة العنف تجاه اليهود ثم يؤكد ببساطة للقارئ المذهول والمرتعب أن سلوكًا كهذا كان غير مسبوق بوضوح».

(2) أشد المواقف تطرفًا كان في العلاقة مع الهولوكوست، والتي توصف عادة بأنها متعذرة التفسير. يهوذا باوير (Bauer 2000) انتقد محقًا هذا التوجه، مقللًا الهولوكوست إلى كونها ظاهرة مرتبطة بالرثاء والشعائر الدينية، أكثر من التحليل التاريخي.

من السهل الاستخفاف بفهم شائع كهذا عن العنف (مثلًا Sadowski 1998). تبقى الحقيقة هي أن الأبحاث عن العنف لا تملك تأثيرًا كبيرًا عن التصورات الشائعة عنه. هناك الكثير من التشويق والتفاصيل، لكن الفهم النظري الملائم قليل. رغم مركزيته، يبقى العنف هامشيًا بدراسات الحروب الأهلية، وبسبب دراميته وطبيعته القاسية؛ يبدو العنف ملائمًا للوصف أكثر من النظرية (ولذا تنتشر فكرة «الجنون»)، وفي الحالات التي يكون التركيز بها على العنف بشكل مباشر؛ يكون هذا التركيز على قضايا متجانسة، مثل معاناة الضحايا (Daniel 1996)، أو سرديات العنف (Gilsenan 1996)، أو الذاكرة الجمعية للعنف الماضي (Contini 1997; Portelli 1997). قبل ستة وثلاثين عامًا [من تاريخ كتابة الكتاب عام 2006]؛ لاحظ كل من العالم السياسي ناثان لايتس والاقتصادي تشارلز وولف (Leites and Wolf 1970:v) أن العنف السياسي الجماعي كان «موضوعًا يترافق غناه بالتفاصيل مع فقره بالتنظير». رغم التقدم الراهن، يبقى حكمهما محقًا بدرجة كبيرة.

يرجع هذا جزئيًا نتيجة الميل بين العلماء الاجتماعيين إلى تجنب وإخفاء التفاصيل الشنيعة التي ترافق عادة وصف العنف. هذا رد فعل طبيعي. كما أشارت المدام دي ستايل (De Staël 1818:112) في شهادتها حول الثورة الفرنسية: «علينا أن نخجل من أنفسنا نوعًا ما، إذ إننا كنا قادرين على تأمل هذه الفظائع الوحشية بما يكفي لنشخصهم بالتفصيل». بهذه الطريقة، يمكن القول إن العلوم الاجتماعية محكومة بـ«اتفاقيات بيضاء [بلا دم]» (Kaufman 2001:3). بينما تقدم الروايات الوصفية أوصافًا مباشرة ومفصلة وعاطفية للغاية عن العنف؛ يميل العلماء الاجتماعيون إلى تبني روايات وظيفية فقط مع حزام من الحشو. الفاعلون المجانين يستبدلون ليحل مكانهم قادة وظيفيون قادرون على التلاعب بالمدنيين قصيري النظر وتنفيذ سياسات العنف لتحقيق أهدافهم. هناك ميل للمحاججة بأن العنف يستخدم لأنه «فعال» (Dowens 2004; Valentino, Huth, and Balch-Linsday 2004).

بينما تؤدي الاتفاقيات البيضاء بالدراسة العامة للعنف السياسي عادة بالعلماء الاجتماعيين إلى الالتفاف حول العنف المباشر الذي يدعون تفسيره؛ تميل دراسات الحروب الأهلية للتغاضي عن **المحتوى** الحقيقي لهذه النزاعات (Tiskhov 1999:588-589). يُترك العنف، الذي يمثل كما يحاجَج سمة أساسية للحروب الأهلية، خارج التحليل. رغم أن العنف الجنائي، ومؤخرًا، عنف أعمال الشغب العرقية والمذابح المنتظمة والإبادة الجماعية خضعت لتمحيص دقيق من العلوم الاجتماعية؛ عنف الحروب الأهلية فقد ظل موضوعًا

يهيمن على تناوله الصحفيون وناشطو حقوق الإنسان [1]. ضمن الباحثين الأكاديميين؛ عنف الحروب الأهلية كظاهرة نظرية وتجريبية متماسكة (كمقابل للبحث التاريخي أو التأملات التجريدية) جذب بالدرجة الأولى انتباه الأنثروبولوجيين والمؤرخين الذين كان عملهم وصفيًا بشكل رئيسي. العلماء السياسيون والاقتصاديون ركزوا، مع بعض الاستثناءات، على أسباب الحرب (والحرب الأهلية) بدلًا من عنفها، وبشكل مشابه؛ فدراسات الصراعات العرقية نادرًا ما أظهرت تركيزًا نظريًا واضحًا ومركزًا عن العنف (Brubaker and Laitin 1998:425-426). ولكن، الحرب الأهلية لا تسمى «الحرب القذرة» (sale guerre, Guerra basurienta) بلا سبب.

2.2. انحياز التحزب

إذا كانت الحرب هي استمرار السياسة بوسائل أخرى، فإن دراسات الحروب الأهلية هي عادة استمرار للحرب بوسائل أخرى: «عندما تصمت البنادق، تسيطر الأقلام» (Petitfère 1981:13). هناك سمة متعلقة بالحروب الأهلية: إنها تشتهر بسمعتها السيئة بكونها ماضيًا لا يزول، ماضيًا حاضرًا (ce pass'e qui ne passe pas). هذا التعلق، المعزز بالتبعات السياسية للحاضر [2]، أنتج «علم القتال» على يد الكتاب الذين ينحازون، علانية أو ضمنيًا، لأحد الأطراف ويرون أن دور عملهم هو الإدانة أو التبرير. الكثير من الكتابات حول هذا الموضوع تأخذ الشكل ثنائي التفرع من سير القديسين ولعنات العصاة (Barrett 2001:15; Leys and Saul 1995:2; Ramsey 1973:3). أحيانًا، يسعى الباحثون لتبني ادعاءات المقاتلين على أنها حقائق، ويعيدون إنتاجها بشكل ميكانيكي. العديد من الكتاب، كما يشير [محاضر الدراسات الأفريقية] ديفيد أندرسون (Anderson 2005:10)، كانوا جاهزين للغاية لأن يستوعبوا دعاية تمرد «الماو ماو» [في كينيا]، ولذلك عرضوها بطريقة ثنائية تبسيطية للغاية. بالنسخة الأشد تطرفًا، والمنتشرة مع ذلك؛ يؤدي هذا الميل حتمًا إلى خلاصات

---

(1) عمل العلوم الاجتماعية الراهن عن الأنواع المتعددة للعنف يتضمن: ;(Wilkinson (2004); Downes (2004 Straus (2004); Valentino et al. (2004); Verwimp (2003); J. Weinstein (2003); Varshney (2002); and Petersen (2002).

(2) كما يشير ديفيد رود (Rohde 2001:46) عن البحث المستفيض بشكل مؤلم عن ضحايا مجزرة سربرنيتسا: «كم كان العدد هناك؟ هو أمر محوري. قوة الأجساد أنها تتحكم بكيف سيروى التاريخ».

«يُحتكر بها المجد لمعسكر الشخص، والجريمة للمعسكر الآخر» (Petitfère 1981:50). وحتى اللغة التي تبدو أنها وصفية تميل لأن تكون ملوثة بهذا التحزب (Rubio 1999:20). في الحقيقة، دراسة العنف عادة هي حمى السفسطائيين الذين يخوضون بنقاشات تنافسية عن القسوة المقارنة. وإظهار أن أحد الأطراف كان أكثر عنفًا من الأخر يُعتقد أنه مغفرة للأقل عنفًا (Reig Tapia 1990:11). يمكن أن يجد الإنسان أحيانًا تقسيمًا للوظائف، حيث تُدرس فظائع أحد الأطراف من «خبراء» متحزبين للطرف الآخر (مثلًا Casas de la Vega 1994; Reig Tapia 1990). بشكل واضح؛ انحياز التحزب ذو تبعة مهمة على الدراسة العلمية الاجتماعية للعنف، إذ إنه مساهم كبير بتلويث البيانات الموجودة [1].

عادة ما يتجاوز هذا التحيز الأطراف الرئيسية في الصراع. وأحيانًا، يصبح الإعلام العالمي عرضة للتحزب لأن صيغته تشجع على إنتاج قصص قصيرة وواضحة تمت صياغتها بدقة، ومكتظة بالأشرار والأبطال (Khan 1998; Jonassohn 1998). وليس البحث الأكاديمي ببعيد عن هذا. التعاطفات الثورية ونزعات مكافحة التمرد تصبغ الكثير من العمل في هذا المجال. [المؤرخ الفرنسي المختص بالقرن الأفريقي] جيرارد برونير (Prunier 1995:157) ينقل كيف أن «معظم المختصين الأجانب الأصليين [بكل من رواندا وبروندي] كانوا إما ملوثين أو على الأقل اتهموا بعضهم البعض بالتلوث بشيطنة الهوتو أو كراهية التوتسي»، في حين يدين [الأنثروبولوجي النرويجي] فريدريك بارث (Barth 1994:24) نزعة بعض

---

(1) أحد الأمثلة على التأثيرات المدمرة وواسعة الانتشار لانحياز التحزب يمكن رؤيتها في أرقام الضحايا الرسمية في الصراعات. عادة ما تكون هذه الأرقام أشياء مثمنة مستخدمة بالبروباجندا المتنافسة (Rohde 2001; Okey 1999). تصبح الأرقام رسمية، وبذلك، صعبة المراجعة، وأي محاولة لفعل ذلك تُرسم على أنها طريقة لمجابهة المعاناة الحقيقية للضحايا في ذاكرة المجتمع، أو ممثليه. أعداد «المختفين» في الأرجنتين أثناء «الحرب القذرة» كانت تقدر بداية بـ 100 ألف، لكنها استقرت في النهاية على الرقم الرسمي: 30 ألفًا (مثلًا Tarnopolsky 1999)، والذي يعد مبالغة على الأرجح (Snow and Bihurriet 1992:361). الادعاء الطويل للحكومة الجزائرية بأن حرب الاستقلال راح ضحيتها مليون ونصف جزائري ما زال رسميًا، رغم أن التحليل الديموغرافي الدقيق يظهر أن كلًا من ادعاء الحكومة هذا، وادعاء أولئك الذين ينتقدون الحكومة بأن 150 ألف عميل جزائري للفرنسيين قتلوا عام 1962، كلاهما مبالغات كبيرة (Meynier and Vidal-Naquet 1999 مقتبسًا بحث كل من محمد حربي وتشارلز-روبرت أجيرون). الرقم الرسمي للحرب البوسنية (200 ألف قتيل) ظهر عام 1993 على يد حكومة الإعلام البوسنية (T.Allen 1999:21) ولا يبدو أنه سيُراجع قريبًا. بشكل مشابه، الادعاءات حول حجم التهجير واللاجئين تُحرف عادة لاعتبارات سياسية (Dale 1997:82).

الأنثروبولوجيين لتعيين أنفسهم «مدافعين ومعتذرين عن المجموعات العرقية ومظالمها». هناك الكثير في النقد الذاتي الشجاع لأنثروبولوجي درس الحرب الأهلية السلفادورية: «في جو الحرب الباردة هذا، كان من الصعب علي أن أنظر وأصور الفلاحين السلفادوريين الثوريين بأقل من ضحايا بريئين بأسوأ الأحوال، أو مقاومين نبلاء بأحسنها. إلحاح توثيق وإدانة عنف الدولة والقمع العسكري أعماني عن العنف اليومي الضروس الذي كان يداهم مجموعات الغوار ويقوض تضامنهم الداخلي» (Bourgois 2001:28).

تحقيقات منظمات حقوق الإنسان تفشل عادة في تجنب نوعين من التحزب. الأول، أنها لا تتجنب دائمًا إغراء الانحياز لأحد الأطراف (Peterson 2000:213; Le Pape 1999; Stoll 1999; Prunier)، فهي أحيانًا تقع ضحية للفاعلين السياسيين المتلاعبين (Hedges 2003:36)، وأحيانا تبالغ متعمدة بحجم المعاناة لتحقيق نتيجة سياسية مرجوة (R. Cohen 1994). وعادة، فإن التأكيد على حقوق الأقلية يدفع المنظمات غير الحكومية لإغفال معاناة أفراد الأكثرية (Tiskhov 2004:9). المشكلة المرتبطة هي رؤية المدنيين كموضع تنفيذ لا كفاعلين. فالفلاحون الجواتيماليون كانوا يميلون لوصف الحرب الأهلية على أنها «شيء تعلق به المجتمعات الريفية، لكنها ليست من صنعهم» (Warren 1998:93). «كان القرويون، كما هم دومًا، ضحايا صراعات الآخرين بدلًا من أن يكونوا العنصر الفاعل بالصراع نفسه»، كما يشير أنثروبولوجي عند حديثه عن تجربة قرية يونانية أثناء الحرب الأهلية بالبلاد (du Boulay 1974:237). مصطلح «الدمية»، المستخدم لوصف الجيش العميل أثناء الاحتلال الياباني للصين وفي الحالات الأخرى أيضًا، ذو دلالة (مثلًا: Thaxton 1997; Wou 1994; Henriksen 1983:89). ولكن، تنكر هذه الفكرة وجود «محرضين»، مشاركتهم ضرورية لتحويل العداوة إلى عنف (Kakar 1996:151). ثانيًا، لأن العاملين من الميدان عرضة للمعاناة الإنسانية، فهم أحيانًا يعيدون إنتاج شهادات الضحايا دون نقد، في سمة تعززت بالأنثروبولوجيا بالابتعاد عن التفسير والاقتراب من «المعنى»، وكنتيجة لذلك، «لم يعد سؤال الحقيقة يتلقى اهتمامًا في العديد من الكتب ذات العمل الميداني، والتي ظهرت في العقود الثلاثة الأخيرة» (Robben 1995:96).

الشكل الطاغي من انحياز التحزب هو الرومانتيكية الثورية. [الأنثروبولوجي الفرنسي] فرانشويس بيزوت (Bizot 2003:21) يصف كيف افترض المثقفون الفرنسيون بشكل تلقائي أن تمرد «الخمير الحمر» في كمبوديا كان «عصيانًا شعبيًا مستقلًا وتلقائيًا» وكيف تجاهل

الصحفيون الفرنسيون تمامًا ملاحظاته المباشرة عن الصراع عندما لم تتلاءم مع افتراضاتهم. [المؤرخ العسكري] س. ب. ماكينزي (Mackenzie 1997:1-2) يشير، بشكل أكثر عمومية، إلى «أسطورة مؤسسة، هي الميل لإبراز الإيجابي، المضحي، البطل، في السياق الثوري، سعيًا لشرعنة مجموعة محددة من الاعتقادات الاجتماعية»، مضيفًا بقوله: «جذريًا، هذه قصة أخلاقية تنتصر بها قوى النور حتمًا على قوى الظلام». الصورة المعاكسة للرومانتيكية الثورية يمكن إيجادها في معظم دراسات مكافحة التمرد وصورها النمطية المسبقة للإرهاب الثوري. [محاضر الأنثروبولوجيا الاجتماعية] جيفري سلوكا (Sluka 1989:303) ينتقد أدبيات مكافحة التمرد والإرهاب بكونها مكتوبة من منظور أن أولئك الذين يكافحون المتمردين، وافتراض أن أولئك الذين يقاتلون عصابات الغوار أخلاقيون بالأصل، بعكس المتمردين الفاقدين للأخلاق في الأصل.

التحزب يمكن أن يكون مقاومًا جدًا للوقت، لأن المصادر المعاصرة للصراع منحازة ولأن العواطف تدوم بعد الصراع. الأحداث الكبرى مثل مجزرة سان بارثليمي ضد البروتستانت في باريس عام 1572، أو الحرب الأهلية في إقليم فونديه أثناء الثورة الفرنسية، أو الحرب الأهلية الروسية أحداث ظلت جدلية حتى يومنا هذا (Jouanna 1998:1262; J.-C. Martin 1998:7; Brovkin 1994:3-4; Petitfrerè 1981:13). وبالمحصلة، فإن التحزب موجود في كل مكان. برونير (1995:157) يفسر هذا بكونه تعبيرا عن «افتناننا المانويّ [نسبة إلى المانوية التي تقوم على معتقد أن العالم مركب من أصلين قديمين: النور والظلام] بالخير والشر» و«حاجتنا الملحة للتحزب».

بعض الكتاب يعتقدون أن الابتعاد الفكري إما مستحيل أو غير مرغوب فيه (Reig Tapia 1990:13-14). هذه الفكرة مقترحة من رأي [المؤرخ الهندي] راناجيت جوها (Guha 1999:108) في تأويله لانتفاضة الفلاحين بالهند: إنه يمكن أن يعكس إما وجهة نظر الحكام أو المتمردين، أو المؤرخين الذين يفكرون كحكام أو متمردين، بل إن بعض الأنثروبولوجيين دعوا الباحثين علانية لأن يتصرفوا كوسطاء، بأن يعطوا أصواتهم لضحايا الإرهاب، وأن يحولوا الدراسات إلى مواضع مقاومة وتضامن، وبعدم فعل ذلك، كما يحاجج هؤلاء الأنثروبولوجيون، يقعون في اللامبالاة، ومن ثم في العداوة (Falla 1994; Scheper-Hughes 1992). ولكن، كما أشار دوركايم (Durkheim 1938) قبل وقت طويل جدًا؛ لا يمكن اتهام علماء الاجتماع بسعيهم للتغاضي عن جريمة أو أنهم لا يملكون أي شعور

أخلاقي فقط لأنهم يدرسون ظاهرة اجتماعية ويخضعونها «لتحليل بارد وجاف». بدلًا من تضمين نسبية أخلاقية، هذا الموقف يفترض صياغة الأحكام الأخلاقية كنتائج للبحث، لا كشروط مسبقة له. بكلمات [بروفيسور التاريخ] كريستوفر براوننج (Browning 1993:xx): «التفسير ليس منح العذر، والفهم ليس المسامحة».

من الصعب التعبير عن أهمية أخذ مسافة بكلمات أفضل من كلمات الكاتب ويليام فينيجان (Finnegan 1992:262-263) عن تجربته بموزمبيق: «أحد أوائل المعتقلين السابقين لدى 'المقاومة الوطنية الموزمبيقية' [المعروفة باسم رينامو (RENAMO)] الذين قابلتهم.... رفض بحذاقة، ولكن بحزم، شيطنة سجانيه، وقد كنت متفاجئًا لانزعاجي، بل وفزعي، من تكتمه، وبـ 'المساواة الأخلاقية' بين الجانبين التي ظننت أن أوصافه الحزينة والهادئة وغير السياسية للحرب قد تضمنتها. المقابلات التالية مع **نازحين** ومعتقلين سابقين لدى رينامو ضاعفت ارتباكي، إذ بقيت أحصل على وصف أكثر تفصيلًا وضبابية للحرب مما توقعت أن أجده».

3.2. الانحياز السياسي

الاقتتال المسلح بين عدوين سياسيين، كما يشير [المنظر السياسي الألماني] كارل شميت (Schmitt 1976:33)، مختلف تمامًا عن التنافس السياسي «العادي». كما لاحظ ماو تسي تونج (in Bruno Shaw 1975:223)، فإن «الحرب لديها سماتها الخاصة، ولذا لا يمكن مساواتها مع السياسة بشكل عام». إنني أصف بـ«الانحياز السياسي» الفشلَ في إدراك الفارق الجوهري بين التنافس السياسي السلمي والاقتتال المسلح، أو بكلمات أخرى، الخلط المفهومي للحروب الأهلية مع السياسة العادية. وبكونه مساهما بتشخيص خاطئ جوهري للحرب الأهلية، هذا الفشل يؤدي لانحياز التحليل.

سياسات الحروب الأهلية تُعامل عادة كما لو كانت مجرد سياسات سلمية «عادية»، بدلًا من كونها حالات تشكلت وتأثرت بالحرب بشكل عميق. لدى العديد من الكتاب، الحروب الأهلية هي مجرد نوع مختلف من سياسات الانتخابات. بينما يصف الجنود (والعديد من المؤرخين العسكريين) الحروب الأهلية، بشكل كبير، بأنها قضية تكتيكات وآليات وقوة نارية، بينما يفشلون بدراسة طبيعتها السياسية والاجتماعية؛ أما معظم العلماء الاجتماعيين فيؤكدون عادة على الجوانب السياسية لكنهم يتجاوزون العمليات العسكرية.

وكنتيجة لذلك، يتجاهلون أساسًا رئيسيًا يشكل السياق الاجتماعي والاقتصادي، ويؤسس السياسات، ويحدد الفاعلين السياسيين المرتبطين واستراتيجياتهم، ويحدد نزعات وسلوك الأفراد. فالحرب بيئة اجتماعية وسياسية مختلفة جوهريًا عن السلام بطريقتين أساسيتين اثنتين. أولًا، إنها تتضمن قيودًا أكثر وتنازلًا أقل. ثانيًا، أن الرهانات أكبر بشكل لا يقارن من كل من يشارك بها. التصويت لحزب سياسي أمر، والقتال (وربما الموت) أمر آخر.

المساهمة الرئيسية للحرب هي هيمنة العنف كمورد، «المعادلة العملية من السلطة والإصابة» (Berry 1994:xix). بالنسبة لماو تسي تونج (in Buro Shaw 1975:223:224)، «السياسة هي الحرب بدون سفك دماء، والحرب هي السياسة مع سفك دماء». الحرب الأهلية تعزز الاستقطاب، وتُفقد اليقين، وتقلب التوقعات. يكتب [بروفيسور التاريخ] مايكل فيلمان (Fellman 1989:xvi) عن الحرب الأهلية الأمريكية في ميزوري: «انهارت التوقعات العادية، وحل مكانها الخوف والفوضى الشخصية والثقافية العارمة. الطرق العادية التي كان الناس يحلون بها مشاكلهم ويعبرون بها عن سلوكياتهم تدمرت.... الأشخاص العاديون، المدنيون والجنود، كانوا عالقين بحرب عصابات في ميدان اجتماعي لم يبق به شيء تقريبًا آمنًا أو قابلًا للإدراك».

4.2. الانحياز المديني

دراسات عنف الحروب الأهلية تصدر عن مثقفين مدينيين، رغم حقيقة أن معظم الصراعات الأهلية تُخاض بشكل رئيسي في المناطق الريفية من جيوش ذات أغلبية من المزارعين. إن الحروب الأهلية كثيرًا ما توصف بأنها حروب «في القرى الصغيرة»، أو «التلال»، أو «الجبال» [1]. لذلك، يميل العنف لأن يكون موجودًا بشكل كبير في الريف[2].

---

(1) Petersen (2002:238); Derriennic (2001:170); Geffray (1990:114–15); Ziemke (1964:194); R. Berman (1974:33).

(2) مثلًا، خمسة وتسعون في المئة من العنف في الحرب الأهلية السلفادورية وقع في المناطق الريفية (Truth Commission in Wood 2003). طبعًا، هناك استثناءات لهذا النمط. العنف في إيرلندا الشمالية في المناطق المدينية كان ضعف ذلك الواقع في المناطق الريفية، رغم أن توزع خطر القتل على السكان كان تقريبًا نفسه ما بين المناطق الريفية والمدينية (Poole 1990). العنف المديني كان شائعًا ببلدان مثل لبنان (M. Johnson 2001)، وليبيريا وسيراليون والكونغو (Harkavy and Neuman 2001:210). ولكن، معظم الحروب الأهلية تُخاض في الريف لأسباب تظهر في الفصلين الرابع والخامس.

ولكن، تُدرس هذه الحروب عادة عبر عدسة مدينية بدرجة كبيرة، على يد الباحثين أو الممارسين، وكما أشار [العالم السياسي والأنثروبولوجي] جيمس سكوت (Scott 1977b:4)، فإن «هناك انزلاقًا منهجيًا بين الأفكار السياسية كما تُفهم بالمدينة وبين ممارستها بالقرى». خذ هذه الملاحظة من فيتنام. «معرفة ما الذي كان يجب فعله تطلب فهمًا للظروف على مستوى القرى والقرى الصغيرة، والتي لا يمكن تحصيلها عبر الجلوس في عاصمة إقليمية أو بلدة بإحدى المناطق أو بالنظر من المروحيات. تحركك بالمروحيات لتجنب القناصين لم يُفقدك كثيرًا وحسب؛ فالأهم أنك بذلك لم تزر العديد من المناطق إلا نادرًا. ببساطة، لم يكن هناك الكثير من رحلات المروحيات» (Ellsberg 2003:118). بدلًا من الإشارة الحرفية إما لغياب الريف في العديد من الدراسات، أو الاستنتاج المضلل عنه؛ فالانحياز المديني مصطلح يشير إلى الميل الأكثر عمومية لتأويل الحروب الأهلية خارج السياقات وبطريقة من أعلى لأسفل فقط [1].

تجربة ومنظور الأشخاص العاديين غائبة بشكل ملحوظ عن العديد من أدبيات الحروب الأهلية، خصوصًا الأعمال النظرية. رغم اهتمامها الواضح بالفلاحين، فمعظم دراسات الثورات المرتكزة في الريف تركز على النخب (Horton 1998:311; Collier 1987:13; Kriger 1992:27). بهذه الطريقة، أدبيات الحروب الأهلية تتبع وتضخم الميل الأكثر عمومية لتجاهل ما يسميه سكوت (Scott 1977b; 1977c) «التقليد الصغير» لصالح «التقليد الكبير». حتى الحركات الناجحة المرتكزة في الريف، بعد انتصارها، تميل لأن تنتج تاريخًا رسميًا يقلل أو يتبرأ من الأصول الريفية (Thaxton 1997:xiv). أحيانًا، يمكن أن يؤدي هذا لأن تقع حروب كاملة بالإبهام. حتى وقت راهن، كما يشير بروس كالدر (Calder 1984:xvii)، كان التمرد ضد الاحتلال الأمريكي في جمهورية الدومينيكان (1916– 1924) «مبهمًا تاريخيًا لأنه لا الأمريكيون ولا الدومينيكيون كتبوا أكثر من بضعة أسطر عن الحرب. أولئك الذين فعلوا ذلك عادة ما وصفوا مجموعات الغوار بقطاع الطرق، والحرب بأنها شأن قصير الأمد». سبب ذلك هو أن عصابات الغوار كانت تقريبًا بالكامل من مزارعين أميين وشهاداتهم ظلت غير مكتوبة بشكل كبير. وعلى العكس من ذلك، فالدومينيكيون المثقفون والواعون سياسيًا

---

(1) الانحياز المديني، بالطبع، ليس مقتصرًا على الحروب الأهلية. هناك تقليد قديم في تفسير السياسات الريفية باستخدام توصيفات عكرة، مثل «التراث»، و«الوعي السياسي الرجعي» (Boswell 1998:56; Swedenburg 1995). بشكل مشابه، دراسة قمع الدولة منحازة على يد منظور مديني كبير (Kuromiya 1993:222).

بذلك الوقت، حتى أولئك المعارضون للاحتلال، قبلوا أطروحة قطع الطريق بسبب غياب المعلومات. وبعد الحرب، قليلًا ما اهتم المؤرخون الدومينيكيون، أعضاء المؤسسة الثقافية الليبرالية، بحرب العصابات ووجهوا طاقتهم لتوثيق المعارضة السياسية والفكرية التي قامت بها طبقتهم (Calder 1984).

الانحياز المديني سبباه الأساسيان هما الإجحاف، وكلفة المعلومات. أولًا، هناك تقليد قديم بتأويل العنف الريفي على أنه تمظهر للبدائية (مثلًا Finley 1994:x). هذا التقليد انتقل بسهولة إلى الحروب الأهلية، مدعومًا بتأويل (متحزب) للتمردات الريفية على أنها أعمال قطع طريق. الجمهوريون الفرنسيون وصفوا فونديه المتمردة بأنها «بلاد متأخرة مئة عام عن الثورة» (Dupuy 1997:145)، والصحفيون الباريسيون رددوا قولهم بوصف سكان الجنوب الثوري المنتسب للثورة المضادة بأنهم «متوحشون وآكلو لحوم بشر، مغطون بالدم من رأسهم لأخمص قدميهم» (Cobb 1972:52). إضافة لذلك، فـ«العقلية الآسيوية»، والكليشيهات الأخرى حول آسيا «الجديرة بأضعف المرشدين السياحيين» أصبحت «تفسيرًا» شائعًا عن عنف التمردات في فيتنام وكمبوديا (Bizot 2003:34; Schell 1967:56-57)، كما أن تفسيرات العنف في الحروب الأهلية الأفريقية تشير عادة إلى «الرجال المجانين والوحوش الفاقدين عقولهم» (Richards 1996:xx).

مع التأكيد الطاغي للجوانب الثقافية والطقوسية للعنف؛ يؤدي هذا الميل إلى العديد من التأويلات الخاطئة. مثلًا، يواجه الشخص عددًا مفاجئًا من التفسيرات المنمقة للسلوك والتي يمكن تفسيرها بمصطلحات أبسط وأكثر عالمية. «التزام الحياد»، أو «الانتفاع بالمجان»، أو «لننتظر ولنر» (attentisme)، التعبيرات الشائعة عن النفور من الخطر أثناء الحرب الأهلية والنابع من رغبة بالبقاء، تُفسر جميعها على أنها نتيجة عن أعراف محلية غريبة. في فيتنام، كان هذا السلوك غير الالتزامي يعتبر نابعًا من عقيدة كونفوشيوسية تقليدية وكان يوصف بـ«إرادة السماء» (FitzGerald 1989:29-31). [بروفيسور التاريخ] جيوفري روبنسون (Robinson 1995:2) يشير إلى أن العنف السياسي في دولة بالي كان يفسر من بعض الكتاب على أنه «نتيجة رغبة بالينية [نسبة لبالي] ذات جذور دينية بالتخلص من جزيرة الشر واستعادة توازن كوني». رُبطت النوبة التي حمل بها هذا التصور بتوجهات شيزوفرينية في 'الشخصية البالينية' وبولع ثقافي بالدخول في النشوة. تحليلات الصراع السياسي لعام 1965- 1966 كمشكلة سياسية ذات أصول تاريخية كانت غائبة بشكل واضح». الأدبيات النامية حول ما

يسمى الحروب الأهلية الجديدة (Kaldor 1999; Enzensberger 1994) ليست سوى آخر تمظهرات الانحياز المديني (Kalyvas 2001).

سكان سراييفو واجهوا المفارقة المريرة لانحيازهم المديني عندما ضربت الحرب البلاد. كما يستذكر أحدهم: «قبل عام، كنا نقرأ عن الأمور الفظيعة التي تجري في لبنان. أنت تعلم، كنا نقول 'هذا الشرق الأوسط'، حيث يعيش مجموعة من الحيوانات هناك! الآن بتنا نقول، 'بالطبع، إنهم يقتلون بعضهم البعض في كراجينا! هذه هي الحدود العسكرية القديمة، يا لهم من عدوانيين وبدائيين! ربما سنقول الأسبوع المقبل، 'يا للهول! هذه هي سراييفو **الجديدة**، أنت تعلم أن هؤلاء الناس كذا وكذا. إذا، ماذا سنقول عندما يقتل جيراننا في المبنى المجاور بعضهم البعض؟» (in Hall 1994:236).

الإجحاف المديني، بالطبع، خاطئ بقدر ما هي الرومانتيكية المدينية خاطئة. الأدبيات مليئة بتقلبات وصفية من «الوحشية الريفية» إلى «التوحش النبيل»، ومن العصابات البهيمية الهوبزية [نسبة إلى توماس هوبز] إلى المدافعين النبلاء التولتسويين [نسبة إلى ليو تولستوي] (Starn 1998:226). فلاحو الثورة المضادة في فونديه كانوا يوصفون من الكتاب الملكيين بأنهم أناس استثنائيون ذوو صراحة بدائية (Dupuy 1997:141; Petitfrère 1981:87). سكان المدن الكمبودية «الذين مقتوا المحراث والتراب والبساتين وحيوانات الريف، وكرهوا الحياة الخشنة المفتوحة للقرويين، صنعوا صورة مثالية للخمير الحمر مقارنة بالصورة النمطية للثورة الدائمة: نموذجًا للبساطة والاستمرار والوطنية» (Bizon 2003:61). الكثير من الكتابات المبكرة عن تمرد حزب «الدرب المضيء» في البيرو ترسم المتمردين على أنهم ثوار بدائيون من عالم «غير غربي»، أو، بلغة الغرابة العاطفية للصحفيين البريطانيين، كأطفال «للعالم السحري للهنود» (Starn 1998:233).

السبب الثاني للانحياز المديني هو كلفة المعلومات. الوصول إلى الريف صعب عادة، ما لم يكن مستحيلًا (مثلًا Hamilton-Merritt 1993:xii). إضافة لذلك، لأن مواقع العنف عادة صعبة الدراسة، فالشهادات الإثنوغرافية من الحروب الأهلية نادرة (مثلا Wood 2003; Nordstrom 1997). القيود متعددة، إذ يشير جيفري سلوكا (Sluka 1989:3) إلى أن «الحالة في بيلفاست [عاصمة إيرلندا الشمالية] من الصراع بين المجتمعات العرقية المستقطبة لم تسمح بالمراقبة عن طريق المشاركة بناء على دراسة كل من المجتمعات الكاثوليكية والبروتستنتاتية في الوقت نفسه». إضافة لذلك، الخطر الأصيل في الحروب الأهلية يجعل

الناس مرتابين تجاه الغرباء، ولذلك، مترددين بمنحهم المعلومات أو مصارحتهم (Race 1973:xii). ردت امرأة موزمبيقية على طلب المقابلة بقولها: «نحن خائفون. لن أقول أي شيء. كل شيء يحصل هنا يصبح معروفًا ضمن الحي بسهولة. هذا (الطلب لإجراء المقابلة) مخيف» (Chingono 1996:138). ينجح الصحفيون عادة في الوصول، لكنهم لا يملكون المعرفة العميقة بالمنطقة. صحفي أمريكي كان يجري استقصاء عن مجزرة في كشمير، يستذكر أنه، بينما كان يجري مقابلة مع القرويين، بدأوا يتجادلون فيما بينهم. مال مترجمه ناحيته وهمس بأذنه: «إنهم يتجادلون ما إن كان الأفضل للقرية هو الكذب عليك، وإن كان الأمر كذلك؛ فما هي الكذبات الصحيحة» (Bearak 2000:30).

عندما يكون ممكنًا، قد يكون الوصول منوطًا بإظهار الولاء السياسي للنظام الحاكم أو المنظمة المتمردة التي تملك السيطرة، وهذه «المهمات بين الشجيرات» تكون عادة «بروباجندا لصالح الممولين» (Kriger 1992:27). نتيجة لذلك، فمعظم المراقبين يتواجدون بكثرة في المدن. الحرب البوسنية تمت تغطيتها بالأغلب من سراييفو «التي شتتت الصحفيين عن كثير مما كان يجري في الأماكن الأخرى» (Loyd 2001:179). صورة العالم عما كان يجري في موزمبيق، بحسب ما يشير جيفراي (Geffray 1990:19)، عكست «أفكار النخب المدينية، والمثقفين الوطنيين، والأجانب الذين كانوا يعيشون في مابوتو، عاصمة موزمبيق، والمدن الكبرى في المحافظات. لا يستطيع الصحفيون استقصاء [الحرب] من الميدان، والصحافة الدولية تعيد إنتاج المعلومات والتحليلات الناتجة في تلك الدوائر». الصحفيون والمراقبون الآخرون على الأرض يفتقدون للمهارات اللغوية الضرورية والفهم المحلي، ويعتمدون، عوضًا عن ذلك، على النخب لكل من المعلومات والتفسيرات. يستذكر ريس (Race 1973:x) أنه «رغم تواجد بضعة 'خبراء عن فيتنام' أثناء خدمتي العسكرية هناك، إلا أنه لم يكن هناك أي صحفي غربي يتحدث الفيتنامية، وقطاع محدود من المجتمع الفيتنامي كان يتحدث لغات أجنبية». الأمر نفسه ينطبق على العديد من المشاركين في الصراع، إذ يستذكر [العقيد الأمريكي المتقاعد والكاتب] ستيوارت هيرينجتون (Herrington 1997:39): «بالنسبة لمعظم الأمريكيين في فيتنام؛ كانت ديناميات معضلة القرويين الفيتناميين مستحيلة الإدراك، وحواجز الفهم الناتجة عن الاختلافات اللغوية والثقافية بين الشعبين لا يمكن تجاوزها».

كنتيجة لذلك، فالمعلومات عن الريف نادرة ومضللة عادة. التمرد المالاوي بدا «متاهة محيرة» (Crawford 1958:180)، وفيتنام كانت «كابوسًا أشبه بقصص كافكا لأي باحث

عن الحقائق. حتى البيانات البسيطة، مثل عدد سكان منطقة ما، كانت مستحيلة التحصيل. وراء قلة الإحصاءات يقبع مجال المعلومات المضللة.... الأخطاء التي تشكلت من غياب الحقائق كانت نتيجة الأحداث نفسها، نتيجة الروايات الجزئية، والإشاعات غير الدقيقة، والتقارير المتضاربة» (Pike 1966:viii). الحرب الأهلية الجزائرية «كانت مغطاة بالغموض منذ بدأت مطلع عام 1992، حرب كانت مغطاة بطبقات من الظلمة» (Peterson 1997b)، بينما كانت «إيرلندا الشمالية من أي زاوية نظرت إليها مكانًا من المرايا. كانت الرسائل السياسية تُحرف وتُشوّه على يد المجموعات والمصالح المتضاربة» (M. Smith 1995:227). [الصحفي البريطاني] فريدريك أغسطس فويجت (Voigt 1949:167-169) يتحدث عن «عالم من الشفق يدمج الظلام الذي يقف بوجه الحقيقة، سواء أكانت رسمية أم من مصدر خاص»، مضيفًا أنه أثناء الحرب الأهلية اليونانية «معظم المجازر التي ارتُكبت في اليونان ظلت غير معروفة للعالم الخارجي، بل إنه في اليونان نفسها هناك الكثير من المجازر التي لا تُعرف إلا على مستوى محلي.... هناك مجازر لا تسمع عنها إلا من شهود العيان، مصادفة وبعد وقت طويل من الحادثة». [بروفيسورة الأنثروبولوجيا] كارولين نوردستروم (Nordstrom 1997:44) تتحدث كيف مرت مصادفة على بلدة كبيرة نسبيًا، لكنها مدمرة الآن، في موزمبيق، حيث وقعت مجزرة لا تظهر الآن بأية سجلات، أخبرها أحد الفلاحين عنها (1997:48): «ربما كان كثير من الذين قتلوا هنا قد قتلوا على يد أشخاص آخرين، ولأسباب مختلفة عما قيل».

انحجاب الريف نادرًا ما ينتهي مع الحرب، فالوفيات والتهجيرات الضخمة والقمع تعيق البحث. عادة ما يكون الناس راغبين في النسيان وأن يُتركوا وشأنهم ليعيدوا بناء حياتهم الممزقة. إضافة لذلك، عادة وبشكل عام، يتجنب الباحثون العمل الميداني الريفي المطلوب المستنزف للطاقة. أحد الباحثين من كولومبيا (Ramsey 1973:3) خلص إلى أن 'فيولنسيا [La Violencia، أي العنف، وهو الاسم الذي تعرف به الحرب الأهلية في كمبوديا خلال أعوام 1948- 1958]، الظاهرة الريفية تمامًا والتي نتج عنها سجلات مكتوبة قليلة نسبيًا، تستدعي عملًا ميدانيًا مرهقًا من النوع الذي لا يمارسه الكثير من الكتاب حول هذا الموضوع». وبلا مصادفة، فإن أحد أكثر الصراعات كثافة للدراسة هي إيرلندا الشمالية: البلاد المتحدثة بالإنجليزية ذات الفنادق الجيدة والمناظر الطبيعية الجذابة والحرارة المعتدلة والمطعم المحلي اللذيذ، والأهم غياب الخطر الكبير، ومن ثم تقديم إثارة وجودك في

«منطقة حرب»، مع احتمالية أن تكون ضحيتها بنسبة أقل بكثير من احتمالية موتك بحادث سير في معظم الأماكن (M. Smith 1995:225- 226).

إضافة لذلك، هناك ميل من بعض الباحثين لتقليل تأثير الصراعات السابقة. حتى الأنثروبولوجيون، أفضل من يراقب ويدرس كيف حصلت الحروب الأهلية على الأرض، يتجنبون ذلك عادة. إنهم «سعوا بشكل تقليدي لدراسة الصراع والحرب والاعتداء البشري عن بعد، متجاهلين الوقائع الصارخة لحيوات الناس» (Clastres 1995:5; Green 1995:107; Nagengast 1994:112). جيوفري روبنسون (Robinson 1995:8) يشير كيف أن كتاب كليفورد جيرتز (Clifford Geertz) الشهير: **تأويل الثقافات** (*The Interpretation of Cultures*)، الذي خصص على الأقل ثلاثة مقالات عن دولة بالي وصدر عام 1973، قد خصص جملة واحدة فقط للمجازر التي وقعت قبل ثمانية أعوام من ذلك، وأزهقت أرواح خمسة بالمئة من سكان الجزيرة.

الانحياز المديني مشكلة حقيقية لأنه يحرف البيانات والأطر المفاهيمية لديناميات الحروب الأهلية، فهو عادة ما يفضل المصادر المكتوبة، والمنظورات «من أعلى لأسفل»، والتأويلات الأيديولوجية أو المعيارية للمحاربين، والهويات الثابتة غير القابلة للتغيير، على حساب المصادر اللفظية، والمنظورات «من أسفل لأعلى»، والدوافع غير الأيديولوجية للمشاركين، والهويات والخيارات المائعة.

أولًا، هناك علاقة عكسية بين نوع المجتمعات التي تقع بها الحروب الأهلية، ونوع المجتمعات التي تنتج وتحفظ وتتيح المصادر المكتوبة. لذلك، الاعتماد الحصري على المصادر المكتوبة ينتج الانحياز. وغالبا، المصادر المتاحة الوحيدة هي السجلات الحكومية، والتي عادة ما تركز على عنف المتمردين وتتجاهل عنف النظام شاغل المنصب (Fellman 1989:189). إضافة لذلك، الاعتماد الحصري على المذكرات المنشورة يمكن أن يكون عاملًا مسببًا للانحراف، لأنها عادة ما تنتج عن سكان المدن والنخب ذوي التعليم والموارد التي تمكنهم من تخصيص وقت للكتابة، والذين ينظرون للريف نظرة مطعمة بالإجحاف (Hobsbawm 2001:xvii). بحسب [السوسيولوجي السياسي] بارينجتون مور (Moore 1966:480)، فإن «أبحاث ذلك المثقف المنفصل روحيًا قد جذبت انتباهًا أكبر من حجمها بالكلية، جزئيًا لأن هذه الأبحاث تركت سجلات مكتوبة، وأيضًا لأن أولئك الذين يكتبون التاريخ هم مثقفون شخصيًا». مثلًا، معظم المذكرات والذكريات من حرب

العصابات الإسبانية ضد نابليون أُنتجت على يد نخب مدينية مؤيدة للفرنسيين، «المتفرنسون» [the Afrancesados]، بدلا من «الغوار» الذين كان أغلبهم من الفلاحين (C. Schmitt 1992:290). ولا يستطيع الأموات كتابة المذكرات (Wickham-Crowley 1990:204). لأن الحركات ذات الجذور الريفية والفلاحين لا يتركون وراءهم عادة مصادر مكتوبة؛ فيتم التغاضي عن نشاطاتهم (Brovkin 1994:127) أو نسبها لفاعلين آخرين يُنظر لهم على أنهم ممثلون أو متلاعبون بهم، بحسب الخيارات السياسية للكتاب (Dupuy 1997:266). في الحقيقة، الاستقصاءات التي تبرز «السرديات المحظورة» كالأغاني والروايات اللفظية تكشف عادة عن انفصال بين التوجهات المعلنة لجنود القواعد، وبين التوجهات الأصلية [للقادة] (McKenna 1998:279).

التجلي الآخر للانحياز المديني هو التأكيد على المنظورات «من أعلى لأسفل»، عبر التشديد على السياسات العالية وتفاعلات النخب (Bax 2000; Tone 1994:6). ولأنها تشظّي الحيز، تُعد الحروب الأهلية عمليات تتضمن ديناميات محلية مهمة. ولكن، عادة ما يفتقد تاريخ الحروب الأهلية لهذا الجانب، فهي تقع بشكل تقليدي في مجال السياسات الدولية العالية والتاريخ الدبلوماسي، بدلًا من الواقع المحلي الفوضوي (Merrill 1989:189; Mason and Krane 1989:193; Tilly 1964:340). مؤرخو الحرب الأهلية الروسية، كما يشير فلاديمير بروفكين (Brovkin 1994:127)، «كانوا مشغولين بالجيوش والمقرات والجبهات والحكومات»، وتجاهلوا حرب البلشفيين ضد الفلاحين على الجبهة الداخلية، والتي تفوق «حجمها بكثير على الحرب الأهلية على الجبهة مع 'البيض'». يلاحظ [المؤرخ البريطاني] مارك مازوير (Mazower 1993:xcii)، أن دراسات اليونان الواقعة تحت الاحتلال النازي مبنية على «الافتراض المستبعد بأن تطورات الحرب داخل اليونان المحتلة كانت تُحدد ضمن مجال السياسات العالية. السفراء والجنرالات ومسؤولو المهمات الكبار والسياسيون اليونانيون وقادة المقاومة كانوا يتنقلون ضمن الصفحات بأشكال مختلفة، بحسب انتماءات الكاتب.... هذه أرضية خصبة لنظريات المؤامرة والملاحم البطولية». ولكن، هناك اختلاف منهجي بين القادة والأتباع. [الكاتب البريطاني الشهير] جورج أورويل (Orwell 1937:176-177) أشار إلى أن «أحد التناظرات بين الشيوعية والكاثوليكية الرومانية هي أن المتعلمين فقط هم الأرثوذكسيون تمامًا»، و[عالم السياسية الأمريكي] فيليب كونفيرس (Converse 1964:213) يشير إلى فجوة بين

معتقدات النخبة ومعتقدات العامة، ويظهر أن «الدوافع الحقيقية وتصورات الداعمين قد تكون بالكاد مرتبطة، إن ارتبطت، مع المعتقدات المتمايزة للنخب المدعومة».

المشكلة المرتبطة، والمنتشرة، هي النزوع لقبول أوصاف هذه النخب حول أنفسهم وحول الذين يمثلونهم دون تمحيص. ولأنهم واعون لهذه النزعة، فهم يتلاعبون بها تبعًا لذلك، والصحفيون والباحثون عرضة لهذا التلاعب[1]. أخيرًا، النسخة الخبيثة من تصورات «أعلى لأسفل» هي ميل الروايات ما بعد البنيوية نحو «ما وراء السرديات» و«الغائيات» (teleology) التي «يمكن أن تؤدي لتحليلات مبتذلة، تزيد الغموض بدلًا من أن تقلله عن سياسات التظاهر» (Starn 1998:236). تجاوز هذا الانحياز دعوة لإدراك أن المحلي ليس ضيق الأفق أو على مستوى المنطقة، وإنما الاجتماعي، والأهم، التجريبي. إن استدخال البعد المحلي بدراسة الحروب الأهلية يكشف دائمًا تقريبًا عن تعددية وغياب التماثل عن تجارب الحروب الأهلية ومخرجاتها (مثلًا Blackwood 1997; Richardson 1997:11)، وبذلك، يقدم تنوعًا يجعل الاستقصاء التجريبي ممكنًا ومثمرًا.

ثالثًا، الانحياز المديني حاضر في تفسيرات الدوافع المنحازة بشكل كبير نحو الأيديولوجيا. هناك انحياز معرفي واضح، على الأقل في التقاليد السوسيولوجية والتاريخية، بافتراض أن كل (أو معظم) المشاركين بالصراعات مدفوعون لأسباب أيديولوجية. لأن الباحثين «المدينيين» عادة ما يكونون مدفوعين بالأيديولوجيا بأنفسهم، فهم يحددون غالبًا دوافع أيديولوجية واضحة للمشاركين، حتى وإن لم يكن الأمر كذلك. كما علق أحد الضباط الفرنسيين مرة على الثورة الأمريكية (in Shy 1976:13): «هناك حماسة أكثر بمئة مرة لهذه الثورة بأي مقهى في باريس أكثر من كل المستعمرات معًا»[2]. أحد المؤرخين للحركات الفاشية الفرنسية (Jankowski 1989:ix, xii) لاحظ أن «الأبطال بالجدال ركزوا

---

(1) البرنامج التحليلي المسائي «نظرة على أفريقيا» (Focus on Africa) المؤثر الذي تبثه هيئة الإذاعة البريطانية بنسختها العالمية اعتمد على مقالة لتشارلز تايلور، زعيم المتمردين الليبيريين، والذي رغم انحيازه، «تم بذكاء التعبير عنه بإنجليزية واضحة ودراماتيكية. خصومه يعانون، لغويًا ودراماتيكيًا، بسبب صعوده» (Richards 1996:3). سام آدمز (Adams 1994:7) يتحدث كيف أن السياسيين الكونغوليين في الستينيات وصفوا أنفسهم بمصداقية بمصطلحات غربية، مثل «نقابيين راديكاليين»، رغم أن صراعاتهم كانت محلية بالكلية.

(2) جون شاي (Shy 1976:13) يشير إلى أن هذا الضابط كان مواليًا تمامًا للجانب الأمريكي، وأنه، رغم مبالغته، «هناك الكثير من الأدلة الأخرى التي تدعم رأيه ولذا لا يمكن استبعاده تمامًا».

غالبًا على الأيديولوجيا» لدرجة إقصاء البحث التجريبي الحقيقي حول الديناميات على المستوى الشامل. هذه المنظورات تؤدي لافتراض أن «الأيديولوجيا القوية» هي شرط مسبق لحروب العصابات، لأنها «تعد السكان لأعمال حربية مطلقة. يجب أن ترتبط الأغلبية الكبرى بمصير البلاد ضد عدو حقيقي، وإلا، فإن التضحيات العظمى لن تحقق غرضها» (Rohkrämer 1997:513-514)[1].

للتأكيد، الأيديولوجيا ليست دافعًا للفعل (مثلا Brown and Fernàndez 1991:98)، ولكن، دوافع إضافة أخرى تؤثر بالمشهد، والتي عادة ما يتم التغافل عنها منهجيًا في الروايات الماكرو-تاريخية. المشاركة الشعبية في حروب العصابات ضد نابليون في إسبانيا «لم تأت من الوطنية الكبيرة أو الورع، بل من طبيعة المجتمع الريفي في نبرة» (Tone 1994:7). ما حسم الاختيار «المؤقت والمتردد» للفلاحين المقدونيين مطلع القرن العشرين، بإعلان أنفسهم يونانيين أو بلغاريين «تفاوت من الاعتبارات المالية، والانقسامات الاجتماعية، والسياسات المحلية، إلى العداوات الشخصية، تاركًا مساحة صغيرة 'ثمينة'، إن وجدت، للتوجهات 'الوطنية'» (Livanios 1999:197). قرار الفرد بالوقوف مع الألمان أو الأنصار في الاتحاد السوفييتي المحتل من ألمانيا لم يُحدد من «الاعتبارات والتقييمات التجريدية لمزايا وعيوب كلا النظامين، ولا حتى من المحبة والكره أو التجارب تحت النظام السوفييتي قبل الاحتلال» (Dallin, Mavrogordato, and Moll 1964:336). نسبة أولئك الذين انضموا لـ «المليشيا الفرنسية» (Milice)، التي كانت متعاونة مع الاحتلال، في مرسيليا نتيجة اقتناع أيديولوجي تُقدر، بناء (تقريبيًا) على السجلات القضائية، بخمسة بالمئة تقريبًا، وخمسة أخرى انضمت نتيجة الضغوطات من العائلة والأصدقاء، وعشرة أخرى استفادت من الوظائف والامتيازات، والبقية لأسباب متعددة ومتضاربة غالبًا (Jankowski 1989:123-124).

في الحقيقة، الأشخاص العاديون العالقون في دوامة العنف والحرب، في أكثر الأحيان، أقل من أبطال؛ فهم يسعون لتأمين الوظيفة والعائلة، وقبل كل شيء، الحياة (مثلًا Butalia 2000:76). [الكاتب الأمريكي] تيموثي سنايدر (Snyder 2003) يشير إلى أن البولنديين

---

(1) للمفارقة، ولأن الجوانب المتنوعة للانحياز المديني تقع معًا عادة، الرغبة في عزو الدوافع الأيديولوجية لكل تمرد فلاحي يرافقها عادة ميل بنفي كل المنطقية عن أولئك المدفوعين لأسباب دينية أو عرقية أو «قبلية». هذا مرتبط عن قرب بالميل لتفضيل السياسات العالية والعوامل الماكرو-اجتماعية على حساب العوامل السياقية والمحلية.

المضطهدين في أوكرانيا الغربية كانوا ينضمون إلى الأنصار السوفييت عادة عندما كانوا يعيشون في الريف، وإلى المحتلين الألمان عندما كانوا يعيشون في البلدات: لقد كانوا يريدون الحياة أو الانتقام. كما يشير نوردستروم (Nordstrom 1992:265) عن موزمبيق وسريلانكا: «بينما كان المنظرون و(أشباه) الجيوش الذين يخوضون الحرب ينظرون للتمايز بين الأطراف وتطبيق الصواب والخطأ على بعضهم البعض على أنه في قلب الصراع؛ كان المدنيون يجدون صعوبة بالتمييز بين الأطراف، خصوصًا بحسب الاعتبارات الأيديولوجية للحق والباطل. إن العديد من ضحايا الحرب – المنتزعين من الراحة والتضامن والعائلة والمنزل، والذين عادة ما يكونون مصابين أو ثكالى – لا يعرفون شيئًا عما هو الصراع أو من هم أطرافه».

تم تسليط ضوء إضافي بالأبحاث السوسيولوجية الأخيرة حول التحول الديني، «الخيار» الخاضع للاعتبارات الأيديولوجية بقدر ما هو خاضع للاعتبارات السياسية لدى أولئك الذين اتخذوه. يظهر هذا البحث أن الاستمالة العقدية (أي الأشخاص الذين يسمعون الرسالة ويجدونها جذابة ويعتنقون الدين الجديد) لا تقبع في قلب عملية التحول، فمعظم الأشخاص لا يصبحون ملتزمين بعقائد دينهم الجديد إلا بعد التحول [لا قبله] (Stark 1997). التوالد المعتاد للأيديولوجيا من رحب الحرب يجد حضورًا بالعديد من الروايات التاريخية التي لا تقتصر في مصادرها على النخب فقط. في فرنسا المحتلة، «الكثير من أفراد مجموعات الغوار المقاتلة [المعروفين باسم maquisard] يصبحون شيوعيين عبر تجربة الغوار، أكثر من أولئك الذين تحولوا نتيجة اقتناعهم بالشيوعية من البداية» (Kedward 1993:153)، بينما في أوكرانيا الغربية أثناء الاحتلال الألماني «أدت تجربة القتل المباشر مع الدعاية السياسية إلى خلق مقاتلين موالين، بل وملتزمين، من رحم فلاحين لا علاقة لهم بالسياسة» (Synder 2003:216). بشكل مشابه، معظم مجندي الفيت كونغ لم يكونوا ثوريين ملتزمين عندما دخلوا المنظمة، بل كان لا بد من «إدماجهم» و«تشكيلهم» و«رفع وعيهم» عبر عمليات مكثفة من التدريب السياسي والأيديولوجي، وحتى حينها؛ كان الالتزام الأيديولوجي لا يتحقق لأكثرهم (Berman 1974:75, 8).

فكرة أن الأداء الجيد قتاليًا مؤشر على الالتزام الأيديولوجي هي فكرة إشكالية بقدر الملاحظات التي تربط الانضمام إلى حركة ما بالأيديولوجيا فقط. بداية، هناك العديد من الادعاءات تخدم نفسها بنفسها. انتصارات الثوار يُنظر لها على أنها علامة على القوة المعنوية

والالتزام الأيديولوجي، بينما تفسر هزائمهم على أنها نتيجة الخيانة (Mackenzie 1997). الكثير من الأبحاث تظهر أن المقاتلين يندفعون للقتال **لا** نتيجة الأيديولوجيا أو الكراهية أو الخوف، بل نتيجة ضغط الأقران وعمليات أخرى تتضمن تقدير رفاقهم واحترام قادتهم والاهتمام بسمعتهم الشخصية لدى كل منهما، والرغبة الملحة بالمساهمة بنجاح المجموعة؛ أي باختصار، ما يعرف باسم «التماسك الأساسي للمجموعة» [1]. وحتى عند حضورها، تمر الدوافع الأيديولوجية عادة بمرحلة تنقية عبر ديناميات الأقران. أخيرًا، تقدم الحرب جاذبيتها الخاصة. الفتيان الذين اختطفوا أثناء خدمتهم مع متمردي «المقاومة الوطنية الموزمبيقية»، المعروفة باسم «رينامو»، أظهروا روحًا معنوية عالية، تم تفسيرها جزئيًا نتيجة إثارة الحياة في صفوف «رينامو»، بما في ذلك إمكانية الوصول للأشياء الفاخرة المنهوبة والنساء (T. Young 1997:132). العقوبات الشديدة تؤكد أن يبقى الناس صامدين، راغبين أم مكرهين. الفرار من الجندية عقوبته الموت في معظم الجيوش، النظامية وغير النظامية على السواء (مثلًا Rubio 1999:115-116).

رغم أن قرارات الانضمام غالبًا ما تكون غير أيديولوجية، فإن إعادة تشكيلها بأثر رجعي من المقابَلين غالبًا ما تكون أيديولوجية. سبب ذلك، كما يحاجج [بروفيسور علم الاجتماع] إيفان إيرماكوف (Ermakoff 2001:4)، أن الفترات المضطربة تولد بشكل تلقائي حاجة لاتخاذ سلوك استراتيجي غير أيديولوجي، وتفسيرًا أيديولوجيًا لهذه السلوكيات. الانحياز الأيديولوجي تعززه استحالة قياس التوجهات والتصرفات بأثر رجعي. افترض أن شخصًا ما أجبر على الانضمام للمتمردين في اللحظة الزمنية ($ز_1$) [2]، عند اللحظة الزمنية ($ز_2$)، تم تدمير قريبتها بغارة عشوائية من الجيش، وقُتلت عائلتها. كنتيجة لذلك، عند اللحظة الزمنية ($ز_3$)، التزمت من قلبها بقضية المتمردين لتنتقل لعائلتها (ولأنها لم يعد لها ما تخسره). بعد نهاية الحرب (اللحظة الزمنية $ز_4$)، قد تعيد تشكيل دافعها الأول وتدعي، ويمكن أنها تصدق فعلًا، أنها انضمت للمتمردين عند اللحظة الزمنية ($ز_1$) نتيجة التزام أيديولوجي. الباحث غير المتعمق الذي يجمع المعلومات عند ($ز_4$) سيبني خلاصاته بناء على دليل منحاز. بدراسته عن التحول الديني، يحذر [عالم اجتماع الدين الأمريكي] رودني ستارك (Stark 1997:19)

---

(1) Grossman (1995:89–90); Lynn (1984); Stouffer (1949); Shils and Janowitz (1948); Marshall (1947).

(2) تودوروف (1996:113) يروي قصة رجل كان يتظاهر أنه مقاوم فرنسي، فتم اعتقاله من مقاتلي المقاومة وأجبر على قتل ضابط من الاحتلال «شبه مقاتل الغوار هذا مُنح عفوًا، وأصبح لاحقًا مقاومًا حقيقيًا».

من هذا التوجه: «بعدم ذهابنا ورؤيتنا كيفية تحول الناس، قد نفقد الفكرة تمامًا، لأن الناس عندما يصفون تحولهم بأثر رجعي؛ يؤكدون عادة على الجانب العقدي».

التمظهر الرابع للانحياز المديني هو افتراض هويات محددة ثابتة لا تتغير، مثل «فلاح»، أو «كاثوليكي»، أو «ألباني». هذا يشجع على نظرة للحرب بين أطراف محددة بوضوح، بقواعد اجتماعية متماسكة ومستقرة وموالية. في القصص الوصفية للحروب الأهلية الراهنة، «الأيديولوجيا محددة تمامًا، والخصوم واضحون، والقتال يقع بين أطراف مرسومي الحدود يمكن تحديدهم سياسيًا» (Nordstrom and Martin 1992:4). ولكن، هناك بعض المشاكل بهذا الافتراض. أولًا، الهويات ليست فقط خارجية المنشأ بالنسبة للحرب. مثلًا، صفة «ملاك الأراضي» في الصين الشيوعية كانت سلاحًا سياسيًا بدلًا من وصف طبقي محايد، كان يفرض عادة على الخصوم المحليين. كما تشير [بروفيسورة الأنثروبولوجيا] هيلين سيو (Siu 1989:134)، فإن غياب حدود مرسومة تمامًا بين الأوصاف الطبقية «ترك مساحة للمناورة. الجيران والأقرباء وجدوا أنفسهم عالقين في مفاوضات متوترة واتهامات متبادلة». في جزيرة نيجروس في الفلبين، «كان [وصف] 'الشيوعيين' كناية واسعة وكناية ضيقة يمكن استخدامها لشرعنة قتل أي شخص تقريبًا» (Berlow 1998:xiii). ثانيًا، هذه الهويات قد تخبئ وتضع قناعًا تنكريًا للهويات المحلية التي قد لا تكون مرئية للعين غير الكفؤة (الفصل العاشر).

افتراض أن الهويات ثابتة دائمًا، بشكل ما، يصبح مشكلة بسبب الميل الواضح للاستدلال على الدوافع بشكل مباشر من الهويات (Bayly 1988:119-120; Perry 1980:251; Tilly 1964:7). هذه الدوافع مبنية عادة على المظالم «الخارجية» للمجموعة وتتجاهل صراعاتها وانقساماتها الداخلية، مثل الجنس والنسب والعائلة والعمر والموقع السوسيو-اقتصادي ضمن المجتمع (Tambiah 1996:316; Kriger 1992). ولكن، حتى المجتمعات الصغيرة مثل مجتمعات الفلاحين والقرى الصغيرة منقسمة بعمق (مثلًا Lison-Tolosana 1983:39). الدراسات الأكاديمية تتشارك عادة مع «التأريخات الرسمية» الميل لإزالة تلك الانقسامات الداخلية الإشكالية، «الشقوق الطبقية، أو سلوكيات الغدر، أو مبادرات الفلاحين التي كانت مستقلة عن سيطرة النخبة»، وتمرر بسلاسة «الحواف المسننة للماضي» (Swedenburg 1995:21; Kedward 1993:160).

الأمر نفسه ينطبق على المجموعات العرقية، التي نادرًا، إن وجد، ما تكون متجانسة. بدراسته لمنطقة في [عاصمة إيرلندا الشمالية] بيلفاست، اشتهر عنها أنها «معقل للجيش

الجمهوري الإيرلندي»؛ وجد جيفري سلوكا (Sluka 1989:289) أنها كانت «مجتمعًا مركبًا ومعقدًا» بخليط كبير من التوجهات السياسية و«بأقلية» فقط مهتمة حقًا وناشطة سياسيًا. بشكل مشابه، وجد [الأنثروبولوجي] توماس ماكّينا (McKenna 1998) أن معظم المسلمين الفلبينيين العاديين الذين دعموا التمرد الانفصالي المسلم، بل وقاتلوا ضمن صفوفه، لم يكونوا مدفوعين بوطنية قادتهم، فهم لم يصنفوا أنفسهم على أنهم «مورو»، المصطلح الذي كان القادة يستخدمونه للدلالة على مدنيي الأمة الجديدة التي أرادوا تشكيلها. سويدينبرج (Swedenburg 1995)، الذي درس ذكريات الانتفاضة الفلسطينية خلال أعوام 1936-1939، كشف ذكريات «العملاء» (من الفلسطينيين الثوار الذين انشقوا وانضموا للقتال بجانب البريطانيين)، والتي عارضت النسخة الوطنية الفلسطينية الأرثوذكسية للماضي. مهند حمومو (Hamoumou 1993) يحاجج بأن الدوافع التي قادت أعدادًا كبيرة من الفلاحين الجزائريين للقتال بجانب الفرنسيين أثناء الحرب الجزائرية للاستقلال كانت بشكل أساسي غير أيديولوجية.

فكرة خارجية منشأ الهوية عن الحرب تتسق وفهم سلطة الأيديولوجيا على أنها منبثقة عن روتين من المطاوعة (Earle 1997:8) وتقبع «بمجموعة الدوافع التي تخلقها بشكل أقل من كونها مخزونات من الأسباب التي يستخدمها للفاعلين ليبرروا أفعالهم» (Ermakoff 2001:4). إنها تتسق أيضًا مع الشكاوى المتكررة للقادة الثوريين حول المستوى المتدني «للوعي» السياسي لمجندي الغوار الفلاحين (Wickham-Crowley 1991:52)[1].

ولا حاجة للقول إن مواجهة الانحياز المديني لا يجب أن تكون على حساب تجاهل التطورات في المراكز المدينية أو على المستوى الوطني. إن المطلوب هو طريقة لربط المحلي والوطني، والفكرة من أسفل مع المنظور من أعلى، أو، باستخدام مصطلحات المؤرخين الإنجليز بالقرن السابع عشر: «الشارع العام» مع «النخبة القليلة المهتمة».

(1) هناك العديد من التقارير بأن المقاتلين المتمردين نادرًا ما يناقشون السياسة في صفوفهم (Zimmerman 2000:192; Rubio 1999:117; Hart 1999:264; M. F. Brown and Fern´andez 1991:137; Kerkvliet 1977:229). مبيعات كتاب «كفاحي»، لأدولف هتلر، ارتفعت في ألمانيا بعد ازدياد العضوية في الحزب النازي، وليس قبلها، إذ يبدو أن حيازة الكتاب كانت شارة ولاء بدلًا من كونها أداة تحول أيديولوجي (Wikcham-Crowley 1991:129). يبدو أيضًا أن العلاقة بين العنف السياسي والأيديولوجيات (الراديكالية) ضعيفة للغاية حتى في البيئات المدينية، كما يظهر ديلّا بورتا (Della Porta 1995:196) في حالة المنظمات «الإرهابية الإيطالية والألمانية.

5.2. انحياز الاختيار

أشار دوركايم (Durkheim 1938:40) إلى أن «المراضة ليست النقيض المطلق للصحة، فهما تباينان مختلفان للظاهرة نفسها، وكل منهما تفسر الأخرى عادة». حوادث العنف لا يمكن دراستها بشكل مستقل عن الحوادث التي لا يقع بها العنف. إن الدراسات الكمية الكبيرة الراهنة عن الحروب الأهلية (Sambanis 2000; Fearon and Laitin 2000) وأعمال الشغب العرقية (Wilkinson 2004; Varshney 2002) ينطبق عليها هذا الانحياز. الدراسات ذات التوجه الجزئي (الماكرو) عرضة عادة لهذا النوع من الحياز تحديدًا، لأنها تركز غالبًا على أكثر المخرجات عنفًا وتتجاهل الأماكن والأزمان المرتبطة ذات العنف المحدود، أو التي لا تشهد عنفًا على الإطلاق.

شكل آخر من انحياز الاختيار معني بالتركيز على الفاعل الذي يمارس العنف. العديد من الدراسات تستبعد أو تقلل احتمالية أن المتمردين، وليس أولئك من شاغري المنصب، يستهدفون المدنيين (مثلًا Valentino 2004; Downes 2004; Azam and Hoeffler 2002; Gulden 2002). بحسب هذا المسعى، فالانتهاكات استراتيجية حكومية فقط، لا يستخدمها المتمردون. على النقيض (التركيز على عنف التمرد فقط) كان الحالة ضمن العديد من دراسات مكافحة التمرد (مثلًا Hosmer 1970)، وأيضًا ضمن أعمال راهنة أخرى (J. Weinstein 2003). بجانب إزالة احتمالية تفسير العنف من الجانب الذي لا تتم دراسته؛ هذه المشكلة تحرف التحليل بالتغاضي عن عملية التفاعل الحاسمة بين الفاعلين المتنافسين.

6.2. انحياز التجميع المفرط ومشاكل البيانات

أي دراسة عن العنف ستتعرض لمشكلة البيانات الشائكة. فوراء التشويهات المفروضة من جمع وتفسير البيانات عبر الانحياز المديني وانحياز التحزب؛ تعد البيانات عن العنف عرضة لمشكلتين اثنتين: معظم مؤشرات العنف السياسي لا يعول عليها وغير متسقة عبر الدول ومع الوَقت، والمشكلة الثانية هي أن معظم البيانات المتاحة تُجمِّع بشكل مفرط. كلتا المشكلتين تؤدي لانحياز التحليلات التي تعتمد على القياسات الكمية المتاحة.

البيانات عن العنف، إن كانت متاحة، يمكن أن تنحرف بشكل كبير[1]. هذه الانحرافات لا يبدو أنها منهجية، فأحيانًا أعداد القتلى تكون مقدرة بشكل أكبر، وأحيانًا بشكل أقل، بناء على تقلبات عملية الحكم بين ادعاءات الأطراف المتقاتلة. كانت أعداد القتلى في الحرب الأهلية في البيرو ما بين أعوام 1980 و2000 أكثر بضعفين عما كان يعتقد سابقًا، 69 ألفًا لا 35 ألفًا (Knight 2003)، وعملية «الحرية الدائمة» الأمريكية في أفغانستان قد تكون أكثر كلفة بكثير من أرواح المدنيين عما كان يعتقد سابقًا (Benini and Moulton 2004). العكس هو الصحيح، على الأرجح، في الحرب الأهلية البوسنية، حيث وضعت التقديرات المطلعة مجموع الضحايا قريبًا من 60 ألف شخص، بدلًا من 250 ألفًا كما كان يعتقد بشكل كبير (Kenney 1995). التقريب عادة ما يضخم الأرقام، فلوقت طويل، كان يعتقد أن ضحايا الحرب الأهلية الإسبانية قد وصلوا مليون شخص، وهو تضخيم فج (Barnstone 1995:169). الانحرافات الشبيهة تظهر بالعديد من الحالات الأخرى (مثلًا Last 2000:315-316)، رغم أننا لا نعرف على الأرجح الأعداد الصحيحة لمعظم الحروب الأهلية. هذه الانحرافات لا تؤثر فقط على العدد الكلي للضحايا، بل على حصة كل طرف منها. أحد المراجعات الراهنة للأدلة المتاحة حول العنف في الحرب الأهلية الإسبانية خلصت إلى أن عنف اليمين كان مقللًا منه، وعنف اليسار كان مبالغًا به (Juliá 1999:410). البيانات المنحرفة تنتقل إلى قواعد البيانات، مساهمة بمشاكل انحياز قياس فادحة (Dulić 2004; Davenport and Ball 2002)[2].

الكثير من الانحراف ينتج عن العمليات السياسية، ولكن حتى بغيابها، فمشاكل عمليات القياس ضخمة. كانت الحرب الفيتنامية حسب ما يقال هي «أكثر صراع تم البحث في عملياته بالتاريخ البشري» (Fall 2000:110)، إلا أن البيانات عن الخسائر البشرية، وتحديدًا المدنيين والفيتناميين الشماليين، مشتتة بأقل توصيف (Moyar 1997:230-241; Thayer 1985:101). البيانات صعبة الجمع في أوقات الحرب، وليس هذا في المناطق الريفية النائية والتي تم

---

(1) Lacey (2005); Harkavy and Neuman (2001:323–4); Tishkov (1999:580–1); Werth (1998:95); Manrique (1998:221); Licklider (1998:122); Nordstrom (1997:43); Schlichte (1997:6); Della Porta (1995); Cranna (1994); Lopez and Stohl (1992); Mitchell et al. (1986); Henriksen (1983); Westing (1982:262).

(2) باعتراف علني نادر؛ أقر مسؤول المخابرات في رودسيا [قبل أن تصبح زيمبابوي] بـ«تزوير السجلات» عندما كان يتعلق الأمر بخسائر العدو، و«الشطب على» القتل الذي مارسته قوات الأمن ونسبته للمتمردين (Flower 1987:151, 204).

نقاش اختفائها النسبي في قسم الانحياز المديني أعلاه. غيمة الحرب التي يضرب بها المثل تقوض جهودًا كهذه، لتزداد الأمور سوءًا مع البيروقراطيات غير الكفؤة أو غير الموجودة. الصعوبة الكبرى لمغامرة جمع البيانات يوضحها الاكتشاف الذي جرى قبل أعوام عن أخين مسلمين، كان قتلهما المفترض مستخدَمًا كدليل بأكثر محاكمات جرائم الحرب عمومية على يد الحكومة البوسنية، ليُكتشف لاحقًا أنهما كانا يعيشان بإحدى ضواحي سراييفو (Hedges 1997). بالطبع، هذه المشاكل ليست حصرًا على الحرب. الكوارث الطبيعية في البلدان النامية تنتج عدد ضحايا متقاربًا. لقد استغرق الأمر شهورًا من العمل المتواصل على يد أحد البيروقراطيات الكفؤة لدولة صناعية متقدمة لإنتاج عدد قتلى دقيق لهجمات الحادي عشر من سبتمبر لعام 2011، أو فيضان نيو أورليانز عام 2005، إذ كانت التقديرات المبدئية خاطئة ولم تكن لتُصحح لولا عمليات عد طويلة ومجهدة وشديدة الانتباه للتفاصيل.

إضافة لذلك، فالبيانات المتاحة عادة ما تكون مُجمعة بشكل مبالغ به وغير سياقية. المعلومات عن الظروف المحيطة بالعنف (من، أين، متى، كيف، على يد من) مفقودة غالبًا[1]. البيانات أيضًا عادة ما تقتطع حوادث العنف من الأحداث الفارقة التي تسبقها وتتبعها[2]. هذه ليست مشاكل جديدة، كما يشير [المؤرخ العسكري] جون شاي (Shy 1976:189) عن واحدة من أفضل الصراعات دراسة، الثورة الأمريكية: «كانت الحرب التي تُخاض، يومًا بيوم وليلة بليلة، على شكل مجموعة من الغارات الصغيرة المزعجة والكمائن والمواجهات على طول أرياف بيرجن وويستشيستر [في ولاية نيويورك]، كانت معقدة ومربكة لدرجة أنه من المستحيل تقريبًا الإقرار يقينًا ما الذي جرى فعلًا بالعديد من الوقائع الإشكالية: كم كان عدد الفظائع؟ ومن ارتكبها؟ ولماذا؟».

البيانات المكدسة بشكل كبير وغير السياقية قابلة لسوء التفسير. مثلًا، تحليل للعنف في كولومبيا اعتمد على الجرائم المبلغ عنها سيكون منحازًا لأنه، كما أظهر ماوريكيو روبيو

(1) أحيانًا تصبح الممارسات الرقمية العبثية بديلًا عن الفهم السياقي. جولدستاين (Goldstein 1992:50) يقدم رواية صغيرة عن عبثيات كهذه: من بين عدة أخرى؛ حاول أحدث الباحثين أن يجد «عدد تقارير التعذيب المكافئ لعملية قتل واحدة»، بينما حاول آخر أن يقدم مؤشرًا يساوي 70 عملية قتل بـ 100 «اختفاء».

(2) تقييم جاكوب بلاك-ميتشاود (Black Mitchaud 1975:35) عن جودة البيانات حول العداوات القبلية ينطبق على عنف الحروب الأهلية: «الروايات التي تزعم أنها تصف 'عداوات' حقيقية إما أنها تروي حادثة دموية واحدة في سلسلة من الحوادث الشبيهة، أو، بدلًا من ذلك، تقدم 'تاريخا' غير متصل من العداوة، يتجاهل عادة متغيرات مختلفة، تفشل بدونها كل المحاولات لتقديم تفسير سوسيولوجي لنمط عداوات حالة بعينها.

(Rubio 1999:44-45)، فإن قرارات الأفراد للإبلاغ عن الضحايا ليست مستقلة عن الأنماط الكلية للعنف: التبليغ عن الضحايا أكثر احتمالية (ويتم التبليغ عنهم بدقة) بالمكان الأقل احتمالية أن يقع به. بكلمات أخرى، كلما كان العنف أعلى، كانت البيانات عن العنف أقل. بشكل مشابه، محللو العنف في العراق بعد الغزو الأمريكي قد يستخدمون أرقام الهجمات الطرقية للمتمردين ضد الدوريات الأمريكية كمؤشر على نشاطات المتمردين، ولكنْ، تفسير كهذا قد يكون خاطئًا لأن الجيش الأمريكي قلل بشكل كبير دورياته في معاقل المتمردين، وبذلك قلل احتمالية تعرضه للهجمات الطرقية، إذ قال أحد ضباط المارينز من مقره في الأنبار في سبتمبر/ أيلول من عام 2004: «كان هناك هجمات أقل هنا لأننا كنا أبعد عن الطريق، ولكنك لا يجب أن تستنتج من ذلك أن الأمور كانت أكثر أمانًا» (in Chandrasekaran 2004:A1).

قدر كبير من المعلومات، خصوصًا إذا شاركت المنظمات الحقوقية غير الحكومية، تأتي بشكل حصري من ضحايا العنف. هذه الأدلة يمكن أن تكون إشكالية إذ إن العرضة للانتهاكات لا تقتضي معرفة كاملة أو دقيقة بالسلوكيات التي أنتجتها. في الحقيقة؛ شهادات الضحايا ليست مقدسة فقط لأنها من الضحايا (Rousso 1998:67). مثل الجميع، الضحايا ينسون[1]، أو يجهلون[2]، أو يقدمون بشكل خاطئ[3] جوانب أساسية أو جوانب من التسلسل الدقيق للأحداث والتصرفات التي أدت لتعرضهم للانتهاك (Wagenaar 1988). وعادة، فإن الذين يقدمون المعلومات، والضحايا خصوصًا، لهم مصلحة بجعل الباحثين يتبنون حقائقهم، خصوصًا عندما ينظرون لأنفسهم أنهم رواة للتاريخ سيعيدون سرد قصصهم وتقديمها

---

(1) هناك دليل مقنع جدًا على أن شهود عيان الحوادث الإجرامية (وغيرها) مخطؤون منهجيًا حول أجزاء من الأحداث التي يُستعدون لوصفها (Dwyer 2001; Gawande 2001). ديفيد تيريشتشوك (Tereshchuk 2001)، الصحفي الذي كان حاضرًا فيما يعرف باسم «الأحد الأسود» في إيرلندا الشمالية عام 1972 كان متأكدًا أن جنديًا أطلق عليه النار كان يرتدي قلنسوة حمراء، ولكن، أظهرت الصور المفصلة أن الجندي كان، في الحقيقة، يرتدي خوذة. يشير الصحفي: «بعد التحقق من مزيد من الصور والأفلام الإخبارية، استنتجت أنني كنت مخطئًا ببساطة، رغم أنني متأكد مما تذكرت».

(2) «إنني لا أعرف من أحرق قريتي وقتل سبعة عشر شخصًا، بما فيهم ابن أخي»، يخبر لاجئ سريلانكي كارولين نوردستروم (Nordstrom 1992:265).

(3) الميل للتقديم الخاطئ لماضي أحد ما سعيًا لإظهار نفسه كبطل أمر شائع. في الولايات المتحدة، مثلًا، أكثر من سبعة آلاف شخص ادعوا أنهم كانوا أعضاء في وحدات «نافي سيلز»، معظمهم أثناء الحرب الفيتنامية. ليس من النادر على الشخصيات العامة أن تكشف عن كونها بالغت أو حتى اخترعت ماضيًا عسكريًا بطوليًا زائفًا (Belluck 2001) أو قصة انتهاك زائفة (Wyatt 2005).

مع هالة من الموضوعية التي توفرها الأكاديمية: «تحديدًا لأن تجاربهم لا يمكن الحديث عنها، لكنها يجب أن يُتحدث عنها؛ يُدفع المتحدثون دومًا بالبنى الوسيطة للغة والسردية والبيئة الاجتماعية والدين والسياسة. فالسرديات الناتجة - لا الألم الذي يصفونه، وإنما الكلمات والأيديولوجيات التي تعبر عنها - لا يمكن فقط، بل يجب أن تُفهم بشكل نقدي» (Robben 1995:97).

أخيرًا، يظهر أحيانًا أن الروايات الصحفية والشهادات الفردية مفبركة بالكامل (Wyatt 2005; Steinberg 2004; Tyler 2002). الجهود الراهنة من العديد من المنظمات غير الحكومية ولجان الحقيقة لنقل انتهاكات حقوق الإنسان بشكل ممنهج محل ترحيب، لكنها تصحيحية بشكل جزئي فقط. هذه البيانات يمكن أن تكون جزئية وغير دقيقة (مثلًا Wood 2003:32, 55; Binford 1996:106)، فعادة؛ يتم جمعها بتركيز ضيق «تطبيقي» بالذهن، سعيًا لنشرها للعامة وتحقيق الضغط (Suárez-Orozco 1992:220)، بينما لا تسمح بمقارنات ممنهجة[1]. وكما كان النقاش سابقًا، فهذه المنظمات (بما فيها الأمم المتحدة) ليست دائمًا حرة من انحياز التحزب، الذي يؤثر على مصداقية البيانات. بهذا الخصوص، العمل الراهن من مجموعات مثل «الرابطة الأمريكية لتقدم العلوم» (the American Association of the Advancement of Science) يمكن أن تكون مفيدة بشكل خاص (Knight 2003). والنتيجة المركبة لهذه المشاكل هي تشعب الدراسات حول العنف إما على شكل دراسة حالة مبنية على دليل متناقل، أو تحليلات سببية ذات حالات كثيرة معتمدة على إجراءات كمية عن العنف، ليست محل مصداقية على الأرجح.

2. 7. الخلاصة

مشاكل هذه الانحياز يمكن أن تكون (وقد كانت) شاقة، فهي تفسر الغياب النسبي للتقدم في دراسات العنف، في سياق الحرب الأهلية وغيرها. وتجاوزها جميعًا يستدعي

(1) «منظمة العفو الدولية» نشرت نتائجها، متعمدة، بطريقة لا يمكن معها لإعادة تشكيل العلوم الاجتماعية للتقارير السنوية أن تحصل مستندًا يمكن أن يكون مُقارنًا عبر بلدان مختلفة للعام نفسه، أو لبلد واحد عبر السنين. تعتقد المنظمة أنه ليس من المستحيل خلق تقارير دقيقة كهذه وحسب، بل سيكون هذا من غير الحكيم سياسيًا كذلك (Mitchell et al. 1986:22). كما يقول فيليب جوريفيتش (Gourevitch 1998:187)، «بحسب أرثوذكسية حقوق الإنسان في عصرنا؛ هذه المقارنات محرمة».

تصاميم بحثية «ملتزمة بشكل صارم بعدم التجميع، بكل من مرحلة جمع البيانات وبناء النظرية» (Brubaker and Laitin 1998:447). في الفصل التاسع، أقدم تصميمًا بحثيًا ماكرو- مقارنًا (مقارنًا على المستوى الجزئي) يتعامل مع معظم المشاكل المطروحة هنا. مزيد من النقاش حول القضايا المنهجية حول جمع البيانات عن عنف الحروب الأهلية موجود في الملحقين أ و ب.

الفصل الثالث
البربرية

كانت هناك لحظات لا يمكنك أن تدركها ما لم تكن بها. كانت الحرب الأهلية أمرًا حقيرًا. لقد كانوا يقتلون الناس بلا سبب!

رجل إسباني، مقتبس من: سيندر بارايون، **موت في زامورا**

رغم الاعتراف شبه العالمي بالارتباط بين الحرب الأهلية والوحشية، إلا أن هناك محاولات قليلة، بشكل مفاجئ، للربط بين الاثنين. لماذا، بالضبط، ترتبط الحرب الأهلية بالعنف المفرط؟ بكلمات أخرى، ما مصادر البربرية في الحرب الأهلية؟ إجابة هذا السؤال متطلب سابق لصياغة نظرية عن الحرب الأهلية.

في هذا الفصل، أعيد تشكيل وأحدد وأقارن أربعة محاججات عامة مستلهمة من تقاليد نظرية مختلفة. الأطروحة الأولى، الحاضرة بالعديد من الروايات الوصفية والتاريخية، تأتي من فكرة توماس هوبز التي تربط **انهيار** النظام السياسي بالعنف. الثانية، **الاعتداء**، تشير إلى أن المواجهة المسلحة داخل البلد نفسه تعتدي على المعايير القائمة، ولذا تحفّز العنف. الثالثة، **الاستقطاب**، يمكن إيجادها بأبحاث تاريخية وسوسيولوجية وتؤكد على الانقسامات الأيديولوجية أو الاجتماعية العميقة، مبرزة التأثيرات العنيفة المتوقعة لما يسميه كارل شميت بالعداوة المطلقة. الأطروحة الأخيرة تؤكد على أن الاستجابات العنيفة الناجمة عن المخاوف الأمنية مرتبطة بـ **تكنولوجيا الحرب** الممارسة بالحروب الأهلية. إنني أراجع بضعة جوانب نظرية وتجريبية لهذه المحاججات وأختار الأطروحة الأخيرة بكونها الأساس النظري الأنسب لنظرية عن العنف في الحروب الأهلية.

1.3. البربرية والحرب الأهلية

القول إن الحرب «تسبب» العنف هو نوع من الإطناب، إذ إن الحرب هي لحظة من العنف الجمعي. ولكن، تبقى الحرب الأهلية صادمة بارتباطها المتصور مع العنف المفرط

والوحشية. يؤكد [المؤرخ الأمريكي] آرنو ماير (Mayer 2000:323): «إذا كانت الحرب جحيمًا، فإن الحرب الأهلية تقع في قعر هذا الجحيم وأشد أوديته جهنمية». رغم أن الصراع العرقي جذب اهتمامًا معتبرًا مؤخرًا، فإنه من المهم التذكر دوما أن العنف ليس اختصاصًا حصريًا به. لقد كان ينظر للدين دومًا على أنه السبب الرئيسي للعنف والحرب الأهلية (Hobsbawm 1997:258)، والحروب الأهلية «الأيديولوجية» أو «الثورية» يُعتقد أنها تجذب، على الأرجح، أعلى درجات العنف (Payne 1987:209; Bouthoul 1970:448). [البروفيسور الفرنسي] أرنيه بيرناند (Bernand 1999:273) يضع خلاصة تحليله للحروب في اليونان القديمة بإشارته إلى أن «الصراعات الأيديولوجية أدت لموجات مذهلة من العنف».

الحرب الأهلية «عادة هي أشد أنواع الحروب مرارة ودموية»، و«القسوة هي المرافق الثابت في الحروب الأهلية»، و«الوحشية العارية متجذرة بأية حرب أهلية مكتملة» (Mayer 2000:207; Roberts:1994:136; Petitfère 1981:50). هذه التصريحات تعكس الفكرة المنتشرة عن الحروب الأهلية بأنها وحشية وبربرية بشكل استثنائي، وهي فكرة ترجع إلى كتاب قدامى مثل ثوسيديديس، وألبريكو جينتيلي (Alberico Gentili)، وميشيل دي مونتين (Michel de Montaigne)، وآدم سميث (Adam Smith) [1]. المدام دي ستايل (De Staël 1979:10) لاحظت أن «كل الحروب الأهلية متشابهة، بدرجة ما، بوحشيتها، وباضطرابها الذي يُلقى فيه الرجال أحياء، وبالتأثير الذي تمنحه للعواطف العنيفة والطغيانية». صياغة [المؤرخ الفرنسي] روجر دوبوي (Dupuy 1997:255) ذات دلالة: حرب فونديه «كانت حربًا أهلية قبل أي شيء، ولذا كان العنف مكونها الأساسي» [2]. هذه الفكرة يشترك

---

(1) لصيغ أحدث، انظر: Tishkov (2004:127); Malefakis (1996:28); Bobbio (1992); Bouthoul (1970:448); and Gunther (1949:129).

(2) حاكم كارولينا الجنوبية أثناء الثورة الأمريكية وصفها بأنها «حرب قاسية بشكل غير معروف»، وسياسي من الولاية نفسها أشار إلى أنه عام 1782 «لم يشعر الطيبون في هذه الولاية بالمصائب الشائعة للحرب، بل شعروا من الطريقة الغاشمة والوحشية التي تم اضطهادهم بها أن شدائد كهذه لم تمر عليهم من قبل، ونادرًا ما ستُحفظ من الأمم المتحضرة» (in Weir 1985:77, 78). قائد في الثورة المضادة في فرنسا في القرن التاسع عشر أشار إلى أن «التجاوزات لا غنى عنها في حروب الرأي» (in Dupuy 1997:237). لقد استطعت إيجاد مقارنة واحدة صريحة تفضل الحرب الأهلية على الحروب بين الدول، وحتى في تلك الحالة (الاحتلال الإسرائيلي للبنان)؛ كانت الحرب بين الدول تستبطن عناصر قوية من حرب أهلية (Mouro 1999:44). أحيانًا، اعتقاد أن الحروب الأهلية أكثر قسوة مرتبط باعتقاد أن الحروب الأهلية هي وحدها الحروب الجديرة بالمشاركة (Venturi in Pavone 1994:225).

بها أولئك الذين خاضوا الحرب كذلك. كما كتب فلاح إيطالي في مذكراته اليومية: «كان القدماء على حق عندما قالوا إن الحروب الأهلية أقسى بكثير من الحروب الأجنبية» (in Pavone 1994:466). إن هذا الاعتقاد راسخ للغاية لدرجة أن غياب الفظائع عن الحرب الأهلية يصبح هو اللغز بحد ذاته (مثلًا: Cliffon 1999:107; Donagan 1994; Worden 1985:141).

بوضوح، إن وصف أنماط معينة من العنف على أنها قاسية يتضمن حكمًا ذاتيًا ومحددًا ثقافيًا [1]. إضافة لذلك، تصورات القسوة قد تكون مجرد أدوات لانتشار الحروب الأهلية في البلدان الفقيرة. البلدان الغنية لديها القدرة لخوض ما يسميه [الضابط الفرنسي] روجر ترينكويه (Trinquier 1964:113) بـ«الحروب الحديثة»، الحروب غير الشخصية [التي لا يعرف بها الأعداء بعضهم البعض] بشكل أكبر، بكونها تسمح «للجيش بقتل المزيد والمزيد من العدو من مسافات أبعد وأبعد»، وبذلك تقلل «التواصل المادي القاسي والوحشي مع العدو». على النقيض، الحروب الأهلية حروب منخفضة التقنية «بتواصل خشن من المعاناة المادية والموت، أخذًا وردًا»، ولذا فهي تعتبر أكثر قسوة. ومع ذلك، فاعتقاد أن الحروب الأهلية تحديدًا بربرية لافت للنظر، بدرجة أقل كحقيقة تجريبية موضوعية، وبدرجة أكبر كتصور ذاتي ثابت.

الحروب الأهلية تتفاوت بشكل كبير من حيث حجم العنف [2]. ولكنْ؛ لاحظ المراقبون نسب وفاة «عالية بشكل صادم» في الحروب الأهلية الراهنة (Harkavy and Neuman 2001:323). عشرة من أصل ثلاثة عشر صراعًا داميًا في القرن التاسع عشر والعشرين كانت

---

(1) Crozier (1960:158); Barnett and Njama (1966:138). فريدريك فويجت (Voigt 1949:71) يلاحظ أنه: «في إسبانيا، كلا الجانبين ارتكبوا مجازر، فهذه هي الطريقة الإسبانية بخوض الحروب الأهلية». جيرارد برونير (Prunier 1995:140) وبخ الصحفيين الأجانب الذين غطوا الإبادة الجماعية في رواندا، لأنهم «أصروا دائمًا على أن الضحايا كانوا يقتلون باستخدام المناجل، وكأن استخدام الفولاذ البارد بدلًا من الرصاص جعل القتل أسوأ. لم يفكر أحد في لوم الجيش الروماني أو فرسان العصور الوسطى الأوروبيين لقتلهم باستخدام السيوف، مثلما لم يستطع الصحفيون إدراك أن استخدام المناجل عكس مستوى محددًا من القدرة الاقتصادية، أكثر من كونها ثقافة بربرية». باول ريتشاردز (1996:xx) يتفق مع ذلك، بكتابته عن سيراليون بقوله إن العنف «الرخيص» المبني على القتل باستخدام السكاكين وسيوف البحارة لا يجب أن يعامل على أنه أسوأ بشكل متأصل من العنف «الغالي» الذي يُشوه به المدنيون ويدمرون بالأسلحة المتطورة الموجهة بالليزر: «ليس منطقيًا أن نصف أحد أشكال الحرب بـ'البربرية' عندما يكون كل ما يراد منها هو أنها رخيصة».

(2) في 146 حربًا أهلية بدأت خلال الفترة من 1945- 1999، كان معدل الوفيات التقديري هو 143883، والمتوسط 19 ألف فقط. في 11 صراعًا فقط، يقدر عدد الوفيات بأقل من 1500 (Sambanis 2004).

حروبًا أهلية، والعنف الطاغي كان سمة بـ68 بالمئة من الحروب الأهلية، مقابل 15 بالمئة من الحروب بين الدول (Magalhães 1996:225; Miall 1992:124)، ومع ذلك، فالعديد من الحروب الأهلية ينتج عنها خسائر بشرية قليلة، بينما نتج عن الحروب بين الدول مستويات مرعبة من الدمار البشري منذ الماضي السحيق (Mueller 2004; Bernand 1999; Tilly 1985:173).

وبدلًا من حجم الضحايا، فإن انتهاكات غير المقاتلين هي المعيار الأنسب لتقريب التصور عن العنف المفرط ووحشية الحروب الأهلية، بجانب حصول العنف الحميم («الأخوي») (انظر الفصل العاشر)[1]. أعداد كبيرة من الضحايا المدنيين في الحروب الأهلية، بالنسبة للخسائر الكلية، تنتج عن قلة الاشتباك العسكري والاستهداف المتعمد للمدنيين: كما يستذكر أحد اللاجئين الأنجوليين: «لقد دخلت الحرب حتى منازل الناس» (in Brinkman 2000:7). الحروب الأهلية عالية العنف غالبًا لا يكون بها معارك. كما في إيرلندا أثناء حرب الاستقلال، «كان القتل أكثر من المعارك» (Hart 1999:18). الميدان هو المجتمع نفسه، والحرب الأهلية هي «حرب كلية على مستوى القواعد المجتمعية» (Waghelstein 1985:42).

رغم أن مصطلح «الحرب الكلية» (Total war) الحديث (خصوصًا بصيغته الأشد تطرفًا، الحروب النووية) يتضمن إزالة كلية للتفريق بين المقاتلين وغير المقاتلين، إلا أن الحداثة مرتبطة بشكل لا ينفصم بالمحاولة، غير الكاملة، لرسم خط بين المقاتلين والمدنيين، وبذلك لحد العنف في الميدان. الاتفاقيات الحديثة حول القيود عن الحرب، نظريًا وتطبيقيًا، ظهرت في أوروبا ما بين أعوام 1550 و1700 (Parker 1994:41). الدول الأوروبية كانت بشكل عام ناجحة في التمييز بين المقاتلين والمدنيين في الحروب التي خاضوها ضد بعضهم البعض، والتي وقعت بين منتصف القرن السابع عشر والحرب العالمية الثانية. ومع ذلك، ولأسباب عملية بقدر ما هو لأسباب معيارية؛ تجاوز هذا التوجه الحضاري الحروب الأهلية.

---

(1) ويليام إيكهاردت (Eckhardt 1989:92) يقدر أن الحروب بين الدول خلال الفترة ما بين 1900-1987 قتلت ما يقارب ضعف المدنيين في الحروب الأهلية والكولونالية والإمبريالية مجتمعة، وأن قتلى المدنيين بها شكلوا نسبة أعلى بكثير من قتلى الحروب الأهلية. هناك آخرون يشيرون إلى توجه يشكل به المدنيون نسبة أعلى ومتزايدة من الخسائر منذ الستينيات فما بعد، وهي فترة تهيمن عليها الحروب الأهلية (Sivard 1996:17-19; Sivard 1987:28-31).

مقاومة الحروب الأهلية للتوجهات «الحضارية» في الحرب عززت، بلا شك، ارتباطها بالعنف المفرط.

باختصار، النظر للحرب الأهلية على أنها بربرية هو خليط معقد من التصورات الذاتية والتوجهات الحقيقية. رغم أن الحروب الأهلية ليست بالضرورية هي أشد الحروب بربرية، إلا أنها كذلك، على الأقل لأنها تستهدف المدنيين بالدرجة الرئيسية، ضاربة بعرض الحائط المعايير الدولية السائدة أو الجديدة. وفيما يلي، أدرس من جديد وأقيّم أربعة «حكم تقليدية» فسرت النزعة البربرية للحروب الأهلية.

2.3. الانهيار

كان يقال إن الحروب الأهلية تحول المجتمعات إلى «ملاعب هوبزية» [نسبة لتوماس هوبز] (Hedges 2003:163). وباتباع توماس هوبز، فعنف الحروب الأهلية كان مرتبطًا سببيًا بانهيار النظام السياسي، في فكرة يمكن تعقبها رجوعًا إلى ثوسيديديس. النظرية المؤصلة لذلك هي أن البشر عنيفون بطبعهم، ومن الأرجح أنهم سيعبرون عن عنفهم ما لم يتم ضبطهم. بكلمات أخرى، العنف هو الحالة الطبيعية الأصلية للبشر. عندما يمتد التحارب وغياب القانون للمجتمع بأكمله؛ تصبح البربرية ناتجًا متوقعًا ولا يمكن الفرار منه. ظاهريًا، هذا الحدس معقول ومركزي في العديد من أوصاف الحروب الأهلية (مثلا Berkeley 2001:14; Barrett 2001:11)، إضافة للدراسات البحثية (مثلًا J. Weinstein 2003)، كما يمكن إيجاده أيضًا بتجميعات المشاركين: «كل شيء هنا هو الأناركية والاضطراب، كل شيء سيكون خرابًا»، بحسب ما أكد أحد الرجال في الميسيسيبي أثناء الحرب الأهلية الأمريكية، وأضاف آخر: «كل شيء متوقف.... لا قانون، ولا نظام، وإنما **فوضى واضطراب**» (in Ash 1995:204).

هناك أربعة ميكانيزمات يمكن أن تربط انهيار النظام السياسي بالبربرية: أولًا، يكشف الانهيار أو يخلق ثقافة من التوحش المعمم؛ ثانيًا، يؤدي غياب العدالة الممأسسة إلى دوامة لا تنتهي من الانتقام؛ ثالثًا، يولد الانهيار معضلات أمنية، تؤدي إلى عنف جماعي وقائي؛ رابعًا، يؤدي الانهيار لصعود المجموعات المسلحة غير المنضبطة التي تفترس المدنيين بطريقة تذكر بحروب القرون الوسطى.

1.2.3. التوحش

محاججة أن العنف إما أنه يكشف عن الطبيعة البشرية الحقة أو يغيرها بطرق جوهرية كانت منتشرة وذات رواج منذ ثوسيديديس على الأقل، والذي حولها إلى سمة **الشقاق** (*stasis*) المركزية (Price 2001). بالنسبة [للفيلسوف الإيرلندي] إيدموند بيرك (Edmund Burke): «الحروب الأهلية تضرب أعمق ما في طباع الناس. إنها تتلف سياساتهم وتفسد أخلاقهم، بل إنها تحرف ذوقهم الطبيعي واستمتاعهم بالمساواة والعدالة» (in Keane 1996:157). وصف [بروفيسور التاريخ] ستيفن آش (Ash 1988:162) لمنطقة تينيسي الوسطى عام 1964 تلخص هذه النقطة: «كانت أخلاق الريف كأخلاق منطقة لا يسكنها البشر، عالم بلا حقائق متوافق عليها ولا قناعات مشتركة، بلا واجبات جمعية ومكاسب جماعية، بلا أعراف رسمية أو غير رسمية للاحتفاء بالفضائل، وإرشاد الضال، وعقاب المخطئ. لم يعد الريف خاضعا للقهر من السلطات أعلاه أو من الأقران حوله، أو بالعديد بالحالات من الوعي بداخله. لقد أصبحت الإرادة الفردية وحدها بجرف بحر من الأناركية الاجتماعية». بشكل أكثر تحديدًا، الحرب الأهلية تنتج العنف عبر التوحش بخمسة طرق على الأقل: التعرض المواصل للعنف، وإزالة القيود الاجتماعية، وتراجع كلفة النشاط العنيف، وزيادة أهمية الأشخاص ذوي النزعة العنفية، ونسيان المهارات السلمية لصالح تعلم مهارات عنيفة جديدة، مما يؤدي في النهاية إلى خلق مصالح مرتبطة باستخدام العنف.

من المعروف، أولًا، أن الحرب توحّش المقاتلين (مثلًا Ellis 1999:128; Henderson 1985:51). يستذكر أحد الأمريكيين الذين قاتلوا في فيتنام: «عندما ترى بما يكفي ما الذي يمكن أن يفعله الإنسان للإنسان في الحرب، تفقد مشاعرك. لقد كان صراعًا دمويًا مقرفًا، وأولئك الذين قاتلوا به أصبحوا قساة جدًا، وخشنين جدًا» (in Moyar 1997:98). رواية [الكاتب والمحاضر] والديمار لوتنيك (Lotnik 1999:54-79) عن الحرب بين البولنديين والأوكرانيين خلال أعوام 1943- 1944 تتضمن وصفًا صريحًا لتجربته الشخصية: «لقد فقد الرجال مشاعرهم بسرعة، وكانوا يقتلون كأنهم لا يعرفون شيئًا آخر. حتى أولئك الذين كانوا يترددون، بظروف أخرى، عن قتل بعوضة نسوا بسرعة أنهم يزهقون روحًا بشرية». الحرب تدمر المبادئ والمواقف «المتحضرة». مجند فرنسي في الجزائر يستذكر كيف كان أقرانه، الذين كانوا بداية معارضين بعمق للحرب، على وشك أن يعدموا سجناء جزائريين، مشيرًا بقوله: «أنا مذهول بالتحول الخبيث التدريجي الذي أثر بعقليتنا منذ غادرنا [فرنسا]»

(in Butaud and Rialland 1998:132). رواية أحد المقاتل الإيطاليين غير النظاميين ذات دلالة (in Protelli 1997:139): «عندما تكون لثمانية أو تسعة شهور في الجبال، ستنحط، لتصبح نصف حيوان. لا يوجد خيار آخر. فلستَ إنسانًا طبيعيًا. اليوم، كنت أقول، أنا حيوان. لقد أدركت ذلك في الأوقات التي فقدت بها رشدي. لقد كنتَ تنزل من الجبل بذلك الحقد الراسخ، والحرب الدائمة، والأسلحة، وتتوقع دائمًا أن تتلقى رصاصة من الخلف، دائمًا».

ولكن، بعكس العديد من الحروب بين الدول؛ فالحروب الأهلية تتسبب بتوحش المدنيين كذلك، لتعرضهم الدائم للعنف كما هو واضح. أحد المراقبين الروس (A. Babine in Figes 1989:346) وصف التوحش بأنه عملية تعود: «الناس رأت بعينيها الكثير من الدمار البشري الغاشم في السنوات الأخيرة، لدرجة أنهم لم يعودوا يجفلون من منظر برك الدماء.... نشأ الناس على أن يصبحوا لا مبالين وجفاة تجاه معاناة الآخرين.... يبدو أنهم اكتسبوا طعمًا من أشكال الموت المبرحة». القاضي إيدانوس بيرك (Aedanus Burke) كان متأكدًا عند نهاية الثورة الأمريكية أن سكان ولاية كارولينا الجنوبية أصبحوا معتادين على العنف لدرجة أنهم «تصالحوا مع أنفسهم حول قتل بعضهم البعض» (in Weir 1985:76). مرارة الحرب الأهلية الأمريكية في ميزوري، كما يشير مايكل فيلمان (Fellman 1989:57-58) «اخترقت التواصل الاجتماعي اليومي.... بالعديد من الرسائل، يقرأ الشخص ما يبدو من سطحه أنه قبول واقعي بالعنف على أنه النمط الجديد المقبول». رجل لبناني يشير إلى السلوك المتناقض في فترة الحرب: «إذا توفي شخص بالسرطان أو بحادث سير، سيتوقف الناس عن الحديث عنه عندما أدخل إلى الغرفة، أما الآن؛ فأنا أرى أصدقاء يتحدثون عن الموت أمام أطفالهم وكأنهم يتحدثون عن الخبز أو النبيذ» (in Dalrymple 1997:59-60). امرأة لبنانية تستذكر تجربة مشابهة عبر العديد من «اللقطات» من الحرب الأهلية: عندما كان عمرها خمسة عشرة عامًا، زارت موقع أحد المجازر واستمتعت برؤية الجثث، رجال إحدى المليشيات فجروا متجرًا بعد أن صفع صاحبه أحد رفاقهم، خلاف مروري تحول بسرعة إلى اشتباك بالأسلحة، أحد المراهقين جلب معه أذنًا بشرية إلى المدرسة ليذهل أصدقاءه، لتستنتج بقولها: «لقد أصبح من الصعب التفريق بين العادي والاستثنائي» (Chamoun 1992:38-39, 61, 132-133).

التوحش يؤثر على المراقبين الأجانب، والمدنيين، وحتى الأفراد الذين يقررون القتال ليضعوا حدًا لها. صحفي بريطاني (Loyd 2001:24, 204) غطى حرب البوسنة يتحدث كيف تأثر: عندما قتل قروي كرواتي- بوسني جرو هذا الصحفي لأنه قتل إحدى دجاجاته؛ كاد

الصحفي أن يزرع له لغمًا متفجرًا، ليقتله انتقامًا. بعض مخيمات اللجوء تربي عنفًا أناركيًا (Crisp 2000). يكتب [بروفيسور الأنثروبولوجيا] فيليب بورجيس (Bourgois 2001:30): «أولئك الذين يواجهون العنف بالمقاومة، ثقافيًا أو سياسيًا، لا يستطيعون الهروب سليمين من الإرهاب والقمع الذي انتفضوا بوجهه».

ثانيًا، الحرب تدمر ميكانيزمات الضوابط الذاتية النفسية- الاجتماعية التي تعمل كإرشادات وروادع للممارسة (Bandura 1990:161). في البداية، قد يأخذ هذا أشكالًا غير مؤذية. يستذكر كاثوليكي من إيرلندا الشمالية أنه عندما كان مراهقًا، كان «جامحًا، هائمًا في ممتلكات الناس، يصدر الضوضاء ويزعج الجيران. لقد أعطتنا الحالة السياسية فرصًا أكبر للأذى والتلاعب» (Collins 1999:47). سلوك كهذا يمكن أن يتصاعد بسرعة: «بإفساد كل الضوابط الاعتيادية للحياة المتحضرة؛ فالطبيعة البشرية، المستعدة للاعتداء حتى مع وجود القانون، تظهر على حقيقتها بكل فخر، كشيء غير قادر على التحكم بالعواطف، وغير خاضع لفكرة العدالة، لتكون عدوة أي شيء يفوقها» (Thucydides 3:84).

ثالثًا، الحرب الأهلية تخفض كلفة النشاط العنيف (G. Martin 2000:162; Gimore 1987:44). بتدمير المؤسسات التي تفرض القوانين؛ تحول الحرب الأهلية العنف إلى سلوك مربح وغير مكلف. [بروفيسورة التاريخ] ماري إليزابيث بيري (Berry 1994:7) تصف يابان القرون الوسطى، الممزقة بالحرب الأهلية، بأنه كان «مكانًا كانت به رخصة القتل والعدالة الخاصة بأعلى درجات السلطة، وأصبحت سلطة القوة هي حل كل الخلافات الدائم: الخلاف بين القرويين على حقول الماء، أو بين سكان البلدات على الآبار كان ينتج عنه كسب الوقت بحلول دموية كانت حلولًا بالكاد». في كولومبيا، «حيث كان القتل سهلًا ورخيصًا، وشائعًا»، بعض طالبات المدارس الثانوية بحثن عن قتلة مأجورين لـ «حل» مشاكل التنافس الرومانسي. كان الجيران يحلون خلافاتهم الصغيرة بالطريقة نفسها: «لوبيز كان يعرف أيضًا رجلًا كان غاضبًا من جاره، حيث كان بناؤه الجديد يتسبب بفيضان الماء على منزله. كان الجار أغنى منه، والرجل خاف أنه إن قاضاه، فسيرشي القاضي ببساطة. وكان حله هو استئجار **سيكاريو** [قاتل مأجور] وقتل الجار» (Rosenberg 1991:34). الحروب الأهلية تدمر كذلك الهيكليات الاجتماعية التي تتصرف عمليا كضوابط اجتماعية. بنقل السلطة من الشيوخ إلى الشباب، تدمر الحرب ما يعتبر بالعديد من المجتمعات التقليدية أكثر طرق حل النزاعات والضبط الاجتماعي غير الرسمية تأثيرًا (مثلًا Jok and Hutchinson 1999:135).

رابعًا، الحرب الأهلية تسمح بصعود الأشخاص ذوي النزعة العنفية. بكلمات أبراهام لينكولن (in Fellman 1989:85)، فهذه أوقات «يخرج بها كل عصفور، وتصعد بها كل سحلية قذرة». بصيغة أحدث: «[يصعد] الحثالة للسطح، والحليمون والإنسانيون كانوا خاسريها» (Loyd 2001:13). عملية التجريم الموصوفة كثيرًا في الحروب الأهلية هي قضية مرتبطة (مثلًا Mueller 2004). فمناطق الريف النائي في كارولينا الشمالية أثناء الثورة الأمريكية كانت مكانًا يُرتكب به الكثير من العنف على يد الفرق الجوالة من أفراد حزب «الأحرار» و«الموالين] دون أي هدف حزبي واضح، وقد كتب أحد ضباط «الأحرار» عن فرقة كهذه بقوله: «أنا لا أعلم أنهم مرتبطون بأي حزب..... [وإنما] مجموعة مستقلة هدفها الخاص هو السرقة والنهب» (in Ekirch 1985:108). حيث كانت حواجز ونقاط التفتيش تستخدم بداية كوسائل للتحكم بالسكان أثناء الحرب الأهلية في جمهورية الكونغو، أصبحت بسرعة وسائل قليلة الخطورة وعالية الربح للابتزاز (Bazenguissa-Ganga 1999a:47)، ورغم أن «الفيولنسيا» الكولومبية نبعت عن شقاق حزبي، فإنها «أصبحت مظلة تضم تحتها كل أشكال الجريمة التي يمكن إيجادها. مع نمو أعمال السلب على يد الرجال المسلحين بشكل مروع؛ بدا واضحًا أن الأعداد الكبيرة من المرضى النفسيين ورجال العصابات انضموا لأولئك الذين كانوا يدعون القتال للحفاظ على أهدافهم السياسية» (Henderson 1985:149). إن أشد أشكال العنف يمكن اعتبارها نواتج جانبية للنهب والافتراس (Azam and Hoeffler 2002).

خامسًا، الحرب الأهلية تورد فاعلين جددًا ذوي مصلحة مرتبطة باستمرار كل من الحرب والعنف. على المستوى الجمعي؛ اقتصادات الحرب الجديدة تنتج فاعلين ذوي مهارات باستخدام العنف، فوجودهم وسلطتهم تنبع من الحرب (Roldàn 2002:227; M.Johnson 2001:6; Keen 1998:22). على المستوى الفردي، تقلص الحرب «ظل المستقبل»، متسببة بذلك بتراجع المهارات السلمية حتى تصبح «منسية» (Genschel and Schlichte 1998). العديد من الجنود الأطفال في سيراليون اختاروا الحرب واعين، لأنهم نشأوا في عالم من «العوائل المحطمة والنظم التعليمية الفاشلة» حيث كانت الحرب وحدها هي ما تمنح الفرص (Peters and Richards 1998:210). لاحظ أحد أفراد الشرطة الكينيين أن اللاجئين الصوماليين في مخيم لاجئين الصوماليين كانوا عنيفين لأنهم «كانوا يُستدعون بلا عدالة وتحت حكم السلاح» (in Crisp 2000:624). أحد الأفغان فسر الأناركية والعنف بأفغانستان بطريقة مشابهة: «هؤلاء الشباب لا مدارس لديهم. إنهم لا يجيدون سوى القتال»

(in Weiner 2001:B4). لخص رجل شيعي من رجال المليشيات في لبنان كل هذا عام 1984 بقوله: «الحرب هي صديقتي الوحيدة. إنها مثل زوجتي. إنني أحبها. إنني أخاف في وقت السلام» (in M. Johnson 2001:203).

كل هذه الميكانيزمات تتقارب لتنتج ثقافة من غياب القانون والعنف يمكن أن تكون مستدامة بذاتها، بما يتسق مع طرفة دوركايم (Durkheim 1951:299) بأنه: «في أي لحظة، يؤسس الدستور الأخلاقي للمجتمع شرط الوفيات الطوعية».

2.2.3. الانتقام

الرغبة بالانتقام من سلوك عنفي أو غير عنفي سابق (كالإهانة) منتشر حتى بالمجتمعات ذات النظم القضائي الفعالة (Jacoby 1983). [عالم النفس الهولندي] نيكو فريجدا (Frijda 1994:283) يحاجج بأن «الانتقام أمر طبيعي الرغبة، وأحيانًا أمر طبيعي التحصيل»[1]. إنه سمة تتكرر بكل الشروط، من التشريع الإنجيلي **الأذى بمثله** («العين بالعين والسن بالسن»)، إلى التراجيديات الإغريقية التي تعتبر الانتقام موضوعها المركزي، إلى تأكيد [الفيلسوف الأسكتلندي] ديفيد هيوم (Hume 1978:410-411) بأن الرغبة بعقاب العدو هي شهية إنسانية طبيعية. فريجدا (1994:264) يؤكد على الطبيعة الواسعة والعالمية، والسلطة الكبيرة، لـ«إلحاح تبرئة النفس». الرغبة بالانتقام تتفاقم بالتأكيد عندما تختفي هذه النظم، وتولد دوائر من العنف في كل الحروب الأهلية (مثلًا Berry 1994:9; Henderson 1985:226). امرأة لبنانية (Tabbara 1979:54) تتحدث بلسان الكثيرين عندما تصف مشاعرها أثناء الحرب الأهلية: «إنني لبنانية، ومسلمة، وفلسطينية، ويعنيني الأمر عندما يقتل ثلاثمائة وخمسة وستون مسلمًا. إنني أشعر ببذور الكراهية والرغبة بالانتقام تتغلغل في أعماقي. بهذه اللحظة، إنني أريد [من مليشيا مسلمة] أو من أي شخص أن يرد الصاع صاعين للكتائب. إنني أريدهم أن يذهبوا لمكاتبهم ويقتلوا أول سبعمائة وثلاثين مسيحيًا أعزل يستطيعون أن يضعوا أيديهم عليهم».

كنتيجة لهذه الاندفاعات، يهيمن الانتقام على دوافع العنف: في كارولينا الشمالية، أثناء الحرب الثورية «غطى الانتقام على السياسة» (Escott and Crow 1986:391). «مع تكثيف

(1) أوصلت المحكمة العليا الأمريكية، في قرار لها عام 1976، هذه النقطة تمامًا: «غريزة القصاص جزء من طبيعة الإنسان» (in Solomon 1994:307).

كل من الوحدويين والانفصاليين لعملياتهم، أصبح العنف في شرق تينيسي متبادلًا.... كانت الهجمات من أحد الجانبين تؤدي للانتقام من الآخر، وكانت النتيجة دائرة متزايدة من العنف كان من الصعب إيقافها» (Fisher 1997:84). في ميزوري، «الانتقام والانتقام المضاد.... أصبح الشيء الشائع» للحرب الأهلية (Fellman 1989:263). أحد حكام محافظات كولومبيا وجد أنه من الصعب أن يقاوم المطالب المحلية بتوزيع الأسلحة لـ«المحافظين» المظلومين، «لكي يشكل السكان المحليون **مجموعات رعاع** (*chusmas*) وعصابات يمكن أن ترتكب نفس السلوكيات التي كان 'الليبراليون' يؤدونها، وبذلك، يطبق قانون العين بالعين» (Roldán 2002:258). في جمهورية ليبريا الأفريقية، «يبدو أنه كان هناك عدد كبير من الناس الذين حملوا السلاح في المرحلة نفسها من الحرب، لكنهم كانوا ضحايا في أوقات أخرى» (Ellis 1999:133). الانتقام مرتبط بالتصعيد: كما كتب أحد الرجال الاتحاديين من ميزوري عام 1863: «أحرق المهاجمون بيتًا، فأحرقنا بيتين» (in Fellman 1989:184). أحد عناوين الكتب عن الحرب الأهلية الكولومبية يلخص باقتضاب هذه الدينامية: **اقتل واقتل مجددًا واثأر** (*Matar, rematar ya contramatar*) (Uribe 1990).

الانتقام على الأرجح هو السمة الأكثر حضورًا في أوصاف العنف في الحروب الأهلية، والذي يؤدي عادة إلى مجاز الثأر [1]، فهو سمة مركزية في الروايات والمذكرات، وبشكل أكثر عمومية، في فولكلور الحروب الأهلية [2]. الكاتب اللبناني مسعود يونس عنون كتابه بـ: **قاتلَنا الموتى** (*Ces morts qui nous tuent*). الانتقام يعطي عنف الحرب الأهلية لمعانه الجنوني والشاذ، ويدعم فكرة أن العنف أصبح «غاية بحد ذاته بدلًا من كونه وسيلة لغايات سياسية» وأنه «لا يمكن السيطرة عليه من أولئك الفاعلين» الذين بادروا به (Crenshaw 1995:476). بالنسبة [للكاتبة اللبنانية] تريسي شمعون (Chamoun 1992:10, 23)، فإن الحرب الأهلية اللبنانية كلها كانت عبارة عن دائرة من العنف: الحرب «وصلت لمرحلة الذروة لأن الانتقام أصبح سبب العيش لأمة بأكملها. إذا مات مسيحي، يُقتل مسلمان، وهكذا.... خلال خمسة عشر عامًا من الحرب، لم نفهم أن حقدنا يولد مزيدًا من الحقد. عندما تحركنا، مدفوعين

---

(1) E.g., M. Johnson (2001:125); Battini and Pezzino (1997:xxii); Pavone (1994:240); Kedward (1993:160); Ortiz Sarmiento (1990:134); Loizos (1988:648–9); Henderson (1985:228).

(2) Ung (2000); Collins (1999); Lotnik (1999); Lebrun (1998); Portelli (1997); Meyer (1995); Cela (1992); Sender Baray ´on (1989); Gage (1984).

بالانتقام، ولدنا روح الثأر. عندما أُرهبنا، كنا نستفز تمامًا ذلك الذي كنا خائفين منه». بل إن أولئك الذين عاشوا في الحروب الأهلية يصفون بذهول هذه المواقف الاستثنائية التي لم يطبق بها الانتقام (مثلا Mouro 1999:181).

الانتقام الفردي الشخصي حاضر تمامًا في مذكرات أولئك المشاركين بالحروب الأهلية(1). المقاتل الغار في «قوات ميزوري الكونفيدرالية» بيل أندرسون كتب لمواطني ليكسنجتون عام 1864 أن «اليانكي» قتلوا أباه وأخاه، وأضاف: «لقد أشبعت انتقامي.... لقد حاولت القتال مع الفيدراليين بشرف، ولكنني للثأر فعلت أشياء، وأخشى أن أفعل أشياء ستصغر قيمة نفسي بسببها لو كنت أستطيع تجنبها». يعلق مايكل فيلمان (Fellman 1989:139) بأن «حرب أندرسون كانت حربًا شخصية للثأر ضد عدو شخصي». هذا النوع من السلوك ليس حصرًا على المجتمعات الفقيرة أو المتخلفة أو المقسمة عرقيًا، فقد قيلت أمور كهذه عن منظرين ملتزمين في المجتمعات الغربية، مثل المقاتلين الفرنسيين والإيطاليين غير النظاميين، والمقاتلين الإسبانيين الجمهوريين (Portelli 1997:138; Kedward 1993:160; Zulaika 1988:28).

يوجد الانتقام بالعديد من الأبعاد المختلفة للحروب الأهلية. إنه محفز مباشر للسلوك العنيف، لكنه كذلك مرتبط بشكل غير مباشر بالعنف من حيث إنه دافع رئيسي للانضمام للمجموعات المسلحة، والتي تقوم بدورها بإنتاج العنف. [البروفيسور الأمريكي] بندكت كيركفلايت (Kerkvliet 1977:68) يقتبس من فلاحين فلبينيين أخبروه أنهم اضطروا للانضمام للمعارضة السرية المضادة لليابان بعد أن قتل أهلهم أو أقاربهم على يد اليابانيين. عنصر مليشيا شاب في سيراليون تحدث عن الأمر نفسه: «أحد إخوتي الأصغر قتل على يد المتمردين عام 1991.... بعد ذلك حاولت الانضمام للجيش سعيًا للانتقام. لقد أردت الانتقام لأهلي» (in Pers and Richrads 1998:189). الانتقام قد يكون كذلك على المستوى الجمعي،

---

(1) الرغبة في الانتقام لمقتل المحبوبين يبدو منتشرًا بشكل كبير، حتى وإن لم ينفذ (أو لم يكن هناك نية لتنفيذه). عندما سأل أحد الرجال الذي قتلت عائلته كلها في «الحرب القذرة» بالأرجنتين ما إن كان مهووسا بالانتقام: «أوه، نعم! لقد تخيلت سيناريوهات ضخمة سأرتكبها بماسيرا [أحد أفراد المكتب العسكري]، حيث أمشي بالشارع، مثلما يفعلون بالتلفاز، حاملًا مسدسًا وكاتم صوت، ثم أقترب من ماسيرا وأقول له: 'يومًا طيبًا'. سينظر إلي بغرابة ويسألني من أنت، لأجيبه: 'لقد قتلت أهلي وأشقائي'، وأنا أطلق النار عليه في مقتل» (Tarnopolsky 1999:57).

إما بين فرد ومجموعة، أو بين مجموعات كبيرة (مثلًا Loizos 1988). والديمار لوتنيك (Lotnik 1999:70) يستذكر مقاتلًا سابقًا في حرب العصابات البولندية خلال الفترة ما بين 1943- 1944، والذي لم تعد حياته تعني له أي شيء بعد أن فقد شقيقته وشقيقيه ووالديه وزوجته وبناته الثلاثة في غارة [أوكرانية] وواصل حياته فقط بمقصد القتل وتعذيب الأوكرانيين». مستشار أمريكي في فيتنام أخبر صحفيًا أمريكيًا، بينما كان مقاتلو وحدته يعذبون مشتبهًا به بالقرب منهم: «كما تعلم، إنها دولة كاملة من هذه الأمور. الأسبوع الماضي في قرية أخرى قرب دون نون، سار الفيت كونغ بخمسة من الموالين للحكومة في السوق وهم يضربون رؤوسهم بالمطارق. فأرجعنا هذا على هذا الشخص. إنها مستمرة هكذا» (in Moyar 1997:97). أحيانًا، تندمج الدوافع الفردية والجماعية، وما يبدو أنه عنف جماعي صاف فغالبا ما يكون، بالحقيقة، فرديًا للغاية. [الكاتب البوسني الناجي من معسكر أومارسكا للتعذيب الذي أسسه الصرب] كمال بيرفانيتش (Pervanic 1999:80) يصف كيف أن المعتقلين المسلمين في المعسكر أسسوا قائمة طويلة من أسماء الصرب لينتقموا منهم، وبينما كانت قائمة الأهداف تحدد بناء على الهوية العرقية؛ كانت الأهداف تحديدًا تُختار بناء على السمات الشخصية، مثل أفعالهم في الماضي.

بالحالات المتطرفة؛ قد ينحدر الانتقام إلى شذوذ اجتماعي يرسم عالمًا هوبزيًا بشكله المثالي، كما في تينيسي أثناء الحرب الأهلية الأمريكية: «عندما أحرقت إحدى مجموعات الاتحاديين الباحثة عن مؤونة منزل امرأة ما، اندفعت خارجة منه ووجدت، مذهولة، أحد جيرانها يرافق اليانكيز. قالت: 'لقد قال إنه انضم لهم، وذكر أنه كسر مرتين، مرة على يد الثوار ومرة على يد الفيدراليين، وأنه ذاهب للانتقام ولا يهمه ممن» (Ash 1988:163). عندما تكون هذه الحالة، يصبح الانتقام حالة أخرى من التوحش المعمم. في ولكن، في معظم الحالات يبدو أن الانتقام خاضع لقوانين، رغم أن الأهداف تتفاوت من أفراد بعينهم إلى مجموعات بأكملها.

3.2.3. المعضلة الأمنية

تنطبق المعضلة الأمنية على العنف والصراع في الوقت نفسه (De Figueiredo and Weingast 1999; Hardin 1995; Posen 1993). يقال إن المعضلة الأمنية تحصل عندما ينهار نظام ما، مما يخلق حالة يلجأ بها الأفراد الذين يجتمعون حول نقاط الاتصال (الهويات

العرقية بشكل أساسي) إلى العنف الوقائي، أو يصطفون مع القادة المحاربين الذين يقومون بذلك، انطلاقًا من مخاوف أمنية. حوافز العنف تتعقد بغياب اليقين والكلفة العالية جدًا لعدم الوقاية منها: يجب أن يقتلوا كي لا يُقتلوا. محاججة المعضلة الأمنية تتضمن عادة دافعين اثنين متمايزين: النخب تتحرك وظيفيًا سعيًا للسلطة، بينما يتحرك الأتباع عاطفيًا، انطلاقًا من الخوف.

الأمثلة على العنف الوقائي منتشرة بأوصاف الحروب الأهلية. بالنسبة لإبراهام لينكولن، الحرب الأهلية الأمريكية في المناطق الحدودية كانت حالة «يجب على كل رجل أن يشعر بدافع لقتل جاره، ما لم يكن يريد أن يُقتل على يديه أولًا» (in Fellman 1989:85). أحد القادة الاتحاديين في ميزوري أشار عام 1864 إلى أن: «في هذه البلاد، لا يوجد، بالكاد، مواطن لا يريد قتل أحد جيرانه خشية أن يقتله جاره» (in Fellman 1989:62). عقب الحرب العالمية الثانية مباشرة في مالايا، يستذكر أحد الرجال أنه «حالما عُرف أن هناك اشتباكات، حذر الشيوعيون في 'جيش شعوب مالايا ضد اليابان» (MPAJA) الصينيين في القرى والبلدات في كل البلاد، لأن يستعدوا لهياج المالاويين. كان التحذير: 'المالاويون هائجون ليقتلوا، فاقتلوا قبل أن تُقتلوا» (Kheng 1983:219).

4.2.3. القروسطة

الحرب الأهلية لا ينظر لها على أنها «وحشية ومتوحشة بشكل جوهري» (Mayer 2000:323) وحسب؛ بل ينظر لها على أنها تعود لحروب العصور الوسطى، إذ يقال إن بيئة الحرب «تقروسطت» [أصبحت من القرون الوسطى] (Münkler 2002; van Creveld 1991). لقد اتهم المدعي العام في المحكمة الجنائية الدولية ليوغسلافيا السابقة [الرئيس الصربي السابق] سلوبودان ميلوشيفيتش «بوحشية قادمة من العصور الوسطى» (Rotella 2002:4). الأناركية تدمر التنظيم والانضباط العسكري، وتفتح الباب بذلك لكل التجاوزات العنيفة (مثلًا Schofield 1999:251). الرجال المسلحون غير المنضبطون، والجنود الناهبون، وجنود المشاة المتجولون، والمجرمون يلتهمون السكان بحصانة كاملة، ما لم يكن بتشجيع (J. Weinstein 2003; Ignatieff 1998:6; Laqueur 1998:399; Schlichte 1997:5). هذه المحاججة، التي يصفها بول ريتشاردز (Richards 1996:xiv) بأنها «أطروحة البربرية الجديدة»

تنكر البعد السياسي للحروب الأهلية لصالح السمة الإجرامية، وعادة ما تنطبق على الحروب الأهلية الراهنة في أفريقيا. بحسب التوصيف الاعتيادي (Luttwak 1995:9): «الفوضى التي تغلف [سيراليون] الآن لا يمكن وصفها بأنها حرب أهلية، نظرًا لأن القوات المتقاتلة بما فيها بشكل بارز 'الحكومة' لا تمثل أحدًا إلا نفسها، ولا يمكن وصفها بحرب عصابات، لأنه لا يوجد أي طرف يدعي بجدية أنه يقاتل لأي قضية».

3.3. الاعتداء

ما دامت الحرب تفهم معياريًا بأنها الحق الحصري للفاعلين ذوي السيادة؛ يعتبر العنف المنظم من الفاعلين الذين لا يملكون السيادة اعتداء وغير شرعي. لذلك، فأولئك الأتباع والمدنيون الذين يتجاهلون التمييز المرسوم بدقة بين الفاعلين الذين يملكون السيادة وبين الذين لا يملكونها ليسوا متحاربين شرعيين، بل مجرمين لا يمكنهم أن يتوقعوا التعامل الممنوح للمحاربين الشرعيين.

العنف يُنظم عادة عبر المبادئ (Carpenter 2003)، والمبادئ التي تفصل بين «القانوني» و«الخارج عن القانون» يمكن أن تكون قوية. هناك تقليد مبدئي طويل يعتبر الحروب الأهلية أقل «قانونية» بمقارنتها مع حروب أخرى بين كيانات ذات سيادة، وترجع جذوره إلى الاعتقاد السائد في القرون الوسطى بأن الحروب مسموحة فقط إذا خاضتها السلطة الشرعية، مما أدى للتفريق بين «الحروب العامة» التي خاضها الأمراء المسيحيون، و«الحروب الخاصة»، والثأر، و«**شيفوشيه**» [chevauchées]، أي غارات النهب التي تسبق المعارك على يد أمراء الحرب المحليين أو عصابات العاطلين عن العمل أو الفرسان الفقراء (Howard 1994:9). هناك تفريق مواز بين **حرب العداء** [bellum hostile]، و**الحرب الرومانية** [bellum romanium]، أي الحرب بلا قيود كما كان الرومان يخوضون حروبهم ضد البرابرة]، مقابل **الحرب المميتة** [guerre mortelle]. كانت حرب العداء هي المعيار في العالم المسيحي الغربي وتضمنت قوانين وقيودًا، بينما كانت الحرب الرومانية معنية بالحروب ضد الأجانب أو الكفار أو البرابرة بلا قيود، وكل أولئك الذين يعتبرون أعداء، مسلحين أو غير مسلحين، يمكن قتلهم بلا تمييز (Howard 1994:3). جاء كلا التمييزين معًا في الحرب الأهلية، حيث ينظر **للحروب المميتة** أنها مرتبطة بالصراعات الأهلية مع دمجها بحالة قانونية خاصة تعرف باسم «العداء المميت» (Stacey 1994:33).

تم توسيع هذا التفريق، خصوصًا على يد القاضي السويسري إيميرك فاتيل (Emmeric Vattel). كانت الإضافة الرئيسية هي أن العصيان يمكن ويجب أن يتم التفريق بينه وبين الاقتتال (De Lupis 1987:35). المدنيون الذين ينتفضون بوجه سلطة حاكمهم الحق «ليس لديهم حقوق على الإطلاق، وإذا هُزموا، يجب أن يُحاكموا على ما فعلوه، وأن يحاكموا بشدة بالقانون الجنائي» (Howard 1994:10). بذلك، أصبح التمرد مكافئا لأشكال أخرى من الاعتداء والانحراف، مثل الجذام والهرطقة، والتي كانت تعد أهدافًا شرعية للعنف المفرط (R. Moore 1987). وكما حاجج المحامي والقاضي العسكري الإسباني بالثاسار أيالا عام 1582: «تمرد الأتباع والعصيان ضد الأمير الحاكم اعتبر أنه اعتداء شنيع يتساوى مع الهرطقة.... قوانين الحرب، والأسر، وإعادة الأوضاع إلى أصلها، والتي تنطبق على الأعداء، لا تنطبق على المتمردين» (in Parker 1994:44)[1].

باعتدائهم على **حق خوض الحرب** (*jus ad bellum*)، لا يجب على المتمردين أن يتأملوا الحماية تحت **قوانين الحرب** (*jus in bello*)؛ فهم بدل ذلك خاضعون لقوانين السلام (Donagan 1994:1139). بشكل متناقض، إذا، بات تطبيق القانون المحلي (إما قانون الخيانة أو القانون الجنائي الشائع)، لا قوانين الحرب، هو مصدر البربرية. تفسر [المؤرخة] باربارا دوناجان (Donagan 1994:1159) الغياب النسبي للقسوة أثناء الحرب الأهلية الإنجليزية بأنه نتيجة للخيار الواعي من المتحاربين لاتباع قوانين «الحروب الأجنبية»، بعكس قوانين السلام، ومنح بعضهم البعض صفحة «أعداء قانونيين». وفي الحقيقة، لقد وقعت الفظائع في الحرب الأهلية الإنجليزية عندما «تجاوز القانون المدني قوانين الحرب».

لذلك، كانت معاملة المتمردين لوقت طويل مستثناة من التوجه العام بأنسنة الحرب (Parker 1994)، وقد تعزز هذا أكثر مع صعود القومية والتفريق الكلاوفيتزي [نسبة لمنظر علوم الحرب الشهير كارل فان كلاوفيتز] بين الدول والشعوب بناء على مبدأ أن العنف المنظم يستحق أن يسمى حربًا، فقط إذا تم خوضه «من الدولة، لأجل الدولة، ضد الدولة» (van Creveld 1991:36). لذلك، فالدولة التي تواجه تمردًا أو انتفاضة مسلحة أو عصيانًا أو ثورة أو حربًا أهلية كانت بشكل جوهري خارج اختصاص القانون الدولي

---

(1) بنفس هذا الخط الفكري؛ حرب الحصار، التي أدت للكثير من الضحايا المدنيين، لم تكن تعتبر سلوك حرب، بل كانت فرضًا للسلطة القضائية ضد الخونة الذين عصوا الأوامر الحقة لأميرهم بالاستسلام (Stacey 1994:38).

(McCoubrey and White 1995:6). هذه الفكرة اعتنقها بوضوح العديد من المشاركين في الحروب الأهلية، إذ أمر جيمس فرانكلين بيل، قائد القوات الأمريكية في الفلبين مطلع القرن العشرين، قواته بمعاملة المتمردين الذين قبض عليهم «كقطاع الطرق أو كالقراصنة» (May 1991:253). هذه الفكرة حاضرة كذلك في المحادثة بين ملكة اليونان فريدريكا والكاتب الأمريكي ويليس بارنستون (Barnstone 1995:72-73)، أثناء الحرب الأهلية اليونانية:

«سألت فريدريكا: لماذا تعدمون سجناء الحرب؟»
«إنهم ليسوا سجناء حرب. إنهم لصوص».
«لكنهم بشر، واليونان لديها ما يكفي من الموت».
«إنهم مجرد لصوص مبتذلين».

تمت قوننة هذه الممارسة بشكل رسمي ضمن قوانين الحرب. كان الإجماع القانوني، حتى وقت قريب، بأن المدنيين محميون فقط ما داموا سلبيين (Nabulsi 2001). في الحقيقة، وحتى عام 1949، تباينت الحروب بين الدول والحروب الأهلية باحترامها لتطبيق القوانين التي اعترفت بالعدو كخصم شرعي، فقد طُبقت قوانين الحرب على الصراعات بين الدول، بينما تمتعت الدول في الحروب الأهلية بخيار تطبيق القوانين الجنائية المحلية التي تعتبر العدو خارجا عن القانون. بحسب نص روسي مقدم في مؤتمر بروكسل لعام 1874، فكل المدنيين الذين شاركوا بالأعمال العدائية كانوا يعتبرون خارجين عن القانون ويجب «تسليمهم للعدالة»، وكما حاجج قاضٍ فرنسي عام 1874، «فهذا الذي يسمى بالتمردات الوطنية أو الانتفاضات غير النظامية من الشعب بأكمله لاستفزاز جيش نظامي يجب أن يُدان دائمًا، دون الحاجة للتفريق بين الطرق المستعملة» (in Nabulsi 2001:13, 17). في النهاية، قيدت «اتفاقية لاهاي للحرب البرية» عام 1899 أصناف الأشخاص الذين يمكن أن يمثلوا الطرف المتحارب في حرب ما بكونهم الجنود المحترفين، مستثنية بذلك المتمردين (Nabulsi 2001:16)[1].

أحد لوازم هذه الأطروحة هي أنه كلما ازداد تفريق جيش ما بين الجنود والمدنيين، قل تسامحه وصفحه مع المتمردين، الذين سيعاملهم كمجرمين (C. Schmitt 1992:240-241).

---

(1) اتفاقيات جنيف عام 1949 (وتحديدًا الاتفاقية الرابعة، المعروفة أيضًا باسم «اتفاقية المدنيين»)، مع البروتوكولين 1 و2، المضافين عام 1977، حاولتا معالجة هذه المشكلة، بنجاح جزئي فقط.

بشكل ما، أطروحة الاعتداء هي المعاكسة لأطروحة الانهيار، فبينما تضخم أطروحة الانهيار من حالة المحاربة (لتمدها على مجتمع بأكمله)؛ تقلصها أطروحة الاعتداء (لتقصرها على الفاعلين ذوي السيادة). ومع ذلك، فكلتاهما تتنبأ بالبربرية.

4.3. الاستقطاب

الاستقطاب صلة معروفة بين الحرب الأهلية والبربرية. إنها تشير إلى حدة الانقسامات بين الجماعات، «حيث يربط عدد كبير من أفراد الجماعة المتنازعة اهتمامًا طاغيًا بالقضية الواقعة على المحك، أو يظهر بجلاء المعتقدات والمشاعر العدائية تجاه الشريحة المعاكسة، أو كلاهما» (Nordlinger 1972:9). يقال إن النزاعات المستقطبة «لم تعد عن أرباح ومكاسب بعينها، بل عن مفاهيم الصواب الأخلاقي، وعن تفسير تاريخ ومصير البشرية» (Lipset and Rokkan 1976:11)، فهي «نوع من السياسات الانقسامية والكثيفة التي يمكن أن يسميها الشخص بـ **السياسات المطلقة**» (Perez Díaz 1993:6).

يمكن أن يُعرّف الاستقطاب بأنه مجموع العداوات بين الأفراد المنتمين لعدد قليل من الجماعات التي تظهر بالوقت نفسه تجانسًا داخليًا عاليًا، وتمايزًا خارجيًا عاليًا (Esteban and Ray 1994). الفكرة أنه إن انقسم السكان ضمن مجموعات صغيرة تلتف حول أقطاب متباعدة، لكنها كبيرة بذات الحجم، فمن الأرجح أن ينشأ صراع عنيف. الادعاء العادي هو أن «الحروب الأهلية بطبيعتها أكثر وحشية من الحروب الدولية، ولها محتوى أيديولوجي أقوى، والعاملان متصلان بالطبع» (Hearder, quoted in Close 1995:viii). الميكانزمية الضمنية لذلك هي أن الكراهية كثيفة لدرجة أنها تلغي حتى الصلات الأخوية، متخيلة أو حقيقية. يكتب [المحرر والكاتب الهولندي] إيان بوروما (Buruma 2002:12): «الهوية هي ما تجعل الدم يغلي، وتدفع الناس لفعل أشياء يصعب الحديث عنها بحق جيرانهم. إنها الوقود الذي يستخدمه المحرضون ليحرقوا بلدانا بأكملها».

رغم أن هذه المحاججة استخدمت تقليديًا للتعبير عن الصراعات «الأيديولوجية»، إلا أنها تجد صدى كذلك في محاججة «النفور العرقي» التي صاغها [بروفيسور العلوم السياسية والقانون] دونالد هورويتز (Horowitz 2001) وستيوارت كاوفمان (Kaufman 2001)، وآخرون، والتي تتضمن منطقًا شبيهًا بالحروب الأهلية مرتبطًا بالاستقطاب العرقي. مثلًا، يقال إن «كل صراعاتنا العرقية الراهنة والحالية، تقريبًا، تتضمن درجات كبيرة من الكراهية

ودوافع الانتقام، لتكون نتيجتها النهائية هي الوحشية والمجازر والأشكال المنوعة من التوحش» (Harkavy and Neuman 2001:208).

هذه الأطروحة مرتبطة بكارل شميت (Schmitt 1976) عن السياسة بأنها انعكاس للتفريق الجوهري بين الصديق والعدو. **السياسي**، كما يحاجج، هو العداوة المطلقة التي تدفع مجموعة من الناس لقتال مجموعة أخرى. الحرب هي التعبير الطبيعي عن العداوة. كما أشار فلاديمير لينين، فإن الحرب الأهلية في مجتمع طبقي هي امتداد للصراع الطبقي (in J.-C. Martin 1995:61). يتبع ذلك أن العدو في الحروب الأهلية ليس ظرفيًا، بل مطلقًا، وهي فكرة تظهر بالمحادثة التالية بين الأنثروبولوجي الفرنسي بيزوت (Bizon 2003:111) ومأموره من «الخمير الحمر» في كمبوديا:

«أصررت عليه: ’بكلمة واحدة، أنت تفضل أن تمد يدك للصيني وتعرض الكراهية لأخيك، بدلًا من أن تتحد معه لتجد السلام‘.

أجابني بهدوء، كأستاذ يريد توضيح فكرته بصبر: ’أنت لا تفهم. ذلك الذي خانني لم يعد أخي. إنه ببساطة مجرد ذنب للإمبريالية، وهو الذي انقلب علي بداية‘».

[الفيلسوف الإيطالي] نوربيرتو بوبيو (Bobbio 1992:303) لاحظ أن العلاقة بين الحرب العادلة والعدو الظالم عكسية: الحرب تكون عادلة عندما يكون العدو ظالمًا. بشكل طبيعي، الأعداء الظلمة والمطلقون يطالبون بعدم وجود للرحمة مهما كانت. لذلك، فالبربرية هي ناتج الاستقطاب. الصيغة النَسَقية لهذه الصلة بين الاستقطاب والبربرية يطرحها [المؤرخ الأمريكي] ستانلي باين (Payne 1987:209):

«لقد لوحظ أن الحروب الأهلية هي عادة صراعات مبادئ أكثر مما هي الصراعات الدولية، إذ إن هذه الحروب الأهلية لهذا القرن حفزتها الدوافع الأيديولوجية والنزعات الأخلاقية. في الماضي، كانت الحروب تتسبب بخسائر بشرية كبيرة في الميدان، كما هو الحال في الصراع الإنجليزي في أربعينات القرن السابع عشر أو الحرب الأهلية الأمريكية في ستينيات القرن التاسع عشر، ولكنها بشكل عام لم تتسبب بفظائع ضد المدنيين. لقد كان هذا نتيجة الحقيقة المتمثلة في أنه رغم الاختلافات الكبيرة في المبادئ السياسية التي قسمت المشاركين في تلك الصراعات المبكرة، فإنهم استمروا بالتشارك بإطار الدين أو النظرة للعالم أو الاجتماعي الأخلاقي.... على النقيض، تقريبًا كل صراعات القرن العشرين عكست الصراعات الحضارية والأيديولوجية الكثيفة التي تشيطن العدو وتعمل نفسيًا وعاطفيًا على شرعنة أقسى وأكثر الإجراءات وحشية».

في الحقيقة، إن أطروحة الاستقطاب ترجع بالأسباب لما وراء العنف إلى العوامل التي يُعتقد أنها أنتجته. ربط الاستقطاب بالعنف يتضمن ادعاء سببيًا ضمنيًا يتوقع ثنائية المجرم-الضحية المرتبطة به، ويربط العنف بدافع له. مثلًا، الثنائية المرتبطة في حرب طبقية تتضمن ملاك رأس المال وملاك الطبقة العاملة. في حرب عرقية، تشير هذه الثنائية إلى أفراد ينتمون لمجموعات عرقية مختلفة. بحسب هذا المنطق، المجموعة تستهدف بناء على موقعها في الانقسام المرتبط، ومن ثم يُقتل الأفراد بسبب عضويتهم بهذه المجموعة. لذلك، تفسر أطروحة الاستقطاب سبب اندلاع الصراع، ومحتواه، وعنفه. الصلة السببية تفترض ببساطة بدلًا من كونها مثبتة تجريبيًا. إما أن نراقب سلوكًا على المستوى الجزئي (مثلًا أحد أفراد [أغلبية] السينهالا يقتل شخصًا من [أقلية] التاميل [في سريلانكا]) لنستنتج أن الاستقطاب (العرقي) على المستوى الكلي يفسر هذا السلوك بعينه، وإما أن نراقب استقطابًا على المستوى الكلي ثم نعممه على كل سلوكيات عنف الأفراد على المستوى الجزئي.

بينما تُفضل أطروحة «الانهيار» في الروايات الوصفية للحروب الأهلية، تقبع أطروحة «الاستقطاب» في قلب معظم الروايات الماكرو-تاريخية للحروب الأهلية، والتي تُضمن العنف تحت نظرية من تنازع الجماعات العميق، السابق للحرب والمسبب لها. لذلك، فأطروحة الاستقطاب هي حقًا نظرية صراع **سابقة** (*ex ante*) أو تفسيرية **ما قبل الحرب** (*prewar*).

أسباب الاستقطاب قد توجد في تقاطع ظروف بنيوية، ومؤسسات سياسية، وأفعال مغامرين سياسيين نجحوا بتحويل الاختلافات الحقيقية أو المتخيلة إلى سياسات مستقطبة. فعلى المستوى الفردي، الاستقطاب يتجلى بـ«التعصب»: الالتزام العاطفي والعنيد بقضية معينة، بما يتجاوز الصلات الأخرى بين الناس، وصولًا للرغبة بسفك دم الشخص نفسه [لأجل القضية] ودم الآخرين على السواء. عبارات الأمثلة على ذلك موجودة في معظم الصراعات. الأمثلة التالية مأخوذة من إسبانيا، وشرقي تينيسي:

«الالتزام بالقضية ووعي الحزب حطم روابط الصداقة والقرابة السابقة. لقد كان هناك توجه بالاحتفاء والود تجاه أعضاء الجماعة نفسها، مع تجاهل الآخرين بشكل منهجي. الاقتتالات والخصومة والكراهية نمت من داخل هذه الأشكال من القطيعة. كل جماعة كان لديها مقهاها، واجتماعاتها، وحتى أعيادها، الدينية من ناحية والعلمانية من الناحية الأخرى» (Fisher 1997:85).

«الشقاق الضروس دخل كل مجالات الحياة في شرقي تينيسي، وكانت تأثيراته مدمرة. النزاع الاتحادي-الانفصالي دمر العوائل والصداقات والمؤسسات. لقد حرض أبناء العائلة الواحدة ضد بعضهم البعض، وقسم المجتمعات إلى جماعات، ومحا كل الصداقات» (Lison-Tolosana 1983:48).

5.3. تكنولوجيا الحرب

فسر مستشار مجموعتي غوار فرنسيتين مع الثورة المضادة الأفعالَ العنيفة لزبائنه بالإشارة لطبيعة الحرب التي كانوا يخوضونها: «لقد كانت الشوانوري (Chouannerie) نوعًا جديدًا من الحرب لم يعرف من قبل في الأمم المتحضرة: إنها حرب وحوش يبحث فيها كل شخص عن عدوه منعزلًا، ويقتله، وينهبه، أينما وجده. لقد وصف المتمردون بقطاع الطرق، لأنهم، بالحقيقة، كانوا يتصرفون بهذا النوع من الحرب كقطاع الطرق» (in Cobb 1972:21). بشكل شبيه، فسر أحد الجنرالات الاتحاديين انهيار المعايير الاجتماعية والعنف الناشئ عن ذلك في ميزوري أثناء الحرب الأهلية، كنتيجة للحرب غير النظامية، مصرًا على أنه «لقد انفجر شيء ما في قلوب أولئك الفلاحين المسيحيين الأمريكيين العاديين الطيبين عندما تفككت الصلات الاجتماعية والأخلاقية الأساسية تحت وطأة حرب العصابات» (Fellman 1989:265).

ادعاء أن حرب «العصابات» والعنف البربري مرتبط سببيًا أمر شائع (مثلا Laqueur 1998:399; Wickham-Crowley 1990:225). هذه الأطروحة تضع البربرية كناتج لتقنية معينة للحرب. تقييمها يتطلب فهما لماهية حرب «العصابات». التفريق بين الحرب «التقليدية» (أو الكلاسيكية) ونظيرتها «غير التقليدية» أو «غير النظامية» أو «العصابات» شائعة في الأدبيات العسكرية، رغم أن المصطلحات تتراوح بدلالاتها. الفكرة وراء هذا التفريق هي أنه: بينما تتضمن الحرب التقليدية مواجهات، وجهًا لوجه، بين جيوش نظامية على جبهات محددة ومعروفة؛ تتميز الحرب «غير النظامية» بقلة المواجهات العسكرية الكبيرة المباشرة، أو «المعارك المرسومة بدقة»، وغياب الجبهات.

تتضمن الحرب التقليدية إما تصورًا مشتركًا عن تكافؤ القوة بين الأطراف المتحاربة، أو اعترافًا من الطرف الأضعف بأنه يجب أن يلعب بالقواعد القائمة ويواجه عدوه في الميدان. بدون شكل ما من التنازل المشترك، لا يمكن أن تقع معركة تقليدية (Beaufre 1972:12). تاريخيًا، ظهرت الجبهات نتيجة لمجموعة معقدة من العوامل. بحسب [الضابط والاستراتيجي

العسكري الفرنسي] أندريه بيوفريه (Beaufre 1972)، فقد تطورت الحرب من صراع عالي الطقوسية بين فرق صغيرة، إلى مواجهات بين جيوش في معارك مرسومة بدقة، أصبحت بشكل ما «مبارزات قضائية»، كانت نتيجتها ملزمة للجماعات الممثلة بهذه الجيوش. بعد ذلك ظهر تقليد تتصرف بموجبه الجيوش كـ«وفود مسلحة» للسكان الذين ظلوا بشكل عام على الهوامش. النمو التدريجي للقوة النارية أدى بتحول الحروب الأهلية من كونها مبنية على الأعمدة، إلى كونها مبنية على الجبهات، ثم توسعت الجبهات تدريجيًا حتى باتت تغطي أقاليم البلدان بأكملها. ولكن، ببعض الحالات، لم يحدد ناتج الميدان ناتج الحرب بكليتها، إما لأن جانبًا واحدًا فقط لديه جيش نظامي (مثلًا، في الحروب الكولونالية)، أو لأن الجيوش المنتصرة كانت تواجه بجيوش محلية تعتمد على نمط حروب «العصابات» أو «المقاتلين غير النظاميين»، وذلك بشكل عام نتيجة للمشاعر القومية للسكان. كنتيجة لذلك، بات على الجيوش الغازية أن «تفرض الهدوء» في الأراضي التي تم غزوها. في الحقيقة، كانت المقاومة المحلية ضد الغزاة شائعة قبل عصر القومية (Nabulsi 1999)، ونادرًا ما كانت تخوم الإمبراطوريات هادئة.

بذلك، تقع الحرب غير النظامية عندما يرفض الطرف الأضعف مواجهة الطرف الأقوى بشكل مباشر، ويقاتله، بدلًا من ذلك، بالدهاء. بهذا المنطق، فالحرب غير النظامية هي تجلٍ علني واضح لعدم التناظر العسكري. بهذا فسر أحد المتمردين الفلبينيين خيار الحرب غير النظامية ضد الأمريكيين عام 1900: «إذا كانت الحرب التي نخوضها ضد أعدائنا رسمية، وبسبب أعدادهم الأكبر وعتادهم الأقوى الذي يملكون كثيرًا منه؛ كانت النتيجة كارثية لنا، حتى وإن ضحينا بأرواح إخواننا. كان الخيار الأفضل لنا حاليًا في هذه الحملة هو خوض حرب الكمائن، والتي وإن كانت نتائجها بطيئة؛ إلا أنها ستمكننا من تحصيل استقلالنا» (in May 1991:121).

الوصف الشائع للحرب غير النظامية هو أن: الدولة (أو شاغرو المنصب) تنشر بالميدان جنودها النظاميين وتكون قادرة على السيطرة على الأراضي المدينية والتي يمكن الوصول إليها، بينما تسعى للاشتباك مع خصومها عسكريًا في الأراضي الخشنة الواقعة على التخوم، بينما يحوم أولئك الذين يتحدونهم (الثوار أو **المتمردون**) «تحت الأفق العسكري مباشرة»، مختبئين ومعتمدين على الاستفزاز والمفاجأة، والاختفاء والغارات (Simons 1999:84). هذه الحروب تتحول عادة لحروب استنزاف، يسعى بها المتمردون للانتصار بعدم الهزيمة،

بينما يتسببون بألم مزمن لأولئك الجالسين في المنصب (Henriksen 1983:141; Shy 1976:12). وكما أخبر أحد الشيوعيين الفيتناميين مسؤولًا أمريكيًا عام 1975: «أحد الجانبين ليس قويًا بما يكفي لينتصر، والآخر ليس ضعيفًا بما يكفي ليُهزم» (in Thayer 1985:97). وبعكس ما يقال أو يشار إليه عادة، (مثلًا Luttwak 1995:9; C. Schmitt 1992)، فالحرب غير النظامية لا تتطلب قضية معينة، سواء أكانت ثورية أو شيوعية أو وطنية أو غيرها، فهي يمكن أن تخدم أي قضية.

الحرب غير النظامية، المبتكرة بشكل واسع، مورست في المناطق «المتخلفة» المحتلة من جيوش نظامية (مثل: حروب الإمبراطوريات والاستعمار)، وفي المناطق التي كانت مستعمرة بشكل كبير (حروب التحرر من الاستعمار)، وفي الدول الحديثة التي هزمت جيوشها النظامية في الميدان (حروب الاحتلال)، وفي الدول الضعيفة التحديثية التي اعتمدت على المركزية وإخضاع التخوم، وفي الدول «التي تفشل» أو «الفاشلة».

رغم أن عدم التناظر العسكري يقع على النقيض تمامًا من الحرب التقليدية، إلا أن العكس ليس صحيحًا بالضرورة: التناظر العسكري ليس دوما رديفا للحرب التقليدية [1]. الحروب المتناظرة يمكن أن تخاض من جيوش غير نظامية من كلا الجانبين، والتي توصف عادة باسم «الحروب البدائية» (Earle 1997:108; Beaufre 1972:9) أو «الحروب الإجرامية» (Mueller 2004). الأمثلة على ذلك تتضمن الحروب في جمهورية الكونغو الديمقراطية أو ليبيريا (ولبنان كذلك)، إضافة لبعض الحروب الأهلية التي اندلعت عشية انهيار الاتحاد السوفييتي (كما في الحروب في جورجيا). هذه الحروب «المتناظرة غير النظامية» توصف عادة بأنها حروب «عصابات»، لكنها تختلف عن الحروب غير النظامية الشائعة بعدة أشكال. إنها تتضمن جبهات، وإن لم يكن بها معارك كبيرة مرسومة بدقة، على الأقل بشكلها الكلاسيكي، والاختلاف الثاني هي أنها تحصل مع انهيار الدولة: فالجيوش المتنافسة تسلح نفسها بالسيطرة على مخازن جيش الدول المتفكك (مثلًا Tishkov 1999:585). الجبهات عادة ما تأخذ شكل نقاط التفتيش والحواجز الطرقية التي تظهر مباشرة بعد انهيار الدولة وقد تستمر لسنوات. هذه الحرب عادة ما تتضمن شكلًا من العنف أسميه: «الإبادة المتبادلة»، من حيث وجود

(1) بشكل شبيه، عدم التناظر العسكري لا يتضمن دائمًا حربًا غير نظامية، فقد يضمن أحيانًا أشكالًا أخرى من المواجهة العسكرية، بما فيها ما يوصف أحيانًا بأنه «إرهاب».

غارات عشوائية ضد أراضي العدو، إذ إن كلا الطرفين لا يملكان القدرة أو الرغبة بالسيطرة على السكان الموجودين بمناطق الخصم (مثلًا Lotnik 1999; Ellis 1995)[1].

رغم الجاذبية الكبيرة لتقنية الحرب كمتغير سببي للبربرية، إلا أن الصلة بين طبيعة الحرب والعنف ما زالت غير محددة. من الممكن تحديد ثلاثة طرق سببية مختلفة. الأولى ترجعنا لأطروحة الاستقطاب وتشير إلى السمة الثورية في الحرب غير النظامية، والثانية ترجعنا إلى أطروحة الانهيار وتبرز الطبيعة «القروسطية» للحروب غير النظامية، والثالثة ترجعنا للاعتبارات الأمنية التي تثير إما ميكانيزمات سيكولوجية (مثل التوتر والخوف) أو ردود فعل استراتيجية: البيئة الخطيرة، التي لا يمكن بها تمييز المدني من المقاتل العدو، تدفع نحو العنف ضد المدنيين.

1.5.3. الحرب غير النظامية كحرب ثورية

لأن الصراعات «العميقة» تعتبر مستعصية؛ تصبح الحروب التي تنتجها غير نظامية وعنيفة للغاية. كارل شميت (Schmitt 1992) ربط فرضيته عن الاستقطاب بـ «حرب البارتيزان» [الأنصار أو المقاتلين غير النظاميين] بإبراز السمة الأيديولوجية الكبيرة لحركات «التحرر الوطني» في حقبة إنهاء الاستعمار، والحرب الباردة. «نظرية البارتيزان» الخاصة به تحاجج بأن العداوة «المحدودة والمدجنة» للحرب التقليدية تتحول إلى «عداوة حقيقية» في حروب المقاتلين غير النظاميين بسبب العداوة الأيديولوجية، في فكرة وُجدت بالعديد من الأعمال اللاحقة (مثلًا Holsti 1996:39).

2.5.3. الحرب غير النظامية كحرب «قروسطية»

أولئك الذين يطرحون نظرية تكون بها الحرب غير النظامية عنيفة بسبب سمتها «القادمة من القرون الوسطى» يفترضون أنه بسبب كون الحرب غير النظامية تفترض غيابًا نسبيًا للبنى

---

(1) بعض الحروب الأهلية تجمع جوانب من كل من الحروب غير التقليدية، المتناظرة وغير المتناظرة. فمثلًا، تمرد «الرينامو» في وسط موزمبيق كان حرب عصابات تقليدية، في حين بدا أكثر كحرب متناظرة غير تقليدية في الجنوب، مع هجمات الضرب والفرار، وغياب محاولات السيطرة على أي أراضٍ (Finnegan 1992:62).

الرسمية، فهي تتسبب بانهيار للانضباط العسكري، وبذلك تحول الحرب لغطاء من النهب غير المركزي، وقطع الطرق، وكل أنواع العنف ضد المدنيين. غياب الجيوش المحترفة مؤشر على غياب «شرف المحارب»، لتحل مكانه البربرية (Ignatieff 1998). بحسب هذه المحاججة، فحروب العصابات الحديثة «من كولومبيا إلى الفلبين» ليست أكثر من «عمل فرق غوغائية من الهمج، بحثًا عن مصلحتهم الخاصة، والذي يمكن بالكاد تمييزهم عن **الجلادين** (*ecorcheurs*) الذين دمروا الريف الفرنسي أثناء حرب المئة عام» (van Creveld 1991:60).

3.5.3. الأمن

الشعور الحاد بالضعف والعرضة للأعداء اللذان يعيشهما المقاتلون في سياق الحروب غير النظامية يقدمان الصلة السببية الثالثة بين الحرب غير النظامية والبربرية. هذه الصلة يمكن صياغتها إما بشكل سيكولوجي أو بشكل عقلاني.

من الجانب السيكولوجي، غياب جبهات واضحة ووجود العدو وراء ظهر الشخص يسبب حالة من التوتر، والشك «المرضي المزمن»، والخوف، والقلق، بل حتى الهلع (Lary 2001:114; May 1991:147; Cooper 1979:92). المشاكل التي تواجه الأطراف المشاركة هي **التعريف**، بكلمات أحد الضباط الاتحاديين في ميزوري في الحرب الأهلية، «الاستحالة المطلقة لتحديد من هو المذنب ومن هو البريء» (in Fellman 1989:96). هذا يتسبب بردود فعل مفرطة للغاية (Filkins 2005; Grossman 1995:82; Finley 1994:74; Calder 1984:xxii)، خصوصًا بين الجنود غير المعتادين على الحرب غير النظامية. فمثلًا، العنف في جبال الأبالاش أثناء الحرب الأهلية الأمريكية كان مرتبطًا بحقيقة أن ضباط الجيش المحلي «رأوا الخطر من الخلف بقدر ما رأوه من الأمام»، وكما قال أحد الضباط الكونفيدراليين: «عندما يجد ضابط ما نفسه ورجاله مداهمين من وراء كل شجيرة أو شجرة أو نتوء على جوانب الطريق؛ فوحدها الإجراءات الشديدة ستوقف ذلك» (Paludan 1981:66, 94). العنف من الجنود المنضبطين، مثل مجزرة الفلاحين الفيتناميين على يد المجندين الأمريكيين في ماي لاي، عُزي إلى عمليات سيكولوجية كهذه (Bilton and Sim 1992).

البديل العقلاني يربط العنف تحديدًا بعدم قدرة الجيش على تعريف العدو: البيئة، التي لا يمكن بها تمييز المدني من المقاتل العدو، تدفع نحو العنف ضد المدنيين. من ناحية،

المتمردون كانوا عرضة للاختراق وواجهوا صعوبة بتحديد المخبرين، ومن الناحية الأخرى، فأولئك الذين في السلطة يواجهون عدوا يرفض القتال التقليدي لكنه ينجح بتحقيق الخسائر. نظرًا لمحددات كهذه؛ فالعنف ضد المدنيين، بما فيها أعمال الانتقام الجماعي، قد تبدو عقلانية. سواء أكان السكان يتصرفون بإرادتهم أم لا، فهناك عادة تقاطع اجتماعي وجغرافي عميق بين «نظام دعم» الفاعل السياسي (المصدر لاستخباراته العسكرية وغذائه وموارده ومجنديه) والسكان المدنيين (Wickham-Crowley 1990:225; C. Johnson 1968:447). لذلك، التركيز على العملاء المدنيين بدلًا من المقاتلين (أي «البحر» بدلًا من «السمكة» بحسب العبارة الشهيرة لماو تسي تونج) تصبح هدفًا رئيسيًا للجيوش الساعية للنصر التي تواجه خسائر كبيرة (Downes 2004; Valentino, Huth, and Balch-Lindsay 2004)[1]. باختصار، ليس الأمر أن المقاتلين يقتلون الناس نتيجة لتوترهم (رغم أن بعض المقاتلين الأفراد قد يفعلون ذلك)، بل لأن العنف يعالج مشكلة استراتيجية أساسية للحروب غير النظامية.

6.3. التقييم

كل من هذه المحاججات لديه ما يقدمه لفهمنا عن العنف في الحروب الأهلية. وبشكل مشابه، فكل منها لديه نقاط ضعفه وعدم اتساقاته وتناقضاته فيما يتعلق بالسجلات التجريبية. ولكن، بحالتها كما هي؛ عادة ما تكون ضبابية وغير محددة للغاية بحيث يمكن اختبارها تجريبيًا، بل إن بعضها غير قابل للدحض. لذلك، يجب أن تمنح الأولوية للإيضاح المفهومي والتطوير النظري. ولهذا، فالنقاش التالي لا يهدف لاختبار هذه المحاججات أمام بعضها البعض وتأسيس محاججة تكون وحدها هي الإطار الصحيح الذي يمكن من خلاله التعامل مع هذا السؤال. يجب أن ينبثق برنامج بحثي من مجموعة من المبادئ الأولية، ومع الأدلة

(1) المثال الراهن من الشيشان ذو دلالة. وزير الداخلية الروسي أشار أثناء رحلة إلى الشيشان إلى أن «المقاتلين لم يختفوا ببساطة. إنهم هنا بيننا». وكما قال العقيد يفجيني سيدوروف: «أنت لا تستطيع أن تحزر عدد المسلحين. هذا كله يعتمد إن كنت تعدهم نهارًا أم ليلًا. ليس مكتوبًا على جبهة أي أحد أنه مسلح». بعد مواجهة غارة مفاجئة من غوار الشيشان في قرية شالي، في يناير/ كانون الثاني من عام 2000، أعلن أحد الضباط الروس: «من غير الواضح من أين جاء [الثوار]. لقد خرجوا فجأة من بين المدنيين». كنتيجة لذلك، لجأ الروس إلى العنف ضد غير المقاتلين. بحسب امرأة شيشانية لاجئة: «لقد قصفونا. لقد قتلونا. إنهم لا يفرقون بين المسلحين والمدنيين» (Gordon 2000a:A3; Gordon 2000b:A4).

المتاحة؛ تتفاوت هذه المحاججات في قدرتها على توليد هذه المبادئ. في هذا القسم، أدرس نقاط قوة وضعف كل من هذه المحاججات، وأختار صيغة **الأمن** من أطروحة **تقنية الحرب** لتكون هي الأساس الواعد للتطوير النظري.

1.6.3. الانهيار

من خلال صيغها وميكانيزماتها المختلفة، ربما تشكل أطروحة الانهيار أكثر التفسيرات بداهة تجاه البربرية، مما يفسر انتشارها. ولكنها في النهاية تطرح أسئلة أكثر مما تقدم أجوبة.

بداية، العديد من الميكانيزمات المناقشة أعلاه هي ارتباطات مع العنف أكثر مما هي أسباب له. هذا واضح بحالة التوحش والانتقام (ولكن ليس الأمر بالمعضلة الأمنية). إنها تعاني كذلك من نفس المشاكل التي ناقشتها بالدوافع التعبيرية للعنف: الأفعال الفردية من الانتقام أو التوحش قد تتسق مع القرارات التنظيمية باستخدام العنف لأسباب وظيفية. بشكل أكثر عمومية، الانهيار قد يكون كذلك تشخيصًا خاطئًا لمعظم حالات الحروب الأهلية. العديد من الروايات الميدانية تصف حالة تكون بها جيوب (نسبية عادة) من الفوضى متعايشة مع جيوب أخرى من النظام المذهل. فمثلًا، الفاعلون المسلحون غالبًا ما يريدون ويستطيعون إنهاء الجريمة الشائعة [1]. في الحقيقة، كل من الذين عاشوا في حروب أهلية (مثلًا Mouro 1999:44) والإثنوغرافيون والصحفيون الذين قاموا بعمل ميداني في بيئات تغيب عنها الدولة (مثلًا Nordstrom 1997:12; Finnegan 1992:230) يشيرون إلى

(1) [بروفيسورة أبحاث الدفاع] آنا سيمونز (Simons 1999:92) لاحظت أن الأناركية «ليست أكثر من تكوين في العقل»، لأنه «على المستوى الميداني، كان الناس دومًا ينظمون أنفسهم بأنفسهم، بشكل ما، وكانوا يعرفون من يصطاد من». في فنزويلا، قام المتمردون بدوريات أمنية في المناطق التي تحت سيطرتهم، وأنهوا العنف المحلي (الطعن والاقتتالات بالمناجل) وتحكموا بالعنف المفرط وتهرب الأطفال من المدرسة و«الفوضى الجنسية» (Wickham-Crowley 1991:44). الجريمة اختفت تقريبًا في المناطق التي سيطر عليها متمردو «قوات كولومبيا المسلحة الثورية» [المعروفين اختصارًا بـ«فارك»] (Rubio 1999:129). معدلات الجريمة في إيرلندا الشمالية أقل من نظيرتها في بقية أنحاء بريطانيا، بينما تشير استطلاعات الرأي إلى أن الخوف من الجريمة أعلى في بريطانيا (المسالمة) من إيرلندا الشمالية (العنيفة) (Gallagher 1995:20). هناك أدلة مشابهة مقدمة من: Smyth and Fay (2000:123); Manrique (1998:204); Degregori (1998:135); Senaratne (1997:75); Berlow (1998:95); Stoll (1993:80); Jones (1989:127); Kheng (1983:148); Rudebeck (1975:445); Taber (1965:40); Lear (1961:92); Kerkvliet (1977:70;164).

أن الحياة اليومية كانت أكثر انتظامًا عما هو متخيل، وكان العنف يأتي على شكل هبات بدلًا من كونه واقعًا بشكل مستمر، وعادة ما كان يحصل بأوقات وأماكن محددة بدلًا من كونه عشوائيًا. [الاقتصادي والناشط والمحلل العسكري الأمريكي السابق] دانيل إيلسبيرج (Ellsberg 2003:114) يستذكر تجربته في الريف الفيتنامي: «لقد اتضحت الصورة تدريجيًا بأننا في كل مكان كنا نذهب إليه سواء في القرى الصغيرة أو في الريف كانت هناك لافتات طرقية صغيرة لكل من كان يعرف المنطقة، تقول: 'لتجد الفيت كونغ اذهب يسارًا، على بعد عشرة أقدام تقريبًا'، 'هذا الجسر مغلق بسبب الألغام، الليلة وكل ليلة'. صورة الفوضى المنتشرة تبدو نتيجة المراقبة السطحية».

مشكلة إساءة التشخيص واضحة تحديدًا بحالة الانتقام. رغم أن العنف محفز عادة بالانتقام، إلا أنه عادة ما ينفذ على يد فاعلين سياسيين منظمين، إذ إن معظم الأفراد لا يتحركون ولا يستطيعون التحرك بشكل مباشر. وجود فاعلين سياسيين يمارسون أفعالًا انتقامية باسم الأفراد يحصل **فقط** إن كان -وعندما- يخدم العنف مصالحهم، وبوضع العنف ضمن إطار عمل أبعد ما يكون عن العشوائية أو الشذوذ.

إضافة لذلك، فالقياس الموجود بين عنف الحرب الأهلية والثارات غير صحيح ومضلل. ناهيك عن أن العنف يبدو استثنائيًا بثقافات ثارات الدم (Gould 2003)، والحروب الأهلية تحول الثقافات الميالة للثأر إلى ظروف ذات عنف مشاعي غير محدود، «كان سيعتبر بظروف أخرى سلوكًا مستهجنًا ومشينًا» (M. Johnson 2001:61). الأدلة السوسيولوجية والأنثروبولوجية المتاحة حول ثارات الدم (Keiser 1991; W. Miller 1990; Boehm 1984; Black-Michaud 1975) لم تستطع دعم هذا القياس. فالثأر مؤسسة اجتماعية ذات قوانين واضحة (من ينتقم، ومتى، وكيف، وممن)، محكوم بمعايير تحدد الصنف الذي يؤخذ منه الثأر (النساء والأطفال مستثنون عادة) وتضبط ملاءمة الاستجابة. معظم ثقافات الثأر تعترف بقاعدة صارمة حول تكافؤ الرد، أحد أمثلتها الكثيرة «العين بالعين» [1]. كما أن هناك وسائل ثقافية مقبولة كثيرة للقيام بتسويات مؤقتة أو دائمة، ويمكن تأجيل الهجمات المحتملة، والرجال المستهدفون بالثأر يمكن أن يمنحوا مُهلًا إن وجدوا مع عائلاتهم،

---

(1) إن قانون «العين بالعين» يمنع التصعيد، إذ إن الرغبة في الانتقام غير معتدلة، لكن الانتقام يجب أن يكون منظمًا (Frijda 1994:264).

وقواعد الإجارة والاستضافة واسعة جدًا. وباختصار، فإن الثارات أقرب للعبة من كونها قتالًا حقيقيًا (Loizos 1988:648)، «منظمات اجتماعية للسلطة» في مجتمعات تفتقد سلطة مركزية (Frijda 1994:270). إنها تنظم وتحد وتحتوي الصراع والعنف، وهي بذلك مؤسسات سيطرة اجتماعية، عادة ما تستدخلها الدولة، بدلًا من كونها لحظات شذوذ اجتماعي (Wormald 1980). اتضح الكثير لجيرالد كورتيس، المسؤول السياسي البريطاني الذي زار أفغانستان بالثلاثينيات: «يمكن المحاججة بأنه في بلد لا توجد به حكومة تفرض العقوبات على أولئك الذين يؤذون الآخرين؛ تَحفظ الثارات حيوات بقدر ما تدمرها. خوف استفزاز الثأر، ليصبح لعنة تلاحق الأجيال، يجبر الرجل على التوقف لحظة» (in Schofield 1984:120)[1].

أما دراسات الحروب الأهلية في المناطق التي يوجد بها الثأر، تقليديًا، فتجد أن الحرب تفكك مؤسسات وقواعد الثأر وتدمر قانونه الشرفي، المرتبط عادة بالنظام أكثر من الفوضى (Xanthakou 1998:12-13)[2]. إضافة لذلك، فإن عنف الحرب الأهلية يتجاوز بكثير عنف الثارات، بكسر معيار الثأر الذي يستثني النساء والأطفال من العنف (M.Johnson 2001:65; Paludan 1981:20)، وبتقسيم العوائل والقبائل بعنف (Xanthakou 1998:12-13). أخيرًا، إن عنف الحرب الأهلية يمكن أن يكون متطرفًا بالمناطق التي لا توجد بها ثقافة الثأر. فالحرب الأهلية اللبنانية كانت عنيفة تحديدًا في المدن، رغم أن ثقافة الثأر كانت هي الغالبة في الريف الجبلي (M. Johnson 2001:44)، ومنطقة أرغوليذا اليونانية التي درستها عانت من مستويات عالية من العنف رغم غياب ثقافة الثأر. في الحقيقة، هناك بعض الأدلة على أن الثأر ينمو مع

(1) يبدو أن الأمر نفسه ينطبق على العنف القرباني، والذي، بحسب رينيه جيرارد (Girard 1977)، ميكانيزمية تحكم اجتماعي في المجتمعات ما قبل الحديثة، التي تفتقد للأنظمة القضائية.

(2) مقتل اثنين وعشرين شخصًا من عائلة واحدة في أغسطس/ آب من عام 2002 في صعيد مصر، قد يكون حادثة يظهر بها كيف تتسبب التمردات بتفاقم ممارسات الثأر، ولكن مع إفساد نظامها. لم يكن هذا قتلًا فرديًا، بل كمينًا شبه عسكري، ورغم أنه تم إحالته إلى العداوة بين عائلتين، الحشاشبة وعبد الحليم، إلا أنها أصبحت متداخلة مع تمرد إسلامي في المنطقة (BBC News, 10 August 2002). عملية مشابهة يبدو أنها وقعت في منطقة تشياباس في المكسيك، حيث وقع تمرد الزاباتيستا ضمن مجتمعات «ممزقة لأجيال بالنزاعات على الأرض والدين والسلطة. كان هذا القتال يحرض الآباء على أبنائهم، والإخوة على إخوانهم، والجيران على الجيران»، ونتج عنه عدة مجازر (G. Thompson 2001:16). النزاع العرقي في كينيا والصومال المجاورة قد يكون سببًا لتصاعد الثأر بين عوائل جبرا وبورانا شمال شرقي كينيا (Reuters 2005).

الحرب الأهلية، بحيث تصبح ثقافة الثأر تابعة، لا سابقة، للحرب (Paludan 1981:20-21; Williams 1975:26). أيضًا، العلاقات بين ممارسات الثأر وعنف الحرب الأهلية قد يكون زائفًا: فالجماعات المتماسكة قد تكون أسهل لحشدها للقتال، وأسهل للخوض بالثأر. باختصار، رغم أنه من الواضح أن الانتقام مرتبط بالعنف المفرط في الحروب الأهلية؛ قد يكون خاطئًا ربط الاثنين سببيًا.

بينما تعتبر ميكانيزما المعضلة الأمنية تفسيرًا معقولًا لظهور العنف، مثل ميكانيزمات «الانهيار» الأخرى، فإن من الصعب تطبيقها واختبارها، وحتى حينها، قد تكون مكافئة من المنظور الملاحظ مع بعض الميكانيزمات الأخرى. أحد الحلول لذلك هي اشتقاق تضمينات محددة قابلة للقياس: أولًا، العنف أكثر احتمالية في المناطق التي يكون بها السكان مختلطين داخليًا، أيديولوجيًا أو دينيًا أو عرقيًا[1]؛ ثانيًا، العنف يجب أن يبدأ على يد بعض الأقليات الكبيرة الضعيفة بما يكفي لتشعر بالتهديد، لكنها قوية بما يكفي لتشن هجومًا؛ ثالثًا، العنف هو المنتج الوحيد المحتمل، بعكس الترتيبات السلمية، مثل اتفاقيات السلام المحلية. إننا نفتقد لدليل منهجي، لكن الملاحظات المروية لا يبدو أنها تدعم هذه التخمينات. فمثلًا، العنف في يوغسلافيا السابقة كان يمارس عادة على يد جيوش وميليشيات أكثر مما يمارس على يد الأفراد، وأقليات صغيرة فقط من المجتمعات السكانية المتنوعة شاركت بهذا العنف (Mueller 2004)، كما أن بيانات الرصد تظهر أن حالة الأقلية أو حالة الأكثرية لم تتسبب باختلاف بمستويات التسامح بالنسبة للسكان المحاصرين، وكلاء نزعة استخدام العنف (Massey, Hodson, and Seculić 1999)، وهناك أدلة على أن الاتفاقات المحلية بين الجماعات المحلية كان يتم الوصول لها في ظروف مختلفة (Bougarel 1996).

أخيرًا، إن أطروحة «القروسطية» لا تبدو متلائمة مع الأدلة المتاحة كذلك. فبصياغتها بطريقة قابلة للدحض؛ تتوقع الأطروحة أن العنف إمكانية مرتبطة بحجم لانظامية الجيش. بصيغة [بروفيسور التاريخ] هارولد سيلسكي (Seleskey 1994:85)، «كلما كانت المسافة أبعد عن الرصد المركزي، وربما كانت الأرقام أصغر؛ ازدادت فرصة استخدام الرجال للعنف لتسوية بعض المشاكل الشخصية التي قد يكون أو لا يكون لها علاقة بأهداف المجتمع الذي فوضهم لاستخدام العنف الموجه من البداية». ولكن، نحن نعرف أنه بالعديد من

(1) ولكن، لاحظ أن اختبارًا إيجابيًا لهذه النتيجة قد يكون مكافئًا من الناحية الملاحظة مع أطروحة الاستقطاب.

الحروب الأهلية (مثل السلفادور وغواتيمالا)، كانت النسبة الأكبر من العنف تنتج على يد جنود نظاميين أعلى انضباطًا من المقاتلين غير النظاميين المتمردين. لقد كان القتل مرتبطًا بالنظام أكثر مما هو مرتبط بالفوضى، كما يظهر بالاحتلال النازي والياباني أثناء الحرب العالمية الثانية، وغيره. لقد كانت الأعمال الوحشية شائعة أثناء الحرب الأهلية الإنجليزية في أماكن وأزمان عملت بها الجيوش الاحترافية لا المليشيات (Coster 1999:95)، وأسوأ مجازر البوسنة، سربرنيتسا، نفذت بطريقة نظامية للغاية وعلى يد جنود نظاميين لا عصابات شبه مسلحة في أحد الغارات. تحليل الاقتصاد القياسي الراهن للأدلة من أفريقيا يدعم النزاع القائم بأن العنف ضد المدنيين مستخدم لتحقيق مكاسب عسكرية، بعكس النهب والافتراس (Azam and Hoeffler 2002). أخيرًا، فإن أطروحة «القروسطة» تتضمن كذلك تشخيصًا خاطئًا للعديد من النزاعات. وعنف بعض أسوأ الحروب الأهلية الراهنة في أفريقيا ليس عشوائيًا بالضرورة (Richards 1996; Ellis 1995:184; Geffray 1990).

2.6.3. الاعتداء

أطروحة الاعتداء تتلقى دعمًا غير مباشر، للوهلة الأولى، من التشابهات الصادمة بين العنف الذي يحصل بين الحروب الأهلية، بمعناها الضيق، والحروب الأهلية التي تقع أثناء الاحتلالات الأجنبية. الانتقامات الجمعية، والعنف العشوائي، وأخذ الرهائن، والتهجير الجماعي كلها سمات لكلا نوعي الحروب، مما يشير إلى أن التمرد ضد أي سلطة يستدعي استجابة عنيفة للغاية. إن النقاش القانوني حول التفريق بين المقاتلين وغير المقاتلين حصل في سياق النقاشات عن تنظيم أنظمة الاحتلال. هذه الأطروحة متسقة كذلك مع ملاحظة أن المستويات العالية من العنف ضد الشعوب «الأقل» أو «الأدنى»، كما في الحروب الاستعمارية، تم تبريرها على أرضية معيارية شبيهة (Donagan 1994:1139).

ولكن، هناك بعض المشاكل ضمن هذه الأطروحة. أولًا، هل البربرية سببها السمة الاعتدائية للتحدي الداخلي للسيادة، أو هل فكرة الاعتداء هي تمظهر لعمليات أخرى، مثل الاستقطاب أو طبيعة الحرب؟ ثانيًا، هذه المحاججة تثير سؤالًا عن سبب اعتبار هذه الممارسات اعتدائية بالمقام الأول. ثالثًا، السجل التجريبي يطرح أسئلته. هناك تباين معتبر بردود الفعل على التحديات الداخلية للسلطة، بغض النظر عن جديتها وتهديدها. مثلًا، المظاهرات الفرنسية في مايو/ أيار عام 1968، والمسيرات الحاشدة في أوروبا الشرقية

عام 1989، وتحديات الإرهاب الداخلي في أوروبا (الألوية الحمراء، «إيتا» [أرض الباسك والحرية]، و«الجيش الجمهوري الإيرلندي»، إلخ) تم التعامل معها جميعًا باعتدال رغم التهديد الذي فرضوه والمعايير التي قد يكونون اعتدوا عليها. رابعًا، هذه الأطروحة تفشل باختبار تجريبي هام: العنف الممارس من المتمردين أو بين المجموعات المتمردة المتنافسة عادة ما يكون بربريًا بقدر العنف الممارس من الدولة. العنف بين المقاتلين غير النظاميين الملكيين والشيوعيين في يوغسلافيا أثناء الحرب العالمية الثانية مثال جيد على ذلك. أخيرًا، يبدو أن العنف الضخم من الدول عادة ما يكون استجابة مباشرة للتهديدات، متجاوزا اعتبارات مثل نوع النظام أو الاعتبارات المعيارية (Donwes 2004). وباختصار، إن أطروحة الاعتداء تتناول العملية التي تقع بها البربرية، بدلًا أن تجيب على سؤال أسبابها.

3.6.3. الاستقطاب

الاستقطاب متفوق تحليليًا على كل من فرضيتي الانهيار والاعتداء، لأنه يمكن أن يضمهما ببساطة، كما أنه يتناول جانبًا مهمًا من الحرب الأهلية. ولكن نظرية الانقسامات العميقة مفيدة للغاية، فقط كنظرية للعنف.

أطروحة الاستقطاب، المثبتة تجريبيًا، تتنبأ أن الحروب الأهلية ذات الانقسامات العميقة، السابقة لها، يجب أن تكون، **بثبات باقي العوامل**، أكثر بربرية من الحروب الأهلية ذات الانقسامات الأكثر ضحالة. وبشكل مشابه، فإن التباين بمستويات العنف داخل الحرب الأهلية نفسها يجب أن يترافق مع عمق الانقسامات. هذه الأطروحة صعبة القياس، نظرًا لصعوبة عمق الانقسامات بشكل مستقل عن الصراع وعنفه. وكنتيجة لذلك، فالأدلة المنهجية ضئيلة [1].

---

(1) إنني أعرف استثناءين جزئيين، كلاهما من دراسات على المستوى الجزئي. بتحليله المستمر عن العنف عبر قرى أرغون أثناء الحرب الأهلية الإسبانية، [بروفيسور التاريخ] خوسيه لويس ليديسما (Ledesma 2001) يجد بعض العلاقة بين الاستقطاب والعنف. ولكن، من غير الواضح كيف يقاس هذا الاستقطاب، ولا يوجد فرضيات أخرى بديلة تم اختبارها. [بروفيسور العلوم السياسية] ماريو تشاكون (Chacón 2003) يجد أن استقطاب ما قبل الحرب، بقياسه بنتائج الانتخابات على مستوى المحافظات، مقياس تنبؤ جيد بالعنف أثناء الفترة الأولى من «الفيولنسيا» في كولومبيا. ولكن، لم يتم عسكرة الصراع أثناء هذه الفترة، وبدت أكثر كإطلاق عام للمذابح. إنه يجد أن الاستقطاب لا يصلح كمؤشر تنبؤ جيد للعنف في الفترة الثانية من «الفيولنسيا»، عندما تحول الصراع إلى صراع مسلح بالكامل. أثناء هذه الفترة، يبدو أن متغيرات جغرافية وعسكرية أكثر ارتباطًا بشكل واضح بالعنف.

الاستقطاب السابق للحرب مرتبط بالبربرية بطريقتين: بصيغته الأوسع، يُنظر إليه على أنه سبب للحرب الأهلية، وضمنيًا، لعنفها؛ وبصيغته الأضيق، يقدم القاعدة الأبستمولوجية للعنف المفرط عندما تندلع الحرب. وبكلتا الطريقتين، فالعنف ينتج عن الانقسامات العميقة السابقة للحرب.

نقد الصيغة الأوسع يؤكد على أن الصلة بين الاستقطاب والحرب الأهلية هشة حتى عندما يتعمق استقطاب ما قبل الحرب. هناك مجموعة كبيرة من الأبحاث التجريبية تشير إلى أن مستويات عالية من الاستقطاب الاجتماعي أو الديني أو العرقي لا تستطيع تفسير اندلاع حرب أهلية، فهي إما أنها ليست شروطًا كافية أو ليست شروطًا ضرورية (Collier et al. 2003; Laitin 2003; Fearon and Laitin 2000; Sartori 1969:81). إضافة لذلك، غياب مؤشر جيد على الاستقطاب أخفى حقيقة أنه حتى في المجتمعات التي تعتبر مستقطبة بعمق؛ فالأقلية فقط يمكن وصفها بأنها ملتفة بشدة حول قطب أو قطب آخر، بينما تبقى الأغلبية غير ملتزمة أو ذات التزام ضعيف، أي جزءًا من «منطقة رمادية» بين القطبين[1]. في الصراعات التي يوجد بها بيانات أكثر منهجية، كما في يوغسلافيا، تصبح الصلة بين استقطاب ما قبل الحرب والحرب هشة. من منظور مأخوذ كمقطع عرضي، هناك علاقة عكسية بين استقطاب ما قبل الحرب والحرب الأهلية، إذ سجلت البوسنة درجات عالية من التسامح ما بين الأعراق (Hodson, Seculić, and Massey 1994)، ولكن من منظور مأخوذ كسلسلة زمنية، هناك تغير قليل في المؤشرات الكبرى على القومية في كرواتيا ما بين 1984 و1989، مما يشير إلى أن الاستقطاب ازداد إما قبل الحرب مباشرة أو بعد اندلاعها (Seculić 2005).

ومع ذلك، قد يكون هذا بالمكان الذي اندلعت به الحرب الأهلية؛ فإن استقطاب ما قبل الحرب الأهلية يرتبط سببيًا بالعنف الكثيف الملاحظ. بأي حال، يحذر روجرز بروباكر وديفيد لايتين (Brubaker and Laitin 1998:426): «حتى عندما يتجذر العنف في صراع سابق له، لا يجب أن يعامل على أنه ثمرة طبيعية مُفسرة ذاتيًا لهذا الصراع، أي شيئًا يحصل بشكل تلقائي عندما يصل الصراع حدة معينة، 'حرارة' معينة». هذه النقطة مدعومة بملاحظة أن ما يسبب

---

(1) هناك نقطة يضعها إدوارد ماليفاكس (Malefakis 1996:26) بقوة عن الحرب الأهلية الإسبانية: «في كل حرب أهلية، أغلبية السكان تنتمي على الأرجح، على الأقل في بداية الصراع، لشيء مكافئ لما كان يسمى خلال سنوات 1936-1939 بـ **إسبانيا الثالثة**: إنهم لم يكونوا مؤمنين بأي قضية بما يكفي ليرغبوا في إراقة الدم لأجلها». مايكل سايدمان (Seidman 2002) يقدم كثيرًا من الأدلة لدعم هذه الفكرة.

اندلاع الحرب الأهلية قد لا يكون ما يستديمها (Pfaffenberger 1994). إن العمق المتصور لانقسامات ما قبل الحرب قد يكون عادة منتجا صناعيا لتقييمات رجعية لوثتها الحرب (Brubaker and Laitin 1998:426). إضافة لذلك، فإن الاستقطاب العميق لا يجب أن يسبق الحروب الأهلية، فالعنف المفرط قد يظهر في مناطق لا توجد بها انقسامات سابقة. كما في حالات محددة، مثل إسبانيا أو السلفادور، تفعل الصراع السياسي بشكل كامل قبل اندلاع الحرب الأهلية، ولكن في حالات أخرى، مثل روسيا أو اليونان، كانت الانقسامات تتشكل أثناء الحرب الأهلية. منطقة «كوينديو» في كولومبيا لم يكن بها انقسامات ثنائية حادة حتى نهاية الأربعينيات، ولكنها عانت من عنف أزهق أرواح الآلاف (Ortiz Sarmiento 1990:22). بشكل مشابه، منطقة أرجون في إسبانيا واجهت الكثير من العنف أثناء عملية «التنظيم الجماعي» التي قام بها الأناركيون، رغم أنها لم تكن مشخصة «بدرجة عالية من الاستقطاب أو الصراع الاجتماعي» (Casanova 1985:59)، فقد كان هذا العنف كما وجد [المؤرخ الإسباني] خوليان كاسانوفا، نتيجة «ظروف استثنائية ضمن سياق الحرب» مرتبطة بعوامل عسكرية، أبرزها وجود قوات عسكرية من كاتالونيا. على النقيض، منطقة «ليفانتي» في فالنسيا واجهت عنفًا أقل من أرجون رغم الدرجة الأعلى من الاستقطاب الطبقي (Bosch Sánchez 1983)[1].

إضافة لذلك، فإن التأكيد على صلة بين استقطاب ما قبل الحرب والعنف عرضة لنقدين منهجيين اثنين. أولًا، عنف الحرب الأهلية قد يكون مرتبطًا خطأً باستقطاب ما قبل الحرب عبر انحيازات الاستدلال، مثل الاستقراء من المستوى الإجمالي إلى المستوى الفردي، وتفضيل معلومات الأفراد، بعكس معلومات معدل الأساس (base-rate). نتيجة لذلك، يتم التغاضي عن تأثيرات التفاعل والتأثيرات الزائفة والتأثيرات غير الملحوظة. ثانيًا، العنف قد ينتج عن ديناميات متأصلة بالحرب الأهلية، ومرتبطة بشكل غير مباشر أو غير مرتبطة أساسًا باستقطاب ما قبل الحرب عبر طريقتين اثنتين: **الاستقطاب داخلي المنشأ، والعنف داخلي المنشأ**. أبراهام لينكولن لاحظ عن الحرب الأهلية الأمريكية أنه مع «قدوم الحرب؛ يحمى الدم، ويُراق الدم. يتوه الفكر عما كان عليه» (in Fellman 1989:85). ملاحظة لينكولن تشير إلى أن العنف قد

(1) لذلك قد يكون من المكلف استنتاج مخاطر محددة حصرًا عن استقطابات ما قبل الحرب. عندما عادت أمبارو بارايون إلى منزلها في سمورة في الشهور الأولى من الحرب الأهلية الإسبانية، فعلت ذلك «لأنها لم تعتقد أنه سيكون هناك مشاكل. سمورة كانت دائمًا مكانًا مسالمًا للغاية». بعد ذلك بقليل، تم التشهير بها واعتقالها وإعدامها (Sender Barayón 1989:165).

ينشأ داخل الحرب، مستقلًا عن الانقسامات التي أنتجت الحرب في المقام الأول. ولتعقيد الأمور أكثر، الاستقطاب قد ينشأ **أيضًا** داخل الحرب الأهلية، ليصبح نتيجة لا سببًا لها.

1.3.6.3. انحيازات الاستدلال

تفسيرات العنف التي ترجعه إلى العوامل التي يعتقد أنها أنتجته عرضة لانحياز استدلالي أقرب لمغالطة بيئية: إنها تستنبط من المستوى الإجمالي إلى المستوى الفردي بغياب بيانات على المستوى الفردي حول حالات محددة من العنف. [السوسيولوجي الفرنسي] ريموند بودون (Boudon 1988) أظهر أنه حتى في مجتمع متجانس من المتساوين، من المحتمل توليد عمليات منافسة (ومن ثم عنف)، قد يظهر على المستوى الإجمالي أنها ناتجة عن انقسامات عميقة. بشكل شبيه، تمت الإشارة إلى أن تأثيرات التنافس بين الجماعات قد تكون مجرد نواتج جانبية لانحيازات اختيار: حتى في عالم لا تلعب به العرقية أي دور مهمًا كان بتحديد التفاعلات المحتملة بين الأفراد أو نزعة الأفراد للعنف؛ قد نرى عنفًا كبيرًا، تم تصوره بشكل خاطئ على أنه ناتج عن تنافس عرقي (Dion 1997). لذلك، فإن تأويلات العنف تتطلب بيانات سياقية عالية الدقة والتفصيل. وعندما تتاح بيانات كهذه، كما في إيرلندا الشمالية، فهي تشير إلى انفصال بين عنف الصراع والانقسام الديني الذي يغذيه (O'Leary and McGarry 1993) [1]. قد يتلخص الأمر أيضًا في أن الهويات الفردية عند رؤيتها من «الأعلى» تبدو ملتحمة تمامًا بالأسفل أو بأثر رجعي. مثلًا، العديد من الكولاك (الفلاحين الأثرياء) أثناء الإرهاب الستاليني لم يكونوا كولاكا على الإطلاق، إذ تخبرنا [باحثة الاتحاد السوفييتي] لين فيولا (Violla 1993:65-66) أنه «أثناء تلك الفترة وما بعدها؛ يمكن أن يتحول كولاك لفلاح فقير لأجل كأس من الفودكا أو قارورة من [خمر] **الساموجون** (ضوء القمر)، أو في غياب كأس من الفودكا أو قارورة من **الساموجون**، يمكن أن يتحول الفلاح الفقير إلى كولاك.... لقد بدا أن الكولاك بحسب عين الناظر».

البيانات السياقية المطلوبة لتأسيس الاستدلال يجب أن تكون عالية الدقة والتفصيل. مثلًا، ملاحظة أن مالك أراضٍ قتل في منطقة يسيطر عليها الثوار ليس كافيًا لإظهار هذا الفعل على أنه انعكاس لانقسام طبقي، فهذا يتطلب معلومات مفصلة عن الدافع الفعلي وراء هذا

---

(1) لقد وجدوا أن العنف لا يرتبط مع مستويات الممارسة الدينية عبر الزمان والمكان، فالفاعلون الدينيون لا يعرفون أنفسهم بالمصطلحات الدينية، والعنف ليس موجهًا ضد الرموز الدينية.

السلوك تحديدًا من العنف [1]. من الضروري كذلك تجنب مغالطة الاقتطاع الشائعة، أي: تجاهل معلومات معدل الأساس النائية والمجردة لصالح معلومات الهدف الحية والمتماسكة. المطلوب، بدلًا من ذلك، هو معدل القتل الملاحظ ومعدلات عدم القتل الملاحظة (والمتجاهلة غالبًا) ضمن السكان أنفسهم: كم عدد ملاك الأراضي الذين قتلوا، وكم عدد الذين لم يقتلوا[2]؟ إذا قتل مالك أراضٍ وحيد (وإذا قتل أيضًا فلاح لا يملك أرضًا على يد الجماعة نفسها)، فإن علينا أن نسائل المدى الذي توصف به هذه الحالة بأنها «عنف طبقي» [3].

إضافة لذلك، فإن الدوافع قد تكون مختلطة: قد يقتل شخص ما بسبب عضويته لجماعة **وأيضًا** بسبب سلوك معين مرتبط أو غير مرتبط بعضويته. أثناء التحقيق بعدد من الأحداث العنيفة التي وقعت أثناء التمرد اليساري في جزيرة نيجروس الفلبينية، أُخبر ألان بيرلو (Berlow 1998:166) من أحد المخبرين أن أحد ملاك الأراضي الذي كان اسمه «سيفارين استهدف [من المتمردين] لأنه كان يساعد الجيش.... كان هذا الدافع الرئيسي لقتله». «ملاك الأراضي» الذين قتلوا في شمال الصين على يد الفلاحين الذين يقودهم الشيوعيون أثناء الحرب الأهلية كانوا غالبًا فلاحين ذوي حالة أفضل قليلًا، تعاونوا مع داعمي الحكومة، بينما أولئك الذين امتنعوا عن أي فعل، ومن بينهم ملاك أراضٍ «حقيقيون»، لم يتعرضوا للأذى، وكما يروي أحد الأعضاء الشيوعيين، فإن مالك أرض محليًا لم يكن ليُضطهد «لو لم يرجع إلى الكومينتانج [الحزب القومي الصيني] ليهدد كوادرنا. لقد اتفقنا أن الفلاحين الأغنياء ليسوا هدف نضالنا» (Thaxton 1997:289-290). هناك الكثير من الأدلة من مستندات الفيت كونغ والتي ترسم تفريقًا واضحًا بين ملاك الأراضي، وملاك الأراضي «الملاعين عملاء

---

(1) هذا صعب التحصيل. الصحفي الاستقصائي آلان بيرلو (Berlow 1998)، كتب كتابًا كاملًا يصف فيه بحثه عن أدلة حول عمليتي قتل مرتبطتين بالتمرد في جزيرة نيجروس، في الفلبين (كانت إحداهما قتل مالك أراضي). في النهاية، فشل بإيجاد أي دليل حاسم.

(2) هذا هو جوهر نقد ريتشارد لوي (Louie 1964) لتحليل دونالد جرير عن الإرهاب الفرنسي.

(3) الدراسات المحلية عن الحرب الأهلية الإسبانية وجدت أن العديد من ملاك الأراضي تم إطلاق سراحهم على يد الجمهوريين لأسباب ما تزال غامضة (Estrada I Planell 1995:39)، بينما كان الفلاحون الفقراء يستهدفون مرارًا على أيديهم (Ledesma 2001:254). خوسيه لويس لديسما (Ledesma 2004:291-292; 311-312) يستنتج أنه رغم أن الطبقات غذت عنف الجمهوريين، إلا أنها لم تكن ببساطة حالة من العنف الطبقي، إذ كانت الطبقة قليلا ما تُدرك بشكلها الاقتصادي الضيق، وكثيرًا على أنها شبكة معقدة من الولاءات السياسية المتداخلة. [الباحث الأنثروبولوجي] أليكس أرجينتي بيلين (Argenti-Pillen 2003:77) يشير للأمر نفسه حول العنف العرقي في سريلانكا.

العدو»، مع مقترحات لتعامل مختلف مع كليهما (Race 1973:126). كوادر الفيت كونغ قسموا كذلك الفلاحين إلى فئتين سياسيتين بناء على معايير أمنية لم تتقاطع مع الانقسام الطبقي (Elliott 2003:954-960). ويرجع مدى التباين بين الهوية والسلوك غالبًا لرغبة فاعل ما بالتفريق بين الاثنين، والذي قد لا يكون مرتبطًا بالاستقطاب.

أخيرًا، غالبًا ما تكون الحالة هي قتل شخص ما نتيجة لأسباب سياسية (هويته وسلوكه) وبسبب أسباب غير سياسية، مثل عداوات وثارات شخصية. فمثلًا، أحد الخبازين في بلدة جواتيمالية صغيرة اختطف على يد فرقة موت وقتل لأنه انتقد الجيش علانية **وأيضًا** لثأر شخصي نتيجة مقتل أحد أعضاء فرقة الموت (Paul and Demarest 1988:126).

2.3.6.3. الاستقطاب داخلي المنشأ

أطروحة الاستقطاب تتضمن أن توزيع الدعم الشعبي أثناء الحرب هو انعكاس منطقي للانقسامات (ما قبل الحرب)، ففي أوقات الاستقطاب العالي، «القدرة الحاملة» للفاعلين السياسيين تصل قيمتها القصوى، وتنتج تقاطعًا شبه كلي بين أهداف الفاعلين السياسيين وأهداف السكان الذين يدعون تمثيلهم. لذلك، فالفلاحون معدومو الأراضي يدعمون بشكل طبيعي المتمردين اليساريين، وملاك الأراضي يدعمون الحكومات اليمينية؛ التاميل سينضمون لـ«نمور التاميل» والسينهالا سيصطفون مع الحكومة السريلانكية؛ الكاثوليك يدعمون «الجيش الجمهوري الإيرلندي» والبروتستانت يدعمون الاتحاديين؛ وهكذا. يتبع هذا أن التعاون والدعم ثابتان ومسلم بهما بشكل خارجي عن الحرب، ولذلك فتحديد التوزيع يتطلب فقط مجرد الوصول للبيانات الإحصائية المرتبطة.

ولكنْ، هناك دليل جوهري على أن الاستقطاب ينشأ عادة داخل الصراع. أشار ثوسيديديس (Thucydides 3.83-84) إلى «التعصب العنيف الذي حصل **حالما** اندلع الصراع.... **نتيجة** لهذه الثورات، كان هناك تدهور بالشخصية في العالم الإغريقي.... فالمجتمع **أصبح** منقسمًا لمعسكرين متعادين أيديولوجيا، وكل جانب نظر للآخر بريبة» (التأكيد من الكاتب). هذه الفكرة حاضرة بالعديد من الدراسات المعاصرة[1]. من وجهة نظر نظرية؛ رينيه جيرارد

(1) انظر أيضًا: M. Johnson (2001:60); Rubio (1999:79); Collins (1999:177); Genschel and Schlichte (1998); Licklider (1998:127); Byrne (1996:2); Ellis (1995:185); Ranzato (1994); Simmel (1955:30).

(Girard 1977) اقترح ميكانيزمية للاستقطاب داخلي المنشأ: عندما يصبح التنافس حادًا، ينسى الخصوم القضية الأولى للتنافس وبدلًا من ذلك يصبحون مهووسين ببعضهم البعض أكثر، وكنتيجة لذلك؛ يُصفى النزاع من أية نتائج خارجية ويصبح قضية مظهر صافية وحسب.

أثناء الحرب، يقوم الفاعلون السياسيون بجهود مكثفة لحشد السكان حول بعد الانقسام الذي يمثلونه، لأنهم يعلمون أن السكان منقسمون على خطوط متعددة متناقضة، وأن المدنيين يسعون لتجنب التزامات خطيرة. «جيش تحرير كوسوفو» كان عليه أن يجد طريقة ليوحد عوائل القرى الألبان العرقية، المنقسمة عادة بثارات عميقة، والشيوعيون الصينيون كان عليهم أن يقنعوا القرويين الفقراء أن هويتهم تتقاطع مع القرويين الفقراء الآخرين، لا مع أفراد قريتهم الأثرياء[1]. حشد كهذا ليس مهمة سهلة الإنجاز، وعادة ما يظهر العنف نفسه ليكون أكثر إقناعًا من المنطق. هذا الادعاء متسق مع ملاحظة أن العنف المتمرد في العصيانات العرقية «موجه عادة بشكل أساسي تجاه الشعب نفسه، لضمان دعمهم للثورة، إن كانوا مترددين أو سلبيين» (Paget 1967:32). أبعاد الانقسام الجديدة تصبح ممأسسة بنجاح عادة بعد أن يتم الانتصار بالحرب [2]. لذلك، فما يؤخذ عادة على أنه سبب الحرب الأهلية قد يكون ناتجها.

في بداية الحرب الأهلية، معظم الناس يكون لديهم مواقف مسبقة وتفضيلات أولية تنبع بشكل مباشر من سياسات ما قبل الحرب، لكن هذه المواقف تتغير مع ديناميات الصراع. أحيانًا، ونتيجة لمنطقها الاختزالي؛ تعزز الحرب هذه المواقف المبدئية عبر «تصلب» الهويات (Van Evera 2001:21; O. Roy 1999:233; Kaufmann 1996; Fawaz 1994:5)، وتزيد بروزها (T. Allen and Seaton 1999:3) [3]. معظم مزارعي ميزوري كانوا «اتحاديين شرطيين» قبل الحرب الأهلية، لكن الحرب «دمرت الأرضية الوسيطة، وألقت أولئك غير الراغبين بجانب

---

(1) في قرية في جنوب الصين، «وجد الصينيون الأفقر أن عليهم التخلي عن فكرة التضامن التقليدية. لقد وجدوا أن عليهم الاقتناع بالانضمام للأجانب في هجومهم على أقربائهم. لقد وجدوا أن عليهم أن يعبروا عن أنفسهم بمصطلحات 'الكراهية'» (Chan et al. 1992:19-20).

(2) بذلك، الهويات المتولدة قد تكون أكثر تطبعًا وتشكل قاعدة لمجتمع عضوي بانتماءات موروثة. في الصين، مثلًا، الأوصاف الطبقية التي فرضت في الخمسينيات أصبحت قابلة للتوارث: فلاح فقير أصبح يدعى «مالك أراض» حتى وهو لا يملك أرضًا (Chan et al. 1992:21).

(3) هذه الفكرة تم استدخالها ضمن نظريات عملية عن التمرد: فكرة أن القتال نفسه يحفز النضال مركزية في تفكير ريجس ديبراي (Debray 1967).

الملتزمين في دوامة هائلة تجاوزت الفهم»، لقد كان هذا مكانًا حيث «حلت الولاءات الجديدة محل توجهات أقدم، أكثر تسامحًا» (Fellman 1989:28). شهادات البروتستانت من ريف كورك أثناء الثورة الإيرلندية تظهر التصاعد التدريجي للاستقطاب العرقي: «أثناء هذا الوقت، كانت الفجوة بيننا وبينهم تتسع بشكل ثابت حتى بدا أنه لا يمكن ردمها في النهاية. إنهم لم يصبحوا مختلفين عنا وحسب، بل أصبحوا عكسنا» (in Hart 1999:312-313). بحسب مالك متجر طاجيكي في مدينة هرات الأفغانية: «لم يكن هناك مشكلة بالمدينة، ولكن بعد القتال أصبحت هناك مشاكل عرقية» (in Waldman 2004:A3). يستذكر أحد الطلاب اللبنانيين:

«لقد كنت بالجامعة عندما اندلعت الحرب، وكنت أدرس الهندسة المعمارية. كل ما أردته هو أن أبدأ حياتي. ثم فجأة، تطورت هذه العقلية الغريبة: كل شيء أصبح مستقطبًا إلى مسيحيين ضد المسلمين. في كل حياتي لم أسأل أي أحد إن كان مسيحيًا أم لا. ثم فجأة أصبح عليك أن تتخلى عن نصف حياتك: نصف أصدقائك، ونصف الأماكن التي تعرفها. ما زال لدي أصدقاء مسلمون أكثر من المسيحيين. عندما اندلعت الحرب، لم أعد أرى أيًا منهم فجأة، ولا أستطيع التحدث إليهم» (in Darlymple 1997:259).

الحرب الأهلية تعزز، بالتزامن، بعض انقسامات ما قبل الحرب، بينما تضعف أو تغير أخرى. في صيغة فريدريك فويجت الشاملة (Voigt 1949:75)، إنها «توسع الشقوق وتزيد التوترات التي توجد في كل مجتمع إنساني.... إنها تقسم وتربك الولاءات، إذ تعزز بعضها وتضعف أخرى وتخلق ولاءات جديدة». تحليلًا [الأنثروبولوجي الفرنسي] كريستيان جيفراي (Geffray 1990) و[المؤرخ الفرنسي] ميشيل كاهين (Cahen 2000) عن الحرب الأهلية في موزمبيق تشير بدقة لعملية كهذه. هذه النتيجة متسقة مع أطروحة «فخ الصراع»، حيث يزيد اندلاع صراع أهلي خطر انفجار حروب مستقبلية (.Collier et al 2003)، ومع أطروحة الانقسامات المحلية، التي تبرز دور الانقسامات المحلية التي تنشطها الحرب؛ بما في ذلك علاقات القرابة والمكان التي تقطع الانقسامات الرئيسية (Kalyvas 2003)[1].

تسيس الحرب الأهلية عادة الانقسامات الحميدة أو غير العنيفة السابقة للحرب. في أوغندا، الانتساب للجماعات العرقية لم يكن مرتبطًا «في كل العلاقات على المستوى

---

[1] بعض الدراسات المحلية للحروب الأهلية تشير إلى أن الانقسامات المحلية تتغلب على انقسامات ما قبل الحرب Hart 1999:07; Moyar 1997:70-71; Paul and Demarest 1988:152; Gerolymatos 1984:78).

المحلي» حتى بدأ جنود الحكومة يقتلون الناس (T. Allen 1989:61)، والمجتمع المتعدد عرقيًا في مالايا «ظل متناغمًا نسبيًا» قبل الاحتلال الياباني، مما استفز حربًا أهلية على خطوط عرقية (Kheng 1983:16-18) [1]. في الحقيقة، الحرب الأهلية قد تخلق انقسامات جديدة بالكامل، مستقلة عن انقسامات ما قبل الحرب. «السمة الجوهرية من القرن الأول للحرب»، أثناء الحرب الأهلية في كيوتو [اليابانية] أثناء العصور الوسطى (Berry 1994:xviii)، «كانت التمزق بحد ذاته، التمزق الذي امتد وفتح انقسامات بكل أشكال السياسة والمجتمع». الملاحظة المتكررة بأن العنف عادة غير مرتبط بالانقسام الرئيس ليست دليلًا على أن انقسامات ما قبل الحرب العميقة ليست فعالة (مثلًا Lubkemann 2005:500). حقيقة أن العنف انعكاس للانقسامات المحلية متسقة تمامًا مع عملية الاستقطاب الناشئ عن الحرب. (انظر الفصل الحادي عشر).

على المستوى الفردي، يمكن إيجاد العديد من القصص حول أفراد كانت هويتهم قد تشكلت في الحرب وعبرها. [المؤرخ والكاتب البريطاني] أورلاندو فيجس (Figes 1996:697) يخبرنا كيف انضم الجنرال التتري أليكسي بروسيلوف للبلاشفة أثناء الحرب الأهلية الروسية. لقد كان سجينًا للبلاشفة، ولذلك انضم ابنه الوحيد [للقوة الأمنية] التشيكا ليحفظ حياة والده. ولكنه اعتقل على يد البيض وتم إعدامه. لام بروسيلوف نفسه على موت والده، وانضم للبلاشفة ليثأر لموت ابنه. يعلق فيجيس: «الدم، ما لم تكن الطبقة، هي ما جعلته أحمر». دور سجون السلطة بتحويل الناس المسجونين ظلمًا إلى متمردين حقيقيين تم توثيقها بإسهاب (مثلًا D. Anderson 2005:52).

ربما تولد الحروب الأهلية هويات عرقية جديدة بالكامل. هذه هي حالة «الحركيين» الجزائريين، المنحدرين بالأصل من المجندين الجزائريين الذين قاتلوا لجانب الفرنسيين أثناء حرب التحرير الجزائرية، ثم تمت عرقنة المصطلح وتوريثه عبر السنوات (Hamoumou 1993). في النهاية، أصبح الحركيون مجموعة شبه عرقية، أعضاءها يعيشون في فرنسا، ولا يفكرون بأنفسهم كجزائريين بالأساس، ولا يميلون للتزاوج مع الجزائريين الآخرين. مثال آخر يقدمه سكان وادي بانجير في أفغانستان (O. Roy 1990:231). فقد

(1) بشكل مثير للاهتمام، لم يطرح اليابانيون العداء العرقي بين المالاويين والصينيين، إلا أن هذا العداء، كما يشير [المؤرخ] تشا بون كينج (Kheng 1983:41)، كانت ناتجًا غير متعمد للاحتلال، الذي خلق توترات اجتماعية أدت لتفسيرات محلية لها، تسببت في صراع عرقي مرير.

وجدت الهوية البانجيرية في أفغانستان ما قبل الحرب، لكنها كانت ذات استخدامات محدودة وذات شخصية غير سياسية، لتضم المهاجرين الريفيين الذين جاؤوا إلى كابول من الوادي، لكنها لم تستخدم بالوادي نفسه، وسياسيًا كان البانجيريون ينظرون لأنفسهم على أنهم من «**الفارسيوان**»، أي السنة المتحدثون بالفارسية. أصبحت الهوية البانجيرية هوية سياسية بارزة فقط عندما أصبح الوادي جبهة عسكرية تحت قيادة سياسية موحدة.

هذه العملية واضحة خاصة في حالة الطبقة. [المؤرخ والسوسيولوجي وعالم السياسة الأمريكي] تشارلز تيلي (Tilly 1964:305, 330) يظهر أنه بينما كان الترتيب المبدئي للأحزاب في جنوب آنجو أثناء الثورة الفرنسية تم عبر خطوط طبقية، وتبلور «كثيرًا قبل» اندلاع تمرد الثورة المضادة؛ عام 1793 «كانت المشاركة بالثورة المضادة تمر بشكل فج عبر الخطوط الطبقية. لذلك، لم يكن هناك سمة للترتيب الطبقي يمكن أن توضح بشكل وافٍ انقسام القوى عام 1793». تجريبيًا، معظم الجهود لتوقع الدعم (بشكل رئيسي للمتمردين) على أساس السمات السوسيو-بنيوية السابقة للحرب عادت بخفي حنين [1]. على الأقل، هذه الدراسات تشير إلى أن البنية الاجتماعية تفشل بشكل عام في تفسير الصلة بين الانقسامات القائمة والدعم للمتصارعين في الحروب الأهلية.

الدراسات الماكرو- سوسيولوجية المنجزة جيدًا تقوض بشكل أكبر هذه الارتباطات (مثلًا Wood 2003). الدراسة الإيكولوجية الكلاسيكية للشيوعية الصينية (Hofheinz 1969) تظهر أن المتغيرات السوسيو-بنيوية لا يمكن أن تفسر بشكل مقنع الحشد الشيوعي أثناء الحرب الأهلية [2]. دراسة عن فيتنام خلال أعوام 1964-1965 تشير إلى أن سيطرة

---

(1) الغياب العام لتقاطع قابل للتحديد بشكل سهل بين الفلاحين والمتمردين ولد أدبيات كثيرة، سعت لتحدد، عبر مصطلحات ضيقة بشكل متزايد، الموقع السوسيو-بنيوي (فلاحون متوسطون، مزارعون بالعمولة، عمال ملكيات مهاجرون، منتجو محاصيل نقدية، إلخ) الذي ينتج دعم الفلاحين للتمردات (مثلًا Perry 1980; Paige 1975; Wolf 1969). من وجهة نظر نظرية، هذه الأدبيات فشلت في خلق الإشكالية، وافترضت بدلًا من ذلك أربعة صلات رئيسية: من مصلحة الفرد إلى مصلحة الجماعة، إلى صراع الجماعة، إلى سلوك الجماعة (العنيف)، وأخيرًا إلى سلوك الفرد (العنيف).

(2) [البروفيسور] روي هوفهاينز وجد أن الشيوعيين الصينيين حققوا النجاح في ثلاثة مناطق: في اثنتين منهما («البؤر الراديكالية»، و«قواعد المناطق الحدودية»)، كانت المتغيرات التاريخية والسياسية والاجتماعية مهمة، ولكن في الثالثة والأكثر أهمية («المناطق الخلفية الشاسعة»)، العوامل الاجتماعية المؤسسة كانت هي الأقل ارتباطًا. وكما يقول (Hofheinz 1969:76): «بسبب الأمن الذي توفره طبيعة الأرض والمسافة، كانت أرياف القواعد الخلفية قادرة على تحقيق أعلى معدلات التجنيد والمشاركة في السياسات الشيوعية».

المتمردين كانت أكثر احتمالية في المناطق التي كانت بها ملكية الأرض أكثر تساويًا من حيث الحجم، وحيث كانت زراعة الملاك أكثر من رعاية المستأجرين (Mitchell 1968)، وبشكل مشابه؛ القرى الفقيرة في ديلتا ميكونج، التي رحبت بداية بالفيت كونغ، كان رد فعلها أقوى على الضرائب المفروضة منهم على الزراعة وحيوانات الحرث، تحديدًا بسبب فقرهم (Elliott 2003:1017). التحليل المفصل [للأنثروبولوجي] كارلوس كاباروس (Cabarrús 1983) لولاءات الفلاحين في سبعة قرى سلفادورية قبل الحرب الأهلية مباشرة يظهر أن العلاقات الطبقية مؤشر ضعيف على الولاءات مقارنة مع عوامل مثل القرابة، والحالة الظرفية (من يستطيع تنظيم الفلاحين أولًا)، والسياسات الجزئية (قدرة المنظمات على إدارة الصراعات بين المجتمعات)[1]. عندما بدأت الحرب، دخلت عوامل أخرى، مثل قدرة الفاعلين السياسيين على توفير الحماية لداعميهم.

الاستقطاب الناشئ داخل الحرب متسق مع الملاحظة المتكررة بأن اندلاع العنف والحرب يفاجئ الناس، وبأن الاستقطاب مفاجئ وغير متوقع، وبأن العنف يبدو مذهلًا بالنسبة لهم، ليبدو أنه ظاهرة طبيعية، «عشوائيًا ومتعذر التعليل ولا يمكن محوه، كصاعقة أو حريق مندلع» (L. White 1989:5)، أكثر من كونه ناتج فعل بشري. تصف أحد النساء العنف في الحرب الأهلية الإسبانية: «بالنظر إلى وجهها وهي تستذكر [القتل]، يبدو أنها تصور ظلمة مطلقة.... يظهر أن هذا القتل في محادثتها وراء الإدراك»، والحرب تبدو «انفجارًا مفاجئًا مندلعًا كبركان» (Joseba Zulaika 1988:21, 34). أنهى أحد الرجال الهنديين الجواتيماليين مذكراته عن محنته أثناء أعوام 1980- 1982 بقوله: «هو وجيرانه كانوا ضحايا جنون مؤقت» (Annis 1988:173). يستذكر جلاديس مورو (Mouro 1999:20) عن بداية الحرب الأهلية في لبنان: «وكأن بيروت جنت تمامًا». انظر للملاحظات التالية من الحرب الأهلية الإنجليزية، والشيشان، والبوسنة:

---

(1) كارلوس كاباروس (Cabarrús 1983) وجد أن الفلاحين الفقراء (*semiproletarios*) كانوا أكثر قابلية للانضمام لأي جانب، مقارنة بالفلاحين الأثرياء (*campesinos medios*) والعاملين الزراعيين (*jornaleros*)، الذين كانوا أقرب لأن يكونوا لا مبالين سياسيًا. عندما اختاروا انحيازاتهم، الفلاحون الأثرى والعمال الزراعيون كانوا أقرب للانضمام إلى المنظمة اليمينية «ORDEN»، بينما انضم الفلاحون الفقراء إلى المنظمة اليسارية «FECCAS»، التي كان نصفها منهم تقريبًا، في حين أن «ORDEN» انقسمت تقريبًا بالتساوي بين المجموعات الثلاث. لقد كان هناك تباين معتبر في التكوين الاجتماعي لهذه المنظمات عبر القرى.

«من الغريب ملاحظة كيف انحدرنا دون وعي ببداية الحرب الأهلية، بحادث غير متوقع يليه حادث آخر» (in McGrath 1997:91).

«في البداية فشلت بإدراك أن الحرب هي ما يحصل. لقد اعتقدت لوقت طويل أن هذا نوع من سوء التفاهم. لم يخطر ببالي أن شيئًا كهذا كان محتملًا» (in Tishkov 2004:132).

«لقد كنت أفكر بحالات شبيهة. لبنان، أنجولا، رومانيا. بداية، كنت أشاهد الأخبار على التلفاز حول ما يجري هناك، ثم أطفئ التلفاز وأواصل حياتي وأنا أفكر: 'لا يمكنني فعل شيء حيال هذا'... لم أكن أتصور، ولا حتى في الخيال، أن أحداث البوسنة قد تأخذ الشكل الذي تأخذه الآن» (Pervanic 1999:148).

لقد اشتكى كل من المسلمين والكروات في البوسنة من «نوع من الجنون يجذب الناس، ويغيرهم بطريقة غير متوقعة» (Loizos 1999:119). «لقد عشنا دومًا معًا وكنا متفاهمين، وما يجري الآن حصل نتيجة شيء أقوى منا» (in Bringa 1995:4). وَجَدَ استبيان بحثي أجري في يوغسلافيا منتصف التسعينيات أن سبعة بالمئة فقط من الذين شاركوا به كانوا يظنون أن البلاد قد تتفكك (Oberschall 2000:988). [المؤرخ والأكاديمي الإنجليزي] نويل مالكولم (Malcolm 1998) يلخص مشاهداته في أن: «أقوى ما يصل من التأريخات الشخصية [للحرب البوسنية] هو شعور الحيرة الذي أصاب معظم الناس. فاندلاع الحرب فاجأهم، وتحول الجيران إلى أعداء بدا بلا أصل في تجاربهم السابقة. كان مجازهم المفضل هو دوامة جاءت من اللامكان ومزقت حياتهم».

3.3.6.3. العنف داخلي المنشأ

ما وراء الاستقطاب، قد ينشأ العنف كذلك داخل الحرب من حيث أنه غير مرتبط بأسبابها. حالما تبدأ الحرب؛ فإن دوامة العنف الموصوفة بالروايات التي تؤكد على الانهيار تخترق المشهد: العنف يصبح «وحشًا يؤدي لتصاعد متزايد في العنف» (C. Friedrich 1972:76). إنه «متلاقح خلطيًا» (Senaratne 1997:145) ويكتسب بذاته منطقًا غير متناسب أو حتى مستقلًا عن الأسباب الأولية للحرب، وحتى عن ممارسة وأهداف الحرب (Scheffler 1999:178). الحرب تأخذ «حياة بنفسها، مثل حرب الثلاثين عامًا كما تم تصويرها في مسرحية 'الأم الشجاعة' لبيرتولد بريخت، مع نسيان الناس عما كانت عليه بداية، ومحاولتهم ألا يفعلوا شيئًا سوى النجاة، حتى إن كان هذا يعني عمالتهم لآلة التجنيد

اللاشخصية» (Shy 1976:14). كما يشير أحد السياسيين من كارولينا الجنوبية عام 1789: «حالما تنطلق كلاب الحرب الأهلية، فليس من السهل إرجاعها» (in Weir 1985:76). هناك بعض الأدلة المنهجية حول هذه العملية. التحليل الكمي للإبادات الجماعية ذات الدوافع السياسية في إيرلندا الشمالية تشير إلى «عملية محلية من إعادة إنتاج العنف الاجتماعي»، حيث يتسبب العنف ويستديم مزيدًا من العنف (Poole 1995:42). هذا تدعمه أيضًا نتيجة مفادها أن عنف السلطة مؤشر تنبؤي أفضل للعنف السياسي للمتمردين في إيرلندا الشمالية، بشكل أكثر من الحاجة الاقتصادية (R. White 1989).

وباختصار، فإن عالمية التفريق بين العدو والصديق هي عادة تابعة للحرب، أو منتج جانبي للعنف. واستجابات الفاعلين السياسيين والأفراد لديناميات الحرب (والاستجابات على استجاباتهم) تشكل العنف والحرب واحتمالات السلام بطريقة مستقلة نسبيًا عن الأسباب القريبة للصراع.

الاعتراف بأن كلًا من العنف والاستقطاب يمكن أن ينشآ عن الحرب يتضمن مؤهلًا قويًا لفكرة أن العنف ينبع بشكل حصري عن انقسامات ما قبل الحرب. في الوقت نفسه، مجرد عزو العنف للحرب والعودة إلى ميكانيزمات الانهيار سيكون غير كاف للأسباب التي تم نقاشها في القسم 1.6.3. الطريقة الأفضل لفهم ديناميات العنف داخلي المنشأ تتطلب أن نأخذ بعين الاعتبار البيئة المؤسساتية التي ينبثق بها العنف، وهي تكنولوجيا الحرب في الحروب الأهلية.

4.6.3. تكنولوجيا الحرب

هناك ملاحظة تجريبية صادمة وهي أن قلة قليلة من الحروب الأهلية تُخاض بوسائل الحرب التقليدية (مثل الولايات المتحدة وإسبانيا)، بينما يخلط البعض بين الحرب غير النظامية والحرب التقليدية (مثل روسيا والصين وفيتنام) (Derrienic 2001:166). العكس بالعكس، كل الحروب بين الدول تقريبًا تُخاض بشكل تقليدي [1]. باختصار، هناك درجة عالية من التداخل بين الحرب الأهلية والحرب غير التقليدية، بنوعيها غير النظامية و«المتناظرة».

---

(1) تم الحديث عن بعض الحروب غير النظامية بين الدول، لكنها كانت في الغالب نزاعات حدودية ذات حدة منخفضة، مثل الحرب الليبية التشادية، أو الحرب بين بليز وغواتيمالا (Harkavy and Neuman 2001:18-19).

لذلك، فملاحظة أن درجات عالية من العنف مرتبطة بالحرب الأهلية عبر الحروب غير التقليدية تبدو معقولة.

بوضعها كفرضية؛ أطروحة طبيعة الحرب تتنبأ أن العنف يجب أن يكون عملية مباشرة للسمة غير النظامية للحرب. إلا أن الدليل مختلط: فبعض الحروب التقليدية بين الدول، مثل الصدام الألماني السوفييتي أثناء الحرب العالمية الثانية، كانت بربرية للغاية، في حين كانت الحرب الأهلية الإسبانية حربًا أهلية تقليدية. في الوقت نفسه، لا تنتج كل الحروب غير النظامية عنفًا بربريًا، إلا أن أولئك الذين يعبرون عتبة معينة من الحجم يفعلون ذلك (Valentino 2004). إن الادعاء المطروح هو أنه حيثما تصادفت حروب العصابات والعنف الجماعي؛ فهما مترابطتان سببيًا (Valentino et al. 2004).

الحرب الأهلية الأمريكية تقدم اختبارًا جزئيًا، لكنه حاسم، لأطروحة طبيعة الحرب. في بعض أجزاء البلاد (بشكل رئيسي في ميزوري، وشرقي تينيسي، وفرجينيا الغربية، وشرقي كارولينا الشمالية، وأيضًا في جورجيا وألاباما وكنتاكي، ولويزيانا، وأركانسا)، كانت الحرب تخاض بشكل غير نظامي (Beckett 2001:10-11; Fellman 1989; Paludan 1981)، وقد كان هذا لأسباب لا علاقة لها بنوع سياسات ما قبل الحرب وإنما بالموقع الجغرافي. هذه الحرب غير النظامية كانت مختلفة بشكل كبير عن الحرب التقليدية المعروفة بشكل أكبر، والتي كانت بها الحروب تخاض على الجبهات ويترك المدنيون بدرجة كبيرة بسلام، كما هو الوصف التالي للحرب في شرقي تينيسي: «لقد استفز هذا الصراع منطقة ضد منطقة، ومجتمعًا ضد مجتمع، وأفرادًا من المجتمع نفسه ضد بعضهم البعض. لقد كانت حربًا غير مركزية ومحلية ومنفصلة بشكل مفاجئ عن الحرب التقليدية، وقد تفاوتت شخصيتها من مكان لآخر» (Fisher 1997:3). [المؤرخ] ويليام أومان (Auman 1984:70) ختم فكرته عن الحرب الأهلية بمنطقة ريف راندولف في كارولينا الشمالية بملاحظة أن «نزاع الجار ضد الجار، والأخ ضد الأخ.... كان مشخصًا بالقتل وحرق الممتلكات والتعذيب والترهيب والنهب والسلب». الحالة الأمريكية تشير إلى أن تكنولوجيا الحرب قد تكون سببًا كافيًا للبربرية وإن لم تكن ضروريًا.

إلا أن الميكانيزمية السببية الدقيقة بين البربرية والحرب غير النظامية يجب أن تحدد. فهناك ثلاثة ميكانيزمات مقترحة: الحرب غير النظامية كحرب ثورية، وكأحد صيغ محاججة الاستقطاب، حيث تصبغ العداوة الأيديولوجية الحرب غير النظامية بسمة سيئة تحديدًا؛

والحرب غير النظامية كحرب «قروسطية»، حيث يؤدي غياب الانضباط العسكري عن المقاتلين غير النظاميين لتجاوزات عنيفة؛ والضعف والعرضة [للأعداء] المتأصلان في الحرب غير النظامية، مما يدفع الفاعلين لاستخدام العنف لتقليل تعرضهم للمخاطر المميتة.

بخصوص الميكانيزمية الأولى، فشل شميت في رسم صلة واضحة بين الاستقطاب وحرب الأنصار: لماذا يجب أن يعبر عن الاستقطاب عبر هذا الشكل من الحرب؟ إضافة لذلك، كان يعمم انطلاقًا من فترة تاريخية محددة وفشل في إدراك أن العنف والحرب غير النظامية لهما ارتباط تاريخي أوسع، يتجاوز اللحظات الثورية في حقبة التحرر من الاستعمار والحرب الباردة [1]. المحددة التجريبي الواضح لهذه المحاججة هي أنها لا تستطيع تفسير العنف المفرط للعديد من الحروب الأهلية التي تبدو غير مرتبطة بالاستقطابات السابقة لها، بما في ذلك ما يسمى بـ«حروب الطمع».

الميكانيزمية الثانية مشابهة لصيغة «القروسطة» من أطروحة الانهيار، ولكن مع وجود طبيعة الحرب كمتغير متداخل. كما تمت الإشارة في القسم 1.6.3، فإن هذه المحاججة تسيء تشخيص العديد من الحروب الأهلية. الأسوأ، هو أنها تفشل في تشخيص كل من السلوك العنيف للجيوش النظامية المنضبطة التي تمارس مكافحة التمرد، وعنف الحروب الأهلية التقليدية. في الحقيقة، بعض الباحثين يطبقون الدليل المتاح لتقديم المحاججة المعاكسة. كارل شميت (Schmitt 1992:240-41) يحاجج لصلة مباشرة بين انضباط الجيش ومستويات العنف العالية، بينما يحاجج [المؤرخ العسكري] جونثر روتنبيرج (Rothenberg 1994:87)، بأن المشاركة الشعبية في الحروب والنمو المصاحب لها لجيوش المواطنين، وهي السمة المؤشرة للحداثة لا البدائية، أدت لعنف غير مضبوط.

تشكيل أطروحة الأمن كفرضية قابلة للاختبار يجعل البربرية وظيفة مرتبطة بغياب الأمن الذي يواجهه الفاعلون المسلحون. بعكس النظريات الأخرى، هذه الأطروحة لها ميزة تفسير سلوك كل من أصحاب السلطة والمتمردين، وبالأخذ في عين الاعتبار أنماطَ العنف في الحروب الأهلية التقليدية والحروب غير النظامية المتناظرة (ولكن، بدون الحروب التقليدية بين الدول). فعلى سبيل المثال، معظم العنف المستخدم ضد المدنيين أثناء الحرب الأهلية

(1) الحروب غير النظامية سابقة كثيرًا لماو تسي تونج وتشي جيفارا. حركات الغوار (والمنظرون لها) في القرن التاسع عشر كانوا محافظين أكثر من كونهم ثوريين. تروتسكي استخدم أمثلة من الحرب الأهلية الروسية ليحاجج بأن حروب العصابات ليس حصرًا على جيش ثوري (Laqueur 1998).

الإسبانية وقع في الشهور الأولى من الصراع عندما كان الارتياب الكبير ووجود «طوابير خامسة» (وهو المصطلح الذي اخترع أثناء هذه الحرب) حقيقيين أو مشتبه بهما من وراء ظهر شخص هدم منطق الجبهات وولد شعورًا حادًا بالضعف والعرضة. حالما استقرت الجبهات، قل العنف (Ledesma 2001:256; Ucelay da Cal 1995:84; Ranzato 1994:li). كانت هذه الحالة في فنلندا (Upton 1980:292)، وكوريا (Yoo 2002:20)، والبوسنة (Kalyvas and Sambanis 2005). في إيطاليا وكولومبيا وأفغانستان المحتلة، ارتبط العنف العشوائي ضد المدنيين مباشرة بالقرب من الجبهات، المؤشر الآخر على غياب الأمن (Forero 2002:A9; Waldman 2002b:A9; Klinkhammer 1997).

إضافة لذلك، فإن صيغة الأمن من أطروحة تكنولوجيا الحرب تسمح بتوقعات عن التوزيع المكاني للعنف: حيث تكون القوات المسلحة أكثر ضعفًا، تكون احتمالية استخدام العنف أكبر. ولكن، هذه المحاججة لا تسمح بتنبؤات عن نوع العنف المستخدم. يمكن أن يكون العنف انتقائيًا [لضحاياه] أو غير تمييزي [عشوائي]، ولا يوجد منطق محدد يمكن من خلاله الحكم ما إن كانت زيادة الأمن ستؤدي لنسبة متزايدة لأحد النوعين. ولكن يبقى التوظيف العملي لـ«الضعف والعرضة للأعداء» قضية أساسية.

7.3. الخلاصة

أربعة روايات مختلفة للعنف في الحروب الأهلية (الانهيار، والاعتداء، والاستقطاب، وطبيعة الحرب) تم تحديدها وإعادة تشكيلها ونقاشها في هذا الفصل لتوضيح اختيار الجوهر الذي سأبني عليه النظرية الحالية للعنف في الحروب الأهلية. كل رواية منها لديها جدارة كبيرة وما زالت تقف كأساس قوي يمكن الإجابة من خلاله عن أسئلة متنوعة حول الحرب الأهلية والعنف، الظاهرة المعقدة، التي تجمع تحتها بوضوح العديد من العمليات والميكانيزمات. في النهاية، يجب توظيفها واختبارها تجريبيًا. ومع ذلك، النظرية الاستنتاجية للعنف في الحروب الأهلية يجب أن تنبثق عن جوهر بسيط وواضح.

من منظور بناء النظرية، الأطروحة التي تشير إلى أن تكنولوجيا الحرب جوهر مناسب. الانهيار لا يتلاءم تمامًا لتفسير الظهور الأولي للعنف في منطقة ما، ولا يبدو أن تضميناتها – العنف المتزايد في المناطق التي لا يسيطر عليها أحد، والعنف المتزايد في المناطق ذات التجانس السكاني، والمزيد من العنف مع لانظامية الجيش – تتوافق مع الأدلة التجريبية

المتوفرة. بشكل مشابه، لا تتوافق أطروحة الاعتداء مع الواقعية التجريبية لعنف المتمردين ضد كل من المدنيين والمتمردين الآخرين، وتتطلب رواية، لم تفصل بعد، عن سبب كون العصيان اعتدائيًا للغاية، بعكس الاعتداءات الأخرى. رغم أن الاستقطاب رواية مقنعة، قادرة على جمع كل من الاعتداء والانهيار تحتها، إلا أنها تبقى صعبة التحديد تجريبيًا بدون الرجوع لبعض الإطناب: حيثما وجدت الحرب، وجد الاستقطاب، وحيثما وجد الاستقطاب، وجدت الحرب، كما أنها تترك كلًا من العنف والاستقطاب الناتجين داخليًا عبر عمليات الحرب. رغم أن صيغة الأمن من فرضية الحرب غير النظامية لا تولد توقعات حول ما إذا كان العنف يميز ضحاياه أم لا، إلا أنها تقدم تضمينات معقولة وقابلة للقياس وروايات تنطبق على كل من أولئك الذين في السلطة وعلى المتمردين، بما يتلاءم مع السجل التجريبي المتناقل لعدد من الصراعات. في الفصل التالي، أرجع لمهمة تحديد نظرية للحرب غير النظامية، ويمكن من خلالها بناء نظرية عن العنف في الحروب الأهلية.

رغم أنني أبني أسسًا لنظرية للعنف في الحروب الأهلية من أطروحة تكنولوجيا الحرب، إلا أن الأسئلة التجريبية المطروحة في هذا الفصل تظل مفتوحة. سأرجع لهذه القضايا في الفصلين الثامن والتاسع، حيث أختبر العديد من التضمينات التجريبية للروايات النظرية الأربع. إنني أسأل ما إن كان هناك علاقة إيجابية بين درجة الأناركية وحدة العنف، وما إن كانت حدة العنف مرتبطة بطلب الانتقام، وما إن كان هناك عنف وقائي يتوافق مع منطق ميكانيزمة المعضلة الأمنية (أطروحة الانهيار)، وما إن كانت حدة العنف تتوافق مع الاستقطاب ما قبل الحرب (أطروحة الاستقطاب)، وما إن كان العنف يظهر حيث يكون الفاعلون أكثر ضعفًا وعرضة للأعداء (أطروحة تكنولوجيا الحرب).

الفصل الرابع
نظرية للحرب غير النظامية (1) التعاون

المخبرون يجب إعدامهم. قتلهم ليس خطيئة.

مقتبسًا من: راناجيت جوها، **جوانب أساسية من تمرد الفلاحين في الهند الاستعمارية**

لا يمكنك أن تقول من هو من.

الملازم الأول كوين إيدي، الجيش الأمريكي، أفغانستان، 2001

هذا الفصل يضع الجزء الأول من نظرية الحرب غير النظامية، كأساس سأبني عليه نظرية لعنف الحرب الأهلية. إنني أبدأ بنقاش العلاقة بين الحرب غير النظامية والحيز الجغرافي، وأشتق نتائج هامة من طبيعة السيادة في الحرب الأهلية. بعد ذلك، أنتقل إلى قضية الدعم الشعبي الشائكة، حيث أفرق بين الدعم التوجهي/ الشعوري (التفضيلات)، وبين الدعم السلوكي (الأفعال). إنني أحاجج لصالح إطار عمل لا يضع افتراضات حول التفضيلات الضمنية للأغلبية الشاسعة من السكان، وإنما افتراضات بشكلها الأدنى عن الدعم السلوكي، حيث يفترض به وجود سلوك معقد وضبابي ومتغير من الأغلبية، بجانب دعم قوي من أقلية قليلة. أختم في النهاية بنقاش للسياق المؤسساتي الذي تحصل به التفاعلات بين الفاعلين السياسيين والمدنيين.

1.4. السيادة في الحرب الأهلية

تحليليًا، السمة المميزة للحرب غير النظامية هي غياب الجبهات. يستذكر مقاتل مخضرم في الحملات ضد الهنود الحمر أن «الجبهة في كل مكان، والخلف ليس له مكان» (in Paludan 1981:40)، في سمة تبرزها أرجوزة يغنيها الجنود الألمان المتواجدون في الاتحاد السوفيتي المحتل:

الروس في الأمام
الروس في الوراء
وما بينهما
رصاص في الأنحاء
(Cooper 1979:92).

ولكن، بدلًا من كونها غير موجودة، فالحدود التي تقسم جانبين (أو أكثر) في الحرب غير النظامية ضبابية ومائعة. بكلمات أخرى، الحرب غير النظامية تُشظّي الحيز. هذا التقسيم يمكن أن يُرى بسهولة على الخرائط التي تظهر الدول التي تشهد حروبًا أهلية: بينما تقسم الحروب التقليدية الحيز بدقة إلى حيزين محددين ومرسومين بوضوح، تظهر الحروب غير النظامية كشكولًا مرقَّعًا فوضوية، وكلما كانت الخريطة أكثر تفصيلًا؛ كلما بدت أكثر فوضى (مثلًا Giustozzi 2000:291; Cooper 1979:62; Li 1975:154). [الكاتب الأمريكي] مارك دانر (Danner 1994:17) يصف منطقة مورازان الشمالية في السلفادور بأنها «خريطة محشوة بجنون»، «حيث القرى 'انتمت' للحكومة أو للغوار أو لكليهما أو لا لأحد منهما، حيث رأت المكاتب البلدات والقرى الصغيرة بدرجات متفاوتة من الوردي والأحمر».

تشظية الحيز تعكس حقيقية أن الحروب غير النظامية تغير طبيعة السيادة بشكل جوهري. في جوهرها، يقبع انهيار احتكار العنف على شكل المواجهة العسكرية **المتمركزة جغرافيًا**. الطريقة الأفضل لوضع مفهوم لتقسيم السيادة في الحروب الأهلية هي التمييز بين مناطق سيطرة السلطة، ومناطق سيطرة المتمردين، والمناطق المتنازع عليها. عندما تكون الحكومة قادرة على ممارسة سيطرة فعالة، وعندما تكون قواتها ومسؤولوها قادرين على التحرك بأمان ليلًا ونهارًا، فنحن في منطقة **سيطرة السلطة**. عندما يكون المتمردون قادرين على المنع الفعال لعمليات حكومية ليلًا ونهارًا، ولا توجد قوات حكومية ولا تستطيع القيام بمهمات الدولة الأساسية، مثل جمع الضرائب وأخذ الشباب للجيش، فنحن في منطقة **سيطرة المتمردين**. في كل المناطق، السيادة غير منقسمة، وإن كان صاحب السيادة مختلفًا.

بين هاتين المنطقتين، تقع المنطقة «الوسيطة»، التي يشار لها عادة بأنها منطقة «متنازع عليها» أو «منطقة الشفق» (Armstrong 1964:30). باعتبارها «أهم مجال للصراع» (McColl 1969:624)، هذه المنطقة **المتنازع عليها**. وبعكس المنطقتين السابقتين، طبيعة السيادة تغيرت

راديكاليًا، كما توضح الأوصاف التالية من الاتحاد السوفييتي تحت الاحتلال الألماني، ومالايا التي تسيطر عليها بريطانيا:

«أعداد أكثر بكثير من الناس عاشت فيما يمكن تسميته مناطق الشفق، حيث لا الألمان ولا المقاتلون غير النظاميين استطاعوا الحفاظ على سطوة دائمة. ببعض الحالات، كان لبعض الحاميات الألمانية سيطرة اسمية، لكن المقاتلين غير النظاميين كانوا قادرين على الإغارة والثأر ليلًا، وفي البعض الآخر؛ لم يكن لأي من الطرفين ما يكفي من القوات ليفرض طاعة شعبية ثابتة. بشكل عام، كان الألمان يرسلون من حين لآخر بعض القوات العسكرية والمسؤولين المدنيين ليجندوا عمالة قسرية، ويأخذوا الطعام، أو يجروا عمليات استطلاعية وحسب» (Dallin et al. 1964:330).

«كان الإرهابيون آمنين في أدغالهم. الجيش والشرطة والإدارة الحكومية كانوا آمنين في بلداتهم. بينهما، كان هناك قرى وطرق وسكك حديد ومصانع وحقول أرز ومطاط ومزارع غير مأهولة بالسكان. بأقوى حالاتهم، كان الإرهابيون قادرين على شل اتصالات كل مالايا، لكنهم لا يستطيعون أن يتأملوا السيطرة على البلدات بالمداهمات. بأقوى حالاتهم، كانت قوات الأمن قادرة على حصر الإرهابيين بعمق الأدغال، لكنهم لا يستطيعون أن يتأملوا أن يجدوهم جميعًا بهجوم كبير، فقد كانت الأدغال كثيفة للغاية» (Crawford 1958:82).

واجه الفاعلون السياسيين ثلاثة تصنيفات متمايزة للسكان: السكان تحت السيطرة الكاملة، والسكان الذين يجب أن «يتشاركوهم» مع خصومهم، والسكان الذين يقعون تمامًا خارج سيطرتهم. هذه الحالات الثلاثة تشكل نوعين رئيسيين من السيادة: **المقسمة، والمتشظية**. تكون السيادة **مقسمة** عندما يمارس فاعلان سياسيان (أو أكثر) سيادة كاملة على أجزاء واضحة من أراضي الدولة، بينما تكون **متشظية** عندما يمارس فاعلان سياسيان (أو أكثر) سيادة محدودة على الجزء نفسه من أراضي الدولة.

2.4. مشكلة التعريف

المقاتلون غير النظاميين وجواسيس وعملاء كلا الجانبين يختبئون بين السكان المدنيين. هذه السمة للحرب غير النظامية، والتي يمكن الاصطلاح عليها باسم «مشكلة التعريف»، وصفت بإيجاز على لسان ضابط أمريكي كان يقوم بدورية في قرية أفغانية (in Zucchino 2004:A8): «اثنان من كل عشرة أشخاص هنا يكرهونك، ويريدون قتلك. عليك أن تحدد من هما الاثنان». جندي أمريكي أشار للنقطة نفسها أثناء مسح غاشم على كل البيوت في

العراق: «إنني أشفق على هؤلاء الناس، إنني حقًا كذلك. من الصعب أن تميز الطيب من الشرير» (in Filkins 2005:57). قبل بضعة أعوام، وصف الجنود السوفييت خصومهم الأفغان بـ«الدخي» (*dukhi*)، أي الأشباح باللغة الروسية (Baker 2002:A1)، ولخصوا المشكلة التي يواجهونها كما يلي: «أنت تراني، لكنني لا أراك» (in Wines 2001:B7).

العجز عن تمييز العدو من الصديق هو عنصر متكرر في الحرب غير النظامية، كما تظهر هذه الملاحظات من عناصر بالجيش الأمريكي في فيتنام عام 1968، وأفغانستان عام 2003، والعراق عام 2003:

«أينما ذهبت ووجدت الشباب الفيتناميين ينظرون إلي، كان ينتابني الرعب. لم يكن هناك طريقة لتقول من هو من. قد تكون في غرفة مع شخص ولا تعرف إن كان تشارلي أم لا. لقد أصبح من السهل استشعار الارتياب الذي لا بد أن يوجد في المناطق النائية. كيف يمكن أن يقاتل الشخص حقًا في الحقول ويعرف ما إن كان الرجال بجانبه سيلتفون ليفتحوا النار عليه بأي لحظة؟ بمن تبدأ بالثقة وأين ترسم الخط؟ هذا جانب آخر مثير للسخرية في الحرب» (John Kerry in Brinkley 2003:50).

«ولكن حتى بدون لغة مشتركة بينهم، يبدو أن القرويين كانوا قادرين على معرفة ما الذي سيفعله الأمريكيون. بصمت، يفتح الرجال المعممون الذين يرتدون الملابس الأفغانية الطويلة الرمادية أبوابهم في الجدران السميكة لمجموعات من خمسة أو ستة رجال يرتدون ملابس مموهة للصحراء.... كل شيء يبدو متوافقًا عليه، إما عجزًا عن فعل أي شيء تجاه ما يقوم به الأمريكيون أو – كما يأمل الأمريكيون – امتنانًا لهزيمة الأمريكيين لطالبان الظالمة. من المستحيل أن يعرف الجنود. يتحدث جونازليس عن محاولة تخمين مشاعر عداء السكان المحليين، لا بالابتسامات، ولكن بقسوة المصافحة» (Bergner 2003:44).

«لديك أعداء لكنهم أشباح. إنهم يضربوننا ويهربون. إنهم لا يخرجون ليقاتلونا» (in Zaretsky 2003:A4).

هذا ليس تطورًا جديدًا. جنرال فرنسي يعمل في إسبانيا عام 1810 لاحظ أن «الصعوبة الكبيرة لم تكن بقتال عصابات الغِوار، وإنما بإيجادهم» (in Tone 1994:105). الجنود الأمريكيون العاملون في الفلبين مطلع القرن العشرين تحدثوا عن «مطاردة أشباح» (May 1991:61)، وجندي بريطاني في مالايا يستذكر: «بمكان ما في المستنقع العملاق، كان هناك خمسون إرهابيًا مخضرمًا. كيف يمكن قتلهم؟ كيف يمكن حتى إيجادهم؟»

(Crawford 1958:87)[1]. ضابط باكستاني في بنغلادش (Salik 1978:103) لاحظ أن «المشكلة الرئيسية كانت عزل المتمردين عن البريئين.... لقد كان من الصعب تمييز شخص من الآخر لأنهم كانوا جميعًا يبدون متشابهين. رجل يحمل رشاشًا صغيرًا تحت ذراعه يمكن له، في لحظات الطوارئ، أن يلقيه في الميدان ويبدأ مشيه كمزارع بريء». الحوار التالي بين صحفي وضابط هندي في كشمير يبرز مشكلة التعريف:

> «سألته: 'كم عدد الإرهابيين الذين تعتقد أنهم كانوا هنا؟'
> أجابني: 'قلة قليلة هذه الأيام'.
> 'لماذا إذا تبقي الحكومة نصف مليون شخص هنا؟'
> رد علي بهدوء: 'أنت لا تعرف من هم'» (Hilton 2002:73).

هذه ليست حوادث متفرقة. تقدر المخابرات المركزية الأمريكية أن أقل من واحد بالمئة من أصل المليوني عملية ميدانية تقريبًا، ما بين 1966-1968، أدت لاحتكاك مع المتمردين (Ellsberg 2003:240)[2]. وبشكل غير مفاجئ، فإن الحروب غير النظامية وصفت «حرب الظلال» (Asprey 1994) أو حرب «الأشباح» (Cooper 1979).

وكما تشير الأمثلة السابقة، فإن مشكلة التعريف تضر أصحاب السلطة بالدرجة الرئيسية: إن خصمهم، الأضعف، يختبئ. كما أشار ضابط ألماني عن حرب الأنصار في الاتحاد السوفييتي: «لقد كان نوع حروب من جانب واحد، لأن الجندي الألماني مميز بسهولة، والمقاتل غير النظامي لا يمكن تمييزه، لأنه يرتدي ملابس المدنيين» (in Cooper 1979:89). هذا يفسر الصعوبة التي يواجهها أصحاب السلطة في هزيمة المتمردين، رغم تفوقهم الهائل عادة بالموارد. فيتنام هي مثال كلاسيكي، لكنه ليس الوحيد. عام 1965، أنفقت البيرو أكثر من عشرة ملايين دولار لتهزم مئة مقاتل غِوار سيئي التسليح (M. F. Brown and Fernández 1991:190)، وفي يوليو/ تموز 1993، كشفت المخابرات البريطانية الداخلية (MI5) أن

---

(1) انظر أيضًا: ;Linn (1989:58); Calder (1984:138;158); Salik (1978:101); Henriksen (1976:397) Meyerson (1970:79); Trinquier (1964:26); Kitson (1960:192).

(2) الأرقام الشهرية للعمليات الصغيرة في فيتنام أثناء عام 1964 ذات دلالة: 59996 عملية بـ 451 احتكاكًا مع الفيت كونغ، 72794 عملية بـ 406 احتكاكات، 73726 عملية بـ 491 احتكاكًا، وهكذا (R. Thompson 1966:88). ضابط أمريكي قال إنه «قضى عامًا كاملًا في فيتنام ولم ير فيت كونغ واحدًا بشكل مباشر» (Herrington 1997:xv).

الجزء الأكبر من ميزانيتها، «أربعة وأربعين بالمئة من مئات ملايين الجنيهات الإسترلينية التي لم تعلن، كان موجهًا ضد [الجيش الجمهوري الإيرلندي]، منظمة غِوار صغيرة معدمة من العمال، يصل عددهم إلى ستمائة مقاتل بميزانية تقدر بخمسة ملايين جنيه إسترليني» (Toolis 1997:285).

ولكنْ، يواجه المتمردون كذلك مشكلة التعريف. فالسكان الذين يختبؤون وسطهم قد ينقلبون عليهم، والجواسيس والعملاء المختبئون وسطهم قد يعرفونهم كذلك. بحسب [العالم السياسي الأمريكي] لوسيان باي (Pye 1964:177)، فإن «الميزات التي قد يملكها مقاتلو الغوار والإرهابيون بوجه الموارد الأكثر للحكومة قد تنعكس عليهم بشكل كبير إذا امتلكت الحكومة استخبارات كافية ووافية. في مراحل لاحقة من تمردهم، مهما كانت الميزات التي تملكها عصابات الغوار من حشد ومفاجأة وروح معنوية، فمن الممكن مكافأتها إذا امتلكت الحكومة الاستخبارات الحاسمة في اللحظة الصحيحة».

يمكن أن يصبح المتمردون عرضة للخطر إذا تم تعريفهم. فما بين أعوام 1942 و1944، عانت المقاومة الفرنسية مزيدًا من الخسائر نتيجة للخيانة في صفوفها أكثر مما تعرضت له نتيجة للهجوم الألماني (Laqueur 1998:230). بحلول عام 1983، نشر النظام الشيوعي الأفغاني 1300 عميل وسط صفوف المتمردين، 1226 منهم على خطوط الاتصالات، و714 في المنظمات السياسية السرية، و28 في باكستان (Giustozzi 2000:98). نتيجة لذلك، أصبحت الخيانة هاجسًا منتشرًا بين المتمردين[1]، ومذكراتهم مليئة بالقلق المبالغ به حول تسريبات المعلومات. (Barnett and Njama 1966:61)، والعكس بالعكس؛ فمذكرات مكافحة التمرد (مثلًا Aussaresses 2001; Flower 1987) تطفح بأوصاف اختراقات شاملة لمنظمات خصومهم، وتحديدًا في البيئات المدينية[2].

---

(1) Bouaziz and Mahé (2004:253); J. L. Anderson (2004:176); Bizot (2003:112); Elliott (2003:961); Tucker (2001:87); Portelli (1997:138); Todorov (1996:90); Schroeder (1996:428); Saul and Leys (1995:53); Stubbs (1989:189); Paludan (1981:78). أحيانًا، يمكن أن يؤدي هذا الهاجس لممارسات متطرفة. في الفلبين، «الجيش الشعبي الجديد الفلبيني» شن حملة تطهير «مرعبة»، بقتله المئات من أفراده وداعميه خلال أعوام 1986- 1988 لخوفه من المخبرين (Jones 1989:265-275).

(2) مشكلة التعريف ليست مرتبطة فقط بالحروب «الأيديولوجية»، فهي جزء ومكون من العديد (وإن لم تكن كل) الحروب الأهلية العرقية. في العديد من الحروب الأهلية العرقية، تجند الجيوش بشكل ممنهج من خصومهم العرقيين، ويبدل المقاتلون الانتماءات، ويتعاون المدنيون مع جيوش خصومهم العرقيين

هناك بعدان لمشكلة التعريف: الأول هو الرفض الكلي من أحد الجوانب، المتمردين، لاختزالهم ضمن هوية واحدة، وهي هوية المقاتل (Andreopoulos 1994:195). هذا يتضمن عملية التحول التي وصفها الجنود الأمريكيون المقاتلون في تمرد الفلبين عام 1900 بـ«سلوك الحرباء» (May 1991:142-143, 161)[1]. الثاني، هو رفض السكان المحيطين تعريف هؤلاء المتمردين لخصومهم. فإما أن الناس لا يعرفون حقًا من هو المتمرد، وهو ما يكون صحيحًا أحيانًا حول الجواسيس والعملاء السريين، أو، وهو الأكثر شيوعًا، يمتنعون عن تعريف المقاتلين المتمردين الذين يختبئون بينهم، انطلاقًا من دوافع مختلفة، منها التعاطف والخوف. وهنا، تقبع علاقة «الدعم» الشعبي.

3.4. الدعم

لاحظ أحد الضباط الفرنسيين في الجزائر (Trinquier 1964:29): «الميدان اليوم لم يعد مقتصرا، أعجبك أم لم يعجبك، على معسكرين يجبران [المدنيين] على المشاركة في القتال». القتال يتم **عبر** الناس، كما أخبر أحد الفلاحين القبارصة الكاتب لورانس دوريل (Durrel 1996:224). «إنه مثل رجل عليه أن يضرب خصمه عبر جسد الحكم».

من المحاججة بشكل واسع أن ناتج الحروب غير النظامية يعتمد على سلوك المدنيين. بمعنى آخر، «الدعم الشعبي» أو «دعم المدنيين» هو «**الشرط اللازم** للنصر» (Trinquier 1964:8). فتقريبًا، كل الكتاب يتفقون على التأكيد على أنه لا يمكن لحركة متمردة الاستمرار بلا «دعم مدني»، ولا يمكن للسلطة أن تنتصر بدونه (Wickham-Crowley 1992:8; Bard O'Neill 1990:70-89). كما أشار أحد رجال «الجيش الجمهوري الإيرلندي»:

(Kalyvas 2003). على الأقل، فاعل سياسي واحد (عادة ما يكون أصحاب السلطة) يسعى للسيطرة على الجالية «الضمنية» للخصم العرقي، بدلًا من إبادتها أو إزالتها. ورغم الادعاءات التي تطرح استحالة الانشقاق في الصراعات العرقية (Kaufmann 1996; Ranzato 1994)، أو حتى غير العرقية (Zulaika 1988:32)؛ هذا الانشقاق ممكن عندما يُستجدى بشكل فعال. المنشقون لا يفقدون هويتهم العرقية الأصلية، بل يغيرونها، عبر إضافة محسنات مثل «معتدل»، «موال»، «مكافح للتطرف»، أو عبر هجرتهم إلى بعد هوياتي آخر.

(1) العملاء المدنيون يصعب تعريفهم بالحجم نفسه، كما يستذكر [الأنثروبولوجي البريطاني] لويس ليكي عن كينيا: «ليست هناك علامة خارجية يمكن القول بها ما إن كان هذا الرجل داعمًا للماو ماو أم لا، إذ إن الممارسة الأصلية بوضع سبعة علامات قطع لأولئك الذين 'بادروا' بالدخول إلى الحركة تم التخلي عنها سريعًا، لأنها جعلت التحديد من قبل الشرطة سهلًا للغاية».

«بدون المجتمع كنا بلا جذور. لقد حملنا البنادق وزرعنا القنابل، لكن المجتمع أطعمنا وخبأنا وفتح منازله لنا وغض النظر عن عملياتنا» (Collins 1999:225). حتى «دليل الحرب ضد الفرق [غير النظامية]، المستخدم من القوات الألمانية أثناء الحرب العالمية الثانية حدد نقطة مركزية حول حقيقية أن «توجه السكان ذو أهمية كبيرة في القتال ضد الفرق. لا يمكن للفرق أن تستمر لأي مدة زمنية وسط مجموعة سكانية تتمتع بعلاقات جيدة معنا» (in Heilbrunn 1967:150).

ولكن وراء هذا الإجماع نجد ارتباكًا هائلًا، إذ إن هناك طريقتين اثنتين مختلفتين للتفكير بالدعم الشعبي. الأولى، هي التفكير به على أنه **توجه**، أو **تفضيل**، أو **ولاء**، والثانية هي التأكيد على **السلوك** أو **الفعل**. ومن الواضح أن هناك صلة بين الجانبين، ولكن في الحرب غير النظامية تتسع الفجوة بين التوجهات والأفعال، وبأشكال كثيرة؛ هذه هي النتيجة الرئيسية للحرب.

تصوير الدعم مفهوميًا باستخدام بمصطلحات مرتبطة بالتوجهات أمر شائع. لقد تمت المحاججة أن «انتصار الغِوار يعتمد على **ولاءات** المدنيين في منطقة عملهم»، بينما في الحروب التقليدية «العمليات العسكرية تسير بلا اعتبار للسكان المدنيين التعساء. لا يسألهم أحد عن رأيهم بالحرب، على الأقل، في بدايتها، عندما تندلع المعركة.... في الحروب الثورية، **ولاءات** السكان تصبح أحد أهم الأهداف الحيوية من الصراع ككل» (C. Johnson 1962:649; Fall in Trinquier 1964:ix). كما حاجج أحد الاتحاديين في ميزوري، «إذا كفت الأرياف المعروفة بأنها **غير موالية** عن التعاطف مع الخيانة، وأصبحت **مخلصة** بدعمها للحكومة، فستنتهي حرب العصابات» (in Fellman 1989:91). ولوجود خطوة صغيرة بين التوجهات والأفكار، يُؤكد عادة على أن الأيديولوجيا مركزية بالحرب الأهلية. بهذه النظرة، الأيديولوجيا أكثر أهمية من السيطرة الجغرافية (Angstrom 2001:106)، وبالصياغة الفجة لأحد الممارسين الأمريكيين: «الأرض الوحيدة التي تريد أن تسيطر عليها [في حرب أهلية] هي البوصات الستة بين أذني الفلاح» (in Siegel and Hackel 1988:119).

تبنِّي مسعى يعتمد على التوجهات بشكل رئيسي أمر إشكالي. التوجهات غير ملاحظة ويجب الاستدلال عليها بشكل ما، وهي مهمة صعبة عندما يتعلق الأمر بالحرب الأهلية. الحل الشائع، غير المكتمل، هو العودة بمنطق عكسي من اندلاع الحرب الأهلية إلى أسبابها،

بافتراض قوة الاعتقادات الشعبية والمظالم(1). الحروب الأهلية دليل على «أزمة شرعية» عميقة، وبحسب هذه المحاججة فشرائح كبيرة من السكان (أو «الشعب» غالبًا)، معارضون بشكل حاد للنظام القائم، ومن ثم منحوا دعمهم للمتمردين، مما يجعل الحروب الأهلية حقًا «حروب الشعوب» (Tone 1994:4; C. Schmitt 1992:213; van Creveld 1991:143). نتيجة ذلك هي أن «اختيار» الناس الحقيقي لمن سيدعمونه معتمد على ملفه السياسي والاجتماعي، أو الأيديولوجيا، وكأنهم يصوتون في الانتخابات (C. Johnson 1962)، وهذا الاختيار لديه تأثير كبير على الصراع العسكري: «الجيش والقوى الاستراتيجية أقل أهمية بكثير من التوجهات الشعبية في الحرب الأهلية. إذا تم الترحيب بالجيش من قبل مجتمع محلي، فموارده وقوته ازدادت تلقائيًا، وإذا، حصل العكس، ولم يكن مرحبًا به، فقوته مقيدة بفرض الهدوء والحفاظ على الأمن في الأراضي التي تم انتزاعها» (Brovkin 1994:91).

ولكن، هناك أسباب جيدة تدفع لأخذ فكرة اندلاع الحرب الأهلية كدليل إشكالي على «أزمة شرعية» عميقة أو وجود دعم كبير لصالح المتمردين. تفسير التمردات من حيث المظالم يتوازى مع تفسيرات انهيار النظام من حيث الشرعية، فهي، كما يشير [بروفيسور العلوم السياسية] آدم برزيورسكي (Przeworski 1991:54-55)، إما مليئة بالحشو أو خاطئة؛ ففقط عندما تتحدى القوى السياسية المنظمة صاحب السيادة «يصبح الخيار السياسي متاحًا للأفراد المعزولين». غياب البدائل ينتج عادة تعاون بغض النظر عن مستوى الرضا الشعبي أو غيابه، مما يمكن تفسيره بشكل خاطئ لاحقًا كانعكاس للشرعية. إضافة لذلك، فالانضمام لعصيان قد يكون ناتج حرب جارية بقدر ما يكون سببًا لها. [الأنثروبولوجي الأمريكي] ديفيد ستول (Stoll 1993:20) محق في ملاحظته أنه «حالما يندلع صراع عسكري، يصبح العنف الممارس من كلا الجانبين العامل الأهم بالتجنيد. قد ينضم الناس للحركة الثورية لأنهم يتشاركون مع مثاليتها بشكل أقل من كونهم يريدون أن ينقذوا حياتهم.... لذلك، فمجرد نمو تمرد ما بشكل سريع لا يعني أنها تمثل الطموحات الشعبية وأنها ذات دعم شعبي واسع». الحل المضلل، بذات القدر، لمشكلة التوجهات غير الملاحظة هو اشتقاقها دون نقد من سلوك «مكشوف» أو ملاحظ (Sen 1986). عادة، ملاحظة أن بعض الناس يتعاونون مع

---

(1) هناك امتداد يتشكل بربط الدعم بناتج الحرب: الهزائم معزوة بشكل ملائم لنهاية الدعم الشعبي، والانتصارات لوفرة هذا الدعم.

فاعل سياسي تُفسر على أنها دليل على الولاء تجاه هذا الفاعل، إلا أن السلوك الملاحظ يتسق مع توجهات مناقضة له، وكنتيجة لذلك، تصبح هذه ميكانيزمية سيئة للكشف عن التفضيلات (Lichbach 1995:287). في الحقيقة، الحروب الأهلية تنتج حوافز قوية لدحض التفضيلات (مثلًا Calder 1984:155). وكما هو واضح، فإن السلوك الملاحظ ليس مجرد مؤشر غير مكتمل لهذه التفضيلات، بل على الأرجح تقريبًا غير دقيق لها كذلك (Kuran 1991)[1]. الفلاحون الفيتناميون أثبتوا براعتهم بهذه النقطة تحديدًا:

«كلا الجانبين جند القوة البشرية بلا هوادة، وكلا الجانبين طالب بولاء الفلاحين. لذلك، قد يجد فلاح أرز في قرية هايب هوا نفسه جالسًا تحت أحد اللافتات منتصف الليل، مشاركًا في مظاهرة ضد الحكومة ليلعب دور الفلاح المستغل والغاضب، تحت عين الكوادر الدعائية الشيوعية المتيقظة. وفي الصباح التالي، الفلاح نفسه قد يرسل أبناءه للمدرسة الجديدة التي بنتها الحكومة، ثم يسير إلى مكتب القرية ليصوت في انتخابات محلية، هذه المرة تحت عين مسؤول القرية الحكومي المتيقظ. الفيت كونغ في القرية قد يتفاخرون في تقريرهم بالقول: '.... حتى الآن، تسعون بالمئة من القرويين دعموا بنشاط قضية الثورة'. في الوقت نفسه، مسؤول قرية هايب هوا سيعلم مسؤوليه بأن 'أكثر من 95 بالمئة من القرويين صوتوا في الانتخابات الأخيرة، مع حصول المرشحين المعادين للشيوعيين على الإجماع شبه الكامل من الناس» (Herrington 1997:37).

لا عجب أن المراقبين المطلعين مرتبكون، مثل [الكاتب] كيفن توليس (Toolis 1997:255-256) في إيرلندا الشمالية: «من يستطيع أن يقول الحقيقة في عالم تملؤه الروايات المزدوجة والأسماء الوهمية والولاءات المتضاربة والكاذبون وكارهو الذات والمخادعون المحترفون والمعلومات المغلوطة والدعاية السوداء والخيانات؟ في نهاية الرحلة، بدأت أشك بالدوافع التي كان الجميع تقريبًا يتحدث عنها».

مشكلة التكافؤ الملاحظ أدت لجدالات لا تنتهي، وعادة ما تلوثت بانحيازات التحزب، عن كيفية تأويل الدعم الملاحظ: من ناحية؛ أولئك الذين فضلوا جانب الثوار ادعوا أن تعاون المدنيين مع الثوار يعكس دعما أصيلًا نابعًا عن مظالم قائمة وإيمان أن التمرد هو الطريقة

---

(1) البيانات الأكثر منهجية يمكن أن تقوض الافتراضات الشائعة حول التفضيلات، لكنها نادرًا ما تكون موثوقة أو متاحة. محتويات مراسلات خاصة، تم الاطلاع عليها وفتحها، من قبل سلطات فرنسا الفيشية تعارضت مع ادعاءات المراقبين حول التفضيلات الشائعة في فرنسا المحتلة: من أصل 4352 رسالة مكتوبة في ديسمبر/ كانون الأول من عام 1943 وتتحدث عن أفعال صنفتها فرنسا الفيشية أنها إرهابية في منطقة مونبلييه: 3976 كانت معادية للمقاومة، و142 فقط كانت متعاطفة (Kedward 1993:113).

الأنسب لتصحيح الأخطاء القائمة، والمراقبون أنفسهم يضمنون أن تعاون المدنيين المشابه مع السلطة، بدلًا من ذلك، نتيجة للقهر. من الناحية الأخرى، أولئك المراقبون المصطفون مع السلطة يدعون العكس تمامًا. فمثلًا، محاججة أن الفلاحين الفيتنام دعموا متمردي الفيت كونغ لأنهم آمنوا ببرنامجهم وأفكارهم (مثلًا FitzGerald 1989)، فبدلًا من كونهم أكرهوا على دعمهم (مثلًا Klonis 1972:155) كان ذلك سلاحًا خطابيًا قويًا في الجدال المستقطب المحيط بالتدخل الأمريكي في فيتنام.

وكيفما فسرت التوجهات، أحد نتائج التركيز على الدعم الشعوري هو الادعاء المزدوج بأن النصر يتطلب تغييرًا في التوجهات —«القلوب والعقول»— مما لا يمكن تحقيقه إلا بالإقناع السلمي: «الجهد الأصلي والملائم لإرضاء مظالم الناس» أمر مطلوب لأن «الدعم الشعبي للغِوار مبني على الاغتراب الأخلاقي للحشود عن الحكومة القائمة» (Ahmad 1970:15). بكلمات [خبير مكافحة التمرد البريطاني] السير روبرت ثومبسون (Thompson 1966:196): «قوة اليد وحدها لن تسود». النتيجة الرئيسية على مستوى السياسات لهذه الفكرة هي أن من في السلطة عليهم إقناع الحشود المعادية بأن يحولوا ولاءاتهم عبر برامج لبرلة سياسية وتنمية اقتصادية ونشاط مدني [1]. ولكن، مهما كان عمق الاقتناعات، ومهما كانت قوة المظالم؛ فهي ليست المحددات الوحيدة للسلوك. يمكن قهر الناس، والعنف مستخدم ليجبر الناس على تغيير سلوكهم والتصرف بطرق قد لا تتسق مع تفضيلاتهم. وكما تمت الإشارة، فالانتخابات تمثل تشبيهًا سيئًا للحرب الأهلية. حتى العقيدة الثورية الشيوعية، المتجذرة بمسعى «العقول والقلوب» والممثلة بالشكل الأفضل بمثال ماو تسي تونج الشهير عن «السمك في البحر»، تؤكد على العنف أكثر بكثير مما هو مفترض، عندما تشير إلى أن السلطة السياسية تنمو داخل برميل من البارود. والمشاركون يعترفون دائمًا بأن العنف يلعب دورًا رئيسيًا. بكلمات [الضابط الفرنسي في الحرب العالمية الثانية والحرب

---

(1) لقد أدت هذه الفكرة لانفصال خاطئ بين الاستجابات العسكرية والسياسية للتمردات. في الحقيقة، أن الاثنتين تسيران معًا، إذ إن البرامج السياسية لا يمكن تنفيذها في بيئات «غير آمنة». في مالايا، حيث نشأ مصطلح «القلوب والعقول»، «أصبح واضحًا أن الاستراتيجية تضمنت استخدام كل من العصا والجزرة» (Stubbs 1989:164-165). بشكل معاكس، ضابط أمريكي لاحظ أثناء حرب الفلبين خلال أعوام 1899-1902: «هذا المشروع للقتال والتمدين والتعليم في الوقت نفسه لا يسير جيدًا. لا بد من السلام أولًا». (in Linn 1989:128).

149

الجزائرية] روجر ترينكوير (Trinquier 1964:8)، فإن «دعم المدنيين قد يكون عفويًا، إلا أن هذا نادر للغاية وظرف مؤقت على الأرجح. إذا لم يكن موجودًا، فيجب تأمينه بكل الوسائل الممكنة، وأكثرها فعالية هي الإرهاب».

الصعوبات المرتبطة بالدعم الشعوري لا تنبثق فقط من عملية الاستبدال، وإنما من المشاكل المفهومية المرتبطة بالدوافع التي تقف وراء الدعم بحد ذاتها. فافتراض الشعبية لا يكشف شيئًا عن كيفية ترجمة الشعبية لفعل على الأرض. كل من الانضمام لجيش متمرد والتعاون معه نتيجتان لمجموعات معقدة ومتباينة من الدوافع المتغايرة والمتفاعلة[1]، والتي تتأثر بالتفضيلات تجاه النواتج، والاعتقادات حول النواتج[2]، وسلوكيات الآخرين والشبكات التي تضم الناس[3]،

---

(1) فريد بارتون (Barton 1953:141) يسرد خمسة أنواع مختلفة من الدوافع، مارانتو وتوكمان (Maranto and Tuchman 1992:251) ثمانية، وريتشارد بيرمان (Berman 1974:58, 67) سبعة وعشرين!

(2) بحسب روبرت ثومبسون (Thompson 1966:170): «يمكن تعلم الكثير من مجرد وجوه الناس في القرى التي تزورها [قوات السلطة] دوريًا. الوجوه بداية مذعنة وباردة، أو حتى متجهمة. ولكن، بعد ستة شهور أو عام تصبح هذه الوجوه مليئة بالابتسامات الترحيبية المبتهجة. الناس تعرف من هو المنتصر».

(3) عمليات الانضمام متجذرة على الأرجح في ديناميات الشبكات (Petersen 2001). رودني ستارك (Stark 1997) يظهر كيف تكون علاقات الشبكات الاجتماعية (وخصوصًا الصداقة والقرابة) هي أفضل عوامل التنبؤ بالتحول الديني. المتمردون يشيرون مرارًا إلى أهمية الشبكات المحلية في إنتاج التمردات، بناء على «رغبة الشخص في الاتحاد مع أصدقائه وجيرانه وأقربائه» (Barnett and Njama 1966:158)، وممارستهم تتسق مع هذه الفكرة (Perry 1984:445). تحليل بيتر هارت (Hart 1999:209) لمعدلات الانضمام لوحدة في «الجيش الجمهوري الإيرلندي» (خلال أعوام 1916- 1923) تظهر أن الأشقاء شكلوا ما بين 37 و58 بالمئة من الألوية التي درسها. إنه يضيف أن «سؤال الدوافع الشخصية غائب بشكل غريب عن معظم المذكرات والذكريات في تلك الفترة. يبدو أن المتطوعين اعتبروا التزامهم السياسي طبيعيًا بشكل كامل، ودوافعهم مكتفية بذاتها، مما يتطلب قليلًا من التفكير.... المقاتلون السابقون نادرًا ما كانوا قادرين على تذكر متى وكيف انضموا لكنهم يتذكرون بوضوح كيف شعروا عندما انضموا: 'لقد كانت المعنويات في السماء'.... لمعظم رجال 'الجيش الجمهوري الإيرلندي'، الانضمام إلى الحركة في الأيام الأولى تطلب القليل من الاختيار أو الجهد الشخصي المتأني. إذا كان لديك العلاقات الصحيحة، أو كنت تنتمي لعائلة أو دائرة معينة من الأصدقاء، فقد أصبحت متطوعًا مع بقية جماعتك. وإذا لم تكن كذلك، فستبقى بالخارج أو على الأطراف» (Hart 1999:203, 220). قائمة أفراد عصابات الغوار الذين تم سجنهم بعد «الفيولنسيا» في سجن بمدينة مديلين كانت «مليئة بشبكات الأعمام والأخوال وأبناء الإخوة والأخوات، والأبناء والآباء، والإخوة وأبناء العم» (Roldán 2002:243). لين هورتون (Horton 1998:186) وجدت أن مقاتلي الكونترا السابقين الذين قابلتهم كان لديهم معدل خمسة أقرباء في جيش الكونترا، بما يشابه متمردي «الساندينيستا» الذين استخدموا «شبكات متعددة الطبقات من صلات القرابة والصداقة والرعاء- العملاء لتحقيق غاياتهم» (Horton 1998:69). باول بيرمان (Perman 1996:66) يضيف أن الريفيين في نيكاراجوا «كانوا موالين

والاعتبارات الأمنية [1]، في بيئة لا يمكن بها التقليل من حجم الفرص والاحتمالات الطارئة[2]. بالطبع، فإن العديد من المقاتلين يُجندون أو يختطفون [3]. هناك عوامل إضافية تتضمن الفضول واحتمالية التجربة والمغامرة [4]، وإغراء المخاطر [5]، وحيازة هوية فردية جديدة

لعشائرهم الضخمة»، وهذا ما انعكس على أنماط التجنيد: «الإخوة يتبعون الإخوة» (P. Berman 1996:78). ثوماس جولتز (Goltz 1998:150) وجد أن المليشيات الأذربيجانية مطلع التسعينيات «بدت تتكون من عوائل ممتدة أكثر من الجنود»، وأفيوتسكي وميلي (Avioutskii and Mili 2003) يبرزان أهمية التضامن العائلي بالتجنيد للمتمردين في الشيشان. هناك الكثير من الأمثلة: نيبال (Sengupta 2005c:64)، الشيشان (Tishkov 2004:94)، البوسنة (Claverie 2002:48)، كولومبيا (Sánchez and Meertens 2001:17; Rubio 1999:102; Pécaut 1996:257)، أمريكا اللاتينية بشكل عام (Wickham-Crowley 1992:152)، البلقان والبلطيق (Petersen 2001)، الكونجو (Bazenguissa-Ganga 1999a:42)، الجزائر (Faivre 1994:145)، موزمبيق من الستينيات إلى التسعينيات (Finnegan 1992:118; Henriksen 1983:96)، الفلبين (Kerkvliet 1977:205)، مالايا (Stubbs 1989:49)، كينيا (Kitson 1960:126)، الصين (Wou 1994:252)، وحتى فرنسا الثورية (Cobb 1972:26).

(1) بحسب مقاتل غوار من الدومينيكان (in Calder 1984:126)، بعد أن هدد ضابط مارينز حياته، اقتنع أن «خياره الوحيد المتبقي هو الهروب إلى التلال».

(2) أحد الفلاحين النيكاراجويين لم يرد أن يشترك بالحرب، ولكن بعد أن التقى بالصدفة ببعض متمردي الكونترا، أعطاهم الطعام وانزلق تدريجيًا نحو تعاون مستدام. وكما يقول هورتن (Horton 1998:183): «حالما أخذ الخطوة الأولى، وجد أنه من الصعب أن ينسحب نحو الحياد.... بدون اتخاذ قرار محدد بالتعاون مع الكونترا، وجد نفسه **رسولا** للكونترا. وبعد عامين، عام 1983، بسبب الضغط من كل من قبل أمن الدولة والكونترا، أصبح مقاتلًا كاملًا مع الكونترا». انظر أيضًا: Todorov (1996:94), Fenoglio (1973:60), and Clutterbuck (1966:94) لأمثلة مشابهة.

(3) من المقدر أنه بربيع عام 1942، على الأقل ثمانون بالمئة من الفلاحيين السوفييت «انضموا إما دون رغبة أو لأنهم لا يملكون بدائل.... السوفييت لم يتظاهروا حول التجنيد للحركة الفلاحية. لقد كان الإجبار أساسيًا» (Cooper 1979:71). حتى في الحروب الأهلية العرقية، عندما يفترض أن الأفراد لديهم تفضيلات قوية للغاية، عادة ما تكون المشاركة نابعة عن التجنيد. رغم أن «أمراء الحرب الصوماليين يمكن أن يستخدموا لغة ومشاعر العشيرة ليحشدوا الولاء على خطوط الدم، إلا أنهم بنوا سلطتهم باستخدام السلاح» (Besteman 1996:590-591). في البوسنة، «العديد من الأشخاص وجدوا أنفسهم يحملون السلاح سواء أعجبهم أم لم يعجبهم. إذا كنت في عمر القتال، فهذا يعني أنك تملك القدرة على القتال والقتل وربما النجاة، فأنت مجند ضمن أي جيش يمثل هويتك: مسلمًا أو صربيًا أو كرواتيًا» (Loyd 2001:85). انظر أيضًا: Waldman (2003:A1); Seidman (2002:40); Horton (1998:9); Nordstrom (1997:50); Senaratne (1997:99).

(4) Sengupta (2005c:64); Kitson (1960:126).

(5) Tishkov (2004:98).

أو رؤية جديدة مرضية للعالم[1]، ومتعة التصرف دون سلطة خارجية[2]، ودوافع إجرامية صافية[3]. فالتعاون قد يوفر إمكانية الوصول لخدمات عامة (مثل حل النزاعات، أو الحماية من الجريمة الشائعة، والتي تنفجر عندما تتراجع السلطة)[4]، أو لمكاسب مادية فردية (بما فيها الأرض، أو الضرائب المنخفضة، أو أسعار الإنتاج الأعلى، أو الإعفاء من الديون)[5]، أو الحماية من العنف العشوائي من الجانب المقابل[6]، أو الهرب من الواجبات التي تعتبر أكثر إجهادًا (كالجيش أو العمالة)[7]، أو تحصيل حالة اجتماعية أعلى[8] بما في ذلك أي

---

(1) كما صاغها أحد كوادر «الجيش الجمهوري الإيرلندي»: «بأقل القليل، هذا النشاط أعطى حدة غريبة لحياتي: لقد عشت كل يوم بحالة مرتفعة من الحذر. كل شيء فعلته، مهما كان تافهًا، كان ذا معنى. الحياة خارج 'الجيش الجمهوري الإيرلندي' بدت مملة بشكل فظيع» (Collins 1999:362). انظر أيضًا: Sánchez and Meertens (2001:22); Mahmood (2000:73); Mirzeler and Young (2000:419); McKenna (1998:184); Peters and Richards (1998); Armony (1997:207); Enzensberger (1994:42); Ash (1995:205); Wickham-Crowley (1992:20–1); Ortiz Sarmiento (1990:116); Henriksen (1983:160).

(2) Wood (2003:18).

(3) الدوافع الإجرامية كانت دومًا حاضرة في أوصاف الحرب الأهلية. خذ الوصف التالي من الحرب الأمريكية للاستقلال في كارولينا الجنوبية (McCardy 1969:139): «لقد جاء مع الوطنيين الحقيقيين مجموعة من الأصدقاء الزائفين والناهبين. وقد كان هذا ينطبق على كل من جانبي هذا الصراع الفظيع. 'الأحرار' الخارجون عن القانون، أو 'المحافظون' الخارجون عن القانون، بل وأولئك الذين ادعوا أنهم كانوا 'محافظين' أو 'أحرارًا' بحسب ما تقتضيه اللحظة، كانوا يأكلون الأخضر واليابس في البلاد، بقدر أولئك الذين كانوا يقاتلون لهذا الجانب أو ذاك». انظر أيضًا: Reig Tapia (1996:583) للحرب الأهلية الإسبانية. انظر أيضًا: Mueller (2004); Silke (1998); Fisher (1997:87); Nordstrom (1997:56–7); Cribb (1991, 1990); Jones (1989); Paul and Demarest (1988); Ash (1988); Henderson (1985).

(4) بحسب كارلوس إيفان ديجرجيوري (Degregori 1998:135)، فإن أهم أهداف «السينديرو» في البيرو كانت «التجار المتعسفين، ولصوص المواشي، والقضاة الفاسدين، والأزواج السكيرين». انظر أيضًا: Smyth and Fay (2000:123); Rubio (1999:129); Manrique (1998:204); Berlow (1998:95); Senaratne (1997:75); Gallagher (1995:50); Stoll (1993:80); Wickham-Crowley (1991:44); Jones (1989:127); Kheng (1983:148); Kerkvliet (1977:70, 164); Rudebeck (1975:445); Taber (1965:40); Lear (1961:92).

(5) Kedward (1993:96); Stoll (1993:78); Popkin (1979); Race (1973:123–5).

(6) Goodwin (2001). انظر الفصل الخامس لنقاش ودليل.

(7) Del Pino (1998:170); Berman (1996:69); Jankowski (1989:123–4); Cooper(1979:25); Race (1973:172).

(8) [القائد السابق في «الجيش الجمهوري الإيرلندي» إيمون كولينز (Collins 1999:164) يشير إلى أنه «في المجتمع القومي [لشمال إيرلندا]، في الدوائر الجمهورية بشكل عام؛ كان رجال 'الجيش الجمهوري

حالة يمكن تحصيلها بالسلاح(1)، أو تسوية النزاعات الشخصية أو المحلية(2)، أو الاستجابة للعواطف ببساطة، مثل السخط أو الغضب الأخلاقي الناتج عن الإهانة أمام الملأ(3)، والرغبة بالانتقام(4). إضافة لذلك، فالدعم ينشأ جزئيًا داخل الحرب. هذا يمكن أن يأخذ أشكالاً كثيرا، ليس أقلها الاستخدام الهادف للعنف لتوليد الدعم (Synder 2003)، حتى عندما وحيثما يكون الدعم لمنظمة ما عاليًا (Collins 1999:128, 170; Harris 1989:89). كما هو واضح، فإن الدعم المعلن ناتج عن خليط معقد من التفضيلات والقيود.

مثل الدوافع التي دُرست بشكل أفضل للانضمام للمتمردين، دوافع الأفراد للانضمام

الإيرلندي' يتمتعون بحالة معتبرة، ولأولئك الذين يريدون الاستفادة من ذلك جنسيًا، فلم يكن هناك عجز بالنساء اللواتي يردن إعطاء وقت يتجاوز اليوم لمتطوعي 'الجيش الجمهوري الإيرلندي'. عندما بدا أنها تنتصر؛ الثورة الشيوعية الصينية «خلقت فرصة غير مسبوقة ولا توازيها فرصة أخرى في تحسين حالة ووضع عشرات إن لم يكن مئات الآلاف من الأشخاص على المستويات المحلية والعليا» (Levine 1987:173). بحسب [الصحفي الأمريكي] نايل شيهان (Sheehan 1989:177): «هناك دليل معتبر على أن العديد من الفيتناميين الشباب ذوي الأصول الفلاحية انضموا للفايت كونج لأن الشيوعيين الذين أجبروا، بطبيعة الثورة، على خلق قيادة من الريف قدموا لهم الأمل الأفضل للتخلص من حياتهم الصعبة التي بدأوا بها من الحضيض». العديد من الشباب انضموا لمنظمة «الدرب المضيء» في البيرو متحفزين «لممارسة السلطة في مجتمعاتهم المحلية» (Degregori 1998:130). تفيتزان تودوروف (Todorov 1996:100) يروي قصة رجل فرنسي عمل مترجمًا للجيستابو «ثم اكتشف أن العار والذل الذي كان يعيشه أيام مراهقته قد زال بسبب السلطة التي تمتع بها بموقعه مع الجستابو».

(1) Johnson (2001:202); Mirzeler and Young (2000:419); Rubio (1999:115); Finnegan (1992:70); Zulaika (1988:25).

(2) Kalyvas (2003).

(3) رالف ثاكستون (Thaxton 1997:308-309) يروي أن فلاحًا صينيًا قال إن دافعه الرئيسي للانضمام للشيوعيين هو حقيقة أن ضابطًا حكوميًا «ركل سلته من البطيخ الحلو ووبخه لأنه تجرأ على بيع 'بطيخه القذر'، تاركًا إياه يجمعها بطيخة بطيخة». إهانة الشيوخ على يد مدراء القرية «المحدثين» لعب دورًا مهمًا في موزمبيق (Geffray 1990:32). انظر أيضًا: T. Brown (2001:42); Horton (1998:106–9); R. Berman (1974:75).

(4) سام آدامز (Adams 1994:7) يستذكر علاقته مع ضابط من فيتنام الجنوبية: «قضيت ساعات وأنا أتحدث إلى الملازم لام. تدريجيًا، بدأ ينفتح علي. في إحدى الليالي المتأخرة على العشاء، أخبرني كم كان يكره الفيت كونغ. لقد قتلوا أخاه، كما قال». ف. ج. ويست (West 1985:56) يصف رجل شرطة من فيتنام الجنوبية وقد وشم على صدره الكلمات: «اقتل الشيوعيين». يبدو أن الفيت كونغ قد قتلوا زوجته وكل أطفاله باستثناء واحد. رجل الشرطة نفسه وُصف من رقيب أمريكي بما يأتي (in West 1985:160): «إنه بغيض بالتأكيد. إنه يكره. إنه يعيش فقط ليقتل الفيت كونغ».

للمليشيات الموالية للحكومة متغايرة ومختلطة كذلك (Rubio 1999; Stoll 1999; Starn 1998; Mackenzie 1997; Cribb 1991) [1]. الرجال الذين انضموا للمليشيا في جزيرة نيجروس الفلبينية «اختاروا الحياة العسكرية لا كنتيجة للأيديولوجيا أو لأي شعور من العبء أو الواجب، بل لأنهم وقعوا بكمائن أو تم ابتزازهم على يد ’جيش الشعب الجديد‘ أو احتاجوا عملًا، أو تم توجيههم للانضمام على يد مشغليهم، أو رأوا فرصة للانتقام ضد أعدائهم الشخصيين» (Berlow 1998:182). ضابط أمريكي في العراق وصف دوافع المقاتلين السنة مع الجانب الأمريكي ضد المتمردين، مشيرًا لحاجتهم للأموال، ورغبتهم بالحصول على وجاهة اجتماعية نتيجة كونهم أفراد جيش محترف، وتوقهم للعيش في روتين، لا نتيجة للأيديولوجيا: «بالنسبة للبعض، هناك رغبة بالتأكيد بجعل العراق أفضل، ولكن بالنسبة للكثير منهم، فإن هذه هي الحياة كما يعرفونها. بالنسبة لمعظمهم، فالقضية ليست بتلك الأهمية. إنهم أكثر اعتيادًا على العمل في هذا الدور.... أظن أنه بالنسبة للكثير منهم، فهم لم يدركوا أنهم يقومون بشيء مختلف بحياتهم» (in Maass 2005:82).

القهر يستشهد به كثيرًا كدافع أساسي، رغم أن هذا قد يكون ادعاء ذاتيًا. «أنت حقًا لا تملك خيارًا»، كانت هذه كلمات محمد رفيقتاش، «حارس القرية» الكردي في تركيا. «عندما سئل عن منازل الرجال في قريته الجبلية، إسلام كوي، التي رفضت عرض الحكومة، أوضح: ’أوه، لقد أحرقت‘» (Vick 2002:A18). ديفيد ستول (Stoll 1993:128) يروي قصة شبيهة عن جواتيمالا: الانضمام لدورية أصبح طريقة لحماية النفس والعائلة والمجتمع من الاشتباكات مع الغِوار التي كانت تستفز مجازر [الحكومة]». إن العديد من رجال المليشيات

---

(1) أحد التحليلات لأسباب انضمام الأفراد إلى «الوافن الفرنسي» [وحدة المتطوعين الفرنسية العاملة في الجيش النازي] مليئة بدوافع مختلطة، وحتى متناقضة. خذ هذا التصريح التالي: «بعد أن خسرت مصروفي الأسبوعي في القمار، وبَّختني والدتي وأخبرتني أنني إن لم أسترجع النقود فإنها سترسلني لوالدي [الذي كانت منفصلة عنه].... لعجزي عن إيجاد النقود، انضممت للجيش» (in Jankowski 1989:128-129). دراسة [المؤرخ] باول جانكوسكي هي إحدى الدراسات القليلة التي تدرس دوافع الانضمام لمنظمة مسلحة أثناء حرب أهلية، بناء على سجلات مكتوبة معاصرة. إنه يقدر أن نسبة أولئك من ذوي الدوافع المختلطة تصل إلى 80 بالمئة (Jankowski 1989-123:124). تقريبًا، كل «وصف سميك» قرأته يشير إلى خليط معقد ومائع من الدوافع. انظر: Tucker (2001:38); Ellis (1999:127); Hammond (1999:260); Horton (1998:6); Faivre (1994:121); Geffray (1990:105–13); Meyerson (1970:95); Barnett and Njama (1966:149).

الجواتيماليين كانوا ناجين من مجازر الجيش (Stoll 1993:162). الأمن مهم بالاتجاه الآخر كذلك: وثق البرتغاليون بكبار القرى في موزمبيق ومنحوهم أسلحة لأن العديد منهم قتل على يد المتمردين، وأولئك الذين ظلوا أحياء عاشوا بخوف من المصير نفسه (Cann 1997:161).

الدوافع الاقتصادية تلعب دورًا كذلك. رجلان فسرا لماذا انضما لـ«جيش جنوب لبنان» الموالي لإسرائيل: «لقد كنا فقراء. العمل الوحيد كان جيشهم. إذا كنت بالجيش، يمكنك العيش. إذا لم تكن، لا يمكنك» (in Sontag 2000:A1). تدفع تركيا لمليشياها ذات الـ95 ألف عنصر والتي تبقيها في المناطق الكردية راتبًا شهريًا قدره 115 دولارًا، والتي تعتبر «مبلغًا كبيرًا». لقد قيل إن «المسؤولين الأتراك والدبلوماسيين الأجانب بدأوا يقلقون حول ما إن كانت هذه الرواتب ستقطع فجأة دون أن يحل مكانها شيء، فقد يأخذ بعض المسلحون بنادقهم ويتوجهون إلى التلال» (Kinzer 2000:A8). التعويضات الاقتصادية قد تأخذ كذلك شكل النهب. عندما وعد الجيش رجال إحدى المليشيات بمحتوى مخازن تحت الأرض، لفرقة غِوار، على أطراف بلدة جواتيمالية، «بدأ السباق، لنحفر بحثًا عنها قبل أن يجدها أحد آخر قبلنا» (Stoll 1993:107). يبدو أن الأيديولوجيا لعبت دورًا ضئيلًا لرجال المليشيا، وربما بشكل أقل من المتمردين. في الحقيقة، المليشيات عادة ما تتكون من مرتدين، إما ثوارٍ سابقين أو داعمين سابقين لهم [1].

أخيرًا، الخوف والانتقام دوافع مهمة. الخوف من المتمردين بعد عنفهم عادة ما يدفع الناس نحو المليشيات (مثلًا Sengupta 2005a:A3; D. Anderson 2005:73)، والانتقام دافع مركزي، ربما لعناصر المليشيات أكثر من المتمردين، كما تظهر الأمثلة التالية من الجزائر والشيشان:

«كل يوم عندما كان يأتي هنا، كان عبد الرحيم (13 عامًا) (الذي قتلت عائلته على يد الإسلاميين في قرية مزرعة فانر في 14 مايو/ أيار 1997) يحلم بالانضمام للوطنيين. ولكن بالنسبة لشقيقيه اللذين ما زالا أحياء، واللذان كان كلاهما عضو مليشيات، فقد كانت بذرة الانتقام تكبر أساسًا، مما يدل على دائرة عنف من الصعب كسرها. يقول عرابة، أحد إخوته، وهو يحمل سلاحا ويرتدي حزامًا بلاستيكيًا مليئًا بالرصاص: 'إذا قتلت ألف إرهابي فلن يكون هذا كافيًا لأحد إخوتي. هل أبحث عن الانتقام؟ بالطبع، بالطبع» (Peterson 1997a).

(1) Berlow (1998:233); Moyar (1997:68); Henriksen (1983:136).

«وصف توفزايف نفسه بأنه مقاتل ضد 'قطاع الطرق' -المتمردين- نيابة عن الأم روسيا. لقد حافظ على صلات جيدة مع الجيش السوري وكان فخورًا تحديدًا بسيارته الجيب المدرعة التي منحت له من العقيد جينادي تروشكيف، قائد القوات الروسية شمال القوقاز.... [إنه] يتحدث عن حمل الأسئلة ضد التمرد عام 1995 بعد أن دخل أحد قادة المتمردين، علاء الدين كمازاتوف، إلى قريته واغتال والده أمام عائلته. خلال ثلاثة أشهر، شكل قوة صغيرة من المقاتلين وقتل كمازاتوف في كمين. إنه يقول: 'هكذا بدأت هذه الحياة، حياة قتال العصابات'» (Tyler 2001:A8).

يمكن أن يتولد الانتقام بسبب ثأر عائلي أو صراع محلي تداخل مع الحرب (Abdi 1997; Leakey 1954:114). وجد الفرنسيون أن العديد من سكان كالابريا الذين تطوعوا للانضمام للمليشيا التي شكلوها عام 1806 «وجدوا الجيش فرصة ممتازة لتسوية ثأر طويل مع بعض أقربائهم» (Finley 1994:29). ويرتبط الانتقام عادة بسلوكيات المتمردين السابقة (Roldán 2002:258; Linn 1989:54) ولأن من الممكن لأعضاء المتمردين والمتعاطفين معهم أن يؤذوا أو يستعدوا أو يهينوا الآخرين؛ تعتمد السلطات على الاستياء من حكم المتمردين بتشكيل مليشيات في المناطق «المحررة» حديثًا، وتوجه سلوكيات هذه المليشيات نحو الانتقام. [بروفيسور التاريخ] ستيفن آش (Ash 1988:155) يوصف رجال المليشيات الاتحاديين في تينيسي الوسطى بأنهم «ملائكة الثأر». أما أقوى حالات التجنيد للمليشيات الموجودة في القرى على يد الفرنسيين في حربهم ضد «فيت مين» (Vietming) فكانت في المناطق التي كان «فيت مين» يديرونها (R.Thompson 1966:168). الرجال الجزائريون الذين انضموا للجيش الفرنسي عام 1959 اشتكوا من القهر الممارس من متمردي «جبهة التحرير الوطني»، خصوصًا الضرائب والغرامات والسيطرة الشديدة التي فرضوها على الحياة اليومية (Faivre 1994:143; Hamoumou 1993). قائد في «جيش الشعب الجديد» في منطقة تاجالوج في الفلبين «لاحظ أن زيادة أعداد اللجان الشعبية في بعض المناطق الريفية من لوبيز (كويزون) كان نتيجة جزئية لثقل وطأة 'جيش الشعب الجديد'. يستذكر القائد أنه كان هناك 'الكثير من الضرائب'، و'بعض قادتنا أساؤوا معاملة بعض الناس'، وقد استغل الجيش هذه الفرصة» (G. Jones 1989:249). وحتى بغياب عداوات كهذه، يمكن أن تتولد نتيجة عملية تشكيل المليشيا نفسها. ضابط أمريكي تحدث من الفلبين أن «المنشقين الفلبينيين الذين فضحوا أنفسهم بالتعاون [مع الأمريكيين] وبمعرفة أنهم خاطروا بانتقام مجموعات الغِوار، 'كان أكثر ما يؤرقهم كما يبدو هو النبش والتقصي عن كل المتمردين في تلك المنطقة»

(in Linn 1989:43-44). إيرل كارلايل، مبعوث الحكومة البريطانية إلى أمريكا عام 1778، أشار للنقطة نفسها حول رجال المليشيات «الموالين»: «في ظرفنا الحالي؛ أصدقاؤنا الوحيدون الذين نملكهم، أو نملكهم على الأرجح، هم أولئك الذين أصبحوا فاسدين تمامًا لصالحنا» (in Shy 1976:186)[1].

ومهما كانت الدوافع الأولية، يطور أعضاء المليشيات ولاءاتهم مع الوقت، على الأقل بالنسبة لبعضهم البعض. في كوتزال، في جواتيمالا، «مجموعة مدنية غير مرغوبة أصبحت، وبشكل مثير للتناقض، مؤسسة تضامنية» (Stoll 1993:144). الأمر نفسه في البيرو، حيث «لم يكن أحد يتخيل أن هذه المجموعات، أيضًا، يمكن أن تتحول لحركة ضخمة ذات درجة مهمة من المشاركة الشعبية والاستقلالية عن الدولة» (Starn 1998:236)[2].

تعقيدات تشكيل المواقف هذه تشير إلى الحاجة لنقل التركيز من التوجهات إلى السلوك. لكن فهم الدعم على شكل سلوك ملاحظ يتضمن عدة مشاكل كذلك. أولًا، من غير السهل وضع خارطة للسلوك أثناء حرب أهلية بسبب غياب البيانات. الرصد الإثنوغرافي المباشر يمكن أن يعالج هذه المشكلة جزئيًا (مثلًا Sluka 1989)، ولكن العينة المحدودة التي يُبنى عليها والقيود العملية المفروضة من النزاع المسلح يمكن أن تُفشل التصميمات البحثية الأكثر دقة (Wood 2003:42). لذلك، يعد معظم العمل المبني على إعادات تشكيل بأثر رجعي عبارة عن مشروع مفعم بالتحديات.

ثانيًا، الدعم الملاحظ ليس متفرعًا لكن يمكن وضعه مفهوميًا على أنه سلسلة متصلة تمتد من التعاون الكامل مع أحد الفاعلين السياسيين إلى التعاون الكامل مع الفاعل السياسي الخصم، شاملة كل ظلال التعاون المتنوعة بينهما، بما في ذلك الحياد (Petersen 2001:8). هذا ينعكس بتفريقات مثل التفريق بين الداعمين الناعمين والخشنين (Sluka 1989:291-294)،

---

(1) في الحقيقة، قد يستخدم العنف لتوليد الالتزام. في جواتيمالا، ولتجاوز تردد أعضاء المليشيات بقتل أول ضحاياهم «أمرهم أحد الضباط باختيار الجلادين بالقرعة، وبعد ذلك، كانت الضحية تربط بشجرة، وكل من في المجموعة يُؤمر بطعنه بالمنجل. خلال وقت قصير، أصبح بعض أفراد المجموعة يتطوعون ليقتلوا» (Stoll 1993:107). لاحظ أن هذا يفسر شكل العنف والمنفذ، بينما قد تكون الضحية مختارة كجزء من عملية لمنع الانشقاق.

(2) الاختلافان المنهجيان في أنماط الانضمام للمنظمات المتمردة ومليشيات السلطة قد يكونان غياب المخاطرة العالية للمنضمين الأوائل، وغياب التوجيه المعنوي، وكلاهما متسق مع الفكرة التي تشير لدور الدولة بافتراض الكثير من تبعات تشكيل المليشيا.

وبين الداعمين الإيجابيين والسلبيين (Bard O'Neill 1990:71-72)، وبين المشاركين المباشرين وغير المباشرين وأولئك «العالقين في المنتصف» (Kerkvliet 1977:166-167)، وبين الناخبين والمتعاطفين والأعضاء والناشطين والمسلحين (Lichbach 1995:17). أحد إثنوغرافيي جيتو كاثوليكي في بلفاست كان يُعد بشكل كبير أنه معقل لدعم التمرد (Sluka 1989:291) وجد أنه «ليس كل السكان الذين يدعمون عصابات الغِوار يدعمونهم بكل أدوارهم.... العديد من الناس في ديفيس يدعمون 'الجيش الجمهوري الإيرلندي' و'جيش التحرير الوطني الإيرلندي' في منطقة ما أو دور ما، بينما ينتقدونهم بالوقت نفسه بمنطقة أو دور آخر». إضافة لذلك، فالدعم الملاحظ دينامي وعلائقي، إذ إن سلوكيات شخص ما متأثرة بسلوكيات الآخرين (Petersen 2001).

ثالثًا، يجب أن نفرق بين أسباب الانضمام لمنظمة وأسباب البقاء بها (Molnar 1965:77-82). طلاب التاريخ العسكري، تحديدًا، تبنوا تفريق [المؤرخ العسكري] جون لين (Lynn 1984) بين الدوافع المبدئية (لماذا ينضم الناس لجيش ما)، والدوافع المستديمة (لماذا يبقون به رغم تبعات ذلك)، ودوافع القتال (لماذا يقتلون في الميدان)[1].

للاختصار، الاستدلال على التفضيلات من السلوك الملاحظ صعب بشكل كبير، فهذه التفضيلات مفتوحة للتلاعب والدحض، والسلوك الفعلي صعب الملاحة في بيئات الحروب الأهلية، وحتى عندما يُلاحظ بشكل دقيق، فالدعم ناتج اجتماع تفضيلات وقيود، متعددة ومتباينة، دينامية ومتغيرة ومائعة وغير متسقة غالبًا. هذا يحول البحث عن دافع رئيسي عبر الأفراد والوقت والمكان، الذي يهيمن على الأدبيات حول التمرد، إلى مشروع مستبعد وقد يكون مضللًا. نظرًا للمشاكل النظرية وحالة السجلات التجريبية، فإن الحل المنطقي لدراسة العنف هو تحديد سؤال دوافع وتوجهات الأفراد، وتبني افتراضات معقولة بالحد الأدنى حول الدعم.

---

(1) من الممكن كذلك التفكير بـ«مركبات» تجمع الدوافع الفردية. [العالمة السياسية] مارغاريت ليفي (Levi 1997) تحدد أربعة نماذج للإذعان: الطاعة الاعتيادية، والقبول الأيديولوجي، والطاعة الانتهازية، والقبول المشروط. القبول المشروط هو مركب يضم قدرة الفاعل السياسي على التهديد بالعقوبات حقًا، ومصداقيته، ووجود مخزون أخلاقي بين المواطنين، وإتاحة معلومات من المجتمع. إضافة لذلك، حتى التوجهات «النظيفة»، مثل القبول الراغب، متوافقة مع دوافع من المرتبة الثانية، والتي خلفت بنفسها مجموعة من السجالات الأكاديمية المستمرة: مصلحة الطبقة (Wolf 1969)، أو المصلحة الفردية الضيقة (Popkin 1979)، أو الاقتصاد «الأخلاقي» للمجتمع (J. Scott 1976).

أولًا، من الكافي الافتراض، بحسب تيلي (Tilly 1978:201)، أن إطلاق تمرد والانتصار به يتطلب فقط «التزام جزء كبير من السكان، بغض النظر عن دوافعهم، بادعاءات بديلة حصرية حول السلطة بوجه تلك التي تقدمها الحكومة من أفراد العاملين في المجال السياسي»[1].

ثانيًا، من غير الضروري افتراض تفضيلات مستقرة. هناك بعد دينامي بالدعم، لا كمجرد ترجمة تلقائية وثابتة لتفضيلات ضمنية، بل كمجال مطاوع من السلوك (الاستراتيجي عادة) والذي يكون استجابة لكل من التفضيلات والقيود. إن المدنيين يغيرون درجة واتجاه التزامهم على مدى الحرب، كما يشير تقرير مكتوب عام 1900 على يد العميد الأمريكي إيلويل س. أوتيس (Elwell S. Otis) عن التمرد في الفلبين: «تظهر مراجعة البرقيات أن.... رجالنا كانوا يستقبلون بسرور من الحشود عند دخولهم المحافظات، ثم لاحقًا، تسهم مجموعة من الناس تحت إكراه المتمردين بالرجال والأموال لطرد الأمريكيين، وأخيرًا، فالغالبية العظمى، بعد أن اكتسبت الثقة، تتحد مع قواتنا لتطرد التاغالوغيين والعصابات التي يديرونها» (in Linn 1989:29).

ثالثًا، الالتزام قد ينتج عن مجموعات متباينة من الإقناع والإكراه. في الحقيقة، وبالاتساق مع تحليل [الأنثروبولوجي وعالم السياسة الأمريكي] جيمس سكوت (Scott 1990; 1985) عن توجهات الفلاحين، فالعديد من الشهادات حول كيفية تعاون الناس مع الفاعلين المسلحين تشير إلى تعاون محدد وحذر ومتردد ما بين قطبي التعاطف والخوف. الكاتب ويليام فينيجان (Finnegan 1992:102) يستذكر محادثة مع فلاح موزمبيقي: «ألن تُعرف العصابات وتسلم للشرطة [إذا جاءت ودخلت البلدة]؟ أجابني الرجل الذي طرحت عليه السؤال: 'ليس بالضرورة. الشرطة ليست محبوبة هنا'. هل كانت العصابات محبوبة إذن؟ 'ليس بالضرورة'». خذ بعين الاعتبار النقطة التي طرحها مقاتل سابق في الفيت كونغ عندما سأل ما إن كان قد انضم بشكل طوعي أم لا: «هذه نقطة دقيقة للغاية. لا يمكن أن يقول الشخص إن

(1) هناك تأمل بهذا التوجه في فيتنام قدمه شيهان (Sheehan 1989:49-50): «بينما لم يتعاطف كل الفلاحين في شمال الدلتا مع الغوار، فضلت الأغلبية قضية الفيت كونغ أو دعمت الشيوعيين بشكل سري عبر حياد صامت عمل ضد حكومة سايجون. سواء كان هذا الحياد قد خُلق خوفًا من إرهاب الغوار، أو نتيجة التعاطف فليس له اختلاف عملي: افتقدت حكومة سايجون لتعاون الفلاحين، وكان هذا التعاون ضروريًا لكبح التدخل الذي يقوده الشيوعيون».

الانضمام كان طوعيًا، كما لا يمكنه القول إنه ليس كذلك» (in Race 1973:129)(1). التعايش الضبابي بين القبول والخوف ربما عُبر عنه بالشكل الأفضل في وصف [الكاتب البريطاني] كيفن توليس (Toolis 1997:68) عن المقاتلين في إيرلندا الشمالية: «إنهم العصابات المحلية الذين تحولوا مقاتلين مجتمعيين. لم يكن أي من مجتمعاتهم يحتفي تمامًا بسلوكياتهم، لكن معظم الناس حموهم بغض بصرهم وسمعهم. لا أحد، كاثوليكيًا كان أو بروتستانتيًا، كان يبلغ عن المجموعات شبه المسلحة المتواجدة انطلاقا من التضامن المجتمعي ولسبب آخر مقنع: إذا علمت المجموعات المسلحة فقد كانت لتطلق النار على المخبر في رأسه». هذا التعايش بين التعاطف والعقوبات يعكس خليط الإقناع والقهر الذي يفرضه الفاعلون السياسيون عادة حالما يحققون مستوى مقبولًا من السيطرة. مقاطعة آرماغ كانت لوقت طويلًا معقلًا لدعم «الجيش الجمهوري الإيرلندي»، لكنها أيضًا مكان، كما وصفه أحد الرجال الكاثوليك، يعني به حكم «الجيش الجمهوري الإيرلندي» المحلي أن «لا أحد يستطيع الكلام، لأن أي شخص يتكلم ينتهي به المطاف في حفرة تحت الأرض» (in Lavery 2005:A5). كينيث ماثيوز، مراسل البي بي سي الذي اختطف من قبل المتمردين الشيوعيين اليونانيين عام 1948، وإثر ذلك قام بزيارة لمناطق سيطرتهم، وصل لخلاصة مشابهة أثناء شهادته أمام المسؤولين البريطانيين بعد إطلاق سراحه:

«في هذه المساحة الكبيرة من البلاد لا توجد قوات حكومية من أي نوع ولا مسؤولون يعملون لصالح الحكومة المركزية.... عبر تلك المنطقة، يمارس المتمردون سيطرة إدارية بسيطة لكنها فعالة.... بخصوص مشاعر السكان في أراضي المتمردين، فمن الواضح أن السيد ماثيوس كان لديه انطباع حي بشعور عارم مما يمكن أن يصفه بـ'الرعب'، ببساطة نتيجة الحالة التي كان بها. هذا لا يعني أن حكم المتمردين كان حكمًا إرهابيًا. السيد ماثيوز يعتقد أنه إذا كان السكان يعتقدون أن حكم المتمردين يجب أن يبقى، فإن معظمهم سيستقرون تحته بشكل ما، رغم أنهم لم يكونوا ليحبوه. إنه لم يعتقد أن أكثر من واحد بالمئة من السكان يمكن اعتبارهم حقا موالين للمتمردين» (2).

---

(1) تجنيد الفلاحين في فيتنام الجنوبية ضمن جيش الفيت كونغ، كما وجد [الكاتب الأمريكي] باول بيرمان (Berman 1974:198): «لم يكن تطوعًا عفويًا مثل ذلك المرتبط بالحركات الثورية، ولا تجنيدًا إجباريًا للفلاحين في خدمة قسرية. لقد كان بالفعل خليطًا من القهر والإقناع».

(2) "Notes on Conversation with Mr. Kenneth Matthews on the 1st November, 1948," PRO, FO 371/72217/R1237.

هذه النقطة الأخيرة تشير إلى أن الالتزام العميق الذي لا يتزعزع مطلوب فقط من قلة من الناس. أولئك هم «المثاليون الصافون المتقدون»، الذين يأخذون موقعًا لا يتناسب مع حجمهم بالعديد من الروايات الصحفية والتاريخية. فالاطراد التجريبي، مدعوما بأدلة معتبرة، هو أن قلة فقط من الناس تشترك بشكل فعال بالحروب الأهلية، إما كمقاتلين أو كداعمين نشطين. [بروفيسور الحوكمة والسياسة] مارك ليخباخ (Lichbach 1995:18) يستشهد بأدلة كثيرة لصالح ما يسميه «حكم الخمسة بالمئة»، والذي بحسبه يعني أن تقريبًا خمسة بالمئة فقط من السكان داعمون نشطون ومسلحون. ودراسة نسب المقاتلين في سبعة تمردات ما بين أعوام 1940 و1962 تشير إلى أن معدل سبعة بالمئة يمكن اعتبارهم داعمين بقوة، وهو مجموع النسبة لدى كل من المتمردين والسلطة (Greene 1990:75). هذه الملاحظة شائعة. الحرب الأهلية الإنجليزية «لم تكن ببساطة صراعًا بين الفرسان [الملكيين] النبلاء ومدوري الرؤوس [البرلمانيين].... أقلية صغيرة من الطبقة الراقية في المحافظات يمكن تصنيفها تمامًا ضمن أي من هذين الفئتين التقليديتين» (Everitt 1997:19). في ميزوري في الحرب الأهلية، «كان البعض مصنفًا بشكل واضح ضمن أحد الفئتين أو الأخرى، محافظين على ولاءهم بالاعتقاد والسلوك. البقية الأكبر كانت غير منخرطة وحيادية» (Fellman 1989:xviii). [الكاتب الأمريكي] بريان هول (Hall 1994:210) يحاجج بأن نسبة الناس الذين أظهروا تفضيلات حادة وسلوكًا عنيفًا في يوغسلافيا السابقة كانوا ما بين «واحد إلى خمسة بالمئة» من السكان. وفي كولومبيا، مجرد «أقلية ضئيلة» من المدنيين «شاركوا بفعالية كمخبرين ملتزمين أو مقاتلين غير نظاميين لصالح المجموعات المسلحة»، وعلى النقيض، كانت غالبية المدنيين تسعى أن تبقى على الحياد (Fichtl 2004:3).

حتى في البيئات عالية الاستقطاب وتحت ظروف أقل خطورة، المشاركة النشطة تبقى منخفضة. [العالمة السياسية] إليزابيث وود (Wood 2003) تقدر أنه في مناطق السلفادور التي درستها، أقلية كبيرة (تصل إلى ثلث الفلاحين الذين لم يهربوا من تلك المناطق) دعموا المتمردين. أثناء الحرب الأهلية الإسبانية، «أقلية صغيرة فقط كانت سياسية بشكل غير مشروط وتعرف نفسها بالأحزاب والاتحادات.... حتى '**الميليكانوس**' [رجال الميليشيات بالإسبانية] الشهيرون، قوات المتطوعين الذين ساعدوا بإنقاذ الجمهورية عندما اندلع التمرد المسلح كانوا ذوي التزام هش بالقضية» (Seidman 2002:6, 11-12). مجموع المقاتلين في كل الميليشيات اللبنانية لم يتجاوز الثلاثين ألفًا، وخلال خمسة عشر عامًا من الحرب،

فقط 90-100 ألف شخص (أي ما يقارب 3 بالمئة من السكان) كانوا أعضاء في مليشيا، وأقل من عشرين بالمئة من السكان كانوا مشاركين بشكل نشط بدعم هذا الطرف أو ذاك (Nasr 1990:7). خلاصات مشابهة تم الوصول لها حول الحروب البوسنية والشيشانية (Mueller 2004; Claverie 2002:48; Tishkov 1997). عندما تكون المعلومات الانتخابية متاحة، فهي تشير أحيانًا لدعم محدود قبل الحرب لمتمردين نشطين للغاية [1].

معظم الناس «العاديين» يظهرون خليطًا من الانحيازات الضعيفة والانتهازية، وكلاهما خاضع لاعتبارات البقاء (الفصل الخامس) [2]. تعاونهم مع الأقليات المخاطِرة هش وخاضع لتقلبات الحرب وتأثيراتها على رفاه الشخص. هذه الحالة تنطبق على كل من النزاعات العرقية وغير العرقية، كما تشير القصاصات التالية من الثورة الأمريكية، وأوكرانيا المحتلة ألمانيا، ولبنان:

«ما تظهره السجلات البريطانية.... صورة لطبقة وسطى عظيمة من الأمريكيين. من المؤكد تقريبًا أن غالبية السكان، أولئك الذين كانوا مترددين وخائفين ومتشككين وغير حاسمين، والعديد منهم شعر أنه لا يوجد شيء على المحك يمكن أن يبرر مشاركتهم وعائلاتهم بالخطر المحدق والمعاناة. هؤلاء الناس الذين كانوا ضائعين من السجلات الثورية أو الموصوفون بأنهم 'جبناء' وبغياب حتى الفقر الذي يمكن أن يرد اعتبارهم، تم تجاوزهم كذلك من المؤرخين الذين اعتقدوا أن الكتلة الخاملة من الناس في أي حقبة لا تستحق أكثر من التجاهل. إلا أن هؤلاء الناس موجودون وذوو أهمية لأنهم شكلوا نسبة كبيرة من جمهورية ثورية يعتمد وجودها بحد ذاته على العدد» (Shy 1976:215-216).

«بأخذ كل الأدلة المقدمة بعين الاعتبار؛ تبدو الخلاصة الكلية التالية منطقية: توجه العامة من المدنيين في هذه المنطقة أفضل ما يوصف به بأنه منصاع وطيّع. باستثناء المقاتلين غير النظاميين أنفسهم وأعداد قليلة من الناشطين المؤيدين للسوفييت والمؤيدين للألمان الذين كانوا مستعدين أن يضحوا بأنفسهم لخدمة قضاياهم، فمعظم الناس كانوا مستعدين أن يطيعوا أي خصم بدا أكثر صلاحية في أي فترة» (T. Anderson 1999:622-623).

---

(1) الأحزاب الشيوعية في أوروبا المحتلة من الألمان حالة معبرة عن هذا. كان هناك فقط 830 شيوعيًا في كل البوسنة والهرسك أثناء غزو قوات المحور في أبريل/ نيسان من عام 1941، ولكن المقاتلين غير النظاميين الشيوعيين بدوا ناجحين جدًا هناك (Hoare 2001:2). بالطبع، هذا ينطبق أيضًا على البلاشفة في روسيا (Schmemann 1999:208). يبدأ المتمردون عادة قلة ويزدادون بسرعة. انظر: ;Berkeley (2001:47) Horton (1998:74); Asprey (1994:537); Stubbs (1989:183); Paget (1967:35); Clutterbuck (1966:5); Barnett and Njama (1966:152); Kitson (1960:126).

(2) Lubkemann (2005:504); Raleigh (2002:140); Schmemann (1999:208); Pyszczynski, Greenberg, and Solomon (1997); Malefakis (1996:26–7); Griffin (1976:137).

«بوضوح، لقد كان هناك ضحايا أكثر بكثير من المجرمين في الحروب الأهلية اللبنانية، ومعظم الناس أرادوا ببساطة نهاية القتل. ربما كانوا ملتزمين بقيم القرابة والأخوة التي شجعت الهويات العرقية أو الطائفية، ولكن ما لم تداهمهم فجأة كل من العواطف والظروف، فلم يكونوا على الأرجح سيشاركون بشكل مباشر بالقتال» (M. Johnson 2001:230).

4. 4. أشكال التعاون والانشقاق

يسعى الفاعلون السياسيون للتعاون الحصري والتام من كل المدنيين. عمليًا، إنهم يبحثون عن تعاون فعال من عدد قليلة من الداعمين المخلصين، وتعاون سلبي، لكنه حصري، من السكان بشكل عام، كما أنهم يسعون لمنع المدنيين من التعاون مع خصومهم. إنهم يفضلون التعاون الحصري وغير الكامل على التعاون غير الحصري (مثل الحياد والتحفظ)، فبشكل واضح؛ إنهم يفضلون درجة منخفضة من التعاون على ألا يكون هناك تعاون أساسًا. النواة الدنيا من التعاون بشكل عام هي **عدم الخيانة** لصالح العدو (Stubbs 1989:2; Leites and Wolf 1970:10). وبقدر ما تميل الحرب الأهلية لكونها عملية استقطاب، يميل التعاون وعدم التعاون لأن يكون معادلة صفرية.

الوجه الآخر من التعاون هو الانشقاق، والذي يمكن أن يُقسم لثلاثة أنواع على الأقل: عدم المطاوعة، والإبلاغ، وتبديل الصفوف (الجدول 4.1). النوعان الأخيران هما سلوكا تعاون واضح مع الخصم، رغم أن عدم المطاوعة عادة ما يُصوّر على أنه كذلك. في هذا الكتاب، أفهم الانشقاق على أنه تعاون نشط مع الطرف الخصم.

عدم الخضوع يمكن أن يكون عامًا وخاصًا، جمعيًا وفرديًا، بينما عادة ما يكون الإبلاغ خاصًا وفرديًا، وتبديل الصفوف فرديًا وجمعيًا، لكنه عام. عدم الخضوع يتضمن سلوكيات مثل الاعتراض والانتقاد وتجنب دفع الضرائب والتنصل من المسؤولية والهروب. قد يكون فرديًا أو جمعيًا (بتنصل قرية كاملة)، وخاصًا أو عامًا. الاعتبارات الاقتصادية والنجاة عادة ما تكون الدوافع الأساسية. وبينما تعد ألطف أشكال عدم التعاون، إلا إنها إذا تركت دون عقاب فقد تحفز حالات أكثر خطورة من عدم التعاون.

الجدول 1.4. أنواع الانشقاق

النوع	المدى	
عدم الخضوع	فردي وجمعي	عام وخاص
الإبلاغ	فردي	خاص
تبديل الصفوف	فردي وجمعي	عام

الإبلاغ هو توفير المعلومات حول طرف ما للطرف الخصم، وهو عادة ما يكون سلوكًا خاصًا يستلزم وجود المعلومات عن أحد الأطراف، وإمكانية الوصول للطرف الآخر، مما يستلزم غياب الجبهات العسكرية. بينما يشير الإبلاغ إلى شكل من التعاون مع الفاعل السياسي الذي يتم إيصال المعلومات إليه؛ إلا أنه يختلف عن تبديل الصفوف بأنه عادة ما يكون سلوكًا خاصًا يتطلب السرية. إنه كذلك سلوك فردي، لا جمعي، وفاعليته (أو ضرره) عادة ما تكون غير مرتبطة بعدد المبلغين أو المخبرين. في فيتنام، كان الفيت كونغ مكتفين بوجود عميل أو اثنين سريين لهما في القرى التي تسيطر عليها الحكومة (Race 1973:147). المعلومات مهمة، لا لأنها تقدم أفضلية عسكرية مباشرة (مثل منع أو تسهيل الكمائن)، بل لأنها بالدرجة الأساسية تحل مشكلة التعريف. أحد التأثيرات الخارجية الإيجابية لذلك هو أن معرفة السكان بأن أحد الجوانب لديه قدرة جوهرية للوصول إلى المعلومات يقوض رغبة التعاون بالتعامل مع الطرف الآخر.

الدوافع وراء الإبلاغ، مثل تلك التي وراء التعاون بشكل عام، مختلطة. إنها قد تعكس تفضيلات سياسية أصلية، أو توقعات بمكاسب شخصية، أو ضغائن شخصية، أو قهرًا وابتزازًا، أو اعتبارات للنجاة والبقاء . ومثل الانشقاق بالكلية، الإبلاغ عادة ما يكون متأثرًا بالخطر. الاستعمال الفعال للعنف قد ينجح بردع الإبلاغ.

آميلكار كابرال، القائد الوطني من جمهورية غينيا- بيساو، قال مرة: إن الثورة مثل الرحلة بالقطار. في كل محطة، يصعد البعض وينزل البعض الآخر (in Finnegan 1992:133). تبديل الصفوف شائع بالحروب الأهلية ويتضمن كلًا من أفراد ومجتمعات بأكملها تبدأ بالتعاون العلني مع طرف سياسي خصم. إنه عادة ما يكون سلوكًا عامًا ومرئيًا، فالأفراد قد ينشقون من جيش ما إلى خصمه، أو قرى قد تؤسس مليشيات وتعلن أنها انشقت. تبديل الصفوف شائع في الحروب الأهلية، فالمتمردون «الخونة» استخدموا كثيرا من قوات

السلطة، وعادة ما كان هذا التبديل مرتبطًا بعنف معتبر . أثناء الحرب الأهلية الروسية، لجان ثورية محلية بأكملها «كانت معينة من البلاشفة ومشكلة من السكان المحليين بدلت موقفها لصالح المتمردين». في الحقيقة، «لم يكن مستغربًا في روسيا الوسطى، وأوكرانيا خصوصًا، أن يعمل الأفراد أنفسهم في بضعة جيوش أو كلها: الأحمر والأبيض والأخضر» (Brovkin 1994:105, 418). في الصين، العديد من الشيوعيين انضموا لجانب الوطنيين، خصوصًا بعد الهزيمة في نزاعات فصائلية، وقد كانوا العدو الأسوأ للمتمردين «لأنهم عرفوا طرق الغِوار وكانوا متعطشين للانتقام» (Benton 1992:475). في فيتنام، «الانشقاق من جانب لآخر حصلت مرارًا، كما حصلت تغيرات بولاءات القرويين» (Berman 1974:31)، والفيت كونغ «اعتبروا الانشقاقات أحد أكبر مشاكلهم» (Moyar 1997:250-251). ومجددًا، الدوافع تتباين بشكل واسع .

أولئك الذين يبدلون صفوفهم يقدمون خدمات واضحة، كمصادر للمعلومات، وكمساعدين بدفع زملائهم السابقين للانشقاق، وكوسيلة للدعاية، إثر الحقيقة الساطعة التي يفرضها وجودهم. [البرفيسور] بونكيانو ديل بينو (Del Pino 1998:169) يشير أيضًا إلى أن أولئك الذين بدلوا صفوفهم، بمعرفتهم لمنظماتهم السابقة من الداخل، قادرون على تجاوز الخوف من أن هذه المنظمات عادة ما تستدعي أولئك الأجانب. ولأن تبديل الصفوف سلوك دراماتيكي وذو تبعات، فإن العقوبة الأشد محفوظة لأولئك الذين يبدلون صفوفهم في المنعطفات الحرجة من الصراع، خصوصًا لزعماء القرى أو حتى لقرى بأكملها. روبرت ثومبسون (Thompson 1966:25) يتحدث أنه عندما كان الفيت كونغ يستعيدون السيطرة على قرية ما كانت قد انشقت لصالح الحكومة، كانوا «يأخذون كبير القرية وعائلته وينزعون أحشاء زوجته أمامه ويقطعون أيدي وأرجل أبنائه ثم يخصونه».

5.4. الإطار المؤسساتي للتعاون

أحد الجوانب التي لم تتلق بحثًا كافيًا للحروب غير النظامية هي السياق المؤسساتي الذي تتم خلاله التفاعلات بين الفاعلين السياسيين والمدنيين، وما أصفه هنا بالمستوى الميسو (meso، أي بين المايكرو والماكرو). أحيانًا، هذا التفاعل يكون غير رسمي، ولكن، بالحالة الأكثر شيوعًا، تتمأسس هذه العملية وتأخذ شكلين أساسيين: المليشيات، واللجان. المليشيات، بكونها مسلحة، قادرة بشكل طبيعي على استخدام العنف بشكل مباشر، بينما

ليست اللجان كذلك. الفاعلون السياسيون يعتمدون على كليهما، رغم أن القوات النظامية كما يبدو تفضل المليشيات، والمتمردين اللجان، في تفضيل قد يكون مرتبطًا فقط بتوفر الأسلحة.

1.5.4. المليشيات

المليشيات، بشكل أساسي، مؤسسة سياسية أكثر من كونها عسكرية. إنها جزء من استراتيجية الحكم المحلي وبناء الدولة . كما حاجج رجل جزائري حول مليشيات البلاد، فإن «الناس لا يمكنها استئصال الإرهابيين بدون الجيش، والجيش لا يمكنه إبادة الإرهابيين بدون الناس» (in Peterson 1997b). في جواتيمالا، الهدف الرئيسي للدوريات المدنية، كما كانت المليشيات تعرف هناك، كان «الإبلاغ عن الموالين مع الغِوار في المجتمع المحلي» (Carmack 1988b:63). الهدف الرئيسي للمليشيات هو «التحكم بالناس» (Jones and Molnar 1966:25). بينما قد يركز أعضاء المليشيا الأفراد على الدفاع عن قراهم أو عائلاتهم، فحقيقة أنهم متواجدون دائمًا في قراهم ويعملون في أماكن يعرفونها جيدًا يسمح للسلطة بالحصول على معلومات خاصة.

رغم أن المتمردين يعتمدون على مليشيات محلية (مثلًا Geffray 1990; Stubbs 1989:87-88)؛ ارتبط المصطلح عادة بالسلطة، التي تستخدمهم كقوات رديفة . المجموعات غير النظامية وشبه النظامية المنوعة من القوات المعادية للمتمردين، والتي يشار لها بأسماء عديدة مثل الجماعات شبه المسلحة، والمليشيات وفرق الموت وحراس الوطن أو القرية أو الحراس المدنيين هي الوجه «المعاكس» للمتمردين (Zahar 2001; Rubio 1999:20)، أو «العصابات المضادة» بصياغة [الضابط البريطاني المتقاعد والكاتب العسكري] فرانك كيتسون (Kitson 1960). تشكيل المليشيات مع تأسيس «القرى المحصنة»، الموصوفة عادة بأنها برامج «محلية» أو «دفاع ذاتي» (Armstrong 1964:30)، هي جزء أساسي من جهود مكافحة التمرد (Hedman 2000:133; Barton 1953). عادة، المليشيات تشكل على المستوى المحلي (القرية عادة)، وتضم رجالًا محليين (وأحيانًا نساء)، ونشاطاتها مرتبطة بشكل محدد بمجتمعاتها المحلية.

المليشيات تصل عادة لأحجام ضخمة. يقدر أنه بعام 1985، كان هناك مليون ريفي في جواتيمالا شاركوا بالدوريات العسكرية في مجتمعاتهم المحلية (Warren 1998:89). المليشيات منتشرة كذلك

بالصراعات العرقية حيث تكون الدول قادرة على الحث على الانشقاق داخل العرقيات نفسها (Kalyvas 2004). مثلًا، الأجهزة الأمنية الهندية في كشمير كانت قادرة على دفع المسلحين المسلمين على تبديل صفوفهم ليصبحوا «مليشيات مضادة» (سموا بالـ «المرتدين» من المحليين و«الأصدقاء» من الحكومة) (Gossman 2000:275). المليشيات أداة أساسية كذلك لتعزيز الاحتلال. في الحقيقة، المحتلون يتفاجؤون عندما يكتشفون كم أنه من السهل تجنيد السكان المحليين وعادة ما يجدون مجندين أكثر من الأماكن التي يستطيعون ملأها (مثلا Finley 1994:29).

يمكن أن تكون المليشيات مكلفة. فرغم أنها مشكَّلة لتشارك بشكل أساسي في «العنف الحمائي»، إلا أنها عادة ما تمارس عنفًا «افتراسيًا» ومعتديًا، بما في ذلك الابتزاز . سمعة المليشيات بممارسة الانتهاكات عريقة ، كما قد يمارسون تصعيدًا بالعنف لأنهم يستخدمون قوتهم للخوض بصراعات شخصية أو محلية . «رجال المليشيات في ميزوري كانت لديهم حاجة ضخمة لممارسة الانتقام ضد جيرانهم الموالين للمتمردين، وكانوا يعرفون أي الصراعات عليهم تسويتها» (Felmman 1989:129). كان هناك الحديث عن العديد من حالات الاعتداء في المناطق الكردية من تركيا، حيث شكلت الحكومة التركية مليشيات قروية موالية للحكومة لمكافحة التمرد الكردي. في قرية أوجراك، كما يروي [الصحفي الأمريكي] كارل فيك (Vick 2002:A18)، سلحت الدولة عائلة جوتشلو، والتي، بحسب معظم الروايات، «لم يكن لها نفوذ حتى جعلتها الدولة القانون نفسه.... أدت هذه السياسة لتفريغ القرية من كل من لا يحمل كنية جوتشلو. العائلات التي غادرت قيل إنها طُردت من أرضها على يد جيران استخدموا قوة الأمن ليأخذوا أراضي أفضل وبيوتًا أكبر. وكما وصف الأمر أحد ضحاياهم، «هؤلاء الناس الذين مُنحوا سلاحًا من الدولة يستخدمونه لمصلحتهم الخاصة». حراس القرية «الذين وُصفوا من العديد من المحليين بالمافيات يفعلون ما يريدون تحت اسم القانون، ويتمتعون بحصانة عملية من المحاكمة، بحسب ناشطي حقوق الإنسان والسكان المحليين.... التقارير عن الاغتصاب على يد حراس القرية تتزايد، والنقاد يقولون إن زعماء العوائل البارزة يستخدمون حالتهم كحراس لتعزيز قواتهم الكبيرة أساسًا، وفي بعض الحالات يديرون نشاطات التهريب دون أن توقفهم السلطات التي تخشى محاولة نزع السلاح عنهم».

للمفارقة، فإن السمة المحلية للمليشيات التي تسمح لهم بجمع المعلومات الضرورية للفاعلين السياسيين قد تحولهم لأسلحة عشوائية ذات تأثيرات عكسية. ملا، صحفي بريطاني

«لم يكن لديه شك على الإطلاق» في اليونان عام 1948 أن «ناشطي فرق اليمينيين.... مسؤولة عن قوة المتمردين. لقد قال إن المجندين يصلون بشكل مستمر وقد رأى عددًا منهم بنفسه. لقد كان متأكدًا -من محادثاته معهم- أن تجاوزات اليمينيين وممارسات ممثلي الحكومة الاعتباطية والمجحفة ما زالت تعزز صفوف المتمردين في شبه جزيرة بيلوبونيز» . بسبب هذا الميل، يقمع الفاعلون السياسيون عادة هذه التجاوزات (مثلًا Paul and Demarest 1988).

ولأن المليشيات تهدد المتمردين، فهي تصبح بسرعة الأهداف المباشرة للمتمردين. فالعديد من المجازر المرتكبة من المتمردين وقعت في القرى التي انشق سكانها عبر انضمامهم للمليشيات المشكلة حديثا (Kalyvas 1999). لذلك، وحتى إن انضم القرويون بداية للمليشيات تحت غطاء القهر، فهم بسرعة ما يتعلمون أن يخافوا ويكرهوا المتمردين. في جواتيمالا، وكما يظهر ديفيد ستول (Stoll 1993:100)، فقد اعتمد الجيش على هذه الآلية لحل مشكلة الثقة ومنع رجال المليشيات من تسليم أسلحتهم للمتمردين، فلم تُسلّح المليشيات حتى سُفك الكثير من الدم -بقتل المليشيات للغِوار والعكس صحيح- للتأكد من أنهم كانوا مع الجيش . وبشكل عام، هناك إجماع، في النهاية، على أن المليشيات سلاح فعال حقًا ضد المتمردين .

2.5.4. اللجان

اللجان المحلية، المستقرة عادة في القرى، تستلم وتدير المعلومات لصالح الفاعلين المسلحين . هذه اللجان يمكن أن توجد في معظم الظروف. في فرنسا الثورية، اللجان «الشعبية اليقظة» من الوطنيين المحليين «كانت موجودة في كل مدينة وبلدة، وصولًا إلى بعض القرى القريبة من القلاع، إضافة لوجودها بأعداد كبيرة من القرى ببعض المناطق». لقد كانت «تملك سلطة الاعتقال وأصبحت الدرجة الأقل في سلم القمع الثوري بدءًا من السجن، للمحاكم الثورية وصولًا إلى المقصلة» (Lucas 1997:33). في روسيا الثورية، وضعت لجان «التشيكا» [هيئة الطوارئ الروسية لمكافحة الثورة المضادة والتخريب] قوائم من الناس لاعتقالهم (Werth 1998:172). أثناء الحرب الأهلية الأمريكية، «اللجان الشعبية اليقظة» تأسست في مناطق الجبهات (Ash 1995:123). في كينيا، متمردو الماو ماو أسسوا لجانًا محلية «ألقت أوامر القتل والغارات وجمع الأموال والتجنيد»

(Kitson 1960:45)، بينما في مالايا؛ شكل البريطانيون «لجان مراجعة» محلية شبيهة أشرفت على المدنيين المعتقلين أثناء المداهمات (Stubbs 1989:74). المتمردون الفلبينيون من «جيش الشعب الجديد» اعتمدوا على اللجان لتحديد أهداف الاغتيالات، وكانت هذه اللجان تبني قراراتها «بشكل كبير على الشكاوى من الموالين واستخبارات المتمردين» (G. Jones 1989:249). الأمر نفسه ينطبق في السلفادور (J. L. Anderson 2004:136). فبشكل شبيه، أسس الفيتناميون الجنوبيون «لجان إشراف» تتكون من المسؤولين على مستوى المزرعة والقرية والمنطقة، وقد راجعت الأدلة المرتبطة بنشاطات الناس المشتبه بتعاونهم مع الفيت كونغ (Moyar 1997:204). في الوقت نفسه، أسس الفيت كونغ شبكة واسعة من اللجان التي تبدأ على مستوى القرية (West 1985:21) لضمان أن «القرارات الحاسمة.... كانت تُتخذ من الناس المحليين، بمرونة نسبية وحساسية لمتطلبات كل حالة بذاتها» (Race 1972:164)، وبحسب بيرمان (Berman 1974:50)، «فهذه الهياكل وضعت المسؤولية الكبرى على كوادر المستوى الأقل». مقابل مراقبتهم ومعلوماتهم، العملاء المحليون حصلوا على ميزة كبرى دائمة: سلطة حكم مجتمعاتهم.

رغم أن هناك أدلة كبيرة حول وجود لجان كهذه ، إلا أننا لا نعرف الكثير حول كيفية عملها. ربما كانت أهم ميزة لها هي أنها عادة ما تملك دورًا بتحديد شكل العنف الذي سيمارس على المجتمع المحلي الذي يعملون به، ولكن تبقى كيفية اكتساب هذه السلطة متفاوتة. وبالعديد من الحالات، تملك هذه اللجان حق إبطال استخدام العنف في مجتمعاتها. سأرجع لهذه القضية في الفصلين السابع والثامن.

6.4. الخلاصة

حدد هذا الفصل الجزء الأول من نظرية عن الحرب غير النظامية عبر منهجة أفكار معروفة، لكنها مشتتة، عن التمردات وتقديم تصور مفهومي جديد عن السيادة في الحرب غير النظامية. بعد طرح عدة مشاكل مرتبطة بمفهوم «الدعم الشعبي»، ناقشت «التعريف»؛ المشكلة الرئيسية التي تواجه الفاعلين السياسيين. في الفصول التالية، سأبقي تركيزي على التعاون وأبحث علاقته مع السيطرة.

الفصل الخامس
نظرية للحرب غير النظامية (2) السيطرة

> نحن، قطعًا، لا نقتل الذباب بالمطارق.
>
> المقدّم بجيارد، الجيش الفرنسي، الجزائر

> هذه حرب سياسية تستدعي التمييز بالقتل. السلاح الأفضل للقتل سيكون السكين، لكنني أخشى أننا لا نستطيع فعل ذلك. الأسوأ يكون بالطائرة، والأقل سوءًا هو المدفعية. وباستثناء السكين، فالأفضل هو البندقية، لأنك تعرف من تقتل.
>
> جون باول فان، المستشار الأمريكي في فيتنام

هذا الفصل يحلل العلاقة بين التعاون والسيطرة ويحاجج بأن الموارد العسكرية عادة ما تتجاوز التفضيلات السياسية والاجتماعية للسكان من فترة ما قبل الحرب لتحقيق السيطرة. بالمقابل، السيطرة لها تأثير حازم على تعاون السكان مع فاعل سياسي. ولكن، حجم الموارد السياسية المطلوب لفرض سيطرة كاملة ودائمة في بلد تمزقه حرب أهلية ضخم، ولذلك، فعادة لا يكون متحققًا. هذا يمنح أفضلية للاستخدام الفعال للعنف كأداة أساسية لتأسيس السيطرة والحفاظ عليها، وبذلك توليد التعاون ومنع الانشقاق. وبالمقابل، العنف الفعال يتطلب التمييز بالضحايا.

1.5. توزع التعاون

هناك ملاحظة تجريبية متينة مفادها أن توزع التعاون بين المتحاربين مرتبط جدًا بتوزيع السيطرة، أي المدى الذي يستطيع به الفاعلون تأسيس حكم حصري على مساحة ما من الأرض. هذه العلاقة يمكن صياغتها كفرضية: كلما ارتفعت درجة السيطرة التي يمارسها فاعل سياسي في منطقة ما، ارتفعت درجة تعاون المدنيين مع هذا الفاعل السياسي. السؤال المباشر هو اتجاه السببية. هل تولد السيطرة التعاون، أو العكس؟ مثلًا، يلاحظ

فلاديمير بروفكين (Brovkin 1994:126) عن الحرب الأهلية الروسية أن «جيشًا من مئة ألف مقاتل لم يكن ليسيطر على أرض ذات أربعين مليون نسمة في ثلاثة شهور ما لم يكن هناك استياء عام مشترك من الإدارة السابقة». بشكل مشابه، يقال إن «أهم فاعل مكاني» لمناطق قواعد المتمردين «هو أن الأهداف السياسية تتجاوز بشكل واضح المكاسب الجغرافية (الميدانية) الخالصة» (McColl 1967:156).

ليس هناك كثير من الشك أن التعاون والسيطرة يعزز أحدهما الآخر، إلا أن محل الاعتراض هو فكرة أن السيطرة تنتج فقط عن التعاون ولا تشكله، كما أن محل الاعتراض الآخر هو فكرة «الناخب المتوسط» عن الحرب الأهلية، وهي أن أنماط السيطرة أثناء الحرب الأهلية تعكس تفضيلات الأغلبية، وخصوصًا من فترة ما قبل الحرب. ليس من الضروري أن تتمتع الأغلبية السياسية بأفضلية عسكرية على الأقليات، ففي الحقيقة قد يكون العكس هو الصحيح (Massey et al. 1999). التفضيلات السياسية ما قبل الحرب للسكان الإسبان، بالاستثناء الجزئي لكتالونيا والباسك، كانت عامل تنبؤ ضعيف لتوزيع السيطرة بين الوطنيين والجمهوريين أثناء الشهور الأولى من الحرب (Derriennic 2001:168). في البوسنة، كان المسلمون ذوي أفضلية عددية واضحة، لكنهم لم يستطيعوا ترجمتها لأفضلية عسكرية. الأهم، هو أن هذه المحاججة تتجاهل تأثيرات الحرب وتفشل بالأخذ بعين الاعتبار التفضيلات المتعددة التي تنشأ عن الحرب، كما نوقش في الفصل السابق.

الفرضية الأكثر شمولية وديناميةً هي أن الأنماط الأولية للسيطرة يتم التنبؤ بها عبر خليط من تفضيلات ما قبل الحرب مع الموارد العسكرية الحالية[1]، ولكن، مع تقدم الحرب؛ تتقدم السيطرة على تفضيلات ما قبل الحرب لتحديد التعاون. ورغم أن السيطرة والتعاون متصلان

(1) تحليل [الأنثروبولوجي الفرنسي] كريستيان جيفراي (Geffray 1990:53-54) عن وصول الرينامو في منطقة ماريري بإقليم نامبولا في شمالي موزمبيق يشير إلى هذه العملية التعزيزية: المسؤول المحلي ماهيا أصبح منبوذًا إثر سياسات الحكومة، ولذلك رحب بمتمردي الرينامو حتى قبل أن يصبحوا قادرين على حمايته، ولكن، في الوقت نفسه، قرر الرينامو القدوم لهذه المنطقة بسبب مجموعة من الخصائص الجغرافية المناسبة: البعد عن المدن والبلدات، والغابات الكثيفة، وموارد المياه، والقرب من جبل ذي كهوف كثيرة. في النهاية، لقد كان وجود الرينامو «هو ما منح الناس الوسائل العسكرية ليحموا أنفسهم خارج الدولة». بكلمات جيفراي (Geffray 1990:93): «عشرات آلاف الناس تحركوا تحت حماية أسلحة الرينامو في هذه المنطقة.... خارج مدى دولة فريليمو. هذه المجتمعات السكنية كان من الممكن ألا تدخل أبدًا بحالة من التمرد بنفسها، بدون تدخل قوة عسكرية قادرة على إبعاد قوات فريليمو».

بما بينهما، إلا أنه من الممكن تجزيء تفاعلهما إلى تتابع وقتي مبسط. فمثلًا: عند اللحظة الزمنية (ز$_1$)، سيطرت مجموعة متمردة على منطقة محلية ما عبر الاستخدام الناجح للوسائل العسكرية عند اللحظة الزمنية (ز$_0$)، أو عبر التفضيلات القائمة للسكان، أو عبر خليط منهما. وكنتيجة لذلك، ازداد التعاون مع تلك المجموعة عند اللحظة الزمنية (ز$_2$). ولكن، قد يشن الجيش الحكومي هجومًا مضادًا، ويطرد المتمردين، ويفرض سيطرته بوسائل عسكرية فقط عند اللحظة الزمنية (ز$_3$). الآن، سيولد هذا تعاونًا مع الجيش عند اللحظة الزمنية (ز$_4$)، ولو أن السكان قد كان لديهم تفضيل تجاه المتمردين. فإذا حافظ الجيش على سيطرته لوقت طويل، فإن تفضيلات السكان قد تتحول «بشكل داخلي» باتجاه الجيش عند اللحظة الزمنية (ز$_5$).

هذه عملية تذكر بمبدأ «**الناس على دين ملوكهم**» [*cuius regio eius religio*]، حيث تصبح مجتمعات كاملة بروتستانتية أو كاثوليكية بناء على قرار حاكمها. [بروفيسور التاريخ] مايكل سايدمان (Seidman 2002:40) يدعو الميل الواسع أثناء الحرب الأهلية الإسبانية بالانحياز مع المعسكر الذي يسيطر على المدينة أو المنطقة التي يعيش بها الفرد بـ«الولاء الجغرافي». ملاحظة ويليام فينيجان (Finnegan 1999:50) عن ديناميات الدعم الشعبي في السودان تشير إلى الاتجاه نفسه: «الآراء السياسية للناس كانت مشروطة بشكل كبير بالسلطات الموجودة حولهم».

الفكرة، باختصار، هي أنه رغم أن التعاون والسيطرة متفاعلان، إلا أن السيطرة قد تتجاوز التفضيلات السياسية للسكان بتوليد التعاون أثناء الحرب. هذه الفكرة متسقة مع المحاججات التي تؤكد على قدرة الدولة (Fearon and Laitin 2003; Coleman 1990:479) والملاحظة المرتبطة بأن التمردات أكثر احتمالية للتقدم وتحصيل دعم السكان عندما تتراجع سيطرة الدولة أو تنهار (مثلًا Del Pino 1998:170; Skocpol 1979)[1]. النتيجة الضمنية لذلك هي أن تفضيلات السكان ما قبل الحرب قد تكون مؤشر تنبؤ غير دقيق لتوزيع السيطرة أثناء الحرب .

---

(1) جيمس كولمان (Coleman 1990:479) يسمي هذا بـ«نظرية القوة»، بعكس «نظرية الاستياء». هذا واضح تحديدًا بحالة الاحتلال أو الإدارات الاستعمارية الضعيفة، ويفسر سهولة انتشار التمردات. مثلًا، جون كان (Cann 1997:21) يشير إلى أن التمرد في أنجولا أثناء الحكم الاستعماري البرتغالي بدأت في مناطق كان التواجد الاستعماري بها «ضئيلًا لدرجة أنه كان من المستحيل عمليًا [على الإدارة] أن تحافظ على أكثر من سيطرة بسيطة على مناطقها». وكما أشار محلل أمريكي حول استحالة سيطرة كولومبيا العسكرية على البلاد، فإن «الجيش لا يمكنه أن يحل مكان تواجد الدولة» (in Forero 2001:A3). إشارات مشابهة يقدمها إيموري إيفانس (Evans 1985:211) عن فرجينيا أثناء الثورة الأمريكية ولين هورتون (Horton 1998:126) عن الكونترا في نيكاراجوا. بشكل واضح، غياب تواجد الدولة يؤشر لشرط أساسي لاندلاع التمردات بدلًا

التأكيد على أهمية السيطرة لا يتضمن بأي حال أن القهر هو العامل الوحيد، أو أن المظالم الشعبية لا علاقة لها. انضم الآلاف لمتمردي الرينامو، الممولين من دولة جنوب أفريقيا، في موزمبيق لأن هذا سمح لهم بتدمير القرى الجديدة غير المحبوبة التي أسستها الحكومة الموزمبيقية. ولكنهم استطاعوا فعل ذلك فقط بعد أن تمكن المتمردون من مواجهة الحكومة وتأسيس سيطرة عسكرية محلية، وبذلك طرد الجيش (Geffray 1990:39). الاستياء الشعبي من القرى الجديدة كان قويًا بالقدر نفسه في تنزانيا، ولكن لأنه لم تكن توجد مجموعة متمردة تواجه الدولة، لم يُترجم هذا الاستياء في شكل تمرد.

ولأن التأكيد على أن السيطرة قد تتجاوز تفضيلات ما قبل الحرب، وتشكُّلُ التعاون أثناء الحرب قد يبدو محل تساؤل عند الوهلة الأولى، فإنني أقدم بضعة أمثلة لإظهار معقولية المحاججة قبل تقديم مجموعة من الميكانيزمات السببية التي تترجم السيطرة إلى تعاون.

أثناء الحرب الأهلية الإسبانية، العديد من اليساريين انضموا لمليشيات يمينية (والعكس صحيح) لأنهم وجدوا أنفسهم في الجزء الخاطئ من الجبهة وأرادوا البقاء أحياء (Cenarro 2002:75). الشباب الفرنسيون الذين كانوا يسعون لتجنب التجنيد للسخرة أثناء الحرب العالمية الثانية كانوا ينضمون على الأرجح لعملاء «المليشيا الفرنسية» (Milice) إذا كانوا يعيشون في المدن، وإلى المقاومة إذا عاشوا في الأرياف[1]. رجلان فسرا لماذا انضما لـ«جيش جنوب لبنان» الموالي لإسرائيل (in Sontag 2000:A1): «لقد كبرنا ونحن نحمل السلاح. السلاح هو العضلات، وفي هذه المنطقة كان السلاح مع 'جيش جنوب لبنان'».

ممارسو الحروب واعون جيدًا لهذه الفكرة. ماو تسي تونج (in Bruno Shaw 1975:209)

من كونه شرطًا لتوقيتها، أي: لماذا تندلع التمردات بدلًا من متى. هذا يشير إلى أن الانضمام لتمرد يعني مخاطر أقل مما هو مفترض عندما تكون قوات السلطة غائبة أو ضعيفة للغاية (مثلًا: ;Degregori 1998:130 (Horton 1998:126; Herrington 1997:29).

(1) باستخدام البيانات القضائية، وجد باول جانكوسكي (Jankowski 1989:123-124) أن نسبة كبيرة من أعضاء «المليشيا الفرنسية»، ما بين الربع والثلث، انضموا لهم ليهربوا من تجنيد السخرة لصالح الألمان، بعضهم كضمانة كي لا يتم استدعاؤه والبعض الآخر في نفس اليوم الذي استدعي به. كما قال أحد الرجال من بينهم: «انضممت إلى المليشيا الفرنسية كي لا أذهب إلى ألمانيا، لأن هذا أسهل علي لأنه يسمح لي بالبقاء قرب عائلتي وعملي. كنت سأتوجس [نتيجة] ترك عائلتي مع غوار المقاومة المجهولين الذين قد يكون لهم ثأر مع عائلتي». نسبة أولئك الذين انضموا عن قناعة يقدره جانكوسكي بنسبة تصل إلى خمسة بالمئة، الخمسة بالمئة الأخرى انضمت نتيجة الضغط من العائلة والأصدقاء، ونسبة عشرة بالمئة انضمت لتستفيد من الوظائف والميزات، والبقية لأسباب متعددة.

حاجج بأن «وجود القوات المسلحة المعادية لليابانيين» كان أول شروط تأسيس منطقة انطلاق، مشيرًا بقوله: «إذا لم يكن هناك قوة مسلحة أو كانت القوة المسلحة ضعيفة، فلا يمكن فعل شيء». تقرير للمخابرات المركزية الأمريكية من فيتنام عام 1968 (in Moyar 1997:321) لاحظ أن «معظم الناس تستجيب للسلطة والقوة، سواء أكانوا من الفيت كونغ أم الحكومة الفيتنامية». جنرال فرنسي قدم وصفه بعد عملية عسكرية فرنسية في الجزائر عام 1959 بقوله:

«معاقل المتمردين القوية في بني مراي، بجبال البابور، وعرباون- تمزقيدة تفككت بشكل كبير. عناصر المتمردين إما انسحبت إلى المناطق المحيطة أو انقسمت إلى مجموعات صغيرة تتجنب الاشتباكات. التنظيم السياسي للمتمردين، المفتقد لدعم الجهاز العسكري، تم تحييده جزئيًا وأفراده كانوا يختبؤون. البنية اللوجستية بحالة فوضوية جدًا. تحرَّرَ السكان لدرجة معينة من قيود المتمردين وبدأوا بحركة واضحة باتجاهنا.... ولكن، حركة السكان هذه ليست ثابتة نحونا، وللحفاظ عليها وتسريعها، يجب أن نسعى مباشرة لتدمير الفرق العسكرية على كل المستويات» (in Faivre 1994:148-149).

[بروفيسور الاقتصاد] رونالد وينتروب (Wintrobe 1998:45) يحدد آليتين يمكن من خلالهما لديكتاتور ما أن يعزز سلطته: القمع والولاء. الولاء يمكن اكتسابه بعدة طرق، منها توفير مكاسب مادية (خصوصًا بمكاسب الاحتكار) والدعاوى الأيديولوجية. وبسبب طبيعتها متعددة الجوانب، فالحرب الأهلية سياق يتحول به اكتساب الولاء الدائم والمستقر إلى مشروع صعب للغاية. حالما تبدأ الحرب، تحل عادة الموارد المرتبطة بالحرب، مثل العنف، محل توفير المكاسب المادية وغير المادية، مما يدفع الأفراد، الذين يُعدّ بقاؤهم أمرًا هامًا، للتعاون بشكل أقل مع الفاعل السياسي الذي يفضلونه وأكثر مع الفاعل السياسي الذي يخافونه. بكلمات أخرى، توفير المكاسب يتراجع تدريجيًا لصالح الاستخدام الفعال للعنف. في النهاية، العنف سلاح سهل الاستخدام، ولكنه «يعد بمقابل لا يتناسب أبدًا مع الوقت والطاقة والموارد» التي يستثمرها الفاعلون السياسيون الذين يعتمدون عليه (Thornton 1964:88)، والفاعلون السياسيون قد يفضلون أن يكونوا مكروهين ومهابين على ألا يكونوا مهابين بينما خصمهم كذلك[1]. صحفي أمريكي يغطي عمليات مكافحة التمرد في العراق

(1) الناتج الأسوأ طبعًا هو أن تكون مكروهًا وغير مهاب. ف. ج. ويست (West 1985:157) يصف حالة كهذه. بعد هجوم فاشل بالهاون للفيت كونغ ضد إحدى القرى، مسؤول الشرطة المحلية «قال إن القصة هي أن محاولة الفيت كونغ لقتل القرويين ستصبح معروفة في كل قرية باليوم التالي. محاولتهم وفشلهم كان أسوأ الخيارات بالنسبة لهم. لقد حصل القرويون على السبب الأكبر كي لا يحبوهم، دون أن يهابوهم بعد اليوم».

سأل أحد قادة وحدة النخبة العراقية، العقيد عدنان ثابت، عن شيخ محلي، بعد أن كان الاثنان قد التقيا في سامراء وهدد العقيد الشيخ. أجابه عدنان: «لم يعد مهما الآن ما إن كان معنا أو ضدنا. نحن السلطة. نحن الحكومة. وعلى الجميع أن يتعاون معنا. لقد بدأ يتعاون معنا» (in Maass 2005:56). مستشار الرئيس الأمريكي ريتشارد نيكسون، تشارلز كولسون، نقل هذه الفكرة بشكلها الخام، ولكن بوضوح: «عندما يكونون معك من نواصيهم، فقلوبهم وعقولهم ستتبع» (in Chang 1992:403).

بالطبع، الخوف وحده لا يكفي لاستدامة الحكم على المدى الطويل (Wintrobe 1998:37; C. Friedrich 1972:60)، لكنه يعمل كشرط أولي يجعل إنتاج الولاء ممكنًا. بتناسي محاججة أن معظم المكاسب التي يستطيع أي فاعل سياسي تقديمها لن تكون كافية لتعويض الخطر العالي للانتقام العنيف على يد الفاعل الخصم (Mason and Krane 1989:179)؛ يمكن أن يلاحظ الشخص أن المكاسب المادية تصبح شحيحة بشكل متزايد أثناء الحروب الأهلية[1]. فهذه الحروب عادة ما تستنزف الاقتصادات المحلية، وبذلك تنتج حالة من الفقر ونقص المتاع المتاح للتوزيع، مما قد يبعد الناس عن الفاعل السياسي الذي انحازوا له بداية (Chingono 1996). استجابة لهذه التحولات، حتى المتمردون قد يصبحون قهريين مع قاعدتهم الاجتماعية، «ليعادوا الناس أنفسهم الذين يحتاجون دعمهم أكثر من أي شيء آخر»، كما لاحظ [الكاتب والصحفي] آلان بيرلو (Berlow 1998:179) في الفلبين: «كان القرويون يخيرون: **الجزيرة أم الكرة** [*pulo ukon polo*]، أي دفع عشر بيزوات أو سبطانة المسدس». كما قال ديفيد إيليوت (Elliott 2003:348) عن حرب فيتنام: «مع استمرار الحرب، حتى الفلاحون الفقراء بدأوا يسألون مكاسب عضوية الحزب مقابل تضحياتهم. ازداد العبء وقلت المكافأة». إنه يظهر أن الفلاحين الأغنى هربوا من قراهم، مما منح الفيت كونغ أراضي ليعيدوا توزيعها، «ولكن حالة الاضطراب التي أتاحت هذه الأراضي جعلتها خطيرة وغير مجدية للاستثمار.... وبذلك تراجعت أهمية سؤال الأراضي، وحل الصراع اليومي للبقاء محل الأرض ليصبح القضية الأهم لسكان الريف» (Elliott 2003:521). رغم أن الفيت كونغ استخدموا بشكل رئيسي الإقناع لتجنيد الأتباع والمقاتلين ما بين أعوام 1957 و1962، إلا أنهم

---

(1) استثناء جزئي قد يكون الإنتاج المحلي للبضائع غير القانونية (مثل الأفيون أو الكوكة التي ينتج منها الكوكايين)، والبضائع الأساسية، خصوصًا المعادن، والتي تزرعها عادة الحكومة المركزية.

أصبحوا أكثر إجبارًا وقهرية في مراحل لاحقة، عندما أصبحوا يعتمدون على تجنيد قسري وعلني (Berman 1974:50). في البيرو، عقوبات «الدرب المضيء» «أصبحت قاسية بشكل متزايد مع مرور السنين» (Del Pino 1998:185). مسؤول الاستخبارات الردويسي (Flower 1987:122) يصف تغير اعتقاد حكومته «بأنه يجب أن يكون هناك جَزَر أقل وعِصيٌّ أكثر» كاستجابة لتزايد وحشية المتمردين. المكاسب الأيديولوجية قد تفقد الكثير من جاذبيتها الأولية. كلما طال الصراع وأصبح أكثر قسوة، أصبح محتملًا أكثر أن «الحد من الضرر» سيسود بين الأفراد أكثر من الدوافع «الإيجابية» مثل الاستفادة من المكاسب أو السلوك بحسب المُثل (Leites and Wolf 1970:127).

2.5. البقاء

برفعه تقريرًا من اليونان المحتلة من الألمان عام 1944، كتب ضابط بريطاني بقوله: «لا أحد حر من صراع البقاء: كل شيء عداه يأتي بعده»[1]. مع تحول العنف ليصبح «اللعبة الرئيسية القائمة»، يصبح البقاء بشكل متزايد مركزيًا للمدنيين (مثلًا Kheng 1983:173). هذا ينطبق تحديدًا على الفلاحين الذين وصف توجههم اليومي بألفاظ مثل «البراغماتية»، أو «الجبْرية [باستسلامهم للقضاء والقدر]»، أو «التكيف المقاوم» (Del Pino 1998:179; Herrington 1997:29; Siu 1989:113).

ثوسيديديس (Thucydides 3:83) يصف كوركيرا التي مزقتها الحرب بأنها مكان «وصل به الجميع لخلاصة أنه من اليأس توقع تسوية دائمة، ولذلك، وبدلًا من إمكانية الشعور بالثقة بالآخرين، وجهوا طاقاتهم كي لا يُجرحوا بأنفسهم». الإعياء والمعاناة، التبعات الطبيعية لحرب طويلة، تقوض بشكل فعال التفضيلات ومشاعر التعاطف. المدنيون، كما يصف فيلمان (Fellman 1989:xviii) برشاقة، أصبحوا مخدرين، «فصلوا وعيهم عن سلوكهم». بحلول عام 1781، المواطن العادي في كارولينا الشمالية، «مهما كانت ولاءاته الأولية، شعر بحاجة ملحة للنظام والاتساق بحياته اليومية. وبالنسبة للبعض، فوحشية الحرب ولدت وحشية أكبر، ولكنها بالنسبة للأغلبية عززت التوق المعاكس للسلام والاستقرار» (Ekirch 1985:110). على طول البلاد وعرضها، كان الناس «غاضبين عندما يسيء الجنود

(1) "Woodhouse report on the situation in Greece, January to May 44 (5 July 1944)," PRO, FO 371/43689/R10469.

البريطانيون أو جنود هسن أو جنود تروي السلوكَ، لكنهم أنهكوا كذلك من التنمر عليهم من لجان الأمان المحلية ومساعدي مبعوثي الدعم الفاسدين وعصابات الملابس الممزقة ذوي الأسلحة الذين يدعون أنفسهم بجنود الثورة» (Shy 1976:13). كان البقاء اعتبارًا رئيسيًا كذلك في المناطق المتأثرة بحرب العصابات أثناء الحرب الأهلية الأمريكية. كما كتبت امرأة من تينيسي في مذكراتها عام 1865 (in Ash 1995:204): «أستطيع أن أرى الناس كل يوم وهم لا يبالون إلا بأنفسهم.... معظم الناس كانوا يسرقون وكذبوا، ولم يبال أحد إلا بنفسه». ببحثه بالأدلة الموسعة في ميزوري أثناء الحرب الأهلية، وصل فيلمان (Fellman 1989:46, 49) لخلاصة مشابهة: «إن انطباعي الخالص أنه كان هناك.... ناجون أكثر من كونهم أبطال، إذ إن الحفاظ على الولاء تحت هذه الظروف سيكون اختبارًا مناسبًا للاستقامة الأخلاقية.... لقد كان من المنطقي أكثر أن تكون كاذبًا حيًا لا بطلًا ميتًا، وكم كان عظيمًا ذلك الذي على المحك». هناك مشاعر شبيهة معبر عنها في رسالة من منطقة ساراتوف الروسية واعترضها «التشيكا» عام 1921: «الاعتقالات بازدياد في ساراتوف. بضعة أساتذة جامعيين اعتقلوا. السكان العاديون يجلسون بهدوء ويشتمون الشيوعيين، لكنهم جبناء بحيث أنهم عندما يقرؤون الصحف المنشورة، يأخذ وجههم تعبيرًا مواليًا وكأن بلشفيًا يمكن أن يشتبه بهم بعدم الولاء» (in Raleigh 2002:393).

قارن هذه الأمثلة مع السلوكيات بالحروب الأكثر راهنية. شهادة ترومان أندرسون (Anderson 1999:623) المفصلة عن حرب المقاتلين غير النظاميين في أوكرانيا التي يحتلها النازيون خلصت إلى أن «الحسابات البراجماتية، كل يوم بيومه، للبقاء الشخصي لعبت دورًا أكثر أهمية بكثير من أي مشاعر مؤيدة للألمان (متجذرة بالعداء المحلي الأوكراني للنظام السوفييتي) أو الوطنية السوفييتية». بشكل شبيه، الغِوار الإسبانية المعادية لفرانكو في الأربعينيات تعاملت مع الفلاحين الذين «فضلوا الأكل على القتال لأجل حريتهم، بينما كانوا مؤيدين لأي جانب يسيطر» (Serran 2002:374). حتى عندما يملك الشخص تفضيلًا قويًا لجانب على الآخر، قد يجد أن الظروف تجعل التعاون صعبًا للغاية. بروايته السردية الذاتية بشكل كبير، يضمن الكاتب الإيطالي بيبي فينجوليو (Fengolio 1973:380) هذا الرد القوي والصارم لفلاح إيطالي لمقاتل غير نظامي، بعد غارة فاشية ناجحة: «نحن نعلم أنكم أفضل منهم، نحن نعلم ذلك. لكننا خائفون. إننا نعيش خوفًا دائمًا». الوثائق الداخلية للحزب الشيوعي الصيني تشير، وبعكس الخطاب الرسمي إلى أن «عدد الراغبين بالبطولة كان ينقص

بشكل دائم وبسرعة متزايدة، مع تزايد مخاطر الشهادة. لقد أكدت هذه الوثائق بشكل متكرر على تعدد وجوه البطولة» (Hartford 1989:112).

بنهاية حرب بيافران، فقدت أغلبية «الشعب البيافري حماستها للحرب. ما كانوا يهتمون به هو 'البقاء'» (Essien 1987:151). وكما أشار صحفي فيتنامي: «بعد عشرين عامًا من هذه الحرب، ليس هناك قضية حقة ولا قيمة مثالية. لا يمكن لأي جانب أن يتحدث باسم أي شيء بهذه المعاناة التي لا تنتهي. القضية الحقة الصحيحة هي قضية إنهاء الحرب بأسرع وقت ممكن» (Chung 1970:xi). بحسب ما تنقل نوردستروم (Nordstrom 1997:52) من موزمبيق، فإن «القرويين، وبدلًا من مخاطرتهم بالموت، لم يكن لديهم خيار سوى تلبية مطالب أية مجموعة تمر عليهم بأفضل شكل ممكن»، مضيفة «لعل أفضل ملاحظة فطنة حول أيديولوجيا المدنيين المتضررين بالعنف جاءت من شاب يعيش في بييرا، موزمبيق: 'الأيديولوجية الوحيدة التي يملكها الناس هنا هي أيديولوجيا معاداة الفظائع'». وكما قالت امرأة شيشانية: «أي شيء سوى الحرب. إنني أريد أن أعيش بقية حياتي في سلام. إنني موافقة على العيش على الخبز والشاي. أي شيء سوى الحرب»، في شعور أكده عامل بالجمعيات الإنسانية: «المعاناة حادة للغاية والمعاناة ليست مرتبطة بالسياسة. إن الأغلبية الساحقة من الناس الذين نلتقيهم يريدون أن يبقوا أحياء فقط، إنهم يريدون حياة لا تُقصف بها منازلهم ولا يوجد بها فوضى وإطلاق نار في الشوارع. لم تكن السياسة تمر ببالهم بقدر الابتعاد عن الأذى» (Wines 2003:A3; Gall 2001:25). قال رجل من دارفور: «إننا نحتاج السلام. لقد عانينا بما يكفي من هذه الحرب» (in Polgreen 2005:A3). خلاصة القول هي أن النتيجة التي لا مفر منها، كما في الحرب الأهلية الإسبانية، هي أن «المخزون الضئيل من الالتزام الشعبي يجف بسرعة» (Seidman 2002:27).

التأثير المشترك من قلة المكاسب المتاحة، وتزايد دور العنف، وتوجه المدنيين نحو مجرد البقاء هو حالة تُترجم بها التهديدات العملية إلى تعاون. بالمقابل، فإن فعالية التهديدات تتوقف على السيطرة.

3.5. كيف تشكل السيطرة التعاون

يوفر السجل التجريبي المتناقل دليلًا جوهريًا على أن السيطرة تولد التعاون بشكل مستقل عن أنماط دعم ما قبل الحرب. أولًا، هناك دليل يظهر أن التعاون يتبع التباين

المكاني بالسيطرة. هذه النقطة أوضحت علانية على يد كاتب أحد التقارير الاقتصادية في قرية يونانية: «كل المنطقة، المكونة من السهول، لم تكن مهيأة لحرب عصابات، المناسبة أكثر في تضاريس جبلية. بجانب ذلك، كانت القرية آمنة نسبيًا بسبب قربها من سالونيكا، أحد مراكز الجيش الكبيرة. كان اليساريون واضحين كذلك، ولكن لم يقم أي أحد بحركة ولذلك لم يكن هناك نتيجة واضحة» (Tchobanoglou 1951:1). خذ بعين الاعتبار تحليل جون شاي (Shy 1976:178) عن توزع الولاء البريطاني (المعروف بـ«المحافظة البريطانية [Toryism]) أثناء الثورة الأمريكية:

«ما يظهر لنا عند النظر لأماكن مثل بيتربورو، حيث كان المحافظون ظاهرين بالكاد، وأماكن أخرى كانت المحافظة متفشية بها، هو نمط مرسوم، لا نمطًا عرقيًا أو دينيًا أو أيديولوجيًا، بل نمطًا من القوة الخام. أينما كان البريطانيون وحلفاؤهم أقوياء بما يكفي ليتغلغلوا بقوة -على طول الساحل، في وديان هدسون وموهاوك وديلوار الدنيا، وفي جورجيا، وكارولينا الشمالية والجنوبية، وغرب جبال الأبلاشيا-، ازدهرت المحافظة البريطانية. ولكن المناطق الأقل ظهورًا جغرافيًا، إذا تمكنت الكثافة السكانية من جعل الدفاع عن النفس ممكنًا -معظم نيوإنجلاند، ومناطق بينسلفانيا النائية وفرجينيا بايدمونت- حيث ظهر العدو بالكاد أو لم يظهر على الإطلاق، كان المحافظون يهربون، أو يكونون هادئين، بل ويعملون في جيوش المتمردين، أو من حين لآخر يتخذون مواقف شجاعة لكنها يائسة ضد اللجان الثورية ومسلحيها».

أثناء الحرب الأهلية، العديد من الموالين للاتحاديين في مناطق جبال الأبلاشيا في كارولينا الشمالية انتهى بهم المطاف بدعم الانفصاليين: «بسبب تأثير الانفصاليين، كان من الحكيم أن يقرر الشخص توفيق ولائه مع الجنوب. فبمواجهة تواجد قوات الكونفيدراليين [الانفصاليين] وغياب حماية فيدرالية منظمة، فإن الرجال المنطقيين الذين لا يسعون للشهادة قد يصبحون وطنيين جنوبيين» (Paludan 1981:64). في المناطق الشرقية من جمهورية الدومينيكان، سيطر المتمردون على الريف، مانعين أولئك «الذين قد يرغبون بالتعاون مع قوات البحرية من فعل ذلك» (Calder 1984:159). في المناطق المحتلة من الاتحاد السوفييتي، اعتقد الألمان بداية أنه كان هناك صلة مباشرة بين الاستياء الشعبي من حكمهم وصعود حركات البارتيزان [المقاتلين غير النظاميين] (Cooper 1979:24)، ولكن، أدركوا بالنهاية أن هذه الصلة كانت تتم عبر السيطرة. كما أشار عميل سوفييتي عام 1942: «بتلك المناطق حيث كان المقاتلون غير النظاميين خاملين، كان الناس ضدهم. المقاتلون

غير النظاميين بمخيلة الناس كالعصابات والسارقين» (in Dallin et al. 1964:331). أشار تقرير سوفييتي من عام 1941 للنقطة نفسها: «هناك، بكل حال، العديد من العناصر المتعاطفين مع المقاتلين غير النظاميين والنظام السوفييتي بين السكان. ولكن، ما داموا يخافون من التبعات، فهم يستخدمون أقصى حذرهم بنشاطاتهم» (in Cooper 1979:78). بشكل شبيه، القرى المحافظة بالمناطق التي سيطرت عليها فرق الليبراليين في كولومبيا أثناء الأربعينيات أجبرت على «التحول» لليبرالية (والعكس صحيح): أنشط المحافظين تم قتلهم أو تشريدهم، والبقية حولوا انحيازاتهم (Ortiz Sarmiento 1990:176-177). روبرت ثومبسون (Thompson 1966:15) لاحظ أن دعم الفيت كونغ «اتسع بشكل كبير» بمناطق الريف التي كانت تحت سيطرتهم. كما قال أحدهم: «هناك البعض، وتحديدًا من الفلاحين الأغنياء والمتوسطين، الذين لا يحبون الشيوعيين لأنهم يضرون مصالحهم.... لكنهم لا يجرؤون على معارضتهم لأنهم إذا عارضوهم فعليهم العيش بمناطق الحكومة. ولكن، هل يملكون مالًا كافيًا للذهاب والعيش في سايجون؟ على الأرجح لا، لذا فعليهم الصمت والبقاء» (in Race 1973:130). العكس بالعكس، [مدير مكتب التعاون المدني العسكري في وكالة التنمية الدولية الأمريكية (USAID)] مارك مويار (Moyar 1997:339) يروي أن كوادر الفيت كونغ العاملة في المناطق ذات النشاط الأمريكي وفيتنام الجنوبية الكبير «انشقوا بأعداد كبيرة وجلبوا معهم الكثير من المعلومات»، بعكس الكوادر العاملة في مناطق أقل حدة عسكريًا[1].

ثانيًا، هناك دليل كبير أن التعاون يتبع التباين الزماني بالسيطرة. السيطرة على منطقة ما تجلب التعاون، وفقدان السيطرة على منطقة ما يؤدي لانتهاء الكثير من السيطرة بها. في كارولينا الشمالية، أثناء الثورة الأمريكية؛ يستذكر أحد المخضرمين الثوريين أن الموالين «حصلوا على مزيد من الثقة وأصبحوا أكثر جرأة وشجاعة وأعدادًا» بعد هزيمة الأمريكيين في كامدين في أغسطس/آب 1780، بينما في المليشيا التي كان بها، على النقيض، ثمانية أعضاء فقط ظلوا «حقًا وصدقًا» من حزب الأحرار، في الوقت الذي «انضم البقية إلى المحافظين» (in Crow 1985:160). انقلبت الموجة مرة أخرى، بحلول عام 1781، عندما أدت السيطرة على كورنوالي «لتثبيط عزيمة» أعضاء المحافظين (Crow 1985:160-161). أحد الجنرالات للاتحاد أثناء الحرب الأهلية الأمريكية وجد في فرجينيا أن «غالبية الناس الذين بمسارنا

---

(1) العلاقة المكانية بين السيطرة والدعم تتجاوز الحروب الأهلية. هنري كامين (Kamen 1997:180)، مثلًا، وجد أن أحد العوامل المعتبرة لعدم قدرة محاكم التفتيش الإسبانية لنشر الخوف بين معظم الإسبان كان غيابها عن معظم المناطق المحلية: «الاستحالة المطلقة لأحد المفتشين على زيارة المناطق الشاسعة المعنية بشكل متواتر».

محايدون بشكل منطقي» ولاحظ «التطور السريع لمشاعر الموالين مع تقدم عملياتنا» (in Wills 2001:204)[1]. وباستخدام قائمة مأخوذة من سلطات الدولة لتقييم الولاء السياسي بالقرى في إقليم إيل وفيلان في يوليو/ تموز 1795، وجد [المؤرخ الفرنسي] روجر دوبوي (Dupuy 1997:194-197) أن الولاءات أثناء حرب فونديه يمكن توقعها بشكل أقل باستخدام التفضيلات المعلنة السابقة للحرب (1789-1792)، وأكثر بالتوازن العسكري المحلي للسلطة والموقع الجغرافي للقرية، أي، بكلمات أخرى، مدى السيطرة المفروض بالمنطقة على يد فاعل سياسي ما. عندما استغل متمردو الثورة المضادة الضعف العسكري للجمهوريين وسيطروا على الريف، كل القرى المحايدة، بجانب العديد من القرى الجمهورية القوية، تحولت لمعسكر الثورة المضادة. المادة الأرشيفية المقتبسة من دوبوي مليئة بملاحظات حول «الكميونات الجمهورية» التي «تتراجع جمهوريتها» بسبب «موقعها الجغرافي» و«صعوبة التواصل»، والقرى التي ستتحول للثورة المضادة «إذا لم تصل المزيد من القوات»[2]. في الحقيقة، أن الثوري الفرنسي جراتشوس بابيوف (Babeuf 1987:120) لاحظ كم جمهوريًا بدأ بالانضمام للثورة المضادة مع حلول عام 1797 بسبب مسار الحرب.

مع بداية القرن العشرين، بدأت القرى المقدونية تغير «معسكراتها الوطنية» وتصبح «يونانية» أو «بلغارية» بعدد المرات التي يزورها المقاتلون اليونانيون أو البلغاريون. مشارك يوناني أشار لأحد القرى التي ظلت ترحب بكلا الجانبين بقوله إن سكانها تحركوا «بشكل سياسي» (Livanios 1999:205). عام 1941، كادر سياسي عالٍ من الجيش الشيوعي الصيني لاحظ أنه مع إزالة القوات الشيوعية؛ توقف عمل المقاومة بالمناطق التي بلا دفاع، وتتراجع معنويات الفلاحين، وتظهر المنظمات الحزبية المحلية عداء علنيًا تجاه قيادة الجيش. كثيرًا ما انسحب الشيوعيون المحليون، لينقلوا قصصًا يبررون انسحابهم الذي أضر بسمعة الجيش بين السكان (Hartford 1989:111). ملاحظة من فلاح سوفييتي في رسالة عام 1943 أكدت

---

(1) بريان ستيل ويلز (Wills 2001:204) يعلق: «للبعض كان هذا الولاء أصيلًا، بالنسبة للبعض الآخر، أي إظهار لهذا الولاء يبقى مستمرًا ما دام الجنود ذوو المعاطف الزرقاء موجودين بالأرجاء».

(2) مثالان آخران في هذا التقرير يستحقان الاقتباس (Dupuy 1997:194-195): أمانليس: «يبدو أن وطنيتها تضاءلت، فمجلسها البلدي لم يعد يتجاوب معنا بعد اليوم، ولكن يفترض أنه من السهل إعادة [هذا الكميون] للمبادئ الجمهورية، لكن موقعها الجغرافي وخصوصًا صعوبة التواصل لا تسمح لنا بفعل ذلك»؛ بايس: «كميون كبير أظهر كل الطاقات الوطنية»، ولكن «الوطنيين سيجبرون على ترك منازلهم»، وستصبح مع الثورة المضادة «إذا لم تُرسل المزيد من القوات». مويار (Moyar 1997:301) تقتبس أحد كوادر الفيت كونغ على مستوى المنطقة، وهو يشير لنقطة شبيهة: «ملاحظاتي هذه تجعلني أفكر أن جبهة [الفايت كونغ] نشطة جدًا ومؤذية في المناطق الهادئة، بينما تضعف هناك حيث ينشط جيش فيتنام الجنوبية». انظر أيضًا جون أندرسون (Anderson 2004:140) عن السلفادور وإكرتش (Ekrich 1985:114) عن كارولينا الشمالية الثورية.

على هذه النقطة: «عندما أتينا إلى هنا من الأراضي النائية السوفييتية، كان الألمان بكل مكان ولم يكن الظرف مريحًا جدًا. لقد كان هناك العديد من الشرطة والرعاع الذين قاتلوا جنبًا إلى جنب مع الألمان. لقد كان السكان أيضًا ضد هذا. هذا العام الماضي [1943] جلب لنا تغيرات ملموسة. منطقتنا من المقاتلين غير النظاميين أصبحت أكبر. أنت الآن لا ترى ألمانا في مركز الحرير. كان لا بد من إتمام هذا العمل بظروف صعبة، ولكنه الآن أصبح أسهل، فالسكان بالمنطقة كلها يقفون وراءنا» (in Cooper 1979:64-65). سوزان فريمان (Freeman 1970:24-25) تصف سلوك قرية صغيرة قرب الجبهات بالحرب الأهلية الإسبانية:

«فالديمورا بدأت بأعمال البقاء التجارية.... كان مسعاهم هو البقاء بعزلة قدر الإمكان والاستسلام عند الضرورة. لقد فعلوا ذلك كمجتمع. عندما عسكر الجنود (من كلا الجانبين) في منطقة سييرا، وطلبوا الطعام، فرض العمدة على كل العائلات كميات متساوية وأرسل الطعام للتلال. هذا هو الشيء الذكي الوحيد الذي يمكن فعله.... عام 1936، بعض الأفراد بالمنطقة الذين رفضوا مطالب الجنود قتلوا، واعتبر سكان فالديمورا أنهم أضاعوا حياتهم بدل القليل من الواقعية الذكية. مع استمرار حصار مدرين وابتعاد الجبهات عن سييرا (قبل عام واحد من اندلاع الحرب)، كان الخضوع للحكومة الموجودة في السلطة هو قاعدة البقاء البسيطة، إذ إنهم كانوا تحت كل من الملكيين والجمهوريين».

بعد وصول الفيتناميين الجنوبيين والجيش الأمريكي لقرية ماي ثوي، الموالية بشدة للفيت كونغ، فإن «معظم الخلايا الثورية انتهت، وانقسم الناس»، كما أشار متمرد في الفيت كونغ (Trullinger 1994:143). سمة شبيهة تمت ملاحظتها بمناطق أخرى في فيتنام: قبل يناير/ كانون الثاني من عام 1960، في محافظة لونج آن في فيتنام الجنوبية، أن «العديد من الناس كانوا يميلون لصالح الحركة [الشيوعية] لكنهم اختاروا ألا يتعاونوا علانية بسبب المخاطر التي يفرضها الوجود الدائم للحكومة.... ولكن، مع انهيار تواجد الحكومة المركزية، فاحتمالية تحقيق ما وعدت به الحركة ازداد بشكل كبير، مع نقصان مخاطر المشاركة بشكل كبير بالوقت نفسه» (Race 1973:191). «بدأ الناس بالتخلي عنا والخوف من وجودنا، لعلمهم أن هذا سيجلب قوات الحكومة ويجلب مزيدا من القتال»، كما يستذكر مقاتل سابق في الفيت كونغ (Herrington 1997:30). بحث [بروفيسور الحوكمة والعلاقات الدولية] ديفيد إليوت (Elliott 2003:1006) الضخم عن منطقة دلتا ميكونج يؤكد هذه الملاحظة: لقد كان هناك «تراجع واضح بالدعم الشعبي للثورة نتيجة فقدان السيطرة المادية». بعد أن ألقت الولايات المتحدة بثقلها وراء التحالف الشمالي في أفغانستان، فإن العديد من مقاتلي طالبان بدّلوا

صفوفهم. كما أوضح أحدهم: «لقد انضممت لطالبان لأنهم كانوا الأقوى. إنني الآن مع التحالف الشمالي لأنهم أقوى» (in Filkins 2001:A1).

ازدياد التعاون لأحد الجوانب بازدياد السيطرة يقابله وجه العملة الآخر بنقصان التعاون للجانب الآخر بنقصان السيطرة. ديل بينو (Del Pino 1998:178) يصف كيف «انضم» سكان وادي إيني في البيرو لمنظمة «الدرب المضيء» بعد أن سيطروا على الوادي عام 1988، ووضعوا قواتهم على مداخله ومخارجه. عندما بدأ الجيش البيروي عام 1991 «بتحرير» الوادي و«استعادة صحة» السكان؛ هؤلاء الفلاحون نفسهم انضموا للمليشيات المحلية بقتالهم ضد المتمردين. في كينيا، «مع توفير الأمن حل هناك تغير بالأفكار، بالتخلي عن تسعين بالمئة تقريبًا عن دعم الجنرال كيكويو لطرق الماو ماو (وإن لم يكن بالضرورة لأفكارهم) لدعم الحكومة» (Clayton 1999:14). [بروفيسور السياسة] بندكت كيركفلايت (Kerkvleit 1977:237) يظهر كيف كان على الفلاحين سحب دعمهم من متمردي الهوك [جيش الشعب ضد اليابان] في الفلبين بسبب تغير حالة السيطرة. نجد مثالًا مرتبطًا بوصف تطور الدعم في قرية بونتا دومالاج الواقعة في منطقة دافاو في الفلبين، المعقل الشيوعي المعروف. هذه القرية تم تنظيمها بداية على يد كوادر الشيوعيين نهاية السبعينيات. منظمة ثورية قروية سرية عملت كحكومة ظل، ومعظم القرويين شاركوا بفعالية بالتمرد بعدة أشكال مختلفة. مطلع عام 1988، وبعد بضعة شهور من زيارة الكاتب جريج جونز، تحولت السيطرة: «أجبر المتمردون على التخلي عن معقلهم الذي كان منيعًا، وحَكَمتْ أوتوقراطية معادية للشيوعيين بقيادة آلسا ماسا [رايسن ماسيس] القرية». وجد جونز أنه رغم أن معظم القرويين الملتزمين هربوا، معظم القرويين ظلوا و«قدموا ولاءهم الآن لآلسا ماسا». جونز يستنتج أنه «إن كان سكان بونتا دومالاج مستائين بشكل سري من آلسا ماسا، كما اقترح أحد مقاتلي 'جيش الشعب الجديد'، فيبدو أنهم على الأقل تكيفوا بالحياة تحت النظام الجديد» (G. Jones 1989:270-275).

التقارير البريطانية عن الحرب الأهلية اليونانية، أثناء مرحلتها الأخيرة (1946- 1949)، تقدم مثالًا جيدًا لكيفية تشكيل السيطرة للتعاون. والمقتطفات التالية من هذه التقارير لوزارة الخارجية لا تحتاج تعليقًا:

«مايو/ أيار 1947. مجموعة ضخمة من المواطنين الوطنيين في لاكونيا، رغم استعدادهم ورغبتهم بتقديم الدعم لقمع قطاع الطرق، فشلوا بإيجاد الوسائل الأنسب لذلك. أثناء

ذلك، قطاع الطرق يعززون نشاطهم بشكل كبير. أذعن الوطنيون وخضعوا، ونتيجة ضعف الحكومة، باتوا يدعمون السلطات المحلية»⁽¹⁾.

«يونيو/ حزيران 1947. بالظروف الراهنة، سكان منطقة معادية بشكل جوهري للشيوعيين يفقدون ثقتهم بالحكومة، وهم بحالة تدفعهم للخضوع للشيوعيين بسبب غياب أي بديل آخر» [2].

«نوفمبر/ تشرين الثاني 1948. في حين أن غالبية المليوني نسمة المقيمين في شبه جزيرة بيلوبونيز وطنيون ومعارضون للخضوع للشيوعية الروسية في قلبهم.... فإنهم مُجبرون بالخوف والمعاناة المتزايدة على قبول دور الغِوار الشيوعيين لكي يبقوا أحياء» [3].

«فبراير/ شباط 1949. معنويات المدنيين متزايدة.... هذا ينعكس بالمساعدة المتزايدة بشكل كبير للجيش والجندرمة من السكان المدنيين بجمع المعلومات، وبالعدد المتزايد من العصابات المستسلمة.... رد الفعل على العمليات العسكرية كان كما هو متوقع. في الأيام الأولى بعد السيطرة على مناطق العصابات من الجنود، كان السكان المدنيون عابسين ومرتابين، ولكن عندما أدركوا أن قوات الحكومة جاءت هذه المرة بنية البقاء، تحول توجههم بشكل كامل فازداد تعاونهم، خصوصًا بمجال الاستخبارات» [4].

الفاعلون السياسيون مدركون بوضوح لأن السيطرة تولد التعاون. العقيدة الأمنية للفيت كونغ وضعت صلة واضحة بين الأمرين: حيازة السيطرة أتاحت خلق «بيئة من التعاطف، بيئة (سكان) تكونت من عناصر موالية ومحايدة، أزيلت منها العناصر المعادية» (Race 1973:146). بشكل شبيه، خبراء مكافحة التمرد أشاروا إلى أن الهدف الرئيسي للمليشيات الحكومية هو السيطرة على السكان لحرمان المتمردين «من دعم السكان» (Jones and Molnar 1966:25). الإزالة القسرية للسكان (التي تسمى عادة «إعادة التوطين»، أو «التحكم بالسكان»، أو «إقامة القرى» [villagization])، الطريقة المستخدمة من قوات السلطة ببعض الحروب الأهلية، تؤكد على تداخلية التعاون والسيطرة . هذه الطريقة، التي تصدر استخدامها بالعصر

---

(1) "Greece: Security Situation in the Peloponnese; Sir C. Norton to Mr. Bevin (26 June 1947), Attached Greek Gendarmerie report (16 May 1947)," PRO, FO 371/67006/R8651.

(2) "Greece: Security Situation in the Peloponnese; Sir C. Norton to Mr. Bevin (26 June 1947)," PRO, FO 371/67006/R8651.

(3) "Report from Patras (2 November 1948)," PRO, FO 371/72328/R13201.

(4) "Report from the Military Attach´e on the Military Situation in the Peloponnese (visit: 18–21 February 1949)," PRO, FO 371/78357/R2293.

الحديث بريطانيا وأمريكا مع بداية القرن العشرين، تسعى لتجريد المتمردين من قواعدهم الشعبية، وبلغة مكافحة التمرد: «مشكلة السكان.... يمكن حلها بفصل مادي أو نفسي بين العنصرين: الغِوار والسكان» (Condit 1961:24)[1]. هناك الكثير من العبارات الملطفة، مثل «تفريغ الخزان»، و«إغراق السمكة». رغم أنها تولد مظالم معتبرة، إلا أن نقل السكان إلى مناطق يمكن السيطرة عليها من قبل السلطات (سواء في القرى المحصنة أو في مخيمات اللاجئين حول البلدات) يبدو أنه ينتج تعاونًا معها. إن إعادة النقل الإجبارية للفلاحين إلى عشوائيات حول المدن الكبيرة (كما في اليونان وفيتنام وتركيا) لم يؤدِ لمشاكل أمنية كبيرة للسلطات. الفلاحون أنفسهم الذين دعموا التمرد في قراهم أصبحوا هامدين، حتى وإن كان لديهم أسباب أكثر ليعترضوا عليها إثر الظروف السيئة في حياتهم الجديدة[2].

أحد أفضل الحالات بحثًا بهذا السياق هي حرب فيتنام. بتلخيصه مجموعة كبيرة من الاستبيانات والأبحاث حول توجهات اللاجئين، يشير [الدبلوماسي السابق] لويس وايسنر (Wiesner 1988) إلى أن التهجير القسري لم يفشل فقط بتغيير توجهات الفلاحين، بل حول عديدًا من الفلاحين الذين كانوا مستائين من الحكومة بسبب إزالة أماكنهم إلى موالين للفيت

---

(1) نقل البريطانيون جزءًا كبيرًا من السكان المستقرين في جنوب أفريقيا إلى مخيمات اعتقال أثناء حرب بوير (Klonis 1972:53)، وأجبر الأمريكيون آلاف الفلبينيين على الانتقال إلى «مناطق محمية» مات بها ما يصل إلى 11 ألفًا نتيجة سوء التغذية والظروف الصحية السيئة والوباء وضعف المعنويات (Linn 1989:154-155)، واستخدمت تكتيكات شبيهة، على حجم أصغر، في جمهورية الدومينيكان (Calder 1984:xxii). قوات الاتحاديين اعتمدت على إعادة التوطين في المناطق المعرضة لحروب العصابات أثناء الحرب الأهلية الأمريكية (Fellman 1989:95). في الخمسينيات، أعاد البريطانيون استخدام طريقة إعادة التوطين في القرى المحصنة، في كل من مالايا وكينيا، واستخدمها الفرنسيون في الجزائر أثناء حرب الاستقلال، كما فعل الأمريكيون في فيتنام (بالاعتماد على مستشارين بريطانيين ذوي خبرة في مالايا) تحت عنوان: «برنامج القرية الاستراتيجية» والعديد من الأنظمة الاستعمارية والأفريقية والأمريكية اللاتينية استعملتها كذلك، أبرزها البرتغال وأثيوبيا وجواتيمالا. حتى السلطات اليسارية، مثل الساندينيستا في نيكاراجوا، اعتمدت على هذه الطريقة (Horton 1998:229). مثال راهن على استخدام هذه الطريقة هو تهجير تركيا لـ 1779 قرية ومزرعة و6153 مستوطنة في الجزء الشرقي من البلاد أثناء التسعينيات، في حربها ضد تمرد حزب العمال الكردستاني (Jongerden 2001:80).

(2) جون كان (Cann 1997:155) يلخص بعض الصعوبات في نقاشه حول تطبيق طريقة البرتغاليين في أفريقيا: «نقل الناس كان دوما عملية عاطفية بسبب تعلقهم بأراضيهم القديمة. كان التوقيت أيضًا عاملًا مهمًا، ونقل سكان بعد أن تم تدميرهم كان بلا مغزى وأدى لنتائج سلبية بشكل عام. وغالبًا ما تم تطبيقه بعجلة، أدى البرنامج لمشاكل تأسيس تطلبت قدرًا كبيرًا من الوقت والمال لتصحيحها».

كونغ. إضافة لذلك، لقد جلبت داعمين وكوادر من الفيت كونغ إلى مخيمات واقعة في أراضٍ تسيطر عليها الحكومة، مما قلل الأمن. كنتيجة لذلك، تم انتقاد التهجير القسري من العديد من المسؤولين الأمريكيين. ولكن، رغم أن مخيمات اللاجئين مسكونة بموالين للفيت كونغ (وبعض الكوادر)، فإنها لم تصبح مشكلة أمنية للسلطات. التعاطف لم يترجم إلى تعاون مع الفيت كونغ. وعلى العكس، اعتبر الفيت كونغ هذه المعسكرات تهديدًا، كما يظهر بقصفهم لها. وفي الحقيقة، أنه عند الانتقال من وصف التوجهات إلى وصف السلوك، وجدت التقارير الأمريكية أن معظم اللاجئين يميلون للتعاون مع السلطات[1].

يلاحظ المراقبون هذه العلاقة بين السيطرة والتعاون، لكنهم لا يشعرون بأهميتها أو يسيؤون تفسير اتجاهها السببي. يشير [البروفيسور] ميلتون فينلي (Finley 1994:8-9) إلى أن الجنود الفرنسيين النابليونيين في كالابريا كانوا قادرين على تجنيد المتطوعين المحليين فقط من البلدات، لكنهم فشلوا بربط هذا النمط بحقيقة أنه «حتى السيطرة الفرنسية الاسمية توقفت على حافة البلدات، وظل الريف لقطاع الطرق». خذ الملاحظة التالية حول فيتنام في أبريل/ نيسان 1964 من الصحفي الأمريكي والتر ليبمان (in Taber 1965:17): «الحقيقة، التي كانت غائبة عن الشعب الأمريكي، هي أن حكومة سايجون لم يكن لديها على الأرجح أكثر من 30 بالمئة من الناس ولا تسيطر (حتى في النهار) على أكثر من ربع أراضي [البلاد]». من السهل هنا رؤية العلاقة بين نسب الولاء والسيطرة على الأرض التي ربما تصوَّرَهما ليبمان كأمرين منفصلين.

4.5. المسارات السببية من السيطرة إلى التعاون

الآلية السببية الشائعة التي تترجم السيطرة إلى تعاون هي القهر وتضخيم أسباب البقاء: ففرض السيطرة يسمح بالاستخدام الفعال للعنف وبذلك يمنع الانشقاق، والخصوم يُعرفون ويهربون، أو يتم تحييدهم، أو يُبدِّلون صفوفهم. فبينما بقية السكان يخضعون، يغير بعض الناس تفضيلاتهم ليصطفوا مع الحاكم. رغم أن العنف قناة ضرورية يمكن من خلالها للسيطرة أن تولد التعاون، فإنها ليست القناة الوحيدة. إنني أحدد ست آليات إضافية تترجم السيطرة إلى تعاون: الحجب، و«الإسناد الميكانيكي»، ومصداقية الحكم، وتوفير المكاسب،

(1) Wiesner (1988:113, 136–8, 144, 243–4, 357).

والرقابة، والمنتجات الجانبية المعززة ذاتيًا. بتفعيل هذه الميكانيزمات، يصبح العنف مهما بشكل غير مباشر، أكثر من التأثير المباشر.

أولًا، وكما اقترح مسبقًا، فإن القوة المتأصلة بالسيطرة تحل مشاكل السلوك الجمعي وتمنع المعارضة عبر القهر. بكلمات تشارلز تيلي (Tilly 1992:70): «القهر فعال، فأولئك الذين يطبقون قوة كبيرة على أتباعهم يحصلون على الخضوع». دراسة جون شاي (Shy 1976:179) عن دوافع الأفراد أثناء الثورة الأمريكية تؤكد أن «التأثيرات المباشرة بوحشية على السلوك، ما لم تكن على الآراء، هي ذات قوة عسكرية». وكما قال أحد الفلاحين النيكاراجويين: «أولئك الذين يملكون السلاح يعطون الأوامر» (Hroton 1998:207)[1]. باختصار، يمكن أن يكون التعاون ضمنيًا، ناتجًا عن «غياب البدائل»، أو «ضرورة اللحظة». كما قال أحد سكان «المنطقة المنزوعة السلاح» التي يسيطر عليها المتمردون في كولومبيا (Forero 2000:A3): «الناس لا تملك فرصة اتخاذ قراراتها. إنهم لا يملكون خيارًا. إنهم يتماشون فقط مع هذا الشيء»[2]. وبوضوح، فإن جمع التهديدات المعقولة للعنف مع خيار تبديل الصفوف يبدو فعالًا للغاية. أما البقاء فيمكن أن يغير وضعية الناس (Henriksen 1983:75)[3].

التهديدات ليست القصة الكاملة، كما توضح الآلية الثانية. ويمكن أن تقلل السيطرة كلفة التعاون مع السلطة القائمة بحجب السكان عن الادعاءات المنافسة للسيادة. إنها تفعل ذلك بالحماية من تهديدات وعنف الجانب الآخر. كتب روجر إيكيرش (Ekirch 1985:121) عن كارولينا الشمالية: «في مطلع ثمانينيات القرن الثامن عشر، كان غالبية السكان ميالين لدعم أي جانب يمكن أن يضمن قدرًا يسيرًا من الاستقرار». التقارير الألمانية من أوكرانيا المحتلة

---

(1) لاحظ أن التجنيد يتطلب السيطرة. احتمالية التجنيد على يد الفيت كانت على الأرجح ستكون أكبر في في مناطق سيطرة المتمردين من مناطق سيطرة الحكومة (R. Berman 1974:69).

(2) انظر أيضًا: .Horton (1998:136); Kedward (1993:60); Shy (1976:13); Barnett and Njama (1966:151)

(3) لاحظ أن الأمر نفسه صحيح للعديد من الحروب الأهلية العرقية حيث تقدم السلطات خيار التعاون للأقليات العرقية. في البنجاب، «باستثناء بعض مقاتلي الغوار السيخ الملتزمين، كانت المواجهة ممكنة فقط عندما تكون هناك آلية للحماية» (Pettigrew 2000:211). في الشيشان، مليشيا رمضان قاديروف الموالية للروس ضمت متمردين بدلوا صفوفهم (Myers 2005:A4). ومن ثم، فالتمردات العرقية يجب أن تعتمد كذلك على الإرهاب (Collins 1999:128)، حتى عندما تتمتع بتعاطف كبير بين السكان (مثلًا Herrington 1997:22-23).

أكدت على عرضة العملاء المحتملين للانتقام من المقاتلين غير النظاميين، نتيجة غياب أية حامية ألمانية في المنطقة. الدوريات الألمانية غير المنتظمة لم توفر حماية ملائمة، وفي تلك المرحلة، بعض القرويين لم ير أي جنود ألمان على الإطلاق (T. Anderson 1995). حالما استطاع الفيت كونغ السيطرة على أجزاء كبيرة من محافظة «لونج آن» من فيتنام الجنوبية عام 1960، «فإن عددًا كبيرًا من الناس انضم للحزب والمجموعات المرتبطة به، لأن تهديد الكشف والاعتقال تراجع بشكل كبير عبر التخلص من 'عيون وآذان' الحكومة» (Race 1973:116). مقاتل سابق في الفيت كونغ أكد هذه النقطة عبر وصفه كيف كان التعاون في وادي ميكونغ في منطقة «بين لونج» يعتمد على من يسيطر على قرية «فين كيم» القريبة الأكبر: «حالما وقعت قرية 'فين كيم' تحت سيطرة قوات الجبهة، فقد تم تأمين 'بان لونج' ومهمات تحفيز الناس (اللقاءات والاحتفالات وتجنيد السخرة) باتت تتم بحرية وسهولة. على الجانب الآخر، إذا كانت 'فين كيم' تحت سيطرة حكومة فيتنام الجنوبية، فإن 'بان لونج' كانت ستحظى بالكثير من الانتباه لحراستها من الخونة وحفظ الأسرار والدفاع عنها» (in Elliott 2003:268).

ثالثًا، مع الوقت، تنتج السيطرة «إسنادًا ميكانيكيًا» (Zulaika 1988:32). والسيطرة طويلة الأمد تولد احتكارات معلوماتية متينة يتم خلالها إدماج السكان. بهذه الظروف، يبدو الانضمام لمجموعة مسلحة فعلًا طبيعيًا للعديد من الناس: «نظريًا، الأشخاص بعمر القتال يملكون خيارًا من طرفين. وعمليًا، مع بعض الاستثناءات المعقدة سياسيًا، وفي المناطق الريفية مثل إتزيار [مقاطعة الباسك، إسبانيا]؛ أطاع الناس أوامر الجيش النظامي» (Zulaika 1988:32). هذا الخيار الوحيد يصبح الرسالة الثقافية المهيمنة و«النموذج الذي لا ينازع للنشاط البطولي» بالنسبة للفتيان. يشير كيفن توليس إلى أن «الانضمام للجيش الجمهوري الإيرلندي لم يكن صعبًا في منطقة ميناغ بارك، فقد كان المسيرة الواضحة لأي شاب يملك وقتًا»، مضيفًا: «على طاولة المطبخ، جلست أسأل السؤال نفسه مرارًا وتكرارًا: لماذا انضم طوني للجيش الجمهوري الإيرلندي؟ أما منطق السؤال فكان مبهمًا لعائلة [طوني] دوريس. ففي أذهانهم، الوصف المجرد للحياة في كواليسلاند كان كافيًا لتفسير انضمام طوني للجيش الجمهوري الإيرلندي. سؤالي الساذج هز الافتراض الطبيعي. لقد بحثوا عن طرق تفسير شيء كان واضحًا جدًا بدرجة متعذرة التفسير» (Toolis 1997:40).

ففي العديد من مناطق فيتنام الجنوبية كان من الطبيعي للشباب أن ينضموا للفيت كونغ، التي كانت الحكومة الفعالة لأكثر من عشرين عامًا (Bilton and Sim 1992:57; Meyerson 1970:91). منشق عن طالبان فسر سلوكه بالكلمات التالية: «عندما سيطرت طالبان على أفغانستان، كل الرجال الجيدين في بدخشان انضموا لهم. لم يكن هناك أي رجل جيد بالمحافظة مع التحالف الشمالي [المعادي لطالبان]» (Filkins and Gall 2001:B2)[1].

الوصول الحصري لمصدر التجنيد ينتج عنه دعم متسلسل لأن عائلات المقاتلين تدعم عادة المجموعات المقاتلة التي يقاتل معها أبناؤهم الشباب. يشير [البروفيسور الكندي-البريطاني] ريتشارد ستابز (Stubbs 1989:89) عن مالايا: «بالنسبة للصينيين الذين كان لهم أقارب أصدقاء ذهبوا 'للداخل'، لم يكن هناك تساؤل حول ولاءاتهم». [العميد المتقاعد والعالم السياسي] ريتشارد كلاترباك (Clutterbuck 1966:93) يؤكد: «مهما كانت سياساتها، فليس من المفاجئ أن تهرّب أم الطعام لابنها، حتى وإن كانت ستُسجن لسنوات إن قبض عليها». وكما حكى مزارع نيكاراجوي لين هورتون (Horton 1998:xiii) عن الكونترا: «هؤلاء الأولاد هم أبناؤنا وجيراننا»، وتضيف هورتون (Horton 1998:175): «أما في الأرياف التي أسس بها الكونترا موطئ قدم لهم، فإن الشباب كانوا مترددين في الانضمام لجيش يقاتل ضد جيرانهم أو أصدقائهم أو حتى عائلتهم». بشكل معاكس، عندما عززت حكومة فيتنام الجنوبية والحكومة الأمريكية جهودهم بـ«فرض التهدئة» وسيطروا على المزيد من المناطق، اعتمدوا بشكل متزايد على المليشيات المحلية، مما أدى لأثر مشابه (Moyar 1997:313). هذا مفهومٌ جيدًا من الفاعلين السياسيين. فالشيوعيون الصينيون أنتجوا عبارة دعائية لهذا الغرض:

«إذا دفع والد ابنه على الانضمام،
فإن الثورة ستأخذ هذا للقلب.
إذا دفع ابن والده للانضمام،

---

(1) بالنسبة لكارلوس ديجريجوري (Degregori 1998:131-132)، هذه العملية ناتجة عن تأثير «الإظهار» أكثر من الإدماج، ولكن عمليًا؛ فالآلية نفسها تعمل. الشباب البيرويون في جبال الأنديز، كما يشير، تأثروا بالانضمام لـ«الدرب المضيء»: «المنظمة الصاعدة، ذات الاعتبار، والفعالية الظاهرة. منظمة كهذه كانت ستقويهم وتحولهم. الانضمام لها كان به عناصر من نوع طقس العبور أو الدخول في طائفة دينية: طائفة مسلحة». درجة ما من القهر يمكن أن تساعد. في المناطق المسيطر عليها، عائلات المقاتلين يمكن أن تكون رهائن لتُعاقب في حال هروب مقاتل ما (Cooper 1979:74).

فإنه سيصبح ثوريًا مدى الحياة.
إذا دفع أخ كبير أخاه الأصغر للانضمام،
فإن جذور الفقر ستنتهي.
إذا دفعت أخت صغيرة أخاها الأكبر للانضمام،
فعندها فقط يمكن لجذور الثروة أن تتأصل.
إذا دفع أخ صغير أخاه الأكبر للانضمام،
فإن الجيش الوطني سيقطع إربًا.
إذا دفعت أخت كبيرة أخاها الأصغر للانضمام،
فإن النصر سيكون حليفنا.
إذا أقنعت زوجة زوجها بالانضمام،
فلن يكون هناك خوف على هذه العائلة» (Levine 1987:155).

هذه العملية تفسر ميزتين حاضرتين كثيرًا في الحركات المتمردة: الغالبية المكونة لهم تتكون عادة من سكان المنطقة التي تعمل بها بدلًا من أولئك القادمين لينضموا إليها (Geffray 1990:39; Barton 1953:70)، والثانية أنه بعد تجاوز عتبة معينة، تكبر المجموعة الصغيرة بشكل مطرد: [الأنثروبولوجي البيروي] كارلوس ديجريجوري (Degregori 1998:132) يشبه صعود حركة «الدرب المضيء» في الأنديز بانتشار النار في الهشيم. امرأة جزائرية وصفت [للصحفية] بايا قاسمي (Gacemi 1998:109, 185) السرعة الفارقة التي دعم بها سكان قريتها بداية متمردي «الجماعة الإسلامية المسلحة»، وبعد ثلاثة أعوام، مع بدء هزيمة المتمردين، كيف بدأوا ينضمون لمليشيا الحكومة ويبلغون عن المتمردين. سمة النمو المبدئي هذه عادة ما تؤوَّل بشكل خاطئ كدليل على أن هذه التمردات تعبير واضح عن مظالم واسعة الانتشار وحقيقية جدًا. بالطبع، قد تكون كذلك، لكن الفكرة هي أن النمو الطردي متكافئ من حيث الملاحظة مع آلية التسلسل، وربما نتج داخليًا عنها.

رابعًا، السيطرة تشير إلى المصداقية، سواء على المدى القصير بالقوانين المفروضة مباشرة، أو على المدى الطويل من المكاسب والقوانين المبنية على التوقعات حول ناتج الحرب. قد يصطف المدنيون مع الرابح (المتوقع) لا مع الخاسر[1]. الفلاحون الروس

(1) بشكل أكثر دقة، قلة فقط ستنضم للجانب الذي يعتقدون أنه يهزم (Hartford 1989:122). انظر أيضًا: Manrique (1998:204); Herrington (1997:25); Lichbach (1995:68); Coleman (1990); Sansom (1970:226–7).

كانوا ميالين أكثر للتعاون مع الألمان بشكل انتهازي عندما بدأوا يتفوقون وأصبح الألمان يملكون اليد العليا في حرب البارتيزان، وبالعكس؛ عندما بدا أن الألمان يفشلون في كبت المقاتلين غير النظاميين؛ فإن ثقتهم بقوة الجيش الألماني تراجعت وبدوا أكثر ميلًا لدعم أو حتى الانضمام للبارتيزان (Hill 2002:43; Cooper 1979:27). المستشارون الأمريكيون في فيتنام «لاحظوا أن الصعود والهبوط بنشاط الجيش الحليف كان يؤدي لإنتاج صعود وهبوط بمعدلات انسحاب الشيوعيين في منطقة ما (Moyar 1997:110). وبروايته السردية جزئيًا، يلاحظ [الكاتب والمقاتل غير النظامي والمترجم] بيبي فينوجليو (-Fenoglio 1973:269 297) كيف ساعد الفلاحون في الجبال الإيطالية المقاتلين غير النظاميين المعادين للشيوعية:

«بشكل فريد، ومقابل الضمانات بالانتصار، وبأنهم سيجدون حصادهم وقطعانهم وتجارتهم السلمية بين المعارض والأسواق، حالما تنتهي قصة الألمان والفاشيين هذه، حرة وللأبد. الآن، بعد هزيمة [المقاتلين غير النظاميين] القاسية في ألبا، فما يزال عليهم أن يعطوا ويساعدوا ويخاطروا برؤوسهم ومساكنهم، لكن النصر والتحرير كانا بعيدين بشكل خطير. لشهور، كانوا يساعدوننا بالابتسام والضحك، ويسألون بثقة العديد من الأسئلة، أما الآن فقد بدأوا يساعدوننا في صمت، ثم بعد ذلك على مضض، وعلى الأقل باعتراضات صامتة، يقل صمتها شيئًا فشيئًا».

عادة ما يلاحظ أن المتمردين يتلقون معظم المجندين الجدد بعد نوعين من الأحداث: عنف السلطة العشوائي ضد المدنيين، واشتباكات المتمردين الناجحة ضد السلطات [1]. ما بين عشرة إلى عشرين بالمئة من المقاتلين غير النظاميين عام 1944 كانوا متعاونين سابقين مع الألمان، وعندما أصبح واضحًا أن الألمان سيخسرون الحرب؛ انضم مزيد من الناس إليهم، وكان العديد من بنيهم يعرفون «بالبعول»، وهم الجنود السوفييت الذين قصروا، وتزوجوا فتيات محليات، وتوقعوا أن تتوقف الحرب، لكنهم أجبروا في النهاية على الانضمام للمقاتلين غير النظاميين (Cooper 1979:70-72). لذلك كانت التنظيمات تضخم انتصاراتها وتحاول إخفاء هزائمها (مثلًا Tone 1994:109). بشكل واضح، كان المؤشر الأفضل على انتصار تنظيم ما بالحرب هو الانتقال الكبير بالسيطرة. أما شعبية الفايت كونغ بمنطقة «هوا نجيا» في فيتنام الجنوبية فتضخمت خلال أعوام 1965-1966، عندما أصبحت العديد من القرى عمليًا خارج إمكانية وصول مسؤولي الحكومة: «في ذلك الوقت، لم يكن من الضروري

---

(1) Tucker (2001:90); Laqueur (1998:317); Wickham-Crowley (1991:43); Debray (1967).

استخدام التهديدات أو الإرهاب لتحصيل» الدعم، كما أخبر أحد الفلاحين هيرنجتون (Herrington 1997:29)، «فقد كان الأمر طوعيًا بالكامل لأن الناس كانوا شبه متيقنين أن المستقبل للشيوعيين». يصف جيفري ريس (Race 1973:39-40) كيف كسب الفيت مين دعم الفلاحين في محافظة «لونج آن» أثناء الحرب ضد الفرنسيين: «لقد **رأى** الفلاحون ملاك الأراضي يهربون، ولقد **رأوا** مجالس القرى يجبرون على النوم في النقاط العسكرية والانتقال في الريف بمسيرات مسلحة. عندما كان الليل يهبط في الريف، رأى الفلاحون أين هو مركز القوى بين الأطراف المتصارعة: لقد نام الفيت مين بين الناس، بينما نامت مجالس القرى مع الجنود في النقاط العسكرية».

بشكل معاكس، عندما تصبح السلطات قادرة على أن تعبر بمصداقية عن أنها ستنتصر، فالعديد من الناس يتخلون عن دعمهم للمتمردين ويدعمونهم بالمقابل (Cann 1997:104). في الفلبين، شجب واستنكار المتمردين المشتبه بهم «ارتفع بشكل حاد» بعد أن بدأت حملة مكافحة الغوار تُظهر علامات للنجاح (Barton 1953:129). العديد من الفلاحين البيرويين نقلوا دعمهم تجاه الجيش لأنه «بحلول عام 1990، فإن معظم القرويين أدركوا أن الجيش لم يكن 'سينهار أمام التقدم المذهل لحرب الشعب'، كما وعدت الكوادر الأولى عام 1982» (Starn 1998:229-230). ضابط باكستاني قاتل في بنغلادش عام 1981 يستذكر أن «سلوك البنغاليين كان يتبع تقلبات مصير عمليات التمرد. لقد كانوا عادة ما ينحازون إلى الطرف الرابح. هذا إذا كانت قواتنا بالمنطقة، وقد كان يبدو أن الناس معنا، ولكن عندما كانوا ينسحبون، كانوا يرحبون بالسادة الجدد (الموكتي باهيني [المتمردون]) بكل حرارة» (Salik 1978:101). في عالم تغني فيه التوقعات عن النتائج، وتكون فيه المعلومات محلية؛ قد تعني السيطرة المحلية الهيمنة والنصر بالنهاية[1].

خامسًا، السيطرة تتيح، عند الإمكان، كل أنواع المكاسب المطلوبة لتوليد الولاء: «القلوب والعقول». في ظروف السيطرة غير المكتملة أو غيابها، برامج مثل هذه مضمونة الفشل (Harmon 1992; Clutterbuck 1966). وكما يحاجج ميكافيللي في كتابه **الأمير**، فإنه لا يمكن أن تكون هناك قوانين جيدة عندما لا تكون هناك جيوش جيدة. فالمتمردون قادرون على خفض أو إنهاء الريع الذي يدفعونه لملاك الأراضي فقط عندما يصبحون قادرين

---

(1) ما ينطبق على المدنيين، ينطبق على المقاتلين. انظر: Finley (1994:101) and R. Berman (1974:178–9).

على ممارسة السيطرة (Wood 2003). كان الفيت كونغ قادرين على تطبيق برامج إصلاح الأراضي عندما اكتسبوا السيطرة، بشكل أكثر من الأماكن الأخرى التي كان بها الفلاحون واقعين تحت استغلال أكبر (Ellitott 2003:504). وفي الحقيقة، أن ريع الأراضي للملاك كان مرتبطًا مباشرة بدرجة السيطرة المفروضة من الطرفين المتنازعين: كلما كانت سيطرة الفيت كونغ أعلى، انخفض هذا الريع. فاتجاه السببية ينتقل من السيطرة إلى الريع، إذ إنه كلما كان الفلاحون أقرب للطرق الكبرى والنقاط العسكرية، دفعوا ريعًا أكبر (Sansom 1970:60-61).

سادسًا، السيطرة تعزز الرقابة المباشرة والتحكم بالسكان. الرقابة المباشرة تتطلب إدارة أفضل وأكثر توسعًا، وهو ما يستحيل مع غياب السيطرة، وبالمقابل؛ فالإدارة تعزز السيطرة. وحالما تصبح إحدى المناطق تحت السيطرة، تصبح عمليات مثل تسجيل السكان وجمع القوائم المفصلة عن السكان في كل منطقة ممكنة. كان اليابانيون قادرين على «تحديد منظمات المقاومة حتى قبل أن تبدأ بالهمس» فقط في المناطق التي اعتبرها الشيوعيون الصينيون «محتلة من الأعداء» أو «مناطق غوار ضعيفة» (Hartford 1989:95). في مالايا، الحكومة «وسعت شبكتها الإدارية على السكان» في سياق سياستها لمكافحة التمرد (Stubbs 1989:163)، «وفي المناطق التي كان بها السكان آمنين بشكل معقول وكانت بها الآليات المتبعة من الشرطة والجيش لجمع المعلومات فعالة، كان القدر الأكبر من المعلومات يُجمع» (Jones and Molnar 1966:29). عكس صعود الفيت كونغ عملية مشابهة: «أولًا، مواقع حكومة فيتنام الجنوبية تم تحييدها، ثم توقفت المعلومات عن الوصول. بدون معلومات، أصبحت معظم وحدات فيتنام الجنوبية غير فعالة، وأصبح الخطر على عملائها أكبر» (Elliott 2003:424). تقرير ألماني من الاتحاد السوفييتي المحتل عام 1942 أكد على هذه النقطة: «تعيين عُمدٍ يُعتمد عليهم ورجال شرطة من الداخل في مجتمعات تم إخلاؤها توًا من المقاتلين غير النظاميين كان وسيلة غير فعالة لمنع تشكيل فرق جديدة في هذه المجتمعات وفي الغابات المجاورة لها. فالعمد والشرطة، مع الجنود الألمان في المنطقة ومع الشرطة الميدانية السرية وفرق الشرطة العسكرية، تراقب عن كثب المناطق التي تم فرض الهدوء بها توًا، وتولي اهتمامًا خاصًا لتسجيل ومراقبة كل الأشخاص الذين وصلوا توًا إلى المنطقة» (in Cooper 1979:46).

سابعًا، السيطرة تولد دينامية تعزيز ذاتي. لأن بعض المناطق تم السيطرة عليها مبكرًا على يد فاعل سياسي، فقد تنتج سمعة بكونها موالية لهذا الفاعل السياسي: وادي دجاكوفيكا في كوسوفو كان يُعرف بأنه موالٍ لـ'جيش تحرير كوسوفو'، وقرى سهل شمالي في أفغانستان

كانت تعتبر داعمة للتحالف الشمالي. بغض النظر ما إن كانت هذه السمعة تعكس حقًا تفضيلات الأغلبية، إلا أنها قد تؤدي لانتقامات عشوائية (أو توقعات لها)، مما يحول معاقل قد تكون عرضية أو متصورة بشكل خاطئ إلى معاقل حقيقية. تقول ماري رولدان (Roldán 2002:243-244) عن بلدة كولومبية: «حتى إن لم يكن صحيحًا أن كل من في البلدة 'وكر' الغِوار، إلا أن الحقيقة هي أن الحكومة اعتقدت ذلك وافترضت أن البلدة كلها لا يمكن الثقة بها، وشجعت وعززت شعورًا بالهوية المحلية والهدف الجماعي. هذا الشعور بالمشاركة الجماعية مكن السكان المحليين من تبرير حملهم الأسلحة ضد الحكومة». في جزيرة تشيجودو الكورية، كان المتمردون أقوى بالقرى الأقرب للجبال، ولذلك وصمت القوى الحكومية كل المناطق التي تبعد عن الساحل بمسافة خمسة كيلومترات بأنها عدو وعاملتها على هذا الأساس (Yoo 2001). في كينيا، تعليمات الماو ماو تضمنت القاعدة بأن «المحاربين كان عليهم أن يأخذوا بالقوة أية غذائيات يجدونها بالحدائق وأية مواشي موجودة في المراكز الحكومة بغض النظر ما إن كانت لصديق أم لعدو» (Barnett and Njama 1966:195). لقد كان هذا هو الحال في قرية سان ريكاردو الفلبينية التي درسها بندكت كيركفلايت (Kerkvliet 1977:166)، وقرية ماي ثوي الفيتنامية التي درسها جيمس ترولينغر (Trullinger 1944)، والمناطق التي تسيطر عليها الرينامو في شمال موزمبيق والتي درسها كريستيان جيفراي (1990:71).

هذا السلوك يؤدي لتعزيز الارتباط بين الفاعل السياسي والسكان الموجود بينهم. وكما يشير ريتشارد دالين ومن معه (Dallin et al. 1964:329) حول الأراضي السوفييتية المحتلة من ألمانيا، فإن «بقاء المقاتلين غير النظاميين أحياء أصبح متطلبًا لبقاء [السكان] أحياء، إذ إن مصيرهم كان محتومًا إذا أعاد الألمان احتلال المنطقة». السكان في المناطق التي تنتشر بها الحاميات اليابانية العسكرية [في قرية لايت في الفلبين]، وتحديدًا في مركز المدينة والمسؤولون المحليون»، كما يشير إلمر لير (Lear 1961:27)، «وصفوا بأنهم مؤيدون لليابانيين بأثر رجعي». كما يستذكر أحد المشاركين، «فالعديد من الغِوار أخبروني أن شعب تاكلوبان مؤيد لليابان. إنهم لا يقاتلونهم، ويعيشون في بلدة يسيطرون عليها، ولذلك فهم مؤيدون لهم. إذا أمسكت برجل من تاكلوبان، فسأقتله». ونتيجة لذلك، فإن سكان تاكلوبان «لم يحبوا الغِوار. لقد كانوا خائفين منهم، وكانت لديهم أسبابهم» (Lear 1961:28).

لذلك، ما قد يكون بالبداية مكانًا واقعًا بالصدفة قد يولد هويات سياسية جديدة ومستدامة. خذ بعين الاعتبار الوصف التالي لبلدة صغيرة في شمال إسبانيا تحولت من كونها مقسمة بعمق إلى دعم جانب واحد **حالما** اندلعت الحرب (Lison- Tolosana 1983). هذا الانتقال نتج عن تجمع عدة استراتيجيات لتحقيق أقصى درجات البقاء بعد أن وجدت البلدة نفسها في منطقة للوطنيين، فحالما تدمرت قادة الجمهوريين المحليين بالأيام الأولى من الحرب، فإن كل الشباب، بغض النظر عن الانتماءات السياسية للعائلة قبل الحرب، تم تجنيدهم ضمن «الجيش الوطني» وقاتلوا ضد الجمهوريين و«أصبحوا» وطنيين. هذا التفضيل الذي نشأ من داخل الحرب انعكس على الأنماط التالية للممارسة الدينية، حيث كانت الاحتفالات تمثل وكيلًا لدعم القضية الوطنية: بعد أن احتل الوطنيون البلدة، فإن عدد أولئك الذين **لم** يؤدوا قربان الفصح انخفض من 302 عام 1936 إلى 58 عام 1937. النقلة، التي كانت بداية نتيجة القمع والخوف، أنتجت في النهاية هويات جديدة وحقيقية ودائمة. [الأنثروبولوجي الإسباني] كارميلو ليسون- تولوسانا (Lino- Tolosana 1983:190; 196; 290) كان قادرًا على تأسيس فكرة مفادها أنه حيثما وُجد الجيل الذي أمسك بالسلطة في البلدة التي كانت قبل الحرب الأهلية منقسمة بين الجمهوريين والوطنيين، كان الجيل التالي موحدا و«وطنيًا». هذا النمط تؤكده دراسة سوزان فريمان (Freeman 1970:24) عن قرية في الكاستيل وقعت تحت سيطرة الوطنيين مع بداية الحرب. لقد تم تجنيد الشباب في «الجيش الوطني»، و«ولاءاتهم السابقة باتت صعبة التمييز اليوم». وعلى النقيض، يشير مايكل سايدمان (Seidman 2002:38) إلى أن ما بين 80 إلى 85 بالمئة من كاسبي الدخل الذين وجدوا أنفسهم في مناطق الجمهوريين أثناء الحرب الأهلية انضموا إلى حزب أو اتحاد بعد اندلاع الحرب، وفعلوا ذلك لدوافع عملية لا أيديولوجية. لاحظ أن وجود القرى أو البلدات في مناطق «وطنية» أو «جمهورية» كان، غالبًا، محض صدفة. وهذه الأمثلة متسقة مع تفسير للحرب الأهلية الإسبانية بأنها شكلت التفضيلات ولم تعكسها.

هذه الهويات الجديدة قد تصبح محل عزو. كما قالت المدام دي ستايل (de Staël 1818:33): «أنْ تقتل ليس أن تستأصل.... فأطفال وأصدقاء الضحايا أقوى بضغائنهم من أولئك الذين عانوا نتيجة آرائهم». العديد من الناس الموصوفين بالكولاك في الريف السوفييتي ما بين أعوام 1927 و1935 لم يكونوا فلاحين أثرياء بل كانوا محاربين قدامى مع الجيش الأبيض أو أقربائهم (Viola 1993:78). حجم «صيد الساحرات الذي بات مرتبطًا بالنسب» هذا تمت

الإشارة إليه بإعلان ستالين عام 1935 بأن «الأبناء لم يعودوا مسؤولين عن خطايا أهلهم» (Viola 1993:80). [المؤرخ العسكري] بيتر هارت (Hart 1999:294) يستذكر كيف أشار رفاقه، عندما كان في حانة في منطقة كورك، بإيرلندا، إلى رجل بمنتصف العمر وأعلنوا: «ها قد جاء المخبر». لقد كان الرجل شابًا جدًا ليكون حيًا أثناء العشرينيات عندما كانت الحرب الأهلية الإيرلندية مندلعة. يتذكر هارت: «أوه نعم، لقد أخبروني لاحقا أن والده هو الذي كان مخبرًا. إنهم لم يكونوا متأكدين مما فعله ليضمن هذه التهمة، لكن 'المخبر' هو ما لُقب به من وراء ظهره بعدها، وظل ابنه 'مخبرًا'». الشيوعيون الصينيون مأسسوا هذه الهويات التي انبثقت من الحرب الأهلية بتطوير مجموعة مصطلحات «الأنواع الحمراء الخمسة»، ثلاثة منها انبثقت من خيارات تمت أثناء الحرب الأهلية: هي الكوادر الثورية، والجنود الثوريون، وأولئك الذين كان الشهداء الثوريون مسؤولين عن إعالتهم (النوعان المتبقيان كانا العمال والفلاحين من الطبقة الوسطى الدنيا). هذه التصنيفات تحولت لمجموعات نَسَبية [معتمدة على النسب] بحسب «نظرية نَسَب الدم»، والتي نقلتها في مقاطع مثل المقطع التالي:

«إذا كان أبوه بطلًا، فالابن فلقته الطيبة.

إذا كان أبوه رجعيًا، فالابن بيضة عفنة». (Chang 1992:285; L. White 1989:222).

العلاقة بين السيطرة والتعاون مهمة نظريًا لأنها تقوض الافتراض القائم بأن الانضمام لمنظمة متمردة سلوك خطر دائمًا (وبذلك، تحول التجنيد لمشكلة فعلية جمعية بشكل تلقائي). خذ بعين الاعتبار وصف ويليام ماكنيل (McNeill 1947:80-81) لعملية الانضمام لـ«جيش تحرير الشعب اليوناني» المتمرد، إذ لم تكن المشكلة التي تتطلب الحل هي التجنيد، بل غياب المزيد من المجندين:

«في الواقع، الجندي في جيش التحرير يعيش حياة جيدة بشكل أكثر مما يعيشها الفلاح العادي، ولم يكن عليه أن يعمل بنفس الكدح. هناك أيضًا تلك البهجة النفسية من اعتقاد الشخص بأنه بطل وبأنه السليل الحق لذلك اللص النبيل الذي قاتل في حرب الاستقلال، والمترسخ في التقاليد الوطنية اليونانية. تحت هذه الظروف، وجد العديد من أبناء الفلاحين أنفسهم مجذوبين دون مقاومة لحياة الغِوار، ووجود جالية كبيرة من الفلاحين جعل التجنيد سهلًا. فقلة جاؤوا من المدن، إذ كانت الحياة مريحة نسبيًا، وكان لـ'جبهة التحرير الوطنية' عمل آخر لرجال البلدان، بتنظيم الإضرابات أو العمل كدعائيين ضمن الفلاحين الأكثر أمية. فمنذ البداية، كان العامل الرئيسي الذي حدّ من عدد مقاتلي الغِوار هو قلة الأسلحة».

نظرًا لتأثير السيطرة على التعاون، فليس من المفاجئ تلك الملاحظات حول أن الدعم الشعبي والالتزام الفردي غالبًا ما تشير إلى الصدفة والحظ والطارئ[1]. أليكساندر دالين ومن معه (Dallin et al. 1964:336) يحاججون بأن قرارات الاصطفاف مع الألمان أو المقاتلين غير النظاميين في الاتحاد السوفييتي المحتل كانت معتمدة بشكل كبير على «صدفة أي النظامين أقوى واستطاع السيطرة على منطقة معينة». إيلمر لير (Lear 1961:237) وصل لخلاصة مشابهة حول الاحتلال الياباني لجزيرة لايت الفلبينية: «ما نحاول أن نوضحه بهذه الأمثلة وغيرها هو أن الحظ شكل لدرجة كبيرة الدوافع التي يمكن أن تنتصر بالصراع الداخلي بين الدوافع المتنافسة التي تحدد ما إن كان الشخص في لايت مقاتلَ غِوار أم عميلًا». في اليونان، «تقريبا نصف الشباب من [قرية] كيراسيا خدموا في الجيش الوطني كما انضموا للغِوار. ربما قررت حوادث الاستدعاء والتوقيت من يخدم في أي قوات بقدر الاقتناع الأيديولوجي بل ربما بشكل أكثر منه. ولكن عند الالتزام، بطريقة أو بأخرى، يجد الرجل أنه من الصعب تغيير الصفوف بأمان» (McNeill 1978:154). كريس وودهاوس (Woodhouse 1948:58-59)، قائد «بعثة الحلفاء العسكرية للمقاتلين اليونانيين غير النظاميين» أثناء احتلال البلاد، يصف «اختيار» فلاح يوناني:

> «لقد كان يعيش في قريته الجبلية عام 1942... انضم لحركة المقاومة اليسارية لأنها وصلت أولًا للحي. (لقد كانوا منتصرين بداية، ولذا كان محقًا)... لقد صادف أنه انضم للحركة التي يهيمن عليها الشيوعيون، رغم أنه لم يكن كذلك: ربما كان سيصادف بسهولة في ظروف أخرى أن ينضم لـ'ألوية الأمن' المشكَّلة لتقاتل الشيوعيين، رغم أنه لم يكن مؤيدًا للألمان. إنه يمكن أن يكون فردًا مختلفًا تمامًا لو سارت الأمور بشكل مختلف، لكن الأشياء المختلفة تمامًا كانت ستحل لعنة عليه. إن مصيره لم يكن بين يديه، بل بالحظ الذي جعله يتواصل مع رجال من فوق خط الأفق [أي غرباء]، **الحظ الذي كان جغرافيًا بدرجة كبيرة**. لو عاش بجزء ما من الجبال فقد كان ليكون -على الأرجح- على تواصل مع الشيوعيين أولًا، ولو كان بجزء آخر فقد كان ليكون مع المقاومة غير الشيوعية، ولو كان بالسهول، فقد كان ليكون كان مع 'ألوية الأمن' والسلطات العميلة، وهكذا».

وكما تشير هذه الفقرة، فـ«الحظ» اسم آخر لإمكانية وصول حزب ما لقطاع من السكان، وهو بدوره محدد بدرجة كبيرة بالسيطرة.

---

(1) Loyd (2001:48–50); Tucker (2001:61); Livanios (1999:197); Laqueur (1998:99); Mackenzie (1997); Todorov (1996:94); Chang (1992:449); Henderson (1985:41); McNeill (1947:134).

من النقاش السابق، وصلت للافتراض التالي:

افتراض (1): كلما كانت درجة السيطرة التي يفرضها عامل ما أعلى، كانت درجة التعاون معه أعلى، وكانت، عكسيًا، نسبة الانشقاق أقل.

5.5. توزيع السيطرة

إذا كان التعاون ينشأ داخليًا عن السيطرة، فما الذي يحدد توزيعها؟ هناك أسباب جيدة للاعتقاد أن السيطرة تعتمد بشكل كبير على الفعالية العسكرية، وفي المقابل، فهذا النوع من الفعالية غالبًا (وليس دائمًا) ما يكون محددًا بالجغرافيا. لأنه من غير الممكن أن تشكل التفضيلات السياسية الجغرافيا، فإن اتجاه السببية يبدو واضحًا. هذا ليس للقول إن التفضيلات السياسية غير مرتبطة، فكما أشير سابقًا، عندما تتقاطع التفضيلات السياسية والموارد العسكرية، كما في حالة الأقليات العرقية التي عاشت مجتمعة في تضاريس معزولة وخشنة؛ فإن انقسامات ما قبل الحرب والجغرافيا ستعزز بعضها البعض على الأرجح (Toft 2003). ولكن، عندما لا يوجد هذا التقاطع، إما لأن الجغرافيا غير مساعدة (مثلًا، أقلية عرقية مرتكزة في المدن) أو لأن الطرف الخصم يمكن أن يحشد موارد عسكرية متفوقة بشكل فعال (مثلًا، تواجد قوي للسلطة في جيب أقلية عرقية جبلية)، ستتفوق الجغرافيا على التفضيلات السياسية بإنتاج السيطرة.

للسيطرة أساس واضح مرتبط بالتضاريس: يستلزم الحكم تواجدًا عسكريًا ثابتًا ومعقولًا، وهي حقيقة أدركها ممارسو الحروب جيدًا. كان ماو يشير إلى أن الظروف الجغرافية «شرط مهم، ما لم يكن الأهم، لتعزيز حرب العصابات» (in Benton 200:714). لقد أكد أنه بلا «مناطق انطلاق» كان من المستحيل استدامة حرب العصابات (in Bruno Shaw 1975:208-209). وكما أدرك مشارك أمريكي في حرب فيتنام، فإن السيطرة على المستوى الجزئي (المايكرو) تعني تأسيس «سلطان» على كل قرية (West 1985:191). الفاعلون السياسيون يمكن أن يهددوا بعقوبات حقيقية فقط عندما يكونون قادرين على استدامة تواجد عسكري، فغيابهم يمثل دعوة مفتوحة لخصومهم. والميزة الصادمة والمتكررة في الحرب غير النظامية هي كيفية تشكيل الحيز للسيطرة. البلدات، والسهول، وخطوط التواصل الرئيسية، والتضاريس التي يمكن الوصول لها بشكل عام عادة ما تكون تحت سيطرة السلطات، في حين تكون الجبال والتضاريس الخشنة معاقل للمتمردين عادة، فمواقع المتمردين يمكن توقعها بالشكل

الأفضل بناءً على متغيرات مثل التضاريس والبعد عن القواعد العسكرية في المحافظات[1]. تواجد السلطات في المناطق النائية أو التي لا يمكن الوصول لها محدود، بداية على الأقل، بالقرى والبلدات المحصنة، بينما تأثير المتمردين محدود، بداية على الأقل، بالمنظمات السرية. بالطبع، فإن الجغرافيا لا يجب أن تُفهم ببساطة على أنها «التضاريس». جيفراي (Geffray 1990:53) وجد أن موقع قواعد الرينامو في موزمبيق لم يكن مرتبطا فقط بالبعد والعزلة عن المراكز الإدارية المحلية حيث تتمترس قوات السلطات، وإنما أيضًا بالقرب من حدود المناطق الإدارية. كما يبدو، فقد وجد استراتيجيو الرينامو أن هذه المواقع سمحت لهم بالاستفادة من عدم الكفاءة البيروقراطية للحكومة إذ إن السلطات المحلية كانت عادة ما ترفض تشريعات مكافحة التمرد عندما تستطيع.

وبشكل عام، فإن تفوُّق الفعالية العسكرية كما تحددها الجغرافيا على دعم ما قبل الحرب السياسي والاجتماعي بتوليد السيطرة يظهر بشكل أفضل بهذا الانتظام: السلطات تسيطر عادة على المدن، حتى إن كانت هذه المدن معاقل عرقية أو دينية أو اجتماعية لخصومهم، في حين أن معاقل المتمردين عادة ما تكون المناطق الريفية التي لا يمكن الوصول لها، حتى إن كان السكان الريفيون معادين لهم[2].

المتمردون ضعيفون عادة بالمدن، رغم أن المدن كانت عادة معاقلهم قبل الحرب. المراقبون يشيرون عادة إلى أن العديد من المدن الكبيرة في البلدان التي تداهمها الحروب الأهلية تبدو عادية ومسالمة (مثلًا Butaud and Rialland 1998:124). المناطق المدنية معادية للمتمردين لأنها أسهل على السلطات من حيث مراقبة وضبط السكان

---

(1) Kocher (2004); Fearon and Laitin (2003); Hill (2002:44); Shaw (2001:154); Yoo (2001); Zur (1998:82); Tone (1994:13); Tong (1991; 1988); Brustein and Levi (1987); Schofield (1984:315); Crow (1985:129); O'Sullivan (1983); Wolf (1969:292–3); Salik (1978:101). التضاريس الخشنة ليست رديفًا للجبال، فالسهول يمكن أن تقدم أحيانًا بيئة ملائمة لحروب العصابات، كما توضح «البوكاج» في فونديه في فرنسا (وهي حقل محاطة بأسوار طويلة من الشجيرات والطرق الضيقة المغمورة والقرى والمزارع المتناثرة). الأمثلة الأخرى تضم الغابات الكثيفة والمستنقعات في أوكرانيا وبيلاروسيا وروسيا، وحقول الأرز في دلتا ميكونغ في فيتنام، والمستنقعات والسهول المغمورة في محافظة هينان الصينية أو في ماليزيا، وبساتين البرتقال الكثيفة في متيجة الجزائرية.

(2) في هذا الإطار، الحرب الأهلية تقف على النقيض من الجريمة، فالضبط أصعب على الدول من المناطق الريفية (C. Friedrich 1972:26-27).

(Kocher 2004; Trinquier 1964:18; Kitson 1960:78)، فجمع المعلومات عبر الابتزاز والرشاوى يصبح أكثر وأسهل لأن التواصلات بين المخبرين ومن يستلمون المعلومات ممكنة. وكنتيجة لذلك، فالمتمردون المدنيون معرضون تحديدًا للاختراق وتسريبات المعلومات، كما تشير حالة إيرلندا الشمالية وفلسطين، وحالما يتم تحديد المتمردين يمكن هزيمتهم بسهولة على يد القوة المتفرقة للسلطات. وحروب العصابات المدنية ليست شائعة، وتم تجاوزها باختصار من قبل خبراء مكافحة التمرد (Blaufarb and Tanham 1989:15-16). وكما يشير [الضابط الفرنسي وخبير مكافحة التمرد] روجير ترينكوير (Trinquier 1964:71): «أضعف جزء من منظمات العدو في البلدات. فدائما ما يكون بإمكان جنود الجيش أن يحتلوها، ويمكن لعملية أمنية أن تدمرها». فيديل كاسترو أكد أن المدينة كانت «مقبرة الغِوار» (Laqueur 1998:xix, 333)[1].

الحالة الصينية إرشادية حول ذلك. ماو عرف جيدًا ديناميات المدن والتمردات: «للمدن الكبيرة، ومحطات القطارات، ومناطق السهول التي يتمترس بها العدو، يمكن أن تمتد حرب العصابات فقط إلى الهوامش وليس لقلب هذه الأماكن التي يوجد بها أنظمة دمى مستقرة نسبيًا» (in Bruno Shaw 1975:209). كان دمار البنية التحتية المدينية لـ«الحزب الشيوعي الصيني» شبه تام بحلول عام 1927 (Schran 1976)، ورغم أن الشيوعيين استطاعوا العودة للمدن بعد هزيمة اليابانيين، فقد كان عليهم مغادرتها مجددًا، لعدم قدرتهم على مواجهة ضغوطات الكومينتانغ (Chang 1992:103). [البروفيسور] جريجور بينتون (Benton 1999:729-730) يظهر أن «الجيوش، لا الطبقات، هي ما صنع الثورة الصينية»، مستنتجًا أن «صراع الطبقات.... لم يصعد من الأسفل، كشرط مسبق لانتصار [الشيوعيين الصينيين]، بل فرض من الأعلى، بعد أن استطاعوا الوصول للسلطة باستدخال وتنظيم المجموعات والشبكات

(1) من هذا المنظور، عدم قدرة الولايات المتحدة على فرض الهدوء بعدة مدن عراقية خلال أعوام 2003-2005 مؤشر واضح على العجز العددي لقواتها العسكرية. لقد تم الاعتراف بهذا علانية في النهاية من أحد قادة المارينز الأمريكيين الذي قال إن «مدنًا مثل الرمادي وسامراء سُمح لها بالانزلاق إلى أيدي المتمردين بشكل تلقائي، مع بدء الأمريكيين بتركيز مواردهم المحدودة في مناطق أخرى، مثل حماية الحكومة الجديدة والقطع الهامة من البنية التحتية. العمليات الهجومية المبنية على الاستخبارات كانت أولوية منخفضة» (Filkins 2004:15). القوات الأمريكية لم تعد تستطيع فعل كل المهمات في الوقت نفسه، لدرجة أن الجنود كانوا يسجلون دوريات محددة مسبقًا دون أن تحصل أساسًا، وكانت تعرف باسم «دوريات شبح» (Packer 2003:72).

التي ملأت ريف الصين بالخلايا الصغيرة». وكما لخص استراتيجي صيني شيوعي، «كان الأعداء آلهة المدن، لكننا كنا أرباب القرى» (in Wou 1994:222). الحالة الجزائرية تفحص هذه الفكرة من عدة جوانب. أثناء النصف الأول من الخمسينيات، كانت منظمتان وطنيتان تتنافسان لقيادة النضال ضد الفرنسيين: هما «جبهة التحرير الوطني» الريفية، و«حركة انتصار الحريات الديمقراطية» المتواجدة في المدن. [المؤرخ الفرنسي] جيلبرت ماينير (Meynier 2004:422-423) يحاجج بأن الجبهة تفوقت على الحركة تحديدًا بسبب صلاتها الريفية.

تجربة البلدات الجنوبية المحتلة أثناء الحرب الأهلية الأمريكية تدعم هذه النقطة أيضًا. البلدات الجنوبية التي كان بها حاميات عسكرية، وعاش سكانها بشكل دائم بوجود وتحت سيطرة الجيش الشمالي المحتل، كانت أماكن طافحة بالعداوات. على رأس الكراهية الأيديولوجية لليانكيز، عانت هذه البلدات من البطالة وعجز الإسكان الشديد والتضخم الهائل وقلة موارد الطعام والوقود واللباس والطب والمستلزمات الأساسية الأخرى. وكما قال أحد جنرالات الاتحاديين: «الناس تعاني من حاجتها لكل ضروريات الحياة». ومن الطبيعي أن يعزز هذا كل مشاعر العداء المرير تجاه المحتلين. ولكن، كما يستنتج ستيفن آش (Ash 1995:82)، «كل مدنيي الجنوب المحتل، أولئك الذين يعيشون في البلدات التي تضم حاميات عسكرية، مثلوا أقل تهديد للجيش الفيدرالي، فالمقاومة المسلحة كانت خارج التفكير». واحتمالية الصراع الطاحن بين الأكثريات الانفصالية والأقليات الاتحادية تم تقليلها بشكل كبير لأن «الانفصاليين كانوا عاجزين بشكل جوهري بينما كان الاتحاديون منيعين بشكل جوهري بسبب التواجد الدائم للقوات الفيدرالية» (Ash 1995:122).

الأدلة المتناقلة كثيرة. فعندما هاجمت مجموعات الغِوار الشيوعية اليونانية بلدة إيديسا، المعقل اليساري المعروف، وجدوا أن السكان المحليين لم يستطيعوا مساعدتهم، واكتشفوا أن القوات الحكومية لم تكن مهددة من الخلف (Vettas 2002:211). في فيتنام، باتت كلمة «المدن» مرتبطة بالمناطق التي تسيطر عليها الحكومة (Elliott 2003:1051; Meyerson 1970:16). متمردو «جبهة التحرير الوطنية» الجزائرية لم يستطيعوا السيطرة على أي مدينة، وهزموا في النهاية في قصبة الجزائر، رغم قوتهم هناك في البداية (Aussaresses 2001:41)[1].

---

(1) داريوس ريجالي (Rejali 2004b) يشير إلى أن الفرنسيين انتصروا في معركة مدينة الجزائر لأنهم كانوا قادرين على تدمير البنية التحتية للمتمردين من خلال التحكم بالسكان وتجنيد عدد كبير من المخبرين، لا عبر التعذيب كما يشير جيليس بونتيكورفو (Gilles Pontecorvo) في فيلمه الشهير: **معركة الجزائر** (*The Battle of Algiers*).

رغم أن المدن في المستعمرات البرتغالية بأفريقيا كانت هامة للإعداد للتمرد، إلا أنها لم تشهد أية نشاط واضح لأن استخدام المخبرين وحظر التجول وحملات التفتيش والرقابة «أضر بالحشد للغِوار» (Henriksen 1976:384). من بين الأسباب التي دفعت البيافرانيين [نسبة لجمهورية بيافرا الانفصالية عن نيجريا خلال الفترة 1967- 1970] للامتناع عن حرب العصابات كانت «التركيز الكبير للبلدات» ضمن بيافرا وما يصاحب ذلك من غياب للمخابئ، لا بسبب غياب سكان يدعمون قضية الاستقلال (Madiebo 1980:105). في السلفادور، قمع الدولة ردع المعارضة في المناطق المدنية، بينما عزز المقاومة بالعديد من المناطق الريفية (Stanley 1996:4). في كولومبيا، «قوات الدولة تحكمت مرارًا بمراكز البلدات والمدن الكبيرة، حيث توجد المباني الحكومية للبلديات»، ولكن «سلطة الدولة تتخبر» في الأحياء المحيطة (Fichtl 2004:3).

مما يؤكد على أهمية الموارد العسكرية بتوليد السيطرة، ومن ثم التعاون، هو النزعة المعروفة في القرى القريبة من الطرق المركزية للتعاون مع السلطات. ضابط بريطاني (Hammond 1993:137) لاحظ أن القرى اليونانية «سيئة الحظ» بوقوعها «على أو قرب الطرق الرئيسية» في مقدونيا عادة ما تعاونت مع جيش الاحتلال الألماني، كما هي الحالة في فيتنام (Sansom 1970:60-61) وروديسيا، حيث كانت هذه القرى يُشتَبه بوصمها بأنها «خائنة للمبادئ» من الغِوار في زيمبابوي لأن «موقعها القريب من الطرق كان يعني أن الجنود سيزورونها أكثر من الغِوار» (Kriger 1992:208)[1]. بينما كانت القرى «التحديثية» قرب الطرق الرئيسية أول من لبى نداءات الثورة، كانت على الأرجح سيُسيطر عليها من القوات الحكومية، و«مع تصاعد مخاطر النشاط السياسي أثناء منتصف ونهاية الستينيات؛ الفجوة بين التوجهات السياسية والسلوكيات توسعت، والعديد من موالي الثورة أصبحوا فاقدي الفاعلية عندما أصبحت المخاطر كبيرة أو، ببعض الحالات، تبنوا دورًا سريًا مختبئًا جدًا لدرجة أنه بات يصل لوقف مؤقت للنشاطات الثورية» (Elliott 2003:598). أما إتاحة الدعم الخارجي للمتمردين فتحول خليط التضاريس والقرب من الحدود إلى عامل تنبؤ قوي بسيطرة المتمردين.

وعلى النقيض التام، فالمناطق الريفية أميل لأن تكون معادية للسلطات، وغالبًا بغض النظر عن التفضيلات السياسية ما قبل الحرب. ضابط أمريكي عالي الرتبة في جمهورية

(1) الأمر نفسه ينطبق على الاتحاد السوفييتي المحتل (Cooper 1979:45).

الدومينيكان عام 1921 حاجج بأن تأسيس الطرق سيخنق التمرد: «الطريق السريع سيجعل الناس أكثر اتصالًا بالعاصمة، مما يعطي الحكومة المركزية فرصة للسيطرة على الأوضاع السياسية» (in Calder 1984:164). تحليل لكل من النتائج الانتخابية ما قبل الحرب وما بعدها في منطقة بيلوبونيز في جنوبي اليونان يشير إلى أن «اليمين» كان أقوى في الجبال، و«اليسار الوسط» و«اليسار» كانا أقوى في السهول والبلدات. ولكن، قلبت الحرب هذه العلاقة. عميل بريطاني في اليونان المحتلة أبلغ عن «ألوية الأمن» المتواطئة بأنها «فقدت شعبيتها في الجبال والمناطق الريفية لكنها تُعدّ في البلدات الكبيرة ضمن الأقل سوءًا»[1].

«المناطق الريفية» ممثلةٌ لآليات سببية متعددة، منها قدرة المقاتلين على الاختباء بدون أن يبلغ عنهم بسبب المعايير الريفية للتضامن والشرف، والدرجات العالية من قبول سكان الريف لتهديدات العنف، وتقليد العصيان الذي تعززه معايير التبادلية التي تؤدي مشاركة جماعية في النشاطات المعادية للدولة بدءًا من التهريب وقطع الطرق وصولًا للتمرد الكامل، وحقيقة أن الاقتصاد المبني على زراعة الكفاف أميل لتفضيل المقاومة المسلحة من ذلك المبني على العمل بالأجرة. ربما الأهم هو أن تشتت أماكن السكن في البيئات الريفية يعيق الرقابة الأمنية (Kocher 2004)، فمن الأسهل فرض حظر للتجوال في بلدة بدلًا من فرضها في منطقة ريفية لأن فرض الضريبة ومراقبة مئات أو حتى آلاف القرى يعرض بعثات الجيش الصغيرة للكمائن (Toner 1994:13)[2]. القاضي وممثل ولاية تكساس روي هوفهاينز (Hofheinz 1969:7) يربط تحقق «أعلى نسب الحشد والمشاركة في السياسات الشيوعية» في «قواعد المناطق الخلفية» بعنصر «الأمن الذي توفره التضاريس والمسافة». المتمردون

---

(1) "Second Report of Colonel J. M. Stevens on Present Conditions in Peloponnese (24 June 1944)," PRO, HS 5/669/S6557.

(2) دييغو جامبيتا (Gambetta 1993:109) وجد أن الريف الصقلي أصعب للرقابة الأمنية، ولذلك فهو أكثر قبولًا للمافيا من المدن. وبشكل غير مفاجئ، المافيا قادرة على بسط نفوذها على بعض المناطق الريفي في صقلية. جون لورانس تون (Tone 1994:162-162) يقارن قرية إيتشواري الجبلية ببلدة كوريلا، اللتين تقع كلتاهما في منطقة نبرة، إذ يربط توجه إيتشواري المتمرد أثناء التواجد الفرنسي «للمؤسسات المجتمعية الصلبية التي تحركت بشكل منهجي لإيواء الأفراد من النظام الفرنسي» وسلوك كوريلا المتواطئ لشخصية نخبها. ولكن، المقارنة النقدية التي تفكك بين البنية الاجتماعية والموارد العسكرية ستنطبق على قرية مشابهة لإيتشواري واقعة مباشرة خارج حامية عسكرية فرنسية. إذا كانت محاججتي صحيحة، فإن قرية كهذه ستكون قد تعاونت مع الفرنسيين رغم بنيتها الاجتماعية.

الشيوعيون في قرية تشيجودو الكورية في مالايا كانوا مرتبطين للغاية بالجبال لدرجة أنهم أصبحوا يعرفون بشعب «الجبال»، أو «التلال» أو «الأدغال». (Yoo 2001; Kheng 1983:168). أولئك الذين قابلتهم في اليونان عادة ما أشاروا لمعسكرات المتمردين والسلطات باستخدام محددات جغرافية حصرًا: لقد تحدثوا عن أولئك الذين «في الأعلى» وأولئك الذين «في الأسفل». وحتى ضمن المناطق الريفية، كان المتمردون أقدر على تحصيل التعاون في أكثر المناطق خشونة وبعدًا (Horton 1998:126; Nordstrom 1997:99; Escott and Crow 1986:376; Kitson 1960:124).

هذه الفكرة تسمح بإعادة تأويل بعض النتائج التي تضع الأيديولوجيا أو العرقية على أنها متغير سببي رئيسي للعنف. [الباحث في مؤسسة راند] تيموثي جالدن (Gulden 2002) وجد في جواتيمالا أن أكثر من نصف حوادث قتل الجيش وقعت في محافظات شكل بها المايا ما بين 80 إلى 90 بالمئة من السكان (كان المايا يشكلون أقل من 8 بالمئة من مجموع السكان في البلاد ككل). وبالبناء بشكل جزئي على هذه النتيجة، يدعي جالدن أن هذا العنف يشكل حالة من حالات الإبادة الجماعية. ولكن، هذه المحافظات معظمها ريفي ويقع بعيدًا عن مراكز سيطرة الحكومة. كان من الممكن أن يستهدفوا بسهولة لأنهم كانوا واقعين في مناطق تواجد الغِوار بقدر ما، فهم كانوا من المايا. هذا يطرح قضية النشأة الداخلية [عن الحروب] للمظالم: هل اختار الغِوار مواقعهم بناء على تواجد مظالم للمايا أم هل علّموا المايا –الذين تصادف أنهم يعيشون في تضاريس أفضل لنشاطات التمرد– عن هذا المأزق؟ الدليل التجريبي الذي يقدمه [الأنثروبولوجي الأمريكي] ديفيد ستول (Stoll 1993:87) يسمح بفصل جزئي بين الاثنين: قمع الجيش لا يركز على المناطق التي كانت بها المنظمات الأصلية (وربما المظالم) قوية والغِوار لها تواجد قليل، وإنما على المناطق التي كان بها الغِوار يحاولون تنظيم الفلاحين رغم المنظمات الأصلية الضعيفة. في الحقيقة، أن المناطق الأربعة التي شهدت أكبر عنف من الحكومة **تتبع** مناطق تواجد المتمردين، إذ تحركت جنوبا لتقطع الطريق العام العابر للأمريكتين.

غياب تقاطع بين معاقل ما قبل الحرب، ومعاقل الحرب، يصبح واضحًا عندما تتاح دراسات مفصلة. يشير [بروفيسور التاريخ] إيان بيكيت (Beckett 2001:11) إلى أن جبال الأبالاش وكامبرلاند وجبال الأوزارك شهدت صعود غِوار الكونفيدرالية أثناء الحرب الأهلية الأمريكية، رغم أن هذه المناطق كانت هي ذات المناطق التي سكن بها موالو

الاتحاديين ضمن الكونفيدرالية بعد هزيمتهم في المدن، رتب الشيوعيون المصريون عودتهم من «المناطق الحدودية» الخلفية والمعزولة حيث كان الدعم ما قبل الحرب بحده الأدنى، إن وجد (Schran 1976). سكان المدن في الأراضي السوفييتية المحتلة ألمانيا كانوا على الأرجح أكثر مقتًا للمحتلين من سكان الريف، جزئيًا بسبب تعريفهم المسبق الأقرب مع النظام السوفييتي، وجزئيًا بسبب ظروف الحياة والعمل الأكثر بؤسًا في البلدات، ولكن، كما يشير دالين والكُتّاب الذين معه (Dallin et al. 1964:335): «بشكل متناقض، كانت حركة المقاتلين غير النظاميين ظاهرة ريفية بشكل كبير». والأبحاث في منطقة ما شمال اليونان (Antoniou 2001) تظهر أن الناتج الانتخابي للحزب الشيوعي عام 1936 كانت عاملًا تنبؤيًا سيئًا لعدد الرجال المحليين الذين انضموا للمقاومة التي يقودها الشيوعيون بأعوام 1942- 1944، وبدلا من ذلك، فالمسافة عن البلدة التي عملت كقاعدة انطلاق لجيش السلطات كانت عاملًا تنبؤيًا مثاليًا: كلما كانت البلدة أبعد عن قاعدة السلطات، كانت نسبة مشاركة الرجال المحليين مع المتمردين أعلى (يبدو أن تفضيلات ما قبل الحرب تلعب دورًا للتفريق بين القرى المتساوية البعد). غِوار الشيوعيين الفرنسيين كانوا ناجحين جدًا في **إقليم لوت الريفي**، حيث «تواجد المرشحون الشيوعيون في اثنتين من الدوائر الانتخابية الثلاثة عام 1936 وحصلوا على 4138 صوتًا فقط من أصل 30293» (Kedward 1993:131). ديفيد إليوت (Elliott 2003:908) يشير إلى أن قصف الحكومة وحملة فرض التهدئة في دلتا الميكونج في فيتنام الجنوبية تسبب بانفصال بين الأساس الطبقي للفيت كونغ ومناطق سيطرتهم. التمرد في السلفادور لم يحصل في أقسام أهواتشابان وسونسوناتي غرب البلاد، مساكن العصيان الفلاحي الجماعي والمجزرة التالية عام 1932 (إضافة لأراضي القهوة الكبيرة)، لكنها بدأت في الأقسام المعزولة وغير المسكونة من مورازان وتشالاتينانجو، التي كانت مسكونة بالأكثر من صغار الملاك والتي وفرت الأرضية المفضلة للمجموعات المنظمة لتطلق عصيانا (Grenier 1999:84). بشكل مشابه، تمرد الرينامو ضد حكومة الفريليمو [جبهة التحرير الموزمبيقي] تطور في المناطق نفسها التي كان بها تمرد الفريليمو ضد الاستعمار قويًا، وبالمقابل؛ المناطق التي دعمت السلطات البرتغالية أثناء حرب مكافحة الاستعمار كانت أميل للاصطفاف مع سلطات الفيريليمو أثناء تمرد الرينامو (Geffray 1990:41). بحث نوردستروم (Nordstrom 1997:98-99) في محافظة نياسا المعزولة في البلد نفسه يؤكد

206

على هذه النقطة بإظهار أن الرينامو كانوا قادرين على توليد سيطرة وتعاون قويين (بأقل قدر من العنف) في منطقة كانت معزولة وكانت معقلًا سابقًا للفريليمو. الجغرافيا كانت ممثلًا واضحًا للفعالية العسكرية، وفق ما يشير إليه نوردستروم (Nordstrom 1997:99) «بقدر ما أعلم، لم يكن هناك اهتمام عسكري كبير من الحكومة بتلك المناطق. المناطق التي سيطر عليها الرينامو تركت جوهريًا لخياراتها».

الحالة النيكاراغوية تسمح بنوع من التجربة الطبيعية، لأنه من الممكن مقارنة الساندينيستا بأدوارهم المتتالية كمتمردين، ثم كسلطات. هذه المقارنة تشير إلى أن الولاءات الشعبية كانت ناشئة داخليًا عن ممارسة السيطرة الجغرافية. أثناء مرحلة «الكونترا» من الحرب، الساندينيستا (في السلطة) تحكموا بشكل صارم بالبلدات التي كانت غائبة عن الجبال: «تواجد الساندينيستا الوحيد في الجبال سيكون عسكريًا» (Horton 1998:137). كنتيجة لذلك، فإن الناس في تلك المناطق دعموا الكونتراز. ولكن، العديد من مناطق الكونترا الجبلية دعموا غِوار السانادنيستا في السبعينيات (22-21:1998). كان العكس صحيحًا بالنسبة للبلدات، والتي تحكمت بها (سلطات) السوموزيستا بالمرحلة الأولى من الحرب و(سلطات) الساندينيستا بالمرحلة الثانية. بكلمات هورتن (Horton 1998:21): «مئات الجنود من جيش الساندينيستا كانوا متمترسين في بلدة كويلالي، وكنتيجة لذلك البلدة نفسها بقيت دائمًا تحت سيطرة الساندينيستا». لم يكن للسكان خيار سوى التعاون معهم. بكلمات أخرى، في حين أن الساندينيستا **لكونهم متمردين** وضعوا أنفسهم في التضاريس الريفية التي لا يمكن الوصول لها، وجدوا أنفسهم **لكونهم سلطات** محدودين بالمدن عندما واجهوا تمرد الكونترا. ولكن، في كلتا الحالتين استطاعوا تحصيل التعاون من السكان الذين حكموهم.

6.5. قيود على الخيارات العسكرية

إذا كانت السيطرة الدائمة والكاملة على منطقة ما هي التي تشكل تعاون المدنيين، فإن النصر بالحرب الأهلية يجب أن يكون بشكل أساسي مهمة عسكرية تتضمن مد السيطرة على كل أراضي بلد ما. هذه حكمة تقليدية بشكل كبير. بكلمات أحد مكافحي التمرد، «يجب أن يكون هناك، وقبل كل شيء، إصرار مطلق على تأسيس مخفر حكومي والحفاظ عليه سليمًا وغير فاسد في كل قرية مسكونة. يجب أن يعاد تأسيس السلطة بصبر، قرية قرية، وإدخالها

ضمن المنطقة 'المحررة'، والتعامل مع المناطق الأسهل أولاً» (Clutterbuck 1966:176)[1].

إلا أن الحروب الأهلية عادة ما تقع في البلدان الفقيرة وهي ممتدة وغير حاسمة (Fearon and Laitin 2003; Fearon 2001). هذا الطريق المسدود يعكس عدم قدرة الفاعلين المتنافسين على تأسيس سيطرة كاملة على مناطق كبيرة من البلاد[2]. فوصْف [الكاتب الإيطالي] بيبي فينوجليو (Fenoglio 1973:157) للحرب الأهلية الإيطالية بأعوام 1943- 1945 يمكن تطبيقه بشكل موسع: «المقاتلون غير النظاميون كانوا أقوياء جدًا ليُهاجموا فوق تلالهم، على الأقل بحسب الانطباع الذي أوصلوه، وفي الوقت نفسه كانوا ضعيفين جدًا وغير بارعين تقنيًا ليكونوا قادرين على الهجوم وطرد الحاميات الفاشية في بلدات السهل»[3].

حالما تندلع الحرب الأهلية، فإن المتطلبات العسكرية لتأسيس وإبقاء السيطرة على أراضي بلد كامل مدهشة[4]. هذه المشكلة العامة، المشتركة بين المحتلين الأجانب وأصحاب السيادة المحليين، لخصها [الكاتب] كيفن توليس (Toolis 1997:70) بجدارة قائلًا: «لا يمكن لجيش ما أن يقوم بدوريات في كل الطرق كل الوقت». ملحق عسكري في موزمبيق وصف هذا بأنه مشكلة «بلد كبير، جيش صغير» (in T. Young 1997:150). مسؤول في فيتنام الجنوبية وصف هذه المشكلة بأنها لغز: «[نحن] لا نستطيع البقاء مع الناس كل الوقت. إننا نقوم بعمليات نهارًا، لكننا لا نملك قوة كافية لحماية الناس ليلًا. ما يزال من الواجب علي أن أعرف كيف أحمي قرية بثلاثين شخصًا. من وجهة نظر عسكرية بحتة، كيف يمكن

---

(1) هذه الفكرة، بوضوح، انعكاس لمحاجة شبيهة تربط الجريمة بتواجد الشرطة (C. Friedrich 1972:26).

(2) طول الحروب الأهلية قد يعكس عمليتين اثنتين مختلفتين. بينما تكون بعض المناطق «متجمدة» تحت سيطرة أحد الفاعلين، بعض المناطق الأخرى تشهد تقدمًا وتراجعًا. مثلًا، العاصمة الأوكرانية كييف تغير أولئك الذين يسيطرون عليها أربعة عشر مرة بسنتين أثناء الحرب الأهلية الروسية (Werth 1998:11; Figes 1996:698). «التفصيل المتغير بجنون» في الدفاتر السميكة لفرق الأمم المتحدة في السودان «كانت عمود 'صاحب السيطرة' الذي يصف أية جهة تملك السيطرة على القرى المختلفة من شهر لشهر» (Peterson 2000:237).

(3) الدول الضعيفة التي تفتقد الموارد العسكرية تتجنب الحرب الدائمة عبر استخدام الحكم غير المباشر (Kocher 2004).

(4) لاحظ أنه في أوقات السلم، تكون الدول قادرة على السيطرة على أراضيها بموارد أقل بقليل مما تتطلبه المهمة نفسها في أوقات الحروب الأهلية. هذا يشير إلى أن اندلاع التمردات لا يمكن ببساطة عزوه للمستويات المنخفضة من سيطرة الدولة. بمعنى آخر، قدرة الدولة محاجة أفضل لديناميات الحرب الأهلية أكثر مما هي لتفسير اندلاعها.

فعل ذلك؟ الفيت كونغ ينتظرون وينتظرون، ربما لستة أشهر قبل الهجوم. يمكننا أن نبني لعامين، لكنهم يمكن أن يدمروا كل شيء بليلة واحدة. والشخص الذي يستطيع حل هذا اللغز يكون بذلك قد حل المشكلة» (in Race 1973:135).

الحديث عن عجز جيوش السلطات العددي أمر شائع. نقلَ ضابط فرنسي من «الجمهوريين»، عن الثورة المضادة في المناطق الغربية للبلاد، أن الوطنيين «خائفون للغاية، لدرجة أننا نحتاج حامية عسكرية كاملة لحراسة كل منزل» (in Dupuy 1997:133). أحد الضباط الاتحاديين المتمرسين في ميزوري أشار عام 1863 إلى أنه من المستحيل إنهاء غِوار الكونفيدرالية «ما لم تستطع الحكومة إرسال عشرة جنود لمقاتل غِوار واحد» (Fellman 1989:126). تقرير ضابط بريطاني عن الحالة في إيرلندا عام 1920 أشار إلى أن «الشرطة والقوات العسكرية صغيرة جدًا للتكيف [مع الحالة]» (in Hart 1999:73). ضابط باكستاني قدر أنه لمواجهة التمرد في بنغلادش، كان الجيش الباكستاني بحاجة إلى 375640 رجلًا مقابل قوة فعلية يبلغ قدرها 41060 (Salik 1978:101). صحفي أمريكي نشر تقريرًا أن الجيش الموزمبيقي احتاج أكثر من مليون رجل ليحمي البنية التحتية للبلاد من المتمردين، لكنه استطاع فقط حشد ثلاثين ألف ميدانيًا (Finnegan 1992:95-96). مسؤول الاستخبارات الروديسي أدرك أن إظهار القوة عبر مداهمات الجيش والقصف الجوي لن يكون فعالًا ضد المتمردين الزيمبابويين لأن «الناس في المناطق الريفية سيدركون قريبًا أن إظهارًا كهذا لن يعزز سياسة الحكومة» (Flower 1987:122). أخيرا، [الصحفي الكولومبي] خوان فوريرو (Forero 2001:A3) نشر أنه في كولومبيا «الجيش ببساطة صغير جدًا لأن يغطي البلاد.... وحتى عندما يقوم الجيش بهجمات ناجحة، فإنه لا يستطيع تأسيس تواجد دائم».

مثال جيد على هذه المشكلة يظهر في الاحتلال الألماني أثناء الحرب العالمية الثانية. القوات الألمانية المخصصة لمواجهة حركات المقاومة المتنوعة عاجزة بشكل يائس أمام هذه المهمة، وأكثر ما كان هذا الأمر في الاتحاد السوفييتي. في منطقة مساحتها 43 ألف ميل مربع وتضم أكثر من 1500 قرية ومزارع جماعية، كان للألمان أقل من 1700 رجل متاحين للمهمات الأمنية، من بينهم 300 فقط مخصصون لاتخاذ إجراءات ضد المقاتلين غير النظاميين. وسط الاتحاد السوفييتي، كان عدد الرجال المتاحين من كل الأنواع هو فقط رجلين لكل ثلاثة أميال مربعة. «رغم أن هتلر والجيش والشوتزشتافل ['قوات الأمن الخاصة' المعروفة اختصارًا بـ SS] أدركوا ضرورة تعيين قوات معتبرة لتأمين المنطقة الخلفية، إلا

أنهم كانوا عاجزين عن توفيرهم». وكما هو متوقع، كان الألمان قادرين على فرض سيطرة محدودة وشكلية جدًا، إذ وقعت المناطق الشاسعة التي تخلوا عنها ببساطة مباشرة تحت سيطرة المقاتلين غير النظاميين. بعد عملية «تطهير» عام 1943، أبلغت الفرقة 221 الأمنية الألمانية أن «المقاتلين غير النظاميين كان لديهم الفرصة.... لإعادة احتلال مناطقهم السابقة ومن ثم إحالة نجاح هذه العمليات [التي قمنا بها] إلى سراب.... إن أية إزالة للقوات أو أي انسحاب مؤقت من المناطق التي فُرضت بها التهدئة كانت تعني إعادة احتلالها من المقاتلين غير النظاميين». وكما قال جنرال ألماني: «بقوات جيدة بما يكفي، فإن أي شيء ممكن». يستنتج ماثيو كوبر أن «سبب الفشل الألماني كان سهل التحليل وصعب التدارك: لقد كان، ببساطة، النقص العددي للقوات»[1].

حتى الجيش الأمريكي، مع موارده الساحقة في فيتنام، وجد أنه من الصعب تجاوز هذه المشكلة: «لقد جئنا هنا لعملية، ولكن ما الذي تثبته؟» كما يستذكر أحد الجنود الأمريكيين عن غارة في قرية يسيطر عليها الفيت كونغ، في مارس/ آذار 1969. «الفيت كونغ سيستعيدون السيطرة هنا الليلة» (in M. Young 1991:240-241). القائد العسكري الأمريكي في فيتنام، الجنرال ويست مورلاند، كان عادة ما يُسخّف بسبب مطالبه المتكررة بمزيد من القوات، لكن دفاعه لم يكن بلا وجاهة: «لم يكن لدي رفاهية ما يكفي من القوات لأحافظ على تواجد أمريكي أو تواجد للحلفاء أو لجيش فيتنام الجنوبية في كل مكان كل الوقت. لو أنني أملك قوة بشرية غير محدودة، لوزعت القوات بشكل دائم في كل منطقة أو مقاطعة، وبذلك قدمت استراتيجية بديلة. كان هذا سيمكن القوات من معرفة الناس عن قرب، ويسهل مهمة تحديد المخربين وحماية الآخرين من التهديدات. ولكن إنجاز هذا كان يتطلب حرفيًا ملايين الرجال» (in Bilton and Sim 1992:34)[2]. المشكلة نفسها، بشكل أكثر حدة، يمكن

---

(1) Cooper (1979:45, 143–4, 153–4).

(2) نايل شيهان (Sheehan 2000:179) يؤكد هذه النقطة. «عدم وجود ما يكفي من القوات الأمريكية لاحتلال الأرض والحفاظ عليها عندما تم انتزاعها من الشيوعيين أحد أكبر الأسباب لتوسع الأضرار على المدنيين والممتلكات». المشكلة الإضافية تفرضها النسبة الكبيرة من العناصر المخصصين للدعم في الجيوش الحديثة. إدوارد لوتواك (Luttwak 2003) قدر أنه من بين الـ 133 ألف رجل وامرأة أمريكي في العراق، فقط 56 ألفًا كانوا جنودًا مدربين للقتال ومتاحين لمهمات أمنية، بينما كان عدد الجنود الذي يمكن أن يقوم بالدوريات في أي وقت لا يزيد عن 28 ألفًا. انظر أيضًا: Shepherd (2002:351); Tucker (2001:90); Fall (2000:199); Vargas Llosa (1998:137); Fisher (1997:50); Finley (1994:xi, 29); Tone (1994:80, 143–4); Ortiz Sarmiento (1990:132); Ekirch (1985:114); Li (1975:187); Beaufre (1972:66).

رؤيتها في العراق تحت الاحتلال الأمريكي. مثلًا، اللواء 1-8 التابع لفرقة المشاة الرابعة، المكون من 800 رجل، والمتواجدة في منطقة بلد، في محافظة الأنبار المضطربة، كانت مسؤولة عما يقارب 750 كيلومترا مربعًا (Filkins 2005:55). بشكل شبيه، 800 جندي فقط تقريبًا غطوا المنطقة حول بلدة راوة، التي كانت بمساحة فيرمونت، وثلاثمائة فقط غادروا نقاطهم في عمليات ولم يكونوا جميعًا في الوقت نفسه. نتيجة لذلك، «كان هناك تواجد عسكري أمريكي متقطع خارج البلدات القليلة المحتلة حالًا. لا الجيش ولا المارينز يحافظون على نقاط دائمة» في الطريق الرئيسي في المنطقة. قلة الجنود أمر هام، لأنه، وكما وصف الأمر الكولونيل ستيفد ديفس، قائد الفريق القتالي (2) في فوج المارينز: «يمكن أن تذهب بهذه البلدات مجددًا ومجددًا، لكنك لن تحصل على نتائج ما لم تكن هناك لتبقى» (in C. Smith 2005:A6).

صعوبة تأسيس سيطرة دائمة وكاملة عبر أعداد مطلقة يضع أهمية على الاستخدام الذكي وجمع القدرات العسكرية الموجودة، وعلى المرونة، وعلى القدرة على تحصيل المساعدة الخارجية، خصوصًا في اللحظات الحرجة. الموارد المحدود تضع أهمية للاستخدام الفعال للعنف، ولكن ما الذي يجعل العنف فعالا؟

7.5. العنف والتمييز

بحسب [السوسيولوجي الأمريكي] مايكل هيشتر (Hechter 1987:162)، المحدد الرئيسي للتعاون هو الاحتمالية المنظورة للعقوبات. [أخصائي علم الجريمة الإيطالي] سيزاري بيكاريا أشار إلى أن «النية السياسية للعقوبات هي زرع الخوف بالرجال الآخرين»، بينما يعرف [الفيلسوف الإنجليزي] جيريمي بينثام الردع بأنه «الإرهاب أو التخويف بالقانون» (Zimring and Hawkins 1973:75). بأبسط صياغاتها، تفترض نظرية الردع أن التهديدات يمكن أن تقلل احتمالية ممارسة سلوكيات معينة. بصياغة أخرى، الردع بالعقوبة هو طريقة استدلال بأثر رجعي عبر التهديدات، إذ إنه عندما يُمارس خطأ ما فعلًا، فإن مرتكبه سيواجه العقوبة (Kenny 1907). إننا ندين بالفرضية الأساسية لبينثام: «مكسب الجريمة هو القوة التي تدفع رجلًا نحو الانحراف، وألم العقوبة هو القوة المستخدمة لمنعه من ذلك. إذا كانت قوة الجريمة هي الأكبر، فإنها ستُرتكب، أما إذا كانت قوة العقاب أكبر، فالجريمة لن ترتكب» (in Zimring and Hawkins 1973:75).

إلا أننا نعلم بأن العديد من الجرائم تُرتكب رغم تهديدات معروفة ومحقة. [بروفيسور السوسيولوجيا] جاك كاتز (Katz 1988:12-51) يظهر أن عددًا كبيرًا من عمليات القتل نُفذّت على يد أشخاص لا يبالون بالعقوبات، وهذه الجرائم التي يسميها «المجازر الصالحة» تحدث بسرعة، وتلهب المشاعر، وتفتقد سبق الإصرار. انتُقِدت رواية بينثام عن الردع بكونها «ميكانيكية» و«مبنية على سيكولوجيا خاطئة»، فمن المُحاجج به بدلًا من ذلك أن التهديدات قد تولد أحيانا رغبة بعدم الخضوع وأن الظاهرة الإجرامية مستقلة تمامًا عن القوانين الجزائية. في الوقت نفسه، من المعروف بشكل كبير أن معظم الناس يمتنعون عن الجريمة لتجنب العقوبة، وبذلك، فدرجة معقولة من الردع يمكن تحقيقها[1].

متى تكون التهديدات فعالة؟ سيزاري بيكاريا (Beccaria 1986:81) حاجج بأن العقوبات يجب أن تكون عامة وفورية وضرورية وبحدها الأدنى تحت ظروفها المحددة، ومتناسبة مع الجرائم، وممأسسة بالقانون. أما [عالما الجريمة الأمريكيان] فرانكلين زيمرينج وجوردن هوكينز (Zimring and Hawkins 1973) فيؤكدان على ثلاثة شروط: التهديدات يجب أن تكون معروفة علانية، وأن تكون مقنعة، وأن تكون شخصية. مايكل هيشتر (Hechter 1987:151) يحاجج بأن الخضوع أكثر احتمالية عندما يُطالب الناس بتلبية واجبات محددة جدًا، بدلًا من كونها غير محددة. هذه الخصائص يمكن جمعها، بدرجة ما، تحت التفريق ما بين العنف **الانتقائي** (أو التمييزي)، والعنف **العشوائي** (أو غير التمييزي)[2].

كل من العنف الانتقائي والعشوائي، بالمبدأ، أشكال أدواتية من العنف تهدف لتوليد التعاون عبر الردع. التفريق مبني على تحديد درجة «الذنب» (ومن ثم الاستهداف)[3]. العنف انتقائي عندما يكون هناك نية لتأكيد ذنب محدد. لأن النوايا ليست دائمًا ظاهرة (رغم أنه في العديد من الحالات يتم تعميم العنف العشوائي على يد الفاعلين السياسيين)، أحد طرق

(1) بصياغة زيمرينج وهوكينز (Zamring and Hawkins 1973:95): «يبدو أن طرح التهديد كحاجز أمام القيام بسلوك محدد يؤدي على الأرجح لدفع أفراد من الجمهور المُهدد بمراجعة توجهاتهم تجاه رغبتهم بالسلوك».

(2) العنف الانتقائي شخصي، لكنه يجب أن يكون عامًا أو فوريًا أو ضروريًا، ورغم أنه غالبًا ما يكون كذلك؛ إلا أنه بحده الأدنى متناسب عند مقارنته مع العنف العشوائي.

(3) لأن ما يهم هو الدرجة التي يقع بها الاستهداف، يمكن أن يتحدث الشخص عن العنف الذي يميز بين المستويات الفردية أو المحلية أو الوطنية. ولكن، أستخدم التمييز بين العنف الانتقائي والعشوائي لأنه يوضح الاختلافات الجوهرية للاستهداف على المستوى الفردي، والمستوى ما فوق الفردي.

التحديد المفهومي لهذا التفريق هي ملاحظة أن العنف الانتقائي يتضمن استهدافًا شخصيًا، في حين أن العنف العشوائي يتضمن استهدافًا جمعيًا[1].

بالعنف العشوائي، الذي يوصف أيضًا بتسميته القانونية «الثأر»، يحل مفهوم الذنب بالتبعية محل مفهوم الذنب الفردي. القائد الألماني في اليونان المحتلة ادعى: «إذا لم يكن من الممكن إيجاد أشخاص يوصفون بالمذنبين، فيجب اعتبار أولئك الذين لجأوا إليهم، ولو لم يكونوا مرتبطين بالفعل الأصلي، مشتركين بالمسؤولية» (in Condit 1961:265-266). قاعدة التبعية المحددة تتباين وتتفاوت من عائلة إلى قرية إلى منطقة إلى بلاد. الحالة الأكثر تطرفًا للعنف غير التمييزي هي تلك التي تختار الضحايا بناء على عضوية بلد ما أو مجموعة دينية أو عرقية، ولذلك يوصف بـ«العشوائي» وصيغته النموذجية هي موجة من الإرهاب النازي بأجزاء من أوروبا المحتلة. يكتب ويليام ماكنيل (McNeill 1947:57): «بأكثر من مناسبة في بلدة أثينا، أرسلت دورية ألمانية لموقع مقتل جندي ألماني، وهناك اعتقل أكثر من خمسين شخصًا تصادف أنهم كانوا يسيرون على الطريق، ووضعوهم على جدار، وأطلقوا النار عليهم مباشرة». الإرهاب الألماني في وارسو أثناء الفترة نفسها يصفه [الشاعر البولندي الأمريكي] تزيسلاو ميلوز بشكل صارخ (Milosz 1990:90):

«في أحد المرات، في العام الأول من الحرب، كنا عائدين من زيارة لصديق مشترك كان يعيش في البلاد. كما أذكر، كنا نتجادل حول اختيار القطار، ثم اتخذنا قرارنا بعكس نصيحة مضيفنا بأن نأخذ قطارًا يغادر بعد نصف ساعة. وصلنا إلى وارسو، وسرنا على الشوارع ونحن نشعر بالرضا من الحياة. لقد كان صباحًا صيفيًا جميلًا، ولم نعرف أن هذا اليوم سيُذْكر في التاريخ كأشد الأيام سوادًا في تاريخ مدينتنا. أغلقت الباب ورائي بشق الأنفس عندما سمعت صرخات في الشوارع. وأنا أنظر من النافذة، رأيت أن هناك صيدًا للبشر. لقد كان هذا أول صيد تشهده أوشفيتز. لاحقًا، ملايين الأوروبيين قتلوا هناك، ولكن في ذلك الوقت كان معسكر الاعتقال قد بدأ يعمل توًا. من أول نقل ضخم للناس الذين أمسكوا بالشوارع، يبدو أنه لم ينج أحد. سرت أنا وألفا في تلك الشوارع قبل خمسة دقائق من الصيد، وربما مظلته ولامبالاته هما ما أبقيانا أحياء».

لأن تهديدات كهذه تعتبر غير متوقعة بالكامل، فهي تنتج، على الأقل بداية، خوفًا مخدرًا ومضطربًا وغير منطقي، سامحًا بالكاد بأي فكرة، ومؤديًا إلى تذرية المجتمع

---

(1) لاحظ أنه، وبعكس التصور الشائع، فإن العنف الانتقائي يمكن أن ينتهي بكونه، وعادة ما يكون كذلك، ضخم الحجم. مثلًا، يُقدر أن الفيت كونغ أعدموا بشكل انتقائي ما يصل إلى خمسين ألف شخص بعقد ونصف (Wickham-Crowley 1990:215).

(E. Walter 1969:25-26; Thornton 1964:81). في كتاب صدر عام 1947، أبلغ مجموعة من الأطباء النفسيين عن نتائج دراسة فارقة حول تأثيرات الإرهاب الألماني على سكان أثينا، ووجدت أن معظم الناس كانوا مقيدين بالتوقع اليومي لـ«سوء حظ غير متوقع وغير معروف»، و«القلق المذهل أمام المجهول الذي نكّب مصير كل فرد» (Skouras et al. 1947:124-136). ما دام هؤلاء الضحايا لا يملكون طريقة ليردوا على هذا العنف، فتأثيره هو «زيادة الخضوع للسلطة بين أولئك الذين قد يشعرون بالتهديد» (L. White 1989:328). بكلمات أخرى، يمكن أن يُدفع السكان نحو السلبية الكاملة والتخلي السياسي.

رغم أن العنف العشوائي قد يكون فعالًا لديكتاتور (McAuley 1992:50; B. Moore 1954:169-70)، إلا أن احتمالية تحقيق أهدافه أقل بكثير في خضم حرب أهلية، حيث يجعل تواجدُ خصم ما الانشقاقَ ممكنًا. أولًا، العنف العشوائي يهزم الرد لأنه يدمر احتمالية التنبؤ بالشر القادم، وبذلك، القدرة على تجنبه، فهو يزيل العلاقة بين الجريمة والعقاب، وبذلك يلغي مفهوم الاعتداء. إن الغياب المطلق للقدرة على التنبؤ تجعل الجميع يخاف من العقوبات الفتاكة بغض النظر عن سلوكهم، فالبراءة لا مكان لها والخضوع مستحيل تمامًا. تقرير ألماني (in Cooper 1979:27) يصف توجه المواطن العادي في المناطق المحتلة من الاتحاد السوفييتي: «إذا بقيت مع الألمان، فإنني سأُقتل حال وصول البلاشفة، وإذا لم يأت البلاشفة، فإنني سأُقتل عاجلًا أم آجلًا على يد الألمان. بذلك، إذا بقيت مع الألمان، فهذا يعني موتًا حتميًا، وإذا انضممت للمقاتلين غير النظاميين، فقد أنقذ نفسي على الأرجح». بظروف كهذه، «الامتناع يتوقف عن كونه حماية. تجنيد المتمردين يتصاعد بينما مخاطر السلبية والتمرد تبدأ بالتكافؤ» (Aron 1966:170). إن الإرهاب النازي في بولندا «ترك البولنديين بلا بديل آخر إلا **تجاهل** المحتل، إما بشكل إيجابي بمعارضته، أو سلبي بالتصرف كأنه غير موجود» (Jan Gross 1979:238):

> «يمكن أن يتوقع الشخص أن عدم الخضوع لمطالب الألمان أدى لعقوبات عنيفة لا يجرؤ أي شخص على أن يعارضها. إلا أن الخضوع الكامل كان مستحيلًا، فالإرهاب استمر وازداد مع الوقت. أدرك السكان بسرعة المنطق الجديد للحالة: سواء أحاول الشخص تلبية المطالب أم لا، فقد كان معرضًا لنفس القدر من العنف.... ليس من المنطقي، في سياق العقوبة العشوائية، أن يكيف الإنسان حياته بحسب احتمالية أن يُقتل، بقدر ما أنه من غير المنطقي أن يوجه الإنسان كل سلوكياته اليومية بحسب احتمالية حادث ما» (Jan Gross 1979:212).

ثانيًا، في حين أن الخضوع لا يضمن أي أمن وسط ظروف العنف العشوائي، إلا أن التعاون مع الطرف الخصم قد يزيد كلًا من فرص البقاء، ويسمح بشعور من النزاهة المعيارية (Jan Gross 1979:202). في بولندا، العضوية بالمقاومة جعلت الناس أكثر حصافة وأزالت شعور الأمن الخاطئ الذي كان قتالًا لأولئك الذين لا يشاركون. «المتآمرون» تجنبوا بشكل فعال الاعتقال من الألمان، بينما كان غير المتآمرين أقل حذرًا بتجنب المواقف العرضية مع المحتلين لأنهم عادة ما شعروا أنهم إن اعتقلوا فسيقضون بضعة أيام بالحجز، وبعدها، حالما تثبت براءتهم، سيطلق سراحهم. ولكن، هذا الافتراض كان قتالًا، نظرًا لوجود علاقة قليلة بين الجريمة والعقاب. «المتآمرون» عادة ما كانوا يملكون أوراقًا تعريفية أفضل من غير المتآمرين، وإذا اعتُقلوا، فهم يملكون أجوبة مرضية للأسئلة الاعتيادية التي ستسألها الشرطة. وعندما كانوا يعتقلون في مداهمات، كان أحد أعضاء الشبكة يحاول أن يخرجهم من السجن بسرعة، أو كانت عائلاتهم تُمنح أموالًا ليقدموها رشاوى للمسؤولين. وعند تهديدهم بالاعتقال أو الابتزاز أو التبليغ؛ كان المتآمرون يملكون موارد تنظيمية كبيرة، وكانت المنظمة تساعدهم على أن يختفوا، وتجد لهم مكانًا جديدًا ليعيشوا، وتعطيهم عملًا ووثائق جديدة (Jan Gross 1979:234-235).

لذلك، من الممكن المحاججة بأن العنف العشوائي ذو قيمة محدودة لأنه يقلل كلفة فرصة التعاون مع الطرف الخصم. فأحد مكافحي التمرد البريطانيين يقارن العنف العشوائي «بمحاولة الإمساك بسمكة في بحيرة عشبية عبر إلقاء شبكة واسعة الفتحات بما يتعارض مع تبني تكتيكات الرمح، والسير ببطء في الأعشاب للإمساك بالسمك المطمئن وهو يسبح» (Paget 1967:110). لذلك، فمن الممكن صياغة الافتراض التالي:

افتراض (2): العنف العشوائي ذو تأثير سلبي بالحرب الأهلية.

هذا الافتراض تخمين. العمل النظري على العلاقة المرتبطة بين القمع والمعارضة ما زالت غير حاسمة (Lichbach 1987:297). تجريبيًا، إننا نفتقد لمقارنات مضبوطة للنواتج بوجود وغياب عنف كهذا. لم يتم إيلاء الكثير من الاهتمام للأوضاع المغايرة. مثلًا، نحن لا نعرف كم سلوكًا مسلحًا للمتمردين كان سيحصل وما عدد الأشخاص الذين سينضمون للمتمردين في غياب العنف العشوائي. دراسات مفصلة قليلة تظهر أن العنف العشوائي كان

أحيانًا أكثر نجاحًا مما هو متوقع (Hill 2002; Hartford 1989)[1]. في الوقت نفسه، الأدلة المتناقلة ذات اعتبار لصالح هذا الافتراض. وفي الفصل التالي، أرجع لهذه القضية.

بعكس العنف العشوائي، فإن العنف الانتقائي يشخصن التهديدات، فإذا كان الناس مستهدفين بناء على سلوكياتهم، فالامتناع عن هذه السلوكيات يضمن الأمان. الممارسون والمراقبون يتفقون على أن العنف الانتقائي هو الطريقة الأكثر فعالية لردع الانشقاق. بصياغة روبرت ثومبسون (Thompson 1966:25): «الإرهاب أكثر فعالية عندما يكون انتقائيًا». وكما قال عقيد أمريكي في فيتنام: «إن عليك أن تستخدم مبضع الجراح» (in Race 1973:238). تشي جيفارا (Guevara 1998:91) دعا إلى «عدم ممارسة الهجمات والإرهاب بطريقة عشوائية». وقد أنتج الفيت كونغ الكثير من الوثائق الرسمية التي توضح فوائد العنف الانتقائي (مثلًا Elliott 2003:266).

بالممارسة، فإن التفريق بين العنف الانتقائي والعشوائي يعتمد على تصورات علنية، إذ إنه من الممكن التظاهر بأن العنف انتقائي باستهداف أفراد معزولين بشكل عشوائي. ما دام الناس لا يعتبرون عنفًا كهذا انتقائيًا، فإن النتيجة ستكون عكسية، بنفس النتيجة لو أنهم اعتبروا عنفًا انتقائيًا بمثابة عنف عشوائي. وسأناقش هذه القضايا بالتفصيل في الفصل السابع.

خيار استخدام عنف انتقائي أو عشوائي يعتمد بشكل كبير على جودة المعلومات المتوفرة – فلا يستطيع الشخص أن يميز بدون المعلومات، فهو يميز بناء عليها – وهي نفسها تعتمد بشكل كبير على طبيعة السيادة المفروضة. والمعلومات تتطلب التعاون، مما يتطلب درجة من السيطرة كافية لتقديم الضمانات لأولئك الذين يقدمون هذا التعاون. رغم أن الفاعلين غالبًا أقل التزامًا بقدرتهم على ممارسة العنف العشوائي، إلا أن احتماليته أقل ضمن ظروف السيادة المتشظية. سأرجع لهذه الأسئلة في الفصول التالية.

---

(1) حاجج أحد كوادر الفيت كونغ بأن القصف العشوائي من القوات الحكومية في فيتنام الجنوبية أضعف التمرد: «بالخبرة، أدركت أن جبهة المقاومة أقوى في القرى التي لم تقصف، وأضعف حيث يقع القصف بشكل دائم. لتنفيذ بروباجندا جبهة المقاومة، ولزرع الكراهية ضد حكومة فيتنام الجنوبية، الكوادر تحتاج الهدوء» (in Elliott 2003:767). يستنتج إليوت أن القصف القليل لصالح للفيت كونغ، لكن الكثير منه ليس كذلك، ربما لأنه لا يمكن توفير الحماية.

8.5. الخلاصة

حدد هذا الفصل نظرية للحرب غير النظامية، مؤكدًا على دور السيطرة بتشكيل تعاون المدنيين. النقطة الرئيسية هي أن السيطرة – بغض النظر عن التفضيلات «الحقيقية» للسكان – تمنع خيارات ما سوى التعاون، بتوفير مكاسب حقيقية للمتعاونين، والأهم، عقوبات على المنشقين. توزيع السيطرة يمكن تشكيله بالوسائل العسكرية، لأن التواجد العسكري الكافي يرفع مصداقية عقوبات الانشقاق، ولكن، في الوقت نفسه؛ الموارد العسكرية لتأسيس سيطرة كاملة عادة ما تكون مفقودة. لذلك، يلجأ الفاعلون السياسيون للعنف، ولكنه، ليكون فعالًا، يجب أن يكون انتقائيًا.

دور السيادة بتشكيل استخدام العنف الانتقائي، بجانب التأثيرات العكسية السلبية للعنف العشوائي، تشكل ما تبقى من الأجندة النظرية للكتاب: أولًا، يجب توفير رواية حول حصول العنف العشوائي، وثانيًا: يجب تحديد معالجة تحليلية للعنف الانتقائي. ستكون رواية العنف العشوائي هي قضية الفصل القادم، أما معالجة العنف الانتقائي فهي قضية الفصل السابع.

الفصل السادس
منطق للعنف العشوائي

إنني أرى التعساء بالفعل، لكنني لا أرى الجناة.

ستندال، دير كاسترو

لقد خلقنا بإجراءاتنا غير النظامية ومراوغاتنا أعداء أكثر مما خلقنا بميلنا المجرد.

الجنرال ستيفن درايتون، كارولينا الشمالية، 1781

انظر إلي. إنني لا أريد القتال، لكنهم أجبروني!

مقاتل شيشاني، بعد مجزرة روسية

هذا الفصل يحدد المنطق وراء العنف العشوائي. الافتراض الثاني يوضح أن العنف العشوائي ذو تأثير سلبي في سياقات الحروب الأهلية. ما دام الأمر كذلك، لماذا نشهده كثيرًا؟ معالجة هذه المعضلة تتطلب نظرية للعنف العشوائي[1]. إنني أبدأ بفحص كيف ومتى يحصل العنف العشوائي. بعد ذلك، أناقش منطقه وأحدد الظروف التي يكون بها ذا تأثير

---

[1] هذه المحاججة تنطبق ضمن ظروف مدى الكتاب: إنها تفترض أن هناك فاعلًا واحدًا على الأقل ينوي السيطرة على السكان الذين يستخدم عليهم العنف. العنف العشوائي قد يستخدم لتهجير أو إبادة مجموعات معينة. فمثلًا، المتمردون الانفصاليون قد يستخدمون العنف العشوائي ضد خصومهم العرقيين لطردهم خارج الأرض التي يسعون للسيطرة عليها (مثلًا Senaratne 1977:88). الأمر نفسه ينطبق في حالات «الإبادة المتبادلة». بشهادة لوتنيك (Lotnik 1999) عن النزاع البولندي الأوكراني خلال أعوام 1943–1944؛ كانت المجازر الواقعة على المدنيين تستهدف المجموعة المنافسة بالدرجة الرئيسية. لوتنيك (Lotnik 1999:65)، المقاتل غير نظامي البولندي السابق، يستذكر حديث قائده عشية أحد أول هذه المجازر: «لا تحرقوا. لا تنهبوا. فقط اقتلوا الشباب الأصحاء. إذا قاوم أي أحد، فتأكدوا من أن تطلقوا النار عليه قبل أن يطلق النار عليكم. إن علينا أن نعلمهم أنهم لا يمكن أن ينتقوا مدنيين بولنديين ويقتلوهم ويعذبوهم. إن علينا أن نعلمهم أنهم لا يستطيعون النجاة بفعلهم ذلك». هذه الحالات خارج ظروف مدى الكتاب، التي تضع خضوع المدنيين كهدف رئيسي.

سلبي. بعد ذلك، أراجع أربع محاجات عن سبب حصول العنف العشوائي، رغم تأثيراته السلبية كما يبدو، بما في ذلك الملاحظة الخادعة بأن العنف العشوائي يحصل بسبب بيانات ناقصة أو خاطئة، وارتكابه كنتيجة للجهل، والكلفة، والقيود المؤسساتية. إنني أحاجج بأن العنف العشوائي يحصل، أي عندما يحصل بالفعل، لأنه أرخص بكثير من نظيره الانتقائي. ولكن، أي «مكسب» يجب موازنته بشكل مقابل مع تبعاته. لذلك، فحصول العنف العشوائي أكثر احتمالية في ظل اختلال توازن كبير بالقوة بين الفاعلين، أو عندما وحيثما تكون الموارد والمعلومات منخفضة. بغياب حسم للصراع، حتى الفاعلون العشوائيون يتحولون، على الأرجح، نحو عنف أكثر انتقائية.

1.6. حدوث العنف العشوائي

مثل أشكال العنف الأخرى، فإن العنف العشوائي يمكن استخدامه لتحقيق أهداف منوعة، مثل إبادة جماعات معينة، أو تهجير الناس، أو نهب الخيرات، أو إظهار قوة جماعة ما وقدرتها على إيذاء جماعة أخرى. بالتوافق مع ظروف الكتاب، تركيزي في هذا الفصل هو استخدام العنف العشوائي للتحكم بمجموعة معينة من السكان، بدلا من نهبهم أو تهجيرهم أو إبادتهم ببساطة[1].

من هذا المنظور، فإن العنف العشوائي، بدايةً على الأقل، طريقةٌ للتعامل مع مشكلة التعريف. يكتب [الصحفي الأمريكي] آلان بيرلو (Berlow 1998:180): «كانت أحد المشاكل الرئيسية في الجيش الفلبيني هي أحد المشاكل التي واجهها الأمريكيون في فيتنام: وهي أنهم لم يكونوا قادرين على معرفة من هم 'الأسماك' حتى يبدأوا بإطلاق النار. وليكونوا على الجانب الآمن، الفلبينيون، مثل الأمريكيين في فيتنام، لجأوا إلى الزيادة في القتل وافترضوا أن أي فرد هو عدو ما لم يثبت غير ذلك»[2].

---

(1) تذكر أن هذا التفريق تفريق مثالي- نوعي. هناك بضعة أمثلة من العنف العشوائي، تبدأ بمكافحة تمرد بكلفة قليلة، لتتطور إلى شبه عملية اعتباطية من الإبادة، كما حصل في دارفور (Prunier 2005).

(2) وصف جيمس هندرسون (Henderson 1985:179-80) لتوجه الجيش الكولومبي أثناء الحرب الأهلية المعروفة باسم «فيولنسيا» يمكن أن ينطبق على أية حالة أخرى: «الافتراض الضمني كان هو أن كل مزارع كان 'قاطع طريق'، أو 'قاطع طريق' محتملًا، ويجب معاملته على هذا الأساس». كما أخبر أحد الرجال من جواتيمالا الكاتب ديفيد ستول (Stoll 1993:97): «لقد اعتبروا كل المنحدرين من عرقية

التفريق بين العنف العشوائي والانتقائي على المستوى الكلي صعب. لذلك، فمن المستحيل تقريبًا تقدير نسبة كل منهما في المجموع الكلي للقتلى. العنف العشوائي أوضح من نظيره الانتقائي، ولذلك يعتقد أنه أكثر حصولًا (Valentino 2004; Downes 2004). التأكيد على العنف العشوائي يعكس عادة ميل العديد من المراقبين لاستخدام وصف «عشوائي» على كل حالات القتل خارج القانون، بما في ذلك بعض حالات العنف الانتقائي (مثلًا Carlon 1994:1). على سبيل المثال، قتل المتمردين العراقيين لـ«ضباط ومدنيين عراقيين، أو لجنود عراقيين أو أمريكيين أو من قوات التحالف» يوصف بأنه عشوائي (Lins de Albuquerque and Cheng 2005:11). [بروفيسور الدراسات الباسكية] جوسيبا زليكة (Zulaika 1988:85) كتب عن «القتل العشوائي للمخبرين والحرس المدني على يد منظمة إيتا».

الميل لوصف كل العنف بأنه عشوائي يدعمه ندرة المعلومات: يكتب جاجاث سيناراتني (Senaratne 1997:146) عن سريلانكا أن «الحالة المضطرة وغير المستقرة والخطيرة دفعت العديد للاعتقاد إلى أن العنف كان عشوائيًا وبلا معنى. العزو للعشوائية من بعض المراقبين (الصحفيين بشكل أساسي) كان نتيجة عدم القدرة على رؤية الفروع المختلفة للعنف.... [و] على تفكيك 'العنف' لمكوناته». إنه من الآمن القول إن العنف غير الإقصائي نادرًا ما يكون عشوائيًا بالكلية. بشكل عام، فإن ضحايا العنف العشوائي يتم انتقاؤهم على أساس معيار، عادة ما يكون الموقع. فمثلًا، العنف الجماعي الذي قام به الألمان في أثينا أثناء صيف عام 1944 استهدف أحياء معينة اشتبه بإيوائها النشاط الشيوعي. وإضافة لذلك، جزء مهم من هذا العنف استهدف أفرادًا بعينهم، فقد كانت الأحياء تطوق تمامًا، وسكانها يؤخذون إلى ميدان مركزي يمكن به للمخبرين المحليين المقنعين [لإخفاء شخصيتهم] أن يشيروا بأيديهم إلى الأفراد المشتبه بهم (سأرجع لهذه النقطة في القسم 6.5.1).

الأكسل في نيباج وكوتزال وتشاجول من الغوار. لقد كانوا خائفين من ظلهم». بحسب هاج جاردنر (Gardner 1962:152-153): «الجندي الألمانيَ العادي [في اليونان] لم يعد يستطيع تحديد من الذي قتله أو اعتقله. كان منطقه وراء ذلك هو أن أي رجل وجد في المنطقة إما أنه من الغوار الفاعلين أو متعاون مع الفرقة المحلية. لذلك، فالأرقام الألمانية عن الغوار كانت عادة أعلى من تلكَ التي يعلنها **الأندارتيس** [المقاتلون غير النظاميون اليونانيون]». الشباب، تحَديدًا، العالقون في مناطق العمل في أراضي «العدو» أثناء عملية تمشيط سيقتلون على الأرجح. في رسالة لابنهم، والدا فلاح من مقاطعة سارت الفرنسية وصفوا له بالتفصيل كيف قتل أصدقاؤه الثلاثة غير المسلحين على يد الجنود الجمهوريين الفرنسيين لأنهم بدأوا يهربون عندما رأوا الجنود يقتربون (Dupuy 1997:182-183).

نحن لا نعرف ببساطة كيف يبدو عالم عنف الحرب الأهلية. ومع ذلك، فأوصاف العنف العشوائي في الحروب الأهلية كثيرة بما يكفي لتوضح أنه مهما كانت البيانات المتوفرة لدينا سيئة، فإن العنف العشوائي يقع، بشكل أصلي، عادة لضمان الانتباه.

2.6. المعلومات والعنف العشوائي

الأمثلة السابقة تشير إلى أن العنف يكون عشوائيًا عندما تكون معايير الاختيار تقريبية، وهذا ما يحصل عندما تكون المعلومات الدقيقة غير متاحة. النتيجة المُلاحظة لذلك هي الارتباط الملاحظ كثيرًا للعنف العشوائي مع السلطات لا مع المتمردين[1]. المتمردون عادة هم أوائل المتحركين، فبإنهائهم تواجد الدولة بالمناطق التي يسيطرون عليها، يؤسسون إدارات مستقرة بالمدن قادرة على جمع نوع من المعلومات يسمح لهم بمعالجة مشكلة التعريف بشكل فعال (Wickham-Crowley 1990:216-217). يلاحظ كارلوس إيفان ديجريجوري (Degregori 1998:143-144) عن حزب «الدرب المضيء» في البيرو: «بينما كان للحزب ألف عين وألف أذن، كانت القوات المسلحة عمياء أو بالأحرى عمياء بالألوان. لقد كانوا يرون فقط الأبيض والأسود.... إنهم لم يروا التفاصيل الدقيقة، فعندما كانوا يرون جلدًا غامقًا، كانوا يطلقون النار». بشكل مشابه، لاحظ مراقب أنه في إندونيسيا «كان الفرنسيون يدمرون بشكل عشوائي لأنهم لم يمتلكوا المعلومات المطلوبة» (in Leites and Wolf 1970:109)، وأشار تقرير أمريكي (Barton 1953:138) إلى أن «الغِوار كان لديها نظام استخباراتي أكثر فعالية من خصومهم».

---

(1) الاستبيانات التي نُفذت في فيتنام وجدت أن المتمردين الذين ابتعدوا عن منازلهم بسبب القصف (العشوائي) والعمليات البرية عادة ما تربط هذه السلوكيات مع أنظمة السلطات، بينما ربط اللاجئون الذين ابتعدوا عن منازلهم بسبب الإرهاب والقهر (الانتقائي) هذه العمليات بالمتمردين (Wiesner 1988:111). انظر أيضًا: Spencer (2000:131); Benton (1999:102-3); Horton (1998:127); Cribb (1991:151); Carmack (1988b:60); Calder (1984:159); Henriksen (1983:118); Armstrong (1964:41); Dallin et al. (1964:328). ربط العنف العشوائي بغياب المعلومات يتسق مع الدليل التجريبي من يوغسلافيا السابقة وإسرائيل، والذي يظهر أن العنف العشوائي يكون أكثر بين المجموعات نفسها عندما تمارس المجموعة العنف خارج حدود الدولة، لا داخلها (Ron 2003). جيمس رون يقدم تفسيرًا مختلفًا لهذا النسق، وهو أن الحدود لها تأثير كبير على ممارسة الحرب من منظور النظام، لكن إتاحة المعلومات يمكن أن تكون الآلية السببية التي تفسر هذا الاختلاف.

عنف السلطات العشوائي عادة ما يحصل في سياق العمليات العسكرية المعروفة بحملات «التطهير»، أو «التمشيط»، أو «التطويق والبحث»، أو «البحث والتدمير»، أو «الأرض المحروقة»، التي تسعى لمحاصرة وتصفية المتمردين وإضعاف القاعدة المدنية للمتمردين. هذه الحملات عادة ما توصف بحملات «فرض الهدوء»[1]. النتيجة دائمًا ما تكون ذاتها تقريبًا: العنف العشوائي. ضابط أمريكي، كان في الفلبين بداية القرن العشرين، أشار بقوله: «نحن لا نميز المتمردين والرجال السيئين من الجيدين، ولذلك نُجبر على اعتقال الجميع بالوتيرة نفسها» (مقتبس من Linn 1989:139). أحد الفلبينيين أوضح هذه المشكلة بوصفه الجيش الأمريكي بأنه «عملاق أعمى»، قوي بما يكفي ليدمر العدو، لكنه غير قادر على إيجاده (مقتبس منLinn 1989:160). عندما وصلت قوات المارينز الأمريكية إلى محافظة سيوجفيا في نيكاراجوا عام 1927، «لم يكن لديهم طريقة عملية للتمييز بين موالي المتمردين، والداعمين، والجنود، و'المدنيين المسالمين'. وأمام هذه الريبة، لجأوا لشن هجوم عنيف وحشي ضد الفلاحين في المحافظة بشكل عام» (Schroeder 2000:39). حتى حملات فرض الهدوء التي تدعي الانطلاق من أرضية أخلاقية أعلى أدت لعنف عشوائي كبير، كما تشير بعض حملات مكافحة التمرد الأمريكية في فيتنام وأفغانستان والعراق (Kalyvas and Kocher 2005).

العنف العشوائي مرتبط بغياب المعلومات (بدلًا من الأيديولوجيا، مثلًا) وتؤكده حقيقة أن المتمردين ليسوا بعيدين عن هذه الممارسة كذلك[2]، فهم يستخدمونه عندما يفتقدون المعلومات: ضد القرى التي تدعم السلطات علانية بتأسيسها مليشيات محلية، وفي المناطق

(1) أشار تقرير أمريكي في فيتنام، عدم مدرك للمفارقة، إلى أنه «لا يمكن فرض التهدئة بالمناطق إذا لم يكن هناك أشخاص يعيشون بها» (in Wiesner 1988:113). استخدم اليابانيون مصطلحات مثل «عملية التطهير» و«عملية التنقية بالإنهاء». سياسة «التطهيرات الثلاثة» خاصتهم (بتطهير القمح، وحيوانات الحرث والناس) كانت تسمى «سياسة الكليات الثلاثة» من خصومهم (بقول «خذ الكل، احرق الكل، واقتل الكل). الجيش الإندونيسي سك مصطلح «عملية الانقراض» في تيمور الشرقية، والجيش الجواتيمالي أشار إلى «عملية الرماد».

(2) Peterson (2000:220); Horton (1998:167); Manrique (1998:218); Del Pino (1998:163–4, 172); Berlow (1998:197); Richards (1996:181); Swedenburg (1995:153); Shalita (1994:142); De Waal (1991:48); Geffray (1990:214–5); Fellman (1989:25); Horne (1987:221–2);Wiesner (1988:58, 123); West (1985:272); Kheng (1983:65); Rodriguez (1982:33–4); Lewy (1978:276); Paget (1967:93–4); Mallin (1966:60); R. Thompson (1966:25–7); Pye (1956:104); Leakey (1954:101).

التي يكون تواجدهم بها محدودًا (مثل مراكز المدن)، وبعد أن تُدمر هيكليتهم الإدارية، كما في الجزائر عام 1997 (Kalyvas 1999) أو مالايا (Clutterbuck 1966:63).

3.6. الردع والعنف العشوائي

عام 1981، وبعد أن قتلت «كتيبة آتلاكاتل» مئات القرويين في قرية إل موزوتي السلفادورية؛ حمل جنود الكتيبة قطعة قماش خضراء علهيا حروف بيضاء مكتوبًا عليها: «إذا عاد الغِوار إلى مورازان، سيرجع آتلاكاتل إلى مورازان» (Binford 1996:23). يشير ويليام فينيجان حول موزمبيق إلى أنه «حتى عندما تبنى الرينامو استراتيجية إرهاب شامل منتصف الثمانينيات؛ فإن معظم أعمالها الوحشية كانت لدوافع واضحة. كان أحدهم مشتبهًا في حيازته لمعلومات، أو كانت هناك قرية ما مشتبه في احتجازها الطعام، و**قطاع الطرق** أرادوا أن يتأكدوا أن الجيران وصلتهم الرسالة». وكما تشير هذه الأمثلة، وبعكس كثير من المنطق التقليدي (مثل Gurr 1986:51)، فإن العنف العشوائي ليس بالضرورة بلا مبرر أو وحشيًا أو لمجرد الانتقام، بل غالبًا ما يهدف لردع الناس عن التعاون مع الطرف الخصم بالمعاقبة **الجمعية** للمتعاونين المشتبه فيهم وأولئك المرتبطين معهم.

الهدف الرئيسي من العنف العشوائي هو تشكيل السلوك المدني بشكل غير مباشر عبر الربط [بين المشتبه فيه وبقية السكان]. كتب نابليون إلى الجنرال غيروم برون، الذي كان، بوصفه قائد جيش الغرب، يستعد لسحق العصيان الملكي: «احرقوا بعض المزارع وبعض القرى الكبيرة في إقليم الموربيهان وابدأوا بجعل بعضها عبرًا لمن يعتبر»، مضيفًا: «فقط بجعل الحرب فظيعة، سيحشد السكان أنفسهم ضد اللصوص وسيشعرون أخيرًا أن لامبالاتهم مكلفة للغاية بالنسبة لهم» (in Dupuy 1997:158-159). استخدام العنف العشوائي ضد القبائل الهندية على يد القوات الأمريكية «رفع أمل أن العقوبة الشديدة بما يكفي للمجموعة، حتى وإن عانى البريء مع المذنب، قد تخلق مسؤولية جماعية حقيقية وتنهي التهديد للجبهات» (Paludan 1981:43). تم الإشارة إلى نقطة مشابهة في ميزوري أثناء الحرب الأهلية: «سيكون هناك مشاكل في ميزوري حتى يتم **إخضاع** الانفصاليين، وإجبارهم على معرفة أنهم ليسوا عاجزين وحسب، بل إن أي محاولات لخلق المشاكل هنا ستجلب لهم دمارًا **حتميًا**، وهذه [الحتمية] لا يجب حصرها على الجنود والرجال المقاتلين وحسب، بل على الرجال غير المقاتلين وعلى **النساء**» (in Fellman 1989:201).

في مارس/ آذار من عام 1944، أقر إعلان عام للألمان في اليونان المحتلة أن التخريب عقوبته إعدام ثلاثة سكان من القرية الأقرب، ما لم يتم اعتقال المنفذين خلال 48 ساعة، أو إثبات أن القرويين رفضوا بشكل فعال أعمال التخريب. هذا النوع من العنف يوفر دافعًا أساسيًا للتعاون، وهو تجنب الأذى الموعود. ختم إعلان الألمان: «ولذلك، فواجب كل يوناني يخاف على نفسه عندما يعرف بنوايا التخريب هو أن يحذر أقرب سلطة عسكرية بشكل مباشر» (in Zervis 1998:179).

ها هو إذًا منطق العنف العشوائي بشكل مختصر: إذا لم يكن من الممكن تحديد واعتقال «المذنب»؛ فيجب على العنف أن يستهدف البريئين المرتبطين بشكل ما به. الافتراض الضمني هو أن «البريء» إما أن يجبر «المذنب» على تغيير سلوكه، أو أن «المذنب» سيغير أفعاله عندما يدرك تبعاته على «البريئين» الذين يهتم بهم، أو كليهما. إضافة لنشر المسؤولية، فإن العنف العشوائي يقدم معادلة علنية من العقوبات المقارنة: السكان المستهدفون سيتعاونون مع السلطات لأنهم يخافون من عقوباتهم أكثر من المتمردين. وكما أشار أحد الأوامر بالجيش الألماني: «يجب على السكان أن يخافوا من أعمالنا الانتقامية أكثر من أعمال المقاتلين غير النظاميين» (Heilbrunn 1976:150).

4.6. التأثيرات العسكية للعنف العشوائي

رغم أنه مروع كممارسة، إلا أن العنف العشوائي لا يخلو من المنطق، لكن ملاحظات قليلة تبدو أكثر انتشارًا من الفكرة – التي يتشاركها المنفذون والأفراد المستهدفون بالعنف العشوائي والمراقبون الخارجيون – بأن العنف العشوائي هو بأفضل الأحوال غير عملي، وبأشدها سوءًا ذو تأثيرات عكسية.

بكتابته عن حرب فونديه، لاحظ جراتشوس بابيوف (Babeuf 1987:119) أن الإجراءات العنيفة للجمهوريين ضد المتمردين في فونديه «كانت تستخدم دون تمييز، وأدت لنتيجة كانت معاكسة تمامًا لما هو متوقع». قائد من الغِوار اليونانيين في مقدونيا العثمانية، مطلع القرن العشرين، أكد أن ميزانًا حكيمًا كان يجب استخدامه لإدارة العنف «لأن العنف العشوائي ضر أكثر مما نفع، وخلق مزيدًا من الأعداء»، بينما أشار آخر إلى أن «الفن هو بإيجاد من يجب أن يُعاقب» (in Livanios 1999:206). «لا يوجد إجراء أكثر هزيمة للذات من العقوبات الجماعية»، كما يحاجج نص كلاسيكي عن الحرب غير النظامية (Heilbrunn 1967:152).

[الباحث الأول بمعهد هوفر] توماس هينريسكن (Henrisken 1983:129) يؤكد أنه «في الحرب الثورية»، «الانتقامات تخدم قضية المتمردين»، كما يشير (Henrisken 1983:128) إلى أنه في موزمبيق الاستعمارية، «مرارًا وتكرارًا، أشار منشقون لصالح 'الجبهة الوطنية للتحرير' إلى أن السلوكيات البرتغالية كانت هي السبب الرئيسي لقرارهم. وقد أكد المراقبون غير البرتغاليين هذه الملاحظة». [السوسيولوجي الأمريكي] جيمس كولمان (Coleman 1990:501) يضمن فكرة: «لا تشارك بإرهاب عشوائي» ضمن التوصيات الأربعة الأساسية للسلوك، والتي يجب اتباعها من قبل كل من السلطات والمتمردين.

المتمردون يدركون جيدًا سمات العنف العشوائي: «كان الحزب محقًا بحكمه أن العقيدة الحكومية.... ستدفع شرائح إضافية من المجتمع نحو المعارضة»، كما أشارت وثيقة من الفيت كونغ، «إذ إنهم لن يكون لهم بديل سوى اتباع قيادة الحزب لتحصيل الحماية» (Race 1973:172). تشي جيفارا أخذ الأمر لأبعد من ذلك عبر وضعه آلية رئيسية تؤدي لدعم الفلاحين للمتمردين، تقع تحديدًا بالسلوك العشوائي للسلطات (Wickham-Crowley 1992:139)، في نقطة أكدت عليها محاجات تقر بأنه «مع الدافع التنظيمي، فالمطلوب لتحويل الفلاحين المتجنبين للخطر بشكل عادي إلى جنود ثوريين هو عنف قمعي عالي العشوائية باختيار أهدافه» (Mason and Krane 1989:176). وكما يخلص ترومان أندرسون (Anderson 1970:56)، فإن «المساهمة الرئيسية للعنف العشوائي بممارسة الحرب الحديثة كانت، بشكل عملي، زيادة حدة التمردات وترك ذكريات مريرة أبدية لا يمحوها الزمن». لا بد أن [الفيلسوفة الألمانية] حنة أرندت (Arendt 1970:56) كانت تفكر بالعنف العشوائي عندما أشارت إلى أن «العنف يمكن أن يدمر السلطة، وهو عاجز تمامًا عن خلقها».

لعل أشد الحالات صدمة للتأثيرات العكسية للعنف العشوائي هو ميل المتمردين، المشار إليه كثيرًا، بالترحيب عمليًا بأعمال السلطات الانتقامية – أو حتى استفزازها بعمل كمائن لجنود معزولين قريبين من قرية ما – لأن هذه الأعمال تجلب لهم مجندين[1].

أسوأ الأمثلة المعروفة على عبث العنف العشوائي قد تكون سياسة الانتقامات النازية في أوروبا، والتي كانت تهدف لردع المقاومة ضد الاحتلال. ويبدو أن هذه الأعمال كانت

---

(1) Aussaresses (2001:62); Hayden (1999:39, 57); Bennett (1999:143); Keen (1998:21); Senaratne (1997:95); Schofield (1996:246); C. Schmitt (1992:280). التعاطف الدولي الناتج عن الأعمال الوحشية يمثل مكسبًا إضافية للمتمردين.

تعد فشلًا مطلقًا، فهي لم تخفض نشاط المقاومة، والأهم أنها كما يبدو حثت الناس على الانضمام لهم. يشير كونديت (Condit 1961:268) إلى أنه «مهما كان هدف السياسة الألمانية من الانتقامات، فإنها لم تنجح كثيرًا في تهدئة اليونان، أو مواجهة الشيوعية، أو السيطرة على السكان. وبشكل عام، كانت النتيجة هي العكس تمامًا. حرق القرى لم يترك للعديد من السكان الرجال مكانًا سوى فرق الغِوار. وقتلُ الناس والأطفال والشيوخ غذى الكراهية المتزايدة ضد الألمان والرغبة بالثأر»[1]. المراقبون الألمان في يوغسلافيا المجاورة «خلصوا بصراحة إلى أنه بدلًا من ردع المقاومة، كانت سياسة الانتقام تدفع الصرب، الذين كانوا إلى تلك اللحظة مسالمين وغير مبالين سياسيًا، للانضمام للمقاتلين غير النظاميين» (Browning 1990:68). أعمال الانتقام النازية أدت لتأثير مشابه في كل أنحاء أوروبا المحتلة (Mazower 1998:179)[2]، بينما أدت أعمال الانتقام اليابانية لتأثيرات مشابهة في آسيا المحتلة[3].

التأثير المعاكس للعنف العشوائي ليس حصرًا على المستويات المفرطة للعنف الياباني والنازي. خذ الأمثلة التالية من السودان (دارفور)، وجواتيمالا، وفيتنام، وفينزويلا:

> «أثناء أسبوع قضيته مسافرًا على شاحنة بيك أب محملة بما يقارب 15 مقاتلًا من ’جيش تحرير السودان‘، أحد تنظيمات دارفور المتمردة؛ كان هناك حقيقة ساطعة كالبدر فوق الصحراء الكبرى: تقع مسؤولية كبيرة لتنامي هذا التمرد على الحكومة العربية في الخرطوم.... ضمن جنود مشادة التمرد، حفرتْ تكتيكات الجنجويد [المليشيا الموالية للحكومة] والقوات الحكومية بئرًا عميقًا من الغضب والارتياب وغذت دافعًا للتعويض. إن اطلاع الشخص على المتمردين لبضعة أيام فقط يؤدي لاكتشاف معادلة التمرد: اقتل قريبًا لولد، وخذ قطيعًا لرجل، وانتظر ميلاد متمرد. ’لقد قتلوا أبي، ولهذا انضممت لجيش تحرير السودان‘، كما قال خالد صالح بنات، الطفل ذو الأعوام الثلاثة عشر» (Sengupta 2004:A1, A8).

---

(1) بحسب المؤرخين، الانتقامات في اليونان أنتجت تبعات محلية ومحدودة فقط من الترهيب (Hondros 1993:155-156; McNeill 1947:57-58).

(2) الاتحاد السوفييتي (Shepherd 2002; Cooper 1979; Armstrong 1964:30; Dallin et al. 1964:328)، بولندا (Lotnik 1999:87)، البوسنة (Gumz 2001:1037)، إيطاليا (Minardi 2002:8; Klinkhammer 1997:83; Collotti 1996:27; Pavone 1994:478)، فرنسا (Kedward 1993:190).

(3) الصين (Lary 2001:109–10; Li 1975:209–10, 231)، الفلبين (McCoy 1980:215; Kerkvliet 1977:68)، مالايا (Kheng 1983)، بورما (Tucker 2001)، فيتنام (Herrington 1997:21).

«في النهاية، بعد أن قتل الجيش الجواتيمالي ما يقارب 50 شخصًا، بينهم نساء وأطفال، في قرية لا إستانسيا، ترك أربعون رجلًا وامرأة القريةَ لينضموا للغِوار» (Carmack 1988b: 54-55).

«‘في كل مرة كان الجيش يأتي، كان يصنع مزيدًا من الأصدقاء للفيت كونغ’، كما قال فلاح فيتنامي عن غارات الجيش الفيتنامي الجنوبي على قريته» (Trullinger 1994:85).

«أحد مقاتلي الغِوار الفنزويليين أشار إلى وجود مجند جديد على الأرجح مقابل كل امرأة يتم اغتصابها على يد جنود الحكومة» (Wickham-Crowley 1990:234) [1].

---

(1) لأفكار عامة، انظر: Rich and Stubbs (1997:7); Andreopoulos (1994:196); Bard O'Neill (1990:80); Molnar (1965:117). هناك ملاحظة شبيهة وضعت عن حرب فونديه (Laqueur 1998:24)؛ والثورة الأمريكية في نيوجرسي (Shy 1976:205-206)، وكارولينا الجنوبية (Weir 1985:74)، وكارولينا الشمالية (Escott and Crow 1986:393; Crow 1985:145, 173)؛ وإسبانيا المحتلة من الفرنسيين (Tone 1994:103)، والحرب الأهلية الأمريكية في ميزوري، «حيث حصل الكونفيدراليون على دعم شعبي عندما تم ‘غزو’ ميزوري واحتلالها من القوات العسكرية الوحشية غالبًا» (Fellman 1989:11)، وكارولينا الشمالية أثناء الفترة نفسها، حيث «لم يخدر الإرهاب الغوار، بل أعطاهم القوة» (Paludan 1981:101)؛ والحرب الإيرلندية الأهلية خلال 1922- 1923 (Laqueur 1998:180)؛ وعمليات مكافحة التمرد الأمريكية في الفلبين خلال 1899- 1902 (Linn 1989:85)؛ وجمهورية الدومينيكان خلال 1917-1922 (Calder 1984:xiv, 123)؛ ونيكاراجوا في العشرينيات، حيث «دفع العنف المفرط للقوات الغازية والمحتلة النمو السريع لجيش دفاع ساندينو» (Schroeder 2000:38)؛ والحرب الأهلية الروسية (Werth 1998:115; Figes 1996:565, 583; Brovkin 1994:201)؛ والحرب الأهلية الصينية (Thaxton 1997:308- 309; Hua and Thireau 1996:302; Griffin 1976:146)؛ وأعمل آلة الانتقام السوفييتية في البلطيق بعد 1944 (Petersen 2001)؛ والتمردات المقاومة لليابانيين وللاستعمار في مالايا (Stubbs 1989:256; Kheng 1983:24, 65; Kheng 1980:97; R. Thompson 1966:25; Clutterbuck 1966:161; Barton 1953:136)؛ وكينيا (D. Anderson 2005:69, 192-193; Paget 1967:29; Barnett and Njama 1966:197)؛ وموزمبيق (Cann 1997:28)؛ وأنغولا (Lubkemann 2005:496; Henrisken 1983:128)؛ والحرب الجزائرية للاستقلال (Butaud and Rialland 1998:103)؛ و«الفيولنسيا» الكولومبية خلال الأربعينيات (Roldán 2002:209; Ortiz Sarmiento 1990:174; Henderson 1985:143, 180)؛ والحرب الفيتنامية (Wiesner 1988:32; Race 1973:197; Klonis 1972:182; Taber 1965:95)؛ ولاوس في الستينيات (M. Brown 2001:26)؛ والفلبين في الخمسينيات (Kerkvliet 1977:143; Crozier 1960:217)، وحديثًا (McKenna 1998:156, 191-192; Jones 1989:125)؛ وبورما في الستينيات والسبعينيات (Tucker 2001:43, 90)؛ وقبرص (Paget 1967:29)؛ وكوبا (Jones and Molnar 1966:71)؛ وبنغلادش عام 1971 (Salik 1978:104)؛ والسلفادور (J. L. Anderson 2004; Wood 2003; Goodwin 2001; Stanley 1996; Siegel and Hackel 1988:115; Mason and Krane 1989)؛ وكوبا والبيرو عام 1965؛ وفينزويلا وكولومبيا وجواتيمالا في الستينيات، ونيكاراجوا في السبعينيات (Wickham-Crowley 1991:43) والثمانينيات

ولكن، كيف ولماذا يفشل العنف العشوائي بالضبط؟ هو أمر لم يحدد بعد. إنني أعرف وأفحص خمسة آليات محتملة: ردود الفعل العاطفية التي يولدها، وهيكليته المبهمة من المحفزات، والتمييز المعاكس، والمحفزات الانتقائية للخصوم، ومبالغة مستخدميه بتقدير قوة العلاقات بين الفاعلين السياسيين والمدنيين[1].

1.4.6. ردود الفعل العاطفية ومعايير الإنصاف

ميكافيلي (*The Prince,* III: 19) حاجج بأن العقوبة «يجب أن تستخدم باعتدال، لتجنب أسباب الكراهية، فلا يوجد حاكم يستفيد من جعل نفسه مكروهًا». لأن العنف العشوائي يستهدف الناس بشكل مستقل عما فعلوه أو قد فعلوه، فهو يُعد غير منصف أبدًا. العقوبة المفرطة والمجحفة تخلق «انطباعًا سيئًا» بكلمات أحد كوادر الفيت كونغ (in Elliott 2003:91). الأسوأ، هو أنها قد تولد رد فعل عاطفيًا حادًا (من «النية السيئة»، إلى «الغضب الأخلاقي»، و«العداء»، و«المقت»)، جاعلًا الناس أكثر رغبة في الإقدام على سلوكيات خطيرة.

تسبب العنف العشوائي بالاستياء والغضب موثق جيدًا (مثلًا Tishkov 2004:142; Wiesner 1988:366). فلاح جواتيمالي أخبر كاي وارين (Warren 1998:109) كيف حول العنف العشوائي خوفه إلى غضب: «لقد كان هذا ثقيلًا للغاية، ثقيلًا للغاية. لقد كنت تختِل، وأردت أن تملك طريقة بالدفاع عن نفسك. لقد تولد الشعور- لم يكن الخوف بل الغضب.

(T. Brown 2001:26; Horton 1998:13, 179)؛ وأفغانستان في الثمانينيات (Cordesman and Wagner 1990:185; Barry O'Neill 1990:83)؛ وجواتيمالا في الثمانينيات (Stoll 1993:15, 119)؛ والبيرو في الثمانينيات (Manrique 1998:197; Starn 1998:230; Vargas Llosa 1994:221; Shave 1994:115)؛ وكولومبيا في العقد الأول من الألفية (Semana 2003)؛ والسودان في الثمانينيات (Keen 1998:22)؛ وليبيريا (Duyvesteyn 2000:100-101)؛ والجزائر في التسعينيات (Martinez 1994:104)؛ وسيراليون في التسعينيات (Richards 1996:3-5)؛ وسريلانكا (Senaratne 1997:67; Daniel 1996:170; Barry O'Neill 1990:81)؛ وإيرلندا الشمالية (Collins 1999:5, 153)؛ وكشمير (Mahmood 2000:78; Mishra 2000)؛ والبنجاب في الثمانينيات (Pettigrew 2000:206)؛ والتدخل الأممي في الصومال في التسعينيات (Peterson 2000:111)؛ وكوسوفو (Hayden 1999:37)؛ والشيشان (Gordon 1999a)؛ والاحتلال الأمريكي لأفغانستان (Achakzai 2003) والعراق (Mahdi and Carroll 2005; Maass 2005:41; Georgy 2003).

(1) العنف العشوائي أيضًا يقتل الناس الذين قد يكونون مصادر قيمة للمعلومات. بصياغة كيتسون (Kitson 1960:95) المباشرة: «رغم أن معظم الناس شعروا أن الماو ماو كانوا أفضل وهم موتى، إلا أننا فضلناهم أحياء. إنك لا تستطيع تحصيل المعلومات من جثة».

لماذا جاؤوا لينتهكوا إن كان الإنسان لم يرتكب خطأ، إن كان يعمل بشرف؟ لقد شعرت بالسوء، حسنا كلنا شعرنا بذلك. الحزن الشديد ولكن مع الغضب». بدوره، يولد الغضب الرغبة بالفعل، كما أشار أحد أقدم منظري الحرب غير النظامية، جان فريدريك أوغست ليمير دي كورفي، عام 1823: لا يحمل المدنيون بشكل عادي الأسلحة ضد القوات النظامية، فقد كان من الصعب، مثلًا، تخيل تجار باريس وهم يشكلون بأنفسهم قوات قتالية. ولكن هذه الحالة قد تتغير فجأة إذا تم تدمير أحد منازل المدنيين وقتلت زوجته أو أطفاله (Laqueur 1998:113). الآلية الأساسية هي عادة الرغبة بالانتقام. أخبر قائد المتمردين الليبيريين تشارلز تايلور [الصحفي الأمريكي] بيل بيركلي (Berkeley 2001:49) قائلًا: «مع دخول 'الجبهة الوطنية القومية الليبيرية'، لم يكن علينا حتى أن نتحرك. كان الناس يأتون إلينا ويقولون: 'أعطني سلاحًا. كيف يمكنني قتل الرجل الذي قتل أمي'؟». أحد الرجال الذين اعتقلوا على يد فرقة موالية في كاورلينا الشمالية أشار عام 1781 إلى أن الفرقة «تكونت من الأشخاص الذين عانوا من أكبر الأعمال الوحشية، إما بحق أشخاصهم أو بحق ممتلكاتهم. تم تجنيد البعض بشكل غير قانوني، بينما تم جلد آخرين ومعاملتهم بشكل سيئ، بدون محاكمة، في حين أحرقت منازل آخرين، وتم نهب كل ممتلكاتهم وصال المجرمون الوحشيون في أحيائهم» (in Crow 1985:145).

الغضب والرغبة بالانتقام تنتجان رد فعل مسلحًا فقط بتواجد منظمة تجعل هذا السلوك ممكنًا (Wickham-Crowley 1990:235; R.Thompson 1966:35; Gardner 1962:44). وغياب أو ضعف المنظمات يؤدي للسلبية أو لسلوكيات متهورة محتومة بالفشل، فمهما كان حجم الغضب، لا يملك المدنيون خيارًا إلا التعاون مع الفاعل الذي مارس العنف العشوائي. فمثلًا، المجموعات المسلحة اليسارية في الأرجنتين خططت واعية لحملة إرهابية لتخلق الفوضى وتولد عنفًا عشوائيًا من الجيش لتخلق استياء ضخمًا وتبدأ سلوكًا ثوريًا. لقد كانوا محقين في قدرة الجيش على الإرهاب، لكنهم أبيدوا أثناء ذلك، ولم يكن للسكان بدائل معقولة. المتمردون الجواتيماليون، مثل العديد من المتمردين الآخرين، قاموا بحسابات خاطئة شبيهة.

2.4.6. الهيكلية المبهمة للمحفزات

العنف العشوائي من جانب السلطات غالبًا ما يفشل بتوليد بنية واضحة من المحفزات لعدم التعاون مع المتمردين، بل وربما يولد محفزات قوية للتعاون معهم، مؤديًا بذلك

للانشقاق بدلًا من ردعه. الخضوع تقريبًا غير آمن بقدر عدم الخضوع، لأن «البريء» لا يمكنه فعل الكثير ليتجنب العقوبة، و«المذنب» لم يعد (وأحيانًا قد يكون أقل من «البريء») مهددًا. يحاجج كونديت (Condit 1961:268) قائلًا: «الطبيعة الوحشية للانتقام، القائمة على الاختيار العشوائي للضحايا كانت تعني أن اليونانيين المؤيدين للألمان أو أقربائهم عانوا بقدر ما عانى اليونانيون الموالون للألمان. وفي ظل هذه الظروف، لم يكن هناك مكسب كبير بأن يكون الإنسان عميلًا [للألمان]... ومع تزايد أعداد المرشدين والقتلى، أصبح اليونانيون، في الوقت نفسه، أكثر نكبة إثر الإرهاب وأكثر عداء للألمان». في كينيا، أصبح من الخطير عدم الاعتراف بأخذ بيعة الماو ماو، لأن «إنكار البيعة كان الرد عليه [من القوات البريطانية] هو رصاصة أو هراوة بالرأس» (Barnett and Njama 1966:130).

إضافة لذلك، فإن العنف العشوائي يفتقد تقريبًا لكل السمات التي تعتبر بشكل عام ضرورة لفعالية العقوبات: إنها متأخرة (مثلًا Contini 1997)، وعادة ما تكون اعتباطية، وغير متسقة، وجانحة، وغير متناسبة على الإطلاق[1]. العنف المبهم وغير المتوقع عادة ما يستفز ردود فعل وخيمة (Leites and Wolf 1970:109). عدم الاتساق صادم ومربك وقد ينبئ عن ضعف (Lichbach 1987:287)، فهو يجعل الشخص يشتبه بأن الحملة العسكرية هدفها الإبادة المجردة، بوجه فرص البقاء التي تبدو أنها معززة بالمقاومة.

---

(1) [المؤرخ البريطاني] رود كيدوارد (Kedward 1993:181) يشير إلى أنه في فرنسا المحتلة «لم يكن هناك اتساق بالرد الألماني على سلوكيات المعارضة المسلحة، مما يسمح بارتباط بناء بين الأنواع المختلفة من النشاط المقاوم وبين حدوث الأعمال الانتقامية». في صربيا المحتلة، تبنى الألمان سياسة انتقام قاسية لقمع المعارضة، فقد وضعوا نسبة الثأر بمئة صربي مقابل كل ألماني يقتل. ولكن، العديد من القادة الألمان حققوا الكوتا المطلوبة منهم بسحب الذكور اليهود من السجون، بكونهم «الحيز الأكثر راحة لسحب الضحايا» (Browning 1992:134). يضيف براوننج (Browning 1992:135) أن أحد حوادث الانتقام أدت إلى العبث غربًا، مع إطلاق جنود الفرقة 718، ذات الأغلبية النمساوية، النار على اليهود النمساويين اللاجئين في ساباك ثأرًا لهجمات المقاتلين الصربيين غير النظاميين على الجيش الألماني. من بين كل المسؤولين الألمان في صربيا، مسؤول واحد، هو تيرنر، بدا أنه لاحظ هذا الشذوذ، لكنه عزى نفسه بأن «اليهود في معسكراتنا، بعد كل شيء، مواطنون صرب، ومع ذلك يجب أن يختفوا». تودوروف (Todorov 1996) يشير لحالة مشابهة في فرنسا المحتلة من الألمان، بتنفيذ أعمال الثأر على يد العملاء الفرنسيين. لوماسكي (Lomasky 1991:86) يصف على شكل أحجية عبثية موازية أكثر راهنية، وهي الهجوم على مطار لورد في مايو/ أيار 1972: «س: لماذا تطلق قوات نخبة يابانية النار باستخدام أسلحة تشيكية على مسافرين من بورتو ريكو على متن رحلة للطيران الفرنسي في مطار إسرائيلي؟ ج: لضرب الإمبريالية الأمريكية».

تأتي هذه المشاكل، في جزء كبير منها، نتيجة لحقيقة أن السيطرة لا تنتج عادة عن العنف العشوائي. إن منطق العنف العشوائي يتطلب أن تكون الأهداف المحتملة للعنف قادرة على تجنب تكراره بالتبليغ عن السلوكيات المعادية المخطط لها من المتمردين والتي يُفترض أن يكونوا يعرفونها. بجانب فرضية المعلومات، المناقشة في الفصل السابق، يمكن أن يعمل هذا فقط إذا كان المدنيون يملكون حماية معقولة من السلطات، وإلا فسيكونون عرضة للعنف المضاد من المتمردين. الحماية المعقولة تتطلب تأسيس حماية من السلطات. ولكن، عادة ما تغزو السلطات منطقة ما، ويقتلون المدنيين بسلوك انتقامي، ثم يغادرون، في حين أن المتمردين يهربون بلا أذى ويعودون بسرعة (Binford 1996:25; Geffray 1990:94; Wiesner 1988:128; Dallin et al. 1964:328)، فهم ما بين أن يعتمدوا على استياء الناس، أو يجبرونهم على التعاون بتهديدهم بعنفهم الأكثر معقولية (Sheehan 1989:115). في بنغلادش، عام 1971، «أحد عناصر الرازاكار [متطوع موال لباكستان] في مخفر في ناوابغانج ذهب كدليل مع دورية للجيش لإجراء مسح لأحد مخابئ المتمردين. وعندما عاد، وجد أبناءه الثلاثة مقتولين وابنته مخطوفة» (Salik 1978:105). عام 1941، ضابط ألماني يعمل في أوكرانيا استنتج أنه: «إذا كانت القوات البرية تطلق النار على مجموعة من السكان الذين لا علاقة لهم نتيجة عملية انتقامية ثم تنسحب ببساطة، فإن مصلحة السكان بإيجاد الفرق المسلحة ستقل إذا لم تزل تمامًا، وخطر وجود الدعم الإضافي للفرق سيزداد» (مقتبس من T. Anderson 1999:610). في تقرير أرسل للمقر في أبريل/ نيسان- أيار/ مايو من عام 1944؛ أشار قائد ميداني ألماني في اليونان المحتلة إلى أن سياسة الأعمال الانتقامية ليس لها أثر ملحوظ لأنها لم تؤد لتأسيس سيطرة دائمة في المناطق المتأثرة (Zervis 1998:221). لذلك، يحبذ خبراء مكافحة التمرد (Thompson 1966:114-117) بشدة عمليات «الإخلاء والسيطرة» بدلًا من «البحث والإخلاء» ويحذرون من أنه إذا لم يكن هناك احتمالية السيطرة على منطقة تم إخلاؤها، فلا يجب القيام بأي شيء لاستدخال السكان لصالح الحكومة، لأن هذا «طلب واضح لهم بالانتحار».

3.4.6. التمييز المعاكس

عادة ما يُنتج العنف العشوائي [غير المميِّز] للسلطات تمييزًا معاكسًا ضد «غير المتمردين» و«المعادين للمتمردين»، الذين، في اعتقادهم أن «براءتهم» ستحميهم، يفشلون بحماية أنفسهم

بشكل فعال. خذ المثال التالي من إيطاليا المحتلة عام 1944: رجل من نيفيانو أردويني، بإقليم بارما، كان ينتظر الألمان على عتبة بابه. «لقد كان فاشيًا، ولذلك رحب بهم، وعندما رأوه؛ طلبوا منه أن يظهر وثائقه، فدخل وخرج حاملًا بطاقة هويته. لكنه خرج بصعوبة، عندما أُطلق عليه النار في رأسه وقُتل. هكذا، أمام أطفاله. بعد ذلك، أمروا زوجته أن تطبخ بعض البيض وأكلوه، هناك، مع الجثة الملقاة على الأرض» (Minardi 2002:6).

أعمال الثأر الألمانية أثناء حملات مكافحة الغِوار في الاتحاد السوفييتي أدت لمقتل **الوجهاء** المؤيدين للألمان مرارًا (Armstrong 1964:40). مداهمات مكافحة التمرد البريطانية في كينيا عادة ما أدت لسحب وطنيين معتدلين، في حين أن المسلحين الراديكاليين الأكثر حيطة وخوفًا هربوا إلى الغابات (D. Anderson 2005:63). باستقصائه المفصل عن مجزرة إيل موزوتي في السلفادور، خلص [بروفيسور السوسيولوجيا والأنثروبولوجيا] لاي بينفورد (Binford 1996:115) إلى أن الناس الذين قتلوا على يد الجيش «كانوا هم الأقل حزمًا (’قناعة‘، ’إيمانًا‘، ولكن معناها [من الإسبانية] بهذا السياق يعني ’التزامًا سياسيًا‘)... قبل المجزرة، غادر 70 بالمئة تقريبًا من سكان إيل موزوتي قبل الحرب، وعشرات منهم انضموا إلى صفوف جيش الشعب الثوري [المتمرد] أو دعموا الحكومة. أولئك الذين لم يقوموا بأحد هذين الأمرين قُتلوا». رجل يوناني (Papakonstantinou 1999:313) يستذكر في مذكراته كيف علم، في أحد الأيام، أن الألمان سيعتقلون عددًا من الناس في بلدته شمال اليونان. بعد رؤية الأسماء على القائمة السوداء، خرج ليحذر أولئك الذين كانت حياتهم بخطر ويدفعهم للهرب. أحدهم، شيوعي سابق غير أفكاره، رفض قائلًا: «لقد قطعت علاقتي مع الحزب، ولم أعد مشاركًا بأي شيء الآن. لماذا علي الهرب؟». لقد تم اعتقاله وإعدامه، في حين أن الشيوعيين الحقيقيين هربوا. بشكل مشابه، قروي يوناني (Svolos 1990:22) يستذكر: «في إحدى الأمسيات، غزا الألمان قريتنا وأمسكوا كل الرجال الذين وجدوهم في منازلهم. في الحقيقة، لقد وجدوا وأمسكوا غير المرتبطين [بالمقاتلين غير النظاميين]، وبذلك، لم يكن لديهم سبب للخوف. لقد وجدوهم وأمسكوهم لأن أولئك الملتزمين [الذين كانوا مرتبطين بالمقاتلين غير النظاميين] اعتادوا أن يغادروا القرية ليلًا وينام وا خارجها». قائد أمريكي خدم في جمهورية الدومينيكان لخص هذه المشكلة بتقريره (مقتبسًا من Calder 1984:154) حول معسكرات الاعتقال للمدنيين: «كإجراء عسكري، لم يؤد الاعتقال لأي نتائج جيدة. لقد دخل الذكور الجيدون وظل السيئون خارجًا، دون أن نتمكن من إيجادهم».

نتيجة أفعال كهذه يجب أن تكون واضحة. وكما صاغها ستول في نقاشه لجواتيمالا (Stoll 1993:120): «لقد كان الجيش عشوائيًا لدرجة أنني سمعت عن حالات هرب بها أفراد عائلات للمستهدفين من متمردي 'جيش الفقراء' إلى مناطق غِوار [جيش الفقراء] طلبًا للحماية، لأنهم كانوا أكثر انتقائية بكثير بتحديد أعدائهم».

6. 4. 4. المحفزات الانتقائية للخصوم

العنف العشوائي يسمح للمتمردين بحل مشاكل السلوك الجمعي عبر تحويل حماية السكان المدنيين إلى محفز انتقائي. هذه الحماية تبدو كميزة **فقط** بسبب العنف العشوائي، فمع تصاعده، تتصاعد قيمة الحماية منه. المدنيون الذين يبحثون عن البقاء بأقصى شكل ممكن سيتعاونون على الأرجح مع فاعل سياسي يقدم لهم حماية حقيقية، في حين أن خصمهم ينتج فقط العنف العشوائي. في السلفادور، [الأنثروبولوجي] كارلوس رافاييل كاباروس (Cabbarús 1983:195) حاجج بأنه في السلفادور، كانت قوة المنظمة الثورية هي قدرتها على توفير الحماية لأعضائها. عندما سُئل أحد المتمردين السلفادوريين لماذا انضممت، أجاب بأنه «لم يملك خيارًا آخر.... لقد كانت القضية قضية حياة أو موت. في تلك الأيام كان **عدم** الذهاب يعني القتل» (J. L. Anderson 2004:222). متمرد مسلم سابق في جنوب الفلبين يستذكر أنه «انضم بسبب العنف الذي ولده الإيلاجا [المقاتلون المسيحيون]، لأنه لم يكن هناك مكان آمن أثناء المشاكل في تلك الفترة» (in McKenna 1998:183). في فرنسا المحتلة، «عندما أضيفت أعمال الانتقامات إلى المداهمات العشوائية وبقايا العمالة الفيشية، أصبح الضغط الكبير على السكان في عدد من المناطق يدفعهم لينظروا للمقاومة كملجأ، أو كمنظمة حشد وتنظيم» (Kedward 1993:190).

في ظروف كهذه، المشاركة بالتمرد لا تتضمن مشكلة سلوك جمعي، بعكس عدم المشاركة[1]. إضافة لذلك، الفاعل السياسي الذي يقدم الحماية يستطيع أن يقرر تحويلها لخدمة عامة متاحة للجميع، أو استخدامها كوازع ضد سكان أو مجتمعات معينة[2]. الخيار

(1) حول هذه النقطة، انظر: Tone (1994:78), Stoll (1993:20), and Davis (1988:23).

(2) في الصين المحتلة من اليابانيين، كان الشيوعيون قادرين على تعليم الفلاحين كيف يواجهون الغارات اليابانية باتباع طريقة **باوفان** «بالبحث عن ملجأ تحت هجوم العدو». باستفزاز الانضباط الجمعي وإلغاء الانتفاع المجاني، كانوا قادرين على تحويل الفلاحين إلى مجموعة منضبطة. في المقابل، فاز الفلاحون بالأمن، وهو ما لم يكونوا ليستطيعوا تحقيقه وحدهم (Wou 1994:231). تكتيكات مشابهة استخدمت في

الأخير يجعل العنف العشوائي ذا تأثيرات سلبية للغاية: قرار المتمردين عدم حماية قرية ما غير صديقة لهم يؤدي لتعريضهم لعنف السلطات، أو بكلمات أخرى، باستخدام أعداء الشخص كمعززين له[1].

5.4.6. المبالغة بتقدير قوة العلاقات بين الفاعلين السياسيين والمدنيين

بجانب حث المدنيين على توفير معلومات عن النشاطات المعادية؛ يفترض منطق العنف العشوائي أن المدنيين قادرون على الضغط على الفاعلين المسلحين لتقليل درجة نشاطاتهم. هذا يعني أن المدنيين يملكون تواصلًا وتأثيرًا على الفاعلين المسلحين، والعكس صحيح، حيث يهتم الفاعلون المسلحون بالمدنيين. هذا الافتراض منطقي لأن الفاعلين المسلحين يعتمدون على المتعاونين المدنيين معهم، ويسعون إلى ألا يعادوهم.

هناك حالات قلل فيها المتمردون نشاطاتهم بل أوقفوه بسبب الدمار الناتج عن عنف عشوائي ضخم على السكان المدنيين. المقاومة النرويجية رفضت التكتيكات العنيفة عام 1943 كنتيجة للعنف العشوائي الألماني وبررت هذا القرار بقولها: «إننا مقتنعون بأن [الهجوم الفعلي على العدو] سيجلب كوارث على الشعب والبلاد لن تتناسب مع المكاسب العسكرية، وهذا سيضيع ويدمر العمل طويل الأمد للتجهيزات المدنية والعسكرية التي تعد ذات الأهمية الأكبر للأمة» (مقتبسًا من Riste and Nökleby 1973:68-69)[2]. بشكل شبيه، هناك دليل على أن المتمردين يوقفون أحيانًا بعض نشاطاتهم بشكل محلي بسبب التأثير السلبي للعنف العشوائي، خصوصًا عندما يكونون ضعيفين (مثلًا Fenoglio 1973:166-167). في اليونان المحتلة، تحدث العملاء البريطانيون عن أن الأعمال الانتقامية لها تأثير سلبي على شعبية الغِوار، وقد كانوا محقين، إذ تحدثت وثيقة شيوعية داخلية عن أن «الناس في القرية كانوا

العديد من الأماكن، بما فيها طرق مثل الاختباء ضمن الموقع [المستهدف] داخل البناء في أنفاق تحت الأرض (فيتنام)، أو الخنادق (ليتوانيا)، أو جحور الثعالب والكهوف (أمريكا اللاتينية) (Wickham-Crowley 1991:143; Lansdale 1964:85).

(1) هذا تحول مثير للاهتمام، فمن قبيل المنع عن التهرب من الضرائب، كان الفيت كونغ في فيتنام يرسلون المخالفين «لإعادة تربيتهم» إلى قرى يقصفها جيش الحكومة (Elliott 2003:873).

(2) يبدو أن هذا المنطق نفسه هو ما دفع الغِوار السيتنك في يوغسلافيا المحتلة لتخفيف نشاطهم.

يدعموننا، ولكن بعد تدميرهم [على يد الألمان] بدأوا ينقلبون علينا»[1]. عندما تم الضغط على المقاتلين غير النظاميين اليونانيين ليوسعوا المعاناة إلى المدن ببدء حرب شاملة؛ عارضوا ذلك انطلاقًا من أن الانتقامات المتوقعة ستقلب السكان عليهم (Mathiopoulos 1980:ix). إضافة لذلك، فإنني كنت قادرًا على أن أكشف، أثناء بحثي في اليونان، بضعة حالات نجح فيها المدنيون بالضغط على المتمردين لإيقاف نشاطاتهم وحماية قراهم من الأعمال الانتقامية (مثلًا Frangoulis 1988:52)[2].

ولكن المتمردين قد لا يبالون بمطالب المدنيين، وذلك على الأرجح عندما يأتون من قرى ضعيفة الصلة بهم. قرويو مالاندريني، في منطقة أرغوليذا في اليونان، تم إخبارهم في أبريل/ نيسان 1944 أن ضابطًا ألمانيا سيزورهم بتاريخ محدد. عندما علم المقاتلون غير النظاميون الذين يقودهم الشيوعيون بالزيارة، قرروا نصب كمين. إلا أن القرويين خوفًا من الانتقامات الألمانية طالبوا من فرع الحزب الشيوعي المحلي أن يتدخل ليمنع المقاتلين ويجبرهم على إلغاء الكمين. يصف أمين الحزب بالقرية رد فعل قائده الإقليمي الذي قال له: «من تعتقد نفسك أيها القائد؟ ممثلًا للألمان؟»، ليرد عليه بالقول: «كلا سيادة القائد. لقد أتيت لأقارن مكاسب [نصب كمين للألمان] بكلفته. لهذا أتيت». «لقد أحرق الألمان قرى أخرى كثيرة، لكن هذه القرى انضمت للمقاتلين» (Nassis n.d.:11). بشكل مشابه، عندما طلب من قائد المقاومة فرانشويس أن يطلق سراح الرهائن الذين يحتجزهم مقابل حماية بلدة سان-أمان من الانتقامات الألمانية في صيف عام 1944، أجاب: «إنني لا أبالي بسان-أمان. كان على الرجال أن يلجأوا للمقاومة، مثلما فعلنا نحن» (Todorov 1996:72). ليس من المفاجئ إذًا أن المدنيين عادة ما يلومون المتمردين على مجازر السلطات. كما قال أحد سكان سان-أمان بعد أن انسحبت المقاومة من البلدة: «في السابع من يونيو/ حزيران، طلبت المقاومة المشروبات، وفي الثامن من يونيو/ حزيران، كان علينا نحن أن ندفع الفاتورة» (Todorov 1996:42-43). لقد أعيد هذا، بعد ستين عامًا، من شيخ بلدة لابادو في دارفور (السودان): «إننا غاضبون من 'جيش تحرير السودان' لأنهم

---

(1) "Report by Lt. Col. R. P. McMullen on Present Conditions in the Peloponnese," PRO, HS 5/699; "Report about Markopoulo, 13 October 1944," ASKI, KKE 418 24/2/106.

(2) بيترسن (Petersen 2001:196-197) يستذكر حوادث مشابهة في قرية ساموجيتيا الليتوانية أثناء حرب العصابات ضد النظام السوفييتي بعد نهاية الحرب العالمية الثانية مباشرة.

تسببوا لنا بهذا الوضع السيئ. كل ثروتنا ومنازلنا نُهبت، لكنهم هربوا ولم يدافعوا عنا» (in Polgreen 2005:A3)[1].

يعي المتمردون المخاطر التي يفرضونها على السكان المدنيين منذ البداية، وهم بشكل عام لا يوقفون القتال بسببها. إلا أن غياب المعلومات يدفع السلطات (بداية، على الأقل) للمبالغة بتقدير قوة العلاقات بين المدنيين والمتمردين، كما تشير هذه الأمثلة من ميزوري أثناء الحرب الأهلية، ومالايا، وأثيوبيا:

«بافتراضهم أن كل سكان ميزوري أعداء، اعتقدت ألوية كانساس أن مهمتهم هي قمعهم وتجريدهم من وسائل مقاومة سلطات الاتحاد، بشكل ممنهج قدر المستطاع.... بالنسبة لهم، كان كل سكان ميزوري خونة بطبيعتهم» (Fellman 1989:35-36).

«كل صيني كان قاطع طريق أو قاطع طريق محتمل، وكان هناك تعامل وحيد معهم: كان لا بد من 'سحقهم'. إذا لم يتلقوا لكمة في الفك، فركلة في المقعدة قد تؤدي الغرض» (Stubbs 1989:73).

«إننا نعرف بالطبع أن المدنيين سيتأذون. ولكن، انطلاقًا من أن الناس يتعاطفون مع المتمردين، كانت الأوامر هي قصف كل شيء يتحرك» (De Waal 1991:123).

بدراسته المبنية على المشاركة والمراقبة لجيتو كاثوليكي في بيلفاست، يصف [محاضر الأنثروبولوجيا الاجتماعية] جيفري سلوكا (Sluka 1989:288-289, 300) كيف أن استخدام العنف العشوائي من السلطات ساعد على تشكيل هويات مؤيدة للمتمردين بين الأهداف المدنية:

«بسبب التصور المسبق بأن 'كل' الناس في ديفيس كانوا إما ينتمون أو يدعمون بقوة 'الجيش الجمهوري الإيرلندي' و'جيش التحرير الإيرلندي الوطني'، عاملتهم القوات الأمنية جميعًا على أنهم متعاطفون مع الغِوار، واعتبرتهم القوات شبه المسلحة الموالية أهدافًا مشروعة للاغتيال السياسي. لقد أدى هذا لتحويل العديد الذين لا يدعمون 'الجيش الجمهوري الإيرلندي' أو 'جيش التحرير الإيرلندي الوطني' سابقًا إلى داعمين أو متعاطفين أو حتى في بعض الحالات أعضاء بهما. أحد أفضل الطرق لدفع سكان ديفيس المعتدلين سياسيًا أو غير المبالين إلى داعمين أو أعضاء بـ 'الجيش الجمهوري

---

(1) حالات لوم المدنيين للمتمردين لكونهم استفزوا الأعمال الانتقامية من قبل السلطات موجودة لدى إيطاليا المحتلة من الألمان (Contini 1997; Pavone 1994:482-483) واليونان المحتلة من الألمان (Liapis 1994:202-205)، وفيتنام (Elliott 2003:1135; Wiesner 1988:64)، ونيكاراجوا (Horton 1998:168)، وجواتيمالا (Debray 1975:331)، والبيرو (M. F. Brown and Fernández 1991:168)، والحرب الأهلية في روسيا (Figes 1996:1098)، والاتحاد السوفييتي المحتل من الألمان (T. Anderson 1999:609).

الإيرلندي' و'جيش التحرير الإيرلندي الوطني' هو الاستفزاز أو التخويف أو القسوة المجحفة من الشرطة أو الجنود البريطانيين، أو اغتيال المتطرفين الموالين لأعضاء من المجتمع.... قمعُ السكان الكاثوليك على يد القوات الأمنية كافٍ لتوليد ما يكفي لدعم الغِوار لضمان بقائهم».

5.6. لماذا يقع العنف العشوائي؟

رغم غياب دليل تجريبي ممنهج، فمن الممكن القول أو الادعاء بأن الهدف الردعي للعنف العشوائي غالبًا ما يفشل. فالعديد من الناس، بعد إخضاعهم لدرجات عالية من العنف العشوائي، يفضلون الانضمام للطرف المقابل على أن يموتوا دون أن يدافعوا عن أنفسهم. كما في فونديه، حيث أجبر العنف العشوائي الجمهوري العديدَ من الفلاحين اليائسين على الانضمام لقوات الثورة المضادة، مفضلين أن «يبيعوا حياتهم بأعلى الأثمان بالدفاع عنها بالقوة» (Babeuf 1987:120). إذن، كيف نفسر تكرار استخدام العنف العشوائي؟

العديد من «التفسيرات» للعنف العشوائي تركز على المستوى الفردي. فخليط الانضباط القليل والعواطف القوية تولد غضبًا وتوترًا، وتؤدي في النهاية لعنف عشوائي. بحسب [الكاتب الأمريكي المختص بسيكولوجيا القتل] ديف جروسمان (Grossman 1995:179): «فقدان الأصدقاء والأحباب في القتال يمكن أن يولد العنف في الميدان.... في العديد من الظروف لا يستطيع الجنود التفاعل مع الغضب (والذي يعد أحد مراحل الاستجابة المعروفة للموت والوفاة)، ثم قد يسمح موت القادة بالقتل.... القتل الانتقامي أثناء انفجار الغضب كان سمة متكررة طيلة التاريخ، ويحتاج أن يؤخذ بعين الاعتبار ضمن معادلة العوامل الكلية التي تؤدي للقتل في الميدان».

برر فلاح جواتيمالي عنف الجيش بلغة مشابهة (مقتبس من Warren 1998:100): «عندما قتلوا الناس، كان ذلك لأنهم كانوا مملوئين بالغضب نتيجة مقتل رفاقهم من الجنود في المعركة». هذا صحيح تحديدًا حيثما يتجنب المتمردون القتال المفتوح، ويصبح من المستحيل عمليًا تمييز المدنيين عن المقاتلين (Paludan 1981:94; Li 1975:232)، وكما توضح هذه المحاججة؛ فالجنود عادة ما يفرغون غضبهم باستخدام العنف عشوائيًا ضد المدنيين، خصوصًا عندما يصلون لخلاصة مفادها، كما وصل إليها أحد الموالين الأمريكيين عام 1780، أن «كل رجل جندي» (Weir 1985:74). الخوف عاطفة أخرى مرتبطة بالعنف العشوائي (Fellman 1989:128)، كما هو الجري وراء المتعة (Katz 1988; Leites and Wolf

1970:92-94). العديد من المقاتلين في ميزوري اعتبروا الحرب شكلًا من أشكال الصيد (Fellman 1989:176-184). قوات النخبة «كشافة سيلوس» في روديسيا جذبوا «منفتحين مختالين وبعض القتلة المختلين نفسيًا» (Flower 1987:124). التوجهات العنصرية لا يمكن إسقاطها كذلك، فكما أشار شيهان (Sheehan 1989:110) حول جيش فيتنام الجنوبية، فإن معظم «ضباط سايجون لم يشعروا بأي شكل من أشكال الذنب حول هذه السادية والقتل.... لقد اعتبروا الفلاحين كائنات دنيا، فهم لم يكونوا يقتلون بشرًا ويدمرون منازل لبشر، بل كانوا يبيدون حيوانات غادرة ويدمرون أوكارهم»[1]. وكما نوقش، فالحرب الأهلية تقدم المزيد من فرص الاستغلال والابتزاز، بينما يؤدي التعرض للخطر والموت إلى لا توحش. هذه التوجهات تزداد تعقيدًا مع قلة الموارد، فالجنود المجبرون على العيش من أي غذاء متاح لهم، من الصيد أو النهب، لن يترددوا في العنف العشوائي (De Waal 1991:43). ولكن، رغم أن هذه محددات فردية معقولة للعنف العشوائي، فإنها تبقى غير كافية، بكونها لا توضح الدوافع أو المحددات على المستوى الجمعي، كما أنه من غير الواضح ما إن كانت هذه العواطف والتوجهات، مثل الخوف أو الغضب أو العنصرية، هي الأسباب، أو المتعلقات، أو نتائج استخدام العنف العشوائي.

عزز تكرار العنف العشوائي فكرة مفادها أنه انعكاس غير منطقي لأيدولوجيات معينة (Klinkhammer 1997:101) أو نتيجة «الأدرينالين في مناطق الحرب» (Loizos 1988:650)، وأي محاولة لإيجاد تفسير منطقي له بالردع هو عبارة عن «ورقة توت» لإبادة جماعية صريحة أو سلوكيات انتقامية صريحة على مدنيين عزّل (Paggi 1996). قبل اللجوء للامنطقية الأيديولوجية، قد يكون من المناسب فحص وإلغاء التفسيرات البديلة. إنني أراجع هنا أربعة تفسيرات لسبب ملاحظة العنف العشوائي: قد يكون ناتجًا غير طبيعي لبيانات مبتورة، أو انعكاسًا للجهل أو الكلفة أو القيود المؤسساتية.

---

(1) حالات لوم المدنيين للمتمردين لكونهم استفزوا الأعمال الانتقامية من قبل السلطات موجودة لدى إيطاليا المحتلة من الألمان (Contini 1997; Pavone 1994:482-483) واليونان المحتلة من الألمان (Liapis 1994:202-205)، وفيتنام (Elliott 2003:1135; Wiesner 1988:64)، ونيكاراجوا (Horton 1998:168) وجواتيمالا (Debray 1975:331)، والبيرو (M. F. Brown and Fernández 1991:168)، والحرب الأهلية في روسيا (Figes 1996:1098)، والاتحاد السوفييتي المحتل من الألمان (T. Anderson 1999:609).

1.5.6. الناتج غير الطبيعي

عدم الظهور الكبير للعنف الانتقائي قد يؤدي لمبالغة إجمالية بحجم العنف العشوائي. أولًا، العنف الانتقائي أكثر انتشارًا بكثير مما هو مفترض. فمثلًا، قتلُ الألمان لأشخاص «تم التبليغ عنهم من جيرانهم القرويين بوصفهم مقاتلين غير نظاميين» في منطقة أوكرانية درسها ترومان أندرسون (Anderson 1999:621) تجاوزت بالمحصلة مجزرتين كبيرتين في المنطقة نفسها. الأشخاص الذين قتلوا على يد المنظمات شبه المسلحة اليمينية الكولومبية حول بلدة دابيبا بشكل فردي أكثر من الذين قتلوا بمجازر واضحة (S. Wilson 2002). وفي دراستي لمنطقة أرغوليذا في اليونان، وجدت أن القتلى المدنيين كانوا تقريبًا متساوين بوصفهم ضحايا لعنف عشوائي وعنف انتقائي (49,86 بالمئة قتلوا انتقائيًا، و50,14 بالمئة قتلوا عشوائيًا)، وهو الانطباع الذي تكاد توصله أفضل المعالجات التاريخية للأحداث في المنطقة (Meyer 2002)، والمليء بحوادث العنف العشوائي.

إضافة لذلك، فإن العديد من حوادث العنف يمكن إساءة عرضها على أنها عشوائية. فمجازر عام 1997 في الجزائر استهدفت عائلات وأحياء بعينها (Kalyvas 1999). هجوم الماو ماو ضد قرية لاري الكينية عام 1953 أدى لوفاة أربعة وسبعين رجلًا، بينما أصيب خمسون آخرون، في مجزرة وصفت بأنها عشوائية. ولكن، ديفيد أنديرسون (Anderson 2005:127-128) وجد أنها «أبعد ما تكون عن العشوائية في عنفها»، مستهدفة عوائل الزعماء المحليين والزعماء السابقين والكبار والمستشارين وقادة المليشيا المحلية، مضيفًا أن «ضحايا المجازر انتقوا بعناية، وتم تحديد منازلهم وتمييزها.... وتُرِك الجيران دون مساس بينما قامت العصابات بعملها، حيث انتقلت كل مجموعة مهاجمة بشكل منظم بين المنزلين أو الثلاثة لأولئك الذين تم تحميلهم المسؤولية». الأمر نفسه ينطبق على كولومبيا الريفية أثناء الخمسينيات (Henderson 1985:150). زعيم الرجال الذين هاجموا قرية إل توباكيو الكولومبية في مايو/ أيار 1952 «كانوا يعرفون المكان ومن فيه» وانتقلوا من منزل لمنزل وهم يعزفون على آلة موسيقية: **التيبل** [أحد أنواع الجيتار الكولومبي]. «في ذلك اليوم، كان الموسيقي هو القاضي والمحلّف، فحيثما توقف، كانت العصابات تسحب وتقتل كل رجل وطفل. قتل 91 شخصًا في هذه الحادثة وحدها». وفي كولومبيا أيضًا، كان قتلُ 140 رجلًا في قرية سان بابلو مطلع عام 1953 يبدو عشوائيًا، إلى أن يعلم الشخص أن الضحايا كانوا جميعًا من حزب الليبراليين الذين تم التأكد من هوياتهم «بعناية، للتحقق من تأكيد الانتساب» (Henderson 1985:152).

عندما هاجم الفيت كونغ منطقة بينه سون عام 1976، أحرقوا قسمًا مكونًا من ستة منازل، لكنهم لم يكونوا من المنازل المتجاورة (West 1985:273)[1]. وبشكل مشابه، منازل ما يقارب ثلاثين شخصًا في قرية شاكار داريا الأفغانية أُحرقت على يد طالبان، لكن بقية القرية تُركت دون مساس (Waldman 2002b:A9). العنف الذي أطلقه النظام الجواتيمالي مطلع الثمانينيات كان يميز على أساس الموقع، فأحد سماته الملحوظة كانت أن «القرى المتجاورة تفاوتت بشكل مختلف: فقد دُمِّر أحدها بينما تركت الأخرى، اعتمادًا على فهم الجيش المتصور لدعم الغِوار» (Green 1995:114). القرى الجواتيمالية التي كانت واقعة في مناطق نشاط الغِوار العالي لكنها «لم تكن ذات سمعة بكونها مسيطَرًا عليها من الغِوار» لم تُهاجَم على يد الجيش (Davis 1988:25). عندما هاجمت القوات الصربية قرى بوكوس في كوسوفو و«دفعت القرويين الألبان للانسحاب»، لم تمس قرية نوفو نيلو المجاورة الشبيهة، ربما «لأنه لم يكن بها غِوار جيش تحرير كوسوفو في القرية، كما قال السكان» (Gall 1999:A6). ما بدا أنه عنف الجيش الروسي العشوائي في الشيشان لم يكن أعمى، فبعض القرى بقيت «دون مساس، في جائزة، كما يصفها المسؤولون الروس، لأولئك الذين رفضوا دعم المتمردين وتعاونوا مع الجيش الروسي» (Gordon 1999b:A1).

أخيرًا، الفاعلون المسلحون عادة ما يتمنعون عن اللجوء للعنف العشوائي حتى عندما يملكون القدرة على ممارسته (مثلا McGrath 1997:112)، وهو ما يمر عادة دون حديث. فمثلًا، غالبًا ما امتنع الألمان عن الانتقامات الجماعية (Lotnik 1999:61; Pavone 1994:481; Fleischer 1979). وكما يشير [المؤرخ البريطاني] رانا ميتر (Mitter 2000:180) عن منطقة مانشوريا [شمال شرق آسيا]، فإن «الانطباع كان يدور، بكلمات بسيطة، حول أن اليابانيين مارسوا عنفًا عشوائيًا، بينما تشير الأدلة إلى أن العنف كان جزءًا من عدة تقنيات أخرى للإخضاع، وأن الاستيعاب بقي خيارهم المفضل عندما يكون متاحًا».

بالمحصلة، فإن حجم العنف العشوائي مبالغ في تقديره على الأرجح، بسبب القراءة الخادعة للبيانات المتاحة. هذا النوع من العنف قد يكون أقل حضورًا عما يُعتقد عمومًا. وحتى إن كان هذا صحيحًا، فما زال علينا تفسير حصوله.

---

(1) ويست (West 1985:273) أشار أيضًا إلى الغياب المفاجئ حول رد الفعل على هذا النمط: «لم يسأل أحد لماذا ميزهم الفيت كونغ دون غيرهم».

2.5.6. الجهل

روبرت ثومبسون (Thompson 1966:84) ينقل نكتة: «هناك نوعان من الجنرالات في مكافحة التمرد: أولئك الذين لم يتعلموا، وأولئك الذين سوف يتعلمون!». معظم روايات العنف العشوائي تفسره بالإشارة إلى الجهل وعدم الكفاءة التنظيمية. حرب فيتنام توفر مثالًا كبيرًا على ذلك. لسنوات، فشلت قيادة الجيش الأمريكي في إدراك طبيعة الحرب (West 1985:256). وكما يستذكر أحد الجنرالات، «بعد أن وصلت إلى فيتنام، أصبح واضحًا بالنسبة لي أنني لم يكن لدي فهم حقيقي لطبيعة الحرب ولا أي فكرة واضحة عن كيفية الانتصار بها» (مقتبس من Thayer 1985:3). «لنخرج ونقتل بعض الفيت كونغ، ثم يمكننا القلق حول المعلومات الاستخبارية»، كما سخر جنرال وصل حديثًا (R. Thompson 1966:84). غياب الجبهات بدى معضلة معرفية كبيرة للضباط المدربين على الحروب التقليدية. نتيجة لذلك، فإن العديد من البيانات الناتجة عن الصراع لم يتم معالجتها بشكل ملائم (Thayer 1985:4). ومن ثم فـ«الأساس النظري لبرنامج العنف، المتسق داخليًا وضمن الظروف الموضوعية، لم ينضج أبدًا، رغم عدد الأرواح التي كانت تزهق يوميًا. إن أساس استخدام العنف كان من بقايا العقائد العسكرية التي تطورت للتعامل مع الوحدات العسكرية الصديقة العاملة في أرض أجنبية معادية» (Race 1973:227). بعض المجازات تصف صعوبة قتال الجيوش التقليدية في حروب غير نظامية»، ومن سخرية توماس إدوارد لورانس بأن الحرب غير النظامية «فوضوية وبطيئة مثل أكل الحساء بالسكين»، إلى القول المأثور للعقيد بيجار («إننا لا نقتل الذباب بالمطار»)، ثم إلى الملاحظة الأحدث للمقدم تود ماكفري في العراق، بأن قتال جيش تقليدي بحرب أساسها المعلومات الاستخبارية أشبه «بتعليم فيل رقص الباليه» (in Negus 2004:5).

المحددات القريبة من هذا الجهل تتضمن التفاؤل وغياب التحضير، بجانب فكرة أن التهديد الذي يفرضه العصيان منخفض[1]، والأفكار الأساسية المغلوطة عن طبيعة الحرب غير النظامية[2]، والتدريب والتنظيم غير الكافيين[3] أو الفساد وعدم الكفاءة المهنية

(1) Fall (2000:115); Cann (1997:63); Paget (1967:33).

(2) Harmon (1992:44); Sarkesian (1989:44–5).

(3) Paget (1967:31).

الصريحة⁽¹⁾، وذاكرة الجيش المؤسساتية الضعيفة التي كثيرًا ما أشير لها والعجز عن التعلم وتحديث العقيدة القتالية بالفكرة المتجسدة في القول بأن الجيش يقاتل الحرب الماضية لا الحالية⁽²⁾، وهيمنة الهيكلية السلطوية داخل الجيش⁽³⁾، وتسييسه و/ أو فساده⁽⁴⁾، وأخيرًا، العنصرية الصريحة⁽⁵⁾. المشكلة في هذه التفسيرات أنها غير قادرة على التعامل مع التباين الشاسع بمستويات العنف العشوائي. فمثلًا، في الاتحاد السوفييتي المحتل، نوّع الألمان في أنواع العنف المستخدم وكثافته بشكل واضح.

وفي النهاية، يجب تصنيف الجهل على أنه سبب للعنف العشوائي لأن الفاعلين السياسيين عادة ما يكونون مدركين لتأثيراته الضارة منذ البداية. فأثناء الحرب الأهلية الإسبانية، الجمهوريون الكتلان حذروا من أن العنف العشوائي ضد الخصوم في مناطق الجمهوريين كان يؤدي «لخلق مناخ ثوري مضاد في الخاصرة» (de la Cueva 1998:360)، إلا أنهم لم يمتنعوا عن استخدامه. وبعد موجة دموية من الانتقامات في اليونان، فإن الوزير الألماني المفوض لجنوب شرق أوروبا، هيرمان نيوباخر، اشتكى للقائد العسكري من المنطقة المرتبطة: «إن قتل الرضع جنون محض.... لأن العصابات الحمراء المسلحة زرعت نفسها، بالقوة، في منازل هؤلاء الرضع، ولأنهم قتلوا جنديين ألمانيين قرب القرية. التأثير السياسي لحمام الدم المجنون هذا يفوق -وبلا شك- تأثير كل الجهود الدعائية لقتالنا ضد الشيوعية» (مقتبس من Condit 1961:268)⁽⁶⁾. إلا أن الألمان ظلوا يستخدمون الانتقامات الجماعية. والأدبيات الأمريكية لمكافحة التمرد، والناتجة في الخمسينيات والستينيات، مليئة

---

(1) Ellsberg (2003:115); Downie (1998:133); Stubbs (1989:70); Siegel and Hackel (1988:116–17); Leites andWolf (1970:92–4); Paget (1967:78); Kitson (1960:192).

(2) Downie (1998); Garvin (1991:9); Blaufarb and Tanham (1989:23); Trinquier (1964:61). يبدو أن الدروس المتعلمة في كوريا لم تطبق في فيتنام، وكذلك دروس فيتنام لم تطبق في أمريكا الوسطى (Downie 1998:158; Katz 1975:589).

(3) Mason and Krane (1989).

(4) Blaufarb and Tanham (1989:19).

(5) Heer and Naumann (2000); Li (1975:231); Welch (1974:237). جندي أمريكي في العراق فسر حادثة سلوك أمريكي وحشي بما يلي: «نظرنا إلى الموضوع كطلاب سنوات عليا في الجامعة يضايقون الطلاب المستجدين. لقد كنا في السنوات العليا، وهم المستجدون». (in Filkins 2005:92).

(6) كلينكهامر (Klinkhammer 1997:84) وترومان أندرسون (Anderson 1995:342) يوثقان شكوكًا مشابهة بين المسؤولين الألمان في إيطاليا وأوكرانيا.

بتحذيرات حول التأثيرات السلبية للعنف العشوائي، بما فيها عشرات الدراسات الصادرة عن جهات رسمية أو شبه رسمية، مثل «مكتب أبحاث العمليات»، و«مكتب أبحاث العمليات الخاصة»، و«مركز تحليل معلومات مكافحة التمرد»، و«مركز أبحاث النظم الاجتماعية»[1]. «دراسات أبحاث العلوم الاجتماعية» واسعة الانتشار والمطبقة على جوانب منوعة من حرب فيتنام حاججت بأن «قصف وتفجير القرى كان يؤدي لفقدان الكثير من الولاء والاحترام لحكومة فيتنام الجنوبية والأمريكيين، بشكل أكثر مما يؤدي لإيذاء الفيت كونغ، حتى وإن كانت هذه المواقع هي معاقل وقواعد قتالية للفيت كونغ» (Wiesner 1988:122-123). هذه المحاججات تم نشرها وإشاعتها بمجلات مثل «فورين أفيرز» (مثلًا Landsale 1964). كان الجيش مدركًا بشكل جيد في نهاية الستينيات أن «إيذاء أو قتل المدنيين التعساء يخدم حتمًا القضية الشيوعية» (in Bilton and Sim 1992:40). ولكنْ، قصفت القوات الأمريكية وفجرت عشوائيًا عددًا لا يحصى من القرى في فيتنام الجنوبية لسنوات عديدة. وحديثًا، يبدو أن الجيش الروسي كان واعيًا لتأثيرات العنف العشوائي في الشيشان، إلا أنه تجاهل بشكل كبير هذه المعلومة[2]. لذلك، يجب إعادة صياغة السؤال: لماذا يُستخدم العنف العشوائي **مع وجود** علم مسبق بتأثيراته السلبية؟ إنني أشير هنا لعاملين اثنين: الكلفة، والانحرافات المؤسساتية.

(1) «الغوار قد يبدؤون بعمليات عنف في مجتمعات متعاونة بجدية سعيًا لاستفزاز انتقام مجحف ضد هذه المجتمعات. العقوبة المجحفة أو في غير محلها على يد القوة المحتلة تستغل بشكل كبير من الغوار لكسب المتعاطفين ودعم قضيتهم» («العمليات ضد قوات الغوار» مقتبس من Barton 1953:3). دراسات كبرى مثل «المشروع كاميلوت» و«المشروع أجيل» وصلت لخلاصات مشابهة (M. F. Brown and Fernández 1991:111, 204). انظر أيضًا: Ferguson (1975); Jones and Molnar (1966); Molnar (1965); Gardner (1962); Condit (1961); Barton (1953).

(2) جنرال روسي أشار في أغسطس/ آب 1999 إلى أنه «يجب ألا يكون هناك خسائر بين المدنيين. لتدمير قاطع طريق يحمي نفسه بمدني، يجب أولًا فصل المدني عن قاطع الطريق، ثم التعامل معه» (Bohen 1999:A1). في الحقيقة، المحللون الروس حاججوا بأن المتمردين الشيشان ربما يكونون قد سعوا فعليًا لاستفزاز عنف عشوائي من الروس (Gordon 1999a). ولكن، لجأ الروس للعنف العشوائي، مما وحد الشيشان المنقسمين. شامل باساييف، أشهر أمراء الحرب الشيشان، قال ساخرًا إنه «ممتن للغاية» للروس لخلق شعور جديد بالوحدة لدى شعبه (*Economist* 9-15 *October* 1999). في النهاية، وصلت الحرب لطريق مسدودة، حيث، و«بشكل متناقض»، أدت تكتيكات الروس «لشد أزر المقاومة»، ولم يعد المقاتلون الشيشان «قادرين على مواجهة الجنود الروس بشكل مباشر، لكنهم ظلوا متمسكين بتوجيه أكبر أشكال الألم قدر ما يستطيعون باسم الاستقلال الشيشاني» (Myers 2002:A6).

3.5.6. الكلفة

أحد الاعتبارات الأساسية في استخدام العنف العشوائي هو كلفة العنف الانتقائي[1]. فإن تعريف، وتحديد مواقع، و«تحييد» الأعداء والمتعاونين المدنيين معهم فردًا فردًا يتطلب بنية معقدة ومكلفة. ومعظم السلطات تدرك بسرعة أنها تفتقد للموارد الضرورية. ففي توجيه أرسله أحد الضباط الألمان في القوة الألمانية المركزية لوحداته التي تحتل الاتحاد السوفييتي، أشار الضابط إلى أن «القادة يجب أن يجدوا وسائل ضبط النظام في المناطق التي يكون بها الأمن مسؤوليتهم، لا بطلب المزيد من القوات، بل باتخاذ الإجراءات القاسية المناسبة» (مقتبس من Cooper 1979:143). وباختصار، يبدو العنف العشوائي، بداية، بوصفه بديلًا مناسبًا لردع الأفراد. ولكن، الكلفة المنخفضة يمكن أن تفسر ظهور العنف العشوائي، لا استمراره.

4.5.6. الانحرافات المؤسساتية

بعض حالات العنف العشوائي يمكن تفسيرها بأنها نتيجة لتشويشات مؤسساتية داخلية. حرب فيتنام توفر مثالًا ممتازًا على ذلك. نايل شيهان (Sheehan 1989) يصف كيف أن جيش فيتنام الجنوبية والقيادة الأمريكية العليا في فيتنام قدرًا ناتج القصف العشوائي الجوي والمدفعي على قرى الفلاحين بكلفة 25 ألف قتيل مدني، وخمسين ألف جريح، سنويًا. مستشار أمريكي بأحد الأقاليم، في حديثه عن المنطقة الواقعة تحت إشرافه قال: «لقد أطلقنا ما قيمته نصف مليون دولار من ذخيرة الهاوتزر الشهر الماضي على أهداف غير مرئية. ولكن، الكلفة الإقليمية لجمع المعلومات والاستخبارات هي 300 دولار أمريكي» (Fall 2000:110). هذا العنف كان قائمًا على نظرية أنه «سيرهب الفلاحين عن دعم الفيت كونغ» (Sheehan 1989:109). بالطبع، أدى هذا لمعاداة المدنيين بقتل وإصابة أعداد كبيرة من غير المقاتلين

---

(1) «الغوار قد يبدؤون بعمليات عنف في مجتمعات متعاونة بجدية سعيًا لاستفزاز انتقام مجحف ضد هذه المجتمعات. العقوبة المجحفة أو في غير محلها على يد القوة المحتلة تستغل بشكل كبير من الغوار لكسب المتعاطفين ودعم قضيتهم» («العمليات ضد قوات الغوار» مقتبس من Barton 1953:3). دراسات كبرى مثل «المشروع كاميلوت» و«المشروع أجيل» وصلت لخلاصات مشابهة (M. F. Brown and Fernández 1991:111, 204). انظر أيضًا: Ferguson (1975); Jones and Molnar (1966); Molnar (1965); Gardner (1962); Condit (1961); Barton (1953).

وتدمير المزارع والمواشي (Taber 1965:95). [الصحفي الأمريكي] شيهان يستذكر كيف أن المستشار العسكري الأمريكي جون باول فان انتقد القصف والتفجير العشوائي للريف، واصفًا إياه بأنه قاسٍ ومؤدٍ للهزيمة الذاتية. في البداية، وجد فان أن من الصعب تصديق غياب التمييز الكلي، والذي كان يؤدي للإطلاق الكامل للقصف والمدفعيات، فكما يبدو؛ ضربة واحدة من قناص كانت كافية لاستدعاء غارة جوية أو ضربة مدفعية على القرية التي انطلقت منها الرصاصة. مسؤول المنطقة أو الإقليم يمكن أن يبدأ بإطلاق المدفعية في أي اتجاه وفي أي وقت ليلًا أو نهارًا، دون الحاجة حتى لتقرير غير موثق يقول إن بعض الغِوار متواجدون في قرية مجاورة. تعجب فان كيف أن أي أمريكي سيعتقد أن الفلاحين الفيتناميين الذين خسروا عائلاتهم وأصدقائهم ومنازلهم لن يكونوا غاضبين، ففي الحقيقة، أن معظم المزارعين الفيتناميين كان لديهم جيش بديل وحكومة تطلب منهم الولاء وتعرض عليهم الانتقام. نبه فان مسؤوليه إلى هذه الحقيقة بمحاججة أن القصف والتفجيرات قتلت مدنيين أكثر مما قتل الفيت كونغ، ولذلك خلقت فيت كونغ جديدًا. ولكن، كان دائمًا ما يتم تجاوز ذلك ومن ثم كانت القُرى تقصف. وكما قال جنرال في السلاح الجوي الأمريكي: «الحل في فيتنام هو المزيد من القصف والمزيد من القذائف والمزيد من النابالم.... حتى ينكسر الطرف الآخر ويستسلم» (Sheehan 1989:619).

لماذا سُمح باستمرار سياسة كهذه؟ يحاجج شيهان أن السبب الضمني كان فشل ضبط «النزعات المؤسساتية». من ناحية، كان هناك تنافس بين الفروع المختلفة ضمن الجيش الأمريكي، وسلاح الجو كان ناجحًا نسبيًا في الترويج لعمليات القصف: لقد كان من المصلحة الشخصية لقائد سلاح الجو ومؤسسته التصديق بأن القصف يدعم جهود الحرب، ولذلك صدق ذلك (Sheehan 1989:650). إضافة لذلك، فإن عمليات التعليم كانت تُقوض في فترات التبديل الموجزة كل سنة أو ستة شهور لعناصر الجيش، فحالما يبدأ مستشار عسكري في فهم الحالة، كان عليه المغادرة (Meyerson 1970:37)[1]. ولذلك، لا يبدو أن النظام

(1) بحسب مقدم، «اليوم الذي وصلت فيه هناك، كان ذلك الرجل [الذي سبقني] يغادر. لقد وضع معطفه وقبعته وألقى إلي المفتاح قائلًا: 'ها هو الكوخ. بالتوفيق. كل يوم مختلف هنا'. هذا هو كل التدريب الذي حصلت عليه» (مقتبس من Katz 1975:591). سنو (Snow 1997:106-109) يقدم ملخصًا واسعًا للأداء الأمريكي المتواضع بمكافحة التمرد، يقع في قلبه ازدراء المنظمة العسكرية عالية التقنية للمدنيين السياسيين قليلي التقنية المشاركين في الحرب. تحليل إلسبيرج (Ellsberg 2003:185-186) يؤكد هذه النقاط.

العسكري الأمريكي شجع التعليم. بشكل مشابه، رأى الضباط الفيتناميون الجنوبيون في القصف المدفعي طريقة لإظهار أنهم كانوا عنيفين دون المجازفة بعمليات «بحث وتدمير» حقيقية. والقادة على كل المستويات، والذين شاركوا في القصف فقط، كان من الممكن أن يحتفظوا بمناصبهم بل وأن يحصلوا على ترقيات، بينما أولئك الذين يخاطرون يمكن أن يسرحوا إذا فشلوا أو واجهوا خسائر كبيرة[1].

الانحرافات المؤسساتية يمكن ملاحظتها بحالات أخرى كذلك. الثوري الفرنسي بيرتراند بارير فسر الفشل الأولي في إخماد العصيان في فونديه «بالرغبة في حرب طويلة ضمن قطاع كبير من القادة والمسؤولين» (مقتبس من Tilly 1964:338). ضابط باكستاني (Salik 1978:117) وصف الحالة لدى جيشه في بنغلادش: «كل قادة الفرق والألوية، باستثناء عميد ولواء، أكدوا تمامًا للجنرال نيازي أنهم، رغم مواردهم الضئيلة وخلافاتهم الكبيرة، قادرون على إتمام المهمة الموكلة إليهم. 'سيدي، لا تقلق بشأن قطاعي. سنحرق العدو حرقًا عندما يحين الوقت' كانت هي اللازمة الواردة في كل التقارير الموجزة. أي تعليق مختلف من ذلك كان يُعدُّ ناتجًا عن غياب الثقة والكفاءة العسكرية. لم يرد أحد أن يغامر بفرصة للترقية المستقبلية».

ولكن، مجددًا، الانحرافات المؤسساتية قد تفسر ظهور العنف العشوائي، لا استمراره لوقت طويل في ظل وجود دليل حتمي على آثاره العكسية.

6.6. تفسير اللغز

كما أشرت، فتخمين أن العنف العشوائي ذو تأثير سلبي ليس مبنيًا على بحث تجريبي منهجي. وبسبب غياب البيانات، من المنطقي اللجوء إلى النظرية. افترض حالة ما تكون فيها السلطات ما بين خياري استخدام العنف العشوائي أو الانتقائي، ويملك المتمردون خيار حماية المدنيين من العنف العشوائي للسلطات، ويملك المدنيون خيار التعاون مع

(1) النظام الفيتنامي الجنوبي شجع سوء التوزيع هذا للموارد العسكرية بسبب رفضه إقحام جيشه في حرب كاملة، فقد كان معنيًا بشكل أساسي، عوضًا عن ذلك، بإبقاء قوات نخبته لحماية نفسه من انقلاب، بدلًا من تضييعها بالقتال في حرب. في المقابل، هذه الحسابات استمرت بسبب التأثير السلبي للتدخل الأمريكي في فيتنام، فقد افترضت حكومة فيتنام الجنوبية أن الولايات المتحدة، لكونها القوة الأكثر تفوقًا في العالم، لا يمكن أن تسمح لحكومتها المعادية للشيوعية أن تسقط على يد الفيت كونغ.

الفاعل السياسي الذي يضمن لهم أمنهم. في حالة كهذه، على الأرجح، سيتعاون المدنيون مع السلطات إذا فشل المتمردون في حمايتهم، سواء كان العنف انتقائيًا أم عشوائيًا، وعلى الأرجح سيصطفون مع المتمردين عندما يحمونهم ضد السلطات العشوائية، وسيكون الناتج غير محسوم عندما يحمي المتمردون المدنيين، وتكون السلطات عشوائية (الشكل 6.1).

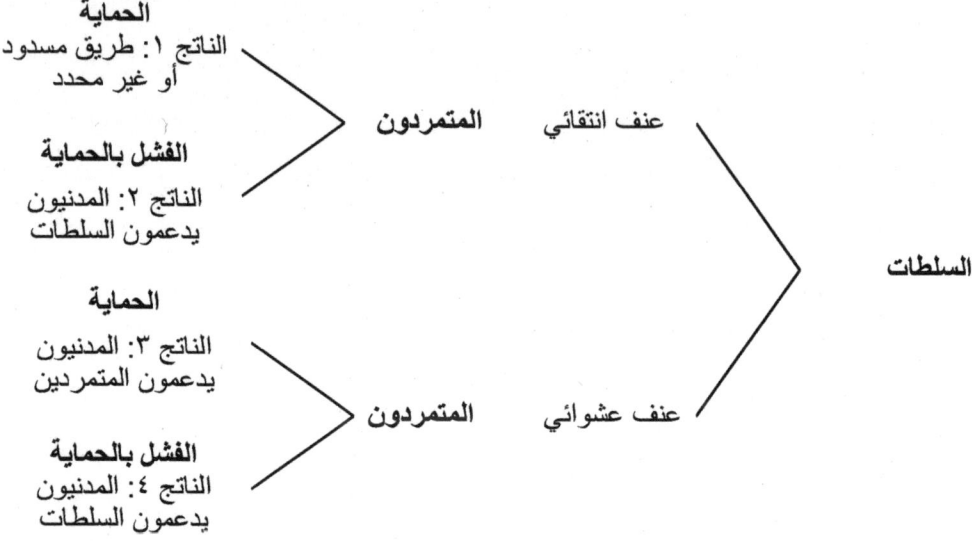

الشكل 6.1. سلوك المدنيين بوصفه عملية من العنف العشوائي والحماية

هذا التحليل يؤدي إلى التوقع التالي: يمكن أن تكون السلطات غير مبالية بنوع العنف الذي تستخدمه عندما لا يكون المتمردون قادرين على حماية المدنيين. وبكلمات أخرى، التمييز المكلف يمكن التخلي عنه عندما يكون المتمردون ضعيفين. وعندما يكون الأمر كذلك، ينجح العنف العشوائي في شلّ السكان غير المحميين. فعندما جعل العنف الأمريكي العشوائي المدنيين الفلبينيين «منهكين تمامًا من الحرب»، «أجبروا على الالتزام مع أحد الأطراف»، وخلال وقت قصير استقبل قادة الحاميات «وفودًا من المدنيين، كشفوا مواقع مخابئ الغِوار أو بلغوا عن أعضاء في المنظمات» (Linn 1989:56-58). وبشكل مشابه، فإن معظم سكان ميزوري تحولوا لجانب الاتحاديين عندما يئسوا، كما يشير فيلمان (Fellman 1989:78)، «لا لتغير قناعاتهم، بل كمصدر الحماية الوحيد الممكن». وجواتيمالا توفر المثال النَسَقي بهذا الخصوص (Stoll 1999; Le Bot 1994). بعد أن استخدم الجيش

الجواتيمالي عنفًا عشوائيًا ضخمًا ضد السكان، فإن المدنيين الذين تعاونوا بداية مع التمردين تُركوا بلا خيار إلا الانشقاق، لأن المتمردين فشلوا تمامًا في حماية السكان من المجازر (Watanabe 1992:181). وكما يشير ستول (Stoll 1993:6)، «وفيما لم يكن من الممكن هزيمة الغِوار عسكريًا، فإنهم لم يكونوا قادرين على حماية مؤيديهم»[1].

وضع اليونان المحتلة ويوغسلافيا وجهًا لوجه يسمح بمقارنة مضبوطة الزمان والمكان. في أكتوبر/ تشرين الأول من عام 1941، أحرقت القوات الألمانية قريتين اثنتين شمال اليونان، أنو كيرديليا وكاتو كيرديليا، وقتلت كل السكان الذكور البالغ عددهم 207، انتقامًا لقتل جنود ألمان من مجموعة مقاتلة وليدة. كان التأثير مذهلًا. بعد أعمال الانتقام مباشرة، سُمح للرجال اليونانيين من القرى المجاورة بتشكيل المليشيات وتأسيس نقاط مراقبة حول قراهم لمنع المقاتلين غير النظاميين من الدخول والحصول على المؤونة. في بعض الحالات، تم الإمساك ببعض المقاتلين وتسليمهم للألمان، الذين تحدثوا عن «مشاعر الكراهية تجاه المتمردين» (مقتبس من Dordanas 1996:91-96). في إحدى الحالات، تم تبليغ الألمان عن أحد المقاتلين (الذين أمسكوه وشنقوه) وذلك من خلال زوج قريبة له. (المقابلة 1. لقائمة المقابلات، انظر الجدول أ. 1 في الملحق أ). ونتيجة لذلك، فإن «التأثير الردعي في شمال اليونان كان سلسًا وتراجعت المقاومة في شهور الشتاء» (Mazower 1993:87-88). سلوك القرويين يمكن تفسيره على الشكل الأمثل برغبتهم في تجنب المزيد من العنف الألماني المروع. إن إحدى النساء اللواتي قابلتهن من قرية مجاورة (كان عمها قائدًا في مجموعة مقاتلة ووالدها ضمن أولئك الذين قتلهم الألمان) أخبرتني بقولها: «لو كان سكان قرية كيرديليا وجدوا عمي، لسلخوا جلده حيًا. لقد كانوا يقولون: 'إنه مسؤول عن المجازر. سنجده. سنسلخ جلده. سنقتله!'» (المقابلة 1). هذه حادثة استخدام فعال للعنف العشوائي بوجه مجموعة متمردة كانت ضعيفة للغاية. بالمقارنة بيوغسلافيا المجاورة عام 1941 واليونان خلال أعوام 1943–1944 يقدم نقطة معاكسة مفيدة: أعمال الانتقام أثناء تلك الفترة فشلت في إنتاج تأثيرات مشابهة. سبب ذلك هو أنه في كل من يوغسلافيا عام 1941 واليونان خلال 1943–1944، واجهت هيكلية متمردة كبيرة الإرهاب العشوائي الألماني باستراتيجية جمعت كلًا من عنفها الانتقائي مع حماية المدنيين.

(1) عمليات مشابهة نقلت عن كالابريا خلال 1806-1807 (Finley 1994:99)؛ البيرو في الستينيات (M. F. Brown and Fernández 1991:140)، وأنغولا عام 1961 (Clayton 1999:35-39). حالة دارفور خلال 2004– 2005 قد تتسق هنا، باستثناء اللجوء الكبير للمجتمع الدولي.

باختصار، العنف العشوائي فعال على الأرجح عندما يكون هناك اختلال كبير بتوازن السلطة بين الفاعلين. بوجود متمردين أقوياء منطقيًا، لا يمكن استدامة هذا العنف، إذ تصبح طبيعة تأثيراته العكسية جلية. لذلك، فنحن نتوقع من السلطات المنطقية التي قد تبدأ بالعنف العشوائي أن تسخر المزيد من الموارد وأن تخضع أية انحرافات مؤسساتية تعاني منها لمتطلبات مصلحتهم طويلة الأمد. مع استمرار الصراع، سنشهد تحولا باتجاه العنف الانتقائي، خصوصًا بين السلطات، الذين سيبدؤون عادة بالعنف العشوائي. هذه الفكرة يمكن صياغتها كما يلي:

الفرضية (1): الفاعلون السياسيون يتدرجون على الأرجح من العنف العشوائي إلى العنف الانتقائي.

الدليل المتناقل يشير لمعقولية هذه الفرضية (لاختبار تجريبي انظر الفصل التاسع). والانتقال إلى أشكال أكثر انتقائية من العنف صادم خصوصًا في الحروب بين المحتلين الألمان وحركات المقاومة الأوروبية أثناء الحرب العالمية الثانية. إذا كان هناك فاعل سياسي توجهه الأيديولوجي المتطرف فسيغطي على منطقه الأدواتي، فأولئك هم النازيون. لقد كانوا يخوضون حربًا كلية وكانت تصوراتهم بالنصر عام 1944 قاتمة، بألطف العبارات. الجيش الألماني كان متوسعًا أكثر مما يستطيع، والعديد من الدول الأوروبية كانت محتلة من قوات قليلة جدًا. لذلك، فسياسة عنف عشوائي كانت بالغة التحديد لعوامل استراتيجية وأيديولوجية. إلا أن نظرة أقرب للممارسة تظهر تطورًا ملحوظًا وغير متوقع، ولو بشكل جزئي، من عنف عشوائي إلى خليط من العنف العشوائي والانتقائي، والذي بات يلعب دورًا مهمًا متزايدًا.

في اليونان، مثلًا، بعد موجة دموية من العنف العشوائي في ديسمبر/ كانون الأول 1943، خلفت أكثر من 1300 قروي يوناني قتلى، تلقى القادة الألمان أوامر «بإلقاء القبض على المذنب بنفسه، واللجوء للإجراءات الانتقامية كخيار ثانوي، إذ كان من المتوقع أن تؤدي الإجراءات الانتقامية لمنع الهجمات المستقبلية». وإضافة لذلك، فإن صلاحية الأمر بالانتقامات أزيلت من الصفوف الدنيا ونقلت لقادة الفرق، الذين كان عليهم الحصول على موافقة من القائد الإقليمي الإداري الكفء (Condit 1961:265-266). رغم أن هذه الإجراءات لم تطبق بشكل كامل (وكانت المسؤولية على الانتقامات تلقى عادة على القادة الميدانيين)، فإن هذا أشار لرغبة في تغيير المسار بوجه التأثيرات الواضحة للعنف العشوائي. إن تشكيل قوات يونانية

رديفة، «ألوية الأمن»، والنمو المتزايد لهم في ربيع وصيف عام 1944 أدى لمستويات أعلى من التمييز في العنف، عبر إمكانية وصول هذه القوات للمعلومات المحلية[1].

عملية شبيهة وقعت في أماكن أخرى في أوروبا المحتلة (Laqueur 1998:209; Heilbrunn 1967:147; Dallin et al. 1964:327-333)، كما حصل مع اليابانيين في آسيا (Hartford 1989; Li 1975:204-209). في فيتنام، في نهاية الستينيات ومطلع السبعينيات، تحولت الولايات المتحدة من العنف العشوائي إلى أكثر برامج العنف الانتقائي تطورًا. في برنامج «العنقاء»، كان الهدف هو قتل وسجن أو التهديد بالدفع إلى انشقاق أعضاء جهاز الفيت كونغ في الجنوب «فردًا فردًا» (Adams 1994:178). بحلول عام 1971، تحولت الحرب إلى «حرب كان بها من نقتله أهم بكثير من عدد من نقتلهم» (Herrington 1997:69). ادعى أحد عناصر المخابرات المركزية الأمريكية: «كنا نملك ما نسبته 75 بالمئة من كوادر [الفيت كونغ] بالأسماء» (Moyar 1997:146). سمة مشابهة تم توثيقها في السلفادور (Binford 1996:140) وموزمبيق (Geffray 1990)، حيث كان العديد من الناس متلكئين في مغادرة مناطق سيطرة الرينامو لمناطق سيطرة الحكومة، خشية استهدافهم بشكل عشوائي على يد جنود الحكومة. في الآونة الأخيرة، أصبح الجيش الروسي أكثر انتقائية في الشيشان، بانتقاله من **المسح** أو غارات التطهير («الطريقة المفضلة سابقًا للقبض على المتمردين») إلى عمليات إخفاء واختطاف مستهدفة للمشتبه بهم من المتمردين واستخدام مليشيا شيشانية (Gordon 1999c; *Economist* 2003:46). هناك دليل معتبر يوثق انتقالات شبيهة إلى مستويات أعلى من التمييز بالعنف بالعديد من الحروب الأهلية[2].

إذا كانت هذه المحاججة صحيحة، فيمكن أن نفسر القلة النسبية للعنف العشوائي بين المتمردين، بالإشارة لوصولهم الأفضل للمعلومات المحلية. وبذلك، يجب أن نتوقع رؤية

---

(1) المذكرات اليونانية تشير إلى أنه، بعكس الألمان، استهدفت القوات الرديفة اليونانية منازل عائلات الرجال الذين كانوا مع الغوار أو متعاطفين معهم (Papandreou 1992:110; Solvos 1990:25).

(2) هذا الدليل ورد من عدة صراعات مختلفة في مقدونيا (Livanios 1999:205)، والفلبين (McKenna 1998:158-159; Jones 1989:273; Linn 1989:77; Kerkvliet 1977:208, 240)، والصين، (Wou 1994:127-58)، ومالايا (Stubbs 1989:252; Pye 1964:177)، وزيمبابوي (Flower 1987:106-107)، وجواتيمالا (Stoll 1993:111, 139-140; Paul and Demarset 1988; Carol Smith 1988; Peralta and Beverley 1980)، والبيرو (Starn 1998:230-238; Rosenberg 1991:207)، والعراق (Maass 2005). لاحظ أن الانتقال نحو العنف الانتقائي لم يكن بالضرورة انتقالًا نحو الاستهداف الصحيح (Kalyvas and Kocher 2005). إنني أناقش هذه القضية في الفصل السابع.

المتمردين معتمدين على العنف العشوائي عندما وحيثما لا يملكون القدرة على الوصول إلى المعلومات المحلية. إن هناك دليلًا على أنهم يستخدمون عنفا كهذا ضد المجموعات وفي الأماكن الغامضة بالنسبة لهم، كما في المدن التي يسيطر عليها السلطات، وحتى في حالات كهذه، فهم يتحولون في النهاية للعنف الانتقائية[1]. أخيرًا، هذه المحاججة تنتج ثلاثة تضمينات حول حوادث المهمات الانتحارية. أولًا، بقدر ما تستخدم كطريقة للعنف العشوائي لردع المدنيين (وهي ليست الحالة دائمًا)، فإننا يمكن أن نرى قلتها النسبية، بسبب تأثيراتها العكسية (Kalyvas and Sanchez Cuenca 2005). ثانيًا، المهمات الانتحارية يجب أن تُرى في الأماكن والوقت الذي يكون به العنف الانتقائي صعبًا للغاية أو مستحيلًا، بما في ذلك المناطق التي تكون بها السيطرة محدودة أو معدومة. هذا يتسق مع الأدلة من إسرائيل/ فلسطين. أخيرًا، ما دام التمرد في حالة صعود، ويوسع سيطرته الجغرافية، فيجب أن نرى استبدالًا للمهمات الانتحارية بمزيد من العنف الانتقائي.

---

(1) طيلة الحرب الأهلية الصينية، اكتشف المتمردون الشيوعيون أن اغتيالات الأعيان بناء على هويتهم فقط أدى لتحالف الأعيان ضدهم، مما أدى لعمليات انتقامية كانت مؤثرة للغاية لأن أفراد الأعيان يمكن أن يحصلوا بسهولة على معلومات ذات مصداقية حول من يستهدفون، وبذلك «قوضوا بشكل كبير من معنويات الفلاحين، وفي النهاية أدى ذلك لإيقاف مؤقت للحركة الفلاحية الشيوعية». انطبق الأمر نفسه على مصادرة الحبوب، والتي «رغم أنها كانت تبدو جذابة جدًا للفلاحين، إلا أنها أدت بشكل ثابت لنتائج معاكسة غير مقصودة، تضمنت الكثير من القتل والنهب. مصادرة الحبوب قد تبدو جذابة للفلاحين الفقراء في منطقة ما، لكن العنف والقتل العشوائيين دمرا القرى بمواقع أخرى ودفعا الفلاحين المستقرين لجانب الأعيان.... العنف العشوائي أدى في الحقيقة لتماسك اجتماعي بدفع الفلاحين نحو الأعيان. لقد أدى كذلك لاستقطاب المجتمعات المحلية وجعل من المستحيل على الشيوعيين أن يوسعوا حركتهم». كنتيجة لذلك، منع الحزب الشيوعي علانية القتل العشوائي وانتقد تصورات كوادر الفلاحين بأنه في الصراعات مع المليشيات المحلية الخصمة، كان من العادي قتل المئات من الفلاحين (Wou 1994: 123, 142). في الحقيقة، أدرك الشيوعيون أن «الإرهاب الأحمر» الناتج من «السلوك العشوائي القاسي» كان ذا تأثيرات سلبية، وأعادوا وضع سياستهم للعنف، فأصبحوا أكثر انتقائية أثناء فترة ينان (1935– 1941) مقارنة بالسوفييت كيانجسي (1924– 1933): «بدلًا من التمسك بالطرق السابقة، بدا أن الشيوعيين يتعلمون ويكسبون الخبرة» (Griffin 1976:93-94, 146). بشكل مشابه، في مالايا، قرر قادة الشيوعيين أن «التهور الأعمى المحموم» يجب تجنبه في المستقبل، بينما يجب التركيز على «الطرق المعتدلة المنظمة» (Laqueur 1998:290; R. Thomposn 1966:25). في فيتنام، مارس الحزب الشيوعي «سيطرة أشد بكثير على طرق إقرار الإعدامات بعد عام 1954، بسبب التبعات السلبية للعديد من الإعدامات العبثية التي حصلت أثناء فترة المقاومة» (Race 1973:189) ثم تخلت لاحقًا عن سياسة القصف العشوائي للمراكز المدنية (Fall 2000:111). ثوار الاستقلال الجزائريون بدأوا في التحقق بشكل أكثر دقة من التبليغات بعد عدة أعوام من بدء التمرد، في 1957– 1958 (Hamoumou 1993:203-204).

أحد النتائج الهامة لهذه المحاججة هو ما يأتي: فهناك سبب رئيسي لتحول حروب الاحتلال إلى حروب أهلية هو أن العنف العشوائي ذو تأثيرات عكسية. الحاجة لعنف انتقائي يجبر المحتلين على الاعتماد على عملاء محليين، وبذلك يخلق شرخًا ضمن السكان المحليين. في المقابل، الاستخدام المستمر للعنف العشوائي يعكس فاعلين سياسيين ضعيفين جوهريًا، وهذه هي الحالة بالحروب الأهلية في الدول الفاشلة («الحروب المتناظرة غير التقليدية»)، حيث تحصل مستويات عالية من العنف العشوائي لأنه لا يوجد فاعل يملك القدرة على تأسيس شكل البنية الإدارية المطلوب للعنف الانتقائي. من هذا المنظور، مجموعة الصراعات العرقية التي تظهر قدرًا كبيرًا من عنف الإبادة قد تكون ناتجًا ذاتيًا عن فشل الدولة.

الانتشار النسبي مؤخرًا للمعايير الدولية ضد انتهاكات حقوق الإنسان جعل العنف العشوائي مرغوبًا بشكل أقل بالنسبة لأولئك الذين يستخدمونه. طُرحت حجة (.J. L Anderson 2004; Greenhill 2003) مفادها أن الخصوم الضعيفين الآن لديهم دافع كبير نحو استفزاز السلطات لاستخدام العنف العشوائي. وكما أظهرت النزاعات الراهنة في كوسوفو ودارفور، فإن العنف العشوائي يتوقع على الأرجح الآن أن يجذب شهرة دولية سلبية، بل وأن يتسبب في تدخل دولي. إذا استمرت هذه السمة، فإننا سنرى على الأرجح إما تراجعًا باستخدام العنف العشوائي بالحروب غير النظامية مع معرفة السلطات لكلفته، أو نرى طرقًا متقدمة لإخفاء هذا العنف عن الرقابة الدولية وضمان «إنكار معقول» (Ron 2000b). والعكس صحيح، فمع انحسار العنف العشوائي للسلطات، قد يصبح العنف العشوائي من المجموعات المتمردة أكثر وضوحًا.

7.6. الخلاصة

سعى هذا الفصل إلى البحث في أعمال العنف العشوائي عندما يستخدم لإخضاع المدنيين. فهناك هدف رئيسي للعنف العشوائي بهذا السياق هو تشكيل سلوك المدنيين بشكل غير مباشر عبر ربطهم بالمتمردين، ولتحويل المسؤولية عن الأعمال العدائية لمجموعة أوسع من الناس. من المحتمل أن يظهر العنف العشوائي عندما لا يمكن تحصيل المعلومات المطلوبة للعنف الانتقائي عبر جمع الموارد. ولكن، يبدو أن العنف العشوائي ذو تأثيرات عكسية، باستثناء الحالات التي يكون بها اختلال كبير بميزان القوة. عندما يكون العنف عشوائيًا، يصبح الخضوع خطرًا بقدر ما هو عدم الخضوع، لأن «البريء» لا يمكنه فعل شيء

ليهرب من العقوبة، و«المذنب» لم يعد (وأحيانًا بشكل أقل) مهددًا. وإذا استطاع الفاعل السياسي الخصم أن يوفر حماية معقولة ضد العنف، فسينتقل الناس لدعمه. بينما قد تبدو ديناميات كهذه بالبداية غير واضحة، أو قد تؤدي الانحرافات المؤسساتية للتأثير على اختيار الفاعلين السياسيين لسلوكهم على الأرض؛ فإذا استمر الصراع، فسنشهد انتقالًا نحو العنف الانتقائي مع بدء المصالح طويلة الأمد في الانتصار. لذلك، فحوادث العنف العشوائي قد تكون ناتجًا لعجز ما: الفاعلون السياسيون قد يلجأون إليه لأنه قد يبدو بداية أقل كلفة من بدائله، ولكن، لا بد أن يدركوا في النهاية آثاره السلبية وأن ينتقلوا نحو العنف الانتقائي، موضوع الفصل التالي.

الفصل السابع
نظرية للعنف الانتقائي

لا بد أن تكون على الأرض لتعرف الحقيقية.

المقدم جريج رايلي، الجيش الأمريكي، العراق

أناس تتحدث، وأناس تموت.

إيمون كولينز، عنصر سابق في «الجيش الجمهوري الإيرلندي»

ما يقتل بشكل مباشر هو اللسان.

ضابط نيكاراجوي

يقدم هذا الفصل نظرية للعنف الانتقائي بوصفه عملية مشتركة. الفاعلون السياسيون الذين يعملون في نظام ذي سيادة متشظية يجب أن يعتمدوا على العنف الانتقائي لتجنب الانشقاقات (أي التعاون الفعال مع الفاعل الخصم)، رغم عدم وجود موارد لمراقبة السكان. العنف الانتقائي يتضمن شخصنة العنف ويتطلب معلومات موزعة بشكل غير تناظري بين الفاعلين السياسيين والمدنيين الأفراد. فضمن السياق المؤسساتي المعرّف بالحرب غير النظامية؛ ينتج العنف من تقارب عمليتين متمايزتين لكنهما مترابطتان: محاولة الفاعلين السياسيين ردع الانشقاق الفردي، وقرار الأفراد بتوفير المعلومات للفاعلين السياسيين. إنني أقدم اقتصادًا سياسيًا للإنتاج المشترك للعنف، وأصوغ نموذجًا يحدد الجوانب الأساسية للنظرية، وأضع مجموعة من التنبؤات التجريبية.

المحاججة كما يلي: يستلزم العنف الانتقائي القدرة على جمع معلومات عالية الدقة والتفصيل، والطريقة الأنسب لذلك هي التماسها من الأفراد، مما يفسر وجود ممارسة التبليغ في كل الحروب الأهلية. هذه الممارسة مركزية في كل الحروب الأهلية، بالاستثناء المحتمل لمجموعة فرعية من الحروب الأهلية لا يحاول بها أي فاعل تحصيل تعاون أفراد الجماعات التي تدعم خصمه، وحيث تكون كل المعلومات المتعلقة متاحة بالمجال العام،

وينقلها أفراد بشكل علني. هناك نوعان متمايزان من التبليغ: سياسي، وكيدي [أي بقصد الضرر]، وكلاهما متكيف بنظرية العنف الانتقائي المقدمة هنا. التبليغات الكاذبة شائعة نسبيًا، إذ إن الأفراد عادة ما يسعون لتسوية النزاعات الخاصة والمحلية. ولكن، التبليغات الكاذبة تقوض أساس العنف الانتقائي نفسه. الفاعلون السياسيون لا يمكنهم فحص كل المعلومات التي يحصلون عليها، ولكن يمكنهم تخفيف هذه المشكلة إذا استطاعوا أن يوصفوا بشكل معقول فكرة مفادها أنهم انتقائيون بالعنف. هذه الفكرة تنتقل عن طريق تواجد عملاء محليين مما يشير لوجود شبكة من المخبرين، والقدرة النسبية للعملاء المحليين على تجنب الأخطاء «الصارخة» بالاستهداف المحدد، والطبيعة السرية لعملية نقل المعلومات للطرف الخصم. بذلك، يتوافق خليط الضربات الدقيقة والخاطئة مع فكرة الانتقاء المعقول تحت هذه الظروف الثلاثة.

بعد ذلك، أنتقل من الفاعلين السياسيين إلى الأفراد. رغم أن دوافع التبليغ تتفاوت، إلا أن القيود التي يواجهها المبلغون تقدم طريقة جيدة لوضع نموذج لهذه العملية. العائق الأساسي هو احتمالية الانتقام من المبلغ عبر عملية التبليغ المضاد للطرف الخصم من عائلة الضحية. هكذا، فالتبليغ عملية من سيطرة فاعل سياسي على منطقة معينة: السيطرة تؤثر في احتمالية الانتقام ضد المبلغ لأن المبلغين المضادين يحتاجون الوصول للفاعل السياسي المضاد. تتوقع هذه النظرية أن التبليغ المضاد الذي يؤدي للعنف الانتقائي سيكون أكثر احتمالية عندما يمارس أحد الأطراف سيطرة مهيمنة لكنها غير كاملة. حيثما كان الفاعلون يتمتعون بسيطرة كاملة، يمكن أن يرصدوا الانشقاق بشكل مباشر، لتصبح هذه القدرة معروفة لدى الجميع، مما يقلل درجات الانشقاق. عندما تكون السيطرة لفاعل مساوية لخصمه، فلن يكون هناك معلومات قادمة. لذلك، العنف الانتقائي غير محتمل عندما تكون مستويات سيطرة فاعل ما عالية، وعندما، مما يثير المفاجأة، يتشارك فاعلان بالسيادة. بكلمات أخرى، الجبهة بالحرب غير النظامية غير عنيفة على الأرجح. هذه النظرية تتنبأ كذلك بموقع العنف العشوائي.

1.7. المعلومات

المعلومات مصدر أساسي في الحرب غير النظامية (Eckstien 1965:158; Pye 1964:177)، فهي الصلة التي تربط قوة جانب ما بضعف الجانب الآخر (Crawford 1958:179). من الموافق عليه بشكل واسع هو أنه لا يمكن لأي تمرد أن يهزم ما لم تولِ السلطات وتنجح ببناء منظمة

استخباراتية (R. Thompson 1966:84). الاستخبارات لا تشير فقط إلى «الاستخبارات العسكرية عالية المستوى على الخرائط، بل إلى استخبارات الشرطة الأساسية على الجذور الاجتماعية [للخصم]» (Clutterbuck 1966:4). فجمع معلومات استخباراتية كهذه يتطلب بنية تحتية ضخمة، كما أكد ضابط فرنسي بالجزائر (Trinquier 1964:35): «يجب أن نكون على اطلاع بكل مكان، ولذلك فإن علينا أن نملك شبكة استخباراتية شاسعة».

المراقبة مشكلة أساسية للحكم. كما أشار [الدبلوماسي والعالم السياسي الفرنسي] ألكسيس دو توكفيل (Tocqueville 1988:206): «يمكن لصاحب السيادة أن يعاقب على أي خطأ يكتشفه، لكنه لا يمكن أن يتملق نفسه بافتراضه أنه يرى كل الأخطاء التي يمكن أن يعاقب عليها». إن المعلومات أساسية بقدر ما هي صعبة التحصيل. كما لاحظ ضابط بريطاني في مالايا ببلاغة: «إننا لا نستطيع أن ندفع آلتنا العسكرية للعمل دون معلومات، وإننا لا يمكن أن نحصل المعلومات دون دعم السكان، وإننا لا نستطيع تحصيل دعم السكان دون تخليصهم من الإرهاب، وإننا لا نستطيع تخليصهم من الإرهاب دون أن نرسل رجالًا لقتل هؤلاء الإرهابيين. وهكذا تدور وتدور، في خليط معقد من الدوائر الخبيثة، يبقى المفتاح لكسرها شيئًا واحدًا: المعلومات» (Crawford 1958:180-181).

من أين تأتي المعلومات؟ هناك مصادر كثيرة، كما يشير الضابط نفسه: «المعلومات تأتي من الإرهابيين الأسرى، الذين جلبوا حياتهم معهم، ومن الجواسيس، ومن المخبرين، ومن كل نوع من التواصل مع المدنيين أو الإشاعات، ومن صور الأدغال، ومن آثار أقدام الأفراد بالأدغال، ومن الوثائق والأسلحة والمعسكرات والملابس والمعدات المصادرة، ومن تقارير دوريات الأدغال الرائحة والغادية على المناطق الضخمة نفسها» (Crawford 1958:180).

ومع ذلك، فمن الممكن التفريق بين ثلاثة مصادر كبيرة للمعلومات: المؤشرات المادية، والانتزاع العنيف، والتقديم بالرضا. المؤشرات المادية (الصور والوثائق المصادرة.... إلخ) تتطلب مستويات عالية من التطور التقني لتحصيلها، وصعبة التفسير، وعادة ما تكون ذات قيمة محدودة بمناطق النزاع. الانتزاع العنيف يأتي بأشكال عديدة. التخويف والابتزاز والرشوة تعمل بشكل أفضل في البيئات المدنية، حيث تكون التواصلات المنتظمة بين مقدمي المعلومات ومستلميها، أكثر من البيئات الريفية، حيث تكون هذه التواصلات مستحيلة أو أسهل للرصد. الاعتقالات الطويلة، حتى عندما تكون ممكنة، عادة ما تولد اعترافات مغلوطة (Rose 2004:134). «الرقابة الضخمة» للمشتبه بهم عادة ما تكون ذات

تأثيرات عكسية (Leakey 1954:122). بعد ذلك، هناك التعذيب الذي يمثل للبعض «مشكلة منهجية، لا معضلة أخلاقية» (West 1985:61).

الآراء حول التعذيب تتباين[1]، لكنها متقاربة عادة: من «تعليقات على التعذيب» (Osservazioni sulla tortura) [للكاتب والمؤرخ والفيلسوف الإيطالي] بييترو فيري، إلى ملاحظة حنة أرندت (Arendt 1970:50) بأن التعذيب ليس بديلًا عن «الشرطة السرية وشبكاتها من المخبرين»؛ العديد من الكتاب يعتقدون أن التعذيب، بجانب كونه غير أخلاقي، وسيلة غير فعالة لجمع المعلومات، فهم يحاججون أنه يؤدي لاعترافات مغلوطة منتزعة من الضحايا اليائسين لإنقاذ أنفسهم من مزيد من الكرب، وأنه يثبط أولئك المستائين من العدو من تسليم أنفسهم ويدفع إليهم بأولئك الذين عُذِّبوا ظلمًا، وأنه يعكس عجزًا عن تجنيد المخبرين، وأنه، لذلك، تدهور مؤسساتي يؤدي إلى تجفيف مصادر الاستخبارات البشرية، ويدمر الاستخدام طويل الأمد لمصدر ما لصالح مكسب قصير الأمد ومشكوك به[2]. محاكم التفتيش الإسبانية رفضت الاعترافات المنزوعة تحت التعذيب، وبدا أنه «من ناحية إحصائية، قد يكون صحيحًا القول إن التعذيب كان يستخدم بشكل نادر» (Kamen 1998:188). الفرنسيون وصلوا لخلاصات سلبية حول فعالية التعذيب في الجزائر (Rejali 2004b; Crozier 1960:19)، مثل بعض المحققين الأمريكيين في أفغانستان (Mackey and Miller

---

(1) [الضابط الفرنسي الذي شارك في حرب الجزائر] بول أوساروس (Aussaresses 2001) يدرك أن الاستخدام المستمر للتعذيب أثناء التمرد في الجزائر كان يعني أنه كان فعالًا، إلا أن كتابه يتضمن حوادث أكثر عن معلومات تم تحصيلها بالتبليغ لا التعذيب. [مدير مكتب التعاون المدني العسكري في وكالة التنمية الدولية الأمريكية (USAID)] مارك مويار قابل عددًا من المسؤولين الأمريكيين والفيتناميين المشاركين بعمليات الاستخبارات. بعضهم شهد على فعالية التعذيب، خصوصًا أثناء العمليات العسكرية عندما تكون المعلومات مطلوبة للاستخدام المباشر، بينما أخبره آخرون أن التعذيب قلل جودة المعلومات الاستخباراتية التي تم الحصول عليها. معظم المستشارين الأمريكيين لم يكونوا متأكدين ما إن كان السجناء يكشفون معلومات مفيدة عندما يعذبون. من بين أولئك الذين اعتقدوا أنهم كانوا يعرفون ما يكفي ليتحققوا من دقة شهادات السجناء، عدد جيد أعاد ادعاء صناع السياسة الأمريكيين بأن التعذيب لم يقدم أية معلومات استخباراتية معتبرة، وعادة ما قدموا معلومات خاطئة: «إذا وضعت الناس تحت الإكراه الجسدي، فسيخبرونك بأي شيء، فقط لكيلا تواصل إيذاءهم» (Moyar 1997:101- 102).

(2) Rejali (2004a); K. Brown (2003:167); G. Thompson (2003); Cann (1997:118); Blaufarb and Tannham (1989:27); Horne (1987:205); Commisión Nacional sobre la Desaparición de Personas (1986:61); Clutterbuck (1966:97); Molnar (1965:247).

2004). [الأكاديمي الأمريكي ذو الأصل الإيراني المختص بالتعذيب] داريوس ريجالي (Rejali 2004a) لخص الأدلة المتوفرة باستنتاج مفاده أن «التعذيب أثناء التحقيق نادرًا ما ينتج عنه معلومات أفضل من الاستخبارات البشرية التقليدية». ولكن، الدليل الصلب ليس متاحًا ومن الصحيح أنه إذا فشل التعذيب دائمًا، فلن يستخدم بعدها على الإطلاق. ومع ذلك، من المعقول المحاججة بأن الاستخدام المعتاد للتعذيب يتطلب بنية تحتية كبيرة، فمن الصعب تنفيذه في مناطق ريفية متنازع عليها، وأنه يعمل بالتزامن مع الاستخبارات البشرية.

الوسيلة الأكثر شيوعًا، وربما الأكثر فعالية، للوصول للمعلومات هي التقديم بالرضا. مجموعة كبيرة من الأبحاث حول علم الجريمة تظهر أن احتمالية حل جريمة ما يقل إذا لم يقدم العامة المشتبه بهم للشرطة (Rejali 2004a). الأمر نفسه ينطبق على الحروب الأهلية، كما في إيرلندا الشمالية: «تجنيد المخبرين كان الطريقة الأساسية للبريطانيين لتحصيل الاستخبارات حول خصومهم الجمهوريين. على مدى قرون، استُخدم المخبرون، بتأثير مدمر، لتشتيت وتدمير المتمردين الجمهوريين، ورغم التقدم الإلكتروني للقرن العشرين؛ ما زال السلاح الأقوى للعرش في أزمات أيامنا هذه هو المخبر البشري» (Toolis 1997:194). «يقال إن المخبرين [ضمن الجيش الجمهوري الإيرلندي] يقدمون أكثر من ثلثي المعلومات الاستخبارية» للسلطات، الذين يقومون بتجنيد المئات كل عام، فأثناء الثمانينيات، أعدم «الجيش الجمهوري الإيرلندي» ما يصل إلى أربعين من أعضائه الذين اشتبه بكونهم مخبرين (Toolis 1997:212, 193; M. Dillon 1990:283).

يمكن تقديم المعلومات على يد مخبرين مدفوعين[1]، إلا أن هؤلاء يصعب تجنيدهم (خصوصًا في المناطق الريفية المتنازع عليها)، ومكلفون بالاستمرار، وهم أسهل للرصد[2]. الممارسة الأكثر شيوعًا هي التبليغ، تقديم المعلومات العرضي وغير الموجه من غير

---

(1) مصطلح «المخبر» (informer) عادة ما يتضمن وجود علاقة منتظمة، مدفوعة غالبًا، مع سلطة ما (Fitzpatrick and Gellatlely 1997:1)، بعكس مصطلح «مقدم المعلومات» (informant) أو «المبلغ» (denouncer). «كلية الاستخبارات البريطانية» (التابعة لجناح استخبارات الجيش) تعرّف مقدم المعلومات بأنه «أي شخص يعطي المعلومات. يستخدم المصطلح بشكل عام ليصف مصدرًا عرضيًا أو غير موجه، ومتمايزًا عن المخبر، المرتبط عادة مع النشاطات الجنائية، ويمكن توجيهه، ويتلقى مقابلًا ماديًا مقابل خدماته» (in M.Dillon 1990:283- 284).

(2) إريك شميت (Schmitt 2003:A20) يقدم دليلًا على صعوبات وكلفة الاعتماد على المخبرين المدفوعين في العراق.

المقاتلين[1]. التبليغ يحول إنتاج العنف الانتقائي إلى مخرج ينتج بشكل مشترك بين الفاعلين السياسيين والمدنيين. وبهذه الطريقة، يكون العنف الانتقائي عملية **مشتركة**.

2.7. التبليغ

التبليغ ظاهرة اجتماعية مركبة لم تُدرس كثيرًا حتى اليوم (Fitzpatrick and Gellately 1997:1). إنها مخزية وسرية بالوقت نفسه، ولا يجب خلطها مع ممارسة «التبليغ العام» [التشهير] التي يجتمع فيها الناس في مكان عام ويتهمون شخصًا ما (مثلا Madesen 1984:80). معايير المجتمع العابرة للثقافات تضع وصمة على تقديم المعلومات للغرباء الخارجيين، بل للداخليين أيضًا، كما في إيرلندا الشمالية:

«المياه تنفلق، وكذا حياة المخبر، وأهله وأقرباؤه، تبتعد عن القبيلة» (Toolis 1997:194-195).

«أن تكون مخبرًا يعني أن تكون 'يهوذا من الداخل'، أن تكون 'الخائن'، و'حثالة الحثالة'» (Smyth and Fay 2000:27).

«لقد ركض إلى منزل امرأة كانت تتجسس على جيرانها لصالح الحركة الجمهورية، وتتلصص على ما يجري، بما يضر بأخلاقها الجمهورية. إنها تظن أن علاقتها مع الجيش الجمهوري الإيرلندي يمنحها نفوذًا بالمجتمع. بشكل ما، معها حق. لكنها لا تعلم كم هي ملوثة ومحتقرة وراء ظهرها» (Collins 1999:3).

هذه المعايير تنعكس بمجموعة منوعة من المصطلحات التحقيرية المخترعة لتصف المبلغين: الجرذان، الوشاة، المرابحون [نسبة لأولئك الذين يتربحون من المعلومات السرية في سباقات الخيل]، **الخونة** [*soplones* بالإسبانية]، **الماعز** [*chivitos* بالإسبانية]، **الضفادع** [*sapos* بالإسبانية]، **الآذان** [*orejas* بالإسبانية]، الخسيسون، **الخونة** [*mouchards* بالفرنسية] ومثلها. بالضفة الغربية، الأفراد المتهمون بأنهم مخبرون للإسرائيليين يعانون ليجدوا محامين عندما يعتقلون، وغالبًا ما كانوا يقتلون ببساطة، وترفض المشافي جثثهم، وفي إحدى الحالات، رفضت أم أحد المخبرين أن تأخذ جثته. الوصمة المرتبطة بالتبليغ

---

(1) عكس «التبليغ» هو «التزكية» أو «الشهادة» [بالخير]. بعد الحرب الأهلية الإسبانية، أولئك المشتبه فيهم بكونهم جمهوريين كان يمكن أن يجدوا وظائف فقط إذا «شهدت» لهم عائلات محلية ذات ولاء مثبت للنظام (Aguilar 1996:85). كل من التبليغ والتزكية هي حالات نقل معلومات خاصة لفاعلين سياسيين.

تجعل من المستحيل تقريبًا إيجاد أناس يرغبون في الاعتراف أنهم قد بلغوا. يروي أحد القرويين الباسكيين اليمينيين: «كان من بين أصدقائي من هم من ’الحمر‘ [اليساريين]، مثل لوزيو وإيساسي، لكنني بقيت صديقًا لهم كما السابق. إنني لم أبلغ أحدًا على الإطلاق. إن لدي ضميرًا نقيًا حول هذا على الأقل» (in Zulaika 1988:25). الوصمة تدفع حتى أولئك الذين بلغوا لأسباب «شرعية» سياسية وأيديولوجية أن يبقوا الأمر سرًا. أثناء عملي الميداني في اليونان، لم أستطع إيجاد أحد اعترف علانية أنه قد قام بالتبليغ، رغم أنني وجدت بضعة أناس يرغبون في الاعتراف بمشاركتهم بكل أنواع النشاطات والسلوكيات البغيضة للعنف.

بذلك، فالتبليغ لا يمكن رصده بسهولة، وحتى بأثر رجعي. الاستثناءات الوحيدة هي الأرشيفات الناجية للمنظمات عالية البيروقراطية التي تعتمد على الممارسة، مثل الكنيسة الكاثوليكية، أو الجيستابو [الشرطة السرية لألمانيا النازية]، أو «شتازي» [وزارة أمن الدولة في ألمانيا الشرقية][1]. وثمة مؤشر جيد غير مباشر على وجود التبليغ هو الشك العام ضمن سياقات الحرب الأهلية (مثلًا Collins 1999:200; de Staël 1818:125). خذ التصريحات التالية مثلًا:

> «إننا نعيش وسط الجواسيس، والجواسيس بيننا مثل الشيطان بين المسيحيين».
> فلاح إيطالي عام 1944– 1945 (in Fenoglio 1973:386).

> «لقد كانت تلك أيام ’إرهاب الهمس‘. كان الهمس قادرًا على جلب الموت».
> فلاح من مالايا في الأربعينيات (in Kheng 1983:141).

> «كان القرويون خائفين ليلًا ونهارًا، ويتساءلون ما إن كانوا قد فعلوا أي شيء مما يمكن اتهامهم به».
> فلاح فيتنامي تقع قريته تحت سيطرة الفيت كونغ (in Elliott 2003:259).

عادة ما يتم إغفال أن شكل الخوف المهيمن في الحروب الأهلية ليس الخوف العام من الفاعلين المسلحين فقط، بل أيضًا الخوف من التبليغ على يد الجيران. فأثناء الحرب الأهلية الأخيرة في الجزائر، «كان الجميع يخاف من الجميع، وكان القانون السائد هو قانون الصمت. شك الناس بجيرانهم، وفقدوا الثقة حتى بعائلاتهم نفسها» (Leclère 1997). وفي جواتيمالا، «التجسس وتقديم المعلومات أصبحا وباء» (Zur 1998:73)، والخوف دق «وتدًا

---

(1) يجب ألا يكون من المفاجئ أن كل دراسات التبليغ تقريبًا ركزت على ألمانيا النازية والاتحاد السوفييتي (Nérard 2004; Joshi 2003; Gellately 1991).

من الريبة بين أفراد العائلات، وبين الجيران، وبين الأصدقاء. لقد قسم الخوف المجتمعات بالشك والقلق، لا من الغرباء فقط، بل من بعضهم البعض كذلك» (Green 1995:105). وكما قال أحد القضاة الكولومبيين: «كان الناس يصمتون نتيجة الخوف، لأنك هنا لا تستطيع أن تفتح فمك كثيرًا. إذا فتحت فمك هنا، فسيمتلئ بالذباب» (in Fichtl 2003).

من الممكن التمييز بين نوعين واسعين من التبليغ: التبليغ ذي الدوافع «السياسية»، والتبليغ ذي الدوافع الشخصية أو لغاية في نفس المبلغ. التبليغ «سياسي» («بلا مصلحة»، «غير أناني»، «مدفوعًا بالولاء»، «نقيًا») عندما يبلغ الشخص بشكل أساسي مدفوعًا بالولاء لقضية أو سلطة[1]. أحد الطلاب الذين عملوا مع الفيت كونغ قال إنه أبلغ عن «أصدقائه» لأنه «اعتبرهم العدو وكان يريد أن يقتلهم فقط لينعم بالسلام» (Elliott 2003:1999). بالطبع، المكاسب الشخصية (بما في ذلك البقاء) قد ينبثق من نجاح الفاعل الذي يتم التبليغ له، ولكن الدافع الأساسي هو المساهمة في هذا النجاح. التبليغ يكون «كيديًا» («خاصًا، «تلاعبيًا»، «مصلحيًا») عندما يكون مدفوعًا بشكل أساسي بدوافع شخصية غير مرتبطة بالقضايا السياسية الأوسع، مثل الانتقام بالخلافات الشخصية، رغم أن هذه الدوافع يمكن أن تتنكر لتبدو على أنها سياسية. [المؤرخة الأسترالية] شيلا فيتزباتريك (Fitzpatrick 1997:117) تشير إلى أنه في الاتحاد السوفييتي كان «الدافع هو خلق استجابة من الدولة يمكن من خلالها للمبلغ أن يحصل رضا أو مصلحة محددة ما. قد يكون المكسب عار خصم بالعمل أو منافس في سياسات القرية، أو طرد جار من شقة جماعية مزدحمة، أو عقاب زوج سابق، أو تسوية نزاعات مع خصم شخصي».

نظرية العنف الانتقائي تؤكد على القيود، وتبقى محايدة حول الدوافع وراء التبليغ. بذلك، فهي تتلاءم مع كل من الدوافع السياسية والكيدية. ومع ذلك، فشهادات التبليغ الكيدي منتشرة بالأدبيات الوصفية على المستوى الجزئي (المايكرو) بينما تغيب في الأدبيات الوصفية والنظرية على المستوى الكلي (الماكرو)، ولذلك، فالتبليغ الكيدي جدير بالبحث. إنني أضع ملاحظات مبدئية هنا وأرجع لهذه القضية في الفصل العاشر.

---

(1) هناك نوع ثالث يمكن تسميته التبليغ «الاجتماعي» عندما يبلغ شخص ما عن شخص آخر فهو يعتمد على معيار اجتماعي. مثلًا، [بروفيسور التاريخ] فرانسوا – خافيير نيرارد (Nérard 2004:374) يرى التبليغ، بشكل أوسع، طريقة للاحتجاج الاجتماعي تحت ظروف من السلطوية، عندما تغلق القنوات الأخرى. بشكل واضح، الحدود بين هذه الأنواع الثلاثة مائعة.

التبليغ الكيدي قد يتولد عن أفراد أو عائلات أو فصائل بالقرية أو حتى قرى بأكملها(1)، فقد يكون انعكاسًا لانقسامات أكبر: مثلًا، الحسد الشخصي يمكن أن يكون الانعكاس الفردي للانقسام الطبقي، ولكن ما دام التبليغ عن مالك أرض **محدد** (وليس عن أي مالك أرض عشوائي)، فالكيد قد يكون موجودًا كذلك. الأمر نفسه ينطبق عندما تختلط عداوة مبنية على الانقسامات مع توقع مكسب خاص، كما ينطبق عندما يبلغ شخص ما عن مالك أرض بعينه أو عن عضو بالمجموعة السياسية أو الإثنية «الخصمة» على أمل تحصيل ملكية ما. التبليغ الكيدي يمكن أن ينتج عن نزاعات سابقة (ثأر عائلي مستمر)، أو يمكن أن يتولد من الحرب نفسها (الانتقام أو الثأر من سلوك سابق أثناء الحرب، «التبليغ المضاد»، محاولة تنقية اسم الشخص عبر التبليغ عن جار ما.... إلخ). الألمان حصلوا على قدر جيد من المعلومات حول المقاومة من اليونانيين الذين تلقوا معاملة سيئة من المقاتلين غير النظاميين (Condit 1961:247)، كما هو حال الأمريكيين في العراق (Finer 2005). ورغم أن بعض التبليغات الخاصة قائمة على الرشوة، مما يتضمن مكاسب شخصية (مثلًا، ملكية الشخص الذي تم التبليغ عنه)، فإن مكسب المبلغ عادة ما يكون عاطفيًا تمامًا (مثلًا، المسرة من عقاب خصم مكروه).

التبليغ الكيدي ليس بالضرورة مغلوطًا، وإن كان غالبًا كذلك. يمكن التبليغ عن زوج خائن بوصفه بالجاسوس، لكن الزوجة التي تمت خيانتها كانت تعرف منذ البداية أن زوجها الخائن كان جاسوسًا منذ البداية وبلغت عنه فقط عندما علمت بخيانته الزوجية. قرية تيلفاج النرويجية أحرقت عن بكرة أبيها وكل سكانها الذكور تم تهجيرهم من الألمان بعد أن تلقوا معلومة صحيحة أنها كانت تستخدم كمنطقة نقل للعملاء البريطانيين، وهذه المعلومات بدا أنها جاءت من امرأة اكتشفت أنها لم تحصل على حصتها من القهوة والبضائع الأخرى التي جلبها العملاء البريطانيون (Riste and Nökleby 1973:51-52).

---

(1) في بعض الحالات، المظالم الشخصية يمكن أن تكون جماعية في شكل محلي بدل أن تكون فردية: في فرنسا الثورية، مثلًا، استخدمت قرى محددة ممارسة التبليغ كطريقة لتخليص القرية من متسبب دائم بالمشاكل أو لص صغير (Lucas 1997). بشكل مشابه، أثناء الحرب الفيتنامية، بعض المستشارين الأمريكيين رفضوا قصف القرى. «لقد أكدوا أنه يوجد هناك شيء خاطئ أساسًا في نظام يمكن فيه للمخبرين المدفوعين الفيتناميين أن يولدوا غارات جوية على قرى، بحيث تعمل فيه الولايات المتحدة كذراع ميكانيكي للسلطات الفيتنامية. قال أحد الأمريكيين محذرًا: 'لا يوجد عميل يستدعي غارة جوية على قريته. إنها دائمًا قرية أحد آخر'» (Mohr 1966:3).

عادة ما يتضمن التبليغ درجة من الحميمية، إذ إنه يتطلب معرفة كافية بالشخص الذي تم التبليغ عنه لامتلاك معلومات كافية عنه. إن الجانب الصادم الذي اكتشف عند الوصول لملفات «الشرطة السرية الرومانية» و«شتاسي» [وزارة أمن الدولة] في ألمانيا الشرقية كان اكتشاف أن المخبرين عادة ما كانوا شركاء وأصدقاء وحتى أفراد عائلة (Bran 2002; Garton Ash 1997).

بشكل واضح، التبليغات المغلوطة تولد قضايا مخاطر أخلاقية، كما اكتشف مسؤولو المخابرات المركزية الأمريكية الباحثون عن معلومات حول الفيت كونغ:

«أولئك الذين عرفناهم على أنهم أعضاء من حكومة [الفيت كونغ] الظل كان لديهم أعداء من غير الشوعيين في مناطق عملهم، وخصوصًا إذا كانوا يعملون في المنطقة الأصلية نفسها. ومثل معظم الناس، كان لديهم أعداء شخصيون: الرجال الذين أهانوا شقيقاتهم، الرجال الذين سرقوا أعزاءهم، المزارعون الذين استدانوا أموالًا من عائلاتهم ولم يرجعوها، وحتى مسؤولو حكومة فيتنام الجنوبية الذين ضربوا أقرباءهم. أفراد عائلات هؤلاء الأعداء يمكن أن يكونوا خيارًا كذلك، خصوصًا إذا تضمنت الاعتداءات السابقة أقرباء» (Moyar 1997:114).

التبليغ مركزي في الحروب الأهلية، فهو شائع (مثلًا Franzinelli 2002:197) بدلًا من كونه «تحولًا محددًا»، كما يعتقد في بعض الأحيان (مثلًا Wickham-Crowley 1990:209). هذا يفسر لماذا يحال غياب العنف عن مجتمع محلي ما إلى غياب التبليغ. جون واتانبي (Watanbe 1992:182)، الأنثروبولوجي الذي عمل في جواتيمالا، لاحظ أنه «رغم احتلال الجيش، لم يمت أحد في تشيمبال، بعكس كل البلدات حولها. عندما سأل لماذا، رد العديد بأن هذا حصل لأنهم كانوا 'أناسًا جيدين' - أو للدقة، 'مؤمنين مسيحيين' صالحين مهما كانت قناعتهم - لم يبلغوا عن بعضهم البعض للجيش كما فعل الناس في أماكن أخرى».

لأن معظم المراقبين عادة ما يركزون على مرتكبي العنف الفعليين ودوافعهم، فهم يضيعون تمامًا حقيقة أن المعلومات المستخدمة لجعل العنف يتحقق عادة ما تأتي من المدنيين، وعادة من المرتبطين بقرب بالضحايا. القرويون الذين قتلوا في أجزاء من أوكرانيا المحتلة من الألمان تم إعدامهم على يد جنود ألمان، ولكن «تم التبليغ عنهم على أنهم مقاتلون غير نظاميين من قبل أقرانهم الفلاحين» (T. Anderson 1999:621). الجيش الجواتيمالي قتل آلافا من سكان المايا الأصليين أثناء الثمانينيات، ولكن، خارج مناطق المجازر العشوائية، كان هؤلاء «أشخاصًا أشير إليهم على أنهم مخربون من قبل مخبرين محليين بالجيش» (Watanabe

1992:181). امرأة إسبانية فسرت اغتيال امرأة في بلدة زامورا أثناء الحرب الأهلية بالقول: «فيلوريا كان بهيمة. لقد كان يُدفع له ليقتل، وقد قتل أبي. لقد كان أحد أفراد مجموعة من الرجال الذين يأخذون المال ليقتلوا. لقد قتلوا دون أن يعرفوا ضحاياهم. كان الفلانجيون يقولون: 'اقتل هذا'، فيأخذونه ويطلقون النار على عشرين أو ثلاثين أو أربعين أو قدر ما يريدون. لكنه لم يكن الذي أبلغ عنها. لقد قتلها، لكن المسؤول عن مقتلها هو الذي أبلغ عنها. لو لم يكن هناك مبلغون، لما كان هناك سفاحون» (in Sender Barayón 1989:145).

من الضروري التفريق بين التعاون/ الانشقاق والتبليغ. رغم أن كلا السلوكين يتضمن توفير المعلومات لفاعلين سياسيين، إلا أن التبليغ يشير فقط لتوفير المعلومات حول أفراد محددين، بينما يتضمن التعاون/ الانشقاق مجموعة أوسع من النشاطات، من دفع الضريبة إلى توفير المعلومات عن النشاطات العسكرية للمنظمة الخصم. وكما سيتضح، فيمكن التعاون/ الانشقاق بدون التبليغ، لكن العكس غير صحيح، فسلوك التبليغ، بطبيعته، هو سلوك من التعاون/ الانشقاق. التبليغ أكثر خطورة وذو تبعات أكثر من الانشقاق، بسبب كل من الوصمة الاجتماعية المرتبطة به، ولأنه يستهدف أفرادًا معينين هم أعضاء بالمجتمع المحلي.

ومثل أي سلوك اجتماعي، التبليغ يمكن أن يأخذ أشكالًا متعددة، متفاوتة ما بين غير الرسمي جدًا إلى عالي المأسسة. عندما داهم الجنود العراقيون أحد القرى شمال بغداد، وهم يدقون الأبواب ويفتشون المنازل، لاحظ الصحفي الأمريكي الذي يغطي الغارة أن «امرأة بدينة همست في أذن الجنود العراقيين بأن جارها لا يحب الأمريكيين وقالت إنه يملك قنابل» (Glanz 2005:A14)[1]. يقال إن العراقيين أيضًا سلموا أحيانًا للأمريكيين قوائم بالأسماء على نقاط التفتيش قبل مغادرتها (Negus 2004:5). [الكاتب والصحفي الاستقصائي] جون لي أندرسون (Anderson 2004:140) يصف اللقاء بين متمرد سلفادوري ومخبر: «طلب الفلاح من دييجو دقيقة على انفراد، بعيدًا عن السمع. وقفوا معًا لبضعة دقائق بينما كان الفلاح

---

(1) في بعض الحالات، المظالم الشخصية يمكن أن تكون جماعية بشكل محلي بدل أن تكون فردية: في فرنسا الثورية، مثلًا، استخدمت قرى محددة ممارسة التبليغ كطريقة لتخليص القرية من متسبب دائم بالمشاكل أو لص صغير (Lucas 1997). بشكل مشابه، أثناء الحرب الفيتنامية، بعض المستشارين الأمريكيين رفضوا قصف القرى. «لقد أكدوا أنه يوجد هناك شيء خاطئ أساسًا بنظام يمكن فيه للمخبرين المدفوعين الفيتناميين أن يولدوا غارات جوية على قرى، بحيث تعمل فيه الولايات المتحدة كذراع ميكانيكي للسلطات الفيتنامية. قال أحد الأمريكيين محذرًا: 'لا يوجد عميل يستدعي غارة جوية على قريته. إنها دائمًا قرية أحد آخر'» (Mohr 1966:3).

يهمس باهتمام، ودييجو يستمع ويهز رأسه. الفلاح متعاون مدني، يعطي المعلومات حول ما يحصل في القرى الواقعة أمامه».

يمكن مأسسة التبليغ. بحثي في اليونان كشف الإجراء التالي: يبلغ شخص ما عن شخص آخر لعضو في لجنة محلية (أو لشخص يصل لتلك اللجنة)، والذي ينقل القضية للجنة التي تناقش قضايا متنوعة. تملك اللجان ثلاثة خيارات: إما أن تحول كل القضايا للسلطات المعنية، أو تختار من بين القضايا وترسل بعضها، أو لا ترسل أيًا منها أو حتى تمنع استخدام العنف ضد أي أحد. القواعد والإجراءات تباينت لكنها ضمت عادة تصويتًا رسميًا. مثلًا، عندما جاء الألمان إلى إرميوني في أرغوليذا، بلدة صغيرة يسكنها 2212 شخصًا في يونيو/ حزيران 1944، اعتقلوا بضعة رجال كانوا متهمين بعضوية «جبهة التحرير الوطنية»، المنظمة المتمردة التي كانت تحكم البلدة منذ عام 1942. تم تشكيل مجلس من ثمانين شخصًا لمناقشة ما إن كان يجب تسليم خمسة عشر فردًا من السكان المحليين للألمان أو إبقاؤهم بالبلدة. اجتمع المجلس وقرر بالتصويت السري أنه يجب ترحيل أكثر من نصفهم. إلا أن النتيجة فاجأت الجميع، فقد تم تشكيل لجنة أصغر للتداول أكثر واتجهت لأخذ الاستشارة في العاصمة المحلية، كرانيدي. لجنة كرانيدي اكتشفت أن الألمان، أنفسهم، قتلوا ستة رجال محليين تم تسليمهم بشكل مشابه ونصحوا رجال إرميوني أن يطلقوا سراح كل السجناء، كوسيلة عملية لتجنب أي عنف يمكن أن ينتج عن موافقتهم. فعلوا ذلك، وتم إطلاق سراح الجميع (Frangoulis 1988:52- 54)[1]. هذا المثال يشير لتعقيد إجراءات التبليغ ورغبة المحليين على إبقاء درجة من السيطرة حول من يجب تسلميه للغرباء ومن لا.

3.7. التبليغ في الحروب الأهلية العرقية

في معظم الحروب الأهلية، العرقية وغير العرقية، المعلومات **الأولية** حول المنشقين الفعليين أو المحتملين عادة ما تكون عامة. في الحروب الأهلية العرقية، الهويات الفردية غالبًا (وإن لم يكن دائمًا)[2] تظهر بعدة أشكال ملاحظة بشكل عام، وفي المقابل؛ فإن هذه

(1) لقد بدا أن هذه الحركة حكيمة بأثر رجعي، فعندما عاد الثوار من إرميوني، طلب من السجناء السابقين أن يتشفعوا من المتمردين ليمنعوا أعمال الثأر، وهو ما حصل.

(2) أثناء الحرب في كرواتيا، مجموعات مسلحة متنافسة كان عليها أن ترتدي أربطة ملونة تم تغيير ألوانها كل يوم لتمييز الصديق من العدو (Pervanic 1999:23).

الهويات قد تنقل (أو يُرى أنها تنقل) معلومات حول احتمالية سلوك الفرد المستقبلي. الأمر نفسه ينطبق في الحروب الأهلية غير العرقية، عندما يحدد الاستقطاب بشكل مسبق، وعندما تكون الانتماءات السياسية في المجال العام[1]. ببيئات كهذه، ليس هناك حاجة لمعلومات خاصة لكي يكون العنف انتقائيًا. الانفجار الأول من العنف سيستهدف عادة الزعماء المحليين المعروفين للعامة، كما في إسبانيا: «في فوينمايور، عندما اندلعت الحرب الأهلية في يوليو/ تموز 1936، انهار النظام تمامًا، بنتائج مأساوية كما هو متوقع. بعد تأمين البلدة، الحرس المدني شبه المسلح، والذي كان يعمل بالتنسيق مع اليمينيين المحليين، جر ثلاثين زعيمًا من زعماء العمال إلى المقبرة المحلية وأطلق النار عليهم بلا محاكمة أمام عائلاتهم. بلدة لاكامبانا المجاورة، التي كان اليسار مسيطرًا عليها حينها، شهدت عملًا انتقاميًا شبيهًا. فاليساريون الغاضبون هناك سحبوا خمسة عشرة شخصًا من طبقة ملاك الأرضي مع كاهن الأبرشية إلى بلدة السجن وأحرقوهم أحياء» (Gilmore 1987:44).

في بيئات كهذه، لاحظ أن توقعات الاستهداف المبنية على علامات هوية مرئية بشكل عام ستعمق الاستقطاب، إذ إن الأفراد سيجتمعون أكثر حول جماعاتهم لاعتبارات أمنية. بعد الجولة الأولى من العنف، يتم القضاء على نخب الخصم، و«قواعدهم السكانية» قد تعطى أو لا تعطى خيار «الاستسلام» للجيش الخصم. إذا لم يعط خيار كهذا، فالسكان إما أن تتم إبادتهم أو ترحيلهم[2]. هذه العملية تنتج جبهة ما، والتعاون يتشابه مع الدعم أثناء

(1) هناك العديد من الطرق لتحديد الهويات «الأيديولوجية» في البيئات غير العرقية (مثلًا ;Figes 1996:665 Rosenberg 1991:41).

(2) التهجير الجماعي مختلف عن عملية الفصل غير المركزية، رغم أنه من الصعب التمييز بينهما. كلا الحروب الأهلية العرقية وغير العرقية عادة ما تؤدي لفصل. تريسي شمعون (Chamoun 1992:23) يستذكر كيف أدت الشهور الأولى من الحرب الأهلية في لبنان إلى فصل طائفي، «فقد كان الجميع يلجأ للأحياء التي يكون فيها دينه هو الغالب». جون داربي (Darby 1990:98) يكتب أنه في منطقة بيلفسات التي درسها، «مزيد من العائلات غادرت بيوتها، ليس لأنها واجهت العنف حقيقية، بل تجنبًا للمشاكل في المستقبل». هذا ليس محصورًا على الحروب الأهلية العرقية. كما كتب أحد الرجال من ميزوري، الانفصالية، لأخيه بأن «كل الناس الذين يغادرون يتبعون للاتحاد» (in Fellman 1989:74). في كولومبيا، أصبحت القرى متجانسة سياسيًا كنتيجة للحرب الأهلية لأن الخصوم هربوا (Sánchez and Meertens 2001:17). عندما احتل البريطانيون بوسطن، أثناء الحرب الأمريكية للاستقلال، آلاف الداعمين الوطنيين وعائلاتهم هربوا من المدينة، وعندما غادر البريطانيون عام 1776، آلاف الداعمين من الموالين تبعوا القوات البريطانية (Carr 2004). إيلمر لير (Lear 1961:120) يروي كيف أن مقاتلي الغوار المضادين لليابانيين في الفلبين «شجعوا هجرة

الحروب بين الدول. منطق التبليغ لديه منطق محدود في هذه الظروف وينطبق فقط على حالات هامشية من الجواسيس «وأفراد الطابور الخامس». ولكن، إذا أعطي سكان الخصم خيار الاستسلام، وإذا بدأ بعض الناس يتعاونون مع الفاعل المسيطر، فإن تصنيفات الهوية القائمة تكف عن نقل معلومات عن السلوك المستقبلي (Kalyvas 2004). تعاون كهذا وقع أثناء تمرد الماو ماو في كينيا، كما يصفه أحد عناصر مكافحة التمرد البريطانيين:

«أحد الخطوات ذات التأثير الكبير التي تمت حينها كانت قرار تشكيل 'حرس كيكويو الوطني'. لقد كانت حركة شجاعة وإبداعية من جانب الإدارة لتأسيس، ثم تسليح، أعضاء من القبيلة التي ولّدت الماو ماو، والتي أعطى تسعون بالمئة منها ولاءهم للماو ماو. خلال بضعة شهور، وصل أعضاء الحرس إلى عشرة آلاف عنصر، ثم ارتفع إلى عشرين ألفًا، وقد قاتلوا بضراوة ضد قبيلتهم، أولًا بالرماح والمناجل، ولاحقًا بالمسدسات والبنادق، لكنهم استطاعوا، مع شرطة كيكويو القبلية، قتل ما لا يقل عن 4686 عنصرًا من الماو ماو مع نهاية 'الطوارئ'، وهو ما يصل إلى 42 بالمئة من مجموع عناصرهم الكلي.... وكنتيجة للتحدي الصارخ من البداية، أصبح التمرد حربًا أهليًا داخل القبيلة نفسها بدلًا من كونه حركة وطنية» (Paget 1967:91-92).

في هذه الحالة، عملية التبليغ بالحروب الأهلية العرقية تتبع الخطوط العامة الموصوفة بهذا الكتاب.

7. 4. هل العنف الانتقائي ممكن؟

مفارقة أساسية بالحرب الأهلية هي أنها تزيد الحاجة لمراقبة السكان، بينما تقوض قدرة الفاعلين، في الوقت نفسه، على فعل ذلك. لمعالجة هذه المشكلة، الفاعلون السياسيون يحاولون تطبيق اللامركزية والحكم غير المباشر، مفوضين جزءًا من السلطة للجان المحلية أو المليشيات (الفصل الخامس). اللامركزية تولد معلومات محلية أكثر، لكنها تولد في الوقت نفسه مشاكل ذات خطر أخلاقي لأن المعلومات غير الدقيقة تؤدي لعنف عشوائي،

الفلبينيين الموالين من مناطق سيطرة العدو إلى المناطق غير المحتلة». وكما يروي أحد المدراء الموالين لليابانيين، «اليوم هناك ثلاثون عائلة ضمن السكان، وجهودنا بزيادة عدد العائلات العائدة لاقت نجاحًا قليلًا لأن عناصر الغوار المسيطرة على الحواجز داخل السكان تمنع أو ترفض دخول الناس، أو لها صلات مع السلطات. إنهم يهددون بقتل أو خطف أو عقاب أو إلحاق الأذى لأولئك المرتبطين أو المتعاونين مع النظام الحالي» (in Lear 1961:208).

مما يتسبب في تأثيرات ذات تأثير عكسي. قروي أفغاني أخبر القوات الأمريكية أن رجال القبائل الخصوم كانوا يدعون مخطئين بأن طالبان كانت نشيطة بالقرية، وأضاف: «لا ترتكبوا الخطأ الذي ارتكبه الروس. لقد كان لديهم مخبرون واعتقلوا الأشخاص الخطأ مما قلب الجميع عليهم» (in Zucchino 2004:A9). مقاتلة غِوار قالت إنها انضمت لهم «لتتجنب أن تقتل نتيجة الحسد (envidia بالإسبانية)»، أي بالتبليغ من عدو شخصي لصالح الأعداء (Stoll 1993:136). مسؤول قروي في فيتنام أشار إلى أن التبليغات الخاطئة ومحاولات الابتزاز من مسؤولي الحكومة الفاسدين كان لها التأثير نفسه: «لقد كانوا ينتقونك ويعذبونك إلى أن يجبروك على الاعتراف. لذلك، لجأ الكثير إلى الفيت كونغ، ولو لم يكونوا يحبونهم، لأنهم لم يملكوا خيارًا. كانوا سيعتقلون، لو بقوا» (Race 1973:71-72). إن أحد الاعتراضات الرئيسية حول التعسف بالسلطة في مناطق الفيت كونغ كانت: «قتل الناس ممن كان القرويون يعلمون أنهم بريئون» (Elliott 2003:944).

التفويض المحلي سلاح ذو حدين. فمن ناحية، إنه يجعل المراقبة ممكنة، بخلق عملاء حاضرين بشكل دائم على الأرض، ويعزز التبليغ بتوفير إنكار مقبل للمبلِّغين بجانب كيان يحميهم. ولأنهم يملكون الوصول للمعلومات المحلية، فالعملاء قادرون على تقييم دقة التبليغات التي يتلقونها. كولين لوكاس (Lucas 1997:35) يشير إلى أنه في فرنسا، «اللجان الثورية في المجتمعات الأصغر كانت تسعى عادة لتجاهل أو التقليل من أهمية التبليغات التي كانت مدفوعة علانية بمصالح وعواطف شخصية». وكما أخبرني أحد أعضاء اللجان في قرية يونانية، فإن «شابًا وقع في حب فتاة لكن شقيقها اعترض، ولذلك أبلغ عنه. لقد ظل يخبرني أن [أخاها] كان يتحدث عن المنظمة. لم أستمع له. لقد كنت موضوعيًا وقادرًا على فرض القانون هنا بالقرية» (المقابلة 58). إضافة لذلك، فالعملاء المحليون يعززون التبليغ، فبتحمل جزء كبير من مسؤولية العنف التالي، كانوا يحمون المبلِّغ من سلوكه، جزئيًا، ويخففون مسؤوليته الفردية.

على الجانب الآخر، التفويض ليس رصاصة فضية ضد مشكلة عدم الدقة المعلوماتية. أحد الحالات الفجة لذلك هي عملاء الجيش المحليون في بلدة جواتيمالية الذين قدموا متعمدين معلومات خاطئة (بما فيها فبركة معارك وهمية ورسم جرافيتي موالٍ للغوار على الجدران) للتلاعب بالجيش لإقناعه بأن البلدة كانت مليئة بالمتمردين، ليحصلوا على حماية من جرائمهم وليكون دافعًا للابتزاز (Paul and Demarest 1988). استخدام السلطة المحلية

لتسوية النزاعات الشخصية حصل حتى بين المتمردين ذوي الانضباط العالي، كما في فيتنام (Elliott 2003:259). من الصعب جدًا ببساطة مراقبة العملاء المحليين، وخصوصًا أثناء الحروب الأهلية، عندما تقل القدرات ويكون هناك كثير من الضغط لاتخاذ الإجراءات.

الفاعلون السياسيون بشكل عام واعون إلى أن العديد من التبليغات مغلوطة. إنهم يعرفون، مثلما علم عملاء «برنامج فينيكس» في فيتنام، أن «التفريق بين الفيت كونغ والأعداء الخاصين أصبح ضبابيًا» (Moyar 1997:115)، فقد كرهوا نظام «الرجال ذوي القبعات» لأن «الخطر يكمن في أن الرجال بالقبعات قد يسوون خلافات سابقة ضد أعدائهم» (Kitson 1960:100). في رسالة من عام 1919، وبخ لينين بقسوة «تشيكا» [هيئة الطوارئ الروسية لمكافحة الثورة المضادة والتخريب] منطقة إيكاتيرينوسلاف لكونهم منظمة إجرامية «أعدمت كل شخص لم تحبه، وصادرت ونهبت واغتصبت واعتقلت وصادرت أموال وطالبت برشاوى ثم ابتزت أولئك الذين أجبروا على دفع الرشاوى، وأطلقت سراح أولئك الذين يستطيعون دفع عشرين ضعفًا لذلك» (in Werth 1998:120). لاحقًا، المسؤولون السوفيتيون المحليون «كانوا مدركين تمامًا أن الفلاحين كانوا يستخدمون التبليغ المتبادل كأداة للتعامل مع العداوات في القرية» (Fitzpatrick 1997:107). عندما غزا الألمان الاتحاد السوفييتي، واجهوا الظاهرة نفسها. مثلًا، عندما دخلت فرقة المشاة الآلية 25 ولاية مقاطعة بريانسك، «اشتكت من أن التبليغ كان منتشرًا ببساطة بين السكان» (Terry 2005:8).

عاجلًا أم آجلًا، الفاعلون السياسيون يكتشفون، كما اكتشف الضباط الأمريكيون الذين قاتلوا ضد المتمردين الفلبينيين في 1899- 1902، أن بعض عمد البلدات المتعاونين «جروهم إلى عداوات محلية» (Linn 1989:146). ومثلما أدرك أقرانهم الأحدث في العراق، «فهؤلاء الناس يبيعون بعضهم البعض كأنه لا يوجد غد»، وأنه «من بين مئة بلاغ يصلنا من المخابرات العراقية، كان هناك واحد فعال فقط» (in Packer 2003:71). جندي أمريكي انتقد أداء المخبرين العراقيين المحليين أثناء عملية عسكرية في مدينة تلعفر، قائلًا: «إننا بالكاد لم نحصل على أي شيء جيد منهم. إنني أظن أنهم يختارون أشخاصًا من قبيلة أخرى أو أشخاصًا يدينون لهم بالمال أو بشيء ما» (in Finer 2005:A1). مجددًا في العراق، النقيب جون بريور من الجيش الأمريكي أدرك أنه «تم سحبه لنزاع عائلي» (Packer 2003:71)، في نقطة أشار لها كذلك بشكل حيوي ضابط آخر، هو النقيب تود براون:

«نعم، لقد كان هذا فعلًا من طراز ’جيري سبرينجر‘ [نسبة لبرنامج تلفزيوني أمريكي شهير يعتمد على القتال بين الضيوف].... أحيانًا هذا ما كنا نسميه عندما يرسلنا المخبرون لمطاردة أوز بري وراء أشخاص فعلوا شيئًا لهم، شيئًا أشبه بصفقة لانتقام شخصي. ولذلك، عندما يكون انتقامًا شخصيًا، نسميه ’برنامج جيري سبرينجر‘، الذي يذكر بكل الأشياء المضحكة التي تحصل بالمجتمع الأمريكي. الأمر نفسه يحصل عندما يكون الانتقام شخصيًا وهو كل ما يريدونه: رجل سرق بقرته أو تزوج فتاة كان يريد الزواج منها أو سرق شيئًا من أرضه أو ممتلكاته. إنه كان يحاول استعادتها بقوله إنه زعيم القاعدة أو شيئًا كهذا، ثم نذهب بمطاردة أوز بري مع مقدم المعلومات» (CNN, 26 December 2003).

كنتيجة لذلك، الفاعلون السياسيون يفقدون الثقة بعملائهم المحليين ويحاولون تنقية المعلومات غير المفيدة. إنهم يحذرون تابعيهم، كما فعل أحد الضباط الكولومبيين، بأنهم إن أرادوا حماية استقلالهم، فعليهم أن لا يسمحوا لأنفسهم بأن يأخذوا استشارات من مدنيين (Roldán 2002:252). مستشار من المخابرات المركزية الأمريكية في فيتنام يستذكر (in Moyar 1997:122) أنه «كانت هناك أوقات كنت أستفسر بها عن أشخاص من قائمة الفيت كونغ السوداء. ’هل هذا الشخص حقًا من الفيت كونغ أم هو عدو سياسي أم عدو بالصفقات لمدير المنطقة أو المحافظة أو لشخص آخر‘»[(1)]؟ أثناء عملية عسكرية، ضابط جواتيمالي حذر القرويين المجتمعين بما يلي: «كل شخص لم يظهر اليوم، عناصر الغِوار الحقيقيون، عليكم بجلبهم لي. ولكن لا تجلبوا لي أشخاصًا بريئين. لا تجلبوا لي أشخاصًا موقرين. ولا تجلبوا لي أشخاصًا لديكم مشاكل شخصية معهم، حول قطعة من الأرض أو بقرة أو امرأة أو مال، أو أي شيء من هذا» (in Stoll 1993:102).

ولكن، هذه ليست مشكلة سهلة الحل، لأن الأفراد عادة أكثر مهارة بالخداع من مهارتهم بضبطه (deTruak and Miller 1990). أحد حلول ذلك هي استحداث إجراءات مرافعة. الشيوعيون الصينيون قدموا إجراءات كهذه، لكنها لم تكن فعالة، حتى أثناء فترات الاستقرار النسبي وكان لا بد من تعليقها أثناء فترات الأزمات، وفي النهاية كان معظم قمعهم اعتباطيًا[(2)].

---

(1) زعماء الغوار في جزيرة لاييت الفلبينية المحتلة من اليابانيين «سعوا لتطبيق شيء قريب من حكم القانون في الأراضي التي يسيطرون عليها»، مما يعني أن «التجسس والتعاون يجب تثبيطهم عبر التطبيق الحصيف للعقوبة السريعة على المذنب. ولكن الكيد لا يجب أن يسمح به لإلقاء تهم باطلة ضد الأبرياء، ليتخلص الجيران بشكل ملائم من أعدائهم الشخصيين أو يحصلوا على ممتلكاتهم بغير وجه حق» (Lear 1961:91).

(2) «طالما كانت مسؤولية الاعتقال والتحقيق، ومسؤولية تحديد المذنب، تقع بشكل كبير على جهاز واحد، هو الشرطة؛ فلم يكن هناك قيود فعالة لتجنب الاعتقالات والعقوبات غير المضمونة» (Griffin 1976:139).

إضافة لذلك، العملاء المحليون يمكن أن يرهبوا الأفراد الذين يترافعون[1].

وسائل أخرى لزيادة الدقة هي المحاسبة بجعل هويات العملاء المحليين أو المبلغين علنية. ولكن، بدون الحماية المقدمة بسرية الهوية، فإن تجمع المبلغين والمرشحين للمواقع في السلطات المحلية سينتهي بسرعة. مثلاً، القادة الأمريكيون خططوا لتداول قائمة من 1400 شخص اعتقدوا أنهم يملكون صلات محتملة مع المتمردين في بلدة تلعفر بالعراق، بحثًا عن التحقق أو النفي من الشيوخ المحليين. يشير الصحفي ريتشارد أوبيل (Oppel 2005:A8) إلى أنهم «قرروا التراجع عنها، لأن شيوخًا قلة سيؤكدون أو ينفون هوية المشتبه بأنهم من المتمردين أمام عراقيين آخرين». ومن الممكن كذلك تغيير العملاء بافتراض أنه من الأقل احتمالية أن يكون لهم ضغينة خارج مناطقهم[2]. عدا الصعوبات اللوجستية التي ترافق طريقة كهذه، فإن هذا الحل لا يتسق مع منطق التفويض، الذي يقلل كلفة الرقابة: العملاء غير المحليون أقل قدرة على جمع وتقييم المعلومات بالمقارنة مع العملاء المحليين.

ربما يتكون الحل الأكثر فعالية من التحقق من أكثر من مصدر من التبليغات، وفرض العقوبات عندما تكون مغلوطة. مذكرة «جيستابو» أرسلت لكل المقرات من برلين عام 1941 حول التبليغات بين الأقارب، وخصوصًا الأزواج والزوجات، أشارت إلى أن التبليغ كان يستخدم لأهداف خاصة غير متوقعة أبدًا من قبل النظام. قدمت المذكرة مزيدًا من القواعد الشاملة التي

---

(1) [بروفيسورة الأنثروبولوجيا] هيلين سيو (Siu 1989:132) تروي قصة أحد الكوادر في الصين ما بعد الثورية، والذي دعم اتهامًا كيديًا ضد قروي وأجبره على بيع ملكيته ليدفع لصاحب الاتهام. نُظر في القضية من قبل لجنة راجعت الحادثة، وحكمت بأن القروي ضحية «اتهامات اعتباطية وانتهازية من عناصر خبيثة». ولكن يبدو هذا استثنائيًا في سياقات الحرب الأهلية. بنيامين باول وويليام ديماريست (Paul and Demarest 1988) يضعان قائمة بالعديد من الحالات التي يكون بها الأشخاص عاجزين عن إقناع الجيش الجواتيمالي بأن عملاءهم المحليين كانوا يستخدمونهم كأداة ابتزاز.

(2) بعد أن زار المفتش العام لجيش الاتحاد ميزوري عام 1864 وأدرك أن «العديد من الجنود وعائلاتهم عانوا من أعمال النهب التي وقعت عليهم من المتمردين، وأن لديهم أعداءهم الذين يرغبون في عقابهم، وأنهم حريصون على استخدام قدراتهم، التي تمنحهم إياها مواقعهم العسكرية لتحقيق مقاصد غير حكيمة»، قرر استخدام جنود من خارج الولاية ليس لديهم ما قيمته ثلاثة أعوام من المشاكل لتسويتها (Fellman 1989:87). بحسب مستشار أمريكي في فيتنام (in Moyar 1997:222-223)؛ «قائد الشرطة وقائد الشرطة الخاصة لم يكونوا يعيشون في [منطقة] فو ين سعيًا وراء انتقام. لو كان لديهم انتقام ضد أي أحد، كان سيتم إرجاعهم للمكان الذي جاؤوا منه، لا في فو ين. إنهم لم يكونوا يعرفون أحدًا هناك، ولذلك وضعتهم الحكومة هناك».

تطالب المبلغين المتزوجين على زوجاتهم أن يُجيبوا تحت القسم ما إن كانت إجراءات الطلاق قد بدأت أم أنه محل تفكير فقط. إضافة لذلك، وزير العدل أضاف أنه حتى التبليغات التي أدت في النهاية لاكتشاف جرم خطير فهي غير كافية بشكل تلقائي كأساس للفوز بقضية في محكمة طلاق (Gellately 1991:143, 148-149)[1]. بشكل أكثر خشونة، الشيوعيون الصينيون أدانوا الخونة «الذين يتهمون الآخرين بأنهم خونة» (Griffin 1976:173)، والمقاتلون الإيطاليون غير النظاميون أعدموا أشخاصًا انضموا لهم سعيًا لتسوية انتقامات شخصية (Pavone 1994:451). جيش الاحتلال الألماني في الاتحاد السوفييتي اعتقل وسجن المتهمين الخاطئين، وفي بعض الحالات جرى جلدهم علانية أمام قرى بأكملها كرادع عن التبليغات المغلوطة المستقبلية (Terry 2005:8). مثال إضافي يأتي من الفلبين المحتلة من اليابانيين: «في أحد المرات، أحد الجنود أصبح ثملًا على يد أحد أقرانه.... أراد منه أن يتخلص من مقدم بلدة الجندي. تم إخبار الجندي بأن مسؤول القرية اعتاد أن يتلقى رسائل من البلدة. بدون تحقق إضافي بالقضية، بحث الجندي عن الضابط وقتله بدم بارد. لاحقًا، عندما عاد الجندي لاتزانه وربما أدرك أنه قام بجريمة بالغة الشناعة، جلب بدوره المخبر وأطلق النار عليه كذلك» (Lear 1961:94).

الوقائع التجريبية مختلطة حول مدى وكيفية استخدام التحقق من أكثر من مصدر. في البيرو، يستذكر أحد العاملين بحقوق الإنسان أن «السينديرو كانت تتحقق دائمًا ممن تقتله» (in Rosenau 1994:317). أحد عناصر «برنامج فينيكس» بفيتنام يدعي أن «الغالبية العظمى من أولئك المعتقلين ضمن عمليات فينيكس كانوا يُنتقون بناء على أدلة ملموسة ومعقولة، بدلًا من كونهم ضحية مجرد أقاويل نتيجة نوع من العداوة الشخصية» (Herrington 1997:196)، رغم أن مستشارًا عسكريًا أمريكيًا لاحظ أن «دحض البيانات واستهداف الأعداء الشخصيين وقع، وعندما يتم اكتشافه كان يتسبب بنوع من السلوك العقابي» (Moyar 1997:120). استخدم البريطانيون نظام المخبرين ذوي القبعات المتعدد في كينيا، في فكرة مفادها أن «أي إرهابي أصلي أو عضو لجنة يجب أن يُعرف من قبل اثنين أو ثلاثة من أصحاب القبعات» (Kitson 1960:101)[2]. آلان بيرلو (Berlow 1998:247) ينقل محادثة مع أحد كوادر «جيش الشعب

(1) على أي حال، وجد نيرارد (Nérard 2004:361) أن كلفة التبليغات المغلوطة في الاتحاد السوفييتي تحت حكم ستالين كان منخفضًا لدرجة الغياب التام.

(2) يضيف كيتسون (Kitson 1960:102) أن هذه كانت «أعمالًا مرهقة ومستنزفة للرجال ذوي القبعات، خصوصًا عندما سطعت الشمس بعد غياب، مما جعلهم يشعرون بالحر والعطش».

الجديد» في الفلبين: «لقد قال: 'إننا لا نقبل طلبات الثأر من العائلات'، موضحًا أن الناس عادة ما تقوم باتهامات مغلوطة لجيش الشعب الجديد – مثلما تفعل مع جيش الحكومة – بمحاولة لتسوية نزاعات شخصية تمامًا. وتابع: 'لدينا سياساتنا لتوزيع العقوبات، بما فيها عقوبة الموت'».

ولكن، التحقق من عدة مصادر يتطلب درجة عالية من المصادر وبيروقراطية فعالة، ولذلك، فهو صعب التحقيق في الحرب الأهلية، عندما تُفقد الموارد، خصوصًا في المناطق المتنازع عليها. الأدلة المتاحة تشير إلى أن الأنظمة القمعية تميل لتوسيع المزيد من الموارد لمراقبة التبليغات أكثر من فاعلي الحروب الأهلية. محاكم التفتيش الإسبانية كانت تعلم عادة كيف تفرق بين التبليغات الصحيحة والمغلوطة (Kamen 1998:181)، رغم أن قرويًا أكد في ثمانينيات القرن الخامس عشر أنه «في قشتالة، أحرق ألف وخمسمائة شخص بشهادة خاطئة» (Kamen 1998:175). بشكل مشابه، جيمس جيفين (Given 1997:141) ينقل أن أحد مؤشرات المدى الذي حاول به الأفراد التلاعب بمحاكم التفتيش في لانغيدوك أثناء القرون الوسطى كان التواتر الذي كان به المفتشون يفرضون به كفارات على أفراد كان الخطأ الرئيسي لهم هو إعطاء شهادات كاذبة ضد أبرياء. يخلص بقوله (Given 1997:142).: «التلاعب بالمفتشين أعطى بعض اللانغيدوكيين إمكانية الوصول لمصدر سياسي جديد وفعال بشكل غير معتاد، ولكن كان هناك دائمًا خطر في أن يعرف المفتشون ما الذي يحصل. لقد كان الثمن الذي يمكن أن يدفعه مخطط غير محظوظ لوصوله لهذا المورد المحدد عاليًا جدًا».

وعلى النقيض، وجدت حوادث قليلة جدًا لتحقق فعال من مصادر متعددة في الحروب الأهلية، وخصوصًا خارج مناطق السيطرة الكاملة. عناصر المليشيات الجمهوريون في إسبانيا لم يقوموا بجهد ممنهج لتحديد أي التبليغات التي أدت لإعدامات في قرية إسبانية كانت مغلوطة أو كيدية (وبدا أنها لكليهما) (Harding 1984:75-76). ضابط أمريكي يعمل في العراق أشار إلى المخبرين المحليين ذوي القبعات بأنهم «أول الخطوات المهمة بعملية تحديد وإزالة المتمردين»، مضيفًا: «أنت، طبعًا، لا تستطيع موافقتهم بما يقولون لأنهم يرتكبون العديد من الأخطاء، ولكن بما أننا لا نعرف هذه الأماكن جيدًا كما يعرفونها، فمن المساعد وجودهم حولنا» (in Finer 2005:A1). ضابط آخر اعترف أنه لن يذهب لنهاية القصص المتناقضة العديدة التي قيلت له من مخبرين متعددين وضحاياهم، معلنًا بغضب: «إنني لست شيرلوك هولمز اللعين» (in Packer 2003:72).

بدلًا من التحقق من مصادر متعددة، فالفاعلون السياسيون عادة ما يلجؤون لتنميط «ثانوي»، ثانوي من حيث أنه يقع حالما يتم الحصول على قائمة من الأسماء، فيتم البحث بعدها عن سمات ظاهرة قد تشير إلى الولاء من عدمه، ويفصلون التبليغات الصحيحة من المغلوطة. قوات الأمن الهندية في البنجاب بحثت عن «رجال سيخ شباب ما بين أعمار 18 و40، لديهم لحى طويلة ويرتدون عمائم» (Gossman 2000:267). عناصر الكونترا في نيكاراجوا اعتبروا المعلمين والعاملين الصحيين الريفيين عناصر في الساندينيستا على الأرجح (Horton 1998:128)، المهنتان اللتان استهدفتا كذلك من متمردي الرينامو في موزمبيق (Nordstrom 1997:83). الجيش الجواتيمالي استهدف المعلمين، والأساتذة ثنائيي اللغة، ومعلمي الدين المسيحي، ومسؤولي التعاونيات (Warren 1998:95; Paul and Demarest 1988:125-126). الكولومبيون الأغنياء كانوا يعتبرون هدفًا مشروعًا للمتمردين، في حين استهدفت العناصر شبه المسلحون منظمي العمال والعاملين بحقوق الإنسان (Fichtl 2004:5). الفيت كونغ كانوا حذرين تحديدا من أولئك الذين سافروا إلى بلدات الأسواق، حيث كانت الحكومة حاضرة (Elliott 2003:949-950). بشكل واضح، هذا التنميط عادة ما يكون غير فعال. مثلًا، محاكم التفتيش اللانغيدوكينية فشلت في تحديد التبليغات المغلوطة عندما كانت الضحية شخصًا «هاجم أعضاء مهمين في المؤسسة السياسية المحلية، وبذلك جعل نفسه عرضة للهجوم» (Given 1997:147). إضافة لذلك، الاعتماد الكثير على التنميط يخرق الفكرة الأساسية للعنف الانتقائي. إنه يبدو وكأن تسوية عقدت بين مطالب الانتقائية ووحدات المعلومات المتاحة. عملي الميداني في اليونان كشف عن حالات عدة كان التنميط بها مختلطًا مع المعلومات المحلية. لقد وجدت أن عمدة أحد القرى قتل على يد المتمردين، على الأرجح بعد أن تم التبليغ عنه كيديًا من شقيق امرأة وعدها خطأً بالزواج، وكعمدة، كان يتواصل بشكل دائم مع سلطات الاحتلال، وهي حقيقة قلبت الميزان عليه عندما حلت لحظة الحقيقة (المقابلة 6، المقابلة 7)[1].

في النهاية، من المستحيل تقدير نسبة الإيجابيات والسلبيات المغلوطة. ومع ذلك، هناك دليل على أن الفاعلين السياسيين عادة ما يختارون أن يخطئوا باتجاه الإيجابيات المغلوطة

(1) بشكل ما، التنميط يعكس العملية المشتركة من إنتاج العنف على الهدف: أولئك الذين يرجح أن يتم الوشاية بهم هم أشخاص لديهم أعداء شخصيون ويناسبون نمطًا عامًا من عدم الولاء. هذه حادثة أخرى من تشكيل «الانقسام الرئيس» للعنف، والشرطية في الديناميات المحلية.

بدلًا من السلبيات المغلوطة. الضباط الأمريكيون في الفلبين بداية القرن الماضي حددوا تبعات هذه الحالة بوضوح وبشكل رسمي: «لاعتقال أي شخص يُعتقد أنه مذنب أو يقدم المساعدات أو الدعم للتمرد بأي شكل أو يعطي الطعام أو الراحة لأعداء الحكومة، فليس من الضروري انتظار دليل كاف يؤدي لإدانته من قبل محكمة، بل يمكن اعتقال أولئك المشتبه بهم بشدة بتعاونهم مع العصيان، واحتجازهم كضرورة عسكرية، وربما يحتفظ بهم كأسرى حرب بحسب تقديرات قادة النقطة العسكرية، حتى تصل أوامر أخرى من السلطات الأعلى»[1]. صاغ مقاتل غير نظامي هذه المشكلة بمصطلحات واضحة: «هذه الحالة تدربنا على التعامل الجاد مع مشكلة الجواسيس والمبلغين: يجب اعتقال وقتل المشتبه بهم على أدنى أساس متاح من الأدلة. من الناحية الأخرى، هناك خطر بإدانة أي شخص بريء، ولكن كيف يمكن انتظار دليل على الخيانة؟ من موت أو اعتقال شخص من جانبنا؟» (in Franzinelli 2002:204). في كينيا، كانت الاتهامات المقدمة من الآخرين، بما فيهم المخبرون المقنعون، لا تحتاج تأكيدًا (D. Anderson 2005:203). في كولومبيا، المجموعات المسلحة «تفضل 'العدالة' البسيطة بالإعدامات الميدانية للمتعاونين المشتبه بهم على الإجراءات المعقدة للمحاكمات أو غرابة أخذ متعاونين متهمين كأسرى» (Fichtl 2004:5). عام 2003، اعتقلت الحكومة الكولومبية مئات الأشخاص في عدة مواقع محلية على أساس بعض التبليغات، فقد اعتقل أربعة وسبعون شخصًا في بلدة كارتاجينا ديل تشايرا الصغيرة بتبليغ واحد من رجل اتهمه العديد من السكان المحليين بالكيد (Semana 2003). أحد الشعارات الشائعة بين المتمردين في فيتنام كان: «أن تقتل خطأ خير من أن تطلق سراحًا خطأً»، فبالنسبة لهم: «لم تكن العدالة قيمة مثالية مجردة، بل أداة في الصراع السياسي»، «فإذا كان الصراع بين مظهر الثورة والأفكار المجردة للعدالة، فمن الواضح من الذي سيسود» (Elliott 2003:91, 947). ضابط أمريكي في العراق استذكر عن مكافحي التمرد العراقيين أنهم «إذا أطلقوا النار على أحد ما، فلا أظن أنهم كانوا يشعرون بالندم، حتى إن قتلوا شخصًا بريئًا» (in Maass 2005:47).

(1) بوصفه للحملة الأثينية في صقلية، يروي ثوسيديديس (Thucydides 6.53) القصة التالية: «بعد انطلاق الحملة، كان الأثينيون قلقين مثلما كانوا للاستقصاء عن حقائق حول الحوادث الغامضة وحول الهيرما. وبدلًا من التقصي حول شخصيات المخبرين، كانوا يعتبرون كل شيء يصل لهم أساسًا للاشتباه، وبناء على أدلة مارقة تمامًا اعتقلوا وأسروا بعض أفضل المواطنين، معتقدين أنه من الأفضل الوصول للقاع بهذه الطريقة بدلًا من أن يهرب أي شخص متهم، مهما كانت سمعته جيدة، بالهروب من التحقيق بسبب الشخصية السيئة للمخبر».

لذلك، فالعنف الانتقائي يستهدف العديد من الأبرياء. باستذكار العنف الذي وقع في قريته أثناء الحرب الأهلية اليونانية، أحد كتاب التاريخ المحلي للقرية استنتج أن القتل كان سببه «بشكل ما» الانتماء السياسي للضحايا، ولكنه كان «أكثر» نتيجة الهوس الانتقامي لأعدائهم (Kanellopoulos 1981:609). «برنامج فينيكس» في فيتنام كان كثيرًا ما «يستأصل الأشخاص الخطأ» (Adams 1994:179; FitzGerald 1989:516)، ومقاتلو غِوار الهوك في في الفلبين «قتلوا أشخاصًا اعتقدوا أنهم كانوا جواسيس أو أعداء لكن بدا لاحقًا أنهم ليسوا كذلك» (Kerkvliet 1977:177)، وكل من اليونيتا [الاتحاد الوطني للاستقلال الكلي الأنغولي] و«الحركة الشعبية لتحرير أنغولا» أعدموا الكثير من الأبرياء على أنهم خونة بناءً على اتهامات مغلوطة ناتجة عن عدوات شخصية (Brinkman 2001:15). قائد محلي في «جبهة التحرير الوطنية» في الجزائر يقال إنه تسبب في إعدام ما يصل إلى 3000 رجل وامرأة بريئين عامة في حملته على الإرهاب، التي أطلقها بأعوام 1958 و1959 بعد أن استطاع الفرنسيون ببراعة زرع الشك بين الجزائريين (Horne 1987:323). في السلفادور، الكثير من التبليغات المغلوطة «كانت كافية لتحتم مصير الشخص، إذ إن قوات الحكومة نادرًا ما تحققت من التهم، ومبدأ 'المتهم بريء حتى تثبت إدانته' لم يكن مبدأ اعترف به الجيش أو القوات الأمنية أو مقاتلو 'المنظمة الديمقراطية الوطنية' المدنيون غير النظاميين» (Binford 1996:107; also Wood 2003:96-97). تقرير عن سريلانكا أقر أنه «بأخذ كلام المخبرين كما هو، سمحت قوات [الأمن] بتسوية عداوات قديمة ونزاعات على الأراضي وتنافسات اقتصادية بشكل دموي» (University of Teachers for Human Rights 1993:38). جوسيبا زليكة (Zulaika 1988:99) «وجد أن 'الحقائق' الراسخة حول [مخبر مفترض في قرية باسكية]، مثل دوره بالخيانة بأحداث عام 1960، كانت خاطئة تمامًا»[1]. الحصص والجوائز مقابل «التحييد» لا تزيد هذه المشكلة سوى صعوبة (Courtois 1998:21; Moyar 1997:116; Chang 1992:218).

هناك دليل منهجي وراء السجلات المتناقلة. [المؤرخ الكندي المختص بالتاريخ الإيرلندي] بيتر هارت (Hart 1999:17, 303) بحث بشكل موسع في أرشيف الشرطة البريطانية

---

(1) حوادث إضافية حول تبليغات مغلوطة نُقلت عن مالايا المحتلة من اليابانيين (Kheng 1983:144, 180, 181-182)، وجواتيمالا (Warren 1998:9)، وسريلانكا (Senaratne 1997:147).

ووجد أنه من بين ضحايا «الجيش الجمهوري الإيرلندي» خلال الفترة ما بين 1916– 1923 «قلة قليلة من المخبرين الحقيقيين، بينما كان البقية ضحايا بريئين». بمقارنة بيانات إعدامات «الجيش الجمهوري الإيرلندي» والمخابرات البريطانية؛ يخلص إلى أن الغالبية العظمى من المخبرين الحقيقين لم يتم أبدًا الاشتباه بهم أو عقابهم، ومعظم الذين أطلق عليهم النار (أو شوهت سمعتهم أو طردوا أو أحرقت منازلهم) لم يقدموا معلومات أبدًا، وأولئك الذين وضعوا في القوائم السوداء كانوا أبرياء عادة. في البيرو، قيل إن محاكم مكافحة الإرهاب الخاصة التي أسست لقتال تمرد «السينديرو» أدانت مئات الأشخاص الذين بدا لاحقًا أنهم أبرياء من دعم مجموعات المتمردين. بصيف عام 1089 ،2000 من أولئك «الأبرياء» أطلق سراحهم إما بعفو أو بإلغاء أحكامهم (Krauss 2000:3).

بالكلية، من الممكن القول إن الفاعلين السياسيين يفشلون بالتمييز بين المذنب والبريء. هل نستنتج إذًا أن العنف الانتقائي وهم وأن كل العنف، حقيقة، عشوائي، وفي النهاية، ذو تأثيرات عكسية؟

خلاصة كهذه ستكون خاطئة. هناك دليل جوهري على أن الفاعلين السياسيين ينجحون في توليد الردع عبر العنف الانتقائي **رغم** قتل الكثير من الأبرياء. هذا كان واضحًا بحالة «برنامج فينيكس» في فيتنام، والذي وصف بأنه غير دقيق نسبيًا، وفعال جدًا، في الوقت نفسه (Sheehan 1989:116; West 1985:95). الأمر نفسه ينطبق على «الجيش الجمهوري الإيرلندي». السلطات البريطانية استنتجت في تقرير استخباراتي عام 1921 أن «الجيش الجمهوري الإيرلندي» كان غير دقيق بشكل ملاحظ: «في كل الحالات إلا واحدة كل مرة، الشخص الذي تم إعدامه [على يد 'الجيش الجمهوري الإيرلندي'] لم يعطهم معلومات»، ولكن، في الوقت نفسه، أدركوا أنه بالرغم من ذلك، كانت حرب «الجيش الجمهوري الإيرلندي» على المخبرين كبيرة الفعالية (Hart 1999:300). بحثي الخاص في اليونان يؤكد هذه الفكرة: العديد من الأشخاص الذين قتلوا بشكل انتقائي ولكن خاطئ، إلا أن قتلهم كان رادعًا، كما أراد قاتلوهم. بالمحصلة، العنف الانتقائي، رغم أنه مشوب بالنواقص، فعال. ولكن كيف؟

لتحقيق الردع، يجب على الفاعلين السياسيين أن يقنعوا السكان المستهدفين بأنهم قادرون على مراقبة سلوكهم وعقابهم عليهم بدقة معقولة. بمعنى آخر، إنهم يحتاجون أن يوصلوا **تصورًا عن انتقاء ذي مصداقية**. يمكنهم تحقيق هذا الهدف بدون أن يكونوا دقيقين

تمامًا في استهدافهم. خليط الضربات الدقيقة والخاطئة يتسق مع التصور عن الانتقاء ذي المصداقية تحت شروط ثلاثة[1].

أولًا، الوجود المجرد للعملاء المحليين يشير إلى رغبة المنظمة وإمكانيتها أن تكون اختيارية. فقط عندما تصبح مشاكل المخاطر الأخلاقية كبيرة يحتاج الفاعلون السياسيون التدخل، أما عدا ذلك، فالنظام يبقى فعالًا. الفاعلون السياسيون يقدمون قدرتهم على الانتقاء كإعلان على أنها وظيفة لكيان موجود محليًا، فأحد الشعارات الأساسية لمنظمة «الدرب المضيء» كانت: «الحزب لديه ألف عين وألف أذن» (Degregori 1998:143). بذلك، أهمية الوكلاء المحليين تعتمد بشكل أقل على ما يفعلونه حقًا، وأكثر على مجرد وجودهم. إذا اعتقدَ العامة أن هناك شبكة فعالة من المخبرين، فهم سيستنتجون أن الضحايا مذنبون (Herrington 1997:39)، أو على الأقل لن يكونوا متأكدين من عدم أخذ هذا بالحسبان، وهي فكرة تتسق مع العديد من الملاحظات حول التأثير المخدر لفكرة للتصور بأن هناك شبكة فعالة من المخبرين: «لا يمكنك أن تتأكد من هو من» كان التعبير الذي يصف شعور الناس في جواتيمالا (Green 1995:105). وصف أحد الرجال الحالة في إيرلندا خلال 1923 – 1923: «ربما كان من أكثر الأمور المستهجنة هنا هو ما يُعرف بـ'الاستخبارات'. لا يمكن للشخص أن يعرف مع من يتحدث. لا يمكن للشخص أن يعرف من ومن ليس 'ضابط استخبارات'.... كل العيون تبدو محدقة، وكل الألسنة تهمس بالريبة والشك حيثما ذهبت» (in Hart 1999:124). رغم أن العنف يحصل أمام العامة غالبًا[2]، إلا أن هناك قدرًا حتميًا من الضبابية حول أسبابه. أوصاف الترهيب تتضمن، بشكل متسق، إشاعات وقوائم سوداء جمعت بشكل غامض، إضافة «لهمس وتعريض وإشاعات» حول الأسماء التي تضمها (Green 1995:109; Faivre 1994:145).

---

(1) بشكل واضح، الاستراتيجية المثالية للفاعلين السياسيين هي الانتقاء العشوائي الذي يبدو انتقائيًا (أشكر دييجو جامبيتا للإشارة إلى هذا). عمليًا، هذا صعب التحقيق، فالجهاز الإداري المطلوب لخلق تصور ذي مصداقية من الانتقاء تأسيسه مكلف للغاية، وعندما يفعَّل، فهو يؤدي لخليط من الضربات الصحيحة والخاطئة بدلًا من أن يكون استهدافًا عشوائيًا تمامًا.

(2) قد يتركون رسائل على أجساد الضحايا، وينظمون محاكمات علنية واعترافات علنية (عادة ما تكون شكلية) من حين لآخر (Kheng 1983:180; Cobb 1972:1921). مثلًا، يلصق الفيت كونغ «إشعارًا بالموت» على الجثة، تسرد «الجرائم» المدعاة للضحية وتوضح أنه أثناء ارتكابه هذه الجرائم، أصبحت الضحية «مدينة بكثير من الدم للناس»، ولذلك كان لا بد من إدانته.

ثانيًا، العملاء المحليون يساعدون الفاعلين السياسيين بتجنب الأخطاء الصارخة، والتي يسهل تحديدها من العامة وتعمل على خلق انطباع عام بالاستهداف الخاطئ بشكل ثابت[1]. كما ناقشت في الفصل السابق، فإن العنف العشوائي يخلق الاستهداف الخاطئ، المرئي بشكل كبير، للمتعاطفين المحتملين أو الفعليين للفاعل غير المميِّز، وهو ما يمكن تجنبه بالتفويض المحلي. الفاعلون السياسيون لا يريدون أن يسأل الناس، كما سأل زعيم فلسطيني محلي عن سبب اغتيال متعاون مشتبه به مع الإسرائيليين: «لماذا قتل هذا الشخص؟ إنه بريء» (in Swedenburg 1995:199)[2].

ثالثًا، عندما يقع الانشقاق ضمن قيود (أي، عندما يملك الطرف الخصم اليد العليا)، فهو عادة ما يكون سلوكًا سريًا، فلا يمكن للناس أن يقولوا ما إن كان ضحية ما منشقًا فعلًا أم لا[3]. في مناطق السلفادور التي درسها لاي بينفورد (Binford 1996:112)، «غالبية السكان ’غير الحاسمين‘ سياسيًا لم يكن أمامهم طريقة لمعرفة ما إن كانت الاتهامات بأن ضحايا [الجيش] تعاونوا مع الغِوار صحيحة أم لا، إذ إن ’جيش الشعب الثوري‘ عمل بشكل سري هناك». عندما يكون هناك شك حول براءة الضحايا أو ذنبهم، ولكن هناك اقتناع بمصداقية المنظمة بشكل ما؛ فمعظم الناس عادة ما يستدلون على الذنب ويغيرون سلوكهم بناء على ذلك. خذ هذه الأمثلة من الجزائر وفيتنام وسريلانكا وكولومبيا:

«عندما كنا نسمع أن الأشخاص س أو ص وجدوا مقتولين، كنا نقول لأنفسنا: ’من كان يعتقد أن

---

(1) لاحظ أن عائلة الضحية قد لا تكون مقتنعة، ولكنها لن تتحدث إذا كان ذلك خطيرًا جدًا (Hamoumou 1993:157, 174). إضافة لذلك، ادعاءات عائلة الضحية لا ينظر لها دائمًا على أنها محل مصداقية.

(2) لهذا لا يمكن أن ينجح خيار الانتقاء العشوائي مع ادعاء الانتقاء الفعلي. لاحظ أيضًا أن اغتيالات الأفراد الذين يُعرف أنهم كانوا ضحايا تبليغ كيدي لا تفسر بالضرورة على أنها حوادث استهداف خاطئ، إذ إن التبليغات الكيدية يمكن أن تكون صحيحة كذلك.

(3) حتى أفراد المنظمات المستهدفة بالعنف قد يكونون غير متأكدين من براءة بعض أقرانهم. درجة سرية الانشقاقات تتفاوت بناء على عوامل إضافية، مثل أنماط التنظيم السابق. مثلًا، لاحظ اليابانيون أنه، بعد حملتهم للتمشيط، أصبح الشيوعيون أقوى في يونجكينج أكثر من هيجان (وكلاهما في هيبي الوسطى، الصين)، وهذا رغم حقيقة أن التراث الشيوعي أصبح أقوى كثيرًا في هيجان. لأن التنظيم في هيجان بدأ تحت ظروف عسكرية مؤمنة جيدًا، أصبح الناشطون الشيوعيين معروفين لكل القرويين، وعندما أجبر الشيوعيون على الخروج؛ فإن معظم الناشطين المحليين أصبح من الممكن أن يبلغ عنهم. على النقيض، التنظيم الشيوعي في يونجكينج بني لاحقًا وتحت ظروف أكثر سوءًا، مما جعل التنظيمات السرية أقدر على مواجهة الهجوم الياباني (Hartford 1989:117).

هؤلاء كانوا خونة؟ ولكن لا بد أنهم كذلك، إذ إن الجبهة الوطنية للإنقاذ أعدمتهم›» (in Hamoumou 1993:157).

«أعدم الفيت كونغ أربعة أشخاص في قريتي. لقد أوضحوا للناس أن هؤلاء كانوا عملاء مأجورين للسلطات الحكومية. لم يستطع أحد أن يتحقق ما إن كان هذا صحيحًا أم لا. كان الجميع خائفين. لم يتجرأ أحد على قول أي شيء» (in Mallin 1966:72).

«لقد نجحت ›جبهة تحرير الشعب‹ المتمردة بإيصال ›تصور عام بأنه إذا قتل شخص ما على أيديهم، فلا بد أنه فعل شيئًا يستحق العقاب‹» (M. Moore 1993:628).

«هناك اعتقاد واسع الانتشار بين السكان بأن ضحايا العنف ›سعوا للمشاكل‹. التعليقات الشائعة بين الناس حول الشخص الذي قتل كانت: ›إنه مدين بشيء ما‹، أو ›لقد جنى على نفسه‹. كان القتل عادة ما ›يفسر‹ بأن الضحية لص، أو شخص لم يف بوعده، أو شخص يتحدث كثيرًا، أو يمكن الاستغناء عنه» (G. Martin 2000:181).

باختصار، فعالية العنف الانتقائي تعتمد بشكل أقل على الدقة الشديدة، وبشكل أكثر على الانطباع بين السكان بأن هناك عملية انتقاء جارية. استخدام الوكلاء المحليين أساسي بتوليد هذا الانطباع ويساعد على تفسير التناقض الظاهري بحملات العنف الانتقائي بأنها فعالة للغاية رغم فشل دقتها.

5.7. اقتصاد سياسي للتبليغ

حصول التبليغ يعتمد على كلٍّ من الدوافع والقيود. الدوافع كثيرة ومتنوعة (الفصل العاشر)، فحتى المستويات الدنيا من الصراع الاجتماعي والدرجات العليا من التضامن قد لا تمنع حصول التبليغ، نظرًا للعدد القليل من الأشخاص المطلوبين للقيام بهذه العملية. القيود إجراءات تنظيمية أكثر فعالية للتبليغ.

تقديم التبليغات خاضع لقيد أساسي، وهو احتمالية الانتقام، إما من المبلغ أو من اللجنة المحلية التي تفحص التبليغ. بينما يعد الرفض الاجتماعي، النابع عن معايير المجتمع، والناتج عن هذا السلوك مصدرًا محتملًا للخطر بالنسبة للمبلغ، إلا أن الخطر الحقيقي يأتي من تهديدات الانتقام ذات المصداقية، لا مشاعر النفور المنتشرة. بالطبع، هذا البعد قياسي بالجريمة المنظمة: تهديدات الانتقام ذات المصداقية تثبط الشاهد عن تقديم شهادته (مثلًا

(Butterfield 2005). آلية شبيهة يمكن إيجادها بالحرب الأهلية. قروي يوناني فسر لماذا امتنع عن التبليغ للسلطات اليمينية عن القرويين اليساريين الذين تسببوا بمقتل عمه، وأخبرني: «لقد كان المقاتلون [اليساريون] غير النظاميين يجوبون القرية. إنك لا تعرف ما الذي يمكن أن يحصل لك» (المقابلة 10). قروي شيوعي يوناني (Nikolaidis 1977:55) يستذكر كيف كان رد فعله على غِوار شيوعيين حاكموا قرويًا محليًا أمام «محكمة شعبية» وضربوه: «هل لديك أي فكرة كم سنعاني بسبب محكمتك الصورية؟ إنك ستغادر أما نحن فعلينا البقاء». هذه العملية تبدو بالأمثلة التالية من كينيا والجزائر وفيتنام وإيرلندا الشمالية:

«حتى عندما كان هناك أناس يعرفون بأنهم من الكيكويو 'الموالي' ويعيشون في القرى على أنهم أتباع الماو ماو؛ لم يكن من السهل تقديم دليل ضدهم أو تمييزهم. إذا فعلوا ذلك، كانوا سيشهدون انتقامًا بسرعة» (Leakey 1954:121).

«سيعرفهم السكان، لأنهم سيعانون جدًا بسببهم، لكنهم لن يبلغوا عن هؤلاء الوكلاء ما لم يستطيعوا فعل ذلك دون خطر. الخوف من الانتقام سيمنعهم من إيصال معلوماتهم التي يملكونها لنا.... ولينجحوا، علينا ألا ننسى حقيقة أننا سنستلم معلومات فقط إذا كان الناس الذين يمنحوننا إياها لا يخافون على أنفسهم» (Trinquier 1964:35, 78).

«القاعدة الأولى كانت: 'لا تبلغ الحكومة عن نشاطات الشيوعيين'. في هيب هوا، معظم القرويين كانوا يدركون أي العائلات كانت عائلات ثورية، وأيها شكلت لجنة حزب القرية. ولكن، لم يكن أحد متأكدًا من ولاءات جميع جيرانه.... عمليًا، كل قرية في فيتنام كان بها على الأقل مخبر سري لا يتساهل بإبلاغ الفيت كونغ باسم المزارع الذي حذر الأمريكيين من سيارة مفخخة. منظمة الفيت كونغ، بذلك، كانت الوسيلة الأكبر التي ضمنت بها الثورة صمت الناس، وهذا الصمت كان كافيًا ليعرقل جهودنا» (Herrington 1977:39).

«بذلك، كان العامل الكبير في الانحسار المبدئي لاستخبارات حكومة جنوب فيتنام في الريف هو التغير بأمن وكلاء الاستخبارات: فقدت الحكومة القدرة على حمايتهم. بشكل واضح، تغيرت حسابات المخاطر. نظرًا لجدية الانتقامات المحتملة لنشاطات كهذه، أولئك الذين كانوا يقومون بها لأجل المال وجدوا أنها لا تستحق تقديم حياتهم لأجلها. أولئك الذين زرعوا الضغينة ضد الثورة وجدوا أن كلفة ممارسة الانتقام تصاعدت دراماتيكيًا» (Elliott 2003:424).

«لقد عاشت بالمنطقة. إنها تعرف من قتل زوجها، لكنها لا تستطيع أن تقول من، لأن أشقائي جميعًا عاشوا هناك ووالدي عاش هناك، ولذا سيكون عليهم أن يغادروا البلاد. إنهم لم يكونوا ليستطيعوا البقاء. لذلك، لم تستطع قول أي شيء حول من قتله. لقد رأت قاتليه كل يوم واعتادوا أن يخيفوها ليتأكدوا أنها ستبقي فمها مغلقًا» (in Smyth and Fay 2000:23).

أهمية خطر الانتقام كمحدد للتبليغ تتسق مع الدراسات النفسية التي بحسبها تعيق قوة علامات الثأر النسبية عملية الانتقام (Bandura 1983)، ومع الأدلة العملية التي تشير إلى أن توقع الانتقام، ضمن بعض الظروف، هو إجراء تنظيمي للاعتداء (Walters 1966)، ومع الدراسات الاجتماعية للسياقات الريفية التي تظهر أن الفلاحين يأخذون بشكل جدي قوة منافسيهم على تقرير تحديهم أو الامتناع عن ذلك (مثلًا Hua and Linshan 1996:180-182)، ومع دراسات البيئات الإجرامية أو شبه الإجرامية التي تظهر أن تهديدات الثأر ذات المصداقية من المجرمين تثبط الضحايا والشهود عن الإبلاغ عن الجريمة أو تقديم الأدلة (مثلًا Crisp 2000:620)، ناهيك عن الملاحظات العديدة العرضية، والنافذة في الوقت نفسه، في السياقات الأدبية (مثلًا Stendhal 1996:38).

هذا الخطر يفسر لماذا يسعى المبلغون (والمخبرون كذلك) لإخفاء هويتهم. هناك قاموس روسي يعرف التبليغ بأنه «كشف سري لممثلي الحكومة عن بعض النشاط غير القانوني» (Kozlov 1996). الفاعلون السياسيون يرغبون عادة في توفير إخفاء الهوية لتخفيف مخاطر التبليغ (Kamen 1998:182; Moyar 1997:74)[1]. صورة المخبر المتخفي بقبعة وهو يشير إلى الناس ليعتقلوا (**المقنع** سيئ السمعة في أمريكا اللاتينية) شائعة في كل الحروب الأهلية[2]. الفاعلون السياسيون لا يحبذون إخفاء الهوية الكامل لأنه «دعوة مفتوحة لشهادات الزور والشهادات الكيدية» (Kamen 1998:182).

ولكن، إخفاء الهوية ليس سهلًا، خصوصًا بالمجتمعات المحلية الضيقة. يستذكر ستيوارت هيرينجتون (Herrington 1997:23) بالقول: «لم يكن هناك أسرار في أي قرية فيتنامية ريفية». يقول الفلاحون القبارصة عن رجل غبي «اعتقد أنه يمكن أن يضرب زوجته، بدون أن يسمع جيرانه» (Durrell 1996:224). من الممكن عادة تخمين أصل التبليغ، خصوصًا عند النظر للعداوات الشخصية والمجتمعات المحلية (مثلًا Butterfield 2005:22; Argenti-Pillen 2003:61-62; Berlow 1998:44)[3]. كيفين أندروز (Andrews)

---

(1) رأيت إعلانًا في قطار أنفاق نيويورك يتضمن الرسالة التالية: «ليس عليك كشف هويته لتساعد بحل جريمة عنيفة. اتصل على 1-800-577-tips. الجوائز تصل إلى ألفي دولار».

(2) مثلًا، D. Anderson (2005:202); Wood (2003:114); Mahmood (2000:83); Zur (1998:80); Stoll (1993:62); Stubbs (1989:44); Kheng (1980:96); Kerkvliet (1977:66); Kitson (1960:100).

(3) هذه هي النقطة التي يتباعد فيها الثأر عن النشاط السياسي الصافي، فالإخبار السري تحديده أكثر صعوبة من التبليغات الكيدية المبنية على النزاعات الشخصية والمحلية.

1984:122)، الذي سافر عبر اليونان عام 1949، أعاد إنتاج المحادثة التالية التي أجراها في قرية:

«قل لي شيئًا. الناس الذين أحرقوا المنازل، وقتلوا أختك وابنها؛ ما الذي جرى لهم الآن؟
نظر إلي بذات نظرة باباستافروس الطفولية قائلًا: ما الذي جرى لهم الآن؟ لا شيء.
ما الذي تعنيه؟
إنهم جميعًا هناك.
في القرية؟!
أين سيذهبون عدا ذلك؟
ولكن هل تعرف من فعل ذلك؟
طبعًا أعرف. في قرية كهذه، كل شيء معروف».

الالتماسات للسلطات العليا التي كتبها بعض ضحايا الحرب في ميزوري الحرب الأهلية تشير إلى أن الضحايا توقعوا الهويات المحتملة للمعتدين عليهم (Fellman 1989:60)، والأعضاء المقنعون لأحد فرق الموت في جواتيمالا عرفوا على أيدي أقارب أحد ضحاياهم (Paul and Demarest 1988:123)، والإشاعات حول من خان أبناء صدام حسين ظهرت فجأة بعد أن قتلوا[1]، وفي إحدى القرى اليونانية التي درستها؛ المخبر المقنع الذي جاء مع الألمان ليشير إلى أعضاء المقاومة عرف من قبل العديد من القرويين الذين كانوا مجتمعين في الميدان المركزي للقرية، لدرجة أن اضطر أن يخلع قبعته.

أقارب وأصدقاء ضحية تبليغ ما يرغبون بالانتقام بشكل طبيعي إما من المبلغ أو من الوكلاء المحليين الذين صادقوا على التبليغ. لذلك، فالمبلغون المحتملون واللجان المحلية يجب أن تأخذ بعين الاعتبار خطر الثأر الذي يواجهونه. بعكس الانتقام في ثأر الدم، والذي يكون مباشرًا، الثأر بسياق الحروب الأهلية عادة ما يكون عبر وسيط. كما ناقشت في الفصل الثالث، فحالات ثأر الدم عادة حالات طقوسية منظمة بمجموعة ثابتة من المعايير التي يجب الخضوع لها، وهذه المعايير توضح لماذا يسعى الناس للثأر نظرًا مع الكلفة الكبيرة المحتملة التي يواجهونها (Gould 2003). عدم رغبة الغالبية العظمى من الناس، في معظم المجتمعات، في ارتكاب سلوكيات عنيفة وغياب الانتقام يمكن تفسيره

---

(1) "Host betrayed Saddam's sons," BBC News, 24 July 2003, http://news.bbc.co.uk/1/hi/world/middle east/3092783.stm.

بغياب معايير ثأر الدم[1]. الحرب الأهلية تزيد فرص الانتقام وتقلل كلفته بشكل كبير: فليس على الشخص أن يلوث يديه بشكل مباشر. الثأر يأخذ شكل «التبليغ المضاد»، وهو التبليغ عن المبلغ الأول للفاعل السياسي الخصم. ومثلما يمكن أن يستخدم المبلغون الفاعلين السياسيين لتحقيق أهدافهم الخاصة، فعائلة أحد ضحايا التبليغ قد «تبلغ بشكل مضاد» عن المبلغ الأول. باختصار، النفور الجوهري لمعظم الناس من ارتكاب العنف بأيديهم وسعي الفاعلين السياسيين لاحتكار العنف[2] يحول التبليغ المضاد إلى الأداة الرئيسية للثأر.

هناك شرطان يجب تحقيقهما ليحصل التبليغ المضاد. أولًا، المبلغ المضاد يجب أن يملك وصولًا للفاعل الخصم (وهذا الفاعل يجب أن يملك القدرة على تنفيذ الثأر). الوصول للفاعلين السياسيين غير تناظري، وهم بشكل طبيعي لا يرغبون في توطيد دوائر الانتقام. ثانيًا، ومثلما يأخذ المبلغون بعين الاعتبار مخاطر الثأر؛ فالمبلغون المضادون يجب أن يفكروا بالثأر المضاد[3]. عندما يشعر الأفراد، حتى أو عرفوا أو كشفوا كمبلغين، أن الفاعل السياسي الذي سيبلغون له عن أقرانهم يستطيعون حمايتهم من الثأر، فهم سيبلغون (أو يبلغون بشكل مضاد) على الأرجح[4]، ولكن إذا كانوا يقلقون من أنهم بالتبليغ لن يكونوا محميين على الأرجح، وبهذا سيواجهون الثأر عبر التبليغ المضاد (أو إذا كانوا يعتقدون أن التبليغ والتبليغ المضاد لن ينفذ على الأرجح)، فمن المستبعد أن يبلغوا[5].

---

(1) مما يتسق مع ملاحظات أن القتل الجماعي هو عمل قلة نسبيًا من الأشخاص (Valentino 2004).

(2) كاثلين هارتفورد (Hartford 1989:114) تصف كيف وضع الحزب الشيوعي الصيني برامج «إبادة الخونة» تحت السيطرة المباشرة للجنة الحزب في المنطقة، لا تحت فرع الحزب في القرية. كانت الاغتيالات تُفحص على مستوى المنطقة، والقتل الانتقامي المستقل لم يكن مسموحًا به.

(3) بالطبع، فهوية المبلغ المضاد يجب أن تكون واضحة بشكل متساو للمبلغ الأصلي.

(4) إنني أفترض أن الاحتمالية القليلة لأن يقتل الفرد لا تُترجم إلى تكاليف متوقعة كبيرة. في الحقيقة، احتماليات قليلة جدًا للموت يمكن أن تجعل الأفراد يتصرفون كما لو أن الكلفة المتوقعة صفر. الدليل التجريبي المتاح يشير إلى أن الأفراد عادة ما يبالغون في تقدير فرص نجاحهم بالأفعال المكسبة نسبيًا ويقللون تقدير فرص نجاحهم بالأفعال التي قد تكون مكلفة (مثلًا Mirels 1980; Weinstein 1980; Larwood and Whitaker 1977; Miller and Ross 1975). عندما سألت بضعة مخبرين روس لماذا كان الناس يبلغون مع وجود احتمالية ضئيلة للثأر، أشاروا إلى العادات الدافعة للعديد من السكان التي تدفعهم لخطر كبير رغم علمهم بالاحتمالية الضئيلة بأنهم قد يواجهون حادثًا.

(5) التبليغ لفاعل سياسي لا يستطيع القيام بالانتقام مكافئ عملياتيًا لأن يترك الشخص بلا حماية من الفاعل السياسي.

رغم أن ما يمكن اعتباره درجة مقبولة من الحماية، نظرا لحماسة الدافع، سيتباين مع قدرة الأفراد على التعامل مع المخاطر، فإن الجواب الأساسي الذي ينطلق منه هو أن التبليغات ستكون وسيلة سيطرة يمارسها الفاعلون السياسيون. السيطرة تؤثر كذلك بقدرة فاعل ما على تنفيذ عمل انتقامي. إنني أستدخل هذه الفكرة ضمن الصياغة الرسمية لنظرية العنف الانتقائي التالية.

6.7. نموذج للعنف الانتقائي في الحروب الأهلية

إنني أصوغ بشكل رسمي نظرية للعنف الانتقائي وأضع نتائج حول احتمالية العنف الانتقائي والعشوائي عبر الحيز، وحول هوية المنفذين (ما إن كانوا المتمردين أم من السلطات). هذه النظرية لا تتحدث عن كثافة وتوقيت العنف. لإبقاء النموذج بسيطًا، إنني أفككه لثلاث عمليات متمايزة لكنها مرتبطة: حسابات الأفراد للانشقاق، وحسابات الأفراد للتبليغ، والحسابات التنظيمية للعنف.

التفضيلات مباشرة وواضحة. الفاعلون السياسيون يسعون لتضخيم السيطرة على الأرض، فهم يسعون «لاحتلال» أراضٍ وزيادة مستوى السيطرة على الأراضي التي يحكمونها. إنني أفترض عدم وجود أناركية [أي غياب للسيطرة]، فعندما يغادر فاعل ما أرضًا، فالخصم يتحرك مكانه. زيادة السيطرة تعني تحصيل تعاون حصري من المدنيين وإلغاء الانشقاق، أي التعاون مع الطرف الخصم، وهذه هي الوظيفة الرئيسية للعنف الانتقائي.

تكاليف إنتاج العنف الانتقائي يُفترض أنها مرتبطة عكسيًا بالسيطرة. إنني أعتبر توزيع السيطرة عند اللحظة الزمنية ($ز_0$) خارجية المنشأ، وحالما تبدأ العملية، فتحولات السيطرة التالية متعلقة بعاملين اثنين: أولًا، العسكرية الخارجية التي تسمح لفاعل ما «باحتلال» أرض يسيطر عليها حتى اللحظة الطرف الخصم، وثانيًا، استخدام العنف الانتقائي بأرض «محتلة» أصلًا، مما يزيد درجة التعاون، ومن ثم السيطرة، في الفترة الزمنية التالية ($ز_1$)، مع التأكيد، بالطبع، على أن ميزان القوة القائم لم يتغير من الخارج بانسحاب قوات أحد الفاعلين أو جلب الفاعل الخصم لمزيد من القوات.

المدنيون عقلانيون بشكل محدود، فهم حساسون للمكاسب ويسعون لتضخيم خدمة شخصية أو سياسية تخضع لاحتمالية بقائهم، وهم عادة أيضًا ما يخلطون الفرص مع اعتقاداتهم عن الفرص. النموذج لا يتحدث عن دوافع الانشقاق والتبليغ، فهي قد تكون

شخصية أو سياسية، معبرة عن الأيديولوجيا أو الانتقام أو الكراهية. ولكن، أفترض أن التبليغات تحصل بشكل محلي بين أناس يعرفون بعضهم البعض. إنني أفترض أيضًا أن الأفراد يعتقدون أن درجة السيطرة الممارسة حيث يعيشون مستقرة. يجب أن يأخذ المدنيون قرارين استراتيجيين منفصلين: ما إن كانوا سينشقون، وما إن كانوا سيبلغون. الفاعلون السياسيون يجب أن يقرروا ما إن كانوا سيستخدمون العنف، وما هو النوع الذي سيستخدمونه.

1.6.7. الانشقاق

خذ بعين الاعتبار توزيعًا للحيز الجغرافي لخمسة مناطق منفصلة من السيطرة، من 1 إلى 5. المنطقة 1 هي منطقة سيطرة كاملة للسلطات، والمنطقة 5 هي منطقة سيطرة كاملة للمتمردين. ما بينهما، تقبع المناطق 2 و3 و4 المتنازع عليها وحيث تتفاوت السيطرة كما يلي: المنطقة 2 تسيطر عليها السلطات بشكل أساسي (سيطرة غالبة للسلطات)، والمنطقة 4 يسيطر عليها المتمردون بشكل أساسي (سيطرة غالبة للمتمردين)، والمنطقة 3 يسيطر عليها بالتساوي بينهما (تكافؤ).

بحسب الافتراض (1)، فإنني أخمن أن الانشقاق (أي التعاون مع الطرف الخصم) تشكله درجة السيطرة التي يمارسها الفاعلون السياسيون. إذا كان هناك عدد (م) منشقون في قرية ما، و(د) هي درجة السيطرة التي تتمتع بها منظمة ما في القرية، فـ م(د) تقل إذا ازدادت (د). مكاسب الانشقاق تتضمن الفوائد المادية و/ أو غير المادية المأخوذة من مساعدة المنظمة التي يتعاون معها الشخص، بينما تقل تكاليف الانشقاق والقبض -السجن، والتعذيب، والموت-. إذا كان (ك) هو مكسب الانشقاق، و(ت) هي تكلفة القبض على المنشق، فإنه بالنسبة لغالبية الناس الذين يثمنون البقاء: ت > ك. احتمالية القبض عليهم ستكون شرطًا لرغبتهم بالانشقاق نظرًا لتفضيلاتهم.

الفاعلون السياسيون يرغبون في تقديم المزيد مقابل التعاون (على شكل مزيد من الوعود أو الترقيات أو المكاسب المادية) حيث تقل قدرتهم على السيطرة، حتى عندما تكون قدرتهم على توفير هذا المزيد أقل مع السيطرة، بانتقال الشخص من المنطقة 3 باتجاه مناطق السيطرة الأضعف. وعلى النقيض، قدرتهم على اعتقال المنشقين تزيد مع السيطرة، بانتقال الشخص من المنطقة 3 باتجاه مناطق السيطرة الأقوى. المنشق يُقبض عليه إما بالرصد المباشر أو

بالتبليغ. إذا كانت (ح) هي احتمالية رصد المنشق أو التبليغ عنه والقبض عليه، فإن كلفة الانشقاق تصبح مانعة عندما يصبح مجموع سيطرة الفاعل الخصم مساوية لـ:

ح × ت > (ك – ح) ك

(ح) تصل لقيمتها القصوى تحت السيطرة الكاملة، وتقل حتى تصل الصفر تحت سيطرة الفاعل الخصم الكاملة. الأشكال 7.1 و7.2 تظهران العلاقة بين الكلفة والمكاسب المتوقعة للتعاون مع السلطات والمتمردين على التوالي (أو الانشقاق تجاه السلطات والمتمردين) في مناطق السيطرة الخمسة.

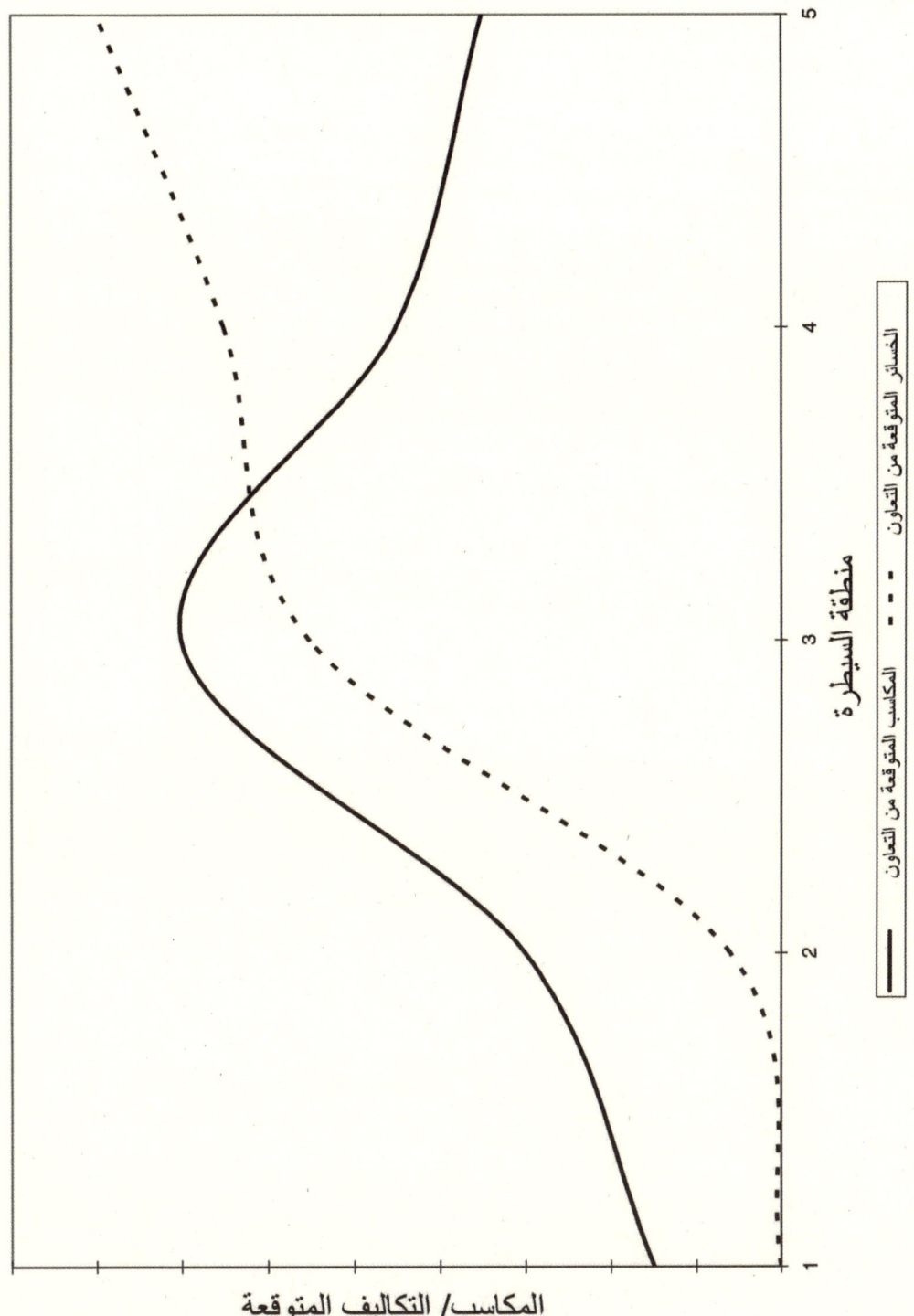

الشكل 7.1. المكاسب والخسائر المتوقعة من التعاون مع (أو الانشقاق لصالح) السلطات

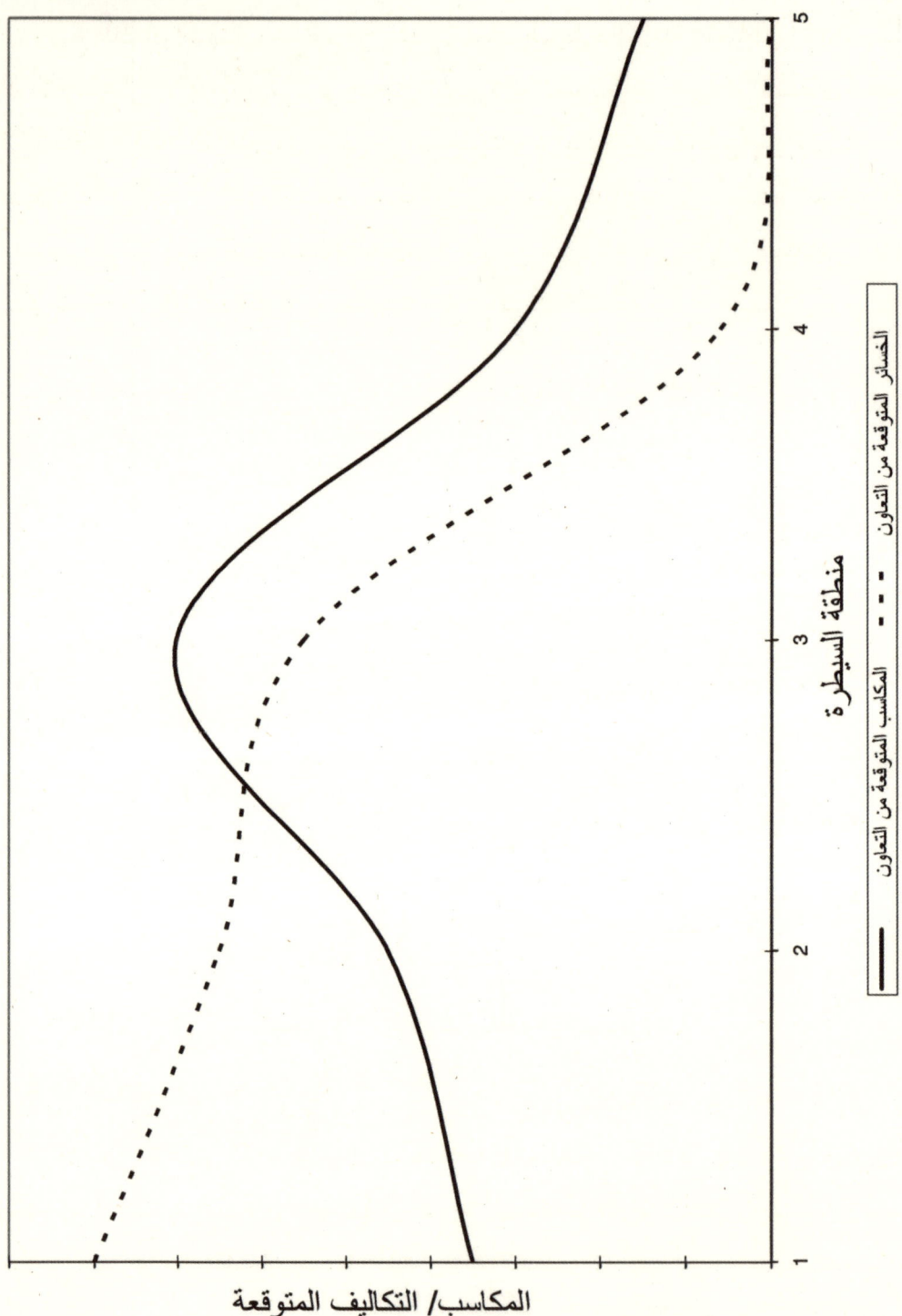

الشكل 7.2. المكاسب والخسائر المتوقعة من التعاون مع (أو الانشقاق لصالح) المتمردين

يتبع ذلك أن الشهداء وحدهم من ينشقون تحت السيطرة الكاملة (المناطق 1 و5)، رغم أن الأفراد عالي الالتزام ينشقون في مناطق السيطرة الغالبة (المناطق 2 و 4). الانشقاق ينشط في المنطقة 3 لكلا الفاعلين، وينفجر في المناطق 4 و 5 (باتجاه المتمردين) و 2 و1 (باتجاه السلطات) (الشكل 7.3). الانشقاق مشكلة للسلطات في كل المناطق باستثناء المنطقة 1، وللمتمردين بكل المناطق باستثناء المنطقة 5. بمعنى آخر، المناطق 1 و 5 متجانسة، بينما المناطق 2 و3 و 4 ليست كذلك، مما يتسق مع توصيفها كمنطقة متنازع عليها.

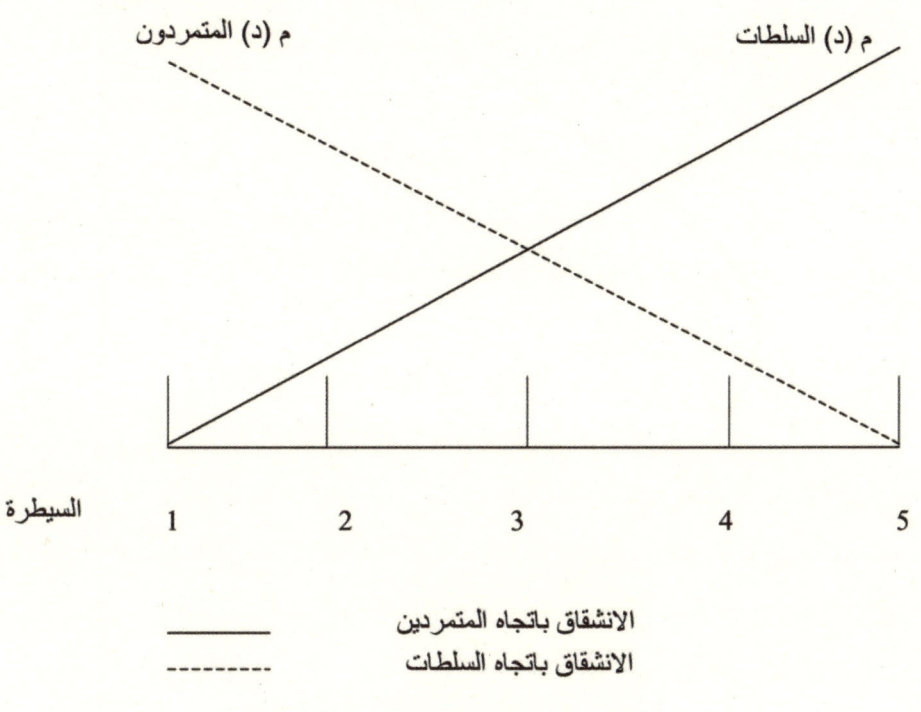

الشكل 7.3. الانشقاق كاقتران للسيطرة

2.6.7. التبليغ

خذ بعين الاعتبار هذه الصيغة الرسمية التالية للمحاججة. هناك قرويان: (أ) و(ب). (أ) يختار إما أن يبلغ عن (ب) أو لا، و (ب) يختار إما أن يبلغ عن (أ) أو لا. كل قروي لديه ارتباط سياسي حصري مع منظمة سياسة ما (القروي أ مع المنظمة أ، والقروي ب مع المنظمة ب)، وبالمقابل، كل منظمة تتمتع بدرجة من السيطرة: (طأ) هي الدرجة التي تستطيع بها المنظمة (أ) فرض سيطرتها على القرية وإقصاء المنظمة (ب)، و(طب) هي الدرجة التي تستطيع بها

المنظمة (ب) فرض سيطرتها على القرية وإقصاء المنظمة (أ). وبالاتساق مع النقاش السابق في هذا الفصل، فقيم (طأ) و(طب) عبر مناطق السيطرة الخمسة هي كالتالي: (طأ) ترتفع في المناطق 1 و 2، وتتراجع في المناطق 4 و 5، بينما ترتفع (طب) في المناطق 4 و 5، وتتراجع في المناطق 1 و2، بينما بالمنطقة 3، منطقة التكافؤ، طأ = طب. الموقع المكاني لكل قروي (ومن ثم طأ و طب) اختارتهما الطبيعة [قضاء وقدرًا].

كل قروي يقدم معلومات للمنظمة، التي تقوم باغتيالات بناء عليها. إنني أفترض أن القرويين يمكن أن يبلغوا فقط المنظمة التي يرتبطون بها، واحتمالية استهداف شخص واغتياله من قبل الفاعل الذي تم التبليغ لصالحه هي (ح). لنقل أن (حأ) هي احتمالية استهداف المنظمة (أ) ونجاحها باغتيال (ب) بعد عملية تبليغ، و(حب) هي احتمالية استهداف المنظمة (ب) ونجاحها باغتيال (أ) بعد عملية تبليغ. إنني أفترض أن المبلغ وعائلته ظاهران للعيان، مما يسمح باحتمالية الثأر: عائلة الشخص الذي تم التبليغ عنه واغتياله لديها خيار الثأر عبر التبليغ المضاد عن المبلغ الأول للمنظمة الخصم. القرويون يختارون بين استراتيجيتين: التبليغ (غ) وعدم التبليغ (ع).

لتكن (س) هي قيمة اغتيال (ب) على يد منظمة (أ) بالنسبة له، وقيمة اغتيال (أ) على يد منظمة (ب) بالنسبة له، أي هي الرضا النابع عن إنهاء خصم محلي. لتكن (ص) هي الكلفة المباشرة للفرد (أ) من التبليغ عن (ب)، والكلفة المباشرة للفرد (ب) بالتبليغ عن (أ)، والتي تتكون من الرصد والعقوبة من المنظمة الخصم، والتي أفترض أنها الموت. بذلك، ص > س لأن موت الشخص بشكل عام يفوق أي مكاسب مأخوذة من التبليغ عن خصم ما وموته. إنني أفترض أن (س) و(ص) هما الثابتان بالنسبة للأفراد. إضافة إلى (ص)، لنفترض أن (ثأ) هي احتمالية الثأر عبر التبليغ المضاد من عائلة (أ) ضد (ب)، و(ثب) هي احتمالية الثأر عبر التبليغ المضاد من عائلة (ب) ضد (أ). (ثأ) هي اقتران متناقص من (طب): الدرجة التي تستطيع بها المنظمة (ب) السيطرة على القرية، و(ثب) هي اقتران متناقص من (طأ)، كما التالي:

ثأ = ثأ (طب)

ثب = ثب (طأ)

لاحظ أن هذه الاقترانات متماثلة وأن (ث) محدب قبل الصفر ومقعر بعد الصفر. احتمالية الثأر عبر التبليغ المضاد تعتمد على ما إن كانت المنظمة الخصم تمارس احتكارًا

أو شبه احتكار للقوة. لذلك، فمن الممكن التفكير بـ (ط^{أ}) و(ط^{ب}) للمدى الذي تستطيع به منظمة ما حماية فرد ما من الثأر من الجانب الآخر.

هناك أربعة نواتج محتملة: [التبليغ، التبليغ]، أو (غ، غ)، [التبليغ، عدم التبليغ]، أو (غ، ع)، [عدم التبليغ، عدم التبليغ] أو (ع، ع)، (عدم التبليغ، التبليغ) أو (ع، غ). المكاسب من كل ناتج لكل لاعب هي كما يلي:

اللاعب أ (ب^{أ}):

ب^{أ}(غ، غ) = ح^{أ} (س - ث^{ب} (ط^{أ}) ص) + ح^{ب} (ث^{أ} (ط^{ب}) س – ص)

ب^{أ}(غ، ع) = ح^{أ} (س - ث^{ب} (ط^{أ}) ص)

ب^{أ}(ع، ع) = 0

ب^{أ}(ع، غ) = ح^{أ} (ث^{أ} (ط^{ب}) س – ص)

اللاعب ب (ب^{ب}):

ب^{ب} (غ، غ) = ح^{ب} (س – ث^{أ} (ط^{ب}) ص) + ح^{أ} (ث^{ب} (ط^{أ}) س – ص)

ب^{ب} (غ، ع) = ح^{ب} (ث^{ب} (ط^{أ}) س – ص)

ب^{ب} (ع، ع) = 0

ب^{ب} (ع، غ) = ح^{ب} (س – ث^{أ} (ط^{ب}) ص)

التوازنات هي كالتالي:

1. (غ، غ) في حالة توازن عندما تكون س ≤ ث^{ب} (ط^{أ}) ص، و س ≤ ث^{أ}(ط^{ب}) ص **أو** س/ ص ≤ القيمة القصوى[ث^{ب} (ط^{أ})، ث^{أ}(ط^{ب})].
2. (ع، ع) في حالة توازن عندما تكون س ≥ ث^{ب} (ط^{أ}) ص، و س ≥ ث^{أ}(ط^{ب}) ص **أو** س/ ص ≥ القيمة الدنيا[ث^{ب} (ط^{أ})، ث^{أ}(ط^{ب})].
3. (غ، ع) في حالة توازن عندما تكون س ≤ ث^{ب} (ط^{أ}) ص، و س ≥ ث^{أ}(ط^{ب}) ص **أو** ث^{ب} (ط^{أ}) ≥ س/ ص ≥ ث^{أ}(ط^{ب}) ص.
4. (ع، غ) في حالة توازن عندما تكون س ≥ ث^{ب} (ط^{أ}) ص، و س ≥ ث^{أ}(ط^{ب}) ص **أو** ث^{أ} (ط^{ب}) ≥ س/ ص ≥ ث^{ب} (ط^{أ}) ص.

الفرد (أ) سيبلغ عن الفرد (ب) دون أن يبلغ (ب) عن (أ)، أي الاحتمال (غ، ع) عندما تكون (ط^{أ}) كبيرة و(ط^{ب})، أي عندما تملك (أ) احتكارًا أو شبه احتكار للسلطة ولا تستطيع

المنظمة (ب) حماية داعميها. العكس بالعكس، يحصل الاحتمال (ع، غ) عندما تكون ($ط^{أ}$) قليلة و($ط^{ب}$) كبيرة. وباعتبار أن س/ ص<1، فإن توازن عدم التبليغ (ع، ع) يحصل عندما تكون كلتا المنظمتين غير قادرة على حماية داعميهما ($ث^{أ}$ ($ط^{ب}$) و $ث^{ب}$ ($ط^{أ}$) كبيرتان، وكل من ($ط^{أ}$) و($ط^{ب}$) قليلتان). بكلمات أخرى، الأفراد سيتمنعون عن التبليغ نظرا لاحتمالية كلفة كبيرة جدًا، في منطق يتسق مع «التدمير القطعي المتبادل» في التنافس النووي[1]. على العكس، توازن التبليغ المتبادل (غ، غ) يتطلب أن تملك كلتا المنظمتين بالوقت نفسه القدرة على حماية المتعاونين معهم، ومنع الثأر ($ث^{أ}$ ($ط^{ب}$) و$ث^{ب}$ ($ط^{أ}$) قليلتان، وكل من ($ط^{أ}$) و($ط^{ب}$) كبيرتان). وجود شبه دولتين قويتين في الزمان والمكان نفسه مستبعد جدًا بالحرب الأهلية، إذ إن احتكار السلطة هو الهدف المركزي لكلا الطرفين المتخاصمين[2].

محاكاة بسيطة لهذا باستخدام قيم عددية منطقية لكل من (ص) و(س) (100 و33، على التوالي) تظهر توزيع التوازنات عبر قيم (ط) [السيطرة] للقرويين بأخذ قيم (ث) [احتمالية الثأر] (الشكل 7.4). الفرد (أ) سيبلغ والفرد (ب) لن يبلغ إذا كانت المنظمة (أ) تتمتع بسيطرة أكبر مقارنة مع المنظمة (ب)، والعكس صحيح. توازن عدم التبليغ المتبادل يظهر عندما تصل المنظمتان لتكافؤ في السيطرة. نظرًا لقيم كل من ($ط^{أ}$) و($ط^{ب}$) في مناطق السيطرة الخمسة المختلفة، توازن (غ، ع) يظهر في المناطق 1 و2، وتوازن (غ، ع) يظهر في المناطق 4 و5، وتوازن (ع، ع) يظهر في المنطقة 3 (الشكل 7.5). لاحظ أن غياب التبليغ من منطقة التكافؤ متسق مع أعداد الانشقاق الكبيرة في تلك المنطقة، بحسب النقاش المذكور سابقًا.

---

(1) الافتراض لـ (ع، ع) هو أن العلاقة بين (س) و(ص) و(ث) عندما تكون ط = 0,5: س < ص × ث.

(2) لاحظ أن (غ، غ) قد ينتج كذلك على شكل غياب العنف، إذ إن الطرفين قد يحمون المتعاونين معهم بشكل فعال من التبليغ المضاد، ولكن من المستبعد أن تكون هذه الدينامية فعالة عندما نرى وقوع عدم العنف، كما تمت المحاججة سابقًا. في الفصول 8 و9، أبحث عن دليل مباشر على آلية عدم العنف في مناطق التكافؤ.

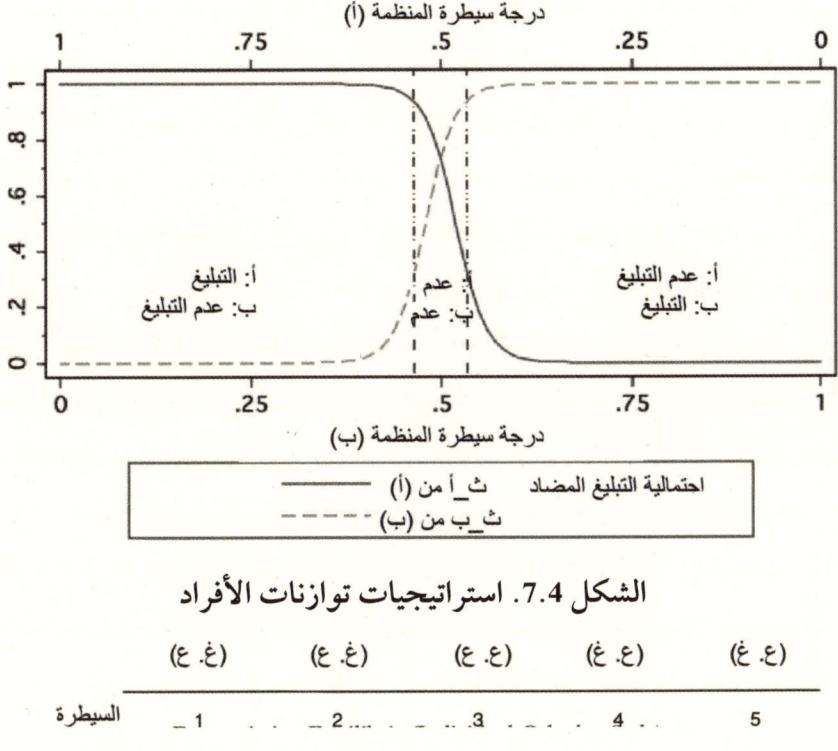

الشكل 7.4. استراتيجيات توازنات الأفراد

	(غ.غ)	(غ.غ)	(غ.غ)	(غ.غ)	(غ.غ)
السيطرة	1	2	3	4	5

الشكل 7.5. توازنات التبليغ (بحسابات الأفراد فقط)

7.6.3. العنف

إنني أنتقل الآن إلى الفاعلين السياسيين. ليكن مكسب استخدام العنف بالنسبة لفاعل ما هو (ف)، وكلفة العنف (ن). سيستخدم الفاعلون العنف عندما يكون ف > ن، وسيمتنعون عندما يكون ف < ن. تتضمن (ف) تعزيز السيطرة، والمتحققة بإنهاء المنشقين الفعليين و(خصوصًا) ردع المنشقين المحتملين، في حين أن (ن) تتضمن النتائج العكسية المحتملة عن العنف، مثل أن أولئك المتعرضين له، ضمن بعض الظروف، قد ينشقون لصالح الطرف الآخر، حتى وإن لم يكونوا يريدون ذلك قبل العنف، كما يتضمن تأثير الاستعداء الذي يعتبر بلا مسوغ، حتى عندما توجد بعض فرص الانشقاق. (ن) اقتران للقدرة على الانشقاق (والذي يعتمد على الوصول للطرف الخصم) وانطباع أن الخضوع بلا جدوى ولا يضمن البقاء، ويعتمد على انتقائية العنف.

المعلومات حول المنشقين تأتي إما من المراقبة المباشرة، عندما تكون مستويات السيطرة عالية، أو من التبليغ عندما تكون السيطرة أقل. هذه هي الحالة لأن المراقبة المباشرة تستلزم جهازًا إداريًا كبيرًا غير متاح عندما تتم مواجهة السيطرة، أي في المناطق المتنازع عليها. إذا لم يكن هناك تبليغات، أو عُرف أن التبليغات مغلوطة بشكل ممنهج، فكلفة العنف ستتجاوز مكاسبه (ف > ن)، ولذلك لن يكون هناك عنف. مؤشر الانحياز الكلي للتبليغ هو تقدير الفاعلين على احتمالية الانشقاق (م(د)). عندما يكون الطرف الخصم غائبًا، فالانشقاق مستبعد: م(د) = 0، ولذلك فمعظم التبليغات خاطئة على الأرجح[1]. من نقاش الانشقاق، يتضح أن م(د) = 0 للسلطات في المنطقة 1، وللمتمردين في المنطقة 5. لذلك، العنف الانتقائي لا يجب أن يلاحظ في هذه المناطق، بل يجب أن يشاهد إما في المنطقة 3 حيث تتوقع النظرية غياب التبليغات (ومن ثم المعلومات)، أو وجود رفض محلي للعنف نتيجة الخوف من التبليغ المضاد. الشكل 7.6 يظهر العلاقة المتوقعة بين السيطرة والعنف.

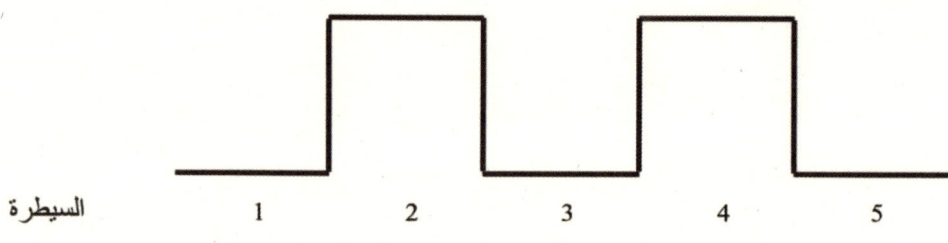

الشكل 7.6. توازنات التبليغ (بحسابات الأفراد فقط)

باختصار، حيثما تكون مستويات السيطرة عالية، لا يوجد انشقاق، ولا تبليغ، ولا عنف[2]. إذا وجد العنف في المناطق 1 و5، فعلى الأرجح أنه عنف عشوائي ممارس من الطرف الخصم. عندما يمارس أحد الأطراف هيمنة غالبة ولكنها غير كاملة (المناطق 2 و4)، ستكون هناك انشقاقات وتبليغات، ولذلك سيكون للفاعلين السياسيين الدافع والقدرة على استخدام العنف الانتقائي. أخيرًا، في منطقة التكافؤ (المنطقة 3) سيكون هناك الكثير من الانشقاق، ولكن دون تبليغ. رغم أن الدافع لاستخدام العنف مرتفع، إلا أن كلفته ستكون أعلى. بغياب

---

(1) بعد أن تقع عدة حوادث من التبليغ بدون أن يحصل شيء بعدها، ستتوقف التبليغات كلها من الأصل.

(2) لأكون أكثر دقة، سيكون هناك القليل من العنف القتلي، إلا أن العنف على الأرجح سيأخذ شكلًا غير قتلي (الاعتقال) وسيستخدم ليحقق أهدافًا عدا الردع عن الانشقاق (مثلًا: عقاب المجرمين).

المعلومات، استخدام العنف العشوائي في المنطقة 3 قد يؤدي لانشقاقات جماعية باتجاه الطرف الخصم، ولذلك فاحتماليته قليلة. العنف العشوائي يجب أن يلاحظ في المناطق 2 (من المتمردين) والمنطقة 4 (من السلطات)، وإن كان باحتمالية أقل من المناطق 1 و5، بناء على الفكرة أنه مرتبط عكسيًا بإتاحة المعلومات (الفصل السادس). الشكل 7.7 يقدم تصورًا لكيفية التباين المتوقع للانشقاق والتبليغ والعنف الانتقائي عبر مناطق السيطرة الخمسة.

يمكن إعادة صياغة هذه التوقعات على شكل فرضيات قابلة للاختبار كالتالي:

الفرضية (2): كلما ارتفعت درجة سيطرة فاعل ما، قلت احتمالية لجوء هذا الفاعل للعنف، اختياريًا أو عشوائيًا. لذلك، على الأرجح لا يوجد عنف من السلطات في المنطقة 1، ولا يوجد عنف من المتمردين في المنطقة 5.

الفرضية (3): كلما قلت درجة سيطرة فاعل ما، قلت احتمالية لجوء هذا الفاعل للعنف الانتقائي، وارتفعت احتمالية أن يكون هذا العنف، إن وجد، عشوائيًا. لذلك، فعنف المتمردين في المناطق 1 و2، إن وجد، عشوائي على الأرجح، وعنف السلطات في المناطق 4 و5، إن وجد، عشوائي على الأرجح.

الفرضية (4): تحت السيطرة المتشظية، العنف سيمارس بشكل رئيسي من الفاعل السياسي الذي يحظى بالأفضلية من حيث السيطرة: السلطات في المنطقة 2، والمتمردون في المنطقة 4.

الفرضية (5): تكافؤ السيطرة بين الفاعلين (المنطقة 3) لن ينتج عنفًا انتقائيًا على الأرجح من أي فاعل.

هذه التنبؤات تأتي على غير المتوقع بأن أيًا من الفاعلين السياسيين أو الأفراد لن يلجأ للعنف حيث يرغب به بالدرجة الأكبر. بعكس فكرة حنا أرندت (Arendt 1970:56) بأن أعلى درجات النزاع ستؤدي لأكثر درجات العنف لأن هذا تحديدًا حيث تكون «السلطة في خطر»، فإن أكثر مناطق النزاع يتوقع أن تكون واحات من السلام في قلب العنف. التنبؤ المفاجئ الآخر هو أنه في المنطقة 3، درجات عالية من الانشقاق المتزامن تجاه كل الفاعلين تتواجد مع درجات قليلة من التبليغات[1]. بكلمات أخرى، الأفراد يتعاونون مع كلا الجانبين

---

(1) لاحظ أن التنبؤات الأكثر استقراء، مثل الفرضية (2)، أبعد ما تكون عن المنطق السائد، فهناك أدبيات موسعة تربط قوة الدولة السلطوية (المكافئ الوظيفي للسيطرة الكاملة) بدرجات عالية من العنف (مثلًا Rummel 1994; Duvall and Stohl 1983:175-176).

لكن تعاونهم يستثني التبليغ. التنبؤ حول غياب العنف في قلب الحرب مثير للاهتمام من ناحيتين. الأولى، إنه يشير إلى تباين تام بين الحرب المتناظرة والحرب غير المتناظرة بما يتعلق بالعنف. بالنموذج المثالي للحرب التقليدية، كل العنف يحصل على الجبهات. في النموذج المثالي للحرب غير النظامية، المكافئ الوظيفي للجبهة يصبح مسالمًا للمدنيين. ثانيًا، هذا التنبؤ يعكس الفكرة النظرية حول الإنتاج المشترك للعنف: العنف المشترك يحصل فقط حيثما وعندما تتلاقى حوافز الفاعلين المحليين وفوق المحليين. لا يحصل عنف عندما يرغب الفاعلون السياسيون وحدهم به بالدرجة القصوى، أو عندما يرغب الفاعلون المحليون وحدهم بتقديم المعلومات الضرورية لإنتاجه[1]. إن الأفراد سيفشلون بالتخلص من خصومهم عندما يكون التبليغ بأقصى درجات الأمن.

---

(1) هذه النقطة ترجع صدى ملاحظة رولدان (Roldán 2002:90) أنه في كولومبيا «لم يستطع العنف النجاح عندما تم تبنيه، إما من مجموعة من الفاعلين المحليين أو من الحكومة الإقليمية، وحدهم».

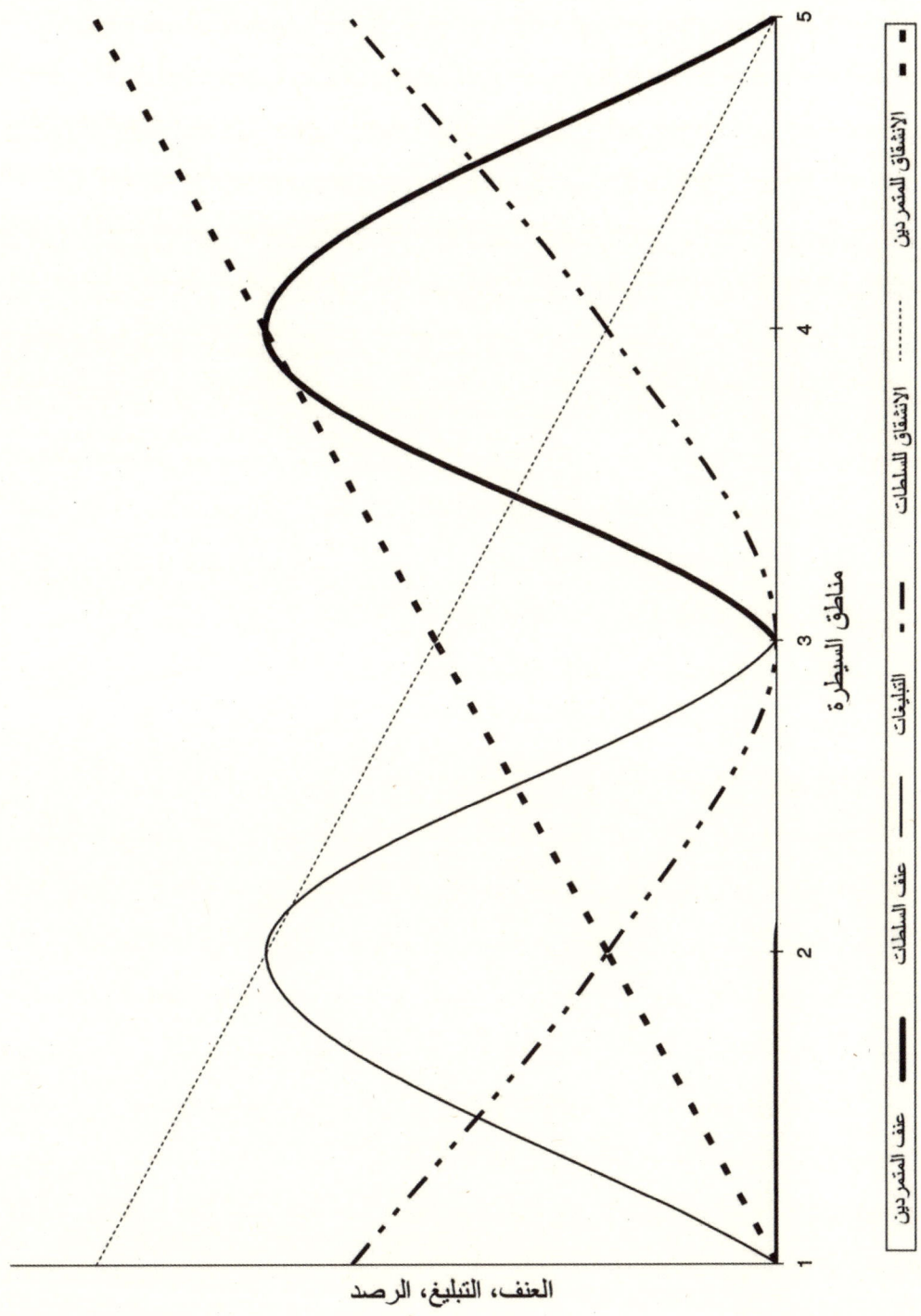

الشكل 7.7. الأنماط المتوقعة للعنف الانتقائي، والانشقاق، والتبليغ

النتيجة النظرية الهامة هي أن منطق إرهاب الدولة (عندما تترجم السلطة مباشرة لعنف) يتعارض جوهريًا مع منطق عنف الحرب الأهلية. تشير النظرية إلى أن استراتيجيات عنف المتمردين تنشأ داخليًا عن منطق السلطة. مثلًا، عندما يعلم المتمردون أنه من المستبعد لهم أن يحققوا تقدما بالسيطرة، فهم قد يتبنون استراتيجية إرهاب عشوائي، كما تشير حالات إيرلندا الشمالية وإقليم الباسيك الإسباني وفلسطين. إضافة لذلك، فالتنبؤات تتناقض مع منطق المعضلة الأمنية، التي تفترض أن انبثاق العنف استباقًا يقع تحديدًا في أكثر المناطق نزاعًا (المنطقة 3)، ومنطق ذلك هو أنه عندما تكون العرضة للهجوم عالية، فكل حركة دفاعية ستؤول على الأرجح من الطرف المقابل على أنها هجومية، مما يولد العنف. هذه التنبؤات تتعارض كذلك مع نسخة الأمن من أطروحة تكنولوجيا الحرب، والتي ترى العنف بأقصى درجاته بأكثر المناطق نزاعًا (المنطقة 3)، حيث يكون الفاعلون بأضعف حالاتهم[1]. بشكل مشابه، إذا كان الانتقام سلوكًا هوبزيًا، فيجب أن يشاهد بشكل رئيسي عندما تكون السلطة أكثر لا مركزية، أي المنطقة 3. أخيرا، إذا كانت السيطرة تعكس الاستقطاب، فإن أكثر المناطق استقطابًا يجب أن تكون 3، حيث السكان منقسمون ومتعاونون مع الخصمين. ولكن، النظرية تتوقع العكس تمامًا.

هذه النظرية تهدف لتوقع تباين العنف في الحروب الأهلية ويجب أن تكون قادرة على أن تخبرنا شيئًا عن تباين العنف العابر للبلدان [بأكثر من بلد]. إذا كانت النظرية صحيحة، فإن أشد الحروب الأهلية ستكون حيثما تتوفر واحدة أو أكثر من هذه الظروف: العنف العشوائي عالٍ، والسيطرة تتغير من حين لآخر (المناطق 2 و4 هي المهيمنة)، ومناطق توزيع السيطرة المتساوية (المنطقة 3) محدودة، ومناطق السيطرة الكاملة (المناطق 1 و5) محدودة. بشكل واضح، هذه الأنماط متسقة مع العديد من أنواع التفاعل السياسي. عندما يكون العنف العشوائي مرتفعًا، يشير الفصل السادس إلى أن هذا قد يكون عملية للمتمردين الذين يشكلون تهديدًا رغم ضعفهم، وهي عملية مرتبطة بحالة جغرافية محددة (مثلًا، تمرد يسعى للسيطرة على الدولة قد يعتبر أكثر تهديدًا من تمرد انفصالي، مع ثبات الظروف الأخرى). تحول السيطرة من حين لآخر قد يكون سببه تدخلًا خارجيًا في نقاط محورية من النزاع، مما يسمح

(1) تذكر أن «نسخة الأمن» من أطروحة تكنولوجيا الحرب كانت أساس التطور النظري. هذا مثال على كيفية أن التنبؤات النظرية يمكن أن تتجاوز الافتراضات المبدئية.

للطرف الخاسر أن يستعيد الأراضي التي خسرها. التدخلات الأمريكية والفيتنامية الشمالية أثناء تمرد فيتنام الجنوبية مثال جيد على هذه الحالة. النتيجة المثيرة للاهتمام هي أن كل الحروب الأهلية الطويلة ليست نفسها: بعض الحروب الأهلية الطويلة هي طرق مسدودة بتحولات سيطرة قليلة، ولذلك هناك عنف قليل[1]، في حين أن بعض الحروب الأهلية الأخرى قد تكون حالات تتضمن تحولات سيطرة مستمرة، ومن ثم درجات عالية من العنف. بشكل واضح، يمكن استدامة هذه الحالة الأخيرة بوجود درجات عالية من الدعم الخارجي للأطراف المتنازعة. تعددية الآليات المتنافسة الضمنية في النتائج الإجمالية، المتكافئة من حيث الملاحظة، يشير إلى المزالق الضخمة للدراسات الاستقرائية العابرة للبلدان.

7.7. المحاذير

النظريات تقوم بدور تبسيطي، وهذه النظرية ليست استثناء. إن بساطتها تشكل قوتها الكبرى. ومع ذلك، من الجدير إبراز هذه التبسيطات.

بداية، النظرية تقول إن القرارات العسكرية المتعلقة بتوزيع الموارد عبر الزمان والمكان خارجية المنشأ. أيضًا، تفترض النظرية أن الأفراد جيدون في تقييم المخاطر، وبهذه الحالة، فهم قادرون على تقييم خطر القبض عليهم عند الانشقاق وخطر أن يتعرضوا لتبليغ مضاد إذا قاموا بالتبليغ. ولكن، هناك دليل من تجارب سيكولوجية أن الناس ليسوا جيدين في تقييم المخاطر بشكل عام (Kahneman and Tversky 1974). المخاوف غير المنطقية تغطي أو حتى تشوش التفكير، أو تقلل الآفاق الزمنية، أو تقوض الفعالية الوظيفية. ولكن، ليبق في الذهن أن الحرص على البقاء يمكن أن يكون عاملًا تصحيحيًا قويًا. ثانيًا، العلاقة المصورة [في الكتاب] بين التبليغ والسيطرة علاقة جامدة وتفترض بيئة استراتيجية مستقرة. الأفراد ينظرون حولهم، ويقيمون درجة السيطرة **الحالية** الممارسة من كلا الجانبين، وإذا كان خطر الثأر منخفضا بما يكفي، فهم سيبلغون. بشكل شبيه، الفاعلون السياسيون يهتمون بشكل أساسي بردع الانشقاق، لا باكتساب النية الحسنة للناس للحوكمة المستقبلية. هذا يفترض أن الأفراد يتجاهلون المستقبل (احتمالية تبدل السيطرة وأنهم قد يواجهون العقاب) أو

---

[1] هذه هي الحالة في مناطق السلفادور التي درستها إليزابيث وود: لاحقًا في الحرب، حصلت حالة من الجمود، وانخفض العنف. على المستوى الجزئي، يشير الجمود إلى احتمالية بقاء الأفراد محايدين (Wood 2003:153).

الماضي (العواطف حول الرغبة بالانتقام من العنف الذي قد وقع قد تكون دافعة أكثر مما ينبغي لدرجة أنها قد تؤدي لتراجع حاد بتقييم المخاطر).

بدون إسقاط دور توقعات وعواطف الأفراد (التي سأختبرها بشكل غير مباشر في الفصل التاسع)، من الضروري ملاحظة أن الأفراد عادة ما يقللون من تقدير مدة وميوعة الحروب الأهلية، ومن ثم يبالغون بتقدير أمنهم الخاص، خصوصًا في المراحل الأولى من الحرب[1]. أثناء الفترة نفسها، الناس لا يملكون والخبرة، ولذلك قد يصدقون ادعاءات الفاعلين السياسيين عن استقرار حكمهم. مثلًا، رجل موزمبيقي يستذكر أنه عندما جاء متمردو الرينامو لقريته عام 1984، نظموا لقاء وادعوا أن «فريليمو لن يرجع مجددًا ليسبب المشاكل» (in Nordstrom 1997:90). التحول الذهني لحالة من الحرب الأهلية يتطلب وقتًا: المدنيون يواجهون بشكل عام حالة جديدة تمامًا، لا تشبه أي شيء عرفوه من قبل. إضافة لذلك، نظرا لمحدودية تدفق المعلومات، العديد من الناس عادة ما يشكلون توقعات حول المستقبل مبنية فقط على الواقع المحلي. حتى عندما تستمر الحرب لفترة طويلة، يؤكد الناس عادة على المستقبل المباشر بدلًا من الأمد الطويل. في تقريره، استذكر مسؤول بريطاني زار شمال اليونان عام 1948 بقوله: «أظن أنه من الممكن القول إن الفلاح من منطقة مقدونيا الغربية، مثل معظم الناس الذين عاشوا في حالة من الريبة والخطر والكارثة، يعيشون الآن كل يوم بيومه، ولا ينظرون وراء المستقبل القريب». مراسل البي بي سي الذي اختطف من المتمردين اليونانيين في منطقة مختلفة بالفترة نفسها تقريبا أكد أن الفلاحين «يعيشون بحالة من الريبة الكاملة، ولا يستطيعون إلا النظر لبضعة أسابيع للأمام فقط»[2]. أخيرًا، من المهم

(1) مثلًا، بيندكت كيركفلايت (Kerkvleit 1977:165) يروي أنه بحسب متمردي الهوك الفلبينيين السابقين، فإن «الفلاحين اعتقدوا أن الثورة ستستمر لوقت قصير». مقاتل سابق في الماو ماو يتذكر: «قلة أدركوا أن الصراع قد يستمر عامين أو ثلاثة. المعظم كان يفكر في بضعة شهور فقط» (Barnett and Njama 1966:151). في السلفادور، كما يروي لاي بينفورد (Binford 1996:112)، بأن العديد من الفلاحين «كانوا ينتظرون انتهاء الحالة ويأملون أن تتحسن الأمور. لا أحد – بما فيهم الجيش ومقاتلو 'جيش الشعب الثوري' والمدنيون – كان يتوقع حينها أن الحرب الأهلية ستستمر لعشرة أعوام أخرى. هناك ملاحظات شبيهة من: Joes (2000:73), Upton (1980:275), Escott (1978:171), and Hunt (1974:45).

(2) "Report by Mr. D. S. L. Dodson on a tour of Western Macedonia (26–29 November 1948)," PRO, FO 371/72328/R14275; "Notes on Conversation with Mr. Kenneth Matthews on the 1st November, 1948," PRO, FO 371/72217/R1237

التأكيد على التشظي الجغرافي الذي تسببه الحرب الأهلية، والذي يؤدي بالدرجة الرئيسية لتشظي المعلومات. مراقب يوناني أشار عام 1944 إلى أن التبعة الرئيسية لانهيار الاتصالات بين المحافظات كان «عزلة السكان الذين لا يملكون أية فكرة عما يجري، حتى في المناطق المجاورة لهم»[1]. لذلك، فقرارات الأفراد مبنية عادة على أساس المعلومات المحلية جدًا والتطورات المحلية. إثبات هذا الأمر أسهل للفاعلين السياسيين، الذين يعتبر انتصارهم (أو بقاؤهم) شرطًا سابقًا لتطبيق أي برنامج سياسي.

أخيرًا، إنني أفترض وجود فاعلين سياسيين، إلا أن العديد من الحروب الأهلية تؤدي لصعود سياق متعدد الفاعلين. ولكن، يمكن للنظرية أن تنطبق على هذه السياقات كذلك. الحرب تتضمن منطقًا اختزاليًا، وفي الغالب أن البيئات المحلية تقلل التنافس إلى فاعلين اثنين فقط، حتى عندما يكون السياق الوطني متعدد الفاعلين. نادرًا ما يكون كل الفاعلين في صراع فعال متعدد الفاعلين بالوقت نفسه في كل محلة في البلاد، وعندما يكونون كذلك، تؤدي التحالفات لإنتاج صراع ثنائي.

مرة أخرى، لاحظ أن نظرية العنف الانتقائي لا تهدف لتكون تمثيلًا كاملًا للواقع، بل تبسيطًا حساسًا، ونقطة انطلاق نظرية، وأداة مفيدة لاشتقاق تنبؤات تجريبية مبنية على أساس نظري. مقارنة التباين التجريبي بنقطة الانطلاق هذه تسمح بتخصيص المكافئ الملائم تجريبيًا للنظرية. إضافة لذلك، تحديد فشلها التجريبي، تحديدًا، أمر بناء (الفصل التاسع).

ومع ذلك، يمكن توسيع وتعديل النظرية. نمذجة الديناميات العسكرية المعقدة جدًا للحرب سيساعد على استدخالهم بالنظرية ويوضح كيف تؤثر الأنواع المختلفة من الحرب بالعنف. ومن ثم سيسمح هذا باستنتاج فرضيات قوية حول تباين العنف عبر الحروب، وعبر الأنواع المختلفة من العنف، من الجريمة المنظمة إلى الإرهاب والإبادة الجماعية. من الممكن تحديد نظريات أكثر تعقيدًا تستدخل تفضيلات فردية وبنى للمجتمعات المحلية ومنظمات متشظية غير متجانسة، وتستدخل أبعادًا إضافة للعنف (مثلًا، التهجير وأخذ الرهائن والاعتقال)، وتخصيصًا أكثر واقعية للتوقعات حول المستقبل والتعلم من الماضي، ومعايير إضافية (مثلًا، عدة فاعلين مسلحين، ودور البروباجندا، والإعلام الجماهيري الحديث، والشتات، والشبكات العابرة للحدود). هذا الكتاب، كما آمل، سيشجع أجندة بحثية بهذه الاتجاهات.

---

(1) "General Report on Conditions in Athens," PRO, FO 371/43690.

8.7. الخلاصة

هذا الفصل حدد نظرية للعنف الانتقائي في الحرب الأهلية كعملية مشتركة ناتجة عن أفعال كل من الفاعلين السياسيين والمدنيين. الموارد الأساسية التي تعتمد عليها هذه العملية هي المعلومات والعنف. الفاعلون السياسيون يحتاجون المعلومات ليكونوا قادرين على الاستهداف بشكل انتقائي، ليميزوا من بين بحر المدنيين من هم أولئك الذين يساعدون العدو. المدنيون يملكون المعلومات، ويقدمونها عبر التبليغ، الذي يمكن أن يكون سياسيًا، أو، على الأرجح، كيديًا، على أمل أن عنف الفاعلين السياسيين سيكون موجها ضد أولئك الذين يُبلَّغ عنهم. هناك قدر كبير، بشكل ملحوظ، من التعسف بنظام كهذا، لكن العنف يحتاج فقط أن يظهر وكأنه انتقائي لتجنب سلبيات ومساوئ العنف العشوائي. التبليغ سيحصل فقط في حالات تتفوق بها مكاسبه، النفسية أو المادية، على خسائره المتوقعة، ومن أكبرها الثأر، الذي من المحتمل جدًا أن يكون على شكل تبليغ مضاد من الضحية أو عائلته للفاعل السياسي الآخر. لذلك، التبليغ سيحصل فقط عندما يرى المبلغون المحتملون أن الفاعل السياسي قادر على حمايتهم من الثأر. هذه العملية تمت نمذجتها من حيث السيطرة، بتناقص عدد المنشقين مع ازدياد السيطرة، وازدياد عدد المبلغين مع ازدياد السيطرة. العنف الانتقائي يمكن أن يحصل فقط في تلك المناطق التي تكون بها السيطرة مكتملة بما يكفي للمبلغين ليقوموا بالتبليغ، ولكنها ليست مكتملة تمامًا بما يكفي للمنشقين ليهربوا أو ليكفوا ببساطة أن يكونوا مثار قلق للفاعل السياسي. بذلك، تتوقع النظرية أن الفاعلين السياسيين لن يستخدموا العنف عند حاجتهم الماسة له، فبتلك اللحظة سيكون المبلغون معرضين بالدرجة الأكبر للثأر، وفي حال غياب المعلومات الضرورية لجعل العنف انتقائيًا، لن يحصل عنف على الأرجح.

الفصل الثامن
التجارب التطبيقية (1) الدليل المقارن

من الصعب فهم هذه الحرب هنا. إنها أمر معقد للغاية.

فلاح موزمبيقي

ثم سألت السؤال الذي بحثت له عن إجابة طويلًا: «إذًا، من الذي ارتكب جرائم أكثر: اليمين أم اليسار؟». «إنني أستطيع فقط أن أخبرك أن الجانب الذي يملك سيطرة أكثر في منطقة ما أو أخرى هو الذي يملك الفرصة الأكبر لارتكاب الجرائم».

كيفن أندروز، **رحلة إيكاروس**

في هذا الفصل، أركز على السيطرة: كيف يمكن قياسها، وكيف تتحول، وكيف ترتبط بالعنف. بعد ذلك، أقدم دليلًا مقارنًا واسعًا، واحتمال معقولية، وخطوة أولى ضرورية. الفصل التاسع يقدم فحصًا صارمًا بظروف محددة.

1.8. قياس السيطرة

التحدي التجريبي الأكبر هو قياس السيطرة. يمكن تحديد وقياس السيطرة تجريبيًا باستخدام مؤشرات متنوعة مثل درجة، وتواجد، ووصول الفاعلين السياسيين في مكان وزمان محددين. بحالة مثالية، المؤشر التام للسيطرة سيعكس «احتمالية أن حدثًا ما أو مجموعة من الأحداث لن تحصل ضمن منطقة معينة خلال فترة معينة، مثلًا.... احتمالية أنه لن توجد حركة أفراد معادين خارجيين ضمن منطقة القرية ما بين الساعة السادسة مساء، والسادسة صباحًا» (Race 1973:277). ولأن السيطرة جزء أساسي في الحرب الأهلية، فالفاعلون السياسيون طوروا إجراءات منوعة، أوسعها ربما هي تلك المستخدمة من الجيش الأمريكي في فيتنام[1].

(1) إجراءات السيطرة هذه كانت مباشرة بداية: المناطق الصفراء (أو المناطق أ) كانت تحت سيطرة الحكومة، المناطق الزرقاء (المناطق ب) كان متنازعًا عليها، المناطق الحمراء (المناطق ج) كانت تحت سيطرة الفيت

مقياس المناطق الخمسة الذي عُرض في الفصل السابق أداة مناسبة للإحاطة بالجوانب الدقيقة للسيطرة. تمارس السلطات **سيطرة كاملة** في المنطقة 1، وقد دمروا معظم أو كل الخلايا السرية للمتمردين وباتوا قادرين على منع المتمردين من الدخول أو القيام بعمليات ذات فعالية. السكان لا يستطيعون الوصول لهم. العديد من المدن في ظروف الحرب الأهلية يمكن أن ينطبق عليها هذا، مثل مدينة الجزائر بعد معركة القصبة. في المنطقة 2 المجاورة، المتمردون يمارسون **سيطرة آمنة غير مكتملة**، فخلايا المتمردين السرية ما زالت فعالة والمتمردون، المتواجدون في المناطق المجاورة، يمكن أن يقوموا بزيارات عابرة ليلًا. مثلًا، ما سمي بـ «الجناح المجهول» لحركة الماو ماو في كينيا تكوَّن من منظمات سرية تشكلت في مناطق كانت السيطرة بها بشكل رئيسي، ولكن غير كامل، بأيدي البريطانيين وحلفائهم المحليين (Kitson 1960:15-16). في السين، استطاع الشيوعيون عادة اختراق مليشيات الوطنيين المحلية، والتحول لمسؤولين محليين كانوا يعرفون بأنهم: «قلوب حمراء، جلود بيضاء» (Benton 1989:79).

والعكس صحيح، يمارس المتمردون سيطرة كاملة في المنطقة 5، وتواجدًا آمنًا غير مكتمل في منطقة 4 المجاورة، التي يشار لها عادة بأنها «منطقة شبه محررة» (مثلًا: Tucker 2001:144). المناطق خمسة تعرف أحيانًا بأنها «القواعد» أو «المناطق المحررة». هناك، يعمل المتمردون بحرية بأقل قدر من التدخل من قوات الحكومة. فمثلًا، المتمردون الماويون مارسوا سيادة كاملة على مناطق واسعة من نيبال عام 2005: «لقد وضعوا قوانين جديدة....

كونغ (R. Thompson 1966:132). في النهاية، تم تطوير نظام محوسب متقدم للغاية للقياس. كان هذا النظام يسمى «نظام تقييم القرى»، ويعمل على تعقب تطور السيطرة على أساس منتظم في كل قرى فيتنام الجنوبية البالغ عددها 10 آلاف. قياس السيطرة تغير مع الوقت، والإصدار المتطور ضم خمس علامات «أمنية» متفاوتة من أ (الأمن الأفضل) إلى هـ (الأمن الأسوأ)، بناء على وضع معدل لاستجابات على ثمانية عشر سؤاء، إضافة لتصنيف سادس (قرية للفيت كونغ) (Kalyvas and Kocher 2004; Thayer 1985; HES/70; RG 300 Records of the Office of the Secretary of Defense). في مالايا، استخدم البريطانيون دبابيس زرقاء على خرائطهم للقرى التي كانت تحت سيطرتهم، والمناطق التي تم تحقيق السيطرة الكاملة بها صنفت بأنها «مناطق بيضاء» (Stubbs 1989; Clutterbuck 1966). في جواتيمالا، صنف الجيش المجتمعات المحلية بحسب ولائهم للغوار باستخدام دبابيس ملونة على الخرائط: المجتمعات الخضراء كانت «حرة من التبعية»، والحمراء كانتَ بأيدي العدو، والزهرية والصفراء كانت مجتمعات يعتقد أن تأثير الغوار بها أكثر ضبابية (Carmack 1988a:xv-xvi). هناك تصنيفات مشابهة يقال إنها استخدمت في إيرلندا الشمالية (Collins 1999:15)، وسريلانكا (Lawerence 2000:174)، وكولومبيا (Arnson and Kirk 1993:72)، لم يكن أي منها متاحًا في المجال العام.

وكانت النزاعات القانونية تفصل على محكمة جوالة للشعب.... كان الأمن يعتمد على يد مليشيا من الشعب». الأعلام الحمراء تميز بوابة عاصمتهم: «أقرب مخفر أو نقطة عسكرية أو بريد – أو أية علامة على سلطة مملكة نيبال، ضمن حدود هذه القرية – هي مسافة ثلاثة أيام من المشي بين الجبال» (Sengupta 2005c:67). في المنطقة 4، يتمتع المتمردون بالنفوذ، إذ تشير [الصحفية] سوميني سينجوبتا، إلى أنه: «خارج المناطق المسماة بالقواعد، لا يستطيع الماويون السيطرة على الأراضي طويلًا. ولكن لكل أهدافهم العملية، كانت أرياف نيبال، بعيدًا عن عواصم الأقاليم، مساحاتهم ليتحركوا ويحكموا بها». ولكن، في هذه المناطق، لم يستطيعوا منع الزيارات العابرة لقوات السلطات وعليهم التعامل مع خلايا سرية من المخبرين. مثلًا، عندما أسس اليابانيون أنفسهم في قرية أثناء احتلالهم للصين، أرسلوا جواسيس للقرى المحيطة التي سُيطِر عليها من المتمردين (Hartford 1989:99).

خذ بعين الاعتبار الحرب الأهلية في السلفادور. في المناطق التي أسماها المتمردون **مناطق السيطرة**، مارسوا سيادة كاملة: «فقد كف الجيش عن محاولاته الحفاظ على تواجد ثابت على شكل حاميات عسكرية من مليشيات 'الدفاع المدني'، ولم يعد يقوم ببرامج نشاط مدني لكسب الناس. قادة الجيش كانوا يعلمون أن هذا بلا جدوى. لقد كانت هذه **المناطق** هي معاقل الثورة، حيث مارست 'جبهة فارابوندو مارتي للتحرير الوطني' سلطة سياسية كاملة، ولم يُسمح بأية علامات على سلطة الحكومة، سواء على شكل عمد للبلدات أو معلمين أو عاملين صحيين» (J. L. Anderson 2004:136-137). المنطقة 4، أو ما يسميها المتمردون **مناطق التوسع**، تبدأ حيث تنتهي **مناطق السيطرة**. هناك، كما يشير جون لي أندرسون (J. L. Anderson 2004:137-139)، لم يشعر المتمردون بأمان كامل ليعملوا بشكل علني كما في **مناطق السيطرة**. لقد تمت مداهمة الحاميات العسكرية للجيش وملاحقة عمد البلدات، لكن السكان لم يكونوا متيقنين من قوة حكم المتمردين. لقد كان لهم تواصل مع سلطات الدولة، المتواجدة خارج المنطقة، والذين نقل إليهم المخبرون السريون المعلومات عن المتمردين، مما أدى إلى أن «يقضي المتمردون كثيرًا من الوقت في جمع الاستخبارات، ليضيفوها إلى مزيد من الملفات الهائلة حول المدنيين المحليين».

ما يميز مناطق السيطرة غير المكتملة (2 و4) عن مناطق السيطرة الكاملة (1 و5) هو أن السكان يملكون في الحالة الأولى إمكانية تواصل، ولو بقدر غير متساوٍ، لكلا الفاعلين، بعكس الحالة الثانية حيث يملك صاحب السيادة احتكارًا للقوة بشكل يومي، وبطريقة لا

لبس فيها. المنطقة 4 ليست بقبضة السلطات، لكنها ضمن نطاق وصولهم، والعكس صحيح حول المتمردين في المنطقة 2.

أخيرًا، هناك المنطقة الوسيطة، المنطقة 3، حيث يتمتع كلا الفاعلين بمستويات سيطرة متساوية. في السلفادور، كانت هذه المناطق تعتبر من المتمردين على أنها **المناطق المتنازع عليها**. بحسب وصف جون لي أندرسون (J. L. Anderson 2004:140)، فإن «الجيش ما زال يتمتع بتواجد ثابت، ومكاتب الحكومة مفتوحة، لكن المتمردين يتمتعون كذلك بولاء بعض السكان. تعتبر الجبهة هذه المناطق ذات 'سلطة مزدوجة'». وهذه المناطق توصف عادة بأنها محكومة من الحكومة نهارًا، ومن المتمردين ليلًا (مثلًا Livanios 1999:201; Butaud and Rialland 1998:47). «نهارًا، كانت القرى لنا»، كما يروي جندي سوفييتي يؤدي خدمته في أفغانستان (in Borovik 1991:63)، و«ليلًا لهم. هذا هو الحال». كانت هذه الحالة في مناطق من ناميبيا: «أثناء النهار، كان الجنود الجنوب أفريقيين يُظهرون تواجدهم وقوتهم، وليلًا كان غِوار 'سوابو' [منظمة شعب جنوب أفريقيا] يَظهرون» (in Groth 1995:28). بائع محلي فيتنامي يستذكر: «كان 'الفيت مين' [اتحاد استقلال فيتنام] أقوياء جدًا هنا. قوات الحكومة كانت تعمل مباشرة بجانب المحل، ومساء كانوا ينسحبون لنقاطهم. ثم كان 'الفيت مين' يأتون ويتحركون في الأرجاء بحرية» (Race 1973:4). دانيل إيلسبيرج (Ellsberg 2003:114) اكتشف حالة مشابهة منتصف الستينيات بينما كان يتجول في ريف فيتنام، إذ إنه كان الممكن تخيل لوحات تقول: «يسمح لقوات حكومة فيتنام الجنوبية التجول على هذا الطريق فقط ما بين السابعة صباحًا والسادسة مساءً، ولقوات الفيت كونغ ببقية الساعات». بشكل مشابه، قرية مامباجاتون الفلبينية كانت بحالة وصفها الجيش بأنها «مصابة بـ'جيش الشعب الجديد'»، «منطقة حمراء»، مما يعني أن «الجيش يمكن أن يسيطر نهارًا، ولكن ليلًا كانت المنطقة تابعة لـ'جيش الشعب الجديد'» (Berlow 1998:33). أحيانًا، كانت حدود «الليل» تمتد إلى النهار. أثناء صيف عام 2004، في مدينة الرمادي العراقية، حافظت الشرطة والحرس الوطني على النظام حتى الساعة الواحدة مساء، عندما كانوا يختفون من الشوارع ليحل مكانهم المتمردون الذين يسيطرون على المدينة حتى الفجر (Huseen and Pelhman 2004).

8. 2. كيف تتحول السيطرة

التحولات في السيطرة، بشكل أساسي، هي عملية مرتبطة بالقرارات العسكرية التكتيكية. أولًا، الفاعلون السياسيون يقررون كيف سيحشدون ويوزعون مواردهم العسكرية

(Trinquier 1964:71-72). فمثلًا، السلطات قد تستهدف مجموعة من القرى التي ما زالت حتى الحين يسيطر عليها المتمردون (المناطق 4 أو 5)، عبر التحرك لهذه القرى، و«غزوها»، والسيطرة عليها، أي بـ«تطهيرها وتأمينها» بلغة مكافحة التمرد (Meyerson 1970:19). المتمردون، الذين يفتقدون عادة للوسائل العسكرية للدفاع عن هذه القرى بوجه الهجوم المباشر، ينسحبون مع أهم المتعاونين المحليين[1]. ولكن، قد يبقون بالمناطق المحيطة ويحافظون على صلات مع الخلايا السرية من المتعاونين ضمن هذه القرى (مثلًا، «المنشقين»). بكلمات أخرى، هذه القرى تحولت من كونها مناطق من نوع 4 و5 إلى المنطقة من النوع 2. باستخدام سيطرتهم الجديدة، تبدأ السلطات في جمع المعلومات المحلية، والتي يستخدمونها لممارسة العنف الانتقائي ضد المنشقين، لاستهداف البنية التحتية السرية للمتمردين، وحالما يفعلون ذلك، وبغياب الهجوم المضاد للمتمردين، تصبح هذه المنطقة من النوع 1 (ذات سيطرة كاملة للسلطات)[2]. إنني أقدم بعض الأمثلة.

في منطقة هينان الشرقية في الصين، عندما تحرك الجيش الصيني إلى مناطق كانت سابقًا تحت سيطرة الشيوعيين؛ المليشيا المحلية المتمردة انسحبت، أو تفككت، أو انشقت، بينما اعتقل وقتل العديد من الكوادر المحلية، وبدَّل العديد من «العناصر المحايدة» (الموالون

---

(1) مثلًا، عندما انتقلت سيطرة بلدة دابيبا الكولومبية من غوار «قوات كولومبيا المسلحة الثورية» [الفارك] إلى القوات شبه العسكرية اليمينية، أحد عناصر هذه القوات أخبر سكوت ويلسون (Wilson 2002) بأن «معظم داعمي الفارك غادروا عندما وصلنا نتيجة الخوف. إنهم لم يستطيعوا أن يتلاءموا». عملية مشابهة حصلت بالشكل المعاكس. مسؤول بريطاني يروي أنه عندما «احتل» الشيوعيون اليونانيون قرية ما، «معظم أولئك الذين لديهم أي سبب ليخافوهم، مثل الأغنياء وملاك العقارات الكبيرة وأولئك الذين عُرفوا بمقاومتهم الشيوعيين بالسلاح أو كانوا 'على القائمة السوداء' بكونهم معارضين بشدة للشيوعيين، كانوا قد هربوا. مسؤولو الحكومة بكل أنواعهم غادروا مبكرًا والقرى والبلدات كانت تترك عادة بلا قيادة أو تنظيم إداري» (Report from Patras Consul (31 May 1949)," PRO, FO 371/78386/R6231). إيلسبيرج (Ellsberg 2003:143-144) يقدم ملاحظات شبيهة من فيتنام. شيلبي تاكر (Tucker 2001:171) يروي عن تمرد الكاشين في بورما أن المتمردين قتلوا في المعارك «سبعة ألوية كانت تسيطر سابقًا على التلال بين مالي هكا والكوموانج. ولكن، قوتهم استنزفت لتعزيز باجاو بوم، وجيش بورما الآن يجول المناطق هناك بلا أي مشاكل».

(2) دخول السلطات إلى قرى المتمردين قد يدفعهم للبدء بزيارة (لا السيطرة) القرى التي كانت حتى ذلك الوقت مسيطرًا عليها من المتمردين، والتي تتحول بعد ذلك من المنطقة 5 إلى 4. المتمردون بعد ذلك سيبدؤون باستخدام العنف الانتقائي لمنع الانشقاقات باتجاه السلطات. الأمر نفسه ينطبق على القرى التي تتحول من المنطقة 1 إلى 2 نتيجة توغلات مشابهة من المتمردين.

الذين زرع الحزب علاقاتهم على مدى ثلاثة أعوام) ولاءاتهم بسرعة وبدأوا يتعاونون مع اليابانيين. تم «تعليق» الحركة الثورية مؤقتًا، واستطاعت البقاء كحركة سرية فقط (Wou 1994:226). في مالايا، حالما استعادت الحكومة سيطرتها على المناطق التي تركتها سابقا للمتمردين، «ازدادت الثقة بالحكومة، وكان هناك قلة يرغبون في تقديم المعلومات حول أعضاء 'مين يوين' وحركات الغِوار المحليين. باستخدام هذه المعلومات، استطاعت قوات الأمن أن تخل نشاطات الغِوار وأن تقلل فاعليتهم. هذا، بدوره، حث المزيد على التعاون مسؤولي الحكومة» (Stubbs 1989:190). إليوت (Elliott 2003:408) يقدم وصفًا مشابهًا لهذه العملية من فيتنام عام 1962:

«استعادة قرية 'هوي كو' يوصف من قبل أحد كوادر [الفيت كونغ] الذين شهدوا هذه العودة على يد قوات سايجون. 'كان لحكومة فيتنام الجنوبية مخبرون في القرية كشفوا لها عن كوادر الفيت كونغ ونقاط تمركزهم'. باستخدام هؤلاء المخبرين، 'دمرت حكومة فيتنام الجنوبية قوات الفيت كونغ، وترك فقط خمسة أو ستة مقاتلين من الجبهة وكان عليهم الانسحاب للحقول في الريف الخلفي. لقد كانت هناك عمليات بشكل مستمر، وعرف الناس أنهم جميعًا قد شاركوا بنشاطات الجبهة بشكل أو بآخر -بالمظاهرات أو بدق الطبول وما إلى ذلك- ولذلك، كانوا جميعًا خائفين أنهم إن قاموا بأصغر حركة لدعم الجبهة فسيتم اعتقالهم وضربهم وسجنهم».

عندما أسس الأمريكيون حامية عسكرية في قرية قبر عابد، شمالي العراق، والتي كانت معقلًا سيئ السمعة للمتمردين[1]؛ بدأوا يتلقون تبليغات، كان من بينها تبليغات من عائلة أحد القادة المحليين للمتمردين، والذي اعتقلوه. المعلومات، التي حصلوا عليها بالتبليغ المضاد، من شخص كان يشعر بالمرارة لأن هذا الشخص قتل بضعة أقرباء له، أدت لاعتقال عشرات المتعاونين مع المتمردين الذين تم جمعهم بسرعة. بعد ذلك، اقتنع القرويون أن الأمريكيون لهم اليد العليا، وبدأوا يقدمون مزيدًا من المعلومات. في المقابل، أدى هذا بالعديد من المتعاونين مع المتمردين إلى تغيير صفوفهم. أحدهم، القائد علي، أخبر [الصحفي] ريتشارد أوبيل (Oppel 2005b:4) أنه وضع كل رهانه مع الأمريكيين بعد أن اعتقلوا عددًا كبيرًا من المتمردين، قائلًا: «الجنود الأمريكيون طهروا هذه المنطقة». لقد

(1) «قال النقيب كيفين بورك، قائد السرية ج من الكتيبة الأولى من الفوج الخامس مدفعية والمشرفة على قبر عابد إنها: 'كانت للمتمردين مثلما كانت جمهورية الدومينيكان للبيسبول [الرياضة الشائعة هناك]'» (Oppel 2005b:1).

كان الأمريكيون مدركين بأن هذه الحالة معتمدة تمامًا على السيطرة: «عليك دائمًا أن تسير بحذر، ولا يمكنك أن تخطأ أبدًا وأن تعتبر حفاوتهم نتيجة للوراء». لقد علموا أيضًا أن هذه الحالة يمكن أن تضيع بسهولة: «إذا تراخيت»، كما يقول أحدهم، «فأنت تفتح احتمالية» تحول في الاتجاه المعاكس (Oppen 2005b:4).

المثال الأخير من بلدة «تيم» في منطقة أراوكا الكولومبية (Fichtl 2003). حتى عام 2001، كانت هذه البلدة تحت سيطرة أكبر تنظيمي غِوار في كولومبيا: «قوات كولومبيا المسلحة الثورية» [المعروفين بـ «الفارك»]، و«جيش التحرير الوطني». فرض الغِوار الضرائب على المشاريع المحلية وأصحاب المزارع والفلاحين وأخذوا الأموال من المسؤولين المحليين المنتخبين الذين ما يزالون يقبضون رواتبهم من الحكومة المركزية. عام 2001، دخل الجيش مع المجموعات اليمينية شبه المسلحة، وبحلول سبتمبر/أيلول 2002، تضاعفت الشرطة من 20 إلى 120 شخصًا، وبحلول عام 2003 وصل تواجد الجيش في بلدة «تيم» إلى ما يقارب الأربعة آلاف رجل، مما أسس لتواجد دائم في البلدة وملأ مركزها بالجنود. وكما هو متوقع، تبدلت الحالة:

«بكونهم مدعومين بشكل أفضل من الشرطة الوطنية، كان الجنود يحرسون ليلًا ونهارًا في شوارع وساحات تيم المركزية، وفي مكاتب البلدة المحلية، وفي مطار البلدة الصغير. ليس من المبالغة أن الجنود الكولومبيين، ببنادقهم 'جليل' إسرائيلية الصنع، كانوا لا يغيبون عن النظر في مركز المدينة. لقد وضعوا حواجز على بعض الشوارع حول الساحة الرئيسية ليضبطوا السير، وليلًا وسعوا دورياتهم لتشمل بضعة أحياء أخرى في مركز المدينة. وبالتعاون مع الشرطة الوطنية، قام الجيش بعمليات مسح ودوريات للأحياء المحيطة ليتحقق من هوية ونشاطات من لا يعرفونه، وليبحث عن العربات المسروقة (والمستخدمة بشكل واسع للسيارات المفخخة)، وليثبتوا وجودهم».

هذا التحول بالسيطرة أجبر المتمردين على سحب معظم قواتهم خارجًا والانسحاب إلى السهول والأدغال النهرية في القسم الريفي من «تيم» وبشكل أعمق باتجاه «أراوكا». لقد انتقلت البلدة من كونها منطقة من النوع 5 إلى النوع 2. بعد ذلك، شنت المجموعات شبه المسلحة حملة عنف انتقائي ضد المشتبه بتعاونهم مع الغِوار، والذين شكلوا ما يصل إلى أكثر من 300 شخص في منطقة يقيم بها 65 ألف شخص. في الوقت نفسه، بدأ الجيش يجند محليًا. فأحد البرامج، المسمى: «جندي من بلدتي»، جند الرجال الذين ولدوا ونشأوا محليًا في الجيش ليخدموا مجتمعاتهم المحلية. أحدهم قال: «إننا نحاول أن ندفع أقرباءنا وأصدقاءنا ليجلبوا لنا المعلومات حول نشاطات الغِوار.... أي علامات أو إشاعات حول

خطف أو سرقة أو ما يقوم به الغِوار لاستفزاز أحد ما، نعرفه بلحظته». وأمام فقدانهم للسيطرة وللمعلومات المحلية، حاول المتمردون اللجوء للعنف العشوائي، دون نجاح كبير. أثناء أول عامين له في «تيم»، قال نقيب في الجيش إنه أبطل اثنتين وثلاثين عبوة ناسفة، وأربعة سيارات مفخخة، ودراجة نارية مفخخة. ولكن، كان الجيش يفتقد القوة البشرية ليوسع سيطرته خارج البلدة. بذروتها، كانت سيطرة الدولة تتأرجح، فقد كانت نقاط الغِوار تحيط بالبلدة وتسيطر على حركة السير الداخلة والخارجة منها. كان المحليون يشيرون للغِوار بأنهم: «**الشباب هناك**»، خارج البلدة مباشرة. ولكن، كان الجيش والمجموعات شبه المسلحة تواجههم هناك أيضًا، بالاعتماد على العنف العشوائي، مثل القصف من المروحيات وقتل المدنيين. وإذا استطاعوا طرد المتمردين، كانت «تيم» ستنتقل من المنطقة 2 إلى المنطقة 1.

هذه العملية كانت بشكل مشابه في الاتجاه المعاكس أيضًا، من سيطرة السلطات إلى المتمردين. تقرير بريطاني في أغسطس/ آب من عام 1948، من جنوبي اليونان يصف كيف سقطت عدة قرى من سيطرة السلطات وكيف أثر هذا على سلوك السكان:

«حادثة تشالاندريستا كانت نموذجًا لعدة أحداث في المنطقة خلال الشهور الستة الأخيرة. تم الهجوم على البلدة من الغِوار، وكانت قوة الجندرمة التي تحرسها غير كافية، فيتم استدعاء تعزيزات لكنه لا يمكن وصولها أو أنها تصل متأخرة جدًا أو تكون غير كافية لتوقف المهاجمين عن هدفهم، وهكذا، يؤسس الغِوار أنفسهم في البلدة التي كانت هدفهم الرئيسي ويبدؤون في النهب والتجنيد الإجباري وخطف نسبة قليلة من النساء ووعظ القرويين وعقاب أولئك الذين يعملون ضدهم. بلدة أو قرية جديدة تقع ضحية الإرهاب. لذلك، يُجبر القرويون على دفع الرسوم والضرائب عينيًا لإدارة الغِوار ويخضعون تمامًا للأوامر المعطاة لهم. سلطة الحكومة اليونانية تنتهي في هذه المنطقة والسكان لا يملكون خيارًا إلا خدمة سادتهم الجدد.... حالما تجرب القرى حكم الإرهاب، يخافون من المصير الذي ينتظرهم إن خدموا مصالح الحكومة اليونانية أو قواتها التي تمارس، بأفضل الأحوال، دورًا سلبيًا. يواجه الشخص مزيدًا من الميل من القرويين بالامتناع عن القيام بأية تعليقات سلبية ضد الغِوار، أو، بالحقيقة، إعطاء المعلومات التي يمكن أن تستخدم ضدهم من قبل الطابور الخامس للغِوار («المدافعين عن الذات») في القرية مما يؤدي لعقابهم حالما يزورهم الغِوار بعدها. في المجتمعات الريفية الواقعة فعليًا تحت رحمة الغِوار أو قرب تركزات قوات الغِوار يمكن أن يلحظ الشخص تلكؤًا واضحًا من جانب السكان لقول أي شيء حول الحالة الأمنية.... الخوف هو السمة المهيمنة في حياة أغلبية المدنيين في هذه المنطقة، وخصوصا في المناطق الريفية، في الوقت الراهن» [1].

---

(1) "Reports on conditions in Greece. Reports on Visits and Tours Carried Out in Greece," D.P. Reilly, 24 August 1948, PRO, FO 371/72327/ R9844.

في الحقيقة، اندلاع التمردات يتبع مسارًا «متوقعًا بشكل ملحوظ»، كما يحاجج جوليان باجيت (Paget 1967:31):

«في المناطق غير المحمية التي تمثل النسبة الأكبر من الأراضي الوطنية، وتحديدًا المناطق الشاسعة من الريف غير المأهول حيث تكون قوات الشرطة قليلة أو معدومة؛ لا تواجه النشاطات الإرهابية معارضة في بداية الصراع، وتكون فعالة للغاية. الغارات المعزولة تكشف بداية عن تواجد حركة منظمة جزئيًا، مما يجذب الانتباه ويولد الحذر ضمن السكان. بعد ذلك، يبدأ العنف الانتقائي في التخلص من الأشخاص الأقل تأثيرًا، والبيروقراطيين الأقل شأنًا، ومسؤولي الشرطة الذين لم يفهموا التحذيرات الأولى أو كانوا بطيئين جدًا ليتفاعلوا معها. الكوادر الإدارية مقيدة أو ملغاة. تم الفوز بالصمت والتواطؤ من المدنيين غير المحميين. عملاء العدو أصبحت لهم الحرية في تنظيم السكان والتلاعب بهم عند رغبتهم» (Trinquier 1964:18-19).

المتمردون يظهرون عادة في المناطق والأوقات التي تكون بها سيطرة الحكومة ضعيفة. كلما كان تراجع تراجع أو غياب السلطة في منطقة ما أكبر؛ كان السكان هناك «أرضًا بكرًا» لأولئك الذين يريدون أن يصبحوا «دولة مضادة» أو حكومة بديلة (Wickham-Crowley 1991:35). حالما يؤسسون سلطتهم، يبدؤون بحملة اغتيالات ضد ممثلي الدولة. هذه الاغتيالات تؤدي عدة مهمات: تدمر جهاز الدولة عمليًا، وتظهر القوة، وتمنع أي تعاون مع السلطات. ضابط أمريكي يعمل في الفلبين من 1899 إلى 1902، حيث كان -بحسب أحد التقديرات- ربع الفلبينيين الموالين لأمريكا المغتالين مسؤولين مدنيين، وَجدَ أن «كل الموظفين المحتملين، خوفًا من القتل، تمسكوا برفضهم لفعل أي شيء متعلق بالحكومة المدنية الأمريكية». بعد سلسلة من قتل المتمردين، أشار ضابط آخر بمرارة: «ليس من الممكن الآن أن أي شخص سيوافق على منصب الرئيس المحلي في الانتخابات التي ستعقد ليلة الأحد» (Linn 1989:38. 135)[1].

---

(1) هناك توافق على أن «الإرهاب» هو المرحلة الأولى الفعالة من التمرد لأنه «سلاح الضعيف» (Crozier 1960:160; Paget 1967:28). هذا لا يعني أن اللوم يقع على المتمردين باندلاع العنف، فالعديد من الحروب الأهلية تبدأ على أيدي أنظمة عالية القمع والعنف. ولكن، هناك إجماع عام على أن المتمردين، بكونهم المتحدِّين، هم «أوائل المتحركين». انظر:

D. Anderson (2005:47); Heer (2000:111); Pettigrew (2000:207); Laqueur (1998:27); Horton (1998:75); Senaratne (1997:87, 115–19); Swedenburg (1995:119); Brody (1985:47); Tone (1994:112); Faivre (1994:108); Stoll (1993:64–5); B. Berman and Lonsdale (1992:440);

إذا فشلت الحكومة في الاستجابة وحماية عملائها، يبدأ القرويون في التعاون مع المتمردين، وبذلك تنتقل القرية إلى المنطقة نوع 4 (إذا حافظ الجيش على حاميات بالقرب ومارس ضغطًا عبر الزيارات الدورية) أو نوع 5 (إذا توسعت سيطرة المتمردين بالمنطقة الأوسع، يتراجع التواجد الحكومي، ويختصر الجيش زياراته، وتباد خلايا المتعاونين السرية مع السلطات). من الممكن كذلك ألا تكون الانتقالات حاسمة، إذ يمكن أن تنتقل قرية من كلا الاتجاهين إلى المنطقة نوع 3 وتظل تحت سيطرة منقسمة. وبالكلية، المتمردون عادة هم أوائل المتحركين، فهم يحددون شروط الصراع ويفرضون التكتيكات المتبعة، وتحديدًا الشكل غير النظامي للحرب[1].

مثال على هذه العملية يأتي من قرية سلفادورية (J. L. Anderson 2004:140, 181-182). أولًا، استهدف المتمردون قرية متنازعًا عليها بوسائل عسكرية. لقد سعوا «لقلب توازن القوة» لصالحهم بطرد الجيش والدفاع المدني خارجًا. حالما تحقق هذا الهدف، أصبحت القرية من النوع 4. بحسب أندرسون (Anderson 2004:212-213)، «لم يكن هناك أية جنود متواجدين في القرى، ومعظم المتعاونين قتلوا أو أجبروا على الهرب، لكن الجيش يستطيع أن يشن غارة بأي وقت من قواعده المجاورة على التلة مباشرة. ولذلك، حيثما كانت مجموعات [المتمردين] تخيم ليلة، كان الشباب يقومون بجولات رقابة دورية بالمحيط، تتخذ بها أشد إجراءات الحيطة بالحديث مع المدنيين لإبقاء التحركات سرية». بعد ذلك، يؤسس المتمردون مؤسسات جديدة، وتبدأ المعلومات في التدفق، والعنف الانتقائي يستخدم ضد الجواسيس المفترضين، الذين يؤدي إعدامهم «بشكل مباشر إلى السيطرة الحاسمة للغِوار على القرية. كل المقاومة الفعالة ضد سلطتهم انتهت».

العلاقة بين السيطرة والعنف تظهر دورية محددة، من حيث أن السيطرة قد تولد العنف

Cribb (1991:162); Geffray (1990:39); Stubbs (1989:45); Kornbluh (1988:14); Horne (1987:135); Flower (1987:121); Cooper (1979:92); Henriksen (1983:119; 1976:382); Race (1973:83); Paget (1967:32); Barnett and Njama (1966:127); Clutterbuck (1966:7–9); Armstrong (1964:40–1); Lear (1961:208); Crozier (1960:161); Leakey (1954:112).

هذا الإجماع مدعوم بملاحظات تجريبية على أن هناك تضاربًا تحليليًا وجغرافيًا أوليًا بين عنف النظام القمعي من ناحية، وعنف المتمردين، من الناحية الأخرى.

(1) Fellman (1989:131); De Lupis (1987:34); Chaliand (1987:67); Beaufre (1972:61); Paget (1967:33); Taber (1965:19).

وأن العنف قد يؤدي لتحولات بالسيطرة. ولكن، التعقب الدقيق للعملية والتفصيل التالي يأخذ بعين الاعتبار المنشأ الداخلي للأمور. في الحقيقة، إن تتبع العملية يشير إلى أن التحول بالسيطرة يتضمن خطوتين منفصلتين: **التحول الأولي ثم التعزيز**. أولًا، القرارات العسكرية التكتيكية تتسبب في تحول السيطرة باتجاهين: من المتمردين إلى السلطات (من النوع 4 أو 5 إلى 2)، ومن السلطات إلى المتمردين (من 2 أو 1 إلى 4). ثانيًا، استخدام العنف الانتقائي، **حالما تنتقل السلطة**، يولد عملية تعزيز للسيطرة بالانتقال من 2 إلى 1 (سيطرة السلطات الكاملة) ومن 4 إلى 5 (سيطرة المتمردين الكاملة). لذلك، في غياب تحولات خارجية بالموارد العسكرية، يمكن النظر للمناطق 2 و4 على أنها مناطق انتقال، فمن ناحية، تمثل بعدًا مؤقتًا بعملية تحول السيطرة. العنف يتبع هذا الانتقال الأول بالسيطرة ويسبق التعزيز.

وكما تمت الإشارة، فقرار استخدام الموارد لشن «عملية غزو» ستولد تحولًا في السيطرة يتم اتخاذها خارج النظرية. ولكن، من الممكن تخيل أن الناس المحليين يحاولون التأثير بفاعل سياسي ليستهدف مناطقهم. المنفيون واللاجئون حاولوا دائمًا جلب الفاعلين الخارجيين لقلب ميزان الصراع المحلي والعودة لبلدانهم. قصة الحرب البيلوبونيسية كما يرويها ثوسيديديس هي قصة تصعيد عبر ضغط كهذا. ولكن، عمليًا، القرارات التكتيكية تتخذ على المستوى ما فوق المحلي بسبب قلة الموارد العسكرية التي يتطلب تركيزها تنسيقًا مسبقًا، والمثل بالمثل، فالعمليات العسكرية تسعى للسيطرة على مناطق كاملة بدلًا من قرى بعينها.

في الجزء المتبقي من الفصل، أدرس كل منطقة من السيطرة بالتفصيل وأفحص الفرضيات باستخدام الدليل المتناقل المتاح.

3.8. السيطرة الكاملة (المناطق 1 و5)

ماكس فيبر (Weber 1994:310) حاجج بأنه رغم أن العنف «ليس الوسيلة العادية أو الوحيدة المستخدمة من الدولة»، إلا أن العلاقة بين الاثنين «حميمة للغاية». جزء كبير من عمل ميشيل فوكو مبني على هذه الفكرة، والمتوافقة مع رأي حنة أرندت (Arendt 1970:56) حول العلاقة العكسية بين السلطة والعنف: «حيثما يكون الحكم مطلقًا، يصبح العنف غائبًا». وكما تقول [السياسية الأمريكية] كيت براون (Brown 2003:213)، فإن «الخيار الشخصي يضيق حتى يصبح ثقب إبرة». بالنسبة للمدنيين، هذا يُترجم إلى انتشار «للرقابة والمراقبة»، الموصوفة في جواتيمالا تحديدًا بـ **السيطرة** (Warren 1998:95). وجود السجون وكثافة

الرقابة تسمح بالتحقق من التبليغات واستخدام أشكال للقمع عدا القتل. هذا ليس سبيلًا للقول إن القهر هو الوسيلة الوحيدة للحكم. في الحقيقة، مناطق السيطرة الكاملة هي الأماكن التي يوجد بها على الأرجح خليط من القهر والإقناع.

رغم أن محتوى وأنماط السيطرة واضحة عند السلطات، إلا أنها تتطلب نقاشًا إضافيًا للمتمردين. يمكن أن يُفهم التمرد على أنه عملية بناء دولة منافسة بدلًا من كونه مجرد حالة من السلوك الجمعي أو النزاع الاجتماعي. المتمردون يسعون لبناء «دول مضادة» متطورة (Wickham-Crowley 1991) عبر «تطوير سياسي» (Sánchez 2001:30). بناء الدولة هو الهدف المركزي للمتمردين ويوضح أن العصيان المنظم والمستدام من ذلك النوع الذي يحصل بالحروب الأهلية متمايز جوهريًا عن ظواهر أخرى مثل قطع الطريق، أو المافيا، أو الحركات الاجتماعية[1]. المتمردون يسعون لتأمين السلطة على المستوى المحلي، حتى عندما لا يستطيعون أن يأملوا حيازة الدولة على المستوى الوطني. هذا يعني السيطرة على أراضٍ والحفاظ عليها قدر المستطاع (مثلًا Wood 2003:135; Romero 2000:67; Schofield 1984:308). الأراضي التي يسيطر عليها المتمردون تسمى عادة مناطق «محررة» أو «قواعد». مصطلحات مثل حكومة الظل، أو الهيكلية الموازية، أو البنية التحتية للمتمردين، أو الحكومة البديلة تشير تحديدًا لعمليات بناء دولة[2]. المتمردون يدخلون في نشاطات كنشاطات الدولة، فهم يجمعون الضرائب وينظمون العمل الأمني، ويديرون القضاء، ويجندون المقاتلين. باختصار، إنهم يتمتعون بحيازة محلية للعنف، وهو ما يستخدمونه ليعاقبوا أعداءهم ويردعوا

---

(1) العصابات «الثابتة» التي تخلق مؤسسات مستدامة هم بناة دولة (Olson 2000). كما يقول أوغسطين: «إذا كان هذا الشر [قطع الطريق] ينمو، عبر وصول رجال متهورين للسلطة، لدرجة يصبح قادرًا بها على السيطرة على أراضي، وتأسيس مستوطنات ثابتة، وحيازة دول وإخضاع شعوب؛ فإنه يستحق اسم مملكة» (*On the City of God IV*:iv).

(2) في منطقة «دوردونيي» الفرنسية، «أصبح السكان مستدخلين بشكل لا رجعة فيه ضمن شبكات السلطة البديلة». لقد أصبح أوضح للسلطات أن «ما كان يجري لم يكن انهيارًا تامًا لكل السلطات بقدر ما كان انتقالًا لها من الفيشيين إلى مقاتلي المقاومة» (Kedward 1993:97). ملاحظات مشابهة قدمت عن حرب العصابات الإسبانية ضد الفرنسيين (Tone 1994:6)، والحرب الأهلية الإسبانية (Schran 1976)، وتمرد الماو ماو في كينيا (Paget 1967:91)، والحروب الأهلية الجزائرية القديمة والحديثة (Martinez 1998; Peterson 1997a; Faivre 1994:147; Horne 1987:134)، وغينيا بيساو (Rudebeck 1975)، ونيكاراجوا تحت سيطرة الكونترا (Horton 1998:127)، وسريلانكا (Pfaffenberger 1994:129)، والبيرو (Rosenau 1994:316).

عدم الخضوع. في وادي كانيباكو في وسط البيرو، «تولت منظمة 'الدرب المضيء' السيطرة ونظمت كل جانب من جوانب حياة السكان، كما تولوا إدارة العدل ولعبوا دورًا أشبه بقوة أخلاقية. حلت المنظمة الخلافات العسكرية، وأشرفت على عمل المعلمين، ولعبت دور الوسيط بين السكان المحليين والسلطات وموظفي الدولة الذين لم يتم إجبارهم على المغادرة، وأعدمت اللصوص الذين سرقوا المواشي من الفلاحين، بل ونظمت الترفيه» (Manrique 1998:204).

التمرد الشيوعي في فيتنام الجنوبية يقدم مثالًا وافيًا. بناء على البنى التي تأسست أثناء الانتفاضة المضادة للاستعمار ضد الفرنسيين (Race 1973:4)، كان الفيت كونغ قادرين على تأسيس بنية «ظل» تحتية إدارية متقدمة ذات خمسة مستويات (البلاد، الإقليم، المحافظة، المنطقة، القرية)، وأدارها ما يقارب 40 ألف موظف بدوام كامل مع نهاية عام 1968. بعض مناطق فيتنام الجنوبية كانت تحت السيطرة الكاملة للمتمردين، بشكل دائم إلى حد ما، منذ نهاية الاحتلال الياباني (Schell 2000:208)، مما يفسر كيف كان الفيت كونغ قادرين على تحويل مهنة الكادر الحزبي إلى «أحد المهن القياسية» (Berman 1974:74). جيفري ريس (Race 1973:199) يقول إن «أحد الاستنتاجات الصادمة من مقابلة منشقين [عن الفيت كونغ] هي الغياب الكامل للحركة الحكومية في المناطق الثورية لسنوات أحيانًا، باستثناء عمليات مداهمة واسعة من حين لآخر، دون أثر كبير على الجهاز المحلي للحزب». بحسب [الكاتب الأمريكي] بول بيرمان (Berman 1974:4-5)، «الفلاحون المجندون ضمن المنظمة الثورية أصبحوا أكثر من جنود ضمن قوة قتالية مؤقتة، فقد أصبحوا تابعين محتملين مستدخلين ضمن مؤسسة جديدة تضع أسس دولة قومية».

بعكس التصور السائد، بناء الدولة ليس عملية مرتبطة فقط بالتمردات اليسارية. العديد من تمردات ما بعد الحرب الباردة (بما فيها العرقية) طورت أنظمة حكم (Finnegan 1992; Geffray 1990; Linn 1989:40)، رغم تفاوت مستويات تقدمها من مكان لآخر. بناء الدولة للمتمردين هو لماذا تعتبر الحروب الأهلية عادة على أنها قائمة على «سباق حقيقي في الحكومة» (Clutterbuck 1966:57)، حيث يواجه الأفراد مطالب من حكومتين اثنتين، كما هو الحال أثناء تمرد الهوك في الفلبين (Jones and Molnar 1966:47): «إحدى الحكومتين كانت قانونية، ولكن في تلك المناطق كان تواجدها المادي قليلًا أو معدومًا. كانت حكومة المتمردين غير قانونية، لكنها كانت تملك سيطرة جزئية أو كاملة وقدرة على الإجبار». لذلك

كانت ملاحظة روبرت ثومبسون (Thompson 1966) بأن التمردات أشبه بجبال الجليد: المقاتلون في الأعلى، لكن عمق السيطرة هو الذي يمثل قوتهم الحقيقية. هذه الفكرة كان لها تعبير جغرافي: المقياس العريق لخبراء مكافحة التمرد في موزمبيق كان «العمل التخريبي» (أي، التنظيم السري الثوري) الذي يسبق أي قتال حقيقي بما يقارب الثمانين كيلومترًا (Maier 1974:33).

1.3.8. العنف تحت السيطرة الكاملة

لأن نزعة الانشقاق مرتبطة النشوء بمستوى السيطرة بشكل كبير، والسيطرة الكاملة تجعل العنف زائدًا عن الحاجة، فمعظم الناس لا يرغبون ولا يستطيعون بدرجة كبيرة أن ينشقوا لأن وصولهم للطرف الخصم مقيد. السيطرة تمنح التهديد باستخدام العنف مصداقية أشبه بالاستخدام العملي له (Tilly 1985:172). بكلمات أخرى، العنف خارج مسار التوازن. الخوف هو السائد.

إذا كانت الفرضية (2) صحيحة، فإننا سنشهد عنفًا محدودًا أو معدومًا من الفاعل الحاكم. هناك دليل معتبر حول هذه الفكرة (مثلًا Wickham-Crowley 1991:50-51). كان اليابانيون يقتلون السكان في القرى الواقعة على التل، بدلًا من سكان تلك البلدات التي سيطروا عليها في جزيرة لايتي الفلبينية (Lear 1961:214). في جواتيمالا، بلدة سان أندريه كانت تحت السيطرة الصارمة لقوات الحكومة، ولم تشهد أي نوع من التهجير والمجازر التي وقعت في مناطق أخرى من البلاد (Warren 1989:92-93). [الأنثروبولوجي الأمريكي] روبرت كارماك (Carmack 1988a:xv-xvi) يقول إنه في جواتيمالا، المجتمعات التي يُعتقد أنه تم تحريرها من «التخريب» كانت تخضع لمراقبة الجيش، لكنها كانت تترك وحدها بشكل عام ولا تواجه الكثير من العنف[1]. في كولومبيا، كل الفاعلون «استخدموا سلطة الخوف

(1) هذا النمط يمكن إيجاده في بيئات لا تشهد حروبًا أهلية. بدراسته الكلاسيكية عن «**الزعامة المحلية**» (*caciquismo*) في قرية جنوب غربي المكسيك، باول فريدريتش (Friedrich 1977) وجد أنه رغم أن **الزعماء** يلجؤون إلى قتل الخصوم السياسيين إن كانت هناك ضرورة، فسيطرتهم المهيمنة على وسائل العنف تردع خصومهم وتقلل العنف المميت. العنف خارج مسار التوازن. بالطبع، غياب العنف المميت بشكل كبير لا يعني غياب القهر. ماري رولدان (Roldán 2002:221) وجدت أنه في كولومبيا، كان هناك علاقة عكسية بين الضحايا والاعتقالات الكبيرة: عندما تقل الأولى تزيد الكثيرة، والعكس صحيح.

القهرية للحفاظ على النظام في مناطقهم، ولكن دون ترهيب الخاضعين لهم بشكل يومي» (Fichtl 2004:4). وبشكل مشابه، يبدو أن هناك علاقة طردية بين مستويات السيطرة العالية والخوف. تقرير لـ«هيومن رايتس ووتش» من الشيشان أشار إلى أنه «في المناطق تحت السيطرة العملية [للزعيم الموالي للروس] رمضان قاديروف، كان الجو المليء بالخوف مذهلًا» (Myers 2005:A4).

يبدو أن الأمر نفسه ينطبق على المتمردين. ينقل أحد المسؤولين البريطانيين من اليونان عام 1949: «بقدر ما استطعت أن أحدد، لم يعدم الشيوعيون العديد من الأشخاص حالما أسسوا سيطرتهم»[1]. [المؤرخ الأمريكي] ويليام هاردي ماكنيل (McNeill 1947:156) يروي عن انطباعه من اليونان بعد مغادرة الألمان مباشرة: «ادعى اليمينيون أن قوة 'جبهة التحرير الوطنية' كانت مبنية على الإرهاب، والتي كانت كذلك جزئيًا. قلة من المعارضين تجرأت أن ترفع صوتها في القرى والبلدات الإقليمي في خريف عام 1944، ولأن قلة تجرأت؛ تم ممارسة سلوكيات علنية قليلة من الإرهاب كذلك، ولذلك كان المظهر الخارجي للبلاد مسالمًا وهادئًا بشكل مفاجئ». المتمردون الكولومبيون امتنعوا عن استخدام العنف الجماعي ضمن مناطق سيطرتهم (Sánchez 2001:30). رغم أن قمع «الكونترا» وقع في نيكاراجوا، «إلا أنه يجب التأكيد أنه في العديد من الحالات لم لم يكن على الكونترا القيام بعنف علني للحفاظ على سيطرتهم في المجتمعات التي شكلت قاعدتهم الاجتماعية في الجبال.... تواجد الرجال المسلحين والتهديدات المخفية كانت كافية بحد ذاتها لتضمن تعاون الفلاحين البارعين في تفسير واقع القوة العسكرية في مجتمعاتهم المحلية» (Horton 1998:218). في مناطق سيطرة الفيت كونغ في فيتنام الجنوبية، خضع الفلاحون للفيت كونغ، وكان العنف منخفضًا، وكما قال أحد الكوادر الحزبية «القرويون.... هابوا حكومة فيتنام الجنوبية، لكنهم هابوها أقل من الفيت كونغ» (Elliott 2003:757). بشكل مشابه، العائلات الخمسة والثمانون التي عاشت في قرية «بارانجاي روز» الفلبينية التي يسيطر عليها الثوار عام 1988، ثمانون منهم كان من بينهم شخص واحد على الأقل انضم للثوار. العائلات الخمسة المتبقية، كما قيل [للصحفي الأمريكي] كريج جونز (Jones 1989:199)، «كان عليها اتباع القوانين. لم

(1) "Consular Reports on Conditions in Greece, Tour Reports by Consular Officers, R 6231, Report from Patras Consul (31 May 1949)," PRO, FO 371/78386.

يكن عليهم أن يبلغوا عن العدو. كان عليهم فقط البقاء صامتين». في الحقيقة، عام 1985، أعدم الثوار رجلًا محليًا متهمًا بإبلاغ السلطات عن نشاطات الثوار (أي، «منشقًا»). استنتج جونز أن هذا الإعدام «عمل، ولمدة طويلة بعد ذلك، كتذكير قوي للسكان: بجانب شؤون الحياة والثقافة والسياسة؛ تملك الثورة سلطة الحياة والموت في بارانجاي روز».

يمكن مشاهدة هذا بشكل صاعق في حالة الرينامو في موزمبيق، والسينديرو في البيرو، «الجماعة الإسلامية المسلحة» في الجزائر؛ ثلاث حركات متمردة كانت معروفة بسمعتها السيئة بدرجات العنف المتطرفة الموصوف عادة بأنه عشوائي وبلا مبرر. لقد بدا أن الرينامو كانت متحفظة عندما كانت تتمتع بمستويات عالية من السيطرة، في مناطق جورونجوسا وزامبيزيا مثلا (T. Young 1997:132-133). [بروفيسورة الأنثروبولوجيا] كارولين نوردستروم (Nordstrom 1997:107) قامت ببحث في منطقة بشمال ووسط موزمبيق حيث «لم يكن هناك تمثيل كبير للفريليمو [خصوم الرينامو]»، ولذلك لم يشعر الرينامو بأن عليهم «خلق عبر لمن يعتبر» بقتل داعمي الفريليمو المحتملين. في الحقيقة، كل المناطق التي توثقها بكونها مسيطرًا عليها من الرينامو ومسالمة نسبيًا، في الوقت نفسه، كانت «معزولة وخارج تأثير الفريليمو» (Nordstrom 1997:100). [المستشار الأمريكي] روبرت جيرسوني (Gersony 1988) وصل للاستنتاجات العامة نفسها: في المواقع المحلية التي يتحرك بها جنود الرينامو بحرية، كانت حالات الوحشية والقتل والخطف نادرة[1]. في البيرو، ترك السينديرو الفلاحين وحالهم في «المناطق المحررة» مثل مناطق وادي هوالاجا العليا، حيث لم يكن هناك إبلاغات عن مجازر، في الحقيقة التي كانت مفاجئة للعديد من المراقبين نظرًا للطبيعة العنيفة للمنظمة (Rosenau 1994:317). بشكل مشابه، «الجماعة الإسلامية المسلحة» في الجزائر استخدمت قليلًا من العنف في المناطق التي سيطرت عليها، وبدأت تلجأ للعنف في المناطق التي كانت محل نزاع مع الجيش (Kalyvas 1999)[2].

النتيجة غير الملاحظة لهذه النظرية هي أن التبليغات ستكون كثيرة بداية في مناطق السيطرة الكاملة، لكنها ستصبح مهملة بعد ذلك بشكل عام أو لن تؤدي إلى عنف مميت.

---

(1) جيرسوني (Gersony 1988) حدد أيضًا «مناطق سيطرة» حيث كانت قاعدة للرينامو محاطة بمناطق سكانية أصلية ومختطفة. في هذه المناطق، مارست الرينامو وحشية كبيرة، وتحديدًا ضد السكان المختطفين [المسيطر عليهم من قوات أخرى]. هذا العنف، كما يشير، كان استخراجيًا بدلًا من كونه إرهابيًا.

(2) لاحظ أن الغياب النسبي للعنف في المناطق ذات السيطرة العالية يتم تأويله، عندما يوثق، على أنه مؤشر لدعم شعبي واسع. الخطأ المحتمل لهذه الملاحظة يجب أن يصبح واضحًا الآن.

إلا أنني استطعت إيجاد معلومات محددة بشكل قليل. أحدها يأتي من ميزوري أثناء الحرب الأهلية، حيث نقل [بروفيسور التاريخ] مايكل فيلمان (Fellman 1989:27) عن حصول نمط كهذا، في حين نقل ماكنيل (McNeill 1947:198-199) أنه بعد أن خسر اليسار السلطة المحلية في قرية ما، «باغتت مجموعة من المخبرين قائد الحرس، متهمين اليساريين المحليين بكل أنواع الجرائم. ولم يتم اتخاذ إجراء بناء على هذه التبليغات، لكن جزءًا ضئيلًا منها أدى لاعتقالات».

ثمة نتيجة إضافية لهذا هي أن العديد من مخيمات اللاجئين ستكون تقريبًا المنطقة من نوع 1 (حيث يكون الوصول لها مسيطرًا عليه من السلطات) ونوع 5 (عندما توجد في مناطق تحت سيطرة المتمردين، خصوصًا في البلدان المجاورة التي تدعم المتمردين). لذلك، سنشهد عنفًا محدودًا بمخيمات كهذه، وبشكل أقل بكثير عند مقارنتها مع المخيمات التي تترك لإدارتها الذاتية، وبشكل مختلف: العنف الجنائي في الأخيرة مقابل العنف القهري في الأولى. الدليل المتاح يشير لاتجاه كهذا (Crisp 2000; Prunier 1995; Wiesner 1988). في الحقيقة، إن من الممكن التفكير باستراتيجية التهجير الريفي كمكون بالعديد من استراتيجيات مكافحة التمرد، كطريقة لخلق مناطق من نوع 1، بإفراغ الأراضي وتهجير المدنيين، بدلًا من احتلالها[1].

4.8. غياب السيطرة (المناطق 1 و5)

الفاعل السياسي يفتقد للسيطرة في المناطق التي يسيطر عليها خصمه بشكل كامل، وبذلك تصبح «مناطق غياب السيطرة» هي الصورة المعكوسة في المرآة لـ «مناطق السيطرة الكاملة». بغياب السلطة، يصبح «فاقد السيادة» أعمى ولا يستطيع الوصول للناس والمعلومات. السفر صعب ومليء بالمخاطر، والمحليون قد لا يتواصلون أبدًا مع ممثلي فاقد السيادة. هذه النقطة تم إيصالها بوضوح في تقرير كتبه متعاون روسي مع الألمان عام 1942:

«عندما يواجه الفلاح مشكلة الذهاب مع المقاتلين غير النظاميين أو مع القوات الألمانية، لسوء الحظ عليه أن يلاحظ بشكل متكرر أنه من المستحيل رفض مساعدته للمقاتلين غير النظاميين. إنه كان

(1) من الجدير بالبحث تباين استخدام استراتيجيات تهجير السكان في الحروب الأهلية. إنها، بشكل واضح، مكلفة للتنفيذ بشكل مناسب، وعندما تستخدم في سياق استراتيجية عنف عشوائي، كما في دارفور («مكافحة التمرد الرخيصة»)، قد تؤدي لنتائج عكسية ضد الذين استخدموها (Prunier 2005).

يراهم بشكل شبه يومي، بينما نادرًا ما يرى الألمان. حتى وإن كان يرغب صادقًا في قتال المقاتلين غير النظاميين، كيف يمكنه فعل ذلك؟ إلقاء نفسه في صراع مباشر معهم، بلا سلاح كما هو الحال، عبارة عن جنون. الانضمام للمليشيات العميلة يعني حرمان أرضه من القوة البشرية الوحيدة المتاحة وتعريض عائلته للإبادة على يد المقاتلين غير النظاميين. عندما كان الفلاح يتبع نشاط المقاتلين غير النظاميين وينقله إلى الكوماندتورا، كانت هذه الحقيقة تُعرف مباشرة، فلا شيء يبقى سرًا في القرية، وكان القصاص يتبع ذلك مباشرة. إضافة لذلك، أقنع السكان أنفسهم بأن تقاريرهم [إلى الألمان] في معظم الحالات لم تؤد إلى نتيجة. الكوماندتورا تتلقى، يوميا، تقارير حول المقاتلين غير النظاميين من أجزاء مختلفة من كل أنحاء البلاد، لكنها تستطيع القيام برد فعل عليها في حالات قليلة فقط، لأنها لا تملك ما يكفي القوات. الحالة السابقة خطيرة للغاية، إذ إنها تؤدي لنمو حركة المقاتلين غير النظاميين ومن ثم تؤدي لتفكك كامل للنظام الإداري والاقتصادي [الألماني]» (in Dallin et al. 1964:325) [1].

1.4.8. العنف تحت غياب السيطرة

الفرضية (3) تقول إنه بغياب أية سيطرة، فإن «فاقد السيادة» لا يستطيع أن يلجأ للعنف الانتقائي. عندما يستخدم العنف، فإنه سيكون عشوائيًا. لقد كانت هناك قاعدة عامة في كولومبيا أثناء «الفيولنسيا» [الحرب الأهلية] بأن «أشد وأكثر حالات العنف [من الدولة] وقعت في مناطق خارج السيطرة العملية من الحكومة المركزية» (Henderson 1985:109). في الفترة القريبة، المتمردون الكولومبيون لجأوا لعمليات الإرهاب والمجازر خارج مناطق سيطرتهم (Sánchez 2001:30).

السمة العشوائية لهذا العنف واضحة عندما يتعلق الأمر بالسلطات. عندما قتل الفيتناميون الجنوبيون فلاحًا في غارة، أخبروا الصحفي الذي شهدها بألا يكون «عاطفيًا. هذا الرجل بلا شك كان عميلًا للفيت كونغ، إذ إن هذه القرى كانت معاقل لهم لأعوام» (Browne 2000:8). وكما أشار رائد بسلاح الجو الأمريكي، «في الجبال، إن أي شيء يتحرك تقريبًا يعتبر من الفيت كونغ» (in Schell 2000:214). إيليوت (Elliott 2003:8) وجد أن القرية التي شهدت القصف الأكبر من الحكومة في منطقة درسها كانت منطقة تعد بأنها القاعدة الرئيسية للفيت كونغ. باستخدام البيانات التي جمعها من منظمات حقوق الإنسان، تيموثي جالدن (Gulden 2002) درس أنماط العنف في جواتيمالا ووجد أنه أخذ أشكالًا مختلفة في المناطق العالية والمنخفضة للمايا. المجازر الجمعية كانت تحصل بشكل أكبر على الأرجح

(1) لنقاط مشابهة، انظر: Hondros (1993:155), Stoll (1993:148), and Cribb (1991:150).

في الجبال وبعيدًا عن الطرق المتطورة. روبرت كارماك (Carmack 1988a:xc-xvi) يؤكد أن الجيش الجواتيمالي ارتكب أكثر المجازر انتشارًا ضمن ما يسمى بالمجتمعات الحمراء، أي الواقعة تحت سيطرة المتمردين، دون أي تفريق بين المواطنين والغِوار. هذه الأمثلة متسقة مع النتائج العامة مثل دراسة دونالد جرير (Greer 1935) الكلاسيكية التي تظهر أن الإرهاب الثوري الفرنسي استهدف المناطق التي واجهت بها الدولة تحديًا مسلحًا داخليًا أو خارجيًا، وملاحظة جيمس رون (Ron 2003) أنه، في كل من إسرائيل ويوغسلافيا السابقة، ازداد العنف كلما ابتعد الإنسان عن المناطق عالية السيطرة نحو المناطق الأكثر نزاعًا.

عنف المتمردين يتبع نمطًا مشابهًا. فالمتمردون في مالايا استهدفوا مراكز إعادة التوطين والبلدات التي يسيطر عليها البريطانيون (Stubbs 1989:105; R. Thompson 1966:25)، والفريليمو الموزمبقيون قصفوا بالهاون والصواريخ ما سموه بـ«الألديمينتونس» (أي القرى المحمية من الحكومة) بشكل روتيني نسبيًا أثناء صراعهم للتخلص من الاستعمار (Cann 1997:157). بعد ذلك بأعوام، متمردو الرينامو ارتكبوا مجازر ضد السكان، لا بشكل عشوائي كما كان يعتقد، بل تحديدًا حيث كانت للحكومة قاعدة قوية، لافتراض أن كل المدنيين هناك كانوا «مرتبطين» بالفريليمو (T. Young 1997:132-133). نورسدتروم (Nordstrom 1997:108) ينقل حالات انتقل بها الرينامو من «التساهل» إلى العنف ضد السكان أنفسهم بعد أن يصبح السكان (رغمًا عنهم) تحت سيطرة الفريليمو. روبرت جيرسوني (Gersony 1988) وضع تصنيفًا أسماه «مناطق تدمير» الرينامو لتلك المناطق التي كان بها شكل ما من التواجد الحكومي. الفيت كونغ لجأوا للقصف العشوائي بالصاروخ والهاون في مناطق تمتع بها الفيتناميون الجنوبيون بالسيطرة، بما في ذلك مخيمات اللاجئين[1]، والكونترا النيكاراجويون استخدموا العنف ضد معاقل الساندينيستا (Horton 1998:167)، مثل «الدرب المضيء» في البيرو ضد القرى التي شكلت المليشيات (Krauss 1999; Del Pino 1998:172, 189; Manrique 1998:218)، و«الجبهة المتحدة الثورية» في سيراليون ضد القرى التي شكلت مليشيات الكاماجور [قوات الدفاع المدني] (Richards 1996:181-182)، و«جيش التحرير

(1) Moyar (1997:307); Wiesner (1988:102, 225–6); West (1985:272); Lewy (1978:276); R. Thompson (1966:27). ويسنر (Wiesner 1988:277, 58) يذكر «قرار الحزب الشيوعي رقم 9 من عام 1969»، والذي وجه بأن تكون مخيمات اللاجئين أهدافا رئيسية للهجوم. إنه يتحدث كذلك عن مجزرة عشوائية ضد قرية دونج- شاي في إقليم فوك لونج، في يونيو/ حزيران من عام 1965 للسبب نفسه.

الوطني» في كولومبيا ضد القرى (مثل قرية كارمين دي تشيرشي) التي انتفضت في وجههم (Rubio 1999:120). لاحظ أن هذا ينطبق على كل من الصراعات العرقية وغير العرقية. من حروب التحرر من الاستعمار في أفريقيا إلى الانتفاضة الكردية في شرقي تركيا؛ المتمردون استهدفوا مرارًا أبناء عرقهم الذين تعاونوا مع عدوهم، إما بشكل فردي أو بسياق برامج بناء المليشيات.

5.8. التنازع (المناطق 2 و3 و4)

وصف فلاح سلفادوري الحياة في المناطق المتنازع عليها وكأن الشخص يعصر بين السيف والشوكة (*entre la espina y la espada*) (in Binford 1996:100). حياة فلاح كولومبي في منطقة متنازع عليها تعتبر افتتاحية لاتهامات التعاون مع أطراف متعددة: «ما الذي فعلته في البلدة؟ مع من تحدثت؟ هل كانت هناك نقاط تفتيش للغِوار على الطريق؟ هل أخبرت الجيش أن لدينا نقطة تفتيش على الطريق؟ هل تبيع المنتج للمجموعات شبه المسلحة؟ هل تبيع المنتج للغِوار؟». «بالطبع»، كما يستنتج إريك فيشتل (Fichtl 2004:4)، فإن «السؤال الحقيقي هو ما إن كان الكامبسينو [الفلاح] يملك خيارًا»، في مأزق يصفه بأنه «شرط-22 [حالة منطقية معروفة بالمنطق، لا يستطيع الفرد الفرار منها بسبب تناقضاتها] من المطالب المتضاربة». وكما وصفها فلاح فيتنامي، فإن الأمر يبدو كأن «يكون لك رقبة واحدة محاطة بخرطومين» (in Elliott 2003:258). العقيد ج. م. ستيفنز وصف حالة الضغوط المتقاطعة التي واجهها في اليونان المحتلة، التي عمل بها خلال أعوام 1943-1944:

«هناك قرى قليلة في شبه الجزيرة البيلوبونيسية لم يمر عليها [متمردو] الأندارتيس والألمان بعد، ثلاثة أو أربعة مرات من كل منهما. القاعدة العامة هي أن الألمان نهبوا المنازل التي وجدوها خالية. الأندارتيس ضربوا ونهبوا وأرسلوا إلى معسكرات الاعتقال أولئك القرويين الذين ظلوا ليحموا ممتلكاتهم عندما جاء الألمان. كانت النتيجة بؤسًا لا يوصف.... معنويات القرية منخفضة جدًا، وكل القرى تدعو أن تترك لشأنها ويتركها الأندارتيس وكتائب الأمن والألمان جميعًا»[1].

(1) "Second Report of Colonel J. M. Stevens on Present Conditions in Peloponnese (24 June 1944)," PRO, HS 5/669/S6557.

أوصاف كهذه تتكرر: الناس يتحدثون عن كونهم عالقين في «تقاطع نيران»، «محصورين في المنتصف»، موجودين بين «نارين»، «نيران متعاكسة»، «جيشين»، «شرين»، «شوكين»[1]. الأوصاف التالية، من مدنيين يعيشون في مناطق متنازع عليها أثناء خمسة صراعات مختلفة (الجزائر، ردويسيا- زيمبابوي، الفلبين، ناميبيا، أفغانستان)، تشير إلى المأزق نفسه:

«الجيش الفرنسي هنا، وجيش [المتمردين] هنا، ونحن في المنتصف تمامًا» (in Faivre 1994:142-143).

«إذا تحدثنا إلى الشرطة، فسيقتلنا الإرهابيون. وإذا لم نتحدث، فستشتبه بنا الشرطة بإيواء الإرهابيين. إننا لا نعرف ماذا نفعل» (in Flower 1987:122).

«أعتقد أن السبب الأول هو أن هناك خوفًا من كلا الجانبين. إذا وقفت وانحزت لأحد الجانبين، فحياتك ستصبح في خطر. إذا انحزت مع الجانب الآخر، فحياتك، مجددًا، ستصبح في خطر. إذا انحزت مع الجيش، فستكون خائفًا من 'الجيش الشعبي الجديد'. إذا انحزت لهم، فستكون خائفًا من الجيش» (in Berlow 1998:202).

«في أوفامبولاند [شمالي ناميبيا]، نعيش بين نارين. إما أن تنحاز إلى الجنوب أفريقيين أو مع السوابو [منظمة شعب جنوب غرب أفريقيا]. فإذا جاء رجال السوابو ليلًا، يطلبون المساعدة، ولم تساعدهم، فهذا يعني أنك مع الجنوب أفريقيين، وستدفع ثمن ذلك بحياتك. حرب العصابات تعني صراعًا مستمرًا من الحياة والموت، ليلًا ونهارًا» (in Groth 1995:28).

«نهارًا، تأتي إلينا الحكومة، وليلًا يأتي إلينا طالبان. نحن عالقون في المنتصف» (in Sengupta 2005b:A10).

الفاعلون السياسيون يضعون مزيدًا من الجهد لإجبار الناس على الالتزام بجانبهم عندما تكون دوافع عدم الالتزام أعلى: «في المناطق المتنازع عليها، حيث تكون الرغبة بأن يُترك الناس لشأنهم هي الأقوى، حاول كل من حكومة فيتنام الجنوبية والشيوعيين جعل الفلاحين [الفيتناميين الجنوبيين] يساعدونهم عبر خليط من القهر والإقناع» (Moyar 1997:321). وكما أشار صحفي أمريكي (Kann 2000:409)، «إنها صفقات مجازفة كبيرة أن تكون مدنيًا فيتناميًا في منطقة 'متنازع عليها'». بالفعل، من منظور السكان المدنيين، فإن السمة الرئيسية للسيادة المتشظية هي الشعور العميق بالشك والخطر، والتي نُقلت بشكل لطيف على يد رجل يوناني وأعادها زائر أمريكي إلى اليونان وفلاحان جواتيماليان:

---

(1) Degregori (1998:141–2); Daniel (1996:178–80); Le Bot (1994); Stoll (1993); Fellman (1989:32); S. Davis (1988: 26); Henriksen (1983:133); Chung (1970); Dallin et al. (1964:330); Lear (1961:v).

«شبه-الحرب هذه أمر سيئ. إنك لا تعرف كيف تحمي نفسك. لا يوجد خط جبهة لتعرف ماذا تفعل. إنك لا تعرف من أين ستأتي. مثلًا، أنت تمشي وتقابل شخصًا. كيف يمكنك أن تتأكد من هو؟ أنت لا تستطيع أن تعرف من هو، وما هو الإله الذي يعبده. ما الذي يمكنك أن تخبره. قد يقتلك إن لم يعجبه الجواب. هذا هو الأمر. لذلك، أنت خائف. هناك خوف. عندما بدأوا يعتقلون الناس، نام الناس خارج منازلهم. لقد كان الأمر أشبه بحالة أناركية. يمكن لشخص ما أن يقتلك ولا يحصل شيء، ولا يكون محاسبًا أمام أحد. إنها حالة برية. لقد كانت هذه أوقاتًا سيئة» (المقابلة 22).

ما جعل الحالة لا تطاق هي حقيقة وجود مؤسسات عسكرية متنافسة قريبة من بعضها مما جعل السعي بالمهمات الاعتيادية شبه مستحيل. إذا ذهب رجل إلى الغابة ليقطع الأخشاب، فقد يضربه الجنود لمرافقته الغِوار، بينما، في الحقيقة، قد يكون عليه فعل ذلك ليستطيع الذهاب والعودة. ولكن، ما لم يكن القرويون أحرارًا باستخدام أي ممتلكات هزيلة متاحة لهم بالجبال، كيف يمكنهم العيش من الأساس؟ عالقين بين حجري رحى، كانت الحياة في كيراسيا بائسة بحق» (McNeill 1978:153).

«أنت لا تملك يقينًا في شيء. لقد كان هناك إرهاب ليلًا، وخوف عظيم. أنت لا تعرف أي المجموعات قد تأتي لتأخذك. كان هناك خوف من الجانبين. لم ينعم أحد بالطمأنينة» (in Warren 1998:93).

«المشكلة كانت في أنك لا تعرف من من الناس سيظهر فجأة، من هذا الذي تتحدث إليه» (in Warren 1998:96).

الحياة في المناطق المتنازع عليها تعني أن الشائعات هي الحاكمة، والإيمان بالأفكار القائمة يختفي، والأسس التي تبنى عليها الثقة اليومية تتزعزع، وشعور الحالة الطارئة والعرضة للخطر تهيمن، حتى إن الواقع نفسه يصبح منقسمًا (Warren 1998:110). كما في إيرلندا الشمالية، كان الناس «محتارين من المكر، وازدواجية الوجوه، والحركات الأصلية والمفتعلة، وأحيانًا الطرق البسيطة التي كان يعتقد أنها معقدة. أولئك العالقون بين مجموعتين من اللاعبين لا يعرفون أبدًا متى تغيرت القواعد أو ما طبيعة اللعبة الحقيقية» (M. Dillon 1990:299). زائر بريطاني لليونان نقل عن توجه الفلاحين: «لقد كانوا تحت إرهاب من نوع أو آخر من الإرهاب لعدة سنوات دون أن يعرفوا السبب تمامًا، وأصبحوا بسهولة ضحايا الشائعات، ولكن بشكل عنيف»(1). هذا الشك يعقد الحسابات عن كيفية التصرف. فيلمان (Fellman 1989:xc) يصف التفكير السائد في ميزوري أثناء الحرب الأهلية: «أي طرف يبدو

---

(1) "Memo: Situation in Greece, February 1948, by Mr. R. Blackbourn (24 February 1948)," PRO, FO 371/72327/R2531.

أن عليك دعمه؟.... بمعضلة كهذه، كيف عليك التصرف؟ من كان **هؤلاء**؟ من كان **أنت**؟». بوصفه مشهدًا في فيتنام، فالصحفي الأمريكي بيتر كان (Kann 2000:409) يشير إلى أن الشك أصبح واضحًا تحديدًا بعد أن تحولت السيطرة: «برامج تهدئة الأوضاع المكثفة في قرى قاعدة نوي كو تو أدت لمكاسب متواضعة. معظم هذه القرى كانت تحت سيطرة الفيت كونغ بشكل صلب قبل سبعة شهور، لكنها الآن تشهد تواجدًا لحكومة فيتنام الجنوبية في النهار على الأقل. القيادة عبر هذه القرى ترافقها نظرات متجهمة. يقول الضباط الميدانيون: 'هؤلاء الناس لا يعرفون إن كانت الحكومة ستبقى أو إن كان الفيت كونغ سيرجعون. إنهم لم يقرروا بعد أن ينحازوا، ولكنهم على الأقل يفكرون بالأمر للمرة الأولى'». رجل من الميسيسيبي عبر عن الشعور نفسه بالشك السائد أثناء الحرب الأهلية: «لا يمكن أن نقوم بحسابات للمستقبل، ويجب ألا نتفاجأ بأي شيء قد يجلبه لنا اليوم. إننا بحق أناس منكوبون» (in Ash 1995:211).

الخلاصة، أن التنازع يجعل من الصعب على معظم الناس الانحياز مع فاعل سياسي واحد. هذا الأساس الدقيق يؤسس للظاهرة التي تتنبأ بها النظرية بالانشقاق العالي المتزامن تجاه كلا الجانبين في مناطق التنازع العالي، وهو ما يوصف عادة بالحياد أو الجلوس على السياج، الظاهرة التي تحصل كثيرًا في الحروب الأهلية[1].

معظم الناس يفضلون الحياد لأنهم إما غير متأكدين أي طرف سيكون صاحب السلطة ليعاقبهم على سلوكهم أو لأنهم متأكدون أن كلا الجانبين سيكون قادرًا بشكل متساو على فعل ذلك. توماس بارو، صاحب البقالة في تشيبسايد، كتب أثناء الحرب الأهلية الإنجليزية: «إذا كنت قادرًا على الوقوف على الحياد لأبقى بخير، فيجب أن أفعل ذلك.... ولا أتبع أحدًا، ولا أتدخل في شؤون أحد» (in McGrath 1997:91). ووصَف فيلمان (Fellman 1989:48) لحرب العصابات في ميزوري لا يختلف عن ذلك: «الولاء لم يكن التمثيل الأكثر أمنًا وشيوعًا للنفس أثناء حرب العصابات، بل كان المراوغة. الصراحة والمباشرة أدت لدمار أكثر مما فعل المكر والانسحاب». بصياغة ترينكوير (Trinquier 1964:31)، «السكان سيرفضون أية مسؤولية قد تخضعهم لانتقام الخصم». تقرير بريطاني من اليونان وصل لخلاصة مشابهة:

---

(1) مثلًا: Livanios (1999:205); Figes (1996:680); H. Nelson (1980:254); Armstrong (1964:46); Barnettand Njama (1966:135).

«ما لم يكن هناك ثقة بالقوات المسلحة، وما لم يعرف القرويون أن المساعدة متاحة إذا هوجموا، فهناك أمل قليل بأن هناك كثيرًا من المقاومة، حتى إن كانت الأسلحة متاحة»[1]. عند سؤاله أي الطرفين دعم، أخبر فلاح من قرية قريبة من سايجون أحد كوادر الفيت كونغ عام 1963 بقوله: «لا أعلم، ولذا سأتبع إرادة الله. إذا فعلت ما تقول، فالطرف الآخر سيعتقلني. إذا قلت أشياء ضدك، ستعتقلني، ولذا سأحمل كلا العبئين على كتفي وأقف في الوسط» (FitzGerald 1989:31). تقرير للمخابرات المركزية الأمريكية عام 1968 من فيتنام كان واضحًا بهذا الخصوص: «الشعور السائد.... هو على الأرجح الخوف المتزايد من مخاطر الحرب.... بتركهم بشأنهم [للفيتناميين الجنوبيين] فهم على الأرجح سيظلون غير ملتزمين أو مشتركين حتى يصبح التحول الحاسم في الصراع واضحًا» (in Moyar 1997:321). فلاح كولومبي صاغ هذا بعبارات أوضح (in Rubio 1999:205): «*Aquí el que babla, no dura*» (من يتحدث لا يبقى». يؤكد هذه النقاط تكرار ادعاءات الأفراد بأن التعاون كان قسريًا (مثلًا Tone 1994:134; Fenoglio 1973:53).

لدى معظم الناس، الجلوس على السياج يأخذ شكل الحياد السلبي **وانتظر وشاهد** «*attentisme*»، فبكونهم عالقين في تقاطع نيران بين السلطات والمتمردين، يفضل الناس أن يبقوا غير متورطين قدر الإمكان. «الجميع كان ينتظر ليشاهد ما سيجري» هي الجملة التي تصف العديد من الفلاحين أثناء الحرب الأهلية الصينية (Hua and Thirequ 1996:304). يشير [المؤرخ العسكري] جوليان باجيت (Paget 1967:35) إلى أنه «ليس من غير الطبيعي أن الناس يريدون أن يكونوا مع الطرف المنتصر، وأنه في قلب مصلحتهم أن يكونوا كذلك. لذلك، يحاولون ألا يهاجموا أي طرف، حتى يروا كيف يسير الصراع»[2]. تقرير من الجيش اليوناني في فبراير/ شباط 1948 وجد أن الريفيين «لن يقاتلوا للغِوار ولا سيقدمون المعلومات للجيش» (H. Jones 1989:52). سلطات الدولة المحلية في الأراضي المتنازع عليها قد يتصرفون بشكل مشابه: «إنني لست مع المقاومة ولا مع الأمريكيين»، كما أخبر قائد الحرس الوطني العراقي في مدينة الرمادي كلًا من عقيل حسين ونيكولاس بيلهمان (Huseen and Pelhman 2004:7).

---

(1) "Report on Volos area," PRO, FO 371/72328/R12508.

(2) جوليان باجيت (Paget 1967:111) يضيف أنه عندما أصبح واضحًا أن البريطانيين كان لهم اليد العليا في كينيا، «بدأ المترددون بالقفز إلى عربة الحكومة».

ميزوري الحرب الأهلية تقدم مثالًا إرشاديًا. معظم الميزوريين، كما وجد فيلمان (Fellman 1989:xviii) «سعوا إلى أن يبقوا غير مرتبطين، وحياديين». «لقد كانوا عالقين تحت منشار قطبي قوة منظمين، وضمن تدمير حرب العصابات المدمرة، أصبحت الترجمة اليومية للأيديولوجيا هي سؤال أي الجانبين يمكنه أن يساعدهم أكثر على البقاء.... لقد تبنوا نمط الكذب نفسه [حول انتمائهم] ليحصلوا على ما يستطيعون من الحماية من كلا الجانبين.... إذا كان لديهم خيار حر بحق، فمعظم الميزوريين كانوا سيبقون حياديين أثناء الحرب». القائد الاتحادي لمناطق الولاية الحدودية وصف الحالة التي واجهها بكلمات صريحة: «السمة الأسوأ في البلاد هي الإذعان وغياب معنويات الناس. يبدو أنهم فقدوا كل رجولتهم. بخوفهم سواء من الجندي أو من مقاتل الغِوار، كل ما يطلبونه هو الحماية العسكرية من قائد الشرطة والاحتفاظ بميزة الحياد»(1).

من المهم التأكيد على أن الجلوس على السياج، رغم أنه يبدو سمة ثابتة في الحروب الأهلية، هو سمة متغيرة، ومرتبطة بشدة بمستوى التنازع. خذ حالة كابريرا، بلدة ذات خمسة آلاف شخص وتقع على بعد خمسين ميلًا جنوب غرب بوجوتا في كولومبيا. في ربيع عام 2003، انتقل الجيش إلى هذه البلدة، والتي كانت تحت سيطرة الثوار لسنوات. هرب الثوار من القرية لكنهم لم يختفوا من المناطق المحيطة. العديد من السكان «اعتقدوا أن الثوار ينتظرون اللحظة المناسبة ببساطة ليضربوا ضربتهم المضادة». قال أحد الرجال وهو يشير إلى الجبال المحيطة بالبلدة: «الثوار هناك في مكان ما. إذا لم يكونوا قد قتلوا، فما الذي يمنعهم من العودة؟». الخوف من عودة الثوار كان «واضحًا بتلكؤ سكان البلدة في الترحيب بقوات الحكومة بأذرع مفتوحة. بالنظرة الخاطفة فوق كتفيه وبرفضه إعطاء اسمه، قال أحد الشيوخ لصحفي: 'هناك مخبرون في كل مكان'» (Housego 2004).

أحد أشكال الجلوس على السياج هو التطوق، أي مساعدة كلا الجانبين في الوقت نفسه. خذ هذا التصريح المتناقض من رجل أفغاني، نقلته [الصحفية البريطانية] كارلوتا جال (Gall 2005:A6): «الناس يدعمون طالبان لأنهم لا ينهبون ويحترمون النساء، كما قال، مضيفًا أن 'المنطقة كلها تود مساعدة الأمريكيين لأن بلدنا دمرت'». العديد من الناس في ميزوري الحرب الأهلية، «لتقليل الدمار»، «بحثوا عن تحالفات من رجال من طيف

---

(1) Fellman (1989:xviii, 11, 49, 51, 78).

واسع من الولاءات كشكل من إدارة الطوارئ. لقد أرادوا أصدقاء وحماة من كل الأطراف» (Fellman 1989:174). في كولومبيا «الفيولنسيا»، بعض الناس «حملوا نوعين من الهويات في الوقت نفسه: شهادة من المحافظين، وبطاقة هوية في الحزب الليبرالي، وكانوا يعرضونها بشكل انتقائي، اعتمادًا على من يسأل» (Roldán 2000:217). في كينيا، بعض الناس «ناوروا بكل شكل براجماتي ممكن ليتلاعبوا بكلا الجانبين مقابل الوسط، سعيًا للتعايش مع الحكومة من ناحية، والقوات الثورية من ناحية أخرى» (Barnett and Njama 1966:135). «تعاون مزدوج» كهذا كان شائعًا في موزمبيق (Nordstrom 1997:135). مسؤولو القرى، تحديدًا، عادة ما يجبرون على خدمة «سيدين» وجمع الضرائب لكليهما[1]. في السلفادور، «الناس أنفسهم الذين ساعدوا الغِوار.... تعاونوا أيضًا مع الجيش أثناء عملياته الكثيرة في المنطقة» (Binford 1996:100). فلاح فيتنامي أخبر كيف كان والده، نائب مسؤول القرية، يدير الأمور أثناء الحرب ضد الفرنسيين: «والدي كان رجلًا فطنًا. لقد برى العصا من الجانبين. إنه لم يحب العمل حقًا مع الفرنسيين.... [لكنه] كان أيضًا ودودًا مع المقاومة. لقد تعاون معهم بما يكفي بحيث لا يضطرون للتخلص منه لأنهم كانوا متأكدين بدرجة كبيرة أن من سيأتي بعده سيكون أسوأ» (in Herrington 1997:21). أثناء الحرب الأهلية الصينية، خدمة كلا الجانبين كان يوصف حرفيًا بـ«شراء التأمين» (Chang 1992:158). الخطر تحديدًا (والأقل شيوعًا) هو استراتيجية العائلة بإرسال أبناء بشكل متعمد للعمل في جيوش متنافسة. أثناء الثورة الإنجليزية، «بعض المتشائمين المعاصرين حاججوا بأن هذه الانقسامات العائلية [بين أطراف النزاع] كانت جزءًا من سياسة ضمان مرتبة بحذر، بحيث إذا انتصر أي جانب، فسيكون هناك شخص مؤثر مع المنتصرين ليحمي ممتلكات العائلة من المصادرة والتجزئة» (Stone 1972:144)[2].

في سياق من التكافؤ والطريق المسدود بالحرب، التلاعب بتوقعات الناس، وإقناعهم بأن الموجة تنقلب وأن أحد الجوانب ينتصر، هو ممارسة شائعة[3]. بالنسبة للعديد من الكتاب

---

(1) Hamoumou (1993:166); Jones (1989:236–7); Henriksen (1983:120, 153); Leites and Wolf (1970:43–4); Pike (1966:248); Lear (1961:234); Kitson (1960:206); Leakey (1954:115).

(2) فايفري (Faivre 1994:123) يشير لنقطة شبيهة حول الجزائر.

(3) لاحظ أنه حتى التلاعب بالتوقعات يتطلب دليلًا ماديًا: «حتى أفضل الدعايات لن تلقى استماعًا ما لم تكن مدعومة بنجاحات عسكرية» (Heilbrunn 1967:36).

(مثلًا Eckstein 1965:158)، السمة المميِّزة للحرب غير النظامية تكمن تحديدًا في جمع التقنيات العنيفة و«الحرب النفسية». [الاقتصادي] جوردن تولوك (Tullock 1987:373) حاجج بأن «الهدف الرئيسي من الحرب الأهلية هو إقناع الناس أن أحد الجوانب أو الآخر هو الذي سينتصر». «إذا استطعنا أن نوضح حتى لأشد القرويين جهلًا أننا ننتصر»، كما يستذكر أوليفر كروفورد (Crawford 1958:180) حول مالايا، «فإن المعلومات ستبدأ بالتدفق خارجًا لتعود إلينا، بدل أن تذهب إلى الأدغال». يستنتج ف. ج. ويست (West 1985:47): «في حرب نادرًا ما كانت بها الأحداث ذات أهمية بنفسها، فإن ما كان مهما هو تصورات الناس عن هذه الأحداث». لذلك، فالفاعلون السياسيون يقومون بجهود مكثفة ليقنعوا المدنيين أنهم ينتصرون، كما أشار فلاحون في البيرو وجواتيمالا:

«لقد قالوا إن أياكوشو ستصبح منطقة محررة بحلول عام 1985. لقد خلقوا وهمًا شهيرًا بين الفلاحين، منذ عام 1981، هو أنه بحلول عام 85 سيكون هناك جمهورية مستقلة. ألا ترغب في أن تكون وزيرًا؟ ألا ترغب أن تكون قائدًا عسكريًا؟ أن تكون شيئًا ما، كلا؟» (in Degregori 1998:130)[1].

«لقد قال الغِوار إنهم كانوا أقوى من الجيش. لقد قالوا إنهم سيجلبون السلاح للناس. كوبا ونيكاراجوا سيساعدوننا. في فيتنام، انتصر الشعب، وفي السلفادور كانوا على وشك.... لقد نصحونا ألا نقلق، لأن الحركة تتقدم كل عام، لأننا نطلق النار على الجنود كمجموعات، وشيئًا فشيئًا، فإن هؤلاء الجنود سينتهون، وسننتصر في جواتيمالا» (Stoll 1993:88-89; 149).

الإشارات المعلوماتية من كل الأنواع تستخدم لتحقيق ذلك، مثل جودة الملابس العسكرية والأسلحة المستخدمة. القرويون اليونانيون قالوا إن الشيوعيين «كانوا يظهرون بشكل رائع أكثر بكثير، بملابسهم الجيدة ومعداتهم الأفضل، مما كانوا أو الجيش أو الجندرمة يمتلكونه»[2]. الجيش البرتغالي في أنجولا عرض لسجناء الثوار «جنودًا يتدربون واستعراضات بالقوة النارية [لإقناعهم] بأن البرتغاليين سينتصرون في هذا الصراع» (Cann 1997:118). تنظيم المسيرات العسكرية والاجتماعات المفتوحة ساعد قيادة الفيت كونغ على التحكم بالمعلومات التي وصلت للقواعد، فقد أكدت على الانتصارات الميدانية، ولم

(1) ديل بينو (Del Pino 1998:184) استنتج أن «الدرب المضيء» في البيرو قامت بجهود كبيرة لتظهر نفسها على أنها «منتصرة ولا تقهر».

(2) “Report of the Third Secretary of the Embassy from His Visit in Levidi, on May 26, 1947, 36 Hours after It was Attacked,” PRO, FO 371/67006/R8651.

تعترف بالهزائم، وأكدت مرارًا على الانتصار النهائي، كما عملت على توزيع المنشورات للفلاحين التي تؤكد أن الحكومة ستهزم بالحرب، «ولذا من الأفضل الانضمام للمنتصرين ما دام الأمر ممكنًا» (West 1985:126; Berman 1974). العمليات العسكرية عادة ما تخدم أهدافًا نفسية فقط. الصفحات التالية من يوميات مقاتل شيوعي غير نظامي يوناني تظهر هذه النقطة:

»14 أغسطس/آب 1946. إننا في [قرية] جليكونيري. اشتباك مع فوتيس. ليثقوا بنا، يجب أن يرى الناس أفعالنا.

16 أغسطس/آب 1946. مداهمة في نيستوري. لقد ضربنا دورية للعدو. قتل جنديان وأصيب آخران.

17 أغسطس/آب 1946. إننا في جليكونيري. بدأ الناس يفكرون بشكل مختلف« (Papaioannou 1990:160-161).

يمكن أن ينجح التكتيك، كما في الجزائر المستعمرة: «كلنا اعتقدنا أن 'جبهة التحرير الوطنية' قوية. إنها تجعل حضورها معروفًا عندما تريد، ودائمًا بطريقة فعالة. عندما تقع كل أعمدة [الكهرباء] في وقت واحد على مسافة ميلين، وعندما تظهر الأشجار وحواجز الحجارة والخنادق فجأة لتقطع طريقًا ما وتوقف مرور سيارات، فعلى الشخص أن يتساءل من أين جاء أولئك الذين قضوا وقتًا وجهدًا، وأي إصبع متحكم أطاعوا» (Feraoun 2000:59- 60). عندما تنجح حيل كهذه، يبدأ التعاون بالتحول وتتبعه السيطرة. ولكن، في نهاية المطاف، فإن كل الفاعلين يستطيعون أن يستخدموا هذه الاستراتيجيات بنجاح متساوٍ، وبذلك تتعزز حالة الطريق المسدود. مثلًا، «بإظهارهم التواجد المستمر للحزب»، المقاتلون غير النظاميون في المناطق ضعيفة المراقبة من أوكرانيا المحتلة من النازيين «خلقوا انطباعًا بأن السلطة السوفييتية كانت أكثر حقيقية من المحتل». إلا أن الألمان ردوا بالطريقة نفسها: لقد تركوا شركاء في المناطق التي كانوا مهتمين بها، و«صنعوا عادة العودة لقرى محددة مرة بعد أخرى. هذا خلق الانطباع في عقول الكثيرين أن الألمان كانوا هناك ليبقوا، مما جعلهم أقل خوفًا من المقاتلين غير النظاميين» (T. Anderson 1999:599, 615). يمكن أخذ هذا لمستويات متطرفة، كما يشير المثال التالي من قرية فيتنامية:

«بعد وقت قصير من مغادرة عملاء الحكومة للقرية، فإن ما يقارب عشرة عناصر من الفيت كونغ جدفوا في النهر، ودخلوا قرية ماي هو، وأيقظوا بضعة قرويين وجعلوهم يمزقون جزءًا من السياج.... رجال المليشيا جمعوا بعض القرويين وأعادوا بناءه. بعد ذلك بأسبوع، جمع الفيت كونغ بعض القرويين

ومزقوه مجددًا. أعادت المليشيات بناءه. اعتقد الأمريكيون أن الصراع على السياج، ذا القيمة التكتيكية المنخفضة، أمر سخيف. تراو، الذي عارض أساسًا بناء السياج أدرك عبثية النزاع إلا أنه أصر على أن المليشيات لا يمكن أن تخسره ما دام الفيت كونغ قد قرروا جعله قضية. كان على المليشيات أن تقاتل من جانبها أيضًا» (West 1985:206).

باختصار، استراتيجية التلاعب بالتوقعات لتشكيل التعاون، ومن ثم تحويل السيطرة، في المناطق المتنازعة ليست حاسمة على الأرجح. هذا يستثني العنف. هناك أسباب جيدة للاعتقاد أن التنازع يثير حالة من المزاودة في العنف، إذ يحاول الخصوم قلب «ميزان الخوف» (Elliott 2003:945) لصالحهم. كما قال أحد منظري مكافحة التمردات، «عندما تتنازع قوتان على ولاء السكان والسيطرة عليهم، الطرف الذي يستخدم الأعمال الانتقامية العنفية بشكل أكثر عدوانية سيهيمن على معظم الناس، حتى وإن كانت ولاءاتهم في الجهة الأخرى» (Lindsay 1962:268). مشارك يوناني في حرب العصابات المقدونية عند بداية القرن العشرين لاحظ بوثيقة داخلية أنه «بإقناع السلاح» وبسفك الدم تصبح قرية ما «يونانية أو بلغارية». بشكل مشابه، زعيم غِوار يوناني نُصح أنه ما لم يحرق على الأقل ستة منازل في قرية ستريمبينو، فسيتحول الفلاحون للجانب البلغاري (in Livanios 1999:204, 216). خلص ضابط فرنسي عمل في الجزائر (Aussaresses 2001:109) إلى أنه «ليملكوا المصداقية، كان على الفرنسيين أن يكونوا أكثر إخافة من [المتمردين]». ضابط أمريكي قاتل في تمرد الفلبين خلال أعوام 1899- 1902، لاحظ أنه كان من الضروري «إشعار المتمردين الآسيويين، فرديًا وجمعيًا، بخوف أكبر من الحكومة القائمة مما يملكونه من الثوار». لقد كُررت هذه الفكرة من ضابط آخر أشار إلى أنه من الضروري «جعل حالة الخوف القائمة والقانون العسكري مزعجًا ومكلفًا للناس الذين سيرغبون ويعملون جديًا لإعادة تأسيس السلام والحكومة المدنية، وبقصد إلقاء عبء الحرب على العناصر غير الموالية» (in Linn 1989:53-54; 153). البريطانيون في مالايا حاججوا بأنهم يجب أن يعتبروا «أقوى من قطاع الطرق [أي الثوار] و[يخلقوا] خوفًا أكبر» (Stubbs 1989:75). ضابط أمريكي في العراق، «بتكراره التعليقات الخاصة من العديد من الضباط الأمريكيين»، قال إن العراقيين، كما يبدو، لا يفهمون إلا القوة. «من يظهر لهم مزيدًا من القوة والسلطة هو ذلك الذي سيتبعونه. قد يكونون مستائين، لكنهم يطيعونه» (in Filkins 2005:66).

ضمن ظروف كهذه، الحياد (وحتى الحياد المتصور) لا يبدو أنه يضمن البقاء، بل قد يقوضه. في موزمبيق، كل من جنود الفريليمو والرينامو عاملوا أولئك الذين لا يريدون البقاء ضمن المناطق التي كانت آمنة تحت سيطرتهم على أنهم داعمون للطرف الآخر وأصبحوا مستهدفين بالاعتقال أو القتل (Lubkemann 2005:497). العديد من الأفغان «المحايدين» قتلوا على يد المجاهدين في وادي نازيان جنوب جلال أباد في النصف الثاني من الثمانينيات، لأن عدم قصف الحكومة لقراهم كان يعتبر دليلًا كافيًا على أنهم متعاونون مع الحكومة (Giustozzi 2000:126)[1].

لذلك نجد هذا التناقض: من ناحية يبدو أن الناس يستطيعون أحيانًا تجنب العنف إما بالجلوس على السياج أو بالتعاون مع كلا الجانبين، ولكن من الناحية الأخرى، أوصاف الحياة بالمناطق المتنازع عليها تبدو فظيعة، وهناك حوافز واضحة للفاعلين السياسيين لاستخدام العنف. لحل ما يبدو أنه تناقض، من الضروري التفريق بين المناطق التي يهيمن عليها، ولكن ليس بشكل كامل، فاعل واحد (المناطق 2 و4) والمناطق «المتشاركة» بالتساوي بين كلا الفاعلين (المنطقة 3). الفرضية (4) تتوقع وجود عنف من الفاعل الأقوى في الأولى. الجلوس على السياج والتعامل المزدوج يُعاقب عليه في المناطق 2 و4، ولكن ليس في المنطقة 3، حيث تتوقع الفرضية (5) عدم وجود للعنف.

1.5.8. العنف تحت السيطرة المهيمنة (المناطق 2 و4)

تتوقع النظرية أن الانشقاق المتزامن يقع في قلب المناطق المتنازع عليها، أي في المنطقة 3. بدلًا من ذلك، الحدود الخارجية للمناطق المتنازع عليها، المناطق 2 و4، يجب أن تكون مناطق يعاقب بها على الجلوس على السياج والتطوق [التعاون مع كلا الجانبين] بشدة مثل الانشقاق. ولكن، من الصعب إيجاد دليل يفصل بشكل واضح بين المناطق 2 و4 من ناحية، والمنطقة 3 من الناحية الأخرى. لذلك، فالدليل أولي وغير مباشر. مثلًا، في الاتحاد السوفييتي المحتل من الألمان، «بغضون عام 1942، العديد من الذين اختاروا الهروب من الاختيار بمجرد الوقوف متفرجين أصبحوا يُجبرون تدريجيًا على الانحياز....

---

(1) انظر أيضًا: Hedman (2000:131); Senaratne (1997:143); Tone (1994:134); Cooper (1979:51); Race (1973:187); Leites andWolf (1970:128–9).

كانت الحيادية ترفًا لم تمنحه قوات الاحتلال، **على الأقل في تلك المناطق التي كانت تشهد نشاطات من المقاتلين غير النظامين والقوات المعادية لهم**. عاجلًا أم آجلًا، الجميع كان يتعرض لتأثير القوى الخارجية وعليه أن يأخذ موقفًا مع أحد الجانبين أو الآخر» (Dallin et al. 1964:322-324). ملاحظة أن الجلوس على السياج مرتبط عكسيًا بشدة الحرب (Herrington 1997:24; Cabarrús 1983:185) تشير كذلك إلى أن تحولات السيطرة هي «القوة» وراء الالتزام القهري.

الجلوس على السياج مراوغة خطيرة، خصوصًا عند التحولات في السيطرة، والتي تتطلب استراتيجيات دقيقة يكون بها، كما قال أحد الفلاحين الفيتنام، «إذا كان الشخص ذكيًا للغاية، فلن ينجو. إذا كان أحمق للغاية، فلن ينجو. الطريقة الوحيدة للبقاء هي أن يعرف متى يبدو ذكيًا ومتى يبدو أحمق» (Race 1973:xii). هناك العديد من الأوصاف حول الإمكانية المتقلصة للحياد. في ميزوري، «كلما طالت الحرب وتعمقت، كلما صغرت أرض الحياد الوسطى». كتب أحد الرجال في رسالة: «الزمن يصبح أكثر تطرفًا في الولايات الحدودية. هذه القضية هي 'الاتحاد، أهو مصيب أم مخطئ' أو التعاطف مع الثورة. الرجال يجبرون على إظهار أيديهم» (Fellman 1989:52). في جزيرة لايت الفلبينية، «باستثناء أولئك البارعين بما يكفي ليجلسوا على السياج؛ العائلات، بل في الحقيقة المناطق بأكملها، كانت توصف إما بأنها مع اليابانيين أو ضدهم» (Barnett and Njama 1966:135). التعامل المزدوج يمكن أن يصبح «حياة مزدوجة فائقة الخطورة والقسوة، مليئة بشكل متزايد بالخوف والقلق والشك والجوع والوحشية» (Barnett and Njama 1966:135). أحد الزعماء مزدوجي التعامل في موزمبيق أجبر على التوقف، كما قال أحد رجال الفريليمو، لأنه «كان خائفًا. كان هناك جانبان: كان يتساءل حول احتمالية قتله على يدينا إن تم اكتشافه هنا [أي في منطقة الفريليمو] على يدينا، وكان يفكر، من الناحية الأخرى، أنه إن اكتشف الرينامو نشاطاته مع الفريليمو، فسيُقتل أيضًا» (in Geffray 1990:74). في بنغلادش، «بعض الشباب الحصيفين أبقوا مجموعتين من الأعلام -باكستان وبنغلادش- ليرفعوها على سطوح المنازل بما يتوافق مع الحالة. ولكن لم يكن الأمر بسهولة رفع علم أو آخر. لقد كانوا سيعانون بشدة إن وُجدوا على الجانب الخاطئ من السياج» (Salik 1978:101). لقد كان الشيوعيون في الصين يفرضون عقوبات قاسية على «شراء التأمين» (Chang 1992).

في المناطق المتنازعة، الحياد يتم تقويضه بعدة آليات، ويتم تثبيطه بفعالية (ومصداقية)

من الفاعل السياسي الأقوى[1]. هذه العوامل تساهم بما يمكن أن نسميه تناقض الاستقطاب، وهو أنه حتى إن كان هناك قلة ملتزمة بفعالية، ومعظم الناس تفضل البقاء خارج النزاع، إلا أن معظم الناس في تلك المناطق عليها أن تختار أحد الأطراف وأن تنحاز إليه.

أولًا، هناك بضعة آليات اجتماعية تعمل ضد أولئك الذين يسعون للجلوس على السياج، فقد ينظر للجالسين على أنهم منبوذون ويتم الضغط عليهم من أقرانهم لاختيار أحد الأطراف. [بروفيسورة علم الاجتماع] مالين أكيرستروم (Åkerström 1991:57-58) تحاجج بأن الحيادية، الفشل بالانضمام إلى حملة عنيفة والرغبة في إعلان أن الصراع غير مرتبط بالشخص، عادة ما يُنظر لها على أنها خيانة من أقران الشخص. قال لي أحد المخبرين (المقابلة 22) «أنت لا تستطيع أن تتجنب المشاركة. إنك مجبر على أخذ جانب ما، طوعًا أم كرهًا. لا يمكنك أن تبقى محايدًا. بما أن الجميع ينتمي لمكان ما، فكيف يمكنك أن تبقى على الحياد؟». إضافة لذلك، أولئك الملتزمون أصلًا يشعرون بالحسد والاستياء من غير الملتزمين هؤلاء، الذين يظلون، كما يعتقدون هم، باقين خارج الخطر فقط لراحتهم وانتهازيتهم، تاركين الآخرين يعانون ويقومون عنهم بالقتال[2]. حاجج ثوسيديديس (Thucydides 3.82): «أما بالنسبة لأولئك الذين كانوا ذوي آراء معتدلة، فقد تدمروا من كلا الجانبين المتطرفين، إما لعدم مشاركتهم بالصراع أو حسدًا لأنهم قد يبقون أحياء». رغم أن هذه الآليات ثابتة بكل المناطق، إلا أنها مفعلة في المناطق 2 و4، حيث تميل السيطرة لجانب أو لآخر.

ثانيًا، الفاعلون السياسيون يشعرون بأنهم مقوضون من أولئك الجالسين على السياج، معتبرين ذلك مكافئًا للانشقاق. الحيادية تعتبر «تعاونًا سلبيًا مع العدو»، فاللامبالاة والتذبذب والجلوس على السياج وأي شيء من عدم المطابقة كلها تعد معادلة للمعاداة والخيانة

---

(1) الفاعل الأضعف (المتمردون في المنطقة 2 والسلطات في المنطقة 4) لديهم حافز ليشجعوا الجلوس على السياج كثاني أفضل خيار (Kedward 1993:85; Hartford 1989:118–19; McColl 1969:624; Barton 1953:141). ولكن، الفاعل الأقوى في النهاية يدرك الضغط الحقيقي من المحفز ويرد الفعل بناء على ذلك.

(2) Manrique (1998:204); Horton (1998:234); A° kerstro¨m (1991:57–60); Babeuf (1987:120); Cobb (1972:13). آدم سميث (Smith 1989:155) قدم نقطة مشابهة: «في بلاد مضطربة بالنزاع، هناك دومًا، بلا شك، قلة، وإن كانت شائعة لكنها قلة، تحافظ على رأيها بلا تأثر من الخارج. إنهم نادرًا ما يكونون أكثر من فرد وحده، هنا أو هناك، بدون أي تأثير، مستثنى بسبب صراحته من ثقة أي طرف، ورغم أنه قد يكون من الأكثر حكمة، إلا أنه بالضرورة، وبكل الروايات، أحد الأقل أهمية في المجتمع. كل هؤلاء الناس عالقون بازدراء وسخرية، وكثيرًا كراهية، المتعصبين الغاضبين لكلا الطرفين».

(Guha 1999:200-203). يكتب أحد الكتاب الكولونياليين عن كينيا (Leakey 1954:115): «أولئك ’الجالسون على السياج‘ يمثلون إعاقة شديدة بلا شك لأولئك المقاتلين ضد الماو ماو، فهم لا يفعلون أي شيء قريبًا مما يستطيعون ليدمروا الماو ماو». في ميزوري، «مع تطور الحرب، لا الغِوار ولا الاتحاديون سمحوا بالحياد، معتبرين إياه خدمة، منحت كجائزة، للعدو» (Fellman 1989:51). الجنرال ج. فرانكلين بيل، الذي قاد الجيش الأمريكي في محافظة فلبينية أثناء تمرد 1899- 1902، قال إن «الحياد يجب ألا يتسامح معه» (Francisco 1987:17-18). في إيرلندا، مع تصاعد الصراع، «حتى الحياد لم يعد مقبولًا. وحدهم الناس ’في الحركة‘ يمكن الثقة بهم. ’أولئك الذين ليسوا معنا الآن هم ضدنا‘» (Hart 1999:80-81). مكتب أبحاث العمليات الأمريكي (Barton 1953:v) أشار إلى أن «سلبية» المدنيين هي «مكسب للغِوار» ونصح بقوله إن «عدم التعاون الفعال فقط.... هو ما سيضر الغِوار بطريقة حقيقية ودائمة». وكنتيجة لذلك، الفاعلون السياسيون يثبطون بفعالية الجلوس على السياج، تماشيًا مع منطق «من ليس معنا فهو ضدنا». عندما أولى قائد جيش في جواتيمالا الزعماء المحليين أمنَ بلدتهم، أخبرهم: «هذا تطوعي، والباب مفتوح لكل من يرغب بالمغادرة. لكنني سأقول لكم شيئًا واحدًا. هنا لا يوجد شخص يميل لكونه يساريًا. هنا يوجد الأبيض والأحمر فقط. إما أنك معنا أو معهم. ولكن، إذا كنت معهم ستموت» (in Stoll 1993:106). مخبر يوناني وصف لي كيف فهم هذا المنطق: «المقاتلون غير النظاميون أخبرونا: ’أنتم لستم معنا، وأنتم لا تدعموننا‘. لا يمكنك أن تكون حياديًا. ’لا يا سيدي‘، هكذا ستقول لك كل المنظمات، ’عليك أن تصحح موقفك بحيث نعرف مع من أنت. يمكن أن تكون خائنًا. كيف أعرف أنك لن تبلغ عني؟ لذلك، صحح موقفك. قل مع من أنت. إما أن تكون معنا أو معهم‘. لم تكن هناك ثقة.... الناس أرادت أن تكون حيادية، لكنهم لم يسمحوا لهم. كان عليك أن تنتمي لمكان ما» (المقابلة 22).

المتمردون والسلطات صارمون بشكل متساوٍ في مناطق سيطرتهم المهيمنة. المقاتلون غير النظاميين السوفييت في روسيا المحتلة من ألمانيا «تأكدوا من أن أولئك الذين لا يختارون أحد الأطراف يدركون نوع التعامل الذي يتوقعونه ’كخونة‘، بمكافئ ’عدو الناس‘ أثناء الحرب، عندما تحرر أراضيهم» (Hill 2002:51). في الجزائر، غِوار «الجماعة الإسلامية المسلحة» أكدوا على النقطة نفسها لقرويي سيدي موسى في الجزائر في أبريل/ نيسان 1997، إذ رسم زعيمهم ثلاث دوائر في الرمل أمام القرويين المجتمعين وقال لهم: «الدائرة الأولى

هي نحن، والدائرة الثانية هي الطاغوت (أي السلطات) والثالثة هي الناس. إننا لا نقبل منكم أن تقولوا 'إننا لسنا مع أي من المعسكرين'. أنتم إما معنا أو ضدنا. أمامكم أربع وعشرون ساعة لتقرروا». وليقنعهم أنه كان جادًا، قتل قرويًا كان غير متعاون (Zeroouky 1997). حتى المقاتلون غير النظاميين الفرنسيون المتحفظون إجمالًا أوصلوا النقطة نفسها عام 1944: لقد «كانوا تحديدًا ميالين لإطلاق الأحكام بدرجة كبيرة، لا على المتعاونين [مع العدو] فقط، بل على أي شريحة من المجتمع لا ترغب بأن تكون مع النضال» (Kedward 1993:158)[1].

العنف الانتقائي ضد المنشقين في المناطق 2و 4 يستهدف عادة الجالسين على السياج، وأحيانًا يجعلهم عبرًا لمن يعتبر[2]. زعيم الغِوار الإسباني ضد نابليون، مينا، أعدم في إحدى المرات ثلاث عمدات للبلدات لأنهم لم يحذروه من وجود وحدات للعدو (Laqueur

---

(1) انظر أيضًا: J. L. Anderson (2004:139–40); Dupuy (1997:128); Faivre (1994:187); Hamoumou (1993:168); Stoll (1993:120); Barnett and Njama (1966:141).

(2) الفاعلون السياسيون قد يحثون الالتزام كذلك عبر «فضحهم» لدى الناس وتعريضهم للعقوبة من الطرف الخصم، ومن ثم إجبارهم على البحث عن الحماية منهم. الفرنسيون في الجزائر كانوا يظهرون علانية مع أعيان جزائريين محليين لتعريضهم لاتهامات الانشقاق، لعلمهم أن هؤلاء الأعيان سيتم استهدافهم من ثوار «جبهة التحرير الوطنية» لكونهم متعاونين مع الفرنسيين، وبذلك يجبرون على التعاون مع الفرنسيين لحمايتهم (Faivre 1994:123; Hamoumou 1993). ضابط أمريكي أشار إلى أنه في الفلبين، «الدليل المقبول المقنع الوحيد على المشاعر الحقيقية للأفراد أو مجالس البلدان يجب أن يكون سلوكًا عامًا يظهر التزامًا تامًا لا رجعة عنه مع الأمريكيين في إظهار العداء والمعارضة للمتمردين» (in Linn 1989:153). في سيراليون، المشاركة القسرية للمجندين الشباب في مجازر ضد الزعماء المحليين كانت تهدف لردعهم عن العودة إلى قريتهم خشية الانتقام (Richards 1996:5). هذه السلوكيات العامة يمكن أن تأخذ أشكالًا عديدة، متراوحة من التبليغ العلني عن أحد المواطنين إلى المشاركة بسلوك عنيف. في كوريا، كان الحث على الالتزام عبر جعل الناس يوقعون بأسمائهم على قوائم عضوية أو عرائض علنية متنوعة» (مثلًا Yoo 2002:22). بأخذ منطقها لأقصاه، هذه الحالات تحث الناس على التفكير في أنهم «إن لم يقتلوا شخصًا، سيقتلهم شخص ما» (Hart 1999:11). إضافة لذلك، أولئك الذين يرتكبون فظائع مرتبطون بقوة بأولئك الذين يأمرونهم، وبقضيتهم، إذ إن نجاحهم فقط يمكن أن يضمن أنه لن يحاسبهم أحد على ما فعلوه. العنف يدمر إمكانية التصالح مع العدو ويصبح «سلوكًا قويًا عن ترابط المجموعة وإمكانية الجريمة» (Grossman 1995:210-211). انظر أيضًا: Gourevitch (1998:24); Del Pino (1998: 185–6); Rosenberg (1991:154); Horne (1987:134); R. Thompson (1966:36). زعيم البعثة البريطانية إلى اليونان المحتلة، إيدي مايرس (Myers 1955:73) استذكر حالة كهذه: «لقد علمت بعد ذلك أن [زعيم المقاتلين غير النظاميين آريس فيلوشيوتيس] كان قد.... عرى المجرم وضربه علانية في القرية على يد أجدد مجنديه، ولد بمعنى الكلمة. بهذه الطريقة كان 'يلوث بالدم' أيدي أتباعه».

1998:8). قبل أن يعدم رجال «الجيش الجمهوري الإيرلندي» رجلًا عام 1921، أخبروه: «أنت خائن. إنك معنا، ومعهم في الوقت نفسه» (in Hart 1999:15). خذ الوصف التالي لكيفية معاملة رجال مليشيا فيتنامية جنوبية لفلاحين شاهدوا الفيت كونغ ينصبون كمينا قرب مزرعتهم ولم يقولوا شيئًا: «لإرادتهم ألا يكونوا جزءًا من الحرب، الفلاح وزوجته لن يتلقوا أي رحمة أو مغفرة من أولئك الذين اختاروا جانبهم وخاطروا بحياتهم. للحفاظ على مزرعتهم، ساعد الزوجان الفيت كونغ على القتل. المليشيات جلدتهم حتى تحول صراخهم لنشيج وحتى فقدوا عقولهم من الألم» (West 1985:170).

وبشكل ثابت، تصل الرسالة للناس: «فهم الجميع أنه لا يوجد هناك تردد: إما أن تكون مع الثورة أو ضدها»، كما كتب رجل روسي في يومياته عام 1919، بعد مشاهدته موجات متتالية من الإرهاب الأحمر والأبيض «الذي زرع الخوف في قلوب أولئك الذين هم أبعد ما يكونون عن السياسة» (in Raleigh 2002:278-279). معظم الناس وجدوا أنفسهم في موقف، وصفه أحد الإسبان، بقوله: «عليك أن تذهب مع هذا الطرف أو ذاك» (in Zulaika 1988:25). بوجه العقوبات الموثوقة، اتخاذ الأطراف يمكن أن يكون خيارًا عقلانيًا: الحيادية تجلب عداوة الجانبين، ولا تحمي من أي منهما[1]. بحسب حكمة يونانية: «الغنمة القاصية

---

(1) تحت ظروف من الشك المتطرف والخطر، يصبح الخروج خيارًا حساسًا. يستذكر صيدلي جزائري بقوله: «من المستحيل العمل الآن. في إحدى الليالي جاءني ثلاثة رجال وعرفوا أنفسهم بأنهم **مجاهدون**. كان أحدهم مصابًا، وأرادوا مني علاجه. ولكن إذا رأى الجنود هؤلاء الناس أمام منزلي فسيدمرونه بالمتفجرات، ويقتلونني، ويرمونني مع عائلتي في الشارع كالكلاب. إنني لست جزءًا من هذه الحرب، فأنا لست مع هؤلاء ولا هؤلاء، ولذلك غادرت. لأن هذه الحرب ليست من اختصاصي» (in Martinez 1994:56). «إذا حاولت حماية نفسك [والهروب]، تخسر كل شيء»، كما أخبر أحد الرجال نوردستروم (Nordstrom 1997:91)، و»إذا بقيت قد تبقي ممتلكاتك وتخسر حياتك. ليس هناك منطق بهذه الحرب». لويس ويسنر (Wiesner 1988:109) وجد أن حركة اللجوء في فيتنام كانت «استجابة تكيفية» من «القرويين العالقين بين قوات غاشمة بشكل متساو، كل منها طالب بالالتزام الكامل، وهدد الناس بطريقة أو بأخرى». فلاحو سيلو دي أورو، في البيرو، كانوا عالقين بين ضغط «الدرب المضيء» من المرتفعات وضغط الجيش من الوادي. «هذا الضغط سرع خروج القرويين من الجبال العليا، إذ بقي بعضهم يعيش تحت سلطة 'الدرب المضيء'، لكن آخرين بحثوا عن ملجأ في الوادي» (Del Pino 1998:172). انتقالات سكانية كهذه قد تسبب حالة من «العصر» الجغرافي قد تنهي المناطق المتنازعة لبعض الوقت وتستبدلها بـ«مناطق خاوية» بين أراضي مسيطر عليها من أطراف متنازعين (مثلًا Geffray 1990:122-125). ومع ذلك، لا يكون الخروج عادة خيارًا للعديد من الناس، خصوصًا للفلاحين الذين تمثل أرضهم مصدر رزقهم الوحيد (.Binford 1996:112; Ash 1995:123; M. Fellman) (F. Brown and Fernández 1991:127; Hunt 1974:48-49; Lerner 1958:25. يكتب فيلمان

تموت إما على يد الذئب أو بحرف السكين» (Svolos 1990:60). ورد هذا في المشاهد التالية من فلاحين من فيتنام ونيكاراجوا على التوالي:

«آمل فقط أن يتحكم بنا جانب واحد، لا يهم أي منهما. العيش تحت سيطرة كليهما كثير جدًا» (Elliott 2003:144).

«هناك مساران. إما أن تذهب معهم [الساندينيستا] أو تذهب مع المقاومة أو تقتل» (Horton 1998:184).

لأن أوصاف المناطق المتنازع عليها تفشل عادة في التفريق بين مناطق السيطرة الغالبة والكلية، فمن الصعب إيجاد دليل دقيق حول توقعات النظرية بالأدبيات الوصفية. خذ القصة التالية المروية من دون موسر (Moser 2000:86, 104, 99) عن قرية لوك داين في فيتنام الجنوبية عام 1965. هذه القرية المأهولة من عشرة آلاف شخص كانت واقعة قرب مدينة هيو، وكانت مكونة عمليًا من ثلاث عشرة قرية صغيرة. يقول لنا موسر: «وراء السطح المسالم، كان الصراع بين الحكومة والفيت كونغ مستمرًا ليلًا ونهارًا. فنهارًا، معظم القرية كانت للحكومة، وليلًا كان الأمر مختلفًا». ولكن، المعلومات الإضافية تزيد الأمر تعقيدًا. يروي موسر أنه لا يوجد أمريكيون متواجدون في لوك داين، وأنه لم يكن هناك رجال مليشيا «القوات الشعبية»، وأن القادة الحكوميين كانوا ينامون خارج القرية، وأنه كان هناك تسعة

1989:74) عن ميزوي: «وحدها المخاوف الكبيرة يمكن أن تغذي المغادرة، فالعديد يخافون المغادرة أكثر من البقاء». كما أوضح رجل جواتيمالي: «إنني لم أفعل شيئًا خاطئًا، وليس لي مكان أذهب إليه. بجانب ذلك، من سيدعم عائلتي؟» (Annis 1988:168). إن أول الناس الذين يهربون عادة هم «الأكثر امتلاكًا للموارد، سواء من حيث الثروة المادية أو الصلات» (Zur 1998:87). الاستبيانات التي أجريت أثناء حرب فيتنام تظهر أن الهروب كان بوضوح عملية مرتبطة بالموارد، رغم أن العلاقة كانت على شكل حرف (U): الشباب، والمتعلمون، والأثرياء، والماهرون، وذوو الصلات، ولكن أيضًا المعدومون والفلاحون الذين لا يملكون أرضًا انتقلوا قبل أولئك الكبار، والأميين، والفقراء، وعديمي المهارات، أو الصلات، وأيضًا قبل الفلاحين ملاك الأراضي (Wiesner 1988:109). إضافة لذلك، يمكن أن يكون الخروج خطيرًا لأن الفاعلين السياسيين عادة ما يعتبرونه سلوك انشقاق ويقومون بأعمال انتقام ضد أفراد العائلة الذين يبقون دون مغادرة (Maier 1995; Wiesner 1988:101; Gage: 1984). في السلفادور، ثبط المتمردون عادة الناس عن مغادرة المناطق التي يسيطرون عليها (Binford 1996:114)، بينما في البيرو، «قتل السينديرو الناس الذين حاولوا الهرب وحتى أولئك الذين ذكروا الهروب كبديل ممكن. فبمواجهة هجرات متزايدة، بدأت منظمة 'الدرب المضيء' بالثأر من عائلات الهاربين. معظم الذين هربوا من القاعدة كان لهم صلات عائلية، ولذلك كانت العقوبات تنزل بحق أولئك الذين لم يغادروا» (Del Pino 1998:185).

340

جنود فقط لحماية القرى الصغيرة الثلاثة عشر (اشتكى قائدهم بأنه «لا يستطيع حماية القرية برجاله التسعة»). أبعد القرى الصغيرة كانت تحت سيطرة الفيت كونغ المهيمنة، غير الكاملة (المنطقة 4). وبما يتوافق مع النظرية، مارس الفيت كونغ عنفًا انتقائيًا هناك، ومارس الجيش عنفًا عشوائيًا:

«بما أن القرية الصغيرة كانت بعيدة نهارًا عن مركز القرية، كان الفيت كونغ يجيؤون إليها كثيرًا، حتى في النهار، لأخذ السمك من الصيادين مقابل أموال الفيت كونغ عديمة القيمة. في ذلك العام، أعدم الفيت كونغ رجلين من القرية الصغيرة. المكان مضطرب للغاية لدرجة أن الأساتذة لا يذهبون إليها كما يذهبون لبقية القرى، والعديد من الأطفال أميون. الصيادون لديهم مشاكل مع الحكومة بقدر ما لديهم مع الفيت كونغ. في مكان آخر من القرية، الناس يحبون الجنود الحكوميين من الكتيبة ويدعونهم لمنازلهم.... عندما كانوا يزورون [هذه] القرية الصغيرة، كانوا يضربون المراهقين ويتهمونهم بأنهم من الفيت كونغ، وقبل شهرين قتلوا صيادًا محترمًا فقط لاشتباههم به».

إن الدليل المتاح يشير بوضوح إلى أن المناطق المتنازع عليها (دون تفريق بالأنواع) هي أماكن عنف معتبر. في كارولينا الجنوبية أثناء الثورة الأمريكية، «ارتكب كلا الجانبين فظائع، خصوصًا أثناء عام 1781 عندما لم يستطع أي منهما السيطرة على الريف» (Weir 1985:74). بحثُ أليكساندر دالين والمشاركين معه (Dallin et al. 1964:339) عن الاتحاد السوفييتي أثناء الاحتلال الألماني وصل لاستنتاج مشابه: «رغم أن الحياة تحت حكم الألمان أو المقاتلين غير النظاميين كانت عصيبة نسبيًا، إلا أنها كانت آمنة بشكل عام. العيش في مناطق الشفق كان يعرض المواطن لإعادة مساءلته من كل من الألمان والمقاتلين غير النظاميين، ولأعمال انتقامية من أي منهما (أو كليهما) للتعاون مع الآخر، وحتى رفض العمل مع أحدهما لم يكن يضمن الحماية من العقوبة من الآخر.... كانت النتيجة النهائية هي أن وضع السكان المدنيين في تلك المناطق الحدودية كان هو الأسوأ لكونهم عالقين، أحيانًا حرفيًا، بين نارين».

عندما تكون السيطرة غالبة لكنها غير مكتملة، تكون السلطات مسؤولة عن كثير من العنف. في الصين المحتلة، أعلى نسب الموت كانت على يد اليابانيين الموجودين في المناطق المحاذية تمامًا للبلدات الريفية التي يسيطر عليها اليابانيون، لا داخل هذه البلدات أو في الريف النائي. بعد الهجوم الياباني على بلدة مقاطعة كينجفينج مطلع عام 1938، تحدث القرويون عن رؤية المزيد والمزيد من أكوام القبور، بدءًا من مسافة خمسة لي [أميال صينية، أي 2.5 كيلومتر]. ازداد العدد مع قربهم من البلدة، حيث كان الدمار الياباني أسوأ. نمط

كهذا يتسق مع الفرضية (4). الجيش الرابع الشيوعي، الذي طُرد من هذه البلدات الريفية، تمتع بمستوى أعلى من الأمن بالمقارنة معها (Thaxton 1997:208). بشكل مشابه، معظم تدمير اليابانيين لمناطق جنوبي الصين التي درستها هيلين سيو (Siu 1989:97-98) وقع في القرى المحيطة بالمدن، الواقعة حول هذه البلدات[1]. نمط مشابه روي عن جزيرة لايت الفلبينية المحتلة من اليابانيين (Lear 1961:214). في جواتيمالا، العنف الانتقائي أخذ عادة شكل الخطف على يد الجيش، وهو ما وقع كثيرًا، كما يروي وارين (Warren 1998:92)، في القرى الصغيرة المحيطة حيث لم يكن الغِوار يملكون تواجدًا دائمًا وإنما كانوا يمرون أثناء انتقالهم من المناطق الساحلية جنوب بحيرة أتيتلان إلى المناطق الأكثر نشاطًا شمال القرية قرب تشيشيكاستينانجو. في كولومبيا، كان هناك عنف محدود ضمن ما يسمى المنطقة منزوعة السلاح التي يسيطر عليها الثوار، بينما وقع عنف اليمينيين ضد المتعاونين المزعومين مع الغِوار «خارج المنطقة مباشرة»، حيث لم يكن الثوار يسيطرون وإنما كانوا يمرون بها (Forero 2002:A9). بعد أن فرض الجيش الكولومبي سيطرة «خفيفة» على أحد معاقل الغِوار، في يناير/ كانون الثاني 2004، قام بحملات اعتقالات للمدنيين المتهمين بأنهم متعاونون مع الغِوار (S. Wilson 2004:A14)[2]. بشكل مشابه، يروى أنه حالما سيطرت المجموعات شبه المسلحة على بلدة تيم، في البلد نفسه، دخلوا في عملية «تنظيف انتقائي»، فقد كانوا «يبيدون أولئك الذين شعروا أنهم تعاونوا مع الغِوار أثناء سيطرتهم»، والمتمردون، الذين انسحبوا للمناطق المحيطة، ردوا بالشكل نفسه للحفاظ على حكمهم. «القتل والأعمال الانتقامية والثأر أصبحت النظام اليومي» (Fichtl 2003).

النمط نفسه، معكوسًا (أي، مستويات عالية من عنف المتمردين)، ملاحظ عندما يكون المتمردون مهيمنين لكن السلطات ما زالت تستطيع الوصول إلى السكان.

مدينة حديثة العراقية تقدم مثالًا صارخًا. دخلت المنطقة الفلاحية ذات التسعين ألف نسمة والواقعة على نهر الفرات بكونها منطقة من النوع 4 عام 2005. عمر مهدي وروري كارول (Mahdi and Carroll 2005:1) ينقلان أن الثوار الإسلاميين «أصبحوا السلطة الوحيدة،

---

(1) بعد عدد من المجازر، أحرقت القوات اليابانية القرى المحيطة بالمدن لخلق منطقة آمنة بينهم وبين المناطق الريفية. هذه المناطق أصبحت تعرف بـ «المناطق العزلاء الثلاثة» (Siu 1989:97-98).
(2) نحن لا نعلم إن كانت هذه الاعتقالات فعالة، فسكوت ويلسون (Wilson 2004:14A) ينقل أن القرويين كانوا متشككين من نية الجيش بالبقاء، ونتيجة لذلك، استمروا «بمراعاة قواعد وتحذيرات الغِوار»،

وأشرفوا على أمن وإدارة واتصالات البلدة، التي تبعد ثلاث ساعات عن بغداد، وتقع تحت عين قاعدة أمريكية مباشرة، أصبحت أشبه بدولة طالبان صغيرة. المتمردون كانوا يقررون من يعيش ومن يموت، وأي الرواتب تدفع، وماذا يرتدي الناس، وماذا يشاهدون ويستمعون». لم يكن هناك قتال في حديثة لأنه «لا يوجد من يتحدى الإسلاميين. المخفر ومكاتب المحافظة دمرت العام الماضي والمارينز الأمريكيون يقومون بزيارات سريعة كل بضعة شهور». هذه الزيارات تتكون من غارات «لتقليل الثوار». بحسب السكان، كان المتمردون ينسحبون لبضعة أيام ثم يعودون مع مغادرة الأمريكيين. هناك عنف انتقائي معتبر للمتمردين بقيامهم بعمليات إعدام على جسر حقلانية، على مدخل البلدة. كان هناك حشد صغير يجتمع ليشاهد، بل إن القتل كان يصور ويوزع على أقراص DVD بالسوق بالأمسية نفسها. «مع موت العديد من عملاء الأمريكيين المزعومين هناك، أعيدت تسمية جسر حقلانية ليصبح جسر العملاء. ثم سماه أحد المحليين 'ثلاجة العملاء'، مستحضرًا ثلاجة الموتى، والتصق به الاسم».

هناك دليل متناقل معتبر يدعم الفرضية (4). تقسيم ريس (Race 1973:114) لأنماط الاغتيالات التي وقعت في محافظة لونج آن خلال أعوام 1959- 1960 تبدو متسقة مع الفرضية، والعديد من عمليات القتل التي قام بها الفيت كونغ والموصوفة من مالين (Mallin 1966) تبدو أنها وقعت في المنطقة 4، حيث كان للفيت كونغ تواجد دائم يزيد وينقص. [الصحفي الأمريكي] هارفي مايرسون (Meyerson 1970:93- 94) يصف قرية في دلتا ميكونج امتلك بها الفيت كونغ ما يكفي من السيطرة ليشرفوا على توفير إبر للكوليرا بينما يفجرون منزل مخبر مشتبه به للحكومة، وقتل زوجته وطفليه. بمقارنته لمنطقتين في البيرو، كانت منظمة «الدرب المضيء» تمارس سيطرة تامة (وادي كانيباكو)، وأخرى كانت قوات «الدرب المضيء» «تزورها بشكل منتظم»، لكنها لم تبق بها (جاربا)؛ وجد [المؤرخ وعالم الاجتماع البيروفي] نيلسون مانريكو (Manrique 1998:204) أن المتمردين كانوا يمارسون القسر بشكل أكبر في المنطقة الثانية [جاربا]. إليزابيث وود (Wood 2003:155- 156) تتحدث أنه في أحد مناطق السلفادور التي أجرت بها أبحاثها، كان المتمردون (الذين عاملهم السكان على أنهم «سلطة حوكمة محلية») قادرين على تحديد موقع وقتل المخبرين المشتبه بهم، بينما كان الجيش يقتل الناس بشكل عشوائي أثناء الغارات. [الصحفي الاستقصائي والكاتب الأمريكي] جون لي أندرسون (Anderson 2004:194) يقدم دليلًا مشابهًا من السلفادور. فهو ينقل أنه حيثما كان المتمردون يتمتعون بسيطرة كاملة (مناطق السيطرة في السلفادور)،

كانت العدالة تدار بطريقة محدودة وغير اعتباطية. على النقيض، «هناك عدالة أقل في أماكن مثل مناطق التوسع، حيث يشعر الغِوار بأمن أقل. هناك إجراءات أكثر قسرية وإجبارية مستخدمة»، مشددًا أن متمردي «جبهة فارابوندو مارتي للتحرير الوطني» يمكن أن يكونوا «شرسين للغاية» (Anderson 2004:136)، «عندما يتم تهديد هيمنتهم السياسية». نمط العنف الانتقائي للمتمردين هو نفسه في مناطق سيطرة المتمردين الغالبة، غير الكاملة، كما يُنقل من بورما (Anderson 2004) ونيبال (Sengupta 2005c:67).

يمكن أن نجد دليلًا إضافيًا في أوصاف تآكل السيطرة (أي الانتقال من المنطقة 5 إلى المنطقة 4، ومن المنطقة 1 إلى المنطقة 2). هذا الدليل يشير إلى أن العنف سيقع على الأرجح أثناء التآكل تحديدًا. لقد كان هذا ما حصل في الحرب الأهلية الجزائرية (Kalyvas 1999) والحرب الأهلية الفنلندية؛ فبعد أن سيطر اليساريون مباشرة على بلدة هويتينين، قتلوا خمسة أشخاص (عندما سيطر البيض، قتلوا سبعة وثلاثين آخرين) (Alapuro 1998). في مالايا، «بدأ المتمردون في اللجوء بشكل متزايد للعنف والابتزاز والتكتيكات الإرهابية» عندما بدأت برامج إعادة التوطين البريطانية تظهر نجاحها (Stubbs 1989:123-124; Clutterbuck 1966:63). في فنزويلا، لم يكن هناك عمليًا أي إرهاب من الغِوار ضد الفلاحين عام 1962 و1963، ولكن عندما بدأت الحكومة تطرد الغِوار خارج معاقلهم الريفية خلال أعوام 1964 و1965، بدأ المتمردون بقتل الفلاحين (Wickham-Crowley 1990:229). يبدو أن إرهاب الفيت كونغ ازداد خلال الأعوام الأخيرة من الحرب عندما بدأت منظمة الفيت كونغ بالتحطم (Blaufarb and Tanham 1989:9; Berman 1974:50): عندما بات على الفيت كونغ أن يستعيدوا سلطتهم المهددة، في حالة أصبحوا مهددين بها مباشرة بشكل أكبر، أصبحت عقوباتهم «سريعة وفظيعة» (Elliott 2003:949). بونكيانو ديل بينو (Del Pino 1998:172) يظهر كيف تحولت منظمة «الدرب المضيء» نحو تكتيكات أكثر قسرية بعد عام 1984، عندما حلت المنازعة مكان السيطرة الكاملة. في الفلبين، مع ازدياد فعالية حملات مكافحة التمرد، كان الناس أكثر ترددًا بمساعدة المتمردين الذين أصبحوا أكثر عنفًا وارتكبوا مزيدًا «من الأخطاء ضد الناس»: «لقد كان الهوك يقهرون نفس أولئك الذين كان يفترض أن يقدموا لهم الحماية، وكانوا يعادون أولئك الذين كانوا يحتاجون دعمهم» (Kerkvliet 1977:137). الأمر نفسه ينطبق على «جيش الشعب الجديد» [في الفلبين أيضًا]، فمع تدهور الحرب، أصبح الجيش أكثر عنفًا (Berlow 1998:179). في كولومبيا، «اتهامات تعاون المدنيين من

المجموعات المسلحة المتقاتلة كانت تظهر عندما تشتبك مجموعتان أو أكثر في منطقة ما، أو عندما تتبدل السيطرة من أحد الأطراف إلى الآخر»، إذ كان «النظام الجديد» يجلب معه «احتمالية تطهيرات عنيفة» (Fichtl 2004:2). بحسب إريك فيشتل (Fichtl 2004:4): «العنف كان ينفجر بحق عندما يتم مواجهة سلطة أحد هذه الأنظمة بوصول حاكم محتمل آخر». مجازر المدنيين التي وقعت أثناء الحرب الأهلية الجزائرية، بشكل رئيسي عام 1997، لا يبدو أنها تدعم الفرضية 4، إذ إن الدليل يشير إلى أنها كانت مجازر انتقائية نفذها المتمردون الإسلاميون في مناطق فقدوا سيطرتهم عليها، أي في المنطقة 2 (Kalyvas 1997). هذه المجازر كانت ستدعم الفرضية 4 لو أنها كانت عشوائية أو ارتكبتها السلطات.

اختبار غير مباشر للفرضية 4 تقدمه أنماط العنف في الحروب الأهلية «التناظرية». من الممكن التفكير في المناطق المحاذية للجبهات في تلك الحروب على أنها مكافئ تقريبي للمناطق 2 و4، أي أنها مناطق تكون بها السيطرة أكثر ميوعة ويبقى بها الانشقاق احتمالية قائمة. الدليل على هذه الحروب يشير إلى أن العنف يميل لأن يكون مركزًا في هذه المناطق. أثناء الحرب الأهلية الروسية، «كلما كانت مناطق التمرد أقرب من قوات البيض، بمحاذاة خط الجبهة تمامًا؛ كان القمع أشد وحشية على الجبهة الداخلية». في الحقيقة، «الإرهاب الأحمر» كان مرتبطًا بمواجهات الحكم البلشفي. في أدويسا، كان نصيب الأسد من الإعدامات التي وقعت في الأسابيع التي سبقت مغادرة البلاشفة، بإعدام ثمانمائة ضحية في كييف في تلك الأسابيع الأخيرة (Brovkin 1994:82; 122; 125)، وازدادت هذه الإعدامات مع اقتراب العدو (Werth 1998:123-124). بشكل مشابه، القرب من خطوط الجبهات يبدو عاملًا تنبؤيًا أساسيًا للعنف في منطقة آراجون أثناء الحرب الأهلية الإسبانية (Ledesma 2001:265)، في حين وقعت المجازر الكبرى ضد السكان الإيطاليين في منطقة توكساني بمناطق واقعة مباشرة خلف خط الجبهة وأثناء انسحاب الجيش الألماني (Battini and Pezzino 1997:xx, Klinkhammer 1997:19-20). أنماط مشابهة تم رصدها في فنلندا (Upton 1980:292)، وكوريا (Yoo 2002:20)، وكولومبيا (Forero 2002:A9)، وأفغانستان (Waldman 2002b:A9).

مؤشر غير مباشر آخر هو نمط التجميع الذي يبدو أنه كان حاضرًا بالعديد من الحروب الأهلية. أثناء التمرد الفلسطيني ضد البريطانيين، كان العنف يقع ضمن ما سماه البريطانيين «مثلث الخوف» أو «مثلث الإرهاب» في منطقة جنين- نابلس- طولكرم (Swedenburg 1995:xxxii). «مثلث موت» مشابه ورد في الصومال (Besteman 1996:582)، والجزائر

(Kalyvas 1999)، والعراق. «المثلث» في الجزائر كان بالفعل منطقة متنازعًا عليها، لكننا لا نعلم ما إذا كانت «المثلثات» الأخرى محل نزاع بشكل مشابه، رغم أن الأوصاف المتوفرة تشير إلى أنها كانت كذلك.

أخيرًا، هناك بعض الأدلة على أنه مع انتقال منطقة من 2 إلى 4، تزداد التبليغات. بعد أن سيطرت القوات الأمريكية على مدينة الفلوجة في العراق، قالوا إن العديد من السكان بدأوا يتعاونون ويكشفون مواقع المخازن الأسلحة والمشتبه بهم (Spinner 2005:A15). في وسط روسيا المحتلة وفي بيلاروسيا [روسيا البيضاء]، أعاد الألمان احتلال الأراضي السوفييتية من المقاتلين غير النظاميين عدة مرات (Terry 2005:20-21). في هذه المنطقة، كان الفيرماخت [القوات المسلحة الألمانية تحت حكم النازيين] قادرين على فرض الهدوء في المناطق المكتسبة حديثًا عبر تأسيس حاميات وإعادة تأسيس قوة وإدارة من المتعاونين المحليين. كان الألمان قادرين على فعل ذلك لأن «مركز مجموعة الجيش» [القوة الألمانية المخصصة لغزو الأراضي السوفييتية] تخلص من قوات أمنية أكثر بكثير مما كان متاحًا في المناطق المحتلة الأخرى. يشير نيكولاس تيري إلى أن «عودة القوات الألمانية رافقها إعادة تعيين العُمد، وأيضًا موجة من التبليغات واعتقالات الشرطة المتجددة». خذ أيضًا وصف بروس كالدر (Calder 1984:167) للتمرد الدومينيكي: «قررت قوات البحرية [الأمريكية] الانتقال إلى المناطق التي يسيطر عليها الغِوار ومعرفة أولئك المتمردين ذوي الدوام الجزئي. السلطات العسكرية اعتقدت أن تحديدهم ممكن لأنهم طوروا مجموعة كبيرة من المخبرين، بما فيهم عدد من الغِوار السابقين، وعملية رقابة جديدة حميت هوية أولئك الذين كانوا يعطون المعلومات ضد جيرانهم».

2.5.8. العنف تحت التكافؤ (المنطقة 3)

بحسب النظرية، فلا يجب أن يكون هناك تدفق معلومات للفاعلين في المنطقة 3، ولذلك لا يوجد عنف انتقائي (الفرضية 5)، وأيضًا، رغم أن الانشقاق بكلا الاتجاهين كبير، إلا أن الناس لا تبلغ، واللجان المحلية تمنع العنف.

الدليل المتناقل يدعم الفرضية 5. أكثر هذه الأدلة إقناعًا يأتي من قرية بينه نغيا الفيتنامية المتنازع عليها، حيث كانت مجموعة من قوات المارينز الأمريكية ومليشيا محلية تابعة

لحكومة فيتنام الجنوبية تحكم نهارًا، بينما كان الفيت كونغ يحكمون ليلًا، خلال أعوام 1965- 1967. كلا الجانبين كان قادرًا على جمع الضرائب، إذ يستذكر ف. ج. ويست (West 1985:254) أن «مسؤول القرية التنفيذي السيد تراو يقول إن نظيره المعاكس لديه قائمة بمن يجب أن يدفع وكم». رغم أن الفيت كونغ المحليين لم يجرأوا على زيارة منازلهم في القرية بشكل منتظم، إلا أن عنصرًا سابقًا في المارينز خدم هناك (West 1985:5, 219-220) يتذكر أن:

«عائلاتهم كانت محمية من العنف. أقارب وأطفال كلا الجانبين كانوا عرضة بشكل متساوٍ للأعمال الانتقامية، ولذا لم يتجرأ أي رجل على ضرب عائلة الآخر، لأن عائلته ستعاني أكثر من ذلك بعشرة أضعاف.... [مليشيات] القوات الشعبية والفيت كونغ كانت لديهم قواعد محددة لحربهم، وكانت التفاهمات تطبق، لأنها، وما دامت، تحقق مصلحة مشتركة. ما كان يسمى عادة بالتكييف لم أكن أكثر من مجرد توازن حذر للقوة، يراه كلا الجانبين كذلك. الردع كلمة أفضل من التكييف لوصف الحالة التي كان بها كلا الجانبين عاجزًا عن أخذ إجراءات محددة بينما يتحفظ الطرف الآخر عن الانتقام بالشكل نفسه.... خطوة التصعيد الأخيرة – القتل أو الذبح بالجملة لعائلات القوات الشعبية – لم يكن مرجحًا في بينه نغيا لأن عائلات الفيت كونغ كانت أشبه بالرهائن. [زعيم المليشيا] سونج أعلن أنه سيقتل عشرة من أطفالهم مقابل كل فرد يقتل من عائلات القوات الشعبية. العرضة للانتقام وضعت محددات على السلوكيات التي كان كل من القوات الشعبية والفيت كونغ يسعون لأخذها في صراعهم على بينه نغيا».

نتيجة لذلك، لم يُقتل مدنيون في بينه نغيا، على الأقل طيلة فترة وجود المارينز في القرية: «عادة ما كان المشاركون من كلا الجانبين، لا المدنيين، هم الذين يموتون»، كما يستنتج ويست (West 1985:187)[1]. «ظاهرة التكييف غير الرسمي» بين الفيت كونغ ومسؤولي الحكومة «كانت شيئًا سأواجهه مرارًا وأنا أتعمق في وقائع الحرب في هاو نغيا»، كما يشير [العقيد الأمريكي المتقاعد والكاتب] ستيوارت هيرينجتون (Herrington 1997:21-22) عن جزء آخر في فيتنام. [الاقتصادي والناشط والمحلل العسكري الأمريكي السابق] دانيل إيلسبيرج (Ellsberg 2003:127) يصف الظاهرة نفسها، ملاحظًا في الوقت نفسه غياب التبليغات: «كان لدى حكومة فيتنام الجنوبية تواصل جيد مع الناس في العديد من الأيام، ولكنها لم تملك أيًا

(1) بما يتوافق كذلك مع الفرضية 5، ضابط في المخابرات المركزية الأمريكية كان يعمل في فيتنام أخبر مويار (Moyar 1997:68) أن «العديد من المخبرين كانوا حذرين أيضًا من تقديم المعلومات التي يمكن أن تؤذي الناس في قريتهم. كنتيجة لذلك، كوادر [الفيت كونغ] الذين كان يمكن أن نحصل على معلومات عنهم كانوا أناسًا من خارج القرية داخلين إليها».

منها تمامًا خلال الليل. كان للفيت كونغ تواصل جيد مع الناس في بعض الأيام، حيث لا يتواجد جنود حكومة فيتنام الجنوبية، وعمليًا في كل الليالي. عمليًا، لقد 'حكمت' حكومة فيتنام الجنوبية نهارًا، والفيت كونغ ليلًا. كان هذا يعني أن الفيت كونغ يمكن أن يفرضوا الضرائب بشكل منتظم، وأن يقوموا بالتجنيد، وأن يعقدوا جلسات توعية، وحتى أن يناموا هناك في الكثير من الليالي. لأسباب عملية، عاشوا هناك، ولم يبلغ عنهم الآخرون، حتى لمسؤولي الحكومة الذين زاروهم نهارًا، مع حراسة».

منطق مشابه يبدو أنه ظهر في قرية سان ريكاردو في الفلبين، أثناء ثورة الهوك. هذه القرية، كما يشير بندكت كيركفلايت (Kerkvliet 1977:163-164)، لم تكن ضمن «منطقة محررة». أثناء ذروة الثورة، ما بين 1946 و1950، التهديدات والتهديدات المضادة والخوف والاعتقالات أدت مرارًا لتفاهمات ضمنية بين الفصيلين أوقفت قواتهما المسلحة من الاقتتال حول الحصاد. نوردستروم (Nordstrom 1997:56)، يشير إلى أنه في موزمبيق، حيث كان الناس قادرين على التعاون مع كلا الجانبين، كانت الخسائر والفوضى بحدها الأدنى. يبدو أن بلدة سان جاكينتو في كولومبيا تقع في منطقة مشابهة. لقد مرت بتحولات متتالية للسيطرة من «قوات كولومبيا المسلحة الثورية» [الفارك] اليسارية إلى «قوات الدفاع الذاتي المتحدة» اليمينية، ويبدو أنها كانت مستقرة بين الفصيلين خلال شتاء عام 2002. سكوت ويلسون (Wilson 2003) ينقل أن عمدة هذه البلدة منع بشكل ناجح قرار اليمينيين ذبح اليساريين المشتبه بهم. وصف الحياة في مدينة عراقية حيث كان بها توازن للقوات بين سلطات الدولة والمتمردين أثناء صيف عام 2004 تتوافق مع تقارير عن مستويات عنف منخفضة (Huseen and Pelhman 2004:7).[1]

على الجانب السلبي، جاي مالين (Mallin 1966:56) يتحدث عن نمط اغتيالات واختطافات للفيت كونغ في قرى منطقة ماي ثو، حيث كان «الفيت كونغ لا يبعدون أكثر

---

(1) ستابس (Stubbs 1989:105-106) يتحدث عن منطقة مشابهة في مالايا: «حتى ضمن المستوطنات الجديدة، كان على الناس أن يكونوا حذرين للغاية. فمن ناحية، كان هناك العديد من المتعاطفين مع الشيوعيين المستعدين ليبلغوهم إلى المين يوين المحليين أو 'جيش التحرير الوطني المالاوي' لتعاونهم مع الشرطة، بينما، على الجانب الآخر، استفاد 'الفرع الخاص' من عملية إعادة الاستيطان لزرع مخبريه الخاصين الذين يمكن أن يخبروه عن أولئك الذين يساعدون الشيوعيين. لم يكن مستغربًا أن العديد من الواصلين الجدد في مراكز إعادة الاستيطان ظلوا يشعرون بالقلق وغياب الأمن». لسوء الحظ، أنه لا يقدم معلومات عن العنف.

من أقرب مجموعة من الأشجار، أي مباشرة على جانب الطريق». إنه لا يقدم مزيدًا من التفاصيل، لكن هذا يمكن أن يكون حالة من العنف في منطقة من نوع 3، وهذا العنف يتناقض مع الفرضية 5.

دليل غير مباشر على هذه الآلية المؤسسة لغياب العنف في المنطقة 3 يمكن أن نجده في قدرة اللجان المحلية على منع استخدام العنف من مسؤوليهم المسلحين. لأن الفاعلين السياسيين يعتمدون على المتعاونين المحليين، فهم عادة ما يلتزمون بتوجيهات لجنتهم. إيليوت (Elliott 2003:338) يقتبس الشهادة التالية حول العلاقة بين الفيت كونغ ومسؤولي القرية المحليين:

«إذا كانت هناك أية أسئلة حول المشاكل في القرية، أو إذا قدم كوادر المنطقة تساؤلات حول تقرير فرع الحزب في القرية بذكر ما أخبره إياهم القرويون، كان أمين الفرع يقول لهم: 'يا رفيق، إنك لا تثق بفرعنا الحزبي. إذا كنت لا تثق بنا، يمكن أن تفكك هذا الفرع وأن تؤسس فرعًا آخر'. لم يكن كوادر المنطقة يستطيعون قول أي شيء لأن فرع القرية كان مجمعًا حول تقرير أمين الفرع، ولذلك كانوا يرجعون إلى المنطقة وينقلون للمنطقة ما أخبرهم إياه كوادر الحزب».

قدرة اللجان الشعبية أحيانًا على منع استخدام العنف من الفاعلين السياسيين يمكن تأكيدها بدليل إضافي. في كينيا، العديد من مجالس الماو ماو المحلية أرادت تجنب الإجراءات القمعية من قوات الأمن، مثل «الغرامات الجمعية، ومصادرة المواشي، والتحقيق القاسي، والاعتقالات والحجز في معسكرات الاعتقال»، وكنتيجة لذلك، «سعوا لإبقاء شكل من السلطة على المجموعات المقاتلة. كان هذا صحيحًا تحديدًا في كيامبو، حيث منع مجلس شيوخ المنطقة قتل الموالين أو الخونة بدون موافقة المجلس، ولبعض الوقت فرضوا سيطرتهم على وحدات الغِوار» (Barnett and Njama 1966:155). عمدة بلدة سان جاكينتو في كولومبيا رفض طلب اثنين من قادة المجموعات شبه المسلحة اليمينية الذين أوصلوا له قائمة بالضحايا المحتملين، بما فيهم ثلاثة من أعضاء مجلس البلدة، وطلبا بأن يسمح بمجزرة واسعة النطاق عشية الكريسماس، وكنتيجة لذلك؛ تم تفادي المجزرة (S. Wilson 2003). أحد كوادر الفيت كونغ في الأقاليم أعطى التقييم التالي حول ثلاثين عملية قتل حصلت في قريته ما بين أعوام 1960 و1963: «كل أحكام الإعدام كانت مقترحة من القرية. القرارات النهائية كانت تؤخذ على مستوى الإقليم، لكن الإقليم لم يرفض أية قرار قدمته القرية، لأن سلطاته لم تكن تعلم شيئًا. لقد كان عليهم الاعتماد على

حكم القرية. إذا أرادت القرية موت الضحايا سيموتون، وإذا أرادتهم أن يحيوا فسيحيون. بجانب ذلك، أرادت المنطقة حماية هيبة سلطات القرية لأنهم كانوا أقرب من المشهد» (in Elliott 2003:338-339). الضغط من الأسفل قد يدفع الفاعلين السياسيين الذين يفتقدون القدرة على كسر حالة الجمود عبر الموارد الإضافية إلى التوقف في النهاية عن التماس التبليغات (West 1985:146).

نتيجتان قابلتان للاختبار يمكن أخذهما من الفرضية 5، رغم أن الاختبار الفعلي لكليهما سيكون صعبًا. أولًا، المبلغون في المناطق 2 و4 يجب أن يكونوا أصغر من أولئك في 1 و5 لأن الشباب أميل لأن يكونوا أقل تفاديًا للخطر، والتبليغ في المناطق 2 و4 أكثر خطورة. لسوء الحظ، وبسبب إتاحة بيانات منهجية قليلة حول هويات المبلغين، هذه النتيجة ستكون صعبة الاختبار. ثانيًا، غياب التبليغات يجب أن يكون غير مرتبط بالسمات الشخصية للمبلغين والفاعلين المحليين. من الشائع جدًا بالنسبة للناس أن يعقلنوا حصول العنف والتبليغات بربطه «بسلوكيات الأشرار». مثلًا، ضمن الأغلبية العظمى من المقابلات التي أجريتها في اليونان، فسر لي أولئك الذين قابلتهم السلوك المتباين للفاعلين المحليين من حيث سماتهم الشخصية: فالفاعلون «الجيدون، والمحترمون، والمدنيون» منعوا التبليغات الخاطئة، بينما الفاعلون «السيئون» استخدموا مواقعهم لتسوية مشاكل سابقة أو للحصول على أرباح. بشكل مشابه، في البيرو، أكد طالب جامعة أن كوادر السينديرو غير المسؤولة كانت سببًا في الكثير من الصراع والعنف في منطقته، مضيفًا: «أعتقد أن هذا يعتمد على المنطقة، فقد كان هناك عناصر جيدون في مناطق أخرى» (in Degregori 1998:154-155). ولكن، رغم أن أي نزاع سيتضمن عناصر أفضل وأسوأ في مناطق مختلفة وأزمان مختلفة، من التبليغ والعنف، وبذلك فشعور أن أناسًا «سيئين» مسؤولون، يجب أن يعتمد على السيطرة. الفرضية 5 ستكون أقوى إذا كان الدليل التجريبي يظهر أن هذه الملاحظات حول السمات الشخصية ناشئة ذاتيًا عن نوع مناطق السيطرة المحددة، أي العقلنة التي حصلت لهذه المشكلة بأثر رجعي، أو غياب هذه العقلنة.

6.8. الخلاصة

النظر المقرب في ديناميات حرب أهلية تقليدية يكشف ديناميات أكثر اتساقًا مع نظرية العنف الانتقائي والتنبؤات الكلية للنظرية. دراسة ستيفن آش (Ash 1995) الممتازة حول

الحرب الأهلية الأمريكية في الجنوب المحتل، حيث كانت الحالة الجغرافية قريبة من حرب أهلية غير نظامية، تمثل حالة معبرة. احتلال «الاتحاد»، كما يشير آش، خلق عمليًا ثلاثة جنوبات محتلة لا واحدًا: أولًا البلدات المحمية، التي عاش سكانها بشكل ثابت بوجود، وتحت عين، الجيش الشمالي، وثانيا الجبهة الكونفيدرالية، التي كانت القوات الفيدرالية تخترقها فقط بشكل عابر، والتي كان مواطنوها في كل الأوقات الأخرى تحت قبضة الكونفيدرالية، الذين أبقوا سلطة دولتهم، وثالثًا الأرض الجرداء، المنطقة المحيطة بالبلدات المحمية، التي كانت خارج مدى سلطة الكونفيدرالية وزيارات اليانكيز المستمرة، لكنها لم تشهد تواجدًا ثابتًا لقوة فيدرالية. هذه المجالات الثالثة، كما وجد آش، يمكن اعتبارها أيضًا عوالم مختلفة، راسمة بشكل حاد تجارب متمايزة مختلفة ضمن الجنوب المحتل.

يمكن أن ننظر للمناطق المحمية على أنها المنطقة 1، وعلى الجبهة الكونفيدرالية على أنها المنطقة 4، وعلى الأرض الجرداء على أنها تجمع المنطقة 2 أو 3، اعتمادًا على درجة اختراق الفيدراليين. بما يتوافق مع النظرية 2، البلدات المحمية (المنطقة 1) كانت «قرى من النظام في بحر من العنف»، رغم العداوة الشديدة التي حملها سكان المنطقة تجاه الاتحاديين. في الوقت نفسه، المناطق التي كانت محمية بقوة من الجيش الاتحادي كانت **أيضًا** مناطق ينتشر بها التبليغ بين الجيران لسلطات الاتحاديين، كما وجد فيلمان (Fellman 1989:27) في ميزوري. الجبهة الكونفيدرالية (المنطقة 4) كانت هدف غارات فيدرالية دورية ضمن مهمات سيطرة وتدمير. بكلمات أخرى، لقد عانت من العنف العشوائي «للسلطات». بالنسبة للأرض الجرداء (المنطقة 2 و3)، فقد كانت تشهد دوريات من قوات الاتحاديين التي يمكن أن تستعرض قوتها بإراداتها بأي مكان ضمنها، وكانت قادرة على التخلص من سلطة وقوة الكونفيدراليين في بعض الأجزاء (المنطقة 2). عندما كانوا يملكون الأفضلية (المنطقة 2)، كان الاتحاديون عنيفين على الأرجح، فهناك كانوا «مدفوعين تمامًا بشهوتهم للانتقام». إضافة لذلك، عنف الاتحاديين كان ينفجر عادة «بعد وصول اليانكيز»، أي بعد أن تتحول منطقة ما إلى المنطقة 2. ولكن، كانت سلطة الفيدراليين تبقى فقط عندما وحيثما يكون جنود الاتحاديين موجودين، ولم تكن تمتد أكثر «من مدى بنادقهم وأسلحتهم». كان الناس يعيشون معظم أيامهم بغياب للسلطة، في منطقة شَفَق ليست للاتحاديين ولا الكونفيدراليين، فقد كانوا يعيشون في خوف وشعور دائم بالقلق والاضطراب أكثر من ذلك الذي كان يخيم على جبهة الكونفيدرالية، إذ إن العدو في هذه المنطقة الجرداء لم يكن

بعيدًا على الإطلاق. ولكن، ضمن هذه المنطقة يمكن أن يجد الشخص مناطق من السلام، وتحديدًا كما ظهر لاحقًا، حيث كانت سلطة الكونفيدراليين تتعرض لتواجد الفيدراليين. في بعض المناطق، كانت غارات الفيدراليين دورية، وكان الانفصاليون متحفظين خوفًا من الأعمال الانتقامية. كتب ضابط كونفيدرالي من شرقي تينيسي بينما ما زالت المنطقة تحت سيطرة الكونفيدراليين: «أصدقاؤنا الجنوبيون يتضرعون لي ألا أزعج رجال الاتحاديين، لأن [الاتحاديين] سيحرصون على التبليغ عليهم، ومن ثم القيام بأعمال..... انتقامية من جانب الجنود الفيدراليين...... لذلك قررت ألا أعتقل أي متعاطفين مع الاتحاد ما لم يكن معروفًا دعمهم ومساعدتهم للعدو».

للتلخيص، هذا الفصل سعى لاستخلاص وتقييم نتائج نظرية العنف الانتقائي المستخلصة في الفصل السابع، باستخدام أدلة من طيف واسع من الحروب الأهلية. التحولات بالسيطرة تحصل عبر عمليتين اثنتين: الانتقالات الأولية، والتي تحصل نتيجة أخذ الفاعلين السياسيين قرارات تكتيكية بتحريك الموارد العسكرية إلى أو خارج منطقة ما، والتعزيز، عندما يستخدم الفاعلون العنف الانتقائي لإنهاء الانشقاق وفرض السيطرة الكاملة على منطقة ما. حالما تتحقق السيطرة، يصبح العنف زائدًا عن الحاجة. لذلك، كلما ازدادت درجة سيطرة فاعل ما، كلما قلت احتمالية لجوء هذا الفاعل للعنف. هذه العملية تنطبق على المتمردين والسلطات، لأن التمرد يجب أن يكون مفهومًا بشكل رئيسي كعملية بديلة لبناء الدولة، فالمنظمات المتمردة تفرض الضرائب وتؤسس الهيكليات الإدارية وتسعى لتطبيق عمليات الحكومة على السكان الذين يسيطرون عليهم. قبل تأسيس السيطرة بشكل حاسم، فإن عمليات الانشقاق والتبليغ ليست الخيارات الوحيدة التي يسعى لها السكان. معظم الناس يحاولون الجلوس على السياج، إما بالبقاء محايدين أو بالسعي للتوافق مع كلا المجموعتين في الوقت نفسه. الفاعلون السياسيون يعتبرون الجلوس على السياج تهديدًا، ويحاولون استخدام العنف كعقاب عليه ودفع السكان إلى معسكرهم. إنهم أكثر عنفًا عندما يملكون مزيدًا من السيطرة ومزيدًا من المعلومات المحلية، وبذلك أقدر على الضرب بفعالية أكبر. ولكن، بسبب تهديد الانتقام الذي يواجهه المبلغون، لن تكون هناك تبليغات في المنطقة 3، ولذلك لا يوجد عنف انتقائي. الأدلة من دراسات الحالة تشير إلى معقولية هذا التنبؤ، والفصل التاسع يختبره بشكل أكثر منهجية.

الفصل التاسع
التجارب التطبيقية (2) الدليل المقارن الجزئي

لقد كنا من يوجه المقاتلين غير النظاميين. إذا حصلت اعتقالات، فهذا يعني أننا كنا نحن المبلِّغين.

عضو لجنة محلية متمردة، اليونان

في هذا الفصل، أختبر نظرية العنف الانتقائي وبعض تبعاتها بشكل رئيسي على البيانات التي جمعتها في منطقة أرغوليذا الواقعة جنوبي اليونان. نظرًا لاعتباري «القرية» كوحدة للتحليل، وبالاعتماد على المقابلات والأرشيف القضائي والمصادر الثانوية، استطعت جمع بيانات ذات جودة عالية وإعادة رسم تطور الحرب الأهلية في كل بقعة في تلك المنطقة. بعد وصف تصميم البحث، أقدم معلومات تأسيسية حول الحرب الأهلية اليونانية ومنطقة أرغوليذا بجانب سردية تحليلية قصيرة حول الحرب الأهلية في أرغوليذا. أتبع ذلك بإحصاءات وصفية حول السيطرة والعنف الانتقائي والعنف العشوائي، ثم أختبر نظرية العنف الانتقائي. النتائج تدعم النظرية بشكل كبير. أناقش أيضًا التنبؤات التجريبية المغلوطة، وتحديدًا، بأن التنبؤات المبالغ بها للعنف يمكن تفسيرها بوجود أو ظهور معيار للتبادل الإيجابي. تجنب العنف تحت حالة من التوتر والقلق تبدو محفزًا لمعيار من التبادل الإيجابي الذي يساهم بغياب العنف في جولات متتالية، حتى عندما يكون التبليغ خيارًا عقلانيًا. ثانيًا، مشاعر الانتقام قد تفسر كيف للنظرية أن تتنبأ بالعنف بشكل أقل أحيانًا. معظم الوقت، الانتقام عادة ما يقع عندما تكون احتمالية الثأر منخفضة. على النقيض، الرغبة في العنف تعمل كعاطفة عندما تحجب العقل، مؤدية بذلك إلى التقليل من تقدير الخطر (Petersen 2002). سلوك الانتقام ضمن منطقة سيطرة غير ملائمة يحفز ثأرًا مباشرًا، ولذلك يحصل العنف أكثر من تنبؤات النظرية. إنني أختم بمجموعة من اختبارات خارج العينة باستخدام بيانات من اليونان، بما في ذلك تكرار في منطقة مقسمة عرقيًا، واختبار نتائج إضافية باستخدام بيانات من 136 قرية مأخوذة من تواريخ محلية وشهادات إثنوغرافية ودراسات زراعية وأوراق بحثية ومقابلات إضافية.

1.9. تصميم البحث

لتجاوز المشاكل التي نوقشت في الفصل الثاني، استخدمت تصميم بحث جزئيًا مقارنًا [microcomparative] على المستوى دون الوطني [subnational، أي على مستوى المدن أو الأقاليم أو القرى لا على مستوى الدولة]. عدم الكفاية العام لقواعد البيانات «الحاضرة بسهولة» كان مؤشرًا للحاجة إلى استراتيجية «على مستوى القواعد» [grassroot][1]. في الوقت نفسه، كان من الواضح أن شهادات إثنوغرافية بسيطة لن تكون كافية كذلك. انطلاقًا من نصيحة تشارلز تيلي (Tilly 1964:38) بـ«تضييق التركيز وزيادة التكبير»، وتذكير كل من [العالمين السياسيين] آدم برزيورسكي وهنري تيون (Przeworski and Teune 1970:74) بأن التحليل المقارن لا يتطلب مقارنات بين وحدات على المستوى الوطني؛ ارتكز اختباري التجريبي المركزي على دراسة مفصلة لمنطقة يونانية، قمت فيها بإعادة رسم الحرب الأهلية في كل قرية[2]. بدراسة عالم الوحدات في منطقة واحدة، استطعت جمع بيانات مفصلة وموضوعة بسياقها وذات جودة عالية إثنوغرافيا. بجانب إنتاج أفكار «رصينة»، فإن تصميم البحث هذا يسمح بعدد كبير من الملاحظات والتباين التجريبي الواسع، ويمنع تنميط المتغير التابع، ويسمح بقدر كبير من التحكم.

اختيار اليونان كان مدفوعًا باعتبارات عملية، وهي القدرة على إجراء بحث أرشيفي وإثنوغرافي واسع الناطق في سياق ريفي. داخل اليونان، وبعد إجراء دراسات للاختبار في أربعة مناطق مختلفة، اخترت **مقاطعة** (*nomós*) أرغوليذا، الواقعة في الجزء الشمالي الشرقي من شبه جزيرة بيلوبونيز، جنوبي اليونان. تم اعتماد هذا الخيار بشكل رئيسي نتيجة اكتشافي لأرشيف قضائي مهم (وغير مستخدم مسبقًا). باستخدام هذا الأرشيف، استطعت تشكيل قاعدة بيانات تضم كل الجرائم التي وقعت أثناء الحرب الأهلية في كل قرية للإقليمين الكبيرين في أرغوليذا، منطقة كانت تضم عام 1940 إحدى وستين قرية بمجموع سكان يصل إلى 45086 نسمة، وبلدتين بعدد سكان يصل إلى 20050. في معظم الحالات، كنت

(1) لقد اتبعت نصيحة راسل رامسي (Ramsey 1973:44) حول كولومبيا: «الباحث الذي سيسير بأراضي توليما أو سانتاندير أو بوياجا، ويقابل شهود عيان، ويستنزف المجموعات المحلية من الرسائل والصحف، سيكون له الأساس لمستوى جديد من التركيب بالبحوث حول الفيولنسيا [الحرب الأهلية الكولومبية]».

(2) لقد رفضت خيارًا بديلًا بإجراء نموذج عشوائي من المحليات ضمن بلد ما أو عبر منطقة صغيرة من البلدان، لأن احتمالية العمل على دليل يمكن مقارنته ومطابقته مع من حوله لا يتحقق إلا بتركيز مناطقي.

قادرًا على التحديد الدقيق لهوية المجرم والضحية، والصلة بينهما، ووقت ومكان الجريمة، وطريقة تنفيذها، والصلات بين الجريمة وما سبقها وتبعها من حالات العنف، والتبريرات (إن وجدت) المقدمة أو التي يمكن اللجوء لها. الملحقان (أ) و(ب) يقدمان نقاشًا للمصادر والمنهجية.

إعادة رسم مسار العنف في حرب انتهت عام 1949 تطلب تجميعًا من مصاد متعددة. بسبب السمة المتشظية للمصادر، كان علي العمل كعالم آثار «سيجمع آثارًا منفصلة ومتباينة من الماضي ويجمعها ليسلط الضوء على ظروف وخلفية شيء لا يمكن معرفته بغير هذه الطريقة إلا من ذاكرة مسكونة» (Geyer 2000:178). لقد جمعت البيانات من ثلاثة مصادر: الأرشيفات، والمقابلات، والمذكرات المنشورة وغير المنشورة والسير الذاتية والتواريخ المحلية. لقد كنت قادرًا على مقارنة معظم الانطباعات مع العديد من المصادر المكتوبة والشفوية للتحقق منها. لقد بحثت أيضًا عن بعض حالات التبليغ واستكشفت حالات تم التخطيط بها للعنف لكن دون تنفيذ.

بعد ذلك كررت، بعمق أقل، تصميم البحث نفسه في **إقليم** (*eparchía*) ألموبيا، شمالي اليونان في منطقة مقدونيا، قرب الحدود اليوغسلافية، حينها. اختيار ألموبيا كان معتمدًا على الحاجة لتقديم تباين قدر المستطاع مع أرغوليذا في منطقة ذات حجم مقارن وتنوع إيكولوجي. أخيرًا، استحدثت قاعدة بيانات من البلاد بأكملها باستخدام بيانات من مقابلات إضافية، ودراستين عن القرى تم تطبيقهما في نهاية الأربعينيات ومطلع الخمسينيات، وعدة شهادات إثنوغرافية، وتواريخ محلية، ومذكرات. إنني أتحقق من كل من التوقعات النظرية والنتائج التجريبية من أرغوليذا بقاعدة البيانات «خارج العينة» هذه. رغم أنها ليست عينة عشوائية، إلا أنها يمكن أن تتيح ما يسميه المؤرخون: **خلق التسلسل** (*mise en seire*)، أي جمع عدد كبير من الملاحظات عندما يكون من المستحيل جمع كل الحالات (Veyne 1996:231). إضافة لذلك، هذه البيانات تسمح لي بتوليد نتائج اختبارية إضافية والمزيد من التحقق بصلاحية التوقعات والنتائج.

تصميم البحث هذا يطرح إشكالية قابلية التعميم. ولكن، يعتبر تحديد المجال التجريبي مقايضة مقبولة في دراسة عنف الحرب الأهلية نظرًا لحالة فهمها النظري، الذي يبقى مبنيًا على تخمينات غير مختبرة في الأغلب. ورغم أنني قدمت دليلًا متناقلًا من مجموعة واسعة من الحروب الأهلية لتأسيس المعقولية، إلا أن هدفي التجريبي الرئيسي هو تطبيق اختبار

صارم مبدئي للنظرية كخطوة أولى في برنامج بحثي أوسع. ازدادت ثقتي بحقيقة أن النظرية لم تتطور استقراء من البيانات المستخدمة لاختبارها. بشكل عام، هذه الدراسة متلائمة مع تيار أوسع من الأعمال الراهنة التي تعتمد على تصميمات بحثية مرسومة بدقة ومطبقة على المستوى الجزئي لتوسيع معرفتنا النظرية والتجريبية العامة (مثلًا Wilkinson 2004; Posner 2004; Miguel 2004; Wantchekon 2003).

2.9. الحرب الأهلية اليونانية

حدث الاقتتال في الحرب الأهلية اليونانية على خط الصدع: اليمين- اليسار. لقد كانت «صراعًا مريرًا ومكلفًا داخليًا بين معسكرين لا يمكن أن يتصالحا أيديولوجيا: الشيوعيين والقوميين» (Nachmani 1993:63). لقد وقعت خلال فترة ستة أعوام تقريبًا وانتهت بهزيمة الحزب الشيوعي في اليونان (KKE) عام 1949. يمكن تقسيم الحرب لمراحل ثلاثة. وقعت الأولى أثناء الاحتلال وبعده مباشرة وضمت ثلاثة صراعات متمايزة لكنها مرتبطة: الأول هو تنظيم «جبهة التحرير الوطنية» (EAM) المقاوم، الذي أسسه وقاده الحزب الشيوعي في سبتمبر/ أيلول 1941 وجيشه «جيش التحرير الشعبي الوطني» (ELAS)، بوجه عدة تنظيمات مقاومة قومية، مثل «الفرقة القومية الديمقراطية اليونانية» (EDES)، و«التحرر القومي والاجتماعي» (EKKA)، ومجموعات أصغر مكونة بشكل رئيسي من ضباط في الجيش اليوناني، والصراع الثاني كان «جبهة التحرير الوطنية/ جيش التحرير الشعبي الوطني» ضد المليشيات العميلة، والتي كان الأقوى من بينها ما يعرف بـ«ألوية الأمن»، والثالث بين «جبهة التحرير الوطنية/ جيش التحرير الشعبي الوطني» ضد الحكومة اليونانية ما بعد الاحتلال والمدعومة بريطانيا في ديسمبر/ كانون الأول 1944. انتهت هذه المرحلة بهزيمة الشيوعيين. المرحلة الثانية من الحرب، بأعوام 1945 و1946، ضمت حرب عصابات متقطعة ومنخفضة المستوى بجانب الاضطهاد المستمر لليساريين على يد الفرق اليمينية المسلحة بجانب المسؤولين الحكوميين. المرحلة الثالثة كانت تمردًا شيوعيًا متجددًا بالكامل وقع بين 1947 و1949 وانتهى بالهزيمة النهائية للشيوعيين.

إننا لا نملك أرقامًا دقيقة لضحايا هذه الفترة كاملة، وسبب ذلك بشكل كبير هو أن الحرب الأهلية تقاطعت مع احتلال أجنبي. استقصاء واسع في الأدلة كشف عن أنماط الضحايا التالي: أثناء فترة الاحتلال، ربما قتل ما يصل إلى 40 ألف مدني في أعمال انتقامية أو إعدامات جماعية على يد قوات الاحتلال، وأحيانًا بمساعدة من المتعاونين المحليين،

كما قد تكون المنظمة المقاومة اليسارية قد قتلت ما يصل إلى 15 ألف مدني. ما يصل إلى 2000 عنصر مليشيا من العملاء و4000 مقاتل غِوار (المعروفين باليونانية باسم *andartes*، أي الغِوار) قتلوا أثناء وبعد المعارك. في أعوام 1945-1946، ما يصل إلى 3000 مدني قتلوا بشكل رئيسي على يد المليشيات اليمينية. المرحلة الأخيرة من الحرب أزهقت أرواح ما يصل إلى 15 ألف عضو من جيش الحكومة و20000 متمرد يساري، كما قتل ما يصل إلى 4000 مدني على يد المتمردين، بينما أعدمت الحكومة ما يصل إلى 5000 يساري، هم بشكل رئيسي من الغِوار المعتقلين. هذا يجعل المجموع الكلي للقتلى إلى ما يصل إلى 108000 قتيل من السكان البالغ عددهم 7330000 نسمة. هذا الحساب يستثني، بوضوح، مئات آلاف الجرحى أو النازحين أو المنفيين أو المعتقلين أو المضطهدين بأشكال أخرى. أكثر من 1700 قرية دمرت كليًا أو جزئيًا. الكلفة البشرية للحرب الأهلية اليونانية كانت ضخمة بجلاء.

لقد تم خوض الحرب بشكل رئيسي كحرب غير نظامية بسمات توازي العديد من الحروب الأهلية:

«لقد كان الصراع مظلمًا وغامضًا، كانت حربًا في الظلال تميزت بأعداء يصعب تحديدهم أو حتى رؤيتهم، وسعيًا للنصر لا يمكن قياسه بمصطلحات مرتبطة بالأرض أو الخسائر المادية والبشرية. نادرًا ما ارتدى العدو زيًا عسكريًا، وكثيرًا ما قاتل بأسلحة مسروقة، وعادة ما اعتمد على الحرب غير النظامية، ودائمًا تقريبًا ما تلقى دعما وحماية من الدول الشيوعية المجاورة. الجبهات نادرًا ما وجدت، إذ فضل الغِوار التكتيكات الإرهابية من شن الغارات والنهب والقنص وخطف القرويين وسكان البلدات إلى قواتهم الصغيرة المؤثرة.... نوع الحرب الذي كان قائمًا في اليونان جعل من الممكن لجيش وضيع، لكنه ذو حماسة، أن ينتصر بتجنبه الهزيمة وحسب. لقد كان الصبر هو السلاح الأفضل دائمًا. الصراع الطويل والمستفز كان يقلل معنويات وإصرار المنتسبين النظاميين لجيش منضبط أو يمكن أن يكسر إرادة المدنيين ويضع نهاية إجبارية للحرب. النصر اعتمد على دعم الريف بتأمين القرى عبر برامج فرض التهدئة، بينما كان الجيش يحاصر ويبيد الغِوار» (H. Jones 1989:3-4).

3.9. أرغوليذا: خلفية سياسية واجتماعية واقتصادية

مقاطعة (*nomós*) أرغوليذا واقعة في الجزء الشمالي الشرقي من شبه جزيرة بيلوبونيز، جنوبي اليونان (الأشكال 9.1، 9.2)[1].

(1) هذا القسم مبني بالدرجة الرئيسية على: Karouzou (1995), De Vooys and Piket (1958), and Anagnostopoulos and Gagalis (1938).

الشكل 1.9. اليونان وأرغوليذا

تضم الدراسة إحدى وستين قرية في أقاليم أرجوس ونافبليا، أي ما يقارب كل قرى هذين الإقليمين (انظر الملحق ب لمعايير الاختيار والقائمة الكاملة)[1]. الجزء الكمي للدراسة يستثني بلدتين من نافبليو وأرجوس (انظر الملحق للتفسير). ضمن المدى البيئي المعتبر لأرغوليذا، المتكون من التلال والجبال المطلة على سهل كبير، يمكن تمييز ست

(1) عام 1940، كانت أرغوليذا جزءًا من مقاطعة «أرغوليذوكورينثيا»، والتي تشكل ما سيصبح لاحقًا كلًا من مقاطعتي أرغوليذا وكورينثيا. الإقليمان محل الدراسة ضما، عام 1940، بلديتين (العاصمة الإدارية نافبليو، ومركز السوق أرجوس) وثمانية وخمسين كميونًا، من بينها تسعة عشر ضمت أكثر من مستوطنة. لقد استثنيت البلديتين، نافبليو وأرجوس. بشكل مفاجئ، البيانات حول العنف كان جمعها أصعب هناك. فمن ناحية، السجلات المدنية كانت غير مكتملة، ومن الأخرى، كان من المستحيل المقارنة والمقاربة لهذه البيانات ودعمها بمصادر شفوية بسبب حجم البلدتين مقارنة مع حجم القرى، بجانب تحولهم الراديكالي منذ الأربعينيات.

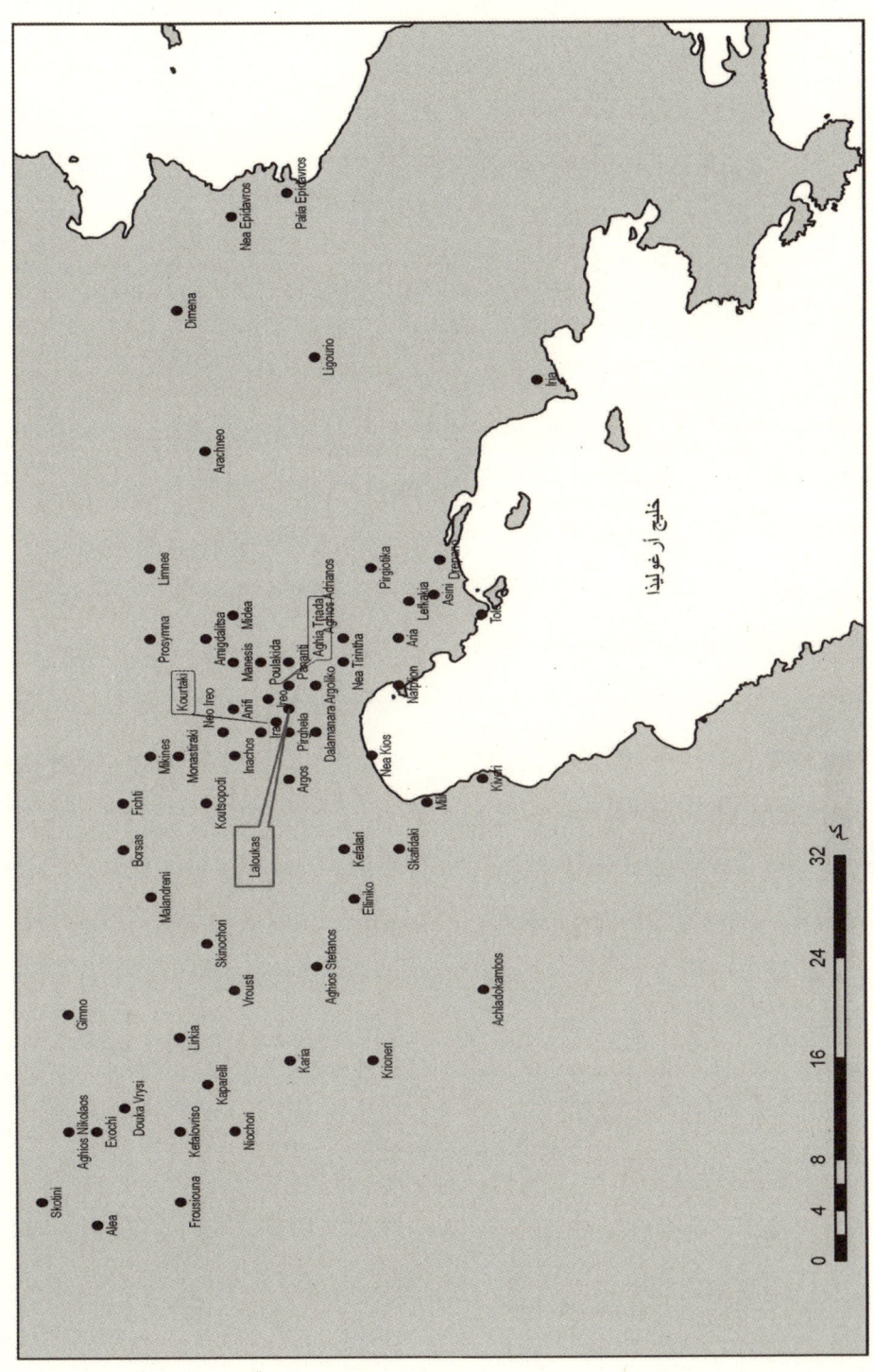

الشكل 2.9. القرى التي تمت دراستها، أرجوس ونافبليا، مقاطعة أرغوليذا

تجميعات من السكن. أولًا، هناك تجميعة من أربعين قرية واقعة في «السهل العميق». عام 1914، كانت هذه القرى هي الأكثر ازدهارًا من بين قرى الدراسة وكانت مترابطة مع البلدتين الكبيرتين بشبكة طرقية جيدة. كان اختصاصهم الرئيسي هو إنتاج القمح، ولكن أثناء العشرينيات والثلاثينيات بدأت في الاستفادة من قربهم النسبي من أثينا بإنتاج الخضروات للسوق الأثيني. التجميعة الثانية تضم خمسة عشر قرية واقعة في «السهل الخارجي»، الأقل خصوبة بدرجة كبيرة من السهل العميق. سبع قرى من السهل الشرقي تشكل التجميعة الثالثة، الواقعة أبعد عن جهة الشرق واقتصاداتها شبيهة بقرى السهل الخارجي، بالإضافة للصيد وبعض إنتاج زيت الزيتون. التجميعتان الرابعة والخامسة تضم قرى التل الشرقية والغربية على التوالي، والمعروفة محليًا باسم «القرى الوسطى» (mesohoria)، والتي تقع بشكل عام على ارتفاع ما بين 100 و350 مترًا. هذه القرى لها اقتصاد شبيه بقرى السهل الخارجي، بالاعتماد على الزراعة (وتحديدًا القمح والتوباكو، المحاصيل الربحية ذات المردود الأقل مقارنة بالخضروات) والمواشي. ست قرى من إقليم نافبليا تشكل تجميعة التلال الشرقية، وسبعة قرى من إقليم أرجوس تشكل تجميعة التلال الغربية. أخيرًا، هناك ثلاثة عشر قرية واقعة في إقليم أرجوس على ارتفاع يتجاوز بشكل عام 350 متر. السمة المميزة لبعض هذه القرى الجبلية كان تواجد أراض خصبة للزراعة في وديان جبلية مغلقة، جعلت بعضا منها أكثر ازدهارًا من قرى الجبال اليونانية الاعتيادية (انظر الجدول ب. 1 في الملحق ب). كانت قرى السهل سهلة الوصول من البلدتين، بينما كانت القرى الجبلية هي الأصعب. الجدول 1.9 يقدم المعلومات الأساسية حول هذه التجميعات.

الجدول 1.9. القرى: بيانات وصفية

	عدد القرى	مجموع السكان	معدل السكان بكل قرية	معدل الارتفاع (بالمتر)	معدل البعد عن أقرب بلدة
السهل العميق	14	10,689	764	24	ساعة و11 دقيقة
السهل الخارجي	15	10,356	690	72	ساعة و37 دقيقة
السهل الشرقي	7	6,261	894	103	ساعتان ودقيقة
التلال الشرقية	6	5,704	951	294	3 ساعات و25 دقيقة
التلال الغربية	7	5,041	840	317	3 ساعات و52 دقيقة
الجبال	13	7,089	545	672	5 ساعات و55 دقيقة

ومثل معظم اليونان، أرغوليذا كانت (وما زالت) منطقة ذات أغلبية ريفية، تهيمن عليها مزارع العائلات. الأراضي الممتلكة الكبيرة من فترة العثمانيين اختفت عمليًا عبر إصلاحات أراضٍ متتالية على مدار القرن التاسع عشر. كنتيجة لذلك، فمعظم الفلاحين امتلكوا الأرض التي يفلحونها. في سهل أرغوليذا، حيث كانت البيانات المفصلة متاحة، كان هناك 5090 مزرعة لـ 5360 عائلة، والمزارعة كانت محدودة. عدد العائلات التي لا تملك أراضي هناك لم يتجاوز نسبة الخمسة بالمئة، والأغلبية العظمى من العائلات امتلكت ملكية من المزارع تساوي ما تستطيع فلاحته دون الحاجة لتعيين عمال، وقلة قليلة من العائلات امتلكت أكثر مما تستطيع أن تزرع بنفسها. كانت الحالة متشابهة في التلال والجبال [1]. وعلى رأس هذا التقسيم الطبقي السوسيو-اقتصادي المساواتي، من المهم الإشارة إلى وجود درجة كبيرة من الحراك الاجتماعي [أي التنقل بين الطبقات]، جزئيًا بسبب الهجرة الداخلية والخارجية، وانتشار شبكات الرعاية، ووجود صلات قروية عمودية بين القرويين بين «تقسيمات طبقية» مختلفة داخل القرية (Aschenbrenner 1987).

فلاحو أرغوليذا استخدموا عددًا من الاستراتيجيات لضمان الأمن الاجتماعي، بما في ذلك الهجرة المؤقتة والتعليم والتوظيف في القطاع العام. الأطفال في قرى التلال والجبال كانوا أكثر نجاحًا بتحصيل درجات أعلى بالتعليم الثانوي من أطفال السهل. ورغم السعي الفردي للحراك الاجتماعي، إلا أن الهدف المتعدي الذي شمل الجميع كان الحفاظ على مزرعة العائلة. كان هناك تجنب ملحوظ نحو العمل المأجور، لارتباطه مع القيمة المثالية بالدفاع عن مزرعة العائلة. عندما بُني خط سكك حديدية عام 1885، كان هناك قلة من السكان المحليين الراغبين في العمل لدرجة أن العمالة كان لا بد من استيرادها من خارج اليونان. بشكل عام، فلاحو أرغوليذا أظهروا شخصية اجتماعية يمكن وصفها بأنها محافظة بشكل لا جدال فيه. المراقبون الحضريون حينها وصفوهم بأنهم أذكياء وماكرون، ليسوا مضيافين بل كثيري الريبة تجاه الأجانب، وكذوبين، وغير متدينين بشكل ملحوظ، وذوي نزعة منخفضة تجاه السلوك الجمعي (Anagnostopoulos and Gagalis 1938: 42-44). في الوقت نفسه،

---

(1) لمثال على ذلك، قرية مانيسي على التل أظهرت بنية ملكية الأراضي التالية عام 1940: عشرة عائلات ملكت ما يصل إلى 20 فدانًا (عشرة بالمئة من سكان القرية)، وخمسة وسبعون عائلة ملكت 20 إلى 40 فدانًا (75 بالمئة من سكان القرية)، و15 عائلة ملكت ما بين 40 إلى 100 فدان (15 بالمئة من سكان القرية)، ولم يكن هناك فلاحون لا يملكون الأراضي (De Vooys and Piket 1958).

الأنثروبولوجيون وثقوا نظامًا موسعًا من التعاون غير الرسمي والالتزام المتبادل، المترافق، كذلك، مع تنافس ونزاع حاد (Koster 2000:259)[1].

غياب الاستقطاب الطبقي لا يعني غياب الصراع. كما أبدى صحفي بريطاني (Capell 1946:212) ملاحظته حول اليونان حينها، «هل تعتقد أن سكانًا مكونين عمليًا جميعًا من الفلاحين الصغار لا يوجد بينهم تمييز طبقي، أو لا يوجد بينهم حسد؟ ولكن هناك الفلاح الناجح والفلاح غير الناجح، المحظوظ وغير المحظوظ». إن جزءًا كبيرًا من الصراع أخذ شكل الخلافات الشخصية والعائلية بأسباب تباينت ما بين «انهيار الصداقات السابقة، والخلافات بين الإخوة حول الميراث، وتولد النزاعات نتيجة تشظي الملكية وغياب السياج المحددة للأراضي، والهزيمة اللفظية أو الخلاف مع الآخرين في جدال عام، وانهيار المفاوضات حول زواج ما» (Campbell and Sherrard 1968:344). بهذا السياق، ليس مفاجئًا أن الخلافات السياسية تداخلت مع النزاعات الشخصية والعائلية، كما في المثال التالي حول نزاع بين اثنين من ملاك المقاهي في قرية أمبيلي في وسط اليونان، قدمتها الأنثروبولوجية جولييت دو بولاي (du Boulay 1974:225):

«رغم أن الرجلين كانا من حزبين سياسيين مختلفين، إلا أن النزاع أخذ زخمه الحقيقي بحقيقة أنه بينما خسرت أحد العائلات درجتها السابقة من السلطة والهيبة، كانت الأخرى تكسبها بالتدريج. امتد النزاع أكثر عندما فرت ابنة أخ مالك المقهى اليساري مع رجل من عائلة موالية بشدة لليمين، وهي حالة تطورت إلى سلسلة من القضايا القضائية حول الأرض وتضمنت شهودًا وموالين، وفي إحدى المرات، نزاعًا كاملًا علنيًا عندما استدعي قاض ومحامون إلى المشهد للمحاكمة وصولًا لتسوية. وبذلك، هناك جزء كبير من القرية كان عالقًا بالانقسام. بهذا النزاع، كانت السمة الكبيرة، بجانب الانقسام السياسي، تراكم الولاءات الشخصية والمصالح، وهذان العاملان اجتمعا ليتسببا في هذا النزاع تحديدًا لتصبح لسنوات أحد أهم السمات الاجتماعية في أمبيلي».

لم يكن هناك خط صدع ديني أو عرقي في أرغوليذا، مثل معظم مناطق البلاد، فقد كان سكانها جميعًا من المسيحيين الأرثوذكس. ولكن، نصفهم كانوا من أصول ألبانية، ويعرفون باسم **الأرفانيت** (*Arvanite*)، وهم مسيحيون أرثوذكس، ثنائيي اللغة بحديثهم اليونانية و**الأرفانيتية** (*Arvanitika*)، ومدركين لهويتهم الثقافية المتمايزة، ولكن أيضًا مع

(1) بحسب هارولد كوستر (Koster 2000:259)، التعاون والتنافس كان تكامليًا لأنه «لا بد من الحفاظ على تحالفات قريبة مع بعض الجيران ما دامت علاقات العداوة مع الآخرين مستمرة».

وعي وطني يوناني قوي. هذه الهوية العرقية المحتملة لم يتم تسييسها أثناء الحرب الأهلية ولم تكن بارزة في السياسات اليونانية، لا محليًا ولا وطنيًا. وكما هو الحال في أماكن أخرى باليونان، خط الصدع السياسي الرئيسي عشية الحرب الأهلية الثانية كان الانقسام الجمهوري- الملكي (أو الليبرالي- المحافظ). بمعظم مناطق بيلوبونيز، كان الملكيون هم المهيمنين، بينما كان الليبراليون أضعف ولكن بتواجد ملحوظ، والحزب الشيوعي كان ضعيفًا للغاية. هذه الشخصية السياسية برزت بإقليمي أرجوس ونافبليا، إذ كان مجموع نتائج التصويت للأحزاب الملكية الرئيسية الثلاثة في انتخابات عام 1936 (الأخيرة قبل حلول ديكتاتورية ميتاكساس في العام نفسه) هو 71.3 بالمئة، بينما حصلت الأحزاب الليبرالية على 27.13 بالمئة، والشيوعيون فقط 0.75 بالمئة. هذه النسب تكررت ضمن معظم القرى في المنطقة، مما يشير لغياب خطوط صدع عميقة داخل المنطقة نفسها. في الوقت نفسه، خط الصدع الجمهوري- الملكي تحول إلى خطوط صدع محلية جزئية رقيقة، معظمها مبني على النسب والقرابة (Aschenbrenner 1987).

بيبلونيز استُدخلت إلى الدولة اليونانية عام 1833، بعد استقلالها مباشرة، وشكلت نواة البلاد. بسبب استدخالها المبكر والهدوء الذي تبعه، غاب عنها تقليد قطع الطرق الذي استمر طيلة العقود الأولى من القرن العشرين في بعض المناطق الجبلية في شمال ووسط اليونان. المنطقة لم تشهد كذلك تقليدًا للعنف المعمم أو العصيان أو الحشد الشعبي. يتحسر زعيم يساري محلي (Lilis n.d.)، بمذكراته، على غياب تقليد من الاضطراب السياسي والاجتماعي في المنطقة ويستذكر فقط حالتين لحشد الفلاحين قبل الحرب، كان كلاهما محليًا وقصير العمر للغاية. من هذا المنظور، حالة أرغوليذا تمثل تحديًا للنظريات التي تربط الحشد والحرب الأهلية والعنف الجماعي بالمظالم والاستقطاب العمومي.

9. 4. الحرب الأهلية في أرغوليذا

معظم النشاط العسكري حصل خلال أعوام 1943-1944، عندما كانت أرغوليذا تحت الاحتلال الألماني ما بين سبتمبر/ أيلول 1943 وسبتمبر/ أيلول 1944 (وكانت محتلة من الإيطاليين حتى سبتمبر/ أيلول 1943). رغم أن أرغوليذا شهدت بعض النشاط مجددًا في أعوام 1948-1949، إلا أنه كان محدودًا على الجيوب النائية ولم تكن ذات أهمية. لذلك، بهذه الحالة، تداخلت الحرب الأهلية بشكل كامل تقريبًا مع الاحتلال. استخدام هذه الظروف لاختبار النظرية ليس مشكلة لأن الحرب الأهلية المرتبطة بالاحتلال مضمنة في

تعريفاتي العملياتية. في الحقيقة، إن هذه الحروب تضع متطلبات أكثر على النظرية إذ إنه من الصعب على محتل ما محاكاة سلطة الدولة من حيث جمع المعلومات المحلية وكسب الحلفاء المحليين. ولكن، الاختبارات خارج العينة في بقية أنحاء البلاد تغطي الحرب الأهلية ما بعد الاحتفال وتظهر أنه رغم أن الحربين تختلفان بعدة أبعاد، بما في ذلك الموقع الجغرافي والتكتيكات العسكرية، إلا أن النظرية تنطبق بشكل متساوٍ على كليهما. ومن ثم تقدم هذه النتيجة تأكيدًا على تضمين حروب الاحتلال الأهلية ضمن التعريف.

الفترة الأولى من الاحتلال في أرغوليذا (أبريل/ نيسان 1941- سبتمبر/ أيلول 1943) كانت هادئة مقارنة بما تبعها. سلطات الاحتلال اعتمدت على الهيكلية الإدارية القائمة لإدارة المنطقة، والتعاون اليومي بين الاحتلال وهذه الإدارة كان منتشرًا وظاهرًا. التعاون المدفوع أيديولوجيًا كان استثنائيًا، فلم يتشكل حزب عميل أو منظمة شعبية وسلطات الاحتلال لم تشجع عمليات الحشد الشعبي لصالحها. قلة من الأفراد بمهارات لغوية عملوا كمترجمين، بينما تطوعت بعض العصابات المحلية سيئة السمعة للعمل كمرشدين ومخبرين لجيش الاحتلال، وعادة ما استخدموا موقعهم هذا للسرقة والنهب والابتزاز، ولذلك كانوا مكروهين من الجميع. وفي حين أن الاحتلال الإيطالي كان ممقوتًا من الجميع، إلا أن العنف كان محدودًا نسبيًا [1]. معظم الجنود المحتلين استقروا في بلدتي أرجوس ونافبليو وحول بضعة قرى ساحلية، بنوا بها تعزيزات استباقًا لإنزال من «الحلفاء» كان متوقعًا (خطأً) في خريف عام 1943. قوات الاحتلال زارت القرى السهلية مرارًا وقرى التلال من حين لآخر، ونادرًا ما جازفوا بالوصول إلى القرى الجبلية، التي كان من الممكن الوصول إليها بصعوبة ولم تكن لها قيمة استراتيجية. أحد الرسائل المرسلة إلى ممثل «الصليب الأحمر الدولي» المستقر في بلدة تريبوليس القريبة من سكان قرية فروسونا (Frousouna) الجبلية، والتي أحرقها الألمان في غارة في يوليو/ تموز من عام 1944، توضح الكثير عن طبيعة الاحتلال ما قبل صيف عام 1944: «كان أكثر ما يثير

(1) كان الضحايا الرئيسيون هم القرويين الذين يخبئون الأسلحة، أو الجنود البريطانيين المحاصرين الذين يعتقلون، أو عادة، يضربون. في إحدى الحوادث، في قرية سكينوهوري، توفي رجل نتيجة ذلك. سجن بضعة أشخاص، وفي خريف عام 1942 هجر بعض زعماء البلدات والقرى مؤقتًا إلى كالافريتا في ولاية آخايا، بما فيهم عمدة نافبليو (HAA/DAN E32/ 1945).

الحزن للقرويين هو أنهم كانوا مطمئنين، وتفاجأوا بجيش الاحتلال لأن هذا الجيش و'ألوية الأمن' لم يمروا من منطقتنا ولم يكن أحد يتخيل أن زيارة كهذه قد تحصل، لأن منطقتنا جبلية وبعيدة عن أي طريق للمواصلات» (in Papakongos 1977:241). غياب سلطة الدولة في تلك المناطق تسبب بفورة كبيرة من قطع الطريق في الريف، خصوصًا سرقة المواشي.

رغم أن النخب المحلية ناقشت خيار المقاومة المسلحة، إلا أنه لم يكن هناك نشاط كهذا خلال أعوام 1941- 1942. بضعة رجال فارين عاشوا بشكل سري في القرى الجبلية، واشتبكوا مع الدوريات البريطانية التي تأتي من حين لآخر. المقاومة المسلحة المنظمة في الريف اليوناني ظهرت متأخرة بشكل عام، وتأخرت أكثر في بيلوبونيز [1]. رغم أن المقاومة المسلحة كانت غائبة، إلا أن الاهتياج الشيوعي لم يكن كذلك. افتقدت أرغوليذا لتواجد أو تقليد شيوعي طويل، لكن قربها من أثينا جعلها أرضًا خصبة للنشاطات الشيوعية، كما أن الشيوعيين القلة بالمنطقة كانوا مبادرين ونشطين للغاية.

اللقاء الأول لـ «جبهة التحرير الوطنية» في أرغوليذا حصل في ديسمبر/ كانون الأول 1942، بعد أن أرسل «الحزب الشيوعي» كوادر إلى المنطقة لتنسيق النشاطات. في لقاء في يناير/ كانون الثاني 1943، تم اتخاذ قرار بتوسيع تنظيم «جبهة التحرير الوطنية» التي ما زالت سرية في المنطقة كلها. باستخدام الشبكات العائلية في الأغلب، الخلايا السرية المحلية تأسست في النصف الأول من عام 1943 [2]، ولكنها لم تنخرط في أي نشاط واضح علني.

نشاط الغِوار شمالي بيلوبونيز بدأ في صيف عام 1943. أولًا، مجموعة من ستين مقاتل غِوار من «جيش التحرير الشعبي الوطني» تم إرسالهم من وسط اليونان لتعزيز نمو المنظمة. ثانيًا، قامت مجموعة من الجنود البريطانيين بعملية إنزال إلى المنطقة أثناء الفترة نفسها لتأسيس مجموعات تخريب استباقًا لأي غزو من «الحلفاء». لقد كانوا قادرين على الارتباط مباشرة مع فرق مقاتلين غير نظاميين صغيرة كانت تعمل أساسًا في الجبال

(1) بحسب الزعيم بالجبهة يانيس فرانجوس، في أبريل/ نيسان 1943 «كان هناك مئة وخمسون من عناصر المقاومة في كل بيلوبونيز» (-Narrative Account of a Mission to Peloponnese by Capt. P.M.Wand Tetley, April 1943 to June 1944," PRO, HS 5/699).

(2) مثلًا، التنظيم الشيوعي في قرية جيربسي كان مبنيًا حول عائلات ليليس وكوريليس وليكاس.

ورتبوا مجموعة من عمليات إنزال الأسلحة والذخائر. في أرغوليذا، مجموعة من ضباط الجيش اليوناني، خشية الاعتقالات الوقائية من الإيطاليين، نزحوا إلى الجبال في صيف عام 1943 وشكلوا مجموعة غِوار. ولكن، تم الهجوم عليهم من غِوار الشيوعيين الأقوى في أغسطس/آب وتمت هزيمتهم. وقعت هجمات مشابهة عبر بيلوبونيز بنتائج مشابهة، فقد كانت فرق الشيوعيين أكثر تنظيمًا وحماسة بكثير مقارنة مع فرق الضباط. نتيجة لذلك، كان الشيوعيون قادرين على السيطرة عمليًا وبسرعة على كل نشاط المقاومة المسلحة في جبال بيلوبونيز.

حتى نهاية عام 1943، كان هناك استقطاب محدود في المنطقة. التدمير المبكر والسريع لفرق غِوار الضباط كان له انعكاسات محدودة في المنطقة. أول ضحايا «جيش التحرير الشعبي الوطني» في صيف وخريف عام 1943 كانوا من أفراد العصابات المتعاونين القلة المكروهين من الجميع. بشكل مشابه، سلطات أرغوليذا كانت متحفظة نسبيًا، فقد اعتقلت أشخاصًا من حين لآخر لكنها لم تقتل أحدًا، باستثناء حالتين بارزتين، كلاهما في نهاية العام تقريبًا. الأولى، في 4 نوفمبر/تشرين الثاني 1943، دمروا قرية بيرباتي (Berbati) (التي أصبحت الآن قرية بروسيمنا) ثأرًا لمقتل ثلاثة جنود ألمان في مواجهة بالصدفة مع وحدة من «جيش التحرير الشعبي الوطني» من منطقة أخرى كانت تعبر المنطقة. قتل أربعة قرويين وترك ما يقارب ألف شخص مشردين بلا سكن. ورغم الاعتقال الجماعي لكل الرجال من القرى المحيطة (إذ إن قرويي بيرباتي هربوا للجبال)، توقف الألمان استجابة لمطالب الأعيان اليونانيين المحليين وامتنعوا عن شن المزيد من الأعمال الانتقامية لتلك الحادثة. الثانية، بعد ذلك بشهر، في 3 ديسمبر/كانون الأول، أعدموا اثنين وخمسين شخصًا في محطة أندريستا لسكك الحديد ثأرًا لهجوم على تلك المحطة أدى لمقتل جنود ألمان. بكل حال، الرهائن الذين تم إعدامهم تم جلبهم من مناطق أخرى. بأنحاء أخرى من بيلوبونيز، كان رد الألمان على صعود «جيش التحرير الشعبي الوطني» عنيفًا وعشوائيًا للغاية، ففي حملة تأديبية ضد بلدة كالافريتا والقرى المحيطة في شمال غرب بيلوبونيز، في ديسمبر/كانون الأول 1943، قتل الألمان 677 مدنيًا يونانيًا (Meyer 2002). من الناحية الأخرى، دفعت بلدة أرجوس ثمنًا كبيرًا بأرواح المدنيين عندما قتل أكثر من 100 شخص وأصيب أكثر من 44 في قصف خاطئ لـ «الحلفاء».

بدأت الحرب الأهلية في اليونان عام 1943 بالاشتباك بين المنظمات المقاومة لليساريين واليمينيين، وقد توسعت بشكل كبير عام 1944، عندما اصطدم «جيش التحرير الشعبي الوطني» مع العديد من المليشيات العميلة المتنوعة (أبرزها كان معروفًا باسم 'ألوية الأمن'). الحرب الأهلية في أرغوليذا يمكن تقسيمها لأربعة فترات زمنية تطابقت مع تحولات كبيرة في السيطرة[1]. فيما يلي، أقدم سردًا قصيرًا لكل فترة زمنية.

1.4.9. من سبتمبر/ أيلول 1943 إلى 15 مايو/ أيار 1944 (ز$_1$)

استسلام الإيطاليين مطلع سبتمبر/ أيلول 1943 رفع معنويات الثوار. عندما أصبح واضحًا أن ورثتهم الألمان غير قادرين على ضبط أرغوليذا أمنيًا بسبب محدودية قدراتهم البشرية، نشأ فراغ سلطة في المنطقة كلها، باستثناء جزئي لبلدتي أرجوس ونافبليو وبضعة قرى سهلية وساحلية. في الوقت نفسه، العديد من الأسلحة الإيطالية وجدت طريقها لـ«جيش التحرير الشعبي الوطني» (Vazeos 1961:28). بحلول 10 أكتوبر/ تشرين الأول 1943، نقاط الجندرمة في التلال والجبال لم يعد من الممكن الدفاع عنها، ومعظم عناصر الجندرمة هربوا إلى البلدات. تحييد الجندرمة أضر خطوط الوصل بين القرى والبلدات. «جبهة التحرير الوطنية»، التي كانت بحلول ذلك الوقت قد شكلت منظمات محلية سرية حتى في أصغر القرى الجبلية، ملأت بسهولة فراغ السلطة هذا في الريف. تقرير عسكري ألماني في نوفمبر/ تشرين الثاني 1943 قال إن «بيلوبونيز يجب أن تعتبر منطقة قطاع طرق بالكامل»[2]. بحلول الفترة نفسها، ضابط الاتصال البريطاني: ج. م. ستيفنز، تحدث عن ظروف مشابهة من وسط اليونان:

«اليونان اليوم تشكل بلدين مختلفين: محتلًا وغير محتل. في الأول، ظروف الحياة تتباين بحسب القوة المحتلة إن كانت ألمانيا أو إيطاليا أو بلغاريا. اليونان غير المحتلة حرة من تدخلات 'المحور' بقدر حرية إنجلترا.... حتى في المنطقة المحتلة، يبقى الاحتلال محصورًا في البلدات المركزية الكبيرة، والنقاط الهامة استراتيجيًا، وحراسة خطوط التواصل الحيوية، لكن يكمن دومًا خطر أن قوات 'المحور'

---

(1) هذا التقسيم الزمني يهدف لإظهار تحولات السيطرة التي وقعت في الوقت نفسه لكل واحدة من مجموعات القرى الست، وفي بعض الحالات هناك اختلافات بسيطة اعتمادًا على اللحظة المحددة تمامًا لتحول السيطرة.
(2) Information bureau of 117th Jäger-Division, monthly report of 29 November 1943, in Zervis 1998:109.

ستزور بعض القرى النائية، والغِوار [المقاومة اليونانية] قد يعرقلون حملات كهذه لكنهم لا يمنعون حصولها. في المنطقة المحتلة، الحياة ملتبسة وحركات التحرر وتقرير المصير تعمل بشكل سري. في اليونان غير المحتلة، الحياة حرة» (1).

لمحة على أرغوليذا في خريف عام 1943 تعطي الصورة التالية: «جبهة التحرير الوطنية» التي يديرها الشيوعيون كانت تسيطر بالكامل على أرغوليذا، باستثناء البلدتين الاثنتين الكبيرتين، وبضعة قرى في السهل (حيث بقيت تنظيمًا سريًا نشطًا). لقد أدارت علانية القرى عبر منظمات محلية مشكلة حديثًا، وكانت تُراقب عن كثب بمجموعة صغيرة، لكنها عالية الفاعلية، من الكوادر الإقليمية التي جابت المنطقة بشكل ثابت. بحلول يناير/كانون الثاني 1944، خلايا «الحزب الشيوعي» كانت قائمة بكل قرية تقريبًا، والحزب نفسه كان ينمو بسرعة. «جبهة التحرير الوطنية» جمعت الضرائب وقدمت الدعم اللوجستي للوحدات المقاتلة من «جيش التحرير الشعبي الوطني» في الجبال، وسيطرت على كل التحركات بمنحها إذن السفر، وراقبت القرى بشكل كبير لدرجة أنها أصبحت قادرة على القضاء على سرقة المواشي، وأدارت القضاء المحلي عبر شبكة من «محاكم الشعب». بحلول بضعة شهور، «جبهة التحرير الوطنية» تطورت من كونها منظمة سرية إلى ما لا يقل عن كونه دولة (McNeill 1947:96-97).

المراقب الخارجي لأرغوليذا في نهاية عام 1943 قد يصل لخلاصة مفادها أنها كانت منطقة ثورية بإخلاص. إن المصادر المكتوبة والشفهية تتقارب بوصف الدعم لـ«جبهة التحرير الوطني» أثناء هذه الفترة بأنه «شبيه بالإجماع» (2). ولكن، قد يكون من المغلوط الاستنتاج من نجاح «جبهة التحرير الوطنية» أن هذه المنطقة المحافظة وذات التوجه المؤيد للملكيين لمدة طويلة قد تحولت إلى منطقة شيوعية بين ليلة وضحاها حرفيًا. لقد كانت أرغوليذا منطقة

---

(1) “Report of Lt.-Col. J. M. Stevens on Present Conditions in central greece,” in Baerentzen (1982:3). هذه الحالة سببها ثلاثة عوامل، بحسب ستيفنز. الأول، أن اليونان بلد جبلي بطرق قليلة في المناطق الجبلية، فـ«اليونان بلد صعب الاحتلال». الاحتلال العملي للمناطق الجبلية يتطلب قوات كبيرة ودعمًا مستمرًا بالغذاء من السهول، الهدف السهل للكمائن. ثانيًا، قوات الاحتلال نفسها كانت مكروهة ولم تلق دعمًا من السكان. ثالثًا، كانت لديهم «معلومات استخباراتية سيئة» حول الثوار (in Baerentzen 1982:3-5).

(2) مثلًا: “Report by Lt. Col. R. P. McMullen on Present Conditions in the Peloponnese,” PRO, HS 5/699.

بلا تراث من الصراع الاجتماعي أو الحشد الشعبي والتحول عن الغياب الكلي للشيوعيين تقريبًا بهذه الطريقة السريعة والمهيمنة يشير إلى أهمية العمليتين المتوائمتين: انهيار الدولة وبناء الدولة، كعوامل لتشكيل سلوك الأفراد.

التحول الذي تم بسرعة البرق لمجموعات صغيرة هامشية سياسيًا إلى مؤسسات دولة، السمة الشائعة في العديد من التمردات، ساهمت بصعود نقاشات متأثرة بالحتمية ذات الأثر الرجعي. هذه النقاشات تقول إنه لتنجح هذه المنظمات، يجب أن تكون انعكاسًا لمظالم عميقة وتعبيرًا عن تطلعات شعبية. في الحقيقة، هذه المحاججات تعكس المسار السببي: في أرغوليذا، الحشد الشعبي تبع بوضوح، بدلًا من أن يسبق، تأسيس السيطرة على يد «جبهة التحرير الوطنية»، وقد كانت السيطرة هي التي ولدت التعاون بدلًا من العكس. بجلاء، مقت الناس الاحتلال، وكانت متلقية جيدة للرسالة السياسية الوطنية التي قدمتها «جبهة التحرير الوطنية»، وكانت ممتنة لتقديم الخدمات العامة الملموسة، مثل النظام والحماية من قطع الطرق الريفي. إلا أن تأسيس «جبهة التحرير الوطنية» كمؤسسة للدولة كان سيكون مستحيلًا لولا تواطؤ عوامل ثلاثة. الأول، فراغ السلطة مع اضطراب شبكات الرعاية التقليدية نتيجة الاحتلال، مما سهل على «جبهة التحرير الوطنية» السيطرة بعدد قليل من العناصر المخلصين مع تقليل مخاطر التعاون على الأفراد (كما سأشير لاحقًا، كان عدم التعاون مع الجبهة أشد خطورة من التعاون معها). ثانيًا، التقنية التنظيمية للحزب الشيوعي (تجربته باستخدام التنظيم السري) عملت كداعم ضاعف تأثير الحزب. أخيرًا، تواجد قوة مقاتلة صغيرة لكنها عالية الوضوح من «جيش التحرير الشعبي الوطني» في الخلفية أدى لاحتكار العنف في المنطقة وضمن معقولية العقوبات والقوانين. هذه القوة جاءت من منطقة مجاورة في أكتوبر/ تشرين الأول 1943 وأسست معسكرًا في المناطق الجبلية من أرغوليذا، كما قامت بالعديد من الاعتقالات أثناء تلك الفترة لتؤسس سلطتها وتظهر قوتها، لكنها تجنبت الأشكال المفرطة من العنف. بحسب مذكرات لأحد كوادر «جبهة التحرير الوطنية» (Lilis n.d.:45-46)، خلقت هذه الاعتقالات انطباعًا في قرى السهل بأن هناك مئات الثوار المسلحين في الجبال، وهو تأثير ساهم بتحييد كل المعارضة. عملية موازية وُصفت في تقرير بريطاني عن شمالي اليونان عام 1944: «لا توجد معارضة منظمة لـ'جيش التحرير الشعبي الوطني' في مقدونيا. هناك المعارضة التي تهمس سرًا وراء الأبواب المغلقة، والمتناقلة بالشوارع مع نظرات خاطفة للوراء، حاملة اقتراحات وتلميحات لكنها إطالة غير مباشرة وعاجزة لانتظار معجزة إلهية.

إن 'جيش التحرير' أقسى من أن يتلاعب معهم، وسلطاتهم بالاعتقال التعسفي وحيازة الممتلكات غير القانونية لا حد لها"(1).

عنف المتمردين الانتقائي حصل للمرة الأولى في المنطقة على يد مجموعة متخصصة: فرقة موت تابعة للحزب الشيوعي، تعرف باسم: «منظمة حماية مقاتلي الشعب»، المختصرة بـ«OPLA». في ديسمبر/كانون الأول 1943، وردًا على خلق وتوسيع حكومة عميلة من «ألوية الموت»، هدد الحزب الشيوعي بأعمال انتقامية ضد أولئك الذين ينضمون لهذه الحكومة أو يساعدونها، هم وعائلاتهم. هذه التوجيهات تم إيصالها للفروع الإقليمية للحزب، والتي عملت على توزيعها عبر الفروع المحلية. في أرغوليذا، حصلت اجتماعات محلية للتصدي للعمالة في خريف عام 1943، خصوصًا في قرى السهل العميق والخارجي، حيث كان التواجد الألماني يتعدى على سيطرة «جبهة التحرير الوطنية». المشاركون في هذه الاجتماعات أخبروني أن كوادر الحزب سلمتهم حصصًا من التصفيات (عادة ما كانت اثنتين أو ثلاثة من كل قرية) وطلبت منهم تقديم أسماء «الرجعيين» والموافقة على الإعدامات، التي كانت تتم عادة بشكل رسمي بتوقيع وثائق مكتوبة (مثلًا: المقابلة 12). سعت «جبهة التحرير الوطنية» للتخلص من المؤثرين الذين لم يكونوا يريدون الخضوع لسلطتها والذين يمكن أن يشكلوا سلوكيات أقرانهم القرويين، كالعُمد أو الأطباء أو الضباط المتقاعدين. ضابط اتصال بريطاني نقل من بيلوبونيز أن «جبهة التحرير الوطنية» «كانوا أساتذة في سيكولوجيا 'خلق العبرة بالفظائع'..... يبدو أنهم كانوا مختصين باختيار ذلك الرجل الذي كان موته أو اختفاؤه يتسبب بجعل منطقة كاملة تستمر -بدرجة ما- في الانصياع لقضيتهم»(2). في الوقت نفسه، العديد من أعضاء لجان القرية استخدموا منصبهم لتسوية حسابات شخصية ونزاعات محلية (مثلًا: المقابلة 11، المقابلة 12). بمعنى آخر، كان العنف إنتاجًا مشتركًا بين كوادر الحزب والمدنيين المحليين.

---

(1) "Situation in Greece: Assistance to Greek Resistance Movements," 2 December 1944, PRO, FO 371/43700, R21882.

(2) "Report by Cpl. Buhayar," PRO, HS 5/698. بحسب تقرير آخر، «في الخريف، كل البلدات في بيلوبونيز كانت عرضة لزيارات ليلية من فرق إعدامات الجبهة، ومعظمها موجه ضد الموالين للجناح اليميني» ("Second Report of Colonel J. M. Stevens on Present Conditions in Peloponnese," PRO, HS 5/699).

عندما تم تقديم الأسماء ومنحت الموافقة على الإعدامات، فرق «منظمة حماية مقاتلي الشعب» المشكلة من رجال غير معروفين للقرويين هبطت ليلًا، والتقت مع المرشدين المحليين، واختطفت الأشخاص المحددين، وأخذتهم إلى معسكرات اعتقال في الجبال. بعد التحقيق وعادة التعذيب؛ تم إعدام معظمهم بعد بضعة أيام، وذلك عادة بقطع أعناقهم. وتم ضرب بعضهم وإعادته إلى قريته، وتم إطلاق سراح البعض.

أدت هذه العملية إلى اغتيال سبعة وثلاثين شخصًا، معظمهم قتل في يناير/ كانون الثاني 1944. كان مركز العنف هو السهل: 35 بالمئة من أولئك الذين قتلوا جاءوا من قرى في السهل العميق، و51 بالمئة من قرى السهل الخارجي، و14 بالمئة المتبقية من بقية المنطقة. عمليات القتل هذه أدت الهدف بخلق جو من الخوف وساعدت بتعزيز حكم «جبهة التحرير الوطنية». في الوقت نفسه، هذا العنف خلق استياء معتبرًا، والذي لم يكن من الممكن التعبير عنه نظرًا لسيطرة «جبهة التحرير الوطنية» وغياب أي بديل سياسي. وكما لاحظ ضابط اتصال بريطاني، كان القروي «يفصح عن كل ما لديه ببعض الزوايا المظلمة لإخوانه القرويين، لقد كان يخطط ضدهم ويسعى ليتخلص بنفسه من الجبهة في قريته على الأقل، لكنهم لم يملكوا أي أسلحة، ولذا كان يجلس بهدوء وهو يقضم إصبعه بتلك الطريقة بعينها التي تعني: 'حسنًا، لقد نجحت الآن، ولكن عليك الانتظار'» [1]. رسم آخر صورة لقرى التلال والقرى الجبلية لأرغوليذا أثناء تلك الفترة بما يؤكد على فعالية التهديد بالعنف بتحييد الأعيان المحليين:

«كقاعدة عامة، الأشخاص المؤثرون، أي الأشخاص ذوو الموقف الاجتماعي الجيد أو الأفضل من غيرهم، كالأطباء (لا مديرو المدرسة، الذين يمثلون أسوأ العناصر في سكان الجبال) كانت لديهم سلطتهم الظاهرة وتأثيرهم الذي تم تقليصه كثيرًا على يد جستابو 'جبهة التحرير الوطنية'. في الحقيقة، إن التأثير، خصوصًا بحالة الأطباء، ظل جاهزًا دومًا ليستعاد، نظرًا إلى أن الجبهة لا تتخلص من الشخص محل المساءلة. لذلك، يمكن أن يسمع الشخص كثيرًا: 'فلان شخص مؤثر ونحن كلنا نوقره، لكننا لا يمكن أن نقول شيئًا الآن'، وما إلى ذلك. هؤلاء الناس معارضون في الغالب للجبهة، وإن لم يكن دائما بشكل علني. لقد كان لهم دائرتهم الصغيرة من الرفاق السياسيين اليمينيين أو الوسطيين وكان وقتهم يُقضى بمحاولة معرفة كل جرائم الجبهة. لقد كانوا يبالغون ويقللون تقديرهم من حين لآخر وكانوا يشكلون معًا شخصية مثيرة للشفقة. بعضهم، ممن سأضع أسماءهم أدناه، إما أنهم وجدوا

---

(1) "Report by Lt. Col. R. P. McMullen on Present Conditions in the Peloponnese," PRO, HS 5/699.

طريقًا للتوافق مع 'جبهة التحرير الوطنية'، أو أن تأثيرهم كبير بما يكفي لمنع الجبهة من مهاجمتهم خشية المشاعر الشعبية» [1].

كل العنف الذي قام به المتمردون كان انتقائيًا، فالضحايا يتم اختيارهم وتسميتهم وتحديدهم بشكل فردي. هذه الحملة عززها غياب خيار التبليغ المضاد، أي جلب الألمان، وهو سلوك كان صعب التخيل بل وأصعب للتخطيط، وكان سيؤدي لتعريض عائلات المبلغين المضادين لانتقام حتمي ومباشر من الجبهة.

على النقيض، سجل الألمان للفترة نفسها يجمع كلًا من العنف الانتقائي والعشوائي: ستة أشخاص قتلوا انتقائيًا وستة عشر عشوائيًا. العنف الانتقائي وقع في قريتين في السهل الخارجي، بينما كان العنف العشوائي متركزًا في الجبال (87 بالمئة)، الأقرب لمناطق الثوار.

أبريل/ نيسان 1944 كان نقطة التحول لصالح الألمان. في تلك النقطة، قررت السلطات الألمانية تحطيم منظمات «جبهة التحرير الوطنية» في بلدات أرجوس ونافبليو. بجلبها مزيدًا من الجنود، استطاعت تعزيز تواجدها وكانت قادرة على إيجاد مصادر محلية للمعلومات. في 10 أبريل/ نيسان، اعتقلوا بعض سكان نافبليو المشتبه بتعاطفهم مع الثوار ونقلوهم إلى معسكرات اعتقال أسسوها في بلدة كورينثوس (Korinthos) القريبة (HAA/EDD Case 336/47) [2]. في نهاية أبريل/ نيسان، مليشيا عميلة، «اللواء الأمني الثالث»، تم تنظيمها في كورينثوس، ووحدة يقودها نقيب في الجيش اليوناني وصلت إلى نافبليو [3]. وحدة نافبليو بدأت التجنيد المحلي مباشرة، ووصل عددها في النهاية إلى 150 شخصًا، معظم جاء من البلدتين، والعديد منهم كان عنصرًا سابقًا في الجندرمة وتم نقله من الجندرمة التي كانت تحتضر إلى المليشيا المشكلة حديثًا. أربعون رجلًا انضموا من قرية أسيني (Asini) السهلية، تحت قيادة أحد قادة «لواء الأمن» المنحدر من تلك القرية. كانت المليشيا قادرة على تطهير كل من نافبليو وأرجوس من الثوار وتدمير منظمات «جبهة التحرير الوطنية» الحضرية بشكل كامل. المكتب الإقليمي للحزب الشيوعي انقطع عن البلدتين، وكوادر الحزب أُجبروا على

(1) "Narrative of Capt P. M. Fraser. Peloponnese July 43–April 44" and "Names of Influential Personnel in Argolido Korinthia," PRO, HS 5/698/S6557.

(2) في 22 أبريل/ نيسان، 11 شخصًا ضمن الذين اعتقلوا تم إطلاق النار عليهم انتقامًا لنشاط من «جيش التحرير الشعبي الوطني» (HAA/DAN E32/1945).

(3) "Action Report of the Third Security Battalion of Korinthos," DIS/AEA, 915/B/3.

الهرب إلى الجبال، وبضعة أشخاص من الجبهة انشقوا وانضموا إلى «ألوية الأمن». أحد كوادر الجبهة يؤكد في مذكراته أن هذا الانتقال دفع سكان البلدتين إلى الابتعاد عن «جبهة التحرير الوطنية»، مما أدى إلى «أضرار جسيمة» (Lilis n.d.:91-93)[1].

حالما تم تعزيز السيطرة في البلدة، الألمان وحلفاؤهم المحليون بدأوا في دخول قرى السهل، بغضون 10 مايو/ أيار، فقد طبقوا استراتيجية مكافحة تمرد سيسميها الفرنسيون لاحقًا **بقعة الزيت** (*tache d'huile*)، إذ كانوا يؤسسون نقاطًا جديدة في تلك القرى وحولها، ويزيدون دورياتهم، ويبدؤون بتسجيل القرويون والتحقق من أوراقهم الثبوتية بشكل كبير، ويفرضون حظر تجول شديدًا. بهذا، انتقلت قرى السهل العميق والخارجي إلى المنطقة 2.

2.4.9. من 15 مايو/ أيار إلى 31 يونيو/ حزيران 1944 (ز$_2$)

في 19 مايو/ أيار، شن الجنود الألمان وعناصر المليشيا اليونانيون سلسلة من الغارات الموجهة في قرى السهل الخارجي المشتبه في تعاطفها مع الثوار. بعد ذلك بيومين، أطلقوا غارة كبيرة في التلال الشرقية، والتي كانت تعد من أراضي الثوار. هذه الغارة، التي كانت جزءًا من عملية مداهمة كبيرة اسمها العملياتي: **رايفن** (*Rabe*)، كانت تهدف إلى إنهاء المتمردين في مناطق كورينثيا وأرغوليذا بتطويق مناطق كاملة في الوقت نفسه، ثم «تمشيطها»[2]. لقد كان هذه أوقاتًا عصيبة لسكان المنطقة: ألقى الألمان منشورات تخبر القرويين بالبقاء في منازلهم وحذروا من أن أي شخص سيجدونه في الحقول سيتم اعتباره من المقاتلين وسيتم إطلاق النار عليه ميدانيًا. في الوقت نفسه، أمر الثوار القرويين بالهرب بل وهددوا من يبقى بالموت، متأملين أن يعزز هذا هروبهم ويقلل الانشقاقات. ولعدم ثقتهم بالألمان، قرر

---

(1) لقد أكد هذا أيضًا ضابط اتصال بريطاني أشار إلى أن عنف الجبهة في بيلوبونيز أصبح «سيئًا، لدرجة أنه عندما كانت 'ألوية الأمن' تظهر عن بعد قادمة من أثينا، كانت تستقبل بكثير من الحماسة. حتى الآن، سكان البلدات يعتبرون 'ألوية الأمن' خير الشرين» ("Second Report of Colonel J. M. Stevens on Present Conditions in Peloponnese," PRO, HS 5/699).

(2) من المثير للاهتمام الإشارة إلى أنه أثناء استعدادهم لعمليتهم، تبادل الجنرالان الألمانيان هيلموث فيلمي وكارل لي سوير مراسلات محمومة بالفعل حول إجراءات الأعمال الانتقامية ضد المدنيين وإعدامات الرهائن، وبينما عبر عن الحاجة لعنف انتقائي، حفظ الجنرال لي سوير لنفسه الحق في إصدار أوامر بأي أعمال من هذا النوع (Meyer 2002:397-399).

معظم الناس الهرب. العديد من هؤلاء، من بينهم شيوخ ونساء وأطفال، أطلق النار عليهم وقتلوا في الحقول (وكانوا يوصفون بالتقارير العسكرية الألمانية بأنهم «قتلوا وهم يحاولون الهرب»). طبيعة القتل الاعتباطية هذه واضحة تحديدًا في بضعة حالات لأناس أطلق النار عليهم لأنهم كانوا يقفون على أبواب منازلهم بعد بضعة دقائق من حظر التجول في تمام الساعة السادسة مساء (ZSt. V 508 AR 2056/67). وبالمحصلة، قتل أثناء هذه العملية 160 شخصًا عشوائيًا في منطقتي أرغوليذا اللتين أجريت بهما البحث، و73 بالمئة منهم جاؤوا من قرى في التلال الشرقية [1].

من منظور عسكري محض، عملية رايفن كانت فاشلة. معظم الثوار، بما فيهم العديد من كوادر القرية، كانوا قادرين على اختراق التطويق وإعادة التجمع في المناطق المجاورة. ولكن، القرى التي كانوا يحكمونها تم إخلاؤها. بعد بضعة أيام، واجه معظم القرويون المجاعات وبدأوا يرجعون إلى منازلهم، إذ إنهم لا يملكون أي خيار إلى التعاون مع السلطة الجديدة: الألمان وعناصر المليشيات. أحد هذه الحالات كانت قرية هيلي (Heli) (وتعرف الآن باسم أراكنيو)، من قرى التلال الشرقية. بعد أن خسرت اثنين وعشرين قرويا في هذا العنف العشوائي، أجبرت القرية، بسبب موقعها الاستراتيجي، على الانشقاق والانضمام إلى الألمان. رغم أن العديد من القرى انشقت لصالح الألمان، إلا أن قلة فقط طُلب منها تقديم رجال إلى المليشيا العميلة، فقد كانت الأسلحة محدودة والموقع الاستراتيجي كان العامل الرئيسي للتوزيع. في الحقيقة، لقد وجدت عدة حالات لقرى كاملة تناشد تقديم الأسلحة وقابلها رفض من الألمان (مثلًا: المقابلة 91، المقابلة 117). وكما نقل قائد وحدة ألمانية تعمل في اليونان في ديسمبر/كانون الأول 1943؛ فقط بعد أن نشر الجنود الألمان حراسا مسلحين، وبذلك عززوا الأمن، كان من الممكن دفع السكان ضد الغِوار. عدا ذلك، كان الثوار هم المنتصرين وعززوا من سيطرتهم بلا عوائق (Hondros 1993:155). الدليل من أرغوليذا يشير إلى أنه كان محقًا: فحيثما قدم الألمان حماية مسلحة، تعاونت القرى معهم. لماذا تنضم قرى كاملة للألمان في صيف عام 1944، بينما كان من الواضح أن الحرب [العالمية الثانية] سينتصر بها الحلفاء؟ الجواب يشير إلى قوة الواقع المحلي على السياسات

---

(1) التقارير الداخلية للجيش الألماني (in Meyer 2002:400) تتحدث عن 235 ضحية يونانية و51 اعتقال في منطقة تمتد خارج الإقليم محل الدراسة.

الدولية: فبينما طرد الألمان وحلفاؤهم المحليون الثوار من تلك المنطقة، أصبحت تهديداتهم ذات مصداقية، وبالنسبة لأولئك الذين كانوا يسعون للانتقام من الثوار؛ كانت الفرصة آمنة بما يكفي. لقد كانت هذه المرة الأولى التي يشهد بها هؤلاء القرويون عمليات عسكرية موسعة، واعتقدوا أن المقاتلين غير النظاميين الهاربين قد هزموا. هذا الاعتقاد كان موثقًا جيدًا بكل من المقابلات التي قمت بها، وبالعديد من المذكرات، وبحضوره مع تهديد العقوبة الجماعية، كان عاملًا جوهريًا للتأثير على قرار القرويين بالانشقاق. هناك جملة اعتيادية في المقابلات، وهي: «بسبب استمرار عملية كهذه، ولأن الجبال كانت مليئة بالألمان؛ اعتقد الناس أن الغِوار دُمّروا. كانوا يقولون: 'حسنًا، لننضم إلى الألمان'» (المقابلة 17) [1]. كنتيجة لذلك، أرغوليذا تحولت من كونها ثورية (في أبريل/ نيسان 1944) إلى كونها عميلة بدرجة كبيرة (بنهاية يونيو/ حزيران 1944) أسرع بكثير من تحولها من محافظة إلى ثورة في نهاية 1943.

هذه الانشقاقات الجمعية تبعت نمطًا أساسيًا. بعد أن وصل الألمان وعناصر مليشياتهم، جمعوا كل القرويين في الميدان المركزي وعرضوا عليهم خيارًا: حمل السلاح والقتال ضد الثوار أو مواجهة العقوبة الجماعية. عمدة القرية، باستشارة بقية القرويين البارزين، يوافق عادة على الصفقة. وللحث على الولاء، كان الألمان يطلبون من القرويين تسليمهم أولئك المتعاطفين مع «جبهة التحرير الوطنية» الذين لم يهربوا. في بعض الحالات، كان القرويون يستطيعون تجنب ذلك، لكنهم في أحيان أخرى لم يفعلوا (أو كانوا سعيدين جدًا بالموافقة). عادة، أولئك الموالون للجبهة كانوا يعدمون ميدانيًا. كان للقرويين بوضوح أفق محدود وكانوا يأخذون استنتاجاتهم من السياق المحلي، لا الوطني أو الدولي (المقابلة 18، المقابلة 80، المقابلة 139، المقابلة 209). كتب ضابط اتصال بريطاني: «كان الناس متعطشين للأخبار. إنني لا أستطيع أن أؤكد بما يكفي كم كان جهل القروي (وساكن البلدة أيضًا، بهذا الخصوص) صاعقًا ببساطة» [2].

بالمحصلة، هذا العنف الانتقائي من الألمان وحلفائهم أزهق حياة ثمانية وخمسين قرويًا. هذا العنف استهدف قرى التلال الشرقية (31 بالمئة) [3]، والسهل الخارجي (29 بالمئة)،

---

(1) لوصف تطورات مشابهة في غربي مقدونيا (أصبحت أكثر تعقيدًا نتيجة السياسة الإثنية)، انظر: "Report by a Supporter of EAM on the Development of the Situation inWestern Macedonia," PRO, HS 5/234.

(2) "Report by Lt. Col. R. P. McMullen on Present Conditions in the Peloponnese," PRO, HS 5/699.

(3) العنف الانتقائي في التلال الشرقي تبع زمنيًا العنف العشوائي لعملية المسح والمداهمة.

والسهل العميق (17 بالمئة)، والتلال الغربية (12 بالمئة)، والسهل الشرقي (9 بالمئة)، وعزز حكم الألمان. بنهاية يونيو/ حزيران، كان الألمان وحلفاؤهم يسيطرون على كل أرغوليذا، باستثناء التلال الغربية والجبال. تمت ملاحقة الثوار والمتعاونين معهم وأبلغ عنهم إلى الألمان من قبل القرويين المحليين، نتيجة الخوف أو الانتقام أو كليهما. وكما هو متوقع، أقرباء ضحايا «جبهة التحرير الوطنية» كانوا أول من ينقلب عليها. مثلًا، عزا أولئك الذين قابلتهم (اليساريين) من قرية أنيفي العنف والقتل في قريتهم إلى الإعدامات الأربعة الأولى التي قامت بها الجبهة أثناء الشتاء [1].

المنطقتان اللتان ظلتا تحت سيطرة الثوار كانتا الجبال وقرى التلال الغربية، وبمنتصف يونيو/ حزيران، بدأت التلال الغربية تشهد زيارات وغارات دورية من الألمان – لتنتقل من المنطقة 5 إلى 4. كل من القرويين الأفراد وكوادر الجبهة كانوا يراقبون عن كثب ما كان يجري في التلال الشرقية (Nassis n.d.)، والكم غير المتوقع من العنف أثار الهلع عندهما. العديد من الأفراد، بما فيهم المتعاطفون مع الجبهة بصلات في البلدات، بدأوا يهربون إليها. كان حكم «جبهة التحرير الوطنية» ينهار. في الوقت نفسه، زعماء الجبهة كانوا خائفين من التطورات في بقية أنحاء أرغوليذا. نتيجة لذلك، قرروا بدء موجة جديدة من العنف الانتقائي، أدت إلى مقتل اثنين وخمسين قرويًا، في التلال الغربية (69 بالمئة) وبضعة قرى جبلية (25 بالمئة) كانت معرضة لمداهمات السلطات.

3.4.9. يوليو/ تموز 1944 (ز$_3$)

بعد أن قاموا بـ«فرض التهدئة» في السهل والتلال الشرقية في يونيو/ حزيران، بدأ الألمان وحلفاؤهم يتجهون إلى التلال الغربية والجبال المحيطة. في 17 يوليو/ تموز، شنوا عملية كبيرة لتدمير قواعد الغِوار في الجبال. وحالما تم إطلاق العملية، هرب القرويون في اتجاه الجبال الأعلى. ساعدتهم الجغرافيا، والألمان كانوا أكثر تحفظًا هذه المرة. نتيجة لذلك، أدت

(1) خذ بعين الاعتبار المقاطع التالية من المقابلات (المقابلة 6، المقابلة 7، المقابلة 8): «قبل عمليات القتل هذه، لم يحصل شيء. بعدها، حصل الكثير. لقد كانت هذه العمليات هي القصة الأولى»، «لقد بدأ كل شيء بعد هذا. انقسمت القرية. لقد حصل هذا عندما انقسمت»، «هنا كان الخطأ. لو أنهم لم يقتلوا الأربعة، فلم يكن هناك عنف في أنيفي»، «هنا في قريتنا، استمع، لو لم يقتل المقاتلون غير النظاميين الرجال الأربعة، فلم يكن ليحصل شيء».

العملية لقليل من الخسائر العشوائية بالمقارنة مع الرقم في شرقي أرغوليذا، وكان معظمهم في القرى الجبلية: 87 بالمئة من ضحايا عنف السلطات العشوائي كان من هذه القرى.

في الوقت نفسه، كانت السلطات تعزز سيطرتها عبر استخدام العنف الانتقائي، إذ أزهق الألمان وعملاؤهم أربعة وأربعين روحًا، موزعين بشكل متساوٍ تقريبًا عبر المنطقة. من ناحيتهم، قتل المتمردون ضعف هذا العدد وهم يعانون من فقدان سيطرتهم. من بين 96 حالة قتل، 48 بالمئة وقعت في القرى الجبلية و39 بالمئة في التلال الغربية، وهما المنطقتان اللتان كانت سيطرة الثوار بهما تنحدر. من الأمور ذات الدلالة أن المقاتلين غير النظاميين أعدموا 87 قرويًا قبل غارة الألمان في يوليو/ تموز. ليس من المفاجئ أنه حالما بدأ الثوار يخلون المنطقة، بدأت قرى التلال الغربية تنتفض ضدهم، والقرويون المسلحون بالمناجل ومعدات الزراعة الأخرى هاجموا الكوادر القليلة التي بقيت متأخرة وإما قتلوهم أو سلموهم للألمان.

4.4.9. من 26 يوليو/ تموز إلى 5 أكتوبر/ تشرين الأول 1944 (ز₄)

بنهاية يوليو/ تموز 1944، هدد التقدم السريع للجيش السوفييتي في البلقان بالمحاصرة التامة للألمان في اليونان، مما دفعهم لمغادرة البلاد. في أرغوليذا، بدأت العملية في 26 يوليو/ تموز بإخلاء المناطق الجبلية التي تم «فرض الهدوء» بها توًا. في مطلع أغسطس/ آب، تم إخلاء التلال «التي تمت تهدئتها» كذلك، وجيش الاحتلال والمليشيا العميلة اجتمعت في البلدات ونقاطها المتقدمة في السهل العميق. مع مغادرة الألمان، بدأت التجمعات المسلحة للمقاتلين غير النظاميين بالعودة، محملة بالانتقام ضد القرويين الذين انقلبوا عليهم. لقد استطاعوا بسهولة التغلب على فلاحي التلال الغربية غير المسلحين بالغالب وأحرقوا قراهم، كما هاجموا كلًا من قريتي هيلي (Heli) (في 29 يوليو/ تموز) وأكلادوكامبوس (Achladokambos) (في 18 يوليو/ تموز) اللتين انضمتا لمليشيا العملاء، وهزموا المدافعين عنهم وأخضعوا السجناء والمدنيين لعنف عشوائي (106 ضحية بالكلية). إضافة لذلك، قتلوا انتقائيًا 69 شخصًا، متهمين بحق أو بغير حق بالانشقاق (74 بالمئة في التلال الشرقية). أثناء الفترة نفسها، عنف السلطات هبط لمستويات ضئيلة.

غادر الألمان أرجوس في 19 سبتمبر/ أيلول، وسلمت «ألوية الأمن» أسلحتها في 5 أكتوبر/ تشرين الأول في معقلها في نافبليو. وبينما كانت مشاعر الانتقام عالية، خصوصًا

في البلدتين وقرى السهل الخارجي التي كانت تحت سيطرة الألمان طيلة الصيف، فرضت «جبهة التحرير الوطنية» سيطرة حازمة ومنعت أعمال الانتقام [1]. العديد من الاعتقالات حصلت، ولكن لم تكن هناك إعدامات. رغم أن أرغوليذا ظلت خالية من الجريمة، إلا أن الخوف كان غالبًا. في نوفمبر/ تشرين الثاني، أصدرت السلطات الإقليمية في إقليم نافبليا إعلانًا يرثي سفر الناس إلى أثينا، بسبب إشاعات حول الاعتقالات أطلقتها «أقلية رجعية صغيرة» (HAA/DAN E24/1944).

هناك ملاحظة أخيرة مرتبطة بمصدر قرار استهداف مناطق معينة لعمليات مكافحة التمرد. الدليل التاريخي المتاح يشير بشدة إلى أن مركز صناعة القرار الألماني حول متى وأين تُشن عمليات المسح كان على مستويات عسكرية هيكلية بعيدة عن أرغوليذا (Meyer 2002). لذلك، هجم الثوار بشكل مضاد بعد أن كان الألمان يغادرون منطقة معينة أو ينقصون تواجدهم بشكل كبير. بمعنى آخر، تطبيق موارد عسكرية على مناطق معينة كان خارجي المنشأ بوضوح عن التطورات الداخلية في تلك القرى ويمكن تفسيره بسياق نموذج عام (وعالي التعقيد) يمكن أن يأخذ بعين الاعتبار السمات العسكرية المحلية والدولية.

لاختتام هذا القسم، من الواضح أنه من الممكن إعادة رسم الحرب الأهلية في أرغوليذا، بشكل مقنع، بالاعتماد على الملاحظات التحليلية حول العلاقة بين التعاون والسيطرة والعنف التي حددتها في الشق النظري من هذا الكتاب.

5.9. بعد نهاية الاحتلال

تحول «جبهة التحرير الوطنية» إلى دولة بديلة خلال أعوام 1943- 1944 اكتمل بتحولها إلى دولة فعلية في أكتوبر/ تشرين الأول 1944. لقد وحدت سيادتها على المستوى الإقليمي، بينما انضم، على المستوى الوطني، وزراء من الجبهة إلى الحكومة في المنفى، والتي لم توسع سلطتها خارج أثينا، ضمن ما كان يعرف باسم «حكومة الوحدة الوطنية». لقد ولدت

(1) انظر التوجيه 15/ 546 من وزير الداخلية في «اللجنة السياسية للتحرير الوطني» (بتاريخ 8 سبتمبر/ أيلول 1944 وبتوقيع جيورجس سيانتوس»، والذي وضع نظامًا أخلاقيًا لشرطة الجبهة المشكلة حديثًا (المسماة بوليتوفيلاكي «Politofylaki») (DAN E27/1944»، وتوجيهًا مشابهًا من مقرات قيادة «جيش التحرير الشعبي الوطني» (بتاريخ 24 أكتوبر/ تشرين الأول 1944) يحذر من الانتقام لمآرب شخصية (ASKI, KKE 418/F30/4/25).

هذه الحكومة ميتة والخلافات حول نزع سلاح « جيش التحرير الشعبي الوطني» أدت إلى تمرد شيوعي في ديسمبر/ كانون الأول 1944. لقد هزم «جيش التحرير» وسيطرت على البلاد حكومة أقصت الشيوعيين. بعد فترة من الفوضى التي تخللها اضطهاد الأعضاء السابقين من «جبهة التحرير الوطني»، شن الحزب الشيوعي تمردًا جديدًا في 1946، مما أدى إلى جولة جديدة من القتال، والتي انتهت بهزيمة جديدة وأخيرة للشيوعيين عام 1949.

الحرب الأهلية التي جرت بعد الحرب العالمية الثانية لم تؤثر على أرغوليذا ولو قليلًا بقدر ما أثرت عليها الحرب الأهلية أثناء الاحتلال. تم ممارسة التمييز ضد مؤيدي «جبهة التحرير الوطنية»، ومضايقتهم واعتقالهم، وتم تعذيبهم على أيدي أناس كان دافعهم الرئيسي هو الانتقام. ومع ذلك، كانت أعمال القتل نادرة (1). من بين أعضاء «جبهة التحرير الوطنية» المعتقلين، قلة تم إعدامهم، بينما تم تخفيف أحكام الأغلبية وقضوا مددًا زمنية مختلفة بالسجن. تم إطلاق سراح آخر المعتقلين في 1963، رغم أن البعض تم إعادة اعتقاله بعد الانقلاب العسكري عام 1967. الثوار الشيوعيون مما يسمى «جيش اليونان الديمقراطي» لم يكونوا نشطين جدًا في أرغوليذا. أول الفرق اليسارية التي ظهرت في المنطقة تشكلت أثناء صيف عام 1946 وتكونت من أعضاء «جبهة التحرير الوطنية» السابقين تمت مطاردتها من قبل السلطات. عام 1947، فرق يسارية جديدة أكثر مركزية تشكلت في جبال أركاديا، في وسط بيلوبونيز، لكنها نادرًا ما جاءت إلى أرغوليذا، التي بقيت تحت السيطرة الحازمة للحكومة. تم شن عملية مسح عدوانية في شتاء عام 1948- 1949، ترافقت مع إخلاء بضعة قرى في الجبل، وحملة قمع ضد المتعاونين مع الثوار في البلدات والقرى، وشتاء استثنائي بقسوته، مما أدى إلى الهزيمة النهائية للمتمردين في بيلوبونيز. نواة التمرد في شمال اليونان هزمت في وقت لاحق من ذلك العام (Zafiropoulos 1956).

الاختلاف بين مرحلتي الحرب الأهلية في أرغوليذا (1943-1944 و1946-1949) يمكن تفسيرها بطريقتين. أحد التفسيرات يشير بدقة إلى خيارات الفلاحين السياسية المحافظة، إضافة إلى المعاداة التي تسبب بها العنف اليساري الضخم أثناء الاحتلال. ولكن، هذا التفسير قد

---

(1) Memoirs of Andreas Kranis, head of Argos Gendarmerie; "Cable from Nauplion," March 2, 1946; "Telegram from Nauplion," March 21, 1946, AMFOGE I, Prefect Reports; "General Report on the Entire Area of Argos," 14 March 1946; "Memorandum from District Board #1 to Central Board, 18 March 1946," AMFOGE I, District Boards.

يفشل في الاختبار المقارن: أولًا، عناصر المليشيا العميلة كانوا مسؤولين عن عنف لا يقل عن عنف اليسار، وثانيًا، المناطق المحافظة بشكل مشابه في بيلوبونيز مثل لاكونيا وأركاديا واجهت نشاطًا يساريًا شبيهًا خلال أعوام 1947-1949 أكثر مما واجهت أرغوليذا، رغم مستويات العنف اليساري العالية أثناء الاحتلال. التفسير الثاني يؤكد على قدرة الدولة. الدولة اليونانية، التي كانت أقوى من سلطات الاحتلال الألماني، استطاعت الحفاظ على سيطرتها على التلال وقطعت طرق المتمردين إلى السهل. مدى سيطرة الحكومة يعكس حقيقة أنه أثناء تلك الفترة، العديد من غِوار «جبهة التحرير الوطنية» (بما في ذلك بعض الذين قابلتهم) تم تجنيدهم في الجيش اليوناني وقاتلوا ضد بعض رفاقهم السابقين. ولكن في الوقت نفسه، الدولة اليونانية لم تكن قوية بما يكفي لتتمكن من السيطرة على المناطق الجبلية من بيلوبونيز (مثلًا: في مقاطعات لاكونيا وأركاديا)، وتحديدًا جبال وسط وشمالي اليونان. بمعنى آخر، الفرق في قدرة الدولة بين سلطات 1943-1944 و1946-1949 انعكس على المركز الجغرافي للحربين، إذ وقعت الأخيرة في ارتفاعات أعلى من الأولى. سأرجع لهذه الملاحظة لاحقًا في هذا الفصل.

6.9. العنف: إحصاءات وصفية

ما بين سبتمبر/ أيلول 1943 وسبتمبر/ أيلول 1944؛ واجه 725 مدنيًا وفيات نتيجة العنف في القرى الحادية والستين التي درستها، والتي تمثل 1.61 بالمئة من مجموع السكان (الجدول 2.9)[1]. على النقيض، فقط 49 مقاتلًا من أرغوليذا قتلوا في معارك (35 متمردًا و14 عنصرًا من المليشيات العميلة). من بين الأفراد الذين قتلوا، 366 شخصًا (50.48 بالمئة) قتلوا بشكل انتقائي، و359 (49.52 بالمئة) قتلوا بشكل عشوائي. الألمان وحلفاؤهم قتلوا 353 شخصًا (48.69 بالمئة)، والمتمردون قتلوا 372 (51.31 بالمئة)[2]. بحسب تخميناتي، 169 شخصًا إضافيًا قتلوا في البلدتين، أرجوس ونافبليو (0.84 من مجموع سكانهما)[3]، ومن بينهم،

(1) الغالبية الساحقة من الضحايا كانوا من الرجال والفلاحين.

(2) هذا التوزيع نتيجة تاريخية مثيرة للاهتمام بحد ذاتها، إذ إن الأدبيات التاريخية حول الاحتلال والحرب الأهلية في اليونان قللت قيمة العنف من اليسار، لتستثني أي عامل آخر وتؤكد على رسالتها السياسية ودعمها الشعبي المفترض والتزام أتباعها. لقد وجدت تقريرًا سريًا منسوبًا إلى اللجنة السياسية لـ «الحزب الشيوعي في اليونان» بعد الحرب من كادر شيوعي إقليمي يذكر أن «أكثر من 1200 إعدام لأفراد [على يد الشيوعيين في مناطق أرغوليذا وكورينثيا] لا يمكننا اليوم تبريرها على الإطلاق». هذا التقرير يشير إلى الانتهاكات الواسعة والكبيرة عبر بيلوبونيز (ASKI, KKE 418/F24/2/114).

(3) بذلك، يصبح مجموع ضحايا الإقليمين في أرغوليذا 901 ضحية.

108 (64 بالمئة) على يد السلطات، و61 شخصًا (36 بالمئة) على يد المتمردين. الجدول 2.9 يقدم ملخصًا للإحصاءات الوصفية الأساسية. بوضوح، العنف كان ريفيًا في الأغلب، سواء بدراسته بشكل مطلق أو نسبي. بلغ القتل ذروته ما بين منتصف مايو/ أيار ويونيو/ حزيران 1944 (ز$_2$)، وأثر على قرى التلال أكثر مما أثر على السهول أو الجبال. هذه الأنماط تتضمن أن تحليلًا يتجاهل العنف الانتقائي مفضلًا العشوائي، أو عنف المتمردين مفضلًا عنف السلطات (أو العكس بالعكس) سيتجاهل نصف البيانات وسيؤدي إلى انحياز التحليل.

الجدول 2.9. الإحصاءات الوصفية الأساسية للعنف

	عدد القتلى	النسبة المئوية من العنف الكلي	النسبة من السكان
نوع العنف			
انتقائي	366	50.48	0.81
عشوائي	359	49.52	0.80
الفاعل			
السلطات	353	48.69	0.76
المتمردون	372	51.31	0.83
الفترة الزمنية			
ز$_1$	66	9.10	0.15
ز$_2$	295	40.69	0.65
ز$_3$	168	23.17	0.37
ز$_4$	196	27.03	0.43
الموقع الجغرافي			
السهول	152	20.97	0.34
التلال	450	62.07	1
الجبال	123	16.97	0.27
المجموع	725		1.61

التوزيع المكاني للعنف الانتقائي والعشوائي طيلة الفترة موضع الدراسة وعبر إقليمي أرغوليذا يظهر في الشكلين 3.9 و4.9. القرى التي واجهت العنف مرسومة كمخطط دائري منفصل، يعكس الحجم به مقدار العنف، واللون يعكس المساهمة النسبية لكل فاعل سياسي به. القرى التي لم تشهد عنفًا أشير لها بنجمة.

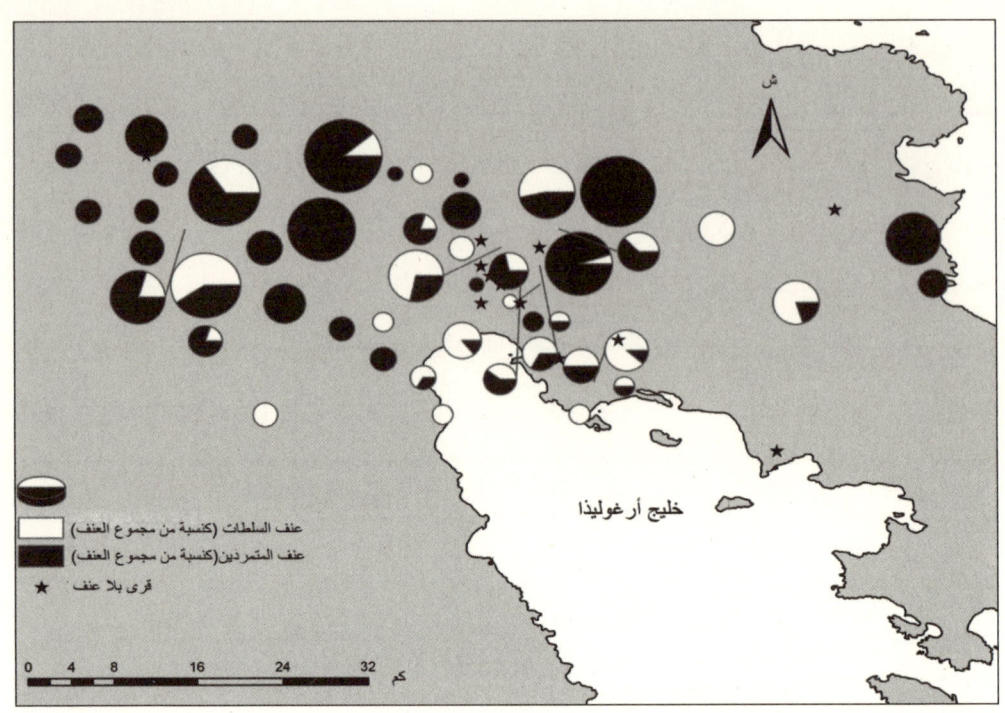

الشكل 4.9. التوزيع المكاني للعنف العشوائي، سبتمبر/ أيلول 1943- سبتمبر/ أيلول 1944

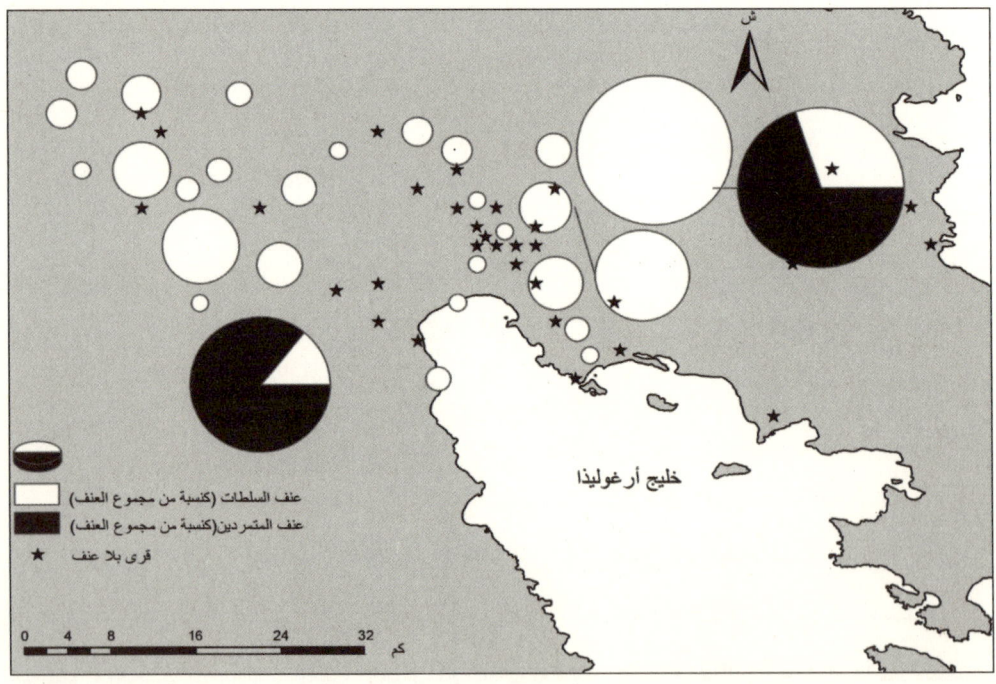

الشكل 3.9. التوزيع المكاني للعنف الانتقائي، سبتمبر/ أيلول 1943- سبتمبر/ أيلول 1944

النمط الرئيسي الذي يظهر من مقارنة الخريطتين بالأشكال 9.3 و9.4 هو أن العنف الانتقائي كان موزعًا بالتساوي أكثر بكثير من العنف العشوائي، الذي كان أكثر تركيزًا. بمعنى آخر، العديد من القرى استطاعت تجنب العنف العشوائي أكثر مما استطاعت تجنب العنف الانتقائي. ورغم أن كثافة العنف، عشوائيًا أو انتقائيًا، تتباين بشكل كبير، إلا أن أكبر المجازر كانت عشوائية. أخيرًا، غالبية العنف العشوائي كانت على يد السلطات، بعكس العنف الانتقائي، حيث يهيمن المتمردون عادة. البيانات المؤسسة لكلا نوعي العنف، بتقسيمها على ثلاثة أبعاد (الفاعل، المكان، الزمان) تظهر في الجدولين 3.9 و4.9.

الجدول 9.3. العنف الانتقائي (عدد القتلى)

	السلطات				المتمردون			
	ز1	ز2	ز3	ز4	ز1	ز2	ز3	ز4
السهل العميق	0	10	7	0	13	0	0	1
السهل الخارجي	9	12	7	0	19	3	6	0
السهل الشرقي	0	5	4	2	3	0	0	18
التلال الشرقية	0	18	5	0	0	0	7	51
التلال الغربية	0	7	5	5	1	36	37	0
الجبال	0	1	14	0	1	13	46	0
المجموع	9	53	42	7	37	52	96	70

الجدول 9.4. العنف العشوائي (عدد القتلى)

	السلطات				المتمردون			
	ز1	ز2	ز3	ز4	ز1	ز2	ز3	ز4
السهل العميق	0	0	2	1	0	0	0	0
السهل الخارجي	6	21	2	1	0	0	0	0
السهل الشرقي	5	138	0	0	0	0	0	62
التلال الشرقية	9	9	0	0	0	0	0	55
التلال الغربية	0	0	0	0	0	0	0	0
الجبال	0	22	26	0	0	0	0	0
المجموع	20	190	30	2	0	0	0	117

هذه البيانات تشير إلى الأنماط التالية عبر الأبعاد الثلاثة من الفاعلين والزمان والمكان. أولًا، العنف الكلي مقسوم بشكل متساو تقريبًا بين السلطات والمتمردين. هذا النمط يتناقض مع تصور شائع، تملك به السلطات نزعة أعلى لارتكاب العنف ضد غير المقاتلين، وهذا التصور، الشائع في العديد من الحروب الأهلية، يهيمن على كل من الأدبيات التأريخية للحرب الأهلية اليونانية وعلى الدراسات المحلية لأرغوليذا، والتي تؤكد فقط أو بشكل أساسي على عنف العملاء للألمان (مثلًا: G. Margaritis 2000; Papalilis 1981). هذا يؤكد على انحياز القياس الضخم المحتمل الذي يؤثر في الدراسات التي تفترض أن العنف ينتج فقط عن السلطات و/ أو التي تعتمد حصريًا على المصادر الثانوية، بما في ذلك بعض دراسات المقطع العرضي ذات الأعداد الكبيرة للعينات.

ثانيًا، يتباعد الفاعلان بشكل واضح حين يتعلق الأمر بنوع العنف المستخدم. عنف المتمردين انتقائي بالدرجة الرئيسية (68.55 بالمئة من الوقت)، في حين أن عنف السلطات على العكس تمامًا (68.56 بالمئة من العنف عشوائي). من زاوية أخرى، 70 بالمئة تقريبًا من كل العنف الانتقائي ينتج عن المتمردين مقابل 30 بالمئة تنتج عن السلطات، والعكس صحيح بالنسبة للعنف العشوائي. هذا النمط يتسق مع التوقع النظري بأن العشوائية في العنف مرتبطة بالوصول للمعلومات المحلية (الفصل السادس)، فرغم الاعتماد المتأخر على الحلفاء المحليين، كان للألمان وصول أقل للمعلومات مقارنة بالمتمردين الذين كانوا يتمتعون بشبكات محلية ممتدة.

بالانتقال إلى الحيز الجغرافي، يتضح أن العنف يرتكز بشكل أساسي في التلال، حيث تم رصد 62 بالمئة من مجموع العنف (39 بالمئة في التلال الشرقية و23 في التلال الغربية)، بينما واجهت القرى الجبلية 17 بالمئة من العنف، بعدها السهل الخارجي (12 بالمئة) والسهل الشرقي والعميق (4 و5 بالمئة على التوالي). أثر العنف يصبح أوضح عندما يتم وزن العنف بعدد سكان القرية. التلال الشرقية فقد 5.06 بالمئة من سكانها، وبعدها التلال الغربية (3.25 بالمئة)، والجبال (1.74 بالمئة)، والسهل الخارجي (0.83 بالمئة)، والسهل الشرقي (0.51 بالمئة)، والسهل العميق (0.32 بالمئة). لاحظ أن العنف في التلال الشرقية هو بالأساس عنف عشوائي. مقارنة الحجم المطلق للعنف الانتقائي (عدد القتلى لكل قرية) بحجمه النسبي (عدد القتلى لكل قرية موزونًا بسكان القرية) لا يؤدي لتغير في الأنماط (الأشكال 5.9 و6.9)[1].

---

(1) في التحليل التالي، أستخدم أعداد القتلى المطلقة بدلًا من النسبية. هناك أسباب نظرية جيدة لذلك: الضحية الواحدة لها نفس التأثير في قرية سكانها 300 شخص، وقرية من 1000 شخص. بأي حال، نظرًا للتباين القليل بأحجام القرى (m= 739، s2=499.6)، فإن القياسات النسبية قريبة جدًا من المطلقة.

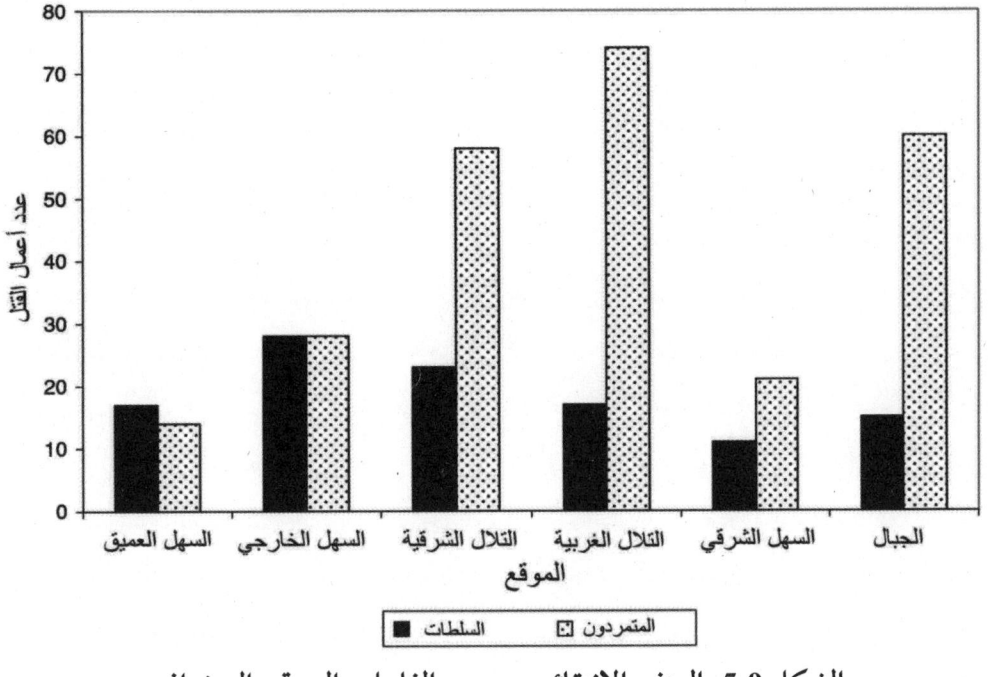

الشكل 5.9. العنف الانتقائي بحسب الفاعل والموقع الجغرافي

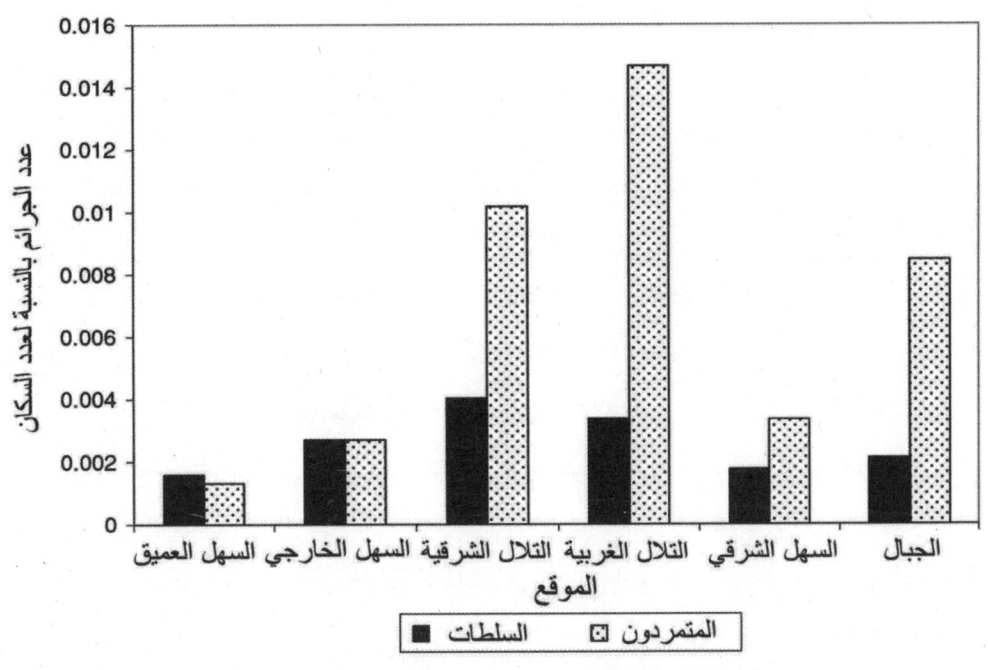

الشكل 6.9. العنف الانتقائي بحسب الفاعل والموقع (بعد التطبيع)

كانت السلطات هي التي سترتكب العنف على الأرجح في السهل العميق والتلال الشرقية وخصوصًا في السهل الغربي (35 بالمئة أكثر من المتمردين)، بينما كان المتمردون أكثر ميلًا لارتكاب العنف في السهل الشرقي وخصوصًا في التلال الغربية (57 بالمئة أكثر)، في حين كانا متساويين تقريبا في القتل في القرى الجبلية. بالنسبة لمحلل يفترض أن الأراضي المنخفضة هي معاقل السلطات، والجبال هي الواقعة تحت سيطرة الثوار، والتلال كمناطق النزاع، فإن هذه الافتراضات صحيحة في المتوسط، وهذا النمط يشير إلى تركيز للعنف في مناطق النزاع واستخدام عنف أقل، لكنه ما زال كثيرًا، من الفاعلين المسلحين ضمن معاقلهم. ولكن، يبدو أن هذا التأويل الجغرافي خاطئ، والخطأ ناتج عن غياب آلية قياس ملائمة للسيطرة لدى معظم المحللين، ومن ثم عدم قدرتهم التالية على إدراك تحولات السيطرة بشكل صحيح. بكلمات أخرى، رغم أن السيطرة تترابط أحيانًا مع الجغرافيا، إلا أن هناك تباينًا كبيرًا مع الزمن بتوزيع السيطرة في كل من الأراضي المنخفضة والجبال. في الحقيقة، اتضح أن معظم عنف السلطات في الأراضي المنخفضة وقع عندما كانت هذه المنطقة تحت سيطرتهم الكاملة، وهو ما ينطبق أيضا على المتمردين. هذا التباين يختفي عندما ينظر الشخص إلى الأنماط التجميعية. إن تعريف السيطرة يزيل تأثير المتغيرات الجغرافية، مثل الارتفاع والبعد عن البلدة الأقرب (ستناقش لاحقًا).

من التوزيع المكاني للعنف، قد ينحى الإنسان ليقدم تأويلًا قد يشير إما إلى توجهات القرى السياسية قبل الحرب، أو إلى سمات غير ملاحظة محفزة للعنف لأكثر تجميعات القرى عنفًا. رغم المقبولية السطحية، إلا أن كلا التأويلين إشكالي. أولًا، ليس هناك ترابط بين درجة العنف وتوجهات القرى السياسية قبل الحرب، فالقرى التي صوتت لمرشحين ليبراليين في انتخابات ما قبل الحرب لم تكن أكثر أو أقل احتمالية في مواجهة العنف من القرى التي صوتت لمرشحين ملكيين [1]. ثانيًا، أكثر القرى التي تعرضت للعنف عانت بشكل رئيسي من العنف العشوائي، وليست هناك صلة معقولة بين إمكانية التعرض للصراع ما قبل الحرب وبين العنف العشوائي للألمان أثناء الحرب. على العكس، فإمكانية التعرض ما قبل الحرب يمكن توقع أن تنتج عنفًا انتقائيًا. في سياق اليونان، أحد المؤشرات الموضحة

---

(1) لقد استخدمت كمؤشر متغيرًا صوريًا لقياس ما إن كانت القرية ذات أغلبية محافظة أو ليبرالية عام 1933. هذا مؤشر غير مكتمل. وقع الاقتراع في عدد قليل من القرى، ولذلك، من المستحيل قياس النتيجة الدقيقة لكل قرية.

لإمكانية التعرض للصراع وانهيار الآليات غير الرسمية للسيطرة هو مستوى الدعاوى في المحاكم المحلية. لذلك، أسست مؤشرًا للدعاوى قبل الحرب، وهو العدد بالنسبة للسكان لكل المحاكم المدنية التي وقعت خلال أعوام 1935– 1939، والتي تحتوي على الأقل واحدًا من سكان القرية (العدد = 2813). فكرة استخدام هذا كمؤشر خطرت ببالي أثناء المقابلات، فعندما تسأل عما إذا كانت إحدى القرى لها سمعة بالصراع، كان الجواب التقليدي الإيجابي يؤكد على أن سكانها ظلوا «يحاكمون بعضهم البعض» أو «قضوا وقتًا طويلًا في المحاكم». في الحقيقة، الأدبيات الإثنوغرافية عن اليونان أكدت على كل من دور الدعاوى القضائية كآلية معتادة لحل المشاكل (مثلًا: du Boulay 1974:178) وعلى الدور الإيجابي للمحامين في مجتمع اليونان الريفي، كرجال يعطون الاستشارة القانونية، وكزبائن يحضرون في المحاكم، وأيضًا كوسطاء بين الفلاحين وسلطات الدولة (Campbell 1974:242)[1]. لذلك، من غير المفاجئ القول إنه في أرغوليذا، لم يكن الوصول للمحاكم حكرًا على الأثرياء أو حتى على الميسورين، وهي حقيقة تتضح أيضًا بالعدد الكبير من المحاكمات[2].

ولكن، دراسة المؤشر لا تكشف عن ترابط بين أنماط الدعاوى قبل الحرب والعنف الانتقائي أثناءها. في الحقيقة، أكثر القرى عرضة للصراع (السهل الشرقي) عانت ثاني أقل مستوى من العنف الانتقائي أثناء الحرب. وعلى النقيض، أقل القرى عرضة للصراع (التلال الغربية) عانت أسوأ مستويات العنف الانتقائي. رغم نفس درجة العرضة للعنف، قرى السهول العميق والخارجي واجهت مستويات متباينة من العنف. وحدها قرى التلال

---

(1) بحسب دو بولاي (Du Boulay 1974:178)، قرويو أمبيلي كان لديهم لجوء متكرر إلى المحاكم لدرجة أنه كان لديهم «سمعة بقضاء معظم وقتهم وكل أموالهم هناك»، بينما ظهر الرعاة من عرقية **الساراكاتساني**، الذين درسهم كامبل (Cambpell 1974:245) «في العديد من قضايا المحاكم».

(2) إجراء تحليل انحدار لسجلات المحاكمات قبل الحرب على الارتفاع والثروة يعطي ترابطًا سلبيًا (القرى الفقيرة والجبلية لديها سجل محاكم قليل)، وهو، بكل حال، صغير وغير دقيق إحصائيًا. من الممكن أن الأفراد الأغنياء فقط في القرى الفقيرة استخدموا المحاكم، لكن المواد القضائية التي قرأتها تشير لغير ذلك، كما هي المقابلات كذلك. في تحليل الانحدار، ضمنت متغيرًا مستقلًا يربط السيطرة بمحاكم ما قبل الحرب، ويفترض أن الصراع ما قبل الحرب قد يعزز العنف فقط تحت درجة السيطرة «الصحيحة». هذه الفرضية تؤكدها اثنتان من الفترات الزمنية الأربعة: في ز$_1$، وخصوصًا في ز$_4$، التفاعل كبير إحصائيًا وذو تأثير واضح في العنف، بينما يؤدي في الوقت نفسه بتأثير السيطرة إلى الصعود. تأثير التفاعل غير مهم جوهريًا وإحصائيًا للفترات ز$_2$ و ز$_3$. لذلك، من الممكن أن الظروف التي تدفع للعنف قد تثير نزاعات موجودة أصلًا فقط تحت ظروف محددة ودقيقة محليًا.

الشرقية تظهر درجة «متوافقة» من العرضة للصراع مع عنف الحرب الأهلية (الجدول 9.5). إضافة لذلك، فدعاوى ما قبل الحرب تفشل في تنبؤ العنف الانتقائي على مستوى القرية بشكل فردي كذلك. الاختبارات متعددة المتغيرات، المناقشة لاحقًا، تظهر كذلك أن هذا المتغير ليس له تأثير كذلك.

الجدول 9.5. العرضة للصراع وعنف الحرب الأهلية

	مجموع العنف (عدد القتلى)	مجموع العنف الانتقائي (عدد القتلى)	العنف الانتقائي (عدد القتلى لكل 100 شخص)	مؤشر دعاوى ما قبل الحرب (عدد المحاكم بالنسبة لعدد السكان خلال 1939 -1935)
السهل العميق	34	31	0.29	0.06
السهل الخارجي	86	56	0.54	0.06
التلال الشرقية	286	81	1.42	0.08
التلال الغربية	164	91	1.81	0.03
السهل الشرقي	32	32	0.51	0.09
الجبال	123	75	1.06	0.05

أخيرًا، أرجع إلى البعد الزمني. الصورة العامة تتضمن بداية بطيئة، يتبعها انفجار في العنف، وأخيرًا خفض تصعيد معتدل. أسوأ الفترات كانت الفترة الثانية (ز$_2$)، والتي تضم 40.69 من كل العنف، وبعدها الفترة الأخيرة (ز$_4$) (27.03 بالمئة)، والفترة الثالثة (ز$_3$) (23.17 بالمئة)، والفترة الأولى (ز$_1$) (9.10 بالمئة). تفكيك هذه الفترة إلى نوع العنف بحسب الفاعل يظهر أن السلطات قللت عنفها العشوائي بعد ز$_2$، بينما اعتمد عليه المتمردون بالدرجة الأكبر في ز$_4$ (الشكل 7.9).

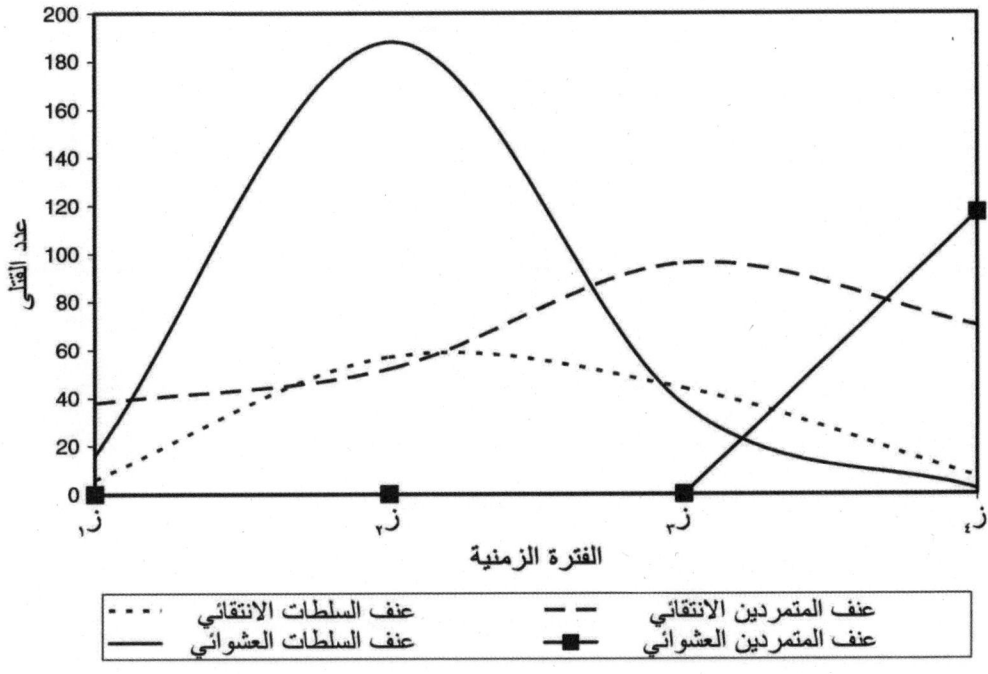

الشكل 9.7. التباين الزماني للعنف بحسب الفاعل والنوع

الدليل يتسق بشكل عام مع التوقعات النظرية حول العنف العشوائي، كما تمت الإشارة سابقًا. في الوقت نفسه، استعداد الألمان للجوء للعنف العشوائي الجماعي يسلط الضوء على تأثير متغيرات تم استثناؤها صراحة من النظرية، مثل الأيديولوجيا، والضعف العسكري في اليونان، وحقيقة أن احتلال اليونان كان جزءًا من صراع عسكري كلي وعالمي. تقييم الدور المستقل لهذه المتغيرات يتطلب تحليلًا مقارنًا عبر عدة بلدان. ومع ذلك، فانتقال الألمان نحو عنف أكثر انتقائية يؤكد أهمية ديناميات الحرب غير النظامية بتشكيل العنف رغم هذه العوامل الأكثر عمومية.

التفكيك إلى مناطق سيطرة يظهر أن السلطات في الأغلب تستهدف بشكل عشوائي القرى الواقعة في المنطقة 4. ولكن، من حيث كثافة العنف، فمعظم ضحايا عنف السلطات العشوائي سكان قرى واقعون في المنطقة 5، أي معقل الثوار (الشكل 9.8). بكلمات أخرى، المجازر العشوائية الكبرى أكثر احتمالية للحدوث في المنطقة 5، ورغم أن السلطات تستهدف في المناطق الأخرى كذلك، إلا أن الضحايا أقل. في الحقيقة، حوادث العنف

العشوائي القليلة في المناطق 1 و2 و3 اتضح أنها كانت بشكل أساسي حوادث وأخطاء. هذا النمط متسق مع الفرضية 3، والتي تقول إن الفاعلين السياسيين يميلون لاستخدام العنف العشوائي عندما تكون درجة سيطرتهم منخفضة. أخيرًا، وبالاتساق مع الفرضية 1 (التي تفترض أن الفاعلين السياسيين العشوائيين يتحولون تدريجيًا ليصبحوا أكثر انتقائية)، قللت السلطات العنف العشوائي وتحولت إلى عنف أكثر انتقائية مع الوقت: لقد كانوا عشوائيين بنسبة 69 بالمئة من الوقت في $ز_1$، و78 بالمئة من الوقت في $ز_2$، و42 بالمئة من الوقت في $ز_3$، و22 بالمئة من الوقت في $ز_4$. إلا أن المتمردين تحولوا من عدم كونهم عشوائيين على الإطلاق في الفترات الثلاث الأولى ليصبحوا عشوائيين بنسبة 63 بالمئة من الوقت في الفترة الأخيرة. هذا الانفجار بالعنف العشوائي مع نهاية الأعمال العدائية لا يتسق مع أي توقعات نظرية ويشير إلى آليات مستثناة صراحة من النظرية، مثل الانتقام (سأرجع له لاحقًا) أو الحسابات السياسية (إنهاء الخصوم المسلحين في ضوء الحالة السياسية التي بدأت تظهر ما بعد الحرب).

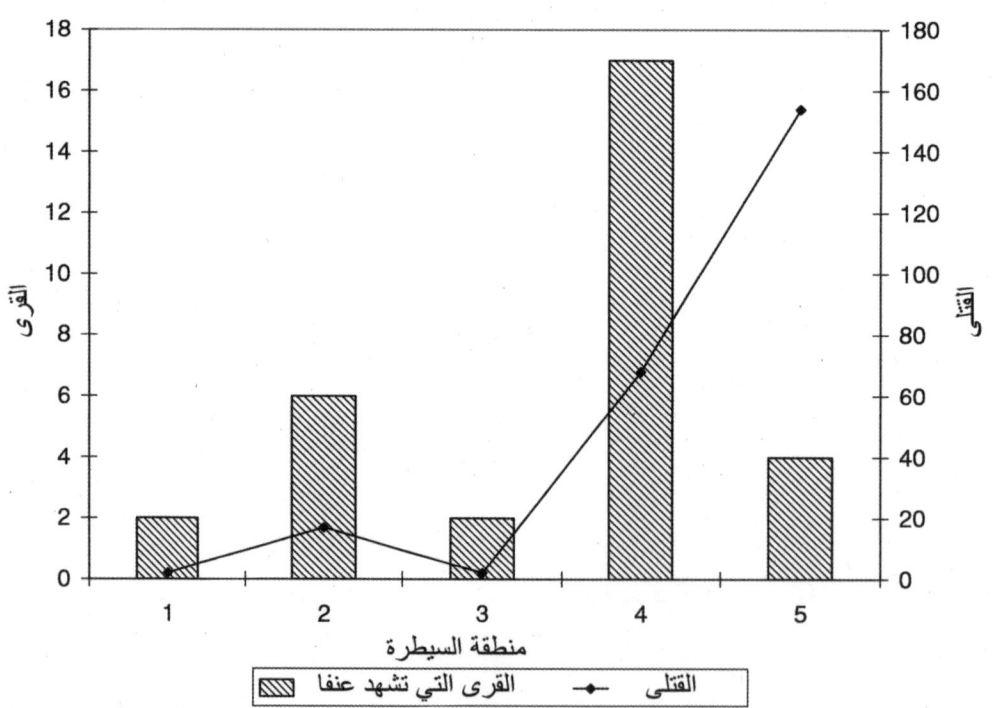

الشكل 8.9. وتيرة وكثافة عنف السلطات العشوائي

7.9. السيطرة: إحصاءات وصفية

استطعت ترميز المستويات المتحولة من السيطرة في أرغوليذا باستخدام معلومات حول الموقع الدقيق للجيشين من عدة مصادر (بروتوكول الترميز موجود في الملحق ب). الجدول 9.6 يقدم متوسط درجات السيطرة لكل مجموعة من القرى للفترات الزمنية الأربعة.

الجدول 9.6. متوسط درجات السيطرة (تجميعة القرى/ الفترة الزمنية)

	$ز_1$	$ز_2$	$ز_3$	$ز_4$	متوسط الدرجة لكل تجميعة قرى
السهل العميق	3.00	2.00	1.00	3.00	2.00
السهل الخارجي	3.73	2.47	1.60	2.47	2.60
التلال الشرقية	3.86	2.00	1.00	2.29	2.29
التلال الغربية	4.80	2.00	1.83	4.00	2.88
السهل الشرقي	5.00	3.67	2.83	1.00	3.83
الجبال	5.00	4.71	3.42	4.60	4.38
متوسط الدرجة لكل فترة زمنية[أ]	4.06	2.89	1.98	3.12	

[أ] تم حسابها بناء على أساس درجات القرى بشكل من فرد، لا تجميعات القرى.

تطوُّر الصراع في أرغوليذا يمكن اختصاره باقتضاب باستخدام مؤشر واحد: متوسط درجات السيطرة للمنطقة كلها بحسب الفترة الزمنية. يُذكر أن مؤشر السيطرة لمحلة محددة يتغير من 1 (سيطرة السلطات الكاملة) إلى 5 (سيطرة المتمردين الكاملة). معظم المنطقة كانت تحت سيطرة المتمردين في $ز_1$ (متوسط درجة السيطرة: 4.06)، واستطاع المتمردون شن هجوم معاكس بنجاح في $ز_2$ (متوسط درجة السيطرة 2.89) وعززوا مكاسبهم في $ز_3$ (متوسط درجة السيطرة: 1.98)، لكنهم بدأوا يتراجعون في $ز_4$ بينما حافظوا على سيطرتهم في الأراضي المنخفضة (متوسط درجة السيطرة: 3.12). بعد مغادرة الألمان في سبتمبر/ أيلول 1944 وتفكك أو مغادرة حلفائهم للمنطقة، وصل متوسط درجة السيطرة في المنطقة إلى 5.

تأثير الجغرافيا على السيطرة واضح: بينما ينتقل الشخص من الأراضي المنخفضة إلى الأراضي المرتفعة، تنتقل السيطرة من السلطات إلى المتمردين. إن العديد من الذين قابلتهم

ما زالوا يحيلون إلى الحرب بحسب موقعهم: «أولئك الذين تحت» (kato) و«أولئك الذين فوق» (pano). ولكن، التفسير الجغرافي المجرد بتأكيده على أهمية «التضاريس الوعرة» على حساب عوامل أخرى قد يخفي التباين الزمني المعتبر بممارسة العنف وقد يؤدي، بذلك، إلى انحياز في التحليل. اتضح أن أرغوليذا كانت مكانًا جيدًا لاختبار النظرية لأن كل مناطق السيطرة ممثلة بأرقام متشابهة تقريبًا (الشكل 9.9)[1].

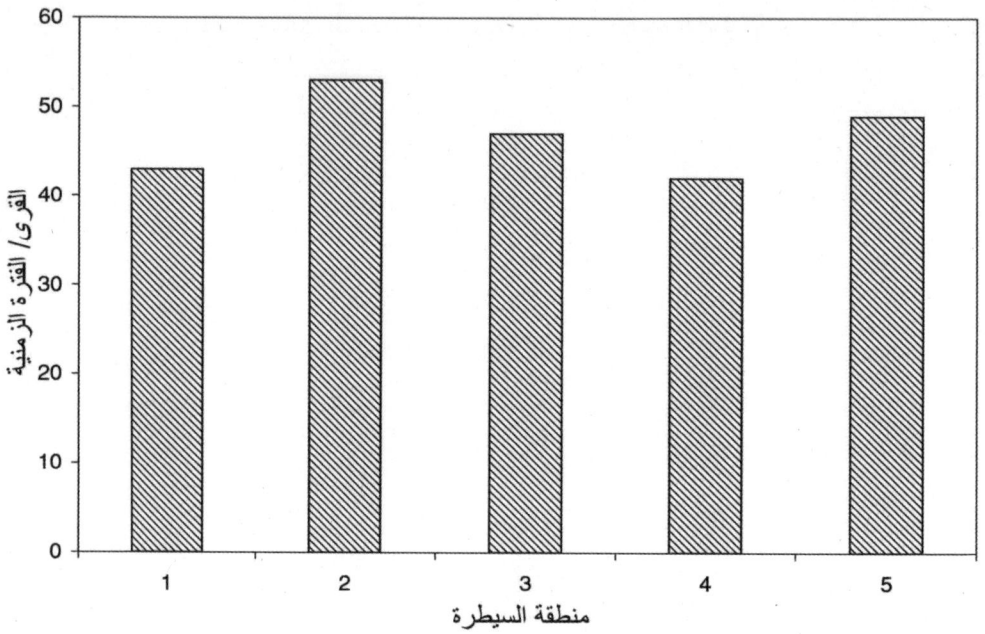

الشكل 9.9. توزيع السيطرة عبر أرغوليذا (القرى - الفترة الزمنية)

من الممكن الآن فحص أنماط التحول بالسيطرة (الجدول 7.9، والأرقام المائلة تشير إلى القرى التي ظلت في نفس منطقة السيطرة)[2]. نتيجة تجريبية من هذا النقاش حول العلاقة بين السيطرة والعنف هي أن المناطق 2 و4 مناطق انتقالية، يتم تعزيز السيطرة فيها «بشكل داخلي»: فحالما يستخدم العنف الانتقائي، وإذا لم نفترض أي تغير خارجي المنشأ، فإن القرى الواقعة هناك ستنتقل إلى مناطق 1 و5 على التوالي. وفي الوقت نفسه، السيطرة

---

(1) تنبؤات النظرية، بالطبع، مستقلة عن تردد مناطق محددة للسيطرة.

(2) بما أنها ليست مضمنة في التحليل، استثنيت فترة ما بعد الحرب مباشرة عندما أصبحت كل القرى تحت سيطرة المتمردين (المنطقة 5).

تنتقل في القرى الواقعة في المناطق 1 و3 و5 ستكون نتيجة صدمات خارجية المنشأ، مثل عمليات عسكرية جديدة.

الجدول 9.7. التحولات في السيطرة

	من المنطقة				
	1	2	3	4	5
إلى المنطقة					
1	38.71	57.41	0.00	0.00	0.00
2	0.00	12.96	91.67	40.00	21.05
3	48.39	41.81	4.17	5.71	0.00
4	9.68	7.41	0.00	14.29	50.00
5	3.23	1.85	4.17	22.86	28.95
0	0.00	5.56	0.00	17.14	0.00

اتضح أن القرى التي كان مسيطرًا عليها من السلطات خلال فترة زمنية محددة (المنطقة 1) كانت غالبًا ستتحول خلال الفترة التي تليها إلى المنطقة 3 (48.39 بالمئة) أو تبقى في المنطقة 1 (38.71). التحول الكبير إلى المنطقة 3 يوضح عملية الانسحاب التدريجي للجيش الألماني في ز$_4$، فقد كانوا أقوياء بما يكفي ليحافظوا على وجودهم في معظم السهل، ولكن غير قادرين على منع الثوار من القدوم كل ليلة تقريبًا. القرى التي كانت مسيطرًا عليها بالكامل من المتمردين تظهر نمطًا شبيهًا: لقد كان بقاؤها تحت حكم المتمردين أقل احتمالية، وفي العديد من الأماكن تم إضعاف هذا الحكم نتيجة لعمليات السلطات (50 بالمئة تحولوا إلى المنطقة 4، و28.95 ظلوا في المنطقة 5). القرى التي «تشارك» بها الجانبان السلطة (المنطقة 3) كانت بالأغلبية الراجحة ستتحول إلى المنطقة 2 (91.76)، مما يعكس التوغل العسكري للألمان و«ألوية الأمن» إلى مناطق المتمردين في ز$_2$. وأخيرًا، القرى في المناطق ذات السيطرة المهيمنة غير المكتملة (2 و4) تظهر نمطًا مثيرًا للاهتمام. كما هو متوقع، أكثر من نصف القرى في المنطقة 2 ينتقل إلى المنطقة 1 في الجولة التالية (57.41 بالمئة)، و12.96 بالمئة يبقى في المنطقة 2، و14.81 ينتقل إلى المنطقة 3. وعلى العكس، فقط 22.86 بالمئة من القرى في المنطقة 4 تنتقل إلى المنطقة 5، و14.29 بالمئة تبقى في المنطقة 4، بينما تنتقل نسبة مدهشة قدرها 40 بالمئة إلى المنطقة 2.

هذه الأنماط يمكن تلخيصها وتفسيرها كالتالي. أولًا، الانتقال من أحد أطراف السيطرة إلى الآخر (من 1 إلى 5 أو 5 إلى 1) لا يوجد تقريبًا. بوضوح، عملية الانتقال الكلي من أحد الأطراف السائدة إلى الأخرى تدريجي وبطيء وقد يكون عنيفًا. ثانيًا، عملية التعزيز «الداخلي» للحكم (الانتقال من 2 إلى 1 و4 إلى 5) أقل حضورًا مما هو متوقع (وأكثر وضوحًا لدى السلطات عما هو عليه لدى المتمردين). هذا النمط يوضح الحالة العسكرية المحددة على الأرض، وتحديدًا هجوم الألمان في الصيف، والذي أزال الثوار من المنطقة وأتاح تعزيز سيطرة السلطات. بالعلاقة مع هذه السمة نجد عدم استقرار المنطقة 3، فمعظم هذه القرى تتحول إلى المنطقة 2. أخيرًا، العنف الانتقائي يبدو أنه «يعمل» بشكل أفضل للسلطات بالمقارنة مع المتمردين، فقد استطاعوا تعزيز حكمهم بنسبة أعلى (57.41 بالمئة من القرى في المنطقة 2 تحولت إلى المنطقة 1)، بينما، على العكس، فشل المتمردون في تحقيق نتيجة مشابهة و«خسروا» معظم القرى رغم اعتمادهم على العنف (40 بالمئة من القرى في المنطقة 4 تتحول إلى المنطقة 2 مقابل 22.86 بالمئة إلى المنطقة 5).

هذا الاختلاف يوضح تأثير الصدمات خارجية المنشأ، أي البعد العسكري للحرب أثناء صيف عام 1944. فبينما تم دفعهم إلى الجبال، كان الألمان وحلفاؤهم قادرين على إبقاء الثوار بعيدين، وعززوا الحكم في القرى المحتلة حديثًا. في الوقت نفسه، كان الثوار يقاتلون ما بدا أنه، بأثر رجعي فقط، معركة يائسة، فقد نجح العنف فقط ما دامت السلطات لم تتقدم للأعلى، وعندما فعلت ذلك؛ لم يمنع العنف الانتقائي تقدمهم، وحال دخول السلطات إلى قرية ما، كان يحين دورهم في استخدام العنف الانتقائي لتعزيز سيطرتهم. بكلمات أخرى، العنف الانتقائي سلاح يعزز ويدعم الحكم ما دامت السيطرة لا تجابه بشكل مباشر من النشاطات العسكرية للخصم. استخدام القوة العسكرية المركز («الغزو») من أحد الفاعلين ينتصر على الاستخدام الاستراتيجي للعنف من الطرف الآخر. ولكن، المشكلة بالنسبة للقادة العسكريين هي أن هذا المورد محدود. حالما نقل الألمان جنودهم خارجًا، عاد الثوار وتم تعزيز مصداقيتهم بالاستخدام السابق للعنف مترافقًا مع انسحاب الألمان. حالة أرغوليذا تظهر، بما يتسق مع النقاش في الفصل الخامس، أن الحروب غير النظامية تستدعي خليطًا حكيمًا من القوة العسكرية المباشرة والعنف الانتقائي. القادة العسكريون يجب أن يظهروا المهارة بحشد مواردهم القليلة، فالقرارات حول أين ومتى يجب تحريك القوات لتضخيم فعاليتها بالشكل الأقسى، وأي الممرات الاستراتيجية يجب قطعها، هي قرارات حاسمة. هذا يعني

أن «قدرة الدولة»، المفهوم الذي يظهر في عدة دراسات عابرة للأوطان في الحروب الأهلية، وعادة باستخدام الناتج المحلي الإجمالي للفرد كمؤشر (مثلًا: Fearon and Laitin 2003) قد تكون جافة للغاية لاستخدامها من أجل تحليل ديناميات الحرب، ولذلك ستفشل في إدراك ما هو الفن بالغ الرقة من الاستخدام الفطن للموارد العسكرية المحدودة.

8.9. الدليل الكمي

الطريقة الأكثر مباشرة لتقييم نظرية العنف الانتقائي هي مقارنة تنبؤاتها مع الملاحظات الفعلية. هنا، تصبح أهمية متغير السيطرة هي الأكثر بروزًا، لأنها تكمم بوضوح العلاقة بين الجغرافيا والعنف. للبدء، يشير الشكل 10.9 إلى صلة واضحة بين العنف الانتقائي والسيطرة، وهي صلة كانت مختبئة تمامًا في الأنماط الجغرافية. المتمردون يقتلون بشكل أساسي في المنطقة 4 بينما تقتل السلطات في المنطقة 2، وهناك عنف أقل في المناطق 1 و3 و5، والعنف الانتقائي المحدود في المنطقة 1 و5 يقوم به في الأغلبية الساحقة السلطات والمتمردون على التوالي. بشكل مثير للاهتمام، كل العنف في المنطقة 3 هو ناتج لنشاطات المتمردين. طريقة مختلفة لإظهار العلاقة بين العنف والسيطرة يقدمها الشكل 11.9، والذي يظهر توزيع العنف عبر مناطق السيطرة، ليكون جنبًا لجنب مع الشكل 6.7 الذي يرسم توقعات النظرية.

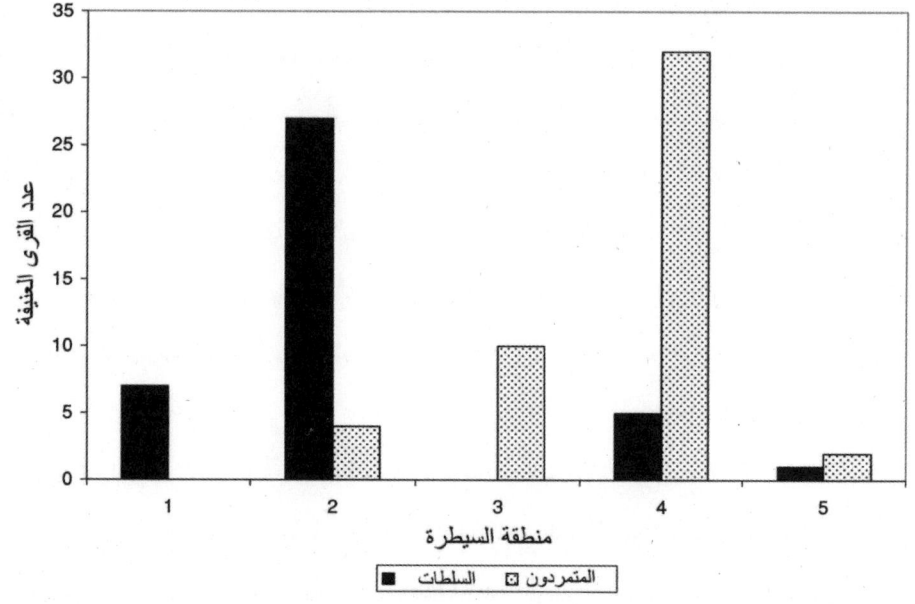

الشكل 10.9. العنف الانتقائي بحسب منطقة السيطرة والفاعل

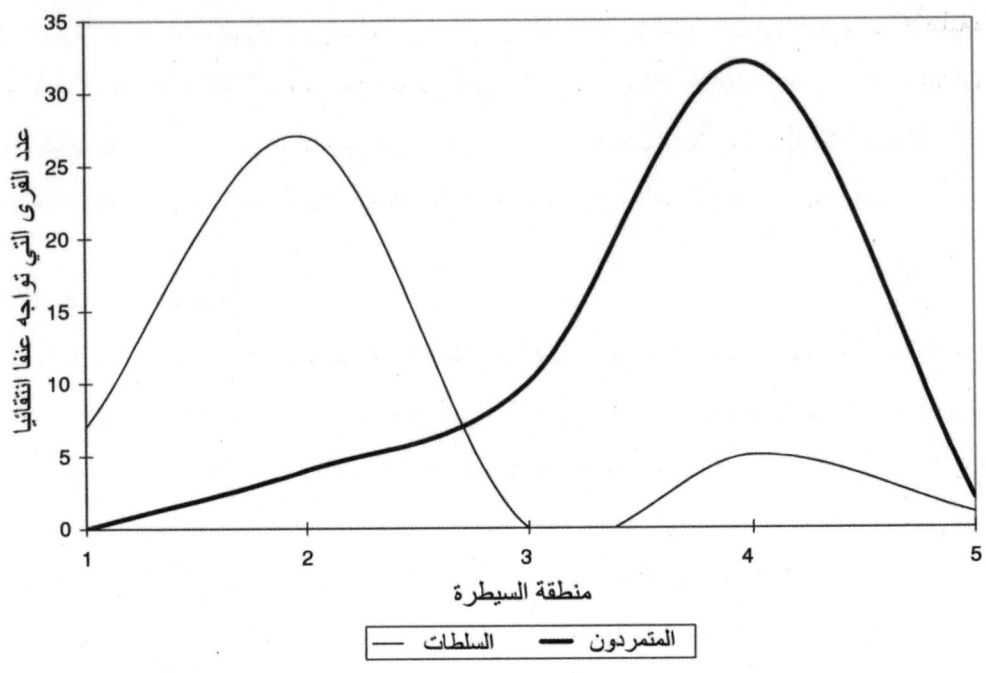

الشكل 11.9. توزيع العنف الانتقائي عبر مناطق السيطرة

الشكل 11.9 مفيد تحديدًا لأنه يظهر أنه، رغم أن العنف من الجانبين مختلف بعدة جوانب أساسية، إلا أن الشكل الكلي هو نفسه. السلطات تميل لاستهداف قرى أقل في المنطقة 2 مما نتوقع بناء على النظرية، في حين أن المتمردين أكثر شمولية بالعنف في المنطقة 4، وعنفهم يستهدف بعض القرى في المنطقة 3. أيضًا، السلطات أكثر عنفًا في المنطقة 1 أكثر من المنطقة 5. هذه الأنماط تعكس حقيقة أن المتمردين لديهم وصول أفضل إلى المعلومات المحلية، وكانوا أكثر مصداقية بتهديداتهم، وأكثر إقناعًا، وأقدر على استخراج السلوك المتجنب للعنف من المتعاطفين معهم. هذا النمط متسق مع هوية الفاعلين، قوات الاحتلال ومقاومة السكان. السلطات كانت بشكل أساسي من الأجانب ذات صلات قليلة ومتأخرة نسبيًا بالمنطقة، بينما كان المتمردون أقدر على بناء قاعدة محلية قوية. باختصار، التوزيع المكاني للعنف يعكس أبعادًا استبعدتها النظرية صراحة (مثلًا: هوية الفاعلين السياسيين، والتنظيم، والأيديولوجيا)، إلا أن النظرية توضح المنطق الجوهري للعنف. هذا يشير إلى أن النظرية قادرة على استيعاب السمات المتباعدة للفاعلين المسلحين. بصيغة أخرى، بينما يمكن لنظرية عن الفاعلين

السياسيين أن تسهب وتصقل التوقعات التي وضعتها نظرية العنف الانتقائي، إلا أن نظرية العنف الانتقائي متطلب سابق ضروري حول أي نظرية للفاعلين السياسيين.

الشكل 12.9 يجعل هذا التوزيع طبيعيًا، بتضمينه نسبة القرى بمنطقة سيطرة معينة والتي واجهت عنفًا انتقائيًا، وهي تظهر الأنماط نفسها دون تغيير. «التناسب» الكلي للتوقعات التجريبية للنظرية والملاحظات التجريبية يمكن رؤيته في الأشكال 13.9 و14.9. ورغم أنها ليست كاملة، إلا أن التوقعات تظهر النمط المتوقع. أخيرًا، الأشكال 15.9-18.9 تظهر علاقة السيطرة والعنف على خريطة أرغوليذا للفترات الزمنية الأربعة.

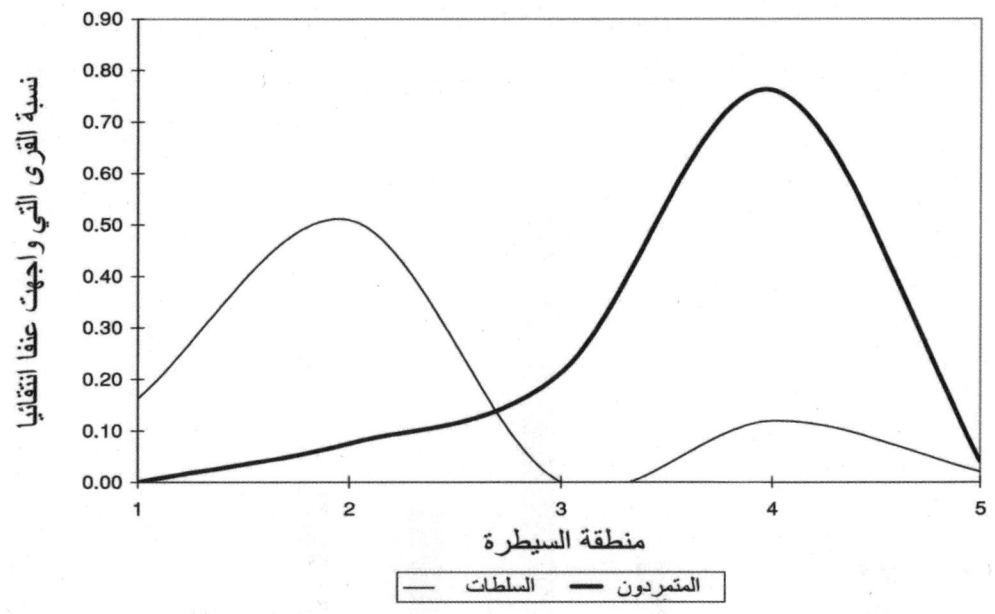

الشكل 12.9. التوزيع النسبي للعنف الانتقائي عبر مناطق السيطرة

حتى الآن، كان الاختبار ثنائي المتغيرات. سأنتقل الآن إلى ظروف متعددة المتغيرات لاختبار تأثير السيطرة على العنف الانتقائي بالتحكم في مجموعة من العوامل الأخرى. لمعالجة الإشكالات حول النشأة الذاتية للسيطرة عن العنف، فككت الحرب إلى أربع فترات زمنية، وبذلك أسست 244 ملاحظة للقرية- الفترة الزمنية، ثم أجريت تحليل انحدار لكل فترة زمنية من هذه الفترات[1]. هذا التقسيم لفترات زمنية مبني على التحولات الخارجية

---

(1) هذا يفترض أن الفترات الزمنية مستقلة عن بعضها البعض، وفي الواقع لم تكن هذه الحالة دائمًا. إنني أناقش هذا بقسم التنبؤات الخاطئة.

بالسيطرة، مثل أن دخول السلطات إلى السهل الخارجي والتلال في نهاية مايو/أيار من عام 1944 كان مؤشرًا لبداية الفترة الزمنية $ز_2$. كل فترة زمنية تبدأ بتاريخ محدد. الفترة الزمنية الجديدة تتضمن ثلاثة أوضاع محتملة من حيث السيطرة: درجة السيطرة تتغير «خارجيًا» بسبب «غزو» عسكري، أو «داخليًا» بسبب استخدام العنف الانتقائي أثناء الفترة الزمنية السابقة، أو تبقى على حالها دون تغير. درجة السيطرة تظل ثابتة طيلة الفترة الزمنية، بينما تتبع حالات القتل زمنيًا أي تغير في السيطرة. تصميم البحث يتيح كذلك معالجة تخوفات النشأة الذاتية عبر عملية تعقب عملياتي نوعية. الدليل يؤكد أن العنف في فترة زمنية معينة يتبع زمنيًا فرض نظام للسيطرة في بداية هذه الفترة، رغم أنه قد يؤثر على السيطرة في الفترة اللاحقة. التبليغات، رغم أنه لا يمكن قياسها أو رصدها بشكل مباشر، فيبدو أنها تتبع تحولات السيطرة أيضًا بالطريقة المتوقعة.

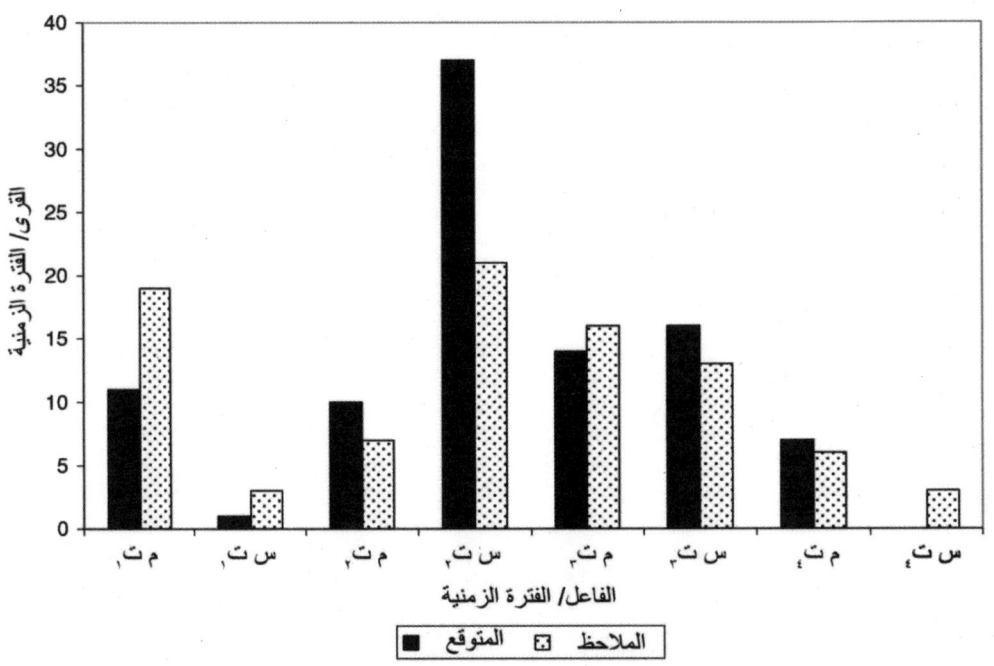

الشكل 13.9. العنف المتوقع مقابل الملاحظ (م= المتمردون، س= السلطات)

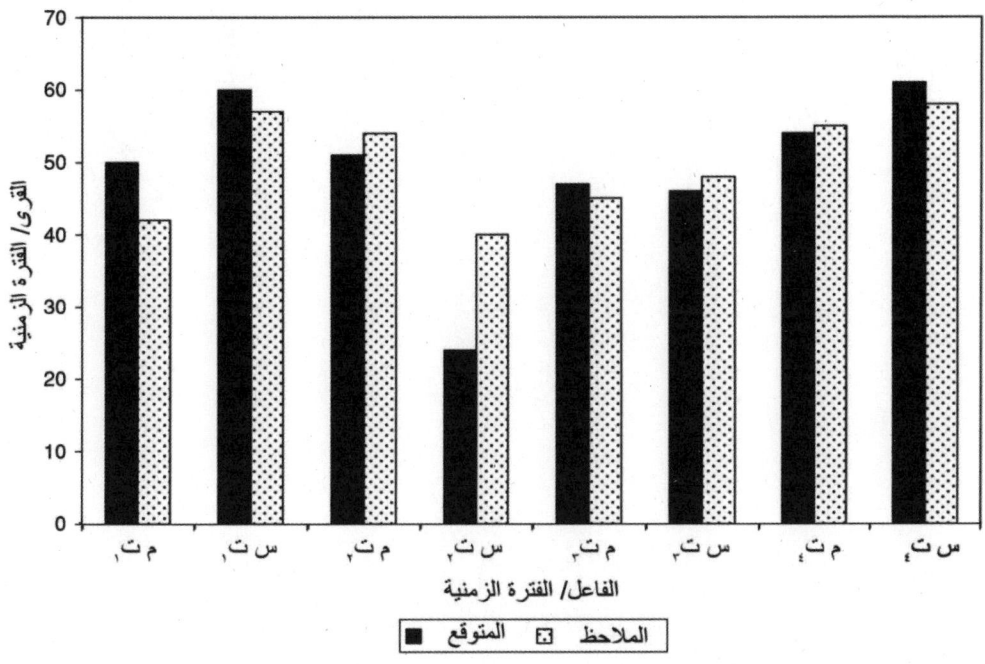

الشكل 14.9. عدم العنف المتوقع مقابل الملاحظ (م= المتمردون، س= السلطات)

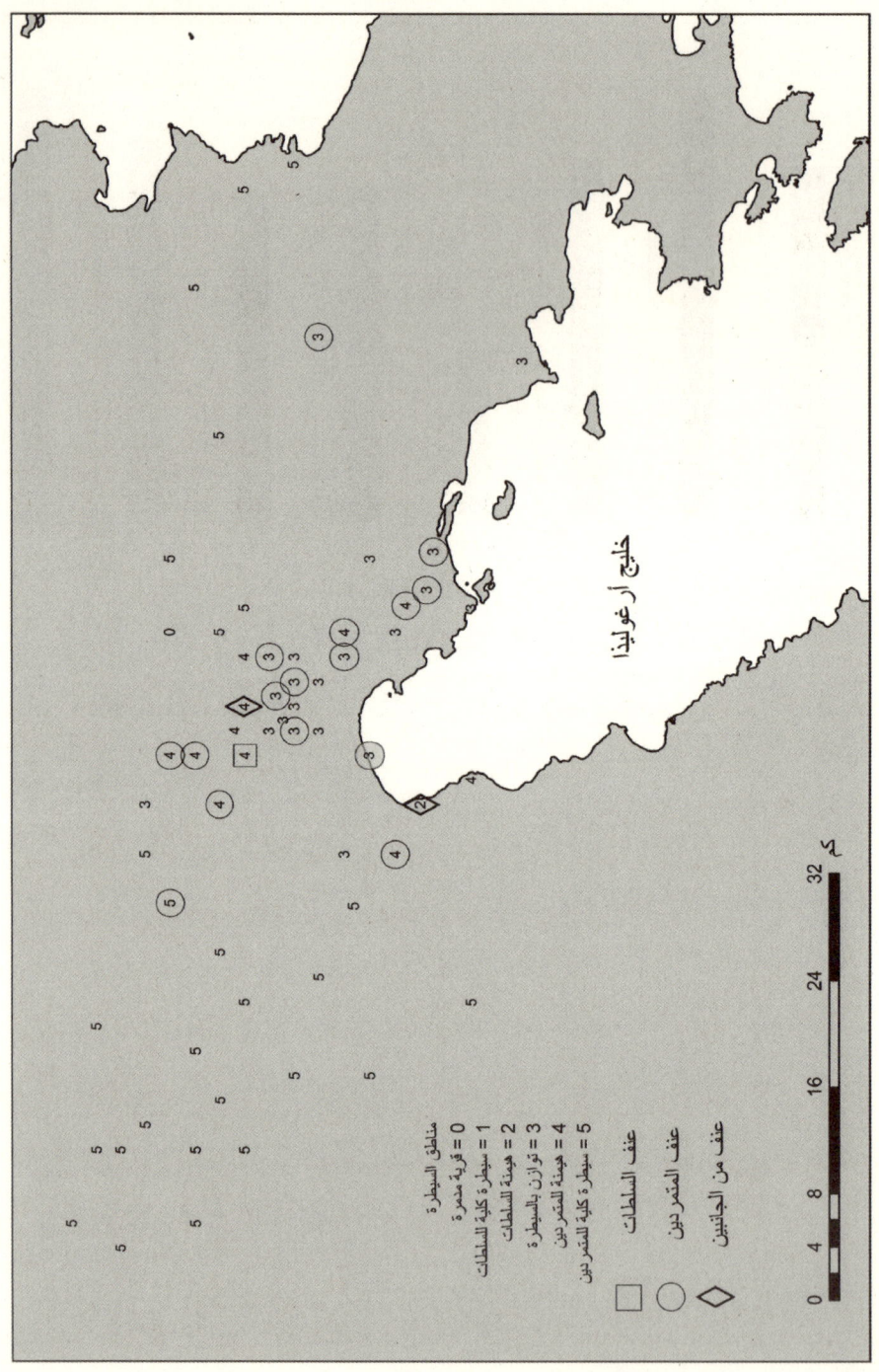

الشكل 15.9. العنف والسيطرة، سبتمبر/ أيلول 1943– 15 مايو/ أيار 1944 ($ز_1$)، أرغوليذا، اليونان

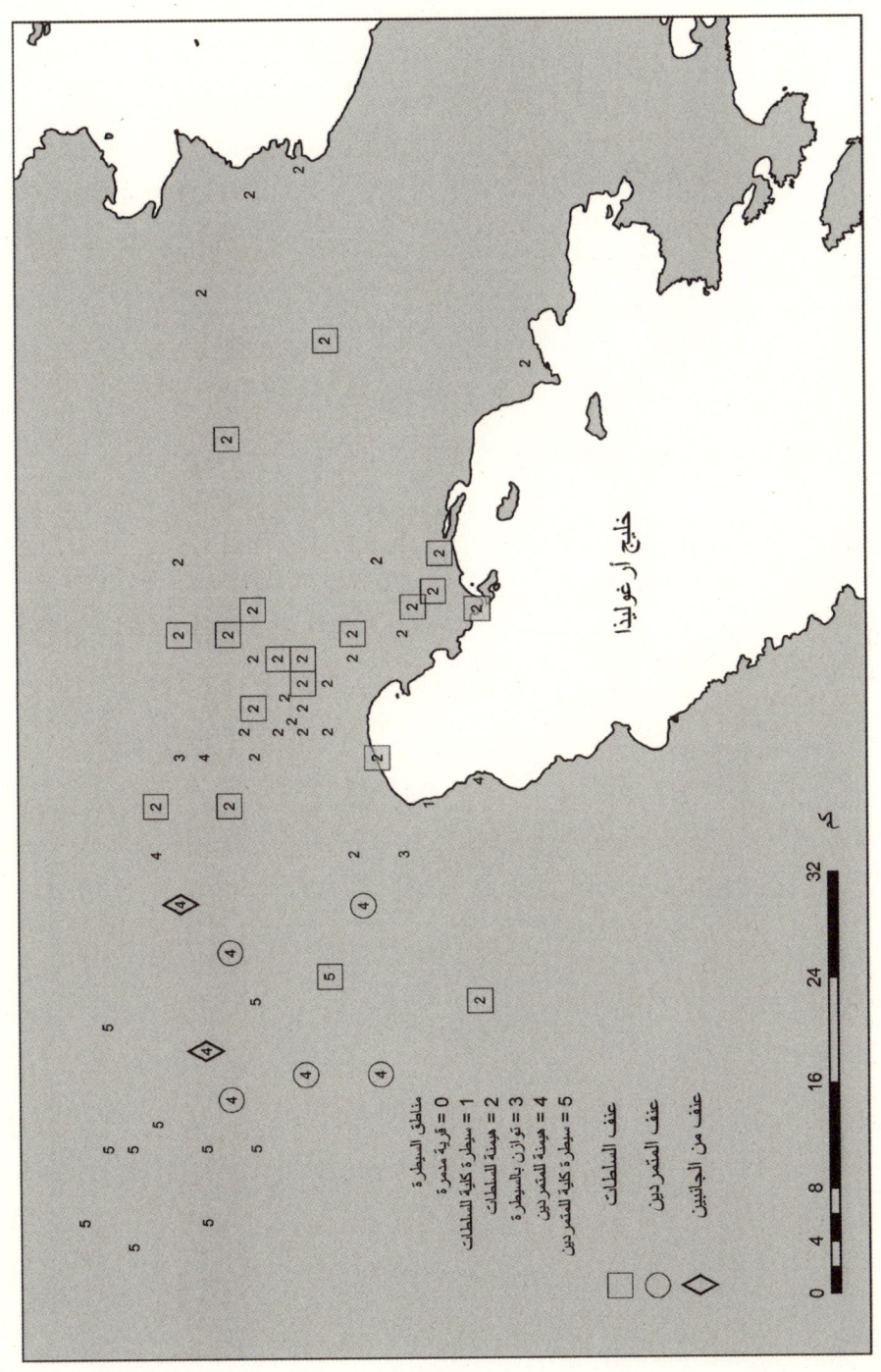

الشكل 16.9. العنف والسيطرة، 15 مايو/ أيار 1944- 30 يونيو/ حزيران 1944 (ز$_2$)، أرغوليذا، اليونان

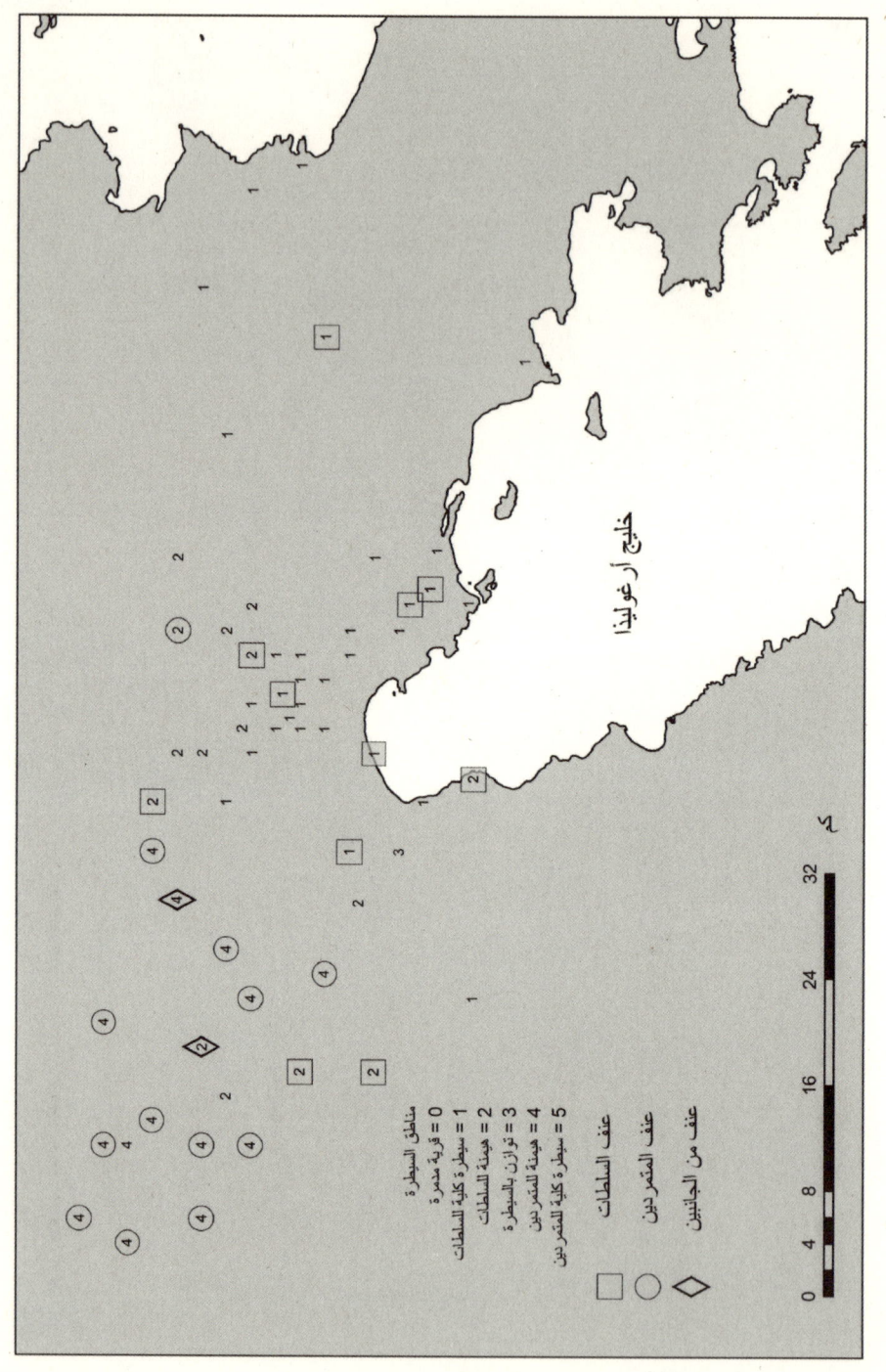

الشكل 17.9. العنف والسيطرة، 1 يوليو/ تموز 1944- 1 أغسطس/ آب 1944 (ز3)، أرغوليذا، اليونان

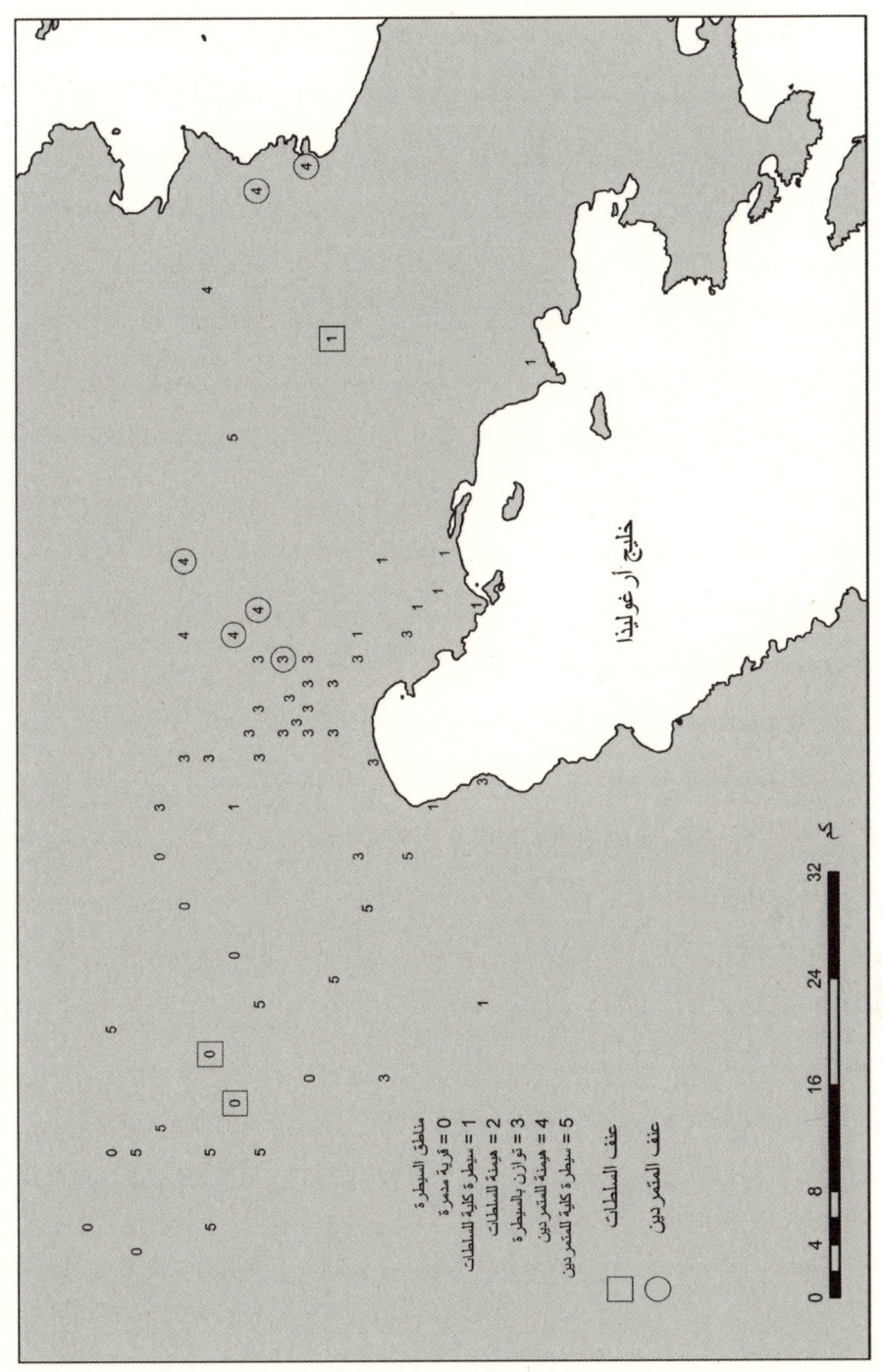

الشكل 18.9. العنف والسيطرة، 1 أغسطس/ آب 1944- 1 سبتمبر/ أيلول 1944 (ز₄)، أرغوليذا، اليونان

الاختبار متعدد المتغيرات الأول يتكون من مجموعات من تحليلات الانحدار اللوجستية (Logistic Regression) لتقدير محددات **تردد** العنف الانتقائي. إنني أستخدم متغيرًا تابعًا ثنائي التفرع: هل يوجد عنف في قرية ما أم لا، بناء على قتيل واحد كنقطة للتحديد. عتبة القتيل الواحد مبررة نظريا: إذا استخدم العنف لتوليد الخضوع، فإن القتيل الواحد يحقق هذا المتطلب نظرًا لحجم هذه القرى وكثافة التواصلات بين السكان، إلا أن الجانب السلبي، بالطبع، هو أن هذه العتبة قد تكون جلبة كذلك (بالخطأ، أو ما إلى ذلك). لمعالجة هذه المشكلة، أجريت مجموعة ثانية من تحليلات انحدار من نوع «المربعات الصغرى العادية» (OLS regression) لتقدير **شدة** العنف الانتقائي، مرمزة بعدد الضحايا بكل قرية [1]. المتغير التفسيري الرئيسي هو متغير صوري (dummy variable) قيمته واحد عندما تقع القرية في المنطقة 2 أو 4[2]. متغيرات السيطرة تتضمن التالي: عدد سكان القرية (كما تم إحصاؤها بإحصاء عام 1940- باللوجاريتم)؛ المستوى التعليمي (تم قياسه بكونه نسبة عدد الأطفال الذين يذهبون إلى المدارس الثانوية خلال 1937-1939 بالنسبة لعدد الأفراد)، بهدف تحديد مجموعة من التأثيرات المحتملة بكلا الجانبين، بما في ذلك تأثيرات المدنيين (Elias 1994 أو الاعتدال السياسي (Paxson 2002)، والذي قد يقلل العنف ويرفع التوقعات (Gurr 1970 أو التطرف السياسي (Krueger and Maleckova 2002)، الذي قد يزيده؛ الارتفاع (الأمتار باللوجاريتم) بهدف تحديد التضاريس الوعرة، التي قد يكون لها تأثير إيجابي على العنف نظرًا لأن التمردات تقع على الأرجح في مناطق كهذه (Fearon and Laitin 2003; Tong 1988)؛ والبعد عن البلدة الأقرب (دقائق السفر باللوجاريتم من أقرب بلدة عام 1940)، بهدف تحديد القدرة الجغرافية للجانبين على الوصول إلى محلة معينة وتوفير الفرص والعقوبات بشكل معقول (Tong 1988)؛ المحاكمات (المجموع الكلي للمحاكمات في المحاكم المدنية والجزائية بالمنطقة خلال فترة 1935-1939، باللوجاريتم)، بهدف تحديد الميل للصراع

---

(1) التقديرات اللوجستية لم يكن من الممكن تحصيلها للفترة الزمنية $ز_2$ بسبب مشكلة «الخلية صفر» (المتغير الصوري للسيطرة بتنبؤ الفشل بشكل مثالي).

(2) اخترت تقريب نماذج كل العنف لرفع عدد مرات الرصد. تفسير المتغير الصوري للمناطق 2 و4 يفترض، بالطبع، أن السلطات تقتل في المنطقة 2 والمتمردين في المنطقة 4، وهي الحالة دائمًا (انظر قسم التنبؤات الخاطئة لمناقشة العنف على يد «الفاعلين الخطأ»). أيضًا، قدرت نماذج منفصلة لعنف السلطات والمتمردين مستخدمًا متغيرات صورية بالنسبة للمناطق 2 و4، والنتائج تنطبق.

وغياب رأس المال الاجتماعي، الذي يجب أن يقلل العنف (Vasrshney 2002)؛ وحامل بمقياس تراتبي للناتج المحلي الإجمالي من ثلاثة درجات، بهدف قياس الثروة وتكاليف الفرصة (Collier et al. 2003)[1]. الجدول ب. 3 في الملحق ب يسرد المتغيرات المستقلة المستخدمة في الاختبارات متعددة البيانات. النتائج ترد في الجدولين 8.9 و9.9.

الجدول 9.8. تردد العنف (عدد القرى العنيفة لكل فترة زمنية): تحليلات انحدار لوجستية

المتغير التابع: العنف الانتقائي (عدد الجرائم)	ز1	ز3	ز4
مناطق السيطرة 2 و4 (الصوري: 1 عندما تكون منطقة السيطرة 2 أو 4)	1.71**	2.25**	4.21***
	(0.85)	(1.22)	(1.27)
	(0.045)	(0.066)	(0.001)
عدد السكان (1940) (لوجاريتم)	0.81*	0.62	0.77
	(0.49)	(0.58)	(0.73)
	(0.094)	(0.290)	(0.290)
المستوى التعليمي (طلاب المدارس الثانوية بالنسبة لعدد السكان)	0	0.42	0.86
	(0.59)	(0.33)	(0.55)
	(0.997)	(0.212)	(0.111)
الارتفاع (م) (لوجاريتم)	0.035	0.34	0.16
	(0.30)	(0.33)	(0.70)
	(0.905)	(0.295)	(0.813)
البعد عن أقرب بلدة (بالدقائق) (لوجاريتم)	0.095-	0.69-	0.62
	(0.76)	(0.83)	(2.09)
	(0.213)	(0.407)	(0.765)
النزاع الاجتماعي (المحاكمات بالنسبة لعدد السكان خلال أعوام 1935- 1939) (لوجاريتم)	0.23	0.06-	0.32
	(0.034)	(0.47)	(0.56)
	(0.487)	(0.897)	(0.560)

(1) المتغير الكبير الوحيد الذي فشلت بتضمينه هو مقياس للاستقطاب السياسي. لسوء الحظ، النتائج الانتخابية ما قبل الحرب مجمعة للغاية أكثر مما يسمح بمؤشر على مستوى القرية للاستقطاب. ولكن، كان هناك تباين قليل في النتائج الانتخابية قبل الحرب.

حامل للناتج المحلي الإجمالي (متغير تراتبي، القرية الأغنى=3)	016.-	0.63-	0.15
	(0.61)	(0.55)	(0.55)
	(0.978)	(0.251)	(0.863)
الثابت	1.22-	2.66-	0.230
	(4.76)	(4.24)	(9.64)
	(0.797)	(0.530)	(0.88)
عدد مرات الرصد	61	61	61
معامل التحديد (R Squared)	0.210	0.266	0.378
الاحتمال > كي2 (Prob > chi2)	0.151	0.030	0.001

ملاحظة: الأخطاء المعيارية الراسخة وقيم الاحتمالات (p) الموجودة بين معترضين: * $p < 0.10$، ** $p < 0.05$، *** $p < 0.01$ (اختبار ثنائي الذيل)

الجدول 9.9. شدة العنف (عدد القرى العنيفة لكل فترة زمنية): تحليلات انحدار مربعات صغرى عادية

المتغير التابع: العنف الانتقائي (عدد الجرائم)	ز1	ز2	ز3	ز4
مناطق السيطرة 2 و4 (الصوري: 1 عندما تكون منطقة السيطرة 2 أو 4)	*1.29	***3.62	**3.28	***10.06
	(0.66)	(1.06)	(1.39)	(3.54)
	(0.056)	(0.001)	(0.022)	(0.006)
عدد السكان (1940) (لوجاريتم)	0.24	**1.28	*1.42	1.05
	(0.22)	(0.59)	(0.73)	(0.81)
	(0.27)	(0.034)	(0.056)	(0.198)
المستوى التعليمي (طلاب المدارس الثانوية بالنسبة لعدد السكان)	0.11-	0.37	0.38	0.52
	(0.21)	(0.52)	(0.42)	(0.46)
	(0.600)	(0.477)	(0.365)	(0.257)
الارتفاع (م) (لوجاريتم)	0.22-	***0.96	**0.63	0.51
	(0.22)	(0.28)	(0.33)	(0.49)
	(0.335)	(0.001)	(0.044)	(0.298)

البعد عن أقرب بلدة (بالدقائق)	0.36	0.36	*1.47-	0.14
(لوجاريتم)	(0.62)	(0.68)	(0.76)	(0.53)
	(0.561)	(0.597)	(0.066)	(0.789)
النزاع قبل الحرب (المحاكمات	0.11	**0.67-	0.47-	0.69
بالنسبة لعدد السكان خلال أعوام	(0.17)	(0.33)	(0.48)	(0.43)
1935- 1939) (لوجاريتم)	(0.513)	(0.046)	(0.334)	(0.110)
حامل للناتج المحلي الإجمالي	0.32	0.09-	**1.13-	0.61
(متغير تراتبي، القرية الأغنى=3)	(0.36)	(0.42)	(0.50)	(0.46)
	(0.379)	(0.815)	(0.028)	(0.192)
الثابت	2.09.-	17.65-	3.46-	9.11-
	(2.96)	(6.7)	(5.58)	(7.17)
	(0.485)	(0.011)	(0.538)	(0.209)
عدد مرات الرصد	61	61	61	61
معامل التحديد (R Squared)	0.265	0.372	0.328	0.543
الاحتمال > كي تربيع (Prob > chi2)	0.0258	0.0172	0.0062	0.1357

ملاحظة: الأخطاء المعيارية الراسخة وقيم الاحتمالات (p) الموجودة بين معترضين: * 0.10 > p ، ** 0.05 > p، *** 0.01 > p (اختبار ثنائي الذيل)

كل من تحليلي الانحدار هذين يؤكد على أهمية السيطرة كمحدد للعنف، وتحديدًا في الاتجاه الذي وضعت فرضياته النظرية [1]. السيطرة المهيمنة غير المكتملة تمثل عاملاً تنبؤيًا ممتازًا لكل من تردد وحدَّة العنف. من بين المتغيرات المستقلة الأخرى المستخدمة، يبدو أن بعضها ذو أهمية نسبيًا ببعض الظروف والفترات الزمنية، ولكن لا يوجد أي منها ذو أهمية بشكل متسق، وإشارات مكافآتها تتغير مع الفترات الزمنية. هذه النتائج ثابتة مع كل أنواع التحديدات البديلة ومقاومة لمجموعة من الاختبارات الفاحصة [2]. بشكل مثير للاهتمام،

(1) باستثناء النموذج لـ $ز_1$، بتحليل التردد، الواقع قليلًا خارج الفترة الزمنية الكبيرة (الاحتمال > كي تربيع = 0.151)، فكل النماذج الأخرى ذات أهمية.

(2) قدرت كذلك نماذج ثنائية الحدين واستخدمت تجميعات مختلفة من المتغيرات المستقلة، بشكليها: اللوغاريثمي وغير اللوغاريثمي. إضافة لذلك، أجريت فحوصًا موسعة لأرى ما إن كانت الإحصاءات متأثرة بنواشز (وهي ليست كذلك). إضافة لذلك، لا يوجد اعتماد على الزمن، فالسيطرة في فترة زمنية لا تتنبأ بالعنف في الفترة التي تليها، سواء وحدها أو بنموذج يتضمن السيطرة للفترة الزمنية نفسها مع العنف (السيطرة في $ز_1$ تتوقع العنف في $ز_2$ لكن هذا التأثير يختفي عندما يتم تضمين السيطرة للفترة نفسها).

التلاؤم التنبؤي للنظرية يتوافق مع الفترة الزمنية، مما يشير لترابط أشد بين السيطرة والعنف. إضافة لذلك، تأثير السيطرة على شدة العنف يتوافق مع الفترة الزمنية، فهناك تزايد بعشرة أضعاف من ز$_2$ و ز$_3$ إلى ز$_4$: الانتقال من المناطق 1 و3 و5 إلى 2 و4 يؤدي إلى سبعة وفيات أكثر، رغم أن العدد الكلي لضحايا العنف الانتقائي هو النصف تقريبًا بالمقارنة مع مثيله في ز$_3$. هذه النتيجة تشير إلى ميل تصعيدي بالعنف مع مزيد من «المعايرة»، قد تكون نتيجة التعلم من الفاعلين. هذا النمط متسق مع عملية التنافس بين الفاعلين بمحاولة زيادة مصداقية عقوباتهم. أخيرًا، تظهر البيانات أنه في كل الحالات إلا قليلًا، الفاعل الذي ينتج العنف هو الفاعل الذي توقعته النظرية (أي، السلطات تقتل في المناطق 1 و2، والمتمردون في 4 و5).

معًا، يقدم التحليل التجريبي دعمًا قويًا للفرضيات الخمسة. أولًا، هناك تراجع واضح للعنف العشوائي للسلطات مع ارتفاع بالعنف الانتقائي. إضافة لذلك، تتماسك الصلة بين العنف العشوائي والمعلومات، فالعنف العشوائي يميل للحصول حيث تكون المعلومات منخفضة ويستخدم من فاعلين لا يملكون الوصول إلى المعلومات المحلية. ثانيًا، هناك تراجع واضح بالعنف الانتقائي عندما ترتفع درجة السيطرة لتصل إلى السيادة الكاملة. ثالثًا، لا يوجد تقريبًا عنف انتقائي في المناطق التي يمارس بها الفاعل سيطرة منخفضة أو لا يوجد سيطرة. رابعًا، العنف الانتقائي يميل للظهور ضمن السيطرة المهيمنة غير المكتملة. خامسًا، هناك عنف انتقائي قليل في مناطق التكافؤ. بمصطلحات أكثر عمومية، هذه النتائج تدعم الإطار المفاهيمي للعنف الانتقائي كعملية مشتركة بين فاعلين عقلانيين، وإن كانوا قصيري النظر. إن النتائج تشير إلى أن الناس تأخذ قرارات بناء على تقديرات مبالغ فيها باستقرار السيطرة.

في الوقت نفسه، التحليل يثبط عددًا من النظريات البديلة. يذكر أن أطروحة التفكك تتوقع علاقة إيجابية بين درجة تفكك السلطة وشدة العنف. وتظهر البيانات أنه، في أرغوليذا، كان العنف منخفضًا عندما كانت السيادة بأشد الحالات انقسامًا والسلطة بأشد الحالات تنازعًا (المنطقة 3). أما بالنسبة للعنف العشوائي، فالفاعلون لم يرتكبوه عندما كانت السلطة تحت النزاع، وإنما عندما كانت السلطة بيد الطرف الخصم. فرضية الاعتداء ليست مدعومة كذلك، فرغم أن جنود السلطات أكثر عشوائية مقارنة مع السلطات، إلا أنها عنيفة بقدرها تقريبًا، بما يتناقض مع تنبؤات الفرضية. صيغة القروسطية من فرضية تقنية الحرب، التي تتوقع مزيدا من العنف من جنود أقل احترافية، فشلت كذلك بشكل مشابه في أن تتلقى دعمًا. كلا النظريتين تصيبهما فكرة تكافؤ الوحشية بين السلطات والمتمردين في مقتل: الأولى تناقضها حقيقة أن المتمردين قتلوا بقدر ما

قتلت السلطات، والثانية تناقضها حقيقة أن السلطات، الذين ينشرون مزيدًا من الجنود المحترفين، قتلوا بقدر ما قتل المتمردون. غياب العنف عن مناطق القوة المتساوية يتناقض كذلك مع المنطق الضمني لفكرة [السوسيولوجي الأمريكي] روجر جولد (Gould 2003)، وهي أن الصراع والعنف أكثر احتمالية عندما تكون السلطة بين الأحزاب متساوية [1]. بشكل مشابه، يشير التحليل إلى أن العنف (انتقائيًا أو عشوائيًا) لا يمكن توقعه بناء على مستويات رأس المال الاجتماعي أو الصراع كما يظهر بالمحاكم، أو درجة التعليم والثروة، أو موقع القرية بالنسبة إلى البلدات أو التضاريس الوعرة. رغم أن فشل التضاريس الوعرة في عملها كعامل تنبؤي للعنف لا ينتقص من قيمتها التنبؤية الضمنية فيما يتعلق باندلاع تمرد ما، إلا أن النتيجة تشير إلى علاقة أكثر دقة بين الجغرافيا والعنف. إضافة لذلك، فرغم أن الاستقطاب الاجتماعي له دور على الأرجح في تفسير كيفية تطور الصراعات، إلا أنه يقوم بدور سيئ في تفسير تباين العنف بهذا السياق المحدد. تذكر أيضًا أن أطروحة العرضة للعنف تتوقع أن يحصل مزيد من العنف عندما يكون الفاعلون أكثر عرضة للعنف، بينما تتوقع «المعضلة الأمنية» أن العنف سيحصل لأن الفاعلين يهاجمون استباقيًا داعمي بعضهم البعض عندما يجدون أنفسهم متقاربين أو على وشك أن يتم التغلب عليهم. هناك نوع ما من التكافؤ بالملاحظات بين الفرضيتين، ولكن في كلتا الحالتين، البيانات لا تظهر مستويات عالية من العنف عندما تكون السيطرة متشظية، بل تشير إلى العكس تمامًا. إضافة لذلك، الدليل يشير إلى أنه، بعكس فكرة المعضلة الأمنية، فالخوف ليس فقط مرتبطًا بالعنف، بل أيضًا بتجنب العنف [2]. باختصار، هذه النتائج تشير إلى أن نظرية مبنية على الأمن، وحدها، لا يمكن أن تكون نظرية للعنف، ولكن لا تستطيع أيضًا نظريات الصراع الاجتماعي (السلمي).

9.9. الدليل النوعي

بجانب تقديم البيانات اللازمة للتحليل الإحصائي، قدم بحثي في اليونان أمثلة توضيحية للآليات المطروحة من النظرية أثناء العمل. الجسم الكلي من الأدلة التي

---

(1) رغم أن الدليل متسق مع تفسير هذا التقاطع الذي يؤكد دون حتمية على ناتج الصراع. في المنطقة 3، الأحزاب تعرف بدرجة كبيرة من الحتمية أنها إذا قامت بالتبليغ، سيتم القيام بالتبليغ المضاد عليها.

(2) مع استمرار التشابهات من دراسة الحروب بين الدول، فإن الدمار الأكيد المتبادل يبدو متلائمًا أكثر من المعضلة الأمنية.

جمعتها أكبر من احتوائه بهذا الكتاب [1]، وبدلاً من ذلك؛ أقدم لمحات من قرى ممثلة في كل منطقة.

1.9.9. المنطقة 5

قرية تاتسي (التي أصبحت الآن إكسوتشي) هي قرية نموذجية للمنطقة 5. تقع القرية عاليًا في الجبال ولذا لم يكن من الممكن الوصول إليها من قبل سلطات الاحتلال (وصل الإيطاليون إليها مرة واحدة فقط) مما دفع «جبهة التحرير الوطنية» لتأسيس مقراتها هناك. هذه القرية الصغيرة تزخر بالعديد من مسؤولي والشخصيات الكبرى للتمرد، بجانب العديد من المقاتلين غير النظاميين. بعض البيوت، بما فيها المدرسة، تمت مصادرتها واستخدامها من قبل المتمردين، كما كان القرويون يعرفون أن العديد من هذه الأماكن كانت تستخدم كمراكز اعتقال وتحقيق، ورأوا عشرات السجناء من القرى الأكثر انخفاضًا يتم جلبهم في طريقهم إلى معسكرات الاعتقال التي تديرها «جبهة التحرير الوطنية» عاليًا في الجبال، وتحديدًا، دير سان جورج سيئ السمعة في وادي فينيوس. من حين لآخر، كانت هناك إعدامات تقع داخل القرية وكان السكان المحليون يُستدعون ليدفنوا الضحايا. تم تهجير سكان القرية لبضعة أسابيع في نهاية يوليو/ تموز 1944، أثناء عملية مسح شاملة للألمان في المنطقة، لكن سلطات «جبهة التحرير الوطنية» عادت سريعا في 3 أغسطس/ آب، مباشرة بعد مغادرة الألمان. رغم العنف الذي وقع في وحول القرية، لم يتأذ أحد. وجود مقرات للجبهة هو على الأرجح ما يميز تاتسي عن القرى الجبلية الأخرى، حيث كان تواجد المتمردين دائمًا وحاضرًا. في يوليو/ تموز 1944، عندما سيطرت قوات الاحتلال على قرى التلال وبدا أن القرى الجبلية ستسقط سريعًا كذلك، شن المتمردون موجة من الاغتيالات الانتقائية ضد أناس اتهموا بعدم امتلاكهم الولاء الكافي. بكل حال، نجت تاتسي [2].

عدم تدمير تاتسي لا علاقة له بكون السكان المحليين داعمين أقوياء وملتزمين للجبهة. في الحقيقة، المفارقة هي أنه عندما دخل الألمان للقرية ووجدوها خالية، لم يحرقوها كما

(1) إنني أعمل الآن على كتاب سيظهر هذه المادة عبر سرد للحياة أثناء الحرب الأهلية في اليونان.

(2) لقد رمزت تاتسي بكونها من المنطقة 4 في هذه الفترة، لأن بياناتي لم تكن مفصلة بما يكفي لأتأكد ما إن كانت الجبهة موجودة بالقوة، نظرًا لأن كل القرى المحيطة انتقلت إلى المنطقة 4. ولكن، تشير المقابلات إلى أن تاتسي كانت على الأرجح ضمن المنطقة 5 أثناء هذه الفترة بسبب التواجد المستمر لمقرات التنظيم.

فعلوا مع القرى المجاورة لأن أحد سكان تاتسي الذي كان يعيش في بلدة كورينثوس وانضم لـ«ألوية الأمن» شفع للقرية. القرويون شاركوا في أنشطة مختلفة وأطاعوا بشكل كامل أوامر المتمردين. أخبرني أحد القرويين اليساريين (المقابلة 71): «كل القرية أصبحت متورطة مع الجبهة»، مضيفًا بقوله: «ما الذي يمكنك فعله؟ إذا طلب منك الثوار أن تذهب إلى مكان ما لمهمة روتينية، سترد: ’سأذهب‘، بغض النظر عما إن كنت تريد أم لا. لم يكن يمكنك الرفض. طلبوا خبزًا؟ فتعطيهم إياه. طلبوا خروفًا أو ماعزًا؟ عليك أن تعطيه لهم. ما الذي يمكنك فعله؟... كان الجميع يحاول النجاة، وكان الجميع يحاول النسيان، فكان عليك أن تتظاهر بالغباء. عليك أن تقول الشيء نفسه ونقيضه لتحيا».

غياب العنف خلال فترة الاحتلال كان له تأثيرات طويلة الأمد امتدت لفترة ما بعد الحرب، فعلى الرغم من أن عدة قرويين انضموا إلى فرقة شبه مسلحة يمينية عام 1946، إلا أنهم لم يؤذوا أحدًا في القرية.

2.9.9. المنطقة 4

مقارنة تجربة تاتسي مع تجربة مالاندريني، القرية الواقعة في التلال الغربية، تكشف الكثير. ما بين سبتمبر/ أيلول 1943 ومايو/ أيار 1944؛ كانت مالادريني تحت السيطرة المطلقة لجبهة التحرير الوطنية (أي، في المنطقة 5). كان المقاتلون غير النظاميين يتحركون بحرية داخل القرية ولم يكن هناك حاجة لأن يختبئوا. في الحقيقة، مجموعة من العملاء البريطانيين استخدموا القرية كقاعدة لهم في أكتوبر/ تشرين الأول 1943 لشن عملية تخريب على مطار أرجوس في السهل[1]. القائد المحلي للجبهة، يانيس ناسيس (Yannis Nassis)، يتحدث في مذكراته غير المنشورة وأكد لي في بضع مقابلات مطولة (المقابلة 78) أنه خلال تلك الفترة، تم الإبلاغ ضد بعض القرويين للجان المحلية بكونهم جواسيس وخونة. مثلا، اعتقل أحد الرجال من قبل المقاتلين غير النظاميين بعد اتهامه بالتبليغ عن عدد من القرويين للإيطاليين بأنهم يخبؤون الأسلحة، وبدا أنه متهم بشكل خاطئ من مساعده الذي يشاركه المحاصيل وأراد أن يخلص بها كلها لنفسه. اللجنة المحلية كانت فعالة بدرجة ما في مراقبة ورصد هذه التبليغات، ولكن بمرحلة ما، في أبريل/ نيسان 1944، استطاعت التبليغات السرية المرور

(1) "Narrative of Capt P. M. Fraser. Peloponnese July 43–April 44," PRO, HS 5/698/S6557.

والوصول إلى اللجنة على مستوى المحافظة. في النهاية، تم البدء باستقصاء وبدا أن الاتهامات كانت، كما يستذكر ناسيس، عن «زيت الزيتون، المواشي، إلخ. الأمور الغبية المعتادة نفسها». ونتيجة لذلك، لم يتأذ أحد خلال تلك الفترة، في ناتج يتسق مع تنبؤات النظرية.

بعد أن عزز الألمان سيطرتهم على بلدتي نافبليو وأرجوس، حولوا اهتمامهم إلى قرى التلال، فبدأوا يزورون مالاندريني من حين لآخر من منتصف أبريل/ نيسان وما بعدها، لكن الحالة تغيرت حقًا في نهاية مايو/ أيار. في 21 مايو/ أيار، مجموعة صغيرة من الألمان داهمت القرية واعتقلت المعلم المحلي، الذي كان من كوادر الجبهة، والذي أخبرهم عن حالة القرية وتواجد الثوار بها. باستخدام هذه المعلومات، بدأوا يمارسون الضغط على قرى التلال. الأمن الذي وفره المتمردون بدأ يتراجع، فتحولت القرية إلى المنطقة 4. بعد عمليات المسح في القرى الشرقية، العديد من القرويين، بما فيهم متعاطفون خائفون مع الجبهة، بدأوا يهربون إلى الأمان النسبي الموجود في أرجوس، والتي كانت تحت السيطرة الصلبة للألمان و«ألوية الأمن». نظرًا للحالة الأمنية المتردية والانشقاقات المتزايدة، التقت اللجنة المناطقية لـ«جبهة التحرير الوطنية» في 6 و7 يوليو/ تموز وطلبت من اللجنة المحلية في مالاندريني أن تطلب من كل القرويين الذين هربوا إلى أرجوس أن يرجعوا إلى القرية. ولأن حكم الجبهة لم يكن مطلقا كما كان عليه سابقًا، مزيد من القرويين هربوا عندما أُعلن هذا القرار. مساء 9 يونيو/ حزيران، مجموعة من الجنود الألمان وجنود «ألوية الأمن»، بمرافقة بعض الرجال المحليين الذين هربوا إلى أرجوس، داهموا مالاندريني. لقد دخلوا القرية وفاجأوا الجميع. قائد الجبهة المحلي أُطلق عليه النار في قدمه، لكنه استطاع الهرب. هذه الغارة تم تفسيرها من كوادر الجبهة على أن هناك مخبرين داخل القرية. نتيجة لذلك، 13 قرويًا، معظمهم أقارب أشخاص هربوا إلى أرجوس، اعتقلوا في ليلة 13 يونيو/ حزيران 1944. لقد تم سوقهم إلى معسكر اعتقال، حيث تم إطلاق ستة منهم وإعدام السبعة الآخرين.

ولكن، ظلت الحالة غير مستقرة، فقد داهم الألمان و«ألوية الأمن» القرية مجددًا بعد ذلك بيوم وقتلوا أربعة شباب من قرية قريبة كانوا يعززون نقطة عسكرية. ردت الجبهة بمزيد من الاعتقالات، فأدى الصيد المحموم للجواسيس مترافقًا مع الثارات الشخصية إلى إعدام 17 شخصًا في يوليو/ تموز. أحد المؤشرات على الطبيعة الاعتباطية (ولكن الانتقائية) للعملية هي حالة شاب اسمه لياكوس داساكليس. والده، كريستوس، السكير الشهير، اتهمه في مارس/ آذار أو أبريل/ نيسان من عام 1944 بأنه متعاون مع الألمان. ولكن، بتلك المرحلة

تمت متابعة اتهامه ورفضها. قائد الجبهة حينها، يانيس ناسيس، يتذكر أنه واجه الأب والابن:

«قلت له: 'اجلس. ما مشكلتك ما لياكوس؟'.
'ما مشكلتي؟ إنه لا يسمعني ولا يحترمني'.
'ولكنك لا تقول هذا باتهامك، بل تدعي أنه يتعامل مع الألمان'.
بدأ يفقد صوابه و[يقول] إنه يجب إرسال لياكوس 'لفوق' [للجبال التي تسيطر عليها الجبهة]، وإن علينا أن نعلمه السلوك القويم.
'عليك أن تخجل من نفسك يا كريستوس. اخرج من هنا!'. التفت إلى لياكوس: 'استمع إلي. اسمع ما يقوله والدك، وإلا سنحتفظ بالبلاغ، وسأرسلك لفوق وسيلقنونك درسًا'. ثم غادر. لا شك أن هذا حصل في مارس/ آذار أو أبريل/ نيسان. في يوليو/ تموز، أخذ [المقاتلون غير النظاميين] لياكوس للأعلى ولم يرجع بعدها» (Nassis n.d.:16).

بعد الموجة الثانية من الإعدامات في يوليو/ تموز، داهم الألمان مالاندريني مرة أخيرة، وتم إجلاء كل السكان إلى أرجوس. الأغلبية الساحقة تبعت الألمان إلى أرجوس، بينما هربت قلة إلى الجبال التي يسيطر عليها الغِوار. بعض المنازل تم إحراقها من كلا الجانبين، وظلت القرية خالية حتى نهاية الحرب.

3.9.9 المنطقة 3

الدليل النوعي مهم تحديدًا للمنطقة 3، لتقييم الدليل الكمي، وفحص ما إن كانت الآلية السببية للردع المتبادل تتسبب بالفعل في تقليل مستويات العنف. في الحقيقة، استطعت تحديد عدة حالات استطاعت بها اللجان المحلية نقض استخدام العنف [1]. النقض من اللجان المحلية بسبب الحتمية العالية للتبليغ المضاد والانتقامات هي تجلٍّ أساسي لحالة الاضطراب التي يكون بها الذين سيعملون كمبلغين في المنطقة 3، وتشير إلى آلية الردع المتبادل. فيما يلي، سأقدم بعض الأمثلة.

المثال الأولى من قرية بوتيا (اسمها الآن إيرا). لقد قابلت زعيم لجنة الجبهة المحلية والذي وصف لي بالتفصيل الحالة الاستراتيجية للقرية حتى نهاية مايو/ أيار 1944

(1) فيشتي (المقابلة 12، المقابلة 102)، إيرا (المقابلة 212)، إريو (المقابلة 127، المقابلة 128)، دالامانارا (المقابلة 131)، كورتاكي (المقابلة 124)، باناريتي (المقابلة 81، المقابلة 84)، أرجوليكو (المقابلة 123)، نيا ترينيثا (المقابلة 86) بيرجيلا (المقابلة 53)، لالوكاس (المقابلة 109)، بولاكيدا (المقابلة 84).

(المقابلة 212). لقد كان هناك جنود ألمان متمترسون على بعد عشرة دقائق خارج القرية، وفي الوقت نفسه، كان لجنة الجبهة المحلية تعمل من داخل القرية. رغم أن القرية كانت مقسمة سياسيًا، إلا أن الجميع كان يساعد «جبهة التحرير الوطنية». لقد سألته ما إن كان الجميع يدعم الثوار، فأجاب بأن الجميع لم يكونوا كذلك، «لكن لم يتحدث أحد. لم يكن الدعم ظاهرًا، لأنه عندما كان الناس يذهبون للحقول للعمل، كانوا عليهم دعم الثوار بالطعام. لقد كانوا يفعلون ذلك نتيجة الخوف. لقد كانوا خائفين أن يأتي الثوار للقرية ويعتقلوا أولئك الذين لا يتعاونون معهم». وتابع بوصفه كيف جاء في إحدى المرات أمر من المنظمة لاعتقال أحد الأفراد. كما كان ظاهرًا، كان هناك نزاع شخصي قد تصاعد، وتم تجاوز اللجنة المحلية بطريقة ما، ووصل البلاغ إلى الصفوف العليا. كان على اللجنة المحلية حينها اعتقال الشخص وأخذه إلى مقرات الجبهة للتحقيق. وكما أخبرني القائد المحلي: «هذا الرجل كان يجب أن يعتقل ويسلم للمنظمة، لكنني فكرت أنه إن قتل شخص من القرية، فالكل سيبدأ بقتل الكل.... عائلة الضحية ستذهب للألمان والألمان سيعتقلوننا أو يرسلوننا للألمان أو يقتلوننا.... الألمان كانوا قربنا مباشرة، لدرجة أننا وضعنا سلاحًا على معبدنا». قرر القائد المحلي أن يرافق الرجل المعتقل إلى مقرات الجبهة ويضمن براءته. «لقد قررت ذلك لأن فكرة الاعتقالات والقتل لم تعجبني، وأيضا لأننا كنا سندخل في نزاع كبير وسنقتل بعضنا البعض». نهاية القصة سعيدة: ذهب القائد المحلي للمقر، وكفل السجين، ولم تدخل القرية في دوامة من العنف. وكما قال قروي آخر: «لقد مرت العاصفة، لكننا استطعنا البقاء دون بلل» (المقابلة 213).

مثال آخر يأتي من قرية فيشتي (أو فيشتيا)، أحد القرى الواقعة في السهل الخارجي، الذي كان في المنطقة 3 في الفترة الزمنية الأولى. لم يكن الثوار يأتون كل ليلة وحسب، بل كانت القرية مركزًا نشطًا للشيوعية، لكونها إحدى القريتين الواقعتين في المنطقة والمعروفتين بالتنظيم الشيوعي القوي. ولكن، لأن القرية كانت واقعة بجانب خط سكك الحديد، وكانت تضم نقطة تدريب، كان بها كذلك مفرزة ألمانية لم تخرج من معقلها المحصن ليلًا. يتوقع الشخص أن ترتيبًا كهذا سيؤدي للفوضى، إذ إن الثوار والألمان كانوا يعبرون من خلال نقاط بعضهم البعض. ولكن، عانت القرية من قلة من الخسائر أثناء الاحتلال، وبعد ذلك كان لها سمعة بكونها مكانا ذا تضامنية عالية. إن التفسير القياسي الذي قدمه العديد من سكانها، إضافة لسكان القرى المجاور، هو أن سكان فيشتيا كان لطيفين بشكل غير معتاد مع بعضهم

414

البعض. تفسير كهذا تم تفنيده من بعض المستجيبين، ممن استذكروا بعض العداوات ضمن القرية. كان في القرية مستويات منخفضة نسبيًا من المحاكمات قبل الحرب، وإن لم تكن بالانخفاض المتوقع نظرًا لمستويات العنف القليلة. بعض المقابلات المعمقة مع اثنين من اللجنة المحلية (المقابلة 12، المقابلة 102) أوضحت أن سمعة القرية التضامنية كانت ناشئة ذاتيًا لسلوكها المسالم نسبيًا أثناء الحرب، وأن الخوف من التبليغات المتبادلة أدى بالقرويين المتنازعين، في ظروف أخرى، لمسار من التعاون.

عندما جاء الإيطاليون، أبلغ رجل محلي ضد عدة قرويين بحجة أنهم يخبؤون الأسلحة، وبذلك خلق (أو كان عاملًا على استدامة) بعض الضغائن المحلية. لذلك، عندما شنت «جبهة التحرير الوطنية» حملة اغتيالاتها الأولى في خريف عام 1943، وصلت عدة تبليغات إلى الممثل الإقليمي للجبهة، يانيس أندرياداكيس (Yannis Andreadakis)، المعروف بالاسم الرمزي: جافوس. في اجتماع للجنة المحلية في أكتوبر/ تشرين الأول 1943؛ طلب يانيس من أعضاء اللجنة اعتقال ثلاثة أشخاص تم التبليغ عنهم بأنهم خونة. كان رد الفعل سريعًا وسلبيًا، لأن الرجل الذي أبلغ عن الأسلحة للإيطاليين كان الأول في قائمة المطلوبين للاعتقال، وكان لديه، كما قال عدة من أولئك الذين قابلتهم، «أكثر من عشرة أبناء عمومة مباشرين». إنه يتذكر أنه حاجج بشدة قائلًا: «أيها السادة، الألمان هنا. إننا في فم الذئب وعلينا أن نكون على علاقة جيدة معهم. الألمان والغِوار الذين يرتدون الزي المموه يسيرون حولنا وعلينا أن نضع أقدامنا بحذر شديد». شخص آخر قابلته يستذكر مشهدًا، يصلح بشكل لطيف كمجاز لتجربة أولئك الذين يعيشون في المنطقة 3، وضع به زعيم قرية جنودًا ألمان في غرفة بمنزله، والغِوار بغرفة أخرى، دون أن يعرف أي منهما بوجود الآخر.

مثال ثالث يأتي من قرية باناريتي، الواقعة في السهل. كما يظهر، «جبهة التحرير الوطنية» كانت قادرة على تجاوز المنظمة المحلية واعتقال ستة أشخاص سجنتهم في دير محلي. عندما سمع القائد المحلي للجبهة بذلك، ذهب إلى هناك ليجتمع ويضغط على قادة الثوار، والذين كان من بينهم أقرباؤه هو، وتمكن من إعادة المعتقلين. يستذكر ابنه لي رد فعل والده قائلًا: «لقد ضعنا.... ما لم نذهب إلى هناك ونستعدهم، فستنقسم القرية ونضيع كلنا. يجب أن ننقذهم بأية وسيلة» (المقابلة 81). ابنه، من بين خمسة أطفال، أضاف أن والده كان خائفًا أنه ما لم يستطع منع الإعدامات من الوقوع، فسيفقد أبناءه ضحية للانتقام. إن عدة من أولئك الذين قابلتهم أشاروا إلى أن تجنب اندلاع دائرة خبيثة [من القتل والانتقام] كان

مثار قلق كبير للقادة المحليين، الذين كانوا أول من سيستهدفون على يد الساعين للانتقام (مثلًا: المقابلة 109).

آلية الردع المتبادل تحضر في روايات الأفراد كذلك. رجل من قرية بولاكيدا، الواقعة في المنطقة 3 في $ز_1$، أخبرني أن سلوكه أشار إلى خصومه المحليين بأن أي محاولة لإيذاء عائلته سيقابلها ثأر فوري، واستطاع بذلك تجنب أي عنف، وهو تهديد كان ذا مصداقية بسبب قرب قوات الاحتلال (المقابلة 84):

«انظر. لقد كنت شخصًا قويًا.... لقد كانوا خائفين مني. لقد كنت خطيرًا، خطيرًا للغاية.... إنني لم أتصرف كإنسان طبيعي وكانوا يعلمون ذلك. لقد تصرفت كحيوان بري. لقد قلت لهم إنهم إن فعلوا أي شيء فسأخرج إليهم وأقتلهم جميعًا. لن أترك شيئًا على حاله. لكنني كنت محظوظًا. لم يحصل شيء. لقد كانوا خائفين وحريصين. وأولئك الموجودون فوق [القادة على مستوى المحافظة] كانوا على تواصل معهم، وأخبروهم بأن ما تطلبونه له تبعات فظيعة. يمكن أن نأخذ أباه وأمه ونرسلهم للأعلى. وبعد؟ ماذا سنفعل بعد ذلك؟ هذا الشخص مستعد لفعل أي شيء».

رجل آخر من قرية ليركيا وصف لي كيف استطاع حماية نفسه عندما قبضت عليه فرقة يمينية في فترة ما بعد الاحتلال، بعد أن استطاع شقيقه الهرب (المقابلة 60):

«لقد أخذوني تحت أشجار الصنوبر وطلبوا مني الانتظار. فكرت في الهرب، لكنني كنت منهكًا. قلت لنفسي، سيطلقون النار عليّ هنا، سيقتلونني. انتظرت. كانوا يتناقشون خارج منزل [القائد اليميني]. في النهاية، قرروا ألا يقتلوني. لقد قالوا: 'لقد هرب شقيقه، فما الذي سنفعله معه؟ افترض أننا قتلناه. ما الذي سيحصل بعد ذلك؟ شقيقه سيأتي، وسيهاجمنا وعائلاتنا. ما الذي سنفعله حينها؟'. ولم يقتلوني».

هناك دليل إضافي مباشر من تجارب الأفراد خارج أرغوليذا. فلاح يوناني يساري من مقاطعة أركاديا في وسط بيلوبونيز يستذكر في مذكراته كيف هرب من الموت، عام 1948، على يد ضابط في الجيش، يصفه بأنه عنيف للغاية (Antonopoulos 1993:149-151). لقد كان مشتبهًا بأنه على صلات مع الثوار الشيوعيين الذين زاروا القرية مرارًا لأن أشقاءه الأربعة انضموا للثوار وكانوا يتجولون في القرية. الضابط ورجاله ضربوهم، مع آخرين، لثلاثة أيام متتالية، ليجبروه على أن يكشف موقع مخزن للأسلحة. في اليوم الثالث، رجل من قرية مجاورة، يصفه أنطونوبولوس بأنه «قاتل سفاح وقائد مليشيا يمينية محلية»، حضر وطلب من العقيد أن يكف عن «إيذاء هؤلاء الشباب». رفض الضابط مباشرة الاستماع، لكن الرجل ظل مصرًا. في النهاية، هدد رجل المليشيا العقيد: «لا أريد أن أترك عائلتي في الشارع. إذا

فعلت شيئًا [لهؤلاء] فلن تغادر المكان حيًا، أتسمعني؟». انتهى الجدال عندما أوضح عنصر مليشيا للعقيد أن التدخل لم يكن مدفوعًا بالتعاطف تجاه الفلاح اليساري، بل بالخوف من الثأر من إخوته. لقد أخبره: «ستذهب خلال أيام، لكننا سنبقى. من سيتعامل مع هؤلاء الشباب». امرأة كانت حاضرة أضافت: «سيدي العقيد، لا تقتلهم. هناك الكثير منهم حولنا. كيف ستتعامل معه لاحقا؟». تم إطلاق سراح المعتقلين فورًا. قصة شبيهة يرويها مرتكبون محتملون لجرائم، وأعضاء منظمات مسلحة. باستذكار قراره بأن لا يضع مصائد للرجال اليمينين داخل قريته، يوضح ثائر يساري (Papakonstantinou 1986 2:1071) كيف تم ثنيه من رفيق له أشار إليه بالقول: «إذا ضربناهم الآن، سيقتلون غدًا أطفال شقيقك. فكر بحذر قبل ما ستفعله!». إنه يروي أيضًا كيف استطاعت المناشدات من رجال يمينيين إنقاذ يساريين مشتبه بهم عندما جاءت فرقة يمينية: «إنني بالكاد أستطيع وصف ما كان يجري بالقرية. أطفال وزوجات الرجال المعتقلين كانوا يخورون ويبكون وكان يمكن سماع أصواتهم وصولًا إلى قرية ليكوريسي [المجاورة].... معظم اليمينيين في القرية بدأوا يقلقلون.... لقد ركضوا يمينًا ويسارًا. لقد ذهبوا إلى فانيس تسيكيريس، زعيم الفرقة اليمينية وتوسلوا إليه ألا يقتل أحدًا.... لقد وعدهم أنه لن يقتل أحدًا» (Papakonstantinou 1986 1:196).

إضافة للدليل المباشر، هناك ثلاثة تفسيرات أخرى شائعة أعطاها أولئك الذين قابلتهم أو مررت بها في التواريخ المحلية تتسق مع الآلية التي تفترضها النظرية. أولًا، العديد من الذين قابلتهم نسبوا الفضل لوجود الجنود الألمان قرب قريتهم لردع عنف المتمردين، فقد حاججوا بأن سلطة الألمان ضمن بعض الظروف قيدت سلطة الثوار [1]. ثانيًا، العديد من أولئك الذين قابلتهم أشاروا إلى «عقد» غير رسمي بين الفصائل بحماية بعضهم البعض. رغم أن هذه الملاحظة قد تشير إلى عملية من التواطؤ التضامني، إلا أن بعض من قابلتهم ذكروا أن خوف الثأر كان هو آلية الفرض الرئيسية. أخيرًا، تقريبًا كل من قابلتهم نسبوا الفضل للسمات الشخصية لقائد في القرية (سواء أكان قائدًا في لجنة أو عمدة) بإدارة مصير القرية بنجاح. مثلًا، غياب العنف ينسب بعدة تواريخ محلية لـ«الشخصية الجيدة للفاعلين المحليين [من المتمردين] الذين منعوا حصول الإعدامات» (Kanellopoulos 1981:609)، انظر أيضًا: Priovolos 1988; 1-169). عندما طلبت ممن قابلتهم أن يصفوا ما الذي يعنونه بـ«الشخصية

---

(1) انظر أيضًا إلى (Avdikos 2002:176) إشارات مشابهة لمكان آخر في اليونان.

الجيدة»، كانوا يستخدمون جميعًا كلمة «الدبلوماسية»؛ فالقادة المحليون الجيدون كانوا ينظر لهم على أنهم «دبلوماسيون» عظماء، أي أنهم قادرون على التنقل بمهارة بين الفاعلين السياسيين المتنافسين بدلًا من كونهم «أشخاصًا لطيفين» بشكل عام (مثلًا: المقابلة 22، المقابلة 51، المقابلة 102، المقابلة 169). هذه الفكرة ترد صدى الآلية الواردة بالنظرية.

أخيرا، تصميم البحث يلغي بشكل فعال التفسيرات البديلة لغياب العنف في المنطقة 3. كل من سجلات المحاكم وتقلبات السيطرة تظهر أن القرى ليست محل اختيار ذاتي في المنطقة 3، كما أنه لا يوجد تباين الكبير في الممارسات المحلية ومؤسسات التكيف بين الأطراف المتنازعة أو أنواع التفاعل الفردي أو أطراف النزاع في قرى أرغوليذا.

4.9.9. المنطقة 2

العنف الانتقائي في قرى المنطقة 2، من الخارج، مفاجئ لأنه يتطلب من الأفراد أن يبلغوا عن جيرانهم لسلطات الاحتلال. إلا أن هذه التبليغات كانت منتشرة. أندرياس كريستوبولوس (Christopoulos 1946:116)، الكاتب والمقيم في أرجوس الذي سجل انطباعاته عن الاحتلال في كتاب نُشر عام 1946، يستذكر الحالة في يونيو/ حزيران 1944: «يذهب الشخص إلى مكاتب الجستابو ليخبرهم أن المقاتلين غير النظاميين اعتقلوا عائلته الليلة، وآخر يخبرهم أنهم أحرقوا منزله، وآخر يخبرهم أنهم أبادوا عائلته لأنه كان رجعيًا». الآلية الجزئية الرئيسية وراء هذه التبليغات كانت الانتقام. العديد من الأشخاص الذين انضموا أو دعموا المليشيا العميلة في صيف عام 1944 أعطوني سردية عالية المحلية، مؤكدين على أنهم لا يهتمون بمن أعطاهم السلاح ما داموا قادرين على تحصيلها ليقاتلوا. الخوف والضغط كانا حافزين مهمين. رغم أنه يمكن أن ينظر لهم على أنهم تفسيرات مكتفية ذاتيًا، إلا أنهم معقولون بدرجة عالية ومتوافقون مع الدليل المتوفر، بما في ذلك سرديات أعدائهم وضحاياهم المحليين.

قرية هيلي (واسمها الآن أراكنيو) مثال جيد لكيفية اجتماع الخوف والانتقام معًا لتوليد التبليغات والعنف في المنطقة 2. هذه القرية كانت معزولة، لكنها تقع استراتيجيًا في وسط وادٍ بجبل أراكنيو، لتجمع طرق الجبل من كورينثيا إلى أرغوليذا. السيطرة على هذه القرية كان أمرًا جوهريًا للألمان، لأنه سمح لهم بتقليل تدفق المتمردين الذين أرسلهم الفوج السادس من «جيش التحرير الشعبي الوطني» من جبال كورينثيا إلى شرقي أرغوليذا. ومثل معظم القرى المحيطة، كانت هيلي مسكونة من الفلاحين المتحدثين بالألبانية وكان لها

سمعة بكونها متخلفة. بوجودها في عمق المناطق التي يسيطر عليها المتمردون، كانت موقع اجتماع وحشد منظم من «جبهة التحرير الوطنية» في فبراير/ شباط 1944، قدمت بها وحدات المقاتلين غير النظاميين العاملة في المنطقة وأعضاء لجان الجبهة الوطنية من كل مناطق أرغوليذا البيعة. تم استخدام الدير المحلي كمنشأة اعتقال للأشخاص الموقوفين في قرى السهل، وتم تنفيذ إعدام جماعي هناك، في ليلة 13-14 يناير/ كانون الثاني.

زعماء القرية في هيلي لم يكونوا ناجحين في الانضمام لصفوف قيادة «جبهة التحرير الوطنية» مثل قادة قرية ليمنيس المجاورة والمنافسة محليًا، والتي تتحدث الألبانية ولها سمعة بكونها متخلفة كذلك. هذا الانقسام المحلي أنتج عملية كانت خلالها مواشي قرية هيلي تصادر لتطعم وحدات المقاتلين غير النظاميين، وهي عملية تم ازدراؤها كثيرًا من سكان القرية. ولكن، لم يكن لديهم أي خيار سوى الخضوع. قلة من الناس الذين حاولوا إظهار نقدهم تم اعتقالهم وضربهم بشدة، دون أن يقتلوا، إذ إن القرية كانت تعتبر آمنة ولم يكن هناك فرصة للانشقاق.

أثناء عملية المسح الألمانية في مايو/ أيار 1944، عانت هيلي من عنف عشوائي جماعي. في 28 مايو/ أيار، قتل اثنان وعشرون قرويًا كانوا يرعون الأغنام لفشلهم في الالتزام بحظر التجول المفروض من الألمان. بعد ذلك مباشرة، جاء الألمان إلى القرية، وجمعوا كل القرويين في الميدان المركزي وهددوا بإعدامهم جميعًا ما لم تنشق القرية لصالحهم. عمدة وكاهن القرية قرروا عقد اتفاق معهم. كان يمكن حماية القرية، حسب ما أخبرهم الألمان، إذا استخدموا موقع القرية لإعاقة الثوار وإذا أرسلوا مجموعة من الرجال المحليين لينضموا إلى وحدة نافبليو في «ألوية الأمن». لقد اعتقدوا كذلك أن هذه ستكون حركة آمنة، إذ بدا أن الثوار قد هزموا وغادروا المنطقة.

لإتمام الاتفاق، كان عليهم تسليم لجنة «الجبهة» المحلية للألمان. فعلوا ذلك، وسلموا خمسة رجال، أطلق الألمان عليهم النار خارج القرية. الرجل السادس، مالك متجر من قرية أخرى كان يعيش في هيلي لوقت طويل وقاد اللجنة المحلية، حاول الاختباء. تم إلقاء القبض عليه ورميه بالحجارة حتى الموت. طبيعة القتل الوحشية هذه تشهد على مشاعر الاستياء التي كانت متراكمة في القرية ضد الجبهة، رغم أن القرية تكبدت الكثير من القتلى على يد الألمان. أثناء يونيو/ حزيران ويوليو/ تموز، أصبحت القرية معقلًا مضادًا للجبهة. في عدة حالات، كان القرويون قادرين على اعتراض المقاتلين غير النظاميين من «جيش التحرير

الشعبي الوطني» الذين يحاولون اختراق أرغوليذا، وبأحد الحالات، قتلوا خمسة منهم (HAA/EDD 368/1947). في وقت آخر، اعتقلوا فلاحًا من ليمنيس ضربوه بشدة ولكنهم لم يقتلوه.

في 29 يوليو/ تموز، شن المقاتلون غير النظاميون هجومًا مفاجئًا ضد هيلي. بدأ الألمان بالرجوع إلى السهل، وانفتحوا على التلال، وقرر قادة «جيش التحرير الشعبي الوطني» مع مفوضي الشيوعيين معاقبة القرى الخائنة في المنطقة. لم يكن من الممكن الدفاع عن القرية ضد قوات المتمردين المتفوقة. أحرق المتمردون عدة منازل وجمعوا كل السكان في الميدان المركزي. هناك اكتشفوا أن زعماء القرية هربوا، بما في ذلك العمدة والكاهن. أخذوا 62 قرويًا، بما فيهم ابنتا الكاهن، وأعدموهم جميعًا بعد ذلك بعدة أيام. المقاتلون غير النظاميون من ليمنيس الذين تم ضربهم حضروا أيضًا وقتلوا أحد الجلادين بشكل علني (المقابلة 11، المقابلة 13، المقابلة 14، المقابلة 15، المقابلة 89، المقابلة 160).

من المهم الإشارة هنا إلى أن الرغبة في الانتقام عملت في سياق كان به التعاون مع سلطات الاحتلال ممكنًا بسبب التحول السريع في السيطرة الذي وقع خلال ذلك الوقت. بمعنى آخر، نوع العنف الممارس في المنطقة 2 (أو المنطقة 4) يتضمن آلية مختلفة عن الشعور (أو العاطفة) الخام بالانتقام، والتي تتجاهل أي خطر (Elster 1999). للتأكيد، فإن الرغبة بالانتقام احترقت في قلوب العديد من الناس الذين أهينوا أو تم الاعتداء عليهم، أو خسروا أحباء لهم، خصوصًا إذا كان هذا الفقد قد وقع أو افترض أنه قد وقع بسبب سلوكيات شخص محلي آخر. ولكن، كان عليهم التفكير بحذر حول عواقب أفعالهم. العديد من أولئك الذين قابلتهم أخبروني قصصًا كيف خففت مخاطر الانتقام رغبتهم في فعل ذلك (مثلًا: المقابلة 132).

5.9.9. المنطقة 1

قرية ميرزس (التي أصبحت الآن إكزوستس، جزءًا من قرية آريا)، تقع خارج بلدة نافبليو مباشرة. بعد أن وقعت نافبليو تحت سيطرة الألمان و«ألوية الأمن» في نهاية مايو/ أيار 1944، تبعتها ميرزس مباشرة. أسس الألمان نقطة عسكرية في مصنع معجون طماطم قريب جدًا من القرية وكانوا قادرين على زيارتها بحرية، بينما تم طرد الثوار من المنطقة. لذلك، لا بد أنه كان مفاجئًا للسكان عندما اعتقلت دورية ألمانية ستة قرويين في 7 يونيو/

حزيران 1944. اعتقل القرويون بشكل منفرد وتم أخذهم إلى مقرات الجستابو في نافبليو حيث تم اتهامهم بأنهم أعضاء من «جبهة التحرير الوطنية» وتم التحقيق معهم هناك. ولكن، تم إطلاق سراحهم بعد بضعة أيام، بعد أن دفعوا رشاوى على شكل «جبنة وزيت زيتون وزبدة وبيض وأموال، إلخ». لقد ظهر بعد ذلك أنه تم التبليغ عنهم من قبل أحد جيرانهم، نيكولاس باباكونستانينو. إضافة لذلك، ثلاثة من الرجال المعتقلين كانوا من أقربائهم، بما فيهم ابن عمهم المباشر. وراء التبليغ كان هناك نزاع بسيط وقع في المقهى أثناء الأمسية السابقة بين باباكونستانينو وابن عمه، سبيروس فيلينيس. بضعة رجال تدخلوا وحاولوا الفصل بين الرجلين، لكن باباكونستانينو قد شعر بالإهانة، بحسب ما يظهر بحقيقة أن أحد الرجال الذين بلغ عنهم كان يضحك عليه. نظرًا لموقعها، لا شك أنه كان واضحًا للألمان أن هذه القرية لا يمكن أن تكون موقعًا لنشاط الغِوار، وأن التبليغ كان خاطئًا، ولذا انتهت القصة بدون عنف (HAA/EDD 16/1947).

10.9. عودة إلى مانيسي وجيربسي

في مقدمة الكتاب، أشرت إلى لغز القريتين «التوأم» مانيسي وجيربسي (المسماة الآن ميديا) في أرغوليذا: لقد واجهت جيربسي مجزرة متمردين وحشية في أغسطس/آب 1944، بينما نجت مانيسي المجاورة.

عندما سافرت إلى هذه القرى، كان من المستحيل إغفال التباين في مواقعهما رغم قربهما من بعضهما البعض. مانيسي تقع على تلة منخفضة تظهر من السهل (على ارتفاع 70 م)، بينما تقع جيربسي وراء التلة ومخفية من السهل (على ارتفاع 120 م)، على سفح جبل أراكنايون، مما يعطيها كثيرًا من المساحة النائية. للوصول إلى جيربسي، على الشخص أن يغادر السهل ويسير إلى تضاريس مختلفة تمامًا.

هذا الاختلاف يفسر لماذا كانت مانيسي واقعة في المنطقة 4 أثناء الفترة الزمنية الأولى، وجيربسي في المنطقة 5. موقع مانيسي بجانب قرية ميرباكا (التي تسمى الآن آغيا تريادا)، والتي ضمت حامية عسكرية ألمانية صغيرة، جعلها معرضة كثيرًا لغارات مفاجئة، خصوصًا لأن القريتين كانتا متصلتين معًا بطريق. الوصول إلى مانيسي كان سهلًا وسريعًا، بعكس جيربسي، حيث كان بعض الحراس المتواجدين بمواقع ملائمة قادرين، باستخدام شبكة الهواتف السلكية، توفير وقت جيد للغِوار ليختبئوا أو يهربوا في الجبال المحيطة. هذا الفرق

بالمواقع ساهم في شخصية تنظيم «جبهة التحرير الوطنية» في كل قرية، فرغم أن كلا القريتين قدمتا دعمًا كبيرًا للثوار، إلا أن الجبهة عملت بشكل سري في مانيسي وعلني في جيربسي، حيث إنها أدارت مطبعتها على مستوى المحافظة من هناك.

ولكن، رغم موقعها غير المحبذ في المنطقة الرابعة، إلا أن مانيسي لم تواجه عنفًا في الفترة الزمنية $ز_1$. لقد كان هناك اعتقالات من المتمردين، لكنها لم تؤد لوفيات. الروايات حول هذا الناتج تتباين، لكنها تشير إلى تدخل القادة المحليين للجبهة. في نهاية هذه الفترة الزمنية، واجهت كلا القريتين القوة الكاملة للعنف العشوائي الألماني. قتل تسعة أشخاص في مانيسي، ألقي القبض عليهم وهم ينتهكون حظر التجول الذي فرضه الألمان ومنع القرويين من مغادرة منازلهم بعد السادسة مساء وأطلق النار عليهم ميدانيا، في حين أن جيربسي، من ناحيتها، فقدت تسعة وعشرين شخصًا قتلوا وهم يحاولون الهرب في الجبال المجاورة. معظم كوادر الجبهة نجحت في تجنب الهجمات، وكان معظم الضحايا من الفلاحين البسطاء. إن غارة الألمان ضد جيربسي في مايو/ أيار 1944 كانت وحشية للغاية تحديدًا لأن القرويين سمعوا أن الألمان قادمون وحاولوا الهرب تجاه الجبال، في حين أن قرويي مانيسي لم يكن أمامهم خيار سوى البقاء في قريتهم. أحد أفراد الجبهة أشار إلى منطق السيطرة عندما أخبرني أن العنف العشوائي المحدود نسبيًا الذي مارسه الألمان في مانيسي كان نتيجة أنهم لم يعتبروها ضمن «المنطقة الخطرة. رغم أن القرية كان بها تنظيم مقاوم قوي، ورغم أن أكثر من عشرة رجال منها انضموا للثوار، إلا أنهم اعتبروها قرية من التلال، لا قرية جبلية، ولذلك، لم يستهدفوها» (المقابلة 75).

في $ز_2$، كلتا القريتين أصبحت ضمن المنطقة 2. مثل كل مناطق القرية، كان على القرويين التعاون مع الألمان الذين أصبحوا جازمين. تنظيم الجبهة دمر وذهب الثوار، رغم أن الخلايا السرية كانت فعالة بحسب العديد ممن قابلتهم، وكان الألمان يقومون بزيارات دورية لكلتا القريتين. مجددًا، مانيسي لم تواجه عنفًا انتقائيًا أثناء هذه الفترة، بينما قتل شخص واحد في جيربسي. الخسائر التي واجهتها كلتا القريتين في الفترة السابقة قد تفسر عنف السلطات المنخفض رغم موقعها في المنطقة 2. لقد اعتبرت أن كلتا القريتين بقيت في المنطقة 2 في $ز_3$، رغم أنهما كانتا قريبتين للغاية من أن تكونا في المنطقة 1. التواجد السابق لتنظيمات كبيرة لـ«جبهة التحرير الوطنية» في هاتين القريتين وغياب التواجد الدائم للحاميات العسكرية ساهم في استمرار نشاط خلايا الجبهة النائمة. كان الألمان واعين لذلك، وأبقوا عيونهم

مفتوحة على كلتا القريتين، إلا أنهما افتقدتا ما يكفي من الجنود الضرورية لدفع القريتين إلى المنطقة 1. بينما لم يقتل أحد في جيربسي أثناء هذه الفترة الزمنية، ألقي القبض على خمسة من كوادر الجبهة في مانيسي وهم يحاولون الحرب أثناء حملة المسح الألمانية في مايو/ أيار، وأطلق النار عليهم انتقامًا لهجوم للثوار. حصلت بعض الاعتقالات في كلتا القريتين، ومعظم الرجال والنساء المعتقلين انتهى بهم المطاف في معسكرات السخرة في ألمانيا.

في أغسطس/ آب، انقلب الميزان العسكري مجددًا. بدأ الألمان ينسحبون في اتجاه السهل، وفي 29 يوليو/ تموز، هاجم المقاتلون غير النظاميون ودمروا قرية هيلي، التي كانت مسلحة على يد الألمان. بهذه الطريقة، كانوا قادرين مجددًا على السيطرة على قرى التل الشرقية. كوادر الجبهة الذين هربوا في نهاية مايو/ أيار عادوا، وتم إعادة تشكيل التنظيمات، ومعظم القرى عبرت إلى المنطقة 4، مع استمرار زيارات الألمان بشكل متقطع. الاستثناء الوحيد كان مانيسي، التي تحولت إلى المنطقة 3 بدلًا من ذلك. بسبب قربها من ميرباكا، تلقت مانيسي زيارات يومية من الألمان، مثل معظم قرى السهل الخارجي. في منتصف أغسطس/ آب، شنت الجبهة حملات تطهير كبيرة في كل قرى التلال الشرقية، بهدف تصفية أولئك المتهمين بالتعاون مع الألمان أثناء الصيف. تم عقد عدة محاكمات استعراضية علنية، وعشرات القرويين ارتكبت بحقهم المجازر، بما في ذلك عشرون قرويًا في جيربسي وستة وعشرون في ليمنيس المجاورة. هذه المجازر لم تكن مقصورة على الرجال، بل شملت عائلات بأكملها، فقد لعبت العداوات الشخصية دورًا كبيرًا بعملية الانتقاء. ولكن، استطاعت مانيسي الهرب.

هناك ثلاثة نتائج محتملة لهذه النتائج المتباينة في مانيسي وجيربسي. الأول يشير إلى طبع اجتماعي مختلف بين هاتين القريتين. رغم تقارب القريتين بشكل واضح في العديد من الجوانب، إلا أنهما تتباينان في أخرى. مثلًا، مانيسي كانت أقل نزوعًا للتقاضي من جيربسي، فقد كانت نتيجتها على مؤشر المحاكم ما قبل الحرب نصف نتيجة جيربسي تقريبًا (0.08 مقابل 0.17). إضافة لذلك، التعليم الثانوي كان محل تأكيد أكثر بكثير في مانيسي عما هو عليه في جيربسي، فنسبة أكبر من سكان مانيسي ذهبت للمدارس الثانوية مقارنة مع أطفال أي قرية أخرى في التلال الشرقية. ولكن، هناك مشاكل مع هذه المحاججة. أولًا، سجل محاكمات مانيسي ليس مختلفًا كثيرًا عن العديد من قرى التلال الشرقية التي واجهت عنفًا انتقائيًا كبيرًا، مثل ليمنيس أو أميجداليتسا أو بيرباتي. ثانيًا، «الطبع الاجتماعي»، على

الأقل كما تم قياسه هنا، لا يستطيع تفسير التباين في العنف على مستوى المنطقة كلها، ولذلك فتفسير الاختلاف بين القريتين بناء على أساس الطبع الاجتماعي سيكون وظيفيًا محددًا هنا فقط.

التفسير الثاني سيربط الطبع الاجتماعي أو شخصية الزعماء المحليين بممارسة من التبادل الإيجابي في مانيسي. تجنبها العنف في ز$_1$ قد يكون حافزًا للقرويين ليحموا بعضهم البعض مع تغير مناطق السيطرة في القرية. هذا التفسير يتسق مع سرديات العديد من السكان الذين عزوا هذا الناتج إلى الحماية المتبادلة بين الزعماء المحليين للجانبين. ولكن، هذا لا يتسق مع الدليل حول النزاعات المحلية والتبليغات التي كانت تحصل خلال الفترة نفسها. فمثلًا، شاب انشق عن الجبهة في يونيو/ حزيران وانضم لـ«ألوية الأمن» بسبب خلاف مع شاب آخر كان كادرًا قياديًا في المنظمة الشبابية للجبهة. ولأن هذا الكادر شعر بأن الرجل الآخر أهان شقيقته، جعله يتعرض لضرب شديدة. كنتيجة لذلك، عندما النشق الثاني إلى الألوية، أبلغ عن ثمانية أشخاص من القرية تم إرسالهم إلى معسكرات السخرة في ألمانيا (المقابلة 75).

التفسير الأخير يشير إلى السيطرة. بعكس جيربسي، كانت مانيسي واقعة في المنطقة 3 في ز$_4$. نتيجة لذلك، كان للقادة المحليين في الجبهة دوافع قوية لتجنب أي عنف يمكن أن يرتد إليهم. في الحقيقة، الطريقة التي تم بها تجنب المجزرة في مانيسي ذات دلالة كبيرة. كانت مانيسي واقعة ضمن خطة الجبهة بتطهير كل قرى التلال الشرقية. وصلت قائمة من الأسماء إلى المنظمة، كما يبدو من كوادر المستوى الأدنى المحلية. في منتصف أغسطس/ آب، فريق من «منظمة حماية مقاتلي الشعب» [فريق الموت التابع للحزب الشيوعي] وصلت إلى القرية لاعتقال هؤلاء الأشخاص. ولكن حال وصولهم، قرع القادة المحليون أجراس الكنيسة إشارة إلى أن الألمان كانوا قادمين، مما دفع رجال الفريق للهرب. لذلك، كان الضحايا المحتملون قادرين على الهروب، ولم يتأذ أحد. لاحظ أنه في حين شعرت الجبهة بالأمن الكافي لعقد مسيرة حاشدة في جيربسي، جالبة مئات الأشخاص من المناطق المجاورة لإهانة الضحايا، إلا أنها لم تستطع القيام باعتقالاتها المخطط لها في مانيسي. هذا الهروب الضيق من العنف يفسر كثيرًا لماذا أنقذ الزعماء اليمينيون الإقليميون القرية في فترة ما بعد الحرب، بعكس ما جرى في جيربسي (المقابلة 21). باختصار، رغم أنه من المستحيل إقصاء السمات الشخصية لقادة الجبهة المحليين في مانيسي من تفسير عدم حصول العنف، إلا أنه من الواضح أن هذه السمات عملت، إن حصل، بحسب منطق السيطرة.

11.9. التنبؤات الخاطئة

رغم أن النظرية استطاعت التنبؤ بالتوزيع المكاني للعنف بشكل جيد، إلا أنها فشلت في عدة مواضع. تصميم البحث يسمح بتحليل الحالات التي فشل بها التنبؤ. بسؤال لماذا فشلت النظرية ولماذا لم تتصرف قرية محددة كما تنبأت النظرية، من الممكن كشف الآليات السببية الفاعلة بدقة أكبر. تذكر التحفظات الثلاثة التي أشرت إليها تحديدًا في الفصل السابع: غياب الماضي في قرارات الأفراد، وغياب المستقبل، واستقلالية وحدات القرية-الزمن. البحث بهذه التنبؤات الخاطئة يسمح لها باستدخال هذه الأبعاد في التحليل.

لأن النظرية تتخذ السلوك العقلاني والوظيفي قاعدة انطلاق لها، وتستثني بشكل واضح أي دوافع غير وظيفية؛ تقدم مقارنة تنبؤاتها مع الملاحظات الواقعية بعض التلميحات حول حجم عمل الافتراضات العقلانية ومتى يكون من المناسب البحث عن دوافع بديلة. يشير التحليل إلى أنه ورغم إمكانية عزو جزء كبير من العنف لنظرية ذات أسس عقلانية، إلا أن هناك نوعين من الآليات غير الوظيفية التي تم استثناؤها بشكل صريح من النظرية يمكن أن يلعبا الدور المتبقي المهم، وهما تحديدًا المعايير والعواطف (Elster 1999)[1].

هناك ثلاث تجميعات من التنبؤات الخاطئة، الأول مرتبط بالمتمردين (عنف غير متوقع في $ز_1$)، واثنتان مرتبطتان بالسلطات (عنف مبالغ بتنبوئه في $ز_2$ و $ز_3$). أثناء شتاء أعوام 1943-1944 ($ز_1$)، قتل المتمردون أشخاصًا في عدة قرى أكثر مما تنبأت به النظرية، بينما في مايو/أيار ويونيو/حزيران ويوليو/تموز ($ز_2$ و $ز_3$)، قتلت السلطات أشخاصًا في قرى أقل مما تنبأت به النظرية[2]. فيما يلي، أنظر إلى مجموعتين من القرى العنيفة بشكل شاذ (واقعة في المنطقة 3 في $ز_1$، والمنطقة 1 في $ز_3$) ومجموعة من القرى غير العنيفة بشكل شاذ (الواقعة في المنطقة 2 في $ز_2$). أقارن هذه القرى مع القرى التي تنبأت بها النظرية بشكل صحيح، وأتتبع سلوكهم أثناء الفترات الزمنية المتبقية التالية. بعد ذلك، أختم بدراسة حالات كان بها الفاعلون الذين قاموا بالعنف ليسوا من تنبأت بهم النظرية.

---

(1) من الجدير بالذكر هنا أن تصميم البحث يسمح بتحديد دور المعايير والعواطف عبر تضمينات ملاحظة محددة للنظرية، بدلًا من الطريقة التقليدية بافتراض تواجد المعايير والعواطف ثم التأكيد، بمعقولية لدرجة ما، على وجودها بطريقة رجعية.

(2) تتنبأ النظرية عنف المتمردين في 11 قرية في $ز_1$، وعنف السلطات في 37 قرية في $ز_2$، والملاحظات الواقعية كانت: 19 و22، على التوالي.

1.11.9. عنف شاذ 1 (المنطقة 3، ز1)

من بين إحدى وعشرين قرية واقعة في المنطقة 3 أثناء الفترة الزمنية ز$_1$، واجهت تسعة منها العنف، بما يتناقض مع التوقعات النظرية. خمس حالات منها كانت اغتيالات، إما لأفراد شاركوا بسلوك معتدٍ تمت إدانته من كل سكان القرية، أو لأشخاص هامشيين لم يكونوا يملكون حظوة محلية وكان من الممكن التخلص منهم بسهولة [1]. مثلاً، امرأة من قرية دريبانو قتلت بسبب علاقتها العاطفية مع جندي ألماني (المقابلة 153). هذه الاغتيالات تمثل تأكيدًا غير مباشر لآلية الردع المتبادل السببية. كان الضحايا أشخاصًا لا يمكن أن يتسببوا في تهديد ذي مصداقية بالثأر، إما لأن عائلاتهم ضعيفة أو لأنهم بلا عائلات – ولذلك ليس لهم وصول مع الطرف الخصم – أو لأن العائلة لم تكن ترغب في التبليغ المضاد بسبب السلوك المعتدي. من بين الحالات الأربعة المتبقية، كان هناك تسوية حسابات داخلية بين اليساريين، والثلاثة تمثل انحرافا حقيقيًا عن النظرية: استهداف عائلة كاملة لضابط في الجيش، واستهداف لعمدة قرية، ولطبيب قرية، أي لأشخاص لديهم حظوة وإمكانية لخلق تهديد حقيقي بالثأر [2]. لم أستطع جمع ما يكفي من المعلومات حول حالة عائلة الضابط[3]. بحالة الطبيب، من الواضح أن لجنة القرية تمت تجاوزها. رغم أن قائد المتمردين المحلي زار مقر المتمردين والتمس العفو مرارًا من الثوار بأن يتركوا الطبيب، إلا أنه فشل في إقناعهم لأسباب ما زالت مجهولة (المقابلة 211). بالنسبة لعمدة القرية، فقد تم التبليغ منه ضد موظف تجاوز اللجنة المحلية واستخدم صلاته الشخصية مع قائد للثوار (المقابلة 119، المقابلة 120، المقابلة 121، المقابلة 122). كما هو متوقع، هذه الحالات الأربعة من التبليغ في المنطقة 3 حفزت الانتقام وتسببت في تصعيد للعنف في الفترات الزمنية اللاحقة، وأكدت بذلك أن التبليغ المضاد كان خارج مسار التكافؤ.

---

(1) نيا تيرينثا، نيا كيوس، بيرغيلا، أسيني، دريبانو. وجدت دليلًا مشابهًا من قرية نيا زوي شمالي اليونان. هذه القرية السهلية كانت قرب قاعدة ألمانية لكنها شهدت زيارات ليلة من الثوار. الشخص الوحيد الذي قتل من الثوار كان شخصًا جاء للقرية عام 1941 ولم تكن له صلات محلية. من قابلته لم يكن كذلك من القرية، لكنه تزوج هناك أثناء الحرب. كان سيقتل من الثوار، كما أخبرني، بسبب تصريح رافض أصدره، لولا أقارب زوجته: «لم أكن من القرية، لكن أقارب زوجتي حموني» (المقابلة 163).

(2) في بولاكيدا، إريو، أغيا تريادا، ليجوريو، على التوالي.

(3) لقد قابلت ابنة للضابط، رفضت أن تخبرني من أبلغ عن عائلتي ولماذا، رغم أنها أكدت أنها تعرف. لقد ادعت أنها لم ترد أن تلوث أبناء قريتها بعد كل هذه السنوات. لقد كانت هذه إحدى المرات القليلة التي رفض فيها من قابلتهم تسجيل المقابلة.

باختصار، لا يوجد هناك آلية واحدة تفسر العنف الشاذ في المنطقة 3 في الفترة الزمنية $ز_1$، فمعايير العدوان والضعف الاجتماعي والكراهية الشديدة قد تكون هي التي أدت لعنف مفرط. ومع ذلك، توفر هذه التنبؤات الخاطئة تأكيدًا غير مباشر للآلية السببية التي وضعتها النظرية.

2.11.9. عنف شاذ 2 (المنطقة 1، ز3)

المنطقة 1 في $ز_3$ (ذروة سيطرة السلطات) تضم ثلاثين قرية. تتوقع النظرية أنه حيثما تم تعزيز السيطرة، فلا يجب أن يكون هناك عنف يتسبب في القتل. إن معظم القرى هناك (24 قرية) لم تواجه أي عنف، تمامًا كما هو متوقع. ولكن، هناك ست قرى واجهت العنف[1]. لقد بدا أن خمسة من هذه القرى الستة كانت في المنطقة 3 في $ز_1$، وأربعة منها كانت عنيفة بشكل شاذ في تلك الفترة. في $ز_2$، كل تلك القرى انتقلت إلى المنطقة 2 وواجهت العنف، كما هو متوقع. في $ز_3$، كلها تحولت إلى المنطقة 1. ولكن بعكس القرى السابقة، لم يتوقف العنف.. هذا العنف المفرط يشير إلى تأثير مستقل عن المسار على شكل دائرة خبيثة من الدم. القرى التي كانت بداية أكثر عنفًا من المتوقع واجهت لاحقًا مزيدًا من العنف، حتى عندما كان مستوى السيطرة حافزًا على عدم العنف. الدليل النوعي من هذه القرى يشير إلى أن بعض الناس ظلوا يدفعون باتجاه العنف، على الأرجح لأنهم يلومون ضحاياهم بأنهم هم من أشعلوا العنف بداية. يبدو أن إشعال العنف في سياق لم يكن به العنف حاضرًا في القرى المحيطة لم يستدعِ عقوبة إضافية لاحقًا [2]. الحافز الفردي هو الانتقام، مغلفًا بشعور من العدوان. في الحقيقة، وجدت عدة روايات لأناس تعبر عن الاستغراب والإعجاب بحوادث لأفراد امتنعوا عن خيار العنف (مثلًا: Dalianis 1998:152). ن. كاتيفاتيس (Katevatis n.d.:77) يستذكر القصة التالية. عام 1944، مجموعة من رجال «جيش التحرير الشعبي الوطني» تحت قيادة جار لهم جاؤوا إلى منزل عائلته بحثًا عنه، دون إيذاء والدته التي كانت تعيش هناك، مضيفًا:

(1) ليجورو، نيا كيوس، أسيني، إريو، كيفالاري، ليفكاكيا.

(2) لسوء الحظ، لم أستطع إيجاد أولئك الأشخاص الذين استطاعوا إقناع السلطات بتنفيذ هذه الاغتيالات الإضافية في قرى المنطقة 1 حيث كان خطر الانشقاق في أقل مستوياته. أحد الاحتمالات هي أن عمليات القتل الإضافية التي حصلت في $ز_1$ تشير إلى أن المتعاطفين المتمردين المحليين كانوا متشددين بطريقة غير اعتيادية، مما يبرر قمعًا أشد.

«بعد أربعين عامًا في أثينا، عرفت أن [جاري السابق] تعرض لحادث وأُخذ لمشفى. ذهبت إليه مباشرة، وأخبرته من أنا، ووضعت نفسي بخدمته، وعرضت عليه أية مساعدة يحتاجها.... أكدت أن زيارتي كانت نتيجة حقيقة أنه رغم أنه كان قادرًا على إيذاء أمي قبل أربعين عامًا، كان لطيفًا تجاهها. لم أكن متأكدًا أنه كان يدرك ما أقوله: رغم أن امتناني ناتج لأفعال طيبة بالماضي، إلا أن ديني برقبته كان ذا طبيعة سلبية، ناتجا عن أنه لم يتصرف بسوء رغم أنه كان قادرًا على ذلك».

3.11.9. عدم عنف شاذ (المنطقة 2، ز2)

إحدى وعشرون قرية كانت واقعة في المنطقة 3 أثناء $ز_1$. من بين هذه القرى، 12 واحدة لم تشهد العنف، كما تتوقع النظرية، لكن تسعة شهدت. كل القرى بعد ذلك تحولت إلى المنطقة 2 في $ز_2$. من بين القرى التسعة العنيفة بشكل شاذ، واجهت ستة منها العنف في الجولة التالية ضمن المنطقة 2، كما هو متوقع، وثلاثة لم تواجه. ولكن، بعكس التوقعات النظرية، من بين الاثنتي عشرة قرية التي لم يكن بها عنف في $ز_1$، ثلاثة فقط واجهت العنف في $ز_2$. هذا النمط يشير إلى تأثير مستقل عن المسار، ولكنه ذو أفضلية هذه المرة. غياب العنف في الفترة الأولى يبدو أنه ساعد على كبت العنف في الفترة التالية، رغم تأثير السيطرة. هذا التأثير مرتبط بهذا النوع تحديدًا من الانتقال، المتولد من المنطقة 3 [1]. لماذا كان قرى المنطقة 3 التي تجنبت العنف أقل احتمالية لمواجهة مزيد من العنف في الجولة التالية **على الرغم** من وجود ظروف تدعمه، أي عندما كانت القرى التي لم تواجه العنف في المناطق 1 أو 5 أكثر احتمالية للتعرض لمزيد من العنف تحت ظروف مشابهة؟

هناك آلية محتملة. الوجود في المنطقة 3 أخضع القرى لتوتر شديد نتيجة ضغط التبليغات والتبليغات المضادة القادمة من كلا الجانبين. رغم أنه كان من المنطقي عدم المشاركة في العنف تحت ظروف كهذه، كانت تجربة النجاة بسلام محفزًا لمعيار من التعامل بالمثل، امتنع بموجبه الأشخاص الذين يملكون خيار التبليغ بظروف أفضل عن فعل ذلك في الجولات التالية. التخلي عن هذه الميزة كان يفرض بعد ذلك واجبًا للتعامل بالمثل، وهكذا. بكلمات أخرى، الآلية (العقلانية) من الردع المتبادل التي منعت العنف بالجولة الأولى قد تكون سببًا في تفعيل آلية غير وظيفية في الجولة التالية [2].

---

(1) إجراء تحليل انحدار للعنف في فترة زمنية على العنف في الفترة الزمنية التي سبقتها لم يؤد لنتائج ذات أهمية.

(2) حتى القرى الثلاث التي واجهت العنف في $ز_2$ وتجنبته في $ز_1$ (فيشتي، باناريتري، تولو) تمثل القرى غير

يمكن المحاججة بأن ما يجري هو ببساطة استراتيجية عقلانية من «العين بالعين»، والتي بدأت عندما امتنع شخص لمرة واحدة عن استخدام العنف، نظرًا لأن الناس أدركت في الجولة التالية طبيعة العملية «التكرارية». ولكن، يبقى ضروريًا تفسير سلوك الفاعلين الأوائل. إضافة لذلك، لا تستطيع هذه المحاججة تمييز القرى محل السؤال عن تلك التي انتقلت لمناطق ميالة للسيطرة من المناطق 1 أو 5 بدلًا من المنطقة 3، فمعظم هذه القرى كانت غير عنيفة ولكن بشكل شاذ.

هناك دليل إضافي يدعم آلية التعامل بالمثل. لقد كان هناك أحد عشر قرية واقعة في المنطقة 4 في الفترة الزمنية $ز_1$، وانتقلت إلى ثلاثة مناطق مختلفة في $ز_2$: سبعة انتقلت إلى المنطقة 2، واثنتان إلى المنطقة 3، واثنتان بقيتا في المنطقة 4. هذا التباين في الانتقال بالعنف كان نتيجة لديناميات الحرب، وتحديدًا لموقع الغزو الألماني. من بين القرى السبعة التي انتقلت إلى المنطقة 2، خمس قرى واجهت العنف، كما هو متوقع. أربعة من القرى الخمسة واجهت العنف في الجولة السابقة، وواحدة لم تفعل. من الناحية الأخرى، القريتان اللتان لم تواجها العنف في $ز_1$ لم تواجها العنف في $ز_2$، أي أنهما كانتا غير عنيفتين بشكل شاذ في جولتين متتاليتين (وهما قريتا مانيسي ونيو إريو). لقد وجدت أنه في كلا القريتين كانت هناك اعتقالات من المتمردين في $ز_1$، لكن الإعدامات تم منعها على يد فاعلين محليين من الثوار، وعلى الأرجح لأسباب شخصية (المقابلة 127، المقابلة 128، المقابلة 75). عندما انقلبت الأمور وتم استبدال سلطة الثوار بالسلطات الحاكمة، خصومهم عاملوهم بالمثل بحماية الفاعلين المحليين للثوار. مثل القرى التي انتقلت من المنطقة 3 إلى المنطقة 2 بدون مواجهة العنف، تجربة هذه القرى تشير إلى الدور المحتمل لدائرة فاضلة بناء على معيار التعامل بالمثل، ولكن بتباين مختلف قليلًا: تجنب العنف تحت ظروف ابتدائية غير ملائمة يبدو أنه يحفز غياب العنف مستقبلًا.

العنيفة. لقد كان هذا العنف شخصيًا مقارنة بذلك العنف في قرى المناطق 2. الشخص الوحيد الذي تم إعدامه في فيشتي على يد الألمان كان شابًا تورط بالقتل أثناء الفترة التي سبقت ذلك في قرية أنيفي المجاورة وتم التبليغ عنه من أحد سكان تلك القرية (المقابلة 102، المقابلة 143، HAA/EDD 333/47). في باناريتي، أحد أفراد الجبهة تم اعتقاله على يد قوات «ألوية الأمن من قرية أخرى، ورغم أنه لم يقتل بسبب التدخل المباشر لسكان القرية، إلا أنه في النهاية انتحر بالسجن (المقابلة 109، المقابلة 81، HAA/EDD 93/46). أخيرًا، العنف في تولو كان مرتبطًا بثأر من قرية دريبانو المجاورة وكان متعلقًا بابنة رجل من القرية تزوج في تولو (المقابلة 153).

429

السؤال، إذن، لماذا كان هناك غياب ابتدائي للعنف في تلك القرى؟ رغم أنني لا أستطيع الإقصاء الكلي لتأثير متغير غير ملاحظ، إلا أنني لم أكن قادرًا على كشف أي سمات بنيوية في القرية يمكن أن تتنبأ بالتولد الأولي لغياب العنف (أو للعنف). فمثلًا، سجل المحاكمات لا يشير لأي طبع محدد، ولا قراءتي لتاريخ وخلفية هذه القرى السوسيواقتصادية. بكلمات أخرى، لا يوجد الكثير ليدل على النشأة الداخلية لدوائر فضيلة أو خبيثة من الظروف الاجتماعية السابقة.

بشكل عام، الدليل النوعي يشير بشدة إلى أن الناس كانوا واعين جيدة لأهمية منع الأفعال المبدئية من العنف لتجنب دوائر العنف. أحد الفاعلين من المتمردين حاجج في مذكراته بأنه كان قادرًا على تجنب العنف في قريته بالتأكد من أنه لم يبدأ أساسًا، مشيرًا: «لقد علمت أنه إن بدأ أحد ما بالقتل فهذا سيستمر دون نهاية» (Priovolos 1988:8). ولكن، في الوقت نفسه، بالغ الناس بوضوح في استقرار نظام السيطرة الذي كانوا يعيشون ضمنه. قد يبدو هذا مفاجئًا بأثر رجعي، لكن مادة المقابلة تشير بوضوح إلى أن العديد من الناس اعتقدوا أن حكم الثوار في شتاء 1943- 1944 أو الهجوم الألماني المضاد في صيف عام 1944 كان توجهًا طويل الأمد. الدليل النوعي يتضمن كذلك بعض حالات الإعلانات العلنية عالية الرمزية لأشخاص تخلوا عن الانتقام (مثلًا: المقابلة 22، المقابلة 24، Dalianis 1988:163). ويليام ماكنيل (McNeill 1978:145) يصف كيف انتهى العنف في أحد القرى التي زارها: «عمدة قرية ميثوني، رجل عالي الالتزام من اليمين، طلب من الجندرمة إطلاق سراح ولدين معتقلين من القرية بعد عودتهم من عملهم مع الغِوار. لقد فعل ذلك رغم حقيقة أن ابنه هو قُتل في الحرب، وعندما قررت الجندرمة إطلاق سراح المشتبه بهم، عقدت المصالحة السياسية داخل القرية بشكل فعال وطويل الأمد». المثير للاهتمام حول هذا المثال هو أن سلوك العمدة جاء بعد هزيمة الثوار ونهاية الحرب، ولذلك لا يمكن بناؤها على توقعات مكاسب التكرارات المستقبلية أو بكونها استراتيجية عقلانية من «العين بالعين».

أخيرًا، الدليل النوعي يزخر بتفسيرات محلية تؤكد على دور الالتزام والامتنان. ستيليوس بيراكيس (Perrakis 2006:116) يقدم مثالًا من مقابلة أجراها في مانيسي:

«في قريتنا، [الزعيم اليساري المحلي ميدانيس] كان المسؤول عن حفظ السلام بين القرويين وتجنب أية اضطهادات بحق الخصوم السياسيين عندما يمسك اليسار بالسلطة. قدر اليمين هذا، وبدورهم، امتنعوا عن أي ثأر بعد الحرب. لم يكن هناك أية أفعال قضائية ضد اليسار إذ لم تكن هناك إعدامات

للرجعيين في قريتنا. أشرت إلى أن هذا كان بعيدًا للغاية عما جرى في جيربسي، التي تبعد بضعة كيلومترات فقط بجانبنا، وقد وافقوا. مانيسي، بالفعل، كانت حالة نادرة في أرغوليذا استطاعت النجاة من الصراع الأخوي الذي ترك ندباته في كل مكان. أقارب ميدانيس لم يحوزوا سوى الثناء من اليمينيين في قريتهم الذين لجأوا إليها من المسؤولين المتشددين أو اليمينيين في مكان آخر، امتنانًا لما فعله اليسار تحت قيادته أثناء الحرب».

من المعبر بهذا الخصوص هو أن رجلًا يمينيًا، لم يتردد في إعطائي رواية مفصلة عن كيفية قتله لعدة يساريين في المنطقة، أشار لمانيسي على أنها قرية امتنع بها عن مهاجمة أي أحد لأنه اعتبر سلوك خصمه السياسيين نموذجًا مثاليًا (المقابلة 21)[1]. رغم أن هذا التفسير قد يكون عقلنة بأثر رجعي، إلا أنه يشير إلى آلية مهمة يجب أخذها بعين الاعتبار.

بشكل عام، حوادث عدم العنف الشاذة تظهر أن الحروب الأهلية لا تولد فقط دوائر خبيثة من العنف، بل أيضًا دوائر فاضلة من عدم العنف. هذه الدوائر الفاضلة عادة ما يتم «مأسستها» إلى روح جماعية تضامنية، يتم الافتراض عادة، بعد نهاية الحرب، أنها سابقة لها. على العموم، تشير البيانات إلى أن سلوك القرية الشاذ، العنيف وغير العنيف، ذو مسار مستقل وناشئ ذاتيًا بشكل كبير عن الحرب.

4.11.9. فاعلون خطأ

في بعض الحوادث، تنبأت النظرية خطأ بالفاعل المنتج للعنف الانتقائي[2]. هذه الحالات تتضمن غارات من وحدة متمردة أثناء ذروة سيطرة السلطات (المنطقة 1)، ورغم أنها نشأت في أركاديا المجاورة، إلا أن أفراد الوحدات كانوا من أرغوليذا وكانوا قادرين على التحرك في بيئة معادية باستخدام معرفتهم المحلية. بعض الحالات من السلطات تمثل حالات لأنواع مشابهة من الغارات (مالاندريني في $ز_2$). الحالات الأخرى تشير لدور الانتقام

---

(1) هذا يشير أيضًا إلى السمة التكميلية للانتقام (أي، التعامل بالمثل إيجابًا وسلبًا). هذا الرجل لم يظهر أي ندم عندما استذكر الانتهاكات المتنوعة التي قام بها ضد منافسيه المحليين، واللحظة الوحيدة التي رمش بها في مقابلته كانت عندما تذكر رجلًا عمل على إعدامه على يد فرقة مسلحة عام 1949، قبل أن يعلم أن هذا الرجل ساعد عائلته سابقًا، فظل يكرر ندمه الحقيقي باعتدائه على معيار التعامل الإيجابي بالمثل.

(2) هناك أربع حالات لعنف السلطات في المنطقة 4 (أنيفي في $ز_1$، ليركيا ومالاندريني في $ز_2$، مالاندريني في $ز_3$)، وحالة من عنف السلطات في المنطقة 5 (أجيوس ستيفانوس في $ز_2$) وأربعة حالات من عنف المتمردين في المنطقة 2 (ميلي في $ز_1$، ليركيا وبيرباتي وموناستيراكي في $ز_3$).

كعاطفة، عندما يتم اتخاذ الفعل بدون أي اهتمام بالخطر. التعبير اليوناني عن الحالة العقلية للأشخاص الذين يقعون ضحية مشاعر انتقامية هو: «الدم يغلي». هنا أناقش ثلاث حالات أدت بها العواطف لسلوك عنيف تحت سيطرة غير ملائمة: أجيوس ستيفانوس في ز$_1$، أنيفي في ز$_1$، ليركيا في ز$_2$، وهي حالات وقع بها العنف الانتقائي للسلطات في مناطق يسيطر عليها المتمردون، بشكل مهيمن أو كلي.

دور الانتقام كعاطفة واضح تحديدًا في حالة أجيوس ستيفانوس، القرية الواقعة في الجبال تحت السيطرة الصلبة للثوار. في 12 يونيو/ حزيران، اعتقل القرويون قائد «جبهة التحرير الوطنية» المحلي، تاناسيس س. ميكالبولوس، وسلموه للألمان. تمكن زعيمهم ابن عمه، فاسيليس، الذي تم استعداؤه، مع قرويين آخرين، من استخدام ميكالبولوس للسلطة المحلية لمصادرة البضائع وتهديد الناس. هذا السلوك تم اتخاذه بتجاهل تام للعواقب. وبالفعل، في اليوم التالي، اعتقل رجال الجبهة سبعة أشخاص، بما فيهم فاسيليس ميكالبولوس. أعدم ثلاثة منهم في قرية كاريا المجاورة في 13 يونيو/ حزيران وثلاثة آخرون بعد ذلك ببضعة أيام. فاسيليس نفسه تم رجمه حتى الموت في إعدام علني في قرية كيفالوفريسو أثناء اجتماع حاشد حضره مئات القرويين في 6 يوليو/ تموز (HAA/EDD 51/1945; 8/1947؛ المقابلة 9، المقابلة 79، المقابلة 91).

آثار الانتقام يمكن رؤيتها أيضًا في قرية ليركيا في التلال الغربية. كانت ليركيا تحت سيطرة الجبهة الصلبة أثناء شتاء أعوام 1943-1944، فلم يكن هناك انشقاق علني، ولم يستخدم العنف. رغم هذه الطمأنينة الشكلية، لم تكن كل القرى سعيدة بالأوضاع القائمة. مع قدوم الشتاء، هذا الاستياء بدأ يظهر نفسه. في أبريل/ نيسان، قائد الجبهة المحلي، أستاذ اسمه بانايوتيس ستاثيس، خالف رغبات الجبهة وشارك في انتخابات لتمثيل المنطقة في الاجتماع الوطني لـ«اللجنة السياسية للتحرير الوطني» (PEEA)، في محاولة الجبهة لتأسيس حكومة أمر واقع في اليونان. بعد انتخابه، اضطر الحزب الشيوعي لإلغاء الانتخابات لإجباره على الانسحاب. هذا العصيان الصغير ترافق مع عمليات المسح الألمانية في مايو/ أيار، مما أدى لتدهور الحالة الأمنية في ليركيا. وقعت غارة ألمانية في 21 مايو/ أيار. في 6 يونيو/ حزيران، اعتقلت الجبهة الكاهن المحلي، بانايوتيس باباجورجيو، وابنته للضغط على شقيقه، الطبيب الموالي للألمان في أرجوس والذي كانت زوجته ألمانية كذلك. في 15 يونيو/ حزيران، ستاثيس ثاناسيس كاراس، الطبيب المحلي الموصوف من ضابط الاتصال

البريطاني المحلي بأنه «أحد أهم الرجال المؤثرين في **أرغوليذا**، والأكثر تأثيرًا في وادي **إناتشوس**»[(1)]، ورجلان اثنان آخران تم اعتقالهم وأخذهم إلى مقرات الجبهة في تاتسي. كان هناك اعتقالات في 16 يونيو/ حزيران، بما في ذلك زوجة كاراس، بعد اعتراف الطبيب تحت التعذيب بوجود سلسلة متخيلة من الجواسيس (المقابلة 79). قتل الطبيب تلك الليلة. وسط كل هذا، توقف أحد قادة الجبهة، المنحدر من بلدة أرجوس ولديه صلات عائلية في ليركيا، بالقرية أثناء عودته من اجتماع لـ«اللجنة السياسية للتحرير الوطني» في وسط اليونان. كان اسم الشاب إياسون بوكوراس، وكان ابن طبيب بارز في أرجوس. كما يبدو، أن معلومة نية أحد القرويين الانتقام وصلت إلى ابن الكاهن المعتقل، بطرس باباجورجيو، الذي كان في أرجوس، والذي أبلغها بدوره إلى الألمان الذين داهموا القرية في 18 يونيو/ حزيران. بينما كان الألمان يحاصرون القرية، حاول بوكوراس الاختباء لكنه وُجد، وعرّفه باباجورجيو علانية. مباشرة، أطلق ضابط ألماني عليه النار. أفعال باباجورجيو يمكن تفسيرها على أنها نتيجة عواطف خام، إذ إن والده وشقيقته كانا رهينتين عند الجبهة، وكانت القرية تحت سيطرتهم. لقد دفع الثمن. في اليوم التالي، عاد مقاتلو «جيش التحرير الشعبي الوطني» إلى القرية ويرافقهم الكاهن وابنته. بعد أن دفنوا بوكوراس، أعدم المقاتلون كلًا منهما. بحسب من قابلتهم، وصف الكاهن اليائس قبل موته مباشرة ابنه بأنه «قاتل أبيه وأخيه» بسبب أفعاله (HAA/EDD 242/1945; 15/1946; 334/1947؛ المقابلة 60).

المثال الأخير من قرية أنيفي، الواقعة في السهل الخارجي، والتي كانت في المنطقة 4 أثناء $ز_1$. ضمت أنيفي أحد أنشط خلايا الجبهة في المنطقة، وكانت نقطة انطلاق للنشاط السياسي للمتمردين. إضافة لذلك، انضم عدة رجال محليين للغِوار. ولكن، كانت القرية تقع كذلك قرب قرية ميرباكا (الآن آغيا تريادا)، والتي احتوت نقطة ألمانية صغيرة. في يناير/ كانون الثاني 1944، اغتالت الجبهة أربعة قرويين في أنيفي، بما فيهم العمدة. ساعدت الاغتيالات في تعزيز سيطرة الجبهة، رغم أن قرب القرية من النقطة الألمانية ساعد بتعطيل تحركات الثوار. ولكن، ورغم القرب من النقطة العسكرية، لم يكن هناك تدفق للمعلومات من السكان المحليين إلى الألمان حتى أبريل/ نيسان 1944. في أحد الشعانين، 9 أبريل/

(1) "Narrative of Capt P. M. Fraser. Peloponnese July 43–April 44" and "Names of Influential Personnel in Argolido Korinthia," PRO, HS 5/698/S6557.

نيسان، شن الألمان غارة كبيرة في أنيفي. في الأيام التي سبقتها، تبنى الألمان توجهًا أكثر عدوانية، بما في ذلك جلب جنود إضافيين إلى أرغوليذا. في اليوم السابق، شنوا حملة اعتقالات موجهة كبيرة في نافبليو، مما أنهى تنظيم الثوار عمليًا في تلك البلدة. الغارة في أنيفي سبقها بحث الألمان في المنازل وجمع السكان الذكور في مركز القرية. للمرة الأولى، استطاعوا تحصيل معلومات استخباراتية عن القرية. لقد كانوا مرافقين من مخبر يغطي وجهه عمل على تحديد كل كوادر الجبهة المحلية. اعتقل بعض الرجال، بما فيهم قادة محليون مهمون، وشاب أطلق النار عليه مباشرة وهو يحاول الهرب إلى الحقول المحيطة بالقرية (وتوفي بجراحه بعد ذلك بأيام). لاحقًا في أبريل/نيسان، قائدان كبيران أطلق عليهما النار في معسكر اعتقال أسسه الألمان في كورينثوس. هوية الرجل المتخفي تشير مباشرة إلى الدافع وراء تبليغه للألمان: لقد كان أحد الأقرباء المباشرين للرجال الذين اغتالتهم الجبهة في يناير/كانون الثاني. في الحقيقة، لقد تم التعرف عليه من عدة قرويين [1]. قراره بالتبليغ عن كوادر الجبهة للألمان كان خطيرًا جدًا، إذ إن الألمان لا يملكون سيطرة في أنيفي ولم يخططوا للغارة بهدف احتلال القرية. لقد استهدفوها بغارة قبل معظم القرى الأخرى في السهل الخارجي والتلال الشرقية، بما في ذلك بعض القرى التي كان لها سمعة كبيرة بكونها أكثر شيوعية، بسبب المعلومات الاستخباراتية التي تدفع للتحرك، والتي استطاعوا تحصيلها بسبب رغبة الانتقام التي زرعتها اغتيالات الجبهة. وبعكس الحالات السابقة، لم يؤد هذا التبليغ للثأر، لأسباب ما تزال غير واضحة. السيطرة الألمانية تأسست في القرية بعد ذلك بقليل، عندما شن الألمان حملة مداهمتهم الكبيرة عبر المنطقة [2]. في النهاية، أسسوا معقلاً عسكريًا صغيرًا في القرية، وعززوا سيطرتهم، وشجعوا على المزيد من الانشقاقات لينضم عدة رجال محليين، من بينهم أعضاء سابقون في الجبهة، إلى «ألوية الأمن».

باختصار، هذه الأمثلة الثلاثة حالات حية تظهر كيف تشوش العواطف على الحكم وتؤدي للعنف ضمن ظروف يمنع بها التقييم العقلاني اللجوء للعنف.

---

(1) بحسب من قابلتهم، فقد انتزع أحدهم القبعة عن رأسه، وبحسب آخرين، فبعد أن تمت معرفته، خلع القبعة بنفسه تحديًا.

(2) ولكن ليس مباشرة. غياب الثأر أثناء هذه الفترة الانتقالية قد يكون نتيجة اعتقال بعض رجال الجبهة المحليين من أنيفي الذين كانوا أشبه بالرهائن. أخذ الرهائن كان ممارسة محدودة نسبيًا في أرغوليذا، وذات تأثيرات سلبية غالبًا، لكن أحيانًا بدا أنها احتوت العنف، كما في حالة ليفكاكيا (المقابلة 45، المقابلة 88).

12.9. تكرار التجربة: ألموبيا

لزيادة صلاحية الاختبار المقارن الجزئي، كررت تجريب دراستي في منطقة ألموبيا، في شمالي اليونان، والتي رغم تشابهها مع أرغوليذا في الحجم والمدى الإيكولوجي، إلا أنها تختلف عنها من حيث الموقع الاستراتيجي والتكوين الإثني. رغم أنني لم أجر دراسة بعمق مشابه لتلك التي قمت بها في أرغوليذا، إلا أنني كنت قادرًا على تعقب الأنماط الأساسي للسيطرة والعنف.

منطقة ألموبيا، أحد أجزاء مقاطعة بيلا، تضم ثلاثة أنواع من التضاريس: السهول، والتلال، والجبال. كان عدد سكانها تقريبًا ثلاثين ألفًا عام 1940 وكانوا جميعًا تقريبًا ريفيين، موزعين في ست وأربعين قرية، بمعدل يصل إلى ستمائة نسمة بكل قرية، وبلدة واحدة. تاريخ المنطقة يعكس تاريخ المنطقة الأوسع. قبل استدخالها إلى الدولة اليونانية عام 1913، كانت ألموبيا جزءًا من الإمبراطورية العثمانية، وقد سكنها فلاحون مسيحيون ومسلمون، معظمهم فلاحون مستأجِرون في مزارع كبيرة (تسمى *ciflik*) يملكها ملاك أراضٍ مسلمون. اللغات الرئيسية المتحدثة في المنطقة كانت اللغة التركية، ولغة سلافية محلية قريبة من البلغارية والمقدونية المعاصرة، واليونانية (على الأغلب في بلدة المنطقة الوحيدة: كاراتزوفا أو أريدايا)، والفلاخية (اللغة القريبة من الرومانية والمتحدثة من قبل الفلاخيين الرعويين). كانت اليونانية هي لغة التجارة، بينما تحدثت الأغلبية العظمى من الجالية المسيحية في المنطقة (وأغلبية المسلمين الذين كانوا من أصل سلافي) المقدونية السلافية المحلية. حتى نهايات القرن التاسع عشر، كان الدين هو أساس تعريف السكان، بانعكاس مؤسساتي لنظام **الملة**، الذي كان أساس الحكم العثماني وحدد حقوق وواجبات كل جالية دينية. ولكن، انقسم السكان المسيحيون بصعود القوميات المتنافسة أثناء نهاية القرن التاسع عشر. عبر مقدونيا، كان هناك وكلاء متنافسون لليونان وصربيا ورومانيا وبلغاريا قاتلوا في حرب ظلال لتحصيل ولاء سكان مقدونيا المسيحيين ذوي الأغلبية الريفية. الصراع الأشد، الذي أخذ شكل حرب عصابات تم خوضها بين الفرق المتنافسة، وقعت بين اليونان وبلغاريا. الانقسام الإثني وجد انعكاسًا أيديولوجيًا ملائمًا في الدين، فتكوين الكنيسة البلغارية المستقلة (الإكسرخسية) واجهت احتكار العضوية للبطريركية الأرثوذكسية اليونانية للقسطنطينية (إسطنبول) على السكان المسيحيين تحت الإمبراطورية العثمانية في أوروبا. تدريجيًا، اختيار البطريركية أم الإكسرخسية أصبح مكافئًا لاختيار هوية قومية، وفي النهاية اختيار أن يصبح المرء يونانيًا أو

بلغاريًا. هذا القرار حفزه عادة العنف (المستخدم من فرق الغِوار المتنافسة) وعززه التعليم عبر جهود بناء مدارس مكثف قامت به دول البلقان المتنوعة. رغم أن هذا الانقسام عادة ما قسم العائلات، إلا أنه أنتج هويات قومية جديدة استخرجت ولاءات قوية لدرجة أن جيلين كانا كافيين لمحو أي ذاكرة لهذا «الاختيار» الأولي (Karakasidou 1997; Danforth 1995).

بعد حروب البلقان خلال أعوام 1912-1913، انقسمت منطقة مقدونيا إلى ثلاثة أجزاء، كان أكبرها ضمن الدولة اليونانية، بينما ذهبت الأجزاء الأخرى إلى بلغاريا وصربيا. هذه الحروب، التي تم خوضها بضراوة معتبرة، أنتجت الكثير من المجازر وتطهيرات عرقية كبيرة (Carnegie Endowment for International Peace 1993). رغم أن التنوع الإثني قل بشكل معتبر بعد حروب البلقان، إلا أن مقدونيا حافظت على درجة كبيرة من التنوع الديني والعرقي. ولكن، التنوع الديني في مقدونيا اليونان تم تدميره مع هزيمة تركيا لليونان في حربهما خلال أعوام 1920- 1922، و«تبادل السكان» الذي تبعه. غادر المسلمون، واستقرت موجة من اللاجئين اليونانيين القادمين من الأناضول في قراهم. ومع ذلك، حافظت المنطقة على سمة متعددة الأعراق، كما ظهر بإحصاء عام 1928 الذي حدد 40 بالمئة من السكان بأنهم «سلافيون»، و6 بالمئة على أنهم من الفلاخ، و54 بالمئة على أنهم «لاجئون» (من آسيا الصغرى [الأناضول]).

تحدث السكان الجدد مجموعة من اللغات، من بينها اليونانية، والبنطية، والتركية، وكانوا أبعد ما يكونون عن مجموعة سكانية موحدة. أشعل وصولهم تنافسًا حادًا على خطوط عرقية، وزاده توزيع أراضي المسلمين. العديد من الفلاحين المستأجِرين المقدونيين السلاف المحليين رأوا الأراضي التي كانوا يأملون الحصول عليها توزع إلى أراض أصغر لتتواءم مع السكان الجدد. كنتيجة لذلك، «السكان الفلاحيون البسيطون الذين كانوا لا يثقون بأي من الأجانب، وخصوصًا اليونان» (Rossos 1997:70) وجدوا مزيدًا من الأسباب لتقل ثقتهم أكثر باللاجئين، والذين اعتبروهم من الأجانب. في المقابل، اللاجئون نظروا للمقدونيين السلاف على أنهم ليسوا يونانيين، ويتحدثون لغة قريبة لعدو اليونان: بلغاريا. وبكونهم انتزعوا من جذورهم مرة، فقد خشي السكان الجدد من فكرة تغيير جديد للأراضي وانتقالات سكانية جديدة (Marantzidis 2001).

هناك دليل معتبر على أن هاتين المجموعتين – اللتان تتحدثان لغات مختلفة، نظرتا لبعضهما البعض بالريبة، ولم تتزاوجا فيما بينهما، وكانا أقرب لتعريف أنفسهما بدول

قومية مختلفة، وتنافستا على الموارد المحلية – طورتا عداوة معلنة تجاه بعضهما البعض (Marantzidis 2001; Koliopoulos 1999; Yannisopoulou 1998). أثناء سنوات ما بين الحربين، كان هناك نشاط كبير موال للبلغاريين في ألموبيا، بما في ذلك بعض نشاط مسلح قامت به مجموعات غِوار أثناء العشرينيات، وقوبل بالقمع من السلطات اليونانية. سياسة ديكتاتورية ميتاكساس (1936- 1940) بالاستيعاب اللغوي القسري على المجموعات السكانية المقدونية السلاف زاد مشاعر الحنق لدى السكان السلاف في ألموبيا.

أثناء احتلال اليونان من القوات الألمانية والإيطالية والبلغارية (1941-1944)، شهد شمالي اليونان حربا أهلية عنيفة كانت مدعومة بشكل كبير بالاستقطاب العرقي (Koliopoulos 1999; Kofos 1993). في مقاطعة بيلا، وفي المقاطعات المجاورة، خصوصًا في غربي مقدونيا، العديد من المقدونيين السلاف انضموا لمليشيا مؤيدة لبلغاريا، تعرف باسم: **كوميتادجي** (*komitadji*) (اسم يرجع إلى حرب العصابات المقدونية في نهاية القرن التاسع عشر ومطلع القرن العشرين)، رغم أن المنطقة لم تكن محتلة من الجيش البلغاري. بدوره، شن الجيش البلغاري برنامجًا موسعًا من التطهير العرقي وإعادة التوطين، طاردًا السكان اليونانيين من مناطق في شرقي مقدونيا التي احتلها. وصول هؤلاء اللاجئين إلى غربي مقدونيا خلال أعوام 1942- 1943 زاد التوترات بشكل كبير بين المجموعات الإثنية. هذه التوترات انفجرت إلى حرب أهلية وعنف أثناء الاحتلال، واستمرت خلال فترة 1946- 1949. هذه الحرب الأهلية دعمها خليط من الدوافع والرموز العرقية وغير العرقية، التي كانت عادة ما تختبئ وراء الانقسام الرئيس من اليسار ضد اليمين. فمثلًا، المعارك بين المقاتلين غير النظاميين الشيوعيين (جيش التحرير الشعبي الوطني) والمتعاونين (الجيش اليوناني الوطني- EES) كانت عادة ما تتحول، بفحص أدق، **أيضًا** إلى حوادث من الصراع بين المقدونيين السلاف والسكان الجدد اليونانيين المتحدثين بالتركية (Marantzidis 2001).

بعد نهاية الاحتلال وتسريح المقاتلين غير النظاميين الشيوعيين (1945-1946)، اضطهدت الدولة اليونانية التي أعادت تشكيل نفسها كلًا من اليساريين والمقدونيين السلاف سواء بسواء. محاكمات المتعاونين كانت تستخدم فرصة لاضطهادات ذات دوافع إثنية، إضافة للسعي وراء كل أنواع الثارات المحلية. نتيجة لذلك، العديد من المقدونيين السلاف، سواء الذين شاركوا مع «جبهة التحرير الوطنية» وأيضًا العديد من تحركوا مع المليشيات العميلة المتنوعة، هربوا عبر الحدود إلى جمهورية مقدونيا، التي تشكلت حديثًا كجزء من يوغسلافيا

الاشتراكية. وبينما تبنى العديد من المقدونيين السلاف أثناء الاحتلال هوية بلغارية وتعاونوا مع الجنود البلغار، العديد منهم الآن أصبح يدعي هوية مقونية ويتطلع إلى يوغسلافيا تحت حكم تيتو، إذ انضم الكثير منهم إلى حركة استقلال تعرف اختصارًا بـ «NOF» ووحدة تعرف باسم الفرقة الإيجية الأولى [نسبة لبحر إيجه]. كلتا المنظمتين كانت متحالفة عن قرب مع السلطات الشيوعية لمقدونيا اليوغسلافيين، والذين حافظوا بدورهم على علاقات معقدة مع الشيوعيين اليونانيين. على المستوى الجماعي، كان هناك تقاطع متنامٍ بين الهوية اللغوية السلافية، والهوية العرقية المقدونية السلافية (أو المقدونية)، والنزعة للاصطفاف مع اليسار الشيوعي في أعوام 1946-1949. رغم أن التقاطع لم يكن كاملًا، بوجود أقلية معتبرة من المقدونيين السلاف مصطفة مع الحكومة اليونانية [1]، إلا أنه من الواضح مع ذلك أن معظم المقدونيين السلاف إما تعاونوا مع أو قاتلوا علانية مع الثوار الشيوعيين اليونان ما بين 1946 و1949، بنسبة تصل إلى 85 بالمئة بحسب أحد التقديرات (Rossos 1997:63). وفي المقابل، العديد من السكان الجدد اليونانيين، خصوصًا في القرى المختلطة، دعموا اليمين اليوناني، رغم أنهم كانوا داعمين أشداء للحزب الليبرالي أثناء فترة ما بين الحربين (Marantzidis 2001).

وباختصار، رغم أن الحرب الأهلية اليونانية في مقدونيا لم تكن بأي حال حربًا عرقية، إلا أنها أخذت طابعًا عرقيًا واضحًا. المقدونيون السلاف «قدموا مساهمة كبيرة، بل وحاسمة، للجانب الشيوعي أثناء الحرب الأهلية في اليونان»، فقد تحملوا وطأة الحرب، إذ إنهم سكنوا في مناطق مقدونيا حيث وقعت أشد جولات الاقتتال. مساهمتهم في صفوف الثوار كانت عالية جدًا «بنسبة أعلى بكثير من عددهم القليل نسبيًا من المجموع الكلي لسكان اليونان حينها.... تمثيلهم المقدر في 'جيش اليونان الديمقراطي' [كما كان جيش الثوار الشيوعيون معروفًا] تراوح ما بين أكثر من الربع في أبريل/ نيسان 1947 إلى أكثر من الثلثين في منتصف 1949». بحلول عام 1948، الحزب الشيوعي «أصبح معتمدًا بالكلية تقريبًا على المناطق الصغيرة نسبيًا، والمقدونية بالدرجة الرئيسية، التي يتواجد بها في وسط وغربي مقدونيا».

---

(1) هؤلاء «المتنسبون لليونان أو المقدونيون المندمجون» كانوا يسمون «بسخرية» **جركومانيين** من المقدونيين السلاف المسلحين (Rossos 1997:63)، والذين استهدفوهم مرارًا أثناء الغارات. مسؤول يوناني، من الناحية الأخرى، فصل بين **السلافيين** و**أشباه السلافيين** ("Notes on Tour from Salonica to Verroia, Edessa and Kaimaksalan, September 11th and 12th, 1948," PRO FO 371/72327).

ولكن، المهم هو أن طبيعة مشاركة المقدونيين السلاف في الحرب الأهلية اليونانية (على الأقل على مستوى النخب) هو أنها كانت قومية لا يسارية. اليساريون كانوا حلفاء ملائمين في صراع كان يفترض أن يؤدي للانفصال عن اليونان والاندماج مع جمهورية مقدونيا اليوغسلافية. بالنسبة لحركة «NOF»، كان الأمر «صراعًا قوميًا بالدرجة الرئيسية، معركة للتحرر الوطني للمقدونيين في مقدونيا الإيجية» (Rossos 1997:42; 43-44; 64, 42). ولكن، ومع الاستقطاب الإثني الحاد، العنف المميت ضد المدنيين في ألموبيا كان أقل بكثير مما توقعته – أقل بكثير مما هو عليه في أرغوليذا – أثناء فترتي 1943–1944 و1946–1949.

بسبب الطابع الجغرافي (منطقة معزولة منفصلة عن أية محاور اتصال حيوية)، لم يكن بألموبيا مصلحة كبيرة لسلطات الاحتلال، التي تخلت عنها بشكل كبير. كنتيجة لذلك، حاز المقاتلون غير النظاميون الشيوعيون سيطرة عملية على المنطقة منذ 1943 وما بعدها. العديد من القرويين رأوا جنود الاحتلال مرة واحدة أو مرتين أثناء الفترة كاملة. المقاتلون غير النظاميون أعدموا بعض الأفراد «الرجعيين»، لكن هذه الإعدامات بقيت محدودة (ثلاثين إلى أربعين حالة على الأكثر). هناك ما بين ثمانين شخصًا قتلوا بشكل عشوائي في عملية مسح قام بها الجنود الألمان والبلغاريون مطلع عام 1944. لم تواجه أية قرية دمارًا كاملًا، وأظهر السكان إشارات قليلة من الانقسام السياسي رغم الاستقطاب السياسي والإثني السابق، وهو أمر انعكس في المقابلات التي أجريتها؛ فمعظم من قابلتهم لا يذكرون هذه الفترة على أنها فترة حرب أهلية. بعدم امتلاكهم خيارًا سوى دعم المجموعة ذات السيادة المحلية المطلقة، «جبهة التحرير الوطنية»، قام السكان بذلك بشكل موحد. بمصطلحات نظرية العنف الانتقائي، بدأت ألموبيا على الأغلب كمنطقة 5، ومع بعض القرى كمنطقة 4، وتحولت بعد ذلك (وبقيت) في المنطقة 5. وبما يتسق مع النظرية، فقرى المنطقة 4، حيث كان الأمن أكثر أهمية وحيث وقعت إعدامات انتقائية على يد الجبهة، كانت في المناطق المنخفضة، أقرب إلى الشارع الرئيسي الذي ربط المنطقة بعاصمة مقاطعة بيلا، بلدة إديسا.

بشكل ما، يمكن النظر إلى ألموبيا على أنها الوجه المغاير لأرغوليذا: فلو انتهى الاحتلال في أرغوليذا في أبريل/ نيسان 1944، فلن يكون هناك اختلاف بين المنطقتين برغم التباين بمستوى الاستقطاب الإثني. الموقع، الذي جعل ألموبيا معقلًا للجبهة، يوضح لماذا كان

العنف محدودًا"(1). المناطق المجاورة (مثل منطقة بيونيا المجاورة في مقاطعة كيلكيس أو مقاطعة كاستوريا وكوزاني) واجهت مستويات عالية من عنف الحرب الأهلية رغم التشابه الاجتماعي والإثني، بدرجة رئيسية بسبب الأهمية الاستراتيجية لقوات الاحتلال، التي نازعت على الأراضي.

بعد نهاية الاحتلال وتسريح المقاتلين غير النظاميين عام 1945، مرت ألموبيا بعملية مشابهة لما جرى في بقية اليونان: الدولة اليونانية المعاد تشكلها وفرق المقاتلين غير النظاميين اليمينية، الذين ينحدر معظمهم من المناطق المجاورة، استفزوا وأرهبوا اليساريين المشتبه بهم بجانب العديد من المقدونيين السلاف. رغم أن العنف «منخفض الشدة» كان معتبرا (إذ اعتقل وسجن العديد من الناس، إلا أن كثيرين آخرين ضربوا ونُهبت ممتلكاتهم وهرب العديد منهم عبر الحدود)؛ ظل مستوى القتل منخفضًا. في الوقت نفسه، حصلت إعادة ترتيب هامة، فالعديد من الأشخاص، الذين كان معظمهم من اللاجئين الذين دعموا (بشكل مباشر أو غير مباشر) المقاتلين غير النظاميين أثناء فترة الاحتلال؛ بدلوا صفوفهم وأصبحوا يمينيين وملكيين. تباينت الدوافع، لكن التوقعات المتحولة حول المنتصر النهائي كانت أساسية. بكلمات أخرى، تحولت ألموبيا إلى المنطقة 1.

عام 1946، شن الحزب الشيوعي تمرده. الفرق المسلحة من المقاتلين غير النظاميين التي كانت تتدرب في يوغسلافيا عبرت الحدود وبدأت تستفز محطات الجندرمة وتقتل عُمد القرى وتحشد القرويين. موقع ألموبيا على الحدود مع يوغسلافيا وضعها على خط جبهة هذه الحرب الأهلية. معظم قرى السلاف المقدونيين، الواقعة في الجزء الشرقي من المنطقة، قدمت أعدادًا كبيرة لـ«الجيش الديمقراطي» الشيوعي المتمرد. الضحايا في هذه الفترة كانت كبيرة، فبعض القرى فقدت ما بين ستين إلى سبعين رجلًا من كل قرية. ولكن، الأغلبية العظمى من الضحايا كانت في المعارك. قلة من المدنيين قتلوا أثناء هذه الفترة. رغم أن الجيش اليوناني قصف بشكل منتظم بعض قرى المقدونيين السلاف، وبأحد المرات شن الثوار غارة على قرية للاجئين وقتل تسعة وثلاثين مدنيًا في أسوأ مجزرة للحرب في تلك المنطقة؛ ظل العنف ضد المدنيين محدودًا مقارنة بجنوب اليونان في 1943-1944.

---

(1) مارانتزيديس (Marantzidid 1997:158) يتحدث عن نتيجة مشابهة من قرى جيورجيانوي وليكوبيترا المنقسمة بعمق في ولاية إماثيا شمالي اليونان. السيطرة الكاملة التي فرضتها الجبهة أثناء الاحتلال منعت تطور الانقسام المحلي الحاد.

في الواقع، نسبة المقاتلين القتلى إلى المدنيين القتلى في أرغوليذا كانت تقريبًا معكوس النسبة في ألموبيا.

هناك عاملان مرتبطان بممارسة الحرب (وغير مرتبطين بطبيعة الانقسامات) يفسران الاختلاف بين أرغوليذا وألموبيا. أولًا، طيلة عام 1948، أفرغ الجيش اليوناني معظم قرى ألموبيا بما يتوافق مع منهجية مكافحة التمرد التقليدية بفصل الثوار عن السكان. معظم القرويين إما غادروا المنطقة كلها أو ذهبوا لمخيمات لاجئين تم تأسيسها في بلدة أريدايا. بعض القرويين، المتعاطفين مع قضية الثوار، عبروا الحدود إلى يوغسلافيا. نتيجة لذلك، بعد عام 1948 كان هناك ضحايا مدنيون محتملون قلة في ريف ألموبيا. ثانيًا، بدءًا من عام 1946، وخصوصًا في أعوام 1947 و1948، معظم الرجال القادرين (والعديد من النساء أيضًا) تم تجنيدهم ضمن مجموعات عسكرية وشبه عسكرية متنوعة من كلا الجانبين. هذه العسكرة الموسعة حولت العنف من المجال المدني إلى العسكري.

رغم أن هذه العوامل تساهم في مستويات العنف المنخفضة ضد المدنيين، إلا أنها تفشل في التفسير الكامل للمستويات المنخفضة للعنف نسبيًا ضد المدنيين **قبل** إجلاء القرى والتجنيد الجماعي للرجال. يشير بحثي إلى أنه، وبالاتساق مع النظرية، كانت مستويات العنف المنخفضة نتيجة رئيسية لتوزيع السيطرة بين الفاعلين السياسيين في 1946-1948. معظم القرى كانت واقعة في مناطق يمكن الوصول إليها بشكل متساوٍ من كلا الجانبين، وهي المنطقة 3. الجيش والشرطة زاروا القرى بشكل يومي، لكنهم لم يمنعوا الثوار من القدوم كل ليلة. في الحقيقة، عدم القدرة هذا هو ما دفع الجيش في قراره لإخلاء كل المدنيين إلى بلدة أريدايا. بدوره، كان الجيش مقيدًا بالتواجد على حدود دولية، فقد تمتع الثوار بمعقل آمن في يوغسلافيا، وهي ميزة للحرب الأهلية في ألموبيا أعطتهم ميزة كبيرة. ما يجعل حالة ألموبيا تحديدًا مثيرة للاهتمام هو أن الاستقطاب الإثني تم التغلب عليه بمنطق السيطرة، وهي قضية أبحث بها بعمق في مكان آخر (Kalyvas 2004).

13.9. اختبارات من خارج العينة في اليونان

في هذا القسم أبحث ببيانات القرى عبر اليونان لأتأكد ما إن كانت أنماط العنف متسقة مع تنبؤات النظرية. إنني أستعمل عدة مصادر: أولًا، دراسة لـ13 قرية أجريت خلال 1951-1952 من «مؤسسة الشرق الأدنى»؛ ثانيًا، دراسة لخمس قرى أجريت عام 1947 من قبل

المؤرخ ويليام هـ. ماكنيل؛ ثالثًا، بيانات 136 قرية منتقاة من دراسات إثنوغرافية وتواريخ (غالبًا لقرى مفردة) محلية، إضافة لمقابلات أجريتها خارج أرغوليذا. رغم أنها ليست عينة عشوائية للقرى اليونانية، إلا أن هذه البيانات تغطي معظم اليونان وتوفر صورة عامة عن تجربة الحرب في الريف عبر البلاد خلال فترة 1943-1949 كلها (الجدول ب.4 في الملحق ب). ولأن دوافع الكتاب ومصادرهم متباينة جدًا، فلا يوجد انحياز واحد طاغٍ.

بجانب السماح لي بتقييم المدى الذي تمثل به أرغوليذا بقية اليونان، فإن هذه الاختبارات تسمح لي بتقييم ما إن كانت أنماط العنف تتوافق مع أنماط السيطرة عبر هذه القرى بطريقة تتسق مع النظرية. إنني أفعل ذلك بدراسة دقيقة للأدلة وباختبار نتيجة ملاحظة للنظرية: العنف الانتقائي في 1943-1944 يجب أن يكون ملاحظًا في ارتفاعات أقل انخفاضًا من العنف الانتقائي في أعوام 1946-1949. كما أشرت سابقًا في هذا الفصل، فالفرق الرئيسي بين فترة الاحتلال وفترة ما بعد الحرب هي قدرة السلطات. بعكس الألمان، الذين كانوا مهتمين فقط وقادرين على السيطرة على البلدات والطرق وسكك الحديد الرئيسية وكانوا يريدون التخلي عن السيطرة على المناطق الجبلية للثوار؛ كانت الدولة اليونانية ما بعد الحرب العالمية الثانية قادرة على مواجهة الثوار بشكل مباشر في معاقلهم. نتيجة لذلك، كانت سيطرة السلطات غير شائعة بشكل عام في المرتفعات أثناء الاحتلال، مثلما كانت سيطرة المتمردين الكلية، حتى في المرتفعات، في فترة ما بعد الحرب. بمعنى آخر، كان الزمن يعمل كحامل لتواجد السلطات في التضاريس المرتفعة ويؤسس للعلاقة الترابطية بين التضاريس والسيادة المتشظية. ولأن النظرية تتوقع عنفًا انتقائيًا أقل ضد المدنيين في مناطق السيطرة الكلية، يجب أن نلحظ مجموعات قرى يغيب عنها العنف في المرتفعات أثناء 1943-1944 (عندما كان هناك احتمالية لسيطرة كاملة من المتمردين) وفي المنخفضات أثناء فترة 1947-1949 (عندما كان هناك احتمالية لسيطرة كاملة من السلطات)[1]. من منظور تحليلي، فترة 1945-1946 بعد الاحتلال مباشرة أقرب لفترة الاحتلال، إذ بقيت الدولة اليونانية ضعيفة وتركت المجال مفتوحًا لفرق يمينية ويسارية غير نظامية.

باختصار، يجب أن يرتبط الارتفاع المنخفض مع مستويات أعلى من العنف الانتقائي

(1) المنطقة 3 يجب أن توجد بارتفاع منخفض أثناء الاحتلال (والعكس صحيح). ولكن، بالحكم على أرغوليذا حيث انتقلت المنطقة 3 من أو إلى المنطقة 2 أو 4، فالتأثير (غياب العنف) للمنطقة 3 سيبقى غير ملاحظ في ظل غياب السيطرة المفككك.

في أعوام 1943-1946، ومع مستويات أقل من العنف الانتقائي في أعوام 1947-1949. بشكل مشابه، يجب أن يتنبأ العنف بتوقيت الانقسام الداخلي للقرى. التأريخات المحلية للقرى المنخفضة يجب أن تخبر قصة من الاستقطاب والانقسام أثناء الاحتلال، والتأريخات المحلية للقرى المرتفعة يجب أن تحدد بداية الاستقطاب أثناء فترة ما بعد الاحتلال. إنني أتوقع أيضًا أن المناطق المرتفعة كان متنازعًا عليها بين تنظيمات المتمردين أثناء الاحتلال، لتكون تمثيلًا لنظائرها المنخفضة أثناء الفترة نفسها وتظهر عنفًا انتقائيًا. أخيرًا، إن عنف السلطات العشوائي خلال فترة 1943- 1944 يجب أن يكون أكثر احتمالية في القرى الواقعة في أراضٍ مرتفعة، فإذا كانت فكرتي عن العنف العشوائي صحيحة، فعلى السلطات أن تستهدف بشكل عشوائي تلك القرى الواقعة تحت السيطرة الكلية للثوار. ولتأسيس نقاش أنماط العنف عبر هذه القرى، أفرق بين أربعة أنواع من القرى بناء على حصول العنف الانتقائي (الجدول 10.9).

الجدول 9.10. تصنيف للقرى اليونانية

	العنف الانتقائي بأعوام 1947- 1949	
	لا	نعم
العنف الانتقائي في أعوام 1943- 1946		
لا	النوع 1	النوع 3
نعم	النوع 2	النوع 4

الجدول 11.9. إحصاءات وصفية

نوع القرية	التردد	النسبة	متوسط الارتفاع (م)	σ^2
1	26	19.12	420	321.6
2	36	26.47	125	310.4
3	55	40.44	730	283.1
4	19	13.97	460	393.5

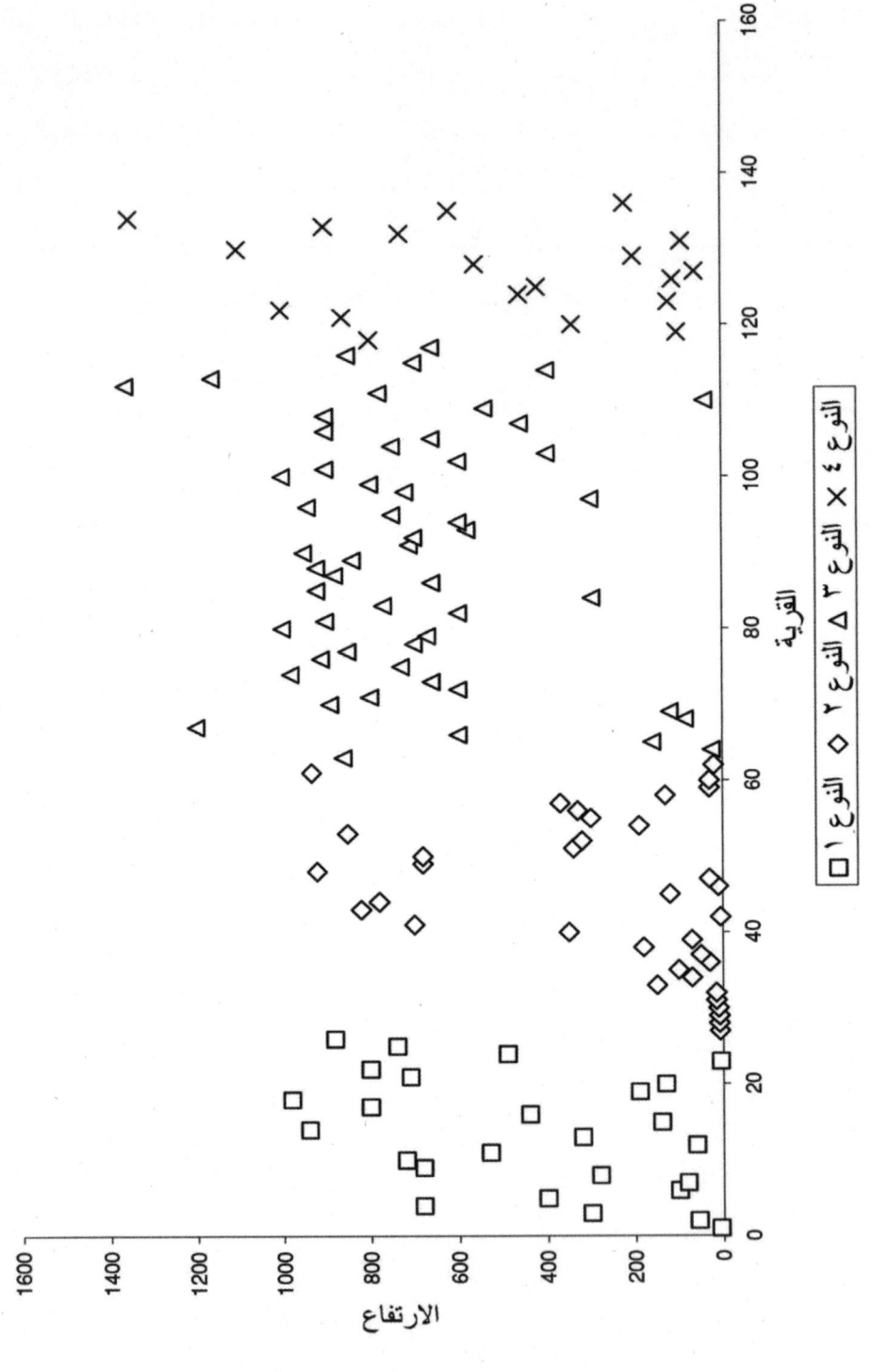

الشكل 19.9. نوع القرية والارتفاع

النوع 1 يضم القرى التي بقيت غير عنيفة طيلة الحرب، والنوع 2 يضم القرى التي واجهت عنفًا انتقائيًا كبيرًا أثناء فترة الاحتلال (1943-1944) مع بعض العنف المرافق بعدها مباشرة (1945-1946)، قبل أن تستعاد سلطة الدولة اليونانية تمامًا، لكنها لم تواجه عنفًا انتقائيًا بعد عام 1946، والنوع 3 يضم القرى التي إما أنها لم تواجه عنفًا على الإطلاق أو واجهت فقط عنفًا عشوائيًا أثناء الاحتلال، لكنها واجهت عنفًا انتقائيًا بعد عام 1946. أخيرًا، النوع 4 يضم القرى التي واجهت عنفًا انتقائيًا أثناء كلتا الفترتين. ولأنني مهتم بالعنف الانتقائي ضد المدنيين بدلًا من العنف في المعارك، فقد رمزت عمليات قتل المدنيين فقط. وللاتساق مع النظرية، فإن قرى النوع 2 يجب أن تكون واقعة في ارتفاعات أقل انخفاضًا من قرى النوع 3. لا يوجد توقع جغرافي محدد بالنسبة لقرى النوع 1 أو 4، إذ إن هناك العديد من ظروف السيطرة المتوافقة معهم. قرى النوع 1 يجب أن تكون تلك التي إما أنها كانت تحت السيطرة الكاملة لأي طرف أو واقعة في المنطقة 3 طيلة العقد، بينما قرى المنطقة 4 يجب أن تكون تلك التي ظلت محل نزاع طيلة الفترتين الزمنيتين[1]. والشكل 19.9 مخطط تشتت لنوع القرى بحسب الارتفاع والسكان، بينما يلخص الجدول 11.9 البيانات لكل القرى الـ 136.

تدعم النتائج العلاقة الموضوعة بين الارتفاع وتوقيت العنف. القرى التي واجهت العنف الانتقائي خلال فترة 1943-1946 (النوع 2) لديها متوسط ارتفاع أقل بكثير من تلك التي واجهت عنفًا انتقائيًا في فترة 1946-1949 (النوع 3): 125 م مقابل 730 م. وبعكس هذين النوعين، فالقرى المسالمة أو العنيفة طيلة الوقت تمثل تجميعة أقل بكثير من حيث الارتفاع، وانحرافاتها مرتفعة مقارنة مع تلك من النوع 2 والنوع 3.

هذا النمط يشير إلى أن أرغوليذا، المنطقة ذات القرى من النوع 2 بشكل أساسي، ليست ممثلة لليونان ككل (كما يظهر بمقارنتها مع ألموبيا)، ولكنها ليست شاذة كذلك، ففي الحقيقة، مستويات الاختلاف التي تسببت بها الحرب تجعل من المستحيل إيجاد منطقة ممثلة لكل البلاد. قد يكون من المناسب القول إن أرغوليذا ممثلة لمناطق واجهت عنفًا كبيرًا أثناء الاحتلال، لكنها ظلت بلا عنف نسبيًا في الفترة التالية، أي للنوع 2. بغض النظر عن تمثيل أرغوليذا، فهذا الاختبار لقياس قدرة نظرية العنف الانتقائي على تفسير كل من

(1) بتقسيم القرى إلى هذه الأنواع الأربعة، استخدمت عتبة أقل صرامة عن تلك التي استخدمتها بدراسة أرغوليذا (ضحية لكل قرية)، فالمعلومات كانت غالبًا مفقودة وهدفي هو إظهار الأنماط الواسعة للعنف.

التباين ما بين المناطق وداخل المناطق نفسها. المحاججة نفسها التي تفسر التباين بالعنف الانتقائي داخل أرغوليذا في فترة 1943-1944 يمكن أن تفسر التباين ببقية البلاد عبر الفترات الزمنية نفسها. هذا يؤكد على النقطة التي وضعت مسبقًا بأنه ورغم أن الفاعلين السياسيين يختلفون بأبعاد متنوعة، إلا أن عنفهم يتبع أنماطًا متشابهة.

هناك نتيجتان تجريبيتان إضافيتان تم تأكيدهما. أولًا، ديناميات العنف، بين التنظيمات المتمردة المتنافسة أثناء فترة الاحتلال؛ ولدت ديناميات كانت مشابهة لتلك الناتجة عن التفاعل بين السلطات والمتمردين، رغم أن الشدة الكلية للعنف أقل بشكل ما (Filos 2000). ثانيًا، قرى النوع 3 كانت مستهدفة أكثر بالعنف العشوائي الألماني أثناء فترة الاحتلال من قرى النوع 2. في القسم التالي، أدرس بطريقة أكثر مباشرة تلاؤم النظرية مع أنماط السيطرة والعنف التي تنتج عن هذه الدراسات والأدلة.

1.13.9. دراسة «مؤسسة الشرق الأدنى»

بعقد من «إدارة التعاون الاقتصادي الأمريكية»، أنتجت «مؤسسة العقد الأدنى» دراسة عن 13 قرية لوزارة الزراعة اليونانية في أعوام 1951-1952. هذه الدراسة شملت المدى البيئي الكلي لليونان القارية [الاسم التقليدي لوسط اليونان]، رغم أن قرى الأراضي المنخفضة المروية كانت ذات تمثيل أكبر لأسباب تتعلق بأولويات التنمية الريفية. هذه الدراسة كانت طريقة لعقلنة دعم الإنتاج الزراعي في فترة ما بعد الحرب المباشرة (Sanders 1953). القرى التي تمت دراستها تقع جميعًا في وسط وشمالي اليونان، مما يجعلها موازنًا مضادًا لطيفًا لشبه جزيرة بيلوبونيز جنوبي اليونان. تتكون الدراسة من ثلاثة عشر «استبيانًا اجتماعيًا»، وهي تقارير قصيرة من 12 إلى 15 صفحة تغطي تاريخ القرى وبنيتها الاجتماعية واقتصادها، مع تركيز على الممارسات الزراعية، مع تقديم اقتراحات للتطوير. إنها تضم جميعًا نظرة عامة لتأثير الاحتلال والحرب الأهلية[1]. هناك تباين طولي هنا أكثر مما هو في دراسة أرغوليذا، لأن الدراسة تغطي فترة الحرب الأهلية كلها حتى عام 1949. بمصطلحات السيطرة، تتقارب القرى الجبلية مع النوع 3، وقرى التلال مع النوع 2، وقرى السهول مع النوع 1 أو 2. تباين العنف في قرى السهول يمكن تفسيره على الأرجح بديناميات السيطرة محددة بالمناطق

(1) بحسب ما أعلم، فهذه الدراسة لم تنشر أبدًا ونتائجها لم تقدم علانية.

التي تقع بها هذه القرى. تحديد الدراسة للتنوع الاجتماعي والسياسي ضمن قرى السهول ذات التجارب المتشابهة بالعنف تشير إلى أن السيطرة تتغلب على كل من الصراع السياسي والبنية الاجتماعية بتفسير حصول العنف.

وبما يتسق مع التوقعات النظرية، كانت القرى الجبلية أكثر مشاركة بالمقاومة ضد الاحتلال من قرى التلال أو السهول. من بين ثلاث قرى تضمنتها الدراسة، كانت هناك قريتان لم يتم احتلالهما ماديًا على الإطلاق، وقرى المنطقة 5 هذه تعاونت مع المتمردين، وأصبح بعض الرجال مقاتلين غير نظاميين، كما واجهت أحد القرى هجومًا عشوائيًا ألمانيًا أدى لمقتل خمسة قرويين. على العكس، القرية الجبلية الثالثة تبدو قرية من المنطقة 1، فقد تم احتلالها ماديًا على يد الإيطاليين الذين استخدموا القمع للسيطرة عليها، رغم غياب القتل. أثناء فترة ما بعد الحرب العالمية الثانية، كل القرى الثلاثة الجبلية أصبحت أراضي متنازعًا عليها وكان للمتمردين بها اليد العليا لكنهم لم يسيطروا عليها تمامًا (المنطقة 4). بداية، استخدموا العنف الانتقائي للانتقال بنجاح للمنطقة 5، ولكن فترة صعود الثوار كانت قصيرة، إذ استطاع الجيش اليوناني إخلاء كل القرويين إلى البلدات التي يسيطر عليها.

قريتا التلال المتضمنتان بالدراسة كانتا تحت الاحتلال البلغاري. لم تواجه إحداهما أي عنف انتقائي، بينما واجهت الأخرى، فهربت ثلاثة وعشرون قرية وقتل عشرة قرويين، ولكن دون تقديم تفاصيل. لم يكن هناك عنف انتقائي في فترة 1946-1949، إذ إن كلتا القريتين كانت تحت سيطرة المليشيات المحلية الموالية للحكومة. بحسب كاتب الدراسة، موقع القرية الثانية قرب سهل سيريس «ساعدها على درء الغِوار».

أخيرًا، القرى السهلية الثمانية أظهرت نوعًا من التباين. في المرحلة الأولى من الحرب، خمسة منها كانت تحت شكل أو آخر من السيطرة الألمانية. على الأقل، أحد هذه القرى يقال إنه تم احتلاله ماديا من الألمان، بينما تفاوتت الأخرى ما بين المنطقة 1 والمنطقة 2. بمصطلحات العنف، واحدة من القرى الخمسة لم تواجه أية عنف على الإطلاق خلال الاحتلال، وفي قريتين أخريين اعتقل الألمان وهجروا بضعة قرويين ولكنهم لم يقتلوا أحدًا، بينما فقدت القريتان الأخيرتان سبعة أشخاص وتسعة أشخاص، على التوالي، على يد الألمان أو العملاء. هناك معلومة مثيرة للاهتمام تأتي من أحد أفراد هذه القرية، أنثيلي، حيث كان «الإرهاب الألماني في أكبر حالاته عندما بدأت حركة سرية تترأسها جبهة التحرير الوطنية تخترق القرية»، مما يشير إلى أنها قرية من المنطقة 2. باختصار، الصورة بهذه القرى الخمسة

هي صورة من العنف بلا قتل أو العنف الانتقائي الذي يتعارض بشدة مع العنف العشوائي الذي واجهته قرى الجبال ويتوافق مع تجربة الأراضي المنخفضة لأرغوليذا. حالة السيطرة في القرى السهلية الثلاثة معقدة بسبب وجود منظمتين متمردتين متنافستين، «جبهة التحرير الوطنية»، و«الفرقة اليونانية الديمقراطية الوطنية» (EDES) غير الشيوعية، التي كانت تتنافس على السيطرة عليها. كما هو متوقع، كل من هذه القرى الثلاثة واجهت درجة ما من العنف الانتقائي. في أحد القرى، قتلت الفرقة رجلًا، وفي أخرى قتلت الجبهة أربعة، وفي الأخيرة كان هناك قتلى، ولكن لم يسجل العدد أو مرتكب القتل. مجددًا، هذا النمط يشير إلى أن العنف يتبع، كما يبدو، دينامية شبيهة، سواء أكانت الحرب تضم محتلين ضد سكان أصليين، أو عناصر مليشيا عملاء ضد مقاتلي مقاومة، أو مقاتلي مقاومة ضد بعضهم البعض. أثناء الفترة الثانية من الحرب، ستة من قرى السهل الثمانية واجهت عنفًا بلا قتل (اعتقالات) أو لم تواجه عنفًا على الإطلاق[1]. أحد القرى المتبقية شهدت رجلين يقتلان على يد السلطات، بينما واجهت الأخرى هجومًا مدمرًا من الثوار، اختطف به أربعون فردًا، من بينهم استطاع 26 فردًا الهرب والرجوع، وقتل 14 آخرين (لا توجد معلومات تسمح بتصنيف العنف كعشوائي أو انتقائي)[2]. التقارير واضحة حول سبب الغياب النسبي للعنف في معظم قرى السهول: موقعها جعلها صعبة الوصول بالنسبة للثوار. نظرًا للمدى الكبير من تباين مؤشرات بعض التفسيرات البديلة، بما في ذلك الانقسامات الاجتماعية على ملكية الأرض (Evinohori)، والولاءات والانتماءات السياسية (Kymina)، والاستقطاب الإثني (Kalohori)، السلوك الموحد بشكل عام من قرى السهل يؤكد على أهمية السيطرة. أخيرًا، يبدو أن هناك تأثيرًا خارج المسار ضمن هذه القرى، فالقرى التي واجهت العنف أثناء الاحتلال كانت احتمالية كونها غير معرضة للعنف أثناء 1947-1949 مكافئًا لاحتمالية القرى التي لم تواجه العنف.

بشكل عام، فإن البيانات المتضمنة في دراسة «مؤسسة الشرق الأدنى» متسقة مع تنبؤات النظرية. هناك ثلاث سمات تستحق التأكيد. أولًا، المقارنة بين المرحلة الأولى

---

(1) قتل بضعة رجال في بعض هذه القرى كجنود بالجيش، في معارك ضد الثوار بعيدًا عن قراهم. في أحد القرى (أنثيلي)، انضم 22 رجلًا للثوار خلال 1947- 1949.

(2) هذه القرية (نيا نيكوميديا) كانت المكان الوحيد في السهل الذي لم يواجه عنفًا على الإطلاق طيلة الاحتلال. لسوء الحظ، التقرير يضم معلومات ضئيلة للغاية عنها. بكل حال، اعتبرتها قرية من النوع 3، وهي إحدى الحالات الناشزة من هذا النوع.

والثانية من الحرب تظهر بوضوح أن الجغرافيا حامل تفسيري أفضل للموارد العسكرية من البنية الاجتماعية. القرى التي كانت «مسالمة» أثناء الفترة الأولى أصبحت عنيفة أثناء الثانية، والعكس صحيح، وما تغير هو ديناميات الحرب، لا الخلفية الاجتماعية أو السياسية. ثانيًا، عندما تختلف السيطرة والجغرافيا، تتغلب السيطرة بوضوح على الجغرافيا، فمما له دلالة أن القرية الجبلية الوحيدة التي كانت تحت سيطرة السلطات كان سلوكها مشابهًا للغاية لقرى السلطات في السهل. أخيرًا، فإن القرى المتنازع عليها تظهر أنماطًا متشابهة من العنف سواء أكان متنازعًا عليها من المتمردين والمحتلين، أم من تنظيمات المتمردين المتنافسة، أم من المتمردين والدولة اليونانية.

2.13.9. دراسة ماكنيل

المؤرخ الأمريكي المخضرم ويليام هـ. ماكنيل (William H. McNeill) قضى وقتًا معتبرًا في اليونان بعد عام 1944، للقيام بمهمات دبلوماسية متنوعة. لقد كتب كثيرًا عن جوانب متنوعة من الحرب الأهلية اليونانية. في أحد كتبه: **التحول الكلي لليونان الحديث** (*The Metamorphosis of Modern Greece*)، يتحدث عن خمس قرى زارها مرارًا خلال فترة تمتد لأكثر من أربعين عامًا، أربعة منها بدءًا من 1947، منتصف الحرب (الجدول ب.4 في الملحق ب)[1]. مجددًا، كانت قرى السهول ممثلة بشكل أكبر، في ثلاثة قرى، مقابل قرية واحدة في التلال، وقرية واحدة جبلية. ثلاثة من هذه القرى في شمالي اليونان، وواحدة في جنوبيه، وواحدة في وسطه. أفكار ماكنيل لا تقدر بثمن، بغنى الرصد الذي مر بالعقل التحليلي لمؤرخ عظيم. نتائجه تتسق مع التنبؤات النظرية[2].

القرية الأولى التي يتحدث عنها ماكنيل هي ميثوني، قرية سهلية واقعة على سفح جبل أوليمبوس في شمال وسط اليونان، والقريبة من النوع 4 (أي، بلا عنف أثناء الاحتلال، ولكنها عنيفة بعده). سكان القرية ضموا اليونانيين الأصليين واللاجئين اليونانيين من الأناضول، وبعد إصلاحات الأراضي عام 1927، كل عائلة كانت تزرع قطعًا متساوية من الأرض، مما ترك أساسًا قليلًا للانقسامات الطبقية. رغم أنها قرية منخفضة، إلا أنها كانت تحت سيطرة «جبهة

(1) إنه يكتب أيضًا عن قرية سادسة، لكنه لا يقدم تقريبًا أية معلومات عن الحرب الأهلية.

(2) المراجع لهذا النقاش من: (McNeill 1978:138- 205).

التحرير الوطنية» أثناء الاحتلال لأن موقعها لم يكن جذابًا استراتيجيًا للمحتلين (المنطقة 5). لذلك، ومثل قرى سهل ألموبيا، كانت هذه قرية يمكن بها فك ارتباط تأثير الجغرافيا عن السيطرة. كما هو متوقع، ما يقارب العشرين شابًا انضموا إلى «جيش التحرير الشعبي الوطني». أثناء الحرب، كما يروي ماكنيل، كان الرأي ضمن القرية منقسما بالتساوي تقريبًا ما بين العائلات التي تعاطفت مع الجبهة والأخرى التي ارتابت من اليساريين. ولكن، هيمنة الجبهة كبحت التعبير عن الاستياء. وكما هو متوقع، لم يصل العنف إلى القتل. هذه الحالة تغيرت عام 1945، عندما تم استبدال هيمنة الجبهة بهيمنة اليمين «المضطربة»، والتي جاب خلالها اليسار الجبال. عندما زار ماكنيل القرية عام 1947، وجد أن «بضعة قرويين فقط وضعوا أنفسهم بشكل حازم ضمن هذا الجانب أو ذاك، بحمل السلاح أو التصرف بموقع قيادي علني لصالح الجبهة أو ضدها. بقيت الأغلبية صامتة، على أمل ألا يتم اعتبارها عدوًا من هذا الطرف أو ذاك». لقد لاحظ ارتيابًا عامًا: «لم يكن أحد متأكدًا من جاره»، و«كان الخوف حاضرًا بكل الوقت». بكلمات أخرى، كانت الحالة تقترب من المنطقة 2، برجال مسلحين يجوبون القرية «بعين مترقبة على من يعرفون أو يشتبه بأنهم يساريون»، وكان الثوار بالقرب لكنهم لا يستطيعون دخول القرية بشكل منتظم. بعد غارة ناجحة للغوار، اعتقل ما يقارب خمسة عشر شخصًا من الجيش، «للاشتباه بمساعدتهم الغِوار بالوصول لهدفهم، وأعدم أحدهم». هذا الاستخدام للعنف الانتقائي ساعد بنقل القرية إلى المنطقة 1. لم يعد هناك عنف في ميثوني بعد أن أجبرت فرقة الغِوار على مغادرة المنطقة.

القرية الثانية التي زارها ماكنيل كانت كورينث القديمة، في مقاطعة كورينثيا في بيلوبونيز، شمال أرغوليذا. القرية، ذات النوع 2 بوضوح، كانت غير اعتيادية باستقطابها الطبقي الحاد، فخمس سكان القرية تقريبًا كانوا بلا أراضي وكانوا داعمين أقوياء للجبهة أثناء الاحتلال. هذه القرية تتطابق تقريبًا مع تجربة قرى السهل الخارجي في أرغوليذا. لقد كان هناك عنف انتقائي كبير من كلا الجانبين، وماكنيل ألمح إلى تحولات في السيطرة. ولكن، كما في أرغوليذا، أنهى موقع القرية أية فكرة لحرب عصابات بعد عام 1945. بعدم وجود جبال عالية وبقربها من أثينا، لم تكن كورينث القديمة ملائمة لحرب عصابات، ونتيجة لذلك، لم يجد الاستقطاب الاجتماعي الحاد منصة سلوك متمرد أثناء المرحلة الثانية من الحرب الأهلية. نتيجة ذلك، فالسيطرة الكلية لليمين وضعت نهاية للعنف القاتل.

كيراسيا، قرية التل في جبل بيليون، في شمال وسط اليونان، كانت القرية الثالثة التي

درسها ماكنيل. كان للقرية قسمان، أحدهما في الجزء العلوي من الجبال (كيراسيا العليا)، حيث كان القرويون يقضون الصيف في رعي أغنامهم، والأخرى في التلال المنخفضة (كيراسيا الدنيا)، حيث كانوا يقضون الشتاء. أثناء الاحتلال، كانت القرية تحت سيطرة الجبهة الحازمة وكان القرويون، في أغلبهم، متعاطفين معها. العديد من الشباب انضموا للغِوار، والقرية العليا دمرت بعمل انتقامي ألماني عشوائي. عام 1945، وقعت القرية تحت سيطرة اليمين (المنطقة 1). يروي ماكنيل: «حتى اليساريون العلنيون وذوو الصوت المسموع في القرية اعترفوا بحرية أنهم صوتوا لعودة الملك في سبتمبر/ أيلول 1946 (بعد غارة يمينية) فقط ليتجنبوا المشاكل». ولكن، نهاية عام 1946، فرقة يسارية متمردة تشكلت في الجبال، وتحولت القرية إلى المنطقة 3. أصبحت القرية العليا معسكرًا للغِوار، والدنيا «وجدت نفسها في نقطة تقاطع لتقع نهارًا تحت حكم فرقة الجيش اليوناني المتمركزة في كاناليا، على بعد ثلاثة أو أربعة أميال في السهل، بينما كانت ليلًا تحت سيطرة الغِوار الذين ينزلون ليسيطروا على المجتمع». تم تأسيس هيكلية لجنة ثوار سرية لكنها فعالة لتقييم وجمع المشاركات من العائلات بشكل فردي لدعم المتمردين. أثناء هذه الفترة، كان هناك ضرب وحرق للمنازل من كلا الجانبين، ولكن، لم يكن هناك عنف مميت. بعد مغادرة ماكنيل بقليل، في مارس/ آذار 1947، تم إخلاء القرية من الجيش اليوناني وانتقال سكانها إلى مخيم لاجئين قرب فولوس. رغم أنهم كرهوا المخيم، إلا أن أولئك القرويين اليساريين في الأغلب خضعوا بسرعة للسلطات. يشير ماكنيل بقوله: «كان الجميع يعلم أن أي تحول واضح بتوازن القوة سيؤدي فورًا لذوبان حشود الأتباع من أي جانب من الجانبين»، وهذا تحديدًا ما حصل.

قرية كوتا الجبلية شمالي اليونان كانت واقعة تحت السيطرة الصارمة للمتمردين (المنطقة 5) عندما زارها ماكنيل (دون أن يقدم معلومات عن فترة الاحتلال، التي لم تؤثر على الأرجح على هذه القرية). أثناء زيارته، كانت القرية تواجه أزمة طعام حادة وكانت على حافة المجاعة. بحسب ماكنيل، «بما أن أيًا من القومية اليونانية ولا الثورة الشيوعية قدمت أي حل عملي لمشاكلهم، كانت الأيديولوجيا السياسية للقرويين في حالة متدنية. جنود كل الغِوار لم يكونوا سياسيين ولا متعلمين، وأقل اهتمامًا بالقضايا التجريدية من أخذ صورة ينظرون بها بضراوة للكاميرا وسط مجموعة من الجعب والأسلحة». لم يتم الإبلاغ عن أي عنف، لكن ماكنيل لم يكن قادرًا على جمع الكثير من المعلومات.

القرية الأخيرة في الدراسة هي لوفيسكوس، القرية ذات النوع 1 في سهل ثيسلاي، وسط اليونان. زارها ماكنيل أولًا في الخمسينيات، ولذا فوصفه لها أقل دقة. إنه يشير إلى حزام القرية الراديكالي، الموروث من أيام النضال ضد مالك أراضٍ يوناني: «يبدو أن خط 'جبهة التحرير الوطنية'، الذي يتهم الأغنياء بالعمالة، قد لاقى صدى متعاطفًا في عقول غالبية القرويين. لكن الالتزام السياسي كان فاترًا، بشكل أو بآخر، واستعادة سلطة أثينا في ربيع عام 1945 لم يمثل مشاكل من أي نوع كذلك». لم تكن هناك فرقة غِوار قريبة، «ولذلك عبرت الحرب ومصاعبها لوفيسكوس دون مساس، تاركة بقايا قليلة بشكل ملفت للنظر بذاكرة الجميع في الوقت الذي بدأت خلاله أسأل السكان». بكلمات أخرى، تغلبت السيطرة على التفضيلات السياسية بتشكيل السلوك. بشكل عام، زيارات ماكنيل الخمسة متسقة مع توقعاتي النظرية.

3.13.9. الدراسات الإثنوغرافية والتأريخات المحلية

في هذا القسم، أراجع بعض الدراسات الإثنوغرافية والتأريخات المحلية التي توفر تفاصيل كافية تسمح بتقييم كيفية تفسير النظرية للتباين عبر البلاد بأكملها[1]. رغم أنه بالكاد اختبار ممنهج، إلا أن هذا الاختبار من خارج العينة يقدم دعمًا إضافية للنظرية.

ست وعشرون قرية في العينة (19.1 بالمئة) يمكن تصنيفهم على أنهم من النوع 1، فهم لم يواجهوا أي عنف قاتل خلال الأربعينيات. إنها تضم قرى سهلية سيطرت عليها السلطات في كلتا الفترتين الزمنيتين للحرب الأهلية، وقرى تلال وقرى جبلية سيطر عليها المتمردون أثناء الاحتلال، والسلطات أثناء الفترة الثمانية، وقرى جبلية تم إخلاؤها من سكانها قبل أن تواجه أي عنف، وقرى واجهت خليطًا من السيطرة الكاملة والتكافؤ، وقرى تنحرف عن النظرية، حيث تغلبت الحماية المتبادلة على دوافع التبليغ.

بشكل عام، وجدت شهادات مفصلة قليلة نسبيًا حول الأحداث التي وقعت في هذه القرى، رغم أن هذا ليس مفاجئًا لأن غياب العنف عادة لا يكون قصة لتروى. أحد سكان إليوهوري، قرية التل التي سيطر عليها الألمان لأن خط القطار يمر بها، أخبرني أن القرى هربت «لأن الألمان كانوا داخل القرية. لقد كان القطار هنا، ولذا كان الألمان هنا. لم يأت

(1) أسماء بعض القرى مستعارة، باتباع ممارسة بعض الأنثروبولوجيين وقيامهم بإخفاء الأسماء الحقيقية لمواقعهم الميدانية.

الألمان ليؤذونا» (المقابلة 25). الأمر نفسه ينطبق على القرى التي يسيطر عليها المتمردون. أحد من قابلتهم من قرية كيراسيا الجبلية (800 م، في مقاطعة آخايا في بيلوبونيز) أوضح لي لماذا هربت قريته من العنف أثناء فترة 1947–1949: «كان الثوار مسيطرين بالكامل، ولم يكن هناك جيش محيط بنا، والناس فعلوا ما أمرهم به الثوار» (المقابلة 51). أحد القرى من النوع 1 التي يوجد لها رواية مفصلة هي قرية فورتزي في مقاطعة ميسينيا في بيلوبونيز (Balta 2002). سيطر المتمردون على هذه القرية الواقعة على التلال أثناء الاحتلال، وبعض القرويين فضلوا ودعموا «جبهة التحرير الوطنية» بصدق، بينما انضم آخرون لأنهم لم يملكوا خيارًا. عندما سألت، أحد القرويين أخبر ناسي بالتا (Balta 2002:180): «نعم، لم أتوافق [مع الجبهة]، لكنني كنت ملتزمًا بالقانون، وفي الوقت الذي كان به قانون الجبهة مهيمنًا بكل مكان، كانت المنطقة تحت سيطرتهم». أثناء هذه الفترة، بعض الناس اعتقلوا، ولكن لم يقتل أحد. بعد نهاية الاحتلال، أحد الكبار اليمينيين المحلي الذي كان مسؤولًا عن بضعة فظائع في المنطقة تجنب فورتزي بسبب صلات القرابة مع بعض العائلات المحلية، وبذلك جنبهم الدائرة الخبيثة للعنف والعنف المضاد التي وقعت في عدة قرى محيطة. في الوقت نفسه، الشهادات تشير إلى تطور معيار من الحماية المتبادلة بين القرويين المتنافسين. بالتا (Balta 2002:187) ختمت دراستها بالقول إن «الأيديولوجيا تأتي بأثر رجعي لتوفر اسمًا وتعطي شكلًا وتبرر خيارات قد تضم عنصرًا أيديولوجيًا، كما في حالة العديد من داعمي الجبهة الذين انضموا للحزب الشيوعي بعد أن تم اضطهادهم بكونهم مسافرين مع أقران لهم.... العديد وجدوا أنفسهم على هذا الجانب أو ذاك لأن عائلاتهم 'تلونت' بشكل ما، أو لأن أعضاءها اضطهدوا رغم أنهم لم يشاركوا في السياسة بأنفسهم».

ست وثلاثون قرية بالعينة تتقارب من النوع 2 (26.5 بالمئة)، وهذه القرى واجهت عنفًا كبيرًا أثناء فترة الاحتلال من الحرب الأهلية (1943–1944) ولكن عنفًا محدودًا أو غيابًا للعنف بعد ذلك. هذه القرى، التي مرت بعدة تحولات بالسيطرة أثناء فترة الاحتلال، تقع بشكل رئيسي في السهول والتلال. معظم قرى أرغوليذا يمكن تضمينها هنا.

دراسة مفصلة بشكل غير اعتيادي لقرية من النوع 2 قام بها الأنثروبولوجي ستانلي أشينبرينير (Aschenbrenner 1987) في قرية كاربوفورا، القرية السهلية في مقاطعة ميسينيا في بيلوبونيز. هذه القرية الصغيرة شهدت 23 ضحية: 18 منهم أثناء الاحتلال، وخمسة في فترة ما بعد الحرب مباشرة. بحسب القرويين، عندما اندلع العنف؛ أصبح دائرة خبيثة من الفعل

ورد الفعل لم يكن من الممكن كسرها، وهذه الأفعال، كما قالوا، بدت بلا معنى لهم حين نظروا إليها بأثر رجعي. أشينبرينير وثق ثمانية تحولات للسيطرة من المنطقة 2 إلى المنطقة 4 والعكس خلال فترة 1943–1944. لقد كان أيضًا قادرًا على تحديد الانقسام المحلي بالضبط، الذي غذى الولاءات والعنف، وهو انقسام فصائلي بين تحالفات عائلية.

معظم قرى النوع 2 وقعت تحت السيطرة الكلية أو غير الكلية للسلطات في وقت مبكر بعد نهاية الاحتلال عام 1945، وأصبحت تحت سيطرة السلطات الحازمة بعد عام 1946 وواجهت عنفًا قليلًا بعد ذلك. في الوقت نفسه، هناك تجميعة صغيرة من قرى النوع 2 تقع في ارتفاعات أعلى. أغلبية هذه القرى تقع في بيلوبونيز حيث كان الثوار ضعيفين جدًا أثناء حرب 1947–1949، ولذلك كان هناك غياب للعنف في تلك الفترة. إضافة لذلك، بعض الدلائل المتواجدة تشير لعملية من التعلم ساعدت في تحويل تجربة العنف أثناء الاحتلال إلى صفقات سلام استباقية محلية لاحقًا (آلية قريبة من الردع المتبادل لكنها تنبثق عنها). لقد استطعت تحديد بعض الأدلة لصفقات سلام استباقية في بعض قرى جبال أرغوليذا التي كان يمكن أن يندلع بها العنف في 1947–1949، لكن هذا لم يحصل. كما أخبرني أحد زعماء اللجنة المتمردة المحلية في قرية ليركيا: «في تلك النقطة، العمدة [اليميني] للقرية كان ديمتريس كولوفوس، لكنني وافقت عليه أولًا. عندما عرض عليه المنصب، دعاني وأخبرني أنه كان سيقبل عليه فقط إذا أقررته. فأخبرته أن يمضي ووافقت. لم تكن الأشياء تسير جيدًا، قلت، والأوقات السيئة سترجع، لذا، لنحم قريتنا على الأقل مما حصل أثناء الاحتلال. عقدنا صفقة، وحافظنا عليها» (المقابلة 60). زعيم قرية آخر، من قرية كاريا، وصف لي عملية شبيهة، وخلص بقوله: «كنا أكثر حكمة، لقد عرفنا، لقد تعلمنا» (المقابلة 117)[1].

إضافة لهذه القرى الستة والثلاثين، بعض الدراسات المناطقية تقدم دليلًا على نمط مشابه من العنف يمكن ملاحظته في مناطق أوسع، مثل سهل ثيسلونيكي شمالي اليونان (Glaveris 1998)، وسهل كوزاني، أيضًا شمالي اليونان (Georgiadis 2004; Kallianiotis 2002, 2001)، وبعض المناطق في شرقي وغربي مقدونيا (Marantzidis 2001)، وتلال وجبال كورينثيا في بيلوبونيز (Rigas 1998; Balafoutas 1981; Bouyoukos 1973).

---

(1) هذه الصفقات كانت ممكنة في سياق كان به أحد الأطراف، الثوار بهذه الحالة، ضعيفًا للغاية للضغط على ممثليهم المحليين، لكنهم ما زالوا يشكلون تهديدًا كبيرًا، خصوصًا نظرًا لسمعتهم السابقة.

قرى النوع 3 هي الأكثر شيوعًا بالعينة، ربما كانعكاس لانحياز اختيار في أدبيات التاريخ المحلية[1]. خمس وخمسون قرية في العينة (40.4 بالمئة) لم تواجه عنفًا على الإطلاق أو عنفًا عشوائيًا فقط أثناء فترة الاحتلال، لكنها عانت من عنف انتقائي كبير أثناء المرحلة الأخيرة من الحرب الأهلية. معظم هذه القرى تقع في ارتفاعات أعلى حيث كان المتمردون لديهم أفضلية كبيرة أثناء فترة الاحتلال (المنطقة 5) لكنهم فقدوها عندما واجهتهم الدولة اليونانية. هذا أحبط القدرة على العنف أثناء الاحتلال لكنه فشل في ذلك أثناء فترة ما بعد الحرب، بينما ساهم أيضًا بعنف السلطات.

مثلًا، قرية أمبيلي في جزيرة إيفيا، وسط اليونان، هي حالة «انقسمت بها القرية بشكل طبيعي إلى يمين ويسار، مع بعض اليسار الذين ساعدوا الشيوعيين انطلاقًا من التعاطف، وأولئك في اليمين انطلاقًا من الخوف، ولكن دون أن يدرك أي منهم، بأي شكل في البداية، للحركات السياسية الحقيقية والتي كانوا يشاركون فيها بشكل كارثي» (du Boulay 1974:237). ولكن بعد نهاية الحرب، تراجع حكم المتمردين ليعاود الظهور عام 1947، وهذه الانتقالات في السيطرة كانت مرتبطة بمستويات عالية من العنف الانتقائي. قرية أخرى هي ليا في جبل إيبيروس في مورجانا، بجانب الحدود الألبانية، موطن الصحفي نيكولاس جيج، الذي أخبرني لاحقًا قصة العائلة في الكتاب الذي تصدر قائمة المبيعات الدولية: **إليني** (1984) (*Eleni*). واجهت ليا نسبيًا عنفًا قليلًا أثناء الاحتلال، إذ قتل عميل للإيطاليين، وضرب بعض القرويين ضربًا مبرحًا ضمن الصراع المهلك لكلا الجانبين بين «جبهة التحرير الوطنية» و«الفرقة القومية الديمقراطية اليونانية»، وأحرقت العديد من المنازل أثناء غارة ألمانية في أبريل/ نيسان 1944. في النهاية، أصبحت القرية تحت سيطرة الجبهة الحازمة، وتعاون السكان مع المتمردين. بعد سماعهم بالقتال المتجدد خلال أعوام 1946–1947 من جيش الثوار الذي تم إصلاحه في مقدونيا القريبة؛ ناقش قرويو ليا الأخبار «كتقارير لانتصارات فريقهم المحلي في بلد بعيد» (Gage 1984:157). بعد ذلك، وقعت القرية تحت حكم المتمردين المتجدد، ولكن

(1) هذا الانحياز قد يعمل بعدة طرق: الناس من القرى التي مرت بالعنف ضمن فترة زمنية معينة وتلوثوا بالتعاون مع الاحتلال قد يكونوا أقل رغبة في الكتابة عنها، والقرى التي واجهت تواجدًا أطول للمتمردين قد يكونون أصبحوا أكثر تعاطفًا تجاههم، ولذلك، كانوا أكثر رغبة في سرد قصة الطرف المهزوم، أو لأن القرى الجبلية التي كانت أفقر هي أكثر احتمالية بإنتاج المعلمين، أي الكتاب الرئيسيين لتواريخ القرى، والذين كانوا على الأرجح متعاطفين مع الثوار.

في ربيع وصيف عام 1948، نما ضغط الجيش كثيرًا لدرجة أن مجموعة من القرويين هربوا من القرية سعيًا للأمان في مناطق سيطرة الحكومة في يوليو/ تموز 1948. رد الثوار بإعطاء أوامر بإعدام خمسة قرويين. هذه الحلقة أصبحت النهاية المأساوية لكتاب جيج، الذي لم تستطع والدته الهرب وأعدمت لأنها رتبت هروب عائلتها.

معظم قرى المنطقة الجبلية في إفريتانيا في وسط اليونان كانت من النوع 3. الأهمية الاستراتيجية لهذه المنطقة كانت محدودة، ولذا تركها المحتلون غالبًا دون مساس، ولم يتم احتلال القرى ماديًا (Collard 1989:101). الإيطاليون بداية، ثم الألمان لاحقًا، شنوا غارات مسح دورية، لكنهم لم يكونوا مهتمين بتأسيس تواجد دائم. رغم أن معظم القرى كانت ملكية في فترة ما قبل الحرب، إلا أنها تعاونت مع المتمردين أثناء الاحتلال لأنهم كانوا السلطة الوحيدة. في الحقيقة، أصبحت المنطقة تعرف بأنها معقل للجبهة، وكانت قادرة على التطور إلى دولة وظيفية كاملة، دولة أكثر فعالية و«كثافة» مما كانت عليه الدولة اليونانية قبل الحرب (Woodhouse 1948). «حكومتها» قصيرة الأمد، «اللجنة السياسية للتحرير الوطنية»، كانت مستقرة في قرية إفريتانيا. بالمحصلة، كان هناك عنف انتقائي قليل أثناء تلك الفترة عدا الاعتقالات الدورية وبضعة إعدامات علنية أوصلت الرسالة بأن الجبهة كانت هي السلطة الجديد. خضع السكان بناء على أنواع الدوافع الموصوفة في الفصل الخامس.

إفريتانيا أصبحت مستقطبة بعد نهاية الاحتلال، عندما بدأت الحكومة اليونانية بإعادة تثبيت سلطتها باضطهاد الناس الذين تعاونوا مع الجبهة. نتيجة لذلك، عندما شن الشيوعيون تمردًا جديدًا عام 1947، وجدوا داعمين مؤيدين بين أولئك الذين تمت إساءة معاملتهم وكانوا راغبين في الانتقام. تبع ذلك جولة جديدة من العنف ضد اليمينيين المفترضين، ودخلت المنطقة بحالة من التنازع، مع تعزيز المتمردين لسيطرتهم على معظم المنطقة قبل أن يهزموا عام 1949.

مذكرات مفصلة بشكل غير اعتيادي كتبها إيوانيس ج. كوليمينوس (.Ioannis G Kolimenos) تحدد الأحداث الرئيسية لتلك الفترة في قرية دافني، في إفريتانيا[1]. إنه يقدم وصفًا للحياة في قريته، مؤكدًا على التوتر بين معايير التضامن والنزاعات الاعتيادية بين الأفراد والقرى. دافني تمت مداهمتها عدة مرات من الجنود الإيطاليين لكنها تجنبت الدمار

---

(1) إنني مدين لديمتري كاستريتسيس لمشاركته هذه المذكرات معي.

والعنف العشوائي. يصف الكاتب كيف أجبر بداية على الانضمام للتنظيمات السياسية للجبهة، بكنه أحد الرجال المتعلمين القلة في القرية، وكيف أصبح داعمًا حقيقيًا مع الوقت. احتاج الثوار فقط لضرب بضعة أناس لتأسيس سلطتهم، كما يستذكر، لكنهم لم يكن عليهم القتل لأن الجميع خضع، على مضض أو بدون. ولكن ميزان القوة انقلب عام 1945، وحينها كان دور اليمين ليفرضوا حكمهم. خضع القرويون للسلطات الجديدة، واستطاعت القرية الهروب من فظائع الفرق اليمينية التي أرهبت المنطقة. ولكن، تغيرت الأمور مجددًا عام 1947، مع تمرد الشيوعيين. كوليمينوس يستذكر احتفالات الفصح عام 1947 على أنها آخر حوادث الاحتفال الجماعي المتناغمة. انتشار التمرد وعدم قدرة الجيش على الحفاظ على السيطرة على قرى الجبال أجبر زعماء الجناح اليميني على الانتقال إلى عاصمة إفريتانيا، بلدة كاربينيسي، لكن العديد من القرويين بقوا. في تلك المرحلة، قسمت القرية سياسيًا وجغرافيًا. أعاد الثوار تأسيس تنظيمهم المحلي واستعادوا سيطرتهم على القرية، لكنهم لم يستطيعوا منع الجيش من زيارة قريتهم. وبدءًا من مايو/ أيار 1947، قتلوا سبعة أشخاص اتهموا بأنهم مخبرون للجيش، وبذلك عززوا الكراهية بين الجانبين. الكاتب، الذي كان حينها الزعيم المحلي لليسار، يصف كيف كان متهمًا من الثوار بالتحفظ، وكيف تم الضغط عليه ليبلغ عن جيرانه اليمينيين، رغم أنه وصل إلى تسوية مؤقتة معهم، في حالة توضح كيف يمكن أن تُقوّض الاتفاقات المحلية التي يمكن أن تعزز معايير التعامل بالمثل تحت ظروف غير ملائمة للسيطرة (هنا المنطقة 4). في يوليو/ تموز 1948، داهم الجيش المنطقة، بمساعدة من المليشيات المحلية المكونة من «المنفيين» من القرية، الرجال الذين غادروا كاربينيسي سابقًا. أثناء هذه الغارة، قتلت المليشيات خمسة عشر رجلًا وامرأة متهمين بالتعاون مع الثوار. كوليمينوس يقدم رواية مفصلة لهذه المجزرة بالتأكيد على طبيعتها المحلية تمامًا، التي ضمت قتلًا بين أقارب مباشرين. لقد كان محظوظًا بالهرب قبل وصول الجيش مباشرة، وهذا يبدو أنه قد أنقذ حياة زوجته بعد أن تم اعتقالها من المليشيا، إذ إن معتقليها كان عليهم أن يخافوا الانتقام المستقبلي إذا قتلوها. بعد ذلك بسبعة شهور، في فبراير/ شباط 1949، هاجم الثوار كاربينيسي، وهزموا الجيش، واحتلوا البلدة لوقت قصير. ثلاثة عشر قرويًا يمينيًا، بما فيهم بضعة نساء، إما أنهم قتلوا أثناء المعركة أو أعدموا بعد أن انتهت. الجيش شن هجومًا معاكسًا بعد ذلك بقليل، وانتهت الحرب في العام نفسه بهزيمة الثوار. تم اعتقال الكاتب، وقضى عامين بالسجن، وعاد إلى القرية حيث تعرض لمعاملة

سيئة من خصومه المحليين. وصف الأحداث في دافني يتوافق مع معظم أوصاف قرى النوع 2، وكلاهما في المذكرات (مثلًا: وصف ناسيس للأحداث في مالاندريني بأرغوليذا) أو في الدراسات الإثنوغرافية (مثلًا وصف أشينبرينير لكاربوفورا). الخلافات الوحيدة هي أن العنف في دافني وقع خلال أعوام 1947-1949 بينما وقع العنف في مالاندريني في 1943-1944 وكانت السلطات من فاعلين مختلفين. أوصاف متطابقة توجد لعدة قرى في إفريتانيا، بما فيها أغريا تريادا، وبيترالونا، ودوميانى، وفراها، وكليستوس، وفورنا، وهوهليا، وبباروسي، وديتيكي فراجيستا، وكاستانيا، وهليدونا، وماراتيا، التي عانت كلها من عشرات القتلى في فترة ما بعد 1947 (Hunter 2003; Sakkas 2000; Zevgaras 1999; Vrana 1999; Triantafyllis 1997). دراسات مناطقية لمناطق كارديستا-دوموكوس وأجرافا-كارديستا وسط اليونان على يد ماجوبولوس (Magopoulos 1998:1990) تؤكد هذا النمط. بضعة قرى في جبال ميسينيا وأركاديا وآخايا في بيلوبونيز مرت بعنف شبيه. في الوقت نفسه، من المحتمل إيجاد قرى جديدة في إفريتانيا كانت قادرة على تجنب معظم العنف أثناء الفترة نفسها، بما في ذلك آجيوس هارالامبوس (Sakkas 2000:202)، وكريسو (Koutelos 1999)، وكوريسادس (Sarris 1998). لسوء الحظ، التفاصيل ضئيلة لكيفية تمكن هذه القرى تجنب العنف، لكن المراجع القليلة تشير إلى صفقات محلية تضم آليات تعامل بالمثل تحت ظروف غير ملائمة من السيطرة.

أخيرًا، قرى النوع 4 التسعة عشرة (14 بالمئة من العينة) تضم قرى جبلية واجهت عنفًا متبادلًا بين تنظيمات المتمردين أثناء الاحتلال قبل أن تصبح محل نزاع بين السلطات والمتمردين بأعوام 1947-1949، وقرى التلال، التي -لأسباب متنوعة معظمها مرتبط بالموقع- كانت متنازعة بكلتا الفترتين. قرية ميزوهورا الجبلية (800 م) في وسط اليونان مثال على الحادثة الأولى وقرية سكالا التلية (100 م) جنوب بيلوبونيز مثال على الثانية.

التجارب المتباينة لكل هذه القرى شكلت مذكرات سكانها بطرق متوقعة. أولئك الذين عاشوا في القرى التي مرت بالعنف بشكل رئيسي أثناء الاحتلال تصف هذه الفترة بأنها «الحرب الأهلية الحقيقية»، والتي كانت أسوأ بالمقارنة مع الحرب الأهلية ما بعد الحرب العالمية الثانية (مثلًا: Papandreou 1992:94). وعلى النقيض، «الذاكرة الاجتماعية» لسكان القرى التي واجهت العنف بشكل رئيسي أثناء فترة ما بعد الحرب تؤكد على تجاربها أثناء 1947-1949 على حساب فترة الاحتلال، وهي الذاكرة التي ظلت إيجابية

(Collard 1989:93-94). بشكل مشابه، اللحظة التي أصبح فيها المجتمع مستقطبًا و«انهار» موجودة من السابقين في فترة الاحتلال، ومن اللاحقين في فترة ما بعد الحرب العالمية.

14.9. الخلاصة

نظرية العنف الانتقائي تعتبر التباين دون الوطني وحتى دون المناطقي بتوزيع السيطرة أساسيًا، ولذلك، اختبار النظرية يتطلب بيانات مجموعة على المستوى دون الوطني. بسبب ندرة بيانات كهذه، استخدمت قاعدة بيانات جمعتها في منطقة يونانية بالسفر إلى كل قرية بالعينة، والتحدث مع السكان، والمقارنة المشتركة لما يقولونه مع المعلومات من الأرشيفات المحلية والوطنية والدولية. رغم أن البيانات من اليونان، إلا أنه لا يوجد شيء فريد باليونان حول أنماط العنف وغياب العنف الذي تكشفه. نظرية العنف الانتقائي تظهر متماسكة أمام عدة اختبارات مختلفة. من ناحية، السيطرة المهيمنة غير المكتملة أدت بالفعل إلى العنف سواء على مستوى عابر للمناطق أو عبر الزمن، فالمناطق المسيطر عليها بشكل كبير ولكن ليس كليًا من أحد المجموعات المتنازعة (المناطق 2 و4) كانت على الأرجح ستواجه عنفًا مميتًا أكثر من القرى التي كانت بها السيطرة كاملة أو متشظية تمامًا، ومع تحول أنماط السيطرة بالقرى، كان نمط العنف بهذه القرى يميل للتحول كما تتنبأ النظرية. إضافة لذلك، فالمناطق التي كانت بها السيطرة متشاركة من الفصائل المسلحة المتنافسة كانت، في الأغلب، غير عنيفة بشكل مفاجئ، رغم الضغوط القوية للتبليغ.

في الوقت نفسه الذي يقدم به الدليل دعمًا لنظرية العنف الانتقائي، تقزم البيانات من الفرضيات الشائعة البديلة الأخرى، لنجد، مثلًا، دليلًا قليلًا على أن الخوف أو الانهيار أو غياب الانضباط أو الأيديولوجيا أو الاستقطاب الاجتماعي أو السياسي ما قبل الحرب يمكن اعتباره لأنماط العنف وغياب العنف الملاحظة.

مثل أي نظرية للسلوك البشري، نظرية العنف الانتقائي لا تتنبأ بشكل صحيح بكل القضايا. بالعديد من الحالات، هذه التنبؤات الخاطئة هي الدليل الأفضل على قيمة نظرية محددة جيدًا، فبكونها قادرة على السؤال لماذا يكون مكانًا أكثر أو أقل عنفًا عما هو متوقع بشكل عام هو أداة قوية لإدراك الآليات السببية الفاعلة، بينما تقدم فرصا لملاحظة عمل الآليات المهمة غير الوظيفية مثل العواطف والمعايير. عدا ذلك، فالاختبار الإضافي في

ظروف متباينة سيساهم في التطوير الإضافي على هذه الجبهة. النتائج الأولية من الأبحاث الجارية باستخدام بيانات على المستوى الجزئي من فيتنام (Kalyvas and Kocher 2004) وكولومبيا (Salamnca Núñez 2005; Chacón 2003) متسقة بشكل كبير مع النظرية.

الفصل العاشر
الحميمية

لقد قلت: «دعنا نمتنع عن القول ما إذا كانت الحرب شرًا أم خيرًا، فقد وجدنا أن هذا موجود في أصل الحرب، في تلك الأشياء التي ينتج وجودها في كل أنواع الشر العام والخاص».
أفلاطون، الجمهورية

ليس علي العودة إلى أويو، فالناس كانوا يسعون وراء دمي
جيرميا موسي إيسين، في ظل الموت:
تجميعات شخصية للأحداث أثناء الحرب الأهلية النيجيرية

كل الأمور الفظيعة كانت تأتي من داخل القرية، لا من خارجها.
قروي يوناني

بعد أن واجه صديقه القديم وجاره السير رالف هوبتون، وصف السير ويليام والر الحرب الأهلية الإنجليزية بأنها «حرب بلا عدو» (مقتبس من McGrath 1997:91). بالنسبة له، العدو الحقيقي يمكن أن يكون فقط أجنبيًا وغير مألوف.

الحروب الأهلية تفشل في تقديم أعداء بهذا الوصف، إذ إنها في الأغلب حرب حميمة تقع «على أرض الوطن ضد أبناء الوطن» (Donagan 1994:1137). حتى عندما تقدم الحرب الأهلية أعداء أجانب، كما هي حالة الاحتلال والتدخل الأجنبي، فهؤلاء الأجانب يحتاجون حلفاء محليين عادة ما يعملون على تركيز عداواتهم لخصومهم المحليين.

الحميمية أساسية، لا عرضية، في الحروب الأهلية، فهي «تحدد الحرب الأهلية بشكلها الأساسي» (Ash 1995:125)؛ إنها حرب «قتل الإخوة [كما قتل قابيل هابيل]»، حرب «ضد أنفسنا، ضد إخوتنا»، كما وصفت الحرب الأهلية الإنجليزية من المشاركين المعاصرين (Donagan 1994:1166)؛ إنها تقسم العائلات، وتحرض الإخوة والأخوات، والأهل والأبناء، ضد بعضهم البعض (مثلًا: S. Dillon 1991:xiii; West 1985:132). في القرية الجواتيمالية التي

درستها، تم إخبار جوديث زور (Zur 1998:72) بأن «الأخ قاتلَ أخاه، والأبناء قاتلوا آباءهم، وكان القتل يحصل بين الأزواج، والخوف (*miedo*) جعل كل ذات حمل تضع حملها. نهاية العالم، كما أخبر عنها الكتاب المقدس، قد حلت»[1]. وكما أشار أحد المشاركين، بلغة لا تخلو من المفارقة، «على الأقل، نحن نعرف من نقتل» (مقتبس من: Bouthoul 1970:448). باختصار، الحرب الأهلية بربرية أيضًا **لأنها** حرب الجار ضد الجار، والصديق ضد الصديق (Montherlant 1965).

السمة الحميمة في عنف الحرب الأهلية مشكلة فقط لأننا نميل لافتراض خيرية العلاقات الحميمة (مثلًا: Toolis 1997:3; Bailey 1996). كلمة **الجار** تتضمن اهتمامًا متبادلًا، وحتى واجبًا، كما في تشريع الكتاب المقدس بأن يحب كلٌّ جاره (Tymowski 2002:298). جان جروس (Gross 2001) سمى دراسته، حول قتل اليهود في جيدوبان على أيدي جيرانهم البولنديين، باسم «**الجيران**»، تحديدًا ليبرز هذه النقطة. لا عجب، إذا، أننا نذهل ونُصدم بعنف الحرب الأهلية. لتحقيق رغبته «بفهم كيف يتحول الجيران لأعداء، كيف يتحول أولئك الذين كان بينهم الكثير من المشتركات حتى لا يبقى بينهم أي منها سوى الحرب»، يؤكد [الكاتب

(1) «قتل الإخوة» مستخدم كمجاز لحميمية العنف أكثر من كونه وصفًا فعليًا. رواية ثويسيدس عن الحرب الأهلية في كوركيرا تتضمن إشارة إلى «آباء قتلوا أبناءهم» (Thucydides 3.81). هورويتز (Horowitz 1985:184) يشير إلى كيف كانت الحروب العرقية تؤدي إلى «مجاز عن الإخوة». الحالات الفعلية لأقارب مقربين يقاتلون بعضهم البعض عادة ما تكون غير اعتيادية. ومع ذلك، هناك بعض الأمثلة. الإخوة تشيسانو كانوا في معسكرات مختلفة أثناء حرب استقلال موزمبيق. جوكيم تشيسانو كان قائدًا عالي الرتبة في مجموعة «فريليمو» المتمردة، وأصبح رئيس البلاد، بينما أخوه كان ملازمًا في الجيش البرتغالي (Henriksen 1983:107). مقدم من فيتنام الجنوبية، تران نجوك تشاو، كان لديه أخ يعمل كضابط استخبارات في فيتنام الشمالية بالرتبة نفسها (Ellsberg 2003:116)، كما يتحدث بافون (Pavone 1994:267) عن حالة مشابهة من المقاومة الإيطالية، وتنقل زور (Zur 1998:88) حوادث أخرى لأشقاء نساء كن متورطات في مقتل أزواجهن. قلة من أولئك الذين قابلتهم في اليونان أخبروني عن انقسامات عائلية في عائلاتهم (مثلًا: المقابلة 33)، وإن لم يكن عن عنف فعلي بين أفراد العائلة. عادة، يكون هذا نتيجة ظروف عرضية بدلًا من كونه خيارًا واعيًا. في كمبوديا، «كل عائلة بالمناطق المحررة كان مطلوبًا منها أن تقدم ولدًا لجيش الثورة، لكن جيش الجنرال لون نول قدم لكل مجند جديد راتبًا مكافئًا لخسارة موارد ابنين اثنين، ولذا كان الأخ يجد نفسه يحمل السلاح في وجه أخيه» (Bizot 2003:146). مع كل عنفها المروع، فالحروب الأهلية لا تضر الروابط التي تؤثر بها بشكل فظيع لا رجعة فيه. العديد من المقاتلين في الحرب الأهلية اللبنانية كانوا «أصدقاء مع أعدائهم على الجانب الآخر من خط الجبهة، والعديد منهم رجعوا أصدقاء حالما انتهت الحرب» (M. Johnson 2001:125).

والأكاديمي والسياسي السابق الكندي] مايكل إيجناتيف (Ignatieff 1998:35, 46) على هذا اللغز: «تحول الإخوة إلى أعداء كان لغزًا للمخيلة البشرية على الأقل منذ التكوين، الذي بدأ بقصة قتل بشرية، لا بين الغرباء، بل بين الإخوة. إن هذا ملغز لأن الفارق بينهم ضئيل للغاية، لكن جذور الجريمة تبقى غامضة جدًا».

من المعتقد عمومًا أن الناس يمتنعون عن ممارسة العنف ضد أولئك الذين يعرفونهم، فكون الأشخاص معارف، كما يعتقد، عادة ما تقلل الشراسة (van Creveld 1991:137). من الأسهل، بحسب ما يشير [المحلل النفسي الهندي] سدير كاكار (Kakar 1996:29)، «قتل رجال غرباء، وطمس وجوه لم تبتسم حين عرفتك، وحرق بيوت لم ترحب بك ضيفًا». تخلص المدام دي ستايل (de Staël 1818:126) إلى أنه «لا يوجد رجل، حتى الأشد إجرامًا، يمكننا أن نمقته إن كنا نعرفه، بقدر ما نمقته حين نعرفه تمامًا». تقليديًا، كانت الحرب تميل نحو البربرية عندما كان الأعداء هراطقة أو أجانب أو «وحوشًا» (Howard 1994)، ولذلك، كانت أطراف الحروب الأهلية تقوم بجهود مستمرة لرسم أعدائها على اعتبار أنهم أجانب أو خارجيون أو «آخرون». بتجاربه الشهيرة، وجد [عالم النفس الاجتماعي الأمريكي] ستانلي ميلجرام (Milgram 1974)، أن تقليل المسافة بين القاتل والضحية يقلل بشكل كبير احتمالية العنف نتيجة الطاعة. بالفعل، لقد قامت الجيوش بجهود معتبرة لزيادة المسافة النفسية بين جنودهم وأهدافهم المحتملين لتسهيل عمليات القتل (Grossman 1995)[1].

ولكن، هناك في الوقت نفسه دليل كبير من علم الجريمة يشير إلى أن القتل الإجرامي عادة ما يكون حميميًا. جزء كبير من القتل الشائع غير المدفوع بدوافع نفسية وحشية عادة ما يتضمن الأقارب أو الأصدقاء أو على الأقل المعارف، والعلاقة بين الضحايا والمعتدين أفقية: فالناس تسعى لقتل رفاقها وأصدقائها ومعارفها بدل من قتل رؤسائها (Katz 1988:21-22)[2]. لذلك، نجد المعضلة التالية. من ناحية، العنف السياسي والعنف

---

(1) حتى عندما يقع العنف بين أقارب، فهو لا يتصاعد ويظل فرديًا، فدرجة الحميمية بين المعتدي والضحية يبدو أنها ذات علاقة عكسية مع احتمالية القيام بعملية قتل تالية (في الولايات المتحدة)، حتى عند ضبط التجربة بحسب عرق المعتدي (Senechal de la Roche 2001:131-132).

(2) في الولايات المتحدة، عام 2002، 43 بالمئة من كل ضحايا عمليات القتل كانوا على قرابة أو معرفة مع المعتدين عليهم، 14 بالمئة قتلوا على يد غرباء، بينما كان لـ 43 بالمئة من الضحايا علاقة غير معروفة مع قاتليهم. (U.S. Department of Justice, Bureau of Justice Statistics, http://www.ojp.usdoj.gov/bjs/ cvict c.htm).

الجنائي يعتبرون بشكل كبير ظواهر مقابلة واقعية على طرفي نقيض من طيف: العنف السياسي يعتقد أنه غير شخصي وعام وجمعي، بينما يعتبر العنف الجنائي بشكل كبير شخصيًا وخاصًا وحميمًا (Decker 1993; Black 1993, 1976). ولكن، من الناحية الأخرى، العنف الانتقائي في الحروب الأهلية يظهر تشابهًا مفاجئًا بالعنف الجنائي، فهو عادة ما يكون حميمًا وخاصًا. نظرية العنف الانتقائي تتضمن تفسيرًا للسمة الحميمة للعنف في الحروب الأهلية يمكن لها أيضًا أن تحل المعضلة.

هذا الفصل يبحث في تضمينات نظرية العنف الانتقائي للسمة الحميمة، التي كثيرًا ما أشير إليها، لعنف الحروب الأهلية. تقترح النظرية عددًا من التضمينات غير البديهية، والتي تبتعد عن الأفكار السائدة التي تؤكد إما على الاستقطاب الأيديولوجي أو الهوياتي والكراهية، أو على تبعات العنف العشوائي والشاذ. بدلًا من مجرد الإشارة إلى تسييس الحياة الخاصة، تقترح النظرية أن العنف الحميم يعكس كذلك العملية المقابلة: خصخصة السياسة.

رغم أن نظرية العنف الانتقائي تفسر طلب الفاعلين السياسيين للمعلومات وتتوقع **أين** سيبلغ الأفراد أو سيمتنعون عن التبليغ، إلا أنها تظل مبهمة **لماذا** يستجيب الفاعلون لطلب المعلومات بقيامهم بالتبليغ. إنني أبدأ أولًا بنقاش للتبليغ وأشير إلى أنه يمثل أساسًا جوهريًا على المستوى الجزئي للعنف الحميم. أناقش سوسيولوجيا التبليغ وأقدم أدلة على سمته الكيدية والخاصة. لأن التبليغ الكيدي عادة ما يكون مرتبطًا ببيئات عالية اللقاء وجهًا لوجه، فيمكن اعتباره الوجه المظلم لرأس المال الاجتماعي. لقد أشير كثيرًا إلى أن الانقسامات العميقة، مثل الاستقطاب العرقي، تتجاوز معايير الجيرة (Banton 200:495; Bringa 1995). أحاجج بدلًا من ذلك بأن العنف انعكاس، بدلًا من كونه تجاوزًا، للجيرة، وإن كان انعكاسًا منحرفًا. أختم بعد ذلك ببضعة تضمينات قابلة للقياس حول التبليغات في ظروف مؤسساتية عدا الحرب الأهلية، بما في ذلك الأنظمة الديمقراطية والسلطوية.

1.10. العنف الحميم

رغم الادعاءات بأن العنف «بين الفاعلين السياسيين الذين يعيشون في العوالم المحلية نفسها وكانوا يعرفون أو يعتقدون أنهم يعرفون بعضهم البعض.... تنتمي، كما يبدو، للحظة جديدة في التاريخ» (Das and Kleinman 2000:1)، إلا أن العنف الحميم كان السمة المركزية للحرب الأهلية منذ زمن طويل. «قتل الإخوة»، المرثي في قصة قابيل وهابيل الإنجيلية أو

في «**المهابهاراتا**» [أحد الملحمتين الكبريتين المكتوبتين بالسنكسيريتية، وتمثل جزءًا هامًا من الهندوسية]، حول الحرب الأهلية إلى ظاهرة مزدراة، على الأقل منذ تاريخ ثوسيديديس: **تاريخ الحرب البيلوبونيزية**، و«**الحرب الأهلية**» (*Bellum Civile*) للشاعر الروماني لوكان. وأكثر من أي شيء سواها، فالحميمية هي السمة التي تميز الحرب بين الدول عن الحرب الأهلية. بينما في الحروب بين الدول، يكون القرب المادي وسهولة العدوان مرتبطين عكسيًا، فالعنف بالحروب الأهلية يمارس عادة بين أشخاص يتشاركون العضوية في جماعة معترفة قانونيًا أو «متخيلة» (وحدة أو دولة ذات سيادة) و/ أو صلات يومية من التفاعل اليومي والمكاني، مثل الجيرة والصداقة والقرابة وحتى الأسرة.

هناك إجماع متباعد زمنيًا على أن الحميمية هي السمة التي تمنح الحرب الأهلية شخصيتها البغيضة تحديدًا (مثلًا: Faivre 1994:225)[1]. امرأة كاثوليكية من إيرلندا الشمالية تتحدث كيف قتل صهرها عام 1975: «لقد كان قتله فظيعًا للغاية، لأنه خاصته والناس الذين عرفهم هم الذين دخلوا إلى منزله وقتلوه» (مقتبس من: Smyth and Fay 2000:23). تفريق أفلاطون بين الحرب والشقاق (نظائره للحرب الأجنبية والحرب الأهلية) صيغت باللغة التي نظر بها إلى السمة غير الطبيعية للحرب الأهلية:

> «اسم الشقاق ينطبق على كراهية الشخص لخاصته، بينما ينطبق اسم الحرب على كراهية الغريب.... عندما يتقاتل اليونانيون مع البرابرة والبرابرة مع اليونانيين، فسنؤكد أننا بحرب وأعداء بطبيعتنا وهذه

---

(1) هناك اختلاف حول التضمينات المعيارية للعنف «الحميم» من ناحية، تحاجج تينا روزينبريج (Rosenberg 1991:8) على أن هذا النوع من العنف «أكثر شرًا» من العنف الفردي العشوائي الذي يكون بلا هدف ذي الطبيعة الجنائية، لكنها لا توضح لماذا. الكاتب الفرنسي الفيكونت دوشاتوبريان (Chateaubriand) يضع ملاحظة مختلفة، فقد لاحظ أنه من الفظيع «نهب الجيران القريبين في مجتمع ما لملكيات بعضهم البعض وتلويث أيديهم بالدماء»، لكنه تساءل ما إن كان هذا «حقًا أكثر إنسانية من قتل فلاح ألماني لا تعرفه ولم تتبادل معه كلمة واحدة، فلاح تقتله وتنهبه دون أن يرف لك جفن، وتعتدي على زوجاته وبناته بوعي حاضر، ببساطة بذريعة: **إنها الحرب** (*c'est la guerre*)؟». بدلًا من ذلك، حاجج بأن «الحروب الأهلية أقل ظلمًا واشمئزازًا، وأكثر طبيعية، من الحروب الأجنبية» (مقتبس من Mayer 2000:5-6). على الخطوط نفسها، كتب إيتالو كالفينو (Calvino 1995) قصة قصيرة يتطوع فيها رجل اسمه لويجي للجيش لأنه أراد أن يجد ويقتل عدوه الشخصي، ألبيرتو. لذلك، كان غاضبًا عندما تم إخباره بأن عليه قتل الأعداء عمومًا لا بشكل محدد. بالنسبة له، لا يمكن أن تكون العداوة تجريدًا: فمن الأسوأ بلا نهاية، كما يرى، أن يقتل أشخاصًا لا يعرفهم ولم يسببوا له أي أذى. ومع ذلك، ينتهي المطاف بلويجي بقتل الكثير من الناس أثناء الحرب والفوز بالكثير من الميداليات، دون أن يواجه ألبيرتو. إلا أنه يجده بعد الحرب، ويقتله، ونتيجة لذلك يُحاكم ويُقتل.

الكراهية يجب أن تسمى حربًا، بينما حين يفعل اليونانيون أي شيء لليونانيين، فسنقول إنهم أصدقاء بطبيعتهم، ولكن في هذه الحالة فاليونان مريضة ومنقسمة، وهذا النوع من الكراهية يجب أن يسمى الشقاق.... [إذا حصل شقاق ما] وانقسمت مدينة، إذا بدأ كل طرف ينهب الحقوق ويحرق منازل الآخرين، فيبدو أن هذا الشقاق لعنة وأن أفراد كلا الجانبين لا يحبون مدينتهم. فلو كان غير هذا، لما تجرأوا على الاعتداء على مرضعتهم وأمهم» [1] (*The Republic* 470d).

إذًا، بالنسبة لأفلاطون، فالعنف بين اليونانيين (وحتى بين مواطني **المدينة-الدولة** نفسها)، غير طبيعي جوهريًا، فهذه «حرب محلية، حرب ضمن العائلة» تؤدي لعنف يقترب من تذوق «دم العشير بفم ولسان مدنسين» (*The Republic 521a, 565e*). «الحرب ضد بلد آخر حرب جميلة»، كما يستذكر مقاتل سابق في الحرب الأهلية اليونانية (مقتبس من Zulaika 1988:26)، «لكن الحرب ضد بعضنا البعض.... أمر صعب. لا يستطيع من لم يعايش هذا الحدث أن يعرف ماهيته». هنا يكمن جوهر قول [الكاتب الفرنسي] أنطوان دو سانت إكزوبيري (Saint-Exupery 1936): «الحرب الأهلية ليست حربًا. إنها وباء. العدو في الداخل، وكأن الشخص يقاتل نفسه. وهذا بلا شك هو السبب الذي تأخذ به هذه الحرب شكلها الفظيع. هناك إعدامات أكثر من المعارك». بالفعل، لقد كانت الجوائح والأمراض مجازات مفضلة للحرب الأهلية منذ يونان القرن الخامس (Price 2001:28-30).

هذه الفكرة تتكرر، رغم أن الحروب الأهلية التي يتم الإشارة إليها منفصلة زمانًا ومسافة ونوعًا. ضابط قاتل في حرب الاستقلال الأمريكية أكد عام 1781 أن «الحروب الأهلية يحضرها دومًا شيء بغيض ما. الفكرة المجردة للصديق ضد الصديق وأقرب الأقارب في مواجهة مسلحة ضد بعضهم تهز الطبيعة الإنسانية!». أثناء الصراع نفسه، ضابط من جنود هسن [الألمان الذين قاتلوا بجانب البريطانيين] أصدر ملاحظة شبيهة: «اليوم، هذه البلاد هي مسرح أقسى الأحداث. الجيران على أطراف متعادية، والأطفال ضد آبائهم»، بينما وصف مؤرخ الحالة في فرجينيا الريفية بأنها حالة مليئة «كان الشك والخوف والغضب بها طاغيًا. كان الجار يبلغ عن جاره» (Crow 1985:147; Evans 1985:193; Shy 1976:15). تزيفتان تودوروف (Todorov 1996:94) يصف المعضلات التي واجهها المقاتلون الفرنسيون

---

(1) أفلاطون (Plato 471a-c) ينتقل بعد ذلك ليحث اليونانيين على أنهم «بكونهم يونانيين، فلن يخربوا اليونان أو يحرقوا المنازل، ولن يوافقوا على أن كل من يوجدون بمدينة هم أعداؤهم: رجالًا ونساء وأطفالًا». إنه يقترح أن يكون هذا قانونًا لحراس «الجمهورية».

بإعدام عناصر المليشيا العميلة وسط فرنسا أثناء عام 1944: «في العديد من الحالات، كان الحراس والأسرى على صلة قريبة منذ الطفولة، وحضروا المدرسة معًا، وواعدوا الفتيات أنفسهن». عادة، كانت الصلات القريبة تتحول لعبء، بتهديد يأتي من الجيران أكثر مما يأتي من الغرباء. رجل فرنسي استذكر كيف اعتقلت والدته وأعدمت على يد معارف محليين: «لقد جاءت للمنزل وهي تعتقد لأنها تعرف الجميع فلن يكون هناك مشاكل، وبدلًا من ذلك ذهبت لحتفها دون أن تعرف لماذا» (Sender Barayón 1989:124). بهذه الطريقة، الحرب الأهلية ليست حربًا بدون أعداء، كما وصف ويليام والر الحرب الأهلية الإنجليزية، بل هي كذلك حرب يكون بها العدو في كل مكان، بما في ذلك بأقرب الدوائر الحميمية للشخص، كما أكد توماس هوبز عن الصراع نفسه.

الحميمية ليست حكرًا على الحروب الأهلية «الأيديولوجية». العنف في الحروب العرقية عادة ما يكون حميميًا، داخل وعبر الحدود العرقية. خذ بعين الاعتبار وصف توليس (Toolis 1997:3) لاغتيال القاضي ويليام دويل على يد «الجيش الجمهوري الإيرلندي»:

«لقد كان أيضًا العدو من الداخل. لقد كان كاثوليكيًا على كرسي قضائي بروتستانتي/ مسكوني عزز سلطة الحكومة البريطانية.... شخص في أبرشية سان بريجيد عرفه وأخبر 'الجيش الجمهوري الإيرلندي'، وجاءوا إليه في الأحد التالي ليقتلوه. لقد كان هناك حميمية إيرلندية فظيعة حول موته، وقتلوه في قداس أمام الأبرشية، وأشار إليه شخص كان أمام الأبرشية. لم يحتج الجيش الجمهوري السفر ليقتل دويل. داعموهم كانوا هناك في سان بريجيد، وكانوا يرتدون بدلات وأفضل ما لديهم ليوم الأحد على طريق مالون، مختبئين ضمن كورس فتيات المدرسة المغنيات أو عائدين للمنزل على الممر الماكر، وهم يحدقون بعد الاجتماع المقدس».

مجزرة لاري التي ارتكبها متمردو الماو ماو في كينيا عام 1953 كانت شأنًا «جماعيًا» بين الجيران، المرتبطين بقرب بالسياسات المنقسمة المحلية والعداوات الشخصية، انحدرت لنزاع أوسع حول الأرض. لقد ساهمت هذه المجزرة في تحويل التمرد الوطني إلى حرب أهلي ضمن شعب الكيكويو في كينيا (D. Anderson 2005:119-180). «الإرهاب» الباسكي في قرية إتزيار الباسكية الصغيرة كان كذلك شأنًا محليًا بعمق. كل ضحايا الاغتيالات السياسية الست، التي قام بها «إيتا» ما بين أعوام 1975 و1980 كانوا من الباسك، خمسة من بينهم قرويين أو متزوجين من قرويين: «كارلوس ومارتن، زعماء المجموعات المتقاتلة، كانوا إخوة بالرضاعة ومقربين. الحارس المدني بينيتو وخوسيه ماري، الذي اعتقله، تزوج

كل منهما ابنة صاحب مطعم محلي» (Zulaika 1988:86, 97). كانت الحرب بين الأوكرانيين والبولنديين في الأراضي الحدودية السوفييتية أثناء الحرب العالمية الثانية كانت «عادة شخصية، وتم خوضها بين الجيران وأفراد العائلة. لقد تنازعوا على تلك القرية، أو هذا الجزء من النهر، أو حديقة الكنيسة تلك» (K. Brown 2003:222). في حروب يوغسلافيا السابقة، كان العنف بين الأشخاص الذين عرفوا بعضهم منتشرا، رغم أن كثيرًا من العنف الممارس تم أيضًا على فرق من المجموعات شبه المسلحة والعصابات التي لم يكن أفرادها يعرفون ضحاياهم (Muerller 2004; Ron 2000a). «كان الرجال على كل جانب من الجبهة جيرانًا بوقت ما.... قبل الحرب، كانوا يذهبون إلى المدارس نفسها، ويعملون في الكراج نفسه، ويذهبون مع الفتيات أنفسهن» (Ignatieff 1998:34). معلمة مدرسة ابتدائية صربية في مدينة موستار، المسيطر عليها من الكروات، تم نهب شقتها من مجموعة من الرجال كان من بينهم أحد طلابها السابقين (Human Rights Watch 1992:333). رجل بوسني مسلم تم أخذه إلى معسكر اعتقال عانى به على يد زملائه وجيرانه الصرب (Pervanic 1999:xviii). العديد من النساء اغتصبت من رجال كانوا جيرانهم، وحتى أصدقاءهم (Gutman 1993:68-73)، وفي المجازر، مثل مجزرة سلوفينج، «كان هناك قدر كبير من التآلف بين المعتدين والضحايا» (Barak 1999a:A3). كاترين ديل (Dale 1997:81) تروي قصة امرأة حارب أقاربها الأبخاز ضد أقاربها الجورجيين أثناء الحرب الأبخازية- الجورجية عام 1992. بالنسبة لهذه المرأة، «والعديد سواها، لم تكن الحرب معركة سياسية للسيادة، بل نزاعًا دمويًا عالي الشخصية، بين الجيران والأقارب»، في وصف ينطبق كذلك على الحرب بين الأرمن والأذربيجانيين على ناجورنو كاراباخ (Goltz 1998:78)[1].

هناك، بوضوح، صلة قريبة بين السمة الحميمة للعنف والبعد المحلي للحرب الأهلية. في الأماكن التي كان بها كلا الجانبين يتنافسان على السيطرة المحلية، كانت الحرب الأهلية الأمريكية «صراعًا للجار ضد الجار، فالغِوار والاتحاديون كلاهما كان ذوي جذور عميقة

---

(1) يمكن أن تكون الحميمية كذلك سمة للعنف في المذابح المنظمة وأعمال الشغب وأعمال الإبادة. في رواندا، مرتكبو إبادة عام 1994 ضموا «الجيران وزملاء الدراسة والعمل وأحيانًا الأصدقاء، وحتى الأصهار» (Gourevitch 1998:18; André and Platteau 1998:39-40)، والعديد من الناجين كان من الممكن أن يسموا المعتدين عليهم (Vidal 1996:358)، ويهود جيدوبان عام 1941 قتلوا على يد جيرانهم البولنديين (Jan Gross 2001:121).

في مجتمعاتهما. الغِوار عرفوا عن الاتحاديين عبر الشائعات المحلية أو المعرفة الشخصية، ففي الحقيقة، كثيرًا ما كانوا على معرفة بضحاياهم الاتحاديين» (Ash 1995:125). الثورة والحرب الأهلية الإيرلندية كانتا «حربا حميمة، حصلت داخل المنازل والأحياء، وعادة بين أشخاص عرفوا بعضهم البعض» (Hart 1999:18). الحرب الأهلية الإسبانية أطلقت مشاعر كانت «محلية، وتم الاقتتال عليها بين الجيران في كل بلدة وقرية.... الناس حتى اليوم ما زالوا يتهامسون حول أبي فلان الذي قتل عم علان، وعم هذا الذي خان أبا ذاك، فهذه المشاعر حية تموت ببطء» (Gilmore 1987:44-45). وصفت امرأة إسبانية قاتِل أخيها بأنه شخص «كان من كانفرانك حيث عشت، حيث كان أبي مدير الجمارك. كان لعائلته مخبز وكل يوم كنا نحضر منهم الخبز» (Sender Barayón 1989:155). الحرب الفيتنامية كانت أيضًا حربًا عالية الشخصية وضيق الأفق والمرارة، حرب تم خوضها في عالم صغير جدًا لدرجة أن الرجل يمكنه المشي من أوله إلى آخره خلال ساعة، حرب لم تكن بين أعداء بلا وجوه، بل بين رجال عرفوا بعضهم البعض جيدًا» (West 1985:xv). تمرد «جبهة تحرير الشعب» في سريلانكا كان عملية «تغلغلت في أدق العلاقات اليومية: خصومك السياسيون جيرانك عادة، أقرباؤك غالبًا، وأصدقاؤك السابقون أحيانًا» (Spencer 2000:134).

نظرية العنف الانتقائي تحدد الصلة التي تربط حميمية العنف بالبعد المحلي للحرب الأهلية، فالعنف الانتقائي يتطلب معلومات محلية عادة ما تكون، بدورها، قادمة من خلال تبليغات حفزتها نزاعات شخصية.

2.10. لماذا التبليغ؟: علم اجتماع للتبليغ

بحسب النظرية، معظم الأفراد يشاركون في إنتاج العنف بشكل غير مباشر، من خلال التبليغ. العنف الانتقائي ينتج عن **نشاط مشترك** من الفاعلين المحليين وفوق المحليين، الداخليين والخارجيين، المدنيين والسياسيين. إنه ناتج **تبادل** بينهم، ويتضمن لذلك علاقة حميمة بين المبلِّغ والمبلَّغ عنه[1]. بكلمات أخرى، التبليغ هو المكان الأوضح لبحث مصادر العنف الحميمي في الحرب الأهلية. هناك تضمين نظرية أساسي هو أن العنف المشترك

(1) في الاتحاد السوفييتي تحت حكم ستالين وألمانيا النازية، التبليغات التي تضم أشخاصًا لا يعرفون بعضهم كانت نادرة للغاية (Nérard 2004:338; Joshi 2003:xv).

عادة ما يكون حميمًا، وأن الحميمية ستعكس على الأرجح (لا على الضرورة) المخاوف الخاصة والمحلية. القسم التالي يقدم نظرية تتناول القيام بالتبليغ، بجانب دعم من الأدلة التجريبية المروية، المتاحة وحسب.

ممارسات التبليغ، مثل كل الممارسات الاجتماعية، تظهر أنماطًا متباينة بشكل واسع. من المنطقي تخمين أن البيئات الاجتماعية والسياسية المختلفة تنتج نسبًا مختلفة من الصراع، ومن ثم التبليغ (Lucas 1997). البيئات الصراعية ستكون، **بثبات باقي العوامل** (*ceteris paribus*)، أكثر عرضة للتبليغ من البيئات التضامنية. ولكن، من الصعب التحديد بأثر رجعي اتجاه السببية بين التبليغ والصراع. لذلك، فالبيانات التجريبية المنهجية عن التبليغات نادرة الوجود.

ومع ذلك، فالسجل المتناقل يشير إلى أن القيام بالتبليغ لا يفشل، كما يبدو، في تحقيق غرضه أبدًا، في ظرف يكون به الفاعل الذي يحتاج التبليغات يمتلك درجة معقولة من السيطرة. إضافة لذلك، يبدو الكيد هو الغالب. ثوسيديديس كان على الأرجح هو أول كاتب يربط التبليغ الكيدي والحرب الأهلية. بوصفه للصراع الأهلي في كوركيرا، يذكر أن بعض الأشخاص «اتهموا بالتآمر لإسقاط الديمقراطية، ولكن في الحقيقة كان الرجال عادة ما يقتلون على أساس الحقد الشخصي أو غيره على يد مدينيهم بسبب المال الذي يدينون به» (Thucydides 3.81). الملاحظة نفسها قيلت مرات لا حصر لها منذ ذلك الحين. فمثلًا، باول جانكوسكي (Jankowski 1989:134) يروي عشرات الحالات من مرسيليا المحتلة من الألمان: من المرأة الأمية التي انضمت لـ«الحزب الشعبي الفرنسي» الفاشي و«هددت بحزم أنها ستبلغ عن أي أحد بالحي قد يزعجها»، إلى العاطل عن العمل «الذي هجّر صهره بعد أن اختلف معه».

المقت والحسد منتشران[1]، والخلافات الشخصية يمكن أن تحصل في أي مجتمع (Worchel 1974:110). فبعيدًا عن كونه اختلالًا وظيفيًا؛ يعد النزاع جوهرية لتشكيل واستمرار الجماعة (Coser 1956; Simmel 1955). النزاعات الشخصية اليومية عادة ما تكون غير عنيفة. الأنثروبولوجي ديفيد جيلمور (Gilmore 1987) يظهر كيف توجهت الخلافات التفاهة في قرية إسبانية لتصبح أشكالًا غير عنيفة من الإساءة (مثل نشر الإشاعات، والتشهير، والإهانة،

(1) كما قال أحد رواد هوليوود: «أعتقد أن سكاكين هوليوود الطويلة موجودة للجميع. هذا هو شكل الحياة في الخارج. إذا كان هناك أحد يملك طاقة كبيرة بناء على، كما تعلم، النجاح أو شيء كهذا، فبعد خمسة دقائق سيشهر الجميع سكينه في وجهه. هذه هي الحياة» (مقتبس من Auletta 2002:81).

وغيرها من أشكال الإساءة اللفظية، والنزاع الطقسي، والنزاعات الأخرى، إلخ) وكانت وظيفة مفيدة اجتماعية، فهذا النزاع لا يعجز عن إيذاء الصلات الاجتماعية وحسب؛ بل يعزز الروابط الاجتماعية. حتى الرغبة في الانتقام عادة ما تعجز عن تحفيز السلوك العنيف. خيالات الانتقام لكل أنواع الخلافات اليومية التافهة منتشرة بشكل واسع، كما يبدو، في كل الحقب التاريخية وكل المجتمعات (Frijda 1994:264)، لكنها نادرًا ما تحدث، ونادرًا، بشكل أكبر، ما تحدث بشكل عمليات قتل[1]. [الفائز بجائزة نوبل للاقتصاد] توماس شيلينج (Schelling 1991:19) يشير إلى أن هناك مليون شخص على الأقل من الذين يستطيعون الوصول لمنزله بالمواصلات العامة يمكن أن يحرقوا منزله دون عقوبة وبما قيمته دولار أمريكي واحد من البنزين، أو يمكن أن يخطفوا أطفاله وهم يلعبون في الشارع، وعلى الرغم من أنه يرغب في أن يدفع أكثر ليتجنب دمارًا محققًا سهلًا كهذا، إلا أنه مستغرب من فكرة أنه لم يستهدف أبدًا. سواء أكان هذا، كما يقول شيلينج، نتيجة لصعوبة ترجمة هذا الفعل إلى مكاسب حقيقية، أو للقيود الأخلاقية الداخلية، أو للخوف من العقوبات، أو لمجرد غباء وصغر الروح كما حاجج [الفيلسوف الألماني] فريدريك نيتشه[2]، فإن الحقيقة هي أن هناك ندرة مفاجئة بالعنف نسبة للرغبة به، وتناقضًا واضحًا بين رغبات الانتقام وسلوكيات الانتقام.

التبليغ بالحروب الأهلية يحول الخلافات الشائعة إلى عنف. للبدء، ممارسة التبليغ توجد بدرجات متفاوتة بكل المجتمعات (Fitzpatrick and Gellately 1997:13)، وإن كانت أكثر شيوعًا وانتشارًا تحت السلطوية. في ألمانيا الشرقية، أحد أكثر الحالات بحثًا، كان التبليغ لجهاز الأمن، المعروف بـ«ستاسي»، منتشرًا لدرجة أن «التمايز بين الضحايا والمعتدين لم

---

(1) الانتقام العنيف موضوع مركزي في أفلام هوليوود، إذ يشير أحد النقاد: «في الحياة الحقيقية، يلجأ الأمريكيون للمقاضاة بدل إطلاق النار. ولكن على الشاشة، نحن نريد الانتقام، وكلما كان دمويًا كان أفضل» (A. Scott 2004:24). بحسب دراسة أجراها نيكون فريجدا (Frijda 1994:264)، 46 بالمئة من المستجيبين اعترفوا بأنهم يذكرون على الأقل حادثة واحدة شعروا فيها بالرغبة بالانتقام. إنه أيضًا يقتبس (Frijda 1994:264-268) دراسات حديثة تشير إلى أن أفكار الانتقام اليومية الحيوية للانتقام يتم الشعور بها، وأحيانًا حصولها، لدوافع مثل الخيانة، والطيش، والخلافات الصغيرة، والخداع، وسرقة الدراجة، ومثلها. هذه الخيالات ذات نوعية سامة وأحيانًا تكون عنيفة بشكل ملحوظ، بما في ذلك الاندفاع نحو التدمير المادي للأشياء أو تخيلات طعن المعتدي، أو تمني قتله، أو الدخول في اكتئاب كبير. العنف المنحدر من الغيرة، بحسبه، مؤشر نموذجي للانتقام.

(2) نيتشه، كما يقول باير (Baier 1991:45)، اعتقد أن الغباء أو صغر الروح فقط هو ما يمكن أن يفسر لماذا لم تستخدم النساء حكمهن المتاح في المطابخ لتسميم أسيادهن.

يدم طويلًا» (Gellately 1997:209). وكما تستذكر آن ثيرستون (Thurston 1990:167-168): «عام 1980، عندما انتهت الثورة الثقافية وكان على أحد المعلمات الأمريكيات في الصين أن تدرّس الوصايا العشر، لم يفهم طلابها، ببساطة، أحد هذه التعاليم: 'لا تشهد على قريبك شهادة زور'. فبكونهم منتجات الثورة الثقافية، لقد كبروا وهم مغموسون في شهادة الزور. لم يتصوروا أبدًا أنها قد تكون خطأً».

في الحقيقة، الفاعلون السياسيون عادة ما يتفاجؤون ويثقلون بالاستجابة التي يتلقونها حين يطلبون التبليغات. في أبريل/ نيسان 1934، عبر البيروقراطيون النازيون عن تفاجئهم من حجم التبليغات التي كانت تصل إليهم، خصوصًا التهم الخاطئة منها، فقد أشاروا إلى أنهم وصلوا «نسب غير مقبولة بالكلية». حتى هتلر، عام 1933، اشتكى: «إننا نعيش اليوم في بحر من التبليغات والخسة الإنسانية» (Gellately 1997:206; Connelly 1997:183, 177; Gellately 1991:135-143). عندما احتل الجيش الألماني الأراضي السوفييتية عام 1941، استمر في تلقي مئات التقارير التي تشير إلى المقاتلين غير النظاميين في القرى المحيطة (Terry 2005:9). ضابط فرنسي كان يعمل بالجزائر يستذكر أنه وجد من السهل تحصيل تدفق ثابت من التبليغات (Aussaresses 2001:33). الأمريكيون في العراق كانوا مسرورين باكتشافهم في شتاء 2003 أن «المواطنين العراقيين العاديين ينتجون الآن الكثير من المعلومات لدرجة أن [الأمريكيين] عليهم الآن أن يرتبوا أولويات الغارات التي يخططون لها لاعتقال موالي حسين السابقين» (Loeb 2003:A14). في مرحلة ما، وضعوا خطًا ساخنًا هاتفيًا للتبليغات.

ولكن، ما يدركه الفاعلون السياسيون مع الوقت هو أن العديد من التبليغات كيدية، ونسبة كبيرة منها خاطئة. في العراق، أدرك الأمريكيون، كما قال أحد الضباط، أن «أولئك الناس يبيعون بعضهم بثمن بخس كأنه لا يوجد غد» (in Packer 2003:71). وكما قال رجل عراقي: «إن الأمر وكأننا ما زلنا تحت حكم صدام. إننا ما زلنا تحت رحمة الجار أو شخص حسود. حينها، كان يكفي أن تعرف بعثيًا لترسل شخصًا ما للسجن. الآن، يمكن أن نتصل فقط على رقم خلوي. أليس هذا تقدما؟» (in Ourdan 2004:2). بوضوح، طلب التبليغات كان يترجم عادة الاستياءات اليومية التافهة إلى عنف، فهو الوقت الذي تصبح به، بكلمات ريتشارد كوب (Cobb 1972:60)، الكارثة العامة فرصة للانتفاع الخاص.

الناس العاديون عرضة لتجاهل «العقوبات الذاتية الأخلاقية» والمشاركة بنشاطات توسع مصلحتهم الشخصية، لكنها تضر الآخرين، حتى ضمن الظروف اليومية «العادية».

(Bandura 1990:162)، لكن الأغلبية الساحقة تمتنع عن العنف المؤدي للقتل. بتبادل العنف بالتبليغات، يفترض الفاعلون السياسيون التكاليف العملية والأخلاقية المعتبرة في تخلص الناس من خصومهم الشخصيين، ولذلك يشجعونهم على التجسس على بعضهم البعض (مثلًا: De Waal 1991:119)، واستبدال العقوبات بالحصانة[1]، وتوفير وهم مريح من الخفاء[2]، وتقديم «أساس منطقي لمزيد من السلوكيات العنيفة أكثر مما هي عليه بحالة السلام» (Freeman 1979:164)[3]، وتحفيز عدد من «الآليات النفسية للانفصال الأخلاقي» (Bandura 1990:162)[4]، وتعزيز خداع الذات[5]، وربما، الأهم، تولي ممارسة سلوك العنف[6].

---

(1) في الحرب الأهلية الإسبانية، خوان بيرو، الناشط الأناركي، قام «بهجوم بليغ وصريح» ضد أولئك الذين قتلوا «لأنهم يمكن أن يقتلوا بحصانة» (Thomas 1986:277-278). أثناء الحرب الأهلية الأمريكية، رجل من تينيسي الغربية لاحظ أن «الكل، الكل، فاسد الخلق بدرجة ما وقام بأشياء كان يشمئز من مجرد التفكير بها» (مقتبس من Ash 1995:204).

(2) بسعيها لتدمير التمرد في جمهورية الدومينيكان، طورت الولايات المتحدة «عملية رقابة حمت هوية أولئك الذين منحوا المعلومات ضد جيرانهم» (Calder 1984:167). مؤخرًا، وخارج الحروب الأهلية، هناك موقع يمكن أن يرسل إيميلات بهويات مخفية تحمل «لعنات افتراضية»، بما في ذلك دمى فودو [التي تشير للرغبة بموت المستقبل] افتراضية ولعنات مثل: «هذه نهايتك»، بعدد يصل إلى ألفين أو ثلاثة آلاف يوميًا (J. Cohen 2000:G1).

(3) يقدم التبليغ على أنه يخدم قضية أسمى: الأمة، أو الطبقة، أو الدين. بحسب إيمون كولينز (Collins 1999:3)، عنصر «الجيش الجمهوري الإيرلندي» السابق، «الجمهورية أعطت الشرعية السياسية للهو القديم بالتجسس على الجيران، بتحويل ثارات الجيران إلى صراعات نبيلة».

(4) آليات الانفصال الأخلاقي تتضمن اللغة الملطفة، وإزاحة و/ أو إزالة المسؤولية (وبذلك، تشويش الصلة بين السلوك والعقبات)، وتجاهل أو حرف عقبات السلوك، واتخاذ القرار الجماعي، «مما يسمح لأشخاص مراعين، بالظرف الطبيعي، أن يتصرفوا بلا إنسانية، لأنه لا يوجد شخص بعينه يشعر بمسؤولية عن السياسات التي حصلت بشكل جمعي. عندما يكون الجميع مسؤولًا، لا يوجد أحد مسؤول حقًا» (-Bandura 1990:170 171; Gurr 1975:101). كذلك، بتقديم قرار ما على أهداف مجموعة على أنه قرار حتمي («سنقتل خمسة أشخاص من القرية»)، يصبح من الأسهل على الأفراد قرار **من هم** أولئك الخمسة.

(5) زوجات الطبقة العاملة في ألمانيا النازية اعتقدن أنه بالتبليغ عن أزواجهن على أنهم شيوعيون للجستابو، كانوا سيأخذون هؤلاء الأزواج «ليعلموهم» في معسكر سخرة أو اعتقال. جوشي (Joshi 2002:433)، الذي ينقل هذه الحقيقة، يلاحظ أنه «نظرًا للاضطهاد الوحشي الذي كان الشيوعيون يتعرضون له، من الملفت جدًا للنظر أن يعتقد النساء بهذه الطريقة».

(6) المثال التالي يأتي من الفلبين. بعد أن قُتل حماه في نزاع حول سرقة ثور **كاراباو**، فكر أحد الرجال في أخذ الثأر ممن قتله. في هذا الوقت، تم التواصل معه من قبل «جيش الشعب الجديد» الشيوعي (مقتبس من Jones 1989:289): «لقد أخبرتهم عن مقتل حماي، وأخبروني أن أنسى الموضوع لأن 'جيش الشعب الجديد' سيتولى المشكلة. تلقى الجيش شكاوى أخرى حول الشخص نفسه. عندما سمعت بمقتله، كنت مسرورًا أنني لم أقتل الرجل جاري. لقد دهشت من الجيش. بعد بضعة شهور، انضممت لهم».

بالكلية، يحمي الفاعلون السياسيون المبلِّغين من الجريمة التي يتسببون بها لأنه «من السهل إيذاء الآخرين عندما لا تكون معاناتهم مرئية، وعندما تكون الأفعال المتسببة بها بعيدة ماديًا وزمنيًا عن نتائجها» (Bandura 1990:177).

باختصار، يقدم التبليغ طرقًا جديدة لتسوية ضغينة مكتومة طويلًا، أو تقديم ميزة كبيرة في تنافسات مكبوتة سابقًا. بهذه الطريقة، احتمالية العنف تزيد الرغبة بها، بعبارات أخرى [للروائي الفرنسي الشهير] ستندهال. وكما قالت حنة أرندت (Arendt 1963:134)، فهذه حالات يفقد بها الشر جودة الإغراء. الجنرال ستيفن درايتون، الذي قاتل ضد البريطانيين أثناء الثورة الأمريكية، أشار لهذا عام 1781، عندما استغرب من الحالة في كارولينا الشمالية: «من يكون آمنًا عندما يكبر التحامل أو الحسد أو الخبث في صدر رجل شرير؟ أليس أولئك الرجال هم الأولى بوصفهم بالأعداء ومعاملتهم على أنهم كذلك؟» (in Crow 1985:147). [بروفيسور علم الاجتماع والأنثروبولوجيا] لاي بينفورد (Binford 1996:107) يشير إلى أنه في السلفادور «لم يكن هناك أحد محصن من العنف. جدال مع جار ما، أو نزاع حول دين، أو إساءة صدرت تحت تأثير مشروب **جوارو** الروحي تدفع الطرف المضطهد لإخبار جندي أو حارس أو مسؤول حكومي أن فلان أو علان كان مرتبطًا بنشاط مثير للشبهات». خذ بعين الاعتبار المقتطف التالي من مقابلة أجريتها في اليونان (المقابلة 10):

«كان هناك الكثير من الخلافات الشخصية في القرية، لكن الناس لم تكن لديها الفرصة لتقتل أحدًا قبل الحرب. لم يكن هناك أحد يترنم بمجد القتل حينها. لقد كانت تغلي بداخلهم فقط.... أسوأ غرائز الإنسان خرجت مع الحرب الأهلية. ودون وعي الجميع، كان هناك غيرة، وكان هناك حسد.... نفسية القروي فريدة. إنه يحسد أولئك الذين يتقدمون عليه. وبوضوح، إنه لا يعبر عن حسده، فهو لا يستطيع، وليس هناك سبب ليفعل ذلك، لكنه موجود، يغلي بداخله. عندما تفكك نظام المجتمع، كان لديه الفرصة ليعاقِب دون أن تتم رؤيته. إن هذه ليست محاكمة علنية تحتاج بها أن تجلب شاهدًا أو شيئًا كهذا.... كان لديهم الفرصة ليصفوا [عدوهم الشخصي] بالخائن ويقتلوه بدون أن يكون خائنًا أو شيئًا كهذا.... يمكن أن تدعى خائنًا بلا سبب. حياتنا كانت جحيمًا. هل كان بالإمكان الهرب هنا داخل القرية؟ لم يكن ذلك ممكنًا».

من المستحيل، بوضوح، تحديد الدافع المسيطر بدقة. نظريًا، هناك سبب للاعتقاد بأن التبليغ شأن خاص وكيدي بالدرجة الرئيسية، لا سياسي. توفير سيطرة جماعة ما يخضع لمشكلة «الراكب بالمجان» [مشكلة اقتصادية شهيرة للدلالة على الفرد الذي يستفيد دون

دفع مقابل]، فالسيطرة ضرورية لتضامن الجماعة (والتضامن يتيح إنتاج الخيرات المشتركة التي لا غنى عنها)، إلا أن الركوب بالمجان هو الاستراتيجية المثلى للأفراد العقلانيين، مما يعني أن السيطرة المتبادلة (أو الرقابة عبر التبليغ) لن تحصل ما لم توفر مكاسب للفرد (Hechter 1987)[1]. رغم أن الأيديولوجيا يمكن التفكير بها على أنها مكسب شخصي، إلا أن الهموم غير الأيديولوجية منتشرة، خصوصًا في المناطق الريفية.

الدليل من دراسات عمل الشرطة، فالسياق المختلف جدًا عن الحرب الأهلية، يظهر أن دوافع المبلغين للشرطة تتضمن عادة «الخوف، عدم الشعور بالأمان، الانتقام، الحسد، الندم، المال» (Wilenksy 1967:67-68)[2]. عدا ذلك، الدليل المنهجي القليل المتاح يمكن إيجاده في أرشيف الأنظمة السلطوية (التي يوجد منها سجلات أفضل من سجلات الحروب الأهلية)، ويبدو أنها تؤكد سمة الكيد المنتشرة كثيرًا. باختصاره الأبحاث الموسعة في الأرشيفات الإسبانية لمحاكم التفتيش، ينقل [المؤرخ البريطاني] هنري كامين (Kamen 1998:175) أن «التبليغات الحقيرة كانت هي القاعدة، لا الاستثناء»، بينما يقدم جيمس جيفن (Given 1997:141-165) دليلًا موسعًا ليظهر أن التلاعب بمحاكم التفتيش كان جانبًا مركزيًا لكيفية عمل المؤسسات في مدينة لانجويدوك [الفرنسية] في القرون الوسطى. كان التبليغ مهيمنًا في سياق المؤسسات القروسطية عالية المحلية: «جهود التلاعب بالمؤسسات الحاكمة مثل محاكم التفتيش لم يكن استثنائيًا لا بالنسبة للمحاكم، ولا في لانجويدوك. حيثما سمحت السجلات لنا بفحص أعمال المؤسسات الحاكمة القروسطية، التي كانت تحت التأسيس حينها، سنكتشف أناسًا يعملون بلا كلل للتأثير والتلاعب بها لأهدافهم الخاصة. التلاعب بهذه المؤسسات لأهداف غير تلك التي تأسست لأجلها كان ربما هو القاعدة لا الاستثناء» (Given 1997:163). بمقارنة مستويات القمع ما بين نهاية الستينيات ومطلع

---

(1) فيهر وجاشتر (Fehr and Gächter 2002) يقدمان بيانات تجريبية تظهر أن الناس ترغب في عقاب «الراكبين بالمجان» حتى ولو كان هذا على حسابهم، فإذا كانت هذه الحالة، فسيطرة الجماعة قد لا تكون خاضعة لمعضلة «الركوب بالمجان». ولكن، السيطرة في الحالات التي تكون بها المجتمعات منقسمة قد تظل قادرة على توفير بدايات للمكاسب الخاصة.

(2) كما قالت إحدى إصدارات «موسوعة لاروس»، الفرنسية الكبرى، من القرن التاسع عشر: «حتى اليوم، أثمن اكتشافات الشرطة ليست نتيجة عملاء سريين أو علنيين، بل نتيجة تبليغات من أشخاص مجهولين تصل كل يوم إلى [مقر الشرطة في] شارع القدس، كنواتج للانتقام يقدمها نساء وأصدقاء تمت خيانتهم، أو آباء يشعرون بالغيرة» (مقتبس من: Fitzpatrick and Gellately 1997:14).

السبعينيات في الصين، تشير جانج تشانج (Chang 1992:488) إلى الكيد على أنه الدافع الرئيسي وراء التبليغات. المساهمون في المعالجة المقارنة الأولى (والوحيدة حتى الآن) للتبليغ «واجهوا حالات قليلة مقارنة، بدا بها أن التبليغ مدفوعًا بحماسة أيديولوجية أصيلة» (Fitzpatrick and Gellately 1997:10).

دراسة ملفات الجستابو في دوسيلدورف الألمانية من قبل راينهارد مان يظهر أن قدرًا كبيرًا من الحالات كان مستخدمًا لحل النزاعات الخاصة[1]. روبرت جيلاتيلي (Gellately 1991:151) وجد أيضًا أن «المخبرين الكائدين» كانوا ذوي أهمية أكبر بكثير لتأسيس قضايا للجستابو من المخبرين المأجورين، وأنه كانت هناك «تهم قليلة للغاية تم طرحها بوضوح لأسباب صحيحة [أي سياسية]». وكما أخبر أحد رجال الشرطة امرأة في التحقيق: «ليس لديك فكرة عن عدد التبليغات التي علينا التعامل معها في المقر! إن واجبك هو التحقق من كل واحد منها، حتى وإن بدا أن معظمها اتهامات كيدية أو غيبة ونميمة» (in Gellately 1991:72). قائد مقاطعة نازي «شعر علانية بعدم الراحة للتسييس المبالغ به للشؤون الخاصة» واشتكى: «لا يمكن أن نتورط في شؤون عليا خالصة». إدارة «بنك دويتشه» حاولت أن تواجه المشكلة بإعلانها أنها ليست مهتمة «بقصص حول الحياة الشخصية لموظفيها»، بينما طلب وزير الداخلية من السلطات المحلية أن تأخذ خطوات للحد من التمدد السريع لكل التبليغات، «والتي كان العديد منها يكاد مبنيًا على خلافات مع الجيران» (Gellately 1991:134, 146). مسؤولو الجستابو المحليون كانوا ينشرون تذكيرات من حين لآخر في الصحافة بأنهم ليسوا «مكتب شكاوى للأحقاد الشخصية أو حتى للتبليغات الكيدية». بدراستها للتبليغ في ألمانيا، تهمل فاندانا جوشي (Joshi 2003:xv) ما تسميه «مبلغي الولاء» لأن «هذه الحالات كانت أندر من أن توجد»، مضيفة أن «الأدلة الموجودة في الملفات تشير بشكل رئيسي إلى تبليغات وظيفية». تخلص فاندانا (Joshi 2003:xi) إلى

(1) على الأقل، 26 بالمئة من كل الحالات تبدأ بمعلومات مقدمة طوعيًا للشرطة من مواطنين أفراد (النسبة أكثر من ذلك إذا أخذ الشخص بعين الاعتبار المعلومات المقدمة للمنظمات الأخرى). إضافة لذلك، فدراسته تظهر أن 37 بالمئة من هذه التبليغات كانت محاولات لحل نزاعات خاصة و24 بالمئة كانت مدفوعة بالولاء للنظام (لم يكن ممكنًا اكتشاف الدافع لـ 39 بالمئة من الحالات). جيلاتيلي يؤكد أن «هذه الإحصاءات تشير إلى أن المكون الهام في نظام الرعب – التبليغ – كان محددًا بالمصالح الخاصة ومستعملًا لأسباب وظيفية، لم تكن مقصودة أبدًا من النظام» (Gellately 1991:134, 146).

أنه «إذا أخذ الجستابو قوته من استدخال الحشود، فمن الواضح أن الحشود لم تفعل ذلك بالنية المجردة لاستئصال أعداء الدولة». لا عجب إذًا أن تعريفات التبليغ في ألمانيا، بعد الحرب العالمية الثانية، تربطه بالكيد (Joshi 2003:9).

شهادات الأفراد تقدم تصورات مشابهة حول المنظمات المتمردة. خذ، مثلًا، الشهادة التالية من أحد عناصر «الجيش الجمهوري الإيرلندي»:

«بعد فترة، أحد جوانب لقاءاتي مع الناس وشكاواهم بدأت تحبطني. أدركت أن كثيرًا من الناس، وعادة هم ليسوا حتى من الجمهوريين، كانوا يسعون لتحصيل المساعدة من 'الشين فين' [الذي كان يُنظر له أحيانًا على أنه الجناح السياسي لـ'الجيش الجمهوري الإيرلندي'] للاعتماد على تهديد القوة الضاربة للجيش -كما يأملون- في حل نزاعاتهم. في بعض الأوقات، كنت أشعر أن الناس يعاملونني على أنني عراب في المافيا. أحد زملاء العمل السابقين سألني إن كنت أستطيع أن أتخلص من زوج ابنته. كما يبدو، كان الأخير يضرب زوجته، ابنة زميلي السابق. قلت له إن هذا ليس من شأن 'الشين فين'، فأجابني: 'بلى، إنه كذلك. هذا الرجل لا يغادر المخفر. إنني متأكد أنه مخبر'. لقد أخبرته أنه يلقي باتهام كبير، وإذا تحقق الجيش من الأمر ووجد أن هذا الاتهام باطل فسيبحثون عن الشخص الذي قام به ابتداء. لسوء الحظ، أن الاتهام بأن فلانًا أو علانًا كان مخبرًا ('لا يغادر المخفر') أصبح اتهامًا أسمعه من أشخاص كانوا يريدون وقوع العنف المفرط بحق جيرانهم» (Collins 1999:229).

ستيفن لوبكمان، الذي أجرى بحثًا ميدانيًا موسعًا في موزمبيق، بما في ذلك عشرات المقابلات المعمقة عن تاريخ حياة الأشخاص، يروي (Lubkemann 2005:498) أن روايات التبليغات الكيدية كانت «هي الاعتيادية لا الاستثنائية». حدسي الشخصي، بناء على عملي الميداني في اليونان وعلى قراءة طيف واسع من المصادر الثانوية حول حروب مختلفة، يدعم فكرة هيمنة الكيد في التبليغات. الدليل مروي، لكنه كبير ويبدو أنه متجاوز للتاريخ والجغرافيا وأنواع الحروب الأهلية[1]. إنه حقًا من الصادم كيف أن هذه الدوافع التافهة الشائعة

(1) الدليل على المحتوى الخاص للعنف «السياسي»، بما في ذلك التبليغ الكيدي، يظهر في دراسات معمقة لصراعات متنوعة، مثل الحرب في إيرلندا ما بين 1640–1660 (Clifton 1999:113)، والثورة الأمريكية (Selesky 1994:77; Escott and Crow 1986:303)، والثورة المضادة الفرنسية (J.-C. Martin 1994:40-44; Lucas 1983; Cobb 1972)، والانتفاضة الكاليبرية ضد الجيوش النابليونية (Finley 1994:28-29)، وتوحيد إيطاليا المعروف بريزورجيمينتو في جنوب البلاد (Pezzino 1994:62)، والحرب الأهلية الأمريكية في الولايات الحدودية (Fisher 1997:63 في شرقي تينيسي؛ Ash 1995:183 في فرجينيا؛ Fellman

وراء هذا العنف في الحروب الأهلية مهمشة وموجودة، وفي الوقت نفسه، هي كذلك في الأدبيات التي تدرس الحروب الأهلية على مستوى كلي. القسم التالي يهدف إلى تقديم فكرة عن المدى الواسع الجغرافي والتاريخي للتبليغ الكيدي.

1989:60 في ميزوري؛ Paludan 1981:77 في كارولينا الشمالية)، والثورة والحرب الأهلية الروسية (Werth 1998:118, 174; Figes 1996:525, 535)، والحرب الأهلية الفنلندية (Upton 1980:519)، والثورة الإيرلندية في 1916- 1923 (Hart 1999:15)، وتمرد الساندينيستا في نيكاراجوا بالعشرينيات (Schroeder 2000:34, 38; Horton 1998:32)، وحرب العصابات في جمهورية الدومينيكان في 1917-1922 (Calder 1984:xii)، والحرب الأهلية الإسبانية (Cenarro 2002:79-80; Moreno 1999:309; Abella 1996:455; Sender Barayón 1989; Thomas 1986:277-278; Harding 1984; Freeman 1979)، والثورة والحرب الأهلية الصينية (Thaxton 1997:290; Chan et al. 1992:28; Marks 1984:244)، بما في ذلك الثورة الثقافية (Chang 1992; Madsen 1984:91)، والحرب الأهلية اليونانية (Gerolymatos 2004; Ward 1992:217-220)، والنزاعات الأهلية التي وقعت في أوروبا تحت الاحتلال النازي، بما في ذلك فرنسا (Sweets 1994:235) وبولندا (Paczkowski 1999:311) وبيلاروسيا (Terry 2005:8; Heer 2000:97) وأوكرانيا (T. Anderson 1999:616) ويوغسلافيا (Djilas 1980:78)، والحرب الأهلية اليونانية (Xanthakou 1998:12)، والحروب الأهلية في آسيا المحتلة من اليابان، بما في ذلك مالايا (Kheng 1983:178) والفلبين (Rodriguez 1982:x; Lear 1961:94, 105)، والثورات المضادة للاستعمار، مثل تمرد الماو ماو في كينيا (D. Anderson 2005:176, 204; Berman and Lonsdale 1992:446, 453) وحرب الاستقلال الجزائرية (Faivre 1994; Hamoumou 1993) والحرب الأهلية المستمرة [حينها] في الجزائر (Kalyvas 1999; Gacemi 1998; Abdi 1999)، والثورة الفلسطينية بأعوام 1936-1939 (Swedenburg 1995)، والانتفاضة الفلسطينية (Haberman 1991)، وعمليات القتل الجماعية في إندونيسيا بأعوام 1965- 1966 (Cribb 1990:28)، والمراحل المختلفة من الحرب الفيتنامية (Elliott 2003:259; Moyar 1997:71; Bilton 1970:61; Crozier 1960:94)، والحروب الأهلية في أمريكا اللاتينية، مثل جواتيمالا (Stoll 1993; S. Davis 1988; Paul and Demarest 1988; Ebel 1988) وفنزويلا (Wickham-Crowley 1992:143) وكولومبيا من الأربعينيات حتى اليوم (Henderson 1985:128; Wickham-Crowley 1992:146; Jones 2000) والسلفادور (Wood 2003:114; Binford 1996:106-107; Wickham-Crowley 1992:260) ونيكاراجوا (Horton 1998:217) والبيرو (Starn 1998:244; Manrique 1998:204-205)، والفلبين في الثمانينيات (Berlow 1998:182; Jones 1989:127, 289)، ولبنان في السبعينيات والثمانينيات (Mouro 1999:19; Makdisi 1990:86; Randal 1983:81)، وأوغندا (Kannyo 2000:167-168, 172)، وموزمبيق في الستينيات والسبعينيات (Henriksen 1983:97) والثمانينيات والتسعينيات (T. Young 1997:132; Geffray 1990:56-57; Nordstrom 1997:83)، وأنغولا في الثمانينيات والتسعينيات (Brinkman 2000:15)، وزيمبابوي (Kriger 1992)، والبنجاب في الهند (Pettigrew 2000:210)، وسريلانكا (Argenti-Pillen 2003; Spencer 2000:131; Senaratne 1997:143)، وسيراليون (Richards 1996:8)، والسودان (Jok and Hutchinson 1999:134)، والاحتلال الأمريكي للعراق (Finer 2005; Packer 2003:71).

3.10. مدى التبليغ الكيدي

التبليغات الكيدية شائعة في كل أنواع المجتمعات، بما فيها المستقطبة بحدة من حيث الطبقة (Stoll 1999; Binford 1996; G. Wilson 1970)، والدين (McKenna 1998:181; Chamoun 1992:24)، والعرق (Collins 1999:229; Pervanic 1999; Hàmoumou 1993; Haberman 1991; Jan Gross 1988). لقد تم رصدها أيضًا بمدى واسع من الحروب الأهلية. خذ المقتطفات الصغيرة التالية.

1.3.10. الحروب الأهلية «الكلاسيكية»

ضابط فيدرالي (مقتبس من Fellman 1989:63) استنتج عام 1863 أن «العديد من الجنود [الاتحاديين في وارسو، ميزوري] متواجدون في أحياء منازلهم، وكلهم لديهم أخطاء خاصة ليُنتقم منهم بها، وكان من الواضح كيف يمكن رؤية التأثير». الأمر نفسه ينطبق في تينيسي الشرقية، حيث كانت «العديد من الدوافع الأنانية، بما فيها الطمع والانتقام والخوف والمقت الشخصي مؤثرة في الصراع» (Fisher 1997:63). مواطنة من تينيسي كتبت في مذكراتها عن بعض الجيران الذين لديهم «عداوات عمرها سنوات تم استعادتها، فالانتقام لها يعد لذيذًا» (in Ash 1995:204). يكتب فلاديمير بروفكين (Brovkin 1994:419) عن الحرب الأهلية الروسية: «إن تسوية النزاعات مع الخصوم الحقيقيين والمتخيلين أصبح جوهر السياسة». كل من الإرهابين الأبيض والأحمر كانوا اعتباطيين عادة (Brovkin 1994:226): «التعريفات الواهية لما كان يشكل ’البلشفية‘ ولدت كل أنواع تسوية الحسابات والتبليغات والإهمال الكلي للاعتبارات القانونية». أورلاندو فيجس (Figes 1996:535) يستذكر كيف «كان العديد من الضحايا المبكرين للإرهاب الأحمر معتقلين بلا أساس سوى تبليغ واحد من بعض أعدائهم الشخصيين». «كان الناس يبلغون ليحموا أنفسهم، أو انطلاقا من الغيرة، أو انطلاقًا من المقت، أو لإخلاء غرفة في شقة جماعية» (Schmemann 1999:259). «إنها مجرد شؤون محلية»، كما استذكرها كاتب مذكرات روسي وضح اعتقاله أثناء حملات التطهير الستالينية (Grigorenko 1982:85). في إيرلندا، «العديد من شهود ’الجيش الجمهوري الإيرلندي‘ وغيره تحدثوا عن حالات لأشخاص اتهموا خطأ نتيجة تبليغات ناتجة عن ’كره محلي‘، بسبب مظلمة أو ثأر ما. عدد كبير من حالات القتل بدا أنه كان ذا بعد فرعي زراعي». كما

يشير بيتر هارت، ويضيف (Hart 1999:299-300; 306): «المخبر العادي [في الحرب الأهلية الإيرلندية (1922– 1923)] لم يكن شخصًا يحمل قضية، بل كان شخصًا يحمل عداوة أو مظلمة أو أشخاصًا لديهم أناس أو ممتلكات يحمونها. رأى آخرون الفرصة لتحقيق مكسب أو تسوية نزاع قديم.... كان الناس يتعرضون للتبليغ على يد مخبرين لنفس أنواع الأسباب الشخصية التي كان الناس يُبلغ عنهم بها على أنهم مخبرون. الكثير مما مر على أنه 'معلومات استخباراتية' في كورك لم يكن أكثر من 'خوف أو كيد'». ضابط بريطاني كان مسؤولًا عن التحقيق مع العملاء النازيين المشتبه بهم بعد نهاية الحرب العالمية الثانية في اليونان يستذكر: «في حالة خلفتْ بها مغادرة الألمان فراغًا هدد الشيوعيون بملئه، وفي وقت كان به أولئك الجالسون على السياج أثناء الاحتلال يتسلقون من أجل مقاعد في العربة؛ كان الوقت ملائمًا لتسوية النزاعات الشخصية. أصبحت التبليغات هي الأسلحة الغادرة للهجوم. كون التهمة العمالة أو الشيوعية لم يكن يصنع فارقًا، إذ كانتا مدمرتين بشكل متساو.... لذلك أصبح التبليغ هو الوسيلة المثالية لتسوية العديد من العداوات والثارات الشخصية غير ذات الصلة» (Ward 1992:217).

2.3.10. الثورات المعادية للاستعمار

أندرو إليوت، الضابط في الجيش البريطاني والحاكم الملازم لنيويورك تحت الحكم البريطاني أثناء الثورة الأمريكية، حذر من أن «حربًا مدمرة» ستكون ذات تأثيرات سلبية وستملأ السجون البريطانية بضحايا ما أسماه «الانتقام الخاص» (Shy 1976:198). بروايته للثورة الفلسطينية خلال أعوام 1936– 1939، يروي تيد سويدنبيرج (Swedenburg 1995:155) العديد من القصص حول «رجال اتهموا باطلًا بالخيانة من خصومهم، الذين كانوا ذوي دوافع شخصية أو عائلية، وكيف تم إعدام أولئك المتهمين زورا بأمر قادة الثوار». يقول (Swedenburg 1995:119) إنه «رغم أنه كان من المفترض أن تكون الثورة ضد البريطانيين، فإن «العديد من إعدامات الخونة المتهمين كانت في الحقيقة على يد الأعيان العرب المحليين.... الذين كانوا يتهمون من يعادونه بشكل شخصي بأنه خائن، ومن ثم ترتيب قتله، ثم التأكد من إلقاء اللوم على مقتله على [قائد الثوار] أبو درة». «لقد كان التبليغ غيرة» كما وصف فلاح جزائري الحالة في الجزائر نهاية الخمسينيات (in Hamoumou 1993:199). في تيمور الشرقية، مرسوم للجنة المركزية لـ«الفريتيلين» [الجبهة الثورية لتيمور شرقية مستقلة] أكد أن

«العديد من مبعوثي الجبهة في منطقة ماوبيسي استفادوا من الحالة القائمة لإخراج الثارات الشخصية، باسم الجبهة، وحاولوا استغلال الناس» (Jolliffee 1978:135).

3.3.10. الحرب الأهلية أثناء الاحتلال

يقدم باول جانكوسكي الرواية التالية لفرنسا تحت الاحتلال النازي:

«لقد كان الأشرار بالتعاون الخاص الرسمي هم **الغربان** (*corbeaux*)، الوشاة. الكيد كان دافعهم الوحيد. فأولًا كان هناك المتعصبون الذين يبلغون عن غرباء لا يعرفونهم أبدًا، كانوا سمعوهم مصادفة وهم ينطقون بأفكار ديغولية [مؤيدة للجنرال الفرنسي تشارلز دي غول]، أو شيوعية، أو معادية للألمان، وكان هناك جائزة لتسليمهم. بعد ذلك جاء الجيران وملاك الأراضي والمستأجرون الذين يبلغون عن بعضهم البعض، ثم الأزواج والعشاق، والمدراء والموظفون، وأخيرًا زملاء وشركاء الصفقات. ظاهريًا، بلغ هؤلاء بعضهم البعض لسماعهم لهيئة الإذاعة البريطانية (بي بي سي)، وإيوائهم **المقاومين** أو اليهود الأجانب، أو التصريح بآراء ديغولية أو شيوعية، أو إخفائهم الأسلحة، ولكن **دائمًا تقريبًا** كان هناك مظلمة مبتذلة وراء الرسالة المشمئزة المرسلة إلى الشرطة الألمانية السرية: خلاف على إيجار، زواج سيئ، تنافس بالعمل، أو مجرد الغيرة: '[السبب الوحيد] الذي اعتقلتُ لأجله كان لأن جيراني في المنطقة كانوا يملكون مشاعر سيئة تجاهي لأن لدي أفضل حديقة خضروات'» (Jankowski 1989:133، التأكيد من الكاتب).

4.3.10. تمردات «الحرب الباردة»

في مالايا، «بعض أفراد الشرطة لم يكونوا فوق التبليغ عن الناس كمشتبه بهم، لأسباب شخصية» (Stubbs 1989:74)، بينما في فيتنام، «كان هناك مزاد سيئ للانتقامات يتم إجراؤه برخصة 'فينكس'»، كما يستذكر أحد ضباط المخابرات الأمريكية (مقتبس من M. Young 1991:213). في سريلانكا، «اضطهاد 'جبهة تحرير الشعب' كان متلازمًا عادة مع العداوات الشائعة والحسد في حياة السنهاليين الريفية. برؤية فرصة للانتقام أو تنفيس مشاعر الغيرة، كان القرويون [السنهاليون] يتهمون أعداءهم بأنهم متعاطفون مع الجبهة، مما كان كافيًا لتحقيق غضب قوات الحكومة» (McGowan 1992:221). في جواتيمالا، «تضمنت التبليغات

عادة انتقامات شخصية أو عداوات سياسية بدلًا من النشاط الثوري، فكما قال أحد مسؤولي تشيمالتيكو:.... 'مات الناس من النزاعات على النساء، على الأرض، (حتى) على الدين'» (Watanabe 1992:181)، فالناس «يمكن أن يتحركوا انطلاقًا من العداوات الشخصية والحسد بتبليغ أقرانهم بالبلدة لأي جانب من الجوانب. أصبح الانتقام في هذه الحالة مرادفًا لحكم الإعدام»، كما ترصد وارين (Warren 1998:99) عن البلد نفسه. إنها تقتبس فلاحين اثنين: «أظن أن البعض استغل الحالة، بعض الناس كانت لديهم خلافات شخصية. لقد استغلوا الفرصة ليشتكوا الآخرين. كان هناك كثير من العنف وكثير من الموت بسبب هذا.... بسبب الحسد، كان هناك خلافات شخصية حول شيء ما.... أكثر ما يؤلم كان أن العديدين ماتوا بسبب الانتقام، بسبب الحسد. فقط لأن شخصًا ما كان هناك، لأن شخصًا انزعج لأنه كان يقوم بكل شيء على أكمل وجه. لذلك، كان يذهب ويقول: 'هذا الشخص مع الغِوار'».

5.3.10. «النزاع العرقي»

في ليبيريا، «كان البحث عن الأعداء الوطنيين لا ينفصل عن البحث عن الأعداء الشخصيين.... بهذا الغطاء، كان هناك قدر كبير من تسوية النزاعات» (Ellis 1999:117). «خلافات الأراضي، والنزاعات العائلية، والخلافات المرتبطة بين الأصدقاء وحتى الأقارب تسببت في وقوع ضحايا في كل مكان» (Brehun 1991:67). في سريلانكا، التبليغات المدفوعة بالعداوات الشخصية حصلت عبر وداخل الخطوط العرقية. أحد الشباب من التاميل «كان يُدفع له ليبلغ عن عناصر نمور التاميل المشتبه بهم، ولكن في الحقيقة، كان يستخدم سلطته الجديدة لينفس عداوات حياته كلها» (McGowan 1992:242-243).

6.3.10. الدوافع

المشاركون في الحروب الأهلية يؤكدون هذه الملاحظات. تقريبًا، كل أمثلة التبليغ التي قدمها باول أوساريسيس، الضابط الفرنسي الذي كان ضابط مخابرات قياديًا في التمرد الجزائري، تدور حول الدوافع الشخصية: «بدأت التبليغات تتدفق. في الريف، العديد من القرى كانت في المبدأ معادية لجبهة التحرير الوطنية. بجانب الرغبة في العيش بسلام، كانت لديهم أسباب شخصية وعداوات، وعادة خلافات حول النساء». باول أوساريسس

(Aussaresses 2001:40, 118) يضيف أنه أثناء معركة الجزائر، «كانت التبليغات تهدف إلى إنهاء العداوات الشخصية». هذه الملاحظات متسقة مع العديد من الملاحظات التي تشير إلى السمة اليومية/ التافهة لمعظم التبليغات.

من الممكن أيضًا التفريق بين الدوافع المتنوعة للتبليغات الكيدية. الشقاق المحلي سبب شائع، وهو يتسق مع بروز الانقسامات المحلية في الحروب الأهلية (انظر الفصل 11). خذ بعين الاعتبار المثال التالي من جنوب الصين أثناء الاحتلال الياباني (Siu 1989:103). تشين تشولين من بلدة تيانما شيانج كان على خلاف مع الإخوة «يي» من بلدة تيانلو شيانج المجاورة. ولأن معظم الزعماء الكبار في بلدة تيانما كانوا على صلة جيدة مع الحكومة العميلة في بلدة هويشنج؛ فقد بلغوا زورًا تيانلو بأنه كان يؤوي جنودًا صينيين. نتيجة لذلك، أرسلت الحكومة العميلة جنودًا نهبوا منازل واغتصبوا نساء[1]. وارين (Warren 1998:99) يشير إلى ديناميات مشابهة في جواتيمالا: «في سان أندريه، كان الشعور أن العملية تُدار بكراهية عرقية وشخصية، ولكن في بلدات أخرى، الانقسامات القائمة أو وسطاء السلطة الجدد انقلبوا على بعضهم البعض، مما أدى لعمليات قاتلة واسعة».

الصراع الشخصي، مثل التنافس الوظيفي والعداوات بين الجيران والخلافات العائلية والنزاعات بين الأزواج والتنافسات الرومانسية هي الأسباب الرئيسية الأخرى للتبليغ الكيدي.

التبليغات الناتجة عن دوافع مرتبطة بالدائرة الكلية من العلاقات بين الرجال والنساء (التنافسات الرومانسية، النزاعات بين العشاق أو الأزواج أو الأزواج السابقين) منتشرة بشكل كبير[2]. في النهاية، النزاعات التي تحصل بين العشاق أو الأزواج يمكن أن تكون سيئة للغاية، حتى في ظروف عادية[3]. التنافسات الرومانسية تحديدًا عرضة للعنف ويمكن أن

---

(1) لم تنته القصة هنا. رد الإخوة «يي» بحشد القرويين الغاضبين ونصب كمين وقتل الجنود. انتقامًا لذلك، قصف الجيش الياباني تيانلو ثم سواها بالأرض. بعد القصف، ذهب قرويو تيانما إلى تيانلو ونهبوها، لدرجة أنهم أخذوا حجارة البناء والجسور. معظم سكان تيانلو الأربعة آلاف هربوا منها، ونصفهم فقط عاد بعد ذلك.

(2) Terry (2005:8); Elliott (2003:1244); Aussaresses (2001:40); Pettigrew (2000:210); Swedenburg (1995:167); Madsen (1990:184).

(3) «الانتقامات التافهة تظهر نفسها بوقت عندما كان أحد الزوجين مترددًا تجاه بيع بضاعة ما. أذكر أنني زرت كوخًا جميلًا في سوسيكس وذهلت من الصدق الصريح للزوج عندما أراني وزوجتي المكان. لم يتردد في الإشارة إلى المواضع الرطبة، والأسلاك الكهربائية غير الآمنة، واستحالة الخروج من المكان بأي ظرف إلا الشتاء» (Mackwood 2002:13).

تتفاقم نظرًا لحقيقة أن الحرب الأهلية تعزز الشباب[1]. أخبر عقيد فيتنامي جنوبي مارك مويار (Moyar 1997:116) عن «وحدات الاستطلاع الإقليمية»: «إذا رأوا فتاة جميلة، يحاولون أن يطلبوا ودها. وإذا تم إحباطهم، يتهمونها بأنها أحد عناصر [البنية التحتية للفيت كونغ]»[2]. حوادث مشابهة ظهرت في أماكن أخرى. مثلًا، في الضفة الغربية، «ظهر أن ما يسمى بالعميل [للإسرائيليين] الذي قتل مؤخرًا كان رجلًا له علاقة غير شرعية مع الرجل الذي قتله» (Haberman 2001:A1). التنافسات الرومانسية في البيئات الريفية قد تكون مشتبكة بشدة مع استراتيجية العائلة. دراسة باول وديماريست (Paul and Demarest 1988) العميقة لأحد فرق الموت في بلدة سان بيدرو لا لاجونا الصغيرة في جواتيمالا مليئة بهذا النوع من الأمثلة الشبيهة. هناك حالات محددة تتضمن اختطاف رجل ثأرًا لزواجه من امرأة كانت سابقة زوجة أحد أفراد فريق الموت، والتبليغ من امرأة ما على رجل بأنه «مخرب»، لأنه، في الحقيقة، «سرق عواطف زوجة ابنها». سيندر بارايون (Barayón 1989)، ابن المرأة التي أعدمت على يد الوطنيين في الحرب الأهلية الإسبانية، والذي نشأ في أمريكا، بحث في ظروف إعدام والدته في بلدة زامورا واكتشف أنها قتلت على يد خاطب سابق رفضته مسبقًا (بعد أن تم التبليغ عنها من قبل أصهارها، الذين طمعوا في حصتها من ميراث العائلة!)[3].

التبليغ بين الأزواج (والأزواج السابقين) خرج عن السيطرة كثيرًا في ألمانيا النازية لدرجة أنه عام 1941 أرسلت مقرات الجستابو في برلين رسالة إلى كل نقاط الجستابو المحلية، طلبت بها إيلاء اهتمام خاص للتبليغات بين الأقارب، وخصوصًا الأزواج (Gellately 1991:148).

---

(1) بدراسته لمنظمة «الدرب المضيء» في البيرو، يشير ديجريجوري (Degregori 1998:134) إلى أن الشباب الذين انضموا للتمرد لم يكونوا منفصلين «شبكات الجماعة القرابة الضيقة، بديناミياتها من التعامل بالمثل والعداوات والكراهية والتفضيلات، والتي كانوا مغمورين بها. نتيجة لذلك، الممثلون الشباب للسلطة الجديدة كانوا يدخلون كثيرًا في النزاعات الداخلية لمجتمعاتهم وبين مجتمعاتهم والمجتمعات الأخرى».

(2) رغم أنها ليست تبليغًا بحد ذاتها، إلا أن هذه الحالة من السلفادور تتوافق مع هذه السمة. قائد فرقة من الغوار تم اغتياله على يد قائد محلي للغوار بعد أن تخلت حبيبة الأولى عنه لأجل الآخر. لقد كان دافع الاغتيال هو الخوف أن تتم خيانة قائد الفرقة من معسكر الغوار نتيجة المقت. فيليب بورجيس (Bourgois 2001:21-22) الذي ينقل هذه القصة يضيف أن «الغيرة الرومانسية تؤدي لقتل رفاق السلاح بعضهم البعض لمجرد الاشتباه».

(3) «أومأ ماجدالينا برأسه. 'فيلوريا. لقد رأى أمبارو مرة، ووقع في عشقها، لكن أمبارو أخبره: لا! تنفست الصعداء ذهولًا. 'ماذا؟'. 'هذا ما حصل'، كما قال زوجها. 'إن هذا تاريخ'. يا لها من حبكة غريبة! فيلوريا كان يقوم بأكثر من اتباع الأوامر. لقد كان ينتقم لنفسه من المرأة التي قاومت محاولاته. هذا لا يصدق!» (Sender Barayón 1989:164).

لقد وجدت فاندانا جوشي (Joshi 2002:427-429) أن غالبية التبليغات التي تلقتها جستابو دوسيلدورف من النساء ضد أزواجهن كانت مقدمة من نساء قدمت كذلك قضايا طلاق، كما وجدت تبليغات على الرجال من نساء كن متورطات مع رجال آخرين وكان التبليغ «أسرع وأفضل طريقة للتخلص من أزواجهن». لقد دفع العنف المنزلي والضرب العديد من النساء للتبليغ عن أزواجهن بأنهم يساريون، للسيطرة على الوضع (Joshi 2002:421-422). بشكل مشابه، تأسفت صحيفة **البرافدا** الرسمية في الاتحاد السوفييتي على التبليغات من الأزواج السابقين الغاضبين (Fitzpatrick 1997:104). مكافح فرنسي للتمرد في الجزائر (Aussaresses 2001:119-120) يستذكر كيف تلقى، خلال الأيام الأولى من معركة الجزائر، زيارة من امرأة مسلمة بلغت عن زوجها، الثائر: «في الحقيقة، لقد أرادت التخلص منه ووضعت شروطها: إنها تريد أن تبادل المعلومات مقابل ضمان للأرامل». نقيب في شرطة الأمن الجنوب أفريقية اسمه مايكل بيلينجان «حاول قتل زوجته عام 1991 انطلاقًا من أنها كانت ستسرب معلومات حول فرع الأمن» (Gottschalk 2000:246)[1].

بشكل مشابه، النزاعات بين الأقراب شائعة وتضم خلافات بين أجيال متفاوتة وشجارًا بين أشقاء أو أبناء عمومة أو أصهار. ديفيد ستول (Stoll 1999) خلق الكثير من الجدل حين أظهر أن القتل الذي واجهته عائلة الناشطة الجواتيمالية الفائزة بجائزة نوبل ريجوبيرتا مينشو لم تكن نتيجة صراع طبقي مدفوع أيديولوجيا، كما حاججت، بل نتيجة خلاف بين أصهار. أحد الأنثروبولوجيين الذي درس قرية يونانية أشار إلى أنه «يقال إن رجلًا انضم للشيوعيين بالنية السريعة لقتل وريث منافس لوالده» (du Boulay 1974:239). لوبكيمان (Lubkemann 2005:498) يشير إلى أن حالة أحد الرجال في موزمبيق، الذي بعد أن أصبح مهاجرًا ناجحًا، كان قادرًا على تأسيس عدة مطاحن، مما أدى لغيرة حادة من أشقائه الأكبر الذين لم يكونوا ناجحين بعد هجرتهم مثله. رغم أنه كان متعاطفًا مع الرينامو وانتقل لمنطقة يسيطر عليها المتمردون، إلا أن أشقاءه استطاعوا إقناع جنود الرينامو أنه كان يأخذ الحبوب إلى القرى ويعطيها لجنود الحكومة، مما أدى لقتله على أيديهم. التنافسات داخل العائلة يمكن أن تكون حادة تحديدًا عندما يكون هناك تعدد للزوجات. في موزمبيق، أحد زوجتي رجل ما،

(1) جوشي (Joshi 2002:422) تقتبس تبليغ امرأة، ختمته، بعد اتهام مفصل لزوجها بكل أنواع العنف المنزلي، بقولها: «والآن، النقطة الرئيسية هي أنه كان ذا ميول يسارية».

قابلها لوبكيمان (Lubkemann 2005:498) نقلت لجنود الحكومة أن ابن الزوجة الأخرى كان على وشك الانضمام للرينامو. نتيجة لذلك، تم ترحيل الزوجة الأخرى وأبنائها وتم اعتقال الابن الذي تم التبليغ عنه وتوفي تحت التحقيق.

التبليغات التي تنتج عن النزاعات بين الجيران شائعة كذلك. لعنة سيئة التوقيت كانت كافية لتحول موجيكا (muzhik، أي فلاح روسي) إلى كولاك [أي مالك أراضٍ]، ثم إلى معسكر سخرة، في روسيا الثورية (Schmemann 1999:269). فلاح جزائري يستذكر أنه مع بداية نهاية الحرب، فإن العديد من عمليات القتل للعملاء المزعومين للفرنسيين كانت ناتجة عن «تسوية حسابات بين عائلات لا علاقة لها بحرب الجزائر. سرقت مني خروفًا في الماضي، أخذت مني بطانية في الماضي...» (مقتبس من Faivre 1994:202). عندما شنت منظمة «سوابو» الناميبية الثورية حملة إرهاب بين اللاجئين حول العالم، كان «الخوف من أن يتم التبليغ عنك من أعدائك الشخصيين أو حتى جيرانك أمرًا عامًا ضمن مجتمعات المغتربين» (Saul and Leys 1995:56). وبتحقيقه حول الحرب الأهلية في ريف إكسيل بجواتيمالا، وجد ستول (Stoll 1993:98) أن «وقوع العديد من الضحايا كان نتيجة خلافات شخصية، عندما يبلغ أعداء البلدة الصغار عن بعضهم البعض كمخربين أو مخبرين للجيش. يقال إن أحد النساء بدأت تتقاضى أموالًا من الباحثين عن الانتقام لتوصل تبليغاتهم للجيش، حتى أدرك الجيش أنها تفعل ذلك ونفاها بعيدًا». أكاديمي أمريكي (Forment 2000:5) قضى ما يقارب العامين من العيش في أياهوالولكو في فيراكروز، المكسيك، في وقت من الهياج الاجتماعي ونشاط الغِوار لم يستطع به إلا أن يلاحظ هذه الديناميات وينقلها في قسم «الشكر والتقدير» لأطروحته (التي كانت عن موضوع مختلف تمامًا): «لحسن الحظ، لم تكن أياهوالولكو تعتبر نقطة ساخنة، رغم أن شذرات الحملة وصلت لنا وجعلت الحياة اليومية صعبة، وأحيانًا خطيرة. 'الحزب الثوري المؤسساتي' قاد حملة صيد ساحرات ضد أي شخص في المنطقة كان ضد الحزب الحاكم. الأصدقاء والجيران في عدة مجتمعات استغلوا هذه الحالة لتسوية خلافاتهم العائلية، واتهام بعضهم البعض بدعم أو الخوض في نشاطات تخريبية».

التنافس الوظيفي سبب متكرر آخر للتبليغ. أثناء الحرب الأهلية الإسبانية، في قرية إبيكا في أراجون، أُعدم نجار اسمه خواكين موريلو على يد رجال مليشيا أناركية، وكان إعدامه، كما كشف عمل سوزان هاردينج الميداني (Harding 1984:75) «لا علاقة له بالحرب أو الثورة،

بحسب أحد جيرانه، الذي قال إن موريلو تم التبليغ عنه من نجار آخر نتيجة التنافس». امرأة من مدريد قالت إن «والدها، الحداد، لم يكن مهتمًا حتى بالسياسة، وقد تم إعدامه، كما أصرت، لأن حدادًا آخر كان مؤثرًا بالفلانج المحلي، أراد الحصول على أعماله» (Kolbert 2003:66). إليني باباداكي، الممثلة اليونانية الشهيرة التي أعدمت على يد الشيوعيين في ديسمبر / كانون الثاني 1944، تم التبليغ عنها على الأرجح من منافسة أكبر عمرًا كانت الممثلة المسرحية المتصدرة حتى أزاحتها باباداكي (Gerolymatos 2004:167). رفضُ الترقية دفع موظف جمارك في إيرلندا الشمالية للتبليغ عن رئيسه، مما أدى لاغتياله على يد «الجيش الجمهوري الإيرلندي» (Collins 1999:21). رجل العصابات جان جريمالدي قتل على يد الشرطة الألمانية في مرسيليا المحتلة بعد أن دفع منافسوه المحليون الألمان للاعتقاد أنه كان عضو مقاومة بارزا (Jankowski 1989:117). أثناء الثورة الثقافية في الصين، اتُّهم العديد من الناس من أقرانهم بأنهم كانوا أتباعًا للثورة المضادة، «لكن العديد كانوا ضحايا غيرة زملائهم» (Chang 1992:328). نوع فرعي من التنافس الوظيفي هو الرغبة في تحصيل وظيفة. ابنتا العمدة المحافظ لبلدة كولومبية أثناء **الفيولنسيا** كانتا مدرستين في مدرسة حكومية وحصلتا على توظيفهما بالتبليغ الباطل عن المدرسين اللذين سبقوهما بأنهما كانا خائنين للحزب (Roldán 2002:215).

عادة، تتضمن التبليغات نوعًا من العلاقات يمكن أن يولد الكثير من الكراهية في الحياة اليومية دون أن يؤدي لعنف قاتل. فمثلًا، يستهدف القضاة عادة للانتقاء من أولئك الذين أدانوهم (مثلًا: Thomas 1986:276). علاقة الأستاذ والطالب، أيضًا، هي مصدر العديد من التبليغات. عندما أطلق ماو الثورة الثقافية، شجع الطلاب على الانقلاب على أساتذتهم. «في كل مدرسة عمليًا في الصين»، كما تستذكر تشانج (Chang 1992:284)، «كان الأساتذة يتعرضون للإساءة والضرب، وأحيانًا بشكل مميت. بعض أطفال المدارس أسسوا سجونًا تم بها تعذيب الأساتذة». في لبنان، اندلاع الحرب الأهلية عام 1976 كان يعني أن «العديد من الطلاب» في الجامعة الأمريكية ببيروت «بدأوا في استفزاز وتهديد أفراد من الإدارة والطاقم التدريسي حول خلافات بالميول السياسية، والأخطر، حول استيائهم من العلامات التي حصلوا عليها» (Mouro 1999:19). بشكل مشابه، أثناء الحرب الأهلية في ليبيريا، كان

يمكن أن يتسبب الشخص في مقتل «الأستاذ الذي أدى لرسوبه» (Ellis 1999:117)[1]. هذه الديناميات تظهر في حالات أخرى تضم ديناميات سلطة يومية، والمرارة التي يمكن أن تنتج عنها. هاج توماس (Thomas 1986:278) يستشهد بحالة حافظ سابق لغرفة المقدسات كان نشطًا على الجانب الجمهوري فيما يخص قتل الكهنة عام 1936 (عام 1939، عندما انقلبت الموجة ضد الجمهوريين، بلغ عن أقرانه القتلة وأشغل نفسه بقتل الجمهوريين).

التبليغات من الدائنين ضد المدينين شائعة كذلك، كما حصل أثناء الحرب الأهلية الإسبانية (Ledesma 2004:288; Reig Tapia 1996:580; Thomas 1986:274). في قرية كيان فوجي بالصين أثناء الحرب الأهلية الصينية، فلاح ثري عاد لقريته، التي هرب منها عندما داهمها جيش الكومينتانج عام 1947، وأبلغ قوات الكومينتانج عن عضوية عمه الشيوعية. رالف ثاكستون (Thaxton 1997:290) أشار أنه «طلب منه أن يرجع الفائدة للدائنين المحليين، بما فيهم عمه». مستشار أمريكي في فيتنام (مقتبس من Moyar 1997:293) يستذكر قضية كهذه: «أحد الشباب الذي كان مصدرًا للمعلومات حول الفيت كونغ أراح عائلته من ثلاثة أجيال من الديون. لقد قام بتقارير كاذبة عن أولئك الذين تدين لهم عائلته بأنهم من الفيت كونغ».

المربك تحديدًا هو الملاحظة المتكررة عن غياب التناسب بين طبيعة الاعتداء وحجم العقوبة المفروضة نتيجة التبليغ (Gellately 1997:206; Fitzpatrick 1997:108; Gellately 1991:147-151). فمثلًا، في قرية أرو روك في وسط ميزوري أثناء الحرب الأهلية الأمريكية، لجأت امرأة إلى المارشال المسؤول لإطلاق سراح زوجها، الذي اتهم من صهره بأنه كان عميلًا للغِوار بينما كان في الحقيقة «قد وقع معه بمشكلة وكادا أن يتقاتلا.... ولأنه جبان فقد كان خائفًا أن زوجي قد يجلده يومًا ما بسبب إساءته، ولذلك اعتقد أن أفضل حل هو أن يذهب إلى هانتسفيل ويحلف كاذبًا ضد زوجي» (مقتبس من Fellman 1989:60). أثناء الحرب الأهلية الروسية، اعتقل رجل بعد تبليغ كان نتيجة مشاجرة صغيرة حول المكان بالصف خارج أوبرا موسكو (Figes 1996:643). أحد عناصر «الجيش الجمهوري الإيرلندي» يستذكر كيف كان بعض الجيران يبلغون عن جيرانهم كمخبرين حول قضايا مثل «تدمير الشجيرات، وخدوش السيارات، والموسيقى العالية» (Collins 1999:229).

---

(1) المعلمون ليسوا دائمًا هم الطرف الضحية، وإن لم تكن دوافعهم كيدية بشكل واضح. سجين صربي مسلم في معسكر اعتقال صربي يستذكر محققيه: «أساتذة الأمس كانوا حكام اليوم. حينها، كانوا يقررون علاماتي، واليوم يقررون ما إن كنت سأحيا أم لا» (Pervanic 1999:134).

سمة التبليغ الكيدي، المنتشرة بكل الحروب الأهلية، متسقة مع نظرية العنف الانتقائي، وخصوصًا مع فكرة العنف المشترك. إضافة لذلك، فالتركيز على ديناميات التبليغ يسمح لنا بفهم عنف الحرب الأهلية على أنه عملية تحصل **بسبب** تجنب الإنسان لتنفيذ العنف المميت، بما يتعاكس مع الفكرة الهوبزية المنتشرة التي تفترض أن العنف بالحرب الأهلية يعكس الطبيعة العنيفة جوهريًا للنفس البشرية. يتم صد الناس بشكل عام عن التصرف بعنف، ولذلك فهم لا يفعلون ذلك، ما لم يقم أحد بتولي التفاصيل البشعة بينما يحميهم هو. وبدلا من كونه مؤشرًا على شذوذ هوبزي؛ فإن العنف المرتبط بالتبليغ، مثل عنف الثارات، هو ناتج جانبي سلبي لآليات السيطرة الاجتماعية، فهو ثمرة تفاعل اجتماعي مكثف بدلًا من كونه نتيجة انهيار مجتمعي عشوائي وأناركية فوضوية؛ إنه مؤشر على «الشغف» و«الأنسنة المبالغ بها» المنحرفة، بدلًا من كونه نزعًا للأنسنة. فهْم العنف من خلال تحليل التبليغ يتعارض كذلك مع الفكرة الشميتية التي تنظر للعنف السياسي الجماعي على أنه نتيجة كراهية غير شخصية للعدو السياسي. وعلى النقيض، فالحرب الأهلية عادة، كما يبدو، تثير الأفراد ضد بعضهم البعض، لا كأفراد عامين من مجموعات متنافسة، بل كأفراد محددين، مدفوعين بالعداوة الشخصية.

بجانب كونه فتاكًا، التبليغ أمر عالي المفارقة. إنه يشير إلى أن الحرب الأهلية بدلًا من تسييسها الحياة الخاصة وحسب، فهي تعمل على الجهة الأخرى كذلك: إنها تخصخص السياسة. الحرب الأهلية **تحول** النزاعات اليومية التافهة والمظالم إلى عنف فتاك، وعند استخدامه، يتم إضفاء معنى سياسي لهذا العنف يمكن تطبيعه بسرعة إلى هويات جمعية جديدة. إنه ليس مستغربًا أن تضيع هذه الأصول التافهة لهذه الهويات الجديدة في ضباب الذكرة أو يتم إعادة تأسيسها بحسب السياسات الجديدة التي تفرضها الحرب، مما يجعل إعادة تشكيلها بأثر رجعي أمرًا صعبًا للغاية. هذا لا يجب أن يمنعنا من تحديد أهميتها.

4.10. الوجه المظلم لرأس المال الاجتماعي: الأساس الاجتماعي للتبليغ الكيدي

التبليغ الكيدي مرتبط بقرب بالنزاعات الشخصية في سياقات التضامن «العضوي»: الظروف الاجتماعية صغيرة المقدار، التي يكون فيها التواصل وجها لوجه، حيث يطور الناس تفاعلات شخصية كثيفة فيما بينهم، ويعيشون ويعملون معا باعتماد وتنافس وحب

يومي متبادل. يتضمن هذا الأحياء والقرى والبلدات الصغيرة المترابطة، وعمارات الشقق[1]، والأعمال التجارية العائلية[2]، وبيئات العمل (بما فيها الأقسام الأكاديمية)[3]. بشكل مفاجئ، الظروف المتجانسة عرقيًا والمتساوية اجتماعيًا، التي تفتقد لانقسامات عرقية أو دينية أو طبقية عميقة لا تبدو بعيدة عن التبليغ بقدر ما يتوقع الشخص[4]. إن التبليغ عادة ما يكون أفقيًا. فمثلًا، كأحد الدوافع المتكررة للتبليغ، تعد الغيرة الناتجة عن «التنافس الرومانسي» شرطية بدرجة عالية من المساواة الاجتماعية، إذ إن التنافس على الشخص نفسه مستحيل بشكل عام لأشخاص ينتمون لطبقات مغلقة مختلفة أو طبقات واضحة التقسيم ومجموعات عرقية مغلقة. دراسة من 5422 حالة تبليغ في ألمانيا النازية أظهرت أنه كان أفقيًا بشكل أساسي («المبلغون انتموا للبيئة الاجتماعية نفسها للمبلغ عنهم») بدلًا من كونه عموديًا («الأقل حظًا بالحياة» يبلغون عن المتفوقين عليهم اجتماعيًا») (in Gellately 1991:144). بشكل مشابه، معظم العنف الناتج عن التبليغات في الاتحاد السوفييتي لم ينتج بين، وإنما ضمن، خطوط الطبقات، على يد فرقاء متصارعين ضمن الكولخوز [المزارع الجماعية ضمن النظام الزراعي الذي نشأ مع تأسيس الاتحاد السوفييتي] نفسها (Fitzpatrick 1994:254)[5]. السجون ومعسكرات الاعتقال بيئات خصبة للمبلغين ضمن السجناء (Lloyd 1999; Overy

(1) Lobbia (1999:49).

(2) أقل من ثلث الأعمال التجارية العائلية في الولايات المتحدة ستستمر للجيل التالي من العائلة، جزئيًا بسبب النزاعات التي تظهر عندما يكون أفراد العائلة في عمل تجاري معًا (Ellin 2001:C1).

(3) بعد أن شل إضراب للعمال «الخطوط الجوية البريطانية» في صيف عام 2005، أسست الشركة خطًا هاتفيًا سريًا، «لتشجيع الموظفين الذين شاركوا بالإضراب لتحديد الموظفين وأعضاء الاتحاد الذين أثاروا الإضرابات» (Timmons 2005:C3). فيتزباتريك (Fitzpatrick 1997:108) تروي حالة من الاتحاد السوفييتي بلغت بها زوجة بيولوجي عن زميل لزوجها بأنه «قزم علمي يرثى له، وجامع منتحل لجهود غيره».

(4) البيئات المتساوية قد توجد بمجتمعات غير متساوية. خذ، مثلًا، قرية من العمال أو الجنود البيرويين بأسوأ حالات العمالة، أو بلدة من الهنود في جواتيمالا، أو مجموعة من العمال الصناعيين، أو السجناء في معسكر اعتقال. بالطبع، الصراعات العمودية والأفقية قد توجد ضمن المجتمع نفسه. دراسة ريدفيلد (Redfield 1989:134) لقرية في تيبوزتلان في جواتيمالا كشفت أن «الخلافات بين الغني والفقير أدت لكراهية وغياب ثقة حقيقي، وخصوصًا ضمن العديد من العائلات، يوجد الكثير من الاستياء والارتياب والمعاناة».

(5) ولكن، وجدت شيلا فيتزباتريك (Fitzpatrick 1997:103) أيضًا أن التبليغ بين أفراد العائلة كان نادرًا. يبدو أن هذا يستثني الأزواج أو الأزواج السابقين، الذين كانوا يبلغون عن بعضهم البعض في كل من روسيا ما قبل الثورية (Burds 1997:66) والاتحاد السوفييتي (Fitzpatrick 1997:104).

1997:231)[1]. باختصار، التبليغ يتوازى مع الجريمة الشائعة غير الافتراسية، التي عادة ما تقع بين الأحباء والمتساوين.

الصلة بين التبليغ الكيدي والظروف الاجتماعية، صغيرة المستوى والمعتمدة على التعامل وجهًا لوجه، صادمة لأننا عادة ما نقيم هذه البيئات بشكل إيجابي، وذلك كما يظهر في الأدبيات حول رأس المال الاجتماعي، والذي يُفهم بشكل واسع على أنه شبكات كثيفة من التواصل والتبادل الاجتماعي. وفي هذا الخصوص، فإن ممارسة التبليغ يمكن النظر إليها على أنها الجانب المظلم من رأس المال الاجتماعي. هذا التفسير يساعدنا على إدراك نقاش انفجار العنف في السياقات الاجتماعية ذات الدرجات العالية من التواصل والتبادل وحتى الثقة بين الأفراد (مثلًا Finnegan 1992:99). في الحقيقة، علماء الاجتماع والأنثروبولوجيون والمؤرخون لاحظوا طويلًا أن البيئات الغنية برأس المال الاجتماعي، بما في ذلك القرى الصغيرة ذات «الحميمية العالية»، يمكن أن تزرع صراعات أقل مرئية، لكنها عالية الحديّة، بين الأفراد (مثلًا Figes 1996:90; Zulaika 1988:97). بطريقة موازية، ظهر أن البرجوازيين الألمان ذوي العقلية المدنية كانوا تحديدًا أكثر ميلًا للتبليغ عن بعضهم البعض (Gellately 1991:146).

بحسب [الكاتب والمؤرخ الألماني] هانس ماجنس إنزينسبيرجر (Enzensberger 1994:12)، «الهدف الأصلي لكراهيتنا ربما كان دائمًا جارنا». هذه الفكرة، رغم أنها ضبابية، تشير إلى آليتين سببيتين رئيسيتين، كلاهما يتسق مع «نظرية المقارنة الاجتماعية» لصاحبها [عالم النفس الاجتماعي] ليون فيستينجر، والتي بحسبها لا يقيم الناس أنفسهم بالاعتماد على معايير موضوعية بقدر ما يفعلون ذلك بالمقارنة مع الأشخاص من حولهم، إذ إن الظروف الاجتماعية المساواتية المتجانسة نسبيًا والمتشابكة قد تكون عرضة لدرجات عالية من التبليغ لسببين رئيسين متمايزين: التناظر، والتركيز.

---

(1) بيزوت (Bizot 2003:201) يصف الحالة بين الأشخاص الذين لجأوا هربًا من الخمير الحمر في السفارة الفرنسية في بنوم بنه: «خلال بضعة أيام، أصبح معسكرنا أرضًا خصبة لكل الغرائز الحقيقة: السرقة، والغيرة، والأنانية، والعدوان. النزاعات القديمة بين القبائل والعوائل ظهرت مجددًا، بدون أن يعرف أحد سببها الأصلي أساسًا».

1.4.10. التناظر

بعد أن تحرك «التحالف الشمالي» المدعوم أمريكيًا ضد طالبان عام 2001؛ وافق قائد من طالبان على تسليم جنوده، ولكن عندما أدرك أنه سيسلم أسلحته إلى قائد في التحالف كان مثله بشتونيا سابقًا وأحد أبناء عمومته؛ تراجع عن ذلك. تقول الصحفية الأمريكية إليزابيث روبن (Rubin 2001): «لقد كان سيسلم أسلحته إلى طاجيكي»، ولكن ليس لبشتون، «لأن هذا سيكون مذلًا للغاية». هذا المثال يشير إلى أن المساواة في الحالة الاجتماعية (أو التناظر) لا يمنع النزاع بين الأشخاص، بل على العكس نوعًا ما.

السياقات التناظرية تعزز التبليغ عبر ميكانيزمات الخوف من فقدان الحالة الاجتماعية، والحسد. الهياكل الاجتماعية في البيئات التناظرية عادة ما تكون مائعة (فالناس يتم ترتيبهم بالنسبة للآخرين بناء على تدرجات دقيقة للغاية) والانفتاح للتعديل (بعكس الطبقات المغلقة أو النظم الطبقية الجامدة). التنافس على الحالة الاجتماعية («الوجاهة» أو «الشرف») علني ويومي وحاد، وهو يخلق الإهانة والعار و«فقدان الوجاهة»، والتي عادة ما تكون من أسوأ ما يمكن أن يحصل لشخص ما[1]. من المعروف أن التحديات بوجه الشرف تنبع من أطراف من درجة متساوية (Barry O'Neill 1999)، وأن المجتمعات الفلاحية المتساوية عادة ما تكون مرتبطة بثقافة الشرف (M. Johnson 2001:67) أو «الوجاهة»، التي تضع السلوك الفردي أمام محاكمة اجتماعية ثابتة وصارمة (Hua and Thireau 1996). تحليل مارتين يانج (Yang 1945:167-172) للنزاعات في قرية صينية يظهر أن فقدان الوجاهة منطقي فقط في سياق العلاقات التناظرية، لأن النزاعات بين الأفراد تمثل تهديدًا بين الأقران:

«إذا كان الشخص الذي يشتم مجرد فلاح أو شخص يعتبر جاهلًا أو لئيمًا، فإن الرجل المثقف لا يفقد وجاهته على الإطلاق، لأن الناس ستقول إن المشكلة سببها جهل الفلاح لا خطأ الشخص

(1) فقدان الوجاهة يعني فقدان الهيبة، أو التعرض للإهانة، أو الإحراج أمام مجموعة ما (Yang 1945:167). المقابلات التي أجريتها في اليونان مليئة بحالات الإهانة التي تولد رغبة في الانتقام والدفع للتحرك، بدءًا من التبليغ وانتهاء بالانضمام للجيش. في أحد المقابلات (المقابلة 91)، رجل يميني تم سجنه من مقاتلين غير نظاميين يساريين قاتل ضدهم لاحقًا أخبرني كيف اقترب من تغيير الصفوف بعد أن أهانه أحد حراس الجندرمة: «لو كان هناك منظمة ثائرة قريبة حينها، ولو ثائرًا واحدًا، لكنت ذهبت إليهم. لقد كنت لأنضم إليهم لأقتل أولئك الجندرمة». في فيتنام، «يخاف الشخص بشكل مرضي من مهاجمة الآخرين وفقدان الوجاهة»، «لقد كان فقدان الوجاهة يؤدي عادة للقتل أو الانتحار» (R. Berman 1974:43, 41).

الآخر، وإذا كان الأخير غير عابئ بالسخرية، فسيكسب احتفاء كبيرًا من القرويين بكونه أكبر من التنازع مع الشخص اللئيم أو طيبًا لدرجة أنه غفر جهل الآخر. عدم المساواة في الحالة الاجتماعية يبطل الخوف من فقدان الوجاهة بطريقة أخرى. عندما يؤنب فلاح عادي أو يُجرح من رجل نبيل، فقد يصاب باستياء، لكنه لا يفقد الوجاهة» [1].

لأن الفقدان الشخصي الضئيل للوجاهة عادة ما يشير (أو حتى يرتقي) لخسارة السلطات الاجتماعية مما يتطلب الجبر؛ فإن هذا الفقد يحفز التبليغات عندما تسنح الفرصة لها.

بشكل أكثر عمومية، حاجج [عالم الاجتماع والفيلسوف الألماني] جورج سيمل (Simmel 1955:43-44) بأن التشابه يزرع النزاع الحاد وأن الناس الذين يوجد بينهم الكثير من السمات المشتركة يرتكبون الخطأ في بعضهم البعض أكثر مما يفعله الغرباء بشكل كامل. بالنسبة لسيمل، فإن حتى أبسط العداوات بين الأشخاص المتشابهين «لها أهمية نسبية أكثر من تلك الواقعة بين الغرباء، الذين يتم النظر لهم ابتداء بكل أنواع الاختلافات المشتركة. لذلك، فخلافات العائلة حول ما يتفق عليه الناس جوهريًا قد تؤدي أحيانًا لانهيارها». كل من دونالد هورويتز (Horowitz 1985:182) ومايكل إيجناتيف (Ignatieff 1998:48-53) يعتمدون على فكرة فرويد عن «نرجسية الاختلافات الضئيلة» لتفسير الجانب الحميم من العنف العرقي. بدأ فرويد من ملاحظة أنه في الجماعات الحميمة (الصداقات، الزواج، العلاقات الأبوية)؛ تتواجد مشاعر العداوة جنبًا لجنب مع مشاعر المحبة، ووصل لخلاصة مفادها أنه كلما كانت العلاقة أقرب بين المجموعات الإنسانية، كانت العداوة المحتملة تجاه بعضهم البعض أكبر. بكلمات فرويد (مقتبس من Ignatieff 1998:59): «إذا كانت هناك بلدتان متجاورتان، فكل منهما هي أشد الخصوم غيرة من الأخرى، وكل جيب سكاني صغير ينظر للجيوب الأخرى بعين المقت. الأعراق قريبة الارتباط من بعضها تحاول إبعاد نفسها عن بعضها البعض ما استطاعت، فالألماني الجنوبي لا يحتمل الألماني الشمالي، والرجل الإنجليزي يشهّر

---

(1) عندما يتم رفض طلب واحد من أستاذين معروفين من قبل الآخر، كما يضيف يانج (Yang 1945:167-172)، فإن الأول سيكون قد فقد وجاهته، ولكن إذا تمت معاملة طالب بشكل مشابه من أحد الأستاذة، فإن الطالب لا يواجه فقدًا للوجاهة. الصراعات الأسوأ، كما يقول، تنتج عندما تُهاجم عائلة راقية بكلمات سيئة أو سلوكات عنيفة من عائلة أخرى ذات حالة اجتماعية مشابهة. مثل التبليغات، هذه الهجمات معنية عادة بما نعتبره قضايا صغيرة: قروي يكشف بشكل متعمد سرًا عن جاره في اجتماع عام أو يوجه قاصدًا أسئلة صعبة لشخص آخر في اجتماع ما.

بكل الأشكال بالسكوتلاندي، والإسباني يحتقر البرتغالي». في الإطار نفسه، آدم سميث (Smith 1982:229-230) يشير إلى أن «الانحيازات المسبقة والكراهية على مستوى البلاد نادرًا ما تمتد لتشمل البلاد المجاورة». البعد المحتمل للعلاقات التناظرية أكد عليه عدة طلاب دارسين للصراعات الدولية. عام 1602، أشار ويليام فولبيك (William Fulbecke) إلى أن الحرب تنشأ عن «الجدالات» بين «أميرين ذوي سلطة متساوية» (in Hale 1971:7). مؤخرًا، روجر جولد (Gould 2003) أوضح أن النزاعات الشخصية اليومية والتافهة يمكن أن تتصعد لتصبح عنفًا عندما تضم أقرانًا بعلاقات متناظرة نسبيًا، بسبب الالتباس حول الدرجة الاجتماعية النسبية.

الحسد آلية أخرى تولد النزاع الشخصي في السياقات التناظرية. الحميمية لا تمنع الحسد. في الحقيقة، أولئك الذين نحسدهم عادة ما يكونون أقرب الناس لنا. يشير [الفيلسوف الإسرائيلي ورئيس جامعة حيفا السابق] آرون بن زئيف بقوله: «ستحسد زميلك الذي يحصل أكثر منك على ألف دولار بالسنة أكثر مما ستحسد المدير الذي يحصل على مليون دولار أكثر منك بالسنة» (in St. John 2002:A17). عالم النفس دانيل نيتل يشير إلى أن الرجل الثري هو ذلك الذي يحصل على ألف جنيه إسترليني أكثر من زوج شقيقة زوجته (in Persaud 2005:W3). إشارة ديفيد هيوم إلى أن مصدر الحسد والكيد يكمن بالمقارنة مع الآخرين (in Frijda 1994:280)، وملاحظة ألكسيس دو تيفيل (de Tocqueville 1933:185-186) أن المساواة الأكبر عادة ما تنتج مقارنات مليئة بالحسد (كلما أصبح الأفراد أكثر مساواة فهم يجدون أن التفاوت -الذي ينقص لكنه يصبح أسهل مقارنة- صعب التحمل)، وإشارة جون إلستر (Elster 1999) إلى أن الحسد يتضمن بشكل مسبق فكرة أنه «كان يمكن أن أكون أنا» وبذلك يخلق المقت، كلها تجتمع بربط التناظر النسبي والتبليغ عبر الحسد[1]. إن دراسات علم النفس الراهنة تظهر أن السعادة محددة بشكل كبير في الأشخاص الذين تقارن نفسك بهم، بدلًا مما تمتلكه موضوعيًا، وأن تكون المجموعة المرجعية لهذه المقارنة من المتساوين معهم في الحالة، مثل الجيران والزملاء والعائلة. هذه الفكرة توضح لماذا تثير إعادة الشمل بين طلاب المدارس، كما هو معروف، كل

---

(1) هذا يظهر بنكتة مبتذلة من الحقبة السوفييتية حول فلاح يشتكي أن جاره لديه بقرة وهو لا يملك. «إذن أنت أيضًا تريد بقرة؟»، «كلا، إنني أريد منك أن تأخذ بقرته» (Schmemann 1999:34).

أشكال الغرائز المقارنة والحسد (Persaud 2005:W3). من الحسد إلى التبليغ هناك خطوة واحدة، كما أخبر فلاح جواتيمالي الأنثروبولوجي ديفيد ستول (Stoll 1993:143): «هناك الكثير من **الحسد** هنا في كوتزال.... ولذا، إن ظهر الغِوار هنا، فالحاسدون قادرون على إخبارهم: هاكم مخبرًا للجيش. أو قادرون على إخبار الجيش أن ذاك الشخص تحدث مع الغِوار. لذلك مات الكثير هنا».

2.4.10. التركيز

التركيز يشير إلى التقاطع الكثيف للتفاعل الاجتماعي ضمن الظروف الصغيرة والمغلقة. هذه البيئات مستقلة بدرجة عالية. «الجماعات الأخلاقية» صغيرة الحجم، ذات السمة المميزة بكثافات الصلات الشبكية تجمع الهشاشة (من التنافس بين الأفراد وما يرافق ذلك من شعور بعدم الأمان) مع الاعتماد المتبادل في سياق ذي تفاعل مكرر. آليات السيطرة الاجتماعية، عالية التفصيل، مقترنة بالمعلومات الكاملة حول الناتج المحتمل للصراع، تضم وتنظم الصراعات بين الأفراد (Gilmore 1987). [بروفيسور الأنثروبولوجيا] جون واتانابي (Watanabe 1992:ix) كتب حول ميدانه البحثي في جواتيمالا: «كما في أي بلدة صغيرة، كان هناك الكثير من النزاعات والعداوات، لكنها ظلت بشكل كبير ذات أصل شخصي لا سياسي».

تواجد مؤسسات تنزع فتيل النزاعات دفعَ المراقبين كثيرًا إلى تفسير هذه البيئات الكثيفة على أنها تضامنية (مثلًا Petersen 2001; Skocpol 1979). ولكن، الأنثروبولوجيين يشيرون إلى طبيعتها المزدوجة جوهريًا: إنها صراعية **كما** أنها تضامنية[1]. بعد وصف العنف المتبادل الذي نتج عنه عدد من الجرائم الناتجة عن التحريض محليًا في قرية باسكية؛ يصف زليخة (Zulaika 1988:98) القرية كمكان لم يشهد به «نزاعًا فعليًا أو إهانة لفظية علنية بين أشخاص

---

(1) وجها البيئة الكثيفة لا يظهران دائمًا للباحث نفسه. أحد الأنثروبولوجيين وصف قرويي تيبوزلتان في جواتيمالا بأنهم «متجانسون نسبيًا، ومعزولون، ومجتمع يعمل بسلاسة وتكامل مكون من أناس ملتزمين ومنضبطين»، متجاوزين لقضايا «الفقر والمشاكل الاقتصادية والإشكالات السياسية»، ومؤكدًا على «العوامل التعاونية والموحدة». ولكن، وصف أنثروبولوجي آخر القرية نفسها بطريقة أكدت على «الفردانية الضمنية للمؤسسات والشخصية التيبوزتية، وغياب التعاون، والتوترات بين القرويين ضمن المنطقة نفسها، والإشكالات في القرية، وحالة الخوف والحسد والريبة السائدة» (انظر Refield 1989:134).

بالغين. جدال حاد في أحد البارات يخلق توترًا كبيرًا بين أولئك الحاضرين ولذلك فهو أكثر نفورًا بكثير»[1].

المراقبون القريبون يشيرون إلى أن الارتباط العالي والولاء لإحدى القرى يتعايش جنبًا لجنب مع الشك العالي تجاه غير الأقارب؛ وأن الارتباط الجوهري والحاد بالعائلة يرافقه الشك والتنافس الحاد ضمن العائلات نفسها، مثل التنافس العلني بين الأشقاء[2]؛ وأن مركزية الصداقة في حياة الناس لا تستبعد التنافس الحاد بين الأصدقاء[3]؛ وأن وفرة الأفكار المثالية والآليات لتجنب الصراع بين الأشخاص تتواجد مع مستويات عالية من النزاعات الشخصية حول شؤون يومية وتافهة، وأيضًا مع قدرة عالية على تجاوز الجراح العميقة التي يمكن أن يتسبب بها هذا النزاع. باختصار، هذه البيئات عادة ما تكون مترابطة وتنافسية بشدة في الوقت نفسه، موحدة تجاه الخارج ومنقسمة داخليًا، «عائلية» وأيضًا صراعية. بدراسته لقرية جنوبي إسبانيا، وجد ديفيد جليمور (Gilmore 1987:3) أنه تحت كل علاقات الأقران في هذا المجتمع المترابط، القائم على اللقاء وجهًا لوجه، كان هناك «بنية فرعية عاطفية شديدة القوة ومختفية في الوضع العادي.... على المستوى الخاص، في أعماق مشاعرهم، بدت العائلة مصطفة ضد العائلة، وبدا الرجل واقفًا في وجه الرجل، وشدة الريب وشعور الحسد [كان] دائمًا مخفيًا بالظلام تحت القشرة الناصعة للطف الاستعراضي.... هذه الطبقة السفلية

(1) هذه الازدواجية تظهر أيضًا أثناء فترات النزاع العلني. زليخة (Zulaika 1988:96-97) يروي قصة خطف «إيتا» الباسكية لصناعي باسكي عام 1986. كل من الصناعي وأحد الخاطفين كانا من القرية نفسها، إتزيار. عندما تم إطلاق سراحه، قتل الخاطف المحلي. لقد قدم الصناعي أفضل تحياته لوالدة الخاطف، التي بادلتها بسلامها لزوجته. يشير زليخة إلى أن «هذا التبادل كان صادقًا وعاديًا كما هو في أي حالة عفوية. أثناء أيام الخطف، كان هذه 'العادية' غائمة في الأدوار العدائية التي دفعوا للعبها في مخطط لم يستطع كلاهما إدارته بشكل كامل، لكنهما عادا الآن جيرانًا ودودين».

(2) يقول الأنثروبولوجيون عادة إنه بينما توصف التضامنية الأخوية بأنها حالة مثالية من الفلاحين حول البحر المتوسط، عادة ما يتم تناقض ذلك بشكل مباشر بالعداوات العلنية والعنيفة بين الأشقاء (Gilmore 1987:43).

(3) ريتشارد بيرمان (Berman 1974:43) يشير إلى أنه، في فيتنام، «كانت الصداقات بين الذكور ذات نوعية كثيفة ترقى لعلاقات الحب التي يكون بها الحب والولاء والتضامن والثقة الكاملة والمساواة وغياب القلق حول الحالة هي القيم الحاكمة. ولكن، هذه الصداقات نادرة في المجتمع الفيتنامي، ولذلك، قد تصبح خيالًا أكثر من كونها واقعًا». وكما أخبر أحد الإسبان جيلمور (Gilmore 1987:6): «عليهم اللعنة، إن أسوأ الأعداء هم أصدقاؤك».

المظلمة من التوتر العاطفي تؤثر في حياة المجتمع بأشكال قوية، بقوة وهيمنة الاستقطاب الطبقي والسياسة».

التركيز يتسبب في الصراع بين الأفراد عبر آليتين اثنتين: أولًا، أن عدد التفاعلات بين الأفراد أنفسهم عالٍ، ولذلك فاحتمالية النزاعات الشخصية والمظالم سترتفع[1]. الصراعات في البيئات الكثيفة عادة ما تكون حادة، كما أشار سيمل (Simmel 1955:44-45)، لأن عمق العلاقات بين الأشخاص في العلاقات الحميمة التي تتحول لنزاعات لا يترك «أي صلة، ولا أي كلمة، ولا أي نشاط أو ألم» بعيدًا عنه. ليست مصادفة أن التنابز بالألقاب واغتيال الشخصية والنميمة (ضمن الممارسات التي يصفها رونالد بارثيس [Barthes 1977:169] بـ«الاغتيال باللغة») سائدة في البيئات الاجتماعية الكثيفة.

ثانيًا، السياقات الكثيفة تتضمن استدامة جمهور لكل تفاعل. كلما كان العدد أكبر، وكانت كثافة التفاعلات بين أفراد مجموعة ما؛ كانت فرصة مراقبة البعض للبعض أكبر (Gambetta 1993:168; Hechter 1987:154). آراء الأقران تحمل ثقلًا كبيرًا وعادة ما تحدد قيمة الذات. كما يشير قروي صيني، في قرية ما، «الوجاهة صعبة التحصيل. الناس يراقبونك منذ يوم ولادتك» (Hua and Thireau 1996:127). بحسب يانج (Yang 1945:167-168)، «فقدان الوجاهة يعني فقدان الهيبة، أو التعرض للإهانة، أو الإحراج **أمام مجموعة ما**.... سؤال فقدان الوجاهة من عدمها يعتمد على توقع التأثير أمام شخص أو طرف ثالث. لذلك، فشوارع القرية أو التجمعات العامة هي أماكن يكون فيها الإنسان محاطًا بخطر فقدان الوجاهة»[2].

---

(1) هذه هي الحالة بوضوح في العائلات الممتدة التي تجمع عدة أسر تحت السقف نفسه. هذا التواجد المشترك «يؤدي لصعود العديد من المشاكل الظاهرة أو المحتملة بالعائلة، معززًا الغيرة والريبة وسوء الفهم والاستياء والقلق الأناني» (Yang 1945:239).

(2) يانج (Yang 1945:168-169) يحاجج بأن فقدان الوجاهة يتطلب درجة مباشرة من البعد الاجتماعي. إذا كان مراقب فقدان الوجاهة حميمًا مع أحد أو كلا الطرفين المتنازعين، فإن الطرف المهزوم أو المُهان لا يشعر أنه فقد وجاهته، أو على الأقل سيكون هذا الشعور مهملًا. تصبح المشكلة حقيقية عندما تمتد المسافة الاجتماعية خارج العائلة إلى الحي، أو القرية، أو حتى ما بعدهما. ولكن، بعد مسافة محددة، تتضاءل أهمية هذا العامل لأن فقدان الوجاهة غير ذا معنى عندما يصبح الآخر غريبًا تمامًا: «عندما يعيش رجل ما في مجتمع غريب تمام، لا توجد مشكلة وجاهة، مهما كانت نوعية الأخطاء التي قد يرتكبها، لأنه لا يوجد أحد يعرفه.... لذلك قد يتصرف الإنسان، الذي كان ذا خلق قويم في مجتمعه المحلي، بشكل مختلف جدًا في مدينة كبيرة». يشير يانج إلى عوامل إضافة أيضًا، مثل العقوبات الاجتماعية (التي أحيانًا تؤثر وأحيانًا لا)، ووعي الشخص بهيبته (كلما كان الشخص أكثر وعيًا بها، كان أكثر خوفًا من فقدان وجاهته)، والعمر (الأشخاص بمنتصف العمر أكثر عرضة لفقدان الوجاهة).

إن الخيلاء، كما يشير [الكاتب الأمريكي] جوزيف إيبستاين (Epstein 2002)، لا يمكن أن تكون إلا محلية، فالناس يمكن أن يذهلوا من تجاوزات ذوق نجم روك، لكنهم يشعرون بالنزق من أذواق جيرانهم[1]. وباختصار، فإن المجتمعات الكثيفة تتلاءم مع القول الإسباني المأثور: «قرية صغيرة، جحيم كبير».

بوضوح، البيئات المساواتية الكثيفة يمكن أن تكون في الوقت نفسه مرضية بعمق، بسبب التقارب الإنساني الذي تسببه، ومربكة بعمق، بسبب الديناميات التنافسية التي تطلقها. السمة الحميمية للعنف في الحرب الأهلية هي انعكاس حقيقي، بعدة طرق، لسمة تلك السياقات. هذا التصور لم يفت عدة مراقبين دقيقين اتجهوا نحو الصلة المفاجئة بين النميمة والعنف. كما يشير فيلمان (Fellman 1989:38): «رعب حرب العصابات [في ميزوري] يكمن جزئيًا في تحويل مجتمع ريفي مولع بالجدال حول الوضع العادي، ومليء بالاعتداءات اللفظية والاقتتالات المادية من حين لآخر والقضايا القانونية التي لا تنتهي إلى محل حرب للكل ضد الكل». ربما يكون المثال الأوضح لهذه النقطة هو «لجنة اليقظة» المؤسسة عام 1863 على يد الاتحاديين في مقاطعة أندرو شمالي شرق ميزوري لتحديد أي المواطنين كانوا «بغيضين» وطردهم من المقاطعة (Fellman 1989:54). هارت (Hart 1999:314-315) ختم تحليله للعنف بالثورة الإيرلندية والحرب الأهلية بطريقة مشابهة:

«ما وراء فوضى الذرائع والريبة، وما وراء الدعاية الرسمية من الاعترافات والمحاكم العسكرية؛ كان الجيش الجمهوري الإيرلندي يغوص ضمن تيار عميق من الأحكام المسبقة والنميمة الشعبية: حول المزعجين، والمؤامرات الماسونية والبروتستانتية السوداء، والعابثين القذرين وأولاد الشوارع، حول الرجال الجذابين والنساء المثيرات، واليهود في الشقة 4 والبيت غير المنضبط في الرقم 30. هذا النوع من الحديث كان عادة محصورًا في البارات والمطابخ والتقاطعات. ما فعلته الثورة هي أنها أخرجتها من وراء الأبواب المغلقة والنظرات الشذرى.... لقد حولت الثورة هؤلاء الأشخاص وعائلاتهم لغرباء، وجيرانهم لأعداء».

---

(1) جان جاك روسو (Roussequ 1964:149) حاجج بأن أصول عدم المساواة توجد بهذه التفاعلات المحلية: «كل منا بدأ ينظر إلى الآخرين ويريد أن يكون النظر إليه، والتقدير العلني له قيمة. الشخص الذي غنى أو رقص أفضل، الأوسم، الأقوى، الأبرع، أو الأفصح أصبحت هي أكثر ما يهم، وهذه كانت الخطوة الأولى تجاه عدم المساواة، وبالوقت نفسه، تجاه الرذيلة. من هذه التفضيلات يولد أولًا، الغرور والاحتقار، من ناحية، والعار والحسد، من ناحية أخرى، واختمار هذه العوامل معًا أدى في النهاية لمركبات قاتلة للسعادة والبراءة».

أرندت (Arendt 1970:55) أشارت إلى أن الإرهاب يولد التذرية [أي الانقسام لذرات]، والذي بعد ذلك «يبقى ويتعزز عبر انتشار الإرهاب بكل مكان، ليصبح حرفيًا كلي الوجود لأنه لم يعد فاعلًا مهنيًا تستخدمه الشرطة وحدها، بل كل شخص متواصل معه». هذا صحيح، فإذا أخذ الشخص بعين الاعتبار أن التفاعل الاجتماعي الكثيف، بشكل مفاجئ، يؤسس للتذرية وأن المخبرين على الأرجح يظهرون، تحديدا، في البيئات الكثيفة اجتماعيًا.

5.10. تباين الظروف المؤسساتية للتبليغ

نظرية العنف الانتقائي ستصبح أقوى إذا أنتجت تضمينات معقولة ومثيرة للاهتمام خارج مجالها التجريبي. أولًا، يجب أن نكون قادرين على تحديد ممارسات التبليغ في بيئات كثيفة، يكون التعامل بها وجهًا لوجه، حتى ضمن السياقات الديمقراطية المسالمة، لأن الآليات التي تؤدي لتقديم التبليغ يجب أن تكون موجودة بأقل صيغها، حتى عندما يكون الطلب على التبليغ منخفضًا أو هامشيًا. ثانيًا، يجب أن نكون قادرين على تفسير الوجود الكلي للتبليغ في الأنظمة السلطوية بطريقة تتسق مع النظرية. ثالثًا، يجب أن نكون قادرين على تحديد تباين في مستويات العنف عبر الأنظمة السلطوية.

التبليغ ممارسة هامشية في الديمقراطيات، حيث تكون هناك معايير قوية ضده. ولكن، رغم هامشيته، لا يغيب التبليغ تمامًا. فمثلًا، عندما قررت ولاية جورجيا الأمريكية منع الري في المساحات المفتوحة في مقاطعات أتلانتا الخمسة عشرة؛ شجعت الناس على التبليغ عن الجيران المذنبين بالري غير القانوني بوصفهم «مجرمي الماء» (Firestone 2000:A16). بشكل أكثر شؤمًا، تلقى مكتب التحقيقات الفيدرالي (FBI) آلاف التبليغات بعد هجمات الحادي عشر من سبتمبر (Moss 2003:A1)، فقد كان هناك 365 ألف تبليغ بحلول 20 أكتوبر/ تشرين الأول 2011، و435 ألف تبليغ بنهاية نوفمبر/ تشرين الثاني (Van Natta 2001:B1; A. Davis et al. 2001:A1)، وتضمنت العديد من التبليغات الكيدية. بحسب ناطق باسم مكتب التحقيقات الأمريكية في شيكاجو، فقد «كان هناك رجال أكثرهم في السجون الآن لأن زوجة سابقة أو حبيبة سابقة قررت التبليغ عنهم» (in A. Davis et al. 2001:A1).

تقدم النظرية سببًا إضافيًا لهذه الندرة نسبية، فالديمقراطيات عادة ما تظهر في مجتمعات عالية التحضر والتمدن، تعزز الحياة الفردية والعلاقات المجهولة. نتيجة إضافية قابلة للاختبار هي أن المناطق الكثيفة الصغيرة أو المناطق الفقيرة غير المتذرية في الديمقراطيات الغنية

والديمقراطيات الفقيرة (التي يحتمل أن تكون ريفية أكثر من نظيرتها الغنية) يجب أن تشهد مستويات أعلى من التبليغ.

تعتمد الشرطة بشكل روتيني على «المعلومات السرية» التبليغية لحل الجرائم والسيطرة عليها في الأحياء الفقيرة (مثلًا Goldberg 1999:A18). اعتقال أربعة مهاجرين من أصل شرق أوسطي بعد هجمات الحادي عشر من سبتمبر في إيفانسفيل، إنديانا، «نتج عن نهاية علاقة حب أبلغت بها امرأة الشرطة أن واحدًا من تسعة رجال تحدث بشكل تهديدي عن الانتحار» (Clines 2001:B7). بشكل مشابه، اعتقال عبد الرزاق بصغير، عامل الحقائب ذي الأصل الجزائري الذي وجد معه أسلحة ومتفجرات في سيارته، كان نتيجة خطة من عائلة زوجته لتوريطه (Craig Smith 2003:A4). سرقة الكهرباء في نيويورك عادة ما يتم التبليغ عنه من «الأحبة المهجورين والموظفين المستائين السابقين والجيران المتطفلين» (Urbina 2004:A1). باختصار، التبليغات الكيدية ترتبط بالحميمية، حتى في الديمقراطيات.

بجانب التبليغ، يجب أن نكون قادرين على ملاحظة مستويات عالية من التنافس الشخصي (وربما الصراع) في أشد البيئات تناظرًا وتركيزًا. وعلى النقيض، البيئات الاجتماعية المتذررة يجب أن تكون أقل عرضة للتنافس الشخصي. بالفعل، خلصت دراسة سوسيولوجية حول الضواحي الأمريكية إلى أن السياق الاجتماعي الذي يهيمن عليه «عدم المواجهة، والتسامح، والتجاهل»، مما يقوض «التنازع، والعنف، والتدخل، وإطلاق الأحكام» (Baumgartner 1988:vi). ولكن، عندما تحصل النزاعات هناك، فعادة ما تحصل بين الجيران الذين تكون أبوابهم أمام بعضها البعض والذين عادة ما يتفاعلون مع بعضهم البعض (مثلًا Shattuck 2000:F1). فمثلًا، في أمريكا بالبلدات الصغيرة، حيث يكون التفاعل بين أماكن العمل والحياة أكبر، تظهر سمات أعلى تنافسية[1]. الأمر نفسه ينطبق على الثانويات وبيئات العمل، حيث يوجد كل من التفاعل اليومي والتنافس الشخصي. بتفسير لماذا وقع «أكثر أشكال العنف رعبًا» في مدارس متجانسة بالضواحي للطبقة الوسطى، أشار مدير مدرسة في أريزونا لهذا المنطق: «في المدن الكبيرة، هناك الكثير من الأماكن التي يمكن للأطفال أن يقوموا فيها

---

(1) ويليام جلابيرسون (Glaberson 2001:A13) ينقل أنه «حتى في المدن الكبرى، التحقيقات بالمخدرات مبنية عادة على الخيانة. ولكن في مجتمع صغير مثل كولومبوس [في مونتانا]، يملك النفاق قدرة خاصة، إذ إن الأزواج والأصدقاء ومعارف العمل ينقلبون على بعضهم البعض. في مكان يعرف به الجميع بعضهم البعض جميعًا تقريبًا أيضًا، فإن أمواج قضية كبيرة يمكن أن تغسل بلدة كاملة».

بالتواصل، حيث يكون بها أجزاء من حياتهم. ولكن، في مكان كهذا، هذا [المدرسة] كل شيء» (in Lewin 1999). ورغم تكونها من أشخاص متساوين اجتماعيًا، فهذه المدارس مقسمة إلى عشرات «العصب» التي تخلق تنافسًا حادًا. «مجتمعات الحياة المساعدة» (البدائل الغالية لدور الرعاية) هي أماكن «تكون بها الصداقات كثيفة وكذلك التنافسات. الجميع يعرف كل شيء عن الآخر» (Jane Gross 2005:1)[1]. النزاعات بين المستأجرين، والمستأجرين والملاك، وبين ملاك شقق العمارات في نيويورك كان معروفًا، تحديدًا، بأنه سيئ السمعة، أكثر مما هو، مثلًا، في لوس أنجلس حيث تكون العلاقات الاجتماعية أقل كثافة[2]. بيئات العمل التي تضم تفاعلًا يوميًا كثيفًا سيئة السمعة بسياساتها الوحشية (MacGregor Serven 2002) وبـ«المدى الذي يذهب إليه الناس لينتزعوا عقوبات على مخالفات صغيرة» (Urbina 2005:35)، بما في ذلك التبليغات الفعلية للسلطات حول انتهاكات تنظيمية محفزة بالمقت والانتقام (Rasenberger 2005). النوع الخاص من كتب المساعدة الذاتية التي تقدم النص حول سياسات المكاتب تضم واحدًا بعنوان ذي دلالة: **قابيل وهابيل في العمل**. الكيد يلعب دورًا كبيرًا في عوالم الأدب (James 2003:13) والأكاديمية الأكثر نقاء. فريجدا (Frijda 1994:285) يقول إنه شخصيًا يعرف «شخصًا منع الترقية المهنية لرجل لأن الأخير، من وجهة نظره، أهانه، واعترف لاحقًا أنه فعل ذلك مدفوعًا بالمقت».

بعكس الديمقراطيات، فإن التبليغات أكثر شيوعًا في الأنظمة السلطوية حيث يكون الطلب على المعلومات مرتفعًا (Jan Gross 2001; Fitzpatrick and Gellately 1997)[3]. الأنظمة القمعية هي نماذج لمناطق السيطرة الكاملة في الحروب الأهلية، ولذلك، يجب أن

---

(1) يلاحظ جين جروس (Gross 2005:1): «باستثناء ازدحام الكراسي المتحركة والعكازات، غرفة الطعام في مجتمع الحياة المساعد بآرتيا قد تكون كافتيريا مدرسة ثانوية».

(2) قيل إن سوق الإيجار الساخن دفع ملاك مباني الإيجار في نيويورك «لإزعاج المستأجرين بالأوراق، وتعيين محققين خاصين لتصوير القادم والغادي، بل وعقد صفقات مع الجيران للتجسس على بعضهم البعض». إذا كان أحد المؤجرين يعتقد أن المستأجرين لا يعيش في شقة ما على أنها سكنه الرئيسي أو يؤجر أحدًا آخر، يمكن طرده. كما قال رئيس لأكبر لوبي للملاك في المدينة: «الرهانات أعلى بكثير، ليس فقط بسبب السوق، بل بسبب بدلات الشواغر. إذا استطعت إثبات نقطتك، فهناك قيمة هنا». انظر: Lobbia (1999:49).

(3) عادة ما ينتج العنف بشكل مشترك في سياق أعمال الشغب وإرهاب الدولة والإبادات الجماعية. في سريلانكا، أعمال الشغب ضد التاميل «أعطت بعض رجال أعمال سينهالا الفرصة للتخلص من منافسيهم، ومكنت بعض الملاك من التخلص من بعض المستأجرين غير المرغوبين، وهكذا» (Tambiah 1996:97). دليل مشابه على ذلك ظهر في رواندا (Straus 2004; André and Platteau 1998).

نشهد مستويات عالية من التبليغ ومستويات منخفضة من العنف. الوجود الكلي للتبليغات تحت السلطوية قائم جيدًا تجريبيًا. في الحقيقة، أن معظم دراسات التبليغ أنتجها باحثون حول السلطوية. هذه الدراسات جميعًا تشير إلى سمة التبليغ الحميمية والكيدية. بكتابته حول محاكم التفتيش الإسبانية، [المؤرخ البريطاني] هنري كامين (Kamen 1998:175, 177) أشار:

«الخوف الذي وضعته محاكم التفتيش بداية لا يمكن التشكيك به. لكن الخوف من المحاكمة لم يكن الدافع المبدئي. أنظمة القضاء السائدة حينها في أوروبا اعتمدت -على نحو ساحق- على تعاون المجتمع. لقد كانت شهادة المجتمع -أي الجيران والأقارب والأعداء- هي ما كان يخشاه المتهمون أكثر.... الخوف من الجيران، بدلًا من محاكم التفتيش، كان، بحسب هذه الحالة، الخوف الأول -والدائم- لأولئك الذين تم التبليغ عنهم.... محاكم التفتيش أصبحت سلاحًا مفيدًا للانتقام في المشاكل السابقة.... سجلات محاكم التفتيش زاخرة بحوادث بلغ فيها الجيران عن جيرانهم، والأصدقاء عن أصدقائهم، وأبناء العائلة نفسها عن بعضهم البعض».

كل من دراسة فيتزباتريك وجيلاتلي (Fitzpatrick and Gellately 1997) المقارِنة حول التبليغ في الديكتاتوريات الأوروبية الحديثة ودراسة جان جروس (Gross 1988:118-119) عن الاحتلال السوفييتي لغربي أوكرانيا وغربي بيلاروسيا عام 1939 تؤكدان على سمات متشابهة. فحالما وقعت ألمانيا تحت حكم النازيين، كما يشير جيلاتلي (Gellately 1991:139)، «استفاد النازيون من الحالة الجديدة لتسوية الحسابات مع الأعداء القدامى، والمواطنون 'العاديون' لم يفوتوا استغلال الفرصة للتخلص من المنافسين التجاريين عبر دعاوى أدت إلى اعتقال واحتجاز». من المقدر أنه أثناء الاحتلال الألماني، كتب الفرنسيون ما بين 3 و5 ملايين رسالة دعوى طوعية، معظمها موقعة، بينما اعتمد الستاشي على المعلومات التي قدمها ملايين «المواطنين العاديين» الذين لم يكونوا أفرادًا في الشرطة السرية لكنهم تعاونوا معهم بشكل منتظم (Fitzpatrick and Gellately 1997).

ممارسة التبليغ في ظل السلطوية تقوض بشكل أكبر فكرة أن الاستقطاب غير الشخصي يشكل أساسًا ضروريًا للعنف الحميمي في الحروب الأهلية. إن استقطاب الحياة، كما يحصل تحت الأشكال المتطرفة من السلطوية، يؤدي إلى خصخصة السياسة. هذا ليس لأن المشاعر السياسية تخترق الجميع بل لأن التسييس المفرط للحياة يخلق فرصًا لاستخدام التبليغ لأغراض شخصية. فيتزباتريك وجيلاتلي (Fitzpatrick and Gellately 1997:11) يؤكدان على هذه النقطة:

«بسبب الرغبة الاستثنائية للدولة التوليتارية باستقبال التبليغات من المواطنين والتحرك بناء عليها، فإن قدرات الدولة الهائلة هذه وضعت عمليًا بأيدي المواطنين الأفراد. إذا كان لديك عدو خاص، فلمَ لا تبلغ الشرطة بأنه يهودي أو تروتسكي؟ بذلك، سيأخذه الجستابو أو المفوضية الشعبية للشؤون الداخلية (NKVD) إلى معسكر اعتقال، وستحل مشكلتك.... هذا النوع من التبليغ التلاعبي كان شائعًا بشكل كبير في كلا المجتمعين. الأعداء الطبقيون كانوا محل تبليغ في الاتحاد السوفييتي تحت حكم ستالين على يد جيران كانوا يرغبون بشققهم، واليهود كانوا محل تبليغ من جيرانهم في ألمانيا النازية للهدف نفسه، وبدرجة النجاح نفسها تقريبًا».

جان جروس (Gross 2001:4) يحاجج بأن جوهر الأنظمة التي شجعت وكبرت على التبليغ كانت «مأسسة الكراهية». في دراسته للاحتلال السوفيتي لأوكرانيا وغربي بيلاروسيا عام 1939، وجد جروس (Gross 1988:117-120) أن جهاز الدولة الجديد كان «مدفوعًا بمصالح **محددة**، مثل الانتقام من الأخطاء الشخصية، أو إسكات الجوع، أو إرضاء الطمع». وصفه للاحتلال ذو دلالة: «السلطات السوفييتية شنت عمليات بحث واعتقالات.... بشكل مباشر ردًا على التبليغات من الجيران الذين كان لديهم حسابات شخصية لتسويتها»، و«الاتهامات والتبليغات والعداوات الشخصية يمكن أن تؤدي إلى الاعتقال في أي لحظة. كان الناس يُشجعون بشكل رسمي لإحضار الاتهامات والتبليغات»، و«من كانت لديه مشكلة ضد شخص آخر، أو ثأر قديم، أو كان يعتبر الآخر كالحصى في عينه، كان لديه مسرح يظهر به مهاراته، فقد كان هناك أذن جاهزة، ترغب في الاستماع». إنه يصف هذه العملية بأنها ترقى لخصخصة أدوات القهر والدولة نفسها، التي «كانت قد تحولت لفرع، كما هي، للمواطنين الأفراد، الذين استخدموا سلطاتهم سعيًا وراء مصالحهم الخاصة وتسوية حساباتهم، فقد أصبح السعي وراء المصالح الخاصة هو الطريقة الرئيسية لأداء الواجبات الرسمية وتأسيس السلطة». جَن جينج (Jing 1996:87) يظهر أنه، أثناء الثورة الثقافية الصينية، نتجت حميمية العنف عن تداخل المخاوف السياسية والخاصة:

«السمة المميزة في الحملات الماوية التي اجتاحت الريف الصيني كانت الصلة الوثيقة بين الضحايا السياسيين وجلاديهم. المجتمع الريفي لم يكن عالمًا سلبيًا داهمته حملات سياسية من الأعلى وهو عاجز. ما فعلته الحملات السياسية هو أنها فتحت صندوق باندورا [للشرور]، دافعا العملاء المحليين للدولة لاصطياد أهداف محددة على المستويات المحلية، سعيًا 'للثورة الأبدية' كما تخيلها ماو. في قلب آلاف القرى، كان المتعاونون المحليون يحاولون أن يتلاعبوا بهذه الحملات لصالحهم. في العديد من الحالات، كانوا مدفوعين بعداوات قديمة بين الأفراد أو العائلات أو الأطراف المحلية.

في غالب الأوقات، كان ضحاياهم هم جيرانهم وأصدقاء طفولتهم أو حتى أقرباؤهم المباشرون بالدم أو الزواج».

بشكل مشابه، تحدد جانج تشانج (Chang 1992:495-496) مصدر العنف الكثير الذي حصل أثناء الثورة الثقافية بحشد ماو للحسد والمقت. اللجان المحلية « عادة ضمت رجالًا مستقلين وربات منزل كبيرات وبعضهم كان سيئ السمعة بالتدخل في شؤون الآخرين والسعي للتأثير فيهم» (Chang 1992:265). بتاريخ عائلتها، تظهر بشكل بليغ كيف أدى تسييس الحياة الخاصة في النهاية إلى خصخصة السياسة (Chang 1992:134, 184):

«شرع الشيوعيون في إعادة تنظيم جذرية، ليس فقط للمؤسسات، بل لحياة الناس، خصوصًا حياة أولئك 'الذين انضموا للثورة'. كانت الفكرة هي أن كل ما هو شخصي، سياسي. وفي الحقيقة؛ منذ ذلك الحين لم يعد هناك ما يمكن اعتباره 'شخصيًا' أو خاصًا. كانت التفاهة مشروعة بوصفها 'سياسية'، واللقاءات أصبحت المنتدى الذي نقل به الشيوعيون كل أنواع العداوات الشخصية.... في كل حملة، كان كل من في هذا التصنيف ممن يعتبر هدفًا من قبل بكين يقع تحت درجة ما من الرقابة، على الأغلب من قبل زملائه وجيرانه بدلًا من الشرطة. لقد كان هذا اختراعًا أساسيًا من ماو، لتوريط كل السكان في آلة السيطرة. بعض المخطئين، بحسب معايير النظام، يمكن أن يهربوا من العين المراقبة للناس، خصوصًا في مجتمع ذي عقلية حارسة منذ عصور. لكن 'الفعالية' حصلت بثمن باهظ: لأن الحملات تمت على معايير ضبابية جدًا، وبسبب الثارات الشخصية، وحتى النميمة، تمت إدانة العديد من البريئين» [1].

أخيرًا، تشير النظرية أيضًا إلى نتيجة قابلة للاختبار بالنسبة لتباين مستويات العنف المشترك عبر الأنظمة السلطوية: التزايد المطرد للعنف الجماعي قد ينتج عن التنافس بين مؤسسات مختلفة باحثة عن التبليغات. إذا كانت هذه المؤسسات تراقب بعضها البعض، فإن العنف سيكون منخفضًا (بتقليد منطق الردع المتبادل المهيمن في المنطقة 3). ولكن، إذا كانت هذه المؤسسات متنافسة فيما بينها بحثًا عن التبليغات (في حالة تقلد المناطق 2 و4)، فسنشهد تزايدًا مطردًا للعنف. أوصاف الإرهاب الجماعي في الاتحاد السوفييتي والصين تشير إلى أن هذه الفرضية معقولة.

---

(1) تشانج (Chang 1992:173) تقدم هذا المثال الشخصي: «أصيبت أمي بالغرابة لسماعها أن جدتي تم التبليغ عليها من شقيقة زوجها، زوجة يو-لين. لقد شعرت دائمًا بالاستياء من جدتي، إذ كان عليها العمل الشاق في المنزل، بينما كانت جدتي تعاملها كخادمتها. لقد دفع الشيوعيون الجميع ليتحدثوا عن 'القمع والاستغلال'، ولذا تم منح مشاكل السيدة يو-لين إطارًا سياسيًا».

6.10. الخلاصة

استذكر رجل شيشاني تجربته من الحرب في الشيشان بالمصطلحات التالية: «لقد بدأت أدرك أن الحرب لم تكن دائمًا من الخارج. الحرب والموت والدمار، لقد كانت هذه الفظائع تحت أقدامنا مباشرة، قريبة لدرجة أن الرجل يمكن أن يغرق في الهاوية في أي لحظة.... إننا نسير جميعًا على قشرة هشة، كانت تنهار، وقد تنهار في أي لحظة لتبلعنا إلى الأعماق» (in Tishkov 2004:145). هذه العبارة تقدم خلاصة ملائمة لهذا الفصل، إذ إن العنف الحميمي في الحرب الأهلية، كما أشرت، عادة ما يرتبط بالنزاعات المحلية والشخصية (إنه «تحت أقدامنا مباشرة، قريبًا جدًا منا...») بدلًا من من الكراهية التجريدية غير الشخصية. إلا أن هذه العبارة لا يجب تأويلها كثيرًا على أنها تأكيد مجرد للنظرة الهوبزية للنفس البشرية على أنها عنيفة جوهريًا ضمن ظروف انعدام الأمن، مقابل تأويلها أكثر على أنها ملاحظة حول سلطة ممارسة التبليغ كما يثيره التنافس الشخصي. العنف الحميم يبدو بشكل أقل على أنه عملية تسييس للحياة الخاصة وأكثر على أنه خصخصة مهيمنة للسياسة، بشكل أقل على أنه تعد على الروابط الاجتماعية وأكثر بكونه تعبيرًا كاملًا، وإن كان منحرفًا، لها. الآلية الرئيسية، كما تشير النظرية، هي التبليغ الكيدي. الدليل على التبليغ الكيدي في البيئات التناظرية والمركزة يقوض بشكل أكبر فكرة العنف الحميم بوصفه ناتجًا حصريًا للانقسامات العميقة، وإن كان هذا العنف يمكن أن يحول في النهاية الكراهية الشخصية بين الأفراد إلى كراهية غير شخصية.

هذا الفصل قدم رواية نظرية لطبيعة وأسباب العنف الحميم في الحرب الأهلية، مقتبسًا من نظرية العنف الانتقائي، وركز على الإنتاج المشترك للعنف. هذه الرواية تساعد على حل معضلة أساسية: العنف السياسي يفترض أن يقع على القطب المناقض تمامًا للعنف الجنائي، إلا أن كليهما يشترك في سمة متبادلة: الحميمية. وبذلك، فهذا الفصل يصالح برنامجين بحثيين منفصلين اعتبرًا طويلًا أنهما لا يتكاملان معًا: أحدهما يركز على العنف الشخصي صغير المستوى (كما يظهر في Gould 2003) والآخر يركز على العنف السياسي كبير المستوى. وبالإشارة إلى عملية تتصل بها القضايا الكبرى للصراع والديناميات الفعلية على الأرض ببعضها البعض (أو لا تتمكن من ذلك)، يضع هذا الفصل الأساس للفصل القادم والأخير، الذي يتوسع في التضمينات النظرية لهذا التفكيك.

الفصل الحادي عشر
الانقسام والفاعلية

إنها حرب معقدة.

ويليام فينيجان، **حرب معقدة**

لم يعتمد كلا الجانبين على المبدأ بالضرورة. لقد كان الأمر حول صراع [الشخصيات الخيالية الشهيرة] تويدل دام وتويدل دي على غنائم المكتب المحلي. داخل بعض البلديات، كانت هناك عداوة قديمة بين أطراف مختلفة. لقد كان متوقعًا أنه إن وجد أحد الأطراف في المكتب نفسه على جانب التعاون [مع العدو الخارجي]، فإن الجانب خارج المكتب سيدين خصمه مباشرة ويدعي التزامه بالمقاومة.

إيلمر لير، **الاحتلال الياباني للفلبين، لايتي، 1945-1941**

حتى هذه النقطة، كان تركيزي منصبًا على كيفية استخدام الأطراف المسلحة للعنف كأداة للقهر. رغم أن العنف يهدف بشكل أساسي لردع الانشقاقات، إلا أنه يحقق أهدافًا إضافية ويخلق تأثيرات خارجية أخرى. في هذا الفصل، أدرس جانبًا آخر للعنف: دوره كوسيلة للحشد على المستوى المحلي. فحص كيفية ارتباط الفاعلين بالمركز مع النشاط على الأرض، وكيف أن الانقسامات، كما تترجم في الخطاب على المستوى الوطني، ترتبط بصراعات محلية غالبًا لا تتشارك معها بالكثير يظهر بعض النتائج الهامة لفهمنا العام للحرب الأهلية.

إنني أبدأ بلغز مقتبس كثيرًا، ومفهوم قليلًا: الصراعات والعنف «على الأرض» عادة ما تبدو مرتبطة بقضايا محلية بدلًا من ارتباطها بـ«الانقسام الرئيس» الذي يدفع الحرب الأهلية على المستوى الوطني. هذا هو الحال رغم أن الانقسامات المحلية عادة ما تؤطر ضمن المصطلحات الاستطرادية للانقسام الرئيس. هذا الانفصال يطرح سؤالًا حول فاعلية/ قدرة الفعل (agency) لعدد من العمليات التي تقع أثناء الحرب. هل القدرة على الفعل -على التجنيد، على العنف، على تشكيل الهوية، على كل العمليات الأخرى التي تحضر وتساهم في اندلاع الحرب الأهلية- تقع بشكل رئيسي في المجال الخاص أم العام؟

فكرة رئيسية من نقاش التبليغ في الفصل السابق هي أن الأفراد والمجتمعات المحلية المشاركة في الحرب عادة ما تستفيد من الحالة القائمة لتسوية نزاعات خاصة ومحلية عادة ما تكون ذا علاقة هشة بالأسباب الكبرى للحرب أو أهداف المتصارعين. تحت الظروف العادية، هذه النزاعات يتم تنظيمها ولا تؤدي لصراع عنيف. إننا نادرًا ما نفكر في أنها مرتبطة بالعنف السياسي بشكل عام، وبالحرب الأهلية بشكل خاص. هذا الافتراق يمكن فهمه حالما يتم إدراك أن موضع الفاعلية الناتج عن الحرب الأهلية متعدد بالأصل، ولذا يُلحظ التنوع المربك والتباس الدوافع والهويات. بكلمات أخرى، إن اندماج وتفاعل الديناميات بين المركز والهامش جوهري بدلًا من كونه عرضيًا في الحرب الأهلية، أمر جوهري وليس عابرًا.

نظرية العنف الانتقائي، من خلال فكرتها عن الإنتاج المشترك للعنف، تقدم صلة أساسية مفقودة بين المجالات العامة والخاصة، وبين الانقسامات الرئيسة والمحلية. يمكن تحليل الحرب الأهلية على أنها عملية تحول سعي الفاعلين السياسيين للنصر والسلطة، وسعي الفاعلين المحليين أو الأفراد للاستفادة الشخصية والمحلية، إلى عملية إنتاج مشترك للعنف. هذا الكتاب يقترح، كنتيجة لنظرية العنف الانتقائي، أساسًا بديلًا للصلة بين ديناميات النخبة وديناميات الأرض: **التحالف**. يتضمن التحالف تبادلًا بين الفاعلين على المستوى فوق المحلي والمحلي، حيث يقدم الفاعلون على المستوى فوق المحلي للفاعلين المحليين قوة العضلات، مانحين إياهم ميزة حاسمة محلية، وفي المقابل يجند الفاعلون فوق المحليين ويخلقون الموالين لهم على المستوى المحلي. بالنظر من هذا الجانب، يصبح العنف ميزة انتقائية أساسية تنتج سلوكًا جمعيًا ودعمًا على الأرض. ويتبع هذا عدة نتائج نظرية.

أولًا، محل الفاعلية في الحرب الأهلية يقع على مستويات جمع مختلفة في الوقت نفسه: المركز، والمنطقة، والقرية، وهكذا. ثانيًا، علامات الهوية يجب أن تعامل بحذر: الفاعلون في الحرب الأهلية لا يمكن معاملتهم على أنهم شيء واحد. العلامات في المركز قد تكون مضللة عندما يتم تعميمها وصولًا للمستوى المحلي، ولذلك فدوافع الأفراد لا يمكن استنتاجها من هوية الجماعة. ثالثًا، افتراض أن تبادلية الأفراد التي تؤسس مفهوم «صراع الجماعة» و«العنف الجمعي» يجب معاملتها على أنها متغير بدلًا من كونها ثابتًا. أخيرًا، ينتج عن النظرية أن النقاشات حول القضية «الحق» أو نوع الحرب الأهلية قد لا تحسم في النهاية وتكون ذات آثار سلبية. وبالمحصلة، فإن دراسة الحرب الأهلية تتطلب تحديدًا واضحًا لمستوى التحليل المتعلق، وفي النهاية، يجب أن يستدخل كل المستويات.

تحديدات كهذه فقط تحترم تعقيد الظاهرة بينما تجعلها نظريًا وتجريبيًا قابلة لينة للدراسة. وباقتضاب، فإن الجسر بين المشاريع المفهومية والوضعية المكتوب في المقدمة يكمن في التفكيك المفهومي المناسب لعملية الحرب الأهلية.

التركيز على الانقسامات المحلية يكمل ويوسع نظرية العنف الانتقائي عبر تحديده بشكل كامل لمنطق المشاركة المحلية في إنتاج العنف، كما أنه يشير إلى أهمية الانقسامات المحلية لعمليات انهيار الدولة وبناء الدولة، الأكثر عمومية.

1.11. المركز والهامش

الحروب الأهلية عادة ما توصف وتصنف وتُدرك على أساس ما يُعتبر أنه بُعد انقسامها الشامل، ولذلك فنحن نتحدث عن حروب أيديولوجية أو عرقية أو دينية أو طبقية، ونصنف الفاعلين السياسيين في الحروب العرقية على أنهم فاعلون عرقيون، والعنف في الحروب العرقية على أنه عنف عرقي، وهكذا. ولكن، هذا التأطير مخادع أكثر مما يبدو عليه. فهل المتمردون في العراق ناشطون بعثيون أو انفصاليون سنة أو جهاديون إسلاميون أو وطنيون عراقيون؟ هل كان سبب الاشتباكات بين الداياكيين والمالاويين والمادرويس في غرب كاليمانتان، إندونيسيا، الدين أو العرق (Davidson 2003)؟ هل كانت الحرب الأهلية الجزائرية مرتبطة بالدين أو الطبقة (Freeman 1994:14)؟ هل كان ثوار ساحل العاج جنودًا متمردين متعطشين للسلطة، أو أبطال شريحة مهمشة من المجتمع أو مرتزقة أجانب يدفع لهم أعداء البلاد الإقليميون (Wax 2002:A30)؟ هل كان الأفغان الذين انتفضوا في وجه الاحتلال السوفييتي «حشدًا متجانسًا من مقاتلي الحرية» كما يبدون، أو مجموعة من المليشيات العرقية والقبلية المدفوعة بالطمع والسلطة (Bearak 1999b)؟ من هم طالبان؟ هل هم رجال قبائل بشتون متنكرون بزي متشددين إسلاميين، أو متشددين إسلاميين صادف أنهم بشتون؟ هل الثوار الشيشان وطنيون، أو إسلاميون، أو إرهابيون عابرون للحدود، أو مجرمون عاديون؟ هل الحرب الشيشانية صراع انفصالي، أو حرب دينية، أو شيء أكثر تعقيدًا، مثل «تشابك من الصراعات القبلية والكراهية العرقية والثارات» (Mydans 2003:A6)؟ من كان جيس جيمس؟ أكان مجرمًا عاديًا، أم هو الثائر الأخير في الحرب الأهلية الأمريكية (Stiles 2002)؟

تصنيف الحروب الأهلية يشبه فتح الدمى الروسية: كل طبقة من التفسير تؤدي لطبقة أخرى في سعي لا نهائي لا يمكن حله للوصول إلى الطبيعة «الحقيقية» التي يفترض أنها

تختبئ هناك في الأسفل. لذلك، يحاجج بأن الحرب الأهلية الأيديولوجية في حقيقتها هي حرب متمحورة حول العرق، أو أن الحرب الأهلية العرقية في حقيقتها حرب متمحورة حول الطمع والنهب، وهكذا. هذه ليست سمة جديدة. بكتابته عام 1623، حاجج [الكاتب السياسي الفرنسي] إميريك كروزي بأنه، بالنسبة للدوافع العلمانية تمامًا للحرب، «يمكن أن يضيف الشخص الدين، ما لم تكشف الخبرة أن هذا يعمل معظم الأحيان كذريعة» (in Hale 1971:9).

بسبب الهيمنة التحليلية للانقسامات على المستوى الوطني، فإن الديناميات على مستوى القواعد عادة ما ينظر إليها على أنها التجليات المحلية لها. وبشكل مشابه، الفاعلون المحليون عادة ما ينظر إليهم على أنهم النسخ المحلية للفاعلين المركزيين. ونتيجة لذلك، فالديناميات والفاعلون المحليون عادة ما يتم إغفالهم. ولكن، أوصاف الواقع المأخوذة من الأرض للحروب الأهلية تنقل عالمًا محيرًا ومربكًا، مستدخلًا خليطًا من كل أنواع الدوافع التي تجعل من الصعب الربط الدقيق للقوى الدافعة للعنف على الأرض، بالدوافع والأهداف المحددة للحرب. هذه الأوصاف تشير إلى تواجد افتراق حقيقي بين القضايا والهويات والدوافع بين المستويين المحلي والوطني. قراءة متمعنة للتقارير الميدانية التي قدمها مراقبو الانتخابات في اليونان عام 1946 تقدم شعورًا دائمًا ومستمرًا من الارتباك حول الدوافع الحقيقية للعنف والخليط الغامض من العناصر السياسية أو المحلية أو الشخصية:

«سيكون من الصعب تحديد ما إن كانت [عمليات القتل] هذه ذات طبيعة سياسية أو سمة ثأرية. أحد الحالات التي جذبت انتباهي كانت من الطبيعة الثأرية.

على الأرجح أن السبب وراء هذه الحادثة كان شخصيًا بدلًا من كونه سياسيًا، لكن الانحيازات الحزبية كانت حاضرة حتمًا ببعض الحالات. العديد من المشاعر الشخصية السيئة هي نتيجة لممارسات أعضاء ’جيش التحرير الشعبي الوطني‘ أثناء الحرب الأهلية، ولأن العديد من هؤلاء الأعضاء هم أيضًا أعضاء في تحالف ’جبهة التحرير الوطنية‘، كان الملكيون يستخدمون مواقعهم في السلطة لتفريغ مشاعرهم تجاه هؤلاء الأعضاء من الجبهة.

في بعض الحالات كانت الثارات العائلية ترجع حتى إلى ما قبل حوادث 1944-1945. في حالة واحدة على الأقل، اندلع اقتتال جديد ترجع جذوره إلى جريمة قتل وقعت نتيجة انتقام عاطفي عام 1942. أحيانًا، أيضًا، كانت الاقتتالات تحصل على يد نساء قتل أزواجهن على يد ’جيش التحرير الشعبي الوطني‘. رغم أن أولاء النسوة لا يملكن فأسًا سياسيًا يضربن به، إلا أن هذه الثارات كانت تستدخل

بشكل لا يقاوم ضمن الساحة السياسية باستخدام ميزة أنهن زوجات اليمينيين. من الصعب جدًا رسم الخط الفاصل بين الثارات العائلية والاضطهادات السياسية.

العديد من الحالات ثأرية لا سياسية.

كان هناك اندلاع للعنف في عدة أجزاء من المنطقة أثناء فترة المراقبة [للانتخابات]. في جزيرة كيفالونيا، قتل على الأقل ثمانية أشخاص على يد مجموعة من الفرق اليمينية. لقد كانت هذه هجمات على أعضاء من ’جبهة التحرير الوطنية‘، كانوا كليًا أو جزئيًا مشاركين سياسيًا في العديد من القرى خلال الشهر الذي سبق الانتخابات. في أقصى الشمال، حيث المشاعر أقرب للجبهة؛ كان هناك هجمات على اليمين من اليسار. كل هذه المنطقة لجأت من حين إلى آخر للعنف طيلة التاريخ، وبينما كان هذا العنف، في السنوات الأخيرة، يميل ليرسم خطًا بين الأحزاب السياسية؛ فإن الكثير منه كان في الحقيقة ذا سمة ثأرية أو انتقامية.... لكون اللجوء لمؤسسة الثأر أو الانتقام عرفًا اعتادوا عليه؛ فإن القرويين بالكلية ليسوا حريصين فقط على منع عودة أهوال أعوام 1943 و1944، ولكن أيضًا على الانتقام لأنفسهم من قادة ’جيش التحرير الشعبي الوطني‘ الذين اعتبروهم مسؤولين عن هذه الفظائع» [1].

الروايات السردية للحروب الأهلية الحساسة لهذا الانتشار من الدوافع تشير إلى عملية يتم بها تغيير الوطني لصالح المحلي. كما في العديد من المناطق، احتلال الفلبين على يد اليابانيين أثناء الحرب العالمية الثانية ولَّد حركة مقاومة وحربًا أهلية، إذ اصطف بعض الفلبينيين مع اليابانيين. في بحثه حول جزر بيسايا الغربية، وجد ألفريد ماكوي (McCoy 1980) أنه رغم أن البلاد مرت بتغيرات سياسية جذرية متتالية ما بين أعوام 1941 و1946 (بما في ذلك المرور بديمقراطية أمريكية كومنولثية، وإدارة عسكرية يابانية، واستقلال وطني)، ظل القادة السياسيون على مستوى الأقاليم والبلديات يخوضون اقتتالات ضيقة فصائلية مع خصومهم المحليين. الفصائل المتنازعة في المنطقة، كما يشير ماكوي، لم تكن بعيدة عن الأحداث الأكبر المنبثقة من مانيلا وما وراءها، بل إنهم تكيفوا بسرعة مع كل نظام متتابع

(1) على التوالي:
"Unofficial Observations Made on a Visit to Salonika," 14 March 1946, AMFOGE, District Boards; "Joint Report on Khalkidhiki," 28 March 1946, AMFOGE I, Complaints and Investigations; "Memorandum from District Board, Salonika to Central Board, Athens," 29 March 1946, AMFOGE I, Complaints and Investigations; "Daily Summary of Reports and Observations, from District No. 5 to Central Board," 30 March 1946, AMFOGE I, District Boards; "Report for District No. 4, Patras," AMFOGE 1, District Boards.

سعيًا لاستخدام موارده لمصلحتهم الخاصة وللإضرار بخصومهم: لقد تغير مخرجو الأزياء وتغيرت المشاهد دائمًا، لكن الممثلين والحوار لم يتغيروا. بينما تحول السياق وانقسمت الفصائل والتحالفات وأعادت ترتيب نفسها؛ ظل الخصوم الأقران في معارضة تامة ثابتة، وبذلك، عرفوا معنى أسماء الأحزاب أو التصنيفات، مثل «الغِوار» أو «العملاء»، التي باتت تفقد معناها بشكل متزايد. عنف الصراع كان مرتبطًا بشكل مباشر بصراعات الأقران هذه. استقصاء ماكوي المفصل حول اغتيال ثمانية رجال بارزين في إقليم إيلويلو عام 1942 كشف أنه، بدون استثناء، قد انبثق كل واحد من هذه الاغتيالات في صراعات ما قبل الحرب على مناصب المجالس والعُمد بين الأطراف المحلية. إنه يخلص إلى أن النزاعات الفصائلية فترة الحرب لم تُفرض على إيلويلو من الأعلى، بل نبعت عفويًا من المستوى الأدنى للنظام السياسي في الأقاليم. بحث إيلمر لير (Lear 1961) في جزيرة لايتي يؤكد هذه الخلاصة، فقد وجد أن الغِوار الفلبينيين جندوا داعميهم من الفصيل السياسي الذي خسر الانتخابات الأخيرة قبل الحرب، بينما تم تجنيد الفائزين لخدمة المحتلين اليابانيين.

وخشية أن يميل الشخص إلى إهمال هذا المثال على أنه صغير أو هامشي؛ خذ بعين الاعتبار الطريقة التي تشكلت بها الثورة الفرنسية خارج باريس. يبدو أن الانقسامات التي تدعم هذا الصراع الأيديولوجي الكلاسيكي كانت محلية بشكل عالٍ غالبًا. لقد عدمت الثورة لغة للتعبير عن كل أنواع الصراعات، كما يحاجج كولين لوكاس (Lucas 1983). فمثلًا، إعادة التنظيم المكانية لمناطق النظام القديم ضمن هيكلية حديثة من المناطق الإدارية أدى لصراع غير مسبوق بين البلدات. تيد مارجادانت (Margadant 1992) يظهر أنه فيما وراء الخطاب السياسي المتغير لفترة ما، يمكن أن يجد الشخص صراعًا بين البلدات المتنافسة: الأصغر ضد الأكبر، والإداري ضد التجاري، والعواصم الإدارية ضد البلدات النائية. باختصار، لقد تم توزيع الاهتمامات الضيقة لتصبح انقسامات وطنية. من بين أشد داعمي الثورة الفرنسية في الأقاليم، كان قادة البلدات الصغيرة والمتوسطة، الذين لاءموا وظيفيًا مفاهيم مثل المساواة، وأفكارًا مثل كراهية الأرستقراطية لتحصيل مكاسب إدارية لبلداتهم، بما في ذلك تحصيل مقاعد في المنطقة. مارجادانت يظهر كيف أن التركيز على هذا التنافس يفسر الانحيازات السياسية أثناء الثورة، بشكل أفضل من الاختلافات الطبقية. ريتشارد كوب (Cobb 1972:123) يقدم الصورة التالية لتشكل الولاءات أثناء الثورة الفرنسية:

«لقد كانت سؤالًا حول الفرصة، حول جماعات السلطة المحلية، حول وقوف الشخص في الطابور، حول كيفية إرضاء الطموحات المرحلية، حول كيفية القفز لتجاوز أولئك الواقفين في الأمام. هناك يمكن استغلال الأحداث الخارجية بسهولة، ولذلك فالعلامات السياسية الباريسية، عندما تلصق على الظهور الإقليمية، يمكن أن تتحول لتعني شيئًا مختلفًا.... هذه العلامات قد لا تأتي من باريس أصلًا، بل يمكن أن تكون ذات أصل محلي. في منطقة لوار، تم إحضار 'الفيدرالية' من الخارج، من جماعات من الرجال المسلحين القادمين من ليون. لكن تجربة 'الفيدرالية' والقمع الذي تبعها والموجه ضد أولئك المتعاونين معها حقق تمكينًا لمجموعة واحدة، تقريبًا لنفس الجماعة ذات الثروة والمنصب الاجتماعي، لطرد جماعة أخرى في تلك البلدات التي كانت أكثر تأثرًا بالأزمة».

الانطباعات نفسها ترد صدى وصف ديفيد ستول (Stoll 1993:259) في جواتيمالا، ووليام فينيجان (Finnegan 1992:71, 214) في موزمبيق:

«عندما كان الخارجيون ينظرون إلى ريف إيكسيل، كانوا عادة ما يرونه بمفردات صراع سياسي هائل بين اليسار واليمين. أما بالنسبة لمعظم النيباجينويين، فقد كانت هذه التصنيفات مفروضة من قوى خارجية في حالة كانوا يرونها بشكل مختلف. الانقسامات الطبقية والعرقية التي بدت واضحة للخارجيين، كانت، بالنسبة للنيباجينويين، تتقاطع مع صلات العائلة والجماعات المحلية. وبسبب غناهم في المعرفة المحلية، كانوا مدركين عن قرب لغموض وارتباك السياسات المحلية، أكثر بكثير من أولئك الذين يحاولون تفسيرها عن بعد.... ما بدا أنه تبعات واضحة للتطورات على المستوى الوطني والدولي للمراقبين الكوزموبوليتيين كان، بالنسبة للناس المحليين، مغلفًا بضبابية الحياة المحلية» (1).

«لقد سمعت عن منطقة كانت كل نمط الولاءات بها مثل رقعة الشطرنج: كل عائلة اختارت العمل مع الطرف الذي لم يختره أقرب جيرانها وخصمها التقليدي، لتتسلح ضد هذا الخصم. التنافسات العرقية والمناطقية الأكبر دخلت، بشكل حتمي، في هذه اللعبة، كما هي الخلافات داخل العائلات نفسها، وهذه الدوامة المتصاعدة من المعاناة ضخمت صفوف الرينامو.... التهديد الذي كان يحيط [بلدة] ريبانجوي [من متمردي الرينامو] بدا كثأر عائلي أبالاتشي [نسبة لجبال أبالاتشي] أو اقتتال عصابات داخل المدينة».

---

(1) إضافة لذلك، يظهر ستول (Stoll 1993:68, 76) كيف أن أوائل الهنود الإيكسيل الذين تعاونوا مع الثوار في جواتيمالا «لم يكونوا عمال زراعة موسميين فقراء، كما كان استراتيجيو [الثوار] يتوقعون كما يبدو. بدلًا من ذلك، لقد كانوا رجالًا بارزين من سان جوان كوتزال، تجارًا ومتعاقدين مع العمال ذوي وضع جيد نسبيًا، كانوا يرغبون في استدخال الغوار ضمن ثاراتهم السياسية المريرة في بلدتهم». على العكس، أعداؤهم المحليون «الذين وصموا أنفسهم بمناصبهم وهزموا الآن بالانتخابات يمكن أن يبلغوا عن خصومهم للجيش».

لذلك، فالاكتشاف الصحفي الراهن بأن أفغانستان «عالم تغذي به التنافسات المحلية والأهداف العالمية بعضها البعض»، وتكون «السياسات محلية بشدة، بوجود العديد من أمراء الحرب الذين يغيرون اصطفافاتهم بتحالفات مصلحية تغيرت بتغير الحظوظ في 22 عامًا من الحرب التي بدأت مع الغزو السوفييتي عام 1979»[1]، ليس فريدًا في أفغانستان وحدها، بل هو الحالة الأخيرة من نمط متكرر. فمثلًا، يستنتج [بروفيسور التاريخ الصيني الحديث] كايث شوبا (Schoppa 2001:175)، بكتابته عن الحرب الأهلية في أحد أرياف الصين، أنه «في حين أنه يمكن للمرء أن يرى الصراعات في ريف شاوكسينج على أنها حرب أهلية، يتنازع بها اليابانيون والجنود الصينيون الذين انضموا إليهم من المناطق المحتلة ضد كل من مقاتلي الكومينتانج والشيوعيين؛ لم يكن هناك، في الواقع، ترسيم حدود قوي بين 'الأطراف': الجبهات الموحدة تشكلت وتفككت وتشكلت مجددًا بين قوى كان يفترض أنها عدوة». بشكل مشابه، لوبكمان (Lubkemann 2005) يظهر كيف تشكل العنف في زمن الحرب «بشكل كبير من التوترات على المستوى المحلي ومن الأهداف السياسية على المستوى الجزئي، إذ حددت وفعّلت على مستوى الجماعة بل وعلى مستوى العائلة». إنه يظهر كيف أن سكان المنطقة التي درسها «استطاعوا تكييف وسائل عنف الحكومة والمتمردين.... سعيًا وراء صراعات اجتماعية محلية كانت دينامياتها تحدد بمنطق متمايز ثقافيًا»، ليخلص بقوله إنه «بشكل عام، كانت هذه الأهداف السياسية على المستوى الجزئي غير مرتبطة إطلاقًا بالنزاع على سلطة الدولة».

الفاعلون الذين يعملون على المستوى الوطني عادة ما يفشلون في إدراك كنه هذه الديناميات. الثوار الباريسيون إما أنهم فشلوا في إدراك الديناميات المعقدة للحرب الأهلية التي اندلعت في الجنوب الفرنسي في أعوام 1790-1791 بين بلدتي أفيجنون وكاربينتراس، والتي كان مضمونها أقل ارتباطًا بالأفكار والبرامج، وأكثر ارتباطًا بتسوية الخلافات المحلية، أو أنهم لم يريدوا الاعتراف بها. روبسبيار، مثلًا، لم يتردد في تأطير الصراع ضمن خطوط انقسام وطني (J.-C. Martin 1998:95-96; Skinner 1995:143).

---

(1) الفصائل المحلية في أفغانستان كانت تتهم بعضها البعض بأنها «طالبان» أو «القاعدة» ليتم قصفها من طيران الجيش الأمريكي (Bergner 2003:44; Waldman 2002a:A15). حوادث مشابهة تم نقلها في العراق المحتل من الأمريكيين ما بين الفصائل القبائل المحلية (Graham 2005; Opel 2005a; Clover 2003).

الضبابية المتأصلة في ديناميات المستوى المحلي توازي بعدة طرق، الافتراق ما بين البنى «الموضوعية» والسلوكيات «الذاتية»[1]. الدليل المتناقل، من عدة حروب أهلية، مذهل بهذا السياق، فلن يكون من المبالغة القول إن المراجع على الافتراق بين ديناميات المركز والهامش حاضرة تقريبًا في كل رواية وصفية للحرب الأهلية (Kalyvas 2003)[2].

الانقسامات المحلية يمكن أن تتجمع بطرق مضللة. فمثلًا، أحد الصراعات التي تصنف على أنها مبنية على الطبقات قد تجمع ديناميات محلية يدعم بها الفلاحون الأثرياء أحد الفاعلين السياسيين في منطقة ما، وخصمه في المنطقة أو القرية المجاورة (Geffray 1990; Cabarrús 1983; Hofheinz 1969)، أو يتم بها استهداف التجار الأغنياء من كل الفلاحين الثوريين المالكين للوعي الطبقي أعضاء فرق الموت اليمينية الفقراء (Paul and Demarest 1988:128, 150)، والطبقة الهندية المغلقة نفسها يمكن أن تكون في حرب مع البريطانيين في منطقة ما وضدهم في منطقة أخرى (Guha 1999:331)، وهكذا. مجموعات الانقسامات الإقليمية والمحلية المتباينة والمتقاطعة من حين لآخر، مثل الانقسامات السوسيو-اقتصادية أو الفصائلية أو العائلية أو القبلية أو العشائرية أو الجندرية أو العمرية، تجتمع لتنتج ولاءات مائعة (بل ومتحولة) قد تبدو بشكل مضلل على أنها موحدة إذا نظر إليها من زاوية عالية التجميعية، فالعلاقات والصلات الأفقية (الراعي- الزبون أو الجماعة أو الحي أو الأبرشية أو المؤسسة أو الفصيل أو العائلة أو النسب) تتفاعل وتقطع وعادة ما تنتصر على الانقسامات الوطنية «الأفقية» مثل الطبقة والعرق. العلاقات الشخصية والتفضيلات الفردية السياسية والدينية وأفكار الشرف والواجب الريفية كثيرًا ما تلعب دورًا مستقلًا. مايكل سايدمان

---

(1) من الممكن التفكير في الحسد الشخصي لإنسان على أنه تجل فردي لصراع طبقي (مثلًا: Harding 1984)، أو من الجهة المقابلة، بأن مشاركة الشخص في صراع طبقي مجرد أنه ذريعة فردية للتعبير عن الحسد الفردي الذاتي. كريب (Cribb 1990, 28) قدم ادعاء مشابهًا نوعًا عندما حاجج حول العنف الذي وقع في إندونيسيا خلال 1965- 1966 بأن القتل الذي كان سببه نزاعات خاصة كان سياسيًا، لأنه وقع في جو مشحون حيث «كان غير السياسي قليلًا جدًا بطريقة أو أخرى، ووقعت الاقتتالات ضمن النمط الأوسع من الاستقطاب المجتمعي». ومع ذلك، من القيم والممكن تفكيك الأمرين تحليليًا.

(2) Zucchino (2004:A9); Rold´an (2002:251, 206, 212); Seybolt (2001:202); Peterson (2000:207); Romero (2000:53); Ellis (1999:128–9); Zur (1998:114);Vargas Llosa (1998:113); Howell (1997:315); Dalrymple (1997:253); Schroeder (1996:424, 431); P. Berman (1996:65); Hua and Thireau; (1996:270–1); Kedward (1993:152–3); Cribb (1990:24–7); Fellman (1989:90); Crow (1985:162); Freeman (1979:164); .Shy (1976:206)

(Seidman 2002:6) يحاجج بأن الإسبان، رغم وعيهم بهويتهم الطبقية، «استخدموا تنظيمات الطبقة -كأحزاب أو اتحادات- لأهدافهم الفردية الخاصة.... النسب والحميمية يمكن أن تنجح بالتنافس على الولاء ضد الطبقة والجندر». جريجور بينتون (Benton 1999:168) يظهر كيف نجح «الجيش الرابع الجديد» الشيوعي الصيني في التحالف «أثناء الحرب مع أناس لم يكن ممكنًا أن يروهم حلفاءهم بشكل طبيعي. لقد خلقوا هذه التحالفات بطرق لا علاقة كبيرة لها مع الشيوعية كما يعتقد عادة وهذا اعتمد بشكل كبير على استغلال صلات الصداقة والقرابة ومسقط الرأس والمدرسة وما يشابهها.... هذا الاعتماد أصبح منهجيًا بل ومعياريًا». لين هورتن (Horton 1998:69) تروي كيف تمكن متمردو الساندانيستا اليساريون في نيكاراجوا، «بإدراكهم براجماتيًا أن 'الفينكويرو [الفلاح الغني] يمكن أن يجند مستوطنًا، أو فلاحًا فقيرًا، لكن الفلاح الفقير لا يمكن أن يجند فينكويرو'، كانوا أولًا يقنعون فينكويرو ثم يعطون ذلك المنتج الاستقلالية ليبني شبكته الخاصة من المتعاونين، والتي كانت تضم بشكل عام عائلته الممتدة والعاملين والمستوطنين لديه»[1].

باختصار، إن مصالح الجماعة كانت عادة ما تكون «محلياتية ومحددة بالمنطقة»[2]، والدوافع الفردية ليست بالضرورة مدعومة بالمظالم غير الشخصية المرتبطة بالانقسامات،

(1) دليل مشابه يقدمه:

Lubkemann (2005); Ledesma (2004); Davidson (2003);Chung Kunsik (in Yoo 2002:5); M. Johnson (2001); Schoppa (2001:178); Cahen (2000:173); Bax (2000:29); Pettigrew (2000:206); Romero (2000:53); Schroeder (2000:39–40); Bazenguissa-Ganga (1999b:356); Hart (1999:177); Berlow (1998:180); Horton (1998:14); McKenna (1998:162); Starn (1998:235); Nordstrom (1997:48); Hart (1997:143); Besteman (1996); Figes (1996:525–6); Tambiah (1996:23); Groth (1995:91); Brovkin (1994:8–9); Stoll (1993:149); Kriger (1992:8); May (1991:40–8); Geffray (1990:31, 92); Lipman (1990:75); Linn (1989:56, 66); Jones (1989:124); L. White (1989:307); Collier (1987:13); Henderson (1985:42, 63); Perry (1984:445, 1980:250); Calder (1984:121); Hinton (1984:527); Marks (1984:264); Cabarr ′ us (1983:185–97); McCoy (1980:198–9); Fiennes (1975:133); Hynt (1974:12–20).

(2) Tishkov (2004:15); Keen (1998:53); T. Young (1997:138–42); Chingono (1996:16); Berry (1994:xvii); Wou (1994:378); J.-C. Martin (1994:40–4); Wickham-Crowley (1992:131); Tilly (1964:305); Lear (1961:109); Barton (1953:12).

بل كانت عادة مدعومة بالصراعات المحلية والشخصية[1]. أما «تباين النظام البيئي المحلي» للحروب الأهلية، الحاضر وكثير الذكر (Perry 1984:440) وسمته «الفيدرالية» (Levine 1987:129) فيشيران إلى أهمية الانقسامات المحلية، حتى ضمن مجتمعات مستقطبة بحدة طبقيًا (Cenarro 2002:72; Stoll 1999; Gould 1995)، ودينيا (Dean 2000:81; Fawaz 1994)، وعرقيًا (Richards 1996:6; Hamoumou 1993; Jan Gross 1988).

كل هذا يتسق مع ملاحظة أن الحروب الأهلية «اضطرابات مشوشة من الصراعات المعقدة» (Harding 1984:59)، بدلًا من كونها صراعات ثنائية بسيطة مصطفة بدقة ضمن بعد مكون من قضية واحدة. بهذه الطريقة، يمكن فهم الحروب الأهلية على أنها عمليات توفر مجالًا لإظهار مجموعة من المظالم ضمن حيز الصراع الأوسع، وتحديدًا باستخدام العنف. فهم ديناميات الحرب الأهلية على أنها تتشكل جوهريًا من الانقسامات المحلية يتسق تمامًا مع الملاحظات والأفكار المتكررة التي تشير إلى أن الانقسامات الرئيسة عادة ما تفشل في إظهار طبيعة الصراع وعنفه (مثلًا: Roldán 2002; Dean 2000; Duyvesteyn 2000)، وأن الحرب الأهلية إما أنها غير مرتبطة جزئيًا أو كليًا بالخطاب المهيمن للحرب (مثلًا: Varshney 2001; O'Leary and McGarry 1993)، وأن أنماط الدمقرطة على المستوى المحلي هي محدد قوي لاحتمالية اندلاع تمرد (Trejo 2004:332)، وأن الحروب الأهلية هي تجمعات مائعة غير مكتملة متعددة الطبقات لحروب أهلية عالية التعقيد ومتداخلة جزئيًا ومتباينة وموضوعة بسياق محلي، باختلافات واضحة ما بين منطقة وأخرى ووادٍ وآخر، مما يعكس تمزق السلطة إلى «آلاف الشظايا والسلطات الصغيرة ذات السمة المحلية» (Ledesma 2001:258) وإلى «مجالات نفوذ مائعة، غالبًا، وعالية المحلية» (Fichtl 2004:2)[2]. بكلمات أخرى، إن الحروب الأهلية مكونة من «فسيفساء من الحروب الصغيرة المتمايزة» (Berkeley 2001:151).

مجموعة الأدلة هذه متسقة، أخيرًا، مع الملاحظة الأكثر عمومية بأن تطبيق سياسات انتخابية وطنية عادة ما يفاقم الفصائلية المحلية (J. Scott 1977a:141)، وأن السياسات

---

(1) مثلًا: Bouaziz and Mah´e (2004:253–4); Mydans (1999); McKenna (1998); Swedenburg (1995); Tone 994); Yoon (1992); Paul and Demarest (1988); Lucas (1983); Kheng (1983; 1980); Freeman (1979).

(2) K. Brown (2003:222); Loyd (2001:179); Hoare (2001:1); M. Johnson (2001:124); Burg and Shoup (1999:138); Nordstrom (1997:47); Dale (1997:81); P´ecaut (1996:266); Finnegan (1992:71).

المحلية ليست فقط (أو بشكل أساسي) الانعكاس المحلي للسياسات الوطنية، ولكن، بدلًا من ذلك، يتم ملاءمة الأسماء الحزبية ضمن القرية لتخدم غايات ذات أهمية قليلة وارتباط قليل أو معدوم مع الأحزاب كمؤسسات وطنية، في عملية وصفت بـ«تضييق الأفق» (J. Scott 1977c:221). وبتحليله للسياسات المحلية في سريلانكا، يظهر جوناثان سبينسر (Spencer 1990:12, 80, 184) أن «القرويين لم يندفعوا ببساطة نحو السياسة، بل لاءموها واستخدموها لأهدافهم الخاصة»، مضيفًا أن «الناس لم تكن بالضرورة أعداء لأنهم كانوا في أحزاب مختلفة، بل عادة ما انتهوا بأحزاب مختلفة لأنهم كانوا أعداء». وبالنتيجة، «فعلى الأقل جزء من عدم الترابط الأيديولوجي والسوسيولوجي الظاهر في ولاء حزب سياسي ما يمكن إرجاعه لحقيقة أن السياسات كانت وسائل للتعبير عن الصراعات المحلية: «من الممكن رؤية جزء كبير من سياسات القرية على أنه ليس أكثر من مجرد تأنيق النزاعات المحلية ضمن مصائد التنافس السياسي الحزبي، باستغلال توقع المشاكل العام الذي رافق سياسات الأحزاب سعيًا لتسوية حسابات خاصة تحت شعار الشؤون العامة. سياسات الأحزاب متأصلة جدًا في سريلانكا، وجزئيًا بسبب تقاربها مع تلك المجتمعات المقسمة أو المنقسمة التي تفتقد، بدون الأحزاب، لشعار يومي يمكن لها من خلاله أن تعطي غياب وحدتها شخصية ما، والسياسات [الحزبية] تعطي هذا الشعار».

تتلخص أهمية الانقسامات المحلية في أنها تساعد على تفسير سمتين متكررتين للحروب الأهلية: توسعها السريع جدًا في البداية (كالنار في الهشيم بحسب المجاز التقليدي) وثباتها بعد ذلك في طريق مسدود (مثلًا: Geffray 1990:67)[1]. وإضافة لذلك، فإن التركيز على الانقسامات المحلية يطرح أسئلة حول مفاهيم مثل «صراع الجماعة» أو «عنف الجماعة» (أو الصراع العرقي والعنف العرقي، وهكذا)، والتي تفترض استباقا التبادلية الكاملة بين الأفراد، سواء كمشاركين ومرتكبي عمليات قتل أو كأهداف. «صراع الجماعة» منطقي فقط

---

[1] نظرًا للعلاقة بين السيطرة والدعم المناقشة في الفصل السابع، الانقسامات المحلية على الأرجح تلعب الدور الأهم في المراحل المبكرة من الحرب الأهلية والمناطق المتنازع عليها، حيث يفتقد الفاعلون المتنافسون للقدرة البشرية اللازمة لخلق السيطرة. في الوقت نفسه، ميزات الانقسامات المحلية للفاعلين السياسيين تتراجع مع الوقت، إذ إنها تصبح عوائق أمام تأسيس السيطرة. الانقسامات المحلية التي تبقى عادة ما يتم امتصاصها ضمن الخطاب الأيديولوجي المهيمن وبنية الانقسام. ولكن، هذه العملية يمكن أن تستغرق وقتًا طويلًا.

إذا كان أعضاء الجماعة قابلين لاستبدال بعضهم البعض بشكل كامل (Kelly 2000:5; Loizos 1988). إذا كان أهداف العنف ممن يُنتقون على خطوط تتجاوز تصنيفات الجماعة، فلا يمكن وصف العنف ببساطة بأنه عرقي أو طبقي أو أيًا مما يشابه ذلك من تصنيفات. عادة، يضع الانقسام الرئيس خطًا أساسًا يحدد ما هي المجموعات ذات العلاقة معه، لكنَّ معيار انتقاء ثانويًا مبنيًا على سمات الأفراد غير المرتبطين بهوية الجماعة يحدد من يستهدف، مما ينتهك افتراض تبادلية الأفراد. القتل داخل المجموعة، والمدفوع بنهب الجار للجار، أمر شائع (مثلًا: Toolis 1997:100; Dale 1997). «لواء شرقي تيرون [في الجيش الجمهوري الإيرلندي] لم يكن جيشًا، بل فرقة، مجموعة من الخارجين الحديثين عن القانون، من عاملي المزارع والميكانيكيين وسائقي الجرارات العاديين، من العاطلين عن العمل والأساتذة الغريبين ووارثي نزع الملكيات، الذين اجتمعوا معًا ليقتلوا **أعداء معروفين محددين** مثل إدوارد جيبسون وتوماس جيمسون وهاري هنري. لم يكن الجيش الجمهوري الإيرلندي يخوض حربًا، بل حملة اغتيالات من حين لآخر في مجتمعات تيرون الريفية الصغيرة ليهاجم العدو في خضمِّها» (Toolis 1997:81-82، الخط العريض من الكاتب)[1]. لأن الانقسام الطبقي حدد هويات المجموعة المتعلقة به في برشلونة الجمهورية أثناء الحرب الأهلية الإسبانية، فالبوابون والخدم والطواقم المحلية في الأحياء المقتدرة كان يمكن أن يقتلوا العائلات الوسطى المقيمة في المباني التي كانوا يقطنون بها (De Foxà 1993:291-292). ولكن، كما أخبرني أحد سكان برشلونة؛ كان البوابون ينتقون ضحاياهم الأفراد بناء على معيار إضافي من المقت الشخصي، فليس كل البرجوازيين سواء.

الانتقاء الفرداني قد يحصل حتى في أكثر ظروف التطهير العرقي والإبادة الجماعية تطرفًا. أعضاء الأسر التي امتلكت أراضي كبرى في رواندا كانت ذات فرصة أكبر في الموت

---

(1) في إيرلندا الشمالية أيضًا، العنف بين قرى كواج وأردبو المجاورة، الذي أزهق أرواح ثلاثين رجلًا (من مجموع سكان أكثر من الألف بقليل) على مدى ثلاثة سنوات في نهاية الثمانينيات ومطلع التسعينيات، لم يكن ببساطة عنفًا بين «الجيش الجمهوري الإيرلندي» الكاثوليكي و«قوات ألستر التطوعية» البروتستانتية، بل «ثأرًا مريرًا» و«الدائرة الأحدث من ثأر دموي» داهم هاتين القريتين **تحديدًا** ضد بعضهم البعض. بكلمات أخرى، طبيعة العنف في هذه المنطقة لا يمكن إدراكها بالرجوع البسيط إلى الانقسام الديني في إيرلندا الشمالية بل يتطلب معرفة بالانقسام المحلي بين كواج وأردبو (Toolis 1997:35). بشكل مشابه، العنف على الخطوط السنية- الشيعية في جنوبي العراق بعد الغزو الأمريكي عام 2003 يمكن تفكيكه إلى تنافس بين عائلات شيعية وسنية **محددة**.

العنيف خلال فترة 1994- 2000، مما يعني أنه «بعيدًا عن العرقية، كان هناك سمات أخرى يمكن رصدها في عملية القتل» (Verwimp 2003:438). كاترين أندريه وجان-فيليب بلاتو (André and Platteau 1998:40) وجدا أن الإبادة الرواندية «قدمت فرصة استثنائية لتسوية الحسابات أو لإعادة توزيع الممتلكات، حتى بين قرويي الهوتو»[1]. وصف سجين سابق للعنف الممارس على يد الحرس الصرب ضد السجناء المسلمين في معسكر أومارسكا سيئ السمعة في البوسنة يقدم العديد من هذه الحالات (Pervanic 1999:156-157). في إحدى المناسبات، جاء حارس صربي في إحدى الليالي وأهان سجينًا فرض عليه غرامة، ضمن عمله كقاضٍ، إثر مخالفة مرور نهاية السبعينات! في حادثة أخرى،

«شكيب بيرفانيش، ذو الاثنين والثلاثين عامًا من قريتي، 'اختفى' بسبب مشكلة قديمة ضد والده، مصطفى، الذي كان لديه بعض صفقات الأعمال مع راضي جروبان. ولكنهما، مع مرور السنين فشلا في تسوية بعض الديون التجارية. راضي امتلك بقالتين صغيرتين يبيع منهما اللوازم المنزلية. أحد المحلات كان في قريتي. كانت الأعمال تسير جيدًا، وقرر توسيعها إلى بيع الإسمنت بالجملة، لكنه لم يمتلك المساحة الكافية. مصطفى أقرضه جزءًا من القبو الذي يملكه لهذا الغرض، لكنهما لم يتفقا على الإيجار. نتيجة لذلك، رفض مصطفى أن يدفع لراضي ثمن بعض المستلزمات التي اشتراها منه بالدين. راضي أراد الانتقام، لكن مصطفى كان في معسكر ترنوبولجي. لقد أنقذه ذلك، لكنه لم ينقذ والده».

ملاحظة جان جروس (Gross 1988:42) عن العنف الذي اندلع في بولندا الغربية أثناء الاحتلال السوفييتي عام 1939 تسلط الضوء على جوانب الأفراد من عنف الجماعة تحديدًا بشكل جيد: «ولكن كثيرًا من العنف كان تمثيلًا لانفجار صراع عرقي وديني ووطني مختلط، وأنا مع ذلك مصدوم من حميميته. في أكثر الأحيان، كان الضحايا والجلادون يعرفون بعضهم البعض شخصيًا. حتى بعد بضعة أعوام، كان يمكن للناجين أن يقدموا بعض الأسماء. قطعًا، لقد استغل الناس هذه الفرصة لتسوية جراحاتهم **الشخصية القديمة**».

رغم انتشارها في الأدبيات الوصفية، يتم تجاوز هذه الديناميات تمامًا في دراسات

---

(1) اغتيال امرأة من التوتسي أثناء الإبادة الجماعية، في القرية الرواندية التي درستها، لا يمكن اختزاله إلى «سلوك عنصري مجرد»، كما يحاجج أندريه وبلاتيو (André and Platteau 1998:40-41)، لأنها كانت محل كراهية لعدة أسباب: لقد كانت أجنبية، جاءت للقرية من منطقة أخرى، ووارثة أراض كبيرة من زوجها، رغم أنها كانت زوجته الرابعة، وكانت متورطة في الكثير من الخلافات على الأراضي.

الحروب الأهلية على المستوى الماكرو (الكلي)، التاريخية والنظرية منها على السواء[1]. بدلاً من ذلك، تركز معظم الروايات الهويات والسلوكيات المحلية والفردية من خلال الانقسام الرئيس للحرب. الباحثون الحساسون للجذور المحلية يتحدثون عن هذه الديناميات وهم قادرون على فصل «الواقع من المظاهر المؤسسة أيديولوجيا» (Prunier 2005:4)، لكنهم يفشلون في التنظير لها. نقطة البداية هنا هي وضع بعض التفريقات الواسعة. الانقسامات المحلية قد تكون سابقة أو محفزة في الحرب، وهي قد تتقاطع تمامًا مع الانقسامات المركزية أو تعمل على تغيير مسارها، وقد تكون متسقة مع الزمن أو أكثر ميوعة وعشوائية.

أولًا، الانقسامات المحلية قد تكون سابقة للحرب أو، على العكس، محفزة بها. في الحالة الأولى، تفعل الحرب خطوط الصدع القائمة، بينما في الأخرى، تخلق خطوطًا جديدة. عندما يتم تسييس الانقسامات المحلية الموجودة وتطعيمها ضمن البنية الوطنية للانقسامات، فاستقلاليتها وظهورها **بكونها** انقسامات محلية تتقلص، وحتى حينها، فقد لا يمحوها الانقسام الرئيس. في أشد الحالات تطرفًا، الانقسامات المحلية تفقد كل استقلاليتها وتتحول إلى تجليات للانقسام المركزي. ولكن، هذه العملية قد تسير في الاتجاه الآخر كذلك، فانقسام محلي قد يتفرع إلى انقسامات محلية تظل حية بعد أن يموت الانقسام المركزي. يبدو أن هذه حالة كولومبيا، حيث ولَّد الانقسام الأيديولوجي لليبراليين والمحافظين فصلًا سكانيًا وحكم أنماط التزاوج الداخلي لفترة طويلة بعد أن فقد بروزه (Henderson 1985).

عادة، لا يتم إدراج الانقسامات المحلية بشكل كامل ضمن الانقسام الرئيس، مما يزيد حضورها وظهورها. لذلك، فالانقسام بين الملكيين والبرلمانيين أثناء الحرب الأهلية الإنجليزية في ليسترشير كان أيضًا صراعًا بين عائلات هاستنج وجاري التي «رجعت للثارات الشخصية القديمة السابقة للحرب الأهلية بكثير، ضمن تنافسها على التحكم في المنطقة منذ منتصف القرن السادس عشر. بالنسبة لهاتين العائلتين، كان التمرد، بدرجة ما، مجرد مرحلة تالية في المعركة المندلعة قديمًا على الهيمنة المحلية» (Everitt 1997:24). بشكل أكثر عمومية، من المحاجج به أنه في سياق الحرب الأهلية الإنجليزية، «الانقسامات المحلية أصبحت الوسط الذي تم من خلاله رؤية العديد من الهموم الوطنية، في حين أن قضايا وعلامات الصراع الوطني كان تستخدم لتكسو الصراعات السياسية المحلية المستمرة»

---

(1) الاستثناء النادر يتضمن: J.-C. Martin (2002:57 and 1994:62) and Ranzato (1994:22).

(Howell 1997:324). العنف البروتستانتي-الكاثوليكي الذي اندلع جنوب غربي فرنسا أثناء الثورة الفرنسية لم يكن عنفًا دينيًا ببساطة، بل اقتتلت به عائلات محددة ذات سجل طويل من الثأر القديم ضد بعضها البعض، اللانتير ضد اللاباستين في تشامبوريجاود، والبوسير ضد الروكس في فاوفيرت، والروسيل ضد الديفول في باجنول. بشكل مشابه، فإن «العائلة والفصيل وجها مسار انقسام الجيش الجمهوري الإيرلندي في وحدات بكل مناطق إيرلندا» أثناء الحرب الأهلية: «مرة أخرى، كان البرينان ضد الباريت في كلير، والهانيجانيون ضد المانهان في شرقي ليميريك، والسويني ضد الأودونيل في دونيجال، كما اشتعلت كل الثارات القديمة». صدام الليبراليين والمحافظين في كولومبيا «نشأ عن ثارات عائلية قديمة. فعائلة أوريجو الليبرالية، مثلًا، انضمت لفرانكو، بينما شكل أعداؤهم القدامى، الكوسيو والمونتويا من كايكيدو، صفوف الشرطة والفرق المسلحة المحافظة في البلدات القريبة». بشكل راهن أكثر، الحرب بين مليشيا **الجحوش أو الفرسان** (jash) الكردية العراقية الموالية للبعث، والمتمردين الكرديين العراقيين كانت أيضًا صراعًا بين عوائل سورشي وبرزاني، وعلى مستوى أقل وعلى الجانب الآخر من الحدود، في شرقي تركيا، كانت الحرب بين الأكراد والدولة التركية في قرية أوجراك حربًا بين عوائل جوشلو وتانجونير وتكين، وجميعها من العرقية الكردية[1].

إضافة لذلك، فالحرب تخلق انقسامات محلية جديدة لأن تحولات السلطة على المستوى المحلي تخل بالترتيبات الدقيقة القائمة. كما في يابان القرون الوسطى، «الصراعات المسلحة على السلطة السياسية ضمن جماعة الحاكمين المستقبليين مهدت الطريق لثارات عائلية وحشية، وتمردات زراعية، واشتباكات بين طوائف دينية، وخلافات محتدمة حول الامتيازات التجارية والمديونيات» (Berry 1994:7). بعد ذلك عيَّن ثوار «الدرب المضيء» [في البيرو] زعماء جدد للقرى، «كان الغِوار يغادرون، دون أن يدركوا أنهم تركوا وراءهم عش دبابير من التناقضات التي لا يمكن حلها. كانت حيازة هذه السلطات الجديدة تخلق ضغائن مبدئيًا، كما خلق أول الحلفاء الفلاحين للقوات المسلحة، 'المخبرين'، في مصطلحات السانداريستا» (Degregori 1998:135). في وادي كانيباكو، وسط البيرو، تمتع السكان «بشهر

(1) على التوالي: Lewis (1978:133); Hart (1999:265–6); Rold´an (2002:243); Chivers (2003:A8); Vick (2002:A18).

عسل نوعًا ما» مع «الدرب المضيء»، والذي انتهى بعد أن اندلع صراع بين جماعتين محليتين حول توزيع الأراضي المغتصبة من المزارعين، مع وجود وصف يشير إلى غياب انقسامات مسبقة بين هذه الجماعات: «مشاركة الكوادر المسلحة للدرب المضيء لجانب إحدى هاتين الجماعتين في مواجهة ضخمة ضد اتحاد من الجماعات المنافسة ولَّد شرخًا مع هذا الاتحاد، والذي قرر تسليم اثنين من كوادر الساندريستا الذين اعتقلهم في الصراع إلى السلطات في هوانكايو. هذا السلوك استفز سلسلة من انتقامات الدرب المضيء، والتي أدت لإعدام ثلاثة عشر قائدًا من الفلاحين. تم اختطاف الضحايا من جماعاتهم وتم إعدامهم في الساحة المركزية من تشونجو ألتو» (Manrique 1998:204-205). من بين أكثر الانقسامات احتمالية للنشوء عن الحرب الأهلية هو الانقسام بين الأجيال: فالمتمردون (وأيضًا السلطات) عادة ما يجندون الشباب، الذين يرجعون بعد ذلك ليضطهدوا الكبار في قراهم[1].

أخيرًا، الانقسامات المحلية قد تحرف الانقسامات المركزية، مما يؤدي لصراعات فصائلية ضمن معسكرات سياسية يفترض أنها موحدة. أثناء الاحتلال الياباني لفيسايا الغربية، الفلبين؛ أعضاء من الفصيل السياسي نفسه، على كلا الجانبين المتضادين، تعاونوا عن كثب مع بعضهم البعض، بينما اقتتل أعضاء من الفرقاء المقاوِمة وداخل الحكومة المدعومة يابانيًا، على التوالي، بضراوة ضد بعضهم البعض (McCoy 1980:205-206). بشكل مشابه، الخلافات الناتجة عن النسب في بعض المجتمعات المحلية الريفية في السلفادور أدت لانقسامات هامة ضمن الفصائل السياسية (Cabarrús 1983:189).

باختصار، الانقسامات المحلية مهمة. رغم أن هذه الانقسامات ليست الآلية الوحيدة لإنتاج الولاء والعنف، إلا أنه يبدو أنها ذات تأثير هام على توزيع الولاءات وأهداف وكثافة العنف. بالطبع، يمكن أن يكون الدليل متناقلًا فقط، إذا تبين أننا نفتقد لدراسات منهجية حول ديناميات الحروب الأهلية على المستوى المحلي، كما نفتقد لمقاييس تجريبية للانقسامات

(1) العديد من المراقبين أشاروا للتأكيد على أن حركات المتمردين تعتمد على تجنيد الشباب (مثلًا: Pike 1966:287)، ولكن القلة أشاروا إلى أن هذه ينتج انقسام أجيال بين الشباب المعزز حديثًا والكبار المنتزع عنهم النفوذ (تتضمن الاستثناءات: D. Anderson 2005:67; Hart 1999; Degregori 1998:134; Figes 1996; 1989; Kriger 1992; L. White 1989:295–302). لاحظ أن هذا الانقسام قد يكون سببه المليشيات المدعومة من السلطات كذلك. مثلًا، حكومة فيتنام الجنوبية قامت بخطأ كبير ضمن برنامج القرى الاستراتيجي، فبتعزيزها بقوة لـ«الشباب الجمهوري»، زرعت بذور الصراع داخل الجماعات المحلية نفسها بين الشباب والكبار التقليديين (R. Thmopson 1966:126).

المحلية[1]. رغم أنه من المستحيل التأكد عند هذه النقطة من الوزن النسبي للانقسامات المحلية داخل وعبر الحروب، إلا أنه من الضروري الاعتراف بأهمية هذه الظاهرة كشرط مسبق لدراستها منهجيًا.

2.11. من يستخدم من؟ [Kto Kovo?]: محل الفاعلية

ظاهرة التبليغ الكيدي وأهمية الانقسامات المحلية، كلاهما، تطرحان سؤال الفاعلية: إذا كان الفاعلون الأفراد قادرين على التلاعب بمسؤوليهم لتحقيق أجندتهم الخاصة، فأين يقع محل الفاعلية إذن؟

فجوات العنف السياسي والخاص تسمح بفراغ معتبر للتلاعب، وهو أمر لاحظه المشاركون في الحروب الأهلية وراصدوها على السواء. فمثلًا، الجنود الفرنسيون الذين أرسلهم نابليون لقمع تمرد 1807 في كالابريا، لاحظوا أن المحليين كانوا يختطفون حربهم. المتطوعون المحليون الذين انضموا للحرس المدني كان لديهم «ميل للسعي وراء الثارات المحلية البعيدة عن جهد الحرب. هناك دليل كبير على أن الرغبة في تسوية ثأر قديم مع عائلة منافسة محلية كانت دافعًا قويًا للانضمام للحرس المدني. في العديد من المناسبات، سكان بلدة محلية كانوا يطلبون من الفرنسيين السماح لهم بإعدام السجناء الكالابريين ممن يصادف أن يكونوا أعضاء من عائلة منافسة أو من بلدة منافسة» (Finley 1994:73). سؤال الفاعلية ذو تبعات أخلاقية واضحة، ولكنه أيضًا لغز تجريبي. جيج، مؤلف كتاب حول إعدام والدته أثناء الحرب الأهلية اليونانية والمقتبس سابقًا، يجعل هذا السؤال موضوعه الرئيسي (Gage 1984:19):

> «وأنا أقود نحو الميدان الرئيسي، ظلت عبارة أختي وأبي التي كرروها مئات المرات تتردد في أذني لتطغى على صوت المحرك: 'Tin fagane i horiani' – 'لقد كان القرويون هم الذين قتلوها [أمي]'. بالنسبة لعائلتي، كانت عصابات الشيوعيين مثل كاتيس تجليًا مجردًا للإله، أطلقته الحرب على قريتنا، كالطاعون. لقد كان جيراننا هم المسؤولين عن مقتل أمي: القرويون الذين همسوا بالأسرار لشرطة الأمن وشهدوا ضدها في المحاكمة. لقد كان هذا شيئًا عليَّ حسمه: ربما كان القرويون حقًا هم المسؤولين عن موتها أكثر من الرجال الذين نفذوا الحكم وأطلقوا الرصاصات. لقد تعجبت إن كان هناك شيء لدى أمي قد استفز سكان ليا ليقدموها هكذا كحمل أضحية. أو ربما كان القرويون

---

(1) مؤشر التشظي الإثنولساني (The Ethnolinguistic Fractionalization Index)، بوضوح، لا يرصد الانقسامات المحلية.

فقط محل تلاعب من العصابات، الذين استغلوا ضعفهم الأخلاقي، وغيرتهم ومخاوفهم التافهة، لأن العصابات أرادوا أمي ميتة لهدف سياسي. لماذا أعدمت أمي بشكل رئيسي؟».

تفكيك البعد السياسي عن البعد الخاص للعنف مأزق متكرر لدارسي الحروب الأهلية ويولد ارتباكًا معتبرًا بينهم. يلاحظ جون شاي (Shy 1976:191) حادثة وقعت أثناء الثورة الأمريكية: «ما يبدو في أحد الوثائق حالة واضحة للحرب الأهلية بين اليمينيين والموالين، يصبح في وثيقة أخرى شأنًا فوضويًا لا يظهر به الالتزام السياسي والعواطف الثورية بقدر ما تظهر الاحتياطات الشخصية والإجرامية الصارخة». لذلك يحضر السؤال: أين يقع محل الفاعلية؟ هذا السؤال يمكن التعبير عنه باقتضاب بصياغة لينين: «*Kto Kovo?*»، أي: من يستخدم من؟

التصورات السائدة يغذيها إطاران تأويليان متنافسان، عادة ما يحضران جنبًا إلى جنب معًا: «الطمع والمظلمة» الأكثر راهنية (Collier and Hoeffler 2002) أو «جانب الدعم والقضايا الموضوعية». الأولى هوبزية التأثر [نسبة للفيسلوف توماس هوبز]، مؤكدة على أنطولوجيا للحرب الأهلية، مميزة بانهيار السلطة وما يتبعها من أناركية. بهذه النظرة، تحفز الحروب الأهلية خصخصة العنف، لتجلب للواجهة، بطريقة عشوائية عمليًا، كل أشكال الدوافع في «حرب الكل ضد الكل». هذه الأطروحة تدعم بعض التصورات الشهيرة حول الحروب الأهلية العرقية (Mueller 2004; Posen 1993) وما يسمى بالحروب الجديدة، التي يقال إنها محفزة بالطمع والنهب (Kaldor 1999; Keen 1998). الإطار الآخر، الذي يمكن وصفه بأنه شميتّي [نسبة لأفكار المنظر الألماني كارل شميت]، متضمنًا أنطولوجيا للحرب الأهلية مبنيًا على ولاءات واعتقادات مجردة للمجموعات، يصبح فيه العدو السياسي خصمًا خاصًا فقط بفضلية العداوة الجمعية وغير الشخصية السابقة. العداوة غير الشخصية والمجردة التي اعتقد كارل شميت أنها كانت السمة الجوهرة للسياسي (C. Schmitt 1976) ترد صدى تصور روسو عن الحرب بأنها ليست علاقة «رجل لرجل»، وإنما فقط بين «دولة ودولة». الأفراد، كما ادعى روسو، كانوا أعداء بالصدفة، لا كأفراد بل كجنود (De Lupis 1987:4). وبعكس الفرضية الهوبزية، التي تضع الأولوية للمجال الخاص على حساب السياسي، تؤكد الأطروحة الشميتّية على الطبيعة السياسية للحروب الأهلية والعمليات التي ترافقها، داعمة تفسيرات الحروب الأهلية «الأيديولوجية» أو «الثورية» التقليدية (Ranzato 1994; Bobbio 1992; Payne 1987)، بجانب الأطروحات حول الحروب الأهلية العرقية و«العنف

بين الطوائف» الذي يؤكد على اعتقادات قوية، وعداوة جماعية، وكراهية ثقافية (Varshney 2003; Horowitz 1985). وبدلًا من وضع انفصال بين الطمع والمظالم، يشير النقاش حتى الآن إلى تفاعل بين الهويات والسلوكيات السياسية والخاصة.

يجب أن يتضح الآن أن الفكرة الشميتّية يمكن أن تكون مضللة لأن العنف في الحروب الأهلية ليس بالضرورة مفروضًا من الخارج على مدنيين مطمئنين، ومن ثم بريئين. العديد من الأوصاف المفصلة للعنف تشير إلى درجة كبيرة من التدخل المحلي في إنتاج العنف. وبدلًا من أن يكون العنف دائمًا مفروضًا على المجتمعات من الأجانب، هذا الدليل يشير إلى أنه يمكن أن ينتج عن ديناميات داخل المجتمعات المحلية نفسها. وصف جورج كولير (Collier 1987:162-163) لعنف اليمينيين أثناء الحرب الأهلية الإسبانية نَسَقي من حيث كيفية كل من إنتاج وتفسير العنف:

«ألقى القرويون بوضوح المسؤولية الكبرى للعقاب الفلانجي على الأجانب. رغم أنهم كانوا تحت توجيه إنوكينكيو مورينو، كان الفلانجيون من خارج القرية هم من رافق القوات الغازية، ونظم سكان المدينة في مجموعات للتدريب واصطياد الناس، ووجه القمع. الإعدام الكبير اتبع أوامر عليا أعطت السلطات المحلية كوتة من الأشخاص لقتلهم. الحرس المدني، الذي كان كله من الخارج، كان ذا دور أساسي في الاعتقالات والإعدامات، فأحد النقباء مسؤول عن عشرة قتلى.... إلا أن الفلانجيين كان لديهم داعموهم، والخارجيون كان لهم عملاؤهم، داخل البلدة. وحدهم القرويون كانوا قادرين على تحديد الآباء والأشقاء لقادة الاشتراكيين والشباب المسلحين للفلانجيين ليأخذوهم للإعدام الأول الكبير. السلطات الخارجية طلبت وعادة ما تحركت بناء على تبليغات القرويين، كان يكفي فقط 'شاهدان' اثنان لدعم هذه الاتهامات. اليمينيون المعينون بمجلس البلدة والمحكمة كانوا أولئك الذين وضعوا قوائم من يجب أن يقتل عندما جاءت الأوامر من الأعلى بملء كوتة للقتل. القرويون، الذين ما زال بعضهم أحياء اليوم، استدعوا أقرانهم من سكان البلدة إلى المقرات وساعدوا في أعمال الاعتقالات. الناجون يتذكرون هذه السلوكيات على أنها سلوكيات اختيارية، حتى وإن جاءت أوامرها من الأعلى. القرويون شعروا أن الإعدامات لم تكن لتحصل أساسًا في لوس أليفوس إذا توسط اليمينيون لصالح القرويين الآخرين. إنهم يقتبسون مثال لوس مارينز، البلدة القريبة التي لم يحصل بها إعدامات لأن العائلات الكبيرة توسطت في كل مرة كان يتم بها اعتقال قرويين منها».

تقديم معلومات محلية في سلوكيات العنف حاضر كثيرًا في الدراسات والأوصاف على المستوى الجزئي. عندما احتلت القوات الفيدرالية وسط أركانسا عام 1863، ذهب وفد من الاتحاديين من باين بلاف ليلتقيهم ويرافقهم إلى البلدة. عند الوصول إليها، بدأ الجنود بنهب

منازل المتعاطفين مع الثوار، وكما أشار أحد السكان: «لقد عرفوا أسماء الجميع وأين كانوا يعيشون» (in Ash 1999:127). بفحص الشهادات المكتوبة عن الحرب الأهلية التي وقعت في نيكاراجوا أثناء العشرينيات، وجد شرويدر (Schroeder 2000:35) أن الضحايا والمعتدين عادة ما كانوا يعرفون بعضهم جيدًا، فمعظم شهود العيان استطاعوا تعريف عشرة أو أكثر من أعضاء العصابات بالوجه والاسم، مشيرًا إلى واحد من أشد جوانب العنف صدفة، وهو جذوره المحلية: «لقد كانوا جيرانًا يقتلون جيرانًا». في محاكمته ما بعد الحرب العالمية الثانية، الفريق تاكيو إيتو، القائد في الجيش الياباني في بابوا غينيا الجديدة، أخبر القضاة بأن «قوائم الإعدامات كانت تجمع بهذه الطريقة. كانت المعلومات تعطى لجندي ياباني من قبل أحد السكان الأصليين بأن فلانًا كان جاسوسًا وأنه تواصل مع الجنود الأستراليين» (in H. Nelson 1980:253)[1]. في جواتيمالا، «في الوقت نفسه وقعت مجتمعات المايا المحلية الزراعية في أزمة وطنية مخيفة لم يستطيعوا السيطرة عليها، فقد بدا بشكل متزايد أن كلًا من الجيش والغِوار كانوا يعتمدون على الصلات المحلية سعيًا للمعلومات. وبذلك، فجزء من العالم الخارج عن السيطرة، جزء من غياب الأمن وحضور العنف الذي عانت منه تريكسانوس تم تشكيله محليًا» (Warren 1998:99). الصرب المحليون شاركوا في مجزرة قتل بها ما يقارب الأربعين شخصًا من العرقية الألبانية في قرية سلوفينجي في كوسوفو، وبحسب شاهد عيان: «عندما جاء الجيش، وضع الصرب أقنعة وانضموا للمجزرة. لقد كانوا يعرفون من يختارون. وكانوا يعرفون من يملك المال» (Bearak 1999a:A3). فلاحة باسكية عانت عائلتها على يد الوطنيين أثناء الحرب الأهلية الإسبانية اختصرت الأمر بأفضل شكل ممكن: «لم يكن فرانكو هو الذي آذانا، بل كان الناس من هنا، من القرية» (Zulaika 1988:21).

اعتماد الفاعلين السياسيين على المعلومات المحلية عادة ما يُستحضر عند الاستخدام المنتشر لـ«قوائم الأسماء» أو «القوائم السوداء» أثناء عملية العنف، كما يشير تقرير أصلي من كولومبيا: «على الأقل، قتل ثمانية فلاحين في قرية سان روك الشمالي فيما اشتبهت الشرطة بأنه هجوم من فصيل يميني شبه مسلح. قتل المسلحون أربعة أشخاص من عائلة في محطة وقود، ثم داهموا منازل أربعة فلاحين وفتحوا النار بعد أن تأكدوا من هوياتهم باستخدام لائحة

(1) أضاف إيتو أن الشخص المعتقل يمكن أن تساء معاملته، بإجباره على التبليغ على الآخرين، مما يؤدي بالقوائم أن تصبح أكبر.

يحملونها، كما قالت الشرطة. هذه المنطقة ساحة معتادة لهجمات المتمردين اليساريين» (J. Moore 1999:A10)[1].

المشاركة المحلية متوافقة مع كل أنواع الدوافع، من الأكثر أيديولوجية إلى الأكثر انتهازية. وكما هو الكيد في حالة تبليغات الأفراد، تسوية النزاعات الخاصة المحلية يظهر كدافع أساسي في سياق الديناميات المحلية. فعادة، سلوكيات العنف، التي تبدو من السطح (وللخارجيين) بأنها ناتجة عن دوافع سياسية مجردة، يظهر أنها، بالفحص الدقيق، «ليست ناتجة عن السياسة، بل عن الكراهية الشخصية والثارات والحسد» (Harding 1984:1984:75). ثوسيديديس (Thucydides 3.81) حاجج بأن الجريمة المدفوعة بشكل شخصي، والمقنعة بذريعة سياسية، هي إحدى السمات الجوهرية للحرب الأهلية، في حين أن نيكولاس ميكافيللي يصف حالة قدمت بها أعمال الشغب المدفوعة سياسيًا ذريعة للعنف الخاص والشخصي[2]. توكفيل (Tocqueville 1988:17) قدم ملاحظة شبيهة عندما حاجج بأن «المصلحة الخاصة، التي تلعب الدور الأكبر في المشاعر السياسية يتم.... تغطيتها بمهارة وراء حجاب المصلحة العامة». في دراستها لجواتيمالا، تصف كاي وارين (Warren 1998:98) الجذور المحلية والخاصة المخفية لجريمة بدت سياسية ومجردة بأنها «رسالتها الأعمق». الأمر نفسه ينطلق على حالة الكيد في عملية التبليغ، والتي لاحظت شيلا فيتزباتريك (Fitzpatrick 1994:255) أنه، بينما «يمكن رؤيتها 'من الأعلى لأسفل' بأنها آلية سيطرة للدولة

---

(1) استخدام قوائم الأسماء شائع جدًا في الحروب الأهلية. لقد تم استخدامها، ضمن أماكن أخرى، أثناء حرب العصابات في نبرة الإسبانية (Tone 1994:113)، الحرب الأهلية الأمريكية (Ash 1995:183; Fellman 1989:61)، الحرب الأهلية الروسية (Werth 1998:79, 117)، الحرب الأهلية الإسبانية (Ledesma 2001:260)، مالايا (Kheng 1980:96)، إيطاليا (Franzinelli 2002:204; Fenoglio 1973:47, 194)، **الفيولنسيا** الكولومبية (Roldán 2002:162)، الجزائر (Faivre 1994:145; Hamoumou 1993:199)، فيتنام (Herrington 1997:13; Wiesner 1988:162; Hosmer 1970:7, 29)، أنجولا (Mair 1995)، ليبيريا (Ellis 1995:186)، جواتيمالا (Stoll 1993; Carmack 1988b:53; Paul and Demarest 1988)، البنجاب (Rosenberg 1991:46; Arnson and Kirk 1993:79)، سريلانكا (Argenti-Pillen 2003:65)، رواندا (Berkeley 2002:3)، سيراليون (Richards 1996:8)، الكونغو- برازافيل (Bazenguissa-Ganga 1999a:46). الإشاعات حول جمع قوائم الأسماء منتشر كذلك (Kaufmann 2001:3).

(2) «والعديد من السكان، للانتقام لجراحهم الخاصة، أخذوهم إلى منازل أعدائهم، إذ كان يكفي أن يصرخ رجل واحد في خضم الجماهير 'إلى منزل فلان وفلان' أو أن ذلك الرجل الذي كان يحمل القائمة كان يذهب إلى ذلك المنزل» (*Florentine Histories* 3.15).

ووسيلة لمراقبة الرأي العام.... إلا أن هناك تفسيرًا ممكنًا من 'الأسفل لأعلى' لعملية التبليغ: إذا استخدمت الدولة هذه الممارسة للتحكم بمواطنيها، فالمواطنون الأفراد يمكن أيضًا أن يستخدموها بقصد التلاعب بالدولة». هذا الإدراك ينتج إفادات مثيرة للاهتمام، مثل ما نقله ثاكستون (Thaxton 1997:275) بأنه في الصين المحتلة، «طبق نظام يانج الدمية مصلحته فوق مصلحة أسياده اليابانيين»[1]. ومرة أخرى، الدوافع الخاصة عادة ما يساء تقديمها على المستوى الكلي، كما أظهر براس (Brass 1977) بشكل لطيف، فهي عادةً ما تُتجاوز، بسبب غياب إطار تنظيري يمكن أن يعطيها مكانًا في دراسة الحرب الأهلية، والصراع بشكل عام. حقيقة أن الانقسامات المحلية عادة ما تُقدم بلغة الانقسام الرئيس للحرب عزَّز هذا الميل بإساءة التقديم[2]. الادعاء هنا هو أنه ليس كل «العنف السياسي» محفزًا بشكل خاص، ولكن هناك سعي واضح لتفسير وإظهار كل العنف الذي يقع في الحروب الأهلية بأنه سياسي فقط وتمامًا.

كل هذه الأمثلة يمكن أن تبدو وكأنها تدعم الإطار الهوبزي. بعكس استقطاب الجماعة والسلوك المقترح من شميت، هذا الإطار ينظر للحرب الأهلية على أنها عملية غير مركزية تنتج عنفًا شاذًا وعشوائيًا (مثلًا: Roldán 2002:211). كل من الحرب وعنفها مخصخصان وغير مسيسين: السياسي مدرج تحت الخاص. الحرب الأهلية تقدم مجرد الذريعة، اللباس الذي يكسو السعي وراء الصراعات الخاصة، فهي فقط تموه الدوافع الخاصة والمحلية برداء دوافع سياسية. وبذلك، فالروايات التي تؤكد على المستوى الجزئي والجانب المحلي للعنف في الحرب الأهلية تفعل ذلك بتناقض صريح للمحاججات التي تشير إلى الأبعاد السياسية والاستراتيجية لهذا العنف (مثلًا: Lubkemann 2005:494-495). لذلك، تم تقليل الحروب الأهلية إلى مجرد تجميعات من الثارات الشخصية والصراعات المحلية، بشكل يشابه كثيرًا ما وصف به الشاعر اليوناني هوميروس الحرب بأنها تجميعات للمبارزات (Bernand 1990:90)، إنها «ثارات في أوضح صورها» (Loizos 1988). وبملاحظة النشاط الجنائي

(1) كما قال كين فلاور (Flower 1987:262)، مسؤول الاستخبارات الروديسية، حول تمرد الرينامو في موزمبيق: «لقد بدأت أسأل ما إن كنا قد خلقنا وحشًا خرج عن سيطرتنا».

(2) قصة أريستوجيتون وهارموديوس كما يرويها ثوسيديديس (Thucydides 6:54-59)، وتقلبات بافليك موروزوف ما بعد الموت، الطفل الشهيد السوفييتي الذي بلغ عن والده الكولاك وقتل على يد أعمامه انتقامًا في سبتمبر/ أيلول 1932 (Fitzpatrick 1994:255-256)، قد تكونان ربما هما الأكثر دلالة بهذا السياق.

المنتشر في خضم الحروب الأهلية الراهنة (وتجاهل حضورها في الحروب الأهلية الأقدم الأكثر نموذجية)، خلص بعض المراقبين (مثلًا: Kadlor 1999; Keen 1998; Ignatieff 1998; Enzensberger 1994) إلى أننا نواجه نوعًا جديدًا من الحرب، يحفزه الطمع لا المظالم، فهو ظاهرة جنائية لا سياسية.

ولكن، هذه النظرة الهوبزية يمكن أن تكون مضللة بقدر ما هي الشميتّية؛ ففي حين أن الشميتّية تتجاهل المجال الخاص، تهمل الهوبزية المجال العام. التفسيرات الهوبزية للعنف تتجاوز السياق الذي ينفض به الفعل. كما أشرت، الصراعات المحلية والمشاكل الخاصة حاضرة في العديد من الأماكن وفي العديد من الأوقات، لكنها لا تنفجر لتصبح عنفًا، وهذه الحالة موجودة حتى ضمن الحرب الأهلية[1]. دعاوى انتشار الجريمة يجب تقييمها بشكل متساوٍ كذلك[2]. بمعنى آخر، أن الخاص نادرًا ما يكون مستقلاً تمامًا عن السياسي. كما قال أحد البرلمانيين في مانشستر: «المصالح الخاصة والمحددة مغلفة بالعامة، أكثر مما هي العامة في الخاصة» (in Blackwood 1997:276). لجنة المصالحة الحقيقية الجنوب أفريقية قدمت نقطة شبيهة عندما حاججت بأن دولة الأبارتهايد [الفصل العنصري] اتبعت سياسة «للتلاعب في الانقسامات الاجتماعية والعرقية والانقسامات الأخرى بنية حشد الجماعات

(1) مثلًا، واتنابي (Watanabe ix-x) وجد أنه رغم أن الخلافات الشخصية والمحلية والعداوات وجدت في البلدة الجواتيمالية التي درسها، إلا أنها لم تؤدِ للعنف: «حتى أثناء أسوأ شهور حملة مكافحة التمرد للجيش الجواتيمالي خلال أعوام 1982–1983، رفضت البلدة أن تنجر للاتهامات الناشئة ذاتيًا، وصراع السلطة والجريمة التي أصابت كل جيرانها».

(2) العصابات الحزبية والإثنية قد تكون أحيانًا مصابة بعمى الألوان وتضطهد الجميع بشكل متساوٍ. لقد وقع هذا في زفورنيك، البوسنة، عندما اضطهدت مجموعة شبه مسلحة صربية تسمى «الدبابير الصفر» كل الصرب المقتدرين (Ron 2000b:297). ولكن بشكل أكثر، تميز هذه المجموعات عادة على خطوط الانقسامات. رجال عصابات جاكرتا الذين انضموا للعصيان الإندونيسي ضد الهولنديين «جمعوا قطع الطريق بالوطنية»، بنهب ذوي البشرة الفاتحة جدًا فقط (الصينين، واليوارسيين، والأوروبيين)، أو الغامقة جدًا (الأمبون والتيموريين) (Cribb 1991:52). اللصوص الجورجيون الذين نهبوا سوكومي عام 1992 كانوا عادة يسألون عن هوية ضحاياهم المحتملين وكانوا يكملون إن كانوا فقط من الأبخاز (Dale 1997:87). بشكل مشابه، الفيولنسيا الكولومبية «أصبحت مظلة يمكن أن يوجد تحتها كل أشكال الجريمة. مع ازدياد النهب المسلح بشكل مروع، أصبح واضحًا أن الأعداد الكبيرة للسيكوباتيين والعصابات المنتشرة انضموا لأولئك الذين ادعوا القتال لحماية مبادئهم السياسية». ولكن، وجد هندرسون (Henderson 1985:149-150) أن «الدافع السياسي كان حاضرًا دومًا مهمًا كانت الجريمة بشعة. مجرمو المحافظين والليبراليين كانوا يتجنبون قتل المزارعين الذين ينتمون لمعسكرهم السياسي».

ضد بعضها البعض» (in Pigou 2001:226). رغم أن قرية بين ناجيا الفيتنامية الجنوبية أظهرت «توجهًا فاترًا تجاه الفيت كونغ»، لأن الحركة الشيوعية المحلية كانت أصولها من الضفة الأخرى من النهر، في قرى فو لونج الصغيرة، هذه العداوة تم استغلالها بشكل فعال من فاعلين خارجيين:

«العداوة بين سكان فو لونج وبين ناجيا كانت في عمر أجيال، مرتكزًا على ثأر حول حقوق الصيد في النهر. لقد كان طبيعيًا أن يدعي سكان فو لونج سلطة اقتصادية وسياسية عندما كان الفيت كونغ في طور الصعود، وهذا ما حصل على الحساب المباشر لصيادي بين ناجيا. لذلك، عندما عبر الفيت كونغ النهر لنشر أفكارهم، كان هناك العديد من سكان بين ناجيا ممن مقتوهم ومقتوا أي قضية يمثلونها. **لقد غذى مسؤولو الشرطة هذا الاستياء بالمال وبنى شبكة جواسيس**» (West 1985:146-147).

إن وصف باول وديمارتس المفصل لأحد عمليات فرق الموت في بلدة صغيرة في جواتيمالا – التي تظهر كيف حصلت مجموعة من الأفراد على سلطة استثنائية من الجيش، استخدموها سعيًا وراء «المال والكحول والجنس» أو الانتقام أو النفوذ المحلي – تنتهي بنبرة تحذير (Paul and Demartes 1988:153):

«قد يكون مغريًا إلقاء اللوم في اندلاع العنف في سان بيدرو على الانقسامات السياسية وتسوية الحسابات القديمة، لكن يجب مقاومة هذا الإغراء. التنافس الديني والاقتتال السياسي الشرس كانا سمتين من حياة سان بيدرو لعقود قبل عام 1980 بدون أن ينتج هذا عنفًا. يمكن أن يقال الأمر نفسه حول العداوات غير الشخصية. لقد اندلعت في الماضي وتمت تسويتها باستخدام وسائل عدا القتل. وما أخل بالأمن في سيان بيدرو لم يكن حضور الاختلافات والانقسامات، بل تجنيد الجيش للعملاء والجنود مما أدى لاستغلال هذه الانقسامات»[1].

3.11. التحالف

فرض انفصال حاد بين السياسي والخاص (أو المركز والهامش) مضلل. إظهار الوجود الدائم للصراعات المحلية والخاصة لا يمكن استخدامه لرفض أهمية الأبعاد السياسية والاستراتيجية للحروب الأهلية، كما أن التأكيد على هذه الأبعاد لا يمكن أن يخفي أهمية الصراعات المحلية والخاصة.

---

(1) كينج (Kheng 1980:117)، وسيو (Siu 1989:103, 115)، وأرجينتي- بيلن (Argenti-Pillen 2003) طرحوا أفكارًا شبيهة حول مالايا المحتلة من اليابانيين، والصين المحتلة من اليابانيين، وسريلانكا.

الصراعات الخاصة والمحلية تنفجر على شكل عنف، ليس لأن الحروب الأهلية هي حالة من الأناركية الهوبزية، ولا لأنها نتيجة تصميمات وتلاعبات من الفاعلين فوق المحليين. ما يهم بدلًا من ذلك هو التفاعل بين المجالين السياسي والخاص. جوسي لويس ليديسما (Ledesma 2001:260, 267) يحاجج بشكل محق أن الطبيعة غير المركزية والمحلية لعنف الجمهورية أثناء الحرب الأهلية الإسبانية لا يعني أنها كانت حالة من العنف الأناركي العفوي من فاعلين غير متحكم به، كما يفترض مؤرخو الحرب الأهلية الإسبانية عادة. وارين (Warren 1998:99) محقة كذلك عندما تصف عنف الحرب الأهلية الجواتيمالية بأنه **ذو وجهين**، مثل مايكل شرويدر (Schroeder 2000:29) – الذي لاحظ أن العنف في نيكاراجوا في العشرينيات «كان متجذرًا بعمق في العلاقات الاجتماعية المحلية وكان، في الوقت نفسه، سياسيًا وشخصيًا.... ويعتمد على تقاطع علاقات العائلة والجماعة والحزب والعرق والطبقة» – وجوشي (Joshi 2002:435) التي تختتم دراستها للتبليغات للجستابو في ألمانيا النازية بالقول إن «الفصل الخاص/ العام لم يتم تفكيكه من الأعلى فقط، بل من الأسفل كذلك. العام/ السياسي لم يبق معزولًا عن الخاص/ المحلي/ الشخصي. لذلك، فإن 'العالم الكبير' للسياسة لم يطغ ويهيمن على 'العالم الصغير' للعائلة. لقد أصبح الاثنان متداخلين بشكل لا فصام عنه». بشكل مشابه، ريتشارد كوب (Cobb 1972:56, 90) يصف بالتفصيل حوادث عدة للعنف أثناء الثورة الفرنسية بأنها حالات خُلقت على يد أشخاص وضعوا «العنف الخاص في الاستخدام العام». يكتب نويل فيشر (Fisher 1997:63) عن الحرب الأهلية في تينيسي الشرقية: «بينما كان التمييز بين العنف الناتج عن أهداف سياسية والعنف المتأصل بالمظالم الشخصية ليس ذا مغزى، لم يفصل المشاركون دوما بين الأمرين». رسالة من عام 1944 من اليونان المحتلة تنقل هذا التفاعل بشكل لطيف: «جيسون، ابن ب.»، كما تقول رسالة، خدم الإيطاليين في قريته جيدًا لدرجة أن الإيطاليين «نفذوا كل رغباته» (in Mazower 1993:xv). ستانلي أشينبرينر (Aschenbrenner 1987:116) يصف الحرب الأهلية في قرية يونانية بأنها «تتابع من الفعل ورد الفعل الذي لم يكن يحتاج طاقة خارجية ليستمر، رغم أنه كان بالطبع مستغلًا من فاعلين خارجيين». وصْفُ قتل أفونسو جونتشالفز في أيلول/ سبتمبر 1999 في تيمور الشرقية يكاد أن يكون نَسَقيًا لعملية التفاعل هذه. لم يقتل جونتشالفز فقط بسبب أفكاره المؤيدة للاستقلال، بل أيضًا بسبب ثأر مرتبط بإحدى بنات أشقائه وشقيقاته التي فرت، رغم مقاومة العائلة، مع عنصر مليشيا مؤيد لإندونيسيا. بعد ذلك بعام، وأثناء الفظائع التي داهمت تيمور الشرقية عشية الاستفتاء، جاء

أعضاء عائلة عنصر المليشيا إلى عائلة جونتشالفز وقتلوه. هذه الجريمة، كما يستنتج سيث ميدانز (Mydans 1999)، كانت «شخصية بقدر ما كانت سياسية».

أدبيات العلوم الاجتماعية تستخدم مفهوم «الانقسام» (cleavage) للإشارة إلى الصلة بين الفاعلين في المركز والفعل على الأرض. لدرجة كبيرة، وجود انقسامات رئيسة ومحلية كدوافع منفصلة ليس أمرًا إشكاليًا. ولكن، «ما يحتاج الشخص أن يعرفه هو الطريقة التي تتشكل بها القضايا المحلية والتصورات المحلية والمشاكل المحلية وتعزز المنظور الوطني.... ومن الناحية الأخرى، كيف يتم نقل وربما ترجمة هذا الشعور من العمومية، المكمل جدًا بكونه جزءًا من المنظور الوطني، ضمن إطار عمل ولغة السياسات المحلية (Howell 1997:309). الصلات المحتملة بين المركز والهامش تضم تفضيلات شائعة متجذرة بالهويات الموجودة سابقًا (Horowitz 1985; Lipset and Rokkan 1967)، وتنظيمًا مركزيًا (Kalyvas 1996; Bartolini and Mair 1990)، قدرًا من الخوف على الهوية (Posen 1993)، وتنسيقًا حول نقاط محورية (Chwe 2001; Hardin 1995). رغم أن كلا من هذه الميكانيزمات له ميزاته، إلا أنها غير متسقة (أو ليست متسقة تمامًا) مع الانفصال الملحوظ بين المركز والهامش. بشكل بديل، الميكانيزمة التي تربط المركز بالهامش والمتسقة مع هذا الانفصال يمكن وصفها بـ«التحالف».

يتضمن التحالف عملية تقارب للمصالح عبر تبادل ما بين الفاعلين فوق المحليين والمحليين، حيث يقدم الفاعلون فوق المحليين العضلات الخارجية للمحليين، سامحين لهم باكتساب ميزة حاسمة ضد خصومهم المحليين، وفي المقابل؛ يتمكن الفاعلون فوق المحليين من الدخول إلى الشبكات المحلية وتوليد الحشد والتجنيد. لذلك، فقدر كبير من الفعل في الحروب الأهلية يكون في الوقت نفسه غير مركزي كما أنه مرتبط بالصراع الأوسع. لذلك، فالحرب الأهلية (أيضًا) عملية تربط سعي الفاعلين الجمعي للسلطة، وسعي الفاعلين المحليين للأفضلية المحلية. بصيغة أخرى، يمكن أن يكون العنف أيضًا ميزة انتقائية تنتج الحشد والتجنيد المحلي من خلال التحالف.

التحالف بالنسبة لكل المشاركين به هو وسيلة لا غاية (Clastres 1999)[1]. الفاعلون

---

[1] جان جروس (Gross 2001:4) يحاجج بأن التفعيل والاستغلال الواعي «لكل انقسام ممكن بالمجتمع» هو جوهر التوليتارية. ولكن، في الحروب الأهلية، فتفعيل الانقسامات المحلية يبدو عادة وسيلة أكثر من كونه غاية كما يحاجج جروس.

السياسيون خارج المجتمع المحلي يلعبون دورًا حاسمًا بتحويل الصراعات المحلية والخاصة إلى العنف لأنهم يقدمون الحوافز التي لن يتمكن الفاعلون المحليون بدونها أو لن يرغبوا في ممارسة العنف. في الوقت نفسه، يأخذ الفاعلون المحليون قرارًا واعيًا بالتحالف مع الخارجيين. لذلك، يمكن النظر للحرب الأهلية على أنها واجهة. هذه الفكرة ترجع إلى ثوسيديديس (Thucydides 3:82) الذي حاجج بأنه «في وقت السلام، لم يكن هناك عذر ولا رغبة لاستدعاء [الحلفاء الخارجيين] ليدخلوا، ولكن في وقت الحرب، عندما يستطيع كل طرف دائمًا أن يعتمد على تحالف يمكن أن يؤذي خصومه ويقوي في الوقت نفسه موقفه؛ أصبح أمرًا طبيعيًا لأي أحد أراد تغييرًا في الحكومة أن يطلب المساعدة من الخارج». كتاب ميكافيللي: **تاريخ فلورنسا** مليء بأفكار مشابهة. في موزمبيق، متمردو الرينامو كانوا قادرين على اكتساب دعم محلي فقط بالأماكن التي كان القادة التقليديون المعروفون بوجود الأتباع راغبين في التحالف معهم (Roesch 1990:25). في سريلانكا، جوناثان سبينسر (Spencer 1990:184) يلاحظ أنه: «إذا كانت السياسة تقدم مجالًا ضروريًا لتسوية الخلافات والمظالم المحلية، فهي تفعل ذلك باللجوء لقوى وسلطات خارج المجتمع المحلي». شهرة الغِوار الليبراليين والغِوار المضادين المحافظين في كولومبيا أثناء مطلع الخمسينيات يمكن عزوها لحقيقة أنهم «مكنوا الفصائل المحلية بعينها من الانتقام من المعارضين بوجود حصانة، واستخدام التهديد بالإرهاب لتحصيل مكاسب حقيقية» (Roldán 2002:206). الخلافات بين عائلات الفلاحين حول الماء والأرض، وكذلك السلطة السياسية المحلية، أدت للعنف في السلفادور لأنهم «حاولوا حلها باستخدام جماعاتهم السياسية» (Cabarrús 1983:189).

تحديد أين وكيف تحصل هذه التحالفات يتطلب بحثًا كثير التفصيل والدقة. فمثلًا، هناك نمط متكرر بأن الخاسرين في الصراعات المحلية أكثر احتمالية لأن يتحركوا أولًا، وبذلك هم أول من يتحالف مع القوات الخارجية. إذا كان هذا صحيحًا، فالحرب الأهلية تحديدًا عامل ينزع الاستقرار لأنه يقدم فرصًا جديدة للخاسرين في صراعات السلطة المحلية الباحثين عن فرصة **للرجوع للثأر**. هذا يتسق مع عدة ملاحظات: كان من بين أول من تعاون مع المحتلين اليابانيين في الصين أحيانًا «أولئك الذين فشلوا في السياسات والتعليم» (Lary 2001:11)؛ القادة المحليون الذين تم تهميشهم من قبل الحكومة كانوا أول من انضم لتمرد الرينامو في موزمبيق (Geffray 1990)؛ الخاسرون في نزاعات السيادة أو الأراضي أحيانًا اصطفوا مع المتمردين في سيراليون لضمان الانتقام (Richards 1996:8)؛

الأشخاص المغتاظون والمستاؤون استُخدموا كعملاء محليين من الخمير الحمر في كمبوديا (Bizot 2003:44)؛ كانت احتمالية تبليغ الزوجات الألمانيات عن أزواجهن للجستابو أكثر بكثير مما هو العكس (Joshi 2002). أحيانًا، يكون الأمر بمن يتحرك أولًا. في بلدة جواتيمالية، الخاسرون في الانتخابات المحلية اصطفوا مع الجيش لا مع المتمردين (Stoll 1993:76). من الصعب نقل هذه الفكرة بطريقة أفضل مما قالها هذا الرجل، الذي أعلن بعد أن دخل جيش الاتحاد إلى مقاطعة ماديسون في ألاباما، عن نيته قتل خصمه المحلي «ثم أخذ بعض جنود الاتحاد لأخذ كل شيء خارج منزله وحرق المكان بما فيه.... لقد كان رجلًا كبيرًا لوقت طويل، ولكن جاء الآن زماني لأسقطه» (in Ash 1995:128).

من هذا المنظور، يمكن النظر للانقسامات «الرئيسة» على أنها تشكلات رمزية ومادية، في الوقت نفسه، يمكن أن تبسط وأن تكون خط عبور وتستدخل مجموعة متنوعة محيرة من الصراعات المحلية، في فكرة متسقة مع الطريقة التي يعتمد بها المراقبون الخارجيون، كالمؤرخين، على «السردية الرئيسة» كوسيلة «لوضع المخطط»، أي لسرد قصة مباشرة مقنعة مأخوذة من العديد من القصص المعقدة (Ricoeur 1984). مفهوم التحالف يسمح لنا بإعادة تعريف التعقيد، وإن كان بطريقة قابلة للتعقب نظريًا. الحروب الأهلية تسلسلات من الانقسامات المحلية المتعددة والمتباينة عادة، والتي ما تصطف بدرجة تزيد أو تنقص حول الانقسام الرئيس. فمثلًا، يفسر أوليفيه روا (Roy 1999) الانقسام الإسلامي- المحافظ في حرب عام 1992 الأهلية في طاجيكستان بمصطلحات ما يسميه: *mahalgera'y*، أي المحلاتية (localism). إنه يفكك الانقسام الرئيس لتلك الحرب (الدين) إلى عدد من الصراعات المتباينة على خطوط مختلفة، مثل المنطقة، والمهنة، والموقع ضمن جهاز الدولة، والعرقية[1]. وكما هو متوقع، من الأسهل إدراك هذه الديناميات في الحروب الأهلية الراهنة التي تفتقد نوع الخطابات المعيارية التي قدمتها الحرب الأهلية. لكن الدليل الراهن يشير إلى تشاركية هذه الديناميات: الخلافات المتصورة ما بين صراعات ما بعد الحرب الباردة والحروب الأهلية

---

(1) «الفصيل الإسلامي-الديمقراطي» تضمن جماعات مناطقية ومهنية وإثنية مثل الجارمي (من منطقة كاراتيجن)، والباميري (من منطقة جورنو-باداخشان)، والمثقفين (من منطقة بيندتيكينت)، بينما كان «الفصيل المحافظ» مكونًا من لينين أباديين من منطقة لينين أباد، وكولابيين من منطقة كولاب، وهيساريين من منطقة هيسار، وأوزبك عرقيين (O. Roy 1999:222-225). صليبي (Salibi 1988) يقدم تحليلًا مشابهًا للحرب الأهلية اللبنانية.

السابقة يمكن عزوها أكثر إلى زوال التصنيفات المفهومية المتاحة الناتج عن انتهاء الحرب الباردة، أكثر من الطبيعة المختلفة جوهريًا للحروب الأهلية ما قبل الحرب الباردة (Kalyvas 2001). بشكل مشابه، فإن حقيقة أن الانقسامات المحلية العرقية أو الدينية أسهل للرصد، بشكل عام، للمراقبين الخارجيين من المراقبين الداخليين المشاركين قد يؤدي لانحياز في نقل وترميز وتفسير الأدلة.

ميكانيزمة التحالف تشير إلى معضلة حاسمة لكل من الفاعلين المركزيين والمحليين. فمن ناحية، الفاعلون المركزيون يجب أن يحشدوا على المستوى المحلي، حتى وإن كانت أجندتهم الأيديولوجية معارضة للمحلاتية [أي العمل على مستوى محلي]. مثلًا، جريجور بينتون (Benton 1999) أظهر ببراعة كيف كان الشيوعيون الصينيون قادرين على اختراق المجتمع المحلي عبر صلات محددة بدلًا من الدعوات الأيديولوجية المجردة[1]. الفاعلون المركزيون أدركوا أن دعواهم العالمية عادة ما تفشل في إنتاج الحشد المحلي المطلوب، إذ إن هذه الدعوات عادة ما لا تكون محل إصغاء أو حتى إدراك. في الوقت نفسه، يجب أن يتجاوزوا التحديدية والمحلاتية، لأنه، كما يقول جيمس سكوت (Scott 1977c:222)، «داخل كل ثورة تقاليد عظيمة ذات دعم شعبي، هناك ثورة تقاليد صغيرة تهدد بانتزاع ذلك التمرد لأغراضه الضيقة».

المحلية هي ما يميز عصيانات الفلاحين التقليدية عن التمردات الحديثة والتي أدت لفشل الأولى. فريدريك أنجلز حاجج بأن ثورات الفلاحين في حرب الفلاحين الألمانية عام 1525 «لم تتجاوز حدود الصلات الاجتماعية والنظرة المحلية، وأنها «كانت محددة بأفقها المحلي»، منتقدًا «إقليميتها العنيدة» و«ضيق أفقها المروع»، في سمات يصفها بأنها «لا بد منها دائمًا بين حشود الفلاحين»، مما أدى في النهاية إلى إفشال ثورتهم. تروتسكي حاجج بأن «القماءة المحلية هي لعنة التاريخ على كل عصيانات الفلاحين»، وانتقد ماو المحلية ضمن وحدات غِوار الفلاحين، «التي كانت مشغولة كثيرًا بالاعتبارات المحلية لدرجة تجاهل المصلحة العامة» (in Guha 1999:278-279). لذلك، فالفاعلون المركزيون يحاولون بلا هوادة (ولكن بدرجات متفاوتة) أن يمتصوا الانقسامات المحلية ضمن الانقسام الرئيس.

---

[1] يقدم الشيوعيون الصينيون والفيتناميون مثالًا واضحًا في هذا السياق (Benton 1999; Huan and Thirequ 1996; Hunt 1974:12)، كما هي التمردات الأفريقية المكافحة للاستعمار (مثلًا: Finnegan 1992:116-117).

في الوقت نفسه، الفاعلون المحليون يقاومون امتصاصهم ضمن بنى مركزية مرتبة هيكليًا. ورغم ارتباطهم عمليًا بالانقسام الرئيس، إلا أنهم يكافحون ليظلوا متمايزين ويحافظوا على درجة من الاستقلالية. «الفلاحون اختبروا بمرارة صبر كل من رؤساء الأساقفة والمفوضين على السواء»، كما يلاحظ جيمس سكوت (Scott 1977b:1). إن تاريخ العديد من حركات التمرد هو قصة التوتر بين هذه الأهداف المتضاربة[1]. وبالنظر لها من هذه الزاوية، تبدو الحرب الأهلية عملية «تطبيع» سياس وإداري، وبناء الدولة يمكن اعتباره مظهرًا خارجيًا للحرب الأهلية.

أهمية التحالف كميكانيزمة تجلب الانقسامات المحلية ضمن الانقسام الرئيس لصراع ما ذات جانبين اثنين: أولًا، أنها تسمح بفهم نظري للحرب الأهلية يستدخل، بدلًا من أن يتجاهل، الانفصال بين المركز والهامش والضبابية الواسعة التي تحيط بهذه العملية. ثانيًا، أنه يحول واجهة المركز- الهامش إلى قضية أساسية ويجبرنا على التفكير بشكل أكثر دقة في الطرائق التي تربط الفاعلين والدوافع المتباينة. إدراك وجود سلسلة من الانقسامات المحلية المتعددة والمنفصلة يسمح لنا بالبحث في العلاقة بين الانقسامات المركزية والمحلية، باحتمالية تم استبعادها بفهمنا المهيمن الآن على الانقسامات.

حرب المفوَّضين في السياسات الدولة لها تاريخ طويل، منذ أيام الإمبراطورية الرومانية (Shaw 2001:155) إلى الحرب الباردة. إلا أننا نفشل في وضع إطار مفهومي للحرب الأهلية لكونها امتدادًا وتجميعًا لحرب المفوضين. من الممكن الآن التوفيق، ضمن الإطار التحليلي نفسه، بين دوافع كان يعتقد أنها متناقضة، دون جمعهم معًا بشكل كامل، مثل السلوك الاستراتيجي من الفاعلين السياسيين، والسلوك الانتهازي من المجموعات المحلية والأفراد. الميزة النظرية للتحالف هي أنها تسمح بوجود فاعلين متعددين بدلا من وجود فاعل موحد، بوجود الفاعلية في **كل من** المركز والهامش بدلًا من وجودها بأحدهما فقط،

(1) وثائق الشيوعيين الصينيين تظهر بأن قوات الجيش الأحمر رفضت خوض حروب العصابات في «المناطق البيضاء»، مفضلة البقاء في «المناطق الحمراء»، حيث كانت تفضل أن تقود حياة هادئة ومطمئنة، مع السكان المحليين الذين عاملوهم كحرس لهم. هذا الميل كان يعرف بضيق الأفق (*difang zhuyi*) (Wou 1994:140). دونالد رالي (Raleigh 2002:74-108) يوثق كيف استخدم النظام السوفييتي أعمال التطهير، ضمن أدوات أخرى، لتدمير استقلالية التنظيمات الحزبية على المستوى المناطقي والمحلي. الفاعلون المحليون في مقدونيا دفعوا باتجاه مزيد من العنف أكثر مما هو مقبول بالنسبة للفاعلين المركزيين (Livanios 1999:206)، وهكذا.

وبوجود مجموعة متنوعة من التفضيلات والهويات بدل وجود تفضيل وهوية مشتركة وشمولية. النتيجة المنهجية الرئيسية هي أن التفكيك الواعي يجب أن يسبق التفسير على المستوى الكلي. بصيغة أخرى، لا يمكن أن نصل إلى الميكانيزمات على المستوى الجزئي من تحليل المتغيرات على المستوى الكلي.

تجريبيًا، التحالف متسق مع الطبيعة الحميمية والكيدية، عادة، للعنف الانتقائي، والنشوء الداخلي للانقسامات عن الحرب، والوجود والظهور المحدود للانقسامات المحلية بعد الحرب. حال انتهاء الحرب، السردية الرئيسة للصراع تقدم طريقة سهلة بأثر رجعي لتبسيط ووضع خط عبور وفي النهاية إزالة تعقيدات وتناقضات والتباسات الحرب. نتيجة مثيرة للاهتمام هي أن ما يميز الثورات ما قبل الحديثة والتمردات الحديثة هي غياب النخب المدينية وخطابها في الثورات ما قبل الحديثة. إضافة لذلك، فالعديد من التمردات المسماة ما بعد الحديثة (أو «التناظرية غير التقليدية») يبدو أنها تفتقد لرابط مع نخب مدينية ظاهرة. التحالف يتسق كذلك مع النتيجة أن الناتج القومي المحلي للفرد مرتبط عكسيًا مع اندلاع الحرب الأهلية: لأن التعليم يرتبط بالناتج القومي المحلي، والرسائل الأيديولوجية تتطلب التعليم، فإننا نتوقع حضورًا مهيمنًا لبدائل عن الحشد الأيديولوجي، مثل الانقسامات المحلية، في الحروب الأهلية.

الادعاء هنا هو أن التحالف أحد الآليات، وليس الآلية الوحيدة؛ لكنه بالتأكيد الآلية الأكثر تجاوزًا في تشكيل وتعزيز الانقسامات، وكما أشير سابقًا، فإدراك الانقسامات المحلية لا يتضمن بأي شكل تجاهل دراسة الديناميات على المستوى الوطني والانقسامات الرئيسة. التركيز على التفاعل يتطلب تحليلًا حذرًا لكليهما. وإذا أكدت على البعد المحلي، فلأنه قد تم تجاوزه للغاية.

الانتباه للانقسامات المحلية ضروري لتحقيق تلاؤم أكبر بين النظرية على المستوى الكلي وعلى المستوى الجزئي، وتفسير النتائج العابرة للأوطان حول المتغيرات على المستوى الكلي، مثل الاندلاع والمدة وإنهاء الحروب الأهلية. فمثلًا، أحد أمتن مؤشرات تنبؤ اندلاع الحروب الأهلية، الناتج القومي المحلي للفرد (Fearon and Laitin 2003; Collier and Hoeffler 1999)، يمكن أن يُظهر تأثير الانقسامات المحلية، فالدول الفقيرة غير التحديثية لم تستطع اختراق هامشها بشكل فعال، وبذلك فشلت في تقليل بروز الانقسامات المحلية (Lipset and Rokkan 1967)، تاركة مساحة لانقسامات كهذه لتصبح موردًا يصل إليه الثوار.

4.11. الخلاصة

نتيجة مهمة لنظرية العنف الانتقائي لفهمنا للحروب الأهلية مفادها أن الإصرار الحالي على الانفصال الهوبزي- الشميتّي يمكن أن يكون مضللًا بدرجة كبيرة. أولًا، وبعكس شميت، أن السلوكيات في الحروب الأهلية، بما فيها «العنف السياسي»، ليست سياسية بالضرورة ولا تعكس دائمًا استقطابًا أيديولوجيًا عميقًا. الهويات والأفعال لا يمكن اختزالها إلى قرارات تأخذها المنظمات المتنازعة، وإلى خطابات تنتج في المركز، وإلى أيديولوجيات مأخوذة من الانقسام الرئيس للحرب. لذلك، فالمسعى الذي يفترض وجود فاعلين موحدين، ويستنتج ديناميات الهوية والفعل فقط من الانقسام الرئيس ويؤطر الحروب الأهلية بمصطلحات ثنائية هو مسعى مضلل. وبدلًا من ذلك، فالانقسامات المحلية والديناميات بين المجتمعات المحلية يجب أن تستدخل ضمن نظريات الحروب الأهلية، كما أظهرت نظرية العنف الانتقائي. ثانيا، وبعكس هوبز، فلا يمكن اختزال الحروب الأهلية إلى آلية مجردة تفتح البوابات المغلقة في وجه العنف الخاص العشوائي والأناركي. العنف الخاص مقيد بشكل عام بمنطق التحالف والسيطرة، وهو الذي يتم وضعه من النخب الوطنية والفاعلين فوق المحليين. الحروب الأهلية تعزز علمية من التفاعل بين الفاعلين ذوي الهويات والمصالح المتمايزة. إن التقارب بين الدوافع المحلية والضرورات فوق المحلية هو ما يمنح الحرب الأهلية سمتها الحميمية ويؤدي لعنف مشترك يجسر الانقسام بين السياسي والخاص، والجمعي والفردي.

الخلاصة

(المصائب تأتي من المصائب)

يوربيديس، **إيفجنيا في توريس**

رصف هذا الكتاب النظرية والدليل ليظهر أن هناك منطقًا للعنف في الحروب الأهلية، وأن هذا العنف ضد المدنيين لا يمكن اختزاله بأنه جنون محض. شكسبير وجوته كانا محقين: هناك منطق في الجنون، والجحيم له قوانينه. شيوع افتراض أن العنف لا يمكن إدراك كنهه ساهم في انتشار تفسيرات سطحية غير مدعومة بأدلة تؤكد على العواطف الجمعية والأيديولوجيات والثقافات، ذات قدرة تفسيرية منخفضة. في الوقت نفسه، منطق العنف في الحروب الأهلية يبدو مختلفًا جدًا عن التفسيرات الشائعة، المليئة بالحشو، التي تؤكد أن العنف مستخدم لأنه «مجدٍ». هذه الأفكار تخلط عقلانية الخيارات بمثالية النتائج، وتأخذ الأولى من الثانية، والعكس صحيح.

بدلًا من ذلك، كان هدف الكتاب هو تحديد إن كان، وكيف، ومتى، وأين، ولمن، يكون العنف «مجديًا». ببساطة، العنف العشوائي اختصار معلوماتي قد يرتد على من يستخدمه، والعنف الانتقائي ينتج بشكل مشترك على يد الفاعلين السياسيين الباحثين عن المعلومات والمدنيين الأفراد الذين يحاولون تجنب الأسوأ، وأيضًا يحاولون حيازة الفرص التي يتيحها لهم هذا المأزق. في كلتا الحالتين، العنف ليس أبدًا انعكاسًا بسيطًا للاستراتيجية المثالية لمستخدميه، فهو خاصية تفاعلية جوهرية تهزم منطقيات التضخيم، كما تقدم نتائج مفاجئة، مثل غياب العنف النسبي على «جبهات» الحرب الأهلية.

على المستوى الأكثر تجريدية، سألت لماذا تنتج الحروب الأهلية عنفًا عادة ما يكون عالي الوحشية وعميق الحميمية في الوقت نفسه. هل العنف انعكاس للطبيعة البشرية، كما حاجج ثوسيديديس وهوبز؟ أم أنه تعبير عن انقسامات سياسية عميقة تحول الأفراد إلى أعداء لدودين، كما أشار شميت؟ هذه الأسئلة مقدمة بدرجة عالية من العمومية، وهذا الكتاب لا يتناولها بشكل مباشر، إلا أنه يقدم أفكارًا نظرية ودليلًا تجريبيًا يسائل الصلة الحصرية بين عنف الحرب الأهلية، وبين كل من القابلية الوحشية أو العواطف السياسية الحادة.

التركيز الكبير على مجازات الأناركية والاستقطاب دفعنا لتجاوز بعد جوهري بالحروب الأهلية: حقيقة أنها تقدم دوافع قوية لإنتاج العنف «غير المباشر» على يد المدنيين «العاديين». بالنسبة للعديد من الأشخاص غير المتعطشين للدم بشكل طبيعي ويمقتون المشاركة المباشرة في العنف، الحروب الأهلية تقدم فرصًا لا يمكن مقاومتها لإيذاء أعدائهم اليوميين. إن تفاهة العنف هذه، كما تقول حنة أرندت، هي التي تعطي الحرب الأهلية قدرًا كبيرًا من دلالتها الصادمة.

بدلًا من تسييس الحياة الخاصة، تسير الحرب الأهلية في الاتجاه الآخر كذلك: إنها تخصخص السياسة. الحرب الأهلية تحول المظالم المحلية والشخصية إلى عنف مميت، وعندما يحصل؛ يتم منح هذا العنف معنى سياسيًا قد يتم تطبيعه بسرعة ضمن هويات جديدة ودائمة. عادة، الأصول المبتذلة لهذه الهويات الجديدة تضيع في ضباب الذاكرة أو يتم إعادة تشكيلها بحسب السياسات الجديدة التي عززتها الحرب.

هناك نتيجتان عامتان تنتجان عن ذلك. أولًا، يجب ألا يكون هناك فرق جوهري بين النفور من العنف المباشر أو الرغبة في إيذاء الجار بين شعوب البلدان التي تواجه الحروب الأهلية وشعوب البلدان التي لا تواجهها. ثانيًا، الحرب ظاهرة تحويلية[1]، والحرب الأهلية تحويلية أكثر من سواها من الحروب. مغامرة الحرب تحول تفضيلات وخيارات وسلوك وهويات الأفراد، والطريقة الرئيسية التي تمارس بها الحرب الأهلية خاصيتها التحويلية تكون عبر العنف. بكلمات أخرى، هناك عدة طريق يكون بها العنف متغيرًا مستقلًا. هذه الفكرة جديدة بالكاد، لكنه من المفاجئ كيف لم تؤثر كثيرًا في الأبحاث الراهنة حول الحروب الأهلية.

معظم العمل الراهن عن الحروب الأهلية يتكون من دراسات ذات عينات كبيرة حول اندلاع ومدة وإنهاء الحروب الأهلية. وبعكس هذه الأعمال القيمة، درست ديناميات العنف حالما تبدأ الحرب، وبعكس هذا الكتاب، تلك النظريات ليس لها ما تقوله حول العنف، فهي تعاملها كأنها ناتج تلقائي للحرب، غير جدير بالدراسة بشكل خاص. هذا تجاهل مترتب على ذلك، ومرتبط بالمشكلة الأكبر لدى الممارسات الراهنة للعلوم السياسية فيما يتعلق بالحالة السببية للتفضيلات والاستراتيجية والهويات.

ومع ذلك، هناك بعض النتائج التي يمكن أخذها من هذا الكتاب للنظريات القائمة للحروب الأهلية. أولًا، كون الحروب الأهلية عمليات «ذاتية النمو» بدرجة كبيرة كثيرًا

---

(1) فكرة صاغها ببلاغة جورج كينان (Kennak 1951)، وآخرون غيره.

ما يتم تجاهله. التفضيلات والاستراتيجيات والهويات الجمعية والفردية تتشكل ويعاد تشكيلها باستمرار طيلة الحرب. الولاء الشعبي وغياب الولاء والدعم لا يمكن اعتباره ثابتًا وخارجي المنشأ. لذلك، النظريات التي تفترض جمود الفاعلين والتفضيلات في تجلياتها قبل الحرب، وتعتمد على هذا الافتراض لتفسر جوانب متنوعة من الحروب الأهلية، مثل اندلاعها أو مدتها أو إنهائها؛ ستكون منحازة. هذا الانحياز يعززه الميل لاستنتاج الفاعلين والتفضيلات والهويات، ما قبل الحرب، من «السرديات الرئيسة» للحروب الأهلية. وبالتأكيد، هذه السرديات تبسط تعقيد الحروب الأهلية[1]. ولكن، حقيقة أن الحروب الأهلية عمليات بناء دولة يعني أن «سردياتها الرئيسة» ستلوث على الأرجح بناتج الحرب، فهي ستشوه، والتباساتها وتناقضاتها ستُمحى[2]. هيمنة سرديات كهذه قوي جدًا لدرجة أن الباحثين الذين يجمعون الروايات المفصلة عادة ما يتأهلون أو يقللون قيمة نتائجهم لأنها لا تتسق ضمن الإطارات الموجودة. فمثلًا، ملاحظة أن جزءًا كبيرًا من العنف ينتج عن الخلافات الشخصية تم الحديث عنه بشكل غزير، وتهميشه، في الوقت نفسه. كنتيجة لذلك، نظريات اندلاع الحروب الأهلية المبنية على هذه الروايات تأخذ على الأرجح أسبابها من نتائج الحرب.

ثانيًا، الأفراد غائبون ببساطة عن نظريات الحروب الأهلية الحالية. عندما لا يتم تجميعهم ضمن مجموعات («الصرب»، «الشعب») سلوكياتها موجهة من الآخرين، فهم يُقدّمون على أنهم ضحايا العنف. هناك ميل إلى رؤية العنف على أنه مفروض من الخارج على مدنيين مطمئنين، ومن ثم أبرياء، في فكرة عززها خطاب حقوق الإنسان الموجود في النظريات الوظيفية للصراع العرقي، التي يكون بحسبها الأفراد محل تلاعب دومًا من السياسيين. وباختصار، الأفراد عادة ما ينظر إليهم على أنهم مفعول بهم لا فاعلون للعنف. هذه الفكرة تم التعبير عنها باقتضاب في أقوال متنوعة حول النمل الذي يضرب به المثل، عالقًا بين الفيلة أو الجواميس. ولكن، الأفراد لا يمكن معاملتهم ببساطة على أنهم فاعلون غائبون أو محل تلاعب أو مختفون، وبدلًا من ذلك، عادة ما يتلاعبون بالفاعلين السياسيين ليساعدوهم

(1) لذلك يتم إهمال الدوافع الحاضرة غير العرقية وراء العنف في الحروب «العرقية»، مثل السرقة والسيطرة على شقق الجيران، لتصبح العرقية هي «التصنيف الأساسي الذي يرويه الناس على الأرض ويفهمون من خلاله عنف الحرب» (Dale 1997:91).

(2) في الحقيقة، الدراسات الأكاديمية تتشارك مع «التأريخات الرسمية» هذا الميل لإزالة الانقسامات الداخلية الإشكالية، و»الفجوات الطبقية أو أفعال الخيانة أو دوافع الفلاحين التي كانت مستقلة عن سيطرة النخبة» ولتبسيط «حواف الماضي المدببة» (Swedenburg 1995:21; Kedward 1993:160).

على القتال في صراعاتهم الخاصة. باختصار، يجب أن يستدخلوا بوضوح ضمن نظريات الحروب الأهلية بطريقة تعكس تعقيد مشاركتهم.

ثالثًا، كثير من الأعمال تتجاهل حقيقة أنه لا يوجد تقاطع ضروري بين المستويين الجزئي والكلي. التأكيد الراهن على المستوى الكلي يعني أن الديناميات «على الأرض» تعتبر تجليات غير مرتبطة للمستوى الكلي. الفاعلون المحليون ينظر إليهم على أنهم نسخ طبق الأصل من الفاعلين المركزيين، ودراستهم مبررة فقط بغرض التاريخ المحلي أو الاهتمامات الأنتيكية. هذا التجاهل له عدة أسباب: تقسيم العمل يفصل المهمات ما بين جمع الأدلة على المستوى المحلي وتفسير الديناميات على المستوى الكلي؛ تفضيل معرفي يهمش المحدد؛ وتفسير الديناميات على المستوى الجزئي بلغة الانقسام الرئيس. النتيجة هي رؤية للفاعلين السياسيين على أنهم موحدون وأخذ لدوافع الأفراد من قرارات النخبة ضمن المواضيع «النموذجية» من الدين أو العرق أو الطبقة. ولكن، الفصل بين الانقسامات المركزية والمحلية يطرح تساؤلات حقيقية حول صحة هذه الاستنتاجات. بكلمات أخرى، العنف في «حرب طبقية» أو «عرقية» لا يعني بشكل تلقائي أو ضروري عنفًا طبقيًا أو عرقيًا. هذا لا يعني القول إن الولاءات العرقية أو الدينية أو الطبقية خاطئة أو ليست ذات علاقة، ولكن يمكن القول إن تأثيرها يتباين بشكل معتبر عبر الزمان والمكان ضمن الحرب الأهلية نفسها، وإن تعزيزها هو ناتج، لا سبب، للعنف.

عملية استنتاج الديناميات على الأرض من المستوى الكلي ستولد استنتاجات منحازة على الأرجح، بطريقة تتوازى مع مشكلة المغالطة البيئية المعروفة. بالتأكيد، الجذور [على المستوى المحلي] مليئة بالفوضى. هذه «الفوضى المحلية» يمكن تجاوزها فقط إذا كان الهدف هو رواية تاريخية مبسطة على المستوى الكلية، مقدمة لجمهور واسع، ولكن التحليل الصارم النظريَ والتجريبي للحروب الأهلية مستحيل في غياب اهتمام قريب بديناميات المستوى الجزئي. بشكل مشابه، من غير الصحيح تفسير سلوك الأفراد بالرجوع فقط لأفعال النخب أو «الجماعات» المبهمة. العلاقة بين الأفراد والنخب تتغير زمانًا ومكانًا. هذا يعني أن نظريات الحرب الأهلية يجب أن تستدخل تحليلًا متعدد المستويات، يأخذ بعين الاعتبار التفاعل بين النخب المتنافسة وبين النخب والسكان وبين الأفراد، في الوقت نفسه. الفشل في ذلك سيحرف التحليل ويضيع الميكانيزمات الوسيطة بين الفرص والقيود في المركز وفي الهامش.

التفسير الخاطئ الكثير للديناميات على المستوى المحلي ساهم في إنتاج تصورات على المستوى المحلي إما أنها غير مختبرة (أي «موضوعة بشكل معين») أو خاطئة، كما أنها أدت

لجمع، مفرط، لتصورات مفهومية لمتغيرات عرضة لمشاكل ذات تكافؤ ملحوظ. فمثلًا، الناتج المحلي الإجمالي للفرد متسق مع عدة آليات لاندلاع الحرب الأهلية؛ قدرة الدولة متسقة مع العديد من أنواع جمع الموارد؛ رغم ما يتم التأكيد عليه، فدوافع الأفراد للانضمام للحركات الثورية نادرًا ما تكون تجليًا لـ«المظلمة» أو تعبيرًا عن «الطمع»، والانضمام لا يتضمن عادة مشكلة فعل جمعي على الإطلاق؛ الأناركية هي المجاز الخاطئ للحالة على الأرض؛ الخوف لا يؤدي بالضرورة للعنف؛ قرارات النخب بعيدة عن حالة العنف المفردة؛ مصدر السيطرة ليس موجودًا بالضرورة في التفضيلات الشعبية؛ وهكذا. بصياغة أخرى، التصورات المفهومية والتصورات على المستوى المحلي تنبثق من بحث تجريبي حذر بدلًا من كونها حقائق منمقة مترددة.

إضافة لكونها ضرورية للفهم الصحيح للحروب الأهلية، فإن التركيز على الديناميات ذاتية المنشأ والنمو للحروب الأهلية يشير إلى تضمينات سياسية محتملة لا تعتمد حصرًا على تحليل سياسات ما قبل الحرب. تقليل العنف يتطلب سلوكًا محليًا بقدر ما يتطلب سلوكًا عند المركز. على الأقل، على المدى المتوسط والقصير، المحاولة مع السيطرة المحلية يمكن أن يكون طريقة أكثر فعالية لتحقيق السلام والاستقرار بدلًا من الاستغلال في التحولات بالمواقف. من هذا المنظور، استدخال إجراء عملياتي للسيطرة يجب أن يصبح أولوية لعمليات حفظ وبناء السلام. حشد الجنود، وخصوصًا، الموارد الإدارية يجب أن يعتمد على فهم واضح لميزان السيطرة المحلي. والعكس صحيح، التعدي على السيطرة المحلي لفاعل مسلح بدون تفويض أو قدرة على حماية «المنشقين» المدنيين بشكل عنيف قد يؤدي لضرر كبير. بشكل مشابه، بما أن العنف الانتقائي ينتج بشكل مشترك، فقوات حفظ السلام يجب أن تتواصل مع المدنيين لكونهم فاعلين وتأخذ سلوكياتهم بالاعتبار عندما تضع استراتيجيات بناء السلام. وبما أن المدنيين مرتكبون نشطون، ولو بشكل غير مباشر، للعنف، فالتعامل مع العنف الماضي يصبح قضية أكثر تعقيدًا مما هو عليه[1].

التركيز على الديناميات ذاتية المنشأ والنمو للحرب الأهلية ذو نتائج منهجية كذلك، أبرزها أهمية التفكيك، على مستوى كل من النظرية والاستقصاء التجريبي. مثلًا، السؤال ما

---

(1) أحد النتائج المثيرة للاهتمام فيما يتعلق بإعادة دمج المقاتلين بمجتمعاتهم هو التالي: ما داموا يملكون معلومات حول من بلغ عمن، فعودتهم قد تكون إشكالية، وتولد الصراع المحلي، وتخل باستقلال المجتمعات. هذا جانب لم تتم معالجته بدراسات نزع التسليح وإعادة الاندماج. شكرًا لآنا أرجونا لإشارتها إلى ذلك لي.

الذي يسبب حربًا أهلية ليس نفس السؤال ما الذي يسبب العنف ضمن حرب أهلية؛ دراسة تشكل مجموعات مسلحة جديدة ليس نفسه سؤال تجنيد الناس ضمن مجموعات مسلحة قائمة، وهكذا. توليد أفكار متماسكة حول التصورات على المستوى الجزئي واختبارها باستخدام بيانات معقولة يجب أن يكون متطلبًا مسبقًا للبحث على المستوى الكلي. هناك الكثير مما يمكن أن نتعلمه بتقدير «فوضى» الحروب الأهلية، والأبحاث المصممة على المستوى دون الوطني يمكن أن تكون مفيدة جدًا بهذا السياق.

التعقيد المتأصل في الحروب الأهلية يجعل الانتقائية المنهجية منتجة، كما سعى هذا الكتاب أن يظهر. بينما اتجه الباحثون ذوو التوجه للبحث على المستوى الكلي التعقيد المحلي، فشل الباحثون المتوجهون لدراسة الجذور دومًا في التنظير والمنهجة للديناميات المحلية التي ينقلونها. هذا الكتاب يظهر أن النظريات التحليلية المجردة يمكن أن تسلط الضوء على أدلة كان يعتقد أنها تافهة أو ضيقة الأفق، فهو يؤكد على الاستيراد النظري للأدلة التي بدت «هامشية» على أسس الأطر القائمة للفهم ويدعو لاستدخالها ضمن الإطار النظري، كما يقترح طرقًا يمكن من خلالها تسخير الأدلة الإثنوجرافية ضمن نتائج تجريبية محددة جيدًا لنظريات تجريدية، ويظهر أنه يمكن جمعها مع بعض الأدوات، بما فيها التحليل الإحصائي، كما يدعو لجمع البيانات سواء لنتائج تجميعية وعمليات حقيقية، ويظهر ضرورة واحتمالية تقديم الآليات المفترضة التي تربط المتغيرات المستقلة والتابعة لاختبار مباشر، بدلًا من افتراض أو تصور الصلات عن بعد.

قبل بضع سنوات، قدمت بعض نتائج البحث لجمهور يوناني، كان، بعماه عن الانحياز الحزبي، لا يريد قبول حقيقة أن المقاومة اليونانية قتلت بعض المدنيين اليونانيين الأبرياء. مثقف عام محلي وقف ليخبرني أنه تضايق من كلامي، ثم سألني عن «الدوافع الحقيقية» لبحثي. بكتابة هذا الكتاب، كنت مدفوعا بالفضول الفكري حول جانب مزعج وغامض من السلوك الإنساني. هذا الكتاب سيحقق أهدافه إذا استطاع إلهام برنامج بحثي موجه نحو التحليل الصارم للديناميات على المستوى الجزئي للحروب الأهلية. ولكن، إذا كان هذا يساهم بجهود تقليل عنف الحروب الأهلية، فسيكون قد حقق أكثر مما كنت أهدف إليه، أو أكثر مما آمله عقلانيًا.

الملحق أ
مصادر البيانات

أ.1. الأرشيفات

الأرشيفات ذات قيمة محدودة عند دراسة عنف الحروب الأهلية، لأن كثيرًا من العنف لا يتم توثيقه ببساطة (Klinkhammer 1997:xi; Roy 1994:5). أرشيفات البلدان النامية (حيث تقع معظم الحروب الأهلية) إما أنها متداعية أو محفوظة بشكل سيئ. العديد من الأرشيفات اليونانية، مثلًا، إما أنه لا يمكن الوصول إليها أو هي بحالة سيئة[1]. لقد كنت محظوظًا بإيجاد مصدر أرشيفي كبير: الأرشيفات القضائية للمحاكم الجنائية لكل منطقة شرقي بيلوبونيز[2]. رغم أن الأرشيف لم يكن قد تم تصنيفه في الوقت الذي أجريت فيه البحث، إلا أنه ضم سجلات من كل أنواع المحاكم شرقي بيلوبونيز من المحاكم الجنائية التي وقعت بعد عام 1945. ما نسبته 80 إلى 90 بالمئة من المحاكم الجنائية ما بين أعوام 1945 و1950 تعاملت مع الجرائم أثناء الحرب على يد المقاومة التي يقودها الشيوعيون (التي شكلت معظم هذه المحاكم) أو مع الجرائم المرتكبة على يد المليشيات اليمينية بعد الحرب. الأرشيف يضم كذلك سجلات «محكمة العملاء الخاصة» لأرغوليذا، وهي لجنة أسست لمحاكمة الأشخاص المتهمين بالعمالة مع سلطات الاحتلال. معظم الملفات تضم ملخصات موسعة للمحاكم، ولكن عددًا كبيرًا منها يضم ملفات المحاكمة كاملة، بما في ذلك لوائح الاتهام والشهادات والإفادات المتعلقة، وسجلات التحقيق، بجانب مواد إضافية مثل سجلات الشرطة والصحف والرسائل والصور.

---

(1) بحسب مؤرخ لليونان، «حالة أرشيفات اليونان عار وطني.... البحث المطول في فترة الحرب مستحيل بناء على أساس الأرشيفات اليونانية وحدها» (Mazower 1993:423). معظم المواد الأرشيفية المرتبطة بالحرب الأهلية، بما فيها عشرات آلاف ملفات الشرطة، دمرت عام 1989، احتفالًا بالمصالحة الوطنية والتي بدأت بتشكيل حكومة ائتلافية يمينية- شيوعية.

(2) هذه الأرشيفات، التي كانت بالأصل في محكمة ادعاءات نافبليو، نقلت عام 1998 إلى الأرشيف التاريخي لأرغوليذا. لقد استخدمت كذلك الأرشيفات البلدية لنافبليو.

المشكلة الرئيسية في استخدام الدليل القضائي هي انحيازه المتأصل. العدالة في يونان ما بعد الحرب كانت منحازة ضد اليسار (Delatortas 1978). كما في العديد من ظروف ما بعد الحرب الأهلية، عدالة المنتصر هي السائدة (مثلًا: Auman 1984:91)، ولذلك «كانت الإشاعة والذنب بالارتباط» (Fellman 1989:47) في العديد من الحالات هي الدليل الرئيسي. شهود الإدانة غالبًا ما بالغوا في ذنب المتهمين، وضمنوا القضايا أشخاصًا بريئين، وتبرأوا من أفعالهم. كل المشاركين والمدافعين والمدعين والشهود كان لديهم دافع لأن يشهدوا بطرق تضخم استخراج النتائج المرجوة. شهادة المدافعين عادة ما كانت منفية ومكذبة، وتسيء تمثيل الدوافع، وتنزع التأكيد عن الالتزام بالقضايا السياسية، وتميل في اتجاه التوبة، وهكذا[1].

رغم عيوبها، تظل المصادر القضائية مصدرًا مهما. إنها تتطلب غربلة وتقييما حذرًا. لأن الكذب وسوء التمثيل عادة ما يكون «منمطًا»، فمن الممكن أن يكون شفاف الرؤية[2]. تقاطع الأرشيفات مع المصادر الأخرى أساسي. عندما يتم تقييمها بشكل دقيق، تقدم المصادر القضائية وصفًا كبيرًا للأحداث والفاعلين العنيفين، بما في ذلك تأريخات مفصلة. عادة، تكون هي المصدر الوحيد[3]. وكثيرًا ما تتضمن مذكرات كتبها المدافعون وتقدم نقاطًا مضادة مفيدة لحجج أصحاب الادعاء. حتى العيوب يمكن أن تكون مفيدة، فأنواع الحجج المقدمة في المحكمة هي بحد ذاتها قطع معلومات ثمينة. فمثلًا، هناك حجة مكررة يقدمها المدافعون بأن الشخص لا يمكن أن يُتضمن في موت شخص ما لأنه لا يعرفه بشكل شخصي، مما يشير إلى افتراض أساسي ومعقول، لكنه غير مكتوب، بأن قدرًا كبيرًا من العنف كان ممارسًا

---

(1) فيلمان (Fellman 1989:49-50) وجد أنه أثناء ميزوري الحرب الأهلية، «عندما كانوا يعتقلون ويحقق معهم على يد سلطات الاتحاديين، كان معظم الغوار والمتعاطفين معهم يكذبون حول مشاركتهم. معادلة إنكار أو تقليل المشاركة كان بادعاء أن الشخص أجَبر وهدد ليقدم الدعم أو تم تجنيده قسرًا ضمن قوات الغوار.... بالاستغباء، وتقليل المشاركة، وإنكار أنهم أعطوا معلومات حول نشاطات الاتحاديين، والإصرار على أن الفشل بالخضوع لمطالب الغوار تم تحييده بسرقات الغوار، والتأكيد على الخوف من التدمير، مع إظهار الولاء الفعال للاتحاديين، كانت ألعابًا دفاعية قياسية».

(2) جانكوسكي (Jankowski 1989:173-174) يقدم مجموعة مفيدة من القواعد العملية للتحقق باستخدام التقاطع بين المصادر لمحتوى الدوافع المعلنة. إنه يحذر من «هامش من الخطأ بالتحليل الجماعي للدوافع، فجعل الخلاصات معقولة يمكن أن يحصل فقط إذا كانت الأنماط والأرقام واضحة بما يكفي وممكنة التوثق. ما عدا ذلك، يجب تقييم الخلاصات».

(3) بمناقشة المصادر المتاحة حول بولندا المحتلة من النازيين، يشير جان جروس (Gross 1979:44) إلى أنه «لا يمكن كتابة تاريخ فترة ما إذا أصر الشخص على استخدام المواد ذات الصحة تامة الموثوقية».

بين أشخاص عرفوا بعضهم البعض. مايكل شرويدر (Schroeder 1996:409) وجد أنه «رغم لغتها الهزيلة والعقيمة»، كانت المصادر القضائية في نيكاراجوا «وثائق استثنائية تقدم نظرة للسياسات الريفية نادرًا ما ترى أو تشاهد من المراقبين الخارجيين». هذه هي تجربتي كذلك.

باختصار، المصادر القضائية ليست سردًا للجرائم والأحكام، بل إنها تضم مادة غنية تسمح بتفسير رصين. لذلك تعتبر أداة أساسية للمؤرخين (Hobsbawm 2001:xvii). في الحقيقة، لقد استخدمت بنجاح بعدد من الدراسات التي تعاملت مع العنف السياسي (مثلًا: D. Anderson 2005; Joshi 2003; Jan Gross 2001; Della Porta 1995; Browning 1992; Gellately 1991; Ortiz Sarmiento 1990; Fellman 1989; Jankowski 1989; Lucas 1983; McCoy 1980; Cobb 1972)، بجانب العنف الجنائي الريفي (Gould 2003; Gambetta 1993).

إضافة للأرشيفات القضائية، عدت لأرشيفي الحزب الشيوعي اليوناني والجيش اليوناني، وكان كلاهما غير مكتمل وأصبح متاحًا مؤخرًا فقط، لكنه يضم معلومات مهمة حول أرغوليذا. لقد فحصت كذلك أرشيفات كل من وزارة الخارجية البريطانية، ومنظمة تنفيذ العمليات الخاصة، الواقع في «مكتب السجلات العامة» في لندن. كلا المؤسستين أبدت اهتمامًا كبيرًا في الشؤون اليونانية لأن اليونان كانت تعتبر واقعة ضمن المجال البريطاني للتأثير. في الحقيقة، مكتب عملاء «منظمة تنفيذ العمليات الخاصة» في أرغوليذا أثناء أعوام 1943- 1944 تكمل المصادر المحلية الأخرى. لقد درست كذلك التقارير المفصلة لـ«بعثة الحلفاء لمراقبة الانتخابات اليونانية». وأخيرًا، قمت باستخدام محدود للمادة الأرشيفية للجيش الألماني وقضاء الجيش الألماني التي تركز على الحالة العسكرية في أرغوليذا.

أ.2. المصادر الشفوية

ماوريس هالبواشز (Halbwachs 1968) لاحظ أنه في فترات الأزمات الوطنية؛ يرتبط التاريخ الوطني بشكل مباشر بالتاريخ الشخصي. إضافة لذلك، يركز التاريخ الشخصي على جوانب عديدة تستبعدها التقارير الرسمية والتأريخات الوطنية عادة. المؤرخون، كما يشير رامون سيندر بارايون (Barayón 1989:115) حول الحرب الأهلية الإسبانية، «أرخوا المعارك العظيمة. لكن معاناة العائلات هي ما خلد الملحمة الحقيقية للبشرية». بالتركيز على جوانب كهذه من الصراع، تمثل التجميعات الشفوية تصحيحًا ضروريًا للانحياز المديني. وبذلك،

تشكل مصدرًا مهمًا لهذا الكتاب. لقد قضيت عشرة شهور في أرغوليذا ما بين 1997 و1999[1]، وعام 2000، قمت بثلاثة أشهر ميدانية في ألموبيا (مع بحث أرشيفي في المحكمة الجنائية لثيسالونيكي). ومعًا، أجريت 215 مقابلة مسجلة: 116 منها لسكان أرغوليذا، و35 لسكان ألموبيا، والبقية لأشخاص من أجزاء أخرى من اليونان. الشكل أ.1 يظهر صورًا أخذتها لبعض من قابلتهم. الجدول أ.1 يضم قائمة كاملة بمن قابلتهم، ومسقط الرأس، ووصفًا قصيرًا.

الشكل أ.1. أشخاص أجريت معهم مقابلات من: ثيريوبيترا، ألموبيا؛ تسيريا، ميسينيا؛ بروسيمني، أرغوليذا.

---

(1) صيف عام 1997 (ثلاثة شهور)، شتاء عام 1998 (شهران)، صيف عام 1998 (ثلاثة شهور)، صيف عام 1999 (شهران).

الجدول أ. 1. المقابلات

رقم المقابلة	مسقط الرأس	وصف قصير
1	إيفكاربيا، سيريس	فلاح، كان الزوج من غِوار «جيش اليونان الديمقراطي»
2	أغيا تريادا، إيماثيا	الأب والإخوة والأخوات كانوا من غِوار «جيش اليونان الديمقراطي»
3	بلاتانوريفما سيرفيون، كوزاني	غِوار في «جيش التحرير الشعبي الوطني»، و«جيش اليونان الديمقراطي»
4	ميديا، أرغوليذا	من الكوادر الإقليمية لـ«جبهة التحرير الوطنية»
5	ميديا، أرغوليذا	كان الزوج من غِوار «جيش التحرير الشعبي الوطني»
6	أنيفي، أرغوليذا	كان الأخ من غِوار «جيش التحرير الشعبي الوطني»
7	أنيفي، أرغوليذا	من الكوادر المحلية لـ«جبهة التحرير الوطنية»
8	أنيفي، أرغوليذا	ابن لقائد إقليمي لـ«جبهة التحرير الوطنية»
9	فروستي، أرغوليذا	فلاح، مرتبط بـ»ألوية الأمن«
10	إيفاندرو، أركاديا	فلاح
11	كوستوبودي، أرغوليذا	فلاح، عضو في «جبهة التحرير الوطنية»
12	فيشتيا، أرغوليذا	من الكوادر المحلية لـ«جبهة التحرير الوطنية»
13	تشيلي، أرغوليذا	فلاح
14	تشيلي، أرغوليذا	فلاح
15	تشيلي، أرغوليذا	فلاح
16	تشيلي، أرغوليذا	فلاح
17	تشيلي، أرغوليذا	راعي
18	أسيني، أرغوليذا	فلاح
19	ليمنس، أرغوليذا	فلاح
20	أجيوس أندريانوس، أرغوليذا	فلاح، ناشط يميني
21	ميديا، أرغوليذا	فلاح

22	إليوكوري، أركاديا	فلاح، موالٍ لـ«جبهة التحرير الوطنية»
23	إليوكوري، أركاديا	طالب
24	إليوكوري، أركاديا	فلاح
25	إليوكوري، أركاديا	فلاح
26	كاستري، أركاديا	فلاح، موال لـ«جبهة التحرير الوطنية»
27	كاستري، أركاديا	فلاح
28	كاستري، أركاديا	من كوادر «ألوية الأمن»
29	كاستري، أركاديا	غِوار مع «جيش التحرير الشعبي الوطني»، ثم جندي في «ألوية الأمن»
30	كاستري، أركاديا	من الكوادر الإقليمية لـ«جبهة التحرير الوطنية»
31	كاستري، أركاديا	فلاح
32	نيكتي، تشالكيديكي	فلاح، عضو مليشيا محلية
33	نيكتي، تشالكيديكي	ضابط في «جيش اليونان الديمقراطي»
34	كوسماس، أركاديا	ابنة قائد إقليمي في «جبهة التحرير الوطنية»
35	كاستري، أركاديا	ضابط بالجيش
36	كاستري، أركاديا	فلاح
37	كاستري، أركاديا	فلاح
38	كاستري، أركاديا	فلاح
39	تسيريا، ميسينيا	غِوار «جيش التحرير الشعبي الوطني»
40	تسيريا، ميسينيا	فلاح، عميل لـ«جبهة التحرير الوطنية»/ «جيش اليونان الديمقراطي»
41	كامبوس أفياس، ميسينيا	متعاون مع «جبهة التحرير الوطنية»، ومجند بفرقة يمينية
42	مالطا، ميسينيا	مجند بفرقة يمينية
43	فروموفريسي، ميسينيا	طالب
44	كوباناكي، ميسينيا	طالب
45	هاندرينوس، ميسينيا	طالب
46	مالاندريني، ميسينيا	فلاح
47	ليونيديو، كورينثيا	فلاح

48	جراليستا، كارديستا	فلاح	
49	نيوس بيرجوس، إيفيا	تاجر	
50	تاتاري، كارديستا	طالب	
51	كيراسيا، أكايا	طالب	
52	مالاندريني، أرغوليذا	غِوار في «جيش التحرير الشعبي الوطني»	
53	بيرجيلا، أرغوليذا	موال لـ«جبهة التحرير الوطنية»	
54	ليفكاكيا، أرغوليذا	جندي في «ألوية الأمن»	
55	أرجوس، أرغوليذا	عضو في «الحزب الشيوعي اليوناني»	
56	كرانيدي، أرغوليذا	فلاح	
57	كرانيدي، أرغوليذا	فلاح، موال لـ«جبهة التحرير الوطنية»	
58	ميكينيس، أرغوليذا	زعيم قروي في «جبهة التحرير الوطنية»	
59	أكلادوكامبوس، أرغوليذا	فلاح	
60	ليركيا، أرغوليذا	عميل لـ«جبهة التحرير الوطنية»	
61	كاباريلي، أرغوليذا	فلاح	
62	إراكليو/ أرجوس، كورينثيا/ أرغوليذا	فلاح، ابن عميل لـ«ألوية الأمن»	
63	سكينوشوري، أرغوليذا	فلاح	
64	كوراكوفوني، أركاديا	فلاح، عضو شبابي في «جبهة التحرير الوطنية»	
65	كاليفيا، كورينثيا	فلاح	
66	دوكا، أرغوليذا	راعي	
67	سكوتيني، أرغوليذا	غِوار في «جيش اليونان الديمقراطي»	
68	كاليفيا، كورينثيا	فلاح	
69	كاليفيا، كورينثيا	موال لـ«جبهة التحرير الوطنية»	
70	بروسيمنا، أرغوليذا	غِوار في «جيش التحرير الشعبي الوطني»	
71	تاتسي، أرغوليذا	فلاح	
72	موناستيراكي، أرغوليذا	قائد فرقة يمينية	
73	موناستيراكي، أرغوليذا	فلاح	
74	موناستيراكي، أرغوليذا	فلاح	

75	مانيسي، أرغوليذا	عضو شبابي في «جبهة التحرير الوطنية»، ابن قائد قروي في «جبهة التحرير الوطنية»
76	أغيوس أندريانوس، أرغوليذا	فلاح
77	مانيسي، أرغوليذا	غِوار في «جيش التحرير الشعبي الوطني»/ «جيش اليونان الديمقراطي»
78	مالاندريني، أرغوليذا	قائد قروي في «جبهة التحرير الوطنية»، عضو في «الحزب الشيوعي اليوناني»
79	كاباريلي، أرغوليذا	قائد قروي في «جبهة التحرير الوطنية»
80	أسيني، أرغوليذا	فلاح
81	باناريتي، أرغوليذا	ابن قائد قروي في «جبهة التحرير الوطنية»
82	بولاكيدا، أرغوليذا	غِوار في «جيش التحرير الشعبي الوطني»/ «جيش اليونان الديمقراطي»
83	بورناريا، أركاديا	غِوار في «جيش اليونان الديمقراطي»
84	بولاكيدا، أرغوليذا	عضو في «الحزب الشيوعي اليوناني»، ثم منشق عنه، وعميل في «ألوية الأمن»
85	أرجوس، أرغوليذا	قائد فرقة يمينية
86	نيا تيرينثا، أرغوليذا	فلاح
87	نافبليو، أرغوليذا	طالب
88	ليفكاكيا، أرغوليذا	فلاح
89	تشيلي، أرغوليذا	قائد فرقة يمينية
90	أثيكيا، كورينثيا	فلاح
91	كاريا، أرغوليذا	من كوادر «جبهة التحرير الوطنية»/ «جيش اليونان الديمقراطي»
92	ميديا، أرغوليذا	عضو في «منظمة حماية مقاتلي الشعب»
93	ميديا، أرغوليذا	فلاحون (مقابلة جماعية)
94	إراكليو، كورينثيا	جندرمة
95	ميثوتشي، أرغوليذا	فلاح
96	ميثوتشي، أرغوليذا	فلاح
97	ميثوتشي، أرغوليذا	فلاح
98	ستيمنيتسا، أركاديا	فلاح

99	فروسيونا، أرغوليذا	من الكوادر المحلية لـ«جبهة التحرير الوطنية»	
100	فروسيونا، أرغوليذا	غِوار في «جيش التحرير الشعبي الوطني»	
101	كيفالوفريسو، أرغوليذا	فلاح	
102	فيشتيا، أرغوليذا	من الكوادر المحلية لـ«جبهة التحرير الوطنية»	
103	بورسا، أرغوليذا	فلاح	
104	ميديا، أرغوليذا	فلاحة، شقيقة زعيم في «منظمة حماية مقاتلي الشعب»	
105	أميجداليتسا، أرغوليذا	غِوار «جيش التحرير الشعبي الوطني»/ «جيش اليونان الديمقراطي»	
106	أميجداليتسا، أرغوليذا	فلاح	
107	إناكوس، أرغوليذا	غِوار في «جيش التحرير الشعبي الوطني»	
108	أنيفي، أرغوليذا	فلاح	
109	لالوكا، أرغوليذا	عميل لـ«جبهة التحرير الوطنية»، كان الشقيق غِوارا في «جيش اليونان الديمقراطي»	
110	ليمنيس، أرغوليذا	فلاح	
111	إريو، أرغوليذا	فلاح	
112	تريستراتو/ إناشوس، أرغوليذا	فلاح	
113	أكلادوكامبوس، أرغوليذا	طالب	
114	أكلادوكامبوس، أرغوليذا	قائد محلي في «ألوية الأمن»	
115	تريستراتو/ إناشوس، أرغوليذا	قائد قروي في «جبهة التحرير الوطنية»، وجندي بـ«الجيش الوطني»	
116	سكينوكوري، أرغوليذا	فلاح	
117	كاريا، أرغوليذا	من الكوادر المحلية في «جبهة التحرير الوطنية»	
118	نيوكوري، أرغوليذا	فلاح	
119	أجيا تريادا، أرغوليذا	فلاح	
120	أجيا تريادا، أرغوليذا	فلاح	
121	أجيا تريادا، أرغوليذا	فلاح	
122	أجيا تريادا، أرغوليذا	فلاح	
123	أرجوليكو، أرغوليذا	جندي نخبة	

124	كورتاكي، أرغوليذا	من الكوادر المحلية في «جبهة التحرير الوطنية»
125	مانيسي/ كورتاكي، أرغوليذا	عميل لـ«جبهة التحرير الوطنية»
126	نيا كيوس، أرغوليذا	من الكوادر المحلية في «جبهة التحرير الوطنية»
127	نيو إريو، أرغوليذا	فلاح
128	نيو إريو، أرغوليذا	فلاح
129	سكافيداكي، أرغوليذا	فلاح
130	بروسيمنا، أرغوليذا	فلاح
131	دالامانارا، أرغوليذا	فلاح
132	موناستيراكي، أرغوليذا	فلاح
133	نيميا، كورينثيا	فلاح
134	أجيوس نيكولاوس/ بلاتاني، أرغوليذا	فلاح
135	أجيوس نيكولاوس/ بلاتاني، أرغوليذا	فلاح
136	نيا إبيدافروس، أرغوليذا	فلاح
137	نيا إبيدافروس، أرغوليذا	فلاح
138	نيا إبيدافروس، أرغوليذا	فلاح
139	أسيني، أرغوليذا	قائد إقليمي عسكري في «ألوية الأمن»
140	ميلوي، أرغوليذا	عميل لـ«جبهة التحرير الوطنية»
141	بيرجيلا، أرغوليذا	فلاح
142	أنيفي، أرغوليذا	فلاح
143	أنيفي، أرغوليذا	فلاح
144	جيمنو، أرغوليذا	فلاح
145	كريونيري/ كيفالاري، أرغوليذا	فلاح
146	كريونيري/ كيفالاري، أرغوليذا	فلاح
147	كريونيري/ كيفالاري، أرغوليذا	فلاح
148	كريونيري/ زونجا، أرغوليذا	فلاح
149	بارثيني، أركاديا	غِوار في «جيش التحرير الشعبي الوطني»/ «جيش اليونان الديمقراطي»

150	أراكوفيتسا-كوكليا، إفريتانيا	فلاح
151	مافرونوروس، إيوانينا	فلاح
152	نيفي، كيفالونيا	ابنة كادر محلي من «جبهة التحرير الوطنية»
153	دريبانو، أرغوليذا	ابن قائد قروي في «جبهة التحرير الوطنية»
154	كيفيري، أرغوليذا	قائد قروي في «جبهة التحرير الوطنية»
155	كيفيري، أرغوليذا	فلاح
156	كيفيري، أرغوليذا	فلاح
157	نيميا، كورينثيا	من كوادر «جبهة التحرير الوطنية»
158	ريزا، كورينثيا	قائد فرقة في «منظمة حماية مقاتلي الشعب»
159	ألوناكيا، كوزاني	فلاح، ثم جندرمة
160	تشيلي، أرغوليذا	جندي في «ألوية الأمن»
161	أغيوس ستيفانوس، أرغوليذا	فلاح
162	جيمنو، أرغوليذا	فلاح
163	نيا زوي، إيماثيا	فلاح
164	فيلفيندو، كوزاني	طالب
165	ثيسالونيكي	جندرمة
166	ثيسالونيكي	ربة منزل
167	أومالي، كوزاني	فلاح
168	أومالي، كوزاني	فلاح
169	جليكوكيراسيا، كوزاني	فلاح، عضو مليشيا محلية
170	فيلفيندو، كوزاني	طالب
171	كوريسوس، كاستوريا	من الكوادر المحلية في «جبهة التحرير الوطنية»
172	ستافروشوري، كيلكيس	فلاح
173	فوستاني، ألموبيا	فلاح
174	كوستانيا، ألموبيا	فلاح
175	ثيريوبترا، ألموبيا	فلاح
176	نوتيا، ألموبيا	غِوار في «جيش التحرير الشعبي الوطني» و«جيش اليونان الديمقراطي»
177	إكسابلاتانوس، ألموبيا	فلاح
178	ثيريوبترا، ألموبيا	مقاتل في «ألوية الأمن»، ثم عضو في مليشيا محلية

179	إيدا، ألموبيا	فلاحون، جنود في لواء مقدوني في «جيش التحرير الشعبي الوطني»
180	بيريكليا، ألموبيا	فلاح
181	أورما، ألموبيا	فلاح
182	كريسي، ألموبيا	فلاح
183	ثيودوراكي، ألموبيا	فلاح
184	ميليا، ألموبيا	فلاح
185	أركاجيلوس، ألموبيا	فلاح
186	بوليكاربي، ألموبيا	فلاح
187	فيلوتيا، ألموبيا	فلاح
188	ريزوشوري، ألموبيا	فلاح
189	إكسيفاني، ألموبيا	من كوادر «جبهة التحرير الوطنية»
190	إكسيفاني، ألموبيا	فلاح
191	إكسيفاني، ألموبيا	من كوادر «جبهة التحرير الوطنية»
192	أريدايا، ألموبيا	عميل لـ«جبهة التحرير الوطنية»
193	تساكوي، ألموبيا	عميل لـ«جبهة التحرير الوطنية»
194	كريسا، ألموبيا	غِوار في «جيش اليونان الديمقراطي»
195	ألورو، ألموبيا	غوار في «جيش التحرير الشعبي الوطني»
196	نيوكوري، ألموبيا	فلاح
197	نيوكوري، ألموبيا	من كوادر «جبهة التحرير الوطنية»، غوار في «جيش التحرير الشعبي الوطني»
198	فورينو، ألموبيا	عضو مليشيا محلية، قائد قروي
199	نيروميلوس، ألموبيا	فلاح
200	برودروموس، ألموبيا	عميل في «جبهة التحرير الوطنية»
201	دوروثيا، ألموبيا	فلاح
202	أريدايا، ألموبيا	تاجر
203	سوساندرا، ألموبيا	فلاح
204	سوساندرا، ألموبيا	من الكوادر القروية في «جبهة التحرير الوطنية»
205	ميليا، بروماشوي، ألموبيا	فلاح
206	بروماشوي، ألموبيا	فلاح

207	بروماشوي، ألموبيا	فلاح
208	نافبليو، أرغوليذا	مقيم في المدينة
209	أسيني، أرغوليذا	فلاح
210	نافبليو، أرغوليذا	تاجر
211	ليجوريو، أرغوليذا	فلاح
212	بوتيا (إيرا)، أرغوليذا	قائد قروي في «جبهة التحرير الوطنية»
213	بوتيا (إيرا)، أرغوليذا	فلاح
214	نافبليو، أرغوليذا	عضو فرقة في «منظمة حماية مقاتلي الشعب»
215	نافبليو، أرغوليذا	ابنة قائد في «جبهة التحرير الوطنية»

إضافة لذلك، أجريت عدة مقابلات رسمية، غير مسجلة، ووجدت نفسي في عدد لا يحصى من المحادثات غير الرسمية عن الحرب الأهلية. المقابلات كانت محادثات معمقة مفتوحة النهاية ذات بنية مألوفة استمرت ما بين ساعة وأربع ساعات. إضافة لذلك، أجريت بعض النقاشات مع المجموعات الصغيرة، وعادة ما كانت في أماكن عامة (مقاهي أو ميدانين). لقد تواصلت مع من أجريت معهم المقابلات عبر «نماذج كرة الثلج»، حيث تقترح الصلات صلات جديدة. نظرًا للطبيعة الحساسة للقضية، لم أحاول عقد مقابلة بدون تعريف أو تزكية مسبقة من قريب أو صديق لمن سأقابله.

من المهم التأكيد على أنني لم أحصر نفسي بـ«الضحايا». في حين أن من قابلتهم لا يمثلون عينة تمثيلية، إلا أنهم يضمون (في حالة أرغوليذا) كل شخص مطلع كنت قادرًا على تعريفه ومقابلته أثناء عملي الميداني (مع مرور نصف قرن على نهاية الحرب الأهلية، معظم المشاركين لم يعودوا أحياء). كل قرية في المنطقة ممثلة. لقد قابلت رجالًا ونساء، ومشاركين نشطين (بقدرات مختلفة: كوادر عسكرية وسياسية من المستويات المنخفضة والمتوسطة، وجنودًا، وعملاء بدرجات مختلفة)، ومشاركين غير نشطين، معظمهم فلاحون. لقد قابلت كذلك مرتكبي جرائم، وضحايا (وعادة ما اجتمع الأمران في الشخص نفسه)، وأقاربهم، ومتفرجين. أخيرًا، تحدثت مع يساريين، ويمينيين، وبعض الأشخاص غير الملتزمين سياسيًا، إضافة لأشخاص غيروا هوياتهم السياسية مع الزمن[1].

---

(1) ثاكستون (Thaxton 1997:xvi-xvii) اعترف أن 75 بالمئة ممن قابلهم كانوا ناشطين فلاحين شيوعيين أو موالين لهم (لا يبدو أن هناك أيًا من الموالين للكومتانج). وعلى العكس، العديد من دراسات حرب فيتنام (مثلًا: R. Berman 1974) مبنية حصرًا على مقابلات مع ثوار وسجناء ومنشقين سابقين.

ومثل باحثين آخرين (Smyth and Fay 2000:3)، وجدت أشخاصًا أكثر من راغبين بمشاركة تجاربهم الأليمة. كانت الميزة الرئيسية هي كوني «داخليًا» و«خارجيًا» في الوقت نفسه. داخليًا (بكوني يونانيًا)، كنت قادرًا على التعاطف مع من قابلتهم ومرحبًا بي كمحاور موثوق [1]، مع قدرتي على تحديد معظم (كما أعتقد!) «الحيل» اللفظية وغير اللفظية التي استخدموها [2] وسبر ذكرياتهم. وخارجيًا، ليس لي صلات عائلية بقريتهم أو منطقتهم، كنت أعتبر طرفا ثالثًا، غير مرتبط بالثارات المحلية [3].

معظم المؤرخين يتفقون على أن المصادر الشفوية يمكن أن تكون إشكالية: إنها مصدر زلق (Hobsbawm 2001:xi)، وإنها «قاعدة بين المؤرخين، وقاعدة جيدة، أن تضع اعتمادًا أكبر على المصادر المعاصرة أكثر من الذكريات الناتجة بعد أعوام، بعد أن يتم إعادة تشكيل ومعالجة الذاكرة» (Novick 1999:106). إن الذكريات، خصوصًا العنيفة والمشحونة سياسيًا، تحرف بسبب طبيعتها الإشكالية (Vargas Llosa 1998:101)، مع الوقت، ومع عدة عمليات نفسية ومعرفية معقدة (Goldberg 2003)، بما في ذلك الميل لملء غياب المعلومات بسرديات منطقية (Mendelsohn 2002:55). الذكريات يمكن أن تقلص الوقت بشكل حرج (M. F. Brown and Fernández 1991:118)، وعادة ما تتأثر بالأحداث اللاحقة، ويمكن أن تنحاز على يد الحزبية والزخرفة والدفاع. الأهم، أن الفاعلين السياسيين ودولة ما بعد الحرب الأهلية تحاول بفاعلية أن تشكل الذاكرة الجمعية بطريقة تتسق مع أهدافهم. الذكريات تتأثر كذلك بالسياق الذي تتحول به من كونها فردية إلى سرديات يتم مشاركتها مع باحث، في سياق محدد. باختصار، الذكريات الشفوية يمكن أن تكون متناقضة ذاتيًا، وغير مكتملة، ومنحازة. الباحث يواجه عدة تحديات. كيف يمكن معرفة ما إن كان الشخص الذي يجري المقابلة يعتقد فعلًا بما يقوله أو يقول ما يعتقده؟ ما الذي يجب فعله عندما يعطي الشخص المقابَل

---

(1) كارول سواين (Swain 1993:229)، العالمة السياسية، تقول إن بضعة أعضاء كونغرس سود في الولايات المتحدة ما كانوا ليتحدثوا بنفس الطريقة لها لو أنهم كانوا بيضًا.

(2) كما حذر أحد القرويين البوسنيين تون برنجا (Bringa 1995:xvi): «تذكر دائمًا أن الناس تفعل شيئًا، وتقول شيئًا آخر، وتفكر في شيء ثالث».

(3) أحد الرجال الذي أصر على رؤيتي رغم مرضه وقعوده بالفراش أخبرني أنه شعر بأن محادثتنا كانت أشبه باعتراف (ديني) (المقابلة 30). هذا الرجل اعترف، للمرة الأولى كما يبدو، بأنه أبلغ عن صديقه. لقد أضاف أنه شعر بنوع من الراحة لتحدثه عن الأمر. إن هورتن (Horton 1998:316) تؤكد على الجانب «المسهل» لبعض المقابلات التي أجرتها في نيكاراجوا، وتربط ذلك بكونها «خارجية».

أقوالًا متضاربة حول الحدث نفسه أو عندما يدلي بتصريحات متناقضة؟ هل تتم معاملة كل وجهات النظر والسلوكيات الفردية بنفس درجة الأهمية؟ كما لخص الأمر جيوفاني كونتيني (Contini 1997:17): «من الصعب تمييز الحقائق من التأويلات في سردية ما، لعزل الانحراف عن معناه. إن الشخص يخاطر بطريقة غير نقدية بقبوله المفارقات، وتقلبات التتابعات الزمنية والذاتية، وتركيز عدة أحداث ضمن حدث واحد وإزالة أحداث معينة».

هذه المشاكل تزداد عندما تكون القضية عنفًا ماضيًا. فمثلًا، مشكلة رئيسية في المقابلات مع ضحايا (ومرتكبي) العنف هي ما وصفه أنطونيوس روبين (Robben 1996) بـ«الإغواء»، الطرق الواعية وغير الواعية التي يؤثر بها الأشخاص المقابَلون بفهم المقابِل. رغم أن بعض الباحثين لا يعدّون هذه مشكلة [1]، إلا أنها تطرح بوضوح بعض المشاكل الكبيرة. لأن استخدام الذكريات الشفوية أمر غير معتاد في العلوم السياسية، أراجع هذه المشاكل بمزيد من التفصيل.

أ.1.2. الزمن

الزمن مهم، فالذكريات تنفد. الحرب الأهلية اليونانية انتهت قبل خمسين عامًا، وهذا أثر بلا شك على ذكريات الناجين. العديد ممن قابلتهم كانوا يواجهون صعوبة أو لم يستطيعوا تذكر تواريخ محددة [2]، فذكرياتهم كانت انتقائية وعرضة للتداخل، وسرديتهم لم تكن خطية. لقد استطعت تحديد معظم هذه المشاكل من خلال استخدامي الموازي للمصادر المكتوبة حول الأحداث نفسها.

بشكل أقل وضوحًا، إضافة لتآكل الذاكرة ووفاة الكثير من المقابَلين المحتملين؛ يمكن أن تكون للوقت ميزة مهمة. في الفصل الثاني، ناقشت بعض مشاكل العمل الميداني في سياق الحرب. بعد الحرب الأهلية، قد يمنع القمع السياسي الناس من قول ما يريدونه عن الصراع بحرية. الخوف يؤثر على رغبة الناس في الحديث عن تجربتهم (Brinkman 2002:2; M. F. Brown and Fernández 1991:9; Cribb 1990:3)، وداعمو الجانب المهزوم ليس

---

(1) مارين سميث وماري ثيريسي فاري (Smyth and Fay 2002:2) تقولان: «رأينا أنفسنا كأدوات يمكن من خلالها توثيق رواية المقابَلين».

(2) في الحقيقة، «المقابَل الذي يتذكر التواريخ عملة نادرة» (B. Allen and Montell 1981:26).

لديهم خيار سوى الصمت (Juliá 1999:37-38). جون جينج (Jing 1996:55-56) وجد أن المقابلات في محافظة صينية «كانت أصعب بكثير من المتوقع.... لقد كانت تلك المنطقة مليئة بالمراوغين والصمت. السرديات الشفوية حول تاريخ القرية كانت متشظية بطريقة مستفزة. في الواقع، كان المقابَلون متلكئين حول الحملات السياسية قبل الثورة الصينية لأنه ما زال لا يمكن انتقادها»[1]. هذا يمكن أن يستمر لأعوام. أثناء النصف الأول من التسعينيات، كانت جريمة كبيرة في إندونيسيا أن يكون لك أي صلة بالحزب الشيوعي، «ولذلك قلة فقط من الناس كانت ترغب في مناقشة [مجازر عام 1965] بشكل مفتوح، وقلة أقل كانت تريد الاعتراف بأية صلات عميقة بالحزب» (Robinson 1995:xii). الصمت ليس قضية قمع خارجي فقط. التجاهل قد يحصل كذلك: فالناس تعرف ما تريد أن تعرفه (Suárez-Orozco 1990:367). الأنثروبولوجية كاي وارين (Warren 1998:93, 110) وجدت أنه رغم أن الفلاحين الجواتيماليين كانوا راغبين في التحدث معها عن الحرب الأهلية، إلا أنهم كانوا متلكئين في المناقشة بالتفصيل، «فالصمت والتجاهل»، و«الالتباس المشكل بعناية» كانا مهيمنين. ذكريات العنف سيئة لدرجة أنها يمكن أن تكبت ممن عايشها (Kheng 1983:xiv). الكاتب اليساري رامون سيندر، الذي جاء للولايات المتحدة بعد الحرب الأهلية الإسبانية، رفض الحديث عن موت ابنه وزوجته على يد المتمردين (Sende Barayón 1989). الحذر رد فعل اعتيادي من الناس الذين عاشوا في حروب أهلية عندما يطلب منهم أن يصفوا تجربتهم (مثلًا: Horton 1998:206). في دراسته لقرية يونانية، وجد الأنثروبولوجي ستانلي أشينبرانر (Aschenbrenner 1987:106) أن إحالات القرويين إلى الحرب الأهلية كانت مشخصة بتوجه من الكبت و«التجنب المدروس». لقد تطلب الأمر من أشينبرانر صبرًا هائلًا وكثيرًا من الوقت (سبعين شهرًا من العمل الميداني خلال مدة تصل إلى أربعة عشر عام) ليجمع معًا قطع تركيب الحرب في القرية التي درسها[2].

---

(1) جينج (Jing 1996:56) أضافت أن من قابلتهم لجأوا عادة إلى «'استراتيجية انتقامية' كانوا من خلالها يعترضون على ما تصنيفهم خطأ بأنهم أعداء الشعب، بدلًا من مساءلة أسباب القمع. حاول البعض إقناع السامع أنهم تم تأطيرهم عندما صنفوا كأعضاء في الثورة المضادة».

(2) الأنثروبولوجية الفرنسية ماري- إليزابيث هاندمان (Handman 1983:42-43) واجهت تجربة أصعب بعملها البحثي حول الفترة نفسها: رغم أنها أجرت عملًا ميدانيًا في قرية يونانية ما بين 1973 و1978، إلا أنها لم تستطع سوى جمع بعض المعلومات القليلة.

عندما لا يكون الصمت مشكلة، قد تدخل العواطف. سوسان فريمان (Freeman 1979:164) تروي أنه أثناء بحثها في بلدة شمالي إسبانيا وجدت «تشابكًا من العلاقات والدوافع.... صعبة التفكيك، خصوصًا لأن العديد من العداوات ما زالت حية وما زالت بحيويتها السياسية». لين هورتن (Horton 1978:148) تشير إلى أن أحد أكبر الصعوبات لعملها الميداني في نيكاراجوا كان استقطاب ما بعد الحرب في مجتمعات الفلاحين المحلية. ماكنيل (McNeill 1978:148) يصف زيارته عام 1947 قرية كورينث القديمة في بيلوبونيز: «كان هناك عدة قتلى ضمن قرويي [كورينث القديمة]، وبعضهم مما تسبب فيه الألمان، وبعضهم ثوار 'جيش التحرير الشعبي الوطني' اليساريون، مما فاقم التوترات السياسية. ولكن كان من المستحيل الحصول على صورة واضحة عما حصل داخل القرية لأن النسخ المتضاربة كما يرويها داعمو الأطراف المختلفة كانت متناقضة بشدة».

في الحالة اليونانية، الحالة السياسية كانت بحيث أنه من الممكن إجراء مقابلات عن الحرب الأهلية بسهولة نسبية فقط بعد نهاية الثمانينيات. القمع ضد اليسار اليوناني استمر حتى مطلع الستينيات. الحزب الشيوعي كان خارجًا عن القانون. آلاف داعميه فروا إلى بلدان الكتبة السوفييتية، والعديد الآخرون سجنوا أو هجروا من أماكن سكنهم إلى منفى داخلي. انقلاب عسكري يميني عام 1967 أمد هذا القمع حتى سقطت الديكتاتورية عام 1974. انتصار الحزب الاشتراكي عام 1981 ترافق مع درجات عالية من الاستقطاب السياسي، بدرجة كبيرة بناء على ذكريات الحرب الأهلية (Kalyvas 1997). مثلا، أثناء الثمانينيات، كان المجال الرئيسي للتفاعل الاجتماعي (للذكور) في القرى، المقهى، مفصولًا على خطوط سياسية. نتيجة لذلك، فالعمل الميداني حول الحرب الأهلية في المناطق الريفية كان صعبًا للغاية. فقط أثناء التسعينيات، تراجعت المشاعر السياسية، مما أفسح مجالا للبحث.

التصورات السياسية حول الحرب الأهلية اليونانية عالية التصورات المسبقة كنتيجة للسرديات التاريخية التي طورها المثقفون المدينيون بفهم قليل، أو اهتمام، لريف اليونان. هذه السرديات العامة ابتعدت عن التعقيدات والالتباسات لصالح مجموعة من النسخ المبسطة وسهلة النقل عن الماضي، وترتبط بشكل عام بقرب إما مع اليمين أو مع اليسار. رغم أن هذه السرديات همشت الأبعاد الخاصة والمحلية لذكريات الأفراد، إلا أنها لم تدمرها. في

الحقيقة، اكتشفت أن السرديات العامة والخاصة تعايشت جنبًا لجنب لدى معظم الناس [1]. عندما ساءلتهم أولًا، كان أولئك الذين قابلتهم يتحدثون باستخدام السرديات العامة التي أكدت على سياسات النخب، بما في ذلك مقتطفات من التاريخ الدبلوماسي، ولكن عندما أطلب منهم الحديث عن قصص محلية محددة، كانوا يتحولون بسرعة إلى سردية مختلفة، تعطي موقعًا كبيرًا للالتباس [2]. التآلف مع تفاصيل التاريخ المحلي الذي أخذته من العمل الميداني كان أساسيًا في استفزاز الذكريات الخاصة والمحلية للمقابَلين.

أ.2.2. الانحياز

الزمن يخفف المشاعر السياسية لكنه لا يمحوها. العداوات الناتجة عن الحرب الأهلية الروسية أصبحت عاملًا هامًا في إزكاء العنف أثناء فترة التنظيم الجماعي في الاتحاد السوفيتي (Viola 1993:74). روبين (Robben 1995:94) لاحظ أن «أي بحث حول العنف السياسي يمر على الكثير من الهياكل العظمية ليفحصها، والكثير من الخزائن المغلقة ليتحقق منها. بعيدًا عن الكذبات المتعمدة؛ وأنصاف الحقائق والاتهامات بلا أساس - والتي يستحيل التحقق أو تعقب الكثير منها -؛ هناك الكثير من النميمة الكيدية واغتيال الشخصيات». لقد أدركت أثناء عملي الميداني أن معظم من قابلتهم يحملون مشاعر قوية تجاه الحرب الأهلية. بينما أصبح الزواج المتبادل الآن بين عائلات اليمين واليسار أمرًا شائعًا نسبيًا الآن

(1) بعكس بريمو ليفي (Levi 1988:24) الذي لاحظ أن «الذاكرة التي تستفز كثيرًا، وتعبر على شكل قصة؛ تميل لتصبح ثابتة ضمن صورة مسبقة.... ومتبلورة، ومكتملة، ومزخرفة، لتضع نفسها في مكان الذاكرة الخام وتنمو على حسابها».

(2) بالودان (Paludan 1981:xii) يروي تجربته من البحث في الحرب الأهلية الأمريكية في مجتمع محلي في كارولينا الشمالية: «عندما كان الناس في الوادي يتحدثون عن الحرب الأهلية، كانوا قليلًا ما يهتمون بصراع الثقافات أو انهيار السياسات أو موجة الحداثة. كانت الحرب لهم هي مقتل أجداد أجدادهم أو عمومهم الكبار أو أبناء عمومتهم. إنه الزمن الذي كان على الجدة فرانكلين أن ترى الجنود وهم يحرقون منزلها ويقتلون أبناءها الثلاثة الذين كانوا يختبؤون هناك وما فعلته بعد الحرب عندما قتل أحد إخوتها أحد الجنود المتورطين». ولكن، وجدت برينكمان (Brinkman 2000:5) أن اللاجئين الأنجوليين الذين قابلتهم منحوا الأولوية لإطار «تاريخ وطني» على حساب تاريخ محلي. أورفاشي بوتاليا (Butalia 2000:12) تقول إن سرديات العنف التي جمعتها من ضحايا التقسيم في الهند كانوا بحسب الجنس: أكد الرجال على القضايا السياسية الأوسع، بينما ركزت النساء على التفاصيل اليومية للحياة. مقابلاتي كانت كذلك بحسب الجنس، بشرط أنه إذا سأل الرجال بشكل محدد، كانوا يجيبون أيضًا عن الجوانب المحلية للصراع.

(Aschenbrenner 1987)، في تطور يدل على أن انقسام الحرب الأهلية فقد بروزه بين الأجيال الجديدة؛ ما زال العديد من الكبار من كلا جانبي الانقسام السياسي يرفضون التحدث أو مخالطة الجانب الآخر [1].

من الطبيعي للعديد من الأشخاص دعم التفسيرات التي تؤكد على الدور الإيجابي الذي قاموا به وكبت الجوانب السلبية لسلوكياتهم [2]. حذرني أحد المقابَلين: «أريد إخبارك، في القرى التي تزورها، لم تنته الحرب بعد. الناس الذين عاشوا هناك ما زالوا يقاتلون بعضهم البعض و[المعلومات التي تحصل عليها] تعتمد على من تتحدث إليه» (المقابلة 143). كل هذا يجتمع مع حقيقة أن العديد من ممارسات العنف ما زالت مغطاة بالسرية، رغم أن الاشتباه منتشر، ليس معروفًا دائمًا من أمر بماذا، ومن قام بسلوك معين، أو ما السبب وراء سلوك ما. مثل تحقيق جنائي، البحث حول العنف يواجه، مثل فيلم **راشومون**، نسخًا متعددة لنفس الأحداث وأدلة متضاربة. هناك ميل لتحييد هذه الإشكالات. مثلًا، سميث وفاي (Smyth and Fay 2000:4) تحاججان بأنه ما دام لا توجد «حقيقة واحدة»، فالباحثون يجب فقط أن يسجلوا الروايات: «كون أحد التمثلات أقل صحة من الأخرى ليس حكمًا علينا أو نحن مستعدون لاتخاذه. إننا جميعًا نخبر أنفسنا قصصًا حول أحداث تتوافق مع تصورنا لأنفسنا وعادة ما نخفي ذنبنا أو فشلنا. يجب ألا نتفاجأ بأن من نقابلهم يفعلون كذلك». في حين أنه لا توجد أفكار مؤسسة حقة، فهذا التوجه إشكالي. ما دام الهدف هو إعادة تأسيس

---

(1) امرأة قابلتها عام 1998 أخبرتني أنها قبل المقابلة بيومين التقت رجلًا قرويًا لم تحدثه منذ عام 1944، عندما أمر شقيقها بقتل كل عائلة هذا الشخص. هذا الرجل، الذي قابلته عام 1997، تواصل معها في ميدان القرية وأخبرها إنه من غير المنطقي بالنسبة لهم أن يستمروا بعدم الحديث لبعضهم البعض لأنهم لن يعيشوا لمدة أطول كثيرًا (المقابلة 104).

(2) مثلًا، سويدنبيرج (Swedenborg 1995:24-26) وجد أن القرويين الفلسطينيين الذين قابلهم حول ثورة عام 1936- 1939 «تلكأوا حول سرد قصص حول مشاركة الثوار في نشاطات كالاغتيالات أو السرقة أو الثارات. منطقة تابو أخرى كانت وجود وتعامل الثوار مع الخونة والجواسيس. كما في معظم تمردات الفلاحين، ثوار 1936- 1939 كثيرًا ما وجهوا عقوبات قاسية بحق أولئك الذين عرفوا بخيانتهم القضية وكانوا جواسيس للعدو.... ربما بشكل أوضح في هذا الخصوص كانت الرغبة بعدم تشويه بريق هذا الرمز الوطني المركزي ومتصدر حركة تحرر اليوم.... حتى القرويون الذين اعترفوا بالسرقات أو الاغتيالات أو بيع الأراضي أثناء الثورة كانوا ضبابيين حول التفاصيل. ادعى آخرون أن أمورًا كهذه حصلت فقط في أماكن أخرى، ولكن ليس في قريتهم هم أبدًا أو في منطقتهم هم». نسخة أخرى من هذا التوجه هي إلقاء اللوم على العدو في كل الفظائع، بل واللجوء إلى سرد نظريات مؤامرة.

الأحداث، مهما كانت معقدة ومتعددة الأوجه، فالانحياز يجب أخذه بعين الاعتبار وتقليصه قدر المستطاع. هذه عقبة صعبة أمام البحث حول التوجهات والنوايا، لكن هدفي الأساسي كان إعادة تشكيل مسار أحداث معينة.

التاريخ عادة ما يتم تذكره بمصطلحات شخصية أو عائلية أو محلية، ووضع جوانب العنف المناقشة في المقابلات ضمن سياق محدد أنتج روايات مفردة تباينت أقل بكثير مما كنت أتوقع. في الحقيقة، كان هناك إجماع عام حول مجموعة الأحداث الرئيسية (مثلًا: من قتل من، متى، أين). بشكل مفاجئ، كان هناك توافق «متجاوز للأحزاب» حول تفسير مجموعات معينة من العنف (مثلًا: ما إن كانت إحدى عمليات القتل «محقة» أم «ظالمة»، وما إن كانت ناتجة عن ثارات في الماضي أم لا)[1]. التحقق بتقاطع المصادر (وتقاطع المقابلات، أي: العودة إلى بعض من قابلتهم بمزيد من المعلومات) كان مساعدًا جدًا كذلك. إضافة لذلك، فتباينات قصة ما يمكن أن تكون مفيدة للغاية لأنها تحدد نقاط النزاع. كقاعدة عامة، أعطيت وزنًا إضافيًا لـ«النقد الداخلي»، أي الملاحظات النقدية حول سلوك الفصيل السياسي لشخص ما (كان هناك الكثير منه أكثر مما توقعت). بعض من قابلتهم، والذين اتضح أنهم كانوا متورطين بأعمال عنف، ردوا بالصمت أو تجنب بعض الأسئلة، ولكن آخرين كانوا صريحين ومنفتحين بشكل مفاجئ حول رغبتهم بالاعتراف بدورهم في سلوكيات العنف.

رغم أنني لم أكشف تفضيلاتي السياسية أثناء المقابلات (بافتراض عام بأنه لا يمكن لأحد أن يكون محايدًا سياسيًا)[2]، إلا أنني حاولت أن أرسل الرسائل السياسية المناسبة. مثلًا، كيفت مصطلحاتي مع من قابلتهم: عندما أتحدث مع أشخاص يساريين، كنت أخبرهم أنني أجري دراسة عن «المقاومة»، وهو مصطلح، بجانب «الحرب الأهلية»، كان الأفضل تجنبه مع من قابلتهم من اليمينيين[3]. عادة، إذا تواصلت خلال جولة من المقابلات مع جانب

---

(1) في استقصائها حول أعمال الشغب الطائفية في بنغلادش، بيث روي (Roy 1994:99) وجدت كذلك أن «التقارير حول القتال الأولي كانت ذات جودة متشابهة، فقد أخبرها الناس بلا وعي بالقصة من منظورهم. عندما اطلعت على روايات عن الأعمال نفسها، توافقت القصص عن قرب بشكل أكبر. وبالتأكيد، اتجهت الروايات نحو أوصاف جانب أو الجانب الآخر بأنه الأكثر عدوانية. لكنها تقاطعت حول الجوانب المهمة.

(2) سلوكا (Sluka 1989:2) يروي هذه النكتة عن بيلفاست: سأل أحد سكان بيلفاس سائحًا أمريكيًا عن دينه، فرد الأمريكي سريع التفكير: «إنني ملحد». «آه، ولكن هل أنت ملحد كاثوليكي أم ملحد بروتستانتي؟».

(3) العديد من اليمينيين ما زالوا يصفون الحرب الأهلية بأنها «حرب قطاع الطرق»، في مصطلح مستخدم رسميًا من اليمين.

واحد من الطيف السياسي؛ كنت أتحدث لخصومهم المحليين في الجولات المستقبلة بعد ذلك. حالما يعرفني الناس جيدًا، كانوا يرغبون في قبول حقيقة أنني كنت أتحدث إلى كلا الجانبين[1]. لأنني «دخلت» ثلاثة شبكات (اليمينيين واليساريين، بجانب «أرض وسطى» غير متبلورة)، كانت مستقلة بشكل كبير عن بعضها البعض، كنت قادرًا على التحقق بمقارنة المعلومات عبر الشبكات الحزبية. إضافة لذلك، قمت بتحققات إضافية عابرة للحدود المكانية والحزبية. الناس كانوا جيدي الاطلاع حول القرى المحيطة بهم (وإن كان اطلاعهم خاطئًا أو غائبًا تمامًا، بشكل مفاجئ، عن بقية المنطقة). عندما كان الأمر متاحًا، أجريت مقابلة مكررة مع الشخص نفسه بعد أن حصلت على معلومات جديدة من مصادر إضافية. لقد وضعت كذلك هدفًا بالبقاء بعد نهاية المقابلة الشخصية، حيث كنت أدعى لغداء أو عشاء؛ وبشكل عام كان المقابَلون يشعرون أنهم عرفوني أفضل بعد المقابلة وكان النقاش يتجه نحو عائلاتهم وعملهم ومواضيع شخصية أخرى. هذه المحادثات زادت فهمي لمن قابلتهم: قيمهم، وتصوراتهم حول الحياة، ومخاوفهم، وشعورهم بالندم. ميزة الخوض بهذه الجلسات غير الرسمية كان تحصيل معلومات إضافية حول الحرب الأهلية والإدراك الأفضل لها، فالمعلومات المهمة كانت تظهر على جانب الشؤون الأخرى التي تعد أكثر أهمية. لقد التقيت بعض من قابلتهم أكثر من عشر مرات خلال أعوام الأربعة التي كنت أجري بها البحث وطورت صداقات معهم ومع عائلاتهم[2]. أخيرًا، إن إجراء عدد كبير من المقابلات حول الموضوع نفسه في المنطقة نفسها سمح لي بتطوير شعور أكبر من المعقولية، ومن ثم المصداقية[3].

---

(1) بينما تنتقل الأخبار بسرعة في القرى، مستوى الانفصال السياسي بين الناجين ما زال كبيرًا، وهذا سمح لي بتأسيس علاقة من الثقة مع مجموعة ما قبل أن أتواصل مع خصومهم المحليين الذين كانوا يملكون معرفة قليلة أو لا يعرفون صلاتي السابقة في قريتهم. أحيانًا، كان هذا يتسبب لي بالمشاكل، إذ كان أولئك الذين قابلتهم أولًا يعتقدون أنني قمت بخيانتهم.

(2) هذه الصلات تطلبت أحيانًا شعورًا عابرًا للأطلنطي، إذ إن العديد كان لديه عائلة في نيويورك. منتج جانبي آخر من هذه العملية، علي أن أضيفه، هو استهدافي الدائم للزواج، حتى بشكل عابر للأوطان!

(3) تجربتي تتقاطع مع وصف لير (Lear 1961:vii) للعملية في بحثه عن الفلبين: «الآن شرعت في تنظيم فوضى المعلومات التي كنت أجمعها. لقد بدأ نمط ما يظهر من العلاقات الكبرى، مشكلًا إطار عمل لبروز مزيد من المعلومات وأداة للتحقق أثناء المقابلات. لقد عرفت ماذا أسأل، وما الذي أبحث عنه. لقد عملت على تسلسل زمني للفترات الزمنية الرئيسية أثناء الاحتلال.... بهذا المنظور، أصبحت مستعدًا بشكل أفضل للقيام بأحكام فصلية، وإدراكي متى كان من قابلتهم يحرفون الوقائع لصالح تعظيم أنفسهم أو تصغير خصومهم.

567

أ.3.2. الذاكرة

الذاكرة الشخصية، كما لاحظ إيريك هوبزباوم (Hobsbawm 1988:18)، مجال زلق بشكل ملحوظ لتصور الحقائق. إنها آلية اختيار أكثر من كونها آلية توثيق، وآلية عرضة للتغير الدائم. الذاكرة الجمعية تعبر وتحدد الهوية، ولذلك، فهي على الأرجح تهمش أو حتى تكبت الأحداث التي لا تتسق معها. الذاكرة الفردية يعاد تشكيلها وضبطها بشكل دائم في مسار حياة الشخص. المعلومات التي يحصل عليها الشخص من القراءات اللاحقة من حدث محدد وقصص الآخرين عادة ما تشكل وتحول ذكريات الشخص عن هذا الحدث، وذلك أحيانًا بطرق غير واعية. الذكريات عند ز$_3$ للحدث (ص) الذي حصل في ز$_1$ قد تتأثر بالأحداث في ز$_2$. مثلًا، كونتيني (Contitin 1997) يظهر أن الذاكرة المحلية لمجزرة نازية عام 1944 بحق 212 شخصًا من سكان قرى سيفيتيلا فال دي تشيانا، ولا كورنيا، وسان بانكرازو، التوسكانية [الإيطالية] (كان ذلك ظاهريا انتقاما لمقتل ثلاثة جنود ألمان على يد المقاتلين غير النظاميين)، والتي لام بها القرويون المقاتلين اليساريين لاستفزازهم الانتقامات النازية، تشكلت بشكل كبير في كل من السياسات الإيطالية أثناء وبعد الحرب. تأثير الأحداث المتدخلة («ز$_2$») عادة ما يكون أكثر ظهورًا عندما تكون هذه الأحداث كبيرة. سويدنبرج (Swedenburg 1995:xxvi-xxvii) وجد أن ما كان مميزًا تحديدًا في الفلسطينيين الذين قابلهم حول ثورة 1936–1939 «هو الدرجة التي يتم بها تحديد شعورهم بالتاريخ انطلاقًا من الحالة الراهنة. تحديدًا، الآراء الشعبية كانت ما تصاغ باستخدام شعارات وطنية معاصرة.... الرجال الفلسطينيون الكبار كانوا واعين بحماسة أنهم مشاركون في صراع على ذات شرعية وجودهم الوطني، والعديد شعروا أنهم بصياغتهم تاريخهم على أنه متشظٍّ قد يلوث سمعة وطنية كانت ما تزال تحت الهجوم الدائم. لذلك، راعوا دائمًا حماية الصورة الفلسطينية والحديث عن تاريخ وطني ومستقيم».

حتى عندما لا تكون النية حماية صورة قديمة، تكون ذاكرة العنف صعبة الاستحضار في زمن السلام. أليساندرو بورتيلي (Portelli 1997:138) يروي كيف وجد المقاتلون الإيطاليون

بخصوصية أفكاري، كنت قادرًا على وضع أسئلة محددة للبيانات التي جمعتها، وقررت الفرضيات التي تفسر تطورات الحرب في الجزيرة. هذه الفرضيات مرت بتعديل إضافي مع المزيد من المقابلات، والتراكم التدريجي للمواد المكتوبة اخترق بعض الأفكار التي كنت أستمتع بها».

غير النظاميين السابقين صعبًا، «في وقت الذاكرة والذكرى، أن يصالحوا الضرورة الملحة وحالتهم العقلية التي كانوا بها مع قيم ومشاعر الحاضر، أن يصالحوا ذاكرة العنف والكراهية والشطط مع مثاليات الديمقراطية والمجتمع المتحضر (وهي القيم التي كانوا يقاتلون من أجلها أساسًا، مما زاد الأمر تعقيدًا)».

باختصار، الذكريات ميادين نزاع على المعنى، قابلة لتعددية التعبيرات السياسية والثقافية والتأويلات، وهي تعرض نفسها لتعديلات وتلاعبات وإعادة تشكلات مستمرة. إنها يمكن أن تكون مؤشرات أفضل للتطورات السياسية الاجتماعية الحالية (أو الراهنة) أكثر من أحداث الماضي الذي تسعى لوصفه. ومن هنا تنبع إشكالية مرتبطة من حقيقة أن الذكريات ليست متاحة فقط لأخذها مباشرة، فلا بد من جمعها باستخدام السردية، مما يؤثر على المعلومات المقدمة. سلوك تسجيل الذكريات يمكن أن «يلوثها» لأنه يوفر الفرصة للساردين الغامضين نسبيًا أن يتم وضعهم بقالب مثالي من الخطاب العام، ليصبح الأمر كأنه خطاب عام من أشخاص نادرًا ما امتلكوا الفرصة ليتحدثوا بشكل عام (Gilsenan 1999:11; Portelli 1997:61). وكما اكتشفت بيث روي (Roy 1994:5): «من الصحيح أن القصص التي سمعتها في تلك القرية البنغلاديشية لم تكن 'عما جرى' (في مفهوم عرضة للسؤال بنفسه). ما سمعته كان كيف **رأى** الناس ما جرى، أو كيف **تذكر** الناس ما رأوه، أو بالأحرى كيف **تحدثوا** عما تذكروا، بل كيف تحدثوا **إلي** عما تذكروه، بل ما **سمعت** الناس يقولونه لي عما تذكروه».

بوضوح، تشكيل الذكريات الفردية والجماعية والسرديات الفردية والخطاب العام للعنف ظاهرة اجتماعية غنية تستحق التحول إلى مجالات أساسية للدراسة (Portelli 1997; Gilsenan 1996; Aguilar 1996; Robben 1995). إن بعض الباحثين يحاججون بوضوح بأن الذكريات نفسها مواضع تحقق أكثر اهتمامًا من الحقائق التي تحيل إليها (Contini 1997:17; Swedenburg 1995:xxvi). بورتيلي (Portelli 1997:128) يركز تحديدًا على انحرافات الحقائق في الذكريات الشفوية، كما يلمح حول عمل الذاكرة والخيال والتأويل [1]. البعض يجنح أكثر لأن يؤكد أنهم أقل اهتماما بما هي «الحقائق» الصحيحة أكثر مما هم معنيون بسياسات تفسيرها وإظهارها (Taussig 1987:xiii).

---

(1) «دعني أكرر: هذه ليست رواية صحيحة. ولكن دعني أكرر: هذا ما يجعلها مهمة» (Portelli 1997:136).

يجب أن أذكر القارئ هنا بأن هدفي الرئيسي من هذا الكتاب كان دراسة العنف **الحقيقي**، لا ذكرياته وتمثلاته ورواياته. هذا ممكن رغم المشكلات المتأصلة في كل المصادر الشفوية. رغم أنه من الصحيح أن الذكريات منحازة، إلا أن الأحداث العنيفة شديدة الصدمة لدرجة أنها تبقى حية في عقول الناس (Green 1995:115; Gilmore 1987:44). الذاكرة تحديدًا منسجمة مع الأحداث التي وقعت في سياق العائلة والمجتمع، فالحرب الأهلية لم تكن صراعًا تجريديًا، بل صراعًا رسم حياة معظم الناس، ومعظمهم بطريقة درامية. لقد وجدت أن ذكريات الحرب الأهلية عند العديد ممن قابلتهم كانت مفعمة بالحياة، مخضبة بالتفاصيل والمادة الجوهرية[1]. لقد تم تسهيل بحثي بشكل كبير بحقيقة أن العنف ملموس نوعًا ما، فأسئلتي المحددة حول من قتل في قرية ما، ومتى، وكيف، وعلى يد من، وضمن أي ظروف أنتجت أجوبة محددة معظم الوقت[2].

هذه الملموسية هي ما جعلت المصادر الشفوية مستخدمة بنجاح للبحث بالحروب الأهلية والتمردات (Vervenioti 2003; McKenna 1998; Thaxton 1997; Kedward 1993)، إضافة لفترات الاضطراب المدني والقمع (Jing 1996; Chan, Madsen, and Unger 1992). المصادر الشفوية أداة أساسية لإدراك الديناميات على الأرض (Fraser 1993). وكما أشار مؤرخ للمقاومة الفرنسية، «الشهادات الشفوية، حتى بعد خمسين عامًا من الحدث، تقترح فرضيات، وتقدم تفاصيل شخصية، وتكشف ألوانًا محلية، وتعزز أفكارًا، وتقدم فردانية بطريقة لا يستطيع المؤرخون تجاهلها بسهولة» (Kedward 1993:vii).

بجمع المصادر الشفوية مع المصادر المكتوبة حول الفترة محل السؤال، كنت قادرًا على تقديم ضابط قوي سمح لي بقياس المصداقية العامة لكل مصدر شفوي. لقد كان هذا ممكنًا لأن تركيزي الإقليمي على الدراسة سمح لي بجمع معلومات مكتوبة وشفوية

---

(1) عادة، كان المقابَلون يخبرونني بأنهم لم يستطيعوا تذكر ما تناولوه على عشاء الأمس ثم يقدمون لي الكثير من المعلومات المذهلة حول ما جرى قبل خمسين عامًا، بأدق التفاصيل.

(2) لاحظت أثناء المقابلات التجريبية أن الناس أجابوا عن الأسئلة العامة والضبابية (مثلًا: «هل دعم الناس في المنطقة الثوار؟» أو «لماذا كان الناس يفكرون في العنف؟») إما بأن يكونوا ضبابيين جدًا أو حزبيين للغاية (أو كليهما)، في حين أن سؤالهم عن أسئلة محددة وبسياقها (مثل: «من قتل في قريتك؟»)، كان يعطي إجابات أكثر حيادية ودقة. لقد أصبحوا أكثر تحديدًا عندما أرجعهم إلى معلومات مفصلة حول سلوكيات العنف هذه، عملت على جمعها من مقابلات أخرى وأرشيفات.

حول المجموعة نفسها من الأحداث والأشخاص[1]. بشكل عام، وجدت أن هذه الذكريات متسقة مع المصادر الأرشيفية (والعكس صحيح). بصياغة كيدوارد (Kedward 1993:viii): «الوقائع يتم تكسيرها وجمعها، ولكن لا يمكن التغطية عليها». في الحقيقة، هذان النوعان من المصادر كملا بعضهما بشكل لطيف. فمن الناحية، قدمت الملفات القضائية مجموعة من التفاصيل، ضمن خطية وتسلسل زمني. على الناحية الأخرى، التواريخ الشفوية قدمت تصورات وعمقًا إضافيًا، وكشفت عن «النصوص المخفية» (J. Scott 1990) أو «السرديات الممنوعة» (McKenna 1998:183) التي غذت العديد من الأحداث الموجودة في الملفات القضائية، إضافة لتقديم فهم دقيق ومؤصل لكل من القضايا الجوهرية (مثلًا، التصورات حول كلفة الانضمام للثوار) والقضايا النظرية (مثلًا، التصورات عن الكلفة ومكاسب عدد من السلوكيات). مثلًا، سمحت لي المقابلات بقياس توجهات القرويين تجاه الخطر وإدراك الطريقة التي يمكن بها دراسة الخطر بالتحليل النظري[2].

إن ممارسة الاعتماد الحصري على المصادر الأرشيفية لتفسير الدوافع هو على الأقل محمل بالمخاطر بقدر الاعتماد على المصادر الشفوية. فمثلًا، مؤرخو الحرب الأهلية اليونانية يفسرون الدوافع الفردية للانضمام لجانب أو آخر بشكل حصري إما من تقارير العملاء البريطانيين الذين كان لديهم فهم سطحي للسياق المحلي الذي كان ضمن مهمتهم، أو من مذكرات المشاركين التي تخدم الذات.

أ.3. المذكرات، السير الذاتية، التواريخ المحلية

إضافة للمقابلات والدليل الأرشيفي، استفدت من عدة مذكرات وسير ذاتية وتواريخ محلية منشورة وغير منشورة. هذه الوثائق بشكل عام تتطلب الحذر لأنها يمكن أن تكون

---

(1) ببعض الحالات، قابلت أشخاصًا حصلت على إفاداتهم وشهاداتهم من قبل خمسين عامًا من الأرشيفات القضائية. دراسة كيركفلايت (Kerkvliet 1977) عن ثورة الهوك في الفلبين، ودراسة ترومان أندرسون (Anderson 1999) عن حرب الأنصار في أوكرانيا خلال 1941-1942 أمثلة لدراسات تجمع التركيز المحلي أو الإقليمي مع المصادر الشفوية والبحث الأرشيفي.

(2) تحليل قرارات الأفراد يعتمد على فهم السياق الذي اتخذوه به. كما يشير ريتشاردز (Richards 1996:xxii) عن سيراليون، «كان المتمردون يعاملون الغابة، وتاريخ صراع الموارد الذي يحصل ضمن الغابات، وشخصية المؤسسات الاجتماعية للغابة، كـ'محفز' لسلسلة من القرارات العملية حول المخاطر والمكاسب للسلوك السياسي المبني على العنف. أزل الغابة من الصورة (أو تجاهلها) وستختفي هذه العقلية».

منحازة بشكل كبير، فأغلبية الكتاب يخدمون أنفسهم وهم مدفوعون لأسباب حزبية. هؤلاء الكتاب عادة ما ينسون «الحقائق غير المريحة» ويستبدلون الخطاب بالواقع (Veyne 1996:256-257). فمثلًا، مذكرة كادر شيوعي سابق في أرغوليذا (Papalilis 1980) فشلت تقريبًا في ذكر استخدام العنف المنتشر من جانبه ضد خصومهم. ولكن، الأهمية الرئيسية لهذه الروايات تكمن في المعلومات الأصلية التي تحتويها بدلًا من الحقيقة الواقعية لبعض التفاصيل المحددة (Kakr 1996:30). إضافة لذلك، فالملاحظات العفوية والعبارات العابرة التي تساند فكرة الكاتب الرئيسية، بما في ذلك التعليقات العشوائية الكاشفة، والإحالات غير المباشرة، والتأكيدات العابرة، وحتى النميمة الخاصة، يمكن أن تقدم مكاسب كبيرة. إنها سرديات «متبقية»، «لم يتم لمسها نسبيًا ولم تتم مراجعتها ولم يتم استدخالها في الأجهزة الأيديولوجية الوطنية».... بوقوفها 'خارج' أو 'بمحاذاة' التواريخ الوطنية، كانت عادة ما تروى بلا وعي» (Swedenburg 1995:111). وبشكل مفاجئ، بعض هذه المذكرات، خصوصًا غير المنشورة المكتوبة من أشخاص عاديين اعتقدوا أن تجاربهم تستحق السرد لدائرة محدودة من العائلة والأصدقاء، بدت مليئة بالأفكار وكاشفة وعفوية حول عدد كبير من القضايا المثيرة للجدل.

الملحق ب
بروتوكولات الترميز

ب.1. القرى

أرغوليذا (الجزء المتمايز، عام 1940، من شبه جزيرة أرغوليذوكورينثيا) مقسم إلى ثلاثة أقاليم: أرجوس، نافبليا، إرميونيدوترزينيا. للتذكير، درست أقاليم أرجوس ونافبليا، التي كانت بعام 1940 تضم بلديتين (العاصمة الإدارية، نافبليو، ومركز السوق، أرجوس)، و58 كميونا (من بينها 19 ضمت أكثر من مجرد المساكن). المجموع الكلي «للقرى» التي درستها هو 61. وصلت إلى هذا العدد بهذه الطريقة، أولًا ضمنت كل الكميونات باستثناء اثنين، تراتشيا وأدامي، اللتين كانتا بأقصى شرق نافبليا ومتصلتان عن قرب بقرى إرميونيدوترزينيا. ثانيًا، اعتبرتها قرى؛ كل المزارع الصغيرة التي افتقدت لاستقلالية إدارية إذا تجاوز عدد سكانها 200 نسمة. كانت هناك سبعة استثناءات لهذه القاعدة. من ناحية، ضمنت مزرعة بعدد سكان أقل من 200 (أميجداليتسا) انطلاقًا من المسافة والاستقلالية السياسية النسبية، ومن الناحية الأخرى استثنيت أربعة مزارع ذات عدد سكان أكثر (قليلًا) من 200 (هوتاليكيا، أجيوس ديميتريوس، ستيرنا، كالاماكي) على أسس مشابهة: لقد كانت أجزاء لا تتجزأ من القرية المركزية للكميون، التي ضمنتها بها. الجدول ب.1 يقدم بيانات وصفية أساسية لكل القرى، والجدول ب.2 يقدم معلومات حول التجميعات البيئة الستة، والجدول ب.3 يسرد المتغيرات المستقلة لكل القرى المستخدمة متعددة المتغيرات. أخيرًا، الجدول ب.4 يقدم قائمة بكل القرى الاختبارية خارج العينة عبر اليونان، والمستخدمة للتحقق من العينة المأخوذة من أرغوليذا.

الجدول ب.1. القرى المضمنة في دراسة أرغوليذا

الاسم*	المقاطعة	الارتفاع (م)	السكان (إحصاء عام 1940)	عدد الضحايا
أخلادوكامبوس	أرجوس	479	1926	67
أجيا تريادا (ميرباكا)	نافبليا	30	1165	5
أجيوس أدريانوس (كاتسيجري)	نافبليا	80	1114	12
أجيوس نيكولاوس	أرجوس	760	244	14
أجيوس ستيفانوس	أرجوس	700	325	15
أليا (بوياتي)	أرجوس	280	705	6
أميجداليتسا (باردي)	نافبليا	200	114	8
أنيفي	نافبليا	30	936	14
أراخنيو (هيلي)	نافبليا	600	1930	92
أرجوليكو (كوتسي)	نافبليا	20	704	0
أريا	نافبليا	40	654	0
أسيني	نافبليا	50	1171	10
بورساس	أرجوس	230	168	1
دالامانارا	أرجوس	10	767	1
ديمينا	نافبليا	190	254	0
دوكسا فريسي	أرجوس	480	245	3
دريبانو	نافبليا	20	1532	2
إلينيكو	أرجوس	250	349	3
إكسوشي (تاتسي)	أرجوس	760	232	0
فيشتي	أرجوس	100	751	5
فروسيونا	أرجوس	760	437	4
جيمنو	أرجوس	430	691	5
إيناشوس (باسا)	أرجوس	40	574	3
إيرا (بوتيا)	أرجوس	18	494	0
إيريو (هونيكا)	أرجوس	25	252	8
إيريا	نافبليا	20	292	0

كاباريلي	أرجوس	380	387	17
كاريا	أرجوس	700	1930	42
كيفالاري	أرجوس	20	409	2
كيفالوفريسو (بانو بيلسي)	أرجوس	750	445	14
كيفيري	أرجوس	40	769	4
كورتاكي	أرجوس	15	371	0
كوتسوبودي	أرجوس	40	1600	5
كرينوري	أرجوس	960	244	6
لالوكاس	أرجوس	14	559	0
ليفكاكيا (سبايتسيكو)	نافبليا	40	759	8
ليجورو	نافبليا	370	1491	10
ليمنيس	أرجوس	520	1555	104
ليركيا (بيلسي)	أرجوس	250	1102	25
مالاندريني	أرجوس	300	883	29
مانيسيس	نافبليا	70	602	9
ميديا (جيربسي)	نافبليا	120	470	50
ميكينيس (هارفاتي)	أرجوس	110	342	4
ميلي	أرجوس	15	438	3
موناستيراكي (بريفتياني)	أرجوس	90	284	7
نيا إيبيدافروس (بيادا)	نافبليا	100	1327	14
نيا كيوس	أرجوس	10	1899	8
نيا تيرينثا (كوفيني)	نافبليا	30	1686	2
نيو إيريو (أفديبي)	أرجوس	30	470	1
نيوكوري	أرجوس	700	250	6
باليا إبيدافروس	نافبليا	370	761	4
باناريتي	نافبليا	45	556	1
بيرجيلا	أرجوس	15	578	1
بيرجيوتيكا	نافبليا	120	201	0
بولاكيدا	نافبليا	45	595	6
بروسيمنا (بيرباتي)	أرجوس	250	979	19

سكافيداكي	أرجوس	50	598	3
سكينوشوري	أرجوس	260	575	25
سكوتيني	أرجوس	690	890	7
تولو	نافبليا	10	604	2
فروستي	أرجوس	660	451	6

* الأسماء القديمة، التي ما زالت مستخدمة محليًا، مكتوبة بين قوسين.

الجدول ب.2. التجميعات البيئية

التجميعة	القرى
السهل العميق	أجيا تريادا، أرجوليكو، أريا، دالامانارا، إيرا، إيريو، كيفالاري، كورتاكي، لالوكاس، نيا كيوس، نيا ترينيثا، باناريتي، بيرجيلا، بولاكيدا.
السهل الخارجي	أنيفي، أسيني، إلينيكو، فيشتي، إيناشوس، ميكينس، نيو إيريو، أجيوس، أدريانوس، كيفيري، كوتسوبودي، ليفكاكيا، ميلي، باناريتي، بيرجويتيكا، بولاكيدا، موناستيراكي، سكافيداكي.
التلال الشرقية	أميجداليتسا، بروسيمنا، ميديا، أراكنيو، ليمنس، مانيسيس.
التلال الغربية	أخلادوكامبوس، بورساس، كاباريلي، ليركيا، مالاندريني، سكينوكوري.
السهل الشرقي	ديمينا، دريبانو، إيريا، نيا إبيدافروس، باليا إبيدافروس، ليجوريو، تولو.
الجبال	أجيوس، نيكولاوس، أجيوس ستيفانوس، أليا، دوكا فريسي، فروسيونا، جيمنو، كاريا، كيفالوفريسو، كرينوري، نيوكوري، سكوتيني، إكسوشي، فروستي.

الجدول ب.3. المتغيرات المستقلة

المتغير	المدى	المصدر
مناطق السيطرة 2 و4 (الصوري: 1 عندما تكون منطقة السيطرة 2 أو 4)	فردي وجمعي	ترميز خاص باستخدام مواد من «أرشيف أرغوليذا التاريخي» ومقابلات
عدد السكان (1940)	المتوسط: 739 الأدنى: 114 الأقصى: 1930	الإحصاء السكاني (1940)
المستوى التعليمي (طلاب المدارس الثانوية بالنسبة لعدد السكان)	المتوسط: 0.66 الأدنى: 0 الأقصى: 3.7	أرشيفات المدارس، سجلات ثانويات أرجوس ونافبليو، «أرشيف أرغوليذا التاريخي»
الارتفاع (م)	المتوسط: 238 الأدنى: 10 الأقصى: 960	Miliarakis 1886; Stamatelatos and Vamva-Stamatelatou 2001
البعد عن أقرب بلدة (بالدقائق)	المتوسط: ساعتان و50 دقيقة الأدنى: 15 دقيقة الأقصى: 8 ساعات ونصف	Miliarakis 1886; Stamatelatos and Vamva-Stamatelatou 2001
النزاع قبل الحرب (المحاكمات بالنسبة لعدد السكان خلال أعوام 1935-1939)	المتوسط: 0.06 الأدنى: 0.01 الأقصى: 0.24	أرشيفات المحاكم المدنية في نافبليو، «أرشيف أرغوليذا التاريخي»
حامل للناتج المحلي الإجمالي (متغير تراتبي، القرية الأغنى=3)		ترميز خاص بناء على: Anagnostopoulos and Gagalis 1938

الجدول ب.4. القرى التي درست عبر اليونان

الاسم	الارتفاع	عدد السكان (1940)	المقاطعة	الموقع في اليونان	المصدر
بالايوكساري	660	454	فوكيدا	الوسط	Andreopoulou 1999
كاربوفورا	100	195	ميسينيا	الجنوب	Aschenbrenner 1987
باليوهوري	300	200	ثيسبروتيا	الشمال	Ballios 1999
فورتزي	300	461	ميسينيا	الجنوب	Balta 2002
ميسوهورا	800	541	تريكالا	الوسط	Baroutas 1998
بورنيا	900	438	أيوانينا	الشمال	Christidis 1991
كالابودي	350	837	فثيوتيدا	الوسط	Dalianis 1998
جريفينيتي	980	796	أيوانينا	الشمال	Daminakos 1996
بوري	400	846	ماجنيسيا	الوسط	Damintakos 1997
كريستانوي	400	372	ميسينيا	الجنوب	Dimitropoulos n.d.
فارسا	120	498	كيفالونيا	الغرب	Drakatos 1999
أمبيلي	600	144	إيفيا	الوسط	Du Boulay 1974
فوركا	1360	808	أيوانينا	الشمال	Exarchos 1987
أجنانتا	660	829	أرتا	الشمال	Filos 1991
ليا	660	787	ثيسبروتيا	الشمال	Gage 1984
ألونا	1000	991	فلورينا	الشمال	Gali 1999
رودوهوري	730	258	كوزاني	الشمال	Gavanas 1999
باراكالاموس	400	1454	أيوانينا	الشمال	Gogos 1995
ليفادي	1160	3199	لاريسا	الوسط	Goumas 1973
ريندينا	900	1786	كارديستا	الوسط	Haidas 1999
كابساس	700	1170	أركاديا	الجنوب	Halkiopoulos 2000

أثاني	340	737	ليفكادا	الغرب	Halkiopoulos 2000
كرينوري	680	326	ميسينيا	الجنوب	Hunter 2003
كاستانيا	950	656	إفريتانيا	الوسط	Hunter 2003
ديتيكي فرانجيستا	710	785	إفريتانيا	الوسط	Hunter 2003
باباروسي	700	391	إفريتانيا	الوسط	Hunter 2003
زارافينا	580	415	أيوانينا	الشمال	Hunter 2003
إيفاندرو	680	175	أركاديا	الجنوب	المقابلة 10
نيميا	320	4247	كورينثيا	الجنوب	المقابلة 133، المقابلة 157
باراثيني	680	1439	أركاديا	الجنوب	المقابلة 149
مافرونوروس	900	317	أيوانينا	الشمال	المقابلة 151
ألوناكيا	710	592	كوزاني	الشمال	المقابلة 159
نيا زوي	130	344	بيلا	الشمال	المقابلة 163
فيلفيندو	420	3614	كوزاني	الشمال	المقابلة 164، المقابلة 170
أومالي	780	387	كوزاني	الشمال	المقابلة 167، المقابلة 168
جليكوكيراسيا	800	125	كوزاني	الشمال	المقابلة 169
ستافروهوري	110	3108	كيلكيس	الشمال	المقابلة 172
إليفثيوروهري	60	332	كيلكيس	الشمال	المقابلة 172
إليوهوري	530	836	أركاديا	الجنوب	المقابلة 22، المقابلة 24، المقابلة 25
كاستري	920	1868	أركاديا	الجنوب	المقابلة 26، المقابلة 27، المقابلة 28، المقابلة 29، المقابلة 35، المقابلة 36، المقابلة 37
بلاتانوريفما	490	242	كوزاني	الشمال	المقابلة 3
نيكيتي	40	1738	هالكيديكي	الشمال	المقابلة 32، المقابلة 33

تسيريا	600	360	ميسينيا	الجنوب	المقابلة 39، المقابلة 40
كامبوس أفياس	300	553	ميسينيا	الجنوب	المقابلة 41
مالطا	330	226	ميسينيا	الجنوب	المقابلة 42
فروموفريسي	370	65	ميسينيا	الجنوب	المقابلة 43
كوباناكي	190	953	ميسينيا	الجنوب	المقابلة 44
هاندرينوس	320	1007	ميسينيا	الجنوب	المقابلة 45
جراليستا	560	1045	كارديستا	الوسط	المقابلة 48
نيوس بريجوس زودوشوس	5	1247	إيفيا	الوسط	المقابلة 49
بيجي	190	447	لاريسا	الوسط	المقابلة 50
كيراسيا	800	122	أخايا	الجنوب	المقابلة 51
ليهوري	980	453	أخايا	الجنوب	المقابلة 51
ليفارتزي	932	850	أخايا	الجنوب	المقابلة 51
إراكليو	340	534	كورينثيا	الجنوب	المقابلة 62، المقابلة 112
كوراكوفوني	60	642	أركاديا	الجنوب	المقابلة 64
كاليفيا	850	1073	كورينثيا	الجنوب	المقابلة 65، المقابلة 68، المقابلة 69
أسيروس	180	1635	ثيسالونيكي	الشمال	Karakasidou 1997
أجيا	200	2910	لاريسا	الوسط	Kardaras 1982
ميركادا	850	531	فثيوتيس	الوسط	Kastoymannos 1994
إلافوتوبوس	1100	391	أيوانينا	الشمال	Kikopoulos 1991
دافني	600	550	إفريتانيا	الوسط	Kolimenos n.d.
أرتيميسيو	680	1143	أركاديا	الجنوب	Koutelos 1999
كريسو	720	487	إفريتانيا	الوسط	Koutelos 1999
سيمياديس	720	447	أركاديا	الجنوب	Koutelos 1999

Kremidas 1999	الغرب	كيفالونيا	153	280	كريميدي
Latsis 1991	الجنوب	أركاديا	460	670	أجيوس فاسيليوس
Liapis 1994	الشمال	ماجنيسيا	532	120	أجيوس جورجيوس
Loustas 1988	الشمال	فلورينا	929	1350	نيمفيو
Maloukos 1992	الوسط	فثيوتيدا	1183	1000	جارديكي
Manetas 1996	الوسط	فوكيدا	1013	620	أميجداليا
Marantzidis 1997	الشرق	ليسفوس	2839	140	مانتامداوس
Marantzidis 1997	الشمال	إيماثيا	398	440	جورجيانوي
Marantzidis 1997	الوسط	لاريسا	464	460	جيرانيا
T. Margaritis 1995	الجنوب	ميسينيا	1054	100	سكالا
McNeill 1978	الوسط	لاريسا	114	56	لوفيسكوس
McNeill 1978	الجنوب	كورينيثيا	1389	70	بالايا كورينثوس
McNeill 1978	الشمال	بيريا	791	85	ميثوني
McNeill 1978	الشمال	ماجنيسيا	295	120	كيراسيا
McNeill 1978	الشمال	فلورينا	586	890	كوتاس
Militsis 1997	الوسط	كارديستا	1450	700	ميسينكولا
Nasipoulos 1996	الجنوب	أخايا	222	700	أربوناس
NEF	الشمال	أرتا	322	6	بساثوتوبي
NEF	الشمال	ثيسالونيكي	1373	7	كالوهوري
NEF	الوسط	فثيوتيس	1463	8	أنثيلي
NEF	الشمال	ثيسالونيكي	2175	8	كيمينا
NEF	الوسط	إيتولواكارنانيا	2421	10	نيوهوري
NEF	الوسط	إيتولواكارنانيا	880	15	جوريا

إفينوهوري	15	590	إيتولواكارنانيا	الوسط	NEF
فامفاكيا	150	539	سيرس	الشمال	NEF
موسونيتسا	860	339	فوكيدا	الوسط	NEF
نيا نيكوميديا	25	841	إيماثيا	الشمال	NEF
دافنون	160	1490	إكسانثي	الشمال	NEF
تسوكا	600	1024	فثيوتيس	الوسط	NEF
كوتيلي	1200	57	كاستوريا	الشمال	NEF
أثيرا	30	1542	بيلا	الشمال	Nikolaidis 1977
ميسيا	30	433	كيلكيس	الشمال	Nikolaidis 1977
أجيوس بيتروس	30	1435	كيلكيس	الشمال	Nikolaidis 1977
ديستراتو	1000	1033	إيوانينا	الشمال	Nikou-Stolou 1999
كريستينا	100	3154	إيليا	الجنوب	Notias 1999
كارداميلا	80	2837	تشيوس	الشرق	Notias 1999
سبيليا	820	394	كوزاني	الشمال	Notias 1999
أرنا	780	874	لاكونيا	الجنوب	Notias 1999
مورفي	860	329	كوزاني	الشمال	Notias 1999
ليهوفو	900	1477	فلورينا	الشمال	Oikonomou 1976
بالومبا	740	461	أركاديا	الجنوب	Papachristou 1994
هاروكوبيو	130	1080	ميسينيا	الجنوب	Pasagiotis 1998
إنوي	730	900	كاستوريا	الشمال	Pelagidis 1996
سبيتسيس	20	3612	بيرياس	الجنوب	Perrakis 2004
بيترينا	220	942	لاكونيا	الجنوب	Poulimenakos 1989
إيلوس	5	1141	لاكونيا	الجنوب	Rouvelas 1999
أجيوس هارالامبوس	880	295	إفريتانيا	الوسط	Sakkas 2000

Sakkas 2000	الوسط	إفريتانيا	773	770	أجيا تريادا
Sakkas 2000	الوسط	إفريتانيا	900	297	بيترالونا
Sakkas 2000	الوسط	إفريتانيا	698	660	دومياني
Sakkas 2000	الوسط	إفريتانيا	857	880	فراها
Sakkas 2000	الوسط	إفريتانيا	1591	840	فورنا
Sakkas 2000;المقابلة 150	الوسط	إفريتانيا	357	920	هوهليا
Sakkas 2000; Zevgaras 1999	الوسط	إفريتانيا	1489	920	كليستوس
Sarris 1998	الوسط	إفريتانيا	380	940	كوريشادس
Skaltsas 1994	الجنوب	إيليا	263	70	كوسكيناس
Skoutelas 1994	الشمال	أرتا	1410	940	ثيودريانا
Souflas 1999	الوسط	كارديتسا	820	910	كاروبليسي
Spathis 1999	الغرب	كيفالونيا	912	10	سامي
Stasinos 2000	الشمال	أرتا	602	750	أثامانيو
Stavropoulos 1989	الجنوب	لاكونيا	837	800	فامفاكو
Tatasiopoulos 1971	الشمال	أرتا	1822	90	كومبوتي
Triantafyllis 1997	الوسط	إفريتانيا	265	600	هيليدونا
Van Boeschoten 1997	الوسط	جريفينا	830	900	زياكا
Varmazis 2002	الشمال	بيريا	1807	460	موشوبوتاموس
Velentza 1999	الجنوب	كورينثيا	2552	30	زيفجولاتيو
Vermeulen 1993	الشمال	سيريس	1000	50	أمبيلوفيتو
Voryllas 1994	الجنوب	آخايا	1442	850	كيرتيسي
Vourlas 1992	الوسط	تريكالا	355	540	أخلاديا
Vrana 1999	الوسط	إفريتانيا	534	800	ماراثيا

استثنيت من التحليل الكمي بلدي أرجوس ونافبليو، لأنه بدا أنه من الصعب إعادة تشكيل الأحداث على المستوى الجزئي في البلدات أكثر بكثير مما في القرى. فبعكس القرى، البلدات تغيرت بشكل كبير منذ عام 1949، مما جعل ترميز السيطرة على أساس الأحياء، كما كان سيلائم، مستحيلًا تقريبًا. إضافة لذلك، من الصعب جدًا تأكيد درجة دقيقة من السيطرة نظرًا للكثافة العمرانية وميوعة حدود الأحياء. ومع ذلك، كنت قادرًا على تقدير معدل وفيات تقريبي لكلا البلدتين، بالاعتماد في الأغلب على سجلاتها المدنية غير المكتملة، كما استدخلت الأحداث التي وقعت في البلدتين بالسردية. الأنماط الكلية للعنف في البلدتين متسقة مع النظرية، واستثناؤهما من التحليل لا يؤدي لانحياز النتائج.

ب.2. المدنيون

من المعروف جيدًا أن الحروب الأهلية تتسبب في غياب الخط بين المقاتلين وغير المقاتلين وهذه الهويات يمكن أن تكون متبادلة. بكلمات مقاتل غِوار فلبيني، «لقد كنا فلاحين نهارًا ومقاتلين ليلًا» (Kerkvliet 1977:70). وصف جوزيف كليميكو (Clémenceau 1909:8) لمقاتلي الثوار في إقليم الفونديه الفرنسي كان مؤشرًا مسبقًا لعشرات الأوصاف المشابهة من حروب أهلية راهنة: «بعد النشاط، منتصرين أو مهزومين، كانوا يرجعون للمنزل، ويتولون مهامهم اليومية، في الحقول أو المتاجر، وجاهزين دوما للقتال». بوضوح، لا يوجد خط جلي وثابت يفصل بين المقاتلين وغير المقاتلين. لا يوجد هناك حل سهل لهذه المشكلة، نظرًا لأن التعاون مع الأحزاب المسلحة منتشر وعادة ما يكون قسريًا. لأن هدفي ليس إلقاء مسؤولية قانونية أو أخلاقية، بل تفسير جزء كبير من العنف الذي يقع خارج الميدان، اخترت تعريفًا واسعًا لغير المقاتلين على أنهم أفراد ليسوا أعضاء مسلحين بدوام كامل في فصيل ما. هذا التعريف يغطي المتعاونين بأشكالهم المختلفة، والمقاتلين بدوام جزئي ممن قتلوا خارج النشاط المسلح، والسجناء غير المسلحين.

ب.3. عمليات القتل

كما أوضحت في الفصل الأول، إنني أركز على عمليات القتل. ولا توجد قائمة كاملة بكل أعمال القتل في أرغوليذا. أسست الترميز بشكل أساسي على المعلومات من سجلات

المحاكم والسجلات المدنية للقرى، ثم قارنتها مع قوائم الضحايا المجموعة من أنطونوبولس (Antonopoulos 1964) وباباليليس (Papalilis 1980)، والأسماء الموجودة في التواريخ المحلية والمذكرات والمناعي والقبور في المقابر ومقابلاتي التي قمت بها. أدخلت عملية القتل في قاعدة البيانات إذا كانت حاضرة على الأقل في سجلات المحكمة، أو السجلات المدنية، أو القائمة التي جمعها أنطونوبولس من المصادر الرسمية. لقد قمت بتعديلين في القائمة: أولًا، استثنيت 13 حالة وفاة في خمسة قرى (إناكوس، إيرا، ليفكاكيا، بولاكيدا، كريونيري)، كانت غير متعمدة (اعتقالات نفذت بدون نية معلنة للقتل ووفيات سببها الحوادث). ثانيًا، رمزت خمسة وفيات في قرية واحدة (إريو) لم تحصل فعليًا: هؤلاء الأشخاص جاءوا بهم للإعدام، لكنهم هربوا في اللحظة الأخيرة. هذه التعديلات لا تغير ترميز قرية ما بأنها عنيفة أو غير عنيفة، أو تغيرها بطريقة تتناقض مع، بدل أن تؤكد، تنبؤاتي (مثلًا، إريو مصنفة على أنها في المنطقة 3 في الفترة الزمنية $ز_1$، عندما كانت الإعدامات المخططة ستحدث)[1].

ب.4. نوع العنف

التمييز الرئيسي لتصنيف نوع العنف بين العنف الانتقائي والعشوائي. لقد رمزت عملية القتل بأنها انتقائية إذا كان هناك دليل على اختيار على أساس فردي. هذا يتضمن استخدام قائمة أسماء، والاستخدام الظاهر لمخبر، والاعتقال الذي يتبعه تحقق من الهوية، أو الاعتقال المرتبط بالتحقيق. لأن الإجراءات وقوائم الأسماء المستخدمة من الجانبين ليست متاحة، من المستحيل التحقق بشكل كامل من انتقائية العملية، لكن الدليل غير المباشر أقرب لأن يكون قويًا. عندما لم يؤد تحقيقي لدليل على انتقاء على أساس فردي أو كان هناك دليل على أن الانتقاء تم على معيار جمعي، رمزت عملية القتل بأنها عشوائية. مثلًا، أصدر الألمان إعلانات قبل هذه الغارات، مقرين بأن عنفهم سيكون عشوائيًا. تحقيق قضائي أجري من المحكمة العسكرية الألمانية في الستينيات لعمليات المداهمة خلال مايو/ أيار – حزيران/ يونيو 1944 (ZST. V 508 AR 2056/67 (Argos)) جمع ذكريات شفوية وأدلة محاكمات يونانية ما بعد الحرب حول السمة العشوائية تمامًا لبعض عمليات القتل، التي تضمنت قصفًا لأشخاص يهربون في الحقول وقتل قرويين أو سجناء بدون أي انتقاء مسبق. رمزت كذلك

(1) الدقة الوصفية تتطلب أن يتم تقليل عدد ضحايا الثوار من 372 إلى 367.

بأنه عنف عشوائي حالات متعددة مثل إطلاق الرصاص على الحواجز. للدقة، ترميزي أخذ **التصور العام** للعنف الانتقائي أو العشوائي، بما يتسق مع النظرية.

كمثال، خذ قرية أنيفي، التي وصفتها باختصار في الفصل التاسع. في أبريل/ نيسان 1944، داهم الألمان القرية واستخدموا مخبرًا يخفي شخصيته ليعتقل العديد من الرجال الذين قتلوا لاحقًا. هذه حادثة عنف انتقائي. في مايو/ أيار من العام نفسه، فرض الألمان حظر تجول وأعلنوا أن من يقبض عليه خارج منزله بعد السادسة مساء سيقتل ميدانيًا. أربعة رجال كانوا جالسين خارج منازلهم عندما مرت سيارة ألمانية، وخفض جندي ألماني النافذة وقتل الرجال الأربعة جميعًا (المقابلة 108). هذه حادثة عنف عشوائي.

هناك بضع حالات صعبة التحديد. كان هناك حالات لاعتقالات فردية وإعدامات لم أحصل بها على معلومات حول قوائم أسماء أو مخبرين أو دليل مشابه. الأشخاص الذين قابلتهم لديهم دائمًا قصة حول من بلغ عمن، لكن هذه بوضوح حصلت بأثر رجعي. اعتمدت عادة على كل المعلومات التي جمعتها من القرية لتقرير كيفية ترميز الحالات. مثلًا، قتل الألمان ثلاثة رجال في 21 مايو/ أيار 1944، في قرية باسا (الآن إناشوس). عشرين رجلًا تم اختيارهم من كل الذكور الذين تم جمعهم، وثلاثة منهم أطلق النار عليهم. أحدهم كان من كوادر «جبهة التحرير الوطنية» المحلية، واثنان لم يكونا أعضاء في المنظمة. المقابلات المبدئية لم تسمح لي بتحديد ما إن كان هناك درجة معتبرة من الثقة بأن عمليات القتل هذه كانت انتقائية أم عشوائية، رغم أن من قابلته ذكر لي أن هؤلاء الرجال الثلاثة تم التبليغ عنهم. بعد ذلك، قابلت أحد كوادر الجبهة المحليين في قرية مجاورة فمنحني قدرًا كبيرًا من التفاصيل حول الحادثة وسمى لي المبلغ المفترض (المقابلة 115). بدا، من مقابلة لاحقة، أن الجنود الألمان كانوا يتجولون في القرية بالأمسية السابقة، ويتأكدون من أوراق الهويات وينظرون إلى قائمة بالصور (المقابلة 107). لذلك، قررت أن أرمز عملية القتل هذه بأنها حالات من العنف الانتقائي، فالمقابلات أشارت إلى أنها كانت ينظر لها بشكل كبير على أنها انتقائية.

ب.5. السيطرة

استخدمت البروتوكول التالي للسيطرة:

المنطقة 1: مقاتلو السلطات متمركزون بشكل دائم في القرية أو بمحيط ساعة عنها؛ مقاتلو ومديرو السلطات يعملون بحرية بكل الأوقات ليلًا ونهارًا؛ لا يوجد تقارير عن نشاط للمتمردين؛ منظمات الثوار السرية لم تتأسس أو تم تدميرها تمامًا.

المنطقة 2: مقاتلو السلطات متمركزون بشكل دائم في القرية أو بمحيط ساعة عنها؛ مقاتلو ومديرو السلطات يعملون بحرية بكل الأوقات ليلًا ونهارًا؛ منظمات الثوار السرية تعمل من داخل القرية؛ الاجتماعات السرية تحصل؛ هناك زيارات عابرة ليلًا من مقاتلي المتمردين.

المنطقة 3: مقاتلو السلطات متمركزون بشكل دائم في القرية أو بمحيط ساعة عنها، لكنهم لا يتحركون بحرية ليلًا؛ مديرو السلطات لا ينامون عادة في منازلهم؛ منظمو المتمردين نشطون؛ الاجتماعات تحصل بشكل منتظم ليلًا؛ هناك زيارات منتظمة من مقاتلي المتمردين ليلًا.

المنطقة 4: مقاتلو المتمردين متمركزون بشكل دائم في القرية أو بالقرب؛ مقاتلو ومديرو المتمردين يعملون بحرية بكل الأوقات ليلًا ونهارًا؛ منظمات السلطات السرية تعمل من داخل القرية؛ و/ أو الاجتماعات السرية تحصل؛ و/ أو هناك زيارات عابرة ليلًا من مقاتلي السلطات.

المنطقة 5: مقاتلو السلطات متمركزون بشكل دائم في القرية أو بالقرب؛ مقاتلو ومديرو السلطات يعملون بحرية بكل الأوقات ليلًا ونهارًا؛ لا يوجد تقارير عن نشاط للسلطات؛ منظمات السلطات السرية لم تتأسس أو تم تدميرها تمامًا.

0: القرية تدمرت تمامًا و/ أو تم إخلاؤها.

المعلومات المتاحة تم جمعها من كل من المصادر الشفوية والمكتوبة (سجلات المحاكم؛ السجلات العسكرية اليونانية والبريطانية والألمانية، والتواريخ المحلية). بسبب المدة القصيرة نسبيًا للحرب وبسبب مداها الجغرافي المحدد، مواد المقابلات والمصادر المكتوبة عادة ما توافق بعضها البعض. عندما تكون المواد متناقضة أو غير حاسمة؛ أرمز القرية بنفس منطقة سيطرة أقرب جيرانها لها. في معظم الحالات، كان هناك ترابط كبير بإجراءات السيطرة ضمن القرى في كل التجميعات البيئية الستة. القرى في المنطقة نفسها تحولت السيطرة بها تقريبًا في الوقت نفسه وبالاتجاه نفسه. من الجدير الذكر أن هذه ليست حالة ارتباط تلقائي مكاني، وإنما بنفس المعالجة المستخدمة لمجموعة من الوحدات. هناك بعض الاستثناءات لهذا الميل، وعلى الأرجح بسبب عوامل محددة. مثلًا، كل قرى التلال الشرقية في $ز_4$ تم ترميزها بأنها في المنطقة 4، باستثناء قريتين: أراكنيو (هيلي) في المنطقة 5، ومانيسي في المنطقة 3. أراكنيو، الأكثر عزلة من بينها، تمت مداهمتها واحتلالها من قبل الثوار، الذين أعدموا كل الخصوم الذين يمكن أن يضعوا أيديهم عليها بينما هرب الباقون،

بينما كانت مانيسي على بعد عشرة دقائق عن قرية أجيا تريادا، التي كانت محل تمركز للألمان الذين زاروها بشكل شبه يومي. بشكل مشابه، فيشتي تم ترميزها بأنها في المنطقة 3 في ز$_1$، بعكس معظم القرى المحيطة التي كانت في المنطقة 4، بسبب تواجد محطة قطار دفعت الألمان لتأسيس وحدة صغيرة في القرية.

الملحق ج
خط زماني للصراعات

الحرب البيلوبونيزية، 431-404 ق.م.

الحرب الأهلية الإنجليزية، 1642-1651

الحرب الثورية الأمريكية، 1775-1783

الثورة الفرنسية، 1789-1799

فرنسا، حرب فونديه، 1793-1796

إسبانيا، حرب شبه الجزيرة، 1808-1814

الحرب الأهلية الأمريكية، 1861-1865

التمرد الفلبيني ضد الاحتلال الأمريكي، 1888-1902

الثورة المكسيكية والعنف التالي، 1910-1928

تمرد جمهورية الدومينيكان ضد الاحتلال الأمريكي، 1916-1924

الثورة الروسية والحرب الأهلية، 1917-1921

الحرب الأهلية الفنلندية، يناير/كانون الثاني-مايو/أيار 1918

الثورة الإيرلندية والحرب الأهلية، 1916-1923

الحرب الأهلية الصينية (بما في ذلك التمرد ضد الاحتلال الياباني)، 1926-1949

الحرب الأهلية النيكاراجوية، 1927-1933

الثورة الفلسطينية، 1936-1939

الحرب الأهلية الإسبانية، 1936-1939

التمرد المالاوي ضد الاحتلال الياباني وضد البريطانيين، 1941-1945؛ 1950-1960

التمرد الفلبيني ضد الاحتلال الياباني وثورة الهوك، 1941-1951

الحرب الأهلية اليونانية (بما في ذلك المقاومة ضد الاحتلال الألماني)، 1943-1949.

تمردات بورما وكاشين وكارين، 1948-1993
الفيولنسيا الكولومبية 1948-1958
كينيا، تمرد الماو ماو، 1952-1960
الحرب الكورية، 1950-1953
الجزائر، حرب الاستقلال، 1954-1962
حرب فيتنام، 1957-1975
أنجولا، حرب الاستقلال والحرب الأهلية، 1961-1991
الحرب الأهلية الجواتيمالية، 1961-1966
موزمبيق، حرب الاستقلال والحرب الأهلية، 1962-1992
حرب غينيا-بيساو، 1962-1974
إندونيسيا، المجازر ضد الشيوعيين، 1965-1966
الحرب الأهلية الكولومبية 1966-
الصين، الثورة الثقافية، 1966-1969
إسبانيا، حملة الانفصال الباسكية، 1968-
زيمبابوي/ روديسيا، حرب الاستقلال والحرب الأهلية 1966-1979
ناميبيا، حرب الاستقلال، 1966-1989
نيجيريا، حرب بيافرا، 1967-1970
الحرب الأهلية الكمبودية، 1970-1975؛ 1992-1998
حملة الانفصال الإيرلندية الشمالية، 1968-1994
بنغلادش، حرب الاستقلال، 1971
تمرد الفلبين، 1972-2001
الحرب الأهلية اللبنانية، 1975-1990
تمرد تيمور الشرقية ضد الاحتلال الإندونيسي، 1975-1999
الحرب الأهلية الأثيوبية، 1974-1991
الحرب الأهلية السلفادورية، 1979-1991
أفغانستان، الحرب الأهلية ضد الاحتلال السوفييتي والحرب الأهلية، 1979-2001
أوغندا، عدة حروب أهلية، 1986-1995

البيرو، تمرد الدرب المضيء، 1980-
الحرب الأهلية النيكاراجوية، 1981-1990
السودان، عدة حروب أهلية، 1983-
سريلانكا، تمرد «جبهة تحرير الشعب» والتاميل، 1983-
تركيا، التمرد الكردي، 1983-1999
الهند، تمرد السيخ، 1984-1999
فلسطين/إسرائيل، الانتفاضة الأولى 1987-1993؛ الانتفاضة الثانية 2000-
أرمينيا وأذربيجان، الحرب على قرة باغ، 1988 (لم يتم الوصول لتسوية)
الحرب الأهلية الليبيرية، 1989-1996
سيراليون، الحرب الأهلية 1991-2002
الحرب الأهلية الصومالية، 1991-
الحرب الأهلية الجزائرية، 1992-
جورجيا، تمرد الأبخاز، 1992-1993
الحرب الأهلية البوسنية، 1992-1995
الحرب الأهلية الشيشانية، 1994-1996؛ 1999-
حرب الكونغو-برازافيل، 1997-
كوسوفو، الحرب الأهلية، 1999
إندونيسيا، الدايكا ضد مادوريس في كاليمانتان الغربية، 2001-2002
أفغانستان، التمرد ضد الاحتلال الأمريكي، 2001-
العراق، التمرد ضد الاحتلال الأمريكي، 2003

المراجع والمصادر

1. المصادر الرئيسية وغير المنشورة

1.1. الأرشيفات

Archive of Contemporary Social History (Αρχεία Σύγχρονης Κοινωνικής Ιστορίας) (ASKI), Athens
Arhive of the Communist Party of Greece (KKE)
Directorate of Army History (Διεύθυνση Ιστορίας Στρατού) (DIS), Athens
Archive of National Resistance (1941-4) (AEA)
Eric Gray Newspaper Collection, Christ Church Library, Oxford
Historical Archive of the Argolid (Ιστορικό Αρχείο Αργολίδας) (HAA), Nafplio
Municipal Archives of Nafplio (Δημοτικό Αρχείο Ναυπλίου) (DAN)
Nafplio Three-member (Trimeles) Court of Appeals (Indictment Files) (ATEN) (DIK.1.2.2)
Nafplion Five-member (Pentameles) Court of Appeals (Minutes-Decisions) (APEN) (DIK. 1.4.2)
Nafplion Criminal Court (Indictment Files) (AKN) (DIK. 1.5.1)
Nafplion Criminal Court (Minutes-Decisions) (AKN) (DIK. 1.5.2)
Tripolis Criminal Court (Indictment Files) (AKT) (DIK. 1.6.1)
Tripolis Criminal Court (Minutes-Decisions) (AKT) (DIK. 1.6.2)
Sparta Criminal Court (Indictment Files) (AKS) (DIK. 1.9.1)
Sparta Criminal Court of (Minutes-Decisions) (AKS) (DIK. 1.9.2)
Gytheion Criminal Court (Indictment Files) (AKG) (DIK. 1.12.1)
Gytheion Criminal Court (Minutes-Decisions) (AKG) (DIK. 1.12.2)
Special Court of Collaborators (Ειδικό Δικαστήριο Δωσιλόγων) (EDD) (DIK. 1.16.1)
National Archives and Records Administration (NARA), Washington D.C.
Allied Mission for Observing the Greek Elections (AMFOGE I and II), Retired Lot Files of NEA/GTI, Lot M-72, 62 A 624
General Records of the Department of State, Decimal File 1945-9
Near East Foundation, New York
Village Social Organization in Greece
Public Records Office (PRO), Kew Gardens
Foreign Office Records (FO series)
Special Operations Executive Records (HS series)

Zentrale Stelle der Landesjustizverwaltungen (ZSt.), Ludwigsburg
V 508 AR 2056/67 (Argos)

2.1. مذكرات غير منشورة

Harisis Asimopoulos, Velvendo, Kozani
Kiriakos Dimitropoulos, Christianoi, Messinia
Petros S. Hasapis, Kiveri, Argolid
Efthimios Katsoyannos, Kleisto, Evritania
Ioannis G. Kolimenos, Dafni, Evritania
Panayotis Kondylis, Ancient Olympia, Ilia
Andreas Kranis, Argos, Argolid
Panayotis Lilis, Midea, Argolid
Yannis Nassis, Malandreni, Argolid
Dimitris Oikonomou, Heli, Argolid
Ioannis Petrou, Didyma, Argolid
Anastasios Rodopoulos, Neochori, Aridaia
Thanasis Siaterlis, Poulakida, Argolid
Giorgos Stamatiou, Spetses, Argosaronikos
Petros E. Tavoulareas, Tseria, Messinia

3.1. أوراق بحثية طلابية (تأريخات لقرى)

Angeliki Andreopoulou, University of Athens, 1999
Vassiliki Ballios, New York University, 1999
Gerasimos Drakatos, University of Athens, 1999
Sofia Gali, University of Athens, 1999
Thomas Haidas, University of Athens, 1999
Olga Halkiopoulos, New York University, 2000
Dorothea Hunter, University of Chicago, 2003
Kali Koutelos, New York University, 1999
Evangelia Kremidas, New York University, 1999
Katerina Nikou-Stolou, University of Athens, 1999
Carol Notias, New York University, 1999
Helen Rouvelas, New York University, 1999
Evangelos Spathis, University of Athens, 1999
Ioanna Velentza, University of Athens, 1999
Elsa A. Vrana, University of Athens, 1999
Ioanna Zevgaras, New York University, 1999

2. اليونان والحرب الأهلية اليونانية
2.1. مصادر عامة

Andrews, Kevin. 1984. *The Flight of Ikaros*. London: Penguin.

Antoniou, Giorgos. 2001. The Importance of Interwar Communism in the Spread of the Resistance Movement (EAM). Unpublished paper, European University Institute.

Antonopoulos, Kosmas E. 1964. *Ethniki Antistasis 1941–1945* [National Resistance, 1941–1945]. 3 vols. Athens.

Baerentzen, Lars. 1982. *British Reports on Greece 1943–44 by J. M. Stevens, C. M.Woodhouse and D. J. Wallace. Copenhagen*: Museum Tusculanum Press.

Campbell, John, and Philip Sherrard. 1968. *Modern Greece*. New York: Praeger.

Capell, Richard. 1946. *Simiomata: A Greek Note Book, 1944–1945*. London: MacDonald.

Close, David H. 1995. *The Origins of the Greek Civil War*. London: Longman.

Condit, D. M. 1961. *Case Study in Guerrilla War: Greece during World War II*. Washington, D.C.: Special Operations Research Office, American University.

Danforth, Loring M. 1995. *Macedonian Conflict: Ethnic Nationalism in a Transnational World*. Princeton, N.J.: Princeton University Press.

Delaportas, Pavlos G. 1978. *To simiomatario enos Pilatou* [The notebook of a Pilatus]. Athens: Themelio.

Dordanas, Efstratios N. 1996. *I periochi tis Thessalonikis kai tis evriteris Makedonias kato apo ti Germaniki katochi, 1941–1943* [The Thessaloniki and wider Macedonia are under German occupation, 1941–1943]. Unpublished paper, Department of History, Aristoteleian University of Thessaloniki.

Fleischer, Hagen. 1979. *Antipoina ton germanikon dinameon katochis stin Ellada 1941–1944* [Reprisals of the German occupation forces in Greece, 1941–1944]. *Mnimon* 7:182–95.

Gardner, Hugh H. 1962. *Guerrilla and Counterguerrilla Warfare in Greece, 1941–1945*. Washington, D.C.: Office of the Chief of Military History, Department of the Army.

Gerolymatos, André. 2004. *Red Acropolis, Black Terror: The Greek Civil War and the Origins of Soviet-American Rivalry, 1943–1949*. New York: Basic Books.

Gerolymatos, André. 1984. The Role of the Greek Officer Corps in the Resistance. *Journal of the Hellenic Diaspora* 11, 3:69–79.

Hammond, N. G. L. 1993. *The Allied Military Mission and the Resistance in Western Macedonia*. Thessaloniki: Institute for Balkan Studies.

Hondros, John L. 1993. *Occupation and Resistance: The Greek Agony, 1941–1944*. New York: Pella.

Jones, Howard. 1989. *"A New Kind of War": America's Global Strategy and the Truman Doctrine in Greece*. New York: Oxford University Press.

Kalyvas, Stathis N. 2000. Red Terror: Leftist Violence during the Occupation. In Mark

Mazower (ed.), *After the War Was Over: Reconstructing Family, State, and Nation in Greece, 1944–1960*, 142–83. Princeton, N.J.: Princeton University Press.

Kalyvas, Stathis N. 1997. Polarization in Greek Politics: PASOK's First Four Years, 1981–1985. *Journal of the Hellenic Diaspora* 23, 1:83–104.

Karakasidou, Anastasia N. 1997. *Fields of Wheat, Hills of Blood: Passages to Nationhood in Greek Macedonia, 1870–1990*. Chicago: University of Chicago Press.

Kofos, Evangelos. 1993. *Nationalism and Communism in Macedonia: Civil Conflict, Politics of Mutation, National Identity*. New Rochelle, N.Y.: A. D. Caratzas.

Koliopoulos, Ioannis S. 1999. *Plundered Loyalties: Axis Occupation and Civil Strife in GreekWest Macedonia, 1941–1949*. London: Hurst.

Marantzidis, Nikos. 2001. *Yasasin Millet, Zito to Ethnos. Prosfygia, katohi kai emfylios: Ethnotiki taftotita kai politiki symperifora stous tourkofonous elinorthodoxous tou Dytikou Pontou* [Yasasin Millet, long live the nation: Uprooting, occupation, and civil war: Ethnic identity and political behavior in the Turkish-Speaking Greek-Orthodox of Western Pontos]. Irakleio: University Press of Crete.

Marantzidis, Nikos. 1997. *Mikres Mosches: Politiki kai eklogiki analisi tis parousias tou kommounismou ston Elladiko agrotiko choro* [Little Moscows:Apolitical and electoral analysis of the communist presence in the Greek rural space]. Athens: Papazissis.

Margaritis, Giorgos. 2000. *Istoria tou Emfyliou Polemou* [History of the Civil War]. 2 vols. Athens: Vivliorama.

Mathiopoulos, Vasos. 1980. I *Elliniki Antistasi (1941–1944) kai oi "Symmchoi"* [The Greek Resistance and the "Allies"]. Athens: Papazissis.

McNeill, William H. 1978. *The Metamorphosis of Greece since World War II*. Oxford: Blackwell.

McNeill, William H. 1947. *The Greek Dilemma: War and Aftermath*. Philadelphia: J. B. Lippincott.

Mazower, Marc. 1993. *Inside Hitler's Greece: The Experience of the Occupation, 1941–1944*. New Haven: Yale University Press.

Mazower, Mark. 1992. Military Violence and National Socialist Values: The Wehrmacht in Greece, 1941–1944. *Past and Present* 134:129–58.

Meyer, H. F. 2002. *Von Wien nach Kalavryta. Die blutige Spur der 117. J¨ager-Division durch Serbien und Griechenland*. Moehnesee: Bibliopolis.

Meyer, H. F. 1995. *Missing in Greece: Destinies in the Greek Freedom Fight, 1941–1944*. London: Minerva.

Myers, E. C.W. 1955. *Greek Entaglement*. London: Hart-Davies.

Nachmani, Amikam. 1993. Guerrillas at Bay. The Rise and Fall of the Greek Democratic Army: The Military Dimension. CivilWar in Greece: 1946–1949. *Journal of Modern Hellenism* 9:63–95.

Rossos, Andrew. 1997. Incompatible Allies: Greek Communism and Macedonian

Nationalism in the Civil War in Greece, 1943–1949. *Journal of Modern History* 69, 1:42–76.

Skouras, F., A. Hadjidimos, A. Kaloutsis, and G. Papadimitriou. 1947. *I psichopathologia tis pinas, tou fovou kai tou agxous: Nevroseis kai psichonevroseis* [The psychopathology of hunger, fear, and anxiety: Neuroses and psychoneuroses]. Athens.

Vervenioti, Tasoula. 2003. *Diplo vivlio. I afigisi tis Stamatias Barbatsi* [Double book: The narrative of Stamatia Barbatsi]. Athens: Vivliorama.

Voigt, F. A. 1949. *The Greek Sedition*. London: Hollis and Carter.

Ward, Michael. 1992. *Greek Assignments. SOE 1943–1948 UNSCOB*. Athens: Lycabettus Press.

Woodhouse, C. 1948. *Apple of Discord: A Survey of Recent Greek Politics in Their International Setting*. London: Hutchinson.

Zafiropoulos, D. 1956. *O Antisymmoriakos agon, 1945–1949* [The anti-bandit struggle, 1945–1949]. Athens.

2.2. دراسات محلية ومذكرات محلية

Antonopoulos, Antonis. 1993. *Mnimes enos andarti tou ELAS* [Recollections of an ELAS guerrilla]. Athens: Alfeios.

Aschenbrenner, Stanley. 1987. The Civil War from the Perspective of a Messenian Village. In Lars Baerentzen, J. O. Iatrides, and O. L. Smith (eds.), *Studies on the History of the Greek Civil War*, 1945–9, 105–25. Copenhagen: Museum Tusculanum Press.

Avdikos, Evangelos Gr. 2002. *Halase to horios mas halase* [Our village is ruined]. Alexandroupoli.

Balafoutas, Yannis. 1981. *Apo ton promachona tis Stimangas* [From the bastion of Stimanga]. Athens.

Balta, Nasi. 2002. "Tote me ta 'hitika' den kotages na peis oute t' onoma sou." Martiries gia ton emfylio se ena chorio tis Pylias. ["Then with the 'hitika' you didn't even dare to say what your name was." Testimonies about the civil war in a village of Pylia]. In Ilias Nikolakopoulos, Alkis Rigos, and Grigoris Psallidas (eds.), *O Emfylios Polemos. Apo ti Varkiza sto Grammo, Fevrouarios 1945–Avgoustos 1949* [The Civil War: From Varkiza to Grammos, February 1945–August 1949], 176–87. Athens: Themelio.

Baroutas, Kostas G. 1998. *Mesochora*. Athens: Irodotos.

Campbell, J. K. 1974. *Honour, Family, and Patronage: A Study of Institutions and Moral Values in a Greek Mountain Community*. New York: Oxford University Press.

Christidis, Christodoulos I. 1991. *Pournia Konitsis-Ioanninon*. Athens.

Collard, Anna. 1989. Investigating "Social Memory" in a Greek Context. In E. Tonkin, M. McDonald, and M. Chapman (eds.), *History and Ethnicity*, 89-103. London: Routledge.

Dalianis, Anastasios I. 1998. *Iampolis, Valtetsi, Kalapodi*. Athens: Arsenidis.

Damianakos, Stathis. 1996. *Le paysan grec. Défis et adaptations face à la société moderne*. Paris: L'Harmattan.

Diamantakos, Nikos. 1997. *To Pouri*. Volos: Koinotita Pouriou.

du Boulay, Janet. 1974. *Portrait of a Greek Mountain Village*. Oxford: Oxford University Press.

Exarchos, Christos G. 1987. *I Fourka Ipirou*. Thessaloniki.

Filos, Stefanos. 2000. *Ta Tzoumerkohoria*. Athens.

Filos, Stefanos. 1991. *Agnanta Artas*. Athens: Adelfotis Agnantiton Athinas.

Gage, Nicholas. 1984. *Eleni*. New York: Ballantine Books.

Gavanas, Dimtrios G. 1999. *Rodohori Voiou*. Thessaloniki.

Georgiadis, Georgios. 2004. *O Emfylios Polemos stis Vorioanatoliki Eordea (1943–1949)* [The civil war in Northeast Eordea]. Unpublished paper.

Glaveris, Theodoros Ath. 1998. *O kambos tis Thessalonikis. Thessaloniki.*

Gogos, Andreas K. 1995. *Parakalamos*. Athens: Dodoni.

Goumas, Eleftherios. 1973. *Livadi*. Livadi.

Handman, Marie-E´ lisabeth. 1983. *La violence et la ruse: Hommes et femmes dans un village grec*. Aix-en-Provence: E´ disud.

Hartomatsidis, Pavlos Ch. 1989. *Pontoirakleia Kilkis, 1924–1984*. Thessaloniki.

Kallianiotis, Thanasis. 2002. Oi protoi andartes sta Ventzia, 1942–1943 [The first rebels in Ventzia, 1942–1943]. Unpublished paper.

Kallianiotis, Thanasis. 2001. I OPLA tou Tsiartsamba, 1941–1949. Unpublished paper.

Kardaras, Takis G. 1982. *Mnimes sto diava mias zois* [Memories in the course of a life]. Athens.

Katevatis, N. n.d. *Anamniseis apo tin Katohi stin Zakintho kai i megali apogoitefsis* [Reminiscences from the occupation in Zakynthos and the great disappointment]. Athens.

Katsogiannos, Stelios. 1994. *I agnosti alitheia gia ton ELAS* [The unknown truth about ELAS]. Athens.

Kikopoulos, Menelaos St. 1991. *Elafotopos* (Tservari). Ioannina.

Latsis, Vaggelis P. 1991. *Oi antartes tou Parnona* [The guerrillas of Parnon]. Athens: Forma.

Liapis, Kostas. 1994. *O "megalos" Ai-Giorgis tou Piliou*. Volos.

Loustas, Nikolaos Arg. 1988. *I Istoria tou Nimfeou-Neveskas Florinis*. Thessaloniki.

Magopoulos, Nikos V. 1998. *Agonistes ton Karditsiotikon Agrafon kai tou kambou 1940– 1950* [Fighters from the Agrafa part of Karditsa and the plain, 1940–1950]. Karditsa.

Magopoulos, Nikos V. 1990. *Genia agonon kai thision. 33 choria Karditsas-Domokou stin Antistasi* [Generation of struggles and sacrifices: 33 villages of Karditsa and Domokos in the Resistance]. Athens.

Maloukos, Konstantinos I. 1992. *Enthimimata katochika kai antistasiaka* [Recollections from the occupation and the resistance]. Thessaloniki.

Mandas, Georgios I. E. (or Hondros). 1996. *Apomnimonevmata apo to 1876 os to 1966* [Memoirs from 1876 to 1966]. Tripoli.
Manetas, Athanasios Th. 1996. *Plessa-Amygdalia*. Athens.
Margaritis, Thodoros. 1995. *I Skala Messinias*. Athens: Vivliogonia.
Militsis, Christos M. 1997. *Agrafa. Karditsa, Mesenikola kai ta choria tou teos dimou Nevropolis* [Agrafa. Karditsa, Mesenikola and the villages of the former municipality of Nevropolis]. Karditsa.
Nasiopoulos, Andreas Ath. 1996. *O Arbounas*. Athens: Paraskinio.
Nikolaidis, Kostas. 1977. *I alithia gia tin Ethniki Antistasi* [The truth about the National Resistance]. Thessaloniki.
Oikonomou, Pantelis. 1976. *To Lehovo*. Thessaloniki.
Papachristou, Giannis D. 1994. *Tou Paloumba kai oi Paloumbaioi*. Tripoli: Fylla.
Papaioannou, Achilleas. 1990. *Giorgis Giannoulis: I thriliki morfi tou Grammou. To agnosto imerologio tou* [Giorgis Giannoulis: Grammos' legendary figure; His unknown diary]. Athens: Glaros.
Papakongos, Kostis. 1977. *Archeio Person. Katochika documenta tou DES Peloponnisou* [Person archive: Documents from the International Red Cross Office in the Peloponnese during the occupation]. Athens: Papazissis.
Papakonstantinou, Konstantinos (Bel´as). 1986. *I nekri merarchia* [The dead regiment]. 2 vols. Athens: Alfeios.
Papakonstantinou, Michalis. 1999. *To chroniko tis megalis nichtas* [The chronicle of the long night]. Athens: Estia.
Papandreou, Andreas K. 1992. *Odoiporiko sta dyskola chronia* [Journey during the hard years]. Kavala.
Papasteriopoulos, Ilias. 1965. *O Morias sta opla* [Morias in arms]. 4 vols. Athens: Erevna kai Kritiki tis Neoellinikis Istorias.
Pasagiotis, Nikos P. 1998. *Anamniseis* [Recollections]. Athens.
Pelagidis, Stathis. 1996. *I Inoi tis Kastorias*. Thessaloniki: Community of Inoi.
Poulimenakos, Aris G. 1989. *I Petrina*. Athens.
Priovolos, Kaisar. 1988. *Imoun Ipefthinos* [I was responsible]. Athens.
Sakkas, John. 2000. The Civil War in Evrytania. In Mark Mazower (ed.), *After the War Was Over: Reconstructing Family, State, and Nation in Greece, 1944–1960*, 186–209. Princeton, N.J.: Princeton University Press.
Sanders, IrwinT. 1953. Village Social Organization in Greece. *Rural Sociology* 18, 1–4:366–75.
Sarris, Konstantinos A. 1998. *Chroniko Koryschadon* [A chronicle of Koryshades]. Athens: Vasilopoulos.
Skaltsas, Panagiotis D. 1994. *Stis ochthes tou Kladeou* [On the of banks of Kladeos]. Athens.
Skoutelas, Rigas-Giorgos S. 1994. *Theodoriana Artas*. Athens: Kinotis Theodorianon.
Souflas, Kosmas. 1991. *Peninta palikaria* [Fifty young men]. Athens.
Stamatelatos, Michail, and Fotini Vamva-Stamatelatou. 2001. *Epitomo Geographiko Lexiko tis Ellados* [Geographical dictionary of Greece]. Athens: Ermis.

Stasinos, Kostas G. 2000. *To Athamanio ton Tzoumerkon*. Athens.

Stavropoulos, Nikos Ch. 1989. *I Vamvakou*. Athens: Sokolis.

Svolos, Alexandros. 1990. *Andartis sta vouna tou Moria. Odoiporiko (1947–49)* [Guerrilla in the mountains of Morias: A journey (1947–49)]. Athens.

Tatsiopoulos, Lambros A. 1971. *To Komboti Artis*. Ioannina.

Tchobanoglou, Marie. 1951. A Macedonian Village. Prepared under the direction of William J. Tudor. Unpublished Paper, Near East Foundation.

Triantafyllis, Kostas N. 1997. *Me nychia kai me dontia* [Tooth and nail]. Athens.

van Boeschoten, Riki. 1997. *Anapoda chronia. Sillogiki mnimi kai istoria sto Ziaka Grevenon (1900–1950)* [Hapless Years: Collective Memory and History in Ziakas, Grevena (1900–1950)]. Athens: Plethron.

Varmazis, Nikos D. 2002. *Dyskola Chronia stin Pieria* [Difficult years in Pieria]. Katerini: Mati.

Vermeulen, Hans. 1993. To varos tou parelthontos. I exousia ton kapetaneon sto xorio tou Kain kai tou Avel [The weight of the past: The power of the capetans in Cain's and Abel's village]. In E. Papataxiarchis and Th. Paradellis (eds.), *Anthropologia kai parelthon: simvoles stin koinoniki istoria tis neoteris Elladas* [Anthropology and past: A contribution to the social history of Modern Greece], 113–33. Athens: Alexandria.

Vettas, Yannis. 2002. *I machi tis Edessas* [The battle of Edessa]. Thessaloniki: Erodios.

Vourlas, Fotios St. 1992. *Mnimes kai didagmata. Emfylios dihasmos (1944–1949)* [Memories and lessons: Civil strife (1944–1949)]. Achladia.

Voryllas, Andreas Ch. 1994. *Kertezi*. Athens: Paraskinio.

Xanthakou, Margarita. 1998. Violence en trois temps: Vendetta, guerre civile et d´esordre nouveau dans une r´egion grecque. Unpublished paper.

Yannisopoulou, Maria. 1998. I anthropologiki proseggisi. Almopia: parelthon, paron kai mellon [The anthropological approach: Almopia: Past, present, and future]. In National Center of Social Research, *Makedonia kai Valkania: xenophobia kai anaptyxi* [Macedonia and the Balkans: Xenophobia and development], 330–426. Athens: Alexandria.

Zervis, Nikos I. 1998. *I Germaniki katochi sti Messinia* [The German Occupation in Messinia]. Kalamata.

3.2. شمال بيلوبونيز (متضمنًا أرغوليذا)

Anagnostopoulos, Ioannis Sp. 1961. *I istoria tou Achladokambou* [The history of Achladokambos]. Athens.

Anagnostopoulos, N. N., and G. Gagalis., 1938. *I Argoliki Pedias* [The plain of Argolid]. Athens.

Barelos, Panayotis. 1983. *Skotini 17 Iouli 1944* [Skotini, 17 July 1944]. Skotini.

Binardopoulos, Yannis, Lambis Roupas, and Thodoris Chliapas. 1987. *I Egialia stin katochi kai tin antistasi* [Egialia during the occupation and the resistance]. Athens.

Bouyoukos, Takis. 1973. *I Feneos ana tous aiones* [Feneos throughout the centuries]. Athens.

Christopoulos, Andreas Ch. 1946. *Oi Italogermanoi stin Argolida* [The Italians and Germans in the Argolid]. Nafplion: Tipografion Efimeridos Sintagma.

Danousis, Kostas. 1994. Opuscula Argiva XIII. *Anagennisi* 321:4–13.

De Vooys, A. C., and J. J. C. A. Piket. 1958. Geographical Analysis of Two Villages in the Peloponnesos. *Tijdschrift van het Koninklijk Nederlandsch Aardrijkskundig Genootschap* 75, 1:31–55.

Frangoulis, Apostolos Ch. 1988. *Imerologio Ethnikis Antistasis Ermionis* [National Resistance diary of Ermioni]. Piraeus.

Kanellopoulos, Georgios A. 1981. *Istoria kai laografia ths Anatolikis Egialias-Kalavryton* [History and folklore of eastern Egialia and Kalavryta]. Athens.

Karouzou, Evi. 1995. Cultures maraîchères dans laMèditerranèe: Les transformations de la plaine et la sociètè argolique, 1860–1910. Ph.D. dissertation, European University Institute, Florence.

Koster, Harold A. 2000. Neighbors and Pastures: Reciprocity and Access to Pasture. In Susan Buck Sutton (ed.), *Contingent Countryside: Settlement, Economy, and Land Use in the Southern Argolid Since 1700*, 241–61. Stanford, Calif.: Stanford University Press.

Ladas, Vasilis. 2002. *Oi Andartes tis Thalassas*. Athens.

Miliarakis, Antonios. 1886. *Geographia politiki, nea kai archaia, tou nomou Argolidos kai Korinthias* [Political geography, modern and ancient, of the prefecture of Argolid and Korinthia]. Athens.

Panagopoulos, Andreas M. 1981. *Istoria tou choriou Malandreniou Argous* [History of the village Malandreni of Argos].

Papalilis, Giorgos. 1981. *I Ethniki Antistasi stin Argolida* [The National Resistance in Argolis]. Argos: Anagennisi.

Perrakis, Stelios. 2006. *Plaka Beach*. Madison, N.J.: Fairleigh Dickinson University Press.

Perrakis, Stelios. 2004. Collaboration as Revenge: Evidence from a Local Study in the Eastern Argolid. Unpublished paper.

Rigas, Dimitris. 1998. *Martyrologio. Ta thimata tis Korinthias* [List of martyrs: The victims of Korinthia]. Loutraki.

Spanos, Dimtris. 1990. *Istoria tis Karias Argolidos* [History of Karia, Argolid]. Thessaloniki.

Vazeos, Emmanouil. 1961. *Ta agnosta paraskinia tis Ethnikis Antistaseos eis tin Peloponnison* [The unknown back-stage of the National Resistance in the Peloponnese]. Korinthos.

3. مصادر ثانوية عامة

Abdi, Nidam. 1997. *C'est devenu une guerre de tribus*. Libèration, 24 September.

Abella, Rafael. 1996. La vida cotidiana. In Edward Malefakis (ed.), *La Guerra de España (1936–1939)*, 451–79. Madrid: Taurus.

Achakzai, Saeed Ali. 2003. US Troops Provoke Anger, Fear in Afghan Villages. *Reuters*, 23 August. http://www.reuters.com, storyID=3326254.

Adams, Sam. 1994. *War of Numbers: An Intelligence Memoir*. South Royalton: Steerforth Press.

Aguilar Fernández, Paloma. 1996. *Memoria y olvido de la Guerra Civil Española*. Madrid: Alianza Editorial.

Åkerström, Malin. 1991. *Betrayals and Betrayers: The Sociology of Treachery*. New Brunswick, N.J.: Transaction.

Alapuro, Risto. 2002. Violence in the Finnish Civil War of 1918 and Its Legacy in a Local Perspective. Paper presented at the Workshop on "Civil Wars and Political Violence in 20th Century Europe," European University Institute, Florence 18–20 April.

Alapuro, Risto. 1998. Artisans and Revolution in a Finnish Country Town. In Michael P. Hanagan, Leslie Page Moch, and Wayne Brake (eds.), *Challenging Authority: The Historical Study of Contentious Politics*, 73–88. Minneapolis: University of Minnesota Press.

Allen, Barbara, and William Lynwood Montell. 1981. From Memory to History: Using Oral Sources in Local Historical Research. Nashville, Tenn.: American Association for State and Local History.

Allen, Tim. 1999. Perceiving Contemporary Wars. In Tim Allen and Jean Seaton (eds.), *The Media of Conflict: War Reporting and Representations of Ethnic Violence*, 11–42. London: Zed Books.

Allen, Tim. 1989. Violence and Moral Knowledge: Observing Social Trauma in Sudan and Uganda. *Cambridge Anthropology* 13, 2:45–67.

Allen, Tim, and Jean Seaton. 1999. Introduction. In Tim Allen and Jean Seaton (eds.), *The Media of Conflict: War Reporting and Representations of Ethnic Violence*, 1–7. London: Zed Books.

Anderson, David. 2005. *Histories of the Hanged: The Dirty War in Kenya and the End of Empire*. New York: W.W. Norton.

Anderson, Jon Lee. 2004. *Guerrilla: Journeys in the Insurgent World*. New York: Penguin.

Anderson, Scott. 2004. How Did Darfur Happen? *New York Times Magazine*, 17 October, 49–63.

Anderson, Truman. 1999. Incident at Baranivka: German Reprisals and the Soviet Partisan Movement in Ukraine, October–December 1941. *Journal of Modern History*, 71:585–623.

Anderson, Truman. 1995. The Conduct of Reprisals by the German Army of Occupation in the Southern USSR, 1941–1943. 2 vols. Ph.D. dissertation, University of Chicago.

Andr´e, Catherine, and Jean-Philippe Platteau. 1998. Land Relations under Unbearable Stress: Rwanda Caught in the Malthusian Trap. *Journal of Economic Behavior and Organization* 34, 1:1–47.

Andreopoulos, George J. 1994. The Age of National Liberation Movements. In Michael Howard, George J. Andreopoulos, and Mark R. Shulman (eds.), *The Laws of War: Constraints on Warfare in the Western World*, 191–213. New Haven: Yale University Press.

Andrews, Edmund L. 2003. Once Feared, a Southern Iraqi Clan Finds Itself Hunted. *New York Times*, 15 June, 10.

Angstrom, Jan. 2001. Towards a Typology of Internal Armed Conflict: Synthesizing a Decade of Conceptual Turmoil. *Civil Wars* 4, 3:93–116.

Annis, Sheldon. 1988. Story from a Peaceful Town: San Antonio Aguas Calientes. In Robert M. Carmack (ed.), *Harvest of Violence: The Maya Indians and the Guatemalan Crisis*, 155–73. Norman: University of Oklahoma Press.

Appadurai, Arjun. 1996. *Modernity at Large: Cultural Dimensions of Modernization*. Minneapolis: University of Minnesota Press.

Apter, David E. 1997. Political Violence in Analytical Perspective. In David Apter (ed.), *The Legitimization of Violence*, 1–32. New York: New York University Press.

Arendt, Hannah. 1973. *The Origins of Totalitarianism*. New York: Harcourt, Brace, Jovanovich.

Arendt, Hannah. 1970. *On Violence*. New York: Harcourt, Brace and World.

Arendt, Hannah. 1963. *Eichmann in Jerusalem: A Report on the Banality of Evil*. New York: Viking.

Argenti-Pillen, Alex. 2003. *Masking Terror: How Women Contain Violence in Southern Sri Lanka*. Philadelphia: University of Pennsylvania Press.

Armony, Ariel C. 1997. The Former Contras. In Thomas W. Walker (ed.), *Nicaragua without Illusions*, 203–18. Wilmington, Del.: Scholarly Resources.

Armstrong, John A. 1964. Introduction. In John A. Armstrong (ed.), *Soviet Partisans in World War II*, 3–70. Madison: University of Wisconsin Press.

Arnson, Cynthia J., and Robin Kirk. 1993. *State of War*. New York: Human Rights Watch/Americas.

Aron, Raymond. 1966. *Peace and War*. London: Weidenfeld & Nicolson.

Ash, Stephen V. 1995. *When the Yankees Came: Conflict and Chaos in the Occupied South, 1861–1865*. Chapel Hill: University of North Carolina Press.

Ash, Stephen V. 1988. *Middle Tennessee Society Transformed, 1860–1870: War and Peace in the Upper South*. Baton Rouge: Louisiana State University.

Asprey, Robert B. 1994. *War in the Shadows: The Guerrilla in History*. New York: Morrow.

Auletta, Ken. 2002. *Beauty and the Beast*. New Yorker, 16 December 2002, 65–81.

Auman, William T. 1984. Neighbor against Neighbor: The Inner Civil War in the Randolph County Area of Confederate North Carolina. *North Carolina Historical Review* 61, 1:59–92.

Aussaresses, Paul. 2001. *Services spéciaux. Algérie 1955–1957*. Paris: Perrin.

Avioutskii, Viatcheslav, and Hayder Mili. 2003. The Geopolitics of Separatism: Genesis of Chechen Field Commanders. *Central Asia and the Caucasus* 2, 20:7–14.

Azam, Paul, and Anke Hoeffler. 2002. Violence against Civilians in Civil Wars: Looting or Terror? *Journal of Peace Research* 39, 4:461–85.

Babeuf, Gracchus. 1987. *La guerre de la Vendée et le système de dépopulation*. Edited by Reynald Secher and Jean-Joël Brégeon. Paris: Tallandier.

Baier, Annette C. 1991. Violent Demonstrations. In R. G. Frey and Christopher W. Morris (eds.), *Violence, Terrorism, and Justice*, 33–58. Cambridge: Cambridge University Press.

Bailey, F. G. 1996. *The Civility of Indifference: On Domesticating Ethnicity*. Ithaca: Cornell University Press.

Baker, Peter. 2002. GIs Battle "Ghosts" in Afghanistan. Search for Elusive Enemy Frustrates Americans. *Washington Post*, May 16, A1.

Bandura, Albert. 1990. Mechanisms of Moral Disengagement. In Walter Reich (ed.), *Origins of Terrorism: Psychologies, Ideologies, Theologies, States of Mind*, 161–91. Cambridge: Cambridge University Press.

Bandura, Albert. 1983. Psychological Mechanisms of Aggression. In R. G. Green and E. I. Donnerstein (eds.), *Aggression: Theoretical and Empirical Reviews*, 1–40. New York: Academic Press.

Banton, Michael. 2000. Ethnic Conflict. *Sociology* 34, 3:481–98.

Barnett, Donald, and Karari Njama. 1966. *Mau Mau from Within: Autobiography and Analysis of Kenya's Peasant Revolt*. Letchworth: MacGibbon and Kee.

Barnstone, Willis. 1995. *Sunday Morning in Fascist Spain: A European Memoir, 1948–1953*. Carbondale: Southern Illinois University Press.

Barrett, David P. 2001. Introduction: Occupied China and the Limits of Accommodation. In David P. Barrett and Larry N. Shyu (eds.), *Chinese Collaboration with Japan, 1932–1945: The Limits of Accommodation*, 1–17. Stanford, Calif.: Stanford University Press.

Barth, Fredrik. 1994. Enduring and Emerging Issues in the Analysis of Ethnicity. In Hans Vermeulen and Cora Govers (eds.), *The Anthropology of Ethnicity: Beyond "Ethnic Groups and Boundaries,"* 11–32. Amsterdam: Het Spinhuis.

Barthes, Roland. 1977. *Roland Barthes*. New York: Hill and Wang.

Bartolini, Stefano, and Peter Mair. 1990. *Identity, Competition, and Electoral Availability: The Stabilization of European Electorates, 1885–1985*. Cambridge: Cambridge University Press.

Barton, Fred H. 1953. *Salient Operational Aspects of Paramilitary Warfare in Three Asian Areas. ORO-T-228*. Chevy Chase, Md.: Operations Research Office.

Bartov, Omer. 1992. *Hitler's Army: Soldiers, Nazis, and War in the Third Reich*. New York: Oxford University Press.

Bass, Gary Jonathan. 2000. *Stay the Hand of Vengeance: The Politics of War Crimes Tribunals.* Princeton, N.J.: Princeton University Press.

Bates, Robert H. 1999. Ethnicity, Capital Formation, and Conflict. Paper prepared for a conference sponsored by the Social Capital Initiative of theWorld Bank, 15–16 June, Washington, D.C.

Battini, Michele, and Paolo Pezzino. 1997. *Guerra ai civili: Occupazione tedesca e politica del massacro, Toscana 1944.* Venice: Marsilio.

Bauer, Yehuda. 2000. *Rethinking the Holocaust.* New Haven: Yale University Press.

Baumgartner, M. P. 1988. *The Moral Order of a Suburb.* New York: Oxford University Press.

Bax, Mart. 2000. Warlords, Priests and the Politics of Ethnic Cleansing: A Case Study from Rural Bosnia Hercegovina. *Ethnic and Racial Studies* 23, 1:16–36.

Bayly, C. A. 1988. "Rallying around the Subaltern." Review of the Writings of the Subaltern School. *Journal of Peasant Studies* 16, 1:110–20.

Bazenguissa-Ganga, Rémy. 1999a. The Spread of Political Violence in Congo-Brazzaville. *African Affairs* 98, 390:37–54.

Bazenguissa-Ganga, Rémy. 1999b. Les Ninja, les Cobra et les Zoulou crèvent l'écran à Brazzaville: Le rôle des medias et la construction des identités de violence politique. *Canadian Journal of African Studies* 33, 2–3:329–61.

BBC News. 2002. Egypt Feud Ends in Carnage. 10 August. http://news.bbc.co.uk/1/hi/world/middle-east/2185164.stm.

Bearak, Barry. 2000. A Kashmiri Mystery. *New York Times Magazine*, 31 December, 26–36.

Bearak, Barry. 1999a. Kosovo Town's Tale of Betrayal and Massacre. *New York Times*, 6 May, A3.

Bearak, Barry. 1999b. Afghan "Lion" FightsTaliban with Rifle and Fax Machine. *New York Times*, 9 November, A1.

Beaufre, André. 1972. *La guerre rèvolutionnaire. Les formes nouvelles de la guerre.* Paris: Fayard.

Beccaria, Cesare. 1986[1764]. *On Crimes and Punishments.* Translated from Italian by David Young. Indianapolis: Hackett.

Beckett, Ian F.W. 2001. *Modern Insurgencies and Counter-Insurgencies: Guerrillas and Their Opponents since 1750.* London: Routledge.

Belluck, Pam. 2001. On a Sworn Mission Seeking Pretenders to Military Heroism. *New York Times*, 10 August, A1.

Benini, Aldo A., and Lawrence H. Moulton. 2004. Civilian Victims in an Asymmetrical Conflict: Operation Enduring Freedom, Afghanistan. *Journal of Peace Research* 41, 4:403–22.

Bennett, Rab. 1999. *Under the Shadow of the Swastika: The Moral Dilemmas of Resistance and Collaboration in Hitler's Europe.* New York: New York University Press.

Benton, Gregor. 1999. *New Fourth Army: Communist Resistance along the Yangtze and the Huai, 1938–1941.* Berkeley: University of California Press.

Benton, Gregor. 1992. *Mountain Fire: The Red Army's Three-Year War in South China, 1934–1938*. Berkeley: University of California Press.

Benton, Gregor. 1989. Communist Guerrilla Bases in Southeast China after the Start of the Long March. In Kathleen Hartford and Steven M. Goldstein (eds.), *Single Sparks: China's Rural Revolutions*, 62–91. Armonk, N.Y.: M. E. Sharpe.

Bergner, Daniel. 2003. Where the Enemy Is Everywhere and Nowhere. *New York Times Magazine*, 20 July, 38–44.

Berkeley, Bill. 2001. *The Graves Are Not Yet Full: Race, Tribe, and Power in the Heart of Africa*. New York: Basic Books.

Berlow, Alan. 1998. *Dead Season: A Story of Murder and Revenge*. New York: Vintage.

Berman, Bruce, and John Lonsdale. 1992. *Unhappy Valley: Conflict in Kenya and Africa*. Oxford: James Currey.

Berman, Paul. 1996. In Search of Ben Linder's Killers. *New Yorker*, 23 September 1996, 58–81.

Berman, Richard. 1974. *Revolutionary Organization: Institution-Building within the People's Liberation Armed Forces*. Lexington, Mass.: D. C. Heath.

Bernand, André. 1999. *Guerre et violence dans la Grèce antique*. Paris: Hachette.

Berry, Mary Elizabeth. 1994. *The Culture of Civil War in Kyoto*. Berkeley: University of California Press.

Besteman, Catherine. 1996. Violent Politics and the Politics of Violence: The Dissolution of the Somali Nation-State. *American Ethnologist* 23, 3:579–96.

Bigeard, Marcel-Maurice. 1995. *Ma guerre d'Algérie*. Paris: Hachette/Carrère.

Bilton, Michael, and Kevin Sim. 1992. *Four Hours in My Lai*. New York: Penguin.

Binford, Leigh. 1996. *The El Mozote Massacre: Anthropology and Human Rights*. Tucson: University of Arizona Press.

Bizot, François. 2003. *The Gate*. New York: Knopf.

Black, Donald J. 1993. *The Social Structure of Right and Wrong*. San Diego: Academic Press.

Black, Donald J. 1976. *The Behavior of Law*. New York: Academic Press.

Black-Michaud, Jacob. 1975. *Cohesive Force: Feud in the Mediterranean and the Middle East*. New York: St. Martin's Press.

Blackwood, B. G. 1997. Parties and Issues in the CivilWar in Lancashire and East Anglia. In R. C. Richardson (ed.), *The English Civil Wars: Local Aspects*, 261–85. Phoenix Mill: Sutton.

Blaufarb, Douglas S., and George K. Tanham. 1989. *Who Will Win? A Key to the Puzzle of Revolutionary War*. New York: Crane Russak.

Bobbio, Norberto. 1992. Guerra Civile? *Teoria Politica* 1–2:297–307.

Boehm, Christopher. 1984. *Blood Revenge: The Enactment and Management of Conflict in Montenegro and Other Societies*. Philadelphia: University of Pennsylvania Press.

Bohlen, Celestine. 1999. Russia Troops Are in New Battle with Separatists in the Caucasus. *New York Times*, 9 August, A1.

Borovik, Artyom. 1991. *The Hidden War: A Russian Journalist's Account of the Soviet War in Afghanistan*. London: Faber and Faber.

Bosch Sánchez, Aurora. 1983. *Ugetistas y libertarios. Guerra civil y revolución en el pais valenciano, 1936–1939*. Valencia: Instituto Alfons el Magnanim.

Boswell, Laird. 1998. *Rural Communism in France, 1920–1939*. Ithaca: Cornell University Press.

Bouaziz, Moula, and Alain Mahé. 2004. La Grande Kabylie durant la guerre d'Indépendance algerienne. In Mohammed Harbi and Benjamin Stora (eds.), *La guerre d'Algerie. 1954–2004, la fin de l'amnésie*, 227–65. Paris: Robert Laffont.

Boudon, Raymond. 1988. The Logic of Relative Frustration. In Michael Taylor (ed.), *Rationality and Revolution*, 245–67. Cambridge: Cambridge University.

Bougarel, Xavier. 1996. *Bosnie, anatomie d'un conflit*. Paris: La D´ecouverte.

Bourdieu, Pierre. 1977. *Outline of a Theory of Practice*. Cambridge: Cambridge University Press.

Bourgois, Philippe. 2001. The Power of Violence in War and Peace: Post-Cold War Lessons from El Salvador. *Ethnography* 2, 1:5–34.

Bouthoul, Gaston. 1970. *Traité de polémologie. Sociologie des guerres*. Paris: Payot.

Bran, Mirel. 2002. Dona Cornea: Dans le miroir de la Securitate. *Le Monde*, 8 October, 14.

Brass, Paul R. 1997. *Theft of an Idol: Text and Context in the Representation of Collective Violence*. Princeton, N.J.: Princeton University Press.

Braud, Philippe. 1999. Violence symbolique, violence physique. E´ léments de la problématisation. In Jean Hannoyer (ed.), *Guerres civiles: Economies de la violence, dimensions de la civilité*, 33–45. Paris: Karthala-Cermoc.

Brehun, Leonard. 1991. *Liberia: The War of Horror*. Accra: Adwinsa Publications.

Bringa, Tone. 1995. *Being Muslim the Bosnian Way: Identity and Community in a Central Bosnian Village*. Princeton, N.J.: Princeton University Press.

Brinkley, Douglas. 2003. Tour of Duty: John Kerry in Vietnam. *Atlantic Monthly*, December, 47–60.

Brinkman, Inge. 2000. Ways of Death: Accounts of Terror from Angolan Refugees in Namibia. *Africa* 70, 1:1–23.

Brody, Reed. 1985. *Contra Terror in Nicaragua: Report of a Fact-Finding Mission, September 1984–January 1985*. Boston: South End Press.

Brovkin, Vladimir N. 1994. *Behind the Front Lines of the Civil War*. Princeton, N.J.: Princeton University Press.

Brown, Kate. 2003. *A Biography of No Place: From Ethnic Borderland to Soviet Heartland*. Cambridge, Mass.: Harvard University Press.

Brown, Mervyn. 2001. *War in Shangri-La: A Memoir of Civil War in Laos*. London: Radcliffe Press.

Brown, Michael F., and Eduardo Fernández. 1991. *War of Shadows: The Struggle for Utopia in the Peruvian Amazon*. Berkeley: University of California Press.

Brown, Timothy C. 2001. *The Real Contra War: Highlander Peasant Resistance in Nicaragua*. Norman: University of Oklahoma Press.

Browne, Malcolm W. 2000. Paddy War. In *Reporting Vietnam: American Journalism, 1959–1975*, 3–10. New York: Library of America.

Browning, Christopher R. 1998. *Ordinary Men: Reserve Police Battalion 101 and the Final Solution in Poland*. New York: HarperCollins.

Browning, Christopher R. 1992. *The Path to Genocide: Essays on Launching the Final Solution*. Cambridge: Cambridge University Press.

Browning, Christopher R. 1990. Germans and Serbs: The Emergence of Nazi Antipartisan Policies in 1941. In Michael Berenbaum (ed.), *A Mosaic of Victims: Non-Jews Persecuted and Murdered by the Nazis*, 64–73. New York: New York University Press.

Brubaker, Rogers, and David D. Laitin. 1998. Ethnic and Nationalist Violence. *Annual Review of Sociology* 24: 423–52.

Brustein, William, and Margaret Levi. 1987. The Geography of Rebellion: Rulers, Rebels, and Regions, 1500 to 1700. *Theory and Society* 16:467–95.

Buoye, Thomas. 1990. Economic Change and Rural Violence: Homicides Related to Disputes over Property Rights in Guangdong during the Eighteenth Century. *Peasant Studies* 17, 4:233–59.

Burds, Jeffrey. 1997. A Culture of Denunciation: Peasant Labor Migration and Religious Anathematization in Rural Russia, 1860–1905. In Sheila Fitzpatrick and Robert Gellately (eds.), *Accusatory Practices: Denunciation in Modern European History, 1789– 1989*, 40–72. Chicago: University of Chicago Press.

Burg, Steven L., and Paul S. Shoup. 1999. *The War in Bosnia-Herzegovina: Ethnic Conflict and International Intervention*. Armonk, N.Y.: M. E. Sharp.

Buruma, Ian. 2002. The Blood Lust of Identity. *New York Review of Books*, 11 April, 12–14.

Butalia, Urvashi. 2000. *The Other Side of Silence: Voices from the Partition of India*. Durham: Duke University Press.

Butaud, Christian, and Marina Rialland. 1998. *Le blé en feu: Algérie, années 50*. Paris: Editions du Reflet.

Butterfield, Fox. 2005. Guns and Jeers Used by Gangs to Buy Silence. *New York Times*, 16 January, A1.

Byrne, Hugh. 1996. *El Salvador's Civil War: A Study of Revolution*. Boulder, Colo.: Lynne Rienner.

Cabarrús, Carlos Rafael. 1983. *Génesis de una revolución: Análisis del surgimiento y Desarrollo de la organización campesina en El Salvador*. Hidalgo: Ediciones de la Casa Chata.

Cahen, Michel. 2000. Nationalism and Ethnicities: Lessons from Mozambique. In Einar Braathen, Morten Bøås, and Gjermund Sæther (eds.), *Ethnicity Kills? The Politics of War, Peace and Ethnicity in SubSaharan Africa*, 163–87. London: Macmillan.

Calder, Bruce J. 1984. *The Impact of Intervention: The Dominican Republic during the U.S. Occupation of 1916–1924*. Austin: University of Texas Press.

Calvino, Italo. 1995. *Numbers in the Dark and Other Stories*. Translated by Tim Parks. London: Jonathan Cape.

Cann, John P. 1997. *Counterinsurgency in Africa: The Portuguese Way of War, 1961–1974*. Westport, Conn.: Greenwood Press.

Carlton, Eric. 1994. *Massacres: An Historical Perspective*. Aldershot: Scolar Press.

Carmack, Robert M. 1988a. Editor's Preface to the First Edition. In Robert M. Carmack (ed.), *Harvest of Violence: The Maya Indians and the Guatemalan Crisis*, ix–xvii. Norman: University of Oklahoma Press.

Carmack, Robert M. 1988b. The Story of Santa Cruz Quiché. In Robert M. Carmack (ed.), *Harvest of Violence: The Maya Indians and the Guatemalan Crisis*, 39–69. Norman: University of Oklahoma Press.

Carnegie Endowment for International Peace. 1993[1913]. *The Other BalkanWars: A 1913 Carnegie Endowment Inquiry in Restrospect*. Washington D.C.: Carnegie Endowment for International Peace.

Carpenter, Charli R. 2003. "Women and Children First": Gender, Norms, and Humanitarian Evacuation in the Balkans, 1991–95. *International Organization* 57:661–94.

Carr, Jaqueline Barbara. 2004. *After the Siege: A Social History of Boston, 1775–1800*. Boston: Northeastern University Press.

Casanova, Julián. 1985. *Anarquismo y revolución social en la socieadad aragonesa, 1936–1938*. Madrid: Siglo XXI.

Casas de la Vega, Rafael. 1994. *El Terror: Madrid 1936; Investigación histórica y catálogo historico de víctimas identificadas*. Madrid: Editorial Fénix.

Cela, Camilo Jos´e. 1992. *Mazurka for Two Dead Men*. New York: New Directions.

Cenarro, Ángela. 2002. Matar, vigilar y delatar: La quiebra de la sociedad civil durante la guerra y la posguerra en España (1936–1948). *Historia Social* 44:65–86.

Chacón Barrero, Mario. 2003. *Dinámica y determinantes de la violencia durante "La Violencia": Una aproximacion desde la econometria espacial*. Unpublished paper, Universidad de los Andes.

Chaliand, G´erard. 1987. *Terrorism: From Popular Struggle to Media Spectacle*. London: Saqi Books.

Chalk, Frank, and Kurt Jonassohn. 1990. *The History and Sociology of Genocide: Analyses and Case Studies*. New Haven: Yale University Press.

Chamoun, Tracy. 1992. *Au nom du père*. Paris: J.-C. Lattès.

Chan, Anita, Richard Madsen, and Jonathan Unger. 1992. *Chen Village: Under Mao and Deng*. Berkeley: University of California Press.

Chandrasekaran, Rajiv. 2004. Violence in Iraq Belies Claims of Calm, Data Show. *Washington Post*, 26 September, A1.

Chang, Jung. 1992. *Wild Swans: Three Daughters of China*. New York: Doubleday.

Che Guevara, Ernesto. 1998 [1961]. *Guerrilla Warfare*. Lincoln: University of Nebraska Press.

Chingono, Mark F. 1996. *The State, Violence, and Development: The Political Economy of War in Mozambique, 1975–1992*. Aldershot: Avebury.

Chivers, C. J. 2003. Feud between Kurdish Clans Creates Its Own War. *New York Times*, 24 February, A8.

Chung, Ly Qui. 1970. *Between Two Fires: The Unheard Voices of Vietnam*. New York: Praeger.

Chwe, Michael Suk-Young. 2001. *Rational Ritual: Culture, Coordination, and Common Knowledge*. Princeton, N.J.: Princeton University Press.

Clastres, Pierre. 1999. *Archéologie de la violence*. Paris: Editions de l'Aube.

Clausewitz, Carl von. 1976. *On War*. Edited and translated by Peter Paret and Michael Howard. Princeton, N.J.: Princeton University Press.

Claverie, Elisabeth. 2002. Apparition de la Vierge et "retour" des disparus. La constitution d'une identité à Medjugorje (Bosnie-Herzégovine). *Terrain* 38:41–54.

Clayton, Anthony. 1999. *Frontiersmen: Warfare in Africa since 1950*. London: UCL Press.

Clémenceau, Joseph. 1909. *Histoire de la guerre de Vendée (1793–1815)*. Paris: Nouvelle Librairie Nationale.

Clifton, Robin. 1999. "An Indiscriminate Blackness"? Massacre, Counter-Massacre, and Ethnic Cleansing in Ireland, 1640–1660. In Mark Levene and Penny Roberts (eds.), *The Massacre in History*, 107–26. New York: Berghahn Books.

Clines, Francis X. 2001. Harsh Civics Lesson for Immigrants. *New York Times*, 11 November, B7.

Clover, Charles. 2003. Pro-Saddam "Fighters" or Feuding Neighbours? *Financial Times*, 14–15 June, 7.

Clutterbuck, Richard L. 1966. *The Long Long War: Counterinsurgency in Malaya and Vietnam*. New York: Praeger.

CNN. 2003. Inside the Hunt for Iraqi Insurgents. *Paula Zahn Now*, aired 26 December, http://www.cnn.com/TRANSCRIPTS/0312/26/pzn.00.html.

Cobb, Richard. 1972. *Reactions to the French Revolution*. London: Oxford University Press.

Cohen, Joyce. 2000. Revenge among the Nerds. *New York Times*, 24 August, G1.

Cohen, Roger. 1994. A UN Aid Says Plight of Gorazde Is Exaggerated. *New York Times*, 30 April, A3.

Coleman, James S. 1990. *Foundations of Social Theory*. Cambridge, Mass.: Belknap Press.

Collier, George A. 1987. *Socialists of Rural Andalusia: Unacknowledged Revolutionaries of the Second Republic*. Stanford, Calif.: Stanford University Press.

Collier, Paul, V. L. Elliott, Håvard Hegre, Anke Hoeffler, Marta Reynal-Querol, and Nicholas Sambanis. 2003. *Breaking the Conflict Trap: Civil War and Development Policy*. Washington, D.C.: World Bank and Oxford University Press.

Collier, Paul, and Anke Hoeffler. 1999. Justice-Seeking and Loot-Seeking in Civil War. Unpublished paper, World Bank.

Collins, Eamon (with Mick McGovern). 1999. *Killing Rage*. New York: Granta Books.

Collotti, Enzo. 1996. Occupazione e guerra totale nell'Italia 1943–1945. In Tristano Matta (ed.), *Un percorso della memoria: Guida ai luoghi della violenza nazista e fascista in Italia*, 11–35. Trieste: Electa.

Comisión Nacional sobre la Desaparici 'on de Personas. 1986. *Nunca Más: The Report of the Argentine National Commission on the Disappeared*. New York: Farrar Straus Giroux.

Connelly, John. 1997. The Uses of Volksgemeinschaft: Letters to the NSDAP Kreisleitung Eisenach, 1939–1940. In Sheila Fitzpatrick and Robert Gellately (eds.), *Accusatory Practices: Denunciation in Modern European History, 1789–1989*, 153–84. Chicago: University of Chicago Press.

Contini, Giovanni. 1997. *La memoria divisa*. Milan: Rizzoli.

Converse, Philip E. 1964. The Nature of Belief Systems in Mass Publics. In David E. Apter (ed.), *Ideology and Discontent*, 206–61. New York: Free Press.

Cooper, Matthew. 1979. *The Nazi War against Soviet Partisans, 1941–1944*. New York: Stein and Day.

Cordesman, Anthony H., and Abraham R. Wagner. 1990. *The Lessons of Modern War. Vol. 3: The Afghan and Falklands Conflicts*. Boulder, Colo.: Westview Press.

Coser, Lewis A. 1956. *The Functions of Social Conflict*. New York: Free Press.

Coster, Will. 1999. Massacre and Codes of Conduct in the English Civil War. In Mark Levene and Penny Roberts (eds.), *The Massacre in History*, 89–105. New York: Berghahn Books.

Courtois, Stéphane. 1998. Les crimes du communisme. In Stéphane Courtois, Nicolas Werth, Jean-Louis Panné, Andrzej Paczkowski, Karel Bartosek, and Jean-Louis Margolin, *Le livre noir du communisme: Crimes, terreur, répression*, 5–38. Paris: Laffont.

Cranna, Michael (ed.). 1994. *The True Cost of Conflict*. New York: New Press.

Crawford, Oliver. 1958. *The Door Marked Malaya*. London: Rupert Hart-Davis.

Crenshaw, Martha. 1995. The Effectiveness of Terrorism in the Algerian War. In Martha Crenshaw (ed.), *Terrorism in Context*, 473–513. University Park: Pennsylvania State University Press.

Cribb, Robert. 1991. *Gangsters and Revolutionaries: The Jakarta People's Militia and the Indonesian Revolution, 1945–1949*. Honolulu: University of Hawaii Press.

Cribb, Robert. 1990. Introduction: Problems in the Historiography of the Killings in Indonesia. In Robert Cribb (ed.), *The Indonesian Killings of 1965–1966: Studies from Java and Bali*, 1–43. Monash University: Centre of Southeast Asian Studies.

Crisp, Jeff. 2000. A State of Insecurity: The Political Economy of Violence in Kenya's Refugee Camps. *African Affairs* 99:601–32.

Crouzet, Denis. 1990. *Les guerriers de dieu: La violence au temps des troubles de religion (vers 1525–vers 1610)*. 2 vols. Seyssel: Champ Vallon.

Crow, Jeffrey J. 1985. Liberty Men and Loyalists: Disorder and Disaffection in the North Carolina Backcountry. In Ronald Hoffman, Thad W. Tate, and Peter J. Albert (eds.),

An Uncivil War: The Southern Backcountry during the American Revolution, 125–78. Charlottesville: University Press of Virginia.

Crozier, Brian. 1960. *The Rebels: A Study of Postwar Insurrections*. Boston: Beacon Press.

Dale, Catherine. 1997. The Dynamics and Challenges of Ethnic Cleansing: The Georgia-Abkhazia Case. *Refugee Survey Quarterly* 16, 3:77–109.

Dallin, Alexander, Ralph Mavrogordato, and Wilhelm Moll. 1964. Partisan Psychological Warfare and Popular Attitudes. In John A. Armstrong (ed.), *Soviet Partisans in World War II, 197–337*. Madison: University of Wisconsin Press.

Dalrymple, William. 1997. *From the Holy Mountain: A Journey among the Christians of the Middle East*. New York: Henry Holt.

Daniel, E. Valentine. 1996. *Charred Lullabies: Chapters in an Anthropology of Violence*. Princeton, N.J.: Princeton University Press.

Danner, Mark. 1994. *The Massacre of El Mozote*. New York: Vintage.

Darby, John. 1990. Intimidation and Interaction in a Small Belfast Community: The Water and the Fish. In John Darby, Nicholas Dodge, and A. C. Hepburn (eds.), *Political Violence: Ireland in a Comparative Perspective*, 83–102. Ottawa: University of Ottawa Press.

Das, Veena, and Arthur Kleinman. 2000. Introduction. In Veena Das, Arthur Kleinman, Mamphela Ramphele, and Pamela Reynolds (eds.), *Violence and Subjectivity*, 1–18. Berkeley: University of California Press.

Davenport, Christian, and Patrick Ball. 2002. Implications of Source Selection in the Case of the Guatemalan State Terror. *Journal of Conflict Resolution* 46, 3:427–50.

David, Steven R. 1997. Internal War: Causes and Cures. *World Politics* 49, 4:552–76.

Davidson, Jamie S. 2003. The Politics of Violence on an Indonesian Periphery. *South East Asia Research* 11, 1:59–90.

Davies, Rees. 2003. The Medieval State: The Tyranny of a Concept? *Journal of Historical Sociology* 16, 2:280–300.

Davis, Ann, Maureen Tkacik, and Andrea Petersen. 2001. A Nation of Tipsters Answers FBI's Call in War on Terrorism. *Wall Street Journal*, 21 November, A1, A8.

Davis, Shelton H. 1988. Introduction: Sowing the Seeds of Violence. In Robert M. Carmack (ed.), *Harvest of Violence: The Maya Indians and the Guatemalan Crisis*, 3–36. Norman: University of Oklahoma Press.

Dealey, Sam. 2004. Misreading the Truth in Sudan. *New York Times*, 8 August, WK11.

Dean, Roger. 2000. Rethinking the Civil War in Sudan. *Civil Wars* 3, 1:71–91.

De Baecque, Antoine. 2002. Apprivoiser une histoire déchaînée: Dix ans de travaux historiques sur la Terreur. *Annales HSS* 57, 2:851–65.

Debray, R'egis. 1967. *Revolution in the Revolution? Armed Struggle and Political Struggle in Latin America*. New York: Grove Press.

Debray, Régis (in collaboration with Ricardo Ramirez). 1975. Guatemala. In Regis Debray (ed.), *Las pruebas de fuego*, 249–324. Mexico: Siglo Veintiuno Editores.

Decker, Scott H. 1993. Exploring Victim-Offender Relationships in Homicide: The Role of Individual and Event Characteristics. *Justice Quarterly* 10:585–612.

De Figueiredo, Rui J. P., Jr., and Barry R.Weingast. 1999. The Rationality of Fear: Political Opportunism and Ethnic Conflict. In Barbara F. Walter and Jack Snyder (eds.), *Civil Wars, Insecurity, and Intervention*, 261–302. New York: Columbia University Press.

De Foxà, Agustín. 1993. *Madrid de Corte a Checa*. Barcelona: Planeta.

Degregori, Carlos Iván. 1998. Harvesting Storms: Peasant Rondas and the Defeat of Sendero Luminoso in Ayacucho. In Steve J. Stern (ed.), *Shining and Other Paths: War and Society in Peru, 1980–1995*, 128–57. Durham: Duke University Press.

de la Cueva, Julio. 1998. Religious Persecution, Anticlerical Tradition, and Revolution: On Atrocities against the Clergy during the Spanish Civil War. *Journal of Contemporary History* 33, 3:355–69.

Della Porta, Donatella. 1995. *Social Movements, Political Violence, and the State: A Comparative Analysis of Italy and Germany*. Cambridge: Cambridge University Press.

Del Pino, H. Ponciano. 1998. Family, Culture, and "Revolution": Everyday Life with Sendero Luminoso. In Steve J. Stern (ed.), *Shining and Other Paths: War and Society in Peru*, 1980–1995, 158–92. Durham: Duke University Press.

De Lupis, Ingrid Detter. 1987. *The Law of War*. Cambridge: Cambridge University Press.

DeNardo, J. N. 1985. *Power in Numbers*. Princeton, N.J.: Princeton University Press.

Derriennic, Jean-Pierre. 2001. *Les guerres civiles*. Paris: Presses de Sciences Po.

De Staël, Germaine. 1979 [1798]. *Des circonstances actuelles qui peuvent terminer la revolution et des principes qui doivent fonder la république en France*. Critical edition by Lucia Omacini. Geneva: Librairie Droz.

De Staël, Germaine. 1818. *Considerations on the Principal Events of the French Revolution*. London: Baldwin, Cradock, and Joy.

De Turck, M. A., and G. R. Miller. 1990. Training Observers to Detect Deception: Effects of Self-Monitoring and Rehearsal. *Human Communication Research* 16, 4:603–20.

De Waal, Alexander. 1991. *Evil Days: Thirty Years of War and Famine in Ethiopia*. New York: Human Rights Watch.

Díaz-Balart, Mirta Núñez, and Antonio Rojas Friend. 1997. *Consejo de guerra: Los fusilamientos en el Madrid de la posguerra (1939–1945)*. Madrid: Compañía Literaria.

Dillon, Martin. 1990. *The Dirty War: Covert Strategies and Tactics Used in Political Conflicts*. New York: Routledge.

Dillon, Sam. 1991. *Commandos: The CIA and Nicaragua's Contra Rebels*. New York: Henry Holt.

Dion, Douglas. 1997. Competition and Ethnic Conflict: Artifactual? *Journal of Conflict Resolution* 41:5, 638–48.

Djilas, Milovan. 1980. *Tito: The Story from Inside*. New York: Harcourt Brace Jovanovich.

Donagan, Barbara. 1994. Atrocity, War Crime, and Treason in the English Civil War. *American Historical Review* 99, 4:1137–66.

Downes, Alexander B. 2004. Drastic Measures: Why Civilians Are Victimized in War. Ph.D. dissertation, University of Chicago.

Downie, Richard Duncan. 1998. *Learning from Conflict: The U.S. Military in Vietnam, El Salvador, and the Drug War*. Westport, Conn.: Praeger.

Dulić, Tomislav. 2004. Tito's Slaughterhouse: A Critical Analysis of Rummel's Work on Democide. *Journal of Peace Research* 41, 1:85–102.

Dupuy, Roger. 1997. *Les chouans*. Paris: Hachette.

Durkheim, Emile. 1951 [1897]. *Suicide: A Study in Sociology*. New York: Free Press.

Durkheim, Emile. 1938 [1895]. *The Rules of Sociological Method*. New York: Free Press.

Durrell, Lawrence. 1996 [1957]. *Bitter Lemons*. New York: Marlowe.

Duvall, Raymond, and Michael Stohl. 1983. Governance by Terror. In Michael Stohl (ed.), *The Politics of Terrorism*, 179–219. New York: Marcel Dekker.

Duyvesteyn, Isabelle. 2000. Contemporary War: Ethnic Conflict, Resource Conflict, or Something Else? *Civil Wars* 3, 1:92–116.

Dwyer, Jim. 2001. Memories of the Louima Case: 1 Meeting, 4 Trained Observers. *New York Times*, 19 August, 14.

Earle, Timothy. 1997. *How Chiefs Come to Power: The Political Economy in Prehistory*. Stanford, Calif.: Stanford University Press.

Ebel, Roland H. 1988. When Indians Take Power: Conflict and Consensus in San Juan Ostuncalco. In Robert M. Carmack (ed.), *Harvest of Violence: The Maya Indians and the Guatemalan Crisis*, 174–91. Norman: University of Oklahoma Press.

Echandía, Camilo. 1999. *Conflicto armado y las manifestaciones de violencia en las regiones de Colombia*. Santafé de Bogotá: Presidencia de la República de Colombia, Oficina del Alto Comisionado para la Paz, Oberservatorio de Violencia.

Eckhardt, William. 1989. Civilian Deaths in Wartime. *Bulletin of Peace Proposals* 20, 1:89–98.

Eckstein, Harry. 1965. On the Etiology of Internal Wars. *History and Theory* 4, 2:133–63.

Economist. 2003. Far from Normal. An Impending Referendum Will Bring Neither Peace nor Security. 22 March, 46.

Ekirch, A. Roger. 1985. Whig Authority and Public Order in Backcountry North Carolina, 1776–1783. In Ronald Hoffman, Thad W. Tate, and Peter J. Albert (eds.), *An Uncivil War: The Southern Backcountry during the American Revolution*, 99–124. Charlottesville: University Press of Virginia.

Elias, Norbert. 1994. *The Civilizing Process*. Translated by Edmund Jephcott. Oxford: Blackwell.

Ellin, Abby. 2001. Family Conflicts That Can Bring a Business Down. *New York Times*, 29 August, C1.

Elliott, David W. P. 2003. *The Vietnamese War: Revolution and Social Change in the Mekong Delta, 1930–1975*. 2 vols. Armonk, N.Y.: M. E. Sharpe.

Ellis, Stephen. 1999. *The Mask of Anarchy: The Destruction of Liberia and the Religious Dimension of an African Civil War*. New York: New York University Press.

Ellis, Stephen. 1995. Liberia 1989–1994: A Study of Ethnic and Spiritual Violence. *African Affairs* 94, 375:165–97.

Ellsberg, Daniel. 2003. *Secrets: A Memoir of Vietnam and the Pentagon Papers*. New York: Penguin.

Ellul, Jacques. 1969. *Violence: Reflections from a Christian Perspective*. New York: Seabury Press.

Elster, Jon. 1999. *Alchemies of the Mind*. Cambridge: Cambridge University Press.

Enzensberger, Hans Magnus. 1994. *Civil Wars: From L.A. to Bosnia*. New York: New Press.

Epstein, Joseph. 2002. *Snobbery: The American Version*. New York: Houghton Mifflin.

Ermakoff, Ivan. 2001. Ideological Challenge, Strategies of Action, and Regime Breakdown. Unpublished paper, Department of Sociology, University of Wisconsin-Madison.

Escott, Paul D. 1978. *After Secession: Jefferson Davis and the Failure of Confederate Nationalism*. Baton Rouge: Louisiana State University Press.

Escott, Paul D., and Jeffrey J. Crow. 1986. The Social Order and Violent Disorder: An Analysis of North Carolina in the Revolution and the Civil War. *Journal of Southern History* 52, 3:373–402.

Essien, Jeremiah Moses. 1987. *In the Shadow of Death: Personal Recollections of Events during the Nigerian Civil War*. Ibadan: Heineman.

Esteban, J., and D. Ray. 1994. On the Measurement of Polarization. *Econometrica* 62:819–52.

Estrada i Planell, Gemma. 1995. *La Guerra Civil al Bruc*. Barcelona: Publicacions de l'Abadia de Montserrat.

Evans, Emory G. 1985. Trouble in the Backcountry: Disaffection in Southwest Virginia during the American Revolution. In Ronald Hoffman, Thad W. Tate, and Peter J. Albert (eds.), *An Uncivil War: The Southern Backcountry during the American Revolution*, 179–212. Charlottesville: University Press of Virginia.

Everitt, Alan. 1997. The Local Community and the Great Rebellion. In R. C. Richardson (ed.), *The English Civil Wars: Local Aspects*, 15–36. Phoenix Mill: Sutton.

Faivre, Maurice. 1994. *Un village de Harkis*. Paris: L'Harmattan.

Fall, Bernard B. 2000. Vietnam Blitz: A Report on the Impersonal War. In *Reporting Vietnam: American Journalism, 1959–1975*, 106–17. New York: Library of America.

Falla, Ricardo. 1994. *Massacres in the Jungle: Ixcan, Guatemala, 1975–1982*. Boulder, Colo.: Westview Press.

Fawaz, Leila Tarazi. 1994. *An Occasion for War: Civil Conflict in Lebanon and Damascus in 1860*. Berkeley: University of California Press.

Fearon, James D., and David D. Laitin. 2003. Ethnicity, Insurgency, and Civil War. *American Political Science Review* 97, 1:75–86.

Fearon, James D., and David D. Laitin. 2000. Violence and the Social Construction of Ethnic Identity. *International Organization* 54, 4:845–77.

Fehr, Ernst, and Simon Gächter. 2002. Altruistic Punishment in Humans. *Nature* 415:137–40.

Fein, Helen. 1993. *Genocide: A Sociological Perspective*. London: Sage.

Fein, Helen. 1979. *Accounting for Genocide: National Responses and Jewish Victimization during the Holocaust*. Chicago: University of Chicago Press.

Feldman, Arnold S. 1964. Violence and Volatility: The Likelihood of Revolution. In Harry Eckstein (ed.), *Internal War: Problems and Approaches*, 111–29. New York: Free Press.

Fellman, Michael. 1989. *Inside War: The Guerrilla Conflict in Missouri during the American Civil War*. New York: Oxford University Press.

Fenoglio, Beppe. 1973. *La guerre sur les collines*. Paris: Gallimard.

Feraoun, Mouloud. 2000. *Journal 1955–1962: Reflections on the French-Algerian War*. Lincoln: University of Nebraska Press.

Ferguson, A. Thomas, Jr.. 1975. Sources for the Study of Revolutionary Guerrilla Warfare. In Sam C. Sarkesian (ed.), *Revolutionary Guerrilla Warfare*, 617–23. Chicago: Precedent Publishing.

Fichtl, Eric. 2004. The Ambiguous Nature of "Collaboration" in Colombia. *Colombia Journal Online*, March. http://www.colombiajournal.org/colombia181.htm.

Fichtl, Eric. 2003. Araucan Nightmare: Life and Death in Tame. *Colombia Journal Online*, August. http://www.colombiajournal.org/araucan nightmare.htm.

Fiennes, Ranulph. 1975. *Where Soldiers Fear to Tread*. London: Hodder and Stoughton.

Figes, Orlando. 1996. *A People's Tragedy: The Russian Revolution, 1891–1924*. New York:Penguin.

Figes, Orlando. 1989. *Peasant Russia, Civil War: The Volga Countryside in Revolution (1917–1921)*. Oxford: Clarendon Press.

Filkins, Dexter. 2005. The Fall of theWarrior King. *New York Times Magazine*, 23 October, 52–177.

Filkins, Dexter. 2004.USPlans Year-End Drive toTake Iraqi Rebel Areas. *New York Times*, 19 September, 1.

Filkins, Dexter. 2001. Surrender of Taliban Begins at Final Northern Stronghold. *New York Times*, 25 November, A1.

Filkins, Dexter (with Carlotta Gall). 2001. Fierce Fighting at Kunduz Undercuts Surrender Deal. *New York Times*, 23 November, B2.

Finer, Jonathan. 2005. Informants Decide Fate of Iraqi Detainees. U.S. Military Relies on Guidance of "Sources" in Tall Afar. *Washington Post*, 13 September, A1.

Finley, Milton. 1994. *The Most Monstrous of Wars: The Napoleonic Guerrilla War in Southern Italy, 1806–1811*. Columbia: University of South Carolina Press.

Finnegan, William. 1999. The Invisible War. *New Yorker*, 25 January.

Finnegan, William. 1992. *A Complicated War: The Harrowing of Mozambique*. Berkeley: University of California Press.

Firestone, David. 2000. Booming Atlanta Saps Water as Drought Wilts Georgia. *New York Times*, 15 June, A16.

Fisher, Noel C. 1997. *War at Every Door: Partisan Politics and Guerrilla Violence in East Tennessee, 1860–1869*. Chapel Hill: University of North Carolina Press.

FitzGerald, Frances. 1989. *Fire in the Lake: The Vietnamese and the Americans in Vietnam*. New York: Vintage Books.

Fitzpatrick, Sheila. 1997. Signals from Below: Soviet Letters of Denunciation of the 1930s. In Sheila Fitzpatrick and Robert Gellately (eds.), *Accusatory Practices: Denunciation in Modern European History, 1789–1989*, 85–120. Chicago: University of Chicago Press.

Fitzpatrick, Sheila. 1994. *Stalin's Peasants: Resistance and Survival in the Russian Village after Collectivization*. New York: Oxford University Press.

Fitzpatrick, Sheila, and Robert Gellately. 1997. Introduction to the Practices of Denunciation in Modern European History. In Sheila Fitzpatrick and Robert Gellately (eds.), *Accusatory Practices: Denunciation in Modern European History*, 1789–1989, 1–21. Chicago: University of Chicago Press.

Flower, Ken. 1987. *Serving Secretly: An Intelligence Chief on Record; Rhodesia into Zimbabwe, 1964–1981*. London: John Murray.

Forero, Juan. 2002. ColombianTroops Move on Rebel Zone asTalks Fail. *New York Times*, 11 January, A9.

Forero, Juan. 2001. Colombia's Army Rebuilds and Challenges Rebels. *New York Times*, 2 September, A3.

Forero, Juan. 2000. Rebel-Held Zone in Colombia Fears End of Truce. *New York Times*, 16 December, A3.

Forment, Carlos A. 2000. Democracy in Latin America: Civic Selfhood and Public Life in Postcolonial Mexico and Peru. Unpublished paper.

Foucault, Michel. 1977. *Discipline and Punish: The Birth of the Prison*. New York: Pantheon Books.

Franzinelli, Mimmo. 2002. *Delatori. Spie e confidenti anonimi: L'arma segreta del regime fascista*. Milan: Mondadori.

Fraser, Ronald. 1993. La historia oral como historia desde abajo. *Ayer* 12:79–92.

Freeman, Simon. 1994. Learning the Fundamental Lessons of Religious Conviction. *Scotsman*, 28 December, 14.

Freeman, Susan Tax. 1979. *The Pasiegos: Spaniards in No Man's Land*. Chicago: University of Chicago Press.

Freeman, Susan Tax. 1970. *Neighbors: The Social Contract in a Castilian Hamlet*. Chicago: University of Chicago Press.

Friedrich, Carl J. 1972. *The Pathology of Politics: Violence, Betrayal, Corruption, Secrecy, and Propaganda*. New York: Harper & Row.

Friedrich, Paul. 1977. *Agrarian Revolt in a Mexican Village*. Chicago: University of Chicago Press.

Frijda, Nico H. 1994. The Lex Talionis: On Vengeance. In Stephanie H. M. Van Goozen, Nanne E. Van de Poll, and Joseph Sergeant (eds.), *Emotions: Essays on Emotion Theory*, 263–89. Hillsdale, N.J.: Lawrence Erlbaum Associates.

Furet, Franc̦ois. 1981. *Interpreting the French Revolution*. Cambridge: Cambridge University Press.

Gacemi, Baya. 1998. *Moi, Nadia, femme d'un émir du GIA*. Paris: E′ditions du Seuil.

Gall, Carlotta. 2005. Despite Years of U.S. Pressure, Taliban Fight On in Jagged Hills. *New York Times*, 4 June, A1, A6.

Gall, Carlotta. 2001. The Way We Live Now: Questions for Kenneth Gluck; Home Free. *New York Times Magazine*, 11 March, 25.

Gall, Carlotta. 1999. Villagers Hope Kosovo Peace Arrives before the War. *New York Times*, 15 March, A6.

Gallagher, A. M. 1995. Policing Northern Ireland: Attitudinal Evidence. In Alan O'Day (ed.), *Terrorism's Laboratory: The Case of Northern Ireland*, 47–58. Aldershot: Dartmouth.

Galtung, Johan. 1975. *Peace: Research, Education, Action*. Copenhagen: Christian Ejlers.

Gambetta, Diego. 1993. *The Sicilian Mafia: The Business of Private Protection*. Cambridge, Mass: Harvard University Press.

Garton Ash, Timothy. 1997. *The File: A Personal History*. New York: Random House.

Garvin, John R. 1991. Uncomfortable Wars: Toward a New Paradigm. In Max G. Manwaring (ed.), *Uncomfortable Wars: Toward a New Paradigm of Low Intensity Conflict*, 9–28. Boulder, Colo.:Westview Press.

Gawande, Atul. 2001. Under Suspicion. The Fugitive Science of Criminal Justice. *New Yorker*, 8 January, 50–3.

Geffray, Christian. 1990. *La cause des armes au Mozambique: Anthropologie d'une guerre civile*. Paris: Karthala.

Gellately, Robert. 1997. Denunciations in Twentieth-Century Germany: Aspects of Self-Policing in the Third Reich and the German Democratic Republic. In Sheila Fitzpatrick and Robert Gellately (eds.), *Accusatory Practices: Denunciation in Modern European History, 1789–1989*, 185–221. Chicago: University of Chicago Press.

Gellately, Robert. 1991. *The Gestapo and German Society: Enforcing Racial Policy, 1933–1945*. Oxford: Oxford University Press.

Genschel, Philipp, and Klaus Schlichte. 1998. Civil War as a Chronic Condition. *Law and State*, 58:107–23.

Georgy, Michael. 2003. Iraqi Tribal Revenge Fuels Falluja's Anti-U.S. Rage. *Reuters*, 6 November. http://www.reuters.com, storyID=3766606.

Gersony, Robert. 1988. Summary of Mozambican Refugee Accounts of Principally Conflict-Related Experience in Mozambique. Report submitted to Ambassador

Jonathon Moore, Director, Bureau for Refugees Program and Dr. Chester Crocker, Assistant Secretary of African Affairs, Washington, D.C., April.

Getty, J. Arch, and Roberta T. Manning. 1993. Introduction. In J. Arch Getty and Roberta T. Manning (eds.), *Stalinist Terror: New Perspectives*, 1–20. Cambridge: Cambridge University Press.

Geyer, Michael. 2000. Civitella della Chiana on 29 June 1944. The Reconstruction of a German "Measure." In Hannes Heer and Klaus Naumann (eds.), *War of Extermination: The German Military in World War II, 1941–1944*, 175–216. New York: Berghahn Books.

Gilbert, Daniel T., and Patrick S. Malone. 1995. The Correspondence Bias. *Psychological Bulletin* 117, 1:21–38.

Gillespie, Richard. 1995. Political Violence in Argentina: Guerrillas, Terrorists, and Carapintadas. In Martha Crenshaw (ed.), *Terrorism in Context*, 211–48. University Park: Pennsylvania State University Press.

Gilmore, David D. 1987. *Aggression and Community: Paradoxes of Andalusian Culture*. New Haven: Yale University Press.

Gilsenan, Michael. 1999. Problems in the Analysis of Violence. In Jean Hannoyer (ed.), *Guerres civiles: Economies de la violence, dimensions de la civilitè*, 105–22. Paris: Karthala-Cermoc.

Gilsenan, Michael. 1996. *Lords of the Lebanese Marches: Violence and Narrative in an Arab Society*. London: I. B. Tauris.

Girard, René. 1977. *Violence and the Sacred*. Baltimore: Johns Hopkins University Press.

Giustozzi, Antonio. 2000. *War, Politics, and Society in Afghanistan, 1978–1992*. Washington, D.C.: Georgetown University Press.

Glaberson, William. 2001. A Tale of Betrayals Unfolds in a Montana Drug Trial. *New York Times*, 14 May, A13.

Glanz, James. 2005. New Iraqi Soldiers Gain Ground but Face Pitfalls. *New York Times*, 6 April, A14.

Given, James B. 1997. *Inquisition and Medieval Society: Power, Discipline, and Resistance in Languedoc*. Ithaca: Cornell University Press.

Goldberg, Carey. 2003. Studies Say Old Memories Can Be Lost. *Boston Globe*, 30 December, A1.

Goldberg, Carey. 1999. Court Ruling Sets Guides on Use of Informers. *New York Times*, 16 September, A18.

Goldhagen, Daniel. 1996. *Hitler's Willing Executioners: Ordinary Germans and the Holocaust*. New York: Alfred A. Knopf.

Goldstein, Robert Justin. 1992. The Limitations of Using Quantitative Data in Studying Human Rights Abuses. In Thomas B. Jabine and Richard P. Claude (eds.), *Human Rights and Statistics: Getting the Record Straight*, 35–61. Philadelphia: University of Pennsylvania Press.

Goltz, Thomas. 1998. *Azerbaijan Diary: A Rogue Reporter's Adventures in an Oil-Rich, War Torn, Post-Soviet Republic*. Armonk, N.Y.: M. E. Sharpe.

Goodwin, Jeff. 2001. No Other Way Out: States and Revolutionary Movements, 1945–1991. Cambridge: Cambridge University Press.

Goodwin, Jeff. 1999. Are Rebels Opportunists? Political Opportunities and the Emergence of Political Contention. Unpublished paper.

Gordon, Michael R. 2000a. Chechen Rebels Swim in Friendly Waters to Nip Russians. *New York Times*, 12 January, A3.

Gordon, Michael R. 2000b. Russia Takes Chechen Town, but Can It Keep It? *New York Times*, 14 January, A4.

Gordon, Michael R. 1999a. Russian Generals See Victory Near in Caucasus Clash. *New York Times*, 16 August, A1.

Gordon, Michael R. 1999b. Russia Uses a Sledgehammer in Chechnya War This Time. *New York Times*, 8 December, A1.

Gordon, Michael R. 1999c. Chechens Say TheyWere Shot at in Safe Corridor. *New York Times*, 17 December, A1.

Gossman, Patricia. 2000. India's Secret Armies. In Bruce B. Campbell and Arthur D. Brenner (eds.), *Death Squads in Global Perspective: Murder with Deniability*, 261–86. New York: St. Martin's Press.

Gottschalk, Keith. 2000. National, Ethnic, and Religious Identity Conflict. In Bruce B. Campbell and Arthur D. Brenner (eds.), *Death Squads in Global Perspective: Murder with Deniability*, 229–59. New York: St. Martin's Press.

Gould, Roger. 2003. *Collision of Wills. How Ambiguity about Social Rank Breeds Conflict*. Chicago: University of Chicago Press.

Gould, Roger. 1995. *Insurgent Identities: Class, Community, and Protest in Paris from 1848 to the Commune*. Chicago: University of Chicago Press.

Gourevitch, Philip. 1998. *We Wish to Inform You That Tomorrow WeWill Be Killed with Our Families: Stories from Rwanda*. New York: Farrar, Straus, and Giroux.

Graham, Patrick . 2005. The Message from the Sunni Heartland. *New York Times*, 22 May, WK3.

Green, Linda. 1995. Living in a State of Fear. In Carolyn Nordstrom and Antonius C. G. M. Robben (eds.), *Fieldwork under Fire: Contemporary Studies of Violence and Survival*, 105–27. Berkeley: University of California Press.

Greenberg, Joel. 2001. As Violence Erupts, Barak and Sharon Agree on Unity Guidelines. *New York Times*, 13 February, A1, A8.

Greene, Thomas H. 1990. *Comparative Revolutionary Movements: Search for Theory and Justice*. Englewood Cliffs, N.J.: Prentice-Hall.

Greenhill, Kelly M. 2003. The Use of Refugees as Political and Military Weapons in the Kosovo Conflict. In Raju G. C. Thomas (ed.), *Yugoslavia Unraveled: Sovereignty, Self-Determination, and Intervention*, 205–42. Lanham, Md.: Lexington Books/Rowman and Littlefield.

Greer, Donald. 1935. *The Incidence of the Terror during the French Revolution: A Statistical Interpretation*. Cambridge, Mass.: Harvard University Press.

Grenier, Yvon. 1999. *The Emergence of Insurgency in El Salvador: Ideology and Political Will.* Pittsburgh: University of Pittsburgh Press.

Griffin, Patricia E. 1976. *The Chinese Communist Treatment of Counterrevolutionaries: 1924–1949.* Princeton, N.J.; Princeton University Press.

Grigorenko, Petro G. 1982. *Memoirs.* New York: Norton.

Gross, Jan T. 2001. *Neighbors: The Destruction of the Jewish Community in Jedwabne, Poland.* Princeton, N.J.: Princeton University Press.

Gross, Jan T. 1988. *Revolution from Abroad: The Soviet Conquest of Poland's Western Ukraine and Western Belorussia.* Princeton, N.J.: Princeton University Press.

Gross, Jan T. 1979. *Polish Society under German Occupation: The General gouvernement, 1939– 1944.* Princeton, N.J.: Princeton University Press.

Gross, Jane. 2005. Under One Roof, Aging Together Yet Alone. *New York Times*, 30 January, 1.

Grossman, Dave. 1995. *On Killing: The Psychological Cost of Learning to Kill in War and Society.* Boston: Little, Brown.

Groth, Siegfried. 1995. *Namibia – The Wall of Silence: The Dark Days of the Liberation Struggle.* Wuppertal: Peter Hammer Verlag.

Grotius, Hugo. 1925[1625]. *De Jure Belli Ac Pacis.* Translated by Francis W. Kelsey, with the collaboration of Arthur E. R. Boak, Henry A. Sanders, Jesse S. Reeves, and Herbert F. Wright. Oxford: Clarendon Press, 1925.

Guelke, Adrian. 1995. *The Age of Terrorism and the International Political System.* New York: St. Martin's Press.

Guha, Ranajit. 1999. *Elementary Aspects of Peasant Insurgency in Colonial India.* Durham: Duke University Press.

Gulden, Timothy R. 2002. Spatial and Temporal Patterns in Civil Violence: Guatemala, 1977–1986. Working Paper No. 26. Wasington, D.C.: CSED.

Gumz, Jonathan E. 2001.Wehrmacht Perceptions of Mass Violence in Croatia, 1941– 1942. *Historical Journal* 44, 4:1015–38.

Gunther, John. 1949. *Behind the Curtain.* New York: Harper.

Gurr, Ted R. 1986. The Political Origins of State Violence and Terror: A Theoretical Analysis. In Michael Stohl and George Lopez (eds.), *Government Violence and Repression: An Agenda for Research*, 45–72. New York: Greenwood Press.

Gurr, Ted R. 1980. *Handbook of Political Conflict.* New York: Free Press.

Gurr, Ted R. 1975. Psychological Factors in Civil Violence. In Sam C. Sarkesian (ed.), *Revolutionary Guerrilla Warfare*, 75–114. Chicago: Precedent Publishing.

Gurr, Ted R. 1970. *Why Men Rebel.* Princeton, N.J.: Princeton University Press.

Gutman, Roy. 1993. *A Witness to Genocide: The First Inside Account of the Horrors of "Ethnic Cleansing" in Bosnia.* Shaftesbury, Dorset: Element Books.

Haberman, Clyde. 2001. Arab Fury Rising at Enemy Within. *New York Times*, 7 August, A1.

Haberman, Clyde. 1991. After Four Years, Intifada Still Smolders. *New York Times*, 9 December, A11.

Halbwachs, Maurice. 1968. *La mémoire collective*. Paris: PUF.

Hale, J. R. 1971. Sixteenth-Century Explanations of War and Violence. *Past and Present* 51:3–26.

Hall, Brian. 1994. *The Impossible Country: A Journey through the Last Days of Yugoslavia*. New York: Penguin.

Hamilton-Merritt, Jane. 1993. *Tragic Mountains: The Hmong, the Americans, and the Secret Wars for Laos, 1942–1992*. Bloomington: Indiana University Press.

Hammond, Jenny. 1999. *Fire from the Ashes: A Chronicle of the Revolution in Tigray, Ethiopia, 1975–1991*. Lawrenceville, N.J.: Red Sea Press.

Hamoumou, Mohand. 1993. *Et ils sont devenus Harkis*. Paris: Fayard.

Harbom, Lotta, and Peter Wallensteen. 2005. Armed Conflict and Its International Dimensions, 1946–2004. *Journal of Peace Research* 42, 5:623–35.

Hardin, Russell. 1995. *One for All: The Logic of Group Conflict*. Princeton, N.J.: Princeton University Press.

Harding, Susan F. 1984. *Remaking Ibieca: Rural Life in Aragon under Franco*. Chapel Hill: University of North Carolina Press.

Harff, Barbara. 2003. No Lessons Learned from the Holocaust? Assessing Risks of Genocide and Political Mass Murder since 1955. *American Political Science Review* 97, 1:57–73.

Harkavy, Robert E., and Stephanie G. Neuman. 2001. *Warfare and the Third World*. New York: Palgrave.

Harmon, Christopher C. 1992. Illustrations of "Learning" in Counterinsurgency. *Comparative Strategy* 11, 1:29–48.

Harris, Rosemary. 1989. Anthropological Views on "Violence" in Northern Ireland. In Yonah Alexander and Alan O'Day (eds.), *Ireland's Terrorist Trauma: Interdisciplinary Perspectives*, 75–100. New York: St. Martin's Press.

Hart, Peter. 1999. *The I.R.A. and Its Enemies: Violence and Community in Cork, 1916–1923*. New York: Clarendon Press.

Hart, Peter. 1997. The Geography of Revolution in Ireland, 1917–1923. *Past & Present* 155:142–55.

Hartford, Katherine. 1989. Repression and Communist Success: The Case of Jin-Cha-Ji, 1938–1943. In Kathleen Hartford and Steven M. Goldstein (eds.), *Single Sparks: China's Rural Revolutions*, 92–127. Armonk, N.Y.: M. E. Sharpe.

Hayden, William. 1999. The Kosovo Conflict: The Strategic Use of Displacement and the Obstacle to International Protection. *Civil Wars* 2, 1:35–68.

Hechter, Michael. 1987. *Principles of Group Solidarity*. Berkeley: University of California Press.

Hedges, Chris. 2003. *War Is a Force That Gives Us Meaning*. New York: Anchor Books.

Hedges, Chris. 1997. War Crime "Victims" Are Alive, Embarrassing Bosnia. *International Herald Tribune*, 3 March.

Hedman, Eva-Lotta. 2000. State of Siege: Political Violence and Vigilante Mobilization in the Philippines. In Bruce B. Campbell and Arthur D. Brenner (eds.), *Death Squads in Global Perspective: Murder with Deniability*, 125–51. New York: St. Martin's Press.

Heer, Hannes. 2000. The Logic of the War of Extermination: The Wermacht and the Anti-PartisanWar. In Hannes Heer and Klaus Naumann (eds.), *War of Extermination: The German Military in World War II, 1941–1944*, 92–126. New York: Berghahn Books.

Heer, Hannes, and Klaus Naumann. 2000. Introduction. In Hannes Heer and Klaus Naumann (eds.), *War of Extermination: The German Military in World War II, 1941– 1944*, 1–12. New York: Berghahn Books.

Heilbrunn, Otto. 1967. *Partisan Warfare*. New York: Praeger.

Henderson, James D. 1985. *When Colombia Bled: A History of the Violencia in Tolima*. Tuscaloosa: University of Alabama Press.

Henriksen, Thomas H. 1983. *Revolution and Counterrevolution: Mozambique's War of Independence, 1964–1974*. Wesport, Conn.: Greenwood Press.

Henriksen, Thomas H. 1976. People's War in Angola, Mozambique, and Guinea-Bissau. *Journal of Modern African Studies* 14, 3:377–99.

Héritier, Françoise (ed.). 1996. *De la violence*. Paris: Odile Jacob.

Herrington, Stuart A. 1997. *Stalking the Vietcong: Inside Operation Phoenix: A Personal Account*. Novato, Calif.: Presidio Press.

Hill, Alexander. 2002. The Partisan War in North-West Russia, 1941–44: A Reexamination. *Journal of Strategic Studies* 25, 3:37–55.

Hilton, Isabel. 2002. Between the Mountains. *New Yorker*, 11 March, 64–75.

Hinton, William. 1984. *Shenfan: The Continuing Revolution in a Chinese Village*. New York: Vintage Books.

Hoare, Marko. 2001. The Partisans in Bosnia-Herzegovina, 1941–1946. Unpublished paper.

Hobbes, Thomas. 1968 [1651]. *Leviathan*. Edited by C. B. Macpherson. Harmondsworth: Penguin.

Hobsbawm, E. J. 2001. Foreword. In Gonzalo Sánchez and Donny Meertens, *Bandits, Peasants, and Politics: The Case of "La Violencia" in Colombia*, ix–xii. Austin: University of Texas Press.

Hobsbawm, E. J. 1997. *On History*. New York: New Press.

Hobsbawm, E. J. 1988. *History from Below – Some Reflections*. In Frederick Krantz (ed.), History from Below: Studies in Popular Protest and Popular Ideology, 13–27. Oxford: Blackwell.

Hodson, Randy, Dušco Seculić, and Garth Massey. 1994. National Tolerance in the Former Yugoslavia. *American Journal of Sociology* 99:1535–58.

Hofheinz, Roy, Jr. 1969. The Ecology of Chinese Communist Success: Rural Influence Patterns, 1923–45. In Doak Barnett (ed.), *Chinese Communist Politics in Action*, 3–77. Seattle: University of Washington Press.

Holsti, Kalevi J. 1996. *The State, War, and the State of War*. Cambridge: Cambridge University Press.

Horne, Alistair. 1987. *A Savage War of Peace: Algeria, 1954–1962*. New York: Penguin Books.

Horowitz, Donald L. 2001. *The Deadly Ethnic Riot*. Berkeley: University of California Press.

Horowitz, Donald L. 1985. *Ethnic Groups in Conflict*. Berkeley: University of California Press.

Horton, Lynn. 1998. *Peasants in Arms: War and Peace in the Mountains of Nicaragua, 1979–1984*. Athens: Ohio University Center for International Studies.

Hosmer, Stephen T. 1970. *Viet Cong Repression and Its Implications for the Future*. Lexington, Mass.: D.C. Heath.

Housego, Kim. 2004. *Colombian Towns Fear a Rebel Resurgence*. http://archive.wn.com/2004/03/10/1400/colombiapost/.

Hovil, Lucy, and Eric Werker. 2005. Portrait of a Failed Rebellion. An Account of Rational, Sub-optimal Violence in Western Uganda. *Rationality and Society* 17, 1:5–34.

Howard, Michael. 1994. Constraints on Warfare. In Michael Howard, George J. Andreopoulos, and Mark R. Shulman (eds.), *The Laws of War: Constraints on Warfare in the Western World*, 1–11. New Haven: Yale University Press.

Howell, Roger, Jr. 1997. Newcastle and the Nation: The Seventeenth-Century Experience. In R. C. Richardson (ed.), *The English Civil Wars: Local Aspects*, 309–29. Phoenix Mill: Sutton.

Hua, Linshan, and Isabelle Thireau. 1996. *Enquête sociologique sur la Chine, 1911–1949*. Paris: Presses Universitaires de France.

Hull, Isabel V. 2004. Instant Degeneration: Systemic Radicalization in German Warfare in the First Months of World War I. Unpublished paper.

Human Rights Watch. 1992. *War Crimes in Bosnia-Hercegovina: A Helsinki Watch Report*. Vol. 1. New York: Human Rights Watch.

Hunt, David. 1974. Villagers at War: The National Liberation Front in My Tho Provinces, 1965–1967. *Radical America* 8, 1–2:3–184.

Huseen, Akeel, and Nicolas Pelhman. 2004. Rebels' Writ Runs Large across the Troublesome Sunni Triangle. *Financial Times*, 30 July, 7.

Ignatieff, Michael. 1998. *The Warrior's Honor: Ethnic War and the Modern Conscience*. New York: Henry Holt.

Jacoby, Susan. 1983. *Wild Justice: The Evolution of Revenge*. New York: Harper & Row.

James, Clive. 2003. The Good of a Bad Review. *New York Times*, 7 September, 13.

Jankowski, Paul. 1989. *Communism and Collaboration: Simon Sabiani and Politics in Marseille, 1919–1944*. New Haven: Yale University Press.

Jing, Jun. 1996. *The Temple of Memories: History, Power, and Morality in a Chinese Village*. Stanford, Calif.: Stanford University Press.

Johnson, Chalmers. 1968. The Third Generation of Guerrilla Warfare. *Asian Survey* 8, 6:435–47.

Johnson, Chalmers. 1962. Civilian Loyalties and Guerrilla Conflict. *World Politics* 14, 4:646–61.

Johnson, Michael. 2001. *All Honourable Men: The Social Origins of War in Lebanon.* London: I. B. Tauris.

Jok, Madut, and Sharon Elaine Hutchinson. 1999. Sudan's Prolonged Second Civil War and the Militarization of Nuer and Dinka Ethnic Identities. *African Studies Review* 42, 2:125–45.

Jolliffe, Jill. 1978. *East Timor: Nationalism and Colonialism.* St. Lucia, Queensland: University of Queensland Press.

Jonassohn, Kurt (with Karin Solveig Björnson). 1998. *Genocide and Gross Human Rights Violations in Comparative Perspective.* New Brunswick, N.J.: Transaction.

Jones, Adrian H., and Andrew R. Molnar. 1966. *Internal Defense against Insurgency: Six Cases.* Washington, D.C.: Center for Research in Social Systems.

Jones, Gregg R. 1989. *Red Revolution: Inside the Philippine Guerrilla Movement.* Boulder, Colo.:Westview Press.

Jones, James C. 2000. We're Targeting a Colombia We Don't Fully Understand. *Washington Post*, April 2.

Jongerden, Joost. 2001. Resettlement and Reconstruction of Identity: The Case of the Kurds in Turkey. *Global Review of Ethnopolitics* 1, 1:80–6.

Joshi,Vandana. 2003. *Gender and Power in the Third Reich: Female Denouncers and the Gestapo (1933–1945).* Houndmills: Palgrave Macmillan.

Joshi, Vandana. 2002. The "Private" Became "Public":Wives as Denouncers in the Third Reich. *Journal of Contemporary History* 37, 3:419–35.

Jouanna, Arlette. 1998. Saint-Barth´elemy. In Arlette Jouanna, Jacqueline Boucher, Dominique Biloghi, and Guy Le Thiec, *Histoire et dictionnaire des guerres de religion*, 1262–4. Paris: Laffont.

Juliá, Santos. 2000. Introduccí on: Violencia política en España. Fin de una larga historia? In Santos Juli´a (ed.), *Violencia política en la España del Siglo* XX, 11–23. Madrid: Taurus.

Juli´a, Santos. 1999. De "guerra contra el invasor" a "guerra fratricida." In Santos Juli´a (ed.), *Víctimas de la guerra civi*, 11–54. Madrid: Temas de Hoy.

Kahneman, Daniel, and Amos Tversky. 1974. Judgment under Uncertainty: Heuristics and Biases. *Science* 185:1124–31.

Kakar, Sudhir. 1996. *The Colors of Violence: Cultural Identities, Religion, and Conflict.* Chicago: University of Chicago Press.

Kaldor, Mary. 1999. *New and Old Wars: Organized Violence in a Global Era.* Stanford, Calif.: Stanford University Press.

Kalyvas, Stathis N. 2004. Ethnicity and Civil War Violence: Micro-level Empirical Findings and Macro-level Hypotheses. Unpublished paper.

Kalyvas, Stathis N. 2003. The Ontology of "Political Violence:" Action and Identity in Civil Wars. *Perspectives on Politics* 1, 3:475–94.

Kalyvas, Stathis N. 2001. "New" and "Old" Civil Wars: A Valid Distinction? *World Politics* 54, 1:99–118.

Kalyvas, Stathis N. 1999. Wanton and Senseless? The Logic of Massacres in Algeria. *Rationality and Society* 11, 3:243–85.

Kalyvas, Stathis N. 1996. *The Rise of Christian Democracy in Europe*. Ithaca: Cornell University Press.

Kalyvas, Stathis N., and Matthew Kocher. 2005. Il modello Vietnam in Iraq. *Il Manifesto*, 21 June, 5.

Kalyvas, Stathis N., and Matthew Kocher. 2004. Violence and Control in Vietnam: An Analysis of the Hamlet Evaluation System (HES). Unpublished paper.

Kalyvas, Stathis N., and Nicholas Sambanis. 2005. Bosnia's Civil War: Origins and Violence Dynamics. In Paul Collier and Nicholas Sambanis (eds.), *Understanding Civil War: Evidence and Analysis*, 2:191-229. Washington, D.C:World Bank.

Kalyvas, Stathis N., and Ignacio Sanchez-Cuenca. 2005. The Absence of Suicide Missions. In Diego Gambetta (ed.), *Making Sense of Suicide Missions*, 209–32. Oxford: Oxford University Press.

Kamen, Henry. 1998. *The Spanish Inquisition: A Historical Revision*. New Haven: Yale University Press.

Kann, Peter R. 2000. A Long, Leisurely Drive through Mekong Delta Tells Much of the War. In *Reporting Vietnam: American Journalism*, 1959–1975, 401–12. New York: Library of America.

Kannyo, Edward. 2000. State Terrorism and Death Squads in Uganda (1971–79). In Bruce B. Campbell and Arthur D. Brenner (eds.), *Death Squads in Global Perspective: Murder with Deniability*, 153–79. New York: St. Martin's Press.

Katz, Amrom. 1975. An Approach to Future Wars of National Liberation. In Sam C. Sarkesian (ed.), *Revolutionary Guerrilla Warfare*, 587–601. Chicago: Precedent Publishing.

Katz, Jack. 1988. *Seductions of Crime: A Chilling Exploration of the Criminal Mind – from Juvenile Delinquency to Cold-blooded Murder*. New York: Basic Books.

Kaufman, Stuart J. 2001. *Modern Hatreds: The Symbolic Politics of Ethnic War*. Ithaca: Cornell University Press.

Kaufmann, Chaim. 1996. Possible and Impossible Solutions to Ethnic Civil Wars. *International Security* 20, 4:136–75.

Keane, John. 1996. *Reflections on Violence*. London: Verso.

Kedward, H. R. 1993. *In Search of the Maquis: Rural Resistance in Southern France 1942–1944*. Oxford: Oxford University Press.

Keen, David. 1998. *The Economic Functions of Violence in Civil Wars*. Adelphi Paper, 320.

Keiser, Lincoln. 1991. *Friend by Day, Enemy by Night: Organized Vengeance in a Kohistani Community*. FortWorth: Holt, Rinehart and Winston.

Kelly, Raymond C. 2000. *Warless Societies and the Origin of War*. Ann Arbor: University of Michigan Press.

Kennan, George F. 1951. *American Diplomacy, 1900-1950*. Chicago: University of Chicago Press.

Kenney, George. 1995. The Bosnia Calculation. *New York Times Magazine*, 23 April, 42–3.

Kenny, C. S. 1929. *Outlines of Criminal Law, Based on Lectures Delivered in the University of Cambridge*. 13th ed. Cambridge: Cambridge University Press.

Kenny, C. S. 1907. *Outlines of Criminal Law*. Revised and adapted for American scholars, by James H. Webb. New York: Macmillan.

Kerkvliet, Benedict J. 1977. *The Huk Rebellion: A Study of Peasant Revolt in the Philippines*. Berkeley: University of California Press.

Khan, Amadu Wurie. 1998. Journalism and Armed Conflict in Africa: The Civil War in Sierra Leone. *Review of African Political Economy* 78:585–97.

Kheng, Cheah Boon. 1983. *Red Star over Malaya: Resistance and Social Conflict during and after the Japanese Occupation of Malaya, 1941–1946*. Singapore: Singapore University Press.

Kheng, Cheah Boon. 1980. The Social Impact of the Japanese Occupation of Malaya (1942–1945). In Alfred W. McCoy (ed.), *Southeast Asia under Japanese Occupation*, 91–123. New Haven: Yale University Southeast Asia Studies.

Kinzer, Stephen. 2000. In Kurdish Turkey, Problems of Peace. *New York Times*, 11 May, A8.

Kitson, Frank. 1960. *Gangs and Counter-Gangs*. London: Barrie and Rockliff.

Klinkhammer, Lutz. 1997. *Stragi Naziste in Italia: La guerra contro i civili (1943–1944)*. Rome: Donzelli.

Klonis, N. I. 1972. *Guerrilla Warfare: Analysis and Projections*. New York: Robert Speller & Sons.

Knight, Jonathan. 2003. Statistical Model Leaves Peru Counting the Cost of the Civil War. *Nature* 425, 6.

Kocher, Matthew. 2004. Human Ecology and Civil War. Ph.D. dissertation, University of Chicago.

Kolbert, Elizabeth. 2003. Looking for Lorca. *New Yorker*, 22–9 December, 64–75.

Kornbluh, Peter. 1988. Nicaragua: U.S. Proinsurgency Warfare against the Sandinistas. In Michael T. Klare and Peter Kornbluh (eds.), *Low-Intensity Warfare: Counterinsurgency, Proinsurgency, and Antiterrorism in the Eighties*, 136–57. New York: Pantheon Books.

Kozlov, Vladimir A. 1996. Denunciation and Its Functions in Soviet Governance: A Study of Denunciations and Their Bureaucratic Handling from Soviet Police Archives, 1944–1953. *Journal of Modern History* 68:867–98.

Krauss, Clifford. 2000. Peru "Innocents" Get Back Lives. *International Herald Tribune*, 18 July, 3.

Krauss, Clifford. 1999. A Revolution Peru's Rebels Didn't Intend. *New York Times*, 29 August.

Kriger, Norma. 1992. *Zimbabwe's Guerrilla War: Peasant Voices*. Cambridge: Cambridge University Press.

Krueger, Alan, and Jitka Maleckova. 2002. *Education, Poverty, Political Violence, and Terrorism: Is There a Causal Connection?* NBER Working Paper No. 9074. Cambridge, Mass.

Kuran, Timur. 1991.Now Out of Never: The Element of Surprise in the Eastern European Revolution of 1989. *World Politics* 44:7–48.

Kuromiya, Hiroaki. 1993. Stalinist Terror in the Donbas: A Note. In J. Arch Getty and Roberta T. Manning (eds.), *Stalinist Terror: New Perspectives*, 215–22. Cambridge: Cambridge University Press.

Lacey, Mark. 2005. The Mournful Math of Darfur: The Dead Don't Add Up. *New York Times*, 18 May, A4.

Lacoste-Dujardin, Camille. 1997. *Opération "Oiseau bleu": Des Kabyles, des ethnologues et la guerre en Algérie*. Paris: D´ecouverte.

Laitin, David. 2001. Secessionist Rebellion in the Former Soviet Union. *Comparative Political Studies* 34, 8:839–61.

Lansdale, Edward G. 1964. Viet Nam: Do We Understand Revolution? *Foreign Affairs* 43, 1:75–86.

Laqueur,Walter. 1998. *Guerrilla Warfare: A Historical and Critical Study*. New Brunswick, N.J.: Transaction.

Larwood, L., and W. Whitaker. 1977. Managerial Myopia: Self-Serving Biases in Organisational Planning. *Journal of Applied Psychology* 62:194–8.

Lary, Diana. 2001. A Ravaged Place: The Devastation of the Xuzhou Region, 1938. In Diana Lary and Stephen McKinnon (eds.), *Scars of War: The Impact of Warfare on Modern China*, 98–116. Vancouver: UBC Press.

Last, Murray. 2000. Reconciliation and Memory in Postwar Nigeria. InVeena Das, Arthur Kleinman, Mamphela Ramphele, and Pamela Reynolds (eds.), *Violence and Subjectivity*, 315–32. Berkeley: University of California Press.

Lavery, Brian. 2005. Families in Northern Ireland Break Silence about Killings. *New York Times*, 14 March, A5.

Lawrence, Pamela. 2000.Violence, Suffering, Amman: The Work of Oracles in Sri Lanka's Eastern War Zone. In Veena Das, Arthur Kleinman, Mamphela Ramphele, and Pamela Reynolds (eds.), *Violence and Subjectivity*, 171–204. Berkeley: University of California Press.

Leakey, Louis Seymour Bazett. 1954. *Deafeating Mau Mau*. London: Methuen.

Lear, Elmer. 1961. The Japanese Occupation of the Philippines, Leyte, 1941–1945. Data Paper No. 42, Southeast Asia Program, Department of Far Eastern Studies. Cornell University, Ithaca, N.Y.

Le Bot, Yvon. 1994. Violence, communauté et territoire. In Denis-Constant Martin (ed.), *Cartes d'identité: Comment dit-on "nous" en politique?*, 163–83. Paris: Presses

de la Fondation Nationale des Sciences Politiques.
Lebrun, Guy. 1998. *Le lieutenant aux pieds nus. Conchinchine 1952–1954*. Paris: Éditions France-Empire.
Leclère, Thierry. 1997. Raïs, retour sur un massacre. *Télérama*, 2493, 22 October, 10–16.
Ledesma, José Luis. 2004. *Los dìas de llamas de la revolución. Violencia y politica en la retaguardia de Zaragoza durante la guerra civil. Zaragoza: Institución* "Fernando el Católico."
Ledesma, José Luis. 2001. Espacios de poder, violencia y revolución: Una perspectiva política de la represión en el Aragón republicano durante la guerra civil. In Antonio Morales Moya (ed.), *El difícil camino a la democracia*, 249–68. Madrid: Sociedad Estatal España Nuevo Milenio.
Leiden, Carl, and Karl M. Schmitt. 1968. *The Politics of Violence: Revolution in the Modern World*. Englewood Cliffs, N.J.: Prentice-Hall.
Leites, Nathan, and Charles Wolf Jr. 1970. *Rebellion and Authority: An Analytic Essay on Insurgent Conflicts*. Chicago: Markham.
Le Pape, Marc. 1999. L'exportation des massacres du Rwanda au Congo-Zaire. Paper presented at the Conference on the Political Uses of Massacres, CERI, Paris, 16 November.
Lerner, Daniel. 1958. *The Passing of Traditional Society: Modernizing the Middle East*. New York: Free Press.
Levene, Mark. 1999. Introduction. In Mark Levene and Penny Roberts (eds.), *The Massacre in History*, 1–38. New York: Berghahn Books.
Levi, Margaret. 1997. *Consent, Dissent, and Patriotism*. Cambridge: Cambridge University Press.
Levi, Primo. 1988. *The Drowned and the Saved*. Translated by Raymond Rosenthal. New York: Summit Books.
Levine, Steven I. 1987. *Anvil of Victory: The Communist Revolution in Manchouria, 1945–1948*. New York: Columbia University Press.
Lewin, Tamar. 1999. Arizona High School Provides Glimpses inside Cliques' Divisive Webs. *New York Times*, 2 May 1999.
Lewis, Gwynne. 1978. *The Second Vendée*. Oxford: Oxford University Press.
Lewy, Guenter. 1978. *America in Vietnam*. New York: Oxford University Press.
Leys, Colin, and John S. Saul. 1995. Introduction. In Colin Leys and John S. Saul, *Namibia's Liberation Struggle: The Two-Edged Sword*, 1–18. Athens: Ohio University Press.
Li, Lincoln. 1975. *The Japanese Army in North China, 1937–1941: Problems of Political and Economic Control*. Tokyo: Oxford University Press.
Lichbach, Mark Irving. 1995. *The Rebel's Dilemma*. Ann Arbor: University of Michigan Press.
Lichbach, Mark Irving. 1987. Deterrence or Escalation? The Puzzle of Aggregate Studies of Repression and Dissent. *Journal of Conflict Resolution* 31, 2:266–97.

Licklider, Roy. 1998. Early Returns: Results of the First Wave of Statistical Studies of Civil War Termination. *Civil Wars* 1, 3:121–32.

Lindsay, Franklin A. 1962. Unconventional Warfare. *Foreign Affairs* 40, 2:264–74.

Linn, Brian McAllister. 1989. *The U.S. Army and Counterinsurgency in the Philippine War, 1899–1902*. Chapel Hill: University of North Carolina Press.

Lins de Albuquerque, Adriana, and Alicia Cheng. 2005. 14 Days in Iraq. *New York Times*, 16 January, 11.

Lipman, Jonathan N. 1990. Ethnic Violence in Modern China: Hans and Huis in Gansu, 1781–1929. In Jonathan N. Lipman and Stevan Harrell (eds.), *Violence in China: Essays in Culture and Counterculture*, 65–86. Albany: State University of New York Press.

Lipset, Seymour M., and Stein Rokkan. 1967. "Cleavage Structures, Party Systems, and Voter Alignments: An Introduction." In Seymour M. Lipset and Stein Rokkan (eds.), *Party Systems and Voter Alignments: Cross-National Perspectives*, 1–64. New York: Free Press.

Lison-Tolosana, Carmelo. 1983. *Belmonte de los Caballeros: Anthropology and History in an Aragonese Community*. Princeton, N.J., Princeton University Press.

Livanios, Dimitris. 1999. "Conquering the Souls": Nationalism and Greek Guerrilla Warfare in Ottoman Macedonia, 1904–1908. *Byzantine and Modern Greek Studies* 23: 195–221.

Lloyd, John. 1999. The Russian Devolution. *New York Times Magazine*, 15 August 1999, 34–45.

Lobbia, J. A. 1999. Your Landlord's Dick. Village Voice, 3 August, 49.

Loeb, Vernon. 2003. Bagdhad Army Chief Says Bombings Obscure Progress. *Washington Post*, 29 October, A14.

Loizos, Peter. 1999. A Duty of Care? Three Granada Television Films Concerned with War. In Tim Allen and Jean Seaton (eds.), *The Media of Conflict: War Reporting and Representations of Ethnic Violence*, 102–24. London: Zed Books.

Loizos, Peter. 1988. Intercommunal Killing in Cyprus. Man, 23:639–53.

Lopez, George A., and Michael Stohl. 1992. Problems of Concept and Measurement in the Study of Human Rights. In Thomas B. Jabine and Richard P. Claude (eds.), Human *Rights and Statistics: Getting the Record Straight*, 216–34. Philadelphia: University of Pennsylvania Press.

Lotnik, Waldemar. 1999. *Nine Lives: Ethnic Conflict in the Polish-Ukrainian Borderlands*. London: Serif.

Louie, Richard. 1964. *The Incidence of the Terror: A Critique of a Statistical Interpretation*. French Historical Studies 3, 3:379–89.

Loyd, Anthony. 2001. *My War Gone By, I Miss It So*. New York: Penguin.

Lubkemann, Stephen C. 2005. Migratory Coping in Wartime Mozambique: An Anthropology of Violence and Displacement in "Fragmented Wars." *Journal of Peace Research* 42, 4:493–508.

Lucan. 1985. *Bellum civile IX*. Introduction and notes by David P. Kubiak. Bryn Mawr, Pa.: Thomas Library, Bryn Mawr College.

Lucas, Colin. 1997. The Theory and the Practice of Denunciation in the French Revolution. In Sheila Fitzpatrick and Robert Gellately (eds.), *Accusatory Practices: Denunciation in Modern European History, 1789–1989*, 22–39. Chicago: University of Chicago Press.

Lucas, Colin. 1983. Themes in Southern Violence after 9 Thermidor. In Gwynne Lewis and Colin Lucas (eds.), *Beyond the Terror: Essays in French Regional and Social History, 1794–1815*, 152–94. Cambridge: Cambridge University Press.

Luttwak, Edward N. 2003. So Few Soldiers, So Much to Do. *New York Times*, 4 November, A25.

Luttwak, Edward N. 1995. *Great-Powerless Days*. Times Literary Supplement, June 16.

Lynn, John. 1984. *The Bayonets of the Republic: Motivation and Tactics in the Army of Revolutionary France*. Urbana: University of Illinois Press.

Maass, Peter. 2005. The Way of the Commandos. *New York Times Magazine*, 1 May, 38–83.

Mac Gregor Serven, Lawrence B. 2002. *The End of Office Politics as Usual: A Complete Strategy for Creating a More Productive and Profitable Organization*. New York: Amacom.

Machiavelli, Niccoló. 2003[1513]. *The Prince*. Translated by George Bull. London: Penguin.

Machiavelli, Niccoló. 1988[1532]. *Florentine Histories*. Translated by Laura F. Banfield and Harvey C. Mansfield, Jr. Princeton, N.J.: Princeton University Press.

Mackenzie, S. P. 1997. *Revolutionary Armies in the Modern Era: A Revisionist Approach*. London: Routledge.

Mackey, Chris, and Greg Miller. 2004. *The Interrogators. Task Force 500 and America's Secret War Against Al Qaeda*. New York: Back Bay Books.

Mackwood, Neil. 2002. Breaking Up Can Be So Hard to Sell. *Financial Times*, 19–20 October, 13.

Madiebo, Alexander A. 1980. *The Nigerian Revolution and the Biafran War*. Enugu: Fourth Dimension Publishing.

Madsen, Richard. 1990. The Politics of Revenge in Rural China during the Cultural Revolution. In Jonathan N. Lipman and Stevan Harrell (eds.), *Violence in China: Essays in Culture and Counterculture*, 175–201. Albany: State University of New York Press.

Madsen, Richard. 1984. *Morality and Power in a Chinese Village*. Berkeley: University of California Press.

Magalh~aes, Eduardo. 1996. CivilWars. In Frank N. Magill (ed.), *International Encyclopedia of Government and Politics*, 225–8. Chicago: Fitzroy Dearborn.

Mahdi, Omer, and Rory Carroll. 2005. Under US Noses, Brutal Insurgents Rule Sunni Citadel. *Guardian*, 22 August, 1.

Mahmood, Cynthia Keppley. 2000. Trials by Fire: Dynamics of Terror in Punjab and Kasmir. In Jeffrey A. Sluka (ed.), *Death Squad: The Anthropology of State Terror*, 70–90. Philadelphia: University of Pennsylvania Press.

Maier, F. X. 1974. *Revolution and Terrorism in Mozambique*. New York: American African Affairs Association.

Maier, Karl. 1995. *A Fragile Peace*. Africa Report 40: 22–7.

Makdisi, Jean Said. 1990. *Beirut Fragments: A War Memoir*. New York: Persea Books.

Malcolm, Noel. 1998. The Roots of Bosnian Horror Lie Not So Deep. *New York Times*, 19 October.

Malefakis, Edward. 1996. Aspectos históricos y teóricos de la guerra. In Edward Malefakis (ed.), *La guerra de España (1936–1939)*, 11–47. Madrid: Taurus.

Mallin, Jay. 1966. *Terror in Viet Nam*. Princeton, N.J.: Van Nostrand.

Manrique, Nelson. 1998. The War for the Central Sierra. In Steve J. Stern (ed.), *Shining and Other Paths: War and Society in Peru, 1980–1995*, 193–223. Durham: Duke University Press.

Maranto, Robert, and Paula S. Tuchman. 1992. Knowing the Rational Peasant: The Creation of Rival Incentive Structures in Vietnam. *Journal of Peace Research* 29, 3: 249–64.

Margadant, Ted W. 1992. *Urban Rivalries in the French Revolution*. Princeton, N.J.: Princeton University Press.

Margolin, Jean-Louis. 1999. L'armè, le Parti, les milices: Indonesie, 1965, et après. Paper presented at the Conference on the Political Uses of Massacres, CERI, Paris, 16 November.

Marks, Robert. 1984. *Rural Revolution in South China: Peasants and the Making of History in Haifeng County, 1570–1930*. Madison: University ofWisconsin Press.

Marshall, S. L. A. 1947. *Men against Fire*. New York: William Morrow.

Martin, Gerard. 2000. The "Tradition of Violence" in Colombia: Material and Symbolic Aspects. In Goran Aijmer and Jon Abbink (eds.), *Meanings of Violence*, 101–91. New York: Berg.

Martin, Jean-Clément. 2002. Dans la guerre civile tout est permis. *L'Histoire* 267:56–9.

Martin, Jean-Clément. 1998. *Contre-Révolution, Révolution et Nation en France, 1789–1799*. Paris: E´ ditions du Seuil.

Martin, Jean-Clément. 1995. Guerre civile et modernité: Le cas de la R´evolution. In Jean- Clément Martin (ed.), *La guerre civile entre histoire et mémoire*, 57–64. Nantes: Ouest Éditions.

Martin, Jean-Clément. 1994. Rivoluzione francese e guerra civile. In Gabriele Ranzato (ed.), *Guerre fratricide: Le guerre civili in età contemporanea*, 27–85. Turin: Bollati Boringhieri.

Martinez, Luis. 1998. *La guerre civile en Algérie*. Paris: Karthala.

Martinez, Luis. 1994. Les Eucalyptus, banlieue d'Alger dans la guerre civile: Les facteurs de la mobilisation islamiste. In G. Kepel (ed.), *Exils et royaumes*, 89–104. Paris: Presses de la FNSP.

Mason, T. David, and Dale A. Krane. 1989. The Political Economy of Death Squads: Toward a Theory of the Impact of State-Sanctioned Terror. *International Studies Quarterly* 33:175–98.

Massey, Garth, Randy Hodson, and Dušco Seculić. 1999. Ethnic Enclaves and Intolerance: The Case of Yugoslavia. *Social Forces* 78, 2:669–91.

May, Glenn Anthony. 1991. *Battle for Batangas: A Philippine Province at War*. New Haven: Yale University Press.

Mayer, Arno J. 2000. *The Furies: Violence and Terror in the French and Russian Revolutions*. Princeton, N.J.: Princeton University Press.

Mazower, Mark. 1998. *Dark Continent: Europe's Twentieth Century*. London: Allen Lane.

McAuley, Mary. 1992. *Soviet Politics, 1917–1991*. Oxford: Oxford University Press.

McColl, Robert W. 1969. The Insurgent State: Territorial Bases of Revolution. *Annals of the Association of American Geographers* 59, 4:613–31.

McColl, Robert W. 1967. A Political Geography of Revolution: China, Vietnam, and Thailand. *Journal of Conflict Resolution* 11, 2:153–67.

McCoubrey, Hilaire, and Nigel D. White. 1995. *International Organizations and Civil Wars*. Aldershot: Dartmouth.

McCoy, Alfred W. 1980. "Politics by Other Means":WorldWar II in the Western Visayas, Philippines. In Alfred W. McCoy (ed.), *Southeast Asia under Japanese Occupation*, 191–245. New Haven: Yale University Southeast Asia Studies.

McCrady, Edward. 1969. *The History of South Carolina in the Revolution, 1780–1783*. New York: Paladin.

McGowan, William. 1992. *Only Man Is Vile: The Tragedy of Sri Lanka*. New York: Farrar, Straus, and Giroux.

McGrath, Patrick. 1997. Bristol and the Civil War. In R. C. Richardson (ed.), *The English Civil Wars: Local Aspects*, 91–128. Phoenix Mill: Sutton.

McKenna, Thomas M. 1998. *Muslim Rulers and Rebels: Everyday Politics and Armed Separatism in the Southern Philippines*. Berkeley: University of California Press.

Mendelsohn, Daniel. 2002. What Happened to Uncle Shmiel? *New York Times Magazine*, 14 July, 24–55.

Merrill, John. 1989. *Korea: The Peninsular Origins of the War*. Newark: University of Delaware Press.

Meyerson, Harvey. 1970. *Vinh Long*. Boston: Houghton Mifflin.

Meynier, Gilbert. 2004. Le PPA-MTLD et le FLN-ALN, étude comparée. In Mohammed Harbi and Benjamin Stora (eds.), *La guerre d'Algérie, 1954–2004, la fin de l'amnésie*, 417–50. Paris: Robert Laffont.

Meynier, Gilbert, and Pierre Vidal-Naquet. 1999. Le sens d'une agression. *Le Monde*, 1 December.

Miall, Hugh. 1992. *The Peacemakers: Peaceful Settlement of Disputes since 1945*. New York: St. Martin's.

Miguel, Edward. 2004. Tribe or Nation? Nation Building and Public Goods in Kenya versus Tanzania. *World Politics* 56, 3:327–62.

Milgram, Stanley. 1974. *Obedience to Authority: An Experimental View*. New York: Harper & Row.

Miller, D. T., and M. Ross. 1975. Self-Serving Biases in Attribution of Causality: Fact or Fiction? *Psychological Bulletin* 82:213–25.

Miller, William Ian. 1990. *Bloodtaking and Peacemaking: Feud, Law, and Society in Saga Iceland*. Chicago: University of Chicago Press.

Milosz, Czeslaw. 1990. *The Captive Mind*. New York: Vintage.

Minardi, Marco. 2002. War in the Mountains: Community Ties and Civil War in Central Italy. Paper presented at the Workshop on "Civil Wars and Political Violence in 20th Century Europe," European University Institute, Florence 18–20 April.

Mirels, H. L. 1980. The Avowal of Responsibility for Good and Bad Outcomes: The Effects of Generalized Self-Serving Biases. *Personality and Social Psychology Bulletin* 6, 299–306.

Mirzeler, Mustafa, and Crawford Young. 2000. Pastoral Politics in the Northeast Periphery in Uganda: AK-47 as Change Agent. *Journal of Modern African Studies* 38, 3: 407–29.

Mishra, Pankaj. 2000. Pride and Blood in Kashmir. *New York Times*, 22 March.

Mitchell, Christopher, Michael Stohl, David Carleton, and George A. Lopez. 1986. State Terrorism: Issues of Concept and Measurement. In Michael Stohl and George A. Lopez (eds.), *Government Violence and Repression: An Agenda for Research*, 1–25. Westport, Conn.: Greenwood Press.

Mitchell, Edward J. 1968. Inequality and Insurgency: A Statistical Study of South Vietnam. *World Politics* 20, 3:421–38.

Mitter, Rana. 2000. *The Manchurian Myth: Nationalism, Resistance, and Collaboration in Modern China*. Berkeley: University of California Press.

Mohr, Charles. 1966. Questions on U.S. Raids: Many Feel Johnson Should Have Asked about Political Merit of Hamlet Attacks. *New York Times*, 16 August 1966, 3.

Molnar, Andrew R. 1965. *Human Factors Considerations of Undergrounds in Insurgencies*. Washington, D.C.: Special Operations Research Office.

Montaigne, Michel de. 1991. The Complete Essays. Translated by M. A. Screech. London: Penguin.

Montherlant, Henry de. 1965. *La guerre civile*. Paris: Gallimard.

Moore, Barrington. 1966. *Social Origins of Dictatorship and Democracy: Lord and Peasant in the Making of the Modern World*. Boston: Beacon Press.

Moore, Barrington. 1954. *Terror and Progress: USSR*. Cambridge, Mass.: Harvard University Press.

Moore, Jeanne. 1999. World Briefing. *New York Times*, 19 August, A10.

Moore, M. 1993. Thoroughly Modern Revolutionaries: The JVP in Sri Lanka. *Modern Asian Studies* 27, 3:593–642.

Moore, Robert Ian. 1987. The Formation of a Persecuting Society. Oxford: Blackwell.
Moreno, Francisco. 1999. La represión en la posguerra. In Santos Juliá (ed.), *Víctimas de la guerra civil*, 277–405. Madrid: Temas de Hoy.

Moser, Don. 2000. Eight Dedicated Men Marked for Death. In *Reporting Vietnam: American Journalism, 1959–1975*, 84–105. New York: Library of America.

Moss, Michael. 2003. False Terrorist Tips to the FBI Uproot Lives of Suspects. *New York Times*, 19 June, A1.

Mouro, Gladys. 1999. *An American Nurse amidst Chaos*. Beirut: American University of Beirut.

Moyar, Mark. 1997. *Phoenix and the Birds of Prey: The CIA's Secret Campaign to Destroy the Viet Cong*. Annapolis, Md.: Naval Institute Press.

Mueller, John. 2004. *The Remnants of War*. Ithaca: Cornell University Press, 2004.

Münkler, Herfried. 2002. *Uber den Krieg. Stationen der Kriegsgeschichte im Spiegel ihrer theoretischen Reflexion*. Weilerswist: Velbrück Wissenschaft.

Murshed, S. Mansoob, and Scott Gates. 2005. Spatial-Horizontal Inequality and the Maoist Insurgency in Nepal. *Review of Development Economics* 9, 1:121–34.

Mydans, Seth. 2003. Russia's Chechen Plan: Pick a Leader and Leave. *New York Times*, 18 September, A6.

Mydans, Seth. 1999. East Timor Family's Terror: Trapped at Home by Gunmen. *New York Times*, 27 September, A1.

Myers, Steven Lee. 2005. Even Chechnya's Dream Street Is a Dead End. *New York Times*, 23 March, A4.

Myers, Steven Lee. 2002. Chechen Rebels in Limbo Vow Endless Resistance. *New York Times*, 23 August, A6.

Nabulsi, Karma. 2001. Evolving Conceptions of Civilians and Belligerents: One Hundred Years after the Hague Peace Conferences. In Simon Chesterman (ed.), *Civilians in War*, 9–24. Boulder, Colo.: Lynne Riener.

Nabulsi, Karma. 1999. *Traditions of War: Occupation, Resistance, and the Law*. Oxford: Oxford University Press.

Nagengast, Carole. 1994. Violence, Terror, and the Crisis of the State. *Annual Review of Anthropology* 23:109–36.

Nahoum-Grappe, Véronique. 1996. L'usage politique de la cruauté: L'épuration ethnique (ex-Yougoslavie, 1991–1995). In Françoise Héritier (ed.), *De la violence*, 273–323. Paris: Odile Jacob.

Nasr, Salim. 1990. Lebanon's War: Is the End in Sight? *Middle East Report*, No. 162, 4–8, 30.

Negus, Steve. 2004. US Squares Up to Long Guerrilla War in Iraq. *Financial Times*, 27–8 November, 5.

Nelson, Hank. 1980. Taim Bilong Pait: The Impact of the Second World War on Papua New Guinea. In Alfred W. McCoy (ed.), *Southeast Asia under Japanese Occupation*, 246–66. New Haven: Yale University Southeast Asia Studies.

Nérard, François-Xavier. 2004. *5% de vérité. La dénonciation dans l'URSS de Staline (1928–1941)*. Paris: Tallandier.

Nino, Carlos Santiago. 1996. *Radical Evil on Trial*. New Haven: Yale University Press.

Nordlinger, Eric A. 1972. Conflict Regulation in Divided Societies. *Occasional Papers in International Affairs* 29. Cambridge, Mass.: Harvard Center for International Affairs.

Nordstrom, Carolyn. 1997. *A Different Kind of War Story*. Philadelphia: University of Pennsylvania Press.

Nordstrom, Carolyn. 1992. The Backyard Front. In Carolyn Nordstrom and JoAnn Martin (eds.), *The Paths to Domination, Resistance, and Terror*, 260–74. Berkeley: University of California Press.

Nordstrom, Carolyn, and JoAnn Martin. 1992. The Culture of Conflict: Field Reality and Theory. In Carolyn Nordstrom and JoAnn Martin (eds.), *The Paths to Domination, Resistance, and Terror*, 3–17. Berkeley: University of California Press.

Nougayrede, Natalie. 2002. En Tchéthchénie, la jeune génération se radicalité dans la guérilla. *Le Monde*, 25 October, 7.

Novick, Peter. 1999. The Holocaust in American Life. New York: Houghton Mifflin.

Oberschall, Anthony. 2000. The Manipulation of Ethnicity: From Ethnic Cooperation to Violence and War in Yugoslavia. *Ethnic and Racial Studies* 23, 6:982–1001.

Okey, Robin. 1999. The Legacy of Massacre: The "Jacenovac Myth" and the Breakdown of Communist Yugoslavia. In Mark Levene and Penny Roberts (eds.), *The Massacre in History*, 263–82. New York: Berghahn Books.

O'Leary, Brendan, and John McGarry. 1993. *The Politics of Antagonism: Understanding Northern Ireland*. London: Athlone Press.

Olson, Mancur. 2000. *Power and Prosperity: Outgrowing Communist and Capitalist Dictatorships*. New York: Basic Books.

O'Neill, Bard E. 1990. *Insurgency and Terrorism: Inside Modern Revolutionary Warfare*. Washington: Brassey's.

O'Neill, Barry. 1999. *Honor, Symbols, and War*. Ann Arbor: University of Michigan Press.

O'Neill, Onora. 1991. Which Are the Offers You Can't Refuse? In R. G. Frey and Christopher W. Morris (eds.), *Violence, Terrorism, and Justice*, 170–95. Cambridge: Cambridge University Press.

Onishi, Norimitsu. 1999. Sierra Leone Measures Terror in Severed Limbs. *New York Times*, 22 August, 3.

Oppel, Richard A., Jr. 2005a. Magnet for Iraq Insurgents Is Test for U.S. Strategy. *New York Times*, 16 June, A1, A8.

Oppel, Richard A., Jr. 2005b. By Courting Sunnis, G.I.'s See Security Rise in a Sinister Town. *New York Times*, 17 July, 1, 4.

Ortiz Sarmiento, Carlos Miguel. 1990. *La violence en Colombie: Racines historiques et sociales*. Paris: L'Harmatan.

Orwell, George. 1937. *The Road to Wigan Pier*. London: V. Gollancz.

O'Sullivan, Patrick. 1983. A Geographical Analysis of Guerrilla Warfare. *Political Geography Quarterly* 2, 2:139–50.

Ourdan, Rémy. 2004. Cinq "hotlines" antiguérrilla pour inciter les Irakiens à la délation. *Le Monde*, 18 November, 2.

Overy, Richard. 1997. *Russia's War: A History of the Soviet War Effort, 1941–1945*. New York: Penguin.

Packer, George. 2003. War after the War. What Washington Doesn't See in Iraq. *New Yorker*, 24 November, 58–85.

Paczkowski, Andrzej. 1999. Nazisme et Communisme dans l'exp´erience et la m´emoire Polonaise. In Henry Rousso (ed.), Stalinisme et Nazisme: Histoire et m´emoire compar´ees, 307–30. Paris: Complexe.

Paget, Julian. 1967. *Counter-Insurgency Operations: Techniques of Guerrilla Warfare*. New York: Walker.

Paggi, Leonardo. 1996. *Storia e memoria di un massacro ordinario*. Rome: Manifestolibri.

Paige, Jeffery M. 1975. *Agrarian Revolutions: Social Movements and Export Agriculture in the Underdeveloped World*. New York: Free Press.

Paludan, Phillip Shaw. 1981. *Victims: A True Story of the Civil War*. Knoxville: University of Tennessee Press.

Parker, Geoffrey. 1994. Early Modern Europe. In Michael Howard, George J. Andreopoulos, and Mark R. Shulman (eds.), *The Laws of War: Constraints on Warfare in the Western World*, 40–58. New Haven: Yale University Press.

Paul, Benjamin D., and William J. Demarest. 1988. The Operation of a Death Squad in San Pedro la Laguna. In Robert M. Carmack (ed.), *Harvest of Violence: The Maya Indians and the Guatemalan Crisis*, 119–54. Norman: University of Oklahoma Press.

Pavone, Claudio. 1994. *Una guerra civile. Saggio storico sulla moralitá nella Resistenza*. Turin: Bollati Boringhieri.

Paxson, Christina. 2002. Comment on Alan Krueger and Jitka Maleckova, "Education, Poverty, Political Violence, and Terrorism: Is There a Causal Connection?" Unpublished paper.

Payne, Stanley G. 1987. *The Franco Regime, 1936–1975*. Madison: University of Wisconsin Press.

Pécaut, Daniel. 1996. Réflexions sur la violence en Colombie. In Françoise Héritier (ed.), *De la violence*, 225–71. Paris: Odile Jacob.

Peluso, Nancy Lee, and Emily Harwell. 2001. Territory, Custom, and the Cultural Politics of Ethnic War in Western Kalimantan, Indonesia. In Nancy Lee Peluso and MichaelWatts (eds.), *Violent Environments*, 83–116. Ithaca: Cornell University Press.

Peralta, Gabriel Aguilera, and John Beverly. 1980. Terror and Violence as Weapons of Counterinsurgency in Guatemala. *Latin American Perspectives* 7, 2–3:91–113.

Perez-Díaz, Victor M. 1993. *The Return of Civil Society: The Emergence of Democratic Spain*. Cambridge, Mass: Harvard University Press.

Perry, Elizabeth J. 1984. Collective Violence in China, 1880–1980. *Theory and Society* 13, 3:427–54.

Perry, Elizabeth J. 1980. *Rebels and Revolutionaries in North China*, 1845–1945. Stanford, Calif.: Stanford University Press.

Persaud, Raj. 2005. Winning Mental Ways. *Financial Times*, 10–11 September, W3.

Pervanic, Kemal. 1999. *The Killing Days*. London: Blake.

Peters, Krijn, and Paul Richards. 1998. "Why We Fight": Voices of Youth Combatants in Sierra Leone. *Africa* 68, 2:183–210.

Petersen, Roger D. 2002. *Understanding Ethnic Violence: Fear, Hatred, and Resentment in Twentieth-Century Eastern Europe*. Cambridge: Cambridge University Press.

Petersen, Roger D. 2001. *Resistance and Rebellion: Lessons from Eastern Europe*. Cambridge: Cambridge University Press.

Peterson, Scott. 2000. *Me against My Brother: At War in Somalia, Sudan, and Rwanda; A Journalistic Report from the Battlefields of Africa*. New York: Routledge.

Peterson, Scott. 1997a. Algeria's Real War: Ending the Cycle of Violence. *Christian Science Monitor*, 24 June.

Peterson, Scott. 1997b. Algeria's Village Vigilantes Unite against Terror. *Christian Science Monitor*, 5 November.

Petitfrère, Claude. 1981. *La Vendée et les Vendéens*. Paris: Gallimard/Julliard.

Pettigrew, Joyce. 2000. Parents and Their Children in Situations of Terror: Disappearances and Special Police Activity in Punjab. In Jeffrey A. Sluka (ed.), *Death Squad: The Anthropology of State Terror*, 204–25. Philadelphia: University of Pennsylvania Press.

Pezzino, Paolo. 1994. Risorgimento e guerra civile. Alcune considerazioni preliminari. In Gabriele Ranzato (ed.), *Guerre fratricide: Le guerre civili in età contemporanea*, 56–85. Turin: Bollati Boringhieri.

Pfaffenberger, Bryan. 1994. The Structure of Protracted Conflict: The Case of Sri Lanka. *Humboldt Journal of Social Relations* 20, 2:121–47.

Pigou, Piers. 2001. The Apartheid State and Violence: What Has the Truth and Reconciliation Commission Found? *Politikon* 28, 2:207–33.

Pike, Douglas. 1966. *Viet Cong: The Organization and Techniques of the National Liberation Front of South Vietnam*. Cambridge, Mass.: MIT Press.

Polgreen, Lydia. 2005. Civilians Bear Brunt of the Continuing Violence in Darfur. *New York Times*, 24 January, A3.

Poole, Michael A. 1995. The Spatial Distribution of Political Violence in Northern Ireland: An Update to 1993. In Alan O'Day (ed.), *Terrorism's Laboratory: The Case of Northern Ireland*, 27–45. Aldershot: Dartmouth.

Poole, Michael A. 1990. The Geographical Location of Political Violence in Northern Ireland. In John Darby, Nicholas Dodge, and A. C. Hepburn (eds.), *Political Violence: Ireland in a Comparative Perspective*, 64–82. Ottawa: University of Ottawa Press.

Popkin, Samuel L. 1979. *The Rational Peasant: The Political Economy of Rural Society in Vietnam*. Berkeley: University of California Press.

Portelli, Alessandro. 1997. *The Battle of Valle Giulia: Oral History and the Art of Dialogue*. Madison: University of Wisconsin Press.

Porter, Bruce. 1994. *War and the Rise of the State: The Military Foundations of Modern Politics*. New York: Free Press.

Posen, Barry. 1993. The Security Dilemma and Ethnic Conflict. *Survival* 35, 1:27–47.

Posner, Daniel. 2004. The Political Salience of Cultural Difference: Why Chewas and Tumbukas Are Allies in Zambia and Adversaries in Malawi. *American Political Science Review* 98, 4:529–45.

Pred, Allan. 1990. *Making Histories and Constructing Human Geographies: The Local Transformation of Practice, Power Relations, and Consciousness*. Boulder, Colo.: Westview Press.

Price, Jonathan J. 2001. *Thucydides and Internal War*. Cambridge: Cambridge University Press.

Prins, Gwyn. 1999. Civil and Uncivil Wars. *Civil Wars* 2, 1:117–29.

Prunier, Gérard. 2005. *Darfur: The Ambiguous Genocide*. Ithaca: Cornell University Press.

Prunier, Gérard. 1995. *The Rwandan Crisis: History of a Genocide*. New York: Columbia University Press.

Przeworski, Adam. 1991. *Democracy and the Market: Political and Economic Reforms in Eastern Europe and Latin America*. Cambridge: Cambridge University Press.

Przeworski, Adam, and Henry Teune. 1970. *The Logic of Comparative Social Inquiry*. New York: Wiley-Interscience.

Pye, Lucian W. 1964. The Roots of Insurgency and the Commencement of Rebellions. In Harry Eckstein (ed.), *Internal War: Problems and Approaches*, 157–79. New York: Free Press.

Pye, Lucian W. 1956. *Guerrilla Communism in Malaya: Its Social and Political Meaning*. Princeton, N.J.: Princeton University Press.

Pyszczynski, Tom, Jeff Greenberg, and Sheldon Solomon. 1997. Why Do We Need What We Need? A Terror Management Perspective on the Roots of Human Social Motivation. *Psychological Inquiry* 8, 1:1–20.

Race, Jeffrey. 1973. *War Comes to Long An: Revolutionary Conflict in a Vietnamese Province*. Berkeley: University of California Press.

Rajagopal, Balakrishnan. 2001. In Asia, Ethnic Cleansing in the Name of Progress. *International Herald Tribune*, 10 August.

Raleigh, Donald J. 2002. *Experiencing Russia's Civil War: Politics, Society, and Revolutionary Culture in Saratov, 1917–1922*. Princeton, N.J.: Princeton University Press.

Ramsey, Russell W. 1973. Critical Bibliography on La Violencia in Colombia. *Latin American Research Review* 8:3–44.

Randal, Jonathan C. 1983. *Going All the Way: Christian Warlords, Israeli Adventurers, and the War in Lebanon*. New York: Viking Press.

Ranzato, Gabriele. 1994. Un evento antico e un nuovo oggetto di riflessione. In Gabriele Ranzato (ed.), *Guerre fratricide: Le guerre civili in etá contemporanea*, ix–lvi. Turin: Bollati Boringhieri.

Ranzato, Gabriele. 1988. Dies Irae. La persecuzione religiosa nella zona republicana durante la guerra civile spagnola (1936–1939). *Movimento Operaio e Socialista* 11:195–220.

Rasenberger, Jim. 2005. Shadows on the Wall. *New York Times*, City Section, 23 January, 1.

Redfield, Robert. 1989. *The Little Community and Peasant Society and Culture*. Chicago: University of Chicago Press.

Reig Tapia, Alberto. 1996. Represión y esfuerzos humanitarios. In Edward Malefakis (ed.), *La guerra de España (1936–1939)*, 571–602. Madrid: Taurus.

Reig Tapia, Alberto. 1990. *Violencia y Terror*. Los Berrocales del Jarama: Akal Universitaria.

Rejali, Darius. 2004a. Torture's Dark Allure. *Salon.com*. http://archive.salon.com/opinion/feature/2004/06/18/torture1/index3.html.

Rejali, Darius. 2004b. Does TortureWork? *Salon.com*. http://archive.salon.com/opinion/feature/2004/06/21/torture_algiers/index2.html.

Reuters. 2005. 65 Kenyans Killed in Cattle-Rustling Violence. *New York Times*, 14 July, A5.

Rich, Paul B., and Richard Stubbs. 1997. Introduction: The Counter-Insurgent State. In Paul B. Rich and Richard Stubbs, *The Counter-Insurgent State: Guerrilla Warfare and State-Building in the Twentieth Century*, 1–25. New York: St. Martin's Press.

Richards, Paul. 1996. *Fighting for the Rain Forest: War, Youth, and Resources in Sierra Leone*. Oxford: James Currey.

Richardson, R. C. 1997. Introduction: Local Historians and the English CivilWar. In R. C. Richardson (ed.), *The English Civil Wars: Local Aspects*, 1–13. Phoenix Mill: Sutton.

Riches, David. 1986. The Phenomenon of Violence. In David Riches (ed.), *The Anthropology of Violence*, 1–27. London: Blackwell.

Ricoeur, Paul. 1984. *Time and Narrative*. Chicago: University of Chicago Press.

Riste, Olav, and Berit Nökleby. 1973. *Norway, 1940–1945*. Oslo: Johan Grundt Tanum Forlag.

Robben, Antonius C. G. M. 1996. Ethnographic Seduction, Transference, and Resistance in Dialogues about Terror and Violence in Argentina. *Ethos* 24, 1:71–106.

Robben, Antonius C. G. M. 1995. Seduction and Persuasion. In Carolyn Nordstrom and Antonius C. G. M. Robben (eds.), *Fieldwork under Fire: Contemporary Studies of Violence and Survival*, 81–103. Berkeley: University of California Press.

Roberts, Adam. 1994. Land Warfare: From Hague to Nuremberg. In Michael Howard, George J. Andreopoulos, and Mark R. Shulman (eds.), *The Laws of War: Constraints on Warfare in the Western World*, 116–39. New Haven: Yale University Press.

Robinson, Geoffrey. 1995. *The Dark Side of Paradise: Political Violence in Bali*. Ithaca: Cornell University Press.

Rodriguez, Ernesto R., Jr. 1982. *The Bad Guerrillas of Northern Luzon: A Memoir of the Japanese Occupation in the Philippines*. Quezon City: J. Burgos Media Services.

Roesch, Otto. 1990. Renamo and the Peasantry: A View from Gaza. *Southern Africa Report* 6, 5:21–5.

Rohde, David. 2001. Warehouse of Death. *New York Times Magazine*, 11 March, 46.

Rohkrämer, Thomas. 1997. *Daily Life at the Front and the Concept of Total War*. In Stig Förster and Jörg Nagler (eds.), *On the Road to Total War: The American Civil War and the German Wars of Unification, 1861–1871*, 497–518. Cambridge: Cambridge University Press.

Roldán, Mary. 2002. *La violencia in Antioquia, Colombia, 1946–1953*. Durham: Duke University Press.

Romero, Mauricio. 2000. Changing Identities and Contested Settings: Regional Elites and the Paramilitaries in Colombia. *International Journal of Politics, Culture, and Society* 14, 1:51–69.

Ron, James. 2003. *Frontiers and Ghettos: State Violence in Serbia and Israel*. Berkeley: University of California Press.

Ron, James. 2000a. Boundaries and Violence: Repertoires of State Action along the Bosnia/Yugoslavia Divide. *Theory and Society* 29:609–40.

Ron, James. 2000b. Territoriality and Plausible Deniability: Serbian Paramilitaries in the Bosnian War. In Bruce B. Campbell and Arthur D. Brenner (eds.), *Death Squads in Global Perspective: Murder with Deniability*, 287–312. New York: St. Martin's Press.

Rose, David. 2004. Guantánamo Bay on Trial. *Vanity Fair*, January, 88–136.

Rosenau, William. 1994. Is the Shining Path the "New Khmer Rouge"? *Studies in Conflict and Terrorism* 17, 4:305–22.

Rosenberg, Tina. 1991. *Children of Cain: Violence and the Violent in Latin America*. New York: Penguin.

Rotella, Sebastian. 2002. U.N. Prosecutors Open Milosevic's War Crimes Trial. *Los Angeles Times*, 13 February, 1, 4.

Rothenberg, Gunther. 1994. The Age of Napoleon. Constraints on Warfare. In Michael Howard, George J. Andreopoulos, and Mark R. Shulman (eds.), *The Laws of War: Constraints on Warfare in the Western World*, 86–97. New Haven: Yale University Press.

Rothstein, Edward. 2005. Hate Crimes: What Is Gained When Forbidden Acts Become Forbidden Beliefs? *New York Times*, 19 September, E3.

Rousseau, Jean Jacques. 1964. *The First and Second Discourses*. Translated by Roger D. Masters and Judith R. Masters. New York: St. Martin's Press.

Rousseau, Jean Jacques. 1997[1762]. *The Social Contract and Other Later Political Writings*. Cambridge: Cambridge University Press.

Rousso, Henry. 1998. *La hantise du passé*. Paris: Textuel.

Roy, Beth. 1994. *Some Trouble with Cows: Making Sense of Social Conflict*. Berkeley: University of California Press.

Roy, Olivier. 1999. Etat et recompositions identitaires: L'exemple du Tadjikistan. In Jean Hannoyer (ed.), *Guerres civiles: Economies de la violence, dimensions de la civilité*, 221–34. Paris: Karthala.

Rubin, Elizabeth. 2001. Kabul Dispatch. Brothers in Arms. *New Republic Online*, 29 November. http://www.thenewrepublic.com/121001/reubin121001.html.

Rubio, Mauricio. 1999. *Crimen e impunidad: Precisones sobre la violencia*. Santaf´e de Bogotá: Tercer Mundo.

Rudebeck, Lars. 1975. Political Mobilisation in Guinea-Bissau. In Sam C. Sarkesian (ed.), *Revolutionary Guerrilla Warfare*, 431–51. Chicago: Precedent Publishing.

Rule, James B. 1988. *Theories of Civil Violence*. Berkeley: University of California Press.

Rummel, R. J. 1994. *Death by Government*. New Brunswick, N.J.: Transaction.

Rushdie, Salman. 1987. *The Jaguar Smile*. New York: Viking.

Sadowski, Yahya. 1998. *The Myth of Global Chaos*. Washington, D.C.: Brookings Institution Press.

Saint-Exupéry, Antoine. 1936. L'Espagne ensanglotée. *L'Intransigeant*, 12–19 August.

Salamanca Núñez, Camila. 2005. Massacres en Colombia 1995–2002: ¿Violencia Indiscriminada o Racional? Unpublished paper, Universidad de los Andes.

Salibi, Kamal S. 1988. *A House of Many Mansions: The History of Lebanon Reconsidered*. London: I. B. Tauris.

Salik, Siddiq. 1978. *Witness to Surrender*. Karachi: Oxford University Press.

Sambanis, Nicholas. 2004. What Is a Civil War? Conceptual and Empirical Complexities of an Operational Definition. *Journal of Conflict Resolution* 48, 6: 814–58.

Sambanis, Nicholas. 2000. Partition as a Solution to Ethnic War: An Empirical Critique of the Theoretical Literature. *World Politics* 52, 4:437–83.

Sambanis, Nicholas, and Ibrahim Elbadawi. 2002. How Many Wars Will We See? Explaining the Prevalence of Civil War. *Journal of Conflict Resolution* 46, 3:307–34.

Sánchez, Gonzalo. 2001. Introduction: Problems of Violence, Prospects for Peace. In Charles Bergquist, Ricardo Peñaranda, and Gonzalo Sànchez G. (eds.), *Violence in Colombia, 1990–2000: Waging War and Negotiating Peace*, 1–38. Wilmington, Del.: Scholarly Resources.

Sánchez, Gonzalo, and Donny Meertens. 2001. *Bandits, Peasants, and Politics: The Case of "La Violence" in Colombia*. Austin: University of Texas Press.

Sansom, Robert L. 1970. *The Economics of Insurgency in the Mekong Delta of Vietnam*. Cambridge, Mass.: MIT Press.

Sarkesian, Sam C. 1989. The American Response to Low-Intensity Conflict: The Formative Period. In David A. Charters and Maurice Tugwell (eds.), *Armies in Low-Intensity Conflicts: A Comparative Analysis*, 19–48. London: Brassey's Defense Publishers.

Sartori, Giovanni. 1970. Concept Misformation in Comparative Politics. *American Political Science Review* 64, 4:1033–53.

Sartori, Giovanni. 1969. From the Sociology of Politics to Political Sociology. In Seymour Martin Lipset (ed.), *Politics and the Social Sciences*, 65–100. New York: Oxford University Press.

Saul, John S., and Colin Leys. 1995. SWAPO: The Politics of Exile. In Colin Leys and John S. Saul, *Namibia's Liberation Struggle: The Two-Edged Sword*, 40–65. Athens: Ohio University Press.

Scheffler, Thomas. 1999. Religion, Violence and the Civilizing Process: The Case of Lebanon. In Jean Hannoyer (ed.), *Guerres civiles: Economies de la violence, dimensions de la civilité*, 163–85. Paris: Karthala.

Schell, Jonathan. 2000. An Account of the Destruction in Quang Ngai and Quang Tin. In *Reporting Vietnam: American Journalism* 1959–1975, 204–34. New York: Library of America.

Schell, Jonathan. 1967. *The Village of Ben Suc*. New York: Knopf.

Schelling, Thomas C. 1991. What Purpose Can "International Terrorism" Serve? In R. G. Frey and Christopher W. Morris (eds.), *Violence, Terrorism, and Justice*, 18–32. Cambridge: Cambridge University Press.

Scheper-Hughes, Nancy. 1992. *Death without Weeping: The Violence of Everyday Life in Brazil*. Berkeley: University of California Press.

Schlichte, Klaus. 1997. Magnitudes and Trends in Intrastate Violent Conflict. Paper presented at the International Conference on Violent Crime and Conflict, Courmayeur, Mont Blanc, Italy, 4–6 October.

Schmemann, Serge. 1999. *Echoes of a Native Land: Two Centuries of a Russian Village*. New York: Vintage.

Schmid, Alex P. 1983. *Political Terrorism: A Research Guide to Concepts, Theories, Data Bases, and Literature*. Amsterdam: SWIDOC.

Schmitt, Carl. 1992 [1963]. *Théorie du partisan*. Paris: Flammarion.

Schmitt, Carl. 1976. *The Concept of the Political*. New Brunswick, N.J.: Rutgers University Press.

Schmitt, Eric. 2003. Military in Iraq Is Warned of Attacks during Holidays. *New York Times*, 22 December, A20.

Schofield, Victoria. 1996. *Kashmir in the Crossfire*. London: I. B. Tauris.

Schofield, Victoria. 1984. *Every Rock, Every Hill: The Plain Tale of the North-West Frontier and Afghanistan*. London: Buchan & Enright.

Schoppa, R. Keith. 2001. Patterns and Dynamics of Elite Collaboration in Occupied Shaoxing County. In David P. Barrett and Larry N. Shyu (eds.), *Chinese Collaboration with Japan, 1932–1945: The Limits of Accommodation*, 156–79. Stanford, Calif.: Stanford University Press.

Schran, Peter. 1976. *Guerrilla Economy: The Development of the Shensi-Kansu-Ninghsia Border Region, 1937–1945*. Albany: State University of New York Press.

Schroeder, Michael J. 2000. "To Induce a Sense of Terror": Caudillio Politics and Political Violence in Northern Nicaragua, 1926–34 and 1981–95. In Bruce B. Campbell and Arthur D. Brenner (eds.), *Death Squads in Global Perspective: Murder with Deniability*, 27–56. New York: St. Martin's Press.

Schroeder, Michael J. 1996. Horse Thieves to Rebels to Dogs: Political Gang Violence and the State in the Western Segovias, Nicaragua, in the Time of Sandino, 1926–1934. *Journal of Latin American Studies* 28, 2:383–434.

Schulte, Theo J. 2000. Kor¨ uck 582. In Hannes Heer and Klaus Naumann (eds.), *War of Extermination: The German Military in World War II, 1941–1944*, 315–28. New York: Berghahn Books.

Scott, A. O. 2004. Vengeance Is Ours, Says Hollywood. *New York Times*, 2 May, 24.

Scott, James C. 1990. *Domination and the Arts of Resistance: Hidden Transcripts*. New Haven: Yale University Press.

Scott, James C. 1985. *Weapons of the Weak: Everyday Forms of Peasant Resistance*. New Haven: Yale University Press.

Scott, James C. 1977a. Patron-Client Politics and Political Change in Southeast Asia. In Steffen W. Schmidt et al. (eds.), *Friends, Followers, and Factions: A Reader in Political Clientelism*, 123–46. Berkeley: University of California Press.

Scott, James C. 1977b. Protest and Profanation: Agrarian Revolt and the Little Tradition, Part I. *Theory and Society* 4, 1:1–38.

Scott, James C. 1977c. Protest and Profanation: Agrarian Revolt and the Little Tradition, Part II. *Theory and Society* 4, 2:211–46.

Seculić, Dušco. 2005. Structural Determinants of Nationalism in Croatia. Unpublished paper.

Seideman, Gay. 2001. Guerrillas in Their Midst: Armed Struggle in the South African Anti-Apartheid Movement. Paper presented at the 2001 Meeting of the Social Science History Association, Chicago, 15–18 November.

Seidman, Michael. 2002. *Republic of Egos: A Social History of the Spanish Civil War*. Madison: University of Wisconsin Press.

Selesky, Harold E. 1994. Colonial America. In Michael Howard, George J. Andreopoulos, and Mark R. Shulman (eds.), *The Laws of War: Constraints on Warfare in the Western World*, 59–85. New Haven: Yale University Press.

Semana. 2003. La Gran Redada. *Revista Semana*, 3 March. http://semana2.terra.com.co/opencms/opencms/Semana/articulo.html?id=73650#.

Sémelin, Jacques. 2000. Quést-ce quùn crime de masse? Le cas de lèx-Yougoslavie. *Critique Internationale* 6:143–58.

Sen, Amartya. 1986. Behaviour and the Concept of Preference. In Jon Elster (ed.), *Rational Choice*, 60–81. New York: New York University Press.

Senaratne, Jagath P. 1997. Political Violence in Sri Lanka, 1977–1990: Riots, *Insurrections, Counterinsurgencies, Foreign Intervention.* Amsterdam: VU University Press.

Sender Barayón, Ramón. 1989. *A Death in Zamora*. Albuquerque: University of New Mexico Press.

Senechal de la Roche, Roberta. 2001. Why Is Collective Violence Collective? *Sociological Theory* 19, 2:126–44.

Sengupta, Somini. 2005a. Vigilantes May Be Nepal's Secrete Weapon against Rebels. *New York Times*, 11 April, A3.

Sengupta, Somini. 2005b. For Afghans, Voting May Be a Life-and-Death Decision. *New York Times*, 16 September, A10.

Sengupta, Somini. 2005c. Where Maoists Still Matter. *New York Times* Magazine, 30 October, 64–69.

Sengupta, Somini. 2004. Sudan Government's Attacks Stoke Rebels' Fury. *New York Times*, 11 September, A1, A8.

Serrano, Secundino. 2002. *Maquis: Historia de la guerrilla antifranquista*. Madrid: Temas de Hoy.

Seybolt, Peter J. 2001. The War within a War: A Case Study of a County on the North China Plain. In David P. Barrett and Larry N. Shyu (eds.), *Chinese Collaboration with Japan, 1932–1945: The Limits of Accommodation*, 201–25. Stanford, Calif.: Stanford University Press.

Shalita, Nicholas. 1994. The Sudan Conflict. In Michael Cranna (ed.), *The True Cost of Conflict*, 135–54. New York: New Press.

Shanin, T. 1975. The Peasantry as a Political Factor. In Sam C. Sarkesian (ed.), *Revolutionary Guerrilla Warfare*, 267–89. Chicago: Precedent Publishing.

Shanker, Thom, and Steven Lee Myers. 2001. Increased US Activity to Aid Afghan Rebels. *New York Times*, 19 October, B2.

Shattuck, Kathryn. 2000. Beware the Cry of "NJYBY": Not in Your Backyard! *New York Times*, 11 May, F1.

Shave, David. 1994. The Peru Conflict. In Michael Cranna (ed.), *The True Cost of Conflict*, 113–33. New York: New Press.

Shaw, Brent. 2001. War and Violence. In G. W. Bowersock, Peter Brown, and Oleg Grabar (eds.), *Interpreting Late Antiquity: Essays on the Postclassical World*, 130–69. Cambridge, Mass.: Belknap Press.

Shaw, Bruno. 1975. Selections from Selected Works of Mao Tse-Tung. In Sam C. Sarkesian (ed.), *Revolutionary Guerrilla Warfare*, 205–35. Chicago: Precedent Publishing.

Sheehan, Neil. 1989. *A Bright Shining Lie: John Paul Vann and America in Vietnam*. New York: Vintage.

Shepherd, Ben. 2002. Hawks, Doves and Tote Zonen: AWehrmacht Security Division in Central Russia, 1943. *Journal of Contemporary History* 37, 3:349–69.

Shils, Edward, and Morris Janowitz. 1948. Cohesion and Disintegration in the Wehrmacht in World War II. *Public Opinion Quarterly*, 2:280–315.

Shy, John. 1976. *A People Numerous and Armed: Reflections on the Military Struggle for American Independence*. New York: Oxford University Press.

Siegel, Daniel, and Joy Hackel. 1988. El Salvador: Counterinsurgency Revisited. In Michael T. Klare and Peter Kornbluh (eds.), *Low-Intensity Warfare: Counterinsurgency, Proinsurgency, and Antiterrorism in the Eighties*, 112–35. New York: Pantheon Books.

Silber, Laura, and Allan Little. 1997. *Yugoslavia: Death of A Nation*. New York: Penguin.

Silke, Andrew. 1998. In Defense of the Realm: Financing Loyalist Terrorism in Northern Ireland – Part One: Extortion and Blackmail. *Studies in Conflict and Terrorism* 21:331–61.

Simmel, Georg. 1955 [1908]. *Conflict*. Glencoe, Ill.: Free Press.

Simons, Anna. 1999. War: Back to the Future. *Annual Reviews of Anthropology* 28:73–108.

Siu, Helen F. 1989. *Agents and Victims in South China: Accomplices in Rural Revolution*. New Haven: Yale University Press.

Sivard, Ruth Leger. 1996. *World Military and Social Expenditures*, 1996. 16th ed. Washington, D.C.:World Priorities.

Sivard, Ruth Leger. 1987. *World Military and Social Expenditures, 1987–88*. 12th ed. Washington, D.C.:World Priorities.

Skinner, Jonathan. 1995. La guerre civile révolutionnaire: Oubli ou héritage? L'exemple de la presse vauclusienne de la IIe République. In Jean-Clément Martin (ed.), *La guerre civile entre histoire et mémoire*, 143–53. Nantes: Ouest E´ ditions.

Skocpol, Theda. 1979. *States and Social Revolutions: A Comparative Analysis of France, Russia, and China*. Cambridge: Cambridge University Press.

Sluka, Jeffrey A. 2000. Introduction: State Terror and Anthropology. In Jeffrey A. Sluka (ed.), *Death Squad: The Anthropology of State Terror*, 1–45. Philadelphia: University of Pennsylvania Press.

Sluka, Jeffrey A. 1989. *Hearts and Minds, Water and Fish: Support for the IRA and INLA in a Northern Irish Ghetto*. Greenwich, Conn.: JAI Press.

Smith, Adam. 1982 [1790]. *The Theory of Moral Sentiments*. Edited by D. D. Raphael and A. L. Macfie. Indianapolis: Liberty Fund.

Smith, Carol. 1988. Destruction of the Material Bases for Indian Culture: Economic Changes in Totonicapán. In Robert M. Carmack (ed.), *Harvest of Violence: The Maya Indians and the Guatemalan Crisis*, 206–31. Norman: University of Oklahoma Press.

Smith, Craig. 2005. U.S. and Iraq Step Up Effort to Block Insurgents' Routes. *New York Times*, 3 October, A6.

Smith, Craig. 2003. Paris Frees Airport Worker Who Was Framed as Terror Suspect. *New York Times*, 11 January, A5.

Smith, M. L. R. 1995. Holding Fire: Strategic Theory and the Missing Military Dimension in the Adademic Study of Northern Ireland. In Alan O'Day (ed.), *Terrorism's Laboratory: The Case of Northern Ireland*, 225–40. Aldershot: Dartmouth.

Smyth, Marie, and Marie-Therese Fay. 2000. *Personal Accounts from Northern Ireland's Troubles: Public Conflict, Private Loss*. London: Pluto Press.

Snow, Clyde Collins, and Maria Julia Bihurriet. 1992. An Epidemiology of Homicide: Ningún Nombre Burials in the Province of Buenos Aires from 1970 to 1984. In Thomas B. Jabine and Richard P. Claude (eds.), *Human Rights and Statistics: Getting the Record Straight*, 328–63. Philadelphia: University of Pennsylvania Press.

Snow, Donald M. 1997. *Distant Thunder: Patterns of Conflict in the Developing World*. Armonk, N.Y.: M. E. Sharpe.

Snyder, Timothy. 2003. The Causes of the Ukrainian-Polish Ethnic Cleansing, 1943. *Past and Present* 179:197–234.

Sofsky, Wolfgang. 1998. *Traité de la violence*. Paris: Gallimard.

Solomon, Robert C. 1994. Sympathy and Vengeance: The Role of the Emotions in Justice. In Stephanie H. M. Van Goozen, Nanne E. Van de Poll, and Joseph Sergeant (eds.), *Emotions: Essays on Emotion Theory*, 291–311. Hillsdale, N.J.: Lawrence Erlbaum Associates.

Sontag, Deborah. 2000. After Lebanon Convulsion, an Uncertain Landscape. *New York Times*, 25 May, A1.

Sorel, Georges. 1921. *Réflexions sur la violence*. Paris: Rivière.

Spencer, Jonathan. 2000. On Not Becoming a "Terrorist." Problems of Memory, Agency, and Community in the Sri Lankan Conflict. In Veena Das, Arthur Kleinman, Mamphela Ramphele, and Pamela Reynolds (eds.), *Violence and Subjectivity*, 120–40. Berkeley: University of California Press.

Spencer, Jonathan. 1992. *Problems in the Analysis of Communal Violence. Contributions to Indian Sociology* 26, 2:261–79.

Spencer, Jonathan. 1990. *A Sinhala Village in a Time of Trouble: Politics and Change in Rural Sri Lanka*. Delhi: Oxford University Press.

Spierenburg, Pieter. 1996. Long-Term Trends in Homicide: Theoretical Reflections and Dutch Evidence: Fifteenth to Twentieth Centuries. In Eric Johnson and Eric H. Monkkonen (eds.), *The Civilization of Crime: Violence in Town and Country since the Middle Ages*, 63–105. Urbana: University of Illinois Press.

Spinner, Jacquie. 2005. In a Calmer Fallujah, Marines Still Feel the Insurgents' Pulse. *Washington Post*, 16 February, A15.

Stacey, Robert C. 1994. The Age of Chivalry. In Michael Howard, George J. Andreopoulos, and Mark R. Shulman (eds.), *The Laws of War: Constraints on Warfare in the Western World*, 27–39. New Haven: Yale University Press.

Stanley, William. 1996. *The Protection Racket State: Elite Politics, Military Extortion, and Civil War in El Salvador*. Philadelphia: Temple University Press.

Stark, Rodney. 1997. *The Rise of Christianity: How the Obscure, Marginal Jesus Movement Became the Dominant Religious Force in the Western World in a Few Centuries*. New York: HarperCollins.

Starn, Orin. 1998. Villagers at Arms: War and Counterrevolution in the Central-South Andes. In Steve J. Stern (ed.), *Shining and Other Paths: War and Society in Peru, 1980–1995*, 224–57. Durham: Duke University Press.

Steinberg, Jacques. 2004. Source for USA Today Reporter Disputes Details of Kosovo Article. *New York Times*, 26 January, C1.

Stendhal. 1996. *L'abbesse de Castro*. Paris: Librio.

Stiles, T. J. 2002. *Jesse James: Last Rebel of the Civil War*. New York: Knopf.

St. John, Warren. 2002. Sorrow So Sweet: A Guilty Pleasure in Another's Woe. *New York Times*, 24 August, A17.

Stoll, David. 1999. *Rigoberta Menchú and the Story of All Poor Guatemalans*. Boulder, Colo.: Westview Press.

Stoll, David. 1993. *Between Two Armies: In the Ixil Towns of Guatemala*. New York: Columbia University Press.

Stone, Lawrence. 1972. *The Causes of the English Revolution: 1529–1642*. New York: Harper Torchbooks.

Stouffer, Samuel. 1949. *The American Soldier*. Princeton, N.J.: Princeton University Press.

Straus, Scott. 2004. The Order of Genocide: Race, Power, and War in Rwanda. Ph.D. dissertation, University of California, Berkeley.

Straus, Scott. 2000. Definitions and Sub-types: A Conceptual Analysis of Genocide. Unpublished paper, University of California, Berkeley.

Stubbs, Richard. 1989. *Hearts and Minds in Guerrilla Warfare: The Malayan Emergency, 1948–1960*. Singapore: Oxford University Press.

Suárez-Orozco, Marcelo. 1992. A Grammar of Terror: Psychocultural Reponses to State Terrorism in Dirty War and Post-Dirty War Argentina. In Carolyn Nordstrom and Jo Ann Martin (eds.), *The Paths to Domination, Resistance, and Terror*, 219–59. Berkeley: University of California Press.

Suárez-Orozco, Marcelo. 1990. Speaking of the Unspeakable: Toward a Psychological Understanding of Responses to Terror. *Ethos* 18, 3:353–83.

Swain, Carol M. 1993. *Black Faces, Black Interests: The Representation of African Americans in Congress*. Cambridge, Mass.: Harvard University Press.

Swedenburg, Ted. 1995. *Memories of Revolt: The 1936–1939 Rebellion and the Palestinian National Past*. Minneapolis: University of Minnesota Press.

Sweets, John F. 1994. *Choices in Vichy France: The French under Nazi Occupation*. New York: Oxford University Press.

Tabbara, Lina Mikdadi. 1979. *Survival in Beyrut: A Diary of Civil War*. London: Onyx Press.

Taber, Robert. 1965. *The War of the Flea: A Study of Guerrilla Warfare Theory and Practice*. New York: Lyle Stuart.

Tambiah, Stanley J. 1996. *Leveling Crowds: Ethnonationalist Conflict and Collective Violence in South Asia*. Berkeley: University of California Press.

Tarnopolsky, Noga. 1999. The Family That Disappeared. *New Yorker*, 15 November, 48–57.

Tarrow, Sidney G. 1994. *Power in Movement: Social Movements, Collective Action and Politics*. Cambridge: Cambridge University Press.

Taussig, Michael. 1987. *Colonialism, Shamanism, and the Wild Man: A Study in Terror and Healing*. Chicago: University of Chicago Press.

Tereshchuk, David. 2001. An Unreliable Witness. *New York Times Magazine*, 28 January, 66.

Terry, Nicholas. 2005. People's War or Civil War? The Struggle between Collaborators and Partisans in Central Russia and Belorussia, 1941–1944. Paper presented at the Conference onWar Time Collaboration in Nazi Europe 1939–1945, EUI, Florence, 13–14 October.

Thaxton, Ralph. 1997. *Salt of the Earth: The Political Origins of Peasant Protest and Communist Revolution in China*. Berkeley: University of California Press.

Thayer, Thomas C. 1985. *War without Fronts: The American Experience in Vietnam*. Boulder, Colo.:Westview Press.

Thomas, Hugh. 1986. *The Spanish Civil War*. New York: Simon & Schuster.

Thompson, Ginger. 2003. El Quemado Journal; A Mexican Village Mourns Its Abducted Sons. *New York Times*, 28 July, A4.

Thompson, Ginger. 2001. Houses Divided; Why Peace Eludes Mexico's Indians. *New York Times*, 11 March, sec. 4:16.

Thompson, Robert. 1966. *Defeating Communist Insurgency*. New York: Praeger.

Thornton, Thomas P. 1964. Terror as a Weapon of Political Agitation. In Harry Eckstein (ed.), *Internal War: Problems and Approaches*, 71–99. New York: Free Press.

Thucydides. [1972]. *History of the Peloponnesian War*. Translated by RexWarner. London: Penguin.

Thurston, Anne F. 1990. Urban Violence during the Cultural Revolution: Who Is to Blame? In Jonathan N. Lipman and Stevan Harrell (eds.), *Violence in China: Essays in Culture and Counterculture*, 149–74. Albany: State University of New York Press.

Tilly, Charles. 2003. *Politics of Collective Violence*. Cambridge: Cambridge University Press.

Tilly, Charles. 1992. *Coercion, Capital and European States*. London: Blackwell.

Tilly, Charles. 1985. *War Making and State Making as Organized Crime*. In Peter B. Evans, Dietrich Rueschemeyer, and Theda Skocpol (eds.), *Bringing the State Back*, 168–91. Cambridge: Cambridge University Press.

Tilly, Charles. 1978. *From Mobilization to Revolution*. New York: McGraw-Hill.

Tilly, Charles. 1975. Revolutions and Collective Violence. In Fred I. Greenstein and NelsonW. Polsby (eds.), *Handbook of Political Science: Macropolitical Theory*, 483–555. Reading, Mass.: Addison-Wesley.

Tilly, Charles. 1964. *The Vendée*. Cambridge, Mass.: Harvard University Press.

Timmons, Heather. 2005. Weakened British Unions Step Up Fight against Airlines and Their Suppliers. *New York Times*, 20 August, C3.

Tishkov, Valery. 2004. *Chechnya: Life in a War-Torn Society*. Berkeley: University of California Press.

Tishkov, Valery. 1999. Ethnic Conflicts in the Former USSR: The Use and Misuse of Typologies and Data. *Journal of Peace Research* 36, 5:571–91.

Tishkov, Valery. 1997. Political Anthropology of the Chechen War. *Security Dialogue* 28:425–37.

Tocqueville, Alexis de. 1988. *Democracy in America*. Edited by J. P. Mayer, translated by George Lawrence. New York: Harper & Row.

Tocqueville, Alexis de. 1933. *L'ancien regime*. Oxford: Blackwell.

Todorov, Tzvetan. 1996. *A French Tragedy: Scenes of Civil War, Summer 1944*. Hanover, N.H.: University Press of New England.

Toft, Monica Duffy. 2003. *The Geography of Ethnic Violence: Identity, Interests, and the Indivisibility of Territory*. Princeton, N.J.: Princeton University Press.

Tone, John Lawrence. 1994. *The Fatal Knot: The Guerrilla War in Navarre and the Defeat of Napoleon in Spain*. Chapel Hill: University of North Carolina Press.

Tong, James. 1991. *Disorder under Heaven: Collective Violence in the Ming Dynasty*. Stanford, Calif.: Stanford University Press.

Tong, James. 1988. Rational Outlaws: Rebels and Bandits in the Ming Dynasty. In Michael Taylor (ed.), *Rationality and Revolution*, 98–128. Cambridge: Cambridge University Press.

Toolis, Kevin. 1997. *Rebel Hearts: Journeys within the IRA's Soul*. New York: St. Martin's Griffin.

Trejo Osorio, Guillermo. 2004. Indigenous Insurgency: Protest, Rebellion, and the Politicization of Ethnicity in 20th Century Mexico. Ph.D. dissertation, University of Chicago.

Trinquier, Roger. 1964. *Modern Warfare: A French View of Counterinsurgency*. New York: Praeger.

Trotsky, Leon. 1965. *A History of the Russian Revolution*. 2 vols. London: Gollancz.

Trotsky, Leon. 1961. *Terrorism and Communism: A Reply to Karl Kautsky*. Ann Arbor, Mich.: Ann Arbor Paperbacks.

Trullinger, James W. 1994. *Village at War: An Account of Conflict in Vietnam*. Stanford, Calif.: Stanford University Press.

Tucker, Shelby. 2001. *Among the Insurgents: Walking through Burma*. London: Flamingo.

Tullock, Gordon. 1987. Autocracy. In Gerard Radnitzky and Peter Bernholz (eds.), *Economic Imperialism: The Economic Approach Applied Outside of the Field of Economics*, 365–81. New York: Paragon House.

Tyler, Patrick E. 2002. Ex-Soldier Fabricated Chechnya Story, Russian Officials Say. *New York Times*, 22 April, A2.

Tyler, Patrick E. 2001. Key Chechen Who Backed the Russians Dies in Battle. *New York Times*, 20 August, A8.

Tymowski, AndrejW. 2002. Apologies for Jedwabne and Modernity. *East European Politics and Societies* 16, 1:291–306.

Ucelay da Cal, Enric. 1995. La guerre civile espagnole et la propagande franco-belge de la Première Guerre mondial . In Jean-Clèment Martin (ed.), *La guerre civile entre histoire et mémoire*, 77–90. Nantes: Ouest Éditions.

Ung, Loung. 2000. *First They Killed My Father*. New York: Harper Collins.

University of Teachers for Human Rights. 1993. *Someone Else's War*. Colombo: Movement for Inter Racial Justice and Equality.

Upton, Anthony F. 1980. *The Finnish Revolution, 1917–1918*. Minneapolis: University of Minnesota Press.

Urbina, Ian. 2005. Revenge of the Perturbed IIL Readers Offer New Tactics. *New York Times*, 20 March, 35.

Urbina, Ian. 2004. As Energy Thieves Turn Crafty, Con Ed Turns Up Battle of Wits. *New York Times*, 5 May, A1, B9.

Uribe, Maria Victoria. 1990. *Matar, rematar y contramatar: Las masacres de la violencia en el Tolima, 1948–1964*. Bogot´a: CINEP.

Valentino, Benjamin A. 2004. *Final Solutions: Mass Killing and Genocide in the 20th Century*. Ithaca: Cornell University Press.

Valentino, Benjamin A. 2000. Final Solutions: The Causes of Mass Killings and Genocides. *Security Studies* 9, 3:1–59.

Valentino, Benjamin A., Paul Huth, and Dylan Balch-Lindsay. 2004. "Draining the Sea": Mass Killing and Guerrilla Warfare. *International Organization* 58, 2:375–407.

Van Creveld, Martin. 1991. *The Transformation of War*. New York: Free Press.

Van Evera, Stephen. 2001. Primordialism Lives! APSA-CP 12, 1:20–2.

Van Natta, Don. 2001. Hundreds of Arrests, but Promising Leads Unravel. *New York Times*, 21 October, B1.

Vargas Llosa, Mario. 1998. *Un barbare chez les civilisés*. Paris: Gallimard.

Vargas Llosa, Mario. 1994. *A Fish in the Water: A Memoir*. New York: Farrar, Strauss, Giroux.

Varshney, Ashutosh. 2003. Nationalism, Ethnic Conflict, and Rationality. *Perspectives on Politics* 1, 1:85–99.

Varshney, Ashutosh. 2002. *Ethnic Conflict and Civic Life: Hindus and Muslims in India*. New Haven: Yale University Press.

Varshney, Ashutosh. 2001. Ethnic Conflict and Civil Society: India and Beyond. *World Politics* 53, 3:362–98.

Verri, Pietro. 1961. *Osservazioni sulla tortura*. Edited by Gianluigi Barni. Milan: Rizzoli.

Verwimp, Philip. 2003. Testing the Double-Genocide Thesis for Central and Southern Rwanda. *Journal of Conflict Resolution* 47, 4:423–42.

Veyne, Paul. 1996. *Comment on écrit l'histoire*. Paris: Seuil.

Vick, Karl. 2002. In Kurdish Turkey, a New Enemy. Village Guards, Empowered during War, Turn Guns on Returnees. *Washington Post*, October 31, A18.

Vidal, Claudine. 1996. Le génocide des Rwandais tutsi: Cruauté délibérée et logiques de haine. In Françoise Héritier (ed.), *De la violence*, 327–66. Paris: Odile Jacob.

Vincent, Shaun. 1994. The Mozambique Conflict (1980–1992). In Michael Cranna (ed.), *The True Cost of Conflict*, 81–112. New York: New Press.

Viola, Lynne. 1993. The Second Coming: Class Enemies in the Soviet Countryside, 1927–1935. In J. Arch Getty and Roberta T. Manning (eds.), *Stalinist Terror: New Perspectives*, 65–98. Cambridge: Cambridge University Press.

Wageenar, Willem A. 1988. *Identifying Ivan: A Case Study in Legal Psychology*. Cambridge, Mass.: Harvard University Press.

Waghelstein, John D. 1985. El Salvador: *Observations and Experiences in Counterinsurgency*. Carlisle Barracks, Pa: US Army War College.

Wakin, Eric. 1992. *Anthropology Goes to War: Professional Ethics and Counterinsurgency in Thailand*. Madison: University of Wisconsin Center for Southeast Asian Studies.

Waldman, Amy. 2004. Afghan Strife Exposes Deep and Wide Ethnic Tensions. *New York Times*, 6 September, A3.

Waldman, Amy. 2003. Young Sri Lankans Are Lost to Forced Recruitment. *New York Times*, 6 January, A1.

Waldman, Amy. 2002a. Afghan Warlord's Rivals Link Him to U.S. Attacks. *New York Times*, 3 January, A15.

Waldman, Amy. 2002b. "Once Fertile Valley Left Arid by Taliban." *New York Times*, 7 January, A9.

Walter, Barbara F. 1997. The Critical Barrier to Civil War Settlement. *International Organization* 51, 3:331–60.

Walter, Eugene V. 1969. *Terror and Resistance*. New York: Oxford.

Walters, Richard H. 1966. Implications of Laboratory Studies of Aggression for the Control and Regulation of Violence. *Annals of the American Academy of Political and Social Science* 364:60–72.

Walzer, Michael. 1997. *Just and Unjust Wars: A Moral Argument with Historical Illustrations*. New York: Basic Books.

Wantchekon, Leonard. 2003. Clientelism and Voting Behavior: Evidence from a Field Experiment in Benin. *World Politics* 55, 3:399–422.

Warren, Kay B. 1998. *Indigenous Movements and Their Critics: Pan-Maya Activism in Guatemala*. Princeton, N.J.: Princeton University Press.

Watanabe, John M. 1992. *Maya Saints and Souls in a Changing World*. Austin: University of Texas Press.

Wax, Emily. 2002. Key to Conflict in Ivory Coast: Who Are Rebels? *Washington Post*, 24 October, A30.

Weber, Max. 1994. *Political Writings*. Edited by Peter Lassman and Ronal Speirs. Cambridge: Cambridge University Press.

Weiner, Tim. 2001. Gun Control Policy, Jalalabad Style: He Who Grabs All the Rifles Writes the Rules. *New York Times*, 23 November, B4.

Weinstein, Jeremy. 2003. Inside Rebellion: The Political Economy of Rebel Organization. Ph.D. dissertation, Harvard University.

Weinstein, N. D. 1980. Unrealistic Optimism about Future Life Events. *Journal of Personality and Social Psychology* 39:806–20.

Weir, Robert M. 1985. "The Violent Spirit," the Reestablishment of Order, and the Continuity of Leadership in Post-Revolutionary South Carolina. In Ronald Hoffman, Thad W. Tate, and Peter J. Albert (eds.), *An Uncivil War: The Southern Backcountry during the American Revolution*, 70–98. Charlottesville: University Press of Virginia.

Welch, Richard E. 1974. American Atrocities in the Philippines: The Challenge and the Response. *Pacific Historical Review*, 43:233–53.

Werth, Nicolas. 1998. Un état contre son peuple: Violences, répressions, terreurs en Union Soviétique. In Stéphane Courtois et al., *Le livre noir du communisme: Crimes, terreur, répression*, 39–312. Paris: Robert Laffont.

West, F. J., Jr. 1985. *The Village*. Madison: University of Wisconsin Press.

Westing, Arthur H. 1982. Research Communication: War as a Human Endeavor: The High-Fatality Wars of the Twentieth Century. *Journal of Peace Research* 19, 3:261–70.

White, Lynn T., III. 1989. *Policies of Chaos: The Organizational Causes of Violence in China's Cultural Revolution*. Princeton, N.J.: Princeton University Press.

White, Robert W. 1989. From Peaceful Protest to Guerrilla War: Micromobilization of the Provisional Irish Republican Army. *American Journal of Sociology* 94, 6:1277–1302.

Wickham-Crowley, Timothy P. 1992. *Guerrillas and Revolution in Latin America: A Comparative Study of Insurgents and Regimes since 1956*. Princeton, N.J.: Princeton University Press.

Wickham-Crowley, Timothy P. 1991. *Exploring Revolution: Essays on Latin American Insurgency and Revolutionary Theory*. Armonk, N.Y.: M. E. Sharpe.

Wickham-Crowley, Timothy P. 1990. Terror and Guerrilla Warfare in Latin America, 1956–1970. *Comparative Studies in Society and History* 32, 2:201–37.

Wiesner, Louis A. 1988. *Victims and Survivors: Displaced Persons and Other War Victims in Viet-Nam, 1954–1975*. New York: Greenwood Press.

Wilensky, Harold L. 1967. *Organizational Intelligence: Knowledge and Policy in Government and Industry*. New York: Basic Books.

Wilkinson, Steven I. 2004. *Votes and Violence: Electoral Competition and Ethnic Riots in India*. Cambridge: Cambridge University Press.

Williams, Cratis D. 1975. The Southern Mountaineer in Fact and Fiction. Edited by Martha H. Pipes. *Appalachian Journal* 3:8–41.

Wills, Brian Steel. 2001. *The War Hits Home: The Civil War in Southeastern Virginia*. Charlottesville: University Press of Virginia.

Wilson, Gabrielle. 1970. *The Blood of Spain*. Philadelphia: Dorrance.

Wilson, Scott. 2004. Colombia Targeting Rebel Strongholds. *Washington Post*, 25 January, A14.

Wilson, Scott. 2003. "Peasant" Force Takes Shape in Colombia. *Washington Post*, 13 March, A11.

Wilson, Scott. 2002. Fewer Massacres in Colombia, but More Deaths. *Washington Post*, 24 June, A15.

Wines, Michael. 2003. Chechnya Weighs a Russian Offer of Self-Rule. *New York Times*, 23 March, A3.

Wines, Michael. 2001. Russians Recall the "Giant Mincer" That Was Afghanistan. *New York Times*, 29 September, B7.

Wintrobe, Ronald. 1998. *The Political Economy of Dictatorship*. Cambridge: Cambridge University Press.

Wolf, Eric R. 1969. *Peasant Wars of the Twentieth Century*. New York, Harper & Row.

Wood, Elisabeth Jean. 2003. *Insurgent Collective Action and Civil War in El Salvador*. Cambridge: Cambridge University Press.

Worchel, Stephen. 1974. Societal Restrictiveness and the Presence of Outlets for the Release of Aggression. *Journal of Cross-Cultural Psychology* 5:109–23.

Worden, Blair. 1985. Providence and Politics in Cromwellian England. *Past and Present* 109:55–99.

Wormald, Jenny. 1980. Bloodfeud, Kindred and Government in Early Modern Scotland. *Past and Present* 87:54–97.

Wou, Odoric Y. K. 1994. *Mobilizing the Masses: Building Revolution in Henan*. Stanford, Calif.: Stanford University Press.

Wyatt, Edward. 2005. Iraqi Refugee's Tale of Abuse Dissolves upon Later Scrutiny. *New York Times*, 21 January, A8.

Yang, Martin C. 1945. *A Chinese Village: Taitou, Shantung Province*. New York: Columbia University Press.

Yoo, Jieun. 2002. War Boundaries and Local Organization: Cases from the Korean War. Unpublished paper, University of Chicago.

Yoo, Jieun. 2001. The Chejudo Rebellions. Unpublished paper, University of Chicago.

Yoon, Taek-lim. 1992. Koreans' Stories about Themselves: An Ethnographic History of Hermit Pond Village in South Korea. Ph.D. dissertation, University of Minnesota.

Young, Marilyn B. 1991. *The Vietnam Wars, 1945–1990*. New York: Harper Perennial.

Young, Tom. 1997. A Victim of Modernity? Explaining the War in Mozambique. In Paul B. Rich and Richard Stubbs (eds.), *The Counter-Insurgent State: Guerrilla Warfare and State-Building in the Twentieth Century*, 120–51. New York: St. Martin's Press.

Zahar, Marie-Joëlle. 2001. Protégés, Clients, Cannon Fodder: Civil-Militia Relations in Internal Conflicts. In Simon Chesterman (ed.), *Civilians in War*, 43–65. Boulder, Colo.: Lynne Riener.

Zaretsky, Mark. 2003. City Soldier Gets a Break from War. *New Haven Register*, 8 December, A4.

Zemon Davis, Natalie. 1973. The Rites of Violence: Religious Riot in Sixteenth-Century France. *Past and Present* 59:51–91.

Zerrouky, Hassane. 1997. Le jeune capitaine et les paysans. *L'Humanité*, 17 October 1997.

Ziemke, Earl. 1964. Composition and Morale of the Partisan Movement. In John A. Armstrong (ed.), *Soviet Partisans in World War II*, 141–96. Madison: University of Wisconsin Press.

Zimmerman, Matilde. 2000. *Sandinista*. Durham, N.C.: Duke University Press.

Zimring, Franklin E., and Gordon J. Hawkins. 1973. *Deterrence: The Legal Threat in Crime Control*. Chicago: University of Chicago Press.

Zucchino, David. 2004. Sorting Friends from Foes. *Los Angeles Times*, 1 November, A1, A8–A9.

Zulaika, Joseba. 1988. *Basque Violence: Metaphor and Sacrament*. Reno: University of Nevada Press.

Zulaika, Joseba, and William Douglass. 1996. *Terror and Taboo: The Follies, Fables, and Faces of Terrorism*. New York: Routledge.

Zur, Judith N. 1998. *Violent Memories: Mayan War Widows in Guatemala*. Boulder, Colo.: Westview Press.

Zur, Judith N. 1994. The Psychological Impact of Impunity. *Anthropology Today* 10, 3:12–17.